경 제 법

[제9판]

신 현 윤 · 최난설헌

法 文 社

제9판 머리말

제8 개정판이 출간된 이후 지난 4년간 경제법의 핵심 분야인 공정거래법을 비롯하여 관련 특별법 분야에 많은 변화가 있었다. 2021년 말 공정거래법 전면 개정에서는 대기업집단 소유지배에 대한 규제 확대와 함께 사인의 금지청구권제도 신설하고 과징금 부과 한도를 2배 상향하는 등 공정거래법의 집행을 전반적으로 강화하는 한편, 지난 40년간 30여 차례의 부분 개정으로 누더기가 된 조문체계를 15개 장 130개 조문과 부칙으로 새롭게 재정비하였다. 그 이후에도 공정거래법과 소비자보호법의 부분적인 개정작업이 계속 이루어져 조정신청 사건에 대한 수소법원(受訴法院)의 소송절차 중지제도와 공정거래 자율준수제도가 새로이 도입되었고, 분쟁조정협의회의 설치 및 구성의 개선, 공정거래위원회 동의의결과 시정조치의 이행관리 위탁업무를 포함하여 공정거래조정원과 소비자원의 역할이 확대되었다. 하도급법 개정에서는 납품단가연동제가 도입되어 주요 원재료의 가격의 변동분에 연동하여 하도급대금을 조정하도록 하고, 특히 원사업자의 수급사업자 기술자료 유용에 대해서는 5배까지 징벌적 손해배상 한도를 늘렸다. 그 밖에 특수관계인에 대한 부당한 이익 제공 등에 관한 주목할 만한 대법원 판결이 내려졌다.

한편 최근 정보통신기술의 비약적 발전과 경제의 네트워크화가 급진전됨에 따라 플랫폼 경제의 핵심인 온라인 플랫폼이 디지털시대 혁신경제를 주도하는 역할을 담당하고 있다. 하지만 경제주체 간에 존재하는 디지털 격차와 기술지배에 의한 독과점 형성과 지위남용의 문제는 올바른 플랫폼 경쟁질서를 유지하고 소비자보호를 위해 여전히 해결해 나가야 할 과제로 남아 있다. 이와 관련하여 그동안 여러 차례 입법시도에도 불구하고 입법이 지체됨에 따라 공정거래위원회는 과도적으로 온라인 플랫폼 사업자의 시장지배적지위 남용행위나 경쟁제한적 기업결합을 하위법령인 심사지침이나 심사기준을 통해 규제하고 있다. 또한 전자상거래소비자보호법에서는 소비자의 착각·부주의를 유발하여 소비자 피해를 유발하였던 전자상거래사업자 또는 통신판매업자의 눈속임 상술(일명 "다크 패턴")을 신규로 금지대상에 포함하였다.

이번 제9 개정판에서는 2024년 7월 말까지 개정된 모든 경제법 관련 법령을 빠짐없이 기술하고, 대법원 판례를 중요도에 따라 선별하여 새로이 교체하거나 추가하였다. 경제법의 새로운 이슈로 등장한 온라인 플랫폼과 관련하여 시장획정 문제를 비롯하여 경쟁제한성의 판단에 관하여 유형별 법 위반행위의 해당 부분에서 별도의 절(節)

을 두어 설명을 부가하였다. 무엇보다 본서가 처음 출간된 지 20년 가까이 되면서 지난 제8 개정판까지 신현윤 교수 단독으로 집필하였으나, 제9 개정판부터는 최난설헌 교수가 공동집필에 참여하게 되었다. 최 교수는 미국과 영국에서 유학 후 모교인 연세대학교에서 경제법을 강의하면서 공정거래법과 소비자보호법 분야의 핵심과제와 새로운 이슈에 대해 끊임없이 연구하는 중견학자이다. 앞으로 풍부한 연구와 강의 경험을 바탕으로 부족한 부분을 보완하여 본서가 독자들에게 더욱 사랑받는 경제법 지침서로 발전해나가길 기대한다.

제9 개정판이 출간하기까지 많은 분의 도움이 있었다. 공동집필을 계기로 새로운 표지 디자인으로 출간될 수 있도록 애써 주신 손현오 과장님, 교정과 색인작업에 언제나 많은 도움을 주시는 김용석 차장님과 늘 바쁜 와중에도 본서의 교정을 위해 틈틈이 시간을 내준 신승희 변호사에게도 고마운 마음을 전한다.

2024년 8월

신 현 윤 · 최난설헌

제 8 판 머리말

본서 제7개정판이 출간된 지 2년 반 가까이 되었다. 그동안 새로운 정부의 출범과 함께 우리나라 경제정책의 패러다임은 소득주도, 공정경제, 혁신성장으로 대전환을 추구하고 있다. 이와 함께 우리 경제에 만연한 불평등을 극복하고, 균형 잡힌 성장기반을 구축하기 위해 상당수 경제법령의 개정이 추진되었다.

가장 대표적으로 국회의 문턱을 넘지 못했지만, 대기업집단 시책과 법집행 체계의 개편에 중점을 두고 지난 2018년 공정거래법 전부 개정안이 추진된 바 있다. 이와 별도로 공정거래위원회가 신고사건을 직권으로 분쟁조정 절차에 의뢰할 수 있도록 하고, 부당한 공동행위 및 금지되는 보복조치를 한 사업자·사업자단체에 대한 3배 배상책임제도를 도입한 공정거래법 개정이 이루어졌다.

수차례에 걸쳐 가장 활발하게 개정된 하도급법의 경우 공사기간 연장 등으로 원도급 금액을 증액할 때, 하도급대금의 증액도 의무화하고, 원사업자의 기술탈취 금지를 강화하여 기술자료를 제3자에게 단순히 유출하는 행위도 위법한 것으로 강화하였다. 또한 원사업자의 수급사업자에 대한 내국신용장 발급이 어려운 경우 구매확인서 발급을 의무화하였다.

대규모유통업법도 납품업자의 권익보호를 위해 대규모유통업자의 부당감액, 부당반품, 보복행위 등으로 피해를 입은 납품업자가 손해액의 3배까지 배상받을 수 있도록 개정하고, 부당하게 영업시간을 구속하는 행위를 제한하는 한편, 규제의 사각지대에 놓였던 대형 쇼핑몰·아울렛 등 매장 임대업자도 법 적용대상으로 확대하였다. 개정 대리점법에는 대리점분쟁조정협의회를 시·도에도 설치·운용할 수 있도록 근거규정을 두었다. 가맹사업법은 가맹본부나 그 임원의 위법행위나 가맹사업의 명성신용을 훼손하는 행위로 인하여 가맹점주에게 매출감소 등의 손해가 발생하면, 그 손해를 배상하도록 계약서에 명시하도록 의무화하였다.

소비자법 분야에서도 소비자 권익보호 강화를 위한 개정이 수차례 이루어졌다. 소비자기본법에 물품 구매정보에서부터 피해구제에 이르기까지 소비생활 전 단계를 지원하는 소비자종합지원시스템의 운영근거를 마련하고, 소비자의 생명·신체·재산 보호를 위한 위해조사 및 위해방지조치에 적극 협력할 사업자의 의무와 중앙행정기관 등의 시료수거권을 명시하였다. 방문판매법에서는 비대면거래로 이루어지는 전화권유판매시 계약관련 통화내용을 3개월 이상 보존토록 하였다.

그 밖에도 경제법령 전반에 걸쳐 실효적인 공정거래위원회의 조사 등이 이루어질 수 있도록 조사 거부・방해행위에 대한 과태료 제재 등을 강화하는 대신, 과잉금지의 원칙에 반하지 않도록 동일한 위반행위에 대해 과징금과 과태료를 중복 부과할 수 없도록 하고, 부당하게 지급된 신고포상금 환수규정을 마련하였다.

경제적 약자의 권익을 보호하고 공정경제의 실현을 위한 경제법령의 개정은 앞으로도 계속되어야 한다. 이와 함께 시장경제의 효율성과 민주성을 담보하기 위해서는 공정하고 자유로운 경쟁, 즉 '경쟁의 공정성'과 '경쟁의 자유성'이 합리적 균형을 이루어 가는 것이 매우 중요하다. 이를 위해 정책당국과 입법자들은 시장경제의 본질이 왜곡되지 않도록 사적자치의 영역에서 공적 규제에만 의존하기보다 시장경제의 주체인 다양한 형태와 규모의 기업과 끊임없는 소통을 통해 자율규제의 영역을 확대하는 노력을 병행해 나가야 할 것이다. 넓고 긴 안목에서 국내・외 경제현실을 올바로 반영하고 시장에서의 공정하고 자유로운 경쟁질서가 조화롭게 유지될 수 있도록 경제관련 법령 개정이 이루어지길 기대한다.

이번 제8개정판에서는 그동안 개정된 경제법령을 모두 반영하고, 최신 판례를 추가하였다. 책표지와 목차도 전면 한글화하였다. 출간에 이르기까지 개정 조문 정리와 교정에 수고한 신승희 변호사와 편집부 김용석 과장께 감사의 마음을 전하며, 이번 제8개정판이 독자들의 경제법령 체계적 이해에 도움이 되길 바란다.

2020년 2월

연세대학교 법학전문대학원 연구실에서

저　자 씀

제 7 판 머리말

제6판이 출간된 지 3년여의 시간이 흐르는 동안 본서가 다루고 있는 법령의 상당 부분이 개정되거나 새로이 제정되었다. 이번 제7판에서는 제6판 출간 이후 제・개정된 공정거래와 소비자 관련 법률과 시행령을 반영하고, 새로운 심・판결을 보완하고자 하였다.

그동안 공정거래법은 다섯 차례의 개정이 이루어졌다. 역외적용으로 실익이 없어진 부당한 국제계약 체결제한 조항이 삭제되고, 경제활성화를 위한 기업활력법 제정에 따라 지주회사에 관한 한시적 특례규정이 도입되었다. 대기업집단을 공시대상기업집단과 상호출자제한기업집단으로 구분하여 법 적용대상을 구별하고, 소속 금융・보험회사의 국내 계열회사에 대한 의결권 행사한도를 명확히 하였다. 하도급법 개정에서는 소규모 중견기업도 수급사업자로 보호하고, 불공정 거래관행 감시를 위한 신고포상금제도와 공정거래위원회의 처분제한기간을 신설하였다. 또한 분쟁조정이 이루어지더라도 합의된 사항이 이행되어야 공정거래위원회의 시정조치를 면할 수 있도록 하였다.

최근 가맹본부의 횡포로 사회적 관심이 커지고 있는 가맹사업법과 관련하여 가맹점사업자의 권익보호 및 피해구제의 실효성을 위해 가맹본부가 가맹점 영업지역 변경시 가맹점사업자와의 합의를 요구하고, 가맹점사업자가 비용을 부담하는 광고나 판촉비용 집행내역을 가맹점사업자에게 통보하도록 의무화하였다. 분쟁조정 신청에 대한 시효중단의 효력을 부여하고, 분쟁조정이 성립된 경우 재판상 화해와 동일한 효력을 부여하였다. 또한 가맹점사업자를 위한 징벌적 손해배상제도도 도입되었다. 대규모유통업법도 마찬가지로 분쟁조정 신청시 시효중단의 효력을 부여하고, 분쟁조정 성립시 재판상 화해의 효력을 부여하였다. 새로 제정된 대리점법에서는 불공정 거래관행 개선을 위한 공급업자(대리점 본사)의 의무 및 금지사항을 규정하고, 대리점의 권익을 보호하기 위하여 분쟁조정 성립시 재판상 화해 효력 인정 및 징벌적 손해배상제도에 관한 규정을 두고 있다.

그 밖에 최근 카페나 블로그를 통한 통신판매로 인한 소비자 피해가 증가함에 따라 전자상거래소비자법은 전자게시판서비스 제공자(포털사이트)로 하여금 소비자피해가 발생하지 않도록 일정한 작위의무를 부과하고, 소비자분쟁 발생시 통신판매업자의 신원정보를 제공할 수 있도록 하였다. 또한 소비자피해 예방의 긴급 필요성이 인정되는 경우 공정거래위원회가 전자상거래 또는 통신판매 임시중지명령을 내릴 수 있는 근거도 마련하였다. 제조물 책임법 개정에서는 결함상품으로부터 소비자의 안전을 합리적으로 강화하기 위해 피해자의 입증책임을 완화하고 제조물공급자의 책임을 강화하는 한편, 징벌적 손해배상제도가 새로이 도입되었다.

한편 금년 5월 새로이 출범한 정부는 재벌개혁과 우리 사회의 소위 갑을관계 해소를 위해 공정거래위원회의 조사역량 및 법집행을 강화하고 있다. 또한 공정거래정책의 주요 이슈로 논의되어 왔던 집단소송이나 징벌적 손해배상의 도입 또는 적용 확대, 사인 금지청구권 도입, 전속고발권 폐지 등을 위한 입법개정작업을 추진할 것으로 보인다. 생각건대 경제법령은 늘 변화하는 현실에 맞게 개정되어야 하지만, 경제의 논리가 아닌 정치의 논리에 의해 자주 개정되는 것은 법적 안정성을 해치고 입법체계의 불균형을 초래할 우려가 있다. 법령에 근거하여 활동해야 하는 기업에게도 잦은 법령 개정은 부담스러운 일이 아닐 수 없다. 차제에 크고 긴 안목에서 국내·외 경제현실을 지혜롭게 반영하고 시장에서의 공정하고 자유로운 경쟁질서가 안정적으로 유지될 수 있는 방향으로 개정이 이루어지길 기대한다.

오랜 기간 학교행정의 부담으로부터 벗어나 연구에 전념하니 마음이 무척 자유롭다. 어려운 여건에도 불구하고 개정판 출간을 흔쾌히 허락해 주신 법문사 사장님을 비롯한 관계자 여러분들의 배려에 깊이 감사드린다.

2017년 8월

연세대학교 법학전문대학원 연구실에서

저 자 씀

제 6 판 머리말

제5전정판이 출간된 이후 우리 사회의 주요 이슈로 등장한 것이 소위 경제민주화와 대·중소기업의 상생협력이다. 이에 따라 지난해에는 수많은 정치적 논란 속에서 경제력집중 완화와 경제적 약자의 보호를 위해 본서가 다루고 있는 공정거래법 분야의 많은 법률들이 상당 부분 개정되었다.

공정거래법은 세 차례의 개정을 통해 공정거래위원회의 고발요청권을 다른 정부기관에까지 확대하는 등 전속고발제도를 보완하는 한편, 부당지원행위에 대한 규제를 용이하게 하고, 대기업집단 총수일가의 부당한 부의 축적·이전 수단으로 활용되어 온 사업기회 유용과 계열회사 간 일감몰아주기 등을 실효성 있게 차단하기 위한 내용을 추가하였다. 이와 함께 동일한 대기업집단에 속하는 회사에 대한 신규 및 추가적인 순환출자를 금지하였다.

하도급법 개정에서는 최근 대·중소기업의 양극화 해소 및 동반성장 차원에서 원사업자가 수급사업자의 이익을 부당하게 침해하거나 제한하는 특약을 금지하고 징벌적 손해배상 범위의 확대 등을 통해 원사업자의 거래상 지위남용 요소를 억제하는 한편, 원사업자와 수급사업자 간의 원만한 지원·협력관계를 강조하고 있다. 표시광고법에는 동의의결제도와 손해액인정제도를 새로이 도입하였다. 가맹사업법 개정에서는 가맹본부의 우월한 거래상의 지위를 이용한 불공정거래행위로 인해 가맹점사업자의 피해가 확산되는 것을 방지하기 위하여 가맹희망자에게 정확하고 충분한 정보가 제공되도록 하고, 가맹본부의 가맹점사업자에 대한 부당한 영업지역 침해나 영업시간의 구속 등 각종 불공정거래행위를 예방할 수 있도록 보다 세부적인 제도적 근거를 마련하였다. 그 밖에 공정거래법의 특별법인 하도급법, 표시광고법, 가맹사업법, 대규모유통업법 모두 지난해 법 개정을 통해 전속고발에 관한 개정된 공정거래법 규정이 준용되도록 하였다.

이번 제6판에서는 제5전정판 이후 빈번하게 개정된 공정거래법 관련 법률과 시행령의 내용을 반영하고, 새로운 심·판결 사례를 보완하고자 하였다. 경제가 살아있는 생물이듯이 이를 다루는 규범인 경제법령도 늘 변화하는 현실에 맞게 개정되어야 한다. 하지만 경제법령의 빈번한 개정으로 거의 매년 개정판을 내지 않을 수 없는 것은 사실 매우 번거로운 일이 아닐 수 없으며, 출판사의 입장에서도 부담스럽기는 마찬가지일 것이다. 그럼에도 불구하고 독자들에게 늘 최신의 법령에 기초한 올바른 정보를 제공할 수 있도록 흔쾌히 개정판 출간을 배려해 주시는 법문사 사장님을 비롯한 관계자 여러분들의 배려에 깊이 감사드린다. 또한 본 개정판 출간을 위해 여전히 도움을 아끼지 않은 손봉현 박사에게도 고마운 마음을 전한다.

2014년 2월

연세대학교 법학전문대학원 연구실에서

저 자 씀

제5전정판 머리말

제4판이 발간된 후 불과 1년이 지났지만, 그동안 본서가 다루고 있는 법률의 상당 부분이 개정되거나 새로운 법률이 제정되었다.

공정거래법은 두 차례의 개정을 통해 한・미 FTA 이행 부속법안의 하나로 요구되어 왔던 동의의결제도를 도입하는 한편, 한국공정거래조정원의 업무범위를 확대하고 공정거래위원장을 국회 인사청문 대상에 포함시키는 등 제도운영상의 미비점을 개선・보완하였다. 또한 지난 몇 년간 사회적 논란의 대상이 되었던 대규모 유통업자의 불공정거래행위를 규제하고, 중소 납품업자와 매장임차인과의 동반성장 문화를 확산시키기 위하여 공정거래법의 특별법으로서 「대규모유통업에 있어서의 거래 공정화에 관한 법률」이 제정되었다.

이와 함께 본서의 주요 부분을 이루는 소비자보호법 분야에서의 개정도 활발하게 이루어졌다. 약관규제법 개정에서는 약관에 의한 거래당사자의 분쟁을 조정하기 위하여 한국공정거래조정원에 「약관분쟁조정협의회」를 설치하도록 하고, 동 협의회에서 이루어진 조정에 대해서는 시정조치를 면제하는 등 행정상의 혜택을 부여하였다. 이로써 약관관련 분쟁을 신속하고 효율적으로 해결할 수 있는 제도적 기반을 갖추게 되었다. 방문판매법 개정에서는 그동안 지나치게 엄격하여 거래 현실에 맞지 않던 다단계판매의 정의규정을 정비하고, 후원방문판매제도를 새로이 도입하여 유사 다단계판매에 대한 규제의 공백이 생기지 않도록 하는 한편, 법률용어 및 문장을 이해하기 쉽도록 전면 개편하였다. 전자상거래소비자보호법의 개정에서도 오픈마켓과 같은 통신판매중개자나 호스팅사업자의 소비자보호 책임을 강화하고, 전자결제시 사업자의 고지의무를 명확히 하여 자동유료결제 전환 등에 따른 소비자피해를 감소시키고자 하였다.

이번 제5판은 지난 1년간 빈번하게 제・개정된 관련 법률과 시행령의 내용을 반영하고, 본서의 이해에 도움이 될 수 있는 주요한 심・판결 사례를 보완하여 전면 개정판 수준으로 개정작업이 이루어졌다. 특히 그동안 잦은 개정으로 미처 반영하지 못했던 시행령과 고시의 변경된 조문을 일일이 대조하여 현행법 규정과 일치시키는 작업도 병행하였다. 사실 그동안 경제법 관련법령의 빈번한 개정으로 매년 개정판을 내지 않을 수 없는 일은 저자로서 매우 신경쓰이는 일이기도 하지만, 출판사의 입장에서도 부담스럽기는 마찬가지일 것이다. 그럼에도 불구하고 늘 흔쾌히 개정판이 출간될 수 있도록 배려해 주시는 법문사 사장님을 비롯한 관계자 여러분들의 배려에 깊이 감사드린다. 또한 박사논문을 준비하는 바쁜 일정 속에서도 본서의 개정판 출간을 위해 관련 법령을 일일이 대조하고 교정과 색인작업에 헌신적인 노력을 아끼지 않은 손봉현 조교에게 고마운 마음을 전한다.

2012년 8월

연세대학교 법학전문대학원 연구실에서

저 자 씀

제 4 판 머리말

제3판이 발간된 지 1년 만에 본서에서 다루고 있는 하도급법의 개정이 지난 3월에 이루어졌고, 최근 들어 자진신고 감면제도나 재판매가격유지행위에 관한 새로운 판례들도 속속 등장하고 있다.

이번 제4판에서는 우선 대·중소기업의 양극화 해소 및 동반성장 차원에서 하도급법에 새로이 도입된 중소기업협동조합의 하도급대금 조정신청, 원사업자의 하도급대금 감액의 원칙적 금지조항, 원사업자의 기술자료 유용금지 및 징벌적 손해배상책임 등을 소개하였다. 또한 본서에서 그 동안 여러 차례 개정이 되었으나 이제까지 반영하지 못하였던 경제법 관련 하부 법령의 내용과 독자들이 경제법을 이해하는 데 필수적인 중요 심·판결례를 보충함으로써 명실 공히 개정판으로서의 역할을 충분히 하도록 노력하였다. 특히 제4판에서는 최근 새롭게 등장하고 있는 다양한 시장 개념이나 용어들을 소개하고, 그 동안 다소 설명이 미진했던 공정거래법 위반행위에 대한 손해배상책임이나 불공정거래행위 관련 부분도 함께 보완하였다.

사실 경제법 관련법령의 빈번한 개정은 필자나 출판사의 입장에서 다소 부담스러운 일이다. 그럼에도 불구하고 본서가 독자들의 신뢰와 사랑을 받을 수 있도록 법령 개정과 심·판결례의 등장에 맞추어 늘 시의적절하게 개정판으로 출간될 수 있도록 배려해 주시는 배효선 사장님을 비롯한 법문사 관계자 여러분들의 배려에 깊이 감사드린다. 그리고 이번 개정판을 발간함에 있어서도 변함없는 성실한 자세로 교정작업에 많은 도움을 준 박사과정의 손봉현 조교에게 고마운 마음을 전한다.

2011년 8월

연세대학교 법학전문대학원 연구실에서

저 자 씀

제 3 판 머리말

제2판이 발간된 지 3년 만에 본서에서 다루고 있는 관련 법령의 상당 부분이 개정되었다.

우선 본서의 주요 내용을 차지하고 있는 공정거래법 분야에서 그 동안 대기업집단의 규제를 둘러싸고 논란이 되었던 출자총액제한제도가 폐지되는 대신 대기업집단의 현황공시제도가 도입되었다. 지주회사의 규제완화에 관한 개정안은 여전히 국회에서 심의 중에 있다. 공정거래법의 특별법인 하도급법도 대·중소기업간 상생협력을 실현하기 위해 그 동안 2차례 개정을 통해 납품단가 조정협의제도를 비롯하여 하도급계약 추정, 수급사업자의 원사업자의 서면발급의무, 기술자료 요구금지, 하도급거래 서면실태조사, 상습법위반자 공표 등 주로 중소기업자인 수급사업자 보호제도가 도입되었다.

소비자보호법 분야에서도 많은 법령이 개정되었다. 무엇보다 최근 할부거래법이 전부 개정을 통해 제도권의 사각지대에 있던 상조업 등 선불식 할부거래업에 관하여 등록제, 고객불입금 예치·선수금보전제, 정보공개제도 등을 신설하고, 청약철회·계약해제시 대금환급 의무화 등 소비자 보호장치를 대폭 도입하였다. 그 밖에도 소비자기본법, 방문판매법, 가맹사업법 분야에서도 경제적 약자인 소비자와 가맹점사업자 등을 보호하기 위한 개정안이 국회에 제출되어 심의를 기다리고 있다. 이러한 빈번한 법령 개정은 어쩌면 경제법령의 속성상 끊임없이 변화해 가는 경제현상을 보다 효율적으로 규율하기 위해 불가피하다고 할 수 있을 것이다. 그러나 경제법 교재를 집필하는 필자의 입장에서나 경제법을 연구하는 독자의 입장에서는 경제법을 시의성 있게 이해하는 데 적지 않은 노력을 요하게 된다.

이번 제3판에서는 제2판 발간 이후 2010년 8월 말 현재까지 개정·공포된 모든 관련 법령을 재검토하여 제도적 변화의 취지와 그 내용을 충실히 반영하고자 하였다. 또한 최근 수년간 국내외 법원에서 내려졌던 주목할 만한 판결들을 소개하고, 제2판에서 인용되었던 기존의 심결례나 판례를 새로운 것으로 교체하여 내용면에서 참신성을 도모하고자 하였다. 마지막으로 촉박한 일정임에도 불구하고 본서가 제시간에 출간될 수 있도록 노력을 아끼지 않으신 법문사 위호준 부장님과 성실한 자세로 교정작업에 많은 도움을 준 박사과정의 손봉현 조교에게 감사의 마음을 전한다.

2010년 8월

연세대학교 법학전문대학원 연구실에서

저　자 씀

제 2 판 머리말

초판이 발행된 지 불과 1년여만에 경제관련 법령의 대부분이 개정되었다. 본서의 핵심부분이라고 할 수 있는 「공정거래법」은 금년 4월 기업규제완화를 위해 대기업집단 관련규정이 개정된 데 이어, 7월에는 기업부담의 완화 및 경쟁정책의 효율적 수행을 위해 전분야에 걸쳐 대폭적인 개정이 이루어졌다. 특히 7월 개정에서는 부당한 공동행위나 기업결합신고규정을 합리적으로 개선하고, 불공정거래행위로 인한 피해자 권리구제의 실효성제고를 위해 분쟁조정제도를 새로이 도입하였다. 그 밖에 공정거래법의 특별법인 「가맹사업법」이 상대적으로 불리한 지위에 있는 가맹희망자와 가맹점사업자의 권익을 보호하기 위하여 정보공개서등록제, 가맹금예치제 및 가맹계약갱신요구제도 등을 도입하는 등 합리적으로 개편되었고, 「하도급거래공정화법」도 부분개정되었다.

소비자보호법 분야에서도 마찬가지로 지난 1년간 소비자지위의 향상과 전자상거래 및 국제거래의 활성화 등 소비생활의 환경변화에 대응하기 위해 개정작업이 진행되었다. 2006년 9월에 이루어진 소비자보호법의 전면개정에서는 그 법령을 「소비자기본법」으로 바꾸면서 종래 소비자보호 위주의 입법정책에서 탈피하여 소비자권익의 증진에 중점을 두었다. 특히 개정된 소비자기본법에서는 소비자업무의 소관부처를 공정거래위원회로 이관하고, 집단분쟁조정제도와 단체소송제도를 도입하는 등 정책적 패러다임의 변화를 엿볼 수 있다. 그 밖에 「약관규제법」, 「할부거래법」, 「방문판매법」 및 「전자상거래보호법」 등도 사업자의 의무를 보완하거나 소비자권익증진을 위해 일부 개정되었다.

이번 개정판에서는 본서 출간 이후 2007년 8월 말까지 개정·공포된 모든 관련법령을 재검토하여 제도적 변화의 취지와 내용을 충실히 반영하고자 노력하였다. 또한 개정·공포되었지만 아직 시행일이 다가오지 않은 법령도 곧 시행될 것임을 감안하여 개정내용을 중심으로 서술하였다. 촉박한 일정에도 불구하고 최선을 다하여 개정판 출간작업을 마무리해 주신 법문사 현근택 차장님과 수많은 개정법령들을 일일이 대조하여 정리하여 교정작업을 성실히 도와준 박사과정의 이승진 조교, 그리고 석사과정의 송미정 양의 노고에 깊이 감사한다.

2007년 8월

연세대학교 법과대학 연구실에서

저　자 씀

머 리 말

지난 반세기를 넘어 우리나라에서 시장경제가 활성화되면서 경제법이 점차 고유한 법영역으로서 자리잡아가고 있다. 그럼에도 불구하고 경제법(經濟法)은 실정법상의 개념이라기보다는 자본주의 시장경제의 고도화과정에서 국가가 국민경제에 대한 개입을 정당화하기 위해 제정한 법규범을 총칭하는 강학상의 개념으로서 그 법영역을 어디까지 확장할 것인지에 관하여서는 아직까지 명확한 설명이 이루어지고 있지 않다. 그러나 적어도 자본주의 시장경제에서 시장기구를 유지·보완함에 있어 중추적 기능을 담당하는 공정거래법(公正去來法)과 소비자보호법(消費者保護法)이 경제법의 핵심영역에 속한다는 데는 이론이 있을 수 없다.

따라서 본서에서는 수많은 경제법령 가운데 이 두 분야의 법을 중심으로 다루고자 한다. 이는 경제법에 관심을 가지고 있는 상당수의 독자들이 사법시험을 준비하고 있고, 바로 이 두 개의 법 분야가 사법시험의 출제범위에 속하고 있음을 고려한 것이기도 하다. 그러나 경제법은 우리 경제실생활 속에서 살아 숨쉬는 법으로서 관련법령에 대한 실무적인 수요가 꾸준히 증가하고 있음을 또한 감안하지 않을 수 없다. 따라서 본서에서는 사법시험령상 경제법의 출제범위에 속하는 법령뿐만 아니라 그 특별법이라고 할 수 있는 「하도급거래법」, 「표시광고법」, 「가맹사업거래법」에 관하여도 서술하였다. 또한 오늘날 소비자보호에 매우 중요한 의미를 가지는 「제조물책임법」도 추가적으로 다루었다.

한편 오늘날 경제현상이 다양한 모습으로 나타나고 있고, 동시에 복잡하게 변화함에 따라 경제법령의 제정과 개정이 빈번하게 이루어지고 있다. 이로 인해 법령 상호간의 관계가 중복되거나 불명확하게 느껴지기도 하고, 그 전반적인 내용을 이해하는 데 어려움이 적지 않다. 따라서 본서에서는 경제법에 대한 단순한 법령암기 위주의 지식에서 벗어나 그 기본원리의 이해를 돕기 위해 법령의 근거 및 그 입법배경과 필요성에 관하여도 충분한 설명을 하였다. 특히 소비자보호법을 보다 원리적으로 이해하기 위해 그 기초로 되는 민법에 대한 지식이 요구되고 있는 점을 감안하여 해당되는 부분마다 민법의 기본적인 해설을 병행하였다. 또한 그 내용이 복잡하거나 난해한 부분에 관하여는 그림과 도표를 삽입하여 이해를 도울 수 있도록 하였으며, 최근까지의 중요 판례와 심결례를 인용하여 경제법령이 실제로 어떠한 모습으로 우리 주변의 생활에서 적용되는지를 살펴보도록 하였다. 그 밖에 경제법령의 내용을 가장 효율적으로 파악할 수 있도록 최신 법률과 시행령을 조문별로 대조시킨 법령집을 부록으로서 추가하였다. 이러한 필자의 시도가 독자들의 경제법에 대한 전반적이고도 체계적 이해에 조금이라도 도움이 되었으면 하는 바람이다.

본서가 출간되기까지 많은 우여곡절이 있었다. 이미 수년 전부터 교과서 출간작업을 계획한 바 있으나, 바쁜 교내외 업무와 잦은 법령개정으로 미처 마무리할 시간적 여유를 가지지 못하였다. 그러나 출간을 더 이상 미룰 수 없어 연구년 기간 동안 미국 AU Washington College of Law에서 Faculty Fellow로 체류하면서 미국 반트러스트법에 관한 비교법 연구의 진행과 함께 본서의 집필을 마무리하게 되었다. 체류기간 동안 따뜻이 환대하고 지원을 아끼지 않은 C. Grossman 학장, D. Bradlow 교수, J. Baker 교수에게 감사의 뜻을 전한다. 또한 본서의 출간을 쾌히 승낙해 주신 법문사 배효선 사장님과 출판작업에 최선을 다해 주신 현근택 차장님, 그리고 변함없는 성실한 자세로 법령대조작업과 교정작업을 마무리해 준 박사과정의 최난설헌 조교의 고마움도 잊을 수 없다. 본서의 미흡한 부분은 앞으로 지속적인 연구를 통해 보완해 나갈 예정이며, 독자들의 아낌없는 조언을 바란다.

2006년 3월

저　　자 씀

차　　례

제 1 편　경제법 총론

제 2 편 독점규제 및 공정거래에 관한 법률

제 8 장 규제기관 및 규제절차 (385~449)

제 3 편 소비자보호에 관한 법률

제 1 편

경제법 총론

제1장 총 설

제1절 개 설

'경제법'이란 일반적으로 국가의 경제에 대한 개입의 근거로 되는 법규범으로서 개인의 경제상의 자유와 권리를 실질적으로 보장하기 위한 법률이라고 정의할 수 있다.[1] 이는 자본주의 시장경제의 발전과정에서 드러난 모순과 폐해를 시정하고 본래의 경제질서를 유지하기 위해 국가가 경제정책을 통해 국민경제에 개입하게 되었고, 그 과정에서 발생하는 개인의 경제적 자유와 권리 제한의 규범적 근거로서 「법치주의 원칙」에 따라 법률을 제정한 데서 연유하고 있다.

원래 자유방임(laissez-faire)에 기한 고전적인 자본주의 체제 하에서는 생산수단의 사적 소유를 기반으로 경제활동의 자유가 최대한으로 보장되었고, 모든 경제주체가 시장가격을 주어진 것으로 보고 자신의 이익에 부합되는 방향으로 행동할 때 소위 '보이지 않는 손'(invisible hand)에 의해 사회 전체가 조화로운 발전과 번영을 이룰 수 있는 것으로 보았다. 따라서 국가의 역할은 외교・국방 또는 사법권의 행사 등에 한정되고, 경제에 대한 국가의 개입은 최소한에 그치게 되었다.

그러나 자본주의가 고도화하면서 시장에서 독과점이 형성되고, 카르텔・트러스트와 같은 거래제한행위가 나타나게 됨에 따라 수요와 공급의 법칙에 의한 시장에서의 자율적 조정기능이 제대로 작동하지 않게 되고, 이로 인해 자원의 효율적 배분이 저해되었다. 이와 함께 자연독점, 소득분배의 불평등, 시장 외부에서 발생하는 불경제 등과 같이 시장기구를 통해 스스로 해결되기 어려운 문제도 발생하였다. 그 결과 자본주의가 지향하였던 시민법 원리에 의한 개인의 경제적 자유와 평등은 오히려 실질적인 부자유와 불평등을 초래하게 되었다.

이에 따라 국가는 본래의 시장경쟁질서를 회복하고 시장경제로 해결할 수 없는 소득의 재분배, 경제주체・산업・지역 간의 불균형을 해소하기 위하여 불가피하게 '보이

---

1) 이에 비해 경제의 국가적 지휘와 생산수단의 국유화를 당연한 전제로 하는 사회주의 체제 하에서는 경제법을 경제활동의 지휘와 실행의 질서를 정하고 사회주의적인 조직과 그 구조개체 간의 경제관계를 규율하는 법규범으로 보고 있다. G. Pflicke(Hrsg), Wirtschaft- und Außenwirtschaftsrecht für Ökonomen, Berlin (DDR) 1986, S. 23ff..

는 손'(visible hand)으로서 국민경제에 개입하게 되었다. 무엇보다 국가는 시장에서 가격조절기능을 회복하기 위하여 자유로운 경쟁을 제한하는 독과점기업을 규제하고 기업 간의 결합이나 가격담합행위를 금지하고, 심지어는 국가가 일정한 재화에 대하여 공권적으로 가격을 결정하는 방식으로 국민경제의 생산·분배·소비 등에 영향력을 행사하게 되었다.

경제법은 국가의 국민경제에 대한 개입을 규범적으로 뒷받침하기 위해 등장한 것으로서 국민의 국가권력으로부터 개인의 경제적 자유와 평등을 보장하기 위해 출현한 근대 시민법질서에 대한 수정을 의미하는 것이기도 하다. 근대 시민법질서 하에서 모든 개인은 자신의 자유로운 의사에 따라 법률관계를 형성할 수 있으며, 국가는 당사자 간의 합의에 의하여 형성된 법률관계에 구속력을 부여하는 것을 본질로 하고 있었다. 그러나 자본주의 경제의 고도화에 따라 모든 개인의 형식적 자유와 평등을 전제로 하는 시민법질서를 그대로 유지하는 것은 오히려 경제주체 간의 불균형을 심화시키게 되었고, 이로 인해 나타난 현상적인 법적 공백상태를 보완하기 위하여 시민법원리에 일정한 수정을 가하지 않을 수 없게 되었다. 그 결과 경제법이라는 모습으로 근대 시민법이 규율하던 생활영역이나 개인의 자유에 방임되었던 사인 간의 법률관계에 대해서까지 국가의 개입과 간섭이 이루어지게 되었다.

경제법은 얼핏 국가가 입법을 통해 개인의 경제적 권리와 자유에 대해 제약을 가하는 것처럼 보이지만, 시민법원리에 의한 형식적인 자유와 평등이 초래하는 실질적인 부자유와 불평등을 제거함으로써 오히려 자본주의 경제의 효율성과 민주성을 보장하기 위한 것이라고 볼 수 있다. 또한 국가의 경제에 대한 개입과 간섭은 '개인의 자유에 대한 구속'이라기보다 '자유방임에 의한 구속으로부터 개인의 자유를 보장'하기 위한 것이며, 경제적 강자에 의해 제약된 자유가 아닌 누구에게나 진정한 경제적 자유를 보장하기 위한 것이다. 이러한 의미에서 경제법은 개인의 경제적 자유를 전제로 한 근대 시민법원리의 결함과 모순을 교정함으로써 시민법원리 본래의 기능을 실질적으로 회복시키고 그 이상을 실현하기 위한 법률로 이해할 수 있다.

제2절 경제법의 개념

Ⅰ. 개념의 형성

경제법이 법학의 한 분야로서 등장하게 된 것은 독일에서 제1차 세계대전을 거치면서 전시경제통제 또는 전후의 경제부흥을 위해 제정되었던 일련의 경제통제입법을 체계적으로 분류하면서부터이다. 당시 독일 법학자들은[2] 개인주의와 자유경쟁을 기초로 하는 종래의 시민법원리만으로는 설명할 수 없는 새로운 법 현상을 개념적으로 어떻게 이해할 것인가를 둘러싸고 활발한 논의를 전개하였고, 그 과정에서 경제법(Wirtschaftsrecht)이라는 개념이 처음으로 등장하였다.

이러한 학설상의 논의 가운데에는 경제법의 본질에 대한 기본적인 인식의 차이에 따라 경제법을 전통적인 법 영역으로부터 독립한 새로운 법 분야로서 인정하는 견해가 있는가 하면 그 독자성을 부정하는 견해도 있다. 또한 경제법에 대한 직접적이고 구체적인 개념정의를 시도하는 학설로부터 단지 경제법의 카테고리에 포함되어야 할 법률의 범위, 경제법의 대상, 인식방법·기준을 제시하는 학설에 이르기까지 다양한 견해가 나타났다. 이와 같이 경제법의 개념은 국가의 경제규제에 관한 법 현상을 어떻게 이해할 것인가에 따라 다양하게 정의되고 있으며, 그 구체적 대상과 범위가 달라진다.

이에 비해 미국에서는 정밀한 개념구성이나 이론의 정교함보다는 실질적인 편의에 따라 법을 이해하고 운용하는 풍토 때문에 독일 법학에서처럼 경제법이라는 용어나 법 개념이 따로 존재하지 않는다. 다만, 경제법의 이념과 성격에 비추어 볼 때 반트러스트법이나 경제와 관련한 각종 규제법들이 경제법의 체계에 속하는 것으로 볼 수 있다. 가장 대표적으로 미국에서도 자본주의의 고도화에 따라 발생하는 독과점과 시장집중의 문제를 해결하기 위해 1890년 이후 「셔먼법」(Sherman Act)을 비롯하여 일련의 반트러스트법과 그 수정법률이 제정된 바 있다. 또한 1930년대 대불황을 극복하고 경제의 균형을 유지하기 위하여 1933년 「전국산업부흥법」(National Industrial Recovery Act)과 같은 국가의 경제에 대한 적극적 개입을 정당화하는 법률이 제정되기도 하였다.

---

2) Richard Kahn, Rechtsbegriffe der Kriegswirtschaft. Ein Versuch der Grundlegung des Kriegswirtschaftsrechts, München, 1918.

Ⅱ. 학 설

1. 집 성 설

집성설은 국가가 국민경제에 직접 개입하기 위한 근거로 되는 법규범이 민법이나 상법 등 종래의 시민법질서의 법체계에 포함되지 않는 점에 착안하여 이들 모든 법규범을 따로 모아 경제법으로 파악하고 있다. 이 학설은 제1차 세계대전시 독일의 전시경제통제입법을 염두에 두고, 이것이 독일 민법 등의 추상적인 근대 시민법과 어떻게 다른가 하는 점을 논한 것이다.

대표적인 학자인 누스바움(A. Nussbaum)은 경제법의 카테고리에 포함되는 법규범의 특징을 주로 국가가 국민경제에 직접적인 영향을 미치는 것으로 파악하였다. 즉, 경제법의 개념을 규정함에 있어서 간접적으로만 국민경제에 영향을 주거나 단지 개인생활만을 대상으로 하는 민법과 같은 것은 경제법에 포함하지 않는 것으로 보고 있다.[3] 또한 베스트호프(E. Westhoff)는 경제적인 현상을 바탕으로 법적인 현상이 나타나는 것이며, 경제질서를 전제로 법질서가 존재한다고 주장하면서 경제적인 견지에서 법질서를 체계화하였다. 즉, 경제에 관한 모든 법규범을 경제법으로 파악하고, 이 경제법에 있어서는 경제질서에 상응한 형태로 법의 특색에 따라 사경제법, 공경제법 또는 전체경제법으로 구분하고 있다.[4]

이 학설은 종래 법학의 범주 내에서 해결할 수 없었던 경제생활관련 법령을 수집·배열하여 독립한 경제법으로서 체계수립을 시도하였다는 점에서 의의가 있다. 그러나 경제법에 대한 통일적인 개념구성이나 독립된 법 영역으로 발전시키는 데까지는 이르지 못하였다.

2. 세계관설

세계관설은 법 전체의 기조 또는 일반 시대사조의 반영으로서 경제법을 이해하는 학설이다. 이 학설을 주장한 헤데만(J. W. Hedemann)에 의하면 18세기에는 모든 분야에서 자연이 극히 커다란 역할을 한 것과 마찬가지로 현재에는 경제 또는 경제성이라고 하는 것이 모든 사회현상의 기조로 되고 있다고 할 수 있고, 이 시대적 사조로서의 경제성(Wirtschaftlichkeit)을 띠고 있는 법을 경제법으로 보고 있다.[5] 그러나 이 학설은

---

3) A. Nussbaum, Das neues deutsche Wirtschaftsrecht, Berlin, 1920, S. 1ff..

4) E. Westhoff, System des Wirtschaftsrechts, Bd. I, 1926.

경제법을 경제성이라는 추상적인 개념으로 설명하고 있을 뿐 경제법의 독자성이나 개념을 명확히 밝히고 있지 못하다.

3. 방법론설

방법론설은 경제생활관계에 대한 법적 현상에 관하여 종래의 방법론만으로는 적절히 대처할 수 없기 때문에 새로운 방법론의 도입을 통해 경제법의 특색을 밝혀야 한다고 주장하는 학설이다.

가장 대표적인 학자 가일러(K. Geiler)는 경제생활을 둘러싼 법적 현상에 관하여 법사회학적인 방법을 적용하여 경제법을 파악하고 있다.[6] 그의 견해는 경제법을 민법, 상법 기타의 법 영역과 함께 하나의 독립한 법 영역으로서 취급하는 것은 아니고, 경제생활에 관한 법적 현상의 연구에 있어 법사회학적 방법의 적용 필요성을 강조하는 점에 그 중점을 두고 있다. 룸프(M. Rumpf)도 마찬가지로 방법론적 입장에서 경제적 법률관계를 공법과 사법을 포괄하는 전체적인 법질서(vollrechtlich)의 관점에서 경제법으로 파악하고, 사적경제법과 공적경제법을 모두 경제법의 체계에 포함시켰다.[7]

이 학설은 경제법을 파악함에 있어서 법사회학적 관점 또는 전체 법질서적인 관점을 중시하여야 한다는 것을 강조한 점에서 의미가 있으나, 경제법을 독립한 법 영역으로 인정하지 못하고 있다.

4. 대 상 설

대상설은 경제법의 고유한 규제대상을 확정하고 그것의 본질을 파악하는 방법에 의하여 경제법의 독자성을 주장하는 학설이다. 경제법을 독립된 법 영역으로 인정하면서도 구체적으로 어떠한 법 영역을 그 대상으로 하는가에 따라 다시 조직경제법설과 기업자법설로 나누어진다.

조직경제법설은 국가사회주의(나치스) 정권이 경제에 대한 국가의 간섭을 급격히 증가시키면서 경제의 조직화현상이 뚜렷해지는 시대적 상황을 배경으로 등장한 학설이다. 이 설에 의하면 경제가 자유경쟁에 의해 더 이상 진전되지 않는 경우 경제의 질서를 부여하기 위해 국가의 경제에 대한 개입, 즉 경제의 조직화가 필요하며, 경제법은 조직화된 경제(organisierte Wirtschaft)에 고유한 법이라고 한다. 조직화된 경제란 생산을 개

---

5) J. W. Hedemann, Grunzüge des Wirtschaftsrechts, Berlin, 1922, S. 10, 15.

6) K. Geiler, Die wirtschaftliche Methode Gesellschaftsrecht, Gruchots Beiträge zur Erläuterung des Deutschen Rechts, 1927, S. 593.

7) M. Rumpf, Der Sinn des Wirtschaftsrechts, AcP 120(1922), S. 153.

선하기 위하여 국가에 의해서 규제되는 거래경제(geregelte Verkehrwirtschaft) 및 공동경제(Gemeinwirtschaft)를 의미한다.[8)]

이 학설을 주장한 골드슈미트(H. Goldschmidt)는 국민경제를 크게 거래경제(사경제)와 공동경제(공경제)로 구분하고, 거래경제에 속하더라도 사인 간의 계약에 기한 순수한 거래행위는 민법이나 상법과 같은 법률의 규제대상이지만, 국가의 규제에 의하여 조직화되는 경우에는 경제법의 규제대상으로 파악하고 있다. 이 학설은 경제법에 있어서 그 대상으로 되는 조직경제라는 법적 현상을 자본주의 사회의 발전과의 관계에서 명확히 한 점에서 특색이 있다.

기업자법설은 경제법은 경제적 기업자(wirtschaftlicher Unternehmer)의 지위에서 생기는 법률관계를 대상으로 이를 규율하는 특별법이라고 한다. 경제적 기업자란 영리행위를 목적으로 하는 법 주체를 말한다. 이 설을 처음으로 주장한 카스켈(W. Kaskel)에 의하면 경제적 기업자의 노동자에 대한 관계는 노동법의 규제대상에 속하고, 그 이외의 경영에 관한 모든 관계는 경제법의 규제대상으로 된다고 하여 고도로 발달한 독점자본주의 단계에 있어서 상법과의 관계를 포함한 기업관계법을 경제법의 범주에 포함시키고 있다.[9)] 그는 경제법을 광범위하게 경제적 기업자에 관한 법이라고 할 뿐이며, 특정한 성격을 가진 단일한 법 분야로서 파악하지는 않고 있다.

그 후 하우스만(F. Hausmann)은 경제적 기업활동은 상거래 분야에서뿐만 아니라 생산·가공·금융·은행 등 여러 분야에서 이루어지게 되고, 경제적 기업가에 관한 경제법은 상법과 마찬가지로 독립된 법 영역으로 인정되어야 한다고 주장하였다.[10)] 기업자법설은 조직경제법설이 경제법의 대상을 국민경제에 있어서 조직의 형태에 주안점을 두고 있는 데 비해, 경제활동의 주체인 경제적 기업자에 두고 있다는 점에서 특색이 있다. 또한 경제적 기업자라는 핵심개념을 동원하여 경제법을 민법과 상법으로부터 구별하여 독자적인 법 영역으로 파악하고 있다.

그러나 경제적 기업자와 상인을 구별하는 기준과 근거가 제시되지 않아 경제법의 개념 정립에 크게 기여하지 못한 것으로 평가되고 있다.

5. 기 능 설

기능설은 자본주의 사회에서 경제질서를 유지하기 위해 불가피하게 요구되는 국가

---

8) H. Goldschmidt, Reichswirtschaftsrecht, 1923, S. 3ff..

9) W. Kaskel, Begriff und Bestandteile des Wirtschaftsrechts, in: Recht und Wirtschaft, 10. Jg., 1921, Nr. 11, S. 211.

10) F. Hausmann, Rechtsstaat und Wirtschaftslenkung, 1938, S. 138.

의 경제적 통제라고 하는 법의 기능을 중심으로 경제법의 개념을 파악하는 학설이다. 이 학설의 주창자인 뵘(F. Böhm)은 자유로운 시장경제를 실현하고, 사회조화적 요구를 실현하기 위해 국가의 경제정책이 중요해짐에 따라 경제통제가 확대되며, 이를 실행하는 규제수단으로서의 법을 경제법이라고 하고 있다.[11]

기능설은 법의 기능과 관련하여 국가의 통제라고 하는 규제수단을 중심으로 파악하는 견해와 경제질서의 유지라는 규제목적을 중심으로 파악하는 견해로 나누어진다. 전자의 입장에 서있는 슈미트 림플러(W. SchmidtRimpler)는 경제의 형성을 사적자치에 맡기는 법이 민법, 상법이며 국가적 규제에 맡기는 법을 경제법이라고 규정하였다.[12] 또한 링크(G. Rinck)는 경제법을 독립한 영업활동을 규제·촉진·제한하기 위한 국가적 수단의 체계로 파악하고, 이러한 규제에 속하는 것으로 영업의 허가 또는 금지, 영업활동에 대한 규제, 경쟁제한의 규제, 경제단체 등에 관한 규제 등을 들고 있다.[13]

이에 비해 후자의 입장을 지지하는 견해로서 이젤레(H. G. Isele)는 규제목적을 중심으로 경제법을 전체경제의 질서에 관한 법으로 정의하고,[14] 발러슈테트(K. Ballerstedt)는 경제법을 경제공동체(Wirtschaftsgemeinschaft)의 질서를 정의롭게 형성하기 위한 법이라고 하고 있다.[15] 또한 니퍼다이(H. C. Nipperdey)는 경제법을 경제활동을 보장하고 경제가 제대로 기능하고 정당하게 형성될 수 있도록 하기 위하여 마련된 법이라고 정의하고 있다.[16] 특히 리트너(F. Rittner)는 국민경제 전체를 정당하게 질서지우기 위한 법규범과 법제도의 총체를 경제법으로 정의하여 국가통제의 전제로서 전체경제적인 공정성을 강조하고 있다.[17]

6. 평 가

경제법을 둘러싼 독일에서의 개념논쟁은 바로 자유자본주의 사회로부터 독점자본주의 사회로 변화하는 과정에서 종래 시민법원리로 설명할 수 없는 국가의 경제적 개입에 따른 법적 현상을 파악하기 위한 시도였다고 할 수 있다. 따라서 경제법의 개념을 파악하기 위해서는 무엇보다 경제와 국가·법의 상호관계와 그 존재방식을 이해하

---

11) F. Böhm, Die Wirtschaftsordnung als Zentralbegriff des Wirtschaftsrechts, 1936.
12) W. Schmidt-Rimpler, Vom System des Bürgerlichen, Handels- und Wirtschaftsrechts, Zur Erneuerung des Bürgerlichen Rechts, 1938, S. 79ff..
13) G. Rinck, Wirtschaftsrecht, 5. Aufl., 1977, S. 1f..
14) H. G. Isele, Wirtschaftsrecht, Einführung in die Rechtswissenschaft, Marburg, 1949.
15) K. Ballerstedt, Wirtschaftsverfassungsrecht, Die Grundrechte, Handbuch der Theorie und Praxis der Grundrechte, Ⅲ 1., Berlin, 1958.
16) H. C. Nipperdey, Wirtschaftsrecht, Handbuch der Wirtschaftswissenschaft, Ⅱ, 1959.
17) F. Rittner, Wirtschafsrecht 2. Aufl.(C. F. Müller, 1987), S. 15.

여야 한다. 그러나 경제법의 규율대상으로 되는 경제는 우리의 생활 속에서 다양한 모습으로 나타나고 있으며, 경제에 관한 법적 현상도 시대에 따라 끊임없이 변화해오고 있기 때문에 경제법 개념을 특정하기 쉽지 않다.

앞에서 살펴본 제1차 세계대전 이래 제2차 세계대전까지 경제법에 관한 독일에서의 개념논쟁은 주로 평시의 불황대책과 전시의 경제통제에 대한 공통의 문제의식을 가지고 이에 따른 법적 현상을 파악하는 데 초점이 맞추어져 있었다. 예컨대 헤데만의 세계관설 및 누스바움의 수집설 등은 제1차 세계대전 당시 독일의 전시경제 통제입법을 염두에 두고, 이것이 독일 민법·상법 등의 근대 시민법과 어떻게 다른가 하는 점을 논하였다. 가일러의 방법론설은 경제법 연구의 방법으로서 법사회학적인 방법의 적용을 중요시하였고, 골드슈미트의 조직경제법설은 바이마르기의 독일 사회민주당의 조직경제론과 불가분으로 결부되어 카르텔·신디케이트 등 독점에 의한 경제를 "조직화된 경제"라고 하고, 이를 경제법의 대상으로 파악하였다. 또한 카스켈의 기업자법설은 고도로 발달한 독점자본주의 단계에 있어서 상법을 포함하여 기업자의 경제활동에 관한 법을 경제법으로 정의하였다. 이 시기의 경제법의 정의 내지 체계를 둘러싼 독일의 학설은 너무나 추상적이거나 그 전제로 되었던 법적 현상이 오늘날의 현실과 동떨어져 있음을 부정할 수 없다.

이에 비해 제2차 세계대전 이후 대부분 국가에서의 경제에 대한 개입은 사인의 경제적 자유에 대한 통제라는 측면보다는 자유경제질서의 침해요소를 제거함으로써 본래의 경제적 자유를 더욱 보호하고, 시장의 자동조절작용을 원활하게 하는 데 중점을 두고 있다. 이를 위해 사적 경제로 해결할 수 없는 부문에 대해서는 국민경제 전체적인 차원에서 국가의 경제적 기능을 더욱 강화하고 있다. 예컨대, 조세, 재정, 통화관리와 같은 정책적 수단을 통해 시장을 창출하거나 경제성장을 관리하기도 하고, 공사·공단 등을 사업주체로 하는 우편, 전신, 교통, 도로, 항만 등의 경제적 사업에 관여하기도 한다. 또한 독점단계의 경제사회에 있어서 대기업과 중소기업 및 농·어민, 기업과 소비자 등의 모든 사적 이익의 모순과 대립에 관여하고 조정함으로써 사회조화적 요구를 실현하기도 한다.

생각건대, 오늘날 경제법의 규율대상으로 되는 경제는 점차 복잡·다기화하고 있고, 국가의 경제에 대한 규제도 다양한 수단을 통하여 이루어지고 있다. 또한 경제를 규제하는 목적도 독과점 규제로부터 계층 간의 대립과 갈등의 해소에 이르기까지 다양해지고 있다. 따라서 경제법을 국가의 경제규제를 위한 법적 수단으로 이해하기보다는 전체적으로 보아 경제질서의 유지라고 하는 기능적 측면에 중점을 두고 파악하는 것이 바람직하다. 이러한 의미에서 경제법은 "국민경제를 정당하게 질서지우기 위한 법규범 또는 법제도의 총체"라고 정의할 수 있을 것이다.[18)]

Ⅲ. 경제법의 개념적 요소

1. 경제목적적 규제

경제법은 국민경제를 질서지우기 위한 법으로서 경제적 목적을 가져야 한다. 여기에서 '경제적 목적'이란 국민경제 전체의 차원에서 경제정책의 기본방향을 설정하고 개별 경제주체의 활동을 규제 · 조정하기 위한 것을 말한다. 따라서 국가의 경제에 대한 규제라도 예컨대 보안, 위생, 환경, 재정 등과 같이 경제적 목적이 아닌 단순히 개별 행정적인 목적을 위한 법률은 경제법으로서의 성격을 지닌다고 보기 어렵다. 그러나 실제로는 경제적 목적을 가지지 않은 국가의 규제라도 경제법적 성격을 가지는 경우가 있다. 예컨대, 명목상으로는 국민보건과 위생을 위한 규제라 하더라도 실질적으로 경제적 목적을 달성하기 위해 이루어지는 경우가 있고, 또한 조세분야에서도 국가재정을 위한 본래의 목적을 넘어서 경제주체의 특정한 경제활동을 규제 · 조정하기 위해 조세감면이나 중과세와 같은 정책적 수단을 동원하기도 한다.

2. 규제의 정당성

국가의 국민경제에 대한 규제는 개인의 재산권과 경제적 자유에 대한 제약이 뒤따르기 때문에 법치국가 원리에 따라 헌법과 법률이 정하는 바에 의해 일정한 법적 근거를 가져야 한다. 따라서 경제법은 경제질서의 범위 내에서 규제의 '정당성'을 가지고 있어야 한다. 우리 헌법은 자본주의 시장경제를 바탕으로 한 사회적 시장경제질서를 추구하고 있으므로(후술) 이와 양립할 수 없는, 예컨대 토지의 전면적 국유화나 국민의 경제적 자유와 권리의 본질적인 부분을 제한하는 법령이나 제도는 규제의 정당성을 결여한 것으로 볼 수 있다. 규제의 방식으로는 법률, 명령, 인 · 허가 등 권력적 수단을 동원한 규제뿐만 아니라 보조금 지급, 행정지도 등에 의한 비권력적 규제도 포함된다. 그러나 어떠한 규제방식이든 규제의 정당성을 갖추어야 한다. 또한 아무리 규제의 목적이 타당하더라도 필요한 한도를 벗어난 경우에는 국민경제를 정당하게 질서지우는

---

18) 이 개념 정의는 독일의 Fritz Rittner 교수가 주창한 것으로 권오승 교수가 국내에 소개한 이후 국내 학자들 간에도 논의가 있었으나, 정설로 받아들여지고 있다. 권오승 · 홍명수, 「경제법」 제15판(법문사, 2024), 5면 이하; 이기수 · 유진희, 「경제법」 제6판(세창출판사, 2004), 12면; 권재열, 「경제법」 제4판(법원사, 2005), 18면 이하.

것으로 볼 수 없다.

3. 법규범 또는 법제도의 총체

경제법은 법규범 또는 법제도의 총체이다. 오늘날 경제법이라는 용어가 흔히 사용되고 있지만 경제법이라는 통일적이고 형식적인 법전이나 법령이 존재하는 것이 아니다. 경제법은 수많은 개별적인 경제법령을 토대로 하나의 법체계로서 존재하고 있으나, 그 대상으로 되는 법 분야나 영역에 관하여도 따로 정해진 바가 없다. 경제법은 공정거래법이나 소비자기본법처럼 단행법으로 존재하기도 하지만, 공·사법의 전 영역에서 개별규정의 형태로도 광범하게 분포되어 있다. 헌법을 비롯하여 민법, 상법은 물론이고 형법상의 재산범죄규정, 각종의 정책수행을 위한 행정법규 등 개별적인 법령에 분산되어 있다.

과거에는 경제법이 주로 공법 규범으로 존재하는 경우가 많았으나, 오늘날 사법적 규율에 의하는 경우도 많아 나타나고 있다. 즉, 공법의 원리와 내용이 종래의 사법의 영역으로 확장하면서 사법의 기본원리와 내용이 점차 사회적·공익적 성격을 띠게 되었다. 또한 공공의 이익을 실현하고 시장자율에 규제와 조정을 가하기 위하여 제정된 수많은 경제관련 법률은 종래 시민법으로서의 사법 영역을 규율대상으로 하고 있지만, 국가의 규제라는 공법적 수단에 의존하고 있다는 점에서 사법과 공법이 혼합된 새로운 중간법의 영역으로 존재하고 있다.

제 2 장 경제법의 특성, 기능 및 체계적 지위

제 1 절 경제법의 특성

Ⅰ. 사회법으로서의 경제법

사회법이란 개인주의·영리주의·자유주의를 기조로 하는 근대 시민법에 대신하여 사회적 법치국가의 입장에서 공동사회의 공공이익을 보호하기 위해 국가의 규제를 허용하는 것을 특색으로 하는 새로운 법체계이다. 사회법은 자본주의의 고도화에 따라 발생하는 빈부의 격차와 사회적 불균형을 국가의 힘에 의해 교정한다는 점에서 그 특색이 있다. 경제법도 그 이념에 있어서는 경제적·사회적 강자와 약자 간의 불평등관계를 비롯한 독점자본주의의 모순과 폐단을 시정함으로써 공동사회에 있어서 모든 경제주체의 실질적 자유와 평등을 보장하고 공공이익을 실현하기 위한 법으로서 사회법의 범주에 속한다고 할 수 있다.

이에 따라 종래 시민법에서 절대적 보장의 대상이 되었던 사유재산 내지 계약의 자유는 공동사회 전체의 이익을 증진하기 위하여 각종 제한과 의무를 부담하게 된다. 예컨대, 「물가안정에 관한 법률」에서 정부가 수요공급의 법칙에 따른 시장자율에 방임하지 않고, 시장에 직접 개입하여 최고가격의 지정이나 긴급수급조정조치를 취할 수 있다.[1] 이는 거래당사자의 사익을 보호하기 위한 규정도 아니고 또한 계약의 자유라는 시장자율을 법원리로 하는 규정도 아니므로 종래의 순수한 사법이 아님이 명백하다. 그렇다고 본질적으로 사법의 규율이 타당하고 또 종래의 사법의 고유한 지배영역이었던 상품가격의 결정을 공법의 고유한 영역이라고 주장하기도 어렵다. 따라서 이 최고가격의 지정에 관한 규정은 당사자의 사익과 국민경제의 공동이익이 조화되고, 또 시장의 자율과 국가의 규제가 공존하면서 기능하는 경제법인 동시에 새로운 독특한 법체계로서 사회법에 속한다고 할 수 있다.

---

1) 예컨대, 같은 법 제2조 제1항에서는 정부는 내우외환, 천재지변, 긴급한 재정·경제상의 위기 등 대통령령으로 정하는 사유가 있는 경우로서 국민생활과 국민경제의 안정을 위하여 필요하다고 인정할 때에는 특히 긴요한 물품의 가격, 부동산 등의 임대료 또는 용역의 대가의 최고가격을 지정할 수 있도록 정하고 있다.

Ⅱ. 정책법으로서의 경제법

각 경제주체의 시장에서의 경제활동을 분권적 시장기구에 맡기는 시장경제 체제에서는 완전경쟁의 조건이 갖추어진 경우에만 자원배분의 효율성을 달성할 수 있다. 그러나 자본주의의 고도화과정에서 독과점의 출현 등으로 시장기구가 불완전하게 작동하기도 하기도 하고, 소득의 공평분배나 경제안정·경제성장과 같은 다른 경제정책적인 목표를 추진하기 위해서는 시장기구에만 모든 것을 맡길 수 없는 경우도 나타나게 된다. 이에 따라 오늘날 대부분의 자본주의 국가에서는 분권적 시장경제를 기본으로 하면서도 시장기구가 제대로 기능하지 않거나 시장기구에만 모든 것을 맡길 수 없는 문제를 해결하기 위해 집권적·계획경제적 요소를 도입하고 있다. 이와 같은 국가의 계획경제적 역할을 일반적으로 경제정책(economic policy)이라고 한다.

경제법은 국가가 경제정책을 효율적으로 수행하기 위해 제정한 법률 또는 제도로서 그 정책목표와 수단을 법규범의 구조와 기능으로 재구성해서 법적 성질과 효력을 부여하고 있다. 이러한 의미에서 경제법은 정책법으로서의 특징이 나타나게 된다. 경제법에 해당하는 대부분 법률의 제1조(목적)에서는 통상적으로 "국민경제의 균형있는 발전"이나 "국민경제의 건전한 발전" 등과 같은 경제정책적인 목표가 제시된다. 또한 경쟁력 강화나 거래적정화, 경영합리화 등 각 세부적인 경제정책의 실현을 위한 국가의 책무가 정해진다. 물론 사인 간 법률관계의 효력에 관한 규정을 두는 경우도 있으며, 필요시 각 경제정책에 관하여도 개별정책의 실시를 위한 하위법률이 체계적으로 존재하기도 한다. 이와 같이 경제법은 정책법으로서 국가의 경제정책을 내용으로 하고 있다는 점에서 권리·의무관계를 규정하는 형식으로 국가권력의 발동을 기속하는 형태의 법과는 구별된다. 또한 오늘날 상당수의 경제법령이 국가의 사회·경제적 정책목표를 정하는 것에 중점을 두고 소위 프로그램 규정의 형식을 취하고 있어, 근대 법령이 일정한 요건사실과 법적 효과를 중심으로 규율되는 형식을 취하는 것과 대조를 이루기도 한다.

그러나 경제법은 정책법으로서의 특성으로 인해 법의 지배 또는 법치행정이 공동화(空洞化)하거나 단지 국가의사로서 정책을 실행하는 수단으로 전락할 우려가 있다. 또한 정책법은 일반적으로 국가의 계획을 책정하고 정책을 선언함으로써 경제주체의 이해관계에 커다란 영향을 미치지만, 국가가 보장해야 하거나 국가의 침해를 허락하지 않는 개인의 이익의 범위가 불확정하기 때문에, 개인이 경제법 조항을 근거로 국가에 대하여 사익의 실현을 위한 청구권을 가지거나 국가에 의한 사익침해의 배제를 청구할 수는 없다.

제 2 절 경제법의 기능

Ⅰ. 시장기구의 유지

자본주의 시장경제에서의 중심적 경제제도는 시장기구(market mechanism)이다. 무엇을 얼마만큼 어떻게 생산하고 소비할 것인가 하는 기본적 경제문제는 경제주체의 자유로운 의사를 기초로 시장기구에 의하여 결정된다. 그 결과 시장기구가 완전히 작동하는 한 공급이 수요를 초과한다면 가격은 하락하고, 수요가 공급을 초과한다면 가격은 상승한다. 이와 같이 시장기구 내에서 모든 경제주체가 시장가격을 주어진 것으로 보고 자신의 이익에 부합되는 방향으로 행동할 때 시장가격은 수요와 공급이 일치하는 방향으로 조정되며, 사회 전체의 조화있는 발전과 번영을 이룰 수 있게 된다.

그러나 오늘날 독과점이나 카르텔의 형성 등으로 인하여 시장기구는 내재적으로 자기파괴적 경향이 있고, 대기업과 같은 경제적 강자에 의한 시장지배로 인하여 시장기구가 점차 쇠퇴하여 자본주의가 그 본래의 모습을 상실할 우려가 있다. 따라서 시장기구의 건전성을 유지하고 시장에서의 실질적인 자유경쟁 상태를 회복하기 위하여 독점금지법이나 공정거래법이 등장하고, 대기업의 횡포로부터 경제적 약자인 중소기업과 소비자 이익을 보호하기 위하여 중소기업보호법과 소비자보호법의 제정이 요구된다. 이러한 경제법들은 독과점의 폐해를 억제하고 시장경제의 근간인 자유롭고 공정한 경쟁과 시장기구에 의한 자동조절기능을 유지하기 위하여 불가결하다.

Ⅱ. 시장기구의 보완

자본주의 시장경제에 있어서 시장기구가 언제나 만능은 아니다. 시장기구가 제대로 작동하더라도 시장이 제 기능을 다하지 못하는 소위 '시장의 실패'(market failure)[2]가

---

2) '시장의 실패'란 경쟁적 가격 메커니즘에 의하여 시장경제가 형성되어도 재화가 갖는 특성이나 완전경쟁을 저해하는 요인들에 의해서 효율적 최적배분이 이루어지지 않게 되는 현상을 말한다. 이 경우 시장기구가 제 몫을 다 하지 못했다는 의미에서 시장기능의 실패라고도 한다. ① 불완전한 경쟁(독과점), ② 정보의 불충분성, ③ 공공재의 존재, ④ 외부효과의 존재, ⑤ 시장에 의한 소득분배의 불공평성 등은 시장가격기구

생길 수도 있고, 시장기구에 맡기는 것이 적절치 않은 부분도 있다. 예컨대, 각 개인이나 기업은 자기의 이익만을 추구하려 하기 때문에 사회간접자본에는 적절한 투자를 하지 않는다거나 공해방지를 위한 비용이 가격에 반영되지 않기 때문에 공해문제를 적절히 해결할 수 없다. 또한 시장기구는 능력에 따라 소득을 분배하기 때문에 무능력자나 실업자는 아무런 소득을 얻지 못하고, 인간적인 생활을 위한 최소한의 여건을 갖추지 못하는 경우도 생기게 된다.

따라서 시장이 실패하거나 시장기구의 정상적인 작동에 지장이 있는 경우 이에 대처하기 위해 합리적으로 최소한도의 규제가 불가피하다. 예컨대, 전기·가스 등 자연독점산업에 대한 요금인가제라든가, 제품의 안전성·위생성의 확보, 소비자보호의 필요성에 의한 표시의 의무화, 시장의 외부에서 발생하는 불경제에 대처하기 위한 환경의 보전을 위한 규제, 기타 공공재 등의 정부에 의한 공급을 통해 장래의 불확실성에 대한 대처 등을 들 수 있다. 또한 산업정책적 차원에서 이 장해를 제거 내지 경감하는 법률이 제정되기도 한다.

예컨대, 구조적 불황에 대처하거나 장래성이 있는 유치산업(infant industry)에 대하여 한정된 기간 동안 보호해 주어 장래 시장에 있어서 유효한 경쟁단위로 되도록 원조해 주거나, 기초기술의 개발과 같이 단독기업만으로는 할 수 없지만 국가의 지원 또는 기업의 협동에 의해 비로소 가능한 사업을 정책적으로 뒷받침하는 법률이 제정되기도 한다. 또한 과잉생산 또는 불황으로부터 경제의 안정을 도모하기 위하여 각종 물자의 수급조절 및 가격의 안정을 위한 법률의 제정이 요구되기도 한다.

제3절 경제법의 체계적 지위

Ⅰ. 경제법과 헌법

헌법은 국가의 구성과 작용에 관한 기본적인 이념과 원리를 비롯하여 그 실현하기 위한 국민의 기본권 보장과 국가의 통치기구를 정한 최고의 근본규범이다. 경제법은 그 실질에 있어서 헌법이 추구하는 경제적 이념과 원리를 국민경제의 활동영역에서 구체적·개별적으로 실현하기 위해 제정되는 법률로서 헌법상 경제질서의 기초 위에서

가 자원의 최적배분을 달성할 수 없는 요인들이다. 이러한 시장실패는 국가의 경제적 개입을 정당화시키는 요인이 된다.

정당화될 수 있다.

우리 헌법은 경제질서에 관하여 제119조 제1항에서 자유민주주의 국가이념을 반영하여 "대한민국의 경제질서는 개인과 기업의 경제상의 자유와 창의를 존중함을 기본으로 한다"고 규정하여 시장경제를 기본으로 하고 있음을 밝히고 있다. 또한 자본주의 시장경제를 유지하고 발전시켜 나가기 위한 제도적 기초로서 제23조 제1항에서는 "모든 국민의 재산권은 보장된다. 그 내용과 한계는 법률로 정한다"고 규정하여 사유재산권을 기본적으로 보장하고 있다. 이와 함께 제15조의 직업선택의 자유를 비롯하여 각종 생활권적 기본권을 보장하고 있다.

그러나 이러한 경제질서의 기본은 헌법이 지향하는 복지국가의 원리와 모든 국민의 인간다운 생활 보장이라는 사회조화적 요구를 실현하기 위해 수정·보완되고 있다. 즉, 제119조 제2항에서는 "국가는 국민경제의 성장 및 안정과 적정한 소득을 유지하고 시장의 지배와 경제력의 남용을 방지하며, 경제주체 간의 조화를 통한 경제의 민주화를 위하여 경제에 관한 규제와 조정을 할 수 있다"고 명시하여 국가의 국민경제에 대한 개입의 일반적 근거를 두고 있고, 제120조부터 제127조까지는 경제분야별로 국가가 개입할 수 있는 근거를 두고 있다. 이와 함께 제23조 제2항은 재산권 행사의 공공복리 적합성을 요구하고 있다.

이러한 일련의 헌법규정은 국가의 국민경제에 대한 개입과 이를 위한 경제법 제정의 근거로 된다. 하지만 제37조 제2항에서 국민의 모든 자유와 권리는 국가안전보장·질서유지 또는 공공복리를 위하여 필요한 경우에 한하여 법률로써 제한할 수 있고, 자유와 권리의 본질적인 내용을 침해할 수 없도록 일반유보조항을 두고 있다.

Ⅱ. 경제법과 행정법

행정법은 일반적으로 행정권의 조직과 작용 및 행정구제에 관한 법으로서 주로 권력적 수단에 의한 행정권의 규제를 특질로 하고 있다. 경제법에 있어서 국가에 의한 경제적 제한은 국가권력 중의 행정권에 의한 규제의 형태를 띠는 경우가 많으므로, 경제법과 행정법, 특히 경제행정법과는 공통된 점이 많다.

형식적으로 본다면 행정법과 경제법은 법률 운용의 주체가 행정기관이고, 국가의 권력적 수단에 의한 국민의 사경제적 생산활동 또는 사법적 법률관계에 관여한다는 점에서 같지만, 그 실질에 있어서는 구별된다. 행정법은 공공복리, 재정확보 등 국가의 고유한 행정목적을 직접 달성하기 위한 것으로 행정원리가 작용하는 공법 영역에 속한다. 이에 비해 경제법은 원래 사적자치의 영역에서 해결해야 할 것을 국민경제상의 요구를 실현하기 위해 국가가 개입할 수 있도록 하는 사회법의 영역에 속하는 것으로서 기본적으로 경제원리가 작용하게 된다. 따라서 행정법은 통상 국가가 사인에 대해 규제하는 2면적 구조를 띠지만, 경제법은 국가가 사인과 사인 간의 관계를 규제하는 3면적 구조를 띠게 된다. 그러나 오늘날 두 법체계의 이론적 구별의 실익은 점차 감소되고 있으며, 실제로는 단일 법령에서 두 기능을 동시에 수행하는 규정을 두고 있는 것이 보통이다.

Ⅲ. 경제법과 민법

민법은 사인 간의 일반적 생활관계를 규율하는 법률이다. 민법은 개인의 지위의 대등성과 입장의 호환성을 전제로 각 개인의 사적인 생활관계의 형성을 그들의 자유로운 결정에 맡겨 놓으면 각자의 이익을 최대로 실현할 수 있을 뿐 아니라 사회전체의 이익도 가장 잘 조화될 수 있다는 기본적인 사고에 기초하고 있다. 따라서 사인 간의 이해관계를 가장 합리적으로 조화할 수 있기 위해서 민법은 근대 시민법의 기본원칙인 「소유권 절대의 원칙」, 「계약자유의 원칙」 및 「과실책임의 원칙」에 기초하여 제정되어 있다. 다만 행위무능력자의 행위나 하자있는 의사표시 및 반사회질서 행위에 대해서는 법적 효력을 제한함으로써 구체적인 경우에 사인 간의 이해관계의 조화를 도모하고 있다.

그러나 오늘날 자본주의의 고도화로 근대 시민법원리의 전제가 더 이상 유지되지 못하고, 계약이라는 합법적인 수단을 통하여 경제적 강자가 경제적 약자를 억압하는 문제가 발생하게 되었다. 경제법은 이러한 모순을 극복하고 국민경제 전체의 이익 또는 경제의 사회적 조화를 위하여 근대 시민법원리를 수정하고 있다. 즉, 경제법은 개인의 사유재산권도 공공복리를 위해 제한될 수 있음을 전제로 하여 개인의 권리행사를 제한하거나 의무를 부과할 수 있는 「소유권 공공의 원칙」 도입의 근거를 마련하고 있다. 「계약자유의 원칙」보다 「계약공정의 원칙」을 실현하기 위해 계약체결을 강제하거나 계약내용을 제한하기도 한다. 또한 「과실책임의 원칙」을 수정하여 「입증책임의 전환」 또는 「무과실책임」을 도입하기도 한다. 이러한 측면에서 경제법은 민법의 특별법 성격을 띠고 있다고 볼 수 있다.

Ⅳ. 경제법과 상법

상법과 경제법은 모두 경제생활을 대상으로 하는 점에서는 공통적이지만, 그 이념과 대상을 달리하고 있다. 상법은 영리추구를 목적으로 하는 기업의 유지·발전을 이념으로 하고 있으며, 이를 위해 기업 간 또는 기업과 사인 간의 개별적인 이해관계의 조정을 위한 법률이다. 이에 비해 경제법은 기업의 영업활동 과정이나 그 결과로 나타나는 부작용과 폐해를 국민경제 전체의 입장에서 시정하기 위한 법률이라고 볼 수 있다. 상법은 경제질서의 저변을 이루는 기업의 개별적인 거래관계를 규율하지만, 경제법은 국민경제 전체의 차원에서 건전한 경제질서를 유지하는 역할을 하고 있다.

상법은 기업의 권리와 이익이 타인으로부터 침해되지 않도록 보호하는데 중점을 두고 있는데 비해, 경제법은 기업이 타인의 이익을 침해하지 않도록 규제하는데 중점을 두고 있다. 경제법은 일부 기업의 시장지배나 자의적인 행태를 규제함으로써 모든 기업이 공정하고 자유롭게 영업활동을 할 수 있는 환경을 조성하고, 소비자를 비롯한 모든 경제주체의 자율적인 경제생활을 보장한다는 점에서 궁극적으로는 개인주의 법률인 상법이 실현하지 못하는 기능을 보충하는 역할을 한다.

Ⅴ. 경제법과 노동법

노동법은 사용자와 근로자 간의 고용관계 또는 근로자 상호 간의 관계를 규율하기 위한 법률이다. 원래 사용자와 근로자 간의 관계는 사적 자치의 영역에서 해결되어야 하나, 자본주의 고도화에 따라 경제적·사회적 약자인 근로자의 지위를 보강하고, 협상력을 높일 수 있도록 노동법이 등장하였다. 노동법과 경제법은 자본주의가 고도화하는 과정에서 발생하는 경제적·사회적 강자에 의한 약자의 종속화 문제를 해결하기 위해 근대 시민법질서를 수정하고 있다는 점에서 모두 사회법의 카테고리에 포함된다.

그러나 노동법이 근로자 계층의 생활안정과 경제적·사회적 지위 향상을 목적으로 하는 사회정책 입법인데 비해, 경제법은 국민경제 전체의 차원에서 정당한 경제질서를 추구하기 위한 경제정책 입법이라는 점에서 구별된다. 예컨대, 근로자의 임금결정이 사용자와의 단체협약 등을 통하여 이루어진다면 사회정책의 관점에서 노동법의 영역에 속하는 것으로 볼 수 있지만, 물가통제라는 경제정책의 차원에서 이루어진다면 경제법의 영역에 속하게 된다.

Ⅵ. 경제법과 국제경제법

국제경제법의 개념은 통상 국제경제에서 일반적으로 국제경제관계에 있어서 재화 또는 용역의 거래나 자본과 노동의 이동 등은 국가 간의 관습·생활수준·산업구조 등이 서로 다르기 때문에 통일된 질서를 유지하기 위해서는 국가 간에 통용되는 규범을 마련하는 것이 중요하다.의 거래질서를 규율하기 위해 국제기구나 국제조약에 의하여 만들어진 제도나 규범을 말한다. 국제경제법은 체계 면에서 국제경제에 관한 법으로도 이해될 수 있고, 경제에 관한 국제법으로도 이해될 수도 있다. 전자의 의미에서 국제경제법은 국제적 요소를 가진 경제에 관한 국내·국제법규로서 독자적인 학문분야에 속하는 것으로 볼 수 있지만, 후자의 의미에서는 국가(또는 국제기구)를 수범자로 하는 국제법의 한 분야에 속하는 것으로 보게 된다.[3)] 한편 국제경제법은 기능면에서 국가 간의 공정하고 자유로운 경제활동의 보장을 통해 국제경제관계의 조화를 도모한다는 점에서 국내 시장에서의 능률경쟁을 통해 경제관계의 조화를 도모하고 있는 경제법과 유사하다. 그러나 오늘날 국제기구의 규범이나 국제조약에서 각국의 경제정책이나 기업의 경제활동에 대해 권고, 중재, 제재 등의 방법을 통해 규제와 간섭을 하거나 경쟁정책과 규범의 국제적 조화를 위한 논의가 활발하게 이루어지고 있어 국제경제법은 국내 경제법에도 상당한 영향을 미치고 있다.

오늘날 경제의 글로벌화가 진행됨에 따라 국제경제법의 중요성이 높아지고 있다. 특히 1995년 1월 세계무역기구(WTO)의 출범 이후 국제교역에 있어 관세 또는 비관세장벽을 통한 진입규제 등 공적 영역에서의 무역장벽이 완화되는 대신, 기업 간의 합병, 국제카르텔, 다국적기업의 시장지배적지위의 남용 등 경쟁제한적 관행으로부터 비롯된 사적인 무역장벽의 해소를 통한 공정한 무역 또는 경쟁문제가 중요한 이슈로 부각되고 있다.

Ⅶ. 경제법과 형법

경제법에는 그 규범의 실효성을 보장하기 위하여 위반행위에 대한 형사적 제재로서 형벌규정을 두고 있다. 이 형벌규정은 국민경제 전체를 정당하게 질서지우기 위한

---

3) 김대순, 「국제경제법」(삼영사, 1998), 3면.

것이라는 점에서 경제법의 일부를 구성하고 있지만, 법 위반행위에 대한 처벌을 규정하고 있는 점에서 형법의 범주에 속하기도 하다. 경제법 위반행위에 대하여 형사벌을 제재수단으로 채택하고 있는 경우 형법상의 원리와 형법총칙의 규정이 그대로 적용된다.

경제법의 형벌규정과 형법은 모두 그 범죄성립에 있어 구성요건에 해당하는 위법·유책한 행위를 요구하는 점에서 공통점이 있다. 그러나 형법상 범죄는 국가의 제정법을 기다릴 것 없이 그 행위 자체가 이미 반윤리적·반사회적 성격을 가지는데 비하여, 경제법 위반행위는 특정한 경제정책의 목적을 위하여 제정된 법령의 명령·금지규정에 위반되었기 때문에 반사회적 성격이 인정되고 처벌된다는 점에서 양자 간에 기본적인 차이가 있다.[4] 다만 경제정책적인 목적을 달성하기 위해 형벌을 부과한다는 점에서 특히 합목적성이 중시되어야 할 것이다.[5]

한편 경제형법(Wirtscaftsstrafrecht)이란 국민경제질서를 유지·형성하기 위한 형벌법규 체계로서 경제법상의 경제범죄를 그 규율대상으로 하고 있다. 즉, 경제법은 원래 개인적 이익이 아니라, 국가경제질서의 보호를 기본이념으로 하는 것이기 때문에 경제형법도 경제생활상의 범죄행위에 관한 법규 중에서도 국민경제질서 또는 시장기능의 교란과 관련되어 있는 범죄행위 및 그에 대한 형사제재를 규정한 법규를 총칭하는 개념으로 이해할 수 있다. 이러한 의미에서 경제형법상의 범죄는 통상의 재산범죄와 구별되며, 경제형법의 1차적인 보호법익은 개별 경제주체의 이익이 아니라 전체로서의 국민경제질서이다. 국민경제질서를 침해하거나 위태롭게 하는 대표적인 범죄유형으로 경쟁질서 위반, 조세포탈, 수출입통제 위반, 금융범죄, 외환범죄 등을 들 수 있다.

Ⅷ. 경제법과 세법

세법은 국가의 재정수요를 충족시키기 위하여 국민들이 부담하는 조세의 종목과 세율을 규정하고 있는 법규범의 총체이다. 또한 세법은 국가와 개인 간의 법률관계를 다루는 것이므로 전통적인 공·사법 이원론에 따르면 공법의 체계에 속하는 것으로 이해할 수 있다. 그럼에도 불구하고 세법은 개인과 기업의 경제적 활동에 따르는 이익이

---

4) 이러한 차이로 인하여 예컨대 특정인을 낙찰자로 하기 위하여 그 이외의 자는 일정한 가격 이상 또는 이하로 응찰하지 않기로 협정하는 행위가 형법상의 「입찰방해죄」와 공정거래법상의 「부당한 공동행위금지규정」의 구성요건을 충족하더라도 일반법·특별법의 법조경합이 아닌 상상적 경합범으로 처벌된다.

5) 참고로 1949년 7월에 제정된 독일 「경제형법통일법」에서는 경제법 위반행위를 형사적인 범죄행위와 비형사적인 질서위반행위로 분류하는 대원칙을 제시하였다. 이에 따라 경제법규 위반행위 중 형벌부과의 대상이 되는 행위(경제범죄)는 가능한 한 형법전에서 규율하고, 그 밖의 경제질서 위반행위에 대해서는 대부분 행정처분으로 대응하고 있다.

나 과실에 대하여 국가가 참여하는 형식이므로 민·상법 등 사법체계와도 밀접하게 관련되어 있다.[6]

그러나 복지국가의 등장과 함께 조세는 재정수요의 원천 기능 이외에 경제정책적 목적을 함께 고려하기 때문에 세법은 경제법상 유효한 규제수단으로 이용된다. 특히 국가가 조세종목과 세율을 책정함에 있어서 단순히 국가의 재정적 수요 이외에 조세감면이나 중과세의 정책수단에 의하여 특정한 산업이나 기업의 특정한 경제활동을 억제 또는 촉진하는 사례가 증가하고 있다. 이러한 법 현상으로 종래의 시민법 체계에서는 국가의 재정수입을 규율했던 공법으로서의 조세법령이 현대법 체계에서는 국가가 경제정책 주체로서 개별 경제주체들의 경제활동을 규제하는 경제법의 성격을 띠게 된다.

6) 김성수, 「세법」 - 조세법과 공법원리 - (법문사, 2003), 45면.

제 3 장 경제체제와 경제질서

제 1 절 경제체제

Ⅰ. 의 의

경제체제(economic system)란 경제생활을 영위하기 위해 이루어지는 부분적 · 개별적 경제활동을 전체로서 조정하는 질서체계를 말한다. 각 경제체제는 고유의 기본원리를 가지고 있으며, 그 기본원리의 차이에 의해 여러 가지 경제체제로 구분된다. 오늘날 경제체제를 분류하는 중요한 지표로는 생산수단에 대한 소유형태와 경제주체 활동의 상호조정 메커니즘을 들 수 있다.

우선 생산수단에 대한 소유를 기준으로 사인이 생산수단을 소유하는 자본주의(capitalism)와 국가 또는 사회가 생산수단을 소유하는 사회주의(socialism)로 나눌 수 있다. 또한 경제주체 간 활동의 조정 및 자원의 배분 메커니즘에 따라 시장경제와 계획경제로 나누어진다. 시장경제(market economy)는 각 경제주체가 언제, 어디서, 무엇을, 어떻게, 얼마만큼 생산 · 소비할 것인가를 시장기구에서의 가격을 조정수단으로 자율적으로 결정하는 경제체제이다. 계획경제(planned economy)는 중앙정부의 계획기관이 위의 경제문제를 해결하기 위해 경제주체의 활동이나 자원배분에 관하여 명령하는 경제체제이다.

위의 기준에 의해 구분되는 경제체제는 상호 결합방식에 따라 다시 자본주의 시장경제, 자본주의 계획경제, 사회주의 계획경제, 사회주의 시장경제 체제로 구분할 수 있다. 이 중에서 그 속성상 순수한 결합유형은 자본주의 시장경제와 사회주의 계획경제이다. 자본주의 시장경제는 정치체제로서의 자유민주주의와 사회체제로서의 개인주의를 이념적 기반으로 하는데 비해, 사회주의 계획경제는 공산주의와 집단주의를 그 기반으로 하고 있다. 그러나 오늘날 이러한 순수한 형태는 어느 사회에서도 그 예를 찾아보기가 어려우며, 오히려 각 경제체제의 장점을 상호 보완하여 활용하는 혼합경제체제(mixed economic system)를 취하는 것이 일반적이다.

〈경제체제의 상호관계〉

경제체제	자본주의 시장경제	사회주의 계획경제
정치체제	자유민주주의	공산주의
사회체제	개인주의	집단주의

Ⅱ. 유 형

1. 자본주의 시장경제

자본주의 시장경제(capitalist market economy) 체제는 생산수단이 사유화되어 있고, 각 경제주체의 경제활동은 시장기구를 매개로 자유로운 의사에 따라 이루어지는 경제체제이다. 가장 순수한 형태의 자본주의 시장경제 체제를 자유시장경제 체제(free market economic system)라고도 한다.

이 체제에서는 개별 경제주체인 기업과 소비자가 생산·투자·분배 그리고 소비에 있어서 경제적으로 중요한 모든 결정을 내린다. 이러한 결정들 사이의 조정은 시장에서의 수요와 공급의 상호작용으로 이루어지며, 시장가격은 소비자의 욕구를 최적 상태로 만족시켜주는 균형점을 따라 오르내리고, 가격의 자유로운 흐름에 따라 자원의 합리적 배분이 이루어질 것을 전제로 하고 있다. 헌법상 사유재산권의 보장과 근대 시민법원리로서 「사적자치의 원칙」은 이러한 체제를 작동하고 지탱하는 법률적 기초로 된다.

그러나 이 체제는 완전경쟁이라는 전제조건이 시장경제에 내재된 집중화 경향으로 인해 실현될 수 없다는 한계를 안고 있다. 무엇보다 사인의 자유로운 경제활동이 무제한으로 허용된 결과 소수의 독과점 대기업들이 시장을 지배하게 되고, 가격기구는 인위적으로 조작되어 본래의 기능을 발휘하기 어렵게 된다. 실제로 시장에서의 정보나 시장의 공개성은 상당히 제한적이며, 수요와 공급도 여러 가지 원인으로 가격변화에 따라 만족스럽게 반응하지 못함으로써 자원의 합리적 배분도 가능하지 않다. 그 밖에 빈익빈 부익부의 현상으로 소득불균형이 심화되고, 이러한 과정이 반복되면서 사회적 계급대립이 격화하게 된다.

2. 자본주의 계획경제

자본주의 계획경제(capitalist planned economy) 체제는 생산수단의 사유화를 기초로 각 경제주체의 경제활동이 국가의 명령이나 계획에 따라 이루어지는 경제체제이다.

1930년대 후반 독일의 나치, 이탈리아와 일본의 파시스트 정권의 전시통제경제 하에서는 개인과 기업의 소유권을 인정하면서도 「수권법」, 「국가총동원법」 등에 의해 생산, 유통, 소비, 기업, 노동 등 국민경제 재생산의 총체에 대하여 국가가 전면적으로 권력적 개입을 행사한 것은 그 대표적인 사례로 볼 수 있다. 물론 오늘날 대부분의 자본주의 국가에서도 시장메커니즘을 보완하기 위해서 전체적인 경제량 또는 경제활동을 결정하는 정책적 지표로서 경제계획을 수립하고, 개인과 기업의 경제활동의 방향을 계획된 목표에 접근시키고 있다. 그러나 이러한 국가 경제계획의 수립과 실행은 강제성을 전제로 하지 않는 한 경제주체의 경제활동을 중앙계획당국의 지도와 명령에 따르게 하는 계획경제 체제의 그것과는 구별되어야 한다.

3. 사회주의 계획경제

사회주의 계획경제(socialist planned economy) 체제는 생산수단이 국유화 또는 공유화되어 있고, 각 경제주체의 경제활동은 국가의 명령에 따라 이루어지는 경제체제이다. 가장 순수한 형태의 사회주의 계획경제 체제를 중앙계획경제 체제(central planned economic system)라 한다.

사회주의 체제의 관점에서는 생산수단의 사유화를 인간에 의한 인간의 경제적 착취와 사회적 계급대립의 근본 원인으로 보기 때문에 사소유권의 제거와 생산수단에 대한 사회주의적 소유를 통해 전체사회의 이익을 계획적이고 균형있게 발전시킬 수 있는 것으로 보고 있다. 즉, 생산수단의 국유화 또는 사회화는 사회주의 경제의 모든 영역에 걸쳐 생산요소를 합리적으로 배분하고 효율적으로 이용할 수 있도록 하기 위한 전제조건으로 보고 있다.

생산수단의 국유화 또는 사회화는 국가의 중앙집권적인 경제계획과 지휘를 가능하게 한다. 국가는 중앙계획기관을 통해 전체 인민경제의 이익을 위한 경제발전의 지표를 설정하고 전체 경제의 흐름을 계획하고 무엇을 얼마만큼 생산하여야 할지를 결정한다. 또한 중앙기관은 하위 경제기관의 업무의 주요내용을 확정하고 그의 계획과제를 이행하도록 도와주며, 등장하는 오류 및 위반을 제거함으로써 올바른 경제활동을 하도록 보장할 것을 지향하고 있다. 모든 것이 철저한 계획에 의해 이루어지는 중앙계획경제에서는 적합한 절차를 신뢰하는 시장경제와는 달리 경제적 합리성은 계획된 내용의 정확성을 통해 보장된다. 이 체제의 경제적 특징은 상품의 가격은 수요와 공급의 법칙에 의하기보다는 오히려 조절수단으로서의 국가적 계획에 의해서 크게 좌우된다는 점이다. 따라서 경영의 성과는 계획달성이라는 척도에 의해서 우선적으로 평가되며 이윤

은 단지 부차적으로만 작용한다.[1)]

중앙계획경제 체제에서는 경제계획의 수립에 수많은 요소를 고려하여야 하나, 그들 상호 간의 연관관계가 복잡하고 실제로 시간의 경과에 따라 많은 변수가 나타나기 때문에 계획 자체가 불완전하거나 비합리적일 수밖에 없다. 또한 평균주의적 배분방식이 지배하고 있는 한 개인의 창의 또는 생산성 향상을 위한 경쟁이나 성과에 충분한 인센티브가 존재하지 않기 때문에 경제적 효율성은 시장경제 체제에 비해 크게 뒤떨어진다. 특히 방대한 계획을 수립하고 집행하기 위해서는 거대한 행정관료조직을 필요로 하게 되는데, 중앙관리경제 체제에서는 생산수단이 국·공유화되어 있기 때문에 이들 관료들이 재산의 처분권까지 장악하게 된다. 행정관료들은 사람을 포함한 모든 자원을 배분하는 막강한 힘을 갖게 되며, 이들의 계획에 의하여 사람을 포함한 모든 생산요소가 배치되므로 직업의 자유나 거주이전의 자유를 비롯하여 개인의 자유마저 박탈된다.

4. 사회주의 시장경제

사회주의 시장경제(socialist market economy) 체제는 생산수단의 국유화·공유화를 기초로 각 경제주체 또는 경제단위의 활동이 시장기구를 매개로 이루어지도록 하는 경제체제를 말한다. 이 체제는 사회주의 계획경제에서 발생하는 계획성의 오류를 극복하고 자원배분의 효율성을 높이기 위하여 시장경제의 원리를 도입한 것이다. 즉 계획경제 체제에서는 국가의 중앙계획기관에 의해 가격과 생산량이 결정되더라도 그러한 결정이 소비자에게까지 충분한 자기구속력을 발휘하지 못하기 때문에 결국은 소비자의 기호에 따를 수밖에 없고, 생산량과 수요량은 일치할 수 없게 된다. 여기에 시장메커니즘이 개입됨으로써 가격과 수급이 조정되고 시장은 원활히 제 기능을 발휘하게 된다.

이 체제의 가장 큰 특징은 시장경제의 가장 핵심에 해당하는 법적 토대인 생산수단의 사적 소유를 인정하지 않으면서 경제주체의 활동을 시장경제에 맡기는 것이다. 이 체제하에서는 시장에서의 경제주체의 활동을 시장기구의 기능에만 맡기는 것이 아니라 국가가 생산수단의 국유화·공유화를 바탕으로 거시경제적 영역에서 중요한 역할을 수행하게 된다. 또한 국가는 경제·사회정책, 경제법규, 계획지도 등 필요한 행정관리를 통하여 시장경제의 운영질서를 지켜나가게 된다. 사회주의 시장경제는 오늘날 중국이 지향하는 경제체제이기도 하다.

---

1) 이에 관하여는 W. Gumpel, Sozialistische Wirtschaftssysteme(München, 1983), S. 22; 신현윤, 「동구권경제법」(법문사, 1997), 7면.

제 2 절 경제질서

Ⅰ. 시대적 발전

경제질서(Wirtschaftsordnung)[2)]란 인간의 경제활동에 관한 규범의 총체로서 경제를 둘러싼 개인과 국가의 행동양식과 상호 간의 역할관계를 결정하는 근본사항에 속하는 것이다. 따라서 헌법에서는 어떤 형태로든 이에 관한 헌법제정권력자의 근본결단이 요구된다. 헌법이 정하고 있는 경제질서에 따라 국가가 경제에 대해 얼마나 영향을 미칠 수 있으며, 그 한계가 어디까지인가가 나타나게 된다.

근대국가의 성립 이후 각국은 헌법에서 고유의 정치적 이념과 경제적 목표를 실현하기 위해 위 경제체제의 어느 한 유형을 기반으로 하는 경제적 기본질서를 설정하고 있으며, 헌법상 경제질서는 시대적 흐름에 따라 변천을 거듭하여 왔다. 개인의 경제활동과 관련하여 자유방임주의가 지배하던 시대에는 경제생활 영역에서도 근대 시민법원칙으로서 「소유권 절대의 원칙」, 「계약자유의 원칙」 및 「과실책임의 원칙」이 강조되었기 때문에 자유시장경제질서가 주류를 이루었다. 이 시대 입헌주의 국가의 헌법은 경제에 관한 한 원칙적으로 사적 자치에 입각한 사법적 차원의 문제로만 인식하였고, 국가가 소극적인 경제질서 유지의 수준을 넘어서 적극적으로 경제문제에 관여하는 것을 허용하지 않았다. 따라서 경제에 관한 헌법규정은 재산권의 불가침에 관한 조항이 핵심이었다.

그러나 19세기 말에서 20세기 초에 걸쳐 서구 자본주의 사회가 독점자본주의 사회로 이행되면서 자본주의 체제의 내재적 모순과 병폐가 드러나게 되었다. 모든 사람을 평등한 인격자로 보고 자유로운 계약활동과 소유권의 절대성만 보장해주면 개인적으로나 사회적으로 무궁한 발전을 기약할 수 있다는 이상을 전제로 한 개인주의적인 시장경제 체제는 오히려 경제적 약자의 권익을 희생시키는 사회적 모순을 초래하였고, 독

---

2) 경제질서라는 개념은 Walter Eucken이나 Franz Böhm을 비롯한 독일 프라이부르크 학파가 자신들의 신자유주의의 경제체제의 모델을 설명하기 위하여 처음 사용하였다. W. Eucken에 의하면 현실적으로 존재하는 수많은 경제체제의 유형에도 불구하고 이것들은 특정한 경제적 법칙성에 의해 특징되는 두 개의 순수한 이념적인 경제질서로서 자유로운 경쟁과 시장기구를 요소로 하는 시장경제질서(Marktwirtschaft, Verkehrswirtschaft)와 생산수단의 국유화와 국가의 계획 · 조정에 의해 운영되는 계획경제질서(Zentralverwaltungswirtschaft, Planwirtschaft)가 있다. W. Eucken, Grundlagen der Nationalökonomie, S. 41ff.; ders., Grundsätze der Wirtschaftspolitik, S. 19ff.; ders., *Das ordnungspolitische Problem*, Ordo Bd. 1(1948). S. 56ff..

점자본의 시장지배로 시장메커니즘의 자율기능이 마비되어 실업이나 인플레이션 또는 불황 등의 경제적 모순이 심화되었다. 사회적으로도 중소상공인, 농민과 일반 시민들은 프롤레타리아로 전락하여 계급적 대립과 갈등을 초래하였다. 이는 자본주의 운동법칙의 작동결과인 동시에 본래의 이념에 배치되는 이율배반적인 성격을 나타내는 것이기도 하다. 이에 따라 20세기 초 자본주의 시장경제질서를 대체할 새로운 경제질서로서 구소련을 비롯한 공산주의 국가에서는 사회주의 계획경제질서가 형성되기 시작하였다.

제1차 세계대전 직후 세계 대공황으로 인한 경제혼란과 노동계급의 성장에 따른 사회주의의 급속한 확산에 따라 각국은 경제에 대한 중립적 입장에서 벗어나 경제적·사회적 모순을 해결하기 위해 적극적인 대응방안을 모색하기 시작했다. 바이마르공화국을 비롯하여 대부분의 자본주의 국가에서는 자본주의 체제를 전제로 하면서도 개인의 경제활동이 경제전체의 이익과 충돌할 경우 정책적으로 사적인 경제활동에 관여하여 그 결함을 시정하고 자본주의 본래의 모습을 유지하고자 하였다. 이러한 소위 「수정자본주의」(revised capitalism) 하에서는 개인주의·자유주의 경제질서를 기반으로 하면서도 모든 국민의 인간다운 생활을 균등하게 보장하는 사회복지국가의 실현을 목표로 개인의 재산권 행사에 대한 사회적 책무가 강조되고, 국가가 직접 시장자율에 개입할 수 있게 되었다. 다만 그 개입의 정도는 각국의 경제사정과 사회적 상황에 따라 다르게 나타났다.

제2차 세계대전 이후 선진 자본주의 국가에서는 일부 산업을 국유화하기도 하고 국가의 경제에 대한 개입에 따라 계획적 요소를 강화해 왔다. 그 결과 계획경제와 자유경제의 요소를 혼합한 경제체제가 대두되었다. 이와 함께 독일제국시대의 국가사회주의에 대한 반성으로 독일을 중심으로 질서자유주의(Ordo-Liberalismus)[3]에 기초한 새로운 사회경제적 모델로서 '사회적 시장경제'가 등장하였다. 사회적 시장경제는 개별 경제주체의 자유와 같은 기본적인 시장경제 체제에 해당되는 내용이 그대로 적용되나 시장경제에 내재된 자기파괴력을 억제하고 이를 극복하는 과제가 추가적으로 국가에 주어진다는 점에 특징이 있다. 시장기능을 위해 핵심이 되는 경쟁은 국가의 독과점 통제를 통해서 확보되며, 이러한 내용에 사회정의를 위한 소득의 재분배와 같은 사회정책적 조치들이 부가될 때 사회적 시장경제라고 할 수 있다.[4] 사회적 시장경제는 제2차

3) 질서자유주의란 신자유주의(Neo-Liberalismus)가 특히 시장경제질서의 특징을 시장경제 및 가격기구가 제대로 작동할 수 있는 경쟁질서(Wettbewerbsordnung)의 유지 속에서 찾고 있기 때문에 흔히 그렇게 불리고 있다.

4) H. D. Jarass, Wirtschaftsverwaltungsrecht und Wirtschaftsverfassungsrecht, 2. Aufl., 1984. S. 50.

세계대전 이후 사회적 약자의 생존권 보장, 소비자보호, 환경보호 및 사회간접자본의 공급과 같이 시장경제만으로 해결할 수 없는 과제를 복지국가 · 사회적 법치국가적 차원에서의 국가가 적극 개입하여 공동체의 갈등을 해소하고 사회적 평화와 안정을 도모할 수 있는 경제질서로 각광을 받게 되었다.

다른 한편 자본주의 체제의 모순을 극복하기 위해서 등장한 중앙관리경제 체제는 1980년대 후반 구소련의 고르바쵸프의 개방(Glasnost) · 개혁(Perestroika)정책과 독일의 통일 그리고 구소련의 붕괴로 이어지면서 막을 내리게 되었다. 이에 따라 구소련과 동구권 국가들은 자유화의 물결과 함께 그들이 금세기 동안 추구해 왔던 사회주의 계획경제를 포기하고 경제성장과 사회안정을 위해 새로운 형태의 자본주의 시장경제 또는 사회적 시장경제로의 전환을 시도하였다. 이로써 오늘날 북한, 쿠바 등 극소수의 국가를 제외하고 사회주의 계획경제를 유지하는 국가는 더 이상 존재하지 않으며, 자본주의 시장경제와의 체제경쟁은 무의미하게 되었다. 그동안 사회주의 체제를 견지해 오던 중국도 1990년대에 들어서면서 세계화 · 개방화 물결과 함께 정치적 문제에 결정적 어려움을 겪지 않는 범위 내에서 시장경제를 도입하여 빠른 속도로 경제성장을 이룩하고 있다.[5]

2000년대에 들어서면서 1980년대 이후 미국 · 영국을 중심으로 등장하였던 신자유주의(neo-liberalism)[6]가 전 세계적으로 확산된 바 있다. 소위 레이거노믹스와 대처리즘으로 대표되는 이 신자유주의는 국가의 과도한 경제간섭이 낳은 비효율성과 역작용을 비판하고 경제와 관련된 국가의 임무는 정의로운 경쟁질서가 유지되도록 하는 시장감시자의 역할에 국한되어야 한다는 입장이다. 신자유주의는 기본적으로 시장경제가 개개인의 능력과 창의성에 따른 경쟁을 촉진하고 이에 대한 보상을 차별화함으로써 사회전체의 발전을 이룩할 수 있다는 시장근본주의에 바탕을 두고 있다.[7] 신자유주의의 입

---

5) 중국은 1993년, 1999년 헌법개정을 통하여 전문에서 중국을 부강 · 민주 · 문명의 사회주의 국가를 만드는 방법의 하나로 「사회주의 시장경제」의 발전을 들고 있으며, 제15조 제2항에서는 국가는 사회주의 시장경제를 실행한다고 규정하고 있다.

6) 1980년대 등장한 영미식 신자유주의는 시장의 자유로운 작동을 최우선시 한다는 점에서 제2차 세계대전 이후 독일의 질서자유주의자들에 의해 사회적 시장경제론으로 발전한 경제사상으로서 신자유주의(Neo-Liberalismus)와 마찬가지이다. 그러나 영미식 신자유주의는 현대 복지국가에서 팽창된 국가역할을 축소하고 개인의 자유와 시장경제의 영역을 확대해야 한다고 주장하는데 비해, 독일식 신자유주의는 사회적 형평을 강조하며 국가의 강력한 개입을 통한 부의 재분배를 주장하고 있다는 점에서 근본적인 차이가 있다.

7) 레이거노믹스(reaganomics)란 레이건 미국 대통령과 이코노믹스의 합성어로서 1981년 미국의 레이건 정부가 실시한 경제회생책으로 이른바 공급사이드경제학이라고 불리며, 경제에 단기적인 자극보다는 근본적인 활력을 주어야 한다는 것이다. 이는 대규모 감세와 규제완화를 통해 민간투자를 촉진, 경제를 활성화시킨 사례로 평가되고 있다. 대처리즘(thatcherism)은 영국의 마가렛 대처 수상의 이름을 따서 만든 명칭으로 생산성 향상을 위해 신자유주의를 도입하고, 저금리정책, 금융혁신, 기업구조조정 등을 추진하였다.

장에서는 경제규제 입법은 특정한 피규제기업 내지 집단의 이익에 기여하고 자원배분을 왜곡하며 소비자후생의 손실을 초래하고 있다고 비판하면서 국가의 규제완화의 당위성을 강조하고 있다. 이와 함께 사회적 시장경제질서 내지 혼합경제체제에 있어서 국가의 기능과 역할의 근본적 재검토 및 민영화, 개방화, 자유화를 주장하고 있다.

그러나 2008년 국제 금융위기 이후 신자유주의의 결과로 나타난 승자독식에 의한 중산층 붕괴와 사회계층 간의 양극화를 극복하기 위해 등장한 '자본주의 4.0 시대'[8]의 새로운 자본주의 모델로서 포용과 상생의 개념이 강조되고 있다.

Ⅱ. 우리나라의 경제질서

1. 역사적 배경

자본주의의 역사적 진화과정을 살펴볼 때 자본주의가 성숙하기 위해서는 크게 두 가지 전제조건이 충족되어야 한다. 첫째는 자본축적이 이루어져야 하고, 둘째는 자본주의의 사상적 기초로 되는 성숙한 자유민주주의 체제가 확립되어 있어야 한다.

서구 자본주의는 중세 절대왕정시대 식민지 무역을 통해 축적한 상업자본이 산업혁명을 거치면서 산업자본으로 그 규모를 확대하게 되었고, 시민법적 권리의 쟁취와 함께 개인의 합리적 선택과 개인 간의 자유, 공정한 경쟁을 기저로 정치적 민주주의와 일체관계 속에서 발전되어 왔다. 이 과정에서 파생되는 자본주의의 모순과 폐해는 정치·사회체제 속에서의 조화를 통해 해결함으로써 그 기본적인 생동력과 가치관을 유지하여 왔다.

이와 달리 우리나라의 경우 자본주의를 위한 전제조건이 충족되지 않은 채 일제로부터의 광복과 함께 급작스럽게 자본주의 국가로 출발하게 되었다. 당시 일제의 식민지 약탈로 국내 자본의 축적은 거의 이루어지지 않았으며, 그나마 곧 이은 6·25동란(1950년~1953년)으로 대부분의 산업시설마저 폐허화되어 자본주의 출발을 위한 최소한의 기반마저 붕괴되었다. 또한 광복 이후 대부분의 국민들은 봉건적 사고방식과 일제의 전제적 통치하에서 전시 경제규제법령과 배급제에 여전히 익숙해 있었고 민주주의라는 개념은 생소하였다. 더구나 당시 사상적 혼란 속에서 서구의 자유민주주의 정치체제가 이식되었지만, 그 이념적 기초로 되는 자유와 평등은 스스로 쟁취한 것이라기보다 타율적인 제도 도입의 결과 얻어진 것이었다. 이러한 열악한 상황 속에서 자본주

8) Anatole Kaletsky, Capitalism 4.0: the birth of a new economy in the aftermath of crisis(1st ed.), New York, NY: PublicAffairs, 2010.

의 시장경제는 제 기능을 발휘하기 어려웠고, 자본주의와 민주주의의 상호작용이 제대로 이루어지지 못하였다.

우리나라에서 자본주의의 동력인 자본의 축적이 본격적으로 이루어지기 시작한 것은 1960년대 이후부터이다. 이 시기 자본과 자원이 절대적으로 부족한 상태에서 국가는 낙후된 경제를 재건하고 자본축적과 고도성장을 병행하기 위해 경제개발계획[9]을 수립하고, 민간경제부문에 대한 각종 인·허가 등을 통하여 국민경제에 깊숙이 관여하기 시작하였다. 이에 따라 사경제부문에 대한 국가의 간섭이 보편화되어 사유재산권이 원칙적으로 인정된다는 것을 제외하고는 본래의 의미에서 자본주의 시장경제의 속성을 제대로 갖추지 못하였다.

국가는 소수의 능력있는 기업에 대한 정책적 배려를 통하여 집중적으로 지원하는 이른바 「불균형 성장정책」을 채택하였고, 자본과 자원의 배분의 효율적 관리를 위해 경제에 대한 광범위한 통제가 이루어졌다. 그 결과 국민경제는 질적·양적으로 괄목할 만한 성장을 거듭하였다. 그러나 다른 한편으로는 산업간·지역간·계층간 불균형이 드러나기 시작하였고, 독과점 시장구조와 경제력집중이 심화되었다.

이러한 부작용에 대한 반성으로 1980년대 이후 경제운용방식을 정부주도에서 민간주도로 전환하기 시작하였고, 국가의 경제에 대한 개입은 완화되어 통제경제적인 요소는 감소되었다. 또한 왜곡된 시장구조를 시정하고, 경제적 강자와 약자 간의 힘의 불균형을 보정하기 위한 각종 정책과 입법을 본격적으로 추진하기 시작하였으며, 기업의 경제활동을 제약하는 각종 규제요소를 지속적으로 완화 또는 제거해오고 있다. 그러나 거시경제적 차원에서 경제성장 동력의 유지나 민주복지국가 실현을 위한 경제적·사회적 규제는 오늘날에도 지속되고 있다.

2. 헌법상 경제 관련 규정

(1) 기본구조

헌법상 경제에 관한 규정은 크게 두 부분으로 구성되어 있다. 첫째는 국가행위에 대하여 한계를 설정함으로써 경제질서의 형성에 개인과 사회의 자율적인 참여를 보장하는 경제적 기본권에 관한 규정이고, 둘째는 경제영역에서의 국가활동에 대하여 기본

---

9) 「경제개발 5개년계획」은 1962년 이후 총 6차례 30년간에 걸쳐 추진되어 '한강의 기적'이라고 불릴 정도로 우리나라의 경제성장에 획기적인 역할을 하였다. 1차는 주로 농업생산량 증대, 2차는 공업화 추진과 농업근대화, 3차는 중화학공업 증진과 수출증대, 4차는 경제의 자립화와 산업구조의 중화학 공업화, 5차는 신도시 건설산업 구조개선과 산업균형 조절, 마지막 6차는 물가안정책과 첨단산업증진 산업균형조정 등을 그 주요목표로 하였다.

방향과 과제를 제시하고 국가에 적극적인 경제정책을 추진할 수 있는 권한을 부여하는 경제의 규제와 조정에 관한 규정이다.

헌법상 보장되는 경제적 기본권과 공익목적을 위한 국가의 규제와 조정에 관한 규정들은 상호 모순·충돌되는 것이라기보다는 보완적 관계에 있는 것으로 보아야 한다. 즉, 헌법상 보장되는 개인의 경제적 기본권은 타인의 권리를 침해하거나 공공의 이익에 위해를 발생시키지 않는 한도 내에서 인정되는 것이고, 국가도 균형있는 국민경제의 성장·안정과 적정한 소득의 분배, 시장의 지배와 경제력의 남용방지 그리고 경제주체 간의 조화를 통한 경제민주화라고 하는 공익목적의 한도 내에서 경제적 기본권에 규제와 조정을 가함으로써 궁극적으로는 국민의 경제적 기본권과 자유가 실질적으로 보장될 수 있도록 하는 것이다.

(2) 경제적 기본권

(가) 내 용

헌법은 자유민주적 기본질서의 바탕 위에서 제119조 제1항에서 개인과 기업의 경제상의 자유와 창의를 존중한다고 규정하고 있다. 또한 이를 뒷받침하고 자본주의 시장경제를 유지·발전시켜 나가기 위한 경제적 기본권으로서 사유재산권과 각종 경제활동의 자유를 보장하고 있다.

우선 기본권의 전체적인 체계에서 사유재산권은 기본권의 주체가 각자의 생활을 자기책임 하에서 자주적으로 형성하도록 이에 필요한 경제적 조건을 보장해 주는 기능을 한다. 이로써 재산권의 보장은 자유실현의 물질적 바탕을 의미하고, 자유와 재산권은 상호보완관계인 동시에 불가분의 관계에 있다.[10] 헌법 제23조 제1항에서 "모든 국민의 재산권은 보장된다. 그 내용과 한계는 법률로 정한다"고 규정하여 자본주의의 제도적 근간인 사유재산권을 보호하고 있다. 이는 근대 자유민주주의 헌법 이래 생명, 자유, 재산에 관한 불가침의 권리[11]로서 포함되어 왔던 자연법적인 기본권리로서 재산권을 보장한다는 것을 재천명하고 있는 것으로 볼 수 있다.

다만 재산권의 내용과 한계를 법률로 정하도록 한 것은 그 내용을 정한 법률이 형성되어 있을 때만 재산권이 비로소 권리로 인정되는 것을 의미하기보다는 소유권은 절대적인 것이 아니고 입법에 의하여 재산권의 내용과 한계가 새로이 광범위하게 규정될

---

10) 헌법재판소 2003. 11. 27. 선고 2001헌바35 결정.

11) 버지니아 권리장전(1776년) 제1조 참조. 또한 프랑스 인권선언(1789년) 제17조는 "재산권은 신성하고 불가침한 권리이므로, 합법적으로 확인된 공공필요가 이를 명백히 요구하고 정당한 사전보상이 전제되지 않는다면, 어느 누구도 이를 박탈당하지 않는다"고 규정하였다.

수 있다는 의미에서 법률유보조항을 둔 것으로 볼 수 있다. 이 재산권의 보장을 정태적으로 파악한다면 국민 개개인의 사유재산을 보장하는 차원이지만, 동태적으로 파악한다면 재산권 보장의 차원을 넘어 적법한 영리활동을 통한 자본축적과 축적된 자본 내지 재산의 투자와 자유로운 사용·수익·처분의 보장을 의미하기도 한다.

이와 함께 헌법은 경제활동의 자유로서 직업의 자유(§15)와 결사의 자유(§21①) 등에 관한 규정을 두고 있으며, 행복추구권의 내용으로서 일반적 행동자유권(§10), 평등권(§11) 및 각종 생활권적 기본권 보장에 관한 여러 규정들도 국민의 경제적 기본권과 관련을 가지는 것으로 볼 수 있다. 특히 직업의 자유에는 영업의 자유와 기업의 자유가 포함되고, 이를 근거로 누구나 자유롭게 시장에서의 경쟁에 참여할 수 있다. 자유로운 경쟁은 기본권의 주체가 직업의 자유를 실제로 행사하는 데에서 나오는 결과이므로 당연히 직업의 자유에 의하여 보장되고, 모든 기업들이 국가의 간섭이나 방해를 받지 않고 시장에서 능력에 따라 경제활동을 할 수 있는 여건을 제공하게 된다. 이와 함께 소비자가 시장기능을 통하여 생산의 종류, 양과 방향을 결정하는 소비자주권의 사고가 바탕을 이루는 자유시장경제에서는 경쟁이 강화될수록 소비자는 그의 욕구를 보다 유리하게 시장에서 충족시킬 수 있고, 자신의 구매결정을 통하여 경쟁과정에 영향을 미칠 수 있기 때문에 경쟁은 또한 소비자보호를 위해 포기할 수 없는 중요한 구성부분이다.[12]

결사의 자유에는 적극적으로 단체를 결성하거나 이에 가입할 자유뿐만 아니라 소극적으로 단체에 가입하지 아니할 자유 및 기존의 단체에 대항하는 경쟁관계의 새로운 단체를 결성할 자유도 포함된다. 특히 경제적 결사체로서 회사나 사업자단체의 설립을 통해 경제적 이익이나 의사를 관철할 수 있는 근거로 되는 기본권에 속한다. 또 인적 결합으로서의 결사뿐만 아니라 이를 기반으로 하는 활동도 결사의 자유에 포함된다.

(나) 제 한

헌법에서 보장되는 경제적 자유와 권리는 무제한으로 인정되는 것이 아니라 적어도 공동체를 위한 책임과 의무를 전제로 한다. 이미 헌법은 전문에서 "대한국민은 … 자유와 권리에 따르는 책임과 의무를 완수하게 하여…"라고 하여 모든 개인과 기업의 경제활동에 있어서 자유와 권리를 향유하기 위해서는 자신의 이익에만 집착할 것이 아니라 공동사회의 구성원으로서 공공의 이익과 모든 경제주체들의 권익을 염두에 두고 자신의 자유와 권리에 상응하는 자율적인 책임과 의무를 다할 것을 요구하고 있다.

또한 제23조 제2항에서는 재산권의 행사를 공공복리에 적합하도록 요구하고 있다. 이를 재산권의 내용과 한계를 법률로 정할 수 있도록 입법자에게 위임한 제23조 제1항

12) 헌법재판소 1996. 12. 26. 선고 96헌가18 결정.

제2문의 규정과 관련하여 종합적으로 이해한다면 소유권은 절대불가침한 것이 아니고 그 내용과 한계는 법률로 정해지는 것이며, 소유권을 가진 자는 공공복리를 위하여 자신의 재산을 이용할 의무가 있음을 알 수 있다. 재산권에 대한 제한의 허용 정도는 재산권행사의 대상이 되는 객체가 기본권의 주체인 국민 개개인에 대하여 가지는 의미와 다른 한편으로는 그것이 사회전반에 대하여 가지는 의미가 어떠한가에 달려 있다. 재산권의 행사의 대상이 되는 객체가 지닌 사회적 연관성과 사회적 기능이 크면 클수록 그 제한으로 되는 사회기속성(Sozialbindung)은 강하게 나타나며, 입법자에 의한 보다 광범위한 제한이 정당화된다.[13] 물론 이러한 제한은 헌법 제37조 제2항과 헌법 제119조 이하의 경제조항과의 연관 속에 검토되어야 한다.

이와 같이 헌법에서 재산권의 사회적 의무성을 강조하는 것은 재산권의 절대적 보장으로부터 초래되는 사회적 폐단을 최소화하려는 것으로 이해할 수 있다. 즉, 국가권력의 형성과 행사가 법적 한계 내에서 이루어져야 하는 것과 마찬가지로 자의적인 경제력의 행사나 경제력의 집중을 법적으로 억제함으로써 타인의 경제활동의 자유를 보장할 수 있기 때문이다. 이는 동시에 사유재산제도의 유지존속을 위한 최소한의 자기희생 내지 양보라고 할 수 있다.[14] 또한 재산권행사의 사회적 의무성을 헌법 자체에서 명문화하고 있는 것은 사유재산제도의 보장이 타인과 더불어 살아가야 하는 공동체생활과의 조화와 균형을 훼손하지 않는 범위 내에서의 보장임을 천명한 것으로서 재산권의 악용 또는 남용으로 인한 사회공동체의 균열과 파괴를 방지하고 실질적인 사회정의를 구현하겠다는 국민적 합의의 표현이라고 할 수 있다. 마찬가지로 사법(私法)의 영역에서도 신의성실의 원칙이라든가 권리남용금지의 원칙, 소유권의 상린관계 등의 형태로 그 정신이 투영되어 있다.

그 밖에 헌법 제37조 제2항에서는 "국민의 자유와 권리는 국가안전보장·질서유지 또는 공공복리를 위하여 필요한 경우에 한하여 법률로써 제한할 수 있으며 그 경우에도 자유와 권리의 본질적인 내용을 침해할 수 없다"고 규정하여 국민의 경제활동의 자유나 사유재산권에 대한 국가행위의 한계를 설정하고 있다.[15] 이러한 규정들은 자유와 권리는 국가가 법으로서 확정할 때만 보호되는 것이 아니라, 국가 이전의 고유한 개인의 자유와 권리가 있고 국가는 이를 보호할 의무가 있다는 자연법론적인 전제하에 있는 것이다.

---

13) 헌법재판소 2003. 11. 27. 선고 2001헌바35 결정; 1998. 12. 24. 선고 89헌마214 결정. Vgl. BVerfGE 37, 132, 140-1; 42, 263, 294; 50, 290, 340-1; 52, 1, 32; 58, 137, 148.

14) 헌법재판소 1989. 12. 22. 선고 88헌가13 결정.

15) 헌법재판소 1998. 5. 28. 선고 96헌가4, 97헌가6·7, 95헌바58(병합) 결정; 1998. 2. 27. 선고 95헌바32 결정.

(3) 경제의 규제와 조정

헌법 제119조는 국가가 개인과 기업의 경제적 자유를 존중해야 할 의무(제1항)와 더불어 국민경제의 성장 및 안정과 적정한 소득의 유지나 시장의 지배와 경제력의 남용의 방지 및 경제주체 간의 조화를 통한 경제의 민주화를 위하여 국가가 경제에 관한 규제와 조정을 할 수 있는 일반적 근거를 마련해 놓고 있다(제2항).

또한 국가의 규제와 조정을 위한 헌법상 개별적 근거로서 ① 천연자원의 국유와 특허, 국토와 자원의 보호 및 계획(§120), ② 농지의 소작금지 및 임대차 등의 예외적 인정(§121), ③ 국토이용 등에 관한 제한, 의무부과(§122), ④ 농・어촌의 종합개발과 중소기업의 보호・육성(§123), ⑤ 소비자보호운동의 보장(§124), ⑥ 대외무역의 육성(§125), ⑦ 사기업의 예외적 국・공유화 또는 경영통제(§126) 및 ⑧ 과학기술의 발전과 국가표준제도의 확립(§127) 등을 규정하고 있다.

3. 헌법상의 경제질서

(1) 자유시장경제

우리 헌법은 전문에서 "…정치・경제・사회・문화의 모든 영역에 있어서 각인의 기회를 균등히 하고, 능력을 최고도로 발휘하게 하며…"라고 규정하고, 제119조 제1항에서는 "…개인과 기업의 경제상의 자유와 창의를 존중하는 경제질서를 기본으로 한다"고 규정함으로써 헌법상의 경제질서가 개인과 기업의 자유경쟁에 바탕을 둔 시장경제를 기본으로 하고 있음을 천명하고 있다. 또한 제23조의 재산권 보장을 비롯하여 제10조의 행복추구권의 내용으로서 일반적 행동자유권, 제11조의 평등권, 제15조의 직업의 자유, 제21조의 결사의 자유 등 각종 경제활동의 자유를 규정함으로써 모든 개인과 기업이 사적자치의 원칙을 기초로 자유스러운 경제활동을 할 수 있도록 보장하고 있다.[16]

이러한 헌법의 입법구조와 취지는 경제상의 자유와 창의야말로 궁극적으로 모든 국민이 인간으로서의 존엄과 가치를 향유하고 각자의 행복을 추구하는 데 최선의 방법이라는 이상을 배경으로 하는 것이다. 즉, 개인과 기업의 경제상의 자유와 창의를 존중함으로써 국민 개개인은 자유스러운 경제활동을 통하여 생활의 기본적 수요를 스스로 충족시킬 수 있고, 영리추구를 위한 경쟁을 통해 기술개발이나 생산성 향상 또는 경영합리화 등 경제적 효율을 증대시켜 국민경제를 성장시키며, 이는 국민의 복지를 증진시키는 중요한 모티브가 되기 때문이다.

---

16) 헌법재판소 1997. 6. 26. 선고 93헌바49, 94헌바38・41, 95헌바64(병합) 결정.

(2) 사회적 시장경제

자유시장경제질서는 경제주체의 자기결정권을 전제로 경제를 시장의 자율조정기능에 맡기는 것이지만, 자칫 이기적인 욕구에 의해 타인의 이익을 침해하거나 공동체 사회에서의 공공이익과 충돌할 우려가 있다. 따라서 경제주체인 개인과 기업의 경제상의 자유와 창의가 그 본래의 한도를 넘어 시장의 정상적인 기능을 왜곡하거나 사회적으로 모순과 부작용을 야기한다면 국가는 공동체 모두의 이익을 보호하기 위해 불가피하게 이에 개입하지 않을 수 없다. 이와 관련하여 헌법은 제9장「경제」부분에서 사회적 시장경제질서의 원칙 및 그 제약원리를 선언하고, 이어서 그 구체적인 실천목표를 명시하고 있다.

헌법 제119조 제1항에서 경제주체인 개인과 기업의 경제상의 자유와 창의를 존중하는 경제질서의 대원칙을 선언하고, 제2항에서는 "국가는 국민경제의 성장 및 안정과 적정한 소득을 유지하고 시장의 지배와 경제력의 남용을 방지하며, 경제주체 간의 조화를 통한 경제의 민주화를 위하여 경제에 관한 규제와 조정을 할 수 있다"고 명시하고 있다. 이는 오늘날 모든 국가가 지향하는 보편적 원리를 헌법상 경제질서로 규범화한 것으로 우리 헌법이 자유시장경제질서를 기본으로 하면서도 공익적 목표를 달성하기 위하여 국가적 규제와 조정을 용인하는 사회적 시장경제 내지 혼합경제를 채택한 것으로 볼 수 있다.[17] 다만 우리 헌법은 제120조 이하에서 농지소작제도의 금지, 국토와 자원에 대한 국가의 보호와 이용계획의 수립, 대외무역의 규제조정, 지역 간의 균형발전에 필요한 지역경제육성의무, 사기업의 국·공유화 등 일반적으로 사회적 시장경제질서의 내용을 넘어서는 계획경제적인 요소도 포함하고 있다.[18]

그러나 큰 틀에서 보면 우리 헌법은 이미 많은 문제점과 모순이 드러난 자유방임적 시장경제를 지향하기보다 사회적 시장경제질서에 입각하여 국민 모두가 호혜공영하고 실질적인 사회정의가 보장되는 국가를 지향하고 있는 것으로 볼 수 있다. 또한 우리 헌법은 건강한 사회질서와 경제적 약자를 보호함으로써 사회국가원리에 따른 실질적인 자유와 평등의 근본이념을 실현하려는 국가의 목표를 분명히 하고 있으며, 모든 국민에게 최소한의 인간다운 생활을 보장하기 위하여 소득의 재분배, 투자의 유도·조정, 실업자 구제 내지 완전고용, 광범한 사회보장을 책임있게 시행하는 민주복지국가의 이상을 추구하고 있다.[19]

---

17) 우리 헌법이 사회적 시장경제를 선언한 것으로 보는 견해가 일반적이고, 헌법재판소도 우리 헌법상 경제질서를 사회적 시장경제로 보고 있다. 헌법재판소 2001. 6. 28. 선고 2001헌마132 결정; 1996. 4. 25. 선고 92헌바47 결정; 1998. 5. 28. 선고 96헌가4 결정. 그러나 우리 헌법이 사회적 시장경제를 전제로 한 특정한 경제이념이나 질서요소를 규정하고 있지 않고, 입법적 결정을 유보하고 있기 때문에 혼합경제질서로 보려는 견해도 있다. 전광석,「한국헌법론」제17판(법문사, 2023), 907면.

18) 김형성, "경제헌법과 경제간섭의 한계",「공법연구」제21집(1992), 237-241면.

이러한 사회적 시장경제(soziale Wirtschaft)의 개념은 원래 독일에서 제2차 세계대전 이후 프라이부르크학파를 중심으로 발전한 질서자유주의에 기초하여 발전되어 온 것으로 생산수단의 사적 소유를 기초로 시장에서의 경쟁질서가 보장되고, 시장결과에 대해 사회적으로 조화와 균형을 도모하는 경제체제를 의미한다.[20] 질서자유주의에 따르면 사회주의 계획경제는 인간의 자유와 대립되며, 경제적 자유주의도 결국 독과점, 빈부격차 그리고 불황과 대량실업의 문제를 초래하는 '비사회적 시장경제'이므로 정치적·경제적 자유를 수호하고 사회안정과 발전을 도모하기 위해서는 사적 권력의 발흥을 억제할 수 있도록 경쟁질서가 확립되어야 하며, 이러한 질서확립을 위해서는 국가가 재산권보호 관련 법제를 정비하고 치안을 확보하는 수준의 자유방임에서 벗어나 사회적 법치국가로서 시장경제질서 확립에 적극적으로 나서야 하는 것으로 보고 있다.[21]

한편 사회적 시장경제체제에서는 자유시장경제가 전제로 하는 '시장'과 '경쟁'의 두 가지 요소 이외에 경제활동 주체나 이익집단과 사회 간에 형성된 소위 '사회적 동반관계'(Sozialpartnerschaft)가 중시되고 있다. 즉, 각 경제주체에 대한 소득의 배분은 시장메커니즘을 통해 이루어지지만, 사회적 욕구에 대한 보장은 시장메커니즘에 의해 이루어질 수 없기 때문에 소외된 계층과 시장경제의 사각지대에 사회재 및 공공재를 제공해야 한다는 점을 강조하고 있다. 또한 시장결과의 교정과 사회적 균형의 확보 차원에서 시장과정에서 형성되어 나온 이득이 육아수당, 임대보조, 연금, 사회원조 등과 같은 사회적 목적에 사용될 수 있도록 국가가 조직적이고 책임감 있게 개입해야 하는 것으로 보고 있다.[22] 이를 위해 일정한 범위의 누진세와 사회안정망제도는 시장경제질서를 유지하는 데 필수적인 것으로 보고 있다. 다만, 국가가 자의적인 재정운용이나 과도한 복지정책을 통해 자원배분에 과도하게 개입하기 시작하면 오히려 시장경제질서를 잠식하는 것으로 보고 있다.

---

19) 헌법재판소 1998. 5. 28. 선고 96헌가4, 97헌가6·7, 95헌바58(병합) 결정; 1989. 12. 22. 선고 88헌가13 결정. 정순훈, 「경제헌법」(법문사, 1993), 229-230면.

20) 이 개념은 당초에는 경제에 관한 국가의 관여행위가 독과점을 방지하여 경쟁체제를 유지하는 것에 한하고 나머지 경제과정은 가격 및 시장기구에 맡겨야 한다는 데 중점이 두어져 있었으나, 그 후 Müller-Armack이나 Erhard 등에 의하여 시장경제에 있어서의 경제적 자유와 실질적 평등의 추구를 결합하는 개념으로까지 발전하여 시장경제의 측면보다는 사회적이라는 측면이 강조되었다. 따라서 시장경제의 단점 시정과 사회정의의 실현이라는 목표 이외에도 국민경제 전체의 안정과 번영이라는 입장에서 국가의 보다 능동적인 활동이 요구되었다.

21) H. C. Nipperdey, Die soziale Marktwirtschaft in der Verfassung der Bundesrepublik, in: Schriftenreihe der Jurist. Studiengesellschaft Karlsruhe, H. 10(1954); ders., "Soziale Marktwirtschaft und GG." Kartellrundschau, H. 2(1961), S. 12.

22) Müller-Armack, Wirtschaftslenkung und Marktwirtschaft(Hamburg 1947), S. 88; ders., Art. Soziale Marktwirtschaft, HDSW(Handwörterbuch der Sozialwissenschaften), Bd. IX, 1956, S. 390 ff.; ders., Fortschreibung der Sozialen Marktwirtschaft, FS für Böhm, 1975, S. 450ff.; W. Eucken, Die Grundlage der Nationalökonomie(Freiburg, 1940), S. 29ff..

제 4 장 경제법상의 규제

제 1 절 규제의 목표

Ⅰ. 서 설

일반적으로 규제(regulation)란 넓은 의미에서 일정한 질서를 부여하기 위하여 일정한 행위를 제한하는 작용을 말한다. 오늘날 대부분의 국가는 국민소득의 증대, 고용량의 증가 및 물가의 안정 등 공공이익을 확보하기 위하여 국민경제를 구성하는 경제주체의 생산·교환·분배·소비를 규제하거나 조정한다. 공공이익이란 사회적 시장경제를 지향하는 복지국가로서 경제정책을 통해 다양한 사회적 요구와 가치를 실현하고자 하는 지표이기도 하다.

우리 헌법은 헌법 제119조 이하의 경제에 관한 장에서 균형있는 국민경제의 성장과 안정, 적정한 소득의 분배, 시장지배와 경제력남용의 방지, 경제주체 간의 조화를 통한 경제의 민주화, 균형 있는 지역경제의 육성, 중소기업의 보호육성, 소비자보호 등 경제영역에서의 국가목표를 명시함으로써 국가가 경제정책을 통하여 달성하여야 할 공공의 이익을 구체화하고 하고 있다. 이는 동시에 헌법 제37조 제2항의 기본권 제한을 위한 일반 법률유보에서의 공공복리의 내용을 구체화한 것이기도 하다. 그러나 경제적 기본권의 규제를 정당화하는 공공의 이익은 헌법에 명시적으로 규정된 목표에만 제한되는 것은 아니며, 현행 헌법도 단지 국가가 실현하려고 의도하는 전형적인 경제목표를 예시적으로 구체화하고 있을 뿐이다.

Ⅱ. 국민경제의 성장·안정과 적정한 소득분배

헌법은 국가가 균형있는 국민경제의 성장 및 안정과 적정한 소득의 분배유지를 위해 규제와 조정을 할 수 있도록 하고 있다. 이것은 곧 경제적 측면에서의 민주복지국가의 이념을 헌법에 천명한 것으로써 국민의 실질적 자유와 평등을 보장하려는 헌법적 결단의 표현이다. 이에 따라 국가는 과거 지나친 성장위주정책의 결과로 나타났던 인플레이션이나 계층 간 소득불균형 등의 부작용을 극복하고, 모든 국민이 경제성장의 혜택을 골고루 누리며, 성장과 안정, 그리고 분배가 조화를 이룰 수 있도록 규제와 조정을 할 수 있다.

Ⅲ. 시장지배와 경제력 남용의 방지

헌법은 국가가 시장지배와 경제력남용을 방지하기 위해 규제와 조정을 할 수 있도록 하고 있다. 일반적으로 독과점은 자본주의 시장경제의 발전과정에서 나타나는 현상으로서, 독과점사업자(시장지배적사업자)의 경제활동을 시장기구에 방임할 경우 자칫 그 지위를 남용하여 거래질서를 위협하고 국민경제에 악영향을 미칠 수 있다. 더구나 우리나라에서의 독과점 출현은 시장에서 기업 간 순수한 능률경쟁의 결과라기보다는 과거 수출주도와 전략산업 지원에 중점을 둔 불균형 경제성장정책의 부수적 결과이기도 하다. 특히 과거 고도성장과정에서 형성된 대기업집단은 다른 독립기업에 비해 총체적으로 우월한 시장지배력을 바탕으로 국민경제 전체에 커다란 영향력을 행사하는 경제력집중의 모습으로 나타나게 되었다. 따라서 국가는 소수 독과점사업자의 시장지배와 대기업집단의 경제력집중에 따른 폐해를 최소화하고 국민경제의 건전한 발전을 위하여 규제와 조정을 할 수 있다.

Ⅳ. 경제주체 간의 조화를 통한 경제민주화

헌법은 국가가 규제목표로서 경제주체 간의 조화를 통한 경제의 민주화[1]를 위해 규제와 조정을 할 수 있도록 하고 있다. 고도 자본주의 사회에서 경제주체 간의 조화는 모든 개별적인 경제주체를 대상으로 하고 있다기보다는 대기업과 중소기업, 사업자와 노동자, 기업과 소비자 등 주로 경제적 강자와 경제적 약자 간의 관계를 전제로 하고 있다. 따라서 국가는 경제적 강자가 자신의 의사를 경제적 약자에게 일방적으로 강

---

1) 경제민주화(Demokratisierung der Wirtschaft)는 본래 1920년대 독일에서 자본과 노동 간 힘의 불균형을 해소하기 위해 출발한 개념으로 독일 사회민주주의(Sozialdemokratie)의 핵심철학이다. 즉, 노동자를 비롯한 모든 계층이 동등한 자격으로 정치에 참여함으로써 정치적 민주주의를 실현하듯이, 경제적인 삶에서도 자본가와 노동자가 동등하게 참여함으로써 사회민주주의를 완성할 수 있는 것으로 보고 있다. 이러한 철학이 최초로 반영된 것이 1976년 독일의 공동결정법(Mitbestimmungsgesetz)이다. 그러나 독일 연방헌법재판소는 근로자의 경영참가로 인하여 사용자의 경영권이 무력화되지 않는 범위에서 합헌이라는 결정을 내린 바 있다(BverfGE 50, S. 290).

요함에 따른 불균형과 차별을 해소하고, 경제주체들이 실질적으로 대등한 교섭력을 가질 수 있도록 규제와 조정을 할 수 있다.

일반적으로 경제의 민주화란 경제활동에 관한 의사결정권이 편중되지 아니하고 분산됨으로써 경제주체 간의 견제와 균형이 이루어지고 시장기구가 정상적으로 작동되는 상태, 즉 시장경제에서 경제에 관한 기본적 결정이 시장기구를 통한 경제주체의 참여와 조화를 통해 이루어지는 상태를 말한다.[2] 그러나 헌법상의 규제 목표로서 경제민주화에 대해서는 아직 명확히 개념 정의된 바가 없어[3] 경제정책의 방향과 체계성이 모호해질 수 있으며, 헌법 전체구조와 조화될 수 있는 규범적 의미를 갖고 있다고 보기 어렵다.[4]

V. 기 타

그 밖에도 헌법 제120조 이하에서는 균형있는 지역경제의 육성, 중소기업의 보호육성, 소비자보호 등 국가가 경제정책을 통하여 달성하여야 할 공익적 목표를 구체화하고 있다. 이와 함께 이러한 공익적 목표를 달성하기 위한 규제·조정방식으로서 중요한 생산수단인 농지나 토지의 경우에는 특별한 제한을 할 수 있도록 하고 있고, 대외무역은 국가가 이를 적극적으로 통제할 수 있는 길을 열어 놓고 있다. 더 나아가서 국토와 자원의 균형있는 개발·이용과 농어촌의 종합개발과 관련하여 광범위한 계획을 수립할 수 있는 근거를 마련하고 있다.

---

2) 권영성, 「헌법학원론」 개정판(법문사, 2005), 172-173면.

3) 오늘날 경제민주화의 목표나 내용은 각기 추구하는 이념적 성향에 따라 달리 이해되고 있기도 하다. 자유민주주의의 시각에서는 정부주도로부터 민간주도의 경제로 이행하는 경제자유화를 의미하는 것으로 보는 데 비해, 사회민주주의의 시각에서는 경제적 의사결정이 노동자를 비롯한 다수 민중의 참여에 의해 이루어져야 하는 것으로 보고 있다. 보다 진보적 입장에서는 소유권의 사회화, 특히 대기업(집단)의 소유를 점진적으로 사회에 이양할 것을 주장하기도 한다.

4) 전광석, 앞의 책, 923면.

제 2 절 규제의 방법

Ⅰ. 경제적 규제와 사회적 규제

1. 경제적 규제

규제는 그 목적과 이념에 따라 경제적 규제와 사회적 규제로 구분할 수 있다. 경제적 규제(economic regulation)는 시장기구를 중심으로 공정하고 자유로운 경쟁을 통해 경제주체의 본원적 경제활동을 보장하기 위한 규제이다. 경제적 규제의 대표적인 것으로 진입규제와 가격규제를 들 수 있다. 예컨대, 과당경쟁 방지를 위해 인・허가제도를 통해 새로운 경쟁자의 시장진입을 막기도 하고, 생산자 또는 소비자 보호의 목적으로 가격의 상한과 하한을 인위적으로 통제해 적정 이윤을 보장해주거나 반대로 사전적으로 이윤동기를 차단시키기도 한다. 이 밖에 보조금 지급, 각종 산업정책의 명목으로 중소기업과 대기업 간에 차별적으로 자원을 배분하기도 한다.

2. 사회적 규제

사회적 규제(social regulation)는 경제주체의 자율과 시장원리에 맡겨서는 해결될 수 없는 사회적 문제의 해결을 위해 국가가 개입하는 것을 말한다. 사회적 규제의 목적은 삶의 질 확보, 기본적 권리의 신장, 경제적 약자의 보호 및 사회적 형평성의 제고라 할 수 있다. 사회적 규제는 경제적 규제와는 달리 처음부터 경제주체의 경제활동을 억제하거나 경제영역을 재편성하기 위한 것은 아니나, 반사적인 결과로 경제주체의 경제활동이 제한될 수 있다. 예컨대, 위험물 취급업자의 안전 점검・정비의무, 국민보건을 위한 식품위생에 관한 사업자의 의무, 산업현장에서의 근로자 보건과 안전보호의무, 환경규제나 소비자보호를 위한 규제와 같은 것이 있다.

Ⅱ. 적극적 규제와 소극적 규제

1. 적극적 규제

적극적 규제는 국가가 경제주체로서 경제에 대해 직접 개입하거나 특정 산업의 육성을 위한 각종 인・허가제, 가격・공급량・판매지역의 제한 등을 통해 시장기능의 형성에 적극적으로 관여하는 것을 말한다. 즉, 자연독점, 규모의 경제에 따른 시장실패에 대비하여 국가가 직접 사경제의 주체로서 시장에 전면적으로 개입하기도 하고, 시장에서의 자유경쟁을 부분적으로 제한하는 조치를 취하기도 한다. 또한 시장구조면에서 특수 공공재, 자연독점, 외부경제 등을 수반하는 사업에 대해서는 국가가 공기업 형태로 독점사업을 직접 영위하는 경우가 많다. 그러나 규모의 경제에 따른 시장실패가 우려되는 전력, 통신, 항공, 은행·보험 등의 분야에서는 시장진입을 제한하거나 특정 산업 육성을 위해 자율경쟁을 제한하고 정부보조 등을 통해 과점체제를 인정하기도 한다. 그 밖에 요금·수수료·요율의 최고·최저한도를 제한하거나 사업자의 사업구역을 분할하기도 하고, 상품개발·유통방식이나 설비의 신설·증설에 대해 행정관청이 감독권을 행사하는 경우도 있다.

2. 소극적 규제

소극적 규제는 사경제 주체의 자유로운 경제활동을 원칙적으로 허락하고 시장기구의 유지·발전에 위해가 되는 행위를 규제하는 것을 말한다. 독과점의 규제, 경제력집중의 방지, 카르텔 규제, 불공정거래행위의 규제 등은 사업자의 경제활동행위가 위법한 경우에만 제한되는 소극적 규제에 속한다. 소극적 규제는 자유경쟁을 이념으로 원칙적인 경제활동의 자유를 보장하되 그 자유가 남용되는 경우에만 규제가 이루어진다는 점에서 처음부터 경제주체의 자유경쟁 제한을 전제로 직접적인 개입수단을 사용하는 적극적 규제와 근본적인 차이가 있다. 또한 소극적 규제는 기본적으로 모든 경제활동을 사경제 주체의 판단에 맡기는 데 비해, 적극적 규제는 사업자의 경제활동을 국가의 판단에 따라 제한한다는 점에서 구별된다.

3. 양자의 관계

적극적 규제와 소극적 규제는 국가경쟁력을 향상시키고 국민경제를 균형있게 발전시킬 것을 궁극적인 목적으로 하고 있는 점에서 일치하고 있지만, 실제 수단과 이론적 전제에서 상호보완적이거나 충돌관계에 있을 수 있다. 즉, 일반적으로 자유시장경제에서는 소극적 규제가 원칙이고, 적극적 규제는 시장실패 등으로 자유경쟁이 제대로 이루어지기 어려운 예외적인 경우에 허용될 수 있다.

그러나 과거 우리나라와 같이 경제성장우선정책을 취할 경우 국가가 한편으로는 시장의 독과점을 방지하고 시장진입의 자유를 보장하는 정책을 펴면서도, 다른 한편으로는 특정 산업의 발전이나 특정 기업의 육성을 위해 인·허가제 등을 실시하거나 각종 특혜부여 등 적극적 규제를 통해 카르텔이나 독과점사업자를 보호하기도 한다. 이 경우 법적 안정성이나 예측가능성이 결여되어 사경제 주체들은 어떤 행위가 경쟁방법으로서 허용되고, 어떤 행위가 허용되지 않는지에 대한 기본적인 판단이 혼란스러울 수 있다.

Ⅲ. 권력적 규제와 비권력적 규제

1. 권력적 규제

경제법상의 규제는 주로 행정행위를 통하여 이루어지게 되는데 국가의 공권력의 동원 여부에 따라 권력적 규제와 비권력적 규제로 구분된다. 권력적 규제는 국가가 권력적 수단을 통해 직접 경제에 개입하여 규제하는 것을 말한다. 권력적 규제는 다시 법률을 통하여 경제주체에 직접 일정한 작위 또는 부작위를 명령하는 입법적 규제와 행정기관이 법률에서 부여된 권한에 기하여 행정처분의 형식으로 행정권을 발동하는 행정적 규제로 구분할 수 있다.

입법적 규제는 법률에서 직접적으로 일정한 행위를 금지하거나 명령한 행위의 효과를 확보하기 위하여 행정권의 발동에 관계없이 위반한 자에 대하여 일정한 형벌을 가하도록 규정하기도 하고, 국민경제 전체의 차원에서 사법상 법률관계를 직접 변경하거나 일반원칙을 수정하도록 규정하기도 한다.

행정적 규제는 법률효과의 내용에 따라 명령적 행위와 형성적 행위로 구분한다. 명령적 행위는 행정법상 하명이나 허가와 같이 규제를 담당하는 행정기관이 규제입법의 목적을 달성하기 위하여 법률에 기한 권한의 범위 내에서 경제주체에 일정한 의무를 부과하거나 이미 부과된 의무를 해제하는 행위를 말한다. 형성적 행위는 특허나 인가와 같이 특정한 상대방에게 구체적인 권리나 능력 또는 포괄적인 법률관계를 발생·변경·소멸시키는 행위를 말한다.

2. 비권력적 규제

비권력적 규제는 법률상 강제력이 없는 비권력적·사법적 수단을 통한 규제를 말한다. 비권력적 규제는 국가 또는 지방자치단체가 경제활동의 주체로서 또는 사경제에 대한 경제적 지원 등의 형식으로 경제에 직·간접적으로 개입하거나 행정지도 등을 통하여 규제의 목적으로 달성하게 된다. 즉, 국가 또는 지방자치단체는 경제의 주체로서 철도, 전력, 수도, 가스 등 자연독점산업 등에 대해서는 공기업을 통해 시장에 직접 개입하기도 하고, 국민경제에 필수적인 물자를 비축 또는 방출하거나 금융자금을 공급 또는 회수함으로써 시장에서의 수요와 공급을 조절하기도 한다. 또한 특정 산업의 육성, 수출입 증대 등 국민경제적 목적을 달성하기 위해 각종 보조금, 융자, 조세감면이나 지급보증 등의 경제적 지원을 하기도 한다. 그 밖에 행정기관이 그 임무 또는 소관 사무의 범위 내에서 일정한 행정목적을 실현하기 위하여 상대방의 임의의 협력을 전제로 특정한 자에게 일정한 작위 또는 부작위를 구하는 지도, 권고, 조언 등의 행정지도를 할 수 있다.

제3절 규제의 한계

Ⅰ. 본질적 한계(이념적 한계)

1. 자유의 원칙

경제발전과 사회적 진보는 개인의 자유와 독창성이 최대한 발현될 수 있을 때 비로소 가능하다. 우리 헌법도 이러한 자유이념을 기초로 제119조 제1항에서 국가가 개인과 기업의 경제상의 자유와 창의를 존중하여야 한다고 규정하고, 이를 실현할 수 있도록 자유민주주의에 기초한 정치적·경제적 자유를 보장하고 있다. 따라서 자본주의 시장경제 체제가 유지·발전될 수 있기 위해서는 경제법상의 규제도 개인의 자유와 창의를 최고가치로서 인정하고, 이를 침해하지 않는 범위 내에서 이루어져야 한다.

물론 헌법 제119조 제2항에서 복지국가적 이념을 실현하기 위해 특정한 국민경제적 과제에 대해 국가가 국민의 경제적 자유를 제한할 수 있는 근거를 명시하고 있으나, 이는 국가가 경제규제를 위한 국가권력을 무제한으로 행사할 수 있는 것이 아니라 어디까지나 개인과 기업의 경제상의 자유와 창의를 통해 합리적인 방식과 시기에 해결할 수 없는 경우에 국가의 규제가 가능하다는 것을 의미한다. 또한 헌법 제37조 제2항에서 국민의 경제적 자유와 권리는 공공복리를 위하여 법률로 제한할 수 있도록 하고 있으나, 기본권의 본질적인 내용을 침해할 수 없도록 하고 있다. 따라서 사유재산이나 시장질서와 같은 자유민주주의의 본질적 가치를 침해하여서는 아니 된다.

예컨대, 시장기구에 의한 가격의 자동조절기능을 기본적으로 무시하거나 계약의 자유 또는 사유재산제도의 부정, 재산권의 무상몰수나 소급입법에 의한 재산권 박탈 등과 같은 것은 기본권의 본질적 내용을 침해할 우려가 있는 것으로 경제법적 규제의 한계를 넘는 것이라 할 수 있다. 기본권의 본질적인 내용을 침해하는 경우란 국민의 실질적인 자유와 권리가 침해될 우려가 있는 경우로서 그 침해로 개인의 경제적 자유나 권리가 유명무실해지고 사유재산제도가 형해화되는 등 헌법이 기본권을 보장하는 궁극적인 목적을 달성할 수 없게 되는 경우를 말한다.

2. 평등의 원칙

평등의 원칙은 국민의 기본권 보장에 관한 헌법의 최고원리로서 국가가 입법을 하거나 법률을 해석 또는 집행함에 있어 지켜야 할 기준인 동시에 국가에 대하여 합리적 이유없이 불평등한 대우를 하지 말 것과 평등한 대우를 요구할 수 있는 모든 국민의 기본권 중의 기본권이다. 국가의 경제에 대한 규제도 이러한 이념적 기초위에서 모든 경제주체에 대하여 공평하게 적용되고 동일한 기준에 의하여 규율되어야 한다.

헌법이념으로서의 평등은 형식적 평등이 아닌 실질적 평등을 의미한다. 상이한 규율대상을 획일적으로 동일하게 취급하는 것은 오히려 실질적 평등에 반할 수 있으며, 본질적으로 같은 것을 다르게, 다른 것을 같게 취급하는 자의적 차별은 금지된다. 예컨대, 비교의 대상을 이루는 두 개의 사실관계 사이에 서로 상이한 취급을 정당화할 수 있을 정도의 차이가 없음에도 불구하고 두 사실관계를 서로 다르게 취급한다면, 이는 평등권을 침해한 것으로 볼 수 있다. 두 개의 사실관계가 본질적으로 동일한가의 판단은 일반적으로 당해 법률조항의 의미와 목적에 달려 있다.[5] 또한 예컨대, 경쟁관계에 놓여있는 기업들이 법률에 의해 불평등하게 취급되는 경우 그러한 차별이 입법목적에 비추어 불합리한 때에는 일반적 평등의 원칙에 반한다고 할 수 있다.

한편 국가는 사회적 시장경제질서 하에서 공익목적을 위해 사회계층, 경제부문, 경제주체에 따라 차별적으로 배려하거나 의무를 부과할 수 있다. 이를 통해 모든 경제주체가 시장에 참여하여 활동할 수 있는 기회의 평등을 제공하게 된다. 예컨대, 경제적 약자인 중소기업이나 소비자를 보호함으로써 시장에서의 경제활동에 있어 기회의 평등이 이루어질 수 있으며, 경제주체 간의 조화를 통한 경제의 민주화를 달성할 수 있게 될 것이다. 결국 경제법 영역에서의 평등의 원칙이란 국가의 경제규제에 따른 차별적 취급으로 인하여 야기되는 진입제한과 분배체계의 수정이 헌법상 이념에 비추어 정당화될 수 있는지, 이로 인한 공공복리의 증진이 차별적 취급으로 불이익을 받는 집단의 불이익과 합리적 비례관계에 있는지의 문제로 귀착된다.

그 밖에 자본주의 사회에서 평등의 가치는 경제활동 조건의 평등성을 보장하는데

5) 헌법재판소 1996. 12. 26. 선고 96헌가18 결정.

있다는 점에서 과정에서의 평등을 의미한다. 이 점에서 결과의 평등을 추구하는 사회주의 체제에서의 평등의 가치와는 근본적으로 구별된다. 또한 헌법이 이념으로 하고 있는 평등의 원칙은 개인의 기본권 신장이나 제도개혁에 있어서 법적 가치의 상향적 실현을 보편화하기 위한 것이지, 불균등의 제거만을 목적으로 하는 하향적 균등까지 수용하는 것은 아니다.

Ⅱ. 법치국가의 한계

1. 비례의 원칙 · 과잉금지의 원칙

국가의 경제에 대한 규제와 간섭은 국민경제적 필요와 사회조화적 요구의 실현을 위한 공익적 목적과 기본권의 본질적인 내용으로서 국민의 실질적인 경제적 자유와 평등권을 침해하지 않는 한도 내에서 허용된다. 그렇다고 하여 국가권력의 행사가 언제나 허용되는 것은 아니며, 법치국가 원리의 본질적 징표인 「비례의 원칙」 또는 「과잉금지의 원칙」의 한계 내에서 정당화될 수 있다. 이러한 원칙은 인간에게 주어진 천부적 권리로서의 자연적 자유는 공공의 이익을 위하여 필요하고 충분한 정도 이상으로 제한되어서는 아니 된다는 자연법사상에 연원을 둔 보편적 관념의 일부이다.

또한 이 원칙은 국가작용의 한계를 명시하는 것으로서 오늘날 모든 법치주의국가에 있어서 그 표현은 다르나 공통적으로 인정되고 있는 법원칙이라고 할 수 있다. 이 원칙은 목적의 정당성, 수단의 적절성, 피해의 최소성 및 법익의 균형성을 내용으로 하고 있다. 즉, 국가의 경제에 대한 규제는 ① 구체적으로 헌법 및 법률의 체제상 국민경제적인 목적의 정당성이 인정되어야 하고, ② 그 목적의 달성을 위하여 그 수단이 효과적이고 적절하여야 하며, ③ 국가가 선택한 기본권 제한의 조치가 그 목적달성을 위하여 설사 적절하다 할지라도 보다 완화된 형태나 방법을 모색함으로써 기본권의 제한은 필요한 최소한도에 그치도록 하여야 하며, ④ 그 규제에 의하여 보호하려는 공익과 침해되는 사익을 비교 · 형량하여 보호되는 공익이 더 커야 한다. 이러한 원칙이 지켜질 때 국가의 규제가 비로소 정당성이 인정되고 그에 따라 국민의 수인의무(受忍義務)가 생겨나는 것이다.[6]

---

6) 헌법재판소 1998. 5. 28. 선고 96헌가4, 97헌가6 · 7, 95헌바58(병합) 결정; 1998. 2. 27. 선고 95헌바32 결정.

2. 구체적 내용

(1) 목적의 정당성

기본권을 제한하는 국가의 규제가 정당화되기 위해서는 합리적이고 이성적인 공익목적이 있어야 한다. 국가의 규제가 특정한 개인이나 기업의 의사 내지 이익실현을 추구한다면 이는 그 목적의 정당성을 상실하는 것이다. 우리 헌법은 제119조 이하에서 균형있는 국민경제의 성장과 안정, 적정한 소득의 분배, 시장의 지배와 경제력남용의 방지, 경제주체 간의 조화를 통한 경제의 민주화, 균형있는 지역경제의 육성, 중소기업의 보호육성, 소비자보호 등의 경제영역에서의 공익으로서 국가목표를 명시적으로 규정하고 있으며, 대부분의 경제법령에서도 국민경제의 균형있는 발전 또는 건전한 발전 등을 입법목적으로 함으로써 공익을 규제목적으로 하고 있음을 명시하고 있다.

그러나 경제적 기본권의 제한을 정당화하는 공익은 헌법이나 법률에 명시적으로 규정된 목표에만 제한되는 것은 아니며, 단지 국가가 실현하고자 하는 전형적인 경제목표를 예시적으로 구체화하고 있을 뿐이다. 따라서 기본권의 침해를 정당화할 수 있는 모든 공익을 아울러 고려하여 법률의 합헌성 여부를 심사하여야 한다.[7]

(2) 수단의 적정성

국가의 규제가 아무리 공익을 목적으로 하는 것일지라도 목적달성에 가장 효율적인 수단을 활용하여야 한다. 예컨대, 균형있는 경제발전과 안정을 위해서는 소위 '마(魔)의 사각형'이라고 불리는 물가안정 · 경제성장 · 무역수지의 균형 및 완전고용의 목표를 조화롭게 달성할 수 있는 수단을 강구하여야 한다. 지나치게 하나의 목표에 집착하여 규제수단을 동원하는 것은 오히려 경제의 효율성을 저해하는 것으로 규제의 한계를 벗어난 것으로 볼 수 있다. 또한 규제를 위한 여러 가지의 수단이 존재하는 경우 가능한 한 경제주체의 결정의 자유를 존중하고, 시장의 자동조절기능을 가장 활성화시킬 수 있는 수단을 선택하여야 한다. 만약 규제수단이 적정하지 아니한 경우 국가권력의 남용으로 될 수 있다.

수단의 적정성 여부는 규제당시의 정황과 예측가능성을 기초로 사전적으로(ex-ante) 판단하여야 하며, 완전한 합목적성을 전제로 하기보다는 그 규제수단이 입법목적을 달성하는 데 적합하거나 적어도 그 수단을 통하여 의도한 결과의 달성이 촉진될 수 있었는지 여부를 가지고 판단한다. 이는 구체적으로 경제적 효율성의 견지에서뿐만 아니라

---

7) 헌법재판소 2001. 6. 28. 선고 2001헌마132 결정; 1996. 12. 26. 선고 96헌가18 결정 참조.

국민경제를 구성하는 모든 경제주체들의 의사와 이익을 합리적으로 반영하고 있는지를 기준으로 하여야 한다.

(3) 침해의 최소성(필요성)

국가의 규제는 개인과 기업의 경제적 자유와 창의를 전면적으로 대체하는 것이 아니라 실질적으로 이를 보완하기 위한 것이다. 따라서 국가의 경제에 대한 규제는 사경제만으로 공익의 목적을 충분히 달성할 수 없는 경우에 최후수단(ultima ratio)으로서 허용되어야 한다. 또한 규제가 불가피하더라도 시장경제질서의 본질이 훼손되지 않도록 필요최소한도의 범위 내에서 규제가 이루어져야 한다.

예컨대, 사기업이 부실화하는 경우 원칙적으로 회생이나 파산 등의 절차를 밟아야 하며, 국가가 매번 부실기업에 대하여 국민의 세금으로 조성된 막대한 공적자금을 투입한다면 경쟁을 통한 시장의 자동조절기능을 약화시켜 궁극적으로 국민경제 전체의 자생력을 약화시킬 뿐 아니라 사경제주체의 도덕적 해이를 불러일으킬 우려가 있다. 따라서 국가의 경제지원이라는 형태의 적극적 규제는 국민경제적 고려에서 불가결한 지극히 예외적인 경우에 한하여 허용되어야 하며, 무원칙한 공적자금 투입은 규제의 한계를 벗어난 것으로 볼 수 있다.[8]

(4) 법익의 균형성

국가규제의 정당성은 규제에 의해 얻어지는 전체경제 목적상의 이익과 그로 인하여 발생하는 기본권 침해의 불이익을 비교·형량하여 전자가 후자보다 큰 경우에 인정될 수 있다. 이는 국가의 규제가 공익목적을 달성하기에 적합하고 필요불가결하더라도 규제의 상대방이 입는 불이익과 위 규제조치를 포기하였을 경우에 공공복리에 미치게 될 불이익을 비교하여 후자가 전자보다 월등히 크거나 최소한 합리적인 대등관계에 있어야 한다는 의미이다. 법익의 균형성은 당해 규제수단 자체를 둘러싼 이익상황의 형량이라는 점에서, 동일한 입법목적을 달성할 수 있는 다른 규제수단과의 법익 침해의 정도를 비교하는 침해의 최소성과 구별된다.

여기에서 법익의 균형성은 규제로 인한 기본권 침해의 정도와 침해를 정당화시키는 근거의 중요성 및 급박성 등을 종합적으로 비교·형량하여 판단한다. 특히 경제규제입법에 있어서 법익균형성을 판단할 경우에 이익형량의 대상인 당해 규제입법에 의하여 침해되는 불이익은 그 규제조치의 직접 상대방에 관한 것뿐만 아니라 일반 공중

8) 헌법재판소 2003. 11. 27. 선고 2001헌바35 결정.

에 대한 것, 즉 자유로운 경쟁질서가 제한되는 결과 소비자에게 미칠 수 있는 간접적인 불이익도 포함하여 고려하게 된다.[9]

3. 판단기준

경제적 자유는 본래 그 자체가 최종적인 목적이라기보다 그것을 통해서 자아실현과 인격적 완성을 추구하고 인간으로서의 기본적인 자유를 누리기 위한 조건이 되는 것으로서 신체적·정신적 자유권과 같은 기본적 자유권과는 차원이 다르다. 따라서 경제입법의 경우에는 기본적 인권을 제한하는 법률에 비해 사법심사를 자제해야 한다는 「이중기준의 원칙」(double standard approach)이 학설상 인정되고 있다. 이 원칙에 따르면 기본권 가운데 신체적·정신적 자유권과 경제적 자유권을 구별하여 인격적 가치를 내포하는 전자의 경우에는 기본권 제한의 가능성과 규제의 정도에 있어 한층 엄격하게 해석되어야 하는 데 비해, 경제적 자유권의 경우에는 입법자에게 좀 더 광범위한 규제권한이 부여된다는 것이다.[10]

헌법재판소도 경제규제입법에 대해 다른 영역에 관한 위헌심사에서와 마찬가지로 목적의 정당성, 수단의 적정성, 침해의 최소성 및 법익의 균형성 등을 고려하여 「비례의 원칙」에 의한 헌법합치성 여부를 검증한 다음에 '명백히 비합리적'이라고 인정되지 않는 한, 위헌으로 단정할 수 없다고 함으로써 경제규제입법에 대한 사법심사를 자제하고 있다.[11]

제4절 규제의 완화

Ⅰ. 의 의

우리나라는 1960년대 이후 국가주도의 경제개발을 추진하면서 국가가 경제개발계획을 수립하고, 자연독점산업 등에 대해서는 공기업을 통해 경제의 주체로서 직접 시장에 개입하기도 하며, 특정 산업의 집중육성, 수출증대, 중복투자 방지의 명목으로 규제가 당연시되기도 하였다.

---

9) 헌법재판소 1996. 12. 26. 선고 96헌가18 결정.

10) 권영성, 앞의 책, 354-355면. 이에 관한 최초의 미국 판례로는 United v. Carolen Products Co., U.S. 144(1938).

11) 헌법재판소 1999. 7. 22. 선고 98헌가5 결정.

이와 함께 물가안정, 물자절약, 지역 간 · 산업 간 균형발전을 위해 요금의 지정, 사업자의 지역분할 등의 방식으로 가격이나 공급을 직접 통제하는 등 국민생활 전반에 걸쳐 국가의 각종 규제와 개입이 광범위하게 이루어져 왔다. 이 과정에서 자본주의 시장경제의 원리보다는 국가의 규제와 개입이 일상화되었고, 한 영역에서의 규제가 관련 영역으로 확대 · 재생산되는 소위 '규제의 피라미드'(regulation pyramid) 현상[12]이 보편화되었다. 이러한 현상은 경제개발 초기 단계에 협소한 국내시장에서 부족한 자원을 효율적으로 관리하기 위해 어느 정도 불가피한 측면이 있기도 하지만, 이로 인해 독과점 시장구조의 심화, 경제력집중, 소득계층 간의 갈등 등 새로운 경제적 · 사회적 문제가 파생되기도 하였다.

그러나 1970~80년대 고도 경제성장기를 거쳐 1990년대에 들어서면서 국내 · 외 경제환경이 급속히 변화하고, 우리나라 경제규모가 질적 · 양적으로 확대됨에 따라 민간부문의 역할이 증대되기 시작하였다. 산업구조의 고도화와 함께 국민경제가 성숙한 단계로 진입함에 따라 과거와 같이 국가의 경제에 대한 광범위한 규제와 간섭은 정부기구의 비대화로 나타나 오히려 사경제 주체의 경제적 자유와 창의력을 저해하고, 자원배분의 효율성을 악화시키는 요인으로 작용하게 되었다.

이와 같이 경제적 규제는 경제개발 초기단계에서 시장메커니즘을 대신하여 효율적인 자원 배분을 실현하기 위해 이루어진 것이지만, 기술의 진보나 경제활동 전반의 변화에도 불구하고 관료 체제의 경직성 때문에 규제를 답습하는 경우도 적지 않았기 때문에 불필요하거나 불합리한 규제를 해소할 필요가 있다. 특히 최근 경제의 글로벌화 · 디지털화 등 시대적 조류에 따르기 위해서는 국제기준에 맞는 규제체계로의 개혁이 불가피하게 요구되고 있다.

규제 완화(deregulation)란 경제의 효율을 높이기 위해 불필요한 규제를 축소, 중지 또는 폐지하고 비합리적이거나 비효율적인 규제의 신설을 억제하는 것을 말한다. 시장경제의 유지 · 보완을 위해 필수적인 규제의 완화까지 의미하는 것은 아니다.[13] 또한 모든 분야에서 규제 완화가 현실적으로 가능하지 않을 뿐 아니라, 적은 규제보다 양질의 규제가 규제정책의 목표이어야 한다는 점을 감안한다면 규제 완화보다는 오히려 '규제 개혁'(regulatory reform)이라는 용어가 바람직하다.[14] 최근에는 대대적인 규제 개

12) 이는 한번 잘못 이루어진 정부규제가 또 다른 정부규제를 불러오는 현상을 말한다. James W. Mckie, "Regulation and the Free Market: The Problem of Boundaries", Bell Journal of Economics and Management Science, Vol 1, Spring 1970, p. 9.

13) 이러한 의미에서 규제이든 규제 완화이든 헌법과 법률에 의해 설정된 공동체질서를 올바로 형성하기 위해 국가가 다양한 임무 수행방식의 하나로 선택할 수 있는 문제로 이해할 수 있다. 이원우, "규제개혁과 규제완화: 올바른 규제정책 실현을 위한 법정책의 모색", 「저스티스」 통권 제106호(한국법학원, 2008), 364면.

혁을 강조하는 의미에서 '규제 혁신'이라는 용어가 등장하고 있다.[15)]

Ⅱ. 규제 완화의 필요성

1. 규제의 실패

자유시장 경제체제에서는 시장에서 가격의 자동조절기능에 따라 자원의 효율적 배분이 이루어지고 사적 이해와 공적 이해가 조화를 이루는 가운데 사회적 후생(social welfare)이 극대화될 것을 전제로 하고 있다. 그러나 현실경제는 경쟁적 균형을 방해하는 여러 가지 요소, 예컨대 독과점, 외부효과, 공공재의 존재, 소득분배의 불평등, 정보의 불확실성과 비대칭성 등으로 시장기구가 그 기능을 충분히 발휘하지 못하는 경우가 많이 있으며, 이로 인하여 자원의 최적 배분을 달성할 수 없게 된다. 이러한 시장실패(market failure)는 국가의 경제에 대한 개입을 정당화하는 요인이 되기도 한다.

그러나 시장의 실패로 인해 생긴 비효율성을 시정한다는 명목으로 국가가 경제에 개입하더라도 늘 좋은 결과만을 얻을 수 있는 것은 아니다. 국가가 시장실패를 해결하기 위해 지나치게 경제에 개입할 경우 그 역효과로서 정부의 실패(government failure) 또는 규제의 실패(regulation failure)를 가져오고, 자원 배분의 비효율성으로 인해 오히려 시장경제의 활력을 저해할 수 있다.

우리나라에서는 1960년대 이후 1980년대에 이르기까지 국가가 시장의 독과점을 방지하고 시장진입의 자유를 보장하는 정책을 펴면서도, 다른 한편으로는 단기간의 경제발전을 목적으로 특정 산업이나 기업의 육성을 위한 인・허가제, 정부 특혜 등을 통해 시장진입장벽을 만들고, 카르텔, 독과점사업자를 사실상 묵인해 왔다. 이로 인해 비효율적인 기업이 정부규제에 기대어 온존하거나 시장경쟁의 제한에 따라 초과이윤을 얻는 반면, 소비자 이익이 침해되는 불합리한 결과가 발생하게 되었다. 또한 경제적 규제는 과거 정부주도형 경제개발단계에서는 필수적인 것으로 인식되었으나, 1990년대 이후 산업 고도화에 따라 그 필요성이 크게 감소하였다. 더구나 최근 기술환경의 변화와 함께 새로운 물질, 제품과 서비스가 속속 개발되면서 국가의 과다한 개입이 오히려 경제를 경직시키고, 새로운 변화에 대한 기업의 신속한 대응을 지연시키는 비효율을 야기하게 되었다.

---

14) 이원우, 위의 논문, 358면.

15) 규제 혁신은 정부가 최대한 많은 규제를 풀고 민간에 투자해서 자유로운 기업 중심과 민간 시장 중심으로 경제를 성장시킨다는 정책목표를 가진다. https://blog.naver.com/koreareg

따라서 민간부문의 역할을 증대하는 대신 공공부문을 축소하여 소위 '작은 정부'(small government)를 실현하고, 민간부문의 경제상의 자유와 창의가 적극적으로 발휘될 수 있도록 규제를 현실에 맞게 합리화함으로써 경쟁친화적 환경을 조성하는 것이 필요하다.

2. 경제의 글로벌화

오늘날 경제의 글로벌화에 따라 다국적기업 등에 의한 해외투자가 증가하고, 통상에 있어서 국가 간 경쟁이 더욱 치열해지고 있다. 더구나 1995년 1월 WTO 체제 출범 이후 자유무역에 반하는 차별적 규제는 원칙적으로 금지되고 있으며, 농수산물시장을 비롯하여 금융시장, 서비스시장 등 모든 분야에서 상호주의에 입각한 시장개방이 불가피해지게 되었다.

이러한 국제경제관계의 긴밀화와 시장개방 확대의 추세 속에서 이제 개별 국가의 정부 규제는 과거와 같은 위력을 발휘할 수 없게 되었다. 국내기업만을 염두에 두고 제정되고 시행되어 온 정부의 규제가 무력화되거나 불합리해지고 있다. 더구나 WTO 체제하에서 OECD나 EU 등이 규제개혁을 강력히 요구하고 있어 특정 산업이나 기업을 위한 정부의 특혜나 보조금 지급과 같은 적극적 개입은 불가능하게 되었다. 이러한 외부적 환경 속에서 국내기업들의 경쟁력 증진을 위해서뿐만 아니라, 외국기업에 대한 차별적 규제라는 통상마찰의 요인을 제거하기 위해서라도 과거 경제개발단계에서와 같은 정부의 경제에 대한 규제와 간섭이 지양되어야 한다.

3. 기술혁신과 산업구조의 재편

모든 산업이 정보통신기술(ICT)과 융합하여 새로운 상품과 서비스를 만들어 내는 4차 산업혁명 시대가 도래함에 따라 소셜미디어(SNS)나 사물인터넷(IoT)이 인간의 사고와 행동을 관찰하고, 빅데이터를 이용한 인공지능(AI)이 널리 활용되는 새로운 세상이 열리면서 기술혁신과 이를 기반으로 한 산업구조의 재편이 급속하게 이루어지고 있다. 이에 따라 세계 각국은 미래산업의 주도권을 확보하기 위해 혁신산업 분야의 규제를 과감하게 완화함과 동시에 시장을 선점한 일부 빅테크(big tech) 사업자의 독주를 엄격하게 규제하는 정책을 도입하고 있다.

우리나라도 4차 산업혁명 시대에 변화하는 경제·사회 환경에 대응하기 위해서는 관행적으로 유지되고 있는 규제의 틀을 혁신적으로 바꾸지 않으면 안 된다. 예컨대, 시대적 변화에 맞는 다양한 기술과 서비스를 발굴·육성하기 위해서는 다양한 인재의 좋은 아이디어를 창업으로 사업화해 새로운 산업을 만들어 갈 수 있는 벤처창업의 생태계를 지원·육성할 필요가 있다. 또한 하이테크 신산업 분야에서 우수한 인프라와 시너지를 발휘하여 세계적인 주도권을 확보할 수 있도록 각국의 규제 완화 동향을 주목하면서 관행적으로 지속되고 있는 불필요한 규제를 과감히 폐지하거나 합리화하고, 규제의 틀 자체를 네거티브 방식으로 개혁하며, 혁신기술시장을 지속적으로 모니터링하여 시장의 쏠림현상을 방지하고 유효경쟁이 이루어지도록 하는 노력이 필요하다.

Ⅲ. 규제 완화의 법적 근거

1. 규제개혁위원회의 설치

정부 차원에서 규제의 완화 또는 개혁을 추진하기 시작한 것은 1990년 5월 국무총리를 위원장으로 하는 「행정규제완화위원회」가 출범하면서부터이다. 이를 시작으로 경제행정규제완화위원회(1993년 5월), 행정쇄신위원회(1993년 5월), 기업활동규제심의위원회(1993년 9월), 행정규제합동심의회의(1994년 5월) 등의 기구가 연달아 구성되고, 각 부처별 규제완화위원회 또는 대책반이 구성되는가 하면, 대통령 직속의 국가경쟁력강화기획단이 국가경쟁력의 차원에서 규제완화를 추진하여 왔다. 현재는 행정규제기본법에 의한 「규제개혁위원회」가 대통령 소속 하의 합의제 행정기관으로 설치되어 있다. 규제개혁위원회는 행정규제 전반에 걸쳐 규제완화를 논의하고 심의하는 기구이나, 그 심의대상 가운데에는 상당 부분 경제적 규제가 포함되어 있다.

2. 규제개혁 입법

규제 완화 또는 개혁을 위해서는 규제법령을 시장경제의 원리에 충실하게 재정비하고 개혁하여야 한다. 규제개혁을 입법화한 최초의 법률이 1993년 6월 제정된 「기업활동 규제완화에 관한 특별조치법」이다. 이 법은 기업활동에 관한 행정규제의 완화 및 특례에 관한 사항을 규정하여 원활한 기업활동을 도모하고 국민경제의 건전한 발전에 기여할 것을 목적으로 하고 있다(동법 §1).

이 법은 그동안 국가가 기업의 경제활동 영역에서 각종 규제를 하면서 광범한 재량권에 의해 만들어진 수많은 행정절차와 시행세칙 등이 기업에 불필요한 시간낭비와 비능률을 초래하고 있다는 전제에서 출발하고 있다. 따라서 행정관청의 자유재량권 행사에 따른 무분별한 규제를 억제하고 기업활동에 대한 규제가 '최소제한의 원칙'을 벗어나지 못하도록 하고 있다. 이 법은 「행정규제기본법」을 제외하고는 행정규제를 정하고 있는 다른 법령의 규정에 우선하여 적용되지만, 다른 법령의 개정으로 이 법의 규정에 의하여 완화된 행정규제 내용보다 그 규제내용이 더 완화되는 경우에는 그 법령이 정하는 바에 의한다(동법 §3). 또한 산업통상자원부장관은 각종 행정규제로 인한 기업의 어려움을 해결하기 위하여 이에 대한 실태조사를 실시하고 이해관계자 및 전문가의 의견을 수렴하는 등의 노력을 기울여야 한다(동법 §3의2).

이 법은 주로 개별적인 기업의 경제활동과 관련하여 그동안 중앙행정기관과 지방자치단체를 중심으로 광범위하게 이루어져 왔던 규제를 완화하기 위하여 규제에 따른 기업애로사항을 중심으로 창업 및 공장설립에 관한 규제완화(제2장), 의무고용의 완화(제3장), 수출입에 관한 규제의 완화(제4장), 검사 등의 완화(제5장), 진입 제한 등의 완화(제6장) 등에 관하여 규제법령의 엄격한 적용을 완화하고 행정절차를 간소화할 것을 내용으로 하고 있다.

3. 행정규제기본법

규제 완화 또는 개혁을 일관성 있고 체계적으로 추진하기 위하여 1997년 8월 22일 「행정규제기본법」이 제정·공포되었다. 이 법은 행정규제에 관한 기본적인 사항을 규정하여 불필요한 행정규제를 폐지하고 비효율적인 행정규제의 신설을 억제함으로써 사회·경제활동의 자율과 창의를 촉진하여 국민의 삶의 질을 높이고 국가경쟁력의 지속적인 향상을 도모함을 목적으로 하고 있다(동법 §1).

이 법은 그동안 비상설적으로 운영된 과거의 규제억제장치 대신에 항구적인 규제개혁 시스템을 도입하였다는 점에 특징이 있다. 또한 '규제법정주의'를 명문화하여 규제는 법률에 근거하여야 하고, 행정기관은 법률에 근거하지 아니한 규제로 국민의 권리를 제한하거나 의무를 부과할 수 없도록 하고 있다(동법 §4). 규제의 원칙으로서 국가 또는 지방자치단체는 국민의 자유와 창의를 존중하고, 규제를 정하는 경우에도 그 본질적 내용을 침해하지 아니하도록 제한하는 한편, 규제의 대상과 수단은 규제의 목적을 실현하는 데 필요한 최소한의 범위 안에서 가장 효과적인 방법으로 객관성·투명성 및 공정성이 확보되도록 하고 있다(동법 §5).

또한 정부의 규제정책을 심의·조정하고 규제의 심사·정비 등에 관한 사항을 종합적으로 추진하기 위하여 대통령 소속하에 규제개혁위원회를 두도록 하고(동법 §23), 규제정책의 기본방향과 규제제도의 연구·발전에 관한 사항, 규제의 신설·강화 등에 대한 심사에 관한 사항, 기존규제의 심사, 신산업 규제정비 기본계획 및 규제정비 종합계획의 수립·시행에 관한 사항 등을 심의·조정하도록 하고 있다(동법 §23, §24). 이와 함께 규제영향분석(regulatory impact analysis: RIA) 제도를 도입하여 존속기한의 연장을 포함한 규제의 신설 또는 강화에 있어서 규제영향분석 및 자체심사를 의무화하였다(동법 §7).

그 밖에 중앙행정기관의 장은 공청회, 행정상 입법예고 등의 방법으로 행정기관·민간단체·이해관계인·연구기관·전문가 등의 의견을 충분히 수렴하여야 하며, 규제개혁위원회에 심사를 요청하도록 하고 있다(동법 §7, §9, §10). 이에 따라 적어도 규제비용과 편익에 대한 비교평가가 선행되지 않는 한 규제를 신설 또는 강화하는 것이 불가능해지게 되었다. 또한 규제의 입법과정이 공개되고 다양한 이해집단의 참여가 촉진됨으로써 정부는 규제에 보다 신중을 기하지 않을 수 없게 되는 등 규제지향적 풍토에 새로운 변화가 나타나게 되었다.

Ⅳ. 규제 완화의 대상과 방식

1. 대 상

일반적으로 규제의 완화 또는 개혁의 논의대상으로서 규제는 경제적 규제(economic regulation)와 사회적 규제(social regulation)로 구분된다. 경제법상의 규제개혁은 주로 경제적 규제를 대상으로 하지만,[16] 소비자나 중소기업과 같은 경제적 약자를 위한 규제는 사회적 형평성을 함께 고려하여 이루어진다는 점에서 넓은 의미의 사회적 규제도 포함되는 것으로 볼 수 있다.

경제적 규제는 다시 적극적 규제와 소극적 규제로 구분할 수 있다. 적극적 규제는 애당초 국가가 경제주체로서 경제에 대해 직접 개입하거나 각종 인·허가를 통한 시장진입 제한, 가격·공급량·판매지역의 제한 등과 같은 모습으로 나타난다. 소극적 규제는 독과점, 경제력집중 및 불공정거래행위의 규제와 같이 시장기구의 유지·발전을 저해하는 경제활동을 규제하는 것이다. 전자는 처음부터 사경제주체의 경제활동의 자유 자체를 제한하는 데 비해, 후자는 경제활동의 자유를 원칙적으로 보장하되 그 자유가 남용되는 경우에만 규제가 이루어지는 점에서 기본적인 차이가 있다.

한편 국가의 경제에 대한 적극적 규제는 기업의 자유와 창의를 본질적으로 제한함

---

16) 물론 사회적 규제가 오래전부터 강화되기 시작해 상당한 궤도에 올라 있는 선진국에서는 사회적 규제의 완화에 대한 논의도 분분하다. 그러나 사회적 규제의 완화 역시 그 철폐나 축소를 지향하는 것은 아니라, 사회적 규제는 당연하고 불가피한 것으로 인정하되, 그것이 비효율적인 방법으로 이루어짐으로써 경제에 지나치게 부담을 주게 해서는 안 된다는 차원에서 논의되고 있는 것에 불과하다.

으로써 규제실패의 가능성이 크다. 따라서 국가경제가 고도화하고 글로벌화 할수록 적극적 규제를 완화하고 소비자와 시장의 판단에 맡기려는 노력이 필요하다. 이에 비해 소극적 규제는 모든 경제주체가 경제상의 자유와 창의를 발휘할 수 있도록 공정한 경쟁의 기회를 보장하기 위한 것으로 시장기구 본래의 기능을 유지하기 위해 필요불가결하다. 소극적 규제를 완화하는 것은 오히려 비효율적인 시장기능을 방치할 우려가 있기 때문에 바람직하지 않다. 다만 규제의 수단이 잘못되었다면 이를 시정할 필요가 있다.

2. 방　식

경제적 규제방식에 대응하여 규제 완화 또는 개혁도 주로 ① 법령의 개정 또는 폐지, ② 법령의 재해석, ③ 규제기관의 부작위 방식으로 이루어진다.

첫째, 가장 직접적인 방식으로서 그 근거로 되는 법령을 폐지하거나 개정하여 적용범위를 축소할 수 있다. 법률을 개정·폐지할 수도 있고, 하위 법령인 규칙이나 조례 등을 그 대상으로 할 수도 있다.

둘째, 법령의 폐지나 개정만큼 직접적인 방식은 아니지만, 제정법의 재해석을 통하여 규제를 완화 또는 개혁할 수 있다. 입법자가 행정기관에 해석의 재량권을 위탁하고, 재량권이 그 테두리 안에서 행해지는 것인 한, 행정기관은 입법의 재해석을 통하여 규제를 완화 또는 개혁할 수 있다. 그러나 행정기관에 의한 제정법의 재해석은 입법자가 당초 의도한 목적을 벗어나 그 재해석이 사실상의 입법을 의미한다면 이는 사법적 심사의 대상이 될 수 있다.

셋째, 규제기관의 부작위에 의한 방식이 있다. 이는 규제기관이 재량권의 범위 내에서 규제의 빈도를 줄이거나 규제기준을 상향 조정하여 사실상 규제가 완화되는 것을 말한다. 규제기관의 부작위는 다시 기존의 규제를 적극적으로 완화하는 경우와 소극적으로 규제를 하지 아니하는 경우가 있다. 규칙제정의 청원을 받았음에도 이유를 부기하여 제정을 거부하는 경우는 후자에 포함된다. 그러나 규제기관의 부작위는 정책에 효율적이지만, 규제기관의 재량에만 의존할 경우 피규제자의 입장에서 자칫 예측가능성이나 법적 안정성이 보장되지 못할 우려도 있다.

그 밖에도 행정기관이 일단 제정된 규칙의 발효일을 연기함으로써 규칙의 시행을 조정하거나, 법적 구속력이 있는 규제를 집행하는 데 있어 재량을 양적·질적으로 완화하여 규제의 횟수나 밀도 혹은 강도를 낮게 수정하는 방법도 있을 수 있다.

V. 규제 완화의 새로운 과제

규제의 완화 또는 개혁은 올바른 정책목표를 달성하기 위해 보다 합리적이고 효율적인 규제방안을 모색하기 위한 노력의 일환으로 볼 수 있다. 예컨대, 경제적 규제의 본래 목적이 시장기구를 중심으로 공정하고 자유로운 경쟁을 통해 경제주체의 본원적 경제활동을 보장하기 위한 정책목표를 가지고 있다면, 규제의 완화 또는 개혁은 국가의 자의적이고 불필요한 시장개입을 지양하고 경쟁원리를 회복하여 경제적 효율성과 사회적 후생을 증대시키는 데 있다. 규제든 규제의 완화 또는 개혁이든 결국 모든 경제주체가 공정하고 자유로운 경쟁환경 속에서 자유와 창의를 최대한 발휘함으로써 스스로의 경쟁력을 확보할 수 있도록 정책목표를 달성하기 위한 것으로 볼 수 있다.

그럼에도 불구하고 기존의 규제를 유지할 것인지, 완화 또는 개혁해야 할 것인지를 둘러싸고 규제로 인해 이득을 누리고 있는 기득권자의 저항이 생길 수 있고, 상반된 이데올로기적 입장과 규제의 정도 및 방식과 관련한 논란이 지속되고 있어 이를 판단하는 것이 쉽지 않다. 무엇보다 규제 완화 또는 개혁이 바로 시장기능의 활성화로 이어지는 것도 아니기 때문에 규제의 공백을 메우면서 시장기능이 바람직한 방향으로 작동할 수 있도록 보완방안이 함께 강구되어야 할 것이다. 규제기관 스스로의 정책판단에 따라 규제 완화 또는 개혁이 이루어지더라도 이는 종래의 규제시스템에 의해 형성되어 왔던 법질서 혹은 이해관계에 중대한 변경을 가하는 것이기 때문에 법치주의 관점에서 규제조치와 마찬가지로 엄격한 심사가 요구된다고 할 것이다. 즉, 규제 완화 또는 개혁을 위해서는 기존 규제정책의 긍정적 효과와 부정적 효과를 파악하고, 새로운 추진방향을 설정한 후, 이를 위한 방식과 절차의 개선방안을 모색할 필요가 있다.

그동안 우리나라에서의 경제적 규제는 경제성장의 과도기에 국가 공권력을 배경으로 시장경제 체제를 구축하고 발전시키는 데 크게 기여하였다. 강력한 행정적 제재 이외에도 민·형사상 제재를 수반하여 규제를 집행함으로써 규제의 효율성을 높여 왔다. 고율의 과징금을 비롯하여 질서위반행위에 대한 과잉범죄화, 민사벌 성격의 징벌적 손해배상 등은 규제의 정책목표를 달성하기 위한 유력한 수단으로 동원되고 있다. 하지만 사적자치의 영역에 대한 국가의 과도한 규제는 본연의 한계를 넘어 헌법상 법치주의를 실현하기 위한 과잉금지의 원칙에 위반할 소지도 있다. 따라서 규제정책의 궁극적 목표인 양질의 규제를 위해서는 강한 규제에 의존하기보다 시장경제 주체가 자유로운 경제활동을 영위할 수 있도록 규제의 예측가능성과 명확성을 보장하는 방향으로 규제의 완화 또는 개혁이 이루어져야 한다.

한편 오늘날 규제의 현실에서 피규제자가 온갖 수단을 동원하여 규제를 회피하려 할 경우 규제가 무력화될 우려가 있다. 따라서 무조건 강한 규제와 제재를 통해 피규제자를 압박하기보다는 인센티브 부여 등을 통해 피규제자 스스로 규제를 준수하고자 하는 노력을 이끌어내는 방식이 필요하다. 따라서 그동안 규제 완화 또는 개혁의 새로운 대안으로 자율규제가 강조되어 왔고, 최근 일부 법률에서 입법화되기도 하였다.[17) 자율규제에 대해서는 강제성이 없기 때문에 실효성이 없다는 비판도 있지만, 규제강도를 완화하면서 규제비용을 절감하고 높은 규제효과를 거둘 수 있다는 장점도 가지고 있다.

자율규제가 정착되기 위해서는 내부통제시스템이 잘 정비되고 관리될 수 있도록 컴플라이언스 프로그램(CP, compliance program) 구축을 유도하고, 모든 경제주체가 「자기책임의 원칙」 하에 시장에서 자율적인 의사결정을 할 수 있도록 충분하고 적절한 시장정보가 제공되어야 한다. 또한 자율규제를 내세워 규제 회피가 나타나지 않도록 합리적인 인센티브 부여와 함께 컴플라이언스 프로그램 운영의 내부 평가기준과 절차를 확립해 나가는 것이 중요하다.

17) 예컨대, 2023년 6월 개정된 독점규제 및 공정거래에 관한 법률(공정거래법) 제120조의2 이하에서는 공정거래 자율준수제도를 활성화하기 위한 내용의 규정을 마련하였다.

제 2 편

독점규제 및 공정거래에 관한 법률

제1장 총 설

제1절 개 설

자본주의 시장경제의 기본원리는 시장에서 각 경제주체의 수요와 공급이 자유롭게 이루어짐으로써 객관적인 시장가격이 형성되고, 가격의 시그널기능에 의하여 다시 각 경제주체의 경제활동이 규율되어 궁극적으로 전체 경제질서가 확보되는 데 있다. 이러한 시장기구(market mechanism)가 정상적으로 작동하기 위해서는 무엇보다 상품 또는 서비스의 수요와 공급이 시장에서 경쟁적으로 이루어져야 하며, 이를 통해 자본주의 시장경제의 효율성을 확보할 수 있다.

그러나 오늘날 시장의 상당 부분은 독과점화되어 시장에서의 가격이 경쟁적인 수요와 공급을 통하여 객관적으로 형성되는 일은 드물다. 또한 기업들은 본래 이윤추구를 위해 경쟁보다는 단독으로 또는 다른 기업과 공동으로 가격이나 거래조건 등을 자의적으로 결정하려는 경향이 있다. 더구나 과다한 경품제공이나 허위 또는 과장 표시・광고 등 기업 측의 정보조작에 의해 시장기능을 왜곡하는 경우가 적지 않다. 따라서 자본주의 시장경제 본래의 효율성을 확보하기 위해서는 가능한 한 시장구조가 경쟁적이어야 하며, 시장참가자들이 불공정한 방법으로 경쟁을 저해하지 못하도록 규제하여야 할 것이다. 이는 곧 소수의 독과점사업자에 의한 시장지배력의 남용 없이 시장에 참가하는 모든 사업자가 자유로운 경쟁의 기회를 가지는 동시에 일반 소비자들도 자유로이 상품을 선택할 수 있게 됨으로써 소득의 광범하고 공평한 분배가 가능하게 됨을 의미한다. 이를 위해 오늘날 대부분의 국가에서는 자본주의 시장경제의 기본법으로서 시장기능을 형성・유지・강화하기 위한 법률을 제정하고 있다.[1] 우리나라는 1980년에 「독점규제 및 공정거래에 관한 법률」(이하 "공정거래법")을 제정하여 시행해오고 있다.

---

1) 이러한 법률을 지칭하는 용어로서 오늘날 각국마다 독점금지법, 독점규제법, 공정거래법, 경쟁법, 반독점법, 경쟁제한방지법, 경쟁제한금지법, 반트러스트법 등이 사용되고 있다. 한편 미국의 경우 역사적으로 경쟁정책은 트러스트 방식에 의한 독과점 형성과 경제력집중을 억제하는데서 출발했기 때문에 지금까지 주로 반트러스트정책(antitrust policy)이라고 불리고 있다. 그러나 유럽에서는 적극적으로 경쟁을 촉진하는 일도 포함하는 넓은 의미에서 경쟁정책(competition policy)으로 불리고 있다. 우리나라와 일본의 경우에는 협의의 경쟁정책인 단순한 경쟁법의 집행 이외에도 공정한 거래질서의 확립을 위한 교육・홍보, 제도개선, 경쟁주창 활동 등을 포함하는 의미에서 공정거래정책(fair trade policy)라는 용어가 많이 사용되고 있다.

한편 오늘날 경제의 글로벌화·디지털화에 따라 경쟁환경에 많은 변화가 생기고 있다. 경제의 글로벌화로 전 세계가 하나의 시장으로 통합되면서 기업 간의 경쟁이 더 이상 국내시장에만 한정하지 않고 세계시장으로까지 확대되고 있으며, 어떤 나라에서의 경쟁제한행위가 다른 나라의 경쟁질서에도 영향을 미치고 있다. 또한 정보통신기술의 비약적 발전과 경제의 네트워크화가 급진전되면서 디지털경제가 오늘날 세계경제의 새로운 패러다임으로 자리잡게 되었다. 무엇보다 디지털기술의 발전에 따라 시장의 생성과 점유율 변화가 빠른 속도로 진행되고 효율성과 혁신·지식기반기술이 강조되는 시장구조로 변모하고 있으며, 경제주체 간에 존재하는 디지털 격차와 기술지배에 의한 새로운 독과점 형성과 남용의 문제가 대두되고 있다.[2] 이와 함께 빅데이터의 축적, 초고속 인터넷 보급의 확대 및 소셜 네트워크의 확산, 인공지능(AI) 기술의 비약적인 발전 등으로 소비자는 시간과 공간을 초월하여 광범위한 상품과 서비스 정보를 보유하게 되었고, 인터넷 플랫폼 사업자를 중심으로 산업생태계에 커다란 변화가 나타나고 있다. 특히 다가올 AI시대에 예상되는 알고리즘 차별이나 담합에 의한 시장지배적지위 남용이나 부당한 공동행위의 우려도 커지고 있다.

이처럼 오늘날 경제의 글로벌화·디지털화라는 시대적 변화에 맞추어 자본주의 시장경제가 건전하게 발전할 수 있도록 올바른 경쟁질서를 구축하는 것이 공정거래법의 새로운 과제로 등장하고 있다.

제 2 절 공정거래법의 연혁

Ⅰ. 공정거래법의 입법화

1. 공정거래제도 도입을 위한 논의

우리나라에서 공정거래제도 도입을 위한 논의의 발단이 된 것은 1963년의 소위 「3분(三粉)폭리사건」이다. 이 사건은 시멘트, 밀가루 및 설탕과 같은 가루제품을 생산하는 소수의 대기업들이 독과점 시장구조를 형성하고 담합을 통해 공동으로 가격을 조작하여 독과점 폭리를 취한데서 비롯되었다. 당시 그렇지 않아도 물가가 급등세를 보

2) 즉, 간접네트워크효과(indirect network effect), 고착효과(lock-in effect)로 인한 쏠림현상(tipping)으로 선발주자의 이점(first mover's advantage)이 후발기업이 도저히 따라 잡을 수 없을 정도로 강력해지면서 승자독식(winner takes all) 경향이 심화되고, 일단 형성된 독점이 더욱 공고해지면서 확대되고 있다.

이고 있었는데, 이러한 독과점의 폐해가 노출되자 정치·사회적으로 그 규제의 필요성에 대한 여론이 높아졌다. 이 사건이 발생하자 정부는 이들 제조업체들에게 카르텔 행위를 즉시 중지하도록 지도하는 한편, 독과점의 폭리를 억제하고 공정거래를 보장하기 위한 방안으로서 1964년 전문 29개조로 된 공정거래법 초안을 작성하여 발표하였다. 그러나 당시 시장경쟁 원리에 대한 사회저변의 인식부족과 업계의 강력한 반대, 정치권의 소극적인 태도 등으로 제정노력이 무산되었다. 그 이후에도 정부는 1966년, 1969년, 1971년 등 몇 차례에 걸쳐 공정거래법 제정을 시도하였지만 성장우선주의의 대세에 밀려 무산되었다.

그 이후 지속적인 노력의 결과, 공정거래제도에 관한 최초의 법적 기초로서 1975년 「물가안정 및 공정거래에 관한 법률」이 마련되었다. 즉, 1973년 10월 중동전 발발에 따른 석유파동(oil shock)의 여파로 물가급등과 정부의 가격통제라는 악순환이 반복되자 정부는 1973년 제정되어 시행되고 있던 「물가안정에 관한 법률」가운데 물가관리에 관한 부분을 보완하고, 불공정거래행위의 금지를 규정하고 법 위반사업자에게 시정명령을 할 수 있는 법적 근거를 마련하여 전문 32개조와 부칙 4개조로 구성된 「물가안정 및 공정거래에 관한 법률」을 1975년 12월 31일 제정하여 1976년 3월 15일부터 시행하기에 이르렀다. 그러나 물가안정과 경쟁질서의 확립을 목적으로 제정되었던 이 법률은 시행과정에서 물가안정 위주로 운용되었고, 독과점에 대해서도 그로 인한 폐해만 규제하고 그 원인이 되는 독점화와 그에 따른 경제력집중을 억제할 수 있는 장치는 갖추지 못하고 있었다.[3)]

2. 공정거래법의 제정

공정거래법 제정 노력이 결실을 보게 된 것이 1980년 12월 23일 국가보위입법회의에서 의결되고, 같은 해 12월 31일 법률 제3320호로 공포되어 1981년 4월 1일부터 시행된 「독점규제 및 공정거래에 관한 법률」이다. 이 법은 과거 성장우선정책을 추진하던 시대에 국가에 의한 타율적인 경제운용방식으로부터 벗어나 시장경제원리에 충실한 새로운 경제질서의 형성을 위해 제정되었다. 또한 그동안 시행되고 있던 「물가안정 및 공정거래에 관한 법률」이 독과점으로 인한 폐해규제 위주로 운영되고 독점화 및 경제력집중에 대한 억제장치가 없어 경제력집중이 심화되고 시장에서의 가격기구의 작동이

3) 따라서 1995년 1월 5일 동법 개정으로 「물가안정 및 공정거래에 관한 법률」은 「물가안정에 관한 법률」로 법명이 변경되었으며, 제1조(목적) "물가의 안정을 기하고 공정하며 자유로운 경쟁질서를 확립함으로써"에서 "물가의 안정을 기함으로써"로 변화되었다.

제한됨에 따라 물가안정 부분과 공정거래 부분을 분리하여 공정거래를 중심으로 새로운 법률을 제정하게 된 것이다. 공정거래제도에 관한 최초로 단일법으로서 제정된 공정거래법은 전문 60개조와 부칙 8개조로 구성되었다.

주요 내용으로는 ① 기존 독과점기업의 횡포를 규제하기 위하여 시장지배적사업자를 지정하고 남용행위를 규제하고, ② 새로운 독과점의 출현을 억제하기 위하여 일정 수준 이상 기업의 주식취득·기업합병 등 기업결합행위를 제한하고 신규 기업결합 때 그 내용을 신고토록 하며, ③ 사업자 간의 가격, 수량, 설비제한 등의 카르텔은 이를 등록하여야만 할 수 있도록 하고, 등록 내용을 위반하는 경우에는 이를 시정하되, 불황극복이나 산업합리화 등을 목적으로 하는 경우에는 카르텔을 예외적으로 허용하고, ④ 공정한 거래를 저해할 우려가 있는 6가지의 불공정거래행위 유형을 정하여 사업자 스스로 또는 계열회사나 다른 사업자로 하여금 이를 행하게 하지 못하도록 금지시켰다. 또한 ⑤ 사업자단체의 설립·해산신고를 받고 이들에 의한 각종 경쟁제한행위와 상품을 판매함에 있어서 재판매하는 사업자에게 거래단계별 가격을 미리 정하여 그 가격대로 판매할 것을 강제하는 재판매가격유지행위를 금지하며, ⑥ 합작투자 등 국제계약의 경쟁제한 여부를 검토하여 이를 수정 또는 변경할 수 있도록 하고, ⑦ 법 운용을 위한 공정거래위원회를 설치하도록 하고 있다. 공정거래위원회는 법 위반사항에 대한 경제기획원장관의 결정 및 처분에 앞서 심의·의결하는 필수적인 기구로서 위원장을 포함한 5인 이내의 위원으로 구성되었다.

공정거래법의 제정으로 「물가안정 및 공정거래에 관한 법률」에서 공정거래 및 경쟁촉진에 관련되는 조항은 삭제되고, 물가관련 조항만을 내용으로 하는 「물가안정에 관한 법률」로 바뀌었다.

Ⅱ. 공정거래법의 개정

1980년 공정거래법이 제정된 이후 경제상황의 변화에 적극 대응하고 법 운용상의 미비점을 보완하기 위하여 그동안 33차례에 걸쳐 개정되었으며, 특히 2020년 12월 29일 전부개정에서는 시행 40년 만에 조문체계를 전면 재정비하고, 법 제정 당시와 크게 변화된 경제환경과 시장환경의 변화를 반영한 종합적인 개편이 이루어졌다.

1. 제1차 개정

1980년대 중반 정치·경제의 민주화가 급속히 확산되기 시작하면서 국민들의 균형성장과 배분에 대한 관심이 높았고, 정부도 이러한 국민적 관심에 부응하여 균형성장을 정책목표로 삼았다. 이에 따라 1986년 12월 31일 제1차 개정에서는 균형성장의 최대 장애로 인식되고 있었던 대규모기업집단(소위 '재벌')에 대한 경제력집중 억제에 초점이 맞추어졌다. 주요 개정내용으로는

첫째, 시장지배적지위 남용금지 규정과 관련하여 가격의 동조적 인상을 남용행위의 유형으로부터 삭제하는 대신, 종래 시장점유율이 50% 이상인 사업자에만 한정하던 가격남용행위 규제대상자를 모든 시장지배적사업자에게까지 확대시켰다.

둘째, 소액자본으로 다수의 기업을 소유할 수 있는 지주회사의 설립을 금지하며, 기존회사가 지주회사로 전환하는 것도 금지하는 조항을 신설하였다.

셋째, 대규모기업집단에 속하는 계열회사 간 직접 상호출자를 전면 금지하고, 계열회사가 타회사에 출자할 수 있는 총액을 순자산의 40%로 제한하였다.

넷째, 기존의 기업결합의 제한규정을 보완하여 개별기업의 주식취득 신고기준을 10%에서 20%로 상향조정하고, 대규모기업집단에 의한 경쟁제한적인 기업결합의 감시를 강화하였다.

다섯째, 개별회사별로 규제하던 불공정거래행위를 기업집단별로 규제하도록 하였다. 이를 위해 계열회사 등 다른 회사를 통한 불공정거래행위와 내부거래 등 계열회사에 대한 차별적 취급을 규제대상에 포함시켰다.

여섯째, 기존의 공동행위 등록제를 인가제로 전환하여 부당한 공동행위에 대한 관리를 강화하였다. 인가없이 행한 공동행위에 대해서는 시정조치와 함께 참여사업자들이 부당이득을 환수할 수 있도록 과징금제도를 신설하였다.

일곱째, 사업자단체의 활동에 대한 감시를 강화하기 위해 사업자단체 활동지침의 제정·운용 근거를 마련했으며, 공정거래법을 상습적으로 위반하는 단체에 대해서는 경제기획원장관이 이를 해산할 수 있도록 하였다.

2. 제2차 개정

1988년 제6공화국 출범 이후 공정거래질서에 대한 국민계층의 관심이 확산되고 있는 가운데 1989년 1월 전국 10개 대형 백화점들의 사기세일 사건이 발생하자 공정거래정책 강화의 필요성이 제기되었다. 1990년 1월 13일 제2차 개정에서는 일반 규제조항의 개정 이외에도 법 운용의 실효성 확보를 위한 공정거래기능 강화와 공정거래운영기구의 독립성·전문성을 확충하기 위한 공정거래기구의 개편에 중점을 두었다. 주요 개정내용으로는

첫째, 경제력집중 억제시책의 강화를 위하여 대규모기업집단 소속 금융·보험회사 간 상호출자를 추가로 금지시키고 상호출자 예외허용 항목을 축소시켰으며, 대규모기업집단 소속 계열회사의 상호출자 및 출자총액제한 위반행위에 대한 과징금제도를 신설하였다.

둘째, 종전과 달리 법에 포괄적으로 열거된 불공정거래행위 유형에 해당되면 모두 규제대상이 되도록 변경함으로써 불공정거래행위에 대한 규제를 강화하였다.

셋째, 법 위반행위에 대한 제재의 실효성을 높이기 위하여 벌칙을 크게 강화하고, 시정조치수단으로 정정광고, 법 위반사실의 공표 등을 명시하였다. 또한 사업자단체의 부당한 공동행위에 대한 과징금제도를 신설하였다.

넷째, 감정인의 지정 및 감정위촉, 조사공무원의 자료제출명령 및 제출된 자료의 영치권 신설 등 법 위반행위에 대한 조사권을 보강하였다.

다섯째, 공정거래시책의 강력한 추진과 준입법·준사법적 기능 수행에 필요한 전문성의 유지·확보를 위해 공정거래기구를 대폭 개편하였다. 공정거래위원회를 경제기획원장관 소속 독립행정기관으로 개편하여 공정거래제도 운용에 관한 모든 권한을 부여하고, 공정거래위원회의 사무를 처리하기 위하여 공정거래위원회 사무처를 신설하였다.

3. 제3차 개정

1990년대 들어 국제화·개방화가 급속히 진전되는 가운데 한국경제는 여전히 독과점 시장의 비중이 높고 경제력집중 문제가 해소되지 못하고 있었으며 경쟁제한적인 제도와 관행이 상존하는 문제점을 안고 있었다. 따라서 치열한 국제경쟁 속에서 살아남기 위해서는 경제력집중 억제를 보다 효과적으로 추진하고 공정한 경쟁질서를 정착·확산시켜야 할 필요가 있었다. 이에 따라 1992년 12월 8일 제3차 개정에서는 경제력집중 억제시책의 효과적인 추진을 위해 상호채무보증제한제도의 도입과 국제경쟁력 강화를 위한 출자규제제도를 보완하였다. 주요 개정내용으로는

첫째, 채무보증제한제도를 도입하여 대규모기업집단 소속 계열회사가 국내 금융기관의 여신과 관련하여 국내 계열회사에 대하여 행하는 채무보증의 총액을 해당 회사 자기자본의 200%를 초과하지 못하도록 제한하였다.

둘째, 대규모기업집단에 대한 출자총액제한제도의 엄격한 운영이 우리나라 기업의 국제화·개방화 추세에 장애요인이 되지 않도록 부품생산 중소기업과의 기술협력관계의 유지를 위한 출자 기타 산업의 국제경쟁력 강화를 위하여 필요한 경우 등에는 5년간 한시적으로 출자총액제한의 예외를 인정하였다.

셋째, 사업자간 공동행위의 합의와 경쟁제한성의 2가지 요건만 갖추면 행위의 실행 요건을 갖추지 않더라도 부당한 공동행위로 규제할 수 있도록 성립요건을 개선하여 부당한 공동행위를 보다 효과적으로 방지할 수 있도록 하였다.

넷째, 사업자단체 금지행위 위반에 대한 시정조치 대상을 확대하고 불공정거래행위에 대한 과징금제도를 도입하였다. 또한 사업자단체 이외에 구성사업자에 대하여도 시정조치를 명할 수 있도록 하였다.

4. 제4차 개정

그동안 수차례의 법 개정을 통해 경제력집중 억제시책을 꾸준히 추진하였음에도 불구하고 대규모기업집단을 중심으로 한 경제력집중 현상이 지속됨에 따라 사회적 형평문제와 국민경제 전체의 효율성 저하문제가 대두되었다. 또한 도로·항만 등 사회간접자본시설의 부족으로 유통비용이 증가해서 제품의 원가를 상승시키고 이러한 가격상승이 우리의 국제경쟁력을 약화시킨다는 지적이 제기되었다. 이에 따라 1994년 12월 22일의 제4차 개정은 경제력집중 억제에 대한 정책의지를 부각시키면서 국가경쟁력 강화시책을 공정거래 차원에서 뒷받침하고자 하였다. 주요 개정내용으로는

첫째, 대규모기업집단 소속회사의 타회사 출자총액한도를 현행 순자산의 40%에서 25%로 인하하여 경제력집중 억제시책을 더욱 강화하였다.

둘째, 대규모기업집단 소속회사 중 주식 소유의 분산 및 재무구조와 관련하여 일정요건을 충족시키는 회사에 대하여는 출자총액제한 규정을 배제토록 하여 소유분산 및 재무구조 개선에 대한 적극적인 유인장치를 마련하였다.

셋째, SOC(사회간접자본) 민자유치사업에 참여하는 대규모기업집단 계열회사에 대해서는 출자총액제한의 적용을 한시적으로 배제하였다.

넷째, 경제여건의 변화에 따라 공급자보다 구매자가 우위에 있는 상황이 발생함에 따라 공동행위의 규제범위에 구매관련 공동행위를 포함시켰다.

다섯째, 기술도입계약 등 국제계약 체결시에 적용되는 신고의무제를 폐지하고 자율적인 심사청구제를 도입하였다.

여섯째, 법의 실효성 확보를 위해 과징금을 조정·신설하였다. 즉, 과징금 산정기준을 매출액 기준으로 전환하여 대형업체의 중대한 위반행위에 대해서는 과징금을 무겁게 부과할 수 있는 근거를 마련하였다. 국민경제에 파급영향이 큰 공동행위에 대해서는 매출액의 5% 이내까지 과징금을 부과할 수 있도록 강화하였다.

마지막으로, 법 위반행위가 종료된 날로부터 5년이 경과된 사건은 시정조치 및 과

징금 부과대상에서 제외하도록 공정거래법 적용대상 사건을 제한하였다.

5. 제5차 개정

1995년 1월 WTO 체제 출범 이후 경쟁정책의 국제규범화를 위한 경쟁라운드(competition round)에 대비하기 위해 경쟁제한적 요소를 제거하고, 공정거래제도를 국제적 기준에 일치시켜야 할 필요성이 증대되었다. 1996년 12월 30일 제5차 개정에서는 우리 기업과 국가 전체의 경쟁력을 강화하기 위해 우리 경제를 보다 경쟁촉진적인 구조로 전환하고, 기업결합의 활성화 또는 자본·금융시장의 개방 등 경제자율화 조치의 확대로 야기될 수 있는 경제력집중의 심화를 방지하기 위한 제도적인 장치를 마련하였다. 주요 개정내용으로는

첫째, 경제 각 부문에 공정거래법의 적용을 확대하기 위해 경쟁제한 법령·예규·고시의 제정, 개정 및 각종 처분에 대한 사전협의·사전통보 및 사후통보제도를 도입하고, 종전 금융·보험사업자에 대한 특례조항을 삭제하여 공정거래법의 적용제외 범위를 축소하였다.

둘째, 남용행위의 감시·적발 등 폐해규제 위주의 독과점 관리제도를 지양하고, 장기간 유지되고 있는 독과점 시장구조의 근본적인 개선시책을 추진할 수 있는 근거를 마련하였다.

셋째, 대규모기업집단 소속 계열회사에 대한 채무보증한도를 자기자본의 200% 이내에서 1998년 3월 말까지 100% 이내로 축소하도록 하였다.

넷째, 경제력집중을 심화시키는 요인으로 지적되어 온 부당내부거래를 불공정거래행위의 유형으로 추가하여 규율대상을 상품 및 용역거래에 한정하지 않고, 지원효과가 훨씬 더 크고 직접적인 자산 및 자금을 통한 부당한 지원행위에까지 적용을 확대하였다.

다섯째, 기업결합제한제도를 정비하였다. 기업결합제한 대상에서 규모기준을 삭제하여 기업규모에 관계없이 모든 경쟁제한적 기업결합을 금지하였다. 다만 기업결합 신고대상회사의 규모를 자산총액 또는 매출액의 규모가 1천억 원 이상인 회사로 확대함으로써 기업의 부담을 감소시키는 한편, 자산총액이나 매출액이 2조 원 이상인 회사는 대규모 회사로 정의하여 사전신고 등 의무를 부과하였다.

여섯째, 부당한 공동행위를 효율적으로 규제하기 위해 부당한 공동행위에 참여하였더라도 이를 최초로 신고한 자에 대하여는 시정조치, 과징금 등 행정제재를 완화 또는 면제해 줌으로써 공동행위의 단서나 증거를 용이하게 확보하는 방안을 도입하였다.

일곱째, 사업자단체의 불공정거래행위에 대한 규제를 강화하였다. 사업자단체가 일

부 사업자들의 담합 등을 적극 유도하였거나 그에 필요한 정보와 자료를 제공하는 경우 등 비공식적으로 경쟁제한행위를 유도하는 행위도 제재할 수 있게 하였다. 또한 사업자단체 금지행위 위반의 경우에 참가사업자는 물론 법 위반 사업자단체에 대하여도 과징금을 부과할 수 있도록 하였다.

여덟째, 법 집행의 실효성 확보를 위해 매출액이 없거나 매출액 기준으로 과징금을 부과하는 것이 곤란한 경우에 정액과징금을 부과할 수 있도록 보완하고, 중대한 법 위반행위에 대한 공정거래위원회의 고발강제 및 검찰총장 고발요청권을 신설하였다.

6. 제6차 개정

1997년 11월 불어 닥친 심각한 국가부도사태에 직면하여 우리나라 경제운영이 IMF(국제통화기금)의 관리체제하에 놓이게 되었다. 경제위기를 조속히 극복하고 경제재도약의 발판을 마련하기 위해서는 시장경제원리의 작동과 기업들의 강도 높은 구조조정이 요구되었다. 이를 위해 대규모기업집단에 의한 무분별한 사업다각화를 억제하기 위한 제도개선책으로서 결합재무제표의 조기도입, 기업경영의 투명성 제고 및 기업지배구조의 선진화, 그리고 M&A 활성화 방안이 마련되었다. 급박한 시대적 상황에서 이루어진 1998년 2월 24일의 제6차 개정에서는 대규모기업집단 계열회사를 연쇄 도산시키고 이로 인해 금융기관도 함께 부실화시킴으로써 결국 국가전체의 금융위기의 직접적인 요인이 되었던 채무보증제한제도 및 외국기업의 적대적 M&A로부터 경영권 방어를 위한 투자를 불가능하게 함으로써 역차별의 논란이 제기되었던 출자총액제한제도를 폐지하였다. 주요 개정내용으로는

첫째, 대규모기업집단 계열회사 간의 신규 채무보증은 1998년 4월 1일부터 전면 금지하되 불가피하거나 폐해가 적은 채무보증은 예외를 인정하고, 기존 채무보증의 기한연장을 위하여 재약정하는 경우에는 2000월 3월 말까지 신규 채무보증으로 보지 않기로 하였다. 기존 채무보증에 대하여는 원칙적으로 2000월 3월 말까지 모두 해소토록 하되, 일정한 요건을 갖춘 경우에는 2001년 3월 말까지 유예기간을 1년 더 부여하였다.

둘째, 대규모기업집단 소속회사에 적용되고 있는 해당 회사 순자산의 25% 이내에서 타회사 주식의 취득 또는 소유를 제한하는 출자총액제한제도를 폐지하여 기업들의 자율적인 구조조정을 용이하게 하고, 외국기업의 적대적 M&A로부터 국내기업을 방어할 수 있도록 허용하였다.

7. 제7차 개정

우리 경제가 IMF 관리체제에서 벗어나 국가경제 재도약의 발판을 마련하기 위해서는 무엇보다 기업구조조정을 조속한 시일 내에 마무리하고 경제 각 분야에 시장경제원칙을 확립하는 것이 시급한 과제로 등장하였다. 이와 관련하여 세계은행(IBRD)도 한국경제의 위기극복을 위해 구조조정차관(SAL)을 제공하면서 그 조건으로 구조조정과정에서 경쟁당국의 기능과 역할이 제고될 수 있도록 공정거래법의 개정을 권고한 바 있다. 1999년 2월 5일의 제7차 개정에서는 기본적으로 공정거래법이 시장경제 창달의 기본법으로서 역할을 충실히 수행할 수 있도록 제도적 미비점을 보완함과 아울러 기업구조조정이 차질없이 추진될 수 있도록 관련제도를 개선·정비하는 데 중점을 두었다. 주요 개정내용으로는

첫째, 법 적용범위를 확대하였다. 모든 산업에 경쟁법을 적용하는 국제적 기준에 맞추어 원칙적으로 업종 구분없이 경제활동을 하는 모든 사업자를 법 적용대상으로 하였다. 또한 그동안 시장지배적지위 남용행위 금지조항의 적용이 배제되었던 금융·보험사업자를 규제대상에 포함하였다.

둘째, 기업들이 지주회사의 장점을 활용하여 구조조정을 보다 원활히 추진할 수 있도록 지주회사의 설립을 제한적으로 허용하였다. 다만, 지주회사의 폐해가 나타나지 않도록 그 설립요건을 엄격하게 제한하였다. 기업구조조정에 장애가 되는 대규모기업집단 계열사간 부당지원행위를 효과적으로 차단하기 위해 금융거래정보요구권을 2년간 한시적으로 도입하였다.

셋째, 시장지배적사업자 지정·고시제도를 폐지하고, 일정한 요건에 해당하는 사업자를 시장지배적사업자로 추정하는 제도를 도입하여 개별사안별로 실질적인 시장지배력 행사 여부를 판단하도록 개선하였다.

넷째, 기업결합 심사제도를 개선하여 종전 기업결합 예외인정 기준인 산업합리화 또는 국제경쟁력 강화 요건을 삭제하는 대신 기업결합시 효율성 증대효과가 경쟁제한으로 인한 폐해보다 큰 경우이거나 기업결합 당사 회사가 자본잠식 상태 등으로 회생이 불가능한 부실기업인 경우로 그 기준을 명확히 하였다. 또한 지금까지 열거되었던 5가지 기업결합의 유형 가운데 대규모회사 이외의 자의 임원겸임 및 단일한 기업 또는 기업집단에 의한 회사신설은 기업결합의 유형에서 제외하였다. 그 밖에 경쟁제한적 기업결합에 대한 시정조치 이행의 실효성을 확보하기 위해 과징금제도 대신에 이행강제금제도를 도입하였다.

다섯째, 공동행위의 위법성 요건을 "부당하게 경쟁을 제한하는"으로 수정하여 경성카르텔에 대하여 당연위법의 원칙을 적용할 수 있는 근거를 마련하였다. 이에 따라 부당한 공동행위의 위법성을 입증하기 위해 개별사안마다 경쟁저해성 여부를 엄격하게 검토할 필요가 없게 되었다.

여섯째, 한정적으로 열거하고 있는 불공정거래행위의 유형에 기타 조항을 추가적으로 신설하여 예시적 열거조항으로 전환함으로써 새로운 유형의 불공정거래행위가 발생하는 경우 이에 탄력적으로 대응할 수 있도록 하였다.

일곱째, 공정거래사건 관련자의 권리구제를 원활히 할 수 있도록 공정거래위원회의 심결에 불복하는 자는 이의신청 없이도 곧바로 행정소송을 제기할 수 있도록 하였다. 그리고 민사손해배상청구소송이 제기된 때에는 법원은 필요한 경우 공정거래위원회에 대하여 해당 사건기록의 송부를 요구할 수 있도록 함으로써 소송을 통한 피해구제의 실효성을 제고하였다.

8. 제8차 개정

외국기업에 의한 적대적 M&A로부터 국내기업의 경영권 방어를 위해 제6차 개정에서 출자총액제한제도를 폐지한 바 있으나, 당초의 우려와 달리 적대적 M&A 현상이 나타나지 않았다. 오히려 출자총액제한제도 폐지 이후 대규모기업집단에 속하는 계열회사 간 출자가 증가하고 동일인과 특수관계인의 내부지분율이 크게 높아짐으로써 적은 지분으로 순환출자를 통하여 많은 계열회사를 지배하는 구조가 심화되었다. 또한 계열회사 간 관행적으로 이루어지는 부당지원행위가 광범위하면서도 뿌리깊게 자리잡았고, 그 수법도 점차 지능화되었다. 이에 따라 1999년 12월 28일의 제8차 개정에서는 무분별한 계열확장을 억제하고, 기업구조조정을 촉진하기 위해 출자총액제한제도를 재도입하였다. 주요 개정내용으로는

첫째, 대규모기업집단에 속하는 회사(금융·보험회사, 지주회사 제외)는 당해회사 순자산액의 25%를 초과하여 국내 다른 회사의 주식을 취득 또는 소유할 수 없도록 하였다. 이 제도를 2001년 4월 1일부터 시행하되, 시행 당시 출자한도액을 초과한 회사와 시행 이후 대규모기업집단 소속회사로 편입된 회사로서 편입당시 출자한도액을 초과한 회사에 대하여는 1년간 해소시한을 부여함으로써 기업들로 하여금 점진적으로 출자한도 초과분을 해소토록 하였다. 그러나 합리적인 범위 내에서 일정한 예외를 인정하였다.

둘째, 부당지원행위를 근절하기 위한 이해관계인의 통제장치로서 10대 기업집단 소속회사가 '대규모 내부거래'를 하는 경우는 의무적으로 이사회 의결을 거친 후 이를 공

시하도록 하였다. 이는 부당내부거래에 대한 내부 통제장치로서 이사들의 책임을 강화하고, 외부 통제장치로서 소액주주나 채권자 등에 의한 감시를 유도하기 위한 것이다. 또한 부당지원행위의 과징금 부과한도를 종전 2% 이내에서 5% 이내로 상향조정하였다.

셋째, 사회간접자본시설(SOC)에 대한 민간투자를 촉진하기 위하여 민간투자사업법인이 국내 금융기관에 대해 지고 있는 채무에 대하여 해당 민간투자사업법인의 출자자가 채무보증을 하는 경우 이를 채무보증 금지대상에서 제외하는 조항을 신설하였다. 또한 채무보증 제한과 관련된 탈법행위를 차단하기 위해 중첩적 채무인수와 비계열회사를 매개로 한 교차보증행위를 탈법행위의 유형으로 새로이 규정하였다.

9. 제9차 개정

경제계에서는 금융 및 기업구조조정이 여전히 미진하다는 평가가 내려지고 있는 가운데 제8차 개정 이후 공정거래위원회의 수차례에 걸친 재벌그룹에 대한 조사결과 대규모기업집단의 경제력집중의 중요한 수단으로 이용되는 부당내부거래가 줄어들지 않고, 오히려 비계열 금융기관이나 역외펀드 등을 이용한 우회적인 방법 등을 통해 법위반행위를 지속적으로 반복하고 있음이 확인되었다. 2001년 1월 16일 제9차 개정에서는 한시적으로 허용되었던 금융거래정보요구권의 시한을 연장하고, 지주회사를 구조조정의 수단으로 원활히 활용할 수 있도록 규제의 탄력성을 인정하였다. 주요 개정내용으로는

첫째, 부당내부거래가 지속되고 있고, 그 방법도 날로 지능화·고도화되는 추세에 대응하기 위해 필수적인 금융거래정보요구권의 시한을 3년 연장하였다.

둘째, 지주회사제도의 효율적 운용을 위해 지주회사의 자회사 지분율 요건을 보완하고, 벤처지주회사에 대한 자회사 지분율 요건을 20%로 완화하였다. 또한 기업구조조정 촉진을 위해 기존 현물출자 방식 이외에 상법상 회사분할을 통해 지주회사로 전환·설립하는 경우에도 부채비율 제한 등의 규정의 적용을 일정 기간 유예하였다.

셋째, 경쟁을 원천적으로 배제하는 고질적인 담합행위가 아직 근절되지 않고 있는 실정임을 감안하여 부당공동행위 신고자 외에 증거제공을 통해 공정거래위원회의 조사에 협조한 자도 시정조치 및 과징금 감면대상자로 추가하여 면책제도의 적용을 확대하였다.

넷째, 법 위반행위 조사의 실효성을 제고하기 위해 공정거래위원회 조사를 거부·방해한 개인과 법인에 대한 과태료 부과한도를 상향조정하였다.

다섯째, 제한적으로 해석될 수 있었던 종전 재판매가격유지행위의 개념정의 규정을 개정하여 예컨대, 가맹본부가 원재료를 공급하고 가맹점이 이를 가공하여 완제품을 판

매하는 경우의 재판매가격유지행위와 같이 유통단계에서 동일한 해당 상품에 대한 가격구속행위가 아닌 경우에도 공정거래법으로 규율할 수 있게 하고, 종전에는 상품만을 대상으로 하였으나 용역도 그 대상에 포함되도록 하였다.

10. 제10차 개정

2002년 1월 26일 제10차 개정에서는 1998년 이후 기업의 지배구조개선 및 경영투명성 제고 등을 위한 각종 제도가 도입된 점을 감안하여 지배력의 확장을 위한 과도한 출자행위는 계속 억제하되, 기업의 경쟁력 강화 및 핵심역량으로의 집중을 위한 출자는 자유롭게 할 수 있도록 출자총액제한제도를 개선하였다. 또한 기업의 책임·투명경영을 유도하기 위하여 대규모기업집단 지정제도를 폐지하고 상호출자 및 채무보증금지대상 기업집단을 조정하는 등 현행제도의 운영과정에서 나타난 일부 미비점을 개선·보완하였다. 주요 개정내용으로는

첫째, 30대 기업집단 일괄지정제도를 폐지하고 행태별 규율방식으로 전환하기 위하여 상호출자제한, 출자총액제한 및 채무보증제한 대상 기업집단에 관한 규정을 개정하였다.

둘째, 기업의 경쟁력강화 및 핵심역량의 집중을 위하여 사회간접자본시설에 대한 민간투자사업을 위한 출자, 공기업 민영화대상회사의 인수를 위한 출자 등에 대하여는 출자총액제한 규정을 적용하지 아니하도록 하였다.

셋째, 상호출자제한기업집단에 속하는 회사로서 금융업 또는 보험업을 영위하는 회사가 소유하고 있는 국내 계열회사 주식에 대하여 의결권을 행사할 수 있는 요건으로서 임원임면 등 경영권을 방어하기 위하여 필요한 경우를 추가하였다.

넷째, 출자총액제한기업집단의 소속회사 또는 그에 편입된 회사가 지정일 또는 편입일부터 1년이 경과한 후에도 출자한도액을 초과하는 주식을 계속 소유하는 때에는 그 초과분에 대하여는 처분명령을 내리는 대신에 의결권을 제한할 수 있도록 하였다.

다섯째, 기업구조조정의 촉진을 위하여 구조조정관련 출자에 대한 출자총액제한 예외인정 시한을 2001년 3월 말에서 2003년 3월 말로 2년간 연장하였다.

11. 제11차 개정

제10차 개정 이후 기업경영의 투명성·책임성 강화, 기업집단의 소유지배구조 개선 및 시장경쟁의 촉진이 우리나라 시장개혁을 위한 중요한 명제로 등장하게 되었다. 이를 실현하기 위해 공정거래위원회는 2003년 5월~9월간 시장개혁계획 수립을 위한 민·관 합동 태스크포스를 구성하였고, 2003년 12월 30일 우리 기업과 시장상황에 대

한 객관적 평가를 기초로 개선목표를 정하고 단계별 정책방안과 그 일정을 제시한 「시장개혁 3개년계획」을 확정 발표하였다. 이를 바탕으로 2004년 12월 31일 공정거래법 전 분야에 걸쳐 광범위한 법 개정이 이루어졌다. 제11차 법 개정은 시장경쟁을 촉진하고, 기업집단시책을 개편하며, 시장자율규제를 강화할 것을 목표로 하고 있다. 주요 개정내용으로는

첫째, 외국사업자의 행위로부터 국내시장의 경쟁질서를 효과적으로 유지할 수 있도록 국외에서 이루어진 행위라 하더라도 국내시장에 영향을 미치는 경우에 역외적용(域外適用)이 이루어지도록 하였다.

둘째, 지주회사의 설립 또는 전환이 원활히 이루어질 수 있도록 지주회사가 충족하여야 하는 부채비율에 대하여 종전에는 1년의 유예기간을 인정하던 것을 2년으로 연장하고, 지주회사의 건실한 소유지배구조를 유도하기 위하여 지주회사의 자회사간 출자를 금지하며, 자회사의 사업관련손자회사에 대한 최소지분율을 사업관련손자회사 발행주식총수의 100분의 50 또는 100분의 30으로 하였다.

셋째, 기업집단의 소유지배구조 개선과 투명경영을 유도하기 위하여 내부견제 시스템을 잘 갖춘 기업, 계열회사 수가 적고 소유구조가 단순한 기업집단 및 소유와 지배간 괴리가 작은 기업집단을 출자총액제한 대상에서 제외하는 근거(졸업기준)를 마련하고, 지주회사에 소속된 회사를 출자총액제한 대상에서 제외하였다. 또한 기업의 정상적인 경영활동에 대한 제약을 최소화할 수 있도록 적용제외 및 예외인정 제도를 합리적으로 보완하였다.

넷째, 2003년 3월 31일로 유효기간이 만료된 기업구조조정관련 출자에 대하여 필요한 범위 내에서 예외를 인정하는 근거를 마련하고, 중소기업과의 기술협력, 산업의 국제경쟁력 강화 또는 기업의 경쟁력 강화를 위한 기업구조조정을 위한 출자 등의 경우에는 예외인정 기한을 두지 아니하기로 하였다.

다섯째, 계열금융보험사를 통한 지배력 확장을 방지하기 위하여 상호출자제한기업집단 소속 금융보험사의 의결권 행사한도를 현행 30%에서 2006년 4월 1일부터 3년 동안 매년 5% 포인트씩 단계적으로 15%까지 축소하도록 하였다.

여섯째, 시장감시를 통한 소유지배구조 개선 및 투명성 제고를 유도하기 위하여 상호출자제한기업집단 소속 비주권상장회사·비코스닥상장회사에 대하여 소유지배구조·재무구조·경영활동 관련 중요사항에 대한 공시의무를 부과하였다.

일곱째, 금융기관을 통한 부당내부거래의 조사를 위하여 2004년 2월 4일로 유효기간이 만료된 금융거래정보요구권을 3년 시한으로 재도입하기로 하되, 그 발동요건을

강화하였다.

여덟째, 이 법 위반행위에 대한 국민의 신고를 적극 유도하기 위하여 이 법의 위반행위를 신고 또는 제보하고 이를 입증할 수 있는 증거자료를 제출한 자에 대하여 포상금을 지급할 수 있도록 하는 근거규정을 마련하였다.

아홉째, 소비자 등 위법행위의 피해자들이 공정거래위원회의 시정조치와 상관없이 바로 법원에 손해배상을 청구할 수 있도록 시정전치주의와 같은 재판상 주장제한 규정을 삭제하였다. 또한 손해액인정제를 도입하여 손해의 발생은 확실하나 손해액의 입증이 곤란한 경우 법원이 변론의 전체취지와 증거조사결과를 감안하여 손해액을 인정할 수 있도록 하여 법원에 의한 피해구제를 용이하도록 하였다.

12. 제12차 개정

2005년 3월 31일 제12차 개정에서는 국내 기업들의 남북 경제협력사업 참여를 활성화할 수 있도록 남북교류협력법상 협력사업자로 승인된 회사(동법 §16)로서 대통령령의 기준에 해당하는 회사의 주식을 취득 또는 소유하는 경우 출자총액제한에 관한 규제를 받지 않도록 하였다.

13. 제13차 개정

2007년 4월 13일 제13차 개정에서는 시장개혁의 지속적 추진으로 기업지배구조 및 회계투명성 관련 제도가 선진국 수준으로 정비되는 등 제도적 기반이 마련됨에 따라 기업규제 완화를 통한 경제활성화를 도모하기 위하여 대규모기업집단정책을 합리적으로 개편하되, 기업활동에 대한 사후규제 및 시장에 의한 자율감시 기능을 보완하는 등 현행 제도의 운영상 나타난 일부 미비점을 개선·보완하였다. 주요 개정내용으로는

첫째, 지주회사가 자본총액의 2배까지 부채를 보유할 수 있도록 허용하고, 지주회사의 자회사 주식보유기준 및 자회사의 손자회사 주식보유기준을 각각 100분의 50(상장회사는 100분의 30) 이상에서 100분의 40(상장회사는 100분의 20) 이상으로 완화하였다.

둘째, 출자총액제한기업집단의 범위를 자산총액 6조 원 이상에서 10조 원 이상으로, 동 기업집단에 속하는 회사의 출자한도액 기준을 해당 회사의 순자산액 100분의 25에 상당하는 금액에서 100분의 40에 상당하는 금액으로 각각 상향 조정하였다. 이와 함께 출자총액제한기업집단에 소속된 회사 중 직전 사업연도의 자산총액이 일정규모(2조 원) 미만의 회사인 경우에는 출자총액제한 적용대상에서 제외하였다.

셋째, 과도한 경제력집중을 방지하고 기업집단의 투명성을 높이기 위하여 공정거래

위원회가 상호출자제한기업집단의 회사현황, 지배구조, 계열회사 간 출자 및 채무보증 등에 관한 정보를 공개할 수 있도록 하였다.

넷째, 자산총액 5조 원 이상인 공시대상기업집단에 속하는 회사의 대규모 내부거래 시 요구되는 이사회 의결 및 공시대상의 거래행위 유형에 소위 그룹총수 측의 지분율이 높은 계열회사를 상대방으로 하거나 계열회사를 위하여 상품 또는 용역을 제공하는 행위를 추가하였다.

다섯째, 상품·용역 거래를 통한 부당한 지원행위를 새로운 유형으로 추가하여 상품·용역의 제공 또는 거래라 하더라도 부당지원행위의 요건을 갖춘 경우에는 부당지원행위의 규제대상이 될 수 있도록 하였다.

여섯째, 금융거래정보요구권의 존속기한을 3년간 추가 연장하였다.

14. 제14차 개정

2007년 8월 3일 제14차 개정에서는 기업부담의 완화와 경쟁정책의 효율적 수행을 위해 요구되는 중요한 제도적 개선사항을 다수 포함하고 있다. 지주회사의 설립 및 전환을 촉진하기 위하여 관련 제도를 합리적으로 완화하는 방향으로 개편하고, 부당한 공동행위나 불공정거래행위에 대한 효율적 규제방안을 마련함으로써 공정한 경쟁질서가 구축되도록 하였다. 또한 기업결합 신고제도를 합리적으로 조정하고, 불공정거래행위로 인해 발생하는 피해구제의 실효성과 법집행의 효율성을 높이기 위하여 분쟁조정제도를 도입하는 등 현행 제도의 운영상 나타난 일부 미비점을 개선·보완하였다. 주요 개정내용으로는

첫째, 종전에는 매출액 또는 구매액이 10억 원 미만인 경우 시장지배적사업자로부터 제외하였으나, 매출액 또는 구매액이 40억 원 미만인 사업자를 시장지배적사업자 추정으로부터 제외하였다.

둘째, 기업결합과 관련하여 강요 기타 불공정한 방법에 의한 기업결합 금지규정을 삭제하였다. 특히 종합유선방송사업자나 기간통신사업자에 대해서는 이제까지 하나의 기업결합에 대해 공정거래위원회에 대한 기업결합 신고와 타 법령상 인·허가신청을 별도로 해야 했으나, 공정거래위원회나 주무관청인 방송위원회 또는 정보통신부 어느 한 곳에 일괄하여 관련서류를 제출할 수 있도록 함으로써 결합당사회사가 2 이상의 정부부처에 중복적으로 신고 및 신청서를 접수하여야 하는 번거로움을 해소하였다.

셋째, 부당한 공동행위와 관련하여 입찰담합을 별도의 행위유형으로 분리 규정하고, 관계부처, 발주기관 등에 입찰담합 방지를 위한 자료제출 요구 기타 협조 요청 근

거 및 발주기관의 입찰관련 정보 제출 의무조항을 신설하였다. 또한 제19조 제5항의 카르텔 추정조항을 개정하여 공동행위의 외관과 함께 행위의 공동성을 나타내는 "정황사실"이 있는 경우에 '합의'를 추정하도록 하였다.

넷째, 지주회사제도와 관련하여 손자회사의 완전증손회사(100% 지분 보유) 소유를 허용하되, 증손회사의 계열회사 주식취득을 금지하였다. 또한 이제까지 자회사는 사업관련성이 있는 경우에만 손자회사를 보유할 수 있는 것으로 하였으나, 지주회사로의 설립 · 전환이 보다 용이하도록 사업관련성 요건을 폐지하였다.

다섯째, 대기업집단 소속 계열회사의 대규모 내부거래의 이사회 의결 의무화와 관련하여 법 적용 대상거래 발생시마다 기업이 수시로 이사회를 개최해야 하는 부담을 완화하기 위해 상법상 이사회 내 위원회(사외이사가 3인 이상인 동시에 위원 총수의 2/3 이상) 의결을 이사회 의결로 인정하고, 상호출자 탈법행위조사를 위해 금융거래정보요구권을 행사할 수 있도록 함으로써 그 발동범위를 확대하였다.

여섯째, 당사자 간 분쟁성격이 강한 불공정거래행위에 대해 사건처리의 효율성과 불공정거래행위로 인한 피해자 권리구제의 실효성 제고를 위해 분쟁당사자 간의 자율적인 조정을 통해 해결하는 분쟁조정제도를 도입하였다. 또한 공정거래분야에서 발생하는 사업자간 분쟁을 조정하고, 시장 · 산업에 대한 조사 · 연구 등을 수행하기 위한 한국공정거래조정원의 설립근거를 마련하였다. 한국공정거래조정원에 설치된 공정거래분쟁조정협의회에서 조정이 이루어진 사건에 대하여는 시정조치를 하지 아니하도록 하였다.

일곱째, 장기체납으로 징수가능성이 없는 과징금, 과태료 등이 계속 증가되는 추세에 있고, 이로 인해 행정력의 낭비 및 미수납율이 계속 증가함에 따라 이를 결손처분을 할 수 있도록 불납결손조항을 신설하였다.

15. 제15차 개정

2007년 10월 17일 제15차 개정에서는 낙후된 지방경제의 활성화 및 고용능력을 창출하기 위하여 출자총액제한을 받는 대기업이 지방기업(수도권을 제외한 지역에 있는 기업)에 대해 출자할 경우 출자총액제한의 예외를 인정하였다.

16. 제16차 개정

2009년 3월 25일 제16차 개정은 그동안 대기업집단에 대한 사전적이고 직접적인 규제보다 시장에서 스스로 판단하여 규율하는 시장친화적 방식으로 전환함으로써 기업부담을 최소화하고 투자의욕을 제고하기 위해 이루어졌다. 주요 개정내용으로는 첫째, 그동안 대기업집단 소속회사의 자유로운 기업활동을 제약하고 있다고 비판되어온 출자총액제한제도를 폐지하는 대신, 이들 상호출자제한기업집단 소속회사에 대한 시장감시기능의 활성화를 위해 대기업집단의 일반현황 및 출자현황 등을 공시하도록 신설하였다.

둘째, 대규모회사의 기업결합 (사전)신고의무에 대한 부담을 완화하고자 종래에는 신고기한을 기업결합행위일로부터 30일 이내로 제한하였으나, 이러한 제약을 폐지하여 실제 기업결합일 이전에는 언제든지 신고할 수 있도록 하였다.

17. 제17차 개정

2011년 12월 2일 제17차 개정은 한・미 FTA 이행 부속법안의 하나로 요구됐던 동의의결제도를 도입하기 위해 이루어졌다. 동의의결제도의 도입으로 법 위반 여부가 중대하지 않거나 명백하지 않은 공정거래사건의 경우 사업자가 스스로 소비자 피해구제, 원상회복 등 타당한 시정방안을 제안하고 공정거래위원회가 이해관계자 등의 의견수렴을 거쳐 그 타당성을 인정한다면 법 위반 여부를 확정하지 않고 사건을 신속히 종결함으로써 신속하고 실효성 있게 경쟁질서를 회복하고 소비자 피해를 실질적으로 구제할 수 있게 되었다.

18. 제18차 개정

2012년 3월 21일 제18차 개정(시행일 2012. 5. 30, 일부 예외)은 공정거래위원장을 국회 인사청문 대상에 포함시키고, 현행 제도운영상의 미비점을 개선・보완하기 위해 이루어졌다. 주요 개정내용으로는

첫째, 기업결합 사후신고시 공정거래위원회의 심사기한을 명시하였다.

둘째, 공정거래위원장을 국회 인사청문 대상으로 하였다.

셋째, 한국공정거래조정원의 업무범위를 확대하였다.

넷째, 사업자단체의 부당한 공동행위에 대한 과징금 상한액을 사업자의 부당한 공동행위에 대한 과징금 상한액과 동일하게 매출액에 100분의 10을 곱한 금액으로 상향조정하고, 법 위반사업자가 과징금을 부과받기 전에 회사를 분할 또는 분할합병하는 경우에도 과징금 부과가 가능하도록 하였다. 또한 현재 고시에 위임되어 있는 체납과징금에 대한 가산금 요율을 대통령령에 규정하도록 하였다.

다섯째, 법 위반사항에 대한 사실관계 확정 기준시점을 심리종결일로 규정하고, 공정거래위원회가 조사 중인 사건에 대하여 처분시한을 조사개시일부터 5년으로 하였다.

또한 폭언 · 폭행, 고의적인 현장진입 저지 · 지연 등을 통해 공정거래위원회의 조사를 거부 · 방해 또는 기피한자에 대한 형사벌을 강화하였다.

19. 제19차 개정

2013년 7월 16일 제19차 법 개정에서는 공정거래위원회의 전속고발권 행사가 미온적이라는 비판이 제기됨에 따라 전속고발제도를 보완하였다. 주요 개정내용으로는

첫째, 감사원장, 조달청장, 중소기업청장이 사회적 파급효과, 국가재정에 끼친 피해정도, 중소기업에 미친 영향 등 다른 사정을 이유로 공정거래위원회에 고발을 요청할 수 있도록 하여 고발요청권을 확대하였다.

둘째, 검찰총장을 포함하여 고발요청권을 가진 해당 부처가 공정거래위원회에 고발을 요청하는 경우 공정거래위원회로 하여금 반드시 고발하도록 강제하였다.

셋째, 담합의 자진신고자 또는 조사협조자에 대해서는 고발을 면제할 수 있도록 하였다.

20. 제20차 개정

2013년 8월 13일 제20차 법 개정에서는 경제민주화 입법의 일환으로 부당지원행위에 대한 규제를 용이하게 하고, 대기업집단 총수일가의 부당한 부의 축적 · 이전 수단으로 활용되어 온 사업기회 유용과 계열회사 간 일감몰아주기 등을 실효성있게 차단하고자 하였다. 주요 개정내용으로는

첫째, 부당지원행위의 성립요건을 종래의 '현저히 유리한 조건'에서 '상당히 유리한 조건'으로 완화하여 공정거래위원회의 입증책임의 부담을 덜어주었다.

둘째, 부당지원행위의 한 유형으로서 실질적인 역할이 없는 특수관계인이나 다른 회사를 매개로 거래하는 행위를 신설하였다.

셋째, 특수관계인 또는 회사의 부당한 지원행위로부터의 수혜를 금지하고, 부당지원을 통해 실제 이득을 얻은 수혜자에 대해 과징금을 부과하도록 하였다.

넷째, 대기업집단에 속하는 회사의 특수관계인에 대한 부당한 이익제공 금지규정을 신설하였다.

21. 제21차 개정

2014년 1월 24일 제21차 법 개정(시행일 2014. 7. 25)에서는 순환출자를 통한 계열회사의 무분별한 확장을 억제하고, 내실있는 성장에 주력할 수 있도록 신규 순환출자

를 금지하고 있다. 주요 개정내용으로는

첫째, 동일한 대기업집단에 속하는 회사에 대한 신규 및 추가적인 순환출자를 금지하였다.

둘째, 기업의 사업구조 개편이나 부실기업 구조조정 등 정상적인 기업활동 유지를 위해 예외를 허용하였다.

셋째, 법 위반행위에 대해서는 주식처분명령, 과징금 부과, 의결권행사 금지 및 형사적 제재를 가할 수 있도록 하였다.

22. 제22차 개정

2014년 5월 28일 제22차 법 개정(시행일 2014. 11. 29)에서는 남양유업의 물량밀어내기 사태 등이 사회적으로 큰 문제가 됨에 따라 거래관계에서 우월적 지위에 있는 사업자가 행하는 불공정거래행위에 대한 규제의 필요성이 높아지게 되었다. 이를 반영하여 사업자가 분쟁조정을 신청하거나 불공정거래행위를 신고한 자 등에 대하여 거래상의 보복조치를 하는 것을 금지하고, 이를 위반한 자에 대해 시정조치 명령, 과징금 및 형벌을 부과할 수 있도록 하였다.

23. 제23차 개정

2015년 1월 20일 제23차 법 개정(시행일 2015. 1. 20)에서는 신고인이 위법 또는 부당한 방법의 증거수집, 허위신고, 거짓진술, 증거위조 등의 방법으로 포상금을 지급받은 경우 지급된 포상금을 환수할 수 있는 근거 규정을 신설하여 이러한 부정행위를 사전에 예방하고 포상금이 과다 지급되거나, 착오 지급된 경우를 방지하는 한편, 공정거래위원회가 과징금 납부의무자가 과징금을 일시에 납부할 수 있다고 인정되는 때 과징금 납기연장 및 분할납부를 취소할 수 있도록 하였다.

24. 제24차 개정

2015년 7월 24일 제24차 법 개정(시행일 2015. 7. 24 및 2015. 9. 25)에서는 「국가공무원법」 개정(2013. 12. 12. 시행) 사항을 반영하여 별정직공무원으로 보하도록 되어 있는 공정거래위원회의 상임위원(위원장과 부위원장 제외)을 일반직공무원 중 임기제공무원에 보하도록 해당 조항을 수정하였다.

25. 제25차 개정

2016년 3월 29일 제25차 법 개정(시행일 2016. 3. 29)에서는 대기업집단에 속한 금융・보험사의 국내 계열회사에 대한 의결권을 명확히 하고, 공정거래법의 적용을 합리적으로 개선하였다. 주요 개정내용으로는

첫째, 대기업집단 소속 금융・보험회사의 국내 계열회사에 대한 의결권 행사제한 기준인 발행주식총수에서 무의결권 주식을 제외하고, 지주회사가 아닌 계열회사와 금융업・보험업을 영위하는 회사의 국내 계열회사 주식에 대한 의결권 행사 여부를 공시하도록 하여 기업집단의 현황을 정확하게 파악할 수 있게 하였다.

둘째, 부당한 공동행위를 자진신고한 사업자가 시정조치 또는 과징금을 감면받은 이후에 새로운 위반행위를 할 경우 그로부터 5년 이내에는 자진신고를 하더라도 감면하지 않도록 하는 한편, 공정거래법 역외적용이 인정됨에 따라 그 실익이 없어진 부당한 국제계약의 체결제한 조항을 삭제하였다.

셋째, 분쟁조정 신청시 시효중단을 규정하고, 분쟁당사자가 동의하는 경우 분쟁조정기간을 현행 60일에서 90일로 연장하였다.

26. 제26차 개정

2017년 4월 18일 제26차 법 개정(시행일 2017. 7. 19)에서는 대기업집단의 기준과 법 적용범위를 구분하고, 공정거래위원회의 업무집행을 적극적으로 추진할 수 있도록 벌칙규정을 강화하였다. 주요 개정내용으로는

첫째, 해당 기업집단에 속한 국내 회사들의 직전 사업연도 대차대조표상의 자산총액 합계액을 기준으로 대기업집단을 「공시대상기업집단」(5조 원 이상)과 「상호출자제한기업집단」(10조 원 이상)으로 구분하고, 법 적용대상을 구별하였다.

둘째, 공정거래위원회가 대기업집단 지정에 필요한 자료를 제출하지 않거나 허위로 제출한 경우 벌금형을 강화하고 신체형을 추가하였으며, 조사 거부・방해 행위에 대해 종래 과태료 처분에서 형사처벌로 전환하고 이행강제금제도를 도입하였다.

셋째, 공정거래위원회가 심의・의결한 모든 사건에 대해 법 위반 여부와 관계없이 의결서를 작성하여 공개하도록 하였다.

27. 제27차 개정

2017년 10월 31일 제27차 법 개정(시행일 2017. 10. 31)에서는 공정거래법의 금산분

리 규제 취지와는 무관하게 일반지주회사에 대한 과잉규제로 작용하지 않도록 제2조 제10호에 단서를 신설하여 일반지주회사로 전환하거나 설립될 당시에 금융업 또는 보험업을 영위하는 국내 회사의 주식을 소유하고 있는 때 (전환하거나 설립된 날부터) 2년간은 그 국내 회사의 주식을 소유할 수 있도록 한 법 제8조의2 제2항 5호 단서의 적용을 받는 일반지주회사는 금융업 또는 보험업을 영위하는 회사에서 제외하도록 하였다.

28. 제28차 개정

2018년 6월 12일 제28차 법 개정(시행일 2018. 6. 12)에서는 최근 들어서 서명이 보편화되어 가는 추세이므로 법 제48조의8 제1항 중 '기명날인한'을 '기명날인하거나 서명한'으로 개정하여 행정의 효율성과 이용자의 편의성을 제고하였다.

29. 제29차 개정

2018년 9월 18일 제29차 법 개정(시행일 2019. 3. 19)에서는 분쟁의 간이한 해결을 위해 공정거래위원회가 신고사건을 분쟁조정에 의뢰할 수 있도록 하고, 중대한 법 위반행위에 대하여 3배 손해배상제도를 도입하여 피해자의 실질적 구제에 기여하고자 하였다. 주요 개정내용으로는

첫째, 신고사건 중 공정거래위원회가 직접 조사하는 것이 적합하다고 인정되는 경우 등을 제외한 사건을 직권으로 공정거래분쟁조정협의회에 분쟁조정 절차에 의뢰할 수 있도록 하였다.

둘째, 부당한 공동행위 및 금지되는 보복조치를 한 사업자·사업자단체에 대하여 손해의 3배를 넘지 아니하는 범위에서 배상책임을 지도록 하였다.

30. 제30차 개정

2021년 5월 19일 제30차 법 개정(시행일 2021. 5. 20)에서는 공정거래위원회 조사의 적법절차를 강화함으로써 피심인의 방어권을 보장하고, 심의·처분의 합리성과 안정적 이행이 확보되도록 하였다. 주요 개정내용으로는

첫째, 신고·조사와 관련하여 현장조사시 조사공문 교부를 의무화하고, 공문에 기재된 기간 내에 조사실시를 원칙으로 하였다. 또한 피조사인의 의견 제출·진술권과 당사자 등의 자료 열람·복사 요구권을 명문화하였다.

둘째, 심의·처분과 관련하여 심의절차 개시 이후 조사공무원의 조사 및 진술 청취를 금지하되, 전원회의나 소회의가 증거조사를 개시할 수 있도록 하였다. 이와 함께 처

분시효의 기준일을 명확히 하고, 전속관할을 서울고등법원으로 명시하였으며, 공정거래조정원·한국소비자원에 동의의결의 이행관리를 위탁할 수 있도록 하였다.

31. 제31차 전부개정

2020년 12월 29일 제31차 법 개정(시행일 2021. 12. 30)에서는 공정거래법 조문체계를 전면 재정비하고, 대기업집단 규율 법제를 개선 및 법 집행체계 개편에 중점을 두었다. 주요 개정내용으로는

첫째, 지난 40년간 부분 개정으로 혼잡스러운 조문체계를 15개 장 130개 조문 및 부칙으로 재정비하였다.

둘째, 대기업집단의 경제력남용과 사익추구 억제를 강화하기 위해 지주회사와 그 자회사·손자회사의 의무지분율 요건을 강화하고, 계열 금융·보험회사 및 공익법인의 의결권 제한을 강화 또는 신설하는 한편, 기존 순환출자에 대한 의결권도 제한하였다. 또한 공시대상기업집단 특수관계인의 부당한 이익제공 금지의 대상도 확대하였다.

셋째, 공정거래법 집행체계를 개편하여 사인의 금지청구권제도를 신설하고, 분쟁조정 신청대상을 확대하였다. 과징금 부과한도를 2배로 상향하는 한편 형벌규정을 정비하였다.

넷째, 법 위반행위에 대한 규제가 용이하도록 기업결합 심사대상을 강화하여 소규모피취득회사라 하더라도 스타트업 등 잠재적 성장가능성이 큰 경우에는 신고의무를 부과하였고, 가격·생산량 등 경쟁제한적인 정보교환에 대해 합의가 법률상 추정될 수 있도록 하였다.

다섯째, 혁신성장을 촉진하기 위해 일반지주회사의 기업형 벤처캐피털(CVC) 제한적 보유를 허용하고, 벤처지주회사에 대한 규제를 완화하였다.

32. 제32차 개정

2023년 6월 20일 제32차 법 개정(시행일 2023. 6. 20)에서는 입찰담합을 적발하거나 방지하기 위하여 입찰 관련 자료제출 협조요청 기관의 범위를 확장하고, 공정거래위원회의 시정조치 이행관리의 실효성을 확보하며, 공정거래 자율준수 프로그램 운영이 효과적으로 이루어지도록 하는 방안을 구체화하였다. 주요 개정내용으로는

첫째, 입찰과 관련된 부당한 공동행위를 적발하거나 방지하기 위하여 입찰 관련 자료의 제출 및 협조를 요청할 수 있는 대상에 「지방공기업법」에 따른 지방공기업 및 「공공기관의 운영에 관한 법률」에 따른 준정부기관·기타공공기관이 발주하는 입찰도

포함하도록 하였다.

둘째, 공정거래위원회의 시정조치 이행관리에 관한 근거를 신설하였다.

셋째, 조정신청 사건에 대한 수소법원(受訴法院)의 소송절차중지제도를 도입하였다.

넷째, 동의의결 절차가 진행 중인 경우 처분시효가 정지되도록 하였다.

다섯째, 공정거래 자율준수제도 운영사업자를 대상으로 공정거래위원회가 공정거래 자율준수 평가를 할 수 있도록 하고, 평가결과 등에 따라 시정조치, 과징금 감경이나 포상 또는 지원 등을 할 수 있도록 하였으며, 공정거래 자율준수평가기관 지정, 지정 취소 및 정지에 관한 근거를 마련하는 등 종래 제도의 운영상 나타난 일부 미비점을 개선·보완하였다.

33. 제33차 개정

2024년 1월 25일 제33차 법 개정(시행일 2024. 8. 7)에서는 기업결합 신고 면제 대상 확대 및 시정방안 제출 제도 도입을 골자로 하는 기업결합제도 개선에 중점을 둔 개정이 이루어졌다. 주요 개정내용으로는

첫째, 사모펀드(PEF) 설립, 모자회사 간 합병과 같은 경쟁제한 가능성이 희박한 기업결합에 대한 신고의무가 면제되고, 경쟁제한 우려가 있는 기업결합의 경우 기업이 제출한 시정방안을 토대로 최종적인 시정조치가 부과되도록 하였다.

둘째, 사건 심의절차에 전자문서 제출 및 송달 시스템이 도입되었다.

셋째, 공시제도를 개선하여 비상장사 중요사항 공시항목에서 임원의 변동을 제외하였다.

넷째, 시장지배적사업자 추정 제외 기준을 40억 원에서 80억 원으로 상향하였다.

다섯째, 한국공정거래조정원 분쟁조정협의회 위원장이 상임직으로 변경됨에 따라 위원장의 영리 목적 업무 종사를 금지하였다.

〈공정거래법 개정의 주요 내용〉

구 분	주요 개정내용
제1차 개정 (1986. 12. 31, 법률 제3875호)	▪ 지주회사의 설립 및 전환 금지 ▪ 대규모기업집단(소위 '재벌')의 계열회사 간 상호출자 금지 ▪ 재벌 계열회사가 타 회사에 출자할 수 있는 총액(출자총액제한)을 순자산의 40%로 제한 ▪ 경쟁제한적인 공동행위 등록제를 인가제로 개선하고, 공동행위 참가자에게 과징금 부과 근거 마련

구 분	주요 개정내용
제2차 개정 (1990. 1. 13, 법률 제4198호)	▪ 상호출자 및 출자총액제한 위반에 대한 과징금 도입 ▪ 경제기획원장관이 지정·고시한 불공정거래를 규제하던 것에서 법률에 포괄적으로 열거된 불공정거래행위 규제로 변경 ▪ 시정조치로 정정광고나 법 위반사실의 공표를 명할 수 있는 근거를 명시하고, 법 위반행위에 대한 벌칙 강화 ▪ 공정거래위원회가 경제기획원장관의 처분을 위한 심의·의결기관이던 것을 경제기획원장관 소속의 독립행정기관으로 개편
제3차 개정 (1992. 12. 8, 법률 제4513호)	▪ 재벌 계열회사 간 채무보증제한제도 도입 – 채무보증총액을 자기자본의 200%로 제한 – 기존에 한도를 초과하는 채무보증에 대해서는 3년간의 유예기간을 설정하여 1996년 3월 말까지 200% 이내로 축소
제4차 개정 (1994. 12. 22, 법률 제4790호)	▪ 재벌기업의 소유분산과 재무구조개선의 유인제도 도입 – 출자총액제한제도 강화 : 순자산의 40% → 25%로 변경 – 출자총액제한을 받지 않는 소유분산 우량기업 및 집단제도 도입 – 제1종 SOC시설 영위사업자에 대한 출자총액제한의 한시적 배제
제5차 개정 (1996. 12. 30, 법률 제5235호)	▪ 경쟁제한적인 법령에 대해 공정거래위원회와 사전협의 대상 명료화 ▪ 금융·보험사업자를 경쟁제한적인 기업결합의 심사대상에 포함 ▪ 재벌 계열회사 간 채무보증한도를 1998년 3월 말까지 자기자본의 100%로 축소 ▪ 기업집단의 계열회사 간 부당지원행위를 불공정거래행위로 추가 ▪ 경쟁제한적인 기업결합 금지대상을 일정규모 이상에서 모든 경쟁제한적 기업결합으로 확대 ▪ 부당한 공동행위의 자진신고자에 대한 면책조항 신설 ▪ 정액과징금을 부과할 수 있는 근거규정 신설
제6차 개정 (1998. 2. 24, 법률 제5528호)	▪ 출자총액제한제도 폐지 ▪ 재벌 계열회사간 채무보증제도 개선 – 신규 채무보증은 1998년 4월 1일부터 전면 금지 – 기존 채무보증은 원칙적으로 2000년 3월 말까지 해소
제7차 개정 (1999. 2. 5, 법률 제5813호)	▪ 법 적용대상을 12개 대분류 산업에서 모든 산업으로 확대 ▪ 지주회사 설립 금지를 제한적으로 허용으로 전환 ▪ 부당지원행위 조사를 위한 2년 시한의 금융거래정보요구권 도입 ▪ 시장지배적사업자 지정·고시제도 폐지 및 시장지배적사업자 추정제도 도입
제8차 개정 (1999. 12. 28, 법률 제6043호)	▪ 출자총액제한제도 재도입 – 출자한도는 순자산액의 25%로 제한(2001년 4월 1일 시행) ▪ 일정규모 이상인 재벌 소속회사의 일정규모 이상 자금거래·유가증권거래 등을 이사회 의결대상으로 하고, 공시토록 제도화 ▪ 부당지원행위의 과징금을 상향 조정(매출액의 2% → 5% 이내)

구 분	주요 개정내용
제9차 개정 (2001. 1. 16, 법률 제6371호)	▪ 금융거래정보요구권 시한 3년 연장 ▪ 지주회사 요건 일부 완화 ▪ 부당 공동행위 신고자 면책제도 적용확대: 신고자 외에 증거제공 등으로 조사에 협조한 자 포함 ▪ 정당한 이유 있는 재판매최고가격유지행위 허용
제10차 개정 (2002. 1. 26, 법률 제6651호)	▪ 30대 기업집단 일괄지정제도 폐지: 행태별 규율방식으로 전환 ▪ 상호출자제한기업집단에 대한 규제완화 – 출자총액제한의 예외인정 대상 추가 – 경영권 방어가 필요한 계열회사 중요 결정사항에 대한 금융·보험사의 의결권 행사 허용 – 구조조정 관련 출자총액제한 예외인정 시한을 2년 연장
제11차 개정 (2004. 12. 31, 법률 제7315호)	▪ 역외적용 근거 및 국제협력 관련규정 신설 ▪ 출자총액제한 제외대상 대기업집단 졸업기준 마련 ▪ 상호출자제한기업집단 소속 금융·보험사의 의결권 행사한도 축소 – 3년 동안 매년 5% 포인트씩 단계적으로 15%까지 축소 ▪ 금융거래정보요구권을 3년 시한으로 재도입 ▪ 위법행위 신고포상금제도 신설 ▪ 공정거래법상 손해배상책임의 재판상 주장제한 규정 삭제
제12차 개정 (2005. 3. 31, 법률 제7492호)	▪ 남북교류협력사업자에 대한 출자총액제한 예외 인정
제13차 개정 (2007. 4. 13, 법률 제8382호)	▪ 지주회사의 부채비율 상향조정(200%) 및 주식보유기준 등 완화 ▪ 출자총액제한기업집단의 출자총액제한 완화 ▪ 상호출자제한기업집단의 일반정보 공개근거 마련 ▪ 대규모 내부거래 이사회의결 및 공시대상에 상품·용역거래 포함 ▪ 상품·용역거래를 부당지원행위 유형에 포함 ▪ 금융거래정보요구권 존속기한 3년 추가연장
제14차 개정 (2007. 8. 3, 법률 제8572호)	▪ 시장지배적사업자 적용제외 기준 삭제 ▪ 불공정한 방법에 의한 기업결합 금지제도 폐지 ▪ 입찰담합의 부당한 공동행위 유형화 및 카르텔 추정조항 개정 ▪ 자회사–손자회사간 사업관련성 요건 폐지 및 완전증손회사 허용 ▪ 분쟁조정제도 도입 및 공정거래조정원 설치근거 마련 ▪ 불납결손 처분규정 신설
제15차 개정 (2007. 10. 17, 법률 제8666호)	▪ 지방기업에 대한 출자시 출자총액제한의 예외 인정
제16차 개정 (2009. 3. 25, 법률 제9554호)	▪ 출자총액제한제도를 폐지 ▪ 상호출자제한기업집단 현황 등의 공시 ▪ 대규모회사의 기업결합 (사전)신고의무 기한 완화

구 분	주요 개정내용
제17차 개정 (2011. 12. 2, 법률 제11119호)	▪ 동의의결제도를 도입하고, 그 내용 및 절차, 제외사유 및 취소사유, 이행 확보수단 등을 규정
제18차 개정 (2012. 3. 21, 법률 제11406호)	▪ 공정거래위원장을 국회 인사청문 대상에 포함 ▪ 한국공정거래조정원의 업무범위 확대 ▪ 과징금 부과 전 회사분할 및 분할합병시에도 사후부과 가능 ▪ 조사 거부·방해 행위에 대한 형사벌 도입 ▪ 법 위반 사실관계 확정기준시점의 명시(심리종결일) ▪ 조사 중인 사건에 대한 처분시한 명시(조사개시일로부터 5년)
제19차 개정 (2013. 7. 16, 법률 제11937호)	▪ 감사원장, 조달청장, 중소기업청장에 의한 고발요청권 확대 ▪ 고발요청시 고발강제제도 도입 ▪ 담합의 자진신고자 또는 조사협조자에 대한 고발면제 인정
제20차 개정 (2013. 8. 13, 법률 제12095호)	▪ 부당지원행위의 '현저성' 요건을 '상당성' 요건으로 완화 ▪ 특수관계인이나 다른 회사를 매개로 거래하는 부당지원행위 신설 ▪ 부당지원을 통해 실제 이득을 얻은 수혜자에 대한 과징금 부과 ▪ 대기업집단 소속회사의 특수관계인에 대한 부당한 이익제공 금지
제21차 개정 (2014. 1. 24, 법률 제12334호)	▪ 동일 대기업집단 소속회사에 대한 신규 및 추가적인 순환출자 금지 ▪ 사업구조 개편이나 부실기업 구조조정 등 정상적인 기업활동 유지를 위한 예외 허용
제22차 개정 (2014. 5. 28, 법률 제12708호)	▪ 분쟁조정을 신청하거나 불공정거래행위를 신고한 자 등에 대한 거래상 보복조치 금지
제23차 개정 (2015. 1. 20, 법률 제13071호)	▪ 포상금 부당 지급시 환수규정 신설 ▪ 과징금 납기연장 및 분할납부 사유 추가
제24차 개정 (2015. 7. 24, 법률 제13450호)	▪ 공정거래위원회의 상임위원(위원장과 부위원장 제외)을 일반직 임기제 공무원으로 전환
제25차 개정 (2016. 3. 29, 법률 제14137호)	▪ 대기업집단 소속 금융·보험사의 국내 계열사를 대상으로 한 의결권 행사제한 기준인 발행주식총수에서 무의결권 주식 제외 ▪ 대기업집단 소속 회사의 공시항목에 지주회사 등이 아닌 계열회사 현황과 금융업·보험업을 영위하는 회사의 계열회사에 대한 의결권 행사 여부 추가 ▪ 부당한 공동행위를 자진신고하여 시정조치 또는 과징금을 감면받은 자의 5년 내 추가 감면 금지 ▪ 부당한 국제계약 체결제한 조항 삭제

구 분	주요 개정내용
제26차 개정 (2017. 4. 18, 법률 제14813호)	▪ 대기업집단을 소속회사 자산총액 합계액을 기준으로 「공시대상기업집단」(5조 원 이상)과 「상호출자제한기업집단」(10조 원 이상)으로 구분하고, 규제대상을 구별 ▪ 공정거래위원회의 자료제출 요구에 협조하지 않거나 조사 거부·방해 행위에 대해 형사벌을 강화하고, 이행강제금제도를 도입 ▪ 무혐의 사건에 대해서도 의결서 작성 및 공개
제27차 개정 (2017. 10. 31, 법률 제15014호)	▪ 일반지주회사를 금융업 또는 보험업을 영위하는 회사에서 제외
제28차 개정 (2018. 6. 12, 법률 제15694호)	▪ 조정조서 작성시 '기명날인한'을 '기명날인하거나 서명한'으로 개정
제29차 개정 (2018. 9. 18, 법률 제15784호)	▪ 공정거래위원회의 신고사건에 대한 분쟁조정절차 의뢰 ▪ 중대한 법 위반행위에 대한 3배 손해배상제도 도입
제30차 개정 (2020. 5. 19, 법률 제17290호)	▪ 조사시간 및 조사기간 기본원칙 도입 ▪ 피조사인의 의견제출·진술권 명문화 ▪ 처분시효 기준일 명확화 ▪ 동의의결 이행관리제도 도입
제31차 개정 (2021. 12. 29, 법률 제17799호)	▪ 조문체계를 15개 장 130개 조문 및 부칙으로 재정비 ▪ 지주회사와 그 자회사·손자회사의 의무지분율 요건 강화 ▪ 대기업집단 계열 금융·보험회사 및 공익법인의 의결권 제한 강화 또는 신설 ▪ 공시대상기업집단 특수관계인의 부당한 이익제공 금지 대상 확대 ▪ 사인의 금지청구권제도 신설 ▪ 과징금 부과한도 2배 상향 ▪ 경쟁제한적 정보교환에 대한 법률상 합의 추정 ▪ 잠재적 성장가능성이 큰 소규모회사 기업결합시 신고의무 부과 ▪ 일반지주회사의 기업형 벤처캐피털(CVC) 제한적 보유 허용
제32차 개정 (2023. 6. 20, 법률 제19510호)	▪ 입찰 관련 자료의 제출 및 협조 요청 대상에 지방공기업, 준정부기관·기타공공기관 발주 입찰 포함 ▪ 공정거래위원회의 시정조치 이행관리에 관한 근거 신설 ▪ 조정신청 사건에 대한 수소법원(受訴法院)의 소송절차중지제도 도입 ▪ 동의의결 절차 진행 중 처분시효의 정지 ▪ 공정거래위원회의 공정거래 자율준수제도 운영사업자에 대한 평가 권한 및 자율준수평가기관 지정, 지정 취소 및 정지에 관한 근거 마련
제33차 개정 (2024. 1. 25, 법률 제20239호)	▪ 기업결합 신고 면제 대상 확대 및 시정방안 제출 제도 도입 ▪ 전자시스템을 통한 문서 제출·송달 근거 마련 ▪ 공시 제도 개선 ▪ 시장지배적사업자 추정 제외 기준 상향(40억 원→80억 원) ▪ 공정거래조정원 분쟁조정협의회 위원장 영리활동 종사 금지

제3절 외국의 입법례

Ⅰ. 미국의 반트러스트법

1. 개　관

(1) 배　경

독점금지에 관한 제정법 중에서 가장 오랜 역사를 갖고 있는 것이 미국의 반트러스트법(Antitrust Law)이다. 연방법으로서의 반트러스트법은 「셔먼법」(Sherman Act), 「클레이튼법」(Clayton Act) 및 「연방거래위원회법」(Federal Trade Commission Act)의 3개의 기본적인 법률로 구성되어 있다.

다른 유럽 국가들과는 달리 19세기 후반 뒤늦게 산업혁명의 대열에 동참한 미국은 후발 자본주의 국가로서 보호무역정책을 통하여 국내산업을 보호하고자 하였다. 이 과정에서 국내기업들은 외국기업과의 경쟁으로부터 보호될 수 있었고, 국내에서의 독점형성을 위한 기초여건이 마련되었다. 남북전쟁(1860년~1865년) 이후 산업이 급속하게 발전하는 과정에서 주식회사 조직이 폭넓게 보급되어 석유, 철강, 철도 등 막대한 자본을 필요로 하는 기간산업의 발전을 재촉하였다. 윤택한 천연자원과 새로운 생산기술의 발명은 대량생산을 가능하게 하고, 철도망의 확대나 전화의 발명은 시장을 확대하고 대량판매를 가능하게 하는 도약이 되었다. 그러나 1873년에 시작된 심각한 불황은 자본과 생산의 과잉을 초래하고, 파멸적인 경쟁을 회피하기 위한 수단으로서 다양한 경쟁제한행위를 생기게 하였다. 당초는 신사협정이나 풀(pool) 등의 이른바 카르텔이 사용되었지만, 이러한 경쟁제한협정은 보통법(common law)상의 「거래제한 위법의 원칙」(restraint of trade doctrine)에 따라 무효로 되었고, 법원에 카르텔 계약의 이행을 청구하더라도 받아들여지지 않았다.

이와 같이 불안정한 카르텔 방식을 대체하기 위해 등장한 것이 트러스트(trust) 방식이다. 즉, 어떤 시장에서 경쟁관계에 있는 수개의 기업이 시장지배를 위해 카르텔 협정 대신에 수탁자로서 신탁위원회(board of trustee)를 구성하여 여기에 모든 주식을 신탁하고, 신탁위원회는 수탁자로서의 권한에 기해 신탁기업들을 통일적으로 경영하도록 하는 것이다.[4] 미국에서 트러스트의 기원은 1881년 록펠러(John D. Rockefeller)가 스탠

---

4) 예컨대, 어떤 시장에 경쟁기업이 10개사 있는 경우 그 10개사가 1개의 신탁위원회를 만들어 거기에 경

다드 오일 트러스트(Standard Oil Trust)를 최초로 조직한 것으로부터 출발한다. 그 이후 주식의 신탁을 이용한 강한 결합조직인 트러스트가 철강, 철도, 전력, 설탕, 담배 등의 중요 산업분야에서 형성되었다. 그 결과 소수의 대기업에 의한 산업집중 현상이 점차 심화되었고, 이들 대기업들을 중심으로 집중화에 의해 생긴 가격지배력을 이용하여 상품의 가격을 높게 유지하거나 리베이트 및 가격차별에 의해 경쟁사업자를 구축하기도 하는 등 시장지배적 지위를 남용하는 사례가 잇따랐다.

이러한 폐해를 시정하기 위해 1877년 조지아 주를 비롯하여 각주에서 트러스트를 규제하는 법률이 주법(州法)으로 제정되었다. 그러나 전국적 규모로 활동하는 대규모 사업에 대해서는 주내의 사항만 규율할 수 있는 주법으로는 대응할 수 없었다. 더구나 중소기업, 농업단체, 소비자단체 등이 반트러스트 운동을 일으키는 등 트러스트에 대한 비판이 거세지자 연방법으로서 반트러스트법의 제정이 요망되었다. 따라서 1887년에는 연방법으로서 「주간통상법」(Interstate Commerce Act)이 제정되었고, 1890년에는 최초의 연방 반트러스트법인 「셔먼법」이 제정되기에 이르렀다.[5]

셔먼법은 그 제정목적으로서 소비자후생의 극대화, 중소 자영업자의 보호, 균등한 경쟁의 기회의 확보 등을 추구하고 있었으나, 실체규정으로서는 독점의 형성·유지를 제한하는 보통법상의 거래제한 위법의 원칙을 그대로 성문화하였다. 그러나 거래제한, 독점화라는 보통법상의 추상적 개념을 그대로 사용하였고, 제정 당시 명확한 정의·해석을 확립하고 있지 않았기 때문에 트러스트에 의한 폐해는 셔먼법 제정에도 불구하고 그다지 개선되지 않았다.

1900년대에는 다시 한번 트러스트 문제가 정치적·사회적 문제로서 다루어지게 되었다. 1911년의 스탠다드 오일(standard oil) 사건 판결[6]에서 대법원은 법문상 모든 거래제한을 금지하고 있는 셔먼법 제1조에 관하여 불합리한 제한(unreasonable restraint)만이 법 위반으로 된다고 하는 「합리의 원칙」(rule of reason)을 선언하였다. 이 판결에 대해 그러한 해석은 연방법원에 경제활동상의 룰(rule) 형성에 과대한 재량권을 부여하게 된다는 비판과 함께 연방법원이 셔먼법의 적용에 소극적이기 때문에 셔먼법이 제대로 기능하기 어려울 것이라는 우려가 강해졌다. 특히 경제계는 금지되는 행위유형을 사전에 분명히 해줄 것을 주장하였다. 그 결과로서 법 위반행위의 유형을 보다 명확히

영을 모두 위탁하면 그 위탁받은 신탁위원회가 통일적인 가격정책 등의 영업정책을 실시하게 되고, 그렇게 하면 꽤 강한 독점이 형성되는 효과가 나타나게 되는 것이다.

5) Philip Areeda & Louis Kaplaw, Antitrust Analysis: Problem, Text and Cases, 5th ed., Little, Brown and company, 1997, pp. 41-42.

6) Standard Oil Co. v. United States, 221 U. S. 1 [1911].

하고, 민사적 · 행정적 구제수단을 이용하여 사안을 효율적으로 처리할 수 있도록 「연방거래위원회법」과 「클레이튼법」이 1914년에 각각 제정되었다.

반트러스트 정책을 강화하기 위해 1914년에 클레이튼법과 연방거래위원회법이 제정되었음에도 불구하고, 1920년대와 1930년대에는 반트러스트법은 거의 기능정지 상태에 있었다. 1920년대에는 자유방임이 강조되어 정부의 규제가 최소한에 그치면서 반트러스트법의 운용도 억제되었다. 이어서 대공황으로 파멸적 상황에 빠져 있었던 미국 경제의 부흥을 목적으로 1933년 제정된 「전국산업부흥법」(National Industrial Recovery Act)은 반트러스트법의 집행을 정지함과 동시에 공황회복책으로서 「공정경쟁규약」(code of fair competition)이라고 불리는 업계마다의 카르텔의 체결을 허용하였다. 그러나 다른 한편으로 1930년대가 되면서 유통혁신으로 거대한 슈퍼마켓, 체인스토어 등이 출현하고, 그들 대규모 소매업자는 대량 구매력을 배경으로 매도인에 대하여 특혜적인 가격인하나 서비스를 강요하고 그러한 편익을 받을 수 없는 독립한 중소 소매업자를 압도하고 있었다. 이에 대하여 중소 소매업자는 가격차별이 균등한 경쟁조건을 파괴하고 중소업자를 시장으로부터 구축하여, 독점을 조장한다고 하면서 클레이튼법 제2조의 가격차별 규정의 강화를 요구하였다. 이에 따라 1936년에는 지역적 가격차별만을 금지의 대상으로 하고 있던 클레이튼법 제2조의 적용범위를 확장하여 판매자의 가격차별로 구매자 간의 경쟁에 영향을 받게 되는 경우까지도 적용되도록 하는 「로빈슨 · 패트만법」(Robinson-Patman Act)이 제정되었다. 이와 함께 1930년대에는 각 주마다 중소 유통업자들의 압력에 의하여 재판매가격유지계약을 적법한 것으로 하는 공정거래법(fair trade law)이 제정되었다. 그러나 주법인 공정거래법에 의하여 적법으로 된 재판매가격유지계약은 연방법인 셔먼법의 적용을 제외하는 것이 아니기 때문에 1937년에는 주법상 적법한 재판매가격유지계약에는 셔먼법 제1조가 적용되지 않는다고 하는 「밀러 · 타이딩스법」(Miller-Tydings Act)이 제정되었다.

한편 미국에서 반트러스트법이 본격적으로 운용되기 시작한 것은 1940년대부터이다. 1938년 루스벨트 대통령은 '임시국가경제위원회(Temporary National Economic Committee)'를 설치하여 시장집중의 상황을 조사시키는 한편, 법무부 반트러스트국으로 하여금 반트러스트 정책을 적극적으로 운용하도록 하였다. 이에 앞서 1938년에는 「휠러 · 리법」(Wheeler-Lea Act)을 제정하여 연방거래위원회법 제5조의 금지대상을 불공정한 경쟁방법 이외에 소비자보호의 측면을 고려하여 불공정 또는 기만적인 거래방법에까지 확대하였다. 또한 1950년에는 합병규제를 강화한 「셀러 · 케포버법」(Celler-Kefauver Act)이 제정되었다. 이 법에 의하여 개정된 클레이튼법 제7조에서는 주식취득 제한의 탈법행위를 방지하기 위해 의결권이나 대리권 위임방식에 의한 주주권 행사도 규제대상에 포함시키고, 주식취득에 의한 기업결합뿐 아니라 자산취득에 의한 기업결합도 규제할 수 있도록 하였다.

그러나 다른 한편으로는 밀러·타이딩스법에 의해 재판매가격유지계약을 셔먼법 제1조의 적용제외로 함으로써 이를 적법으로 하였지만 재판매가격유지계약에 참가하지 않는 사업자가 있는 경우에는 이와 같은 적용제외를 가지고도 중소 유통업자 간의 가격경쟁을 제한할 수 없었다. 그래서 많은 주에서는 계약에 서명하지 않은 자에게도 재판매가격유지계약의 구속력이 미친다고 하는 「비서명자 조항」(non-signer provision)을 규정하였다. 그러나 그 후 대법원은 밀러·타이딩스법은 합의가 없는 재판매가격유지계약까지 셔먼법의 적용을 제외할 것이 아니라는 판결을 내렸다.[7] 이 때문에 다시 한번 중소 유통업자의 압력에 의하여 1952년에 비서명자 조항에 근거한 재판매가격유지계약에 대해서도 셔먼법 제1조의 적용을 제외하도록 하는 「맥과이어법」(McGuire Act)을 제정하였다.

1960년대로부터 1970년대 중반의 시기에는 소비자운동이 활발해지고 경쟁유지정책이 폭넓게 지지받음에 따라 반트러스트법이 극히 적극적으로 운용되었다. 1962년의 케네디 대통령이 발표한 '소비자권리장전'(Consumer Bill of Rights)은 소비자의 권리를 확립함과 동시에 소비자의 권리를 확보하는 수단으로서의 반트러스트 정책의 중요성을 재인식시키는 것이었다. 그 일환으로 1975년 「소비자제품가격법」(Consumer Goods Pricing Act)이 제정되고 「밀러·타이딩스법」과 「맥과이어법」이 폐지되어 연방 차원에서 재판매가격유지계약의 적용제외제도는 더 이상 인정되지 않게 되었다. 이에 앞서 1974년 제정된 「반트러스트절차 및 처벌법」(Antitrust Procedures and Penalties Act)에서는 반트러스트 민사소송에서 동의판결(consent decree) 절차를 강화하고, 셔먼법 위반행위를 중죄(felony)로 규정하였다. 1976년에는 「하트·스코트·로디노 반트러스트개선법」(Hart-Scott-Rodino Antitrust Improvement Act)이 제정되어 클레이튼법 제4C조와 제7A조를 추가하였다. 제4C조에서는 주(州)의 검찰총장은 법 위반으로 재산상 손해를 입은 그 주에 거주하는 자연인을 위한 부권자(parens patriae, 父權者)로서 연방지방법원에 민사소송을 제기할 수 있도록 하고 있다. 또한 제7A조는 일정한 규모 이상의 기업결합을 하려는 기업의 법무부와 연방거래위원회에 대한 사전신고를 의무화하고 있다. 그 밖에 1980년의 「독점규제개선법」(Antitrust Improvement Act)을 통해 클레이튼법 제7조

7) Schwegmann Bros v. Calvert Distillers Corp., 341 U. S. 384 [1951].

를 개정하여 회사에 의한 기업결합뿐 아니라 사인에 의한 기업결합을 포함하는 것으로 하였고 '거래에 종사하는(engaged in commerce)'의 개념을 '거래에 영향을 미치는 행위에 종사하는(engaged in activities affecting commerce)'의 개념으로 확장하였다.

그러나 1980년대에 들어서면서 특히 레이건 정부 하에서는 정부의 재정위기를 배경으로 규제완화(deregulation)가 주장되는 동시에 경제의 효율성을 중시하는 시카고학파의 영향으로 반트러스트법의 운용도 억제되게 되었다. 1980년대에 경쟁당국은 합병규제를 대폭적으로 완화하고, 재판매가격협정이나 독점기업에 대한 제재를 자제하였다. 1990년대에는 다시 한번 반트러스트 정책을 강화하는 방향으로 선회하였다. 이 때부터 연방거래위원회와 법무부는 반독점 문제들이 야기될 수 있는 몇몇 특수한 상황을 염두에 두고 내부의 사무처리 기준(대부분은 소추기준)을 통일하고, 사업자에 대해 미리 위법성 기준을 명확히 하여 위반행위를 행하지 않도록 주의를 환기시키기 위한 안내지침으로서 「가이드라인」을 공표하고 있다.[8)]

한편 경제의 글로벌화와 함께 반트러스트법의 역외적용 필요성이 강조되면서 1994년 「국제반트러스트법 집행원조법」(International Antitrust Enforcement Assistance Act of 1994)이 제정되었다. 이 법률은 미국과 외국의 경쟁당국 간에 체결된 반트러스트 상호원조협정에 따라 미국 내에서 행하여지는 외국 독점금지법 위반행위에 대해 강제권한을 가지고 조사하고 그 압수서류 등을 외국의 집행기관에 이관할 수 있는 근거를 마련한 것이다. 이 법률을 그 자체만으로 본다면 미국 경쟁당국의 외국 독점금지법 위반의 조사 및 증거이관에 관해서만 규정되어 있으나, 외국도 이에 상응하는 법률을 제정하도록 촉구하는 의미도 담고 있어 결과적으로 반트러스트법의 국제적인 집행을 강화하는 데 그 실제목적이 있다.

또한 2000년대에 들어서면서 경제의 디지털화와 함께 플랫폼 경제가 대세를 이루고 미국의 대표적인 빅테크 플랫폼기업인 GAFA[9)]가 혁신기술과 막대한 자본을 배경으로 시장지배력을 남용하거나 이를 확장 또는 강화하기 위한 방식으로 인수합병(M&A)이 활발하게 이루어짐에 따라 이들 플랫폼 대기업에 대한 경쟁법적 규제의 필요성이 제기되기 시작하였다. 가장 대표적인 경쟁이슈로 등장하고 있는 것이 이해상충(conflict of interest)과 소위 잠재적 경쟁자 제거(killer acquisition)의 문제이다. 전자는 거래조건

---

8) 경쟁당국인 연방거래위원회(FTC)와 법무부(DOJ)는 ① 「합병 가이드라인」, ② 「국제적 사업활동에 관한 반트러스트법 집행 가이드라인」, ③ 「지적 재산의 라이선스에 관한 반트러스트법 가이드라인」, ④ 「의료분야에서의 반트러스트법 집행 가이드라인」, ⑤ 「경쟁자간 협력에 관한 가이드라인」 등을 공표하고 있으며, 이들 가이드라인은 수시로 개정되고 있다.

9) GAFA는 Google, Amazon, Facebook, Apple의 앞글자를 딴 것이다. 여기에 Microsoft까지 포함하여 GAFAM으로 표현하기도 하고, Microsoft, Apple, Google, Amazon의 앞글자를 딴 MAGA로 표현하기도 한다.

이나 검색 노출순위에서 자사우대를 통해 입점업체를 차별하거나 인앱 결제를 강제하는 것이고, 후자는 중소규모 스타트업의 인수합병을 통해 잠재적 경쟁자를 제거하고 시장지배적 지위를 공고히 하는 것이다.

2020년대 이후 법무부와 연방거래위원회는 GAFA 등 플랫폼기업에 대한 반독점 소송을 제기하기 시작하였으나, 플랫폼의 시장 획정과 경쟁제한성의 입증에 어려움이 있는 데다 미국 반트러스트법의 집행에 너무 많은 시간이 소요되는 등 「클레이튼법」과 「연방거래위원회법」 적용에 한계가 드러나게 되었다. 이를 해소하기 위해 2021년 6월 하원은 시장 획정 및 경쟁제한 효과의 입증 없이 플랫폼의 자사우대나 차별적 취급을 규제하고, 데이터의 이동성·호환성 보장 및 잠재적 경쟁자의 인수합병 금지를 주요 내용으로 하는 「플랫폼 반독점 패키지 법안」(소위 SOE법, 「A Stronger Online Economy: Opportunity, Innovation, and Choice」)[10]을 발의하였고, 2022년 1월 상원 법제사법위원회를 통과하였다. 그러나 연방의회가 과잉규제와 자국 내 소비자 및 산업에 미치는 영향을 우려하여 「기업결합 수수료 현대화법」을 제외한 나머지 법안을 회기 내에 통과시키지 않아 2023년 5월 폐기되었다.

이와 별도로 법무부와 연방거래위원회는 2023년 12월 새로운 합병가이드라인(Merger Guideline 2023)을 공표하여 경쟁을 실질적으로 감소시키거나 독점을 형성할 경향이 있는 기업결합의 규제를 강화하는 한편, 온라인 플랫폼의 다면시장 특성에 따라 기업결합으로 플랫폼 간 경쟁, 플랫폼 내 경쟁, 플랫폼 대체 경쟁[11]이 제한될 수 있으며, 온라인 플랫폼 사업자와 참여자 간의 이해충돌이 발생할 수 있음을 염두에 두고 심사할 것을 규정하고 있다.

(2) 특 징

미국에서 반트러스트법이란 트러스트를 규제하는 법률과 이에 기한 법체계(juris-

---

10) 이 법안은 플랫폼의 하방시장 진출을 금지하는 「플랫폼 독점 종식법」(Ending Platform Monopolies Act), 플랫폼의 자기선호를 금지하는 「온라인상에서 미국의 선택 및 혁신법」(American Choice and Innovation Online Act), 플랫폼의 잠재적 경쟁자에 대한 기업결합을 금지하는 「플랫폼 경쟁 및 기회법」(Platform Competition and Opportunity Act), 데이터 이동성 및 상호운용성을 보장하는 「서비스전환 허용에 따른 호환성 및 경쟁촉진법」(Augmenting Compatibility and Competition by Enabling Service Switching Act, ACCESS Act) 및 기업결합 수수료 인상에 관한 「기업결합 수수료 현대화법」(Merger Filing Fee Modernization Act)의 5개 법안으로 구성되어 있다.

11) '플랫폼 대체 경쟁'이란 새로운 기술 또는 서비스가 기존의 플랫폼 운영자가 제공하는 서비스를 대체할 중요한 기회를 제공할 수 있으며, 마찬가지로 비플랫폼 서비스가 기존의 플랫폼에 의해 제공되던 기능에 대한 대체재를 제공함으로써 플랫폼 의존성을 완화시킴으로써 경쟁을 대체할 수 있음을 의미한다. 합병가이드라인에서는 경쟁당국이 시장지배적인 플랫폼 사업자가 대체 경쟁을 억압하지 못하도록 방지함으로써 경쟁을 보호하도록 하고 있다(동 가이드라인 2.9.).

prudence)를 말한다. 반트러스트법 체계의 특징은 크게 세 가지로 나누어 볼 수 있다.

첫째, 성문화되어 있는 셔먼법이나 클레이튼법과 함께 오늘날에도 보통법(common law)상의 「거래제한 위법의 원칙」이 여전히 적용되고 있다. 즉, 반트러스트법이 제정되었음에도 성문법이 커버하지 않는 분야에 관하여 당사자는 보통법상의 거래제한위법의 원칙을 원용하여 거래의 효력을 다툴 수 있으며, 실제로 오늘날에도 이에 기한 소송이 제기되고 있다. 그러나 보통법상 거래제한에 관해서는 상대방이 다투는 경우에 한하여 사법적 효력이 부정되거나 민사손해배상이 인정되는데 비하여 성문법은 정부기관(법무부 반트러스트국, 연방거래위원회)과 사인에게 형사벌의 부과 이외에 금지청구권(injunction), 손해배상청구권 등의 다양한 구제조치를 부여하고 있다는 점에 큰 의의가 있다.

둘째, 성문법의 개별 실체규정은 극히 간결하면서도 추상적이기 때문에 개별 판례의 집적을 통한 판례법을 중심으로 반트러스트 법체계가 확립되고 있다. 반트러스트법 중 실체규정은 셔먼법 제1조(거래제한), 동법 제2조(독점화), 클레이튼법 제2조(가격차별), 동법 제3조(끼워팔기와 배타조건부거래), 동법 제7조(주식·자산 취득), 동법 제8조(임원겸임), 연방거래위원회법 제5조(불공정한 경쟁방법)에 불과하다. 그 때문에 반트러스트 법체계도 실체규정에 근거하기보다는 판례법에 근거하여 구축되고 있다.[12] 실제 분쟁은 소송에서 해결해야 한다는 의식이 강한 미국 사회에서 반트러스트법에 관한 해석, 특히 위법성 기준의 대부분은 법원의 판결에 의해 최종판단이 내려지고 있다.

셋째, 성문법으로서 연방법 이외에 각 주에서도 제정법으로서의 반독점법을 가지고 있다. 주법은 그 적용범위가 주(州) 내에서 이루어지는 거래에 한정되기는 하나, 때로는 헌법상의 제약의 범위에서 연방법보다도 엄격히 운용되기도 한다. 예컨대, 연방법에서 재판매가격유지행위 금지의 완화에 저항하여 각 주 검찰총장에 의한 부권소송이 제기된 것이 그 좋은 예이다.

2. 주요내용

(1) 셔먼법

오하이오 주 상원의원인 존 셔먼(John Sherman)에 의해 법안이 제출되어 1890년 7월에 제정된 「셔먼법」은 최초의 연방반트러스트법으로서 미국 반트러스트법의 기본법인

12) 반트러스트법의 실체법(판례법)은 통상 ① 독점화(monopolization), ② 수평적 제한(horizontal Restraint), ③ 수직적 제한(vertical restraint), ④ 주식·자산 취득(합병·매수), ⑤ 지식재산권과 반트러스트법, ⑥ 가격차별의 6항목으로부터 구성된다. 이 분류방법에서는 주요 실체법을 독점화(독점화의 기도를 포함한), 수평적 제한, 수직적 제한, 주식·자산 취득으로 4분할하고, 지식재산권과 반트러스트법과의 저촉·조정이라는 문제를 취급하는 '지식재산권과 반트러스트법' 및 1936년 「로빈슨 패트만법」에 의하여 경쟁원칙과는 다른 원칙을 가진 '가격차별'을 각각 1항목으로서 추가한다.

동시에 중요한 법원(法源)이다.[13] 총 8개 조문 중 실체규정은 제1조와 제2조뿐이며, 나머지는 절차조항이다. 제1조(거래제한, restraint of trade)와 제2조(거래독점화, monopolizing trade)는 민사상의 금지규정으로서 그 당시까지 영국과 미국에서 발전해 왔던 거래제한에 관한 보통법상의 일반원칙과 개념을 넘겨받는 형태로 법문화되었다. 또한 셔먼법 위반행위는 중죄(felony)를 구성하며, 형사벌을 규정하고 있다.

셔먼법 제1조는 거래제한을 내용으로 하는 계약, 공모, 결합이라는 공동행위를 금지하고 있다. 통상적으로 계약(contract)이란 계약서 등에 문서화된 합의를, 공모(conspiracy)란 위법임을 의식하면서 불법목적을 성취하거나 불법수단에 의해 적법한 목적을 실행하려고 하는 (문서화되지 않은)합의를 의미한다. 또한 결합(combination)이란 2인 이상의 행위의 통일(union of activity)을 의미하는 일반적 · 중립적 개념으로서 몇 개의 개별행위를 종합평가하여 그 존재를 인정하게 된다. 그러나 판례상으로도 여전히 그 범위가 불명확한 개념이다.[14] 이와 같이 제1조에서 다양한 표현을 사용하고 있지만, 각 표현에 독립한 의의가 있는 것은 아니며, 셔먼법 제1조는 거래제한으로 되는 '합의'가 규제대상으로 되어 있는 것으로 파악하면 족하다. 셔먼법 제1조는 거래제한을 내용으로 하는 여러 사업자 간의 공동행위(concerted action) 일반을 금지하고 있기 때문에 수평적 제한과 수직적 제한을 모두 규제대상으로 하고 있다. 셔먼법 제1조는 비합리적인 거래제한을 금지하는 것이고, 해당 공동행위의 내용, 목적, 효과 등을 종합해 그 위법성이 결정된다. 이 원칙이 「합리의 원칙」(rule of reason)이다. 다만 판례법상 특정한 행위 유형에 관해서는 경쟁에 유해한 영향을 주고 또한 동시에 어떠한 편익을 가져오지 않기 때문에 외형상 그 행위 유형에 해당한다면 곧 위법으로 된다. 이것이 「당연위법의 원칙」(rule of per se illegal)이다. 현재 당연위법의 원칙이 적용되는 행위유형으로는 가격협정, 수량제한협정, 시장분할협정, 입찰담합, 집단보이콧, 수직적 최저가격협정, 끼워팔기계약이 있다.

셔먼법 제2조는 독점화 및 그 미수죄인 독점화의 기도를 내용으로 하는 사업자의 단독행위(unilateral action)를 규제하는 기본규정이다. 주간(州間) 또는 외국과의 거래 또는 통상의 어떠한 부분이라도 독점화하거나, 독점화를 기도하거나 혹은 독점화하기 위해 타인과 결합이나 공모를 하는 것을 금지하고 있다. 규제대상으로 하는 것은 독점상태만이 아니라 독점을 실현하는 행위, 일정한 시장에서 의도적으로 독점력, 즉 가격

13) 셔먼법은 '불법한 제한 및 독점으로부터 거래를 보호하기 위한 법률(An Act To Protect Trade And Commerce Against Unlawful Restraints And Monopolies)'의 통칭이다.

14) M.R. Joelson, An International Antitrust Primer(Kluwer Law International, 2001), p. 101.

을 지배하고 경쟁을 배제하는 힘을 취득 또는 유지하는 약탈적 가격설정, 거래거절, 배타적거래 등이다.

한편 셔먼법 제1조·제2조의 위반행위를 하는 자는 중죄를 범한 것으로 간주되며, 유죄로 결정되면 법인의 경우 1천만 달러 이하의 벌금, 자연인의 경우 35만 달러 이하의 벌금 또는 3년 이하의 징역에 처하거나 이를 병과할 수 있다.[15] 이 형사적 제재 이외에도 법무부 반트러스트국에 의한 민사소송(유지청구소송)의 제기나 연방거래위원회에 의한 심결에 의해 시정조치명령이 내려질 수 있으며, 피해자는 금지청구소송(클레이튼법 §16) 및 3배액 손해배상소송(클레이튼법 §4)을 제기할 수 있다.[16]

(2) 연방거래위원회법

Standard Oil 사건 이후 대법원의 판결이 셔먼법 제정의 의의를 제대로 반영하지 못했다는 비판이 제기되자 셔먼법을 보완하기 위해 1914년 9월 전문 25개 조문으로 구성된「연방거래위원회법」이 제정되었다.

연방거래위원회법은 불공정한 경쟁방법 일반을 금지하는 동시에, 개별 거래행위의 경쟁제한 여부를 법원보다 전문적인 기관에서 판단하는 것이 바람직하다는 전제하에 독립한 행정위원회로서 연방거래위원회(Federal Trade Commission) 설치근거를 마련하고 있다.[17] 연방거래위원회는 준사법·준입법적 기능을 가진 독립행정기관으로서 불공정한 경쟁방법의 금지라는 일반조항(법 §5)에 근거하여 구체적인 위반행위의 유형을 지정할 수 있다. 또한 판례법상 불공정한 경쟁방법에는 셔먼법 위반행위도 포함되는 것으로 해석되고 있기 때문에 연방거래위원회는 실질적으로 셔먼법 위반행위에 대해서도 규제권한을 가진다.

연방거래위원회법의 유일한 실체규정은 제5조이다. 제5조는 거래에 있어서 또는 거래에 영향을 미치는 불공정한 경쟁방법(unfair methods of competition) 및 불공정하거나

---

15) 1987년「형사벌금개선법」(Criminal Fines Improvements Act of 1987)에서는 법원은 셔먼법상의 벌금과 개인 및 법인에 대한 범죄에 의해 야기된 이익이나 손실의 2배에 해당하는 벌금 중 더 큰 금액을 선택적으로 부과할 수 있도록 규정하고 있다(larger alternative fine). 그러나 2004년 6월「반트러스트범죄 제재강화 및 개혁법」(Antitrust Criminal Penalty Enhancement and Reform Act of 2004)에서는 셔먼법을 위반한(카르텔, 독점 남용) 법인에 대한 벌금 상한을 1천만 달러에서 1억 달러로, 개인에 대한 벌금 상한을 35만 달러에서 100만 달러로, 개인에 대한 징역 상한을 3년에서 10년으로 강화하였다.

16) 그러나 반트러스트법 위반행위에 대하여 자진신고할 경우 미 법무부의 면책프로그램(leniency program)에 의해 형사처벌이 면제될 수 있으며, 민사소송에서의 협조를 전제로 손해배상 한도액이 3배에서 1배로 축소될 수 있도록 하고 있다.

17) 연방거래위원회를 창설한 연방의회는 당초 독립한 행정위원회로 설립하는 것이 대기업의 영향을 받을 우려가 있는 정부에 비해 독립한 직무권한을 행사할 수 있고, 또한 사법보다도 연방의회 스스로가 관여·관리하기 쉬운 것으로 보았다.

기만적인 행위 또는 관행(unfair or deceptive acts or practices)을 위법으로 하고 있다. 제5조는 일반조항의 형식으로 규정되어 있기 때문에 그 규제범위가 법문상 명확하지는 않으나, 불공정한 경쟁방법에 관한 한 셔먼법, 클레이튼법 위반행위가 포함되는 것으로 보고 있다. 그러나 불공정 또는 기만적인 행위·관행에 기한 규제는 소비자보호법 분야의 일부를 구성하는 것으로 보게 된다.

또한 제정 당시 연방거래위원회법 제5조는 셔먼법, 클레이튼법에 명시된 공공정책에 반하는 행위를 위법으로 한 것이고, 연방거래위원회법 제5조와 셔먼법, 클레이튼법의 위법성 판단기준은 동일하다고 생각되고 있었다. 그런데 판례상 연방거래위원회법 제5조의 규제범위에 관하여 셔먼법, 클레이튼법 양법의 규제범위보다 넓다는 원칙이 확립되었다. 즉, 연방거래위원회법 제5조의 목적은 셔먼법, 클레이튼법 위반이 불공정한 경쟁방법이 해당되는 경우 규제할 뿐만 아니라 장차 셔먼법, 클레이튼법 위반에 해당하게 될지도 모를 행위·관행의 싹(incipiency)을 초기에 중지시키는 데 있는 것으로 해석되었다. 그러나 1980년대 이후 연방거래위원회는 연방거래위원회법 제5조의 규제범위가 셔먼법, 클레이튼법의 범위보다도 넓다는 입장을 유지하면서도 실제 법 운용은 신중히 하여 그 규제를 기본적으로 셔먼법, 클레이튼법 위반의 범위에 그치도록 하고 있다.

(3) 클레이튼법

「클레이튼법」은 셔먼법의 금지대상인 거래제한 및 독점화가 너무 추상적으로 규정되어 있어 본래의 입법기능을 발휘하기 어렵다는 우려가 제기됨에 따라 금지대상인 행위를 구체적으로 명시하기 위해 1914년 10월 제정되었다. 이런 의미에서 클레이튼법은 셔먼법을 수정·보완하기 위한 법이라고 할 수 있다. 당초 전문 30개 조문으로 구성되어 있었으나, 수차례에 걸친 개정으로 현재는 전문 27개 조문으로 구성되어 있으며, 그 가운데 실체규정은 4개 조문에 불과하다. 클레이튼법은 위법행위 유형으로서 가격차별, 끼워팔기·배타조건부거래, 주식취득, 합병 및 임원겸임 등의 행위유형을 규정하고, 이러한 행위가 경쟁을 감소시키거나 독점을 형성할 우려가 있는 경우에 이를 금지하고 있다. 클레이튼법에 관해서는 법무부와 연방거래위원회가 모두 집행권한을 가지며, 민사상의 구제로서 3배액 손해배상(treble damage)제도를 규정하고 있다.

클레이튼법 제2조는 가격차별에 관한 규정으로서 다른 실체규정과 비교하여 이례적으로 세밀하게 규정되어 있다.[18] 가격차별의 효과가 경쟁을 실질적으로 감소시키거

18) 클레이튼법 제2조는 「로빈슨 패트만법」에 의하여 1936년에 개정되었기 때문에 로빈슨 패트만법이라

나 독점을 형성할 우려가 있는 경우, 그리고 경쟁을 저해·파괴·방해하는 경우에는 이를 위법으로 하고 있다(법 §2a). 그러나 판매자가 경쟁사업자의 낮은 가격에 선의로 대항하여 가격을 인하하는 경우에 위법성이 없는 것으로 하고 있다(법 §2b). 또한 실제로 중개업무 등을 하지 않는 자에 대한 수수료, 중개료 및 기타의 보수의 지불 또는 그 수취를 금지하고 있다(법 §2c). 그 밖에 구매자가 가격차별이라는 것을 알면서 유인하거나 또는 수령하는 것을 금지하고 있다(법 §2f).

클레이튼법 제3조는 상품의 거래에 있어서 끼워팔기 및 배타조건부거래를 금지하고 있다. 판매자가 구매자에게 자기 경쟁자의 물품의 사용이나 취급을 하지 않는다는 조건부로 협약 또는 양해를 하는 것이 거래에 있어서 경쟁을 실질적으로 감소시키거나 독점을 형성할 우려가 있는 경우에는 특허권의 취득 여부를 불문하고 금지한다. 클레이튼법 제3조가 적용되는 끼워팔기·배타조건부거래에 관해서는 공동행위를 규제하고 있는 셔먼법 제1조도 경합적으로 적용된다. 그러나 어느 규정을 적용하더라도 양자의 위법성 판단기준이 거의 동일하기 때문에 결론에 커다란 차이는 없다.

클레이튼법 제7조는 주식 및 자산의 취득을 제한하고 있다.[19] 다른 사업자의 주식, 자산, 기타 지분의 전부 또는 일부를 취득한 결과가 경쟁을 실질적으로 감소시키거나 독점을 형성할 우려가 있는 경우에는 취득을 금지한다. 다만 투자목적만을 위하여 주식을 구입하여 경쟁을 실질적으로 감소시키고자 하지 않는 자에 대하여는 적용하지 않는다. 이 규정에 따라 회사법상의 M&A도 주식 및 자산의 취득으로 구성되어 규제된다. 즉, 신설합병에서는 신설회사에 의한 소멸회사 자산의 취득인 동시에 소멸회사 주주에 의한 신설회사 주식의 취득으로 구성되고, 흡수합병에서는 존속회사에 의한 흡수회사 자산의 취득인 동시에 흡수회사 주주에 의한 존속회사 주식의 취득으로 구성되어 규제된다. 이 클레이튼법 제7조의 실효성을 확보하기 위해 1976년 「Hart-Scott-Rodino 반트러스트개선법」(Hart-Scott-Rodino Antitrust Improvements Act)에 의해 클레이튼법 제7A조가 신설되었다. 제7A조는 경쟁제한적인 합병을 발견·조사하고, 이를 사전에 규제할 수 있도록 일정한 사업규모 이상의 당사자에 의한 일정 규모 이상의 주식·자산 취득에 대하여 사전신고의무와 대기기간을 규정하고 있다. 그 밖에 클레이튼법 제8조는 은행, 은행연합 및 신탁회사 이외의 회사로서 상호 경쟁관계에 있는 일정한 요건을

고도 불린다.

19) 클레이튼법 제7조는 셔먼법이 금지하는 상태의 발생을 미연에 방지하기 위한 예방적 성격을 갖는 규정으로 주식취득에 의한 기업결합을 규제대상으로 하였으나, 1950년 「Celler Kefauver Act」에 의하여 자산취득도 규제대상에 추가되었고, 1976년 「Hart-Scott-Rodino 반트러스트개선법」에 의해 그 절차적 규제를 강화함에 따라 이른바 합병규제라고 불리는 독자의 영역으로 발전하게 되었다.

갖춘 2 이상의 회사에서 동시에 이사나 임원의 지위를 겸임할 수 없도록 하고 있다.

3. 법의 집행

(1) 특 징

반트러스트법을 시행하는 행정기관은 연방거래위원회와 법무부로 2원화되어 있다. 이와 같이 반트러스트법 위반행위에 대해서 2개의 기관에 중첩적으로 그 집행을 분담시킴으로써 결과적으로 집행당국에까지 경쟁원리가 도입되고 있는 점이 큰 특징으로 나타나고 있다. 그러나 합병 등의 사건에 관해서는 연방거래위원회와 법무부의 권한이 중복되기 때문에 사건처리가 중복되지 않도록 조정하고 있다. 두 기관은 상호 간의 법집행의 중복을 피하기 위해 업무연락관 제도를 운영하고 있으며, 각기 사건 조사의 개시나 법집행, 정책의 공표에 앞서 상대방에게 통보하고 있다.

행정기관에 의한 반트러스트법 적용에 불복하는 자는 법원에 재판을 청구할 수 있다. 그 밖에 사인에 의한 민사구제제도가 열려있다.[20]

(2) 연방거래위원회

연방거래위원회(Federal Trade Commission, FTC)는 대통령의 지휘권으로부터 독립한 행정위원회로서 법 위반사건에 관하여 스스로 심사・심판할 권한 및 거래규제규칙 제정 등의 권한을 갖는 준사법・준입법 기관이다. 연방거래위원회는 클레이튼법과 연방거래위원회법의 집행권한을 가지지만 셔먼법 위반도 연방거래위원회법 제5조 위반으로 해석되기 때문에 셔먼법 위반사건의 집행도 담당하고 있다. 연방거래위원회는 대통령이 임명하고 상원이 인준하는 임기 7년의 위원 5명으로 구성되어 있다. 위원장은 위원 중에서 대통령이 임명하며, 동일 정당에 속하는 위원의 수가 3명을 초과할 수 없다. 위원은 공무에 관한 불법행위 이외에는 자신의 의사에 반하여 파면되지 않고, 직권행사의 독립성이 인정된다.

연방거래위원회의 사건처리는 행정절차에 따라 이루어진다. 법 위반사건에 관하여 심사한 결과 법적 조치를 취하는 것이 적절하다고 판단할 때는 위반혐의자에게 심판개시 결정을 통지한다. 특정 사건에 관해 심사를 개시할 때에는 직원 중에서 심사관을 지정하여 심사를 행하게 한다. 심사관은 연방거래위원회법 제9조에 의한 조사권한 및 동법 제20조에 의한 민사조사청구에 의해 문서제출명령 및 증인심문 등을 행한다. 연방거래위원회는 위반사건 심사결과 법적 조치를 취하는 것이 합당하다고 판단할 때에

20) C. D. Floyd/E. T. Sullivan, Private Antitrust Actions, Little, Brown & Co., 1996.

는 일단 심판개시결정서안 및 시정조치명령안을 피심인에 통지한다. 만약 해당 피심인이 시정조치명령안에 대해 연방거래위원회와의 교섭에 의하여 합의에 이른 경우에는 정식 심판절차를 진행하지 않고, 동의명령(consent order)을 내리는 것으로 종결된다.[21)]

그러나 피심인이 연방거래위원회의 심사결과를 다투는 경우에는 정식 심판절차로 진행되어 심사관이 원고, 피심인이 피고가 되는 대심구조(對審構造) 하에서 심판관인 행정법판사(administrative law judge)[22)]가 가결정(initial decision)을 내린다. 이 가결정은 피심인이 이의신청을 하지 않는 경우 그대로 최종심결로서 확정되지만, 이의신청을 하는 경우에 연방거래위원회가 가결정을 재검토하여 최종 심결한다. 심결에서 연방거래위원회의 주장이 인정된 경우에는 피심인에 대해 중지명령(cease and desist order)을 내린다. 피심인은 심결에 대하여 연방고등법원에 심결취소소송을 제기할 수 있다. 법원은 연방거래위원회의 전문적인 기관으로서의 판단을 존중하여야 하며, 연방거래위원회에서 인정한 사실이 충분한 증거에 근거한 경우에는 법원을 구속한다(「실질적 증거의 원칙」, substantial evidence rule).

(3) 법무부

법무부(Department of Justice, DOJ)는 셔먼법과 클레이튼법의 집행권을 가지며, 반트러스트국이 형사소송과 민사소송 업무를 담당하고 있다.

형사절차를 개시하기 위해 법무부는 연방대배심(federal grand jury)을 소집한다. 연방대배심은 증인소환장(subpoena ad testificandum)과 문서제출명령장(subpoena duces tecum)을 발부하여 증언을 청취하고 제출문서를 검토한다. 법무부 반트러스트국은 필요에 따라 수색 영장(search warrant)을 발부받아 수사하거나 FBI 등 다른 연방기관과 수사협력을 할 수 있다. 이러한 점에서 법무부의 권한은 상당히 강력하다고 할 수 있다. 형사상 제재로서 법인에 대해서는 벌금형, 개인(임원·대표자)에 대해서는 금고와 벌금형이 부과될 수 있다.

담당 검사는 심리가 종료한 단계에서 채집된 증거를 검토하여 심사결과를 보고서로 정리한 후, 기소해야 할 개인과 법인을 선정한다. 반트러스트국에서 기소하기로 결정되면 연방대배심에 대해 기소가 권고된다. 연방대배심의 평결은 다수결로 이루어지는데 반트러스트국의 기소권고가 있으면 정식기소(연방대배심 기소, indictment)하는 것

---

21) 연방거래위원회는 심사를 확정하기 이전이라도 연방지방법원에 예비적 금지명령(preliminary injunction)을 청구할 수 있다(연방거래위원회법 §13). 합병심사에 관해서도 마찬가지이다.

22) 연방거래위원회와는 별개의 기관인 인사관리국(office of personal management)에 소속하여 일정한 독립성과 신분보장을 받고 있다.

이 통례다. 피고인이 유죄를 인정하여 재판을 받을 권리를 포기하는 경우에는 담당 검사는 연방대배심에 의한 정식기소에 의하지 않고 약식기소(검찰관 기소, information)할 수 있다. 대부분 사건은 약식기소로 처리된다.

최초의 공판에서 유죄 여부가 판단되는데, 피의자는 ① 유죄의 인정(plea of guilty), ② 무죄의 주장(plea of not guilty), ③ 불항쟁(不抗爭)의 의사표명(plea of nolo-contendere) 중의 하나를 택한다. 유죄의 인정하거나 무죄를 주장하는 ①과 ②의 경우 유죄판결이 내려지면 별도의 소송에서 위법성의 추정효(推定效)가 작용한다. 불항쟁의 의사를 표명한 ③의 경우 소송은 중단되고 유죄판결이 내려지지만, 위법성의 추정효는 생기지 않는다. 즉, 불항쟁의 의사표명은 유죄를 인정하는 것은 아니므로 그 후의 손해배상청구사건 등의 재판절차에 있어 불리한 취급을 받지 않는다. 그 때문에 승소의 전망이 없을 때나 소송의 계속이 바람직하지 않을 때에는 불항쟁의 의사표명이 이용된다.

한편 예비적 심사의 결과 민사사건으로 제소하는 것이 타당하다고 결정되면 담당검사는 반트러스트 민사절차법(Antitrust Civil Process Act)에 따라 참고인이나 관계인과의 면담, 임의의 문서제출 또는 민사조사청구(civil investigation demand, CID)[23]를 활용하여 조사할 수 있다. 조사결과에 따라 반트러스트국은 연방지방법원에 민사소송을 제기할 수 있으며, 이 경우 원고는 미합중국(United States)이 된다. 민사구제에는 손해배상(클레이튼법 §4A)과 금지명령(셔먼법 §4, 클레이튼법 §15)이 있다. 금지명령은 장래의 위반을 방지하기 위해 법원이 위반자에 대하여 일정한 작위 또는 부작위를 명하는 것으로서 단지 위법행위의 배제 또는 원상회복뿐만 아니라 주식처분·기업분할 등 경쟁구조를 개편하는 명령을 내릴 수 있으며, 그러한 명령이 실제로 집행되고 있다는 점에서 미국 반트러스트법의 특징을 엿볼 수 있다.

(4) 사소(私訴)

행정기관에 의한 반트러스트법의 집행 이외에도 사인은 법원에 대해 직접 손해배상이나 위반행위의 중지를 청구할 수 있다. 즉, 반트러스트법(셔먼법, 클레이튼법, 윌슨관세법) 위반에 의하여 영업 또는 재산에 손해를 입은 자는 위반행위자에 대하여 손해배상청구소송을 제기하여, 입은 손해액의 3배와 적정한 변호사비용을 포함한 소송비용을 획득할 수 있다(클레이튼법 §4). 소의 제기는 소의 원인 발생 후 4년 이내에 하여야 한

---

23) 민사조사청구에는 문서제출명령, 증인소환명령 및 보고명령(interrogatories)의 3종류가 있다. 보고명령이란 담당 검사가 작성한 질문에 대해 답변을 받는 방식이다. 민사조사청구에 자력집행력이 인정되지 않기 때문에 반트러스트국은 기한까지 이행하지 않는 자에 대해 법원에 민사조사청구의 집행을 명령하는 판결을 청구하여야 한다.

다(클레이튼법 §4B). 또한 사인은 반트러스트법의 위반으로 손해를 입을 우려가 있는 경우 관할 연방법원에 금지명령에 의한 구제(injunctive relief)를 청구할 권리를 가진다. 회복할 수 없는 손해발생의 위험이 급박함을 입증한 때에는 법원은 예비적 금지명령(preliminary injunction)을 내릴 수 있다(클레이튼법 §16).

이와 같이 사인에 부여된 강력한 집행절차에 의하여 반트러스트법이 뿌리내리고 있는 것이 미국 반트러스트법의 최대 특징이다. 다만 1960년대 사소가 과도하게 제기됨에 따라 1970년대 이후, 소송요건 등의 관점에서 사소를 제한하는 법리가 개발되고 있다. 예컨대, 합병에 관한 사소에서는 간접손해를 반트러스트법상의 손해(antitrust injury)로 인정하지 않고 있다.[24)]

(5) 주의 법무부장관에 의한 부권소송

주(州)의 법무부장관은 셔먼법 위반에 의하여 손해를 입은 주민을 위해 주의 이름으로 대위소송을 제기할 수 있다(클레이튼법 §4C). 이 제도는 1976년의 「Hart-Scott-Rodino 반트러스트개선법」에 의하여 도입된 것으로 보통법상의 부권소송(parens patriae suit, 父權訴訟)의 일부를 명문화한 것이다. 이 소송에 관해서는 클레이튼법 제4D조에서 소송절차, 손해배상액의 산정방법, 배분방법 등이 상세히 규정되어 있다.

(6) 법　원

반트러스트 소송에서 빈번하게 이용되는 것이 약식판결과 동의판결이다. 약식판결(summary judgment)이란 사실에 관한 증거조사없이 내려지는 판결로서 당사자 간에 사실에 관한 다툼이 없고, 법적 평가, 법의 적용에 관해서만 다툼이 있을 때 내려지는 판결의 형식이다. 반트러스트법상 원고가 당연위법을 주장하여 신청하는 경우와 피고의 시장지배력이 존재하지 않는 것 등을 이유로 소의 각하를 구하여 신청하는 경우가 있다.

동의판결(consent decree)이란 법무부 반트러스트국과 피의자와의 사이에 공공의 이익에 합치하는 내용의 합의로 이루어지는 이른바 재판상의 화해이다. 이를 위해서는 먼저 법무부와 피고 간에서 피고가 위법상태를 배제하기 위해 일정한 작위 또는 부작위 의무를 부담하는 취지를 합의하고, 법원이 그 합의를 인정하여 합의와 동일한 내용의 판결을 내리게 된다. 동의판결이 유효하기 위해서는 반트러스트국은 동의판결의 경쟁상의 영향에 관한 의견을 법원에 제출하고, 동시에 동의판결안 및 해당 의견을 관보에 게재함과 동시에 그 요약을 신문에 게재하면서 일반시민으로부터의 의견제시 기간

---

24) Brunswick Corp. v. Pueblo Bowl-O-Mat, Inc., 429 U. S. 477 [1977].

을 설정하여야 한다. 그 후 이러한 절차에 의해 집약된 전체의견을 고려하여 법원이 동의판결을 수용하는 것이 공공의 이익에 합치되는지 여부를 판단하게 된다. 이 동의판결은 당사자 간에 판결과 유사한 구속력이 생기지만, 별개의 소송에서 위법성의 추정효를 갖지 않는다. 동의판결제도는 반트러스트국 입장에서는 위법행위를 신속하게 시정시킬 수 있고, 피의자 입장에서는 위법행위의 존재는 인정하지 않으면서 장래에 일정한 조치를 취할 것을 약속하면 더 이상 다투지 않아도 된다는 점에서 서로가 선호하는 제도이다.[25)]

한편 미국에서는 법원에서 심리중인 사안이 규제행정기관의 관할에 속하고 있는 경우에는 「제1차 관할의 법리」(primary jurisdiction)에 따라 해당 행정기관의 판단이 내려질 때까지 법원은 심리를 진행하지 않고 기다리는 것이 일반적이다.[26)]

Ⅱ. EU 경쟁법

1. 개 관

(1) 배 경

오늘날 미국 반트러스트법과 나란히 각국의 독점규제법 모델이 되고 있는 것이 EU 경쟁법이다. EU 경쟁법은 독립한 입법형태로 존재하는 것이 아니라 EU기능조약(종전의 EC조약)상의 경쟁관련 조항, EU이사회나 EU집행위원회가 제정한 각종 규칙, 지침, 결정, 권고 및 EU법원의 판례를 모두 포함하는 경쟁관련 법체계를 총칭하는 것이다.

EU 경쟁법의 기원은 유럽경제공동체조약(일명 '로마조약')에 포함된 경쟁관련 규정에서 찾을 수 있다. 제2차 세계대전 후 유럽통합의 기운이 고조됨에 따라 프랑스, 독일, 이탈리아 및 베네룩스 3국은 1957년 3월 처음으로 유럽경제공동체(European Economic Community, EEC) 설립을 위한 조약을 체결하였다. 이 유럽경제공동체는 1965년 4월 EC조약 체결에 따라 유럽석탄철강공동체(ECSC), 유럽원자력공동체(EURATOM)와 함께 1967년 7월 1일부터 하나의 공동체인 유럽공동체(European Community, EC)로 통합되었다. 1980년대 이후 EC 통합의 움직임이 활발한 가운데, 1986년 2월 단일유럽의정서(Single European Act)를 채택하여 1992년에 역내 시장을 통합할 것이 목표로 하고, 이

---

25) 실제로 법무부가 제기하는 민사소송의 대부분(약 70%)은 정식판결이 내려지기 전에 동의판결에 의해 해결되고 있다고 한다. Stephen J. Squeri, *Government Investigation and Enforcement: Antitrust Division and The Federal Trade Commission*, 38th Antitrust Law and Institute(Vol. 2), Practising Law Institute, 1997, p. 551.

26) Ricci v. Chicago Mercantile Exchange, 409 U. S. 289 [1973].

분야에 관한 각국 국내법제의 정비를 추진하였다. 유럽공동체는 예정대로 1992년 2월 마스트리히트에서 체결한 유럽연합조약(Treaty on European Union, 일명 '마스트리히트 조약')에서 시장통합뿐만 아니라 통화통합과 정치통합에도 통합을 심화시키는 것에 합의하고, 1993년 11월부터 유럽연합(European Union, EU)으로 성립하였다.

유럽연합은 1995년 유럽자유무역연합(EFTA) 회원국까지 가입이 확대되면서 역내의 비관세장벽이 철폐되고 역내 상품과 서비스의 자유이전이 제도적으로 보장되었고, 2002년 1월에는 경제통합의 상징으로 통화통합이 실현되었다. 또한 2004년 5월부터 체코·폴란드·헝가리 등 10개국이 새로 회원국으로 가입하여 유럽연합의 지리적 범위가 동구권의 각국으로까지 확대되었다. 더 나아가 2009년 12월 1일자로 리스본조약[27]이 발효됨에 따라 회원국의 주권 상당 부분이 EU로 이양되어 EU는 단순한 국가연합체에서 벗어나 연방을 지향하는 하나의 법적 실체로서 존재하게 되었다. 이와 함께 EU의 1차적 법률 주요 규정 대부분을 포함하는 EC조약은 약간의 보완·수정과 함께 「EU기능조약」(Treaty on the Functioning of the European Union, TFEU)으로 개명되었다.

(2) EU기능조약의 기본체계

EU 경쟁법은 EU기능조약을 중심으로 하여 경쟁에 관한 규정과 실무 및 판례를 모두 포함하는 것이나, 그 중에서도 경쟁법의 실체적 내용을 담은 조약 제101조 내지 제109조 및 EU이사회와 EU집행위원회가 정한 각종 경쟁관련 규칙, 지침, 결정 등이 핵심적인 법체계를 형성하고 있다.

이 가운데 EU 경쟁법의 핵심은 EU기능조약 제101조와 제102조이다. 제101조는 경쟁제한적 협정의 금지에 관한 규정이고, 제102조는 지배적지위의 남용에 관한 규정이다. 경쟁법 체계에 있어 또 다른 큰 축을 이루는 합병과 기업결합에 관해서는 이사회가 1989년 제정하고 2004년 개정한 「합병규칙」에서 규율하고 있다. EU 경쟁법에서 EU집행위원회가 최종판단하는 경우가 실제로 대부분인 점을 고려하여 제103조는 EU집행위원회의 권한에 관하여 정하고 있다.

한편 EU기능조약은 국가의 경제에 대한 개입이 역내시장에서 경쟁왜곡의 결과로 나타나지 않도록 관련규정을 두고 있다. 즉, 제106조에서는 회원국이 공공기업 및 국가가 특권을 부여한 기업을 위해 조약(특히 제101조부터 제109조)에 포함된 룰(rule)에

---

27) 리스본 조약(Treaty of Lisbon amending the Treaty on European Union and the Treaty establishing the European Community, signed at Lisbon, 13 December 2007)은 회원국의 국가 주권을 축소하고 EU의 권한 및 역할을 강화하였으며, EU와 회원국 간의 권한과 범위를 명확하게 구분하였고, 공동외교안보 및 공동조세정책 등 공동의 책임을 명확히 규정하고 있다.

반하는 입법을 하거나 강제로 유지하지 못하도록 하고, 제107조에서는 경쟁을 왜곡할 우려가 있는 국가보조금(state aid)을 기본적으로 금지하고 있다. 즉, 어떠한 형태로든 국가에 의하거나 국가자원을 통해 특정한 기업이나 특정한 상품의 생산에 특혜를 줌으로써 경쟁을 왜곡하거나 왜곡할 우려가 있는 보조금은 회원국 간의 교역에 영향을 미치는 한 역내시장과 양립할 수 없는 것으로 규정하고 있다(동조 제1항). 다만, 역내의 낙후지역 개발이나 자연재해 극복, 심각한 경제적 소요 해소 등을 위한 경우에는 지역투자보조금(regional aid)을 허용할 수 있는 근거를 두고 있다(동조 제2항 및 제3항 각호). 또한 EU기능조약 제108조와 제109조에서는 회원국의 각종 보조금과 관련한 EU집행위원회의 심사권한과 역할에 관하여 규정하고 있다. 그 밖에 EU기능조약의 역내기업에 대한 보조금 규제와 균형을 맞추기 위해 EU시장에서 활동하는 역외기업에 대한 역외보조금(foreign subsidy)을 심사할 수 있도록 별도로 「역외보조금 규칙」[28]을 제정하여 2023년 7월부터 시행하고 있다. 이로써 EU집행위원회는 회원국과 비회원국의 보조금 지급에 따른 역내시장에서의 경쟁왜곡을 방지하기 위해 적극적으로 감시하는 등 경쟁정책을 더욱 강화하고 있다.

(3) 특 징

1957년 체결된 유럽경제공동체조약 전문에서 밝히고 있는 바와 같이 EU(당시 EEC)의 기본적 목적은 유럽통합의 실현이고, 궁극적으로는 유럽 경제 · 사회의 발전을 이룩하는데 있다. 따라서 이 조약 가운데 중요 부분을 차지하는 경쟁법 관련조항은 유럽통합을 실현하기 위한 주요수단으로서 시장통합에 큰 비중을 둘 수밖에 없다. 이에 따라 EU 경쟁법은 유럽 경제 · 사회의 발전이라는 궁극적 목적에 공헌하는 범위 내에서 경쟁정책과 산업정책의 조화를 염두에 두고 있으며, 산업정책을 위해 경쟁을 희생하는 것을 허용하는 일반규정을 마련하고 있다. 예컨대, 공동행위가 역내의 기술 · 경제 발전에 기여하는 경우에는 경쟁법의 적용을 제외한다는 조약 제101조 제3항의 규정이 이에 해당한다.

이 조약에 나타난 유럽통합 실현을 위한 주요수단으로서 시장통합은 나라마다 분할된 시장을 EU 전체로 통합하고, EU 역내 회원국 간의 상품 · 서비스 등의 자유이전을 확보하는 것을 의미하기 때문에, EU 경쟁법의 핵심은 역내 상품 · 서비스의 자유이전을 방해하려는 기업과 역내 회원국 정부의 행위를 규제하는 데 있다고 할 수 있다.

---

28) Regulation (EU) 2022/2560 of the European Parliament and of the Council of 14 December 2022 on foreign subsidies distorting the internal market.

이와 같이 EU 경쟁법은 유럽통합의 실현을 위한 수단으로서 자유경쟁을 추구한다는 점에서 자유경쟁이 경제발전을 가져온다는 신념 하에 경쟁유지를 유일한 목적으로 하는 미국 반트러스트법과는 다른 특징을 가지고 있다.

2. 주요내용

(1) EU기능조약 제101조

EU기능조약 제101조에서는 경쟁제한적 협정(anti-competitive agreements)을 원칙적으로 금지하고 있다. 즉, 회원국 간의 거래에 영향을 미칠 우려가 있고 동시에 역내시장(internal market)[29]에서의 경쟁기능을 방해·제한·왜곡하는 목적을 가지거나 그러한 결과를 초래하는 사업자 간의 협정, 사업자단체의 결의 및 동조적 행위는 금지된다. 이 금지규정은 경쟁사업자 간의 수평적 협정뿐만 아니라 제조업자와 판매업자 간의 소위 수직적 협정에도 적용된다. 이에 관한 세부사항에 관하여는 수평적 협력에 관한 가이드라인[30]과 수직적 협정 가이드라인[31]이 제정되어 있다.

금지되는 협정으로는 ① 가격협정, ② 생산, 판매, 기술개발 또는 투자에 관한 제한 또는 규제, ③ 시장분할, ④ 거래상대방을 경쟁상 불리하게 하는 차별적 취급, ⑤ 끼워팔기 계약, ⑥ 재판매가격유지행위와 같은 것이 있다(조약 §101①). 제101조 제1항에 해당하는 경쟁제한적 협정은 무효이다(조약 §101②). 그러나 상품의 생산·판매의 개선 또는 기술적·경제적 발전의 촉진에 기여하는 동시에 소비자에 대해 그 결과로서 발생하는 이익을 공평하게 분배하는 것으로서 ① 그 목적달성을 위해 필요불가결하지 않는 제한을 참가사업자에게 과하거나, ② 해당 상품의 실질적인 부분에 대해 참가사업자에게 경쟁을 배제할 가능성을 주는 것에 해당하지 않는 협정 등은 적용면제(exemption)될 수 있다(조약 §101③).

구체적으로 어떤 협정이 적용면제 되는가는 기업으로부터 개별적으로 신청을 받아 적용면제를 결정하는 경우와 EU집행위원회가 이사회의 수권에 의해 일정한 종류의 것을 일괄하여 적용면제규칙을 제정하는 경우(조약 §103, 이사회규칙 19/65호, 동 2821/71호, 동 1215/1999호)의 2가지가 있다. 개별 적용면제란 종래 이사회규칙 17/62호에 근거하여 EU집행위원회가 제101조 제1항에 해당하는 경쟁제한 합의를 한 기업에 대해 신고

29) 리스본조약 발효 이후 종래의 공동체시장(common market)의 명칭이 역내시장(internal market)으로 변경되었다.

30) Commission Notice-Guidelines on the Applicability of Article 81 to Horizontal Co-Operation Agreements, OJ C 3 06. 01. 2001, p. 2.

31) Commission Notice-Guidelines on Vertical Restraints, OJ C 292 13. 10. 2000.

의무를 부과하고, 이러한 합의가 시장에의 악영향이 생기지 않는다고 인정되는 경우에는 제101조 제3항에 근거해 제101조 제1항의 적용을 면제하는 것을 말한다. 그러나 새롭게 제정된 이사회 규칙 1/2003호[32]에서는 기업의 신고의무를 폐지하고 제101조 제3항의 해석・적용 권한을 EU사법재판소(Court of Justice of the European Union), 일반법원(General Court, 종전의 1심법원(Court of the First Instance)), 개별 회원국의 법원과 집행기관에까지 확대함에 따라 EU집행위원회의 개별 적용면제제도는 사실상 사라지게 되었다. 이에 비해 이사회의 수권에 따라 EU집행위원회가 일정한 카테고리의 협정 등에 대해 일괄하여 제101조의 적용을 면제할 수 있는 권한은 그대로 남아 있다(소위 'block exemption'). 현재 일괄 적용면제되고 있는 협정으로는 자동차의 유통과 서비스에 관한 협정, 기술이전협정, 전문화협정, 연구개발협정 등이 한시적으로 남아있다.

(2) EU기능조약 제102조

EU기능조약 제102조는 지배적지위의 남용행위(abuse of dominant position)를 규제하고 있다. 즉 내부시장 전체 또는 상당한 부분에서 지배적 지위를 남용하는 하나 이상의 사업자의 행위는 그 남용행위에 의해 회원국 간의 거래가 악영향을 받을 우려가 있는 경우에 내부시장과 양립할 수 없는 것으로 금지된다. 이 남용에 해당하는 것으로는 ① 불공정한 가격 또는 거래조건, ② 수요자에게 불리하게 되는 생산・판매・기술개발의 제한, ③ 거래의 상대방을 경쟁상 불리하게 하는 차별적 취급, ④ 끼워팔기 계약이 열거되어 있다(조약 §102 각호). 지배적지위의 남용에 대해서는 적용면제의 규정이 없다. 이 위반에 대한 조치로는 제101조 위반과 같은 조치가 취해진다.

(3) 합병규칙

합병 등 기업결합에 관해서 종래 EC는 오랫동안 조약 제101조와 제102조의 확대해석에 의하여 규제해 왔다. 그러나 회원국마다 다른 규제기준과 규제절차에 직면한 EC기업들이 1992년으로 예정된 유럽통합 강화에 대응하여 EC 차원에서의 통일 합병규칙의 제정을 요구함에 따라 1989년 12월에 합병규칙(Merger Regulation)[33]을 제정하였다. 합병규칙에는 신고절차와 실체심리기준에 관한 상세한 규정을 두고 있으며, 1997년 6

---

32) COUNCIL REGULATION (EC) No 1/2003 of 16 December 2002 on the implementation of the rules on competition laid down in Articles 81 and 82 of the Treaty.

33) Council Regulation (EC) No 4064/89 of 21 December 1989 on the Control of Concentrations between Undertakings. 또한 합병규칙의 제정과 함께 합병 여부에 관한 결정을 신속히 하고, 보다 경제분석을 중시하는 판단을 행하기 위해 합병을 전문으로 취급하는 합병담당부(Merger Task Force)가 창설되었다.

월과 2004년 1월 두 차례에 걸쳐 관련규칙을 재정비하였고,[34] 1997년과 1998년 관련시장 획정고시[35]를 비롯하여 일련의 고시[36]를 제정하였다.

규제의 대상으로 되는 합병 등 기업결합은 매출액 기준으로 「EU 규모」(community dimension)에 해당하는 것으로 위 요건에 해당하는 기업결합의 당사자는 사전에 EU집행위원회에 신고하여야 한다(규칙 §1).[37] EU 규모란 ① 기업결합의 당사자기업 모두의 전 세계 연간매출액의 합계가 50억 유로를 초과하고, ② 당사자기업 중 적어도 2개사의 EU 역내에서의 연간매출액이 각각 2억 5,000만 유로를 초과하여야 하며, ③ 당사자기업 각자가 EU 역내 매출액 중 3분의 2 이상을 동일한 회원국 내에서 얻지 않을 것을 요건으로 한다. 또한 이 요건에 해당하지 않더라도 일정한 요건[38]을 충족하는 경우에는 공동체 규모를 가지는 것으로 규제대상으로 된다. EU 합병규칙에서 기업결합의 심사는 기업결합으로 인하여 해당 시장에서 유효한 경쟁이 현저히 저해되는지 여부를 기준으로 한다(significant impediment of effective competition, 소위 SIEC Test).

EU집행위원회는 당사자기업이 고의 또는 과실로 기업결합의 신고를 해태하거나, 혹은 허위의 신고를 행한 경우에는 당사자의 연간 총매출액의 1% 이하의 제재금을 부과할 수 있다. 당사자기업이 EU집행위원회의 결정에 반하는 기업결합을 실시한 경우에는 연간 총매출액의 10% 이하의 제재금을 부과할 수 있다(규칙 §14). EU집행위원회는 또한 완전하고 정확한 자료의 제출, 현장조사의 복종, 결정으로 부과된 의무의 이행 등을 강제하기 위해 당사자기업에 대해 매일 평균일간 매출액의 5%를 초과하지 않는 범위의 이행강제금을 부과할 수 있다(규칙 §15).

(4) 최근 입법동향

유럽연합은 디지털 경제의 발전에 따른 빅테크 플랫폼 기업의 역내시장에서의 영

---

34) Council Regulation (EC) No 1310/97 of 30 June 1997; Council Regulation (EC) No 139/2004 of 20 January 2004.

35) Commission Notice on the Definition of the Relevant market for the Purposes of Community Competition Law, OJ C 372 9. 12. 1997. 이 고시의 관련시장의 획정방법은 합병규칙 이외에도 제101조와 제102조에도 공통적으로 적용된다.

36) 이상에 관하여는 http://europa.eu.int/comm/competition/mergers/legislation/ 참조.

37) 이 기준 이하 규모의 합병은 회원국 국내 경쟁법의 규제에 맡겨진다.

38) 즉, ① 기업결합의 당사자기업 모두의 전 세계 연간매출액의 합계가 25억 유로를 초과하고, ② 당사자기업 중 적어도 2개사의 EU 역내에서의 연간매출액이 각각 1억 유로를 초과하고, ③ 3 이상의 각 회원국에서 당사자기업 모두의 연간매출액의 합계가 1억 유로를 초과하고, ④ ③의 요건에 합치하는 3 이상의 회원국 각각에 있어서 당사자기업의 최소한 2사의 연간매출액이 각각 2,500만 유로를 초과하고, ⑤ 당사자기업의 어느 쪽도 EU 역내 매출액 중 3분의 2를 이상을 동일한 회원국내에서 얻지 않는 경우에는 공동체 규모에 해당하는 것으로 본다.

향력이 커지고 있음에도 불구하고 EU기능조약 제101조・제102조만으로는 경쟁제한적 행위를 효과적으로 규제하기 어렵다는 판단 하에 EU 디지털 시장에서 공정하고 경합적인 환경 조성과 온라인 서비스 제공자에 대한 책임성과 투명성을 제고하기 위해 2022년 11월 「디지털시장법」(Digital Markets Act, DMA)과 「디지털서비스법」(Digital Services Act, DSA)을 각각 제정하였다.

2023년 5월 시행된 디지털시장법[39]은 EU기능조약과 달리 사전규제(ex ante regulation)를 기본으로 하고 있다. EU 역내 온라인 플랫폼 서비스시장의 경합성과 공정성을 보장하기 위해 사업자가 ① EU 시장에서 중대한 영향력을 가지는 경우, ② 최종이용자에게 접근하기 위한 중요한 관문인 핵심 플랫폼서비스를 제공하는 경우 및 ③ 시장에서 확고하고 지속적인 시장지배적지위에 있거나 가까운 미래에 그러한 지위에 있을 것으로 예측되는 경우 '게이트키퍼'(gatekeeper)로 지정하고(동법 §3),[40] 이들이 준수해야 할 금지사항과 의무사항을 규율하고 있다. 대표적인 금지사항으로는 자사우대, 결합판매, 최혜대우 요구 등이 있으며, 의무사항으로서 개인정보 결합금지, 이용사업자의 판매자율권 허용, 광고서비스의 정보제공 및 게시의무 등의 확정적 의무와 기타 추가적 의무가 있다.[41]

한편 2024년 2월부터 전면 시행된 디지털서비스법은 디지털 서비스 제공자에 대한 책임성과 투명성을 제고하기 위해 일반적 책임원칙과 주의의무에 관한 규정내용을 담고 있다. 온라인 서비스의 내용에 따라 ① 중개 서비스 제공자, ② 호스팅 서비스 제공자, ③ 온라인 플랫폼 제공자로 나누고, 온라인 플랫폼은 다시 규모에 따라 온라인 플랫폼과 대규모 온라인 플랫폼으로 구분하여 서비스 특성과 규모에 따라 의무와 책임을 달리하고 있다.[42] 특히 대규모 온라인 플랫폼[43]에 대하여는 강력한 의무를 부과하

39) Regulation (EU) 2022/1925 of the European Parliament and of the Council of 14 September 2022 on contestable and fair markets in the digital sector and amending Directives (EU) 2019/1937 and (EU) 2020/1828.

40) 게이트키퍼로 지정되기 위해서는 ① 시장영향력(impact), ② 관문(gateway), ③ 시장지배적지위(position) 분야의 정량적 기준을 충족하여야 한다. ① 시장영향력 요건에 관한 정량적 추정 기준은 최근 3개 회계연도 동안 EU 내 연간매출액이 75억 유로 이상이거나 직전 회계연도 평균 시가총액 또는 이에 상응하는 공정시장가치가 750억 유로 이상이며, 최소 3개 이상 회원국에서 동일한 핵심 플랫폼서비스를 제공하는 공급자이어야 한다. ② 관문 요건에 관한 정량적 추정 기준은 EU에 설립되거나 소재한 월간 활성 최종이용자(monthly active end users)가 최소 4,500만 명을 초과하거나, 연간 활성 비즈니스 이용자(yearly active business users)가 최소 1만 명을 초과하여야 한다. ③ 시장지배적지위 요건에 관한 정량적 추정 기준은 관문 요건의 정량적 기준을 지난 3개 회계연도 동안 연속으로 달성한 경우이다. 2024년 6월 현재 게이트키퍼로 지정된 8개 온라인플랫폼(알파벳, 아마존, 애플, 바이트댄스, 메타, 마이크로소프트, 부킹닷컴, iPadOS)이 제공하는 총 22개 핵심 플랫폼 서비스에 대해 디지털시장법(DMA) 규제가 이루어지고 있다.

41) 최난설헌, "EU 디지털시장법의 함의와 경쟁법의 역할", 「선진상사법률연구」 통권 제100권(2022. 10), 67-93면; 양지원, "EU 온라인플랫폼 규제－디지털시장법(DMA)의 주요 내용과 쟁점", 「유럽연구」 제42권 제1호(2024년 봄), 49-80면.

는 한편, 과도한 규제로 인하여 성장에 지장을 받을 수 있는 스타트업과 같은 소규모 플랫폼에 온라인 플랫폼에 적용되는 규제를 면제함으로써 이들이 성장할 수 있는 바탕을 마련하고 있다.

3. 법의 집행

EU 경쟁법의 집행을 담당하는 기관은 EU집행위원회이다.[44] EU집행위원회는 분야별로 31개의 총국(directorate general)을 두고 있는데, 경쟁법은 경쟁총국(흔히 '제4총국(DG Ⅳ)'이라고 부른다)이 담당하고 있다. EU집행위원회는 경쟁법 위반사건을 조사하고, 위반행위에 대한 배제조치, 벌금 부과 및 적용면제 등을 결정하며, 규칙(regulation)과 지침(directive)을 입안하고 시행한다.

EU집행위원회의 집행절차는 이사회 규칙 1/2003호와 EU집행위원회 규칙 773/2004호에 규정되어 있다. EU집행위원회는 집행절차는 ① 조사, ② 심사, ③ 결정의 단계로 이루어진다. 신청(complaint), 신고(notification)가 있거나 직권(ex-officio)으로 조사를 개시한다. 제1단계의 사실조사는 정보요구와 출입조사에 의해 행하여지며, 조사거부에 대해서는 직접 강제할 수는 없고, 해당 조사지의 회원국 당국에 대해 국내법에 의거한 협조를 요청하게 된다. 제2단계의 심사절차는 위반사실을 고지하여 위반기업에 이의제기할 기회를 주고 청문하는 절차이다. 이 과정에서 제한적 관행·지배적 지위에 관한 자문위원회의 협의가 이루어진다. 자문위원회의 의견은 EU집행위원회에 대해 구속력을 가지는 것은 아니나, EU집행위원회는 가능한 한 그 견해를 결정에 반영하려고 노력한다. 그리고 마지막으로 위반행위의 배제, 제재금의 부과 등의 결정이 내려진다. 한편 EU의 경우에도 미국의 동의명령제도와 유사한 약속이행결정 또는 화해결정(commitment decision)제도를 두고 있다. 즉, 피심인이 통지된 우려에 대해 일정한 시정방안을 이행한다는 약속(commitment)을 신청하면 EU집행위원회는 그 시정방안이 타당하다

---

42) 대표적인 의무사항으로서 법률대리인 지정, 정보이용에 대한 약관상의 제한에 대한 정보제공, 연례 보고, 불법적 콘텐츠의 제거 내지 비활성화 통지와 조치, 내부적 불만처리 시스템 구축 및 대체적 분쟁해결 수단 마련, 부정한 이용행위에 대한 안전조치, 생명·안전을 위협하는 의심정보 발견시 신고, 판매자의 신원추적, 상업적 이용자의 정보제공의무의 준수를 위한 온라인 인터페이스 설계 및 구성, 온라인 광고에 관한 정보제공 등을 들 수 있다. 이병준, "유럽연합 디지털 서비스법을 통한 플랫폼 규제", 「소비자법연구」 제7권 제2호(2021.5), 188-202면.

43) 대규모 온라인 플랫폼은 유럽연합에서 4천 5백만 명(전체 유럽연합 인구의 10%) 이상의 월간 활성 이용자를 보유한 온라인 플랫폼을 말하며, 디지털시장법의 게이트키퍼에 해당한다.

44) 유럽연합은 EU이사회(Council of the EU), EU집행위원회(European Commission), EU법원(Court of Justice of the EU), 유럽의회(European Parliament)의 4개 기관으로 구성되어, 각각 입법기관, 집행기관, 사법기관, 자문기관으로서의 역할을 담당한다. 주의해야 할 점은 유럽의회가 입법기관이 아니라 단지 자문기관에 불과하며, 입법기능은 회원국 대표로 구성된 최고의 의사결정기관으로서 EU이사회가 담당하고 있다.

고 판단할 경우 결정(decision)으로써 절차를 종료한다. 그 밖에 절차진행 중에라도 일정한 요건에 해당하는 경우에는 위반행위자에 대해 잠정조치명령(interim measures)을 내릴 수 있다.[45)]

한편 EU사법재판소(Court of Justice)는 EU기능조약에 관한 전속적인 해석 및 적용권한을 가지는 최고 사법기관이다. EU사법재판소는 EU기능조약의 해석이 회원국 국내법원의 국내법 적용의 선결문제로 되는 경우, 회원국 국내법원의 질의에 대해 해당 선결문제에 관한 EU기능조약의 해석을 행하며(조약 §267), EU집행위원회의 결정에 불복하는 위반기업이 EU집행위원회를 제소한 사건에 관하여 판결을 내린다. 그 외에도 일반법원(General Court)은 EU집행위원회 결정의 취소소송을 관할하고 있으며, 사실심으로서 기능하고 있다.

그 밖에 EU사법재판소는 조약의 해석이 분명한 경우에 한하여 국내법원에 조약(조약 §101①)의 해당성에 관한 판단을 행할 권한이 있음을 명확히 하고 있다.[46)] 또한 EU집행위원회는 1993년 회원국 국내법원과 EU집행위원회와의 협력에 관한 고시[47)]를 통해, 회원국의 국내법원이 조약에 관한 적용권한을 갖더라도 제101조 제3항에 의한 적용면제에 관해서는 EU집행위원회의 권한·판단을 존중할 의무가 있다고 하고 있다.

4. 회원국 경쟁법과 EU 경쟁법과의 관계

EU 경쟁법과는 별도로 EU의 각 회원국들은 독자적인 경쟁법을 제정·시행하고 있다. 적어도 회원국 내에서의 거래에만 영향을 미치는 사안에 대해서는 회원국의 경쟁법이 독자적으로 적용될 수 있음은 당연하나, 회원국 간의 거래에 영향을 미치는 사안에 대하여는 회원국 경쟁법과 EU 경쟁법 중 어느 법을 우선하여 적용할 것인가를 둘러싸고 그동안 많은 논의가 있었다.

이와 관련하여 2004년 5월 1일부터 시행되고 있는 EU 이사회규칙1/2003호 제3조에서는 회원국의 경쟁당국과 법원이 EU기능조약 제101조 및 제102조를 직접 적용할 수 있는 근거를 마련하고 있다. 우선 회원국 경쟁당국이나 법원이 EU기능조약 제101조 제1항의 경쟁제한적인 협정, 사업자단체의 결정 및 동조적 행위에 해당하는 것으로 회원국 간 거래에 영향을 미칠 우려가 있는 사안에 대해서 회원국 경쟁법을 적용하는

45) 잠정조치명령을 행하는 요건으로서는 ① 경쟁법 위반행위의 존재가 일응 추정(*Prima Facie*)될 것과 ② 개인에 대해 중대하고도 회복이 불가능하거나 또는 공익상 감내하기 어려운 손해가 발생할 개연성이 있을 것이 요구된다.

46) Stergious Delimitis v. Henninger Brau [1991] ECR 935 [1992] 5 CMLR 210.

47) Commission Notice on Cooperation between National Courts and the Commission.

경우에는 EU기능조약 제101조도 동시에 적용할 것을 의무화하고 있다. 이와 함께 EU기능조약 제101조 제1항 위반으로 되지 않거나, 제3항에 의해 적용면제로 되는 경우에는 회원국법에서도 위반으로 취급하지 않도록 하고 있다. 따라서 회원국은 경쟁제한적 협정 등에 해당하는 행위로서 EU법에서 위반이 되지 않음에도 불구하고 자국법에서 위반이 될 가능성이 있는 규정에 대해서는 EU법과 조화시킬 것이 요구된다.

그러나 이와 반대로 EU 경쟁법 규정이 회원국 경쟁법보다도 엄격한 경우에는 회원국 간 거래에 영향을 미치는 경쟁제한적 협정 등은 회원국법에 관계없이 EU법 위반으로 된다. 예컨대, 회원국법이 독자적인 적용면제규정을 설정하였더라도 EU법에 의해 위반으로 될 여지가 있다면 해당 규정은 아무런 의미가 없게 된다. 이러한 점에서 본다면 EU기능조약 제101조의 적용에 관한 한 'EU법의 우위'가 정착되어 있다고 할 수 있다. 이 EU법의 우위는 새로운 EU 이사회규칙에서 가장 핵심적인 부분으로서 회원국 경쟁당국이나 법원이 동일한 심사를 행하도록 함으로써 EU 역내시장에서 공정한 경쟁환경을 조성하기 위한 것이다.

마찬가지로 EU기능조약 제102조에 해당하는 단독·일방적 경쟁제한행위에 관하여도 새로운 이사회규칙은 회원국 경쟁당국과 법원은 회원국법과 EU기능조약 제102조를 동시에 적용할 의무를 부과하고 있다. 그러나 단독·일방적 경쟁제한행위에 관해서는 회원국법이 EU법보다도 엄격한 규정을 정할 수 있도록 허용하고 있어 회원국이 자국법을 반드시 EU기능조약 제102조에 조화시킬 것을 요구하고 있지 않다. 따라서 EU기능조약 제102조의 적용에 관한 한 'EU법의 우위'가 확립되어 있다고는 볼 수 없다. 이와 함께 종전의 이사회규칙에 따르면 경쟁제한적 협정 및 관행이 제품생산 및 유통을 개선시키거나 기술개발 및 경제발전을 증진시킬 경우에는 이를 승인(조약 §101③)할 수 있는 권한을 EU 경쟁당국이 배타적으로 가지고 있었으나, 새로운 이사회규칙에서는 이 권한을 각 회원국의 경쟁당국과 법원도 행사할 수 있도록 하고 있다. 이로써 EU 경쟁당국은 역량을 보다 중요한 경쟁법 집행활동에 집중적으로 투입할 수 있게 되었고, 그만큼 집행의 효율성을 증대할 수 있게 되었다.

한편 회원국 간의 거래에 영향을 미치지 않는 국지적 사안에 관한 한 회원국법의 독자성을 유지하는 의미가 인정될 수 있으나, 회원국 간 거래에 영향을 미치는지 여부에 대한 판단이 애매할 뿐 아니라 회원국 간의 거래에 영향을 미치는 경우와 그렇지 않은 경우의 법적 판단이 다르게 되어 사업자의 법적 불확실성이 증가된다. 따라서 회원국 간 거래에 영향을 미치지 않는 사안에 대하여도 영향을 미치는 사안과 같이 취급될 수 있도록 가능한 한 회원국법을 EU법에 일치시키는 것이 바람직하다. 이 점을 고려하여 프랑스, 독일 등 독자적인 구조의 경쟁법을 갖고 있던 회원국들은 법 개정을 통해 그 실체 및 절차규정을 EU 경쟁법과 일치시키고 있다.

그 밖에 EU집행위원회와 회원국 경쟁당국 간의 유럽경쟁네트워크(European Competition Network, ECN) 구성을 통해 사건의 배분과 일관된 규칙적용을 조율하고, 법 집행활동에 대한 정보를 공유할 수 있도록 하였다. 사건배분의 중요한 기준은 3개 회원국 이상의 시장에 영향이 미치는 사건의 경우에는 EU집행위원회가 담당하고, 나머지 사건에 대해서는 가장 적합한 상황에 있는 경쟁당국이 사건을 다루도록 함으로써 중복조사를 방지하고 자원을 효과적으로 활용할 수 있도록 하고 있다.

Ⅲ. 독일의 경쟁제한금지법

1. 개 관

(1) 배 경

독일에서는 독점금지법제의 일반적인 호칭으로서 카르텔법이라는 명칭이 일반화되고 있다. 이는 독일에서 19세기 말부터 오늘날의 경쟁제한금지법(Gesetz gegen Wettbewerbsbechränkungen, GWB)의 제정과 운영에 이르는 과정에서 경쟁제한을 둘러싼 법적 논쟁이 특히 카르텔에 관한 법원 및 입법자의 대응을 중심으로 전개되어온 데 기인하는 것이다.

19세기 중반부터 본격적인 산업화가 시작된 독일에서는 1873년의 증시폭락과 함께 경제공황이 시작하자 기업들은 자구책의 일환으로 기업집중을 추구하기 시작하였다.[48] 이러한 기업집중은 한편으로 콘체른결합[49]을 통해, 다른 한편으로는 카르텔과 신디케이트의 결성을 통해 이루어졌다. 특히 당시 독일이 후진 자본주의국가로서 보호무역정책을 취한 것도 국내에서 카르텔 형성을 용이하게 하기 위한 토양으로 제공되었고, 그 결과 독일은 '카르텔의 모국'이라고 불릴 정도로 수많은 카르텔이 형성되었다. 1890년대에 이르러서는 동업자 간 카르텔에 의한 시장에서의 경쟁배제에 따른 분쟁사례가 발생하였다. 그러나 제국법원은 카르텔이 영업자유의 원리에 반하지 않는다는 입장을 취하였다.[50]

48) 당시 독일에서의 기업집중화 과정에 관하여는 H. Pohl, Die Konzentration in der deutschen Wirtschaft seit dem 19. Jahrhundert, in: Zeitschrift für Unternehmensgeschichte, Beiheft 11, Wiesden, 1978, S. 4ff.; N. Horn, Aktinerechtliche Unternehmensorganisation in der Hochindustrialisierung (1860-1920), in: Recht und Entwicklung der Großunternehmen im 19. und frühen 20. Jahrhundert, Göttingen, 1979, S. 123ff..

49) 독일 콘체른결합의 형성과 그 입법적 대응과정에 관해서는 신현윤, 「기업결합법론」(법문사, 2000), 23면 이하.

그러나 이 카르텔 현상에 대하여 독일 정부나 의회는 다소 비판적이었고, 의회는 1902년에 정부에 대하여 공익상 문제점을 이유로 카르텔을 조사하도록 요구하고, 그 결과에 근거하여 카르텔에 대한 대책을 수립하고자 하였다. 이것이 유명한 소위 「카르텔・앙케이트」이다. 카르텔 조사결과를 두고 카르텔을 인정할지 여부에 관한 많은 논쟁이 있었다. 특히 학자들은 '친카르텔파'와 '반카르텔파'로 나뉘어 격렬한 논쟁을 벌이기도 하였다. 그러나 제1차 대전 후 바이마르공화국에 이르기까지 아무런 입법조치가 취해지지 않았다.

카르텔의 법적 문제가 다시 본격적으로 논의되기 시작한 것은 1923년에 「경제력남용방지령」(Verordnung gegen den Mißbrauch wirtschaftlicher Macht)이 제정되면서부터이다. 그러나 경제력남용방지령은 폐해규제주의 입장에서 카르텔에 의한 경제적 지배력의 형성을 용인하고, 다만 카르텔계약에 등록의무를 부과하거나 일정한 요건 하에서 지배력 남용을 규제하려고 하는 데 지나지 않았다. 따라서 원칙적으로 사업자의 경쟁제한행위를 허용한 점에 있어서는 종래의 법원의 태도를 변경한 것이 아니었다. 그 이후 대불황이 전 세계를 엄습한 1930년경부터 독일에서는 국가사회주의(나치스)가 출현하여 처음은 자본가를 공격하고, 자본가의 집단인 카르텔에 대해서도 반대하였지만, 1933년 「강제카르텔법」(Zwangskartellgesetz)을 제정하여 오히려 카르텔을 적극적으로 조장하고, 필요한 경우에는 강제적으로 카르텔을 조직하여 국가 보조기관으로 활용하기도 하였다.

제2차 대전의 패전 후 1947년 서독지역에서는 주요 산업에서 독점적 기업집중을 해체하기 위한 점령법규가 제정되었다.[51] 오늘날 독일의 경쟁법이 완성된 것은 1957년 7월 전문 109개조로 구성된 「경쟁제한금지법」이 제정되면서부터이다. 이 법률은 전쟁 이전부터 '카르텔의 적'으로 유명하였던 Freiburg 대학의 Walter Eucken을 중심으로 한 신자유주의(Neoliberalismus)에 기초하여 입법화되었다.[52] 경쟁제한금지법은 1958년 1월 1일 시행된 이래 오늘날 독일의 사회적 시장경제를 지탱하는 중요한 구성요소로 자리잡고 있으며, 그동안 모두 10차례의 개정이 이루어졌다. 특히 2005년 7월의 제7차

---

50) RGZ 28, 238(1890) 독일 서적상들의 증권거래소조합에 대한 할인카르텔 협정사건; RGZ 38, 155(1897) 작센 펄프공장연합 판매신디케이트 사건.

51) 미국 점령지역에서는 독일의 과도한 경제력집중금지법 제65호, 영국 점령지역에서는 지령 제78호, 프랑스 점령지역에서는 명령 제96호가 공포・시행되었다.

52) 이 법률의 제정을 둘러싸고 카르텔 입법과 관련하여 연방의회를 중심으로 원칙금지주의와 폐해규제주의를 둘러싼 격렬한 논쟁이 전개되었다. 독점금지법안의 심의 당시 산업계의 반대의견은 카르텔 자체를 금지하는 금지주의는 지나치고, 폐해가 있는 경우에 카르텔을 규제하면 충분하지 않은가라는 취지였지만, 정부측은 폐해규제주의의 법률이라면 독점금지법을 만들 필요는 없다고 하면서 강하게 반대하였다. 이로 인해 정부안이 나온 것은 1952년이었으나, 그것이 의회를 통과한 것이 1957년이었다.

개정법은 새로운 EU 이사회규칙(Council Regulation No. 1/2003, 2004. 5. 1 시행)에서 회원국 경쟁법에 대한 EU 경쟁법의 우위가 확립됨에 따라 경쟁제한금지법을 가능한 한 EU 경쟁법에 근접하도록 근본적인 개정을 단행하였다.[53] 또한 2012년 12월 제8차 개정을 통해 EU 경쟁법에 더욱 근접하였다. 즉, 기업결합의 금지는 EU 합병규칙에서의 심사기준과 마찬가지로 유효한 경쟁의 현저한 저해(significant impediment to effective competition)를 기준(소위 SIEC-Test)으로 변경하였고, 소비자단체의 금지청구권 및 부당이득반환청구권을 신설하였다. 또한 법 위반사업자에 대한 구조적 시정조치권과 사업자 부당이득의 소비자에 대한 반환명령권을 경쟁당국에 부여하였다.[54]

한편 독일 경쟁제한금지법은 경제의 디지털화(Digitalisierung der Wirtschaft)를 염두에 두고 규제의 프레임을 대폭 개선하고 있다. 2017년 3월 제9차 개정에서는 인터넷과 데이터에 기반한 사업의 특성을 고려하여 시장지배적지위의 판단기준을 다양화하고 합병심사 대상을 확대하였으며, 미디어분야의 경쟁을 강화하기 위해 출판보도매체(신문, 잡지 등)에 대한 카르텔 금지의 예외를 인정하였다. 그 밖에 카르텔 피해자들이 보다 신속하고 간편하게 손해배상 받을 수 있도록 새로운 제도를 도입하거나 근본적으로 개선하고, 과징금에 대한 콘체른 모회사 및 인수기업의 연대책임을 신설하였다. 2021년 1월 제10차 개정에서는 디지털 시장에서 시장지배적 플랫폼사업자의 지위남용행위를 효율적으로 규제하고, 불공정경쟁행위에 대한 독일 경쟁당국의 규제권한을 강화하는 방향으로 규정을 보완하였다(GWB-Digitalisierungsgesetz).[55]

(2) 특 징

독일에서 경쟁제한행위를 규제하는 법률로는 경쟁제한금지법 이외에도 「부정경쟁방지법」(Gesetz gegen den unlauteren Wettbewerb von 1909)이 있다. 부정경쟁방지법은 경쟁사업자, 소비자, 기타 시장참가자를 부정한 경쟁으로부터 보호하고, 공정경쟁이라는 공공이익의 보호를 목적으로 하고 있으며, 이를 위해 제1조에서는 선량한 풍속에 위반하는 행위에 대한 일반적 금지를 규정하고 있다(große Generalklausel).[56]

시장에서의 경쟁을 보호한다는 넓은 의미에서의 경쟁법에는 두 법역이 모두 포함된다. 그러나 경쟁제한금지법은 경쟁사업자에 의한 경쟁제한행위를 금지하기 위한 법

---

53) Martin Lutz, *Schwerpunkte der 7. GWB-Novelle*, WuW 7 u. 8/2005, S. 718ff.

54) 이봉의, 「독일경쟁법」(법문사, 2016), 30면.

55) Dreher/Kulka, Wettbewerbs- und Kartellrecht 12. Aufl.(C. F. Müller, 2023), S. 490ff..

56) 부정경쟁방지법은 소비자보호 증진, 법 규정의 투명성 확보 및 광고행위의 자유를 보장하는 EC법과의 조화를 위해 2004년 7월 거의 100년 만에 전면 개정되었다.

규범으로서 사적 자치에 제한을 가함으로써 사적 자치가 스스로 소멸하지 않도록 하는 데 그 중점이 놓여 있는데 비해, 부정경쟁방지법은 1차적으로 경쟁에 있어서 불공정한 행위방식을 규제하고 있다. 전자는 경쟁의 자유의 보호에, 후자는 경쟁의 공정성 확보에 중점이 놓여있다.[57] 또한 전자는 주로 행정적 규제, 후자는 금지청구나 손해배상과 같은 사법적 규제를 주요 제재수단으로 하고 있는 점이 특징이다.

2. 주요내용

경쟁제한금지법상 경쟁제한행위의 유형은 ① 카르텔(경쟁제한협정 등)의 금지, ② 단독·일방적 경쟁제한행위의 금지 및 ③ 기업결합의 제한의 3가지로 구분할 수 있다.

(1) 카르텔의 금지

경쟁제한금지법의 근본규범인 제1조는 "경쟁의 방해, 제한 또는 왜곡을 목적으로 하거나 그러한 효과가 생기는 사업자(기업) 간의 합의, 사업자단체의 결의 및 동조적 행위는 금지된다"고 하여 수평적·수직적 거래제한을 내용으로 하는 경쟁제한협정의 체결 그 자체를 일반적으로 금지하고 있다. 제1조의 규정은 EU 경쟁법과의 통일성을 확보하기 위해 2005년 법 개정에서 새로이 규정되었으며, 법문상으로 EU기능조약 제101조 제1항과 일치하고 있다. 금지의 대상으로 되는 것은 합의(Vereinbarung) 또는 결의(Beschluß)와 같이 의사적 합치를 전제로 하는 법률행위뿐 아니라 사실행위로서 동조적 행위(abgestimmtes Verbalten)도 포함된다.

또한 제2조에서는 EU기능조약 제101조 제3항을 수용한 포괄적 적용면제규정을 두고 있다. 즉, 상품의 생산 또는 유통을 향상시키거나 기술 또는 경제적 발전의 촉진에 기여하면서, 소비자에게 그 결과적 이익의 공평한 배분을 허용하는 경쟁제한협정은 ① 참가사업자에게 이러한 목적의 달성에 필수불가결하지 않은 제한을 부과하지 않고, ② 이러한 사업자에게 해당 상품의 상당 부분에 관하여 경쟁을 배제할 가능성을 부여하지 않는 한 그 적용이 면제된다.[58] 이 포괄적 적용면제규정의 창설에 의해, 종래 경쟁제한금지법에 다수 존재하고 있던 적용면제 카르텔 규정은 중소기업 카르텔을 제외하고 삭제되었다(법 §3). 제3조에서 예외적으로 유지되고 있는 중소기업 카르텔의 적용면제는 회원국 간의 거래에 영향을 미치지 않는 한 독일 경쟁제한금지법만이 적용되기 때

57) F. Rittner, Wettbewerbs- und Kartellrecht 5., neubearbeitete Aufl.(C. F. Müller, 1995), S. 5.

58) 종래의 적용면제제도는 모든 경쟁제한적 협정에 관하여 경쟁당국에의 신청을 원칙으로 하고, 행정행위에 의해 금지를 면제하는 '행정적' 적용면제제도를 채용하고 있었으나, 이번 개정에서 EU법과 마찬가지로 법문상의 요건을 충족시킨다면 자동적으로 그 적용이 면제되는 '법률적' 적용면제제도로 전환하였다.

문에 그 한도에서 의의가 있지만, 회원국 간의 거래에 영향을 미치는 중소사업자의 카르텔로서 조약 제101조 제3항에 의해 면제되지 않는 경우는 'EU법의 우위'에 의해 그 독자적인 의의가 없다.

(2) 시장지배적지위 남용의 금지

경쟁제한금지법은 EU기능조약 제102조의 단독·일방적 경쟁제한행위의 금지와 문언을 달리하고 있고, 그 적용범위도 광범위하다. 제18조에서 시장지배란 경쟁자가 없거나 실질적 경쟁이 존재하지 않는 경우나 경쟁자에 비하여 우월한 시장지위를 가진 경우를 말한다(법 §18①). 시장에서의 지위를 판단함에 있어서는 시장점유율, 자금력, 공급 및 판매시장에 대한 접근성, 경쟁 관련 데이터 접근성, 다른 기업과의 연계 등을 고려하여야 한다. 특히 다면시장과 망산업(mehrseitigen Märkten und Netzwerken)에서 시장지배력은 직·간접 네트워크 효과, 다양한 서비스 이용과 이용자의 전환비용, 네트워크 효과에 따른 규모의 경제, 경쟁 관련 데이터에 대한 접근성, 혁신에 대한 경쟁압력 등도 함께 고려하여야 한다(법 §18③, ③a). 또한 ① 하나의 기업이 100분의 40 이상의 시장점유율을 차지하는 경우, ② 셋 이하의 기업이 합하여 100분의 50 이상의 시장점유율에 달하는 경우 또는 ③ 다섯 이하의 기업이 합하여 3분의 2 이상의 시장점유율을 가지는 경우 시장지배적인 것으로 추정한다(법 §18④, ⑥). 그밖에 공동지배의 개념을 인정하여 둘 이상의 기업이 그들 상호 간에 실질적인 경쟁이 존재하지 않으면서 전체로서 시장을 지배하는 경우에는 그들 각자를 시장지배적사업자로 보고 있다(법 §18⑤).

제19조에서는 시장지배적사업자가 공급자 또는 수요자로서 남용행위를 금지하고 있다. 남용행위의 유형으로는 ① 정당한 이유 없이 다른 사업자의 경쟁가능성을 침해하는 경우, ② 유효경쟁의 경우에는 기대하기 어려운 대가, 기타 거래조건을 요구하는 경우, ③ 비교 가능한 시장에서 보다 불리한 대가, 기타 거래조건을 요구하는 경우, ④ 정당한 이유 없이 데이터, 망, 필수설비 또는 네트워크의 접근을 거부하는 경우가 있다. 특히 2021년 제10차 개정법 제19a조에서는 시장의 경계를 넘어서는 중요한 의미를 가지는 사업자(Unternehmen mit überragender marktübergreifender Bedeutung für den Wettbewerb)의 개념을 도입하고 있다. 그 기준으로서 하나 이상의 시장에서 사업자의 지배적 지위, 자금력이나 다른 자원에 대한 접근, 수직적 통합 및 기타 상호 연계된 시장에서의 활동, 경쟁과 관련한 데이터에 대한 접근, 제3자의 공급 및 판매시장에 대한 접근에 있어서 당해 사업자 활동의 중요성과 그에 따른 제3자의 사업활동에 미치는 영향을 제시하고 있다(법 §19a①). 이러한 사업자에 대해서는 자사 상품의 우대, 데이터

처리에 대한 방해, 부당한 조건의 부과 등이 금지된다(법 §19a②).

시장지배적사업자뿐만 아니라 상대적으로 우월한 지위에 있는 사업자 또는 사업자단체는 실질적으로 정당한 이유 없이 다른 사업자에 대한 부당한 방해나 차별적 취급이 금지된다(법 §20). 부당한 방해가 주로 경쟁사업자에 대한 수평적 행위인데 대해 차별적 취급은 거래상대방 사업자에 대한 수직적 행위라는 점에 차이가 있다. 특히 중소사업자의 보호를 목적으로 상품 또는 용역의 공급과 수요에 있어서 사업상 종속적 지위에 있는 중소사업자에 대해 우월적 지위를 이용한 부당한 방해나 차별적 취급을 금지하고, 중소경쟁자에 비하여 우월한 시장지배력을 갖는 사업자가 중소경쟁자를 부당하게 방해하기 위하여 부당염매 등을 통해 직접 또는 간접으로 시장지배력을 남용하는 것을 금지하고 있다. 특히 2021년 제10차 개정에서는 상대적으로 우월한 지위에 있는 경우 다면시장에서 중개활동을 하는 사업자의 필수적인 중개서비스 제공 거부행위, 자신이 통제하는 데이터에 대한 접근 거부행위 또는 경쟁자의 네트워크 효과 달성을 방해함으로써 서비스경쟁을 상당한 정도로 저해할 우려가 있는 행위 등도 부당한 방해에 해당한 것으로 보고 있다(법 §20①, ①a, ③a).

그 밖에 반드시 시장지배적지위나 우월적 지위를 전제로 하지 않더라도 사업자와 사업자단체는 특정한 사업자에게 부당하게 위해할 목적으로 다른 사업자 또는 사업자단체에게 거래거절을 요구하거나 다른 기업에게 위해를 가하거나 가할 것을 위협하는 행위는 금지된다. 또한 다른 사업자로 하여금 카르텔 합의, 기업결합, 경쟁제한적 행동 통일을 강제하는 것도 금지된다(법 §21).

(3) 기업결합의 제한

경쟁제한금지법의 기업결합 규제는 크게 금지요건과 금지절차를 규정한 실체규제조항과 신고절차를 규정한 절차규제조항으로 구분된다. 기업결합규제에 관한 경쟁제한금지법의 적용범위는 원칙적으로 결합하기 직전 영업년도에 ① 해당 결합기업의 국내외에서의 매출액 합계가 5억 유로(Euro) 이상이고, ② 해당 기업 중 최소한 하나의 기업의 국내에서의 매출액이 2,500만 유로, 다른 기업의 매출액이 1,750만 유로 이상인 경우이다(법 §35①). 그러나 거대 플랫폼 사업자의 스타트업 인수를 규제하기 위해 ③ 취득회사의 매출액이 5,000만 유로 이상이며, 피취득회사나 다른 참가사업자가 국내에서 1,750만 유로 이하의 매출액을 가지면서, ④ 인수가액이 4억 유로 이상이고, ⑤ 피취득회사가 국내에서 상당 부분 활동하고 있는 경우에도 기업결합 규제대상에 포함된다(법 §35①a). EU 합병규칙이 적용되는 경우에는 본법의 적용이 배제된다. EU 합병규칙의 SIEC-Test에 따라 시장에서의 유효한 경쟁을 현저히 저해하는 기업결합은 연방카르텔청에 의하여 금지된다(법 §36①). 종래 기업결합 금지의 기준이었던 시장지배력의 형성·강화는 SIEC Test의 유력한 징표가 된다.

기업결합 규제에 관하여는 EU 경쟁법과 마찬가지로 사전규제가 전면적으로 적용된다. 연방카르텔청에 대한 사전신고의무는 결합참가기업이 부담하며, 자산 또는 지분양도의 경우에는 양도인도 신고의무를 부담한다(법 §39). 연방카르텔청은 예비심사 후 기업결합에 관한 추가적인 심사가 필요한 경우에 본심사절차를 개시하며, 처분에 의하여 기업결합을 금지할 것인지 허용할 것인지 여부를 결정한다. 신고접수 후 4개월 이내에 처분이 없는 경우에는 기업결합을 허용한 것으로 본다(법 §40). 기업은 심사기간이 경과하기 전에 연방카르텔청이 허용하지 않은 기업결합을 실행하거나 그 기업결합의 실행에 참여해서는 안 된다. 이 금지에 위반하는 법률행위는 효력이 없다(법 §41①). 연방카르텔청이 금지하거나 허용을 철회한 기업결합이 실행된 경우에 연방경제노동부장관이 제42조에 의하여 기업결합을 허가하지 않는 한 그 기업결합은 해체되어야 한다(법 §41③).

그 밖에 연방경제노동부장관은 경쟁제한보다 기업결합의 전체경제적 이익이 크거나 기업결합이 우월한 공공의 이익에 의하여 정당화되는 개별적인 경우에 신청에 의하여 그 결합을 승인한다. 이 경우에는 본법의 적용범위 외의 시장에서의 해당 기업의 경쟁력도 고려하여야 한다. 승인은 경쟁제한에 의하여 시장경제질서가 위협받지 않는 경우에만 할 수 있다(법 §42).

3. 법의 집행

경쟁제한금지법의 시행기관은 연방카르텔청(Bundeskartellamt), 주카르텔청(Landeskartellamt) 및 연방경제노동부장관(Der Bundesminister für Wirtschaft und Arbeit)이다. 이 가운데 경쟁제한금지법 운영의 핵심적인 역할을 담당하는 기관이 연방카르텔청이다. 그 밖에 일종의 자문기관으로서 경제력집중의 상황, 기업결합에 관한 법률적용 상황 등을 조사하여 보고서를 작성하며, 필요한 개정을 제안하는 독점위원회(Monopolkommission)가 있다.

주카르텔청은 1개 주에만 효력을 갖는 경쟁제한행위를 담당한다. 연방카르텔청은 연방경제노동부장관의 관할에 속하지만 준사법권을 가진 독립행정기관[59]으로서 경쟁

59) 연방카르텔청(Bundeskartellamt)은 여타 행정관청과는 달리 위계적인 조직으로 구성되어 있지 않으며, 주로 사실판단의 권한을 가지는 심결부는 원칙적으로 법원과 유사하게 사실상 독립성을 가지고 결정을 내린다. 따라서 연방카르텔청장의 권한은 주로 행정적인 업무에 국한되어 있다. 입법자가 이러한 이례적인 조직형태를 택한 것은 연방카르텔청의 결정에 대하여 고도의 법치국가 원리를 보장하기 위하여, 즉 준사법

제한금지법의 위반사안 중 경쟁제한의 영향·효과가 1개 주(州)를 넘는 사안을 관할하며, 기업결합규제 및 우편서비스 및 텔레콤에 관한 사안은 연방카르텔청의 전속관할로 되어 있다. 연방경제노동부장관은 경쟁제한보다 기업결합의 전체경제적 이익이 크거나 기업결합이 우월한 공공의 이익에 의하여 정당화되는 기업결합을 허가할 수 있는 권한을 가진다. 단, 연방카르텔청이 금지한 기업결합을 연방경제노동부장관이 허가하는 경우에는 해당 안건에 관해 독점위원회의 의견을 구하여야 한다.

경쟁제한금지법의 커다란 특징 중의 하나는 카르텔청에 그 임무수행을 위한 광범위한 조사권한이 부여되어 있다는 점이다. 카르텔청은 직권탐지주의에 입각하여 사업자에 대한 보고를 요구하기도 하고, 서류를 열람하고 조사할 수 있다. 뿐만 아니라 필요한 경우에는 압수·수색을 할 수 있으며, 경찰로 하여금 이를 행하게 할 수도 있다. 검증, 증인 및 감정인에 의한 증거조사에 대해서는 본래 행정절차가 문제로 됨에도 불구하고 재판에 유사한 절차를 취하기 위해 민사소송법이 준용된다.[60] 더 나아가 카르텔청은 진실한 증언을 얻기 위하여 증인의 선서가 필요하다고 판단하는 경우에 시·군법원(Amtsgericht)에 그 선서를 요청할 수 있다. 특히 카르텔청의 과징금 절차에 있어서 조사권한을 위해서는 「질서위반법」(또는 그 준용규정으로서 형사소송법)이 적용된다.[61] 즉, 범죄행위의 소추시의 검찰관에 갈음하여 그것과 동일한 권한과 의무를 가진다(질서위반법 §46②).

연방카르텔청의 결정은 심결부(Beschlußabteilung)에서 담당한다. 각 심결부는 위원장 1인과 위원 2인으로 구성된 합의체로서 사업자의 품목이나 업종기준에 따라 11개로 구분되어 있다. 심결부에 대해서는 준사법적 지위가 부여되어 있으며, 연방카르텔청이나 청장은 심결부에 대하여 특정한 절차에 있어서 어떠한 처분을 내리도록 지시해서는 안 된다. 심결부는 독립적인 입장에서 오로지 법률에 따라서만 판단하여야 한다. 위원은 법관 또는 고등행정관의 자격을 가지는 자 중에서 선정하며, 위원장은 일반적으로 법관자격을 가진 자이어야 한다.

적 절차를 보장하기 위한 것이었다. 만약 그렇지 않았다면 조사권한, 기소권한, 사안의 판단권한을 동시에 가지는 그러한 복합체는 아마 법치국가적 원리라는 측면에서 거의 정당화할 수 없었을 것이다. F. Rittner, Wirtsschaftrecht(a. a. O.), S. 457.

60) 이 결과 예컨대, 민소법의 증언거절권에 관한 규정이 카르텔청에 있어서 증인심문에도 준용된다. 따라서 증인은 법률상 열거되어 있는 인적 이유 또는 실질적 이유에 의해 거절할 수 있다.

61) 과징금 부과의 대상은 질서위반행위이다. 독일에서는 형사범(자연범)과 행정범(법정범)을 구별하여 전자에 대해서는 범죄행위=형사절차=刑=검찰관=법원이라는 전통적인 제도에 대해, 후자에 대해서는 질서위반행위=과징금 부과절차=과징금=행정청에 의한 처분이라는 별개의 제도를 만들어, 현재에는 '행정범의 비범죄화'를 거의 완성했다. 실정법상 질서위반행위로 되는 것으로는 각종 경제법령상의 경제사범, 도로교통법의 도로반칙범, 경범죄 등이 있으며, 이러한 질서위반조항에 공통적으로 적용되는 총칙 및 절차를 정한 것이 질서위반법(Gesetz über Ordnungswidrigkeiten, OWiG)이다.

경쟁제한에 대한 법적 제재로서는 카르텔청에 의한 행정처분, 질서위반에 대한 과징금, 민사적 규제(손해배상 내지 침해행위의 금지)의 3가지의 유형이 있다. 그러나 형사적 제재는 인정되고 있지 않다. 카르텔청은 관련사업자에 대한 위반행위의 배제를 위한 모든 조치를 부과할 수 있으며, 법 위반사업자에 대한 구조적 시정조치권(strukturelle Abhilfemaßnahmen, 법 §32②), 사업자 부당이득의 소비자에 대한 반환명령권(Rückerstattungsanordnung, 법 §32②a) 및 사업자가 얻은 경제상 이익의 환수명령권(Vorteilsabschöpfungsanordnung, 법 §34)도 가지고 있다. 특히 소비자단체에 위법행위 금지 및 배제청구권(Unterlassungs- und Beseitigungsansprüche, 법 §33②ii)을 인정하여 경쟁제한금지법의 사적 집행을 강화하고 있다.

또한 카르텔청은 진정으로 경쟁에 회복할 수 없는 손해발생의 위험이 있는 급박한 경우 종국적 심결이 내려질 때까지 1년을 초과하지 않는 범위 내에서 잠정조치(einstweilige Maßnahmen)로서 직권으로 임시명령을 내릴 수 있다(법 §32a). 경쟁제한금지법은 임시명령을 내리기 위한 요건을 구체적으로 정하고 있지 않으나, 통상 중대한 불이익 또는 급박한 위험을 피하기 위하여 공공의 이익 또는 관계인 혹은 제3자의 중요한 이익에 있어서 필요한 경우에 인정된다고 해석된다. 이 임시명령은 카르텔청의 기속적 재량행위에 속한다. 그 밖에 피심인이 카르텔청에 법 위반이 의심되는 행위에 대한 시정방안을 마련하여 이행할 것을 약속하고 카르텔청이 이를 검토하여 타당하다고 판단하면 그 약속에 대한 구속력을 선언하고 절차를 종료시키기도 하고(법 §32b, Verpflichtungszusagen),[62] 금지규정의 전제조건이 존재하지 않는 경우 법 적용을 하지 않겠다는 뜻을 나타낼 수 있다(법 §32c).

질서위반에 대한 과징금은 위반행위에 의해 획득된 경제적 이익을 초과하는 것으로서 이익박탈을 목적으로 하나(질서위반법 §17④), 경쟁법 위반사안에 대해서는 제재목적만으로 부과할 수 있다(법 §81⑤). 따라서 위반행위에 의해 획득되었던 경제적 이익은 과징금 산정의 요소로는 될 수 있으나, 과징금에 의해 박탈될 필요는 없다. 과징금의 상한선은 100만 유로이며, 직전 사업연도 총매출액의 10%를 초과하지 않는 범위 내에서 위반의 정도와 기간을 고려하여 부과된다(법 §81④).[63] 질서위반기업뿐만 아니라 그 기업에 직·간접적으로 영향을 행사한 콘체른 모회사 및 인수기업도 과징금 납부에 대해 연대책임을 진다(법 §81③a, ③d, ③e).

---

62) 이는 일종의 의무부담부 확약처분으로서 EU집행위원회의 약속이행결정 또는 화해결정(commitment decision), 미국 FTC의 동의명령(consent order)과 유사한 제도이다.

63) EU이사회 신규칙 제23조 제2항 참조.

질서위반행위에 대한 처분은 5년이 경과한 때에는 시효에 의하여 소멸한다(법 §81 ⑧). 카르텔관청의 처분에 대해서는 항고할 수 있다. 연방카르텔청이나 주카르텔청의 처분에 대한 항고소송은 소재지를 관할하는 고등법원의 전속관할이다. 고등법원의 판결에 불복하는 경우 연방대법원에 상고할 수 있다. 그러나 경쟁제한금지법에 관한 민사소송사건의 제1심은 지방법원이다.

한편 2017년 제9차 법 개정에서는 EU 카르텔손해배상지침[64]에 따라 카르텔 피해자들이 보다 신속하고 간편하게 손해배상을 받을 수 있도록 획기적인 제도개선을 이루었다. 즉, 카르텔 피해자가 상대방에게 각종 증거자료를 공개하도록 요청(증거개시, discovery)할 수 있도록 하고(법 §33g), 소멸시효를 5년으로 연장하였다(법 §33h). 또한 경성카르텔의 경우에는 카르텔로 인한 손해발생을 추정하고(법 §33a②), 간접구매자에게도 기본적으로 손해가 발생하는 것으로 추정하고 있다(법 §33c②).

스스로 행정처분의 주체로 되는 것은 아니지만 경쟁제한금지법상의 기관으로서 독점위원회는 보고서를 통해 기업집중의 상황과 장래의 전망을 판단하고, 기업결합규제에 관한 규정의 적용을 평가하고, 그 밖의 현실적인 경쟁정책상의 문제에 관하여 의견을 제시한다(법 §44 이하). 독점위원회는 경제학, 과학기술, 경제법학 등의 분야에서의 학식경험자 5명에 의하여 구성된다. 독점위원회의 직무에는 기업집중의 실태의 조사·검토, 시장지배적사업자에 관한 제규정(기업집중 규제 및 남용행위 규제)의 운용상황의 평가, 관계 제규정의 개정의 제안 외에 금지처분 후의 집중사례에 관계되는 허가신청을 받은 연방경제노동부장관으로부터의 자문에 응하는 것이 포함된다. 이와 같은 직무내용에 관하여 독점위원회는 격년 간의 정기적인 주보고서(Hauptgutachten)와 주로 허가신청에 관계된 자문에 대한 특별보고서(Sondergutachten)를 제출한다.

Ⅳ. 일본의 사적독점금지법

1. 개 관

(1) 배 경

메이지 유신으로 근대적 통일국가를 형성하고 자본주의 경제체제의 기반을 갖추기 시작한 일본은 메이지 시대(明治, 1868년~1912년) 초기에는 독점폐해에 대해 충분히 인

64) Directive 2014/104/EU of the european parliament and of the council of 26 November 2014 on certain rules governing actions for damages under national law for infringements of the competition law provisions of the Member States and of the European Union.

식하지 못하였고, 자유경쟁의 장점보다는 폐해를 더욱 우려하였다. 메이지시대 후반과 다이쇼시대(大正, 1912년~1926년)에는 자본주의적 공황을 극복하고 청일전쟁, 노일전쟁을 수행하는 과정에서 기업 간의 합병과 카르텔이 진행하여 집중화가 이루어졌다. 특히 1925년에는 적극적인 해외시장 개척을 위해 국가권력이 카르텔 조성에 직접 개입하여 강제하는 법으로서 「수출조합법」 등이 제정되기도 하였다. 당시 경쟁제한에 대한 정부의 기본적 인식은 일본이 아직 후진국이고, 카르텔 및 기업집중의 폐해가 명확하게 될 정도로 산업화가 진행되어 있지 않았다는 것이었다. 이에 기초하여 카르텔 및 기업집중은 장점을 가진 것이기 때문에 이를 억제할 필요는 없고, 오히려 카르텔은 선진국의 공업수준에 따라가기 위해 업계를 질서화하는 수단으로서 환영해야 하는 것으로 보았다.[65]

쇼와시대(昭和, 1926~1989년)에 들어서면서 일본은 국가독점자본주의 단계로 들어서게 되었고, 연이은 국내외의 공황에 대처하기 위해 1931년 「중요산업통제법」을 제정하여 카르텔, 트러스트를 장려함으로써 국가 주요산업의 수요와 공급을 안정시키고자 하였다. 그 후 만주사변을 계기로 전쟁수행을 위한 군수산업 육성의 필요성에 따라 1938년 물자·자금·노동력을 국가통제 하에 두는 「국가총동원법」 등 수많은 전시경제통제법이 마련되었으며, 이는 곧 기업집중의 결과로 나타나 재벌(財閥) 중심의 경제체제로 이행하게 되었다.

제2차 세계대전 패전 후 미군을 중심으로 하는 연합국 총사령부에 의한 대일 경제관리의 기본원칙은 ① 경제의 비군사화, ② 평화적 경제의 확립 및 ③ 경제의 민주화였다. 이를 실현하기 위한 구체적인 조치로서 일본은 1947년 「과도경제력집중배제법」(過度経済力集中排除法)과 「사적 독점의 금지 및 공정거래의 확보에 관한 법률」(私的独占の禁止及び公正取引の確保に関する法律, 이하 "사적독점금지법")을 제정하여 재벌해체 등 과도한 경제력집중 배제, 사적 독점을 조장하는 모든 방안의 폐지, 사적통제단체의 제거 등을 추진하였다.[66] 이 최초의 일본 사적독점금지법은 미국 점령군의 주도로 제정

65) 由井常彦, "戰後日本における競爭と獨占ないし統制について(中)", 「公正取引」 第396號, 35面.

66) 제2차 대전 전부터 산업·금융부분에 대하여 강력한 경제적 지배력을 미치고 있던 三井, 三菱, 住友 및 安田의 4대 재벌이 해체 직전인 1946년 후기에 전국 납입자본금의 24.5%가 이들 재벌에 속하는 기업 전체에 속하고 있었다. 당시 이들 재벌들은 동족지배와 지주회사를 이용한 피라미드형 지배를 특징으로 하고 있었다. 재벌해체는 바로 이 두 가지 점에 향하여져, 해체의 기본적 방향을 가리키는 1945년의 최고사령관각서 「지주회사 해체에 관한 건」에 기하여 1946년 제정된 「지주회사정리위원회령」과 「회사증권보유제한령」, 1948년 제정된 「재벌동족 지배력 배제법」 등에 의해 지주회사가 해체되고, 재벌가족에 대한 소유주식처분 및 임원해임 등이 명령되었다. 특정산업에 있어서 독점기업의 분할은 1947년 제정된 「과도한 경제력집중 배제법」 등에 의해 실시되어 日本製紙, 王子製紙, 三菱重工, 大日本麥酒, 東洋製罐 등 11개사에 관하여는 기업의 분할이, 東芝, 日立製作所, 日本通運 등 7개사에 관하여는 일부 공장의 처분 및 자회사의 주식처분이 각각 행하여졌다. 根岸 哲, "經濟法の歷史的展開", 「經濟法の理論と展開」(三省堂, 2002), 3面 이하.

되었기 때문에 미국 반트러스트법의 강한 영향을 받았으며, 제정 당시에는 대규모 기업의 분할, 합병의 허가제, 공동행위의 금지 등 미국 반트러스트법보다도 엄격한 규제를 내용으로 하고 있었다.

그러나 사적독점금지법의 운영은 일본의 전통적인 사회적 가치인 화(和)와 협조(協調), 그리고 메이지시대 이후 관행적으로 친숙해진 국가주도형 내지 관민협조형의 경제운영과는 양립하기 쉽지 않았다. 그 후 미국의 대일정책이 완화되면서 1949년 사적독점금지법 개정을 통해 극단적으로 엄격한 규정은 폐지되었다. 또한 일본이 1952년 강화조약 발효에 의해 미군정으로부터 독립하면서, 1953년 개정에서는 일본 경제를 위해 산업정책이 독점금지정책에 우선하는 것이 바람직하다는 기본적인 인식이 반영되었다. 예컨대, 사업회사에 의한 주식보유의 원칙금지 및 합병·영업양수 등에 대한 공정취인위원회(公正取引委員會)의 사전인가제 등의 철저한 기업결합 제한규정은 일정한 거래분야에 있어서 경쟁을 실질적으로 제한하는 경우와 불공정한 방법에 의한 경우에 한정하도록 개정되었고, 금융회사에 의한 타사의 주식보유 상한도 5%로부터 10%로 인상되었다. 또한 사적통제단체의 제거를 목적으로 제정되었던 사업자단체법이 폐지되고 그 내용이 완화되어 실질적으로 사적독점금지법에 흡수되었다. 그 밖에 불황카르텔과 합리화카르텔 및 재판매가격유지행위를 사적독점금지법의 적용으로부터 제외하는 제도가 도입되었다. 이와는 별도로 1956년에는 하도급(하청)거래에 있어서 우월적 지위의 남용을 효과적으로 규제하기 위하여 사적독점금지법의 특별법으로서 「하청대금 지불지연등 방지법」(下請代金支払遅延等防止法)이 제정되었다.

한편 일본은 경제부흥을 위해서는 과당경쟁을 방지하여 일본기업의 국제경쟁력을 강화할 필요가 있고, 이를 위해서는 합병 등을 통하여 기업규모를 확대하여 산업의 과점화를 실현하거나 카르텔을 용인하는 것이 유효하다고 하는 인식이 강하였기 때문에 사적독점금지법의 집행도 적극적으로 이루어지지 않았다. 그러나 1960년대에 이르러 소비자문제와 물가문제에 대응하기 위하여 사적독점금지법의 재평가의 움직임이 나타나기 시작하였다. 부당한 고객유인행위로서 당시 소비자의 합리적인 선택을 왜곡하는 것으로 사회적 문제가 되었던 부당표시와 과대한 경품부 판매를 규제하기 위해 1962년 「부당경품류 및 부당표시 방지법」(不当景品類及び不当表示防止法, 경표법)을 제정하여 신속하고 효과적으로 규제되게 되었다. 또한 1960년경부터 소비자물가의 상승경향이 강하게 나타나자 공정취인위원회는 물가대책으로서 사적독점금지법을 활용할 방침을 나타내고, 1962년 이후 카르텔과 재판매가격유지행위를 적극적으로 규제하기 시작하였다. 그러나 다른 한편 사적독점금지법상 기업결합 규제에 대한 소극적 태도는 대형 합병 등에 의한 산업의 과점화와 기업 간의 주식보유에 의한 기업집단 및 기업계열화를 촉진하게 되었고, 경제의 과점화에 의한 경쟁제한적인 폐해가 발생하게 되었다. 이에 대응하기 위해 1977년 사적독점금지법을 강화하는 방향으로 개정이 이루어져 카르텔에 대한 과징금제도, 기업분할을 가능하게 하는 독점적 상태에 대한 조치, 과점산업에 있어서 동조적 가격인상의 이유보고징수제도 및 대규모사업회사의 지주총액제한이 새로이 도입되고, 금융회사의 지주의 상한이 5%로 인하되었다.

1980년대 이후 거품경제의 붕괴로 인한 지속적인 경기침체로부터 탈출구로서 일본정부는 독점금지정책을 강화하고 불필요한 규제를 완화하기 시작하였다. 또한 일본시장의 폐쇄성·배타성과 국내외 가격차이 문제 등을 논의하기 위해 1989년에 개시된 「일·미 구조문제협의」와 그 후의 「일·미 포괄경제협의」에서 미국이 그 중요한 원인의 하나로서 일본기업의 경쟁제한행위와 이를 억지하려는 일본 독점금지당국의 소극적 태도에 대해 이의를 제기함에 따라 사적독점금지법의 집행력을 더욱 강화하였다. 그 결과 1991년에는 카르텔에 대한 과징금액의 4배 인상, 1992년에는 법인기업에 대한 벌금액의 상한을 500만 엔에서 1억 엔으로 인상하는 등 잇따라 사적독점금지법을 개정하였다. 1996년에는 공정취인위원회 사무국도 사무총국으로 개편하고 정원도 증강되었다. 1999년에는 불황카르텔 및 합리화 카르텔의 사적독점금지법 적용제외 규정을 폐지하였고, 2000년에는 전력, 가스, 철도 등 자연독점사업에 고유한 행위에 대한 사적독점금지법 적용제외 규정도 폐지하였다. 그러나 다른 한편으로 1997년에는 전후 50년 만에 지주회사를 허용하였으나, 이는 기업의 구조조정을 용이하게 할 수 있도록 하기 위한 것으로 사적독점금지법의 집행력 강화의 기본적인 움직임에 변화는 없었다. 다만 과도한 경제력집중의 우려가 있는 경우에는 지주회사 설립을 불허하는 예외규정을 두었다.

2000년 개정 사적독점금지법은 손해배상제도의 충실화와 함께 위법행위 피해자의 유지청구권제도를 신설하여 사적독점금지법상 불공정거래행위로 인하여 피해를 입거나 입을 우려가 있는 자는 법원에 위반사업자 또는 사업자단체의 침해행위에 대한 정지 또는 예방을 청구할 수 있도록 하였다. 또한 전력, 가스, 철도 등 자연독점사업에 고유한 행위에 대한 사적독점금지법 적용제외 규정도 폐지하였다. 2002년 5월 개정에서는 출자총액제한제도 폐지하는 등 일반집중 규제제도를 정비하고, 역외적용을 위한 송달규정 마련하는 한편 과징금 상한액을 1억 엔에서 5억 엔으로 상향 조정하였다. 2005년 4월 개정에서는 경성카르텔에 대한 규제강화에 중점을 두었다. 주요 개정내용으로는 과징금제도의 개선(과징금액의 인상 및 대상 확대), 과징금 감면제도의 도입, 범칙조사권한의 도입, 심판절차 등의 개선 및 가격의 동조적 인상에 대한 보고징수제도 폐지를 들 수 있다.[67] 2013년 12월 개정에서는 법 집행 관련규정을 대폭 정비하여 종래 공정취인위원회에서의 심판제도 및 법원에 대한 실질적 증거의 원칙을 폐지하고, 불복의 소의 전속관할을 종래 동경 고등재판소(법원)에서 동경지방재판소로 변경하는 등 소송절차를 정비하였다.

한편 디지털 플랫폼의 사회적·경제적 영향력이 커짐에 따라 사적독점금지법과 별도로 2020년 6월 경제산업성은 「특정 디지털 플랫폼의 투명성 및 공정성 향상에 관한 법률」을 제정하여 일정 규모 이상의 디지털 플랫폼 제공자를 대상으로 정보공시, 절차 및 체제의 정비, 운영상황의 보고와 모니터링, 경제산업대신에 대한 신청 및 보고, 공정취인위원회와의 연계 등에 관하여 규율하고 있다.

(2) 특　징

최초의 일본 사적독점금지법은 미국 점령군 주도로 제정되었기 때문에 그 영향으로 미국 반트러스트법을 모범으로 제정되었다. 일본 사적독점금지법의 실체규정은 크게 ① 사적 독점의 규제, ② 부당한 거래제한의 규제, ③ 불공정 거래방법의 규제, ④ 기업결합·집중의 규제로 구분되며, 법 위반행위의 요건·효과가 비교적 상세히 규정되어 있다. 또한 일본 특유의 규정으로서 사업자단체, 국제거래의 규제, 적용제외 규정, 일반집중 규제, 고도 과점 대책 등에 관하여 별도의 규정을 두고 있다. 이러한 일본 사적독점금지법의 독특한 체계는 후일 우리나라 공정거래법의 기본적인 체계를 형성하는 데 많은 영향을 주었다.

2. 주요내용

(1) 사적 독점의 규제

제3조 전단에서는 사적 독점의 금지를 규정하고 있다. 이 규정은 미국 셔먼법 제2조에 상응하는 규정이다. 사적 독점이란 사업자가 단독으로 또는 다른 사업자와 결합하거나 또는 통모하여 기타의 어떠한 방법으로 하는가를 묻지 않고, 다른 사업자의 사업활동을 배제하거나 또는 지배하는 것에 의하여 공공의 이익에 반하여 일정한 거래분야에 있어서 경쟁을 실질적으로 제한하는 것을 말한다(법 §2⑤). 또한 과점산업 가운데에도 1개 또는 2개의 사업자가 두드러진 고도 과점산업에서 유효한 경쟁이 없이 폐해가 발생하고 있는 경우에는 독점적 상태에 있는 것으로 볼 수 있다. 공정취인위원회는 원칙적으로 이들 사업자에 대하여 영업 일부의 양도 기타 해당 상품 또는 용역에 대하여 경쟁

67) 川濱昇, “平成17年獨占禁止法改正の意義と展望”, 「公正取引」 No. 657(2005. 7), 26面 以下.

을 회복시키기 위하여 필요한 조치를 명할 수 있다(법 §8의4①). 사적독점금지법상 독점적 상태란 동종의 상품 및 이것과 그 기능 및 효용이 현저하게 유사한 다른 상품으로서 국내에서 공급된 것 또는 국내에서 공급된 동종 용역의 가액의 시행령으로 정하는 최근 1년간의 합계액이 1천억 엔을 초과하는 경우에 해당 일정한 상품 또는 용역에 관한 일정한 사업분야에서 시장구조 및 시장에서의 폐해가 있는 것을 말한다(법 §2⑦).

(2) 부당한 거래제한의 규제

제3조 후단에서는 사업자는 부당한 거래제한(카르텔)을 금지하고 있다. 이 규정은 미국 셔먼법 제1조에 상응한 규정이다. 부당한 거래제한이란 사업자가 계약, 협정 그 밖에 누구의 명의로써 하는지 묻지 아니하고, 다른 사업자와 공동하여 대가를 결정·유지 또는 인상하거나 또는 수량, 기술, 제품, 설비 또는 거래의 상대방을 제한하는 등 상호 그 사업활동을 구속하거나 또는 수행하는 것에 의하여 공공의 이익에 반하여 일정한 거래분야에 있어서 경쟁을 실질적으로 제한하는 것을 말한다(법 §2⑥). 부당한 거래제한은 상호 경쟁관계에 있는 독립한 사업자가 공동으로 상호 일정한 제한을 부과하고, 그 자유로운 사업활동을 구속하는 경우에 성립한다. 즉, 각 사업자가 공통적으로 일정한 사업활동의 제한을 받는 '상호구속'을 본질로 하며, 그 금지는 상호경쟁관계에 있는 독립한 사업자 간에만 성립하고, 이종 또는 거래단계를 달리 하는 사업자 간에는 성립하지 않는다. 국제카르텔(법 §6)과 사업자단체에 의한 카르텔(법 §8)에 관하여는 별도의 특별규정을 두어 금지하고 있다.

사적독점금지법은 카르텔을 원칙으로서 금지하고 있으나, 다른 정책목적을 달성하기 위하여 그 예외로서 법률에 기하여 일정한 요건 하에 카르텔을 허용하고 있다. 적용제외 카르텔은 사적독점금지법에 기한 것과 개별 법률에 기한 것의 두 가지로 구분된다. 종래에는 불황카르텔, 합리화카르텔, 자연독점사업에 대한 적용제외가 인정되었으나 폐지되었고, 현재는 사적독점금지법에 기한 일정한 조합의 행위(법 §22), 도로운송법상의 운수카르텔 등이 남아 있다.

(3) 불공정 거래방법의 규제

제19조는 사업자가 불공정한 거래방법을 이용하는 것을 금지하고 있다. 불공정한 거래방법이란 법에서 열거한 행위로서 공정한 경쟁을 저해할 우려가 있는 것 중 공정취인위원회가 지정한 것을 말한다(법 §2⑨). 공정취인위원회의 지정에는 모든 업종에 일률적으로 적용되는 일반지정과 특정한 업종에 있어서 특정한 행위에 적용되는 특수

지정이 있다.

사업자가 불공정한 거래방법을 사용하는 경우에는 제19조의 적용을 받으나, 사업자단체가 불공정한 거래방법에 해당하는 행위를 한 때에는 제8조, 국제계약 중 불공정한 거래방법에 해당하는 사항을 내용으로 하는 것이 있다면 제6조가 적용된다. 그 밖에 불공정한 거래방법에 의한 주식의 취득 또는 소유(법 §10, §14), 임원겸임(법 §13), 합병·영업양도(법 §15, §16) 등도 금지되고 있다. 불공정한 거래방법에 대한 특별법으로서 「하청대금 지불지연등 방지법」과 「부당경품류 및 부당표시 방지법」이 제정되어 있다.

(4) 기업결합·집중의 규제

제4장은 기업결합에 관한 일정한 제한을 규정하고 있다. 즉, 경쟁을 실질적으로 제한하거나 불공정한 방법에 의한 기업결합으로서 회사 및 기타의 자의 주식보유(법 §10, §14), 회사 간의 임원겸임(법 §13), 회사의 합병(법 §15), 분할(법 §15의2), 영업양수(법 §16) 등을 금지하고 있다. 기본적으로 합병·영업양수의 경우에는 합병 및 영업의 전부 또는 중요 부분의 양수를 행한 모든 회사에 사전신고 의무가 부과되지만, 주식취득의 경우에는 총자산 20억 엔 이상의 회사에 다른 모든 소유주식과 일괄하여 각 결산기말에 신고할 의무가 부과되고 있다.

또한 다른 국내 회사의 주식을 소유하는 것에 의해 사업지배력이 과도하게 집중하게 되는 회사를 설립하거나 기존의 회사가 그러한 회사로 전환하는 것은 금지된다(법 §9). 이와 함께 대규모회사를 중심으로 하는 기업집단의 형성·확대, 사업지배력의 집중화 경향을 저지하고 「은산분리(銀産分離)의 원칙」을 준수하기 위해 은행 또는 보험회사가 금융회사 이외의 국내 회사의 의결권총수의 5%(보험회사의 경우 10%)를 초과하여 보유하는 경우에는 의결권을 취득하거나 보유하는 것을 금지하고 있다(법 §11).

3. 법의 집행

일본 사적독점금지법의 집행은 행정절차, 형사절차 및 민사상의 손해배상청구절차를 통해 이루어진다. 행정절차를 담당하는 공정취인위원회(公正取引委員会)는 법 위반행위의 배제조치명령 및 과징금 부과를 행하는 준사법기관이다.[68] 공정취인위원회는 일반인으로부터의 신고, 직권 등에 의하여 사적독점금지법 위반에 해당한다고 판단되는 경우에는 조사절차를 진행한다. 조사관은 심사를 위해 출입검사 등 강제권한을 가진다

68) 미국의 연방거래위원회를 모델로 하여 설치된 독립위원회 조직으로서 행정조직상 총리의 관할에 속하지만 의사결정의 독립성이 보장되어 있다. 공정취인위원회는 위원장 1명과 위원 4명으로 구성되며, 그 아래에 사무총국이 있다. 위원장은 총리가 중의원과 참의원 양원의 동의를 얻어 임명한다.

(법 §46). 공정취인위원회의 조사권한은 본래 행정처분을 목적으로 하는 행정조사에 관한 것이지만, 악질적이고 중대한 법 위반행위에 대하여는 적극적으로 형사고발할 수 있도록 별도로 범칙조사 권한을 규정하고 있다(법 §101 이하). 또한 과징금 감면대상 피의 행위(카르텔·담합 등의 의심이 있는 행위)에 대한 행정조사절차에서 제출명령이 내려진 사업자와 변호사 간에 비밀로 행하여진 특정 통신문서(면담, 전화, 전자메일 등의 내용을 기록한 물건 등)에 대해 일정한 조건을 충족하면 판별절차를 거쳐 사업자에게 반환토록 함으로써 미국법상 인정되는 변호사와 의뢰인 간의 비닉특권(attorney-client privilege)제도[69]를 도입하고 있다(심사규칙 §23의2, §23의3).

조사의 결과 행위의 위법성이 인정될 경우 공정취인위원회는 합의에 의해 행정상 제재로서 해당 행위의 중지, 영업 일부의 양도, 기타 경쟁회복을 시키거나 해당 행위를 배제하기 위해 필요한 조치를 명할 수 있다. 또한 해당 행위의 실행기간 매출액에 일정 비율을 곱한 금액을 과징금으로 부과할 수 있다. 다만 동일 사건에 대해 과징금과 벌금이 병과되는 경우 벌금액의 2분의 1에 상당하는 금액을 과징금액으로부터 공제하도록 하고 있다(법 §7의2⑭). 이는 벌금과 과징금은 모두 국가가 강제적으로 과하는 금전적 불이익이고, 위반행위 방지라고 하는 기능면에서 공통하는 부분이 있기 때문에 양자를 병과하는 경우 이를 감안하는 것이 정책적으로 적당하다고 판단되었기 때문이다.[70] 공정취인위원회가 조사에 의해 범칙의 심증을 얻은 경우에는 검찰총장에게 고발하여야 한다(법 §84). 일정한 요건에 기해 자발적으로 위반사실과 관련한 정보를 제공한 사업자에 대해서는 과징금을 감면하도록 하고 있다(법 §7의2⑦, ⑧).

한편 적정한 절차의 확보라는 관점에서 조사의 결과 배제조치명령, 과징금납부명령 또는 경쟁회복명령이 예정되는 경우에는 공정취인위원회가 사건마다 지정한 직원(가칭 절차관리관)이 주재하는 의견청취절차를 진행한다. 지정직원은 심사관 기타 해당 사건의 조사에 관한 사무에 종사한 직원에게 예정된 배제조치명령 등 행정조치의 내용, 인정사실, 법령의 적용, 주요한 증거 등을 의견청취의 기일에 출석한 당사자에게 설명하도록 하고, 심사관 등에 대한 질문과 의견진술을 받는다(법 §53, §54). 지정직원은 당사자의 의견진술 등을 기재한 조서, 의견청취에 관련한 사실의 논점을 정리하여 기재한 보고서를 작성하여 공정취인위원회에 제출한다. 공정취인위원회는 배제조치명령 등의 행정조치에 관련한 의결을 행할 때에는 지정직원이 제출한 조서 및 보고서를 충분히

---

69) 비닉특권(秘匿特權)이란 의뢰인이 변호사에게 법적 자문을 받을 목적으로 이루어진 의사교환 내용의 비밀을 보호하고 그 공개를 막을 수 있는 권리를 말한다. 의뢰인이 변호사와 솔직하고 자유롭게 상담할 수 있는 보통법상의 기본적 권리로서 인정되고 있다.

70) 松本博明·堀江美早子, "改正獨占禁止法の概要について", 「公正取引」 No. 657(2005. 7), 20面.

검토해야 한다(법 §58, §60, §62④, §64④).

피심인이 공정취인위원회의 심결에 불복이 있을 때에는 동경지방재판소(법원)에 심결 취소소송을 제기할 수 있다(법 §85). 이 불복소송을 동경지방재판소의 전속관할로 집중시킨 것은 법원에 의한 전문적 판단과 그 판단의 합일성을 확보하기 위한 것이다. 또한 동경지방재판소(제1심)에서의 심리와 재판이 신중하게 이루어질 수 있도록 3명의 재판관(법관) 합의체를 구성하도록 하고 있으나, 5명으로 이루어질 수도 있다. 항소심은 동경고등재판소에서 5명의 합의체로 이루어지며, 상고심은 최고재판소(대법원)에서 이루어진다. 해당 사건에 관하여 공정취인위원회가 인정한 사실이 충분한 증거에 근거한 경우에 법원의 사실인정을 구속하는 종래의 「실질적 증거의 원칙」(구법 §80)은 폐지되었다.

한편 사적독점금지법 위반의 피해자는 민법상 불법행위책임과 별도로 공정취인위원회의 심결 확정 후에 위반행위자에 대하여 사적독점금지법상의 손해배상을 청구할 수 있다(법 §26, 시정전치주의). 이 경우 피고는 고의·과실이 없음을 입증하여 책임을 면할 수 없다(법 §25②, 무과실책임주의). 사적독점금지법에 근거한 손해배상청구소송이 제기된 경우 법원은 손해액에 관하여 공정취인위원회의 의견을 구하여야 한다(법 §84). 한편 사소(私訴)제도가 인정되어 불공정거래행위에 의해 현저한 손해를 입었거나 입을 우려가 있는 소비자나 사업자가 직접 해당 행위의 중지 등을 법원에 청구할 수 있다(법 §24, 差止請求權). 다만, 사소의 대상행위는 부당염매, 우월적 지위남용, 끼워팔기 등 불공정거래행위에 국한되며 카르텔은 제외된다. 그 밖에 주요한 법 위반행위에 대한 형벌조항을 두고 있으며(법 §89부터 §91까지), 검찰의 공소제기와 관련하여 공정취인위원회가 전속고발권을 가지고 있다(법 §96).

제 4 절 공정거래법의 기본체계와 특징

Ⅰ. 기본체계

1. 실체규정과 절차규정

현행 공정거래법은 공정하고 자유로운 경쟁의 촉진이라는 본래의 입법 목적을 달성하기 위하여 총 15개 장, 137개 조문과 부칙으로 구성되어 있다. 제1장의 총칙에서는 법의 목적과 정의규정을 두고 있고, 제2장부터 제15장까지는 법 위반행위를 정한 실체규정과 위반행위의 제재에 관한 절차규정을 두고 있다. 공정거래법의 실체규정은 주로 위반행위의 형태 및 시장효과에 관한 요건의 차이에 따라 크게 5가지의 기본틀로 분류・체계화할 수 있다.

첫째, 시장지배적지위의 남용을 금지하고 있다(제2장). 즉, 시장지배적사업자의 자신의 지위를 이용한 ① 부당한 가격의 결정・유지・변경, ② 부당한 공급조절, ③ 부당한 다른 사업자의 사업활동 방해, ④ 부당한 신규사업자의 시장참입 방해, ⑤ 기타 경쟁의 실질적 제한 또는 소비자이익의 현저한 저해행위를 금지하고 있다.

둘째, 기업결합에 의하여 사업자가 속한 시장의 구조가 비경쟁적으로 변화하는 것을 금지하고 과도한 경제력의 집중을 억제하고 있다(제3장). 즉, 시장구조상 새로운 독과점화를 방지하기 위하여 기업합병, 주식취득, 임원겸임, 영업양수, 새로운 회사의 설립 등에 의한 기업결합이 경쟁을 실질적으로 저해하는 경우 이를 제한하고 있다.

셋째, 경제력집중을 억제하기 위하여 지주회사 등의 행위를 제한하는 한편, 대기업집단 계열회사 간 상호출자, 계열회사에 대한 신규 순환출자 및 채무보증을 금지하고 있다. 또한 소속 금융・보험회사 및 공익법인의 계열회사에 대한 의결권을 제한하고, 대규모 내부거래에 대해서는 이사회 의결 및 공시를 의무화하고 있다(제4장).

넷째, 부당한 공동행위를 제한하고 있다(제5장). 즉, 사업자 간에 이루어지는 가격, 수량, 설비의 제한이나 거래지역의 분할, 입찰담합 등의 행위를 원칙적으로 할 수 없도록 하고 있다.

다섯째, 불공정거래행위, 재판매가격유지행위 및 특수관계인에 대한 부당한 이익제공을 금지하고 있다(제6장). 즉, 사업자는 직접 공정한 경쟁을 저해할 우려가 있는 행위를 하거나 계열회사 또는 다른 사업자로 하여금 불공정거래행위를 하도록 해서는 안된다. 공정거래법은 이러한 불공정거래행위를 유형화하여 부당한 거래거절, 차별적 취급, 경쟁사업자의 배제, 부당한 고객유인, 거래강제, 거래상 지위남용, 구속조건부거래, 사업활동 방해 및 부당한 내부거래 등으로 구분하고, 재판매가격유지행위와 특수관계인에 대한 부당한 이익제공 금지를 별도로 규정하고 있다.

위의 5가지의 기본틀 외에도 사업자단체의 금지행위를 규정하고(제7장), 절차규정으로서 전담기구인 공정거래위원회의 구성과 운영(제8장), 한국공정거래조정원의 설립 및 분쟁조정(제9장), 조사 등의 절차(제10장), 과징금의 부과 및 징수(제11장), 금지청구 및 손해배상(제12장), 적용제외(제13장), 보칙(제14장), 벌칙(제15장)에 관하여 규정을 두고 있다.

2. 시장구조와 거래행태 개선규정

사업자의 경쟁제한행위에 대한 규제는 그 내용에 따라 시장구조 개선을 위한 규제와 거래행태의 개선을 위한 규제로 구별할 수 있다. 시장구조의 개선을 위한 것으로는 독과점 시장구조의 개선, 경쟁제한적 기업결합의 제한, 경제력집중의 억제를 들 수 있다. 거래행태의 개선을 위한 것으로는 부당한 공동행위의 금지, 불공정거래행위의 금지를 들 수 있다. 이 밖에도 공정거래법상 사업자단체의 경쟁제한행위금지, 재판매가격유지행위의 제한 등의 규제들도 거래행태의 개선을 위한 것으로 분류할 수 있다.

〈시장구조와 거래행태의 개선규정〉

시장구조의 개선	거래행태의 개선
① 독과점 시장구조의 개선(법 §4) – 장기 독과점시장에 대한 경쟁촉진시책의 수립·추진 ② 경쟁제한적 기업결합의 제한(법 §9) ③ 지주회사의 제한(법 §18부터 §20) – 설립요건 제한 – 부채비율 200% 이내 – 자회사주식 보유기준 제한 – 자회사 외 국내 회사 주식 보유제한 – 금융·비금융 자회사 동시 소유금지 – 대기업집단 소속회사의 지주회사와 자회사의 채무보증 사전해소 ④ 대기업집단의 규제(법 §21부터 §35) – 상호출자의 금지 – 신규 순환출자 금지 – 계열회사에 대한 채무보증의 금지 – 비상장회사 등의 중요사항 공시 – 기업집단현황 등의 공시 – 금융·보험회사 및 공익법인의 의결권 제한 – 대규모 내부거래의 이사회 의결 및 공시 – 비상장회사 중요사항 공시 – 기업집단 현황 등의 공시 – 공정거래위원회의 관련정보 공개	① 시장지배적지위의 남용금지(법 §5) – 가격남용 – 출고조절 – 다른 사업자의 사업활동 방해 – 신규 사업자의 시장참가 방해 – 경쟁자배제 및 소비자이익 저해 ② 부당한 공동행위의 금지(법 §40) – 가격의 결정·유지·변경 – 거래조건이나 대금지급조건의 결정 – 거래지역 또는 상대방 제한 – 생산·출고 또는 거래 등의 제한 – 시설투자 제한 – 상품 종류·규격 제한 – 공동의 회사 설립 – 입찰담합 – 다른 사업자 방해 및 정보교환 ③ 불공정거래행위, 재판매가격유지행위 및 특수관계인에 대한 부당한 이익제공의 금지(법 §45부터 §47) – 일반불공정거래행위 금지 – 특수불공정거래행위 금지 – 재판매가격유지행위 금지 – 특수관계인에 대한 부당한 이익제공 금지 ④ 사업자단체의 금지행위(법 §51) – 부당한 공동행위 – 구성사업자의 수 제한 구성사업자의 사업활동 제한 – 구성사업자에 대한 불공정거래행위 및 재판매가격유지행위의 강요

Ⅱ. 특 징

1. 폐해규제주의

일반적으로 독과점의 규제에 관한 입법은 크게 원칙금지주의와 폐해규제주의로 구분할 수 있다. '원칙금지주의'란 독과점을 원칙적으로 금지하고, 카르텔과 같은 경쟁제한행위를 당연위법(per se Illegal)으로 보는 입장이다. 이에 비해 '폐해규제주의'는 독과점을 당연위법으로 보지 않고 공공의 이익에 반하여 폐해를 초래하는 경우에만 위법한 것으로서 규제하는 입장이다. 폐해를 초래하는지 여부는 일반적으로 합리의 원칙(rule of reason)에 의해 판단하게 된다. 어떠한 입법주의를 취하는가 하는 문제는 경제행위의 윤리성에 대한 가치관과 경제여건, 경제정책의 목표, 경제발전의 정도에 따라 나라마다 그 규범적 내용을 달리하고 있다. 전자의 입법주의를 취하고 있는 나라로는 미국, 캐나다, 일본 등을 들 수 있고, 후자의 경우는 영국, 독일, 프랑스 등이 있다.

현행 공정거래법은 독과점 그 자체를 금지하지 않고 그 지위의 남용행위만을 금지하고 있으며, 기업결합에 대하여도 일정한 거래분야에서 경쟁을 실질적으로 제한하는 경우에만 금지하고 있는 점에서 기본적으로는 폐해규제주의 입장에 서 있다고 볼 수 있다. 그러나 다른 한편으로 독과점 시장구조의 개선을 위한 정책규정을 두고 있으며, 특히 부당한 공동행위에 관한 한 경쟁제한행위를 할 것을 합의하는 것 자체를 금지함으로써 원칙금지주의의 입장에 가깝다고 볼 수 있다.

2. 행정규제주의

일반적으로 원인금지주의의 입법례에서는 경쟁제한행위에 대한 위법성을 판단하는 1차적인 권한이 법원에 있으므로 규제절차도 사법적 절차가 그 중심을 이루는 '사법규제주의'를 취하고 있다. 이에 비해, 폐해규제주의 입법례에서는 행정기관이 경쟁제한행위 규제에 주도적 역할을 담당하는 '행정규제주의'를 취하는 것이 일반적이다.

그러나 오늘날 대부분 국가에서는 독점규제에 관한 입법주의와 관계없이 준사법적 권한을 가진 독립한 행정기관을 설치하고 있는 것이 보통이다. 예컨대, 미국에서는 독립한 행정위원회로서 연방거래위원회(Federal Trade Commission), 독일은 연방카르텔청(Bundeskartellamt), 일본은 공정취인위원회(公正取引委員会)가 각각 설치되어 대심구조(對審構造) 하에서 경쟁제한행위에 대한 1차적인 위법성 판단을 수행하고 있다. 우리나라의 공정거래위원회도 법 위반행위에 대하여 그 사실관계를 조사하고 재판절차에 준하여 법령을 해석·적용하여 시정조치를 명하거나, 과징금을 부과함으로써 준사법적 행정기관으로서의 성격을 지니고 있다.

3. 직권규제주의

경쟁제한행위의 규제가 당사자 간의 쟁송을 통하여 이루어지는 입장을 '당사자주의'라고 하고, 행정기관에서 경쟁제한행위에 대하여 직접 규제하는 입장을 '직권규제주의'라 한다. 현행 공정거래법은 경쟁제한행위를 규제하기 위해 공정거래위원회로 하여금 직권으로 필요한 조사를 하도록 하고 있으며, 필요하다고 인정할 때에는 당사자, 이해관계인 또는 참고인의 출석 및 의견청취, 감정인의 위촉, 자료제출 명령 등 증거확보를 위한 일정한 권한을 부여함으로써(법 §80 이하) 직권규제주의 입장을 보이고 있다. 다만 직권규제주의의 한계를 보완하고 신중한 규제를 위해 사건처리의 공정성과 투명성을 강화하고 피심인의 방어권을 보장하고 있다. 또한 심결을 통해 직권규제(해당 행위의 중지, 시정명령을 받은 사실의 공표, 시정명령, 과징금부과 등) 절차를 준사법화함으로써 당사자주의 성격을 보완하고 있다.

제 5 절 공정거래법의 이념과 목적

Ⅰ. 이 념

공정거래법이 추구하는 이념에 관해서는 그동안 경제적 관점뿐만 아니라 사회적·정치적 관점에서 조명되어 왔으며, 시대의 변화와 공정거래법에 대한 접근방식에 따라 다양한 사고가 존재하고 있다. 공정거래법의 이념은 입법의 기초를 이루는 것으로서 모든 실체규정을 해석하고 운용하는 데 기본지침이 된다는 점에서 중요한 의미가 있다.

오늘날 공정거래법의 이념으로서 공통적으로 제시되는 것이 사회정의와 경제적 효율성이다.[71] '사회정의'의 이념은 주로 경제적 약자의 보호, 경제적 강자의 독단적 행

---

71) 독점금지법의 이념으로서 경제적 효율성에 한정해야 할 것인지 사회적 이념도 포함시켜야 할 것인지에 관하여 이미 1965년 Columbia Law Review에서 Robert H. Bork, Ward S. Bowman과 Harlan M. Blake, William K. Jones 간의 논쟁이 유명하다. Columbia Law Review, vol. 65(1965), pp. 363-466. 여기에서 Bork와 Bowman은 독점금지법의 이념으로서 자원의 최적 배분, 즉 경제적 효율성만을 강조한 데 비해, Blake와 Jones는 독점금지법이 추구하는 바는 복잡하기 때문에 경제적 효율성뿐만 아니라 정치적·사회적 이념도 함께 추구되어야 할 것을 주장하고 있다. 또한 경제적 효율성의 관점에서 이루어지는 많은 독점적 관행이나 시장에 관한 분석·평가에 대해서도 양자는 입장을 달리하고 있다.

위의 규제, 소득분배의 공평과 같은 사회적 공정성에 중점을 두고 있다. 이에 비해, '경제적 효율성'의 이념은 자원의 최적배분, 소비자후생의 증대, 국민경제의 발전과 같은 경제적 효과를 중시하는 것으로 볼 수 있다. 미국을 비롯하여 대부분의 국가에서는 반독점법 제정 당시 경제적 효율성보다는 사회정의의 이념이 강한 영향을 미쳤으나, 응용경제학의 중요한 분야로서 산업조직론이 발전하면서 경제적 효율성의 이념을 더욱 중시하는 경향이 나타나게 되었다.

생각건대 근대 시민사회의 이념적 기초로서 자유와 평등은 초기 자본주의 사회에서는 봉건적 구속으로부터의 해방을 의미하는 것이었지만, 자본주의가 고도화한 사회에서는 독과점사업자의 지배로부터 벗어나는 것을 포함하는 의미로 이해할 수 있다. 따라서 오늘날 자본주의 체제하에서 자유와 평등을 실질적으로 확보하기 위해서는 독과사업자의 시장지배력 남용 없이 시장에 참가하는 모든 경제주체, 특히 다수의 소규모 사업자에게 공정하고 자유로운 경쟁의 기회를 보장하고, 소비자의 합리적인 선택권을 보호하는 동시에 소득의 적정한 배분이 이루어질 수 있어야 한다. 이는 경제적 민주주의의 발현인 동시에 사회정의 이념의 실현이기도 하다.

그러나 다른 한편 자유와 평등을 의미하는 사회정의의 이념은 경제적 효율성 이념과 동떨어져 존재하지 않는다. 왜냐하면 경제주체로서 개인이나 사업자가 경제적·사회적인 억압이나 차별로부터 해방되어 자유를 향유하는 것은 장기적으로는 경제적 효율성에 좋은 영향을 주기 때문이다. 즉, 모든 시장참가자에게 공정하고 자유로운 경쟁의 기회가 보장된다면, 이들은 지적·경제적인 자극을 통해 창의력을 발휘하게 되고 궁극적으로 경제적 효율성과 국민경제의 발전을 달성할 수 있게 된다. 이는 서구자본주의 국가에서 사회정의를 바탕으로 한 자유시장경제가 높은 효율성을 나타내고 있음을 통해 알 수 있다. 이렇게 본다면 자유와 평등에 근거한 사회정의의 이념은 경제적 효율성의 이념과 불가분의 관계에 있으며, 자유시장경제에 있어서 대립·모순되는 것이라기보다 상호 조화되는 것으로 보아야 할 것이다.

이러한 두 가지 이념을 종합적으로 감안한다면 오늘날 자본주의 사회가 지향하는 시장에서의 경쟁은 누구든지 시장에서 주어진 조건에 따라 자신의 능력을 최대한 발휘할 수 있도록 공정하고 자유로운 경쟁이어야 하고, 이를 통해 경제적 효율성이 창출될 수 있어야 한다. 이러한 인식에 기초하여 현행 공정거래법 제1조에서는 "사업자의 시장지배적지위의 남용과 과도한 경제력의 집중을 방지하고 부당한 공동행위 및 불공정거래행위를 규제하여 공정하고 자유로운 경쟁을 촉진함으로써, 창의적인 기업활동의 조성, 소비자보호 및 국민경제의 균형 있는 발전을 추구"하고 있음을 선언하고 있다.

Ⅱ. 목　　적

1. 공정하고 자유로운 경쟁의 촉진

(1) 자유로운 경쟁

자유로운 경쟁(free competition)이란 시장이 누구에게나 열려있어 경쟁의 의사와 능력을 가진 자는 누구든지 시장에 참가할 수 있고, 시장에 참가하고 있는 자 간에는 아무런 제한 없이 경쟁할 수 있는 상태를 말한다. 이와 같이 자유경쟁이 보장되는 한 자원의 배분적 효율성이 증대될 수 있다. 이러한 자유경쟁을 위한 두 가지의 전제로서 '시장에로의 자유참가성'과 '시장에서의 자유경쟁성'이 모두 충족되는 것이 완전경쟁이다. 그러나 완전경쟁(perfect competition)은 이상적일 뿐 현실적으로 존재하기 어렵다. 또한 국민경제 전체적인 면에서 보더라도 오히려 시설의 과잉과 중복으로 인하여 자원의 적정한 배분이 저해되는 등 부작용이 나타날 수도 있다. 따라서 공정거래법상 자유경쟁의 의미도 현실적으로 실현하기 곤란한 완전경쟁보다는 단기적으로는 불완전하더라도 장기적으로는 완전경쟁에 근접하면서 경제적 효율성을 최대한으로 높일 수 있는 유효경쟁(workable competition)으로 이해하는 것이 일반적이다.[72]

유효경쟁이란 비록 완전경쟁의 조건[73]을 갖추고 있지 않더라도, 시장에서의 경쟁이 실질적으로 이루어져 경쟁을 통해 기대되는 정책목표로서 경제효과가 어느 정도 보장될 수 있는 수준의 경쟁을 말한다.[74] 유효경쟁 상태에 있는지 여부는 시장 구조와 행태 및 성과를 기준으로 판단하며, 구조기준(structural criteria)과 행태기준(conduct criteria)을 분석하면서 성과기준(performance criteria)을 보충적으로 참고하는 것이 일반적이다. 구조기준은 시장구조를 중심으로 유효경쟁 여부를 판단하게 되는데 시장점유율, 시장집중도, 사업자의 수 또는 규모, 시장진입 가능성 등을 구체적 판단기준으로 삼는다. 행태기준은 경쟁사업자가 유효경쟁을 유지하기 위해 독자적 행동을 취할 수 있는지 여부

---

72) Ph. Areeda & L. Kaplaw, op. cit., p. 26; 박길준, 「한국독점규제법」(삼영사, 1983), 44면; 권오승・홍명수, 앞의 책, 73면. 신동권, 앞의 책, 18면; 임영철・조성국, 「공정거래법」 제3판 전면개정판(박영사, 2023), 16면; 김형배, 「공정거래법의 이론과 실제」(삼일, 2022) 38면.

73) 완전경쟁을 위해서는 ① 다수의 기업이 존재하고 그들 기업 간의 규모의 격차가 없고, ② 시장에 공급되는 상품의 사이에 질적인 차이가 없고, ③ 거래되는 상품에 관한 정보가 시장참가자에 똑같이 알려지고 있고, ④ 시장에 대한 참가와 퇴출이 자유롭다고 하는 등의 조건이 충족되어야 한다.

74) J. M. Clark, *Toward a Concept of Workable competition*, American Economic Review 30 (1940), p. 241. 유효경쟁과 구별해야 할 개념은 미국의 판례 중에 종종 사용되고 있는 효과적 경쟁(effective competition)이다. 유효경쟁과 효과적 경쟁은 흔히 같은 의미로 사용되기도 하나, 효과적 경쟁은 주로 미국과 EU의 판례상 시장지배력의 행사를 효과적으로 억제할 수 있는 경쟁이 존재하는 경우에 쓰이고 있다.

와 관계되는 기준이다. 이 행태기준은 경쟁자 배제형 행위와 착취형 행위로 나누어 사업자의 행동을 분석하게 된다. 이에 비해 성과기준은 시장에서의 성과, 즉, 개별기업의 성과라고 할 수 있는 비용, 가격, 이윤, 생산성 등을 기준으로 유효경쟁성을 판단한다. 이들 기준들은 대체로 밀접하게 관련되어 있다. 즉, 시장구조가 경쟁적이고 시장행태가 적정한 경우에는 시장성과도 경쟁적이라고 할 수 있다.

(2) 공정한 경쟁

공정한 경쟁(fair competition)이란 경쟁의 자유를 전제로 시장참가자들의 경쟁방법이 공정하게 이루어지는 것을 의미한다. 공정한 경쟁이 이루어지기 위해서는 시장참가자들이 각자 자신의 능력을 바탕으로 상품 또는 서비스의 특성과 장점을 가지고 시장에서 경쟁(competition on merits)할 수 있어야 한다. 이는 곧 시장참가자가 양질·염가의 상품 또는 서비스를 시장에 공급함으로써 고객을 확보하는 '능률경쟁' 또는 '성과경쟁'을 의미한다. 불공정한 경쟁수단을 동원하여 그들 간의 활동을 부당하게 제약하거나 잘못된 정보를 제공함으로써 소비자의 선택을 방해하는 행위는 공정한 경쟁을 저해하게 되는 것이다. 결국 시장경제가 전제로 하는 수요와 공급의 법칙에 따라 가격과 공급량이 결정되는 시장기구의 자동조절기능을 방해하는 행위는 불공정한 경쟁이라고 할 수 있다.

2. 창의적인 기업활동의 조성

슘페터(J. A. Schumpeter)가 적절히 지적한 바와 같이 경쟁은 새로운 제품과 공정을 창조하는 동태적 과정인 동시에 창조적 파괴의 과정이다. 이러한 의미에서 건전한 경쟁은 기업들이 생산성 향상을 위해 연구와 개발(R&D), 경영혁신 등에 최선을 다하도록 함으로써 역동적 효율성(dynamic efficiency)과 생산적 효율성(productive efficiency)을 증대시키는데 기여하게 된다. 따라서 시장에서의 자유롭고 공정한 경쟁이 촉진되면 그 결과로서 시장참가자인 기업은 경쟁에서 이겨내고 시장에서의 우위를 확보하기 위하여 다른 경쟁기업보다 양질·저가의 상품 또는 서비스를 시장에 공급하도록 압력을 받게 된다. 이를 위해 기업은 새롭고 발전적인 가치·제품·방법 등을 발견하고 제조하려는 정신과 의지를 가지고 기술개발, 원가절감, 경영합리화나 서비스 향상 등 창의적인 기업활동을 전개하려고 노력하게 될 것이다.

3. 소비자보호

공정거래법은 법문 형식상 소비자보호를 직접 목적으로 하기보다는 공정하고 자유로운 경쟁의 촉진을 통해 궁극적으로 소비자를 보호한다는 입장을 보이고 있다. 이는 두 가지 측면에서 이해할 수 있다.

첫째, 시장에서 부당한 경쟁제한이나 불공정거래행위를 방치한다면 왜곡된 가격 또는 거래조건에 따라 거래가 이루어지게 되며, 이는 결국 최종 수요자인 소비자의 불이익으로 나타나게 된다. 따라서 사업자의 부당한 경쟁제한이나 불공정거래행위를 규제하고 경쟁을 촉진시키는 것이 소비자를 보호하는 데 기여하게 된다.

둘째, 시장에서 경쟁의 촉진은 시장참가자인 사업자의 창의적 기업활동을 통하여 양질·저가의 상품 또는 서비스를 시장에 공급하도록 유도하며, 소비자는 이러한 상품 또는 서비스를 시장에서 마음대로 선택하여 구입할 수 있게 됨으로써 보호를 받게 된다. 다만 여기에서 유의할 것은 공정거래법의 보호대상이 되는 소비자는 개개의 소비자라기보다는 전체로서의 소비자를 의미하며, 따라서 공정거래법은 개별 소비자의 특정한 권리나 이익의 억압에 대한 직접적 저지나 제거를 목적으로 하지 않는다는 점이다.

그 밖에 소비자보호는 단순히 공정거래법을 통해 시장에서의 경쟁질서가 유지됨으로써 얻어지는 반사적 효과라기보다는 공정하고 자유로운 경쟁의 촉진을 통해 지향해야 할 법의 목적이라고 적극적으로 이해하여야 하며, 이러한 의미에서 공정거래법은 자본주의 시장경제에 있어서 소비자보호의 기초가 되는 법이라고 할 수 있다.

4. 균형있는 국민경제의 발전

공정하고 자유로운 경쟁이 촉진되는 한, 소수의 시장참가자에 의한 시장지배 또는 힘의 남용이 억제되고, 모든 시장참가자는 각자의 특성과 장점을 발휘하여 시장에서의 경제활동을 전개할 수 있게 된다. 특히 소규모 사업자는 대기업의 압력으로부터 벗어나 자유로운 경쟁의 기회를 통하여 경제적 이익을 추구할 수 있고, 일반 소비자에게는 자유로운 상품선택의 기회가 보장됨으로써 경제주체 간 소득의 광범하고 합리적 배분이 가능하게 된다.

국민경제의 균형있는 발전이란 시장에서 각 산업·지역·경제주체 간의 불균형이 제거되고, 자원의 효율적인 배분이 이루어짐으로써 국민경제가 민주적이고 균형있게 발전해나가는 것을 의미한다. 이러한 의미에서 공정하고 자유로운 경쟁은 배분적 효율성(allocative efficiency)과 소득분배의 적정화에 기여하게 된다. 이는 자본주의 시장경제의 궁극적인 목적인 동시에 공정거래법의 기본이념인 사회정의와 경제적 효율성의 달성을 의미하는 것이기도 하다.

〈공정거래법의 이념과 목적〉

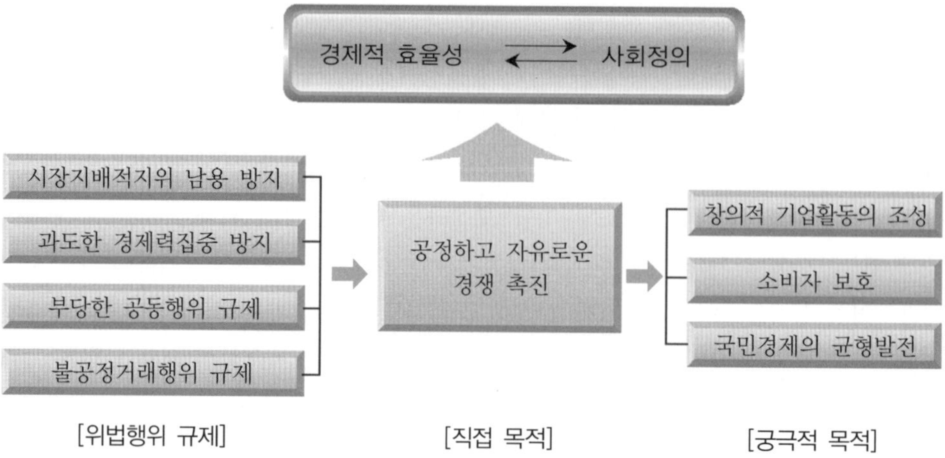

제 6 절 공정거래법의 적용범위

Ⅰ. 적용대상

1. 사 업 자

공정거래법의 적용대상으로 되는 자는 '사업자'이다. 사업자는 공정거래법 위반행위의 주체인 동시에 규제의 객체이다. 따라서 사업자 개념을 어떻게 파악하고, 그 외연을 어떻게 정할 것인지에 따라 공정거래법의 규제범위가 정해진다.[75]

사업자란 제조업, 서비스업, 그 밖의 사업을 행하는 자를 말한다(법 §2 i 1문). 여기에서 '사업'이란 어떠한 경제적 이익의 교환을 계속·반복적으로 행하는 경제활동으로서 반대급부를 받는 행위를 말하며, 반드시 영리를 목적으로 할 필요는 없다. 경제활동을 행하는 것이 사업성의 전제가 되기 때문에 경제활동에 해당하지 않는 순수한 자선활동, 사회복지활동, 종교활동, 교육활동 등은 공정거래법상 사업의 범주에 해당하지

75) 독점규제법상 규제대상으로 되는 행위의 주체가 사업자에 국한되는가 여부와 관련하여 비교법적으로 보면 크게 ① 미국처럼 법 적용의 인적 범위를 人(Person)으로 하고 있는 법제와 ② 일본, 독일, EU처럼 사업자(Unternehmen, entrepreneur)로 한정하는 법제가 있다. 우리나라의 공정거래법은 후자의 법제를 따르고 있으며, 그 적용범위를 사업자에 한정하고 있다(법 §1, §2 i). 따라서 공정거래법의 규제대상으로 되는 행위의 주체가 사업자에 해당하지 않는 경우는 상정하기 어려우며, 학설상으로도 행위주체를 모든 사람(人)이 아니라 오직 사업자 또는 사업자단체에 한정하고 있다. 참고적으로 미국의 경우도 법문상 표현으로는 人(person)이라고 되어 있으나, 실제 법 적용의 대상으로 되는 행위가 사업활동행위에 한정되기 때문에 결국 반트러스트법의 인적 적용범위는 사업자에 한정될 수밖에 없다.

않는다. 따라서 그러한 활동을 행하는 개인, 단체는 그 한에서 공정거래법상의 사업자가 아니다. 그러나 공익법인이라도 계속·반복적으로 경제적 이익의 공급을 행하고, 반대급부를 받는 경우에는 사업성이 인정된다.

예컨대, 학교법인은 사립학교법 제6조에 기한 수익사업을 행하는 경우는 물론이고 수업료의 형태로 반대급부를 받는 경우에도 교육서비스를 공급하는 경제주체로서 이미 사업성을 가지는 것으로 보아야 할 것이다. 행위자의 경제활동은 계속·반복적으로 이루어져야 하나 현실적으로 계속·반복되어야 할 필요는 없으며, 계속·반복의 의사가 있는 한 제1회의 행위 개시만으로도 경제활동의 계속성·반복성을 인정할 수 있다. 또한 행위자의 경제활동에 대한 의사는 '행위의 사업성 여부'보다는 '그 행위를 행하고 있다는 사실 자체'에 대한 인식을 전제로 하며, 행위자의 주관적 의도와 관계없이 경제적 이익의 교환을 계속·반복할 의사를 객관적으로 인식할 수 있는 것으로 충분하다.

사업을 행하는 '자(者)'는 자연인이든 법인 또는 법인격 없는 사단이든 불문한다. 전형적인 사업자로서는 회사 및 영리를 목적으로 하는 개인사업자를 들 수 있으나, 국가나 지방자치단체도 사경제의 주체로서 활동하는 경우에는 적용대상으로 된다.[76] 한편 의사, 변호사, 공인회계사 등 소위 전문직(professional)에 종사하는 자의 경우 직업윤리에 근거한 자주규제에 의하여 규율되는 것이 바람직하나, 사업자를 경제적 이익의 공급에 대응하여 반대급부를 계속 반복하여 받는 경제활동을 행하는 자로 이해하는 이상, 이들의 사업자성을 부정할 이유가 없다.[77] 더구나 오늘날 전문직 자체가 서비스산업화하고 있고, 이들을 구성원으로 하는 각종 단체를 통하여 공공연히 요금협정 또는 개업제한 등이 행해지고 있어 이를 규제해야 할 법 목적적 관점에서도 공정거래법의 규제대상인 사업자에 포함시키는 것이 타당하다.[78] 최근 논란이 되는 것은 노동조합과 노무제공자[79]의 사업자성을 인정할 것인가 여부이다. 이는 이들의 단체행동이 공

---

76) 대법원 1990. 11. 23. 선고 90다카3659 판결.

77) 그 밖에 공정거래법의 목적의 관점으로부터 실질적으로 판단한다면 적어도 독립한 유명 탤런트나 자유계약 선수권을 갖는 프로야구 선수 등은 사업활동을 하고 있는 것으로 볼 수 있다.

78) "…서비스업 기타 사업을 행하는 사업자인 의사들이 구성원이 되어 공동의 이익을 증진할 목적 등을 가지고 의료법에 의하여 조직된 사단법인 대한의사협회는 공정거래법의 적용대상인 사업자단체에 해당한다(대법원 2003. 2. 20. 선고 2001두5347 판결)."

79) 노무제공자(특수형태근로종사자)는 근로계약이 아니라 위임계약 또는 도급계약에 따라 고객을 찾거나 노무를 제공하고, 실적에 따라 수당을 받아 생활하는 개인사업자 형태의 근로자를 말한다. 이들은 사용자의 지휘와 감독 하에 종속적으로 노동을 제공하는 근로자와 달리 자신이 계산하여 독립적이고 자율적으로 노동을 제공한다는 점에 특징이 있다. 산업재해보상보험법 제91조의15에서는 "노무제공자"란 자신이 아닌 다른 사람의 사업을 위하여 노무제공자가 사업주로부터 직접 노무제공을 요청받거나 사업주로부터 일하는 사람의 노무제공을 중개·알선하기 위한 전자적 정보처리시스템(온라인 플랫폼)을 통해 노무제공을 요청받아 자신이 직접 노무를 제공하고 그 대가를 지급받는 사람으로서 업무상 재해로부터의 보호 필요성, 노무제공 형태 등을 고려하여 대통령령으로 정하는 직종에 종사하는 사람으로 정의하고 있다. 동법 시행령 제83조의5 각호

정거래법상 규제대상에 속하는지의 문제와 연관되어 있다. 이들 업무수행의 성격으로 보면 근로자성이 강한 것도 사실이지만, 법적 외관으로는 사업자성을 부인하기 어렵다.[80] 따라서 경쟁제한적인 목적이나 효과를 가지는 단체행동을 할 경우 특별히 적용제외 요건(법 §118 본문)에 해당하지 않는 한, 공정거래법을 적용할 수밖에 없다.

그 밖에 사업자의 이익을 위한 행위를 하는 임원, 종업원, 대리인 기타의 자는 사업자단체에 관한 규정의 적용에 있어서 사업자로 본다(법 §2 i 2문). 이는 사업자들이 그의 이익을 위하여 활동하는 자들을 조직화하여 사업자단체에 관한 규제의 회피를 방지하기 위하여 사업자로 의제한 것에 불과하며, 이들 자신이 사업자로 되는 것은 아니다.

2. 사업자의 행위

공정거래법은 사업자를 대상으로 하는 법률이기 때문에 그 적용대상으로 되는 행위도 원칙적으로 사업자의 행위이다. 따라서 사업자 간의 거래나 거래의 일방이 사업자인 거래에만 적용되며, 사업자가 아닌 개인 간의 민사거래행위나 공공기관이 사업적 성격이 아닌 공공업무를 행하는 경우에는 공정거래법의 적용대상이 아니다.

Ⅱ. 적용제외

1. 의　　의

시장에서의 사회정의를 실현하고 경제적 효율성을 확보하기 위해 공정하고 자유로운 경쟁이 바람직하나, 모든 경제분야에서 경쟁의 원리가 타당한 것은 아니다. 경쟁원리에 맡길 경우 그 기능적 한계로 인하여 오히려 경제적 비효율이 초래되거나 불공정한 결과로 나타나는 경우도 있다. 예컨대, 전기, 수도, 가스, 철도 등 자연독점(natural monopoly)[81] 산업에 관하여는 경쟁원리가 타당하지 않으며, 이러한 분야에서의 경쟁의 촉진은 오히려 파멸적 경쟁(destructive competition)[82]을 야기할 우려가 있다. 또한 무체

에서는 노무제공자의 범위를 정하고 있다. 예컨대, 보험설계사, 골프장 캐디, 대리운전 기사, 방송구성작가, 퀵서비스 기사, 학습지 방문교사 등이 이에 해당한다.

80) 이봉의, 공정거래법 제2판(박영사, 2023), 104면. 노동조합의 사업자성을 인정하여 공정거래법 적용을 인정한 판례로는 대법원 2023. 7. 13. 선고 2022두62888 판결. 손동환, "사업자성과 근로자성을 둘러싼 공정거래법 적용 논의", 「경쟁저널」 218호(2023. 10), 38-55면.

81) 자연독점이란 기술적·제도적 이유에 의해 본래 경쟁적으로는 될 수 없는 산업에 있어서 필연적으로 성립하는 독점이라고 정의된다. 이는 불가피하게 독점적 균형 이외에는 그 산업을 존속시키는 것이 불가능한 사태가 발생하는 것을 가리키며, 소위 시장의 실패에 해당한다.

82) 파멸적 경쟁이란 시장에서의 경쟁이 안정된 균형상태를 만들어 내지 못하여 시장이 지속적인 불균형과 불안정 상태에 놓이게 되는 것을 말한다. 시장이 안정적이지 못하면 기업들과 소비자들은 합리적인 경제행위

재산권에 의한 권리행사 및 일정한 조합의 행위에 대해서는 성질상 공정거래법을 그대로 적용하기에 적당치 않다. 그 밖에 일시적이기는 하지만 국내 유치산업의 보호·육성, 국제경쟁력 강화 등 경제정책 수행을 위해 공정거래법상의 경쟁원리를 그대로 적용하는 것이 바람직하지 않은 경우도 있다.

한편 적용제외는 공정거래법의 적용 자체를 배제하는 '일반적 적용제외'와 일부 규정의 적용만을 배제하는 '개별적 적용제외'로 구분할 수 있다. 적용제외의 근거가 되는 법률로는 공정거래법을 비롯하여 여러 개별 사업법이 있다. 그러나 법률에 근거가 있다고 하여 적용제외가 늘 정당화되는 것은 아니며, 일반적으로 타당한 범위 내에서 인정된다. 따라서 적용제외의 범위와 한계가 어디까지인가가 문제 된다. 그러나 오늘날 경제환경의 변화와 함께 종래 당연시하였던 자연독점에 대한 사회적 인식도 많이 바뀌었고, 경제의 글로벌화에 따라 국내 산업보호를 위한 적용제외도 그 범위가 점차 축소되고 있다.[83]

2. 일반적 적용제외

(1) 법령에 따른 정당한 행위

사업자 또는 사업자단체가 다른 법령에 따라 행하는 정당한 행위에 대하여는 공정거래법을 적용하지 아니한다(법 §116). 이 규정은 개별 사업법령에서 공정거래법의 적용제외에 관한 근거규정을 두고 있는 것과 별도로 공정거래법에 근거규정을 두어 다른 법률에 따라 행하는 정당한 행위에 대해서 공정거래법의 적용을 제외하도록 한 것이다. 여기에서 적용제외의 근거로 되는 법령은 주로 국가 또는 공공단체가 영위하는 사업과 같이 공공성 측면에서 경쟁원리를 적용할 수 없는 경우[84]나 행정관청의 엄격한 감독하에 인가받은 사업자의 사업에 관한 행위와 같이 사회성을 고려하여 경쟁촉진의 예외를 인정하는 경우,[85] 그 밖에 국가의 산업정책적 고려가 필요한 경우[86]에 제정된다.

를 할 수 없을 뿐만 아니라 장기적인 예측이 불가능하기 때문에 단지 단기적인 상황변화에 뒤따라가는 행동만을 반복하게 된다. 그러나 일반적인 경쟁의 과정과는 달리 경제주체들의 자율적인 행동이 안정된 균형을 가져오지 못하기 때문에 파멸적 경쟁의 상황 하에서는 이와 같은 불균형과 불안정이 지속적으로 반복되는 것이다.

83) 그동안 개별 법률에서 특정산업의 보호·육성을 위해 가격의 공동결정 등의 카르텔이 허용된 바 있었으나(59개 법률, 72개 카르텔), 1999년 2월 우리나라 경제를 경쟁촉진형 구조로 전환하기 위해서 「카르텔일괄정리법」을 제정하여 시행한 바 있다.

84) 예컨대, 「우편법」 제2조, 「우편환법」 제3조, 「우체국예금보험에 관한 법률」 제3조에 의하여 국가가 경영하는 독점사업 등을 들 수 있다.

85) 예컨대, 「해운법」 제11조나 「여객자동차운수사업법」 제8조에서의 운임 및 요금에 관하여 국토교통부장관 또는 시·도지사에게 신고하고, 행정청이 수리한 경우에는 여객운송사업자들이 신고된 운임과 요금에 따르더라도 공정거래법상 공동행위 금지규정이 적용되지 않는다.

86) 예컨대, 「중소기업협동조합법」 제11조의2는 중소기업협동조합이 설립목적을 위해 일정한 사협을 영위하는 경우 공정거래법의 공동행위나 사업자단체의 금지행위의 적용을 배제하고 있다. 「해운법」 제29조에서도 해운산업 유지 발전의 공공적 필요에 의해 외항화물운송사업자 간에 운임·선박배치, 화물의 적재, 그

법령에 따라 행하는 사업자 또는 사업자단체의 행위가 동 적용제외 사유에 해당하기 위해서는 '정당한 행위'이어야 한다. '정당한 행위'의 해석과 관련하여 대법원 판례[87]는 "… 당해 사업의 특수성으로 경쟁제한이 합리적이라고 인정되는 사업 또는 인가제 등에 의하여 사업자의 독점적 지위가 보장되는 반면, 공공성의 관점에서 고도의 공적 규제가 필요한 사업 등에 있어서 자유경쟁의 예외를 구체적으로 인정하고 있는 법률의 범위 내에서 행하는 필요 최소한의 행위를 말한다"고 판시하고 있다. 즉, ① 사업 자체의 특수성이나 공공성으로 경쟁제한이 불가피한 사업 영역에서 이루어질 것과 ② 자유경쟁의 예외를 허용하는 범위 내에서 최소한에 그칠 것을 요구하고 있다.

'정당한 행위'의 판단기준에 대하여는 ① 공정거래법을 기준으로 판단하여야 한다는 견해와 ② 해당 법령을 기준으로 파악하여야 한다는 견해로 나뉘어 있다. 전자는 정당성의 기준을 공정거래법상 경쟁제한을 인정해야 할 합리적인 근거가 있는 경우로 한정하는 견해이다.[88] 후자는 당해 법령의 목적이나 이념에 근거해서 정당성을 판단해야 한다는 입장이다.[89] 생각건대, 공정거래법의 적용제외라는 개념 자체가 경쟁제한행위임에도 불구하고 산업별 특성 등을 고려하여 일정한 요건을 구비하면 공정거래법의 적용을 제외하겠다는 것이므로 행위의 정당성 판단을 위해서는 개별 법령의 입법취지와 소관부처의 전문적인 지식과 경험이 존중될 필요가 있다. 즉, 행위의 정당성 여부는 공정거래법의 관점이 아니라 행위를 규율하는 개별 법령의 관점에서 파악하는 것이 타당하다. 만약 정당성 여부를 공정거래법을 기준으로 판단해야 한다면 경쟁제한성 여부를 재검토할 수밖에 없는 모순에 빠지게 되고, 이로 인해 적용제외를 인정하고자 한 개별 법령의 입법취지가 몰각될 우려가 있다.

한편 행정기관이 고유의 정책목표를 수행하기 위해 관계법령상의 일반적인 감독권한에 근거하여 사업자에 대해 부당한 공동행위를 유발하는 행정지도를 한 경우에도 일정한 요건을 충족하면 공정거래법 적용제외의 대상이 되도록 하고 있으나,[90] 2020년

밖의 운송조건에 관한 공동행위를 허용하고 있다. 또한 「농업협동조합법」 제12조 제8항은 농협경제지주회사 및 그 자회사(손자회사 포함)가 중앙회, 조합등과 법정 사업을 수행하는 경우 그 목적 달성을 위하여 필요한 행위에 대하여는 공정거래법의 부당한 공동행위 규정을 적용하지 아니한다. 다만, 일정한 거래분야의 경쟁을 실질적으로 제한하여 소비자의 이익을 침해하는 경우에는 그러하지 아니하다.

87) 대법원 1995. 11. 23. 선고 94구32186 판결; 1997. 5. 16. 선고 96누150 판결; 2007. 12. 13. 선고 2005두5963 판결; 2011. 4. 14. 선고 2009두7912 판결; 2012. 6. 14. 선고 2010두399 판결; 2014. 5. 16. 선고 2012두13665 판결.

88) 권오승 · 홍명수, 앞의 책, 135면; 이호영, "규제산업과 공정거래법의 적용제외", 「법학논총」 제23집 제1호(한양대학교 법학연구소, 2006), 23-24면.

89) 신동권, 「독점규제법(제4판)」(박영사, 2023), 1303면.

90) 「행정지도가 개입된 부당한 공동행위에 대한 심사지침」에 따르면 ① 행정기관이 사업자로 하여금 부당한 공동행위를 하도록 행정지도할 수 있는 법령상의 근거가 있고, ② 그 행정지도의 목적, 수단, 내용, 방

공정거래법 전부개정시 법문에서 '법령에 의한 명령에 따라 행하는 행위'를 삭제함으로써 행정지도에 대한 적용제외는 사실상 그 근거가 불명확해지게 되었다.

(2) 무체재산권의 행사행위

무체재산권에 관한 여러 법률들은 창작과 발명을 장려·보호·육성하고, 기술혁신을 촉진하기 위하여 무체재산권을 독점적·배타적인 권리로 인정하고 있다. 이 점을 고려하여 공정거래법은 「저작권법」, 「특허법」, 「실용신안법」, 「디자인보호법」 또는 「상표법」에 의한 권리의 정당한 행사라고 인정되는 행위에 대해서는 법 적용을 제외하고 있다(법 §117).

그러나 외형상 무체재산권의 행사로 보일지라도 그 정도가 지나쳐 권리남용에 이르거나 무체재산권을 인정한 법률의 본래 취지를 벗어난다면 정당한 권리행사로 볼 수 없다. 예컨대, 근거 없는 특허침해소송을 제기하여 경쟁사업자의 시장진입을 지연시키거나 특허기술의 이용을 허락하면서 이와 무관한 상품을 끼워파는 행위 또는 표준으로 선정된 특허기술의 로열티를 비합리적으로 높게 책정하거나 차별적으로 부과해 관련 시장에서의 경쟁을 제한하는 행위 등과 같이 특허권을 일정한 거래분야에서 독점적 지위를 형성하거나 부당한 공동행위 또는 불공정거래행위의 수단으로 이용하는 것은 정당한 권리행사로 볼 수 없다. 권리행사의 정당성 여부는 부당한 모방·편승을 방지하려는 개별 무체재산권법의 목적과 지식재산권 관련 제품을 둘러싼 공정하고 자유로운 경쟁질서의 확보라는 관점에서 종합적으로 판단하여야 한다.

[판례] 동아제약과 글락소스미스클라인과의 역지불합의의 정당성 여부(대법원 2014. 2. 27. 선고 2012두24498 판결)

'특허권의 정당한 행사라고 인정되지 아니하는 행위'란 행위의 외형상 특허권의 행사로 보이더라도 실질이 특허제도의 취지를 벗어나 제도의 본질적 목적에 반하는 경우를 의미하고, 여기에 해당하는지는 특허법의 목적과 취지, 해당 특허권의 내용과 아울러 해당 행위가 공정하고 자유로운 경쟁에 미치는 영향 등 제반 사정을 함께 고려하여 판단해야 한다. … 이 사건 (역지불)합의는 원고들이 자신들의 특허권을 다투면서 경쟁제품을 출시한 동아제약에게 특허 관련 소송비용보다 훨씬 큰 규모의 경제적 이익을 제공하면서 그 대가로 경쟁제품을 시장에서 철수하고 특허기간보다 장기간 그 출시 등을 제한하기로 한 것으로서 특허권자인 원고들이 이 사건 합의를 통하여 자신의 독점적 이익의 일부를 동아제약에게 제공하는 대신 자신들의 독점력을 유지함으로써 공정하고 자유로운 경쟁에 영향을 미친 것이라고 할 수 있으므로, 이는 '특허권의 정당한 행사라고 인정되지 아니하는 행위'에 해당하여 공정거래법의 적용대상이 된다고 할 것이다.

법 등이 근거법령에 부합하며, ③ 사업자들이 그 행정지도의 범위 내에서 행위를 한 경우에는 공정거래법의 적용으로부터 제외되도록 하고 있다[Ⅲ. 2. (2)].

한편 공정거래위원회는 무체재산권 분야에서 공정거래법 적용제외의 일관성과 예측가능성을 제고하고 공정한 거래관행을 촉진하기 위하여 「지식재산권의 부당한 행사에 대한 심사지침」[91]을 마련하고 있다. 심사지침에 따르면 특허권 행사의 유형을 ① 특허권 취득, ② 소송을 통한 특허권 행사, ③ 실시허락, ④ 특허풀과 상호실시허락, ⑤ 표준기술 관련 특허권 행사, ⑥ 특허분쟁과정의 합의 및 ⑦ 특허관리전문사업자(NPE: non-practicing entity)[92]의 특허권 행사로 구분하여 정당한 권리행사의 구체적 판단기준(Ⅲ)을 상세히 기술하고 있다.[93]

(3) 일정한 조합의 행위

일정한 요건을 갖추어 설립된 조합(조합의 연합회 포함)의 행위에 대하여는 원칙적으로 공정거래법을 적용하지 아니한다(법 §118 본문). 이 적용제외의 취지는 시장에서 단독으로는 유효한 경쟁단위나 거래단위로서 대기업에 대항하여 경제활동을 행하기 곤란한 소규모 사업자나 거래관계에 있어서 사업자에 대해 상대적으로 대항력이 약한 소비자에게 상호부조(相互扶助)를 목적으로 하는 협동조합을 조직시킴으로써 대등하고 유효한 경쟁주체를 늘리는 점에 있다.[94]

여기에서의 조합의 행위란 협동조합 본래의 목적달성을 위한 행위를 가리키며, 이것을 일탈하는 것은 이미 조합으로서의 성격을 가지는 행위가 아니기 때문에 본조에 의한 적용제외가 인정되지 않는다. 조합의 행위가 공정거래법의 적용제외를 받기 위해서는 ① 조합이 소규모의 사업자 또는 소비자의 상호부조를 목적으로 하여 임의로 설립되고, ② 조합원이 임의로 가입 또는 탈퇴할 수 있으며, ③ 각 조합원이 평등한 의결권을 가지며, ④ 조합원에 대하여 이익배분을 행하는 경우에는 그 한도가 정관에 정하여져 있을 것을 요한다. ①에서의 소규모 사업자는 대기업과 대등하게 교섭할 수 있

---

91) 공정거래위원회예규 제389호, 2021. 12. 30., 일부 개정.

92) 이 가운데 과도한 특허실시료를 요구하며, 특허침해소송을 통해 특허권을 기습적 또는 은폐적인 방식으로 주장하는 등 가치 창출에 기여하는 바 없이 오로지 지대를 추구하는 사업자(PAE: patent assertion entity)를 특허괴물(patent troll)이라고 부르기도 한다. Janice M. Mueller, 「Patent Law」, Wolters Kluwer, 2013, pp. 579-580.

93) 이와 별도로 「시장지배적지위 남용행위 심사기준」(공정거래위원회고시 제2021-18호, 2021. 12. 30., 일부 개정)에서는 지식재산권과 관련된 특허침해소송, 특허무효심판을 부당하게 이용하여 다른 사업자의 사업활동을 어렵게 하는 행위나, 정당한 사유 없이 기존 사업자의 계속적인 사업활동에 필요한 권리(특허권・상표권 등)를 매입하는 행위, 지식재산권과 관련된 특허침해소송, 특허무효심판 기타 사법적・행정적 절차를 부당하게 이용하여 경쟁사업자의 신규진입을 어렵게 하는 행위도 시장지배적지위 남용행위에 해당할 수 있음을 정하고 있다(동 심사기준 Ⅳ. 3. 4.)

94) 제조업이나 유통업의 대부분은 대기업과 중소기업이 병존하는 이중구조가 되고 있고 그 업계에서의 중소기업에 의한 단체 결성은 시장에서 동업자 간의 경쟁을 촉진하는 효과가 크다.

게 하기 위하여 단결할 필요성이 있는 규모의 사업자이어야 한다.[95]

위 요건을 갖춘 협동조합의 활동에 대해서는 원칙적으로 공정거래법의 적용이 제외되기 때문에 협동조합은 공동경제사업(조합사업)으로서 조합원이 생산한 물품을 공동 판매하거나 조합원에 필요한 물품을 유리한 조건으로 공동구매할 수 있으며, 공동경제사업에 관해서는 부수되어 행해지는 가격협정에 대해서도 공정거래법의 적용이 제외된다.

[판례] 농협중앙회의 적용제외 대상 인정 여부(대법원 2009. 7. 9. 선고 2007두22078 판결)

사업자조합이 법 제60조(현행법 제118조)에 정한 법 적용제외 조합에 해당하기 위하여는 소규모의 사업자들만으로 구성되어야 하고 소규모 사업자 이외의 자가 가입되어 있어서는 안 되며, 법 제60조(현행법 제118조)에 정한 소규모 사업자는 대기업과 대등하게 교섭할 수 있게 하기 위하여 단결할 필요성이 있는 규모의 사업자라야 할 것인데, 이 사건의 경우 원고 회원은 지역조합, 품목조합 및 품목조합연합회로 이루어져 있어 소규모의 사업자 또는 소비자에 해당하지 않고, 원고는 농업협동조합법에 의하여 설립된 법인으로서 그 단결을 촉진하여야 할 필요성이 있는 임의로 설립된 조합에 해당되지 아니하므로, 법 제60조(현행법 제118조)의 적용대상인 조합에 해당하지 않는다.

그러나 공정거래법은 적용제외 대상인 조합이 제도 본래의 취지를 벗어나 불공정거래행위를 하거나, 부당하게 경쟁을 제한하여 가격을 인상하는 경우에는 적용제외로 되지 않음을 규정하여 그 한계를 명확히 하고 있다(법 §118 단서). 예컨대, 시장지배력 또는 독점력을 획득·유지하기 위해 협동조합을 통해서만 물자의 판매 또는 구매를 행할 것을 요구하거나, 비조합원(outsider)을 배제하기 위해 거래상대방인 생산자 또는 판매업자에 대해 압력을 가하는 경우가 이에 해당한다.

3. 개별적 적용제외

특정한 사안에 관하여 법을 적용하는 것이 불합리하거나 정책적 차원에서 법 적용을 배제하여야 할 필요성이 있는 경우 공정거래법은 일정한 요건의 충족을 전제로 개별적인 법 규정의 적용 자체를 배제하고 있다. 이 점에서 적용제외는 원칙적으로 법 적용을 인정하나, 개별적인 경우에 따라 법 적용을 유보하는 예외인정과는 구별되어야 한다. 공정거래법상 개별적 적용제외에 해당하는 것으로는 다음과 같은 것이 있다.

(1) 기업결합의 제한

기업결합의 제한과 관련하여 ① 자산총액 또는 매출액의 규모가 계열회사의 것과

95) 대법원 2002. 9. 24. 선고 2002두5672 판결; 2009. 7. 9. 선고 2007두22078 판결.

합산하여 2조 원 미만인 회사의 임원겸임(법 §9① 단서)과 ② 특수관계인 이외의 자가 참여하지 아니하거나 회사의 단순분할에 의한 회사설립은 기업결합행위의 유형에서 제외된다(법 §9①ⅴ 단서).

(2) 지주회사의 제한

지주회사의 제한과 관련하여 대차대조표상 자산총액이 5천억 원(벤처지주회사는 300억 원) 미만인 회사는 지주회사의 범위에서 제외된다(법 §2ⅶ, 영 §3①).

(3) 대규모기업집단

대규모기업집단(공시대상기업집단·상호출자제한기업집단)과 관련하여 ① 금융업 또는 보험업만을 영위하는 기업집단, ② 금융업 또는 보험업을 영위하는 회사가 법 제2조 제11호에서 규정한 동일인인 경우의 기업집단, ③ 해당 기업집단에 속하는 회사 중 「채무자회생 및 파산에 관한 법률」에 의한 회생절차나 「기업구조조정촉진법」에 의한 부실징후기업 관리절차가 진행 중인 회사의 자산총액의 합계액이 기업집단 전체 자산총액의 50% 이상으로서 회생절차나 부실징후기업 관리절차가 진행 중인 회사를 제외한 회사의 자산총액의 합계액이 5조 원(공시대상기업집단) 또는 국내총생산액의 1천분의 5(상호출자제한기업집단) 미만인 기업집단, ④ 「공공기관 운영에 관한 법률」 제2조 제1항에 따른 공공기관, 「지방공기업법」 제2조 제1항에 따른 지방직영기업(지방공사 및 지방공단 포함)이 동일인인 기업집단, ⑤ 사모집합투자기구 관련회사와 피투자회사로만 구성된 기업집단 및 ⑥ 사모집합투자기구 관련회사와 피투자회사 또는 금융업 또는 보험업을 영위하는 회사로만 구성된 기업집단은 지정에서 제외된다(영 §36① 단서 각호).

또한 상호출자제한기업집단에 속하는 회사 중에서 금융업 또는 보험업을 영위하는 회사는 업종의 특성과 개별 법령에서 채무보증과 관련하여 법적 제한을 받는 점을 감안하여 계열회사에 대한 채무보증의 제한에 관한 공정거래법의 적용 자체가 배제된다(법 §24 본문).

(4) 재판매가격유지행위

효율성 증대로 인한 소비자후생 증대효과가 경쟁제한으로 인한 폐해보다 큰 경우나 「저작권법」 제2조 제1호에 따른 저작물 중 관계 중앙행정기관의 장과의 협의를 거쳐 공정거래위원회가 고시하는 출판된 저작물에 대해서는 재판매가격유지행위 금지에 관한 규정을 적용하지 아니한다(법 §46 ⅰ, ⅱ).

제 2 장 시장지배적지위의 남용금지

제 1 절 개 설

Ⅰ. 시장지배적지위의 의의

시장지배적지위란 일정한 시장에서 상품 또는 용역의 가격·수량·품질·기타 거래조건을 마음대로 지배할 수 있는 상태를 말한다. 시장지배적지위를 갖추기 위해서는 시장에서 점유율을 잃지 않으면서 가격을 인상하거나 생산량을 제한할 수 있는 힘, 즉 시장지배력(market dominant power)을 가지고 있어야 한다. 시장지배력은 경쟁사업자 수나 시장점유율을 기준으로 판단하는 독점력과는 달리 사업자의 시장행태에 영향을 미칠 수 있는 그 밖의 모든 요소를 종합적으로 고려하여 판단되어야 한다.[1)]

한편 경제개발 초기 단계에서 시장지배적지위를 가진 사업자는 시장지배력을 통해 축적된 자본을 기술개발이나 경영혁신에 투자함으로써 경제성장을 선도하는 역할을 수행할 수 있다. 또한 규모가 작은 경제하에서 시장구조가 독과점화되면 시장참가자 간의 중복투자나 과잉경쟁을 방지하고 '규모의 경제'(economy of scale)를 실현할 수 있게 된다. 그러나 시장지배적사업자가 독과점 이윤을 극대화하기 위하여 자의적으로 가격을 결정하거나 공급을 제한한다면 시장에서 가격의 자동조절기능이 제대로 작동하지 않게 되고, 사회 전체적으로도 후생손실(deadweight loss)이 발생할 수 있다.

그 밖에 시장지배적사업자가 그 지위를 유지하기 위해 경쟁사업자의 사업활동을 방해하거나 새로운 경쟁사업자의 시장진입을 방해하기도 하고, 독과점 이윤에 안주하여 경영합리화·기술개발·원가절감 등 창의적인 노력을 소홀히 할 우려가 있다. 이 경우 오늘날과 같은 개방경제 체제하에서 시장지배적사업자 자신은 물론 국가 전체적인 차원에서의 국제경쟁력이 저하될 수 있으며, 특정 사업자의 시장지배적 상태가 장기화될 경우 과도한 경제력집중이 초래되고, 분배의 형평이 저해되는 등의 부작용이

---

1) 일반적으로 사업자가 시장의 가격이나 거래조건 등 시장경쟁의 성과에 어느 정도 영향을 미칠 수 있는 힘을 시장력(market power)이라 하며, 시장력이 실질적(substantial)이거나 중대(significant)하면 시장지배력이 있다고 인정된다. 이에 비해 독점력(monopoly power)은 '가격을 지배하고, 경쟁을 배제하는 힘'이라고 설명되기도 한다. P. Areeda & D. F. Turner, Antitrust Law, Vol Ⅱ, 1978, pp. 322-323.

나타나게 된다.

Ⅱ. 우리나라에서 독과점 형성의 특징

자본주의 사회에서는 일반적으로 시장에서의 경쟁과정을 통해 기술혁신과 자본축적이 이루어지고, 이를 바탕으로 시장점유율을 확대해 나감으로써 독과점이 형성된다. 그러나 산업구조가 전근대적 상태에 있던 우리나라의 경우 독과점의 형성은 다른 서구 자본주의 국가와는 달리 정상적인 경쟁의 결과로만 이루어졌다고 보기 어려운 측면이 있다.

즉, 경제개발 초기 단계(1960~70년대)에 축적된 자본이 없었고 규모가 협소한 국내시장에서 한정된 자원의 낭비를 방지하고 효율적으로 활용하기 위해 원료배정제, 통폐합 조정, 신증설 억제, 각종 인·허가 제도와 같은 경쟁제한적인 행정관행이 이루어졌고, 이로 인해 시장에 참가하는 사업자 수가 제한되었다. 또한 불균형성장정책을 추진하는 과정에서 자본조달능력, 기술개발능력 등의 이유로 경제성장의 견인차 역할을 담당한 특정 기업(주로 수출기업, 대기업)에 대한 선별적 지원도 독과점 시장구조 형성의 주요한 요인이 되었다.[2]

이와 같이 경제개발 초기 단계에 독과점 지위로 초과이윤을 누린 대기업들은 독과점 이윤을 통해 축적한 자본과 정부의 고도성장정책을 배경으로 새로운 고부가가치 산업분야에 진입하여 역시 독과점 지위를 확보하게 되었고, 이러한 과정의 계속·반복을 통해 소수 대기업으로의 경제력집중이 심화되었다. 더구나 시장지배적사업자인 상당수 독과점 대기업들은 배타적 유통구조 형성이나 협력업체의 전속화, 신규사업자의 시장진입 저지하기 위한 지위남용 및 부당내부거래 등을 통해 독과점 지위를 유지·강화하였으며, 이렇게 형성된 독과점 시장구조는 오늘날 국민경제 전반에 커다란 영향을 미치고 있다.

한편 2000년대 이후 정보통신기술의 비약적 발전과 경제의 네트워크화가 급진전되면서 디지털경제가 오늘날 우리나라 경제에서도 새로운 패러다임으로 정착되고 있다. 디지털경제 하에서는 시장의 생성과 점유율 변화가 빠른 속도로 진행되고 효율성과 혁신·지식기반기술이 강조되는 시장구조로 변모하게 된다. 디지털혁명으로 통신판매나 전자상거래 등으로 거래패턴이 크게 변화하고 있으며, 온-오프라인 업종 간 경계가

---

2) 경제기획원, 「공정거래백서」 - 새로운 경제질서를 향하여 - (1984), 82면.

허물어지는 소위 '빅블러'(Big Blur) 현상이 나타나고 있다. 특히 디지털기술과 빅데이터의 축적을 기반으로 등장한 플랫폼 사업자는 혁신경제 주도자 역할을 하는 동시에 이들의 독과점 형성이 시장경제의 새로운 변수로 등장하고 있다.

따라서 플랫폼경제로 인해 야기될 수 있는 시장에서 공정하고 자유로운 경쟁제한 현상 해결하기 위해서는 새로운 시각에서 독과점 문제에 접근할 필요가 있다. 즉, 매출액을 기준으로 시장점유율을 따져 시장지배력을 판단하는 전통적인 방식을 넘어 특정 기간 이용자 수, 앱 다운로드 수, 데이터 보유량, 중개력 등을 함께 고려하여 시장지배력을 판단하여야 하며, 기업결합 심사시 인수합병을 통해 탄생한 거대한 플랫폼사업자들이 신규 경쟁자를 배제할 가능성이 있는지 등을 종합적으로 판단하여야 한다.

Ⅲ. 관련규정

1. 독과점 시장구조의 개선

시장지배적사업자의 지위남용행위를 개별적으로 시정하는 폐해규제주의 방식만으로는 우리나라에서처럼 만연된 독과점 시장구조를 개선하는 데 한계가 있으며, 공정거래법이 시행된 이후 일부 업종의 경우에는 오히려 독과점 구조가 더욱 고착화되거나 심화되는 결과가 나타나게 되었다.

따라서 공정거래법 제4조는 독과점 구조가 장기간 유지되고 있는 상품이나 용역의 공급 또는 수요시장에 대하여 경쟁을 촉진하기 위한 시책을 추진할 수 있도록 근거규정을 두고 있다(제1항). 이 규정은 시장에서의 독과점 요인을 종합적으로 분석・조사하여 업계의 불공정 거래관행은 물론 각종 진입제한이나 경쟁제한제도를 타파함으로써 현재의 독과점 시장구조를 보다 경쟁적인 시장구조로 개선할 것을 목표로 하고 있다. 또한 공정거래위원회가 시책을 추진하기 위하여 필요한 경우에는 관계행정기관의 장에게 경쟁의 도입 기타 시장구조의 개선 등에 관하여 필요한 의견을 제시할 수 있도록 하고 있다(제2항).

그 밖에 독과점적 시장구조 개선시책을 추진하기 위해 시장구조를 조사・공표함으로써 국내시장의 경쟁상태를 객관적으로 계량화하는 한편, 특정 산업의 경쟁상황 분석, 규제현황 분석 및 경쟁촉진 방안을 마련하도록 하고 있다(제3항).

2. 지위남용행위의 금지

시장지배적사업자는 가격을 비롯한 거래조건을 결정・유지・변경할 수 있다는 점에서 시장에 커다란 영향을 미친다. 따라서 공정거래법은 시장에서의 독과점 지위가 형성되지 않도록 기업 간의 인위적인 결합을 사전적으로 규제하는 한편, 독과점 지위를 가지는 시장지배적사업자의 지위남용행위에 대해서는 사후적으로 엄격히 규제하고 있다. 즉, 공정거래법 제5조에서는 시장지배적사업자의 부당한 지위남용행위를 5가지로 유형화하여 이를 금지하고 있으며, 동법 시행령 및 공정거래위원회의 「시장지배적 지위 남용행위 심사기준」[3]에서 행위의 부당성에 대해 보다 구체적인 기준을 제시하고 있으며, 특히 2023년 1월 제정된 「온라인 플랫폼 사업자의 시장지배적지위 남용행위에 대한 심사지침」[4]은 온라인 플랫폼 사업자의 지위남용행위의 유형을 열거하고 이에 대한 세부적인 규제기준을 마련하고 있다.

공정거래법상 시장지배적사업자의 지위남용행위에 속하는 것으로는 ① 부당하게 가격을 결정·유지·변경하는 행위(부당한 가격형성), ② 상품의 판매 또는 용역의 제공을 부당하게 조절하는 행위(부당한 출고조절), ③ 다른 사업자의 사업활동을 부당하게 방해하는 행위(부당한 다른 사업자의 사업활동 방해), ④ 새로운 사업자의 시장참가를 부당하게 방해하는 행위(부당한 신규사업자의 시장참가 제한), ⑤ 부당하게 경쟁사업자를 배제하기 위하여 거래하거나 소비자의 이익을 현저하게 저해할 우려가 있는 행위(기타 경쟁제한행위)가 있다.

제 2 절 시장지배적지위의 요건

Ⅰ. 서 설

어떤 사업자가 시장지배적사업자인지 여부를 판단하기 위해서는 각 사업자가 시장에서 차지하는 지위를 심사하지 않으면 안 된다. 이를 위해서는 무엇보다 관련시장의 범위가 획정되어야 하고, 사업자가 그 관련시장에서 지배적 지위를 갖추고 있는지 여부를 살펴보아야 한다. 그러나 구체적인 경우마다 개별적으로 이를 심사하는 것은 실제로 어려운 과제이기 때문에 공정거래법 및 그 시행령에서는 시장의 구조와 상태를 기준으로 시장지배적사업자의 일반적인 판단기준 내지 요건을 제시하고 있다.

이에 따르면 일반적 의미에서의 독과점사업자 모두를 시장지배적사업자에 포함시

---

3) 공정거래위원회고시 제2021-18호, 2021. 12. 30., 일부 개정.
4) 공정거래위원회예규 제418호, 2023. 1. 12. 제정.

키지 않고 관련시장에서 법이 정하는 일정한 요건을 갖춘 사업자에 한정하고 있다. 이와 관련하여 공정거래법 제2조 제3호에서는 시장지배적사업자를 일정한 거래분야의 공급자나 수요자로서 단독으로 또는 다른 사업자와 함께 상품이나 용역의 가격・수량・품질 기타의 거래조건을 결정・유지 또는 변경할 수 있는 시장지위를 가진 사업자로 정의하고 있다(법 §2ⅲ 1문). 또한 시장지배 여부를 판단함에 있어서는 시장점유율을 비롯하여 진입장벽의 존재 및 정도, 경쟁사업자의 상대적 규모 등을 종합적으로 고려하도록 하고 있다(법 §2ⅲ 2문). 그러나 실제로 시장지배 여부를 판단하는 것이 쉽지 않기 때문에 일정한 시장점유율을 기준으로 시장지배를 추정할 수 있도록 하고 있다(법 §6).

Ⅱ. 관련시장

1. 의 의

시장지배적사업자의 요건에 해당하기 위해서는 일정한 거래분야에서 지배적 지위를 갖추고 있어야 한다. '일정한 거래분야'라 함은 관련시장(relevant market)으로서 거래의 객체별・단계별 또는 지역별로 경쟁관계에 있거나 경쟁관계가 성립할 수 있는 분야를 말한다(법 §2ⅳ). 종래에는 관련시장의 범위를 공급자 측면에만 초점이 두어졌으나, 최근 백화점이나 대형할인점, 홈쇼핑 등 유통산업 규모의 대형화 추세에 따라 수요자 측면에서 나타나는 시장지배적지위 또한 경쟁정책상 중요한 의미를 가지게 되었다. 이에 따라 공정거래법은 시장지배적사업자의 개념에 공급자뿐만 아니라 수요자도 포함시킴으로써, 공급과 수요 측면에서 나타나는 시장지배적지위의 남용행위를 모두 규제할 수 있도록 하고 있다(법 §2ⅲ).

2. 관련시장의 획정

(1) 상품시장

상품시장을 구성하는 거래의 객체는 가격 기타 여러 가지 조건에서 경쟁이 될 수 있는 상품 또는 용역을 의미한다. 이는 반드시 동일한 상품 또는 용역에 대해서만 인정되는 것이 아니고, 가격, 기능 및 효용 면에서 대체성이 인정되는 경우에도 동일한 상품시장을 형성할 수 있다.

동일한 상품시장을 형성하는지 여부는 크게 두 가지 판단방식을 종합적으로 사용하게 된다(시장지배적지위 남용행위심사기준 Ⅱ. 1). 첫째는 가격에 따른 수요의 교차탄력성(cross elasticity)이다. 이는 거래되는 특정 상품의 가격이나 용역의 대가가 상당기간 어느 정도 의미 있는 수준으로 인상 또는 인하될 경우 동 상품이나 용역의 대표적 구매자 또는 판매자가 이에 대응하여 구매 또는 판매를 전환할 수 있는 인접 상품이나 용역의 집합을 하나의 상품시장으로 보는 SSNIP(small but significant and non-transitory increase in price) Test[5]를 통해 판단한다.[6] 둘째는 상품의 합리적 대체가능성(interchangeability)이다. 이는 ① 상품의 기능 및 효용의 유사성, ② 구매자들의 대체가능성에 대한 인식 및 그와 관련한 구매행태, ③ 판매자들의 대체가능성에 대한 인식 및 그와 관련한 경영의사 결정행태, ④ 통계법 제17조(통계자료의 분류) 제1항의 규정에 의하여 통계청장이 고시하는 한국표준산업분류를 고려하여 판단한다.[7]

(2) 단계시장

거래의 단계에 관하여는 예컨대, 동일한 제품 또는 용역을 제공하는, 즉 거래의 단계를 같이하는 경쟁사업자 간에 일정한 거래분야가 형성되는 것이며, 제조·도매·소매 등 거래단계별로 획정될 수 있다. 따라서 통상적으로 제조업자·도매업자·소매업자 간의 수직적 관계에서는 경쟁시장이 형성되지 아니한다.

(3) 지역시장

거래의 지역은 사업자의 지역적 활동범위에 따라서 판단하게 되는데, 사업자가 자신이 존재하는 위치를 초월하여 판매할 수 있는 지역은 동일한 지역시장이 된다. 통상

---

5) 소위 「가상독점기업 테스트」라고 불리는 SSNIP 분석방법에 따르면 예컨대, 가상의 독점기업이 공급하는 상품이나 용역에 대해 작지만 의미 있는 정도(통상적으로 5%)로 상당기간(통상적으로 1년) 동안 가격을 인상하는 경우, 동 상품 또는 용역의 대표적인 구매자가 이에 대응하여 인접 상품 또는 용역으로 구매를 전환한다면 그들 상품이나 용역의 집합은 하나의 상품시장을 구성하게 된다. 지역시장의 획정에 대해서도 분석방법은 동일하다. 그러나 SSNIP Test는 경쟁상태에서의 가격, 즉 경쟁가격을 가격 인상의 전제로 하기 때문에 만약 독점가격을 기준가격으로 사용하는 경우에는 대체재가 아닌 상품이 대체재로 판단되는 오류(소위 '셀로판 오류')가 발생한다. 반대로 경쟁가격보다 낮게 기준가격을 사용하는 경우에는 대체성이 없는 것으로 판단되는 오류(소위 '역 셀로판 오류')가 발생할 수 있다. 주진열, "독점규제법상 시장지배적 사업자 개념과 관련 문제", 「경쟁법연구」 제33권 제3호(2016), 34-35면.

6) SSNIP Test는 주로 임계매출 감소 분석을 통해 이루어진다. 즉, SSNIP Test시 실제매출 감소율과 해당 가격인상에 상응하는 임계매출 감소율(critical loss, 이윤손실을 보지 않고 버텨 낼 수 있는 매출감소율의 임계치)을 비교한 후 가격인상을 통한 이윤 증가가 가능한지 여부를 판단하여 시장의 범위를 확대할지를 결정하게 된다. 실제매출 감소율이 임계매출 감소율보다 클 경우(실제매출 감소율>임계매출 감소율) 가상의 독점기업은 이윤을 증대하기 어렵고, 이는 그만큼 대체품등을 통한 경쟁이 존재할 여지가 있음을 의미하기 때문에 시장의 범위가 확대되어야 하는 데 비해, 반대의 경우(실제매출 감소율<임계매출 감소율)에는 해당 시장에서 가상의 독점기업이 이윤을 높일 수 있으므로 해당 시장이 관련시장으로 획정된다.

7) 그 밖에도 판례는 상품시장의 획정에 있어서 기술발전의 속도, 그 상품의 생산을 위하여 필요한 다른 상품 및 그 상품을 기초로 생산되는 다른 상품에 관한 시장의 상황, 시간적·경제적·법적 측면에서의 대체의 용이성 등을 함께 고려하도록 하고 있다(대법원 2007. 11. 22. 선고 2002두8626 판결; 2008. 5. 29. 선고 2006두6659 판결; 2014. 11. 13. 선고 2009두20366 판결).

지역 간 가격의 변화가 밀접한 상관관계에 있거나 각 지역 간의 가격 차이를 수송비로 극복할 수 있다면 동일한 지역시장으로 파악할 수 있다.[8)]

동일한 지역시장을 형성하는지 여부는 상품시장 획정의 경우와 마찬가지로 크게 두 가지 판단방식을 모두 사용한다(시장지배적지위 남용행위심사기준 Ⅱ. 2). 첫째, 다른 모든 지역에서의 가격은 일정하나 특정 지역에서만 상당기간 어느 정도 의미 있는 가격인상 또는 인하가 이루어질 경우 해당 지역의 대표적 구매자 또는 판매자가 이에 대응하여 구매 또는 판매를 전환할 수 있는 지역 전체를 하나의 지역시장으로 본다. 둘째, 지역시장에 속하는지 여부는 ① 상품이나 용역의 특성 및 판매자의 사업능력, ② 운송비용, ③ 구매자의 구매지역 전환가능성에 대한 인식 및 그와 관련한 구매자들의 구매지역 전환행태, ④ 판매자의 구매지역 전환가능성에 대한 인식 및 그와 관련한 경영의사 결정행태, ⑤ 시간적, 경제적, 법적 측면에서의 구매지역 전환의 용이성을 고려하여 판단한다.[9)]

국토가 좁고 운송수단이 발달한 우리나라의 경우에는 전국을 하나의 지역시장으로 보는 것이 일반적이나, 일정한 지역별로 상권이 형성되고 소비자들도 그 지역적 범위에서 소비활동이 이루어지면 지역시장의 범위를 좁힐 수 있으며, 통신수단의 발달로 국내시장으로 한정하기 어려운 경우에는 오히려 넓힐 수 있다.[10)]

[판례] 자동차운전학원의 관련지역시장의 획정(대법원 2015. 10. 29. 선고 2012두28827 판결)

원심판결 및 원심이 적법하게 채택한 증거에 의하면, ① 11개 운전전문학원의 대부분이 서울 외곽지역에 위치하고 있고 수강생들이 자신들의 거주 지역 또는 활동 지역과 가까운 학원을 선택하는 경향이 있다면, 서울 지역에 골고루 분포되어 있는 7개 학원 사업자들은 서울에 인접한 경기도 지역의 운전학원과 셔틀버스나 대중교통의 편의성 여하에 따라 직접적 경쟁관계에 있다고 볼 여지가 있는 점, ② 도로교통법상 지방경찰청 단위로 운전전문학원에 대한 관리·감독이 이루어진다는 사정은 수강생들의 학원 선택에 영향을 미치는 요소로 보기 어려운 점 등에 비추어 보면, 이 사건 합의와 관련한 지역시장은 '서울시 전체와 이에 인접한 경기도 일부 지역'으로 볼 여지가 크다.

---

8) 지역시장을 획정하는 방법으로는 앞에서 설명한 SSNIP 테스트에 의한 방법 이외에도 EH 테스트(Elzinga-Hogarty Test)에 의한 방법이 있다. EH 테스트에 의한 방법은 어느 일정한 지역에서 판매되는 대부분의 상품이 그 지역 내에 있는 사업자에 의하여 공급되고, 동시에 그 지역 내에 있는 사업자의 상품 중 대부분이 그 지역에서 판매되는 경우, 그 지역은 관련지역시장으로 획정할 수 있다는 이론이다.

9) 그 밖에도 판례는 지역시장의 획정에 있어서 기술발전의 속도, 관련 상품의 생산을 위하여 필요한 다른 상품 및 관련 상품을 기초로 생산되는 다른 상품에 관한 시장의 상황 등을 함께 고려하도록 하고 있다(대법원 2007. 11. 22. 선고 2002두8626 판결).

10) 권오승·서정, 앞의 책, 95-97면.

3. 관련시장 획정의 추가적 논의

(1) 부차적 시장(하부시장)

관련시장을 획정한 후에 상품이나 용역에 대한 인식이나 특수성 등에 의하여 상품별, 지역별 또는 거래단계별로 특정한 거래상대방으로서 구매자군 또는 판매자군이 존재하는 경우 관련시장 내부에 이러한 구매자군 또는 판매자군 별로 별도로 획정되는 시장을 부차적 시장 또는 하부시장(submarket)이라고 한다.11) 예컨대, 전국을 하나의 지역시장으로 획정하더라도 특정 지역에서의 관련 상품에 대한 공급과 소비의 대부분이 해당 지역에 소재하는 공급자와 소비자의 선호에 의해 이루어진다면 해당 특정 지역을 별도의 부차적 시장으로 획정할 수 있다.

[판례] 무학의 대선주조에 대한 경쟁제한적 기업결합행위에서 관련지역시장의 획정(서울고법 2004. 10. 27. 선고 2003누2252 판결)

무학이 대선주조의 주식(41.21%)을 취득한 사안에서 임계매출분석방법에 의하면 가상의 독점사업자인 무학/대선이 부산 및 경남지역 소주시장에서 가격에 민감한 일부 소비자집단과 지역제품에 충성도가 강한 다수의 소비자집단으로 구분되어 있는 것을 이용하여 충성도가 강한 다수의 집단을 상대로 작지만 의미 있고 비일시적인 가격인상율을 10~30%로 잡아 그러한 가격인상을 시도하여 이윤증대를 도모할 수 있는 등 독점력을 행사할 수 있다는 점 외에, 이 사건 기업결합 관련 당사 회사들의 시장점유율, 소비자의 구매지역 전환가능성, 공급자의 진입장벽, 원고들의 내심의 의사 등을 종합하면 관련지역시장을 부산 및 경남지역시장으로 획정한 것은 타당하다.

(2) 집합시장(묶음시장)

상품시장은 단일 품목의 상품 또는 용역 대상으로 획정되는 것이 일반적이나, 특정 사업자에 의해 묶음(패키지)으로 판매되고 있고 소비자들이 일괄하여 구매함으로써 거래비용 절감과 함께 편의성이 강하게 존재할 수 있다. 이 경우 다수 품목의 상품 또는 용역들 간에 기능이나 효용 면에서 아무런 대체관계가 없음에도 불구하고 이들을 묶어 하나의 상품시장으로 획정할 수 있는데, 이를 집합시장(cluster market) 또는 묶음시장이라 한다.12) 주로 백화점이나 마트와 같은 대형유통업체나 방송통신업체, 인터넷 포털과 같은 사업자가 거래적 보완관계에 있는 다수 품목의 상품이나 용역을 제공하는 경우 이를 하나의 상품시장으로 획정하게 된다.

그러나 이들 집합상품에 대해서는 SSNIP Test를 통해 하나로 통합하여 지수화하기

---

11) 「시장지배적지위 남용행위심사기준」 II. 4.

12) 서울고법 2008. 9. 3. 선고 2006누30036 판결.

어렵기 때문에 거래적 보완성(transactional complementarity), 즉 특정 공급자로부터 여러 상품 또는 용역을 일괄하여 구매하는 것이 다수의 상품 공급자로부터 개별적으로 구매하는 것에 비해 발생하는 편의성의 유무와 강도를 기준으로 판단하게 된다.

[판례] 현대 · 기아차용 전체 정비용 부품의 집합시장 획정(대법원 2014. 4. 10. 선고 2012두6308 판결)

① 원고와 그 경쟁부품업체들은 각 대리점과 비대리점을 구분하여 다품종 거래관계를 계속적으로 유지하면서 차량 정비용 부품을 공급하는데, 원고 대리점이 아닌 경우 원고로부터의 순정품 구매가 사실상 어렵고, 원고 대리점의 경우도 개별 품목별로 정비용 부품을 공급받는 것이 아니라 일련의 정비용 부품 전체에 관한 수급권을 부여받는 형태로 원고와 거래하는 점, ② 부품도매상들이 정비용 부품 수요자인 차량정비업체에 정비용 부품을 판매할 때는 그들 사이에 개별 품목별로 경쟁관계가 성립할 수 있지만, 원고 등 정비용 부품업체들 사이의 경쟁은 부품도매상들을 놓고서 '원고로부터 현대 · 기아차 전체 부품의 수급권을 가지는 대리점이 되는 방법'과 '개별 부품별로 경쟁부품업체들로부터 구매하는 업체가 되는 방법'을 각 제시하여 도매상들로부터 선택받는 형태로 이루어진다고 볼 수 있는 점, ③ 현대 · 기아차용 정비용 부품이 100만 종이 넘어 원고 등과 그 부품도매상 사이에서 각 부품별로 개별적인 거래가 이루어진다고 보기 어려운 점 등의 사정을 알 수 있다.

이와 같은 사정들을 앞서 본 법리에 비추어 보면, 이 사건 관련상품시장을 전체 차량 정비용 부품시장 또는 현대 · 기아차용 전체 정비용 부품시장으로 정할 수 있다고 할 것이다.

(3) 2차 시장(후속시장)

2차 시장(aftermarket, secondary market)이란 상품 또는 서비스 판매 이후에 발생하는 부품 교체나 유지보수, 설비확장, 컨설팅 등 후속적인 수요를 충족시키기 위해 형성된 서비스시장을 말한다. 예컨대, 프린터의 토너, 자동차의 부품 등이 이에 해당한다. 2차 시장은 1차 시장(foremarket, primary market)과 보완적 관계에 있으며, 별도의 관련시장으로 획정할 수 있다. 1차 시장이 경쟁적이더라도 2차 시장에서는 그 브랜드에 구속되어 시장지배력이 인정될 수 있다.[13] 즉, 1차 시장의 공급자는 필요한 부품이나 소프트웨어의 판매나 정비 · 수리서비스 제공과정에서 끼워팔기나 공급거절 등의 불공정한 행위를 하거나 지식재산권 행사를 남용하면서 2차 시장의 경쟁을 제한할 수 있다.

2차 시장에서의 경쟁제한성 여부는 1차 · 2차 시장의 시장집중도, 상품 또는 용역의 전환비용(switching cost) 및 고착효과(lock-in effect), 1차 · 2차 상품 또는 용역의 결합성 및 소비자의 구매패턴, 지식재산권 보호 여부 및 범위 등을 종합적으로 고려하여 판단하게 된다.

---

13) 예컨대, Hugin Kassaregister AB and Hugin Cash Registers Ltd v Commission Case 22/78 [1979] ECR 1869.

(4) 양면시장·다면시장

양면시장(two-sided market)이란 플랫폼을 중심으로 서로 다른 2개의 이용자 그룹이 존재하는 시장을 말한다. 서로 다른 이용자 그룹이 그 이상 존재하는 경우 다면시장(multi-sided market)이라 한다.

양면시장에서는 플랫폼의 이용자가 증가할수록 다른 이용자들의 효용이 커지는 소위 네트워크의 외부성(network externality)이 존재하는 특성이 있는데, 이를 네트워크 효과(network effect)라고 한다. 네트워크 효과는 플랫폼의 가치와 시장성과를 결정하는 핵심적 요소이다. 네트워크 효과는 양면시장의 한쪽 면(A면)에 있는 이용자의 증감에 따라 같은 쪽 면(A면) 이용자들의 효용이 증가하는 직접 네트워크 효과(direct network effect)[14]와 다른 쪽 면(B면) 이용자들의 효용이 증가하는 간접 네트워크 효과(indirect network effect) 또는 교차 네트워크 효과(cross network effect)[15]로 구분된다.

플랫폼 사업자는 플랫폼을 기반으로 양면시장에서 각 그룹 이용자들의 거래 또는 상호작용이 발생할 수 있는 물리적·가상적 또는 제도적 환경과 편의를 제공하고, 각 그룹의 이용자들이 편익과 경제적 가치를 얻을 수 있도록 역할을 하는 대신에 플랫폼 이용수수료나 광고료 등을 통해 수익을 창출한다. 양면시장의 특성상 전체 플랫폼 이용자가 늘어날수록 한계비용이 낮아지고 수익이 극대화될 수 있기 때문에 플랫폼 사업자는 이용자 그룹의 수요 특성과 간접 네트워크 효과 등을 종합적으로 고려하여 양면시장에서 수요의 균형을 유지하게 된다.

이러한 양면시장의 특성을 고려하지 않고, 플랫폼 양측을 별개의 단면시장으로 획정하여 분석하게 되면 시장지배적지위 남용행위, 부당한 공동행위, 불공정거래행위 등의 부당성이나 위법성을 판단함에 있어 오류에 빠지게 된다. 예컨대, 양면시장을 단면시장으로 획정할 경우 한계비용보다 낮게 책정한 가격은 약탈가격에 해당하지만, 양면시장으로 획정할 경우에는 기업의 이윤극대화를 위한 정당한 가격으로 이해할 수 있게 된다. 따라서 양면시장 구조에서 관련시장을 획정함에 있어서는 SSNIP Test를 위한 가격 인상시 해당 단면시장의 매출이나 이윤의 변화 이외에도 네트워크 외부효과를 가지는 다른 단면시장에서의 변화와 양측 시장의 상호의존성을 전체적으로 고려하여야 한다.

---

14) 예컨대, SNS인 카카오톡, 페이스북, X(구 트위터)와 휴대전화 등이 이에 해당한다.

15) 예컨대, 인터넷 쇼핑몰, 결혼정보회사, 신용카드회사, 광고기반 미디어(신문, 방송, 잡지 등), 구글의 콘텐츠 스토어인 Google Play, 애플의 콘텐츠 장터인 App Store, 차량공유 서비스 업체인 Uber, 숙박공유 서비스 업체인 Airbnb 등이 이에 해당한다.

Ⅲ. 시장의 지배

1. 시장지배의 의의

시장지배력(market power)이란 단독으로 시장점유율을 잃지 않고 가격을 경쟁가격 이상으로 유지하거나 생산량을 제한하는 능력을 말한다. 시장지배의 요건을 갖추기 위해서는 무엇보다 시장에서 가격을 지배할 수 있거나 시장에서 유효경쟁을 실질적으로 제한할 수 있는 힘이 있어야 한다. 공정거래법은 시장지배적지위를 단독으로 또는 다른 사업자와 함께 상품이나 용역의 가격·수량·품질 기타의 거래조건을 결정·유지 또는 변경할 수 있는 시장지위로 정의하여(법 §2ⅲ 1문), 가격뿐만 아니라 그 밖의 시장조건에 영향을 미칠 수 있는 힘이 있다면 시장지배력이 있는 것으로 보고 있다.

2. 시장지배의 판단요소

(1) 시장점유율

시장지배 여부를 판단함에 있어서 가장 명확한 지표는 시장점유율이다(법 §2ⅲ). 과연 어느 정도의 시장점유율을 가지면 시장지배력이 있다고 볼 수 있을 것인지에 대해서는 일률적으로 판단하기 어려우며, 특정한 시장구조와의 관계에서 어느 정도의 시장점유율이 어떠한 의미를 가지는지에 대하여는 구체적·개별적으로 판단되어야 한다. 공정거래법은 일응의 판단기준으로서 동종 또는 유사한 상품이나 용역의 공급에 있어서 ① 1 사업자의 시장점유율이 100분의 50 이상이거나 ② 3 이하의 사업자의 시장점유율 합계가 100분의 75 이상인 경우 해당 사업자를 시장지배적사업자로 추정하고 있다.[16] 다만 일정한 거래분야에서 연간 매출액 또는 구매액이 80억 원 미만인 소규모 사업자와 시장점유율이 100분의 10 미만인 사업자는 추정으로부터 제외된다(법 §6).

여기에서 시장점유율(market share)이란 법 제5조(시장지배적지위의 남용금지)의 규정에 위반한 혐의가 있는 행위의 종료일이 속하는 사업연도의 직전 사업연도 1년 동안에 국내에서 공급 또는 구매된 상품 또는 용역의 금액 중에서 해당 사업자가 국내에서 공급 또는 구매한 상품 또는 용역의 금액이 점하는 비율을 말한다. 다만, 시장점유율을 금액기준으로 산정하기 어려운 경우에는 물량기준 또는 생산능력기준으로 이를 산정할 수 있다(영 §2①). 시장점유율을 산정함에 있어서 해당 사업자와 그 계열회사는 이를

16) ②는 흔히 경제학에서 상위 n개 기업의 시장집중비율을 나타내는 CRn(concentration ratio of 'n'th largest firms)을 이용하여 시장집중도를 측정하는 방식이다.

하나의 사업자로 본다(영 §2②).[17]

(2) 기타 요소

시장지배의 정도를 판단하기 위하여 시장점유율이 가장 중요한 고려요소이나, 그 이외에도 진입장벽의 존재 및 정도, 경쟁사업자의 상대적 규모 등을 종합적으로 고려한다(법 §2iii). 진입장벽의 존재 및 정도는 예컨대, 법적·제도적 장벽(통신산업의 경우), 필요자금 규모(대규모 장치산업의 경우), 특허권 등 생산기술조건, 입지조건, 원재료 조달조건 등을 통하여 판단하게 된다. 또한 경쟁사업자의 상대적 규모가 작은 경우에는 시장점유율이 높지 않더라도 시장지배적사업자일 가능성이 커지는 데 비해, 상대적 규모가 큰 경우에는 시장지배적사업자일 가능성이 적어지게 된다. 그 밖에 시장지배 여부를 판단함에 있어서는 경쟁사업자 간 공동행위의 가능성, 유사품 및 인접시장의 존재, 시장봉쇄력, 자금력, 거래처 전환능력, 신기술 개발능력 등도 고려의 요소에 포함시킬 수 있다.[18]

3. 공동의 시장지배

2 이상의 사업자가 개별적으로 시장지배력을 가지고 있지 않지만, 경제적 연계 또는 과점시장에서의 상호의존성을 이용하여 공동으로 시장지배력을 행사하는 것을 공동의 시장지배(collective dominance)[19]라고 한다. 공동의 시장지배를 인정할 경우 해당 사업자들은 각각 시장지배적사업자에 해당하게 되어 지위남용행위가 금지된다. 또한 부당한 공동행위로서 규제가 용이하지 않은 과점사업자들의 경쟁제한적인 묵시적 동조행위(tacit collusion)를 시장지배적지위 남용행위로 규율할 수 있는 근거가 될 수도 있다.[20]

이와 관련하여 공정거래법 제2조 제3호에서 시장지배적사업자의 개념을 정의하면서 "단독으로 또는 다른 사업자와 함께 가격이나 거래조건을 결정·유지 또는 변경할 수 있는 시장지위를 가진 사업자"로 규정하고 있다. 또한 제6조 제2호에서는 3 이하

17) 예컨대, 국내 시장점유율이 A사 35%, B사 20%, C사 15%, D사 11%, E사 10%, F사 9%이고, 이중 B사와 E사, D사와 F사가 각기 계열회사 관계에 있는 경우 시장점유율을 산정함에 있어서 해당 사업자와 그 계열회사는 이를 하나의 사업자로 보게 되므로(영 §2②), 시장점유율의 순위는 A사가 35%로 1위, B·E사가 30%로 2위, D·F사가 20%로 3위, C사가 15%로 4위가 된다. 따라서 시장지배적사업자 추정과 관련하여 3 이하(제1위에서 제3위까지)의 사업자가 100분의 75 이상인 것을 전제로 한다면 결국 A, B, D, E, F사가 시장지배적사업자로 추정된다. 여기에서 F사의 경우 단독으로는 시장점유율이 비록 100분의 10 미만이지만, B사와 하나의 사업자로 보게 되므로 시장지배적사업자에 해당하는 것으로 추정된다.

18) 「시장지배적지위 남용행위심사기준」 Ⅲ. 4.부터 8.까지

19) 공동의 시장지배는 2 이상의 사업자가 전체로서 시장지배력을 가지는 것으로 2 이상의 사업자가 각자 개별적으로 시장을 지배하는 복수의 시장지배(multi dominance)와는 구별된다.

20) 이봉의, 앞의 책, 168면.

사업자의 시장점유율 합계가 75% 이상인 경우 이들의 시장지배력 존재를 추정하고 있다. 하지만 문언만으로는 공동의 시장지배를 인정한 것인지 아니면 단지 과점인 상태를 표현한 것에 불과한 것인지는 확실하지 않다.

그러나 시장지배적사업자는 자기의 책임과 계산 하에 독자적으로 사업할 것을 요하며, 여러 사업자들이 집단적으로 통모하여 시장을 지배하더라도 사업자 간에 자본관계, 거래관계나 상호의존관계를 매개로 한 '경제적 연계'(economic link)를 통해 실질적으로 단일한 지휘 하에 사업에 참여하거나 손익분배 등을 함께 하지 않는 한, 각각 독립된 별개의 사업자로 보아야 한다.[21] 판례도 마찬가지 이유에서 법 제6조의 추정규정은 독점 또는 과점 형태로 시장을 지배하는 개별사업자를 의미하는 것이지, 개별적으로 그러한 지위를 가지지 않은 사업자들이 집단적으로 통모하여 독점적 지위를 형성한 것을 의미하는 것이 아닌 것으로 보고 있다.[22]

한편 경제적 연계관계를 매개로 독립한 사업자로 파악하고 있는 점에서 복수의 사업자를 지배관계를 기준으로 하나의 사업자 또는 경쟁단위로 파악하는 경제적 동일체(single economic entity)와 구별된다.

[판례] BC카드㈜ 및 12개 회원은행 등의 시장지배적지위 남용(대법원 2005. 12. 9. 선고 2003두6283 판결)

비씨카드 및 12개 회원은행들은 비씨카드의 주주로서 비씨카드 전산망을 공동이용하고 '비씨카드' 브랜드를 공동 사용하고 있으며, 대부분 비씨카드의 경영에 참여하면서 회원은행들 상호 간 수수료율 결정 등 영업활동에 관한 정책 및 정보를 공유·교환하고, 실제로도 현금서비스 수수료율, 할부 수수료율 및 연체이자율을 사실상 같이 결정하는 등 하나의 경제적 행위동일체로서의 영향력을 가지고 행동하고 있지만, 비씨카드와 12개 회원은행들이 신용카드사업에 따른 수익을 일정한 비율로 분배하는 관계에 있다거나 비씨카드와 그 회원은행들이 실질적으로 단일한 지휘 아래 종속적으로 이 사건 카드사업에 참여하고 있다고 볼 수 없고, 오히려 12개 회원은행들은 각기 위 사업을 자신의 책임과 계산하에 독자적으로 수행하되, 카드발급이나 가맹점관리 등 일정 부분을 비씨카드에게 대행하게 하고 수수료를 지급하는 관계에 있는 바, 결국 시장지배적사업자인지 여부를 따짐에 있어 비씨카드와 12개 회원은행들을 각각 독립된 별개의 사업자가 아닌 하나의 사업자로 볼 수는 없다고 할 것이다.[23]

---

21) 참고로 독일 경쟁제한금지법 제18조 제5항에서는 둘 이상의 사업자 상호 간에 실질적 경쟁이 존재하지 아니하고 전체로서 시장을 지배하는 한, 이들 모두가 시장을 지배하는 것으로 보고 있다.

22) 대법원 2005. 12. 9. 선고 2003두6283 판결. 권오승·서정, 「독점규제법」 – 이론과 실무(제5판)(법문사, 2022), 147면; 권오승·홍명수, 앞의 책, 158면.

23) 동 사안에서 비씨카드 브랜드를 사용하는 12개 회원은행들의 합산 시장점유율은 35.5%(업계 1위)였으나, 개별 회원은행의 시장점유율은 최고 7.9%, 최저 0.1%에 불과하였다.

제 3 절 시장지배적지위의 남용행위

Ⅰ. 서 설

유효경쟁이 이루어지는 시장에서 일반사업자가 지위를 남용하여 거래한다면 매출 감소나 고객의 이탈로 이어져 사업에 차질이 생길 수밖에 없으나, 시장지배적사업자는 이러한 우려가 크지 않기 때문에 지위를 남용할 가능성이 높다. 시장지배적사업자의 지위남용행위란 유효경쟁이 이루어지고 있는 시장에서는 감히 행할 수 없는 불공정한 행위를 말한다. 시장지배적사업자의 지위남용행위는 시장구조나 시장행태 면에서 일반사업자의 불공정거래행위보다 경쟁제한 효과가 크게 나타나기 때문에 공정거래법은 시장지배적사업자의 지위남용행위를 보다 엄격하게 제재하고 있다.[24]

시장지배적사업자의 지위남용행위(법 §5)는 불공정거래행위(법 §45)와는 규제의 목적과 범위, 그리고 위법성의 판단기준이 다르기 때문에[25] 별도의 요건에 의해 규제된다. 즉, 시장지배적사업자의 지위남용행위는 시장에서 독과점의 유지·강화를 방지하는 데 목적이 있으며, 위법성의 판단기준을 경쟁제한성에 두고 있는 데 비해, 불공정거래행위는 모든 사업자를 대상으로 널리 시장에서의 거래질서 유지를 주된 목적으로 하고 있으며, 위법성의 판단기준도 행위 유형에 따라 경쟁제한성에 두기도 하고 경쟁수단이나 거래내용의 불공정성, 심지어 경제력집중 억제에 두고 있기도 하다(후술). 따라서 시장지배적사업자가 그 지위와 관계없이 불공정거래행위의 요건에 해당하는 행위를 한 경우에는 일반사업자와 마찬가지로 불공정거래행위 금지의 적용대상이 된다. 그러나 만약 사업자의 어떠한 하나의 행위가 시장지배적지위 남용행위(법 §5)와 불공정거래행위(법 §45)의 요건에 중첩되는 경우 양 규정이 중복적용된다. 다만, 법 위반의 기초로 되는 사실이 하나이고, 일종의 상상적 경합관계가 성립하므로 과징금이나 형벌 등 제재가 무거운 시장지배적지위 남용행위가 우선 적용된다.[26]

---

24) 공정거래법상 시장지배적지위 남용행위에 대해서는 관련매출액의 6%(정액과징금은 20억 원) 이내의 과징금과 3년 이하의 징역 또는 2억 원 이하의 벌금에 처하도록 하고 있는데 비해(법 §8), 불공정거래행위에 대해서는 관련매출액의 4%(정액과징금은 10억 원) 이내의 과징금과 2년 이하의 징역 또는 1억 5천만 원 이하의 벌금에 처하도록 하고 있다(법 §50).

25) 대법원 2007. 11. 22. 선고 2002두8626 전원합의체 판결; 2013. 4. 25. 선고 2010두25909 판결.

26) 권오승·서정, 앞의 책, 410면; 정호열, 「경제법」 전정 제7판(박영사, 2022), 387면. 반대의 견해로는 이봉의, 앞의 책, 168-169면. 참고로 「불공정거래행위 심사지침」(공정거래위원회예규 제387호, 2021. 12. 22., 일부개정) Ⅱ. 3.에서는 법 제45조의 불공정거래행위가 법 제5조(시장지배적지위의 남용금지) 위반에도

일반적으로 시장지배적지위에 대한 규제방식은 독과점 시장구조 자체를 금지하는 '원칙금지주의'와 독과점 시장구조는 인정하면서 그 지위남용의 폐해만을 규제하는 '폐해규제주의'로 구분할 수 있다. 현행 공정거래법은 후자의 입장에서 사업자의 시장지배적지위 그 자체를 금지하는 것이 아니라 시장지배적사업자가 시장에서의 지위를 남용하는 행위를 금지하고 있다(법 §5).

Ⅱ. 지위남용행위의 경쟁제한성

시장지배적사업자의 지위남용행위가 법 위반으로 인정되기 위해서는 우선 경쟁제한성이 인정되어야 한다. 경쟁제한성 판단의 기초로 되는 경쟁제한 효과는 지위남용행위를 함으로써 관련시장에서 경쟁이 감소하여 시장지배적사업자가 어느 정도 자유로이 가격, 수량, 품질, 그 밖의 거래조건 증에 영향을 미치거나 미칠 우려가 이는 상태를 초래하는 결과로 나타난다. 구체적으로 가격상승 또는 산출량 감소, 상품·용역의 다양성 감소, 혁신 저해, 봉쇄효과, 경쟁사업자의 비용 상승, 유력한 경쟁사업자의 수의 감소 등의 모습으로 나타나게 된다.[27]

경쟁제한성을 인정함에 있어서는 사업자의 주관적 의도나 목적이 필요한지에 대해 논란이 된다. 판례는 특정 사업자가 경쟁제한적 효과로서 사업활동에 곤란을 겪거나 겪을 우려가 발생하였다는 사정만으로 부당성[28]을 인정하지 않고, 주관적으로 시장에서 독점을 유지·강화할 의도나 목적을 갖고, 객관적으로도 그러한 경쟁제한의 효과가 생길 만한 우려가 있는 행위로 평가될 수 있는 행위를 하였을 때 인정하고 있다. 이러한 판례의 태도에 대해서는 법문상 경쟁제한성에 주관적 의도나 목적을 요구할 근거가 없다는 비판[29]과 남용행위와 정상적인 경쟁행위를 구분하여 과잉규제의 부작용을 방지하려는 취지로 이해하는 입장[30]으로 나눠지고 있다.[31]

해당될 경우에는 법 제5조를 우선 적용함을 원칙으로 한다고 규정하고 있다.

27) 「시장지배적지위 남용행위 심사기준」 Ⅳ. 6.; 대법원 2007. 11. 22. 선고 2002두8626 판결.

28) 지위남용행위의 위법성 판단을 위해 경쟁제한성과 함께 부당성 여부에 대해서도 판단하여야 하나, 판례는 부당성을 경쟁제한성과 구분하지 않고 같은 의미로 사용하고 있는 것으로 보인다.

29) 권오승·서정, 앞의 책, 119면.

30) 이봉의, 앞의 책, 237-238면.

31) 포스코 판결 이후에도 농협중앙회 판결(대법원 2009. 7. 9. 선고 2007두22078 판결)이나 ㈜엘지유플러스, ㈜케이티 판결(대법원 2021. 6. 30. 선고 2018두37960 판결)에서도 경쟁제한의 의도나 목적을 요구하고 있다.

[판례] 포스코의 시장지배적지위 남용행위(대법원 2007. 11. 22. 선고 2002두8626 판결, 환송심 서울고법 2008. 4. 24. 선고 2007누32718 판결)

시장지배적사업자가 개별거래의 상대방인 특정 사업자에 대한 부당한 의도나 목적을 가지고 거래거절을 한 모든 경우 또는 그 거래거절로 인하여 특정 사업자가 사업활동에 곤란을 겪게 되었다거나 곤란을 겪게 될 우려가 발생하였다는 것과 같이 특정 사업자가 불이익을 입게 되었다는 사정만으로 그 부당성을 인정하기에 부족하고, 그 중에서 특히 시장에서의 독점을 유지・강화할 의도나 목적, 즉 시장에서의 자유로운 경쟁을 제한함으로써 인위적으로 시장질서에 영향을 가하려는 의도나 목적을 갖고, 객관적으로 그러한 경쟁제한의 효과가 생길 만한 우려가 있는 행위로 평가될 수 있는 행위로서의 성질을 갖는 거래거절행위를 하였을 때에 그 부당성이 인정될 수 있다.

… 거래거절행위로 인하여 현실적으로 상품의 가격상승, 산출량 감소, 혁신 저해, 유력한 경쟁사업자의 수의 감소, 다양성 감소 등과 같은 경쟁제한효과가 나타났음이 입증된 경우에는 그 행위 당시에 경쟁제한을 초래할 우려가 있었고 또한 그에 대한 의도나 목적이 있었음을 사실상 추정할 수 있[다].

그 밖에 일반적으로 지위남용행위가 이루어지는 시장과 경쟁제한 효과가 나타나는 시장이 일치하는 경우가 대부분이지만, 일치하지 않을 수도 있다. 예컨대 어떤 시장(제1 시장)에서의 시장지배력을 바탕으로 다른 시장(제2 시장), 예컨대 제1 시장과 연관된 신규 시장이나 결합상품 시장 또는 2차 시장(후속시장)에서 경쟁제한 효과가 나타나는 경우도 있다.

전통적인 시장지배력 전이이론(monopoly leveraging theory)에 따르면 시장지배적지위가 인정되는 시장에서 남용행위가 이루어지면 경쟁제한 효과가 발생하는 시장이 다르더라도 시장지배적사업자의 지위남용행위를 긍정하고 있다.[32] 판례도 시장지배력 전이이론을 수용하여 시장지배적사업자의 지위남용행위와 경쟁제한 효과 발생 사이에 인과관계가 있으면 남용행위가 발생한 시장과 경쟁제한 효과가 발생한 시장이 서로 다르더라도 시장지배적사업자의 지위남용행위를 인정하고 있다.[33][34] 특히 최근 플랫폼 기업들의 자사우대 사건에 대해 시장지배력 전이이론을 받아들이려는 논의가 활발하게 나타나고 있다.[35]

---

32) 이봉의, 앞의 책, 207면; 윤신승, "시장지배적 지위 남용 사건에서 시장지배력 전이이론 원용의 문제점", 「서울法學」 제31권 제4호(서울시립대 법학연구소, 2024. 2), 283면.

33) 대법원 2007. 11. 22. 선고 2002두8626 전원합의체 판결; 2008. 12. 11. 선고 2007두25183 판결; 2011. 10. 13. 선고 2008두1832 판결; 2014. 11. 13. 선고 2009두20366 판결.

34) 미국과 EU의 하급심 판례에서는 시장지배력 전이이론을 확장하여 ① 제2 시장에서 경쟁제한 효과까지는 아니더라도 시장점유율 상승 등과 같은 경쟁상 유리한 지위(competitive advantage)를 얻는 정도만으로도 시장지배력 전이로 인정하거나 ② 시장지배적사업자가 시장지배력이 인정되지 않는 시장(제2 시장)에서 남용행위를 하고 그 시장(제2 시장) 또는 시장지배력을 가지는 시장(제1 시장)에서 경쟁제한 효과가 발생하는 경우까지 적용대상으로 하는 경우도 있다. 상세한 내용은 윤신승, 앞의 논문, 248면 이하.

35) EU법원의 구글쇼핑 사건이나 EU집행위원회의 마이크로소프트 사건, 우리나라의 경우 네이버쇼핑 사

Ⅲ. 지위남용행위의 유형

1. 유형별 특성

지위남용행위로 인정되기 위해서는 시장지배적지위와 남용행위 간의 인과관계가 존재하여야 하나 이를 입증하는 것은 용이하지 않다. 이러한 어려움을 해결하기 위해 공정거래법은 지위남용행위를 ① 가격을 부당하게 결정·유지·변경하는 가격남용행위(제1호), ② 상품의 판매 또는 용역의 제공을 부당하게 조절하는 출고조절행위(제2호), ③ 다른 사업자의 사업활동을 부당하게 방해하는 행위(제3호), ④ 새로운 경쟁사업자의 참가를 부당하게 방해하는 행위(제4호), ⑤ 경쟁사업자를 배제하기 위해 거래하거나, 소비자의 이익을 현저히 저해할 우려가 있는 행위(제5호)의 5가지로 유형화하고 있다(법 §5 각호).

한편 시장지배적지위 남용행위는 그 행태를 기준으로 독점적 지위를 이용한 거래상대방 착취를 내용으로 하는 '착취적 남용행위'(exploitative abuse)와 독점화를 위한 현재적·잠재적 경쟁사업자의 배제를 내용으로 하는 '배제적 남용행위'(exclusionary abuse)로 구분할 수 있다. 공정거래법상 전자에 해당하는 것으로는 가격남용행위(제1호), 출고조절행위(제2호) 및 소비자이익 저해행위(제5호 후단)가 있으며, 후자에 해당하는 것으로는 다른 사업자 사업활동 방해행위(제3호), 신규진입 방해행위(제4호) 및 경쟁사업자 배제행위(제5호 전단)가 있다.

〈시장지배적지위 남용행위의 유형별 특성〉

	착취적 남용행위	배제적 남용행위
행위의 특징	▪ 독점적 지위를 이용한 거래상대방의 착취	▪ 독점화를 위한 현재적·잠재적 경쟁자의 배제
행위의 파급영향	▪ 수직적으로 파급	▪ 수평적으로 파급
소비자에 대한 효과	▪ 소비자이익 직접적 침해	▪ 장기적으로 소비자이익 침해
법규정 (법 §5)	– 가격남용(제1호) – 출고조절(제2호) – 소비자이익 저해(제5호 후단)	– 다른 사업자 사업활동 방해(제3호) – 신규진입 방해(제4호) – 경쟁사업자 배제(제5호 전단)

건(서울고법 2022. 12. 14. 선고 2021누36129 판결)에서 논의되고 있다.

2. 남용행위의 유형

(1) 부당한 가격형성

시장지배적사업자가 독과점 이윤을 향유하기 위해 가장 직접적이고 일반적으로 행하는 것이 가격남용행위이다. 물론 시장지배적사업자가 가격남용을 통해 독과점 이윤을 향유할 경우 새로운 사업자의 시장진입을 유인하는 동기로 작용할 수 있으나, 시장참가에 기술적・자금적 또는 시간적 진입장벽이 형성되어 있는 경우에는 그 가능성이 크지 않다.

공정거래법은 시장지배적사업자가 상품의 가격이나 용역의 대가를 부당하게 결정・유지 또는 변경하는 행위를 금지하고 있다(법 §5① i). 가격남용행위에는 가격 자체를 부당하게 결정・유지 또는 변경하는 경우뿐 아니라 용량을 줄이는 등의 방식으로 사실상 가격인상의 효과가 생기는 변칙적인 행위도 포함된다. 한편 공정거래법은 시장지배적사업자의 가격형성 그 자체를 금지하는 것이 아니라 부당한 가격형성만을 금지하고 있기 때문에 부당성의 판단기준이 문제된다. 부당성 판단의 구체적 기준으로서는 정당한 이유 없이 상품의 가격이나 용역의 대가를 수급의 변동이나 공급에 필요한 비용(동종 또는 유사업종의 통상적인 수준의 것으로 한정)의 변동에 비하여 현저하게 상승시키거나 근소하게 하락시키는 경우가 있다(영 §9①).[36]

공정거래위원회는 시장지배적사업자가 상품 또는 용역의 가격을 부당하게 결정・유지 또는 변경하였다고 볼만한 상당한 이유가 있을 때에는 관계행정기관의 장이나 물가조사업무를 수행하는 공공기관에 상품 또는 용역의 가격에 관한 조사를 의뢰할 수 있다(영 §10).

(2) 부당한 출고조절

시장지배적사업자는 독과점 이윤을 향유하기 위하여 가격을 직접 인상하기도 하지만, 가격인상을 위한 간접적인 수단으로서 상품의 판매 또는 용역의 제공을 중단, 감축 또는 유지하는 등 시장에서의 공급을 조절하는 행위를 할 수 있다. 공정거래법은 시장지배적사업자가 상품의 판매 또는 용역의 제공을 부당하게 조절하는 행위를 하지 못하도록 금지하고 있다(법 §5 ① ii).

36) 공정거래법상 가격남용행위(제1호)는 형식적으로 불공정한 가격책정을 모두 규제대상으로 하고 있는 것처럼 보이나, 동법 시행령 제9조 제1항에서는 상품의 생산비와 판매가격을 비교하여 그 부당성 여부를 판단하는 Areeda-Turner 기준을 채택함으로써 과다가격의 통제문제로 축소하고 있다. 이에 비해 부당한 가격남용행위로서 약탈적 가격의 책정은 부당한 경쟁사업자 배제(제5호)에 포함시키고 있다.

통상 사업자가 시장의 사정이나 경기의 변동에 따라 상품이나 용역의 생산 또는 판매량을 조절하는 것은 합리적인 기업경영행위로서 당연하기 때문에 출고조절행위 자체가 아니라, 부당한 가격형성을 실현하기 위한 수단으로 행하는 경우에 문제된다. 출고조절행위의 부당성의 구체적인 판단기준으로는 ① 정당한 이유없이 최근의 추세에 비추어 상품 또는 용역의 공급량을 현저하게 감소시키는 경우, ② 정당한 이유없이 유통단계에서 공급부족이 있음에도 불구하고 상품 또는 용역의 공급량을 감소시키는 경우가 있다(영 §9②).

[판례] ㈜제일제당의 대두유제품 출고조절행위(대법원 2002. 5. 24. 선고 2000두9991 판결)

상품의 판매 등을 조절하는 행위가 부당한지 여부는 해당 상품의 수급 등 유통시장의 상황, 생산능력, 원자재조달사정 등 사업자의 경영사정에 비추어 그 조절행위가 통상적인 수준을 현저하게 벗어나서 가격의 인상이나 하락의 방지에 중대한 영향을 미치거나 수급차질을 초래할 우려가 있는지 여부에 따라 판단하여야 한다. 국가부도위기로 원료의 수급전망이 불투명 상황에서 원고의 대두유 보유량이 고작 1달치 분에 불과하여 대두유에 대한 폭발적인 가수요에 부응하고 나면 재고가 소진될 형편이어서 원고가 통상의 수요예측에 기초한 연초 계획물량의 한도 내로 출고량을 다소 조절하고, 재고를 약간 증대시킨 것으로 이는 사업자로서 최악의 상황에 대비한 합리적인 기업경영행위라고 할 수 있으므로 시장지배적사업자의 지위남용행위에 해당되지 않는다.

(3) 부당한 다른 사업자의 사업활동 방해

시장지배적사업자는 자신의 시장지배력을 남용하여 독과점 이윤을 추구하기도 하지만, 현재적·잠재적인 경쟁사업자의 사업활동을 곤란에 빠트려 시장지배력을 유지·강화하기도 한다.

이를 규제하기 위하여 공정거래법은 시장지배적사업자가 다른 사업자의 사업활동을 부당하게 방해하지 못하도록 금지하고 있다(법 §5①ⅲ). 다른 사업자란 시장지배적사업자와 직접적인 경쟁관계에 있거나 경쟁관계가 성립할 수 있는 사업자뿐만 아니라 시장지배적사업자의 거래상대방인 사업자나[37] 전·후방관계에 있는 사업자도 포함한다. 다른 사업자의 사업활동 방해는 부당성을 전제로 하기 때문에 시장지배적사업자라 하더라도 능률경쟁을 통해 시장에서 많은 고객을 확보하고, 그 결과 다른 경쟁사업자의 매출이 감소하거나 극단적인 경우에는 경쟁사업자가 시장에서 퇴출되더라도 이에 해당하지 않는다.

시행령은 부당한 사업활동 방해행위에 대한 구체적 유형으로 ① 정당한 이유없이

37) 대법원 2010. 3. 25. 선고 2008두7465 판결.

다른 사업자의 생산활동에 필요한 원재료 구매를 방해하는 행위, ② 정상적인 관행에 비추어 과도한 경제상의 이익을 제공하거나 제공할 것을 약속하면서 다른 사업자의 사업활동에 필수적인 인력을 채용하는 행위, ③ 정당한 이유없이 다른 사업자의 상품 또는 용역의 생산 · 공급 · 판매에 필수적인 요소의 사용 또는 접근을 거절 · 중단하거나 제한하는 행위[38] 등을 들고 있다(영 §9③).

특히 ③의 경우 필수설비이론(essential facility doctrine)을 명문화한 것으로서 필수적인 요소를 경쟁상대방이 이용할 수 있도록 강제하는 것은 그 거래분야에서의 공정한 경쟁을 촉진하고 필수적 요소에 대한 불필요한 중복투자를 방지하여 소비자후생을 기하고 국민경제의 균형 있는 발전을 도모하려는 데 있다. 시장지배적지위 남용행위의 심사기준에 따르면 필수적인 요소로 인정받기 위해서는 3가지 요건을 충족시켜야 한다. 첫째, 해당 요소를 사용하지 않고서는 상품의 생산판매가 사실상 불가능하거나 중대한 경쟁열위상태가 지속되어야 한다(필수성). 둘째, 특정 사업자가 해당 요소를 독점적으로 소유 또는 통제하여야 한다(독점성). 셋째, 접근 희망기업에 의한 해당 요소의 재생산이나 다른 요소로의 대체가 사실상, 법률상 또는 경제적으로 불가능해야 한다(대체불가능성).[39] 그리고 법 위반의 유형에는 필수적인 요소의 제공거절뿐만 아니라 접근이 사실상 · 경제적으로 불가능할 정도의 가격을 제시하거나, 기존 사용자에 비해 현저하게 차별적인 가격을 제시하는 경우도 포함된다.

그 밖에 공정거래위원회가 정하여 고시하는 바와 같이[40] 다른 부당한 방법에 따른 행위를 하여 다른 사업자의 사업활동을 어렵게 하는 행위도 금지된다. 예컨대, 부당한 거래거절이나 차별적 취급, 거래상대방에게 정상적인 거래관행에 비추어 타당성이 없는 조건을 제시하거나 거래상대방에게 불이익이 되는 거래 또는 행위를 강제하는 등의 행위는 경쟁사업자의 비용을 상승시키거나 시장진입을 방해하기도 하고, 기술혁신을 저해하여 다른 사업자의 사업활동을 어렵게 할 수 있다.

---

38) 필수설비이론은 경쟁에 필수불가결한 기간시설을 보유하고 있는 사업자에 대하여 신규 시장참가자에게 기간시설의 사용을 허락하도록 명령하는 법리이다. 미국의 Terminal Railroad 사건(1912년)에서 처음으로 인정된 이후, 오늘날 각국의 입법과 판례는 특히 철도, 전력, 방송, 가스, 통신 등과 같은 망(network)산업에 있어서 네트워크나 기간설비가 없이 전 · 후방시장에서 경쟁사업자로 활동하는 것이 법률상 또는 사실상 불가능한 제3자에게 필수설비에 대한 동등한 접근(equal access)을 허용함으로써 해당 산업에 있어서 경쟁을 촉진할 수 있도록 하고 있다. 그러나 필수설비에 대한 접근을 강제할 경우 기업들의 개발의욕을 저상시키고 소비자후생에 오히려 부정적이기 때문에 필수설비이론이 반트러스트법의 목적과 조화하지 않는다는 비판이 제기되기도 한다. Philip E. Areeda/H. Hovenkamp, Fundamentals of Antitrust Law-2003 Ed. Vol I, Aspen Publishers, 2003, pp. 329-334.

39) 「시장지배적지위 남용행위심사기준」 Ⅳ. 3. 다.

40) 「시장지배적지위 남용행위심사기준」 Ⅳ. 3. 라.

[판례] 퀄컴의 표준필수특허 FRAND 확약[41])과 시장지배적지위의 남용행위(대법원 2023. 4. 13. 선고 2020두31897 판결)

원고들은 이 사건 표준필수특허 관련 기술이 표준기술로 선정될 당시 표준화기구에 실시자에게 공정하고 합리적이며 비차별적인(FRAND: Fair, Reasonable And Non-Discriminatory) 조건으로 실시허락할 것이라는 자발적인 확약을 하였(음에도) …

실시허락을 받을 의사가 있는 경쟁 모뎀칩셋 제조사와 FRAND 조건에 의한 성실한 실시조건 협상절차를 거치지 않은 채 제한적 라이선스 계약을 체결하거나 라이선스 계약의 체결을 거절하고 제한적 약정(각주: 판매처 제한, 원고에 대한 구매자별 판매량과 같은 민감한 영업정보 보고의무 등)을 체결한 것은 '거래상대방인 경쟁 모뎀칩셋 제조사에 정상적인 거래관행에 비추어 타당성이 없는 조건을 제시한 행위'에 해당한다(행위1).

… 원고들의 모뎀칩셋을 구매하고자 하는 휴대폰 제조사에 공급받는 조건으로 우선 원고들과 라이선스 계약을 체결하도록 함으로써, 원고들이 시장지배적 지위를 가지는 이 사건 모뎀칩셋 시장에서 모뎀칩셋의 공급을 지렛대로 삼아 라이선스 계약을 FRAND 조건으로 협상하기 어렵도록 하였고, 휴대폰 제조사와 모뎀칩셋 공급계약을 체결하면서 '휴대폰 제조사가 라이선스 계약을 위반할 경우 모뎀칩셋 공급계약을 파기하거나 모뎀칩셋의 공급을 중단·보류할 수 있다.'는 등의 내용으로 약정함으로써 휴대폰 사업 전체에 위험이 초래될 수 있도록 하여 휴대폰 제조사에 라이선스 계약의 체결 및 유지를 강제한 것은 '거래상대방인 휴대폰 제조사에 불이익이 되는 거래 또는 행위를 강제한 행위'에 해당한다(행위2).

(4) 새로운 경쟁사업자의 시장참가에 대한 부당한 방해행위

시장지배적사업자는 자신의 시장지배력을 계속 유지하기 위하여 새로운 경쟁사업자가 시장에 참가하는 것을 저지하려는 경향이 있다. 따라서 공정거래법은 독점화의 일환으로서 시장지배적사업자가 새로운 경쟁사업자의 참가를 부당하게 방해하는 행위를 하지 못하도록 금지하고 있다(법 §5①ⅳ).

새로운 경쟁사업자란 일정한 거래분야에 신규로 진입하려고 하는 사업자 및 신규로 진입하였으나 아직 판매를 개시하고 있지 아니한 사업자를 말한다.[42]) 새로운 경쟁사업자의 시장참가 방해의 부당성 판단을 위해서는 그 행태 여하를 불문하고 신규 경쟁사업자의 참가를 방해함으로써 시장지배적지위를 유지・강화하려 했는지 여부를 검토해야 한다. 일반적으로 신규참가에 대한 적극적인 방해행위는 부당한 것으로 볼 수 있으나, 단지 소극적인 비협조나 반대의견의 표명에 그치는 경우까지 부당하다고 보기

41) FRAND 확약이란 표준필수특허권자가 표준필수특허(standard essential patent)를 승인한 국제표준화기구에 FRAND 조건에 따라 표준필수특허 실시허락을 수용하는 의사표시를 한 것으로 표준필수특허권자는 표준필수특허를 실시하려는 자와 FRAND 조건에 따라 성실하게 협상하고 라이선스를 하여야 할 의무를 부담한다. 최승재, 「표준필수특허와 법」(박영사, 2021), 13면 이하.

42) 「시장지배적지위 남용행위심사기준」 Ⅳ. 4. (2).

는 어렵다.

부당성에 대한 구체적인 판단기준으로는 정당한 이유 없이 ① 거래하는 유통사업자와 배타적 거래계약을 체결하는 행위, ② 기존사업자의 계속적인 사업활동에 필요한 권리[43] 등을 매입하는 행위 및 ③ 다른 사업자의 상품 또는 용역의 생산·공급·판매에 필수적인 요소의 사용 또는 접근을 거절·중단하거나 제한하는 행위, ④ 그 밖에 다른 부당한 방법에 따른 행위를 하여 새로운 경쟁사업자의 신규진입을 어렵게 하는 행위가 이에 해당한다(영 §9④). 예컨대, 정당한 이유 없이 신규진입 사업자와 거래하거나 거래하려는 사업자에 대하여 상품의 판매 또는 구매를 거절하거나 감축하는 행위, 경쟁사업자의 신규진입에 필요한 관계기관 또는 단체의 허가, 추천 등 소정의 절차의 이행을 부당한 방법으로 어렵게 하는 행위 또는 해당 상품의 생산에 필수적인 원재료의 수급을 부당하게 조절함으로써 경쟁사업자의 신규진입을 어렵게 하는 행위가 이에 속한다.[44]

(5) 기타 경쟁제한행위

공정거래법은 그 밖에 시장지배적사업자가 부당하게 경쟁사업자를 배제하기 위하여 거래하거나 소비자의 이익을 현저히 저해할 우려가 있는 행위를 하는 경우에도 지위남용행위로서 이를 금지하고 있다(법 §5①ⅴ).

제5호 전단의 경쟁사업자를 배제하기 위한 거래는 원래 다른 사업자의 사업활동을 부당하게 방해하는 행위(제3호)에 속하는 것으로 볼 수 있다. 경쟁사업자를 배제시킬 우려가 있는지 여부는 해당 행위의 목적, 유사품 및 인접시장의 존재 여부, 해당 사업자 및 경쟁사업자의 시장지위 및 자금력 등을 종합적으로 고려한다. 구체적인 부당성의 판단기준으로는 ① 부당하게 상품 또는 용역을 통상의 거래가격에 비하여 낮은 대가로 공급하거나 높은 대가로 구입하여 경쟁사업자를 배제시킬 우려가 있는 경우, ② 부당하게 거래상대방이 경쟁사업자와 거래하지 아니할 것을 조건으로 그 거래상대방과 거래하는 경우를 들 수 있다(영 §9⑤). 즉, 부당염매, 부당고가매입 및 배타조건부거래가 이에 속한다.

다만, ①의 경우 외형상 일반불공정거래행위로서 부당염매나 부당고가매입에 비해 시장지배적사업자는 구조적으로 시장에서의 가격을 결정·유지·변경할 수 있는 지위

---

43) 계속적인 사업활동에 필요한 권리에는 특허권·상표권 등의 지식재산권, 행정관청 또는 사업자단체의 면허권 등 인·허가, 기타 해당 거래분야에서 관행적으로 인정되는 모든 권리가 포함된다(「시장지배적지위 남용행위심사기준」 Ⅳ. 4. 나).

44) 「시장지배적지위 남용행위심사기준」 Ⅳ. 4. 라.

에 있고, 법문상 경쟁사업자 배제에 적용되는 '대가'(代價)나 '비용'(費用)이라는 개념보다 '통상의 거래가격'이라는 개념을 사용하고 있기 때문에 예컨대, 약탈적 가격책정(predatory pricing)의 정도에 이르지 않더라도 거래실태나 경쟁사업자의 상대적 비용구조 등을 감안하여 지위남용행위로 규제할 여지를 남겨두고 있다. 여기에서 통상의 거래가격은 자유롭고 공정한 경쟁이 이루어지고 있는 시장에서 정상적으로 이루어지는 거래의 경우 일반적으로 형성될 수 있는 가격, 좀 더 구체적으로는 시장지배적사업자가 부당하게 경쟁사업자를 배제하기 위하여 거래함으로써 시장지배적지위를 남용하는 행위가 존재하지 않는 정상적인 거래에서 일반적으로 형성되었을 가격을 의미한다. 판례는 순수한 약탈적 가격책정에 해당하지는 않지만, 수직 통합된 상류시장 시장지배적사업자의 하류시장 경쟁사업자에 대한 이윤압착행위(margin squeeze)도 지위남용행위에 속하는 것으로 보고 있다.[45]

[판례] ㈜엘지유플러스, ㈜케이티의 기업메시징서비스 시장에서의 이윤압착행위(대법원 2021. 6. 30. 선고 2018두37960 판결)

시장지배적사업자가 공급망의 연쇄를 따라 두 개의 서로 다른 생산단계에서 모두 사업을 영위하는 수직 통합된(vertically integrated) 사업자로서 상류시장에서 하류시장 사업자의 생산활동에 필수적인 원재료나 투입요소 등을 공급함과 동시에 하류시장에서 원재료 등을 기초로 상품 또는 용역(완제품)을 생산·판매하는 경우 시장지배적지위 남용행위의 한 유형으로서 이윤압착(margin squeeze)이 문제될 수 있다.

… 이와 같은 관련시장의 구조에서 시장지배적사업자는 원재료 등의 도매가격을 높이거나 완제품의 소매가격을 낮추든지, 아니면 두 방법을 함께 시행하여, 도매가격과 소매가격의 차이를 줄일 수 있다. 시장지배적사업자로부터 원재료 등을 공급받아야 하는 하류시장의 경쟁사업자로서는 하류시장에서 생산에 필요한 비용을 충당하고 적정한 이윤도 얻으면서 효과적으로 경쟁할 수 없게 되고, 그러한 압력이 일정한 기간 동안 지속되면 결국 시장에서 배제될 가능성이 있다.

… 하류시장에서 완제품의 소매가격을 낮추는 형태로 이루어지는 시장지배적사업자의 이윤압착행위가 '부당하게 상품 또는 용역을 통상거래가격에 비하여 낮은 대가로 공급하여 경쟁자를 배제시킬 우려가 있는 거래'로 평가될 수 있다면 공정거래법 제3조의2(현행법 제5조) 제1항 제5호 전단, 공정거래법 시행령 제5조(현행시행령 제9조) 제5항 제1호가 금지하는 시장지배적지위 남용행위로 보아 규제할 필요가 있다.

---

45) 이윤압착 또는 가격압착이란 수직 통합된 상류시장의 시장지배적사업자가 상류시장 원재료 등의 판매가격(도매가격)과 하류시장의 완제품 판매가격(소매가격)의 차이를 줄임으로써 하류시장의 경쟁사업자의 생존이윤(living profit)이 박탈되거나 효과적으로 경쟁하기 어려워 경쟁에서 배제되도록 하는 행위를 가리킨다. 가격 차이의 판단기준과 손해 및 추가적 이익의 회수 가능성과 관련하여 다양한 견해가 있다. 주진열, "약탈적 가격인하와 가격(이윤)압착 문제에 대한 고찰", 「경쟁법연구」 제44권(2021. 11.), 137면 이하.

[판례] 퀄컴의 조건부 리베이트 제공의 시장지배적지위 남용행위(대법원 2019. 1. 31. 선고 2013두14726 판결)

법 제3조의2(현행법 제5조) 제1항 제5호 전단은 시장지배적사업자의 지위남용행위로 '부당하게 경쟁사업자를 배제하기 위하여 거래하는 행위'를 규정하고, 시행령 제5조(현행법 시행령 제9조) 제5항 제2호는 그 행위의 하나로 '부당하게 거래상대방이 경쟁사업자와 거래하지 아니할 것을 조건으로 그 거래상대방과 거래하는 경우'를 들고 있다. 여기서 '경쟁사업자와 거래하지 아니할 조건'은 시장지배적사업자에 의하여 일방적·강제적으로 부과된 경우에 한하지 않고 거래상대방과의 합의에 의하여 설정된 경우도 포함된다. 또한 '경쟁사업자와 거래하지 아니할 것을 조건으로 거래하는 행위'는 그 조건의 이행 자체가 법적으로 강제되는 경우만으로 한정되지는 않고, 그 조건 준수에 사실상의 강제력 내지 구속력이 부여되어 있는 경우도 포함된다.

한편, 제5호 후단의 소비자의 이익을 현저히 저해할 우려가 있는 행위는 가격인상(제1호)이나 출고조절(제2호)과 같은 전형적인 착취남용행위 이외에도 소비자이익을 저해할 수 있는 시장지배적사업자의 남용행위를 보충적으로 규제하기 위한 것이다. 따라서 행위유형의 착취남용 성격을 고려한다면 소비자이익의 저해 우려는 소비자에 가해지는 직접적인 재산상의 불이익뿐만 아니라 소비자들의 거래상 지위의 약화나 상품·용역의 자유로운 선택권의 제한 또는 자구활동의 제약 등 거래와 관련하여 소비자에게 부수적으로 발생할 수 있는 불이익 전반에 대한 우려를 포함하는 것으로 이해하여야 할 것이다.

여기에서 저해의 '현저성' 여부를 판단함에 있어서는 해당 상품이나 용역의 특성, 해당 행위가 이루어진 기간·횟수·시기, 이익이 저해되는 소비자의 범위 등을 살펴 해당 행위로 인하여 변경된 거래조건을 유사 시장에 있는 다른 사업자의 거래조건과 비교하거나 해당 행위로 인한 가격상승의 효과를 해당 행위를 전후한 시장지배적사업자의 비용 변동의 정도와 비교하는 등의 방법으로 구체적·개별적으로 판단하여야 한다.[46] 그 밖에 부당성의 판단은 소비자이익의 현저한 저해 효과가 해당 시장 전체에 영향을 미치는지 여부를 기준으로 한다.

한편 포괄적인 법문 형식에도 불구하고 시행령에서는 다른 지위남용행위 유형과 달리 소비자이익의 현저한 저해 우려에 대한 구체적인 부당성 판단기준을 두고 있지 않다. 이 때문에 법률 규정을 직접 근거로 시장지배적사업자를 규제하는 것이 「명확성의 원칙」에 반할 우려가 있으나, 판례는 입법기술상의 한계를 감안하여 법률규정의 직접 적용을 긍정하고 있다.[47]

---

46) 대법원 2010. 2. 11. 선고 2008두16407 판결; 2011. 10. 13. 선고 2008두1832 판결.

47) 즉, 규율대상이 지극히 다양하고 수시로 변하는 성질의 것이어서 입법기술상 일의적으로 규정할 수

[판례] 티브로드 강서방송의 시장지배적지위 남용행위(대법원 2010. 5. 27. 선고 2009두1983 판결)

시장지배적사업자의 소비자이익을 저해하는 행위는 그 내용이 지극히 다양하고 수시로 변하는 성질이 있어 이를 일일이 열거하는 것이 입법기술적으로 불가능한 점, 소비자이익 현저한 저해행위의 판단요건(해당 행위의 존재, 현저성, 부당성)은 공정거래법의 입법목적을 고려하여, 공정거래법 제3조의2(현행법 제5조) 제1항이 규정한 여러 유형의 시장지배적지위 남용행위 등과 비교하는 등 체계적·종합적 해석을 통하여 구체화될 수 있는 점, 이 사건 규정의 수범자는 시장지배적사업자로서 일반인에 비하여 상대적으로 규제대상 행위에 관한 예측가능성이 크다 할 것인 점 등을 고려하면 이 사건 규정이 헌법상 법치주의 원리에서 파생되는 명확성 원칙을 위반한다고 볼 수 없다. 공정거래법 제3조의2(현행법 제5조) 제2항은 남용행위의 유형 또는 기준을 대통령령으로 정할 수 있다고 규정하였을 뿐, 관련 대통령령의 기준이 있어야만 같은 조 제1항의 남용금지 규정이 효력이 있다는 취지는 아니다.

제 4 절 온라인 플랫폼 사업자의 시장지배적지위 남용행위

Ⅰ. 서 설

오늘날 디지털 경제로의 전환에 따라 그 중심에 있는 온라인 플랫폼 분야에서의 공정한 경쟁질서 확보가 새로운 이슈로 등장하고 있다. 그러나 온라인 플랫폼 시장의 다면성과 역동성, 교차 네트워크 효과 등으로 전통적인 방식에 의한 관련시장의 획정이나 시장지배적지위 및 경쟁제한 효과의 판단이 쉽지 않으며, 플랫폼 시장의 혁신과 역동성도 함께 고려해야 하는 등 규제에 어려움이 크다.[48] 그동안 온라인 플랫폼 시장의 독점규제 및 공정거래에 관한 법률안 등 여러 법안이 국회에 제출된 바 있으나, 관계부처 간, 관련 사업자 간의 사회적 합의가 이루어지지 않아 입법화되지 못하고 있다.

공정거래위원회는 과도적 단계로 온라인 플랫폼 독과점에 대한 법 집행의 예측가능성과 실효성을 높이기 위해 2023년 1월 「온라인 플랫폼 사업자의 시장지배적지위 남용행위에 대한 심사지침」(이하 "온라인 플랫폼 독과점 심사지침")[49]을 제정하였다. 이

없는 경우에는 명확성의 요건이 완화되어야 한다는 입장이다. 헌법재판소 1999. 9. 16. 선고 97헌바73 결정; 대법원 2010. 5. 27. 선고 2009두1983 판결. 이에 대해 시장지배적사업자에 대한 행정적 제재뿐만 아니라 형사처벌까지 가능한 점 등을 감안하면 시행령에서 규정하고 있지 아니한 이상 적용할 수 없다는 견해도 있다. 이동규, 「공정거래 주요 쟁점 및 이슈 30선」(박영사, 2023), 311면.

48) 이기종, 「플랫폼경쟁법」(삼영사, 2021), 25면 이하; 한철수·김철호·황진우, 「디지털 경제와 플랫폼」(공정경쟁연합회, 2023), 17면 이하.

49) 공정거래위원회 예규 제418호, 2023. 1. 12 제정.

심사지침은 기존의 「시장지배적지위 남용행위 심사기준」을 온라인 플랫폼 사업자에게 적용하는 과정에서 온라인 플랫폼의 특성을 토대로 관련시장의 획정, 시장지배적지위 및 경쟁제한 효과를 판단시 고려할 사항을 보완적으로 규정한 것이다. 온라인 플랫폼[50]의 주요 특성으로는 ① 다면시장과 교차 네트워크 효과,[51] ② 규모의 경제,[52] ③ 데이터의 중요성[53] 및 ④ 명목상 무료로 제공되는 서비스[54]를 들 수 있다.

Ⅱ. 시장의 획정

온라인 플랫폼의 특성으로 초기에 다수 이용자를 선점한 플랫폼에 더 많은 이용자가 집중되는 소위 집중효과(tipping effect)가 나타나게 된다. 그 과정에서 이용자의 편익 증가, 비용 절감, 서비스 품질개선 등 효율성 증대 효과가 나타날 수 있으나, 시장의 진입장벽이 강화되어 신규 플랫폼의 시장진입이 어려워지는 등 독과점 시장구조가 고착화될 우려도 있다.

온라인 플랫폼의 시장획정과 관련하여 논란이 되는 것으로는 ① 온라인 플랫폼의 다면시장(multi-sided market) 특성을 고려하여 각 면을 포괄하여 하나의 시장으로 획정할지, 아니면 각 면을 여러 개의 시장으로 구분하여 획정할지, ② 무료서비스로 제공되더라도 플랫폼 사업자와 이용자 간의 가치 교환(예컨대, 광고노출, 개인정보 제공 등)이 발생한다면 관련시장으로 획정할지, ③ 기술발전의 속도, 연구개발 상황 등 동태적 특성도 시장획정에 감안할지 등이 있다.

「온라인 플랫폼 독과점 심사지침」에 따르면 온라인 플랫폼과 관련한 일정한 거래분야의 구체적인 판단은 「시장지배적지위 남용행위 심사기준」, 「기업결합 심사기준」의 일정한 거래분야 판단기준인 '가격에 따른 수요의 교차탄력성'(cross elasticity)과 '상품

---

50) "온라인 플랫폼"이란 서로 다른 집단(그룹)의 이용자들 간의 거래·정보교환 등 상호작용을 위하여 정보통신설비를 이용하여 설정된 전자적 시스템을 말한다. 「온라인 플랫폼지침」 Ⅰ. 3. (1).

51) 온라인 플랫폼처럼 서로 다른 이용자 그룹을 연결하는 다면시장(multi-sided market)에서는 특정 그룹의 이용자 수가 동일한 시장을 이용하는 다른 그룹 이용자의 편익에 영향을 미치는 교차 네트워크 효과(cross-side network effect)가 발생할 수 있다.

52) 온라인 플랫폼은 초기 네트워크 구축 및 개발비용 등 고정비용은 상대적으로 큰 반면, 온라인 플랫폼 이용자 수 증가에 따른 추가비용은 매우 적기 때문에 이용자 수가 증가할수록 평균비용이 현저하게 낮아지는 규모의 경제를 달성할 수 있다.

53) 온라인 플랫폼 사업자의 데이터의 수집·보유·활용 능력에 따라 각 이용자에게 특화된 맞춤형 서비스·프로모션을 제공하여 더 많은 이용자를 유인하는 것이 용이하며, 더 많은 이용자를 확보하면 더 많은 데이터를 축적할 수 있어 선순환 구조가 형성될 수 있다.

54) 가격에 민감한 이용자 그룹에는 명목상 무료로 서비스를 제공하여 더 많은 이용자를 확보하고, 교차 네트워크 효과를 이용하여 가격에 덜 민감한 다른 그룹의 이용자 수를 증가시킨 뒤, 해당 그룹의 이용자에게는 높은 가격을 부과하여 수익을 증가시킬 수 있다.

의 합리적 대체가능성'(interchangeability)에 따르되,55) 온라인 플랫폼의 특성을 반영하여 각 사안별 행위사실, 시장상황 등에 따라 시장획정 방식을 구체적·개별적으로 달리 할 수 있다. 특히 온라인 플랫폼 분야의 다면적 특성상, 온라인 플랫폼 사업자와 서로 다른 이용자 그룹 간의 거래를 각 이용자 그룹별로 여러 개의 시장으로 구분하여 획정하거나 각 이용자 그룹과의 거래를 포괄하여 하나의 시장으로 획정할 수 있도록 하고 있다. 그러나 일반적으로 온라인 플랫폼 서비스를 통해 각 이용자 그룹이 얻게 되는 기능 및 효용이 다를 수 있고, 온라인 플랫폼 사업자는 각 이용자 그룹별로 차별화된 가격정책을 운영할 수 있어 온라인 플랫폼 사업자 및 이용자의 대체가능성에 대한 인식이 다를 수 있기 때문에 각 이용자 그룹별로 시장을 획정하는 방식을 우선적으로 검토할 수도 있다.

사안별로 구체적 타당성이 인정되는 경우에는 ① 온라인 플랫폼을 이용하는 서로 다른 이용자 그룹 간의 교차 네트워크 효과의 존재 여부, 방향성 및 강도, ② 온라인 플랫폼 사업자가 서로 다른 그룹의 이용자 간 거래를 직접 중개하는지 여부, ③ 온라인 플랫폼을 이용하는 서로 다른 이용자 그룹 간 대체가능성에 대한 인식의 차이 등을 추가적으로 고려하여 온라인 플랫폼 사업자와 각 이용자 그룹의 거래를 포괄하여 하나의 거래분야로 판단할 수 있다. 다만, 서로 다른 그룹의 이용자 측면별로 경쟁 양상에 상당한 차이가 존재하는 등 이를 포괄하여 하나의 시장으로 획정하는 것이 타당하지 않은 경우에는 하나의 거래분야로 판단하지 않도록 하고 있다.56)

[판례] 네이버의 시장지배적지위 남용행위에서의 관련시장 획정(대법원 2014. 11. 13. 선고 2009두20366 판결)

원심은 … 피고(공정거래위원회)가 이 사건 처분의 전제가 되는 관련상품시장에 관하여 인터넷 포털이 대부분 검색(Search) 서비스, 이메일·메신저 등 커뮤니케이션(Communication) 서비스, 홈페이지·온라인카페 등 커뮤니티(Community) 서비스, 스포츠·금융·뉴스·게임 등 각종 콘텐츠(Contents) 서비스, 온라인 쇼핑 등 전자상거래(Commerce) 서비스(이하 '1S-4C 서비스')를 기반으로 유사한 서비스를 제공하고 있는 점 등에 근거하여 이 사건 관련시장을 '인터넷 포털서비스 이용자시장'으로 획정한 것에 대하여, ① 이 사건 광고제한행

55) 따라서 일정한 거래분야는 가격이 상당한 기간 어느 정도 의미 있는 수준으로 인상(또는 인하)될 경우 온라인 플랫폼 이용자(온라인 플랫폼 사업자)가 이에 대응하여 구매(판매)를 전환할 수 있는 상품이나 서비스의 집합으로서 ① 상품이나 서비스의 기능 및 효용의 유사성, ② 상품이나 서비스의 가격의 유사성, ③ 이용자들의 대체가능성에 대한 인식 및 관련 구매행태, ④ 온라인 플랫폼 사업자의 대체가능성에 대한 인식 및 그와 관련한 경영의사결정 형태, ⑤ 시간적, 경제적, 법적 측면에서의 대체가능성, ⑥ 통계법 제17조(통계자료의 분류) 제1항의 규정에 의하여 통계청장이 고시하는 한국표준산업분류, ⑦ 거래단계(제조, 도매, 소매 등), ⑧ 거래상대방을 고려하여 판단한다(「온라인 플랫폼 독과점 심사지침」 Ⅱ. 3. 가.

56) 「온라인 플랫폼 독과점 심사지침」 Ⅱ. 3. 가.

위는 동영상 콘텐츠 공급업체(contents provider)의 동영상 콘텐츠에 대한 색인 데이터베이스 제공계약을 체결하면서 원고의 검색결과로 보이는 동영상 플레이어 내 동영상 시청에 방해가 되는 선광고만을 원고와 협의 없이 게재할 수 없도록 한 것으로 원고의 검색서비스를 통하여 동영상 콘텐츠 공급업체와 이용자를 중개해 주는 과정에서 이루어진 점, ② 원고가 관련상품시장에서 시장지배력을 가지고 이를 남용하는 행위를 하였는지 여부를 판단함에 있어서는 원고가 동영상 콘텐츠 공급업체와 자신의 이용자들을 중개하는 시장에서 시장지배력을 가지는지 여부와 그 지위를 남용하는 행위를 하였는지 여부를 판단하여야 할 것이고, 이는 동영상 콘텐츠 공급업체들이 이용자들을 자신의 사이트로 유인함에 있어 원고와 같은 인터넷 포털사업자에게 얼마나 의존하고 있는지 여부와 직결되는 문제인 점, ③ 동영상 콘텐츠의 이용은 원고와 같이 1S-4C 서비스를 모두 제공하는 인터넷 포털사업자뿐만 아니라 그중 검색서비스만을 제공하는 인터넷 사업자의 인터넷 검색서비스를 통해서도 충분히 가능하고, 그 서비스의 효용이나 성능, 소요되는 비용은 1S-4C 서비스를 제공하는 인터넷 포털사업자와 별다른 차이가 있을 수 없는 점 등을 종합하여 보면, 결국 피고가 이 사건 관련시장을 인터넷 포털서비스 이용자시장으로 획정한 것은 부당하다고 판단하였다.

… 위 법리와 기록에 비추어 보면, 원심의 위와 같은 판단은 정당하다. 거기에 이 부분 상고이유와 같은 관련상품시장의 획정 및 시장지배적사업자의 인정 여부 등에 관한 법리오해의 위법이 없다.

Ⅲ. 시장지배적지위의 남용행위

1. 시장지배적지위

온라인 플랫폼 사업자가 시장지배적지위를 가지고 있는지 판단하기 위해서는 우선 「시장지배적지위 남용행위 심사기준」에 따라 시장점유율, 진입장벽의 존재 여부 및 정도, 경쟁사업자의 상대적 규모, 경쟁사업자 간의 공동행위의 가능성, 유사품 및 인접시장의 존재, 시장봉쇄력, 자금력 등[57]을 살펴보아야 한다. 이와 함께 온라인 플랫폼의 특성인 네트워크 효과, 규모의 경제, 낮은 한계비용 및 데이터의 집중 등에 따른 진입장벽과 쏠림현상(tipping effect), 고착효과(lock-in effect) 등을 추가적으로 고려하여야 한다.

이에 따라 「온라인 플랫폼 독과점 심사지침」에서는 ① 온라인 플랫폼 사업자가 교차 네트워크 효과, 규모 및 범위의 경제로 인해 신규 사업자에 비해 경쟁상 우위에 있는 등 진입장벽이 존재하는지, ② 온라인 플랫폼 사업자가 다수 사업자와 소비자를 연결하는 중개자 역할을 수행하면서 주요 이용자 그룹에 대한 접근성을 통제하는 문지기

57) 「시장지배적지위 남용행위 심사기준」 Ⅲ.

(gatekeeper)로서 영향력을 행사하고 있는지, ③ 관련 사업자들의 데이터 수집・보유・활용 능력 및 그 격차, 데이터의 이동성・상호운용성의 정도, 이로 인해 온라인 플랫폼 이용자에게 발생하는 고착효과, 경쟁사업자가 해당 데이터에 접근할 수 있는지, ④ 온라인 플랫폼 분야의 동태적 특성을 반영하여, 새로운 상품・서비스의 출현 가능성, 주요 사업자들의 연구개발 진행 현황, 향후의 기술 발전 가능성이 있는지, ⑤ 매출액 대신에 온라인 플랫폼 서비스 이용자 수, 이용빈도 등 대체 변수를 활용하여 시장점유율을 산정할 수 있는지 여부를 고려할 수 있도록 하고 있다.[58]

2. 지위남용행위의 경쟁제한성

온라인 플랫폼 시장에서 남용행위의 경쟁제한성 판단의 기초로 되는 경쟁제한 효과는 주로 시장지배력을 가지는 플랫폼이 신규 플랫폼의 시장진입을 방해하는 등 시장지배력을 유지・강화하거나 플랫폼 시장에서의 시장지배력을 지렛대로 연관시장으로 확장시키는 경우에 발생하게 된다. 특히 온라인 플랫폼 분야에서는 무료 서비스의 존재, 디지털 상품・서비스의 특성으로 인해 관련시장에서의 가격상승이나 산출량의 감소뿐만 아니라, 상품・서비스의 다양성 감소, 품질 저하 및 이용자의 비용 상승, 혁신 저해 등 경쟁제한 효과가 발생할 수 있다.

또한 경쟁제한 효과가 미치는 범위는 현재 온라인 플랫폼 사업자가 시장지배력 등을 보유한 시장에 한정되지 않으므로, 연관 상품 및 서비스 시장과 연계하여 분석할 수 있다. 즉, 현재 온라인 플랫폼 사업자가 시장지배력을 보유한 시장에서 연관 상품 또는 서비스 시장으로 지배력을 전이할 수 있는지 여부, 연관 상품 또는 서비스 시장의 지배력 강화를 통해 다시 기존 시장의 지배력을 공고히 할 수 있는지 여부 등을 고려할 수 있다. 그 밖에 온라인 플랫폼 사업자와 특정 이용자 그룹 측면으로 각각 별도의 시장으로 획정하는 경우에도 경쟁제한 효과 등의 평가 시, 각 측면의 상호연관성과 혁신에 미치는 효과를 고려할 필요가 있다.

온라인 플랫폼 사업자의 행위가 경쟁제한 효과와 효율성 증대효과를 동시에 발생시키는 경우에는 양 효과를 비교하여 법 위반 여부를 판단하여야 한다. 해당 행위로 인한 효율성 증대효과가 경쟁제한 효과를 상회하는 경우에는 위법하지 않은 행위로 판단할 수 있다. 단, 위법성 판단 시, 고려대상이 되는 효율성 증대효과는 해당 행위보다 경쟁제한 효과가 더 적은 다른 방법으로는 달성할 수 없는 것이어야 하며, 사업자의 내부 비용 절감에 그치지 않고 국민경제 전반의 효율성 증대에 기여할 수 있는 것이어

58) 「온라인 플랫폼 독과점 심사지침」 II. 3. 나.

야 한다.[59]

3. 지위남용행위의 유형[60]

(1) 멀티호밍 제한

멀티호밍(multi-homing) 제한이란 온라인 플랫폼 사업자가 자사 온라인 플랫폼 이용자의 경쟁 온라인 플랫폼 이용을 직·간접적으로 제한하는 것을 말한다. 이는 명시적인 배타조건부 계약을 통하여 경쟁 온라인 플랫폼의 이용을 금지하는 행위뿐만 아니라 싱글호밍에 대한 경제적 유인을 제공하거나, 경쟁 온라인 플랫폼을 이용하는 데 소요되는 비용을 증가시켜서 경쟁 온라인 플랫폼의 이용을 사실상 제한하는 행위를 포함한다. 멀티호밍 제한은 법 제5조 제1항 제5호 전단의 경쟁사업자 배제행위 등에 해당할 수 있다.

(2) 최혜대우 요구

최혜대우(MFN, most favored nation) 요구란 온라인 플랫폼 사업자가 온라인 플랫폼 이용사업자에게 자사 온라인 플랫폼상에서 거래하는 상품 또는 서비스의 가격 등 거래조건을 다른 유통경로에서 거래하는 가격 등 대비 동등하거나 더 유리하게 적용하도록 하는 것을 말한다. 이는 양 당사자 간 협상을 통한 경우, 온라인 플랫폼 사업자가 일방적으로 요구하는 경우를 모두 포함하며, 명시적인 계약조항의 형태뿐만 아니라 다양한 경제적 유인을 통해 실질적으로 최혜대우를 요구하는 경우를 포함한다. 최혜대우 요구는 법 제5조 제1항 제3호 다른 사업자 사업활동 방해행위 등에 해당할 수 있다.

(3) 자사우대

자사우대(self-preferencing)란 온라인 플랫폼 사업자가 자사 온라인 플랫폼에서 자사의 상품 또는 서비스를 경쟁사업자의 상품 또는 서비스 대비 유리하게 취급하는 행위를 말한다. 자사우대는 온라인 플랫폼 사업자가 자사의 상품 또는 서비스를 경쟁사업자의 상품 또는 서비스 대비 우선적으로 노출하는 등 직접적으로 우대하는 행위뿐만

---

59) 시장지배적지위 남용행위의 유형 중 ① 멀티호밍 제한과 ② 최혜대우 요구는 온라인 플랫폼 사업자가 해당 온라인 플랫폼 시장에서 자사의 지배력을 유지·강화하기 위해 주로 활용하는 전략인 반면, ③ 자사우대 및 ④ 끼워팔기는 온라인 플랫폼 사업자가 플랫폼 운영자로서의 지위를 지렛대(leverage)로 이용하여 다른 시장에서 자사의 지배력을 유지·강화하기 위해 주로 활용하는 전략이다. 남용행위 유형별 경쟁제한성은 경쟁제한의 우려와 효율성 증대 가능성을 검토하고 사안별로 부당성 판단요소를 종합적으로 고려하여 판단한다. 「온라인 플랫폼 독과점 심사지침」 Ⅱ. 3. 다.

60) 「온라인 플랫폼 독과점 심사지침」 Ⅲ. 2. 그 밖에도 남용행위 유형으로서 데이터 이동·접근 제한 또는 금지행위를 들 수 있다.

아니라, 자사와 거래하는 온라인 플랫폼 이용사업자의 상품 또는 서비스를 그렇지 않은 이용사업자의 상품 또는 서비스 대비 우선적으로 노출하는 등 간접적으로 우대하는 행위도 포함한다. 자사우대 행위는 법 제5조 제1항 제3호 다른 사업자 사업활동 방해행위 중 부당한 차별 등에 해당할 수 있다.

(4) 끼워팔기

끼워팔기(tying)란 온라인 플랫폼 사업자가 온라인 플랫폼 이용자로 하여금 온라인 플랫폼 서비스와 다른 상품 또는 서비스를 함께 거래하도록 강제하는 행위를 말한다. 이는 온라인 플랫폼 사업자가 온라인 플랫폼 서비스와 다른 상품 또는 서비스를 함께 거래하는 것 이외에 다른 선택 가능성을 제공하지 않는 경우, 또한 제반 사정을 고려할 때 온라인 플랫폼 이용자로 하여금 사실상 다른 상품 또는 서비스를 함께 거래하도록 강제하는 효과가 있는 경우도 포함한다. 끼워팔기는 법 제5조 제1항 제3호 기타의 다른 사업자 사업활동 방해행위 중 불이익한 거래 또는 행위의 강제, 동조 제1항 제5호 후단 소비자이익 저해행위 등에 해당할 수 있다.

제 5 절 법 위반의 효과

Ⅰ. 행정적 제재

1. 시정조치

시장지배적사업자가 법 제5조에 위반하여 지위남용행위를 한 경우에는 공정거래위원회는 해당 사업자에 대하여 가격의 인하, 해당 행위의 중지, 시정명령을 받은 사실의 공표 기타 시정을 위하여 필요한 조치를 명할 수 있다(법 §7①). 공정거래위원회는 남용행위를 한 시장지배적사업자가 합병, 분할, 분할합병 또는 회사신설 등 조직변경을 한 경우 그 지위를 승계한 사업자에 대하여 시정조치를 명할 수 있다. 즉, 합병 후에는 존속회사와 신설회사, 분할 또는 분할합병 후에는 분할회사, 신설회사 및 분할합병 후 존속회사에 시정조치를 명할 수 있다(법 §7②부터 ④까지).

한편 시정조치는 법 위반행위 사업자의 책임을 추궁하기 위한 것이라기보다 객관적인 위법상태를 제거하고 향후 유사한 행위가 재발하지 않도록 하기 위한 것이기 때문에 시장지배적사업자의 고의·과실을 요하지 않으며, 위법성을 인식하였어야 하는 것도 아니다. 기대가능성 등의 책임조각사유는 고려되지 않는다. 또한 시정조치는 현존하는 위법상태를 제거하기 위한 것으로서 위법상태가 이미 해소되었거나 재발할 우려가 없는 경우에는 시정조치명령을 내릴 필요가 없다.

공정거래법은 시장지배적지위 남용행위의 종료일부터 7년이 경과한 때에는 시정조치를 명하거나 과징금을 부과할 수 없도록 처분제한기간(처분시효)을 두고 있다(법 §80④). 다만, 법원의 판결에 따라 시정조치 또는 과징금 부과처분이 취소된 경우로서 그 판결이유에 따라 새로운 처분을 하는 경우에는 그러하지 아니하다(법 §80⑥). 하지만 공정거래위원회가 자료의 열람 또는 복사 요구(법 §95)에 따르지 아니하여 당사자가 소를 제기한 경우 그 당사자 및 동일한 사건으로 심의를 받는 다른 당사자에 대하여 진행이 정지되고 그 재판이 확정된 때부터 진행한다(법 §80⑦).

2. 과 징 금

시장지배적사업자가 남용행위를 한 경우에는 해당 사업자에 대하여 관련매출액에 100분의 6을 곱한 금액을 초과하지 아니하는 범위 안에서 과징금을 부과할 수 있다(법 §8, 비율과징금). 과징금 부과기준으로 되는 관련매출액은 위반사업자가 위반기간 동안 일정한 거래분야에서 판매한 관련 상품 또는 용역의 매출액 또는 이에 준하는 금액을 말한다(영 §13①). 다만 매출액이 없거나 매출액의 산정이 곤란한 경우로서 대통령령이 정하는 경우에는 20억 원을 초과하지 아니하는 범위 안에서 과징금을 부과할 수 있다(법 §8 단서, 정액과징금).

Ⅱ. 민사적 제재

시장지배적사업자가 지위남용행위를 함으로써 피해를 입은 자가 있는 경우에는 그 피해자에 대하여 공정거래법상의 손해배상책임을 진다(법 §109① 본문). 다만 사업자 또는 사업자단체가 고의 또는 과실이 없음을 입증한 경우에는 그러하지 아니하다(법 §109① 단서). 따라서 고의·과실에 대한 입증책임은 사업자 또는 사업자단체에게 전환된다. 시장지배적사업자의 공정거래법상의 손해배상책임과 민법상 불법행위책임은 청구권 경합관계에 있다. 따라서 피해자는 두 개의 손해배상청구권 중 하나를 임의로 선택하여 행사할 수 있다.

Ⅲ. 형사적 제재

시장지배적사업자가 지위의 남용금지의 규정에 위반하여 남용행위를 한 경우에는 3년 이하의 징역 또는 2억 원 이하의 벌금에 처하며(법 §124① i), 공정거래위원회의 시정조치 등에 응하지 아니한 경우에는 2년 이하의 징역 또는 1억 5천만 원 이하의 벌금에 처한다(법 §125 i).

제 3 장 기업결합의 제한

제 1 절 개 설

기업은 기술개발이나 재투자 등을 통해 자신의 사업 규모와 영역을 확대하기도 하지만, 다른 기업과의 합병이나 지분취득 등 기업결합을 통해 사업영역을 확장해 나가기도 한다. 기업결합이 이루어지는 경우 결합된 기업들은 하나의 기업집단을 형성하게 되며, 전체로서의 결속된 힘을 통하여 시너지효과를 거둠으로써 결합기업 전체의 효율성을 증대시킬 수 있다. 즉, 기업집단을 중심으로 일정한 한도까지는 규모의 경제(economy of scale)나 범위의 경제(economy of scope)를 달성하기도 하고 소유지배·경영의 주체를 혁신하여 기업 스스로의 경쟁력을 강화할 수 있다. 또한 생산성 향상으로 가격인하가 이루어진다면 국민경제 전체적인 측면에서 소비자후생의 증진에도 기여할 수 있다.

그러나 다른 한편으로 기업결합은 시장에서의 경쟁자 수를 감소시키고 결합기업의 시장집중도를 높임으로써, 경쟁조건으로서 중요한 시장구조 자체를 비경쟁적으로 변화시킬 수 있다. 또한 결합기업들이 시장지배력을 바탕으로 독과점 가격을 형성하거나 경쟁사업자의 사업활동을 방해할 경우 소비자들의 피해는 물론 시장에서의 경쟁질서가 침해될 우려가 있다. 특히 대기업의 시장집중도가 높은 우리나라의 경우 기업결합은 자칫 경제력집중으로 이어질 가능성이 크다.[1)]

공정거래법은 기업결합의 긍정적·부정적 측면을 종합적으로 고려하여 기업결합을 전면적으로 금지하지 않는 대신, 기업결합이 관련시장에서의 경쟁을 실질적으로 제한하는 경우에는 이를 금지하고 있다. 다만, 기업결합이 경쟁제한적이라 하더라도 회생이 불가능한 회사와의 기업결합이나 해당 기업결합 외의 방법으로는 달성하기 어려운 효율성 증대효과가 경쟁제한으로 인한 폐해보다 큰 경우에는 예외적으로 인정되고 있다. 또한 기업결합이 경쟁을 제한하였는지를 심사하기 위해 일정요건에 해당하는 경우

---

1) 기업결합은 시장구조 및 시장참가자 행태의 변화뿐만 아니라 결합기업 내부관계의 법률적 기초와 주주·채권자의 이해관계, 기업집단의 지배구조에도 커다란 변화를 가져오게 된다. 신현윤, 「기업결합법론」(법문사, 1999), 12-21면.

공정거래위원회에 신고하도록 의무화하고 있으며 심사결과 경쟁제한의 우려가 있는 경우에는 해당 기업결합의 중지, 주식의 전부 혹은 일부의 처분, 임원의 사임 등 시정조치를 명할 수 있도록 하고 있다.

제2절 기업결합의 의의 및 유형

I. 의 의

기업결합이란 일반적으로 기업 간 자본적·인적·조직적 결합을 통하여 기업활동을 단일한 관리체제 하에 통합시킴으로써 개별기업의 경제적 독립성을 소멸시키는 기업 간 결합의 과정과 형태를 말한다.[2] 기업결합의 주체로서 기업의 개념에 관하여는 공정거래법에서 아무런 규정을 두고 있지 않기 때문에 일반적인 기업개념을 비롯하여 법규범의 의미와 내용을 종합적으로 검토하여 연역하여야 한다.

'기업'(enterprise, Unternehmen)의 개념은 일반적으로 "일정한 계획에 따라 계속적인 의도로써 영리활동을 실현하는 경제적 조직체"로 정의할 수 있다.[3] 기업의 구체적인 법적 형태와 관련하여 영리법인으로서 회사는 물론 자연인이나 기타 공법인 또는 비영리 사법인도 권리·의무의 주체로서 상인자격을 취득하는 한 기업성을 인정하여야 할 것이다. 또한 넓은 의미에서 영리를 목적으로 하는 조직체에 속하는 한 조합이나 법인격 없는 사단도 형태 여하를 불문하고 이에 포함될 수 있다고 보아야 할 것이다. 그러나 현행 공정거래법은 기업결합의 대상을 회사형태의 기업에 한정하고 있다(법 §9① 각 호 참조).

한편 '결합'은 그 목적 및 수단에 따라 여러 가지 형태로 이루어지고 있고, 이에 따라 그 경제적 효과와 기능을 달리하고 있다. 공정거래법은 기업결합 가운데 경쟁제한적인 기업결합만을 규제대상으로 하고 있으며, 기업결합의 수단으로서 주식취득, 임원겸임, 회사합병, 영업양수 및 회사 신설의 5가지를 열거하고 있다(법 §9①). 이는 공정거래법이 기업결합을 어느 정도 지속적인 관계 속에서 통일적인 시장행동을 취할 수 있는 정도로 결합된 상태를 전제로 하는 것으로 볼 수 있다. 따라서 일시적인 협조관

---

2) 이규억·이성순, 「기업결합과 경제력집중」(한국개발연구원, 1985), 15면; 권오승, 「기업결합규제법론」(법문사, 1987), 222면.

3) E. Jacobi, Betrieb und Unternehmen als Rechtsbegriffe, in: FS für Ehrenberg, Leipzig 1927, S. 1, 3, 20; A. Nordmeyer, Der Unternehmensbegriff im Konzernrecht, Köln, 1970, S. 15ff..

계에 불과한 카르텔, 판매 또는 기술제휴, 하도급 등은 공정거래법상 기업결합의 범주에 포함되지 않는다.

Ⅱ. 유 형

1. 시장효과에 따른 분류

(1) 수평적 결합

수평적 결합(horizontal integration)이란 동일시장에서 경쟁관계에 있는 둘 이상의 기업 간의 결합을 말한다. 수평적 결합은 경쟁사업자의 수를 감소시켜 그만큼 결합기업의 시장집중도는 높아지고 유효경쟁은 감소한다고 보는 것이 전통적인 시장구조론의 입장이다. 더구나 대기업 간의 수평적 결합이 이루어지는 경우 독과점기업의 출현 가능성이 높아지게 된다.

그러나 시장에서 점유율이 큰 사업자가 존재하고 나머지 경쟁사업자들과의 점유율 격차가 클 경우 점유율이 작은 사업자들 간의 수평적 결합을 통해 오히려 유효경쟁을 증대시킬 수도 있다.

(2) 수직적 결합

수직적 결합(vertical integration)이란 어떤 상품 또는 용역의 거래단계를 달리하는, 즉 전·후방관계에 있는 기업 간의 결합을 말한다.[4] 수직적 결합은 경쟁자의 수가 감소되지 않고 상이한 거래단계에서의 기술적 상호의존성을 잘 활용할 수 있다면 비용절감의 효과를 발휘하고 경쟁을 촉진시킬 수도 있다.

그러나 경쟁사업자에 대한 원료공급 또는 제품유통의 차단 등 시장봉쇄를 통해 경쟁사업자의 시장활동을 약화시키거나 잠재적 경쟁사업자의 시장진입을 제약함으로써 경쟁을 저해할 우려가 크다. 이러한 효과는 특히 수직적으로 결합한 전·후방기업이 독점상태에 있는 경우 더욱 강력하게 나타나게 된다. 또한 결합된 기업 간에 보조금 지급이나 저가공급·고가매입·거래조건의 편의제공 등을 통하여 원가를 절감하게 되고, 이를 바탕으로 경쟁사업자에 비해 우월한 가격경쟁력을 확보하게 되는데 비해, 경쟁사업자는 상대적으로 높은 원가와 결합기업의 판매가격과의 사이에서 압착(squeeze)됨으로써 결국 시장에서 경쟁력을 상실하게 되고 심지어는 퇴출당할 수 있다.

---

4) 이 경우 기업결합의 주체가 수직적 흐름의 상위에 있으면 전방형 기업결합, 하위에 있으면 후방형 기업결합이라고 한다.

(3) 혼합적 결합

혼합적 결합(conglomerate integration)이란 경쟁관계나 전·후방관계가 없는 기업 간의 결합을 말한다. 혼합적 결합은 결합기업의 다각적인 기능을 상호보완적으로 활용함으로써 생산, 판매 및 관리기술을 보다 효율적으로 증진하여 이윤증대가 가능할 뿐 아니라 소비자 편익을 증대하기도 한다. 업종별 경기의 부침에 따른 위험을 분산시킬 수 있는 포트폴리오 효과(portfolio effects)도 있다.

혼합적 결합은 경쟁관계나 전·후방관계에 있는 기업 간의 직접적인 결합이 아니기 때문에 자칫 경쟁과정에 있어서 나쁜 영향을 주지 않는 것처럼 보인다. 그러나 실제에 있어서 잠재적 경쟁사업자의 수를 감소시키고, 결합기업 간의 상호구매 등을 통해 경쟁사업자의 거래기회를 차단시키며, 심지어 다업종 복합기업의 위력을 의식한 개별적인 경쟁사업자의 시장활동을 위축시킬 우려가 있다.[5]

2. 결합수단에 의한 분류

(1) 주식취득

주식취득은 다른 회사의 주식을 취득하거나 소유하는 것으로 기업결합의 가장 대표적인 수단이다. 여기에서 다른 회사는 주식회사 형태만을 전제로 하지 않으므로 주식취득에는 지분취득도 포함되는 것으로 해석된다. 주식의 취득 또는 소유는 명의와 관계없이 실질적 소유관계를 기준으로 한다(법 §10).

(2) 임원겸임

임원겸임이란 어떤 회사의 임원 또는 종업원이 다른 회사의 임원의 지위를 겸임시키거나 파견하는 방법에 의하여 기업결합이 이루어지는 것을 말한다. 임원의 겸임이나 파견에 의한 인적 결합관계는 그 자체로서 기업결합 내지 지배수단이 된다기보다는 이미 형성된 기업결합관계를 보완·강화하기 위한 수단으로서의 의미가 더욱 크다고 할 수 있다. '임원'이란 이사, 대표이사, 업무집행 무한책임사원, 감사나 이에 준하는 자 또는 지배인 등 본점이나 지점의 영업 전반을 총괄적으로 처리할 수 있는 상업사용인을 말한다(법 §2ⅵ). '종업원'이란 계속하여 회사의 업무에 종사하는 자로서 임원 이외의 자를 말한다(법 §2ⅰ).

---

5) 권오승, 앞의 책(기업결합규제법론), 35-40면.

(3) 합 병

합병은 둘 이상의 기업이 하나의 기업으로 결합하는 것으로서 흡수합병과 신설합병을 모두 포함한다. 합병에 있어서는 수 개의 기업이 경제적·법률적으로 완전히 결합하여 법인격이 하나로 된다는 점에서 기업결합의 형태 중 가장 완벽한 것이라고 할 수 있다.[6]

(4) 영업양수

영업양수는 두 기업 간의 계약에 따라 한 기업이 다른 기업의 영업의 전부 또는 주요 부분을 양수하는 방법이다. 영업이란 회사의 사업목적을 위하여 조직화되고 유기적 일체로서 기능하는 재산권의 집합을 말한다. 영업에는 영업재산뿐만 아니라 이들을 기능적 일체로 만드는 경영조직·인력, 인·허가받은 영업권 및 고객관계 등과 같은 재산상의 가치가 있는 사실관계도 포함된다. 영업양수가 기업결합의 수단으로 인정되기 위해서는 영업의 주요 부분을 양수하여야 한다. 여기에서 '주요 부분'이란 양수 또는 임차한 부분이 독립된 사업단위로서 영위될 수 있는 형태를 갖추고 있거나 양수 또는 임차됨으로써 양도회사의 매출의 상당한 감소를 초래하는 경우를 말한다.[7] 그 밖에 영업의 임차 또는 경영의 수임이나 다른 회사의 영업용 고정자산의 전부 또는 주요 부분의 양수도 기업결합의 유형에 포함된다(법 §9①ⅳ).

(5) 새로운 회사설립의 참여

새로운 회사의 설립은 발기인으로서의 참여 또는 신설회사의 대부분 주식을 인수함으로써 이루어지게 된다. 새로운 회사의 설립은 피상적으로 본다면 경쟁자의 수를 증가시킴으로써 경쟁을 촉진하는 역할을 할 수 있는 것으로 볼 수도 있다. 그러나 신디케이트처럼 원자재의 공동구입 또는 제품의 공동판매를 목적으로 합작회사나 자회사를 설립하는 경우에 이러한 결합관계를 통하여 경쟁사업자 간의 경쟁을 회피하기도 하고, 다른 경쟁사업자의 원료구입 또는 제품판매를 방해하거나 새로운 경쟁사업자의 시장진입을 저지하는 등 경쟁제한적인 수단으로 이용될 수 있다.

---

6) 권기범, 「주식회사 합병의 법리」(삼영사, 1990), 21-22면.

7) 「기업결합의 신고요령」(공정거래위원회고시 제2022-23호, 2022. 12. 30., 일부 개정) Ⅲ. 4. 다.에서는 양수 또는 임차부분이 독립된 사업단위로서 영위될 수 있는 형태를 갖추고 있거나 양수 또는 임차됨으로써 양도회사의 매출의 상당한 감소를 초래하는 경우로서, 양수금액이 양도회사의 직전 사업연도 종료일 현재 대차대조표상의 자산총액의 100분의 10 이상이거나 50억 원 이상인 경우를 주요 부분의 기준으로 정하고 있다.

3. 조직에 의한 분류

(1) 카르텔

카르텔(cartel)이란 동종 영업의 사업자가 계약, 협정, 결의 등의 방법으로 상품 또는 용역의 가격, 거래량, 거래상대방, 거래조건, 거래지역 등을 제한하는 행위를 말한다. 카르텔은 각 기업이 법적·경제적 독립성을 유지하면서 경영전략상 공동보조를 취하는 행위이기 때문에 결합상태의 지속성을 엄격히 요구할 경우 기업결합의 형태로 보기 어렵겠으나, 기업결합을 넓은 의미로 해석한다면 기업결합의 한 형태로 볼 수 있다. 이 경우 콘체른, 트러스트는 주로 자본을 중심으로 한 견고한 결합인데 비하여 카르텔은 계약에 의한 느슨한 결합 형태에 속한다.

(2) 콘체른

콘체른(Konzern)이란 법적으로 독립한 개별기업이 공동의 경제적 이익을 추구하기 위해 그 법적 독립성을 그대로 유지하면서 경제적·재정적·조직적으로 통일적 지휘체제 하에 예속한 기업집단을 말한다.[8] 따라서 콘체른에 참가하는 기업들은 형식상 법적 독립성을 그대로 보유하면서 하나의 경제적 단일체(wirtschaftliche Einheit)를 형성하여 지배기업의 통일적 지휘 하에 그들의 사업활동을 수행하게 된다. 이러한 콘체른 기업결합에 있어서 결합기업을 통일적으로 지휘하는 대표적인 형태로서 지주회사(holding company)를 들 수 있다. 카르텔이나 트러스트는 경쟁제한이나 시장통제를 목적으로 하거나 그 효과를 가지는데 비해, 콘체른은 경쟁제한을 직접적인 목적으로 하지 않는다.

(3) 트러스트

트러스트(trust)는 통상 자본적 참가를 기초로 하여 시장지배를 추구하는 동종 기업간의 결합을 말한다. 트러스트는 콘체른 결합의 가장 중요한 수단인 자본참가를 통해 결합하고, 동시에 시장에 대한 영향력 행사를 목적으로 하는 동종 기업 간의 결합이라는 점에서 콘체른과 카르텔의 특질을 모두 지닌 복합적 형태의 기업결합이라고 볼 수 있다. 트러스트의 발생지인 미국에서는 트러스트를 둘 이상 기업의 연합 또는 합병을 총칭하는 의미로 사용하고 있다.[9]

---

8) 신현윤, "콘체른의 개념적 고찰", 「경제법·상사법논집」(춘강 손주찬 교수정년기념논문집)(박영사, 1989), 69면 이하.

9) 1890년 셔먼법에 의하여 트러스트 조직이 금지됨에 따라 각 회사들은 합병 또는 지주회사의 설립 등의 방법으로 종래의 트러스트와 동일한 목적을 달성하게 되었고, 이러한 과정에서 형성된 새로운 조직도 역시 트러스트로 불리게 되었다. Rudolph J. R. Peritz, competition policy in America 1988-1992, Oxford

제 3 절 기업결합의 제한

Ⅰ. 의 의

공정거래법은 기업의 규모에 관계없이 누구든지 직접 또는 특수관계인을 통하여 일정한 거래분야에서 경쟁을 실질적으로 제한하는 기업결합행위를 원칙적으로 금지하고 있다(법 §9①). 여기에서 '특수관계인'이란 ① 회사의 사업내용을 사실상 지배하는 동일인(법 §2xi)을 비롯하여 ② 동일인과 긴밀한 관계에 있는 동일인관련자[10] 및 ③ 경영을 지배하려는 공동의 목적을 가지고 해당 기업결합에 참여하는 자를 말한다(영 §14① 각호). 다만, ②의 동일인관련자에 해당하더라도 회사를 독립하여 경영하는 친족 및 친족관련자, 독립하여 운영되는 비영리 법인 또는 단체는 제외한다(영 §14①ii 단서, §6①, ②).

공정거래법은 기업결합의 유형을 그 법적 수단을 기준으로 ① 주식취득, ② 임원겸임, ③ 합병, ④ 영업양수, ⑤ 새로운 회사의 설립의 5가지로 구분하고 있다(제2절 Ⅱ. 2. 기업결합의 유형 참조). 다만 임원겸임과 관련하여서는 자산총액 또는 매출액의 규모가 계열회사의 것과 합산하여 2조 원 이상인 대규모회사인 경우에만 해당하는 것으로 하고 있다(법 §9① 단서, 영 §15③). 이는 원래 임원겸임은 기존의 주식취득에 의한 기업결합을 강화하는 수단으로 이루어지고 있어 독립된 기업결합의 유형으로 보기 어려우나, 대규모회사의 경우 경제력집중 억제의 차원에서 임원겸임 여부를 계속 감시할 필요가 있기 때문이다.

또한 새로운 회사설립도 기업결합의 한 유형에 속하나, i) 특수관계인(동일인 및 동일인관련자에 한정) 이외의 자가 참여하지 아니하거나 ii) 회사의 단순분할에 의한 회사설립은 제외하고 있다(법 §9①v 단서, 영 §14②).[11] 이는 기업결합 규제의 본래 목적이

University Press, 1996, p. 9.

10) 여기에서 '동일인관련자'란 i) 동일인의 배우자·4촌 이내의 혈족·3촌 이내의 인척, ii) 동일인이 지배하는 국내 회사 발행주식총수의 100분의 1 이상을 소유하고 있는 5촌·6촌인 혈족이나 4촌인 인척, iii) 동일인이 「민법」에 따라 인지한 혼인외 출생자의 생부나 생모, iv) 동일인이 단독으로 또는 동일인관련자와 합하여 총출연금액의 100분의 30 이상을 출연한 경우로서 최다출연자이거나 동일인 및 동일인관련자 중 1인이 설립자인 비영리법인 또는 단체(법인격이 없는 사단 또는 재단으로 한정), v) 동일인이 지배하고 있는 계열회사·비영리법인·단체, 계열회사의 임원을 말한다(영 §4① i 각목).

11) 회사분할은 회사의 영업을 수 개로 분할하고 분할된 영업 중의 1개 또는 수 개를 각각 출자하여 1개 또는 수 개의 회사를 신설하는 '단순분할(單純分割)'(상법 §520의2①)과 회사의 영업을 분할하는 동시에 분할되는 일부 영업을 다른 회사에 합병시키는 '분할합병(分割合倂)'(상법 §520의2②)으로 구분된다. 이 중 단

적극적으로 다른 기업을 인수하거나 다른 기업과의 연대를 통해 시장에서의 독과점 지위를 획득하거나 경쟁제한 효과가 생기는 것을 방지하는데 비해, 특수관계인만이 참여하는 새로운 회사의 설립이나 회사의 단순분할은 기업 또는 기업집단의 구조조정을 원활히 하기 위해 하나의 회사를 여러 회사로 분할한 것에 불과하여 규제의 실익이 없기 때문이다.

Ⅱ. 경쟁제한적인 기업결합의 금지

1. 경쟁제한성의 판단

(1) 일정한 거래분야

기업결합이 경쟁제한적인지 여부를 판단하기 위해서는 우선 그 전제로서 일정한 거래분야를 획정하여야 한다.[12] 일정한 거래분야란 거래의 객체별・단계별・지역별로 경쟁관계에 있거나 경쟁관계가 성립될 수 있는 분야(법 §2ⅳ)로서 시장을 말한다. 경쟁제한적 기업결합에서 일정한 거래분야의 획정은 경쟁의 실질적 제한이 발생하는 시장을 한정하는 기능을 가지는 것으로서, 경쟁의 실질적 제한을 가져오는 행위의 성격・상태 및 그 행위에 대한 단속규정의 취지・목적에 따라 구체적으로 검토되지 않으면 안 된다.[13]

관련시장(객체별・지역별・단계별)의 획정과 관련한 일정한 거래분야에 관해서는 이미 시장지배적사업자에서 설명한 바와 마찬가지이다(제2장 제2절 Ⅱ.). 다만 지역시장의 획정과 관련하여 공정거래위원회는 유통사업자 간 기업결합의 경우 중첩원의 합집합(union of overlapping circles)이라는 접근방법을 활용하되, 지리적 특성이나 고객분포 현황 등을 감안하여 일정한 범위에서 지역시장을 합리적으로 조정하고 있다.[14]

순분할은 구조조정의 차원에서 회사를 단지 2개 이상으로 분할하는 것에 불과하며 경쟁제한적인 효과가 생긴다고 보기 어렵기 때문에 공정거래법의 규제대상에서 제외하고 있다. 그러나 분할합병은 합병과 마찬가지의 효과가 생기므로 여전히 규제의 대상으로 하고 있다.

12) 대법원 2008. 5. 29. 선고 2006두6659 판결.

13) 그러나 최근 실증적 경제분석 방법이 발달함에 따라 관련시장 획정을 반드시 선행하지 않고도 기업결합 모형 분석을 통하여 경쟁제한성을 입증하는 경우도 있다. FTC v. Staples. Inc. 970 F. Supp. 1066 (D.D.C. 1997). 이민호, 「기업결합의 경쟁제한성 판단기준」 – 수평결합을 중심으로 –(경인문화사, 2013), 128면.

14) 공정위 의결 제2013-78호(2013. 4. 29). 일정한 반경(통상의 경우 대도시 5㎞, 지방도시 10㎞, 기업형 슈퍼마켓 1㎞)의 범위 내에서 기업결합 당사 회사가 경쟁하고 있는 지역을 선정하고, 동 지역에 위치한 피결합회사 점포를 중심으로 동일한 반경 범위의 지역을 1차로 획정한 후, 1차로 획정된 지역에 소재하는 모든 경쟁 점포를 중심으로 다시 동일한 반경 범위의 지역을 2차로 획정하고, 1차 및 2차에 걸쳐 획정된 지역을 합한 지역 전체를 하나의 지역시장으로 획정하는 방식이다.

[판례] ㈜신세계의 월마트에 대한 경쟁제한적 기업결합(서울고법 2008. 9. 3. 선고 2006누30036 판결)

유통시장의 경우 가격을 통계적으로 유의미하게 지수화하기 어려우므로 다수의 상품을 생산 또는 판매하는 기업의 경우에는 처음부터 분석의 대상을 상품군으로 정의하여 관련시장 획정의 출발점으로 삼는 방식이 외국에서도 인정된다. 공정위가 심사하면서 할인점의 특성, 소비자들의 이용현황 및 인식, 법제도적 측면에서 할인점이 위치, 할인점의 분포현황 및 경쟁상황, 이용고객의 분포현황, 관련사업자의 인식 등을 종합적으로 고려하여 시장을 획정한 것은 적법하다.

(2) 경쟁의 실질적 제한

기업결합은 주로 장기적으로 시장에서의 경쟁에 영향을 미치게 되며, 동시에 시장구조의 변화를 가져오게 된다. 기업결합에서 경쟁제한성의 판단요소로서 '경쟁의 실질적 제한'이란 일정한 거래분야에서 경쟁이 감소하여 특정한 기업 또는 기업집단이 어느 정도 자유로이 가격·수량·품질 기타 거래조건이나 혁신, 소비자 선택가능성 등의 결정에 영향을 미치거나 미칠 우려가 있는 상태를 초래하거나 그러한 상태를 상당히 강화하는 것을 말한다.[15] 즉, 기업결합으로 인하여 시장에서 유효경쟁이 침해될 우려가 있는 상태, 보다 구체적으로 시장구조가 비경쟁적으로 변화하여 결합기업의 시장지배력이 형성·유지·강화되고, 경쟁사업자의 자율적인 사업활동이 곤란한 상태를 의미한다.

경쟁제한적 기업결합의 규제는 다른 공정거래법상의 규제와 달리 사전적 구조규제의 성격을 갖고 있기 때문에 미래예측적인 규제의 특성상 상대적으로 집행오류의 가능성이 높다. 따라서 경쟁의 실질적 제한 여부에 대한 주로 기업결합 후 시장집중도 및 그 변화추이를 중심으로 판단하게 되며,[16] 기업결합의 각 유형별로 추가적 요소를 고려한다. 즉, 수평적 결합의 경우에는 기업결합 전후의 시장집중 상황, 단독효과, 협조효과, 해외경쟁의 도입수준 및 국제경쟁 상황, 신규진입의 가능성, 유사품 및 인접시장

---

15) 「기업결합 심사기준」(공정거래위원회고시 제2024-6호, 2024. 5. 1., 일부개정) Ⅱ. 6.

16) 기업결합으로 인한 시장집중도의 증가가 경쟁에 미치는 영향에 관한 경제분석으로는 허핀달-허쉬만 지수(Herfindahl-Hirschman Index, 이하 "HHI")가 이용되고 있다. HHI는 관련시장에서 각 기업의 시장점유율을 제곱한 숫자를 가산하여 산출한다. 예컨대, 관련시장 시장점유율이 A사 30%, B사 30%, C사 20%, D사 10%, E사 10%인 때 HHI는 $30^2+30^2+20^2+10^2+10^2=2{,}400$이다. 만약 B사와 C사가 결합하게 되면 HHI는 $30^2+50^2+10^2+10^2=3{,}600$이다. 기업결합 전후의 HHI를 비교 분석하여 경쟁제한성 여부를 판단하게 된다. 「기업결합 심사기준」 Ⅵ. 1. 가. (1)에 따르면 수평적 기업결합으로서 ① HHI가 1,200에 미달하는 경우, ② 1,200 이상이고 2,500 미만이면서 HHI 증가분이 250 미만인 경우, ③ HHI가 2,500 이상이고 HHI 증가분이 150 미만인 경우에는 경쟁을 실질적으로 제한하지 않는 것으로 추정한다. 참고로 미국의 경우 HHI가 1,000~1,800인 경우에는 상당히 집중된 것으로, 1,800을 초과하는 경우에는 고도로 집중된 것으로 보며, 고도로 집중된 시장이나 합병기업의 시장점유율이 30% 이상인 시장에서 기업결합으로 HHI가 100 이상 증가하는 경우에는 경쟁을 실질적으로 감소시키고 독점을 형성할 경향이 있는 것으로 추정한다. U.S. Department of Justice & FTC, Merger Guidelines(2023. 12.), § 2.1.

의 존재여부 등을 종합적으로 고려하여 판단한다. 이에 비해 수직적 결합의 경우에는 시장의 봉쇄효과, 협조효과 등을 종합적으로 고려하며, 혼합적 결합의 경우에는 잠재적 경쟁의 저해효과, 경쟁사업자 배제효과, 진입장벽 증대효과 등을 종합적으로 고려하여 판단한다.[17]

그러나 기업결합의 반작용으로 새로운 경쟁이 유발될 가능성이 있는 경우에는 경쟁제한성을 완화하는 요인이 될 수 있다. 이를 판단하기 위해서는 해외경쟁의 도입수준 및 국제적 경쟁상황, 신규 진입의 가능성, 유사품 및 인접시장의 존재, 강력한 구매자의 존재 등을 고려할 수 있다.[18]

(3) 경쟁제한성의 추정

기업결합의 경쟁제한성은 공정거래위원회가 입증하여야 하나, 실제로 구체적인 시장구조의 분석없이는 이를 판단하기 쉽지 않다. 특히 수직적 결합이나 혼합적 결합의 경우 그 판단의 어려움은 더욱 크다. 공정거래법은 이러한 입증상의 어려움을 완화하고, 기업결합 규제의 실효성을 높이기 위해 '시장점유율'과 '회사규모'를 기준으로 기업결합의 경쟁제한성을 추정하고 있다(법 §9③).[19]

첫째, 기업결합으로 계열회사의 시장점유율을 합산한 당사회사(새로운 회사설립의 경우에는 참여회사 전부 포함)의 시장점유율의 합계가 ① 시장지배적사업자의 추정요건에 해당하고, ② 해당 거래분야에서 제1위이며, ③ 시장점유율이 제2위인 회사(당사회사를 제외한 회사 중 제1위인 회사)의 시장점유율과의 차이가 그 시장점유율의 합계의 25% 이상인 경우이다(제1호).[20]

둘째, 대규모회사가 직접 또는 특수관계인을 통하여 행한 기업결합으로서 ① 「중소기업기본법」에 의한 중소기업의 시장점유율이 3분의 2 이상인 거래분야에서, ② 해당 기업결합으로 5% 이상의 시장점유율을 가지게 되는 경우이다(제2호). 대규모회사란 자

---

17) 「기업결합 심사기준」 Ⅵ.

18) 「기업결합 심사기준」 Ⅶ.

19) 기업결합의 경쟁제한성 추정(법 §9③)의 법적 성질과 관련하여 '법률상 추정'보다 공정거래위원회의 조사절차 개시요건에 불과한 '행정법상 추정'으로 이해하는 견해가 유력하나, 공정거래위원회 조사결과 경쟁제한성 여부의 판단이 어려운 경우에는 결국 기업결합 당사회사에 입증책임이 돌아간다는 점에서 큰 차이는 없다. 다만 추정의 복멸을 다소 용이하게 인정할 필요가 있다. 이민호, 앞의 책, 214, 217면.

20) 예컨대, 시장에서 시장점유율이 각기 다른 A(40%), B(30%), C(20%), D(10%)의 4개 사업자가 있고, B와 C가 결합하는 경우 시장에서의 경쟁제한성을 추정하기 위해서는 위 3개의 요건을 모두 충족하여야 한다. 이를 살펴보면, 우선 양사 간의 결합에 따른 시장점유율의 합계가 50%이므로 첫째의 요건은 충족된다. 다음으로 시장점유율이 제1위에 해당하므로 둘째의 요건에도 해당한다. 마지막으로 시장점유율이 2위인 A와의 시장점유율의 차이가 10%인데, 이는 B(30%)와 C(20%)의 시장점율율 합계(50%)의 25%(4분의 1)인 12.5%에는 미달하는 것으로서 셋째의 요건을 충족하지 못한다. 따라서 B와 C의 결합에 대해서는 경쟁제한성이 추정되지 않는다.

산총액 또는 매출액의 규모[21]가 계열회사의 것과 합하여 2조 원 이상인 회사를 말한다(영 §15③).

이 추정규정은 대기업이 기업결합을 통하여 중소기업분야에 침투하여 시장지배력을 행사하는 것을 규제하기 위하여 도입한 것이지만, 동시에 대기업의 혼합적 결합을 규제하는 효과도 있다.

〈경쟁제한적 기업결합의 추정〉

구 분	내 용
시장점유율의 합계 * 계열회사 시장점유율 합산	▪ 시장지배적사업자의 추정요건에 해당 ▪ 해당 거래분야에서 1위 ▪ 시장점유율이 2위인 회사와 25% 이상 차이
대규모회사 * 자산총액 또는 매출액 규모가 2조 원 이상인 회사	▪ 중소기업의 시장점유율이 3분의 2 이상인 거래분야에서의 기업결합 ▪ 해당 기업결합으로 5% 이상의 시장점유율을 가지게 된 경우

(4) 간이심사대상 기업결합

공정거래위원회의 「기업결합 심사기준」에서는 일정한 요건에 해당하는 경우 경쟁제한성이 없는 것으로 추정하고 있다. 즉, ① 기업결합 당사자가 특수관계인에 해당하는 경우, ② 기업결합으로 당사회사 간에 지배관계가 형성되지 아니하는 경우, ③ 대규모회사가 아닌 자가 혼합결합하거나 관련시장의 특성상 보완성 및 대체성이 없는 혼합결합을 하는 경우, ④ 경영목적이 아니라 단순 투자활동임이 명백한 경우, ⑤ 임의적 사전심사를 요청하여 공정거래위원회로부터 위반하지 아니한 것으로 통지받은 기업결합의 경우, ⑥ 피취득회사가 외국회사(외국에 주된 사무소를 두고 있거나 외국 법률에 의해 설립된 회사)이고 국내 시장에 미치는 영향이 없는 경우에는 신고내용의 사실 여부만을 간단히 심사토록 하고 있다.[22]

21) 여기에서 '자산총액'은 직전 사업연도 종료일 현재의 대차대조표에 표시된 자산총액을 말하며, 기업결합일이 속하는 사업연도 중에 신주 및 사채의 발행이 있는 경우에는 그 발행으로 증가된 금액을 합한 금액을 말한다(영 §15①). '매출액'은 기업결합일이 속하는 사업연도의 직전 사업연도의 손익계산서에 표시된 매출액을 말한다. 다만, 금융업 또는 보험업을 영위하는 회사의 경우에는 직전 사업연도의 손익계산서에 표시된 영업수익을 말한다(영 §15②).

22) 「기업결합 심사기준」 Ⅲ.

2. 금지의 예외

(1) 예외인정의 취지

공정거래법은 국민경제적 관점에서 공정거래위원회가 기업결합으로 인한 효율성 증대효과가 경쟁제한으로 인한 폐해보다 크거나 회생이 불가능한 회사와의 결합으로서 일정한 요건에 해당된다고 인정하는 경우에는 기업결합이 비록 경쟁제한성이 있더라도 효율성 증대나 도산기업의 구제와 같은 공익적 목적을 실현하기 위하여 기업결합을 예외적으로 허용하고 있다(법 §9②). 그러나 경쟁제한적 기업결합은 기본적으로 시장구조를 비경쟁적으로 만들 우려가 있기 때문에 그 기본원리로서 ① 비교형량의 원리, ② 국민경제의 원리 및 ③ 보충성의 원리를 적용하여 기업결합의 이익이 경쟁제한적인 손실을 능가할 정도의 효율성 증대에 이바지하거나 부실기업의 회생 등을 위해 불가피한 경우에 한하여 이를 허용하여야 한다.

(2) 예외사유

(가) 효율성 증대

해당 기업결합 이외의 방법으로는 달성하기 어려운 효율성 증대효과가 경쟁제한으로 인한 폐해보다 큰 경우에는 기업결합이 경쟁제한적일지라도 예외적으로 허용된다(법 §9② i). 기업결합으로 인한 효율성 증대효과는 생산·판매·연구개발 또는 국민경제 전체적인 측면을 고려하여야 한다. 이를 인정받기 위해서는 그 효율성 증대의 효과가 해당 기업결합 외의 방법으로는 달성하기 어려워야 하며, 가까운 시일 내에 발생할 것이 명백하여야 한다. 또한 효율성 증대효과는 기업결합 특유의 것이어야 하며, 해당 결합이 없었더라도 달성할 수 있었을 효율성 증대 부분은 포함되지 아니한다.[23]

[판례] 무학의 대선주조 경쟁제한적 기업결합행위(서울고법 2004. 10. 27. 선고 2003누2252 판결)

무학이 이 사건 기업결합을 통하여 판매, 물류, 원재료비 절감효과를 누릴 수 있다 하더라도 그러한 효율성이 반드시 이 사건 기업결합이 아니면 달성하기 어려운 것으로 보기 어려울 뿐만 아니라 가까운 시일 내에 발생할 것이 명백하다는 점을 인정할 만한 아무런 자료가 없고, 또한, 불필요한 마케팅 비용의 절감 역시 경쟁제거에 따른 반사적 이익에 불과하여 본 건 기업결합으로 인한 효율성 증대효과가 경쟁제한으로 인한 폐해보다 크다고 할 수 없으므로, 결국 본 건 기업결합은 공정거래법 제7조 제2항 제1호(현행법 제9조 제2항 제1호)의 기업결합의 예외적 허용사유에 해당되는 것으로 볼 수 없다.

23) 「기업결합 심사기준」 Ⅷ. 1.

(나) 부실기업의 회생

상당기간 대차대조표상의 자본총계가 납입자본금보다 작은 상태(자본잠식)에 있는 등 회생이 불가능한 회사와의 기업결합에 대해서는 금지의 예외를 인정하고 있다(법 §9②ii). 이와 같이 예외를 인정한 것은 회생이 불가능한 회사, 즉 부실기업과의 기업결합을 금지하는 경우 부실기업이 시장에서 퇴출됨으로써 경쟁자 수가 감소하고 시장구조의 독과점화가 심화되지만, 부실기업을 인수하는 경우에는 생산과 고용유지 등 추가적인 경제이익이 발생할 수 있기 때문이다.

부실기업이란 회사의 재무구조가 극히 악화되어 지급불능 상태에 있거나 가까운 시일 내에 지급불능의 상태에 이를 것으로 예상되는 회사를 말한다.[24] 하지만 부실기업이라도 경쟁제한적인 기업결합 금지의 예외로 인정되기 위해서는 ① 기업결합을 하지 아니하는 경우 회사의 생산설비 등이 해당 시장에서 계속 활용되기 어렵고, ② 해당 기업결합보다 경쟁제한성이 적은 다른 기업결합이 이루어지기 어려운 두 가지의 요건을 갖추어야 한다(영 §16).

[판례] 삼익악기의 영창악기 경쟁제한적 기업결합행위(대법원 2008. 5. 29. 선고 2006두6659 판결)

이 사건 기업결합 당시 영창악기가 지급불능 상태에 있었거나 가까운 시일 내에 지급불능 상태에 이르러 회생이 불가한 회사라고 단정하기 어려운 점, 영창악기가 국내외에서 높은 브랜드 인지도를 보유하고 상당한 판매실적을 기록하고 있는 사정 등에 비추어 영창악기가 관련시장에서 퇴출될 것이라고 보기는 어려운 점, 실제로 원고들 이외의 다른 회사들이 영창악기에 대하여 증자참여 내지 인수를 제안했던 사정 등에 비추어 제3자의 인수가능성이 없어 이 사건 기업결합보다 경쟁제한성이 적은 다른 기업결합이 이루어지기 어려운 경우이었다고 단정하기 어려운 점 등을 종합하여 이 사건 기업결합이 회생이 불가한 회사와의 기업결합에 해당되지 않는다.

3. 탈법행위의 금지

누구든지 경쟁제한적인 기업결합의 금지(법 §9①) 규정의 적용을 회피하려는 행위를 하여서는 아니 된다(법 §13①). 탈법행위의 구체적인 유형 및 기준은 대통령령으로 정한다(법 §13②).

---

24) 「기업결합 심사기준」 Ⅷ. 2.

제4절 온라인 플랫폼 사업자의 기업결합 제한

Ⅰ. 의 의

최근 검색, 인터넷 포털, SNS(Social Network Service), 오픈마켓 등을 운영하는 온라인 플랫폼[25] 사업자들이 어느 분야에서 확보한 이용자그룹과 인프라를 바탕으로 M&A 등을 통해 사업영역을 확대하거나 각종 연관사업 분야에 진출하는 사례가 늘어나고 있다. 이와 같은 온라인 플랫폼 분야의 기업결합은 혁신적 서비스로 이용자의 편익을 증가시키기도 하고, 인접시장의 혁신적 신생기업(이하 '스타트업')들을 잇달아 인수하면서 스타트업의 투입자본 회수나 신규 창업을 활성화하는 등의 긍정적 효과도 있으나, 규모의 경제나 범위의 경제 구축으로 시장에서 지배력 쏠림현상이 심화되거나 잠재적 경쟁이 사라지는 등 경쟁제한의 우려도 크다.

그럼에도 불구하고 변화의 속도가 빠르고 기존 산업의 구도를 뒤엎는 파괴적 혁신이 종종 일어나는 역동적인 온라인 플랫폼 시장에서 경쟁제한성을 판단하기 쉽지 않다. 즉, 다면시장의 특성을 지닌 온라인 플랫폼 시장에서 간접 네트워크 효과에 따른 시장쏠림 현상에 대한 경쟁법적 평가에 대한 인식의 차이[26]가 있는데다 시장의 획정이나 경쟁제한성 판단에 대한 명확하고 구체적인 기준이 없어 온라인 플랫폼의 기업결합 규제에 어려움이 있다.[27]

이에 따라 공정거래위원회는 2024년 5월 「기업결합 심사기준」을 개정하여 온라인 플랫폼의 특성을 반영한 시장획정과 경쟁제한 효과의 판단기준을 마련하는 한편, 온라인 플랫폼 분야에서 기업결합의 경쟁제한 효과와 효율성 증대효과가 균형 있게 심사될 수 있도록 심사기준을 보완하였다.

---

25) 온라인 플랫폼이라 함은 서로 다른 집단(그룹)의 이용자들 간의 거래·정보교환 등 상호작용을 위하여 정보통신설비를 이용하여 설정된 전자적 시스템을 말한다. 「기업결합 심사기준」 Ⅱ. 12.

26) 쏠림현상에 대한 경쟁법적 평가는 크게 두 가지로 나누어 볼 수 있다. 즉, 첫째는 시장쏠림은 지배력 남용행위와 같은 경쟁제한행위의 결과 발생한 것이 아니며, 간접 네트워크 효과가 있는 양면시장에서 소비자는 사업자의 가격차별로 낮은 가격으로 서비스를 제공받기 때문에 소비자후생은 증진된다는 입장이다. 둘째는 네트워크 시장에서 강력한 선발사업자의 존재는 후발사업자가 시장에 진입하는 데 상당한 장벽으로 작용하고 이러한 상황에서 기존 사업자는 독점이윤을 추구할 유인이 생기고 궁극적으로 경제의 역동성이 떨어진다는 입장이다. 송태원, "온라인 플랫폼 기업의 수평적 기업결합 연구", 「법학연구」 제23집 제1호(인하대학교 법학연구소, 2020. 3.), 200-202면.

27) 이기종, "디지털 플랫폼 사업자 간의 기업결합 규제", 「상사판례연구」 제29집 제1권(2016. 3.).

Ⅱ. 시장의 획정

1. 시장획정의 전제

기업결합 규제의 사전규제의 특성상 장래의 경쟁제한 효과를 예측하여 규제하게 되고, 그 전제로서 경쟁제한 효과가 나타날 시장을 획정하여야 한다. 이제까지 통상의 관련시장 획정은 '상품의 기능 및 효용의 대체성', '상품의 가격의 유사성'을 중심으로 이루어져 왔다.

그러나 온라인 플랫폼 시장에서는 많은 이용자의 참여를 유도하고 유지하기 위하여 특정 관련시장을 넘어 다른 사업자의 서비스를 차용하고 모방하며, 그 과정에서 다른 상품이나 서비스와 결합하거나 이전에는 존재하지 않았던 완전히 새로운 기능을 추가하는 등 사업영역이 계속 변화하고 있다. 따라서 종래 취득회사와 피취득회사 간의 관계를 고려하여 구분했던 수평결합, 수직결합, 혼합결합의 경계가 불분명한 경우가 많다.[28] 또한 온라인 플랫폼 시장 특유의 역동성으로 플랫폼 사업자가 단일시장을 넘어 경쟁하는 경우가 많으며, 산업 또는 시장 간 융복합 현상으로 관련시장을 획정하더라도 그 시장 내에서 수 년 내에 일어날 경쟁구도의 변화를 예측하기가 어렵다. 이에 따라 온라인 플랫폼 시장을 획정함에 있어서 다면시장, 무료 서비스 시장, 혁신시장이라는 특성을 종합적으로 고려할 필요가 있다.

2. 다면시장의 획정

다면적 서비스 제공 온라인 플랫폼 사업자는 각 이용자 그룹별로 차별화된 가격정책을 운영할 수 있으며, 이용자 그룹 간 호밍(homing) 패턴 역시 다를 수 있고, 각 이용자 그룹이 인식하는 상품 또는 서비스의 대체가능성, 각 이용자 그룹별 경쟁 양상이 다를 수도 있으므로, 각 이용자 그룹별로 구분하여 시장을 획정할 수 있다. 그러나 ① 서로 다른 이용자 그룹 간의 교차 네트워크 효과의 존재 여부, 방향성 및 강도, ② 다면적 서비스 제공사업자가 서로 다른 이용자 그룹 간 거래를 직접 중개하는지 여부, ③ 다면적 서비스를 이용하는 서로 다른 이용자 그룹 간 대체가능성에 대한 인식의 차이를 추가적으로 고려하여 다면적 서비스를 제공하는 사업자와 서비스를 제공받는 이용자 그룹들을 포괄하여 하나의 시장으로 획정할 수 있다.[29]

---

28) 최난설헌, 앞의 논문, 247-248면.
29) 「기업결합 심사기준」 V. 1. 다.

3. 무료 서비스 시장의 획정

온라인 플랫폼 사업자가 이용자들로부터 주의·관심, 개인정보를 포함한 데이터 등을 제공받아 이를 토대로 광고수익을 창출하면서 명목상 무료로 서비스가 제공되는 경우에는 품질, 비용 등 비가격적 요소도 변수로 고려할 수 있다. 즉, 서비스의 품질이 저하되거나 서비스 이용 시 이용자가 부담하는 비용이 증가함에 따라 이에 대응하여 이용자가 구매를 전환할 수 있는 서비스의 집합으로 일정한 거래분야를 판단할 수 있다. 이 때, 서비스의 품질, 비용 등은 이용자에게 노출되는 광고의 양, 이용자의 개인정보 등 데이터 수집 범위 등을 고려하여 판단할 수 있다.[30)]

무료 서비스가 제공되는 시장에서는 가격인상을 전제로 한 시장획정 방법인 SSNIP Test는 더 이상 기능하기 어려우며, 그 대신에 SSNIC Test[31)] 또는 SSNIQ Test 내지 SSNDQ Test[32)] 방식으로 대체될 수 있다.[33)]

4. 혁신시장의 획정

역동성이 큰 혁신시장에서는 관련시장을 좀 더 넓게 획정할 필요가 있으며, 다면시장의 시장획정에 있어서는 어떤 형태로든 상이한 이용자그룹 간 수요의 상호의존성(demand interdependencies)을 고려할 필요가 있다. 즉, 결합 당사회사가 속한 산업 특성상 연구개발 등 혁신활동이 필수적이거나 지속적인 혁신경쟁이 이루어지고, 결합 당사회사 중 한 쪽 이상이 그 경쟁에서 중요한 사업자인 경우 근접한 혁신활동이 이루어지는 분야(이하 “혁신시장”)를 별도로 획정하거나 제조판매 시장 등과 포괄하여 획정할 수 있다.[34)]

---

30) 「기업결합 심사기준」 V. 1. 라.

31) 무료제품에 대하여 소비자들이 사실상 주목비용이나 정보비용과 같은 비금전적 대가를 지불하고 있음에 착안하여 “작지만 실질적이고 일시적이 아닌 비용의 증가(small but significant and non-transitory increas in cost: SSNIC)”가 있을 경우 어느 정도의 고객이 이탈하는지를 보는 것이다. 예컨대, 무료제품을 제공하는 플랫폼이 광고의 양을 늘릴 때 고객이 이탈하는 비율을 살펴보는 것이다.

32) 무료제품시장에서 종종 제품의 품질이나 기술혁신을 감소시키는 방식으로 시장지배력이 남용되는 것에 착안하여, “작지만 실질적이고 일시적이 아닌 품질의 변화(small but significant and non-transitory changes in quality: SSNIQ)” 또는 그러한 “품질의 저하(decrease in quality: SSNDQ)”가 있을 경우 고객의 반응을 살펴보는 것이다.

33) 이기종, 앞의 논문, 87-88면.

34) 「기업결합 심사기준」 V. 1. 마.

Ⅲ. 경쟁제한성의 판단

1. 고려요소

온라인 플랫폼 기업결합의 경쟁제한성을 판단함에 있어서는 온라인 플랫폼 시장의 특성을 감안하여 다양한 요소를 고려할 필요가 있다. 예컨대, 온라인 플랫폼 시장의 간접 네트워크 효과를 감안하여 두 이용자 그룹 간의 상호의존성을 고려하여야 한다. 만약 각 이용자 그룹을 분리하여 고찰할 경우에는 문제된 기업결합의 경쟁제한성을 간과하거나 그 반대의 오류에 빠질 위험이 있다. 온라인 플랫폼의 다면시장 중 무료의 상품 또는 서비스가 제공되는 어느 한 면 시장의 경우에는 시장지배력은 가격이 아닌 주목비용의 상승(예컨대, 광고 증가)이나 정보비용 상승(예컨대, 더 많은 개인정보 요구)의 형태로 나타나기 때문에 이러한 비금전적 요소도 경쟁제한성 판단에 반영되어야 한다.[35]

그밖에 디지털 경제에서 온라인 플랫폼 사업자에게 데이터는 경쟁 우위를 차지할 수 있는 중요한 자산인 동시에 데이터 확보는 사업성공의 핵심적 요소이기 때문에, 기업결합으로 데이터가 통합되고 빅 데이터(big data) 취득을 통해 경쟁 우위를 확보함으로써 경쟁제한 효과가 발생할 우려가 있다는 점도 고려되어야 한다.[36]

2. 판단기준

(1) 시장집중도

경쟁제한성의 징표로서 우선 기업결합 후 시장집중도의 변화를 살펴보아야 한다. 그러나 기업결합으로 이용자그룹의 크기가 증가하더라도, 통상의 경우 이용자들이 멀티호밍(multi-homing)을 하고 있고, 경쟁사업자로 전환하는 비용이 낮기 때문에 전통적인 경쟁제한성 판단기준으로서 시장집중도의 핵심요소인 시장점유율의 의미가 약화될 수 있다. 더구나 온라인 플랫폼이 무료로 서비스를 제공할 경우 매출액을 기준으로 시장점유율을 산정할 수 없는 문제도 발생한다.

하지만 무료 서비스가 제공되는 경우에는 서비스 이용자 수, 서비스 이용 빈도 등 대체 변수를 활용하여 시장점유율을 산정할 수 있다. 또한 혁신시장에서는 매출액보다 연구개발비 지출 규모, 혁신활동에 특화된 자산 및 역량의 규모, 해당분야 특허출원 또

---

35) 이기종, 앞의 논문, 90-96면. 참고로 미국 DOJ와 FTC가 2023년 12월 공동으로 공표한 합병가이드라인에서는 플랫폼의 다면적 특성을 반영하여 플랫폼 간 경쟁, 플랫폼 내 경쟁, 플랫폼 대체 경쟁을 심사하도록 규정하고 있다(mergerguideline 2.9.).

36) 이기종, 위의 논문, 96면.

는 피인용 횟수, 혁신경쟁에 실질적으로 참여하는 사업자의 수 등을 참고하여 시장점유율을 산정할 수 있다.[37] 그밖에 결합 당사회사 중 일방이 온라인 플랫폼 사업자인 경우에는 시장집중도를 분석함에 있어 온라인 플랫폼 이용자의 범위, 해당 이용자 그룹의 플랫폼 의존도, 이용자들의 싱글호밍·멀티호밍 경향 및 플랫폼 이용용도·양태 등도 고려요소에 포함할 수 있다.[38]

(2) 수평형 기업결합

온라인 플랫폼의 수평형 기업결합의 경우에도 기본적으로 기업결합 전후의 시장집중상황, 단독효과, 협조효과, 해외경쟁의 도입수준 및 국제적 경쟁상황, 신규진입의 가능성, 유사품 및 인접시장의 존재여부 등을 기준으로 경쟁을 실질적으로 제한하는지 여부를 판단하여야 한다. 이 가운데 특히 단독효과 여부를 판단함에 있어서는 ① 플랫폼 간 기업결합으로 인해 이용자 또는 데이터 규모 등이 증가함에 따른 직접 또는 교차 네트워크 효과의 강도와 ② 무료 서비스 범위 축소, 서비스질 악화, 반대급부(수집되는 데이터, 소비자가 시청해야 하는 광고의 양) 증가 등 비가격 경쟁이 제한되는지 여부를 추가적으로 고려할 수 있다.[39]

(3) 수직형 기업결합

온라인 플랫폼의 수직형 기업결합이 경쟁을 실질적으로 제한하는지 여부는 기본적으로 시장의 봉쇄효과, 협조효과를 기준으로 판단하여야 하나, 그 이외에도 해당 온라인 플랫폼의 이용자 규모나 데이터 규모가 증가하는 경우 네트워크 효과가 작동할 수 있는지 여부를 경쟁제한성 판단에 고려할 수 있다.[40]

(4) 혼합형 기업결합

온라인 플랫폼의 혼합형 기업결합이 경쟁을 실질적으로 제한하는지 여부는 기본적으로 잠재적 경쟁의 저해효과, 경쟁사업자 배제효과, 진입장벽 증대효과 등을 종합적으로 고려하여 판단하여야 한다.

이 가운데 경쟁사업자 배제를 위해 가장 대표적으로 이루어지는 유형으로 끼워팔기(tying)를 들 수 있는데, 온라인 플랫폼 혼합결합 경쟁제한성 판단 시에는 각종 서비

37) 「기업결합 심사기준」 VI. 1. 가.
38) 「기업결합 심사기준」 VI. 1. 나.
39) 「기업결합 심사기준」 VI. 2. 가. (4).
40) 「기업결합 심사기준」 VI. 3. 다.

스를 선탑재(pre-installation)하는 등 기술적 끼워팔기(technical tying)가 이루어질 가능성이 있다는 점을 고려하여야 한다. 또한 온라인 플랫폼 사업자에 의한 다수의 혼합결합은 핵심 서비스를 중심으로 다수의 서비스를 함께 제공하는 생태계(ecosystem) 구성으로 이어질 수 있고, 이러한 생태계 간 경쟁을 촉진한다는 측면에서 긍정적일 수 있으나(경쟁촉진적 측면), 핵심 서비스의 제공 없이 일부 서비스만 제공하는 사업자가 시장에서 배제되거나, 생태계를 구성하는 모든 서비스를 갖추지 않으면 진입이 어렵기 때문에 사실상 진입장벽을 높이는 요인(경쟁제한적 측면)으로 작용할 수도 있음을 모두 고려할 수 있다.[41]

그 밖에 해당 온라인 플랫폼의 이용자 규모나 데이터 규모가 증가하는 경우, 잠재적 경쟁의 저해효과, 경쟁사업자 배제효과, 진입장벽 증대효과 외에도 네트워크 효과가 작동할 수 있음을 고려할 수 있다.[42]

3. 간이심사대상 기업결합

관련시장의 특성상 보완성 및 대체성이 없는 혼합결합을 하는 경우 경쟁제한성이 없는 것으로 추정하여 간이심사대상 기업결합 대상으로서 원칙적으로 신고내용의 사실 여부만을 심사하는 것이 일반적이다. 그러나 온라인 플랫폼 사업자가 ① 신고일 기준 직전년도에 국내시장에서 월 평균 500만 명 이상(결합되는 사업자 또는 사업부문이 게임·웹툰·웹소설·영화·드라마 등 콘텐츠나 SNS 등 인터넷 기반 서비스를 제공하는 경우에는 월 평균 순이용자 혹은 순방문자가 500만 명 이상)을 대상으로 상품 또는 서비스를 제공하였거나 ② 영업양수하는 사업부문으로부터 상품 또는 서비스를 제공받은 월 평균 이용자 수가 신고일 기준 직전년도에 500만 명 이상인 경우에는 그러하지 아니하다.

Ⅳ. 효율성 증대효과

온라인 플랫폼 기업결합은 경쟁제한의 우려만 있는 것이 아니라 혁신적 서비스로

41) 즉, 개체와 그 환경 간의 상호작용을 통해 어떻게 생태계를 형성하고 유지하는지를 탐구하는 생태계 이론(ecosystem theory)을 기반으로 시장지배적 플랫폼의 혼합결합이 상호작용을 통해 구축한 더 광범위한 생태계 단위에서 경쟁에 미치는 영향을 살펴보는 것이다. 혼합결합을 통해 보유한 정보우위 등을 바탕으로 새로운 생태계에서 경쟁을 제한하는지 여부가 핵심이다. EU위원회는 유럽 내 최대 호텔 OTA(online travel agency) 시장지배적사업자인 Booking Holdings Inc.의 항공 OTA 2위 사업자인 eTraveli와의 기업결합 신청에 대해 여행서비스 생태계의 확장 및 확장된 생태계에서 Booking Holdings의 시장지배력과 협상력 강화를 이유로 불허한 바 있다. Case M.10615-Booking Holdings/eTreveli Group, Commission decision of 25 September 2023(2022/C 402/07).

42) 「기업결합 심사기준」 Ⅵ. 4. 다.

이용자의 편익을 증가시키거나 스타트업 생태계를 활성화하는 등 효율성 증대효과가 나타날 수 있다. 공정거래법은 효율성 증대효과가 크거나 회생이 불가한 회사와 기업결합의 경우에는 경쟁제한적 기업결합이더라도 예외적으로 허용할 수 있기 때문에(법 §9②) 온라인 플랫폼 기업결합의 경우에도 효율성 증대나 공익적 목적과 경쟁제한 효과를 비교하여 판단하여야 한다.

특히 효율성 증대효과를 판단함에 있어서는 온라인 플랫폼의 특성으로 인해 발생할 수 있는 여러 요소, 즉 ① 기업결합으로 인한 이용자 수 증가가 직접 또는 교차 네트워크 효과를 통해 이용자의 편익을 증가시키는지 여부, ② 기업결합으로 인해 결합당사회사가 확보하는 이용자나 그와 관련된 정보자산이 통합적으로 활용되는 등의 효과에 따라 혁신적인 서비스가 출시되거나 생산·유통과정의 비용이 절감될 수 있는지 여부, ③ 기업결합으로 인해 온라인 플랫폼 서비스 이용자가 이용할 수 있는 서비스의 범위가 넓어지게 됨에 따라 소비자가 누리게 되는 편익이 증가하는지 여부 및 ④ 스타트업이 기업결합의 일방 당사자인 경우로서, 기업결합에 따라 해당 스타트업에 투입되었던 자본이 회수되고 신규 스타트업 창업 및 시장진입이 나타나는 등 국내 스타트업 생태계 활성화에 현저히 기여하는지 여부를 추가적으로 고려하여야 한다.[43]

제 5 절 기업결합의 신고

Ⅰ. 의　　의

공정거래위원회가 제한된 행정인력으로 모든 기업결합의 경쟁제한성 여부를 일일이 감시하기는 어렵다. 따라서 공정거래법은 규제의 편의를 위해 수많은 기업결합 가운데 시장에서 경쟁에 영향을 미칠 개연성이 있는 기업결합에 대해 일단 신고의무를 부과하고 있다.

즉, 자산총액 또는 매출액의 규모가 3천억 원 이상인 회사(이하 '기업결합신고대상회사') 또는 그 특수관계인이 300억 원 이상의 다른 회사(이하 '상대회사')에 대하여 주식취득, 임원겸임, 합병, 영업양수에 해당하는 기업결합을 하거나 상대회사 또는 그 특수관계인과 공동으로 회사설립의 참여에 해당하는 기업결합을 하는 경우 및 그 반대의 경우에 신고하도록 하고 있다. 또한 국내에서의 기업결합뿐만 아니라 국내시장의 경쟁

43) 「기업결합 심사기준」 Ⅷ. 1. 가. (2), (3).

에 영향을 미칠 수 있는 외국기업 간의 기업결합이나 국내기업의 외국기업과의 결합도 공정거래위원회에 신고하여야 한다(기업결합신고요령 Ⅳ.).

Ⅱ. 신고대상

1. 신고대상회사

기업결합의 신고대상으로 되는 회사 자산총액 또는 매출액의 규모[44]가 3천억 원 이상인 회사를 말하나, 임원겸임에 의한 기업결합의 경우에는 그 규모가 2조 원 이상인 대규모회사에 한한다. 이와 동시에 기업결합의 상대회사의 자산총액 또는 매출액의 규모는 300억 원 이상이어야 한다(법 §11①, 영 §18①, ②). 자산총액 또는 매출액의 규모는 기업결합일 전후로 계속하여 계열회사의 지위를 유지하고 있는 회사의 것을 합산한 규모를 말한다. 다만 영업양수의 경우 영업양도(영업임대, 경영위임, 영업용 고정자산 양도 포함)하는 회사의 계열회사의 자산총액 또는 매출액은 합산하지 아니한다(법 §11⑫, §9⑤).

특히 기업결합 당사회사가 모두 외국회사이거나, 기업결합신고대상회사가 국내 회사이고 상대회사가 외국회사인 경우에는 각각 위 자산총액 또는 매출액 요건을 충족하는 동시에 그 외국회사의 「국내 매출액」이 300억 원 이상인 경우에만 신고대상으로 된다(영 §18②, ③). 여기에서 외국회사란 외국에 주된 사무소를 두고 있거나 외국의 법률에 의해 설립된 회사를 말한다.

한편 대기업이 스타트업 등 소규모이지만 성장가능성이 큰 잠재적 경쟁사업자를 초기에 인수하여 독과점을 형성·유지하거나 진입장벽을 구축하는 등 경쟁제한의 우려가 있기 때문에[45] 피취득회사의 자산총액이나 매출액의 규모가 300억 원 미만이더라도 거래금액(인수가액)이 큰 경우에는 신고의무를 부과하고 있다. 이에 따라 기업결

---

44) 여기에서 '자산총액'은 직전 사업연도 종료일 현재의 대차대조표에 표시된 자산총액을 말하며, 기업결합일이 속하는 사업연도 중에 신주 및 사채의 발행이 있는 경우에는 그 발행으로 증가된 금액을 합한 금액을 말한다(영 §15①). '매출액'은 기업결합일이 속하는 사업연도의 직전 사업연도의 손익계산서에 표시된 매출액을 말한다. 다만, 금융업 또는 보험업을 영위하는 회사의 경우에는 직전 사업연도의 손익계산서에 표시된 영업수익을 말한다(영 §15②).

45) 소위 빅테크(big tech)에 의해 인수된 스타트업의 기술은 인수기업 및 혁신경제 성장의 밑거름이 되고, 피취득회사는 매각대금을 활용하여 혁신 기술개발에 재투자할 수 있으므로 스타트업 인수 자체를 부정적인 시각으로 볼 것만은 아니다. 그러나 스타트업을 인수하면서 잠재적 경쟁자를 시장에서 제거하고 미래 경쟁을 선점하기 위한 목적으로 이루어지는 소위 '킬러 인수(killer acquisition)'의 경우에는 시장의 다양성과 역동성, 혁신성을 저해하며 경쟁에 큰 위협이 될 수 있다. 최난설헌, "디지털 경제에서의 스타트업 인수에 대한 경쟁법적 이해", 「경쟁법연구」 제46권(2022. 9.), 235-236면.

합신고대상회사 또는 그 특수관계인이 상대회사의 자산총액 또는 매출액 규모가 신고대상에 해당하지 않더라도(소규모피취득회사), ① 의결권있는 발행주식총수의 100분의 20(상장법인의 경우 100분의 15) 이상을 소유하게 되는 경우, ② ①에 따른 비율 이상으로 소유한 자가 추가 취득하여 최다출자자가 되는 경우, ③ 합병 또는 영업양수의 경우, ④ 소규모피취득회사 또는 그 특수관계인과 공동으로 새로운 회사설립에 참여하여 최다출자자가 되는 경우로서 일정한 요건을 충족하면 신고하여야 한다(법 §11②).

여기에서 일정한 요건이란 ⅰ) 거래금액 기준으로 기업결합의 대가로 지급 또는 출자하는 가치의 총액(당사회사가 자신의 특수관계인을 통한 지급 또는 출자 포함)이 6,000억 원 이상이고, ⅱ) 국내 시장활동 기준으로 소규모피취득회사 또는 그 특수관계인이 직전 3년간 국내시장에서 월간 100만 명 이상을 대상으로 상품 또는 용역을 판매·제공한 적이 있거나, 직전 3년간 국내 연구시설 또는 연구인력을 계속 보유·활용해왔고 국내 연구시설, 연구인력 또는 국내 연구활동 등에 대한 연간 지출액이 300억 원 이상인 적이 있는 경우를 말하며, 이에 준하는 경우로서 공정거래위원회가 고시하는 경우에도 마찬가지이다(법 §11② 각호, 영 §19①, ② 각호).

2. 신고대상행위

기업결합의 신고대상으로 되는 '행위'는 ① 피결합회사가 비상장법인의 경우에는 무의결권 주식을 제외한 발행주식총수의 20% 이상, 주권상장법인의 경우에는 그 15% 이상을 소유하게 되는 경우(제1호),[46] ② 다른 회사의 발행주식을 제1호에 따른 비율 이상으로 소유한 자가 주식을 추가 취득하여 최다출자자가 되는 경우(제2호),[47] ③ 자산총액 또는 매출액의 규모가 2조 원 이상인 대규모회사의 임원 또는 종업원이 계열회사가 아닌 다른 회사의 임원을 겸임하는 경우(제3호), ④ 합병·영업양수(제4호), ⑤ 새로운 회사의 설립에 참여하여 그 회사의 최다출자자가 되는 경우(제5호)[48]이다. 주식의 소유 또는 인수의 비율을 산정함에 있어서는 해당 회사의 특수관계인이 소유하고 있는 주식을 합산한다(법 §11⑤).

---

46) '100분의 20(상장법인의 경우에는 100분의 15)이상을 소유하게 되는 경우'란 그 미만의 소유상태에서 그 이상의 소유상태로 되는 경우를 말한다(영 §18④).

47) "최다출자자가 되는 경우"란 최다출자자가 아닌 상태에서 최다출자자가 되는 경우를 말한다(영 §18⑤). 이와 같이 최다출자자가 되는 경우 재신고(再申告)를 의무화한 것은 1차 신고시 의도적으로 2대 주주가 되도록 지분을 조정·신고하여 일단 기업결합심사를 통과한 후, 지배지분을 추가 취득하여 사실상 아무런 규제 없이 기업결합의 목적을 달성하려는 탈법행위를 방지하기 위한 것이다.

48) 따라서 신규회사 설립에 참여하는 2 이상의 회사가 각각 발행주식총수의 20% 이상의 지분을 취득하더라도 그 중 최다출자자만 신고의무를 부담하게 된다. 이는 1건의 기업결합인데도 별개의 신고의무를 부과할 경우 기업부담이 증가하는 것을 방지하기 위한 것이다.

〈기업결합 신고대상행위〉

구 분	내 용
주식소유	다른 회사의 무의결권 주식을 제외한 발행주식총수의 20%(비상장법인) 또는 15%(주권상장법인) 이상을 소유하게 되는 경우
최다출자자	기존 지분율(비상장법인 20%, 주권상장법인 15%)을 넘어 최다출자자가 되는 경우
임원겸임	대규모회사의 임원·종업원이 다른 회사의 임원을 겸임하는 경우
합병·영업양수	회사가 다른 회사와 합병 또는 영업을 양수하는 경우
회사설립 참여	새로운 회사설립에 참여하여 최다출자자가 되는 경우

다만, 위의 신고대상행위에 속하더라도 경쟁제한의 우려가 거의 없는 ① 자본시장법상 사모집합투자기구(§9⑲ PEF, 소위 사모펀드) 설립, ② 상법상 모자회사(§342의2) 간 합병 또는 영업양수·양도, ③ 계열회사의 임원을 겸임하거나 다른 회사의 임원 총수의 3분의 1 미만을 겸임하는 경우로서 대표이사가 아닌 임원을 겸임하는 경우 또는 ④ 계열회사 간 합병 시 합병되는 회사 자체 규모가 300억 원 미만인 경우에는 신고의무가 면제된다(법 §11①ⅲ, ⅳ, ③ⅳ).

3. 신고대상의 제외

(1) 기업결합의 장려·정당화

주식취득(제1호) 또는 회사신설(제5호)에 해당하는 기업결합의 경우로서 법률로 기업결합이 장려되거나 정당화되는 경우에는 신고대상에서 제외한다.

즉, ①「벤처투자 촉진에 관한 법률」 제2조 제10호 또는 제11호에 따른 중소기업창업투자회사 또는 벤처투자조합이「중소기업창업 지원법」 제2조 제2호에 따른 창업자(이하 "창업자") 또는「벤처기업육성에 관한 특별조치법」 제2조 제1항에 따른 벤처기업(이하 "벤처기업")의 주식을 무의결권 주식을 제외한 발행주식총수의 100분의 20 이상(주권상장법인의 경우 100분의 15 이상)을 소유하게 되거나 그 설립에 다른 회사와 공동으로 참여하여 최다출자자가 되는 경우, ②「여신전문금융업법」 제2조 제14호의3 또는 제14호의5에 따른 신기술사업금융업자 또는 신기술사업투자조합이「기술보증기금법」 제2조 제1호에 따른 신기술사업자(이하 "신기술사업자")의 주식을 무의결권 주식을 제외한 발행주식총수의 100분의 20 이상(주권상장법인의 경우에는 100분의 15 이상)을 소유하게 되거나 신기술사업자의 설립에 다른 회사와 공동으로 참여하여 최다출자자가 되는 경우, ③ 기업결합신고대상회사가 ⅰ) 「자본시장과 금융투자업에 관한 법률」(이하 "자본시장법") 제9조 제18항 제2호에 따른 투자회사, ⅱ) 「사회기반시설에 대한 민간투자법」에 따라 사회기반시설(SOC) 민간투자사업 시행자로 지정된 회사, ⅲ) ⅱ)의 회사에 대한 투자목적으로 설립된 투자회사(「법인세법」 제51조의2 제1항 제6호에 해당하는 회사로 한정) 또는 ⅳ) 「부동산투자회사법」 제2조 제1호에 따른 부동산투자회사의 설립에 다른 회사와 공동으로 참여하여 최다출자자가 되는 경우에는 신고대상에서 제외한다(법 §11③).

(2) 공정거래위원회와의 사전협의

관계 중앙행정기관의 장이 다른 법률의 규정에 의하여 미리 해당 기업결합에 관하여 공정거래위원회와 협의한 경우에는 신고하지 않아도 된다(법 §11④). 예컨대, 「금융산업의 구조개선에 관한 법률」 제3조 및 제24조에 의하여 금융기관이 합병하거나 다른 회사의 주식을 20% 이상 취득하려는 경우에는 금융위원회의 승인을 얻어야 하며, 이들 기관은 경쟁제한 여부와 관련하여 공정거래위원회와 사전협의하여야 한다. 이 경우 당사회사는 이들 기관에 대한 승인요청만 하면 되고, 공정거래위원회에 별도의 기업결합 신고를 하지 않아도 된다.

Ⅲ. 신고시기

1. 사후신고

기업결합을 사전에 신고토록 할 경우 심사기간 동안 조직이 불확정한 상태에서 기업활동을 해야 하는 등 기업의 불편이 예상된다. 이 점을 고려하여 공정거래법은 '사후신고'를 원칙으로 하고 있다. 즉, 기업결합신고대상회사는 통상 기업결합일로부터 30일 이내에 신고하면 된다(법 §11⑥ 본문). 공정거래위원회는 신고를 받으면 신고일부터 30일 안에 경쟁제한적인 기업결합(법 §9)에 해당하는 지를 심사하고, 그 결과를 해당 신고자에게 통지하여야 한다. 다만, 공정거래위원회가 필요하다고 인정할 경우에는 90일의 범위에서 그 기간을 연장할 수 있다(법 §11⑦).

여기에서 기업결합 신고의 기준일로 되는 '기업결합일'은 '기업결합의 효력이 발생한 날'을 말하며, 기업결합의 유형에 따라 구분된다. ① 주식소유의 경우에는 구체적 사정에 따라 그 기준일이 다르다. 즉 ⅰ) 주식양수의 경우에는 주권교부일, 주권불발행의 경우에는 주식대금지급일, 주권교부·주식대금지급 이전에 계약·합의 등에 의해 주주권이 이전되는 경우에는 그 이전일, ii) 신주를 유상취득하는 경우에는 주식대금 납입기일의 다음날, iii) 주식회사 외의 회사의 지분양수의 경우에는 그 효력발생일, iv) 자사주 소각·감자 등으로 주식소유비율이 증가하는 경우에는 그 증가가 확정되는 날이 기준일이 된다. ② 임원겸임의 경우에는 임원이 겸임되는 회사의 주주총회 또는 사원총회에서 임원선임이 의결된 날, ③ 영업양수의 경우에는 영업양수대금을 지급을 완료한 날 또는 계약체결일로부터 90일이 경과한 날, ④ 합병의 경우에는 합병등기일, ⑤ 새로운 회사의 설립에 참여하는 경우에는 배정된 주식의 주식대금 납입기일의 다음 날이다(영 §17).

2. 사전신고

공정거래법은 '대규모회사의 기업결합'과 '기업결합신고대상회사의 소규모피취득회사를 상대로 한 기업결합'(법 §11②)에 대해서는 예외적으로 사전신고, 즉 '기업결합행위일'부터 '기업결합일' 전까지의 기간 내에 신고하도록 하고 있다. 이에 따라 기업결합의 당사회사 중 1 이상의 회사가 대규모회사(자산총액 또는 매출액 규모가 2조 원 이상)로서 ① 법정한도(비상장법인 100분의 20, 주권상장법인 또는 코스닥상장법인 100분의 15) 이상의 주식을 취득하는 경우, ② 기업결합 신고 후 최다출자자가 되는 경우, ③ 합병, ④ 영업양수, ⑤ 새로운 회사설립에 참여하는 경우에는 사전신고하도록 하고 있다(법 §11⑥ 단서 i). 또한 기업결합신고대상회사(자산총액 또는 매출액 규모가 3천억 원 이상)가 소규모피취득회사(자산총액 또는 매출액 규모가 3백억 원 미만)에 대하여 법 제11조 제2항 각호의 요건에 해당하는 기업결합을 하는 경우에도 사전신고하여야 한다(법 §11⑥ii). 한편 대규모회사가 기업결합하는 경우 임원겸임을 제외하고 모두 사전신고하도록 한 것은 대규모회사는 경쟁을 제한할 가능성이 높고, 이들 기업결합행위들은 일단 행위가 이루어지고 나면 원상회복에 따른 경제적 손실과 기업활동에 대한 영향이 커서 적정한 시정조치를 하기 어렵기 때문이다.[49]

사전신고에 있어서 기업결합 신고의 기산일로 되는 기업결합행위일은 '기업결합행위를 한 날'을 말하며, 기업결합의 유형에 따라 구분된다. ① 다른 회사의 주식을 소유하게 되거나 최다출자자가 되는 경우에는 주식을 취득·소유하기로 계약·합의 등을 하거나

49) 예컨대, 주식취득을 통한 기업결합의 경우 주식대금 납입 이후 사후신고로 한다면 경쟁제한적이라는 이유로 이를 금지하더라도 원상복구가 곤란하고 주가가 하락하는 등의 문제가 있어 실제 시정조치를 내리기가 어렵다. 합병이나 영업양수에 대해 시정조치를 하고자 할 경우 통합된 물리적 시설의 원상복구, 직원 재고용·재배치, 영업망 재구축 등 사업활동에 상당한 지장을 초래할 수 있다. 또한 회사설립의 경우 이미 형성된 회사의 해체에 따른 법적 안전성과 거래 안전을 침해할 우려가 있다.

이사회 등을 통하여 결정된 날, ② 합병 · 영업양수가 있는 경우에는 합병계약 또는 영업양수계약을 체결한 날, ③ 새로운 회사설립에 참여하는 경우에는 회사설립의 참여에 대한 주주총회 또는 이에 갈음하는 이사회의 의결이 있는 날을 말한다(영 §20③ 각호). 대규모회사는 사전신고 후 주식의 소유일, 합병의 등기일 · 영업양수일 또는 회사의 설립일까지 신고사항에 중요한 변경이 있는 경우에는 그 변경사항을 신고하여야 한다(영 §20④).

그러나 다른 회사의 주식을 소유하거나 최다출자자가 되는 경우로서 사전에 거래시기, 금액 등을 특정하기 어려운 경우에는 사후신고할 수 있도록 하고 있다. 즉, i) 증권시장에서 자본시장법상 경쟁매매[50]를 통하여 주식을 취득하는 경우, ii) 유상증자

〈기업결합의 유형 및 신고시기〉

구 분	신고의무자	기업결합 유형	신고 시기
사전신고	▪ 대규모회사 ▪ 소규모피취득회사와 기업결합하는 신고대상회사	• 주식취득/최다출자자	• 원칙적으로 사전신고(주식취득의 계약 · 합의 · 이사회결정일로부터 주권교부일 등 주식취득의 효력발생시기까지) * 자본시장법상 경쟁매매는 사후신고 대상
		• 합병	• 합병계약 체결일부터 합병등기일까지의 시기
		• 영업양수	• 영업양수계약 체결일부터 90일 경과 또는 대금지급일까지의 시기
		• 회사 신설 참여	• 회사 신설에 대한 주주총회(또는 이사회) 의결일부터 회사설립등기일까지의 시기
사후신고	▪ 대규모회사 이외의 자	• 주식취득/최다출자자	• 주권교부일, 주식대금 지급일 또는 주주권 이전일(주식양수) • 주식대금 납입기일 다음날(신주 유상취득) • 지분양수 효력발생일(지분양수) • 주식소유비율 증가 확정일(기타)로부터 각각 30일 이내
		• 합병	• 합병등기일부터 30일 이내
		• 영업양수	• 영업양수대금 지급완료일(다만, 지급완료가 계약일로부터 90일을 경과한 경우에는 해당 90일)로부터 30일 이내
		• 회사신설 참여	• 배정주식의 주금납입기일 다음날부터 30일 이내
	▪ 대규모회사	• 임원겸임	• 겸임되는 회사의 주주총회 또는 사원총회에서 임원선임 의결일로부터 30일 이내

50) 자본시장법 제9조 제13항. 그러나 매매 당사자 간의 계약이나 합의에 따라 수량, 가격 등을 결정하고, 그 매매의 결제를 증권시장을 통하여 하는 방법으로 주식을 취득하는 경우는 제외한다.

의 결과 실권주의 발생으로 주식소유비율이 증가하는 경우, ⅲ) 자기의 의사와 무관하게 다른 회사의 이사회 또는 주주총회의 결정을 통하여 행하여지는 주식의 소각 또는 감자에 따라 주식소유비율이 증가하는 경우 또는 ⅳ) 이에 준하는 경우로서 공정거래위원회가 정하여 고시하는 경우에는 사후신고할 수 있다(영 §20② 각호).

기업결합을 사전신고해야 하는 자는 공정거래위원회의 심사결과를 통지받기 전까지 각각 주식소유, 합병등기, 영업양수계약의 이행행위 또는 주식인수행위를 하여서는 아니 된다(법 §11⑧).

3. 임의적 사전심사 요청

기업결합을 하려는 자는 자율적 판단에 따라 위의 신고기간 이전이라도 해당 행위가 경쟁을 실질적으로 제한하는 행위에 해당하는지 여부에 대하여 공정거래위원회에 심사를 요청할 수 있다(법 §11⑨). 이에 따라 기업결합이 이루어진 후에 사후적으로 금지처분을 받는 위험을 피할 수 있게 된다. 심사요청을 받은 공정거래위원회는 30일 이내에 그 심사결과를 요청한 자에게 통지하여야 한다. 다만, 공정거래위원회가 필요하다고 인정할 경우에는 90일의 범위에서 그 기간을 연장할 수 있다(법 §11⑩).

Ⅳ. 신고절차

1. 공동신고와 대리신고

기업결합의 신고의무자가 2 이상인 경우에는 원칙적으로 공동으로 신고하여야 한다. 다만 공정거래위원회가 소속된 기업집단에 속하는 회사 중 하나의 회사의 신청을 받아 해당 회사를 기업결합신고대리인으로 정한 경우에는 그 대리인이 신고할 수 있다(법 §11⑪, 영 §21).

2. 신고창구의 일원화

(1) 의 의

기업결합의 당사회사는 기업결합과 관련하여 공정거래위원회뿐만 아니라 사업의 인·허가 또는 승인과 관련하여 2 이상의 정부부처에 중복적으로 신고하거나 신청서를 접수하는 경우가 종종 있다.[51] 공정거래법은 특히 전기통신사업자와 방송사업자의

---

51) 예컨대, 케이블방송사업자(SO)에 대한 기업결합이나 기간통신사업자의 역무분리 자회사 설립시 방송통신위원회와 공정거래위원회의 심사를 받아야 한다.

기업결합에 따른 기업부담을 완화하기 위하여 해당 기업결합이 사전신고의 대상인지 사후신고의 대상인지에 따라 규제당국과의 신고창구 일원화에 관한 특례규정을 두고 있다.

(2) 사후신고대상

해당 기업결합이 사후신고의 대상인 경우 법인의 설립이나 합병 또는 최다액 출자자 변경 등 기업결합[52]과 관련한 승인・변경승인 등(이하 "승인등")을 신청하는 자는 승인등의 주무관청(방송통신위원회를 포함)에 승인등을 신청하면서 원래 공정거래위원회에 제출하여야 할 기업결합 신고서류를 함께 제출할 수 있다(법 §12①). 주무관청이 기업결합 신고서류를 제출받은 때에는 지체 없이 공정거래위원회에 기업결합 신고서류를 송부하여야 하며, 주무관청에 기업결합 신고서류를 제출한 때에는 해당 서류가 주무관청에 접수된 날을 기업결합의 신고가 있은 날로 본다(법 §12②, ③).

(3) 사전신고대상

해당 기업결합이 사전신고의 대상인 경우 기업결합 신고를 하여야 하는 자는 공정거래위원회에 기업결합 신고를 하면서 주무관청에 제출해야 할 법인설립등의 승인등에 관한 서류를 함께 제출할 수 있으며, 공정거래위원회는 제출받은 해당 서류를 주무관청에 지체 없이 송부하여야 한다(법 §12④, ⑤).

제 5 절 법 위반의 효과

Ⅰ. 행정적 제재

1. 시정조치

(1) 시정조치 대상

공정거래위원회는 기업결합의 제한 규정에 위반하거나 위반할 우려가 있는 행위, 탈법행위가 있는 때에는 기업결합의 당사회사 또는 위반행위자에 대하여 시정조치를

52) 여기에서 말하는 기업결합이란 ①「방송법」 제15조(변경허가등) 제1항 제1호에 따른 종합유선방송사업자인 법인의 합병, ②「방송법」 제15조의2(최다액출자자 등 변경승인) 제1항에 따라 종합유선방송사업자의 최다액출자자가 되고자 하거나 종합유선방송사업자의 경영권을 실질적으로 지배하려는 경우를 말한다(법 §12① 각호).

명할 수 있다. 기업결합의 당사회사에 대한 시정조치만으로는 경쟁제한으로 인한 폐해를 시정하기 어렵거나 기업결합 당사회사의 특수관계인이 사업을 영위하는 거래분야의 경쟁제한으로 인한 폐해를 시정할 필요가 있는 때에는 그 특수관계인에 대하여도 시정조치를 명할 수 있다(법 §14①). 이는 결합의 직접 당사자가 아니더라도 결합으로 인해 계열회사 등 특수관계인이 속한 관련시장에서의 경쟁제한의 효과가 나타날 수 있음을 염두에 둔 것이다.[53]

기업결합의 제한규정에 위반한 사업자가 합병, 분할, 분할합병 또는 새로운 회사의 설립 등의 조직변경을 한 경우에는 그의 지위를 승계한 사업자, 즉 합병 후에는 존속회사와 신설회사, 분할 또는 분할합병 후에는 분할회사, 신설회사 및 분할합병 후 존속회사에 대해 시정조치를 명할 수 있다(법 §14④, §7②부터 ④).

(2) 시정조치 유형

공정거래위원회는 시정조치 여부를 판단하기 위해 신고일부터 30일 이내에 경쟁제한성을 심사하고, 그 결과를 통지해야 하지만, 필요하다고 인정할 경우에는 90일의 범위에서 그 기간을 연장할 수 있다(법 §11⑦).

시정조치의 유형으로는 ① 해당 행위의 중지, ② 주식의 전부 또는 일부의 처분, ③ 임원의 사임, ④ 영업의 양도, ⑤ 시정명령을 받은 사실의 공표, ⑥ 기업결합에 따른 경쟁제한의 폐해를 방지할 수 있는 영업방식 또는 영업범위의 제한, ⑦ 그 밖에 법 위반상태의 시정을 위하여 필요한 조치가 있다(법 §14①). 시정조치의 이행을 확보하기 위하여 공정거래위원회로부터 주식처분명령을 받은 자는 그 명령을 받은 날로부터 해당 주식에 대하여 의결권을 행사할 수 없다(법 §15).

공정거래위원회는 시정조치를 명함에 있어 비교적 폭넓은 재량권을 가지고 있으나 특히 주식의 매각이나 영업의 양도를 명함에 있어서 당사회사가 입는 손해가 공정거래위원회가 의도하는 공익보다 크지 않도록 「비례의 원칙」에 유의하여야 한다.

(3) 시정방안의 제출

기업결합신고대상회사는 해당 신고대상 기업결합으로 초래되는 경쟁제한의 우려를 해소하기 위하여 공정거래위원회의 심사기간(신고일로부터 30일, 최대 90일) 내에 필요한

---

53) 이에 따라 예컨대, A사와 B사 간의 기업결합시 A · B 간에는 경쟁제한의 우려가 없는 반면, A의 자회사인 A′와 B의 자회사인 B′가 동일한 관련시장에서 서로 경쟁하고 있어 경쟁제한의 폐해가 나타날 경우 해당 자회사에 대하여도 시정조치할 수 있다.

시정방안을 공정거래위원회에 서면으로 제출할 수 있다(법 §13의2①, ②, §11⑦). 이는 산업구조가 복잡해지고 글로벌 M&A가 증가하고 있는 가운데 이들 결합기업이 보유한 풍부한 시장정보, 특히 온라인 플랫폼 기업결합의 경우 전략적 비즈니스 모델을 공정거래위원회의 시정조치 설계 과정에 반영하거나 활용함으로써 시정조치 내용의 효과성과 이행가능성을 높이도록 하기 위함이다.

공정거래위원회는 제출된 시정방안이 ① 기업결합으로 초래되는 경쟁제한의 우려가 있는 상태를 해소하기에 불충분하거나 ② 경쟁제한우려상태를 효과적으로 해소하는 데 필요한 시정방안을 적정기간 내에 이행할 수 없다고 판단되는 경우에는 시정방안을 제출한 자에게 시정방안을 수정하여 다시 제출할 것을 요청할 수 있다(법 §13의2③). 시정방안의 수정에 걸리는 기간은 공정거래위원회의 기업결합 심사기간에 산입하지 아니한다(법 §13의2④).

(4) 처분시효

공정거래위원회는 법 위반행위의 종료일부터 7년이 경과한 때에는 시정조치를 명하거나 과징금을 부과할 수 없다(법 §80④, 처분제한기간 또는 처분시효). 다만, 법원의 판결에 따라 시정조치 또는 과징금 부과처분이 취소된 경우로서 그 판결이유에 따라 새로운 처분을 하는 경우에는 그러하지 아니하다(법 §80⑥). 또한 공정거래위원회가 자료의 열람 또는 복사 요구(법 §95)에 따르지 아니하여 당사자가 소를 제기한 경우 그 당사자 및 동일한 사건으로 심의를 받는 다른 당사자에 대하여 진행이 정지되고 그 재판이 확정된 때부터 진행한다(법 §80⑦).

2. 합병 또는 설립 무효의 소

공정거래위원회는 경쟁제한적인 기업결합 행위로 합병 또는 새로운 회사의 설립이 이루어졌거나, 사전신고 의무있는 자가 그 심사결과를 통지받기 전에 합병등기 또는 새로 설립되는 회사의 주식인수행위 등 실행행위를 하여 합병 또는 새로운 회사의 설립이 이루어진 경우에는 해당 회사의 합병 또는 설립 무효의 소를 제기할 수 있다(법 §14②). 그 밖에 탈법적인 방법에 의한 합병 또는 설립이 이루어진 경우에도 마찬가지이다.

3. 이행강제금

(1) 의 의

이행강제금은 행정상 의무의 불이행시에 부과하는 금전으로서 일정 액수의 금전이 부과될 것임을 미리 계고(戒告)함으로써 의무이행의 확보를 도모하기 위한 것이다. 이 점에서 이미 행하여진 위법행위에 대한 제재로서 부과되는 과징금이나 과태료, 벌금 등과 그 성격을 달리한다.[54]

(2) 부과절차

경쟁제한적 기업결합을 한 자가 시정조치를 받은 후 정한 기간 내에 이행을 하지 아니하는 경우에는 과징금 대신에 이행강제금을 부과할 수 있다(법 §16①). 이는 경쟁제한적인 기업결합에 대한 시정조치는 주식매각, 일부 사업양도 등 작위명령의 형태로 이루어지므로 규제의 실효성을 강화하기 위해서는 부당이득 환수 또는 징벌적 성격이 강한 1회성 과징금 부과보다는 시정조치 불이행 경과일에 비례하여 강제금을 부과하는 것이 더 바람직하기 때문이다.[55] 공정거래위원회는 시정조치를 명할 때 시정조치를 이행하지 않는 경우에는 이행강제금이 부과·징수될 수 있다는 사실을 서면으로 알려야 한다(영 §22①).

(3) 부과기준

이행강제금은 매 1일당 다음 각 호의 금액에 1만분의 3을 곱한 금액을 초과하지 아니하는 범위 안에서 부과할 수 있다. ① 주식취득 또는 새로운 회사의 설립에 의한 기업결합의 경우에는 취득 또는 소유한 주식의 장부가격과 인수하는 채무의 합계액, ② 합병에 의한 기업결합의 경우에는 합병의 대가로 교부하는 주식의 장부가격과 인수하는 채무의 합계액, ③ 영업양수에 의한 기업결합의 경우에는 영업양수금액을 기준으로 한다(법 §16① 각호). 다만, ④ 임원겸임에 의한 기업결합을 한 자에 대하여는 매 1일당 200만 원의 범위 안에서 이행강제금을 부과할 수 있다(법 §16① 단서).

이행강제금의 부과·납부·징수·환급 등에 관하여 필요한 사항은 대통령령으로 정한다. 다만, 체납된 이행강제금은 국세체납처분의 예에 따라 이를 징수한다(법 §16

54) 박해식, "과징금의 법적 성격", 「공정거래법강의Ⅱ(권오승 편)」(법문사, 2000), 603면.

55) 참고로 미국의 경우 적법하지 않은 M&A로 판명되어 연방거래위원회나 법무부 독점금지국으로부터 동의명령을 받은 후에도 이행하지 않아 민사소송이 제기되었을 때 연방법원은 클레이튼법, 연방거래위원회법에 의해 이행을 지체한 날로부터 1일당 5,500달러 또는 11,000달러의 이행강제금 부과를 판결할 수 있도록 하고 있다.

②). 공정거래위원회는 이행강제금의 징수 또는 체납처분에 관한 업무를 국세청장에게 위임할 수 있다(법 §16③).

Ⅱ. 형사적 제재

공정거래법은 경쟁제한적 기업결합을 금지하고 있으므로 이에 위반하는 법률행위는 무효이며 탈법행위의 경우에도 마찬가지이다. 특히 탈법행위를 한 자와 주식처분명령에도 불구하고 해당 주식에 대하여 의결권을 행사한 자에 대하여는 3년 이하의 징역 또는 2억 원 이하의 벌금에 처한다(법 §124①ⅱ, ⅲ). 공정거래위원회의 시정조치 또는 금지명령에 응하지 아니한 자에 대하여는 2년 이하의 징역 또는 1억 5천만 원 이하의 벌금에 처한다(법 §125ⅵ). 또한 기업결합의 신고를 하지 아니하거나 거짓의 신고를 한 자 또는 기업결합의 사전신고 후 일정 기간 그 실행을 중지하도록 한 규정(법 §11⑧)에 위반한 자로서 사업자 또는 사업자단체, 공시대상기업집단에 속하는 회사를 지배하는 동일인 또는 그 동일인의 특수관계인인 공익법인은 1억 원 이하, 회사·사업자단체·공익법인의 임원 또는 종업원 그 밖의 이해관계인은 1천만 원 이하의 과태료에 처한다(법 §130①ⅰ).

제 4 장 경제력집중의 억제

제 1 절 개 설

Ⅰ. 경제력집중의 의의

경제력이란 어떠한 경제주체가 자신이 소유지배하는 경제적 자원이나 수단을 바탕으로 다른 경제주체의 자유의사에 따른 경제적 선택에 영향을 줄 수 있는 힘을 말한다.[1] 이러한 경제력이 특정한 경제주체에 집중되는 경우 이를 경제력집중이라 한다. 자본주의 경제에 있어서 가장 중요한 경제주체는 기업이므로 경제력집중은 주로 '기업집중'의 모습으로 나타나게 된다.

경제력집중은 그 집중의 경제적 현상 또는 효과가 특정한 시장이나 산업에 한정하여 나타나는 '시장집중(market concentration)'과 국민경제 전반에 걸쳐 나타나는 '일반집중(aggregate concentration)'으로 구분된다. 경제력집중에 관하여 공정거래법 제2장의 시장지배적지위의 남용금지에서는 시장집중, 제4장의 경제력집중의 억제에서는 일반집중을 대상으로 규율하고 있다. 관점에 따라서는 대기업집단의 내부통제력이 동일인 등 총수 일가에게 집중되는 현상을 억제할 필요성을 내세워 경제적 자원의 소유 또는 지배가 특정 개인에게 집중되는 것을 의미하는 '소유집중(ownership concentration) 또는 지배집중(control concentration)'을 경제력집중 억제의 규제대상에 포함시키기도 한다.[2]

경제력집중은 자본주의 시장경제의 기본원리인 자유경쟁의 당연한 작동결과로 나타난다. 일반집중의 경우 규모의 경제와 범위의 경제를 통해 경제적 효율성이 증대될 수 있으며, 기술혁신과 시너지효과의 장점이 발휘될 경우 오늘날 세계시장에서 규모의 경쟁력을 확보할 수 있다. 그러나 국내시장 측면에서 특정한 소수 대기업 또는 대기업

---

1) 이규억 · 이재형, 「기업집단과 경제력집중」(한국개발연구원, 1990), 17면.

2) 권오승 · 서정, 앞의 책, 527면; 신영수, "공정거래법 위반 여부의 판단기준으로서 '경제력집중'의 의미와 요건", 「홍익법학」제22권 제2호(2021), 353면. 특히 부당지원행위(법 §45①ⅸ)나 특수관계인에 대한 부당한 이익제공 금지(법 §47)는 소유집중을 억제하기 위한 규정으로 이해할 수 있다. 반대 입장으로 이황, "공정거래법상 경제력집중 억제시책과 일반집중의 문제", 「법학연구」 제31권 제1호(연세대 법학연구원, 2021), 250면. 대법원 판례도 변칙적인 부의 세대간 이전 등을 통한 소유집중의 직접적인 규제는 공정거래법의 목적이 아님을 밝히고 있다. 대법원 2004. 9. 24. 선고 2001두6364 판결.

집단에 경제력이 집중될 경우 계열기업이 다수의 산업에 진출하여 개별시장마다 독과점 지위를 점함으로써 시장기능을 왜곡시키고 자원배분의 효율성을 저하시킬 우려가 있다. 더 나아가 이러한 일반집중 현상은 유효경쟁의 감소라는 시장구조적 측면 이외에 정치적·사회적 측면에서도 많은 논란을 야기하고 있다.

공정거래법은 기업집단의 형성을 통한 과도한 경제력집중을 억제하기 위하여 통상 기업집단 형성의 구심점 역할을 하는 지주회사의 설립 및 전환을 제한적으로 허용하고, 이미 형성된 대기업집단에 대해서는 자산총액의 규모를 기준으로 경제력집중의 원인으로 되는 일정한 행위를 금지 또는 제한하거나 지배구조의 왜곡을 방지하기 위한 규정들을 두고 있다. 다만 「외국인투자 촉진법」과 「기업활력 제고를 위한 특별법(이하 '기업활력법')」에서는 외국인 투자유치를 촉진하고 신속한 사업재편 추진을 위한 경제현실을 고려하여 경제력집중 억제에 대한 일부 특례규정을 두고 있다.

Ⅱ. 우리나라에서 경제력집중의 특성

오랜 자본주의 역사적 진화과정에서 기업 간의 치열한 경쟁을 통하여 이루어진 서구 자본주의 국가에서와는 달리, 우리나라에서 경제력집중은 단기간의 압축성장을 실현하기 위한 국가주도의 경제정책의 결과로써 나타나게 되었다는 데 그 특징이 있다. 경제개발 초기 단계에서 국가는 부족한 자본과 자원을 효율적으로 활용하기 위해 '불균형성장정책'에 기초하여 소수의 대기업에게 각종 특혜와 지원을 아끼지 않았고, 소수의 대기업들은 특정한 시장에서의 독과점적 지위를 보장받고 이를 기반으로 부가가치가 높은 새로운 시장으로의 진입과 지배력 확장을 계속·반복해 나가면서 대기업집단을 형성하게 되었다. 이러한 경제력집중 과정에서 상당수의 대기업 창업주들은 척박한 경제환경 속에서도 특유의 창의성과 근면성 그리고 모험심으로 기업의 성장에 진력하여 왔고, 경제력집중의 결과 형성된 대기업집단은 국민경제 전체적인 측면에서 산업구조의 고도화 및 우리나라의 국제적 신인도(信認度)를 전반적으로 높이는 외부효과를 창출하기도 하였다.

그러나 다른 한편으로 이렇게 형성된 대기업집단은 다른 독립기업에 비하여 총체적으로 우월한 시장지배력을 바탕으로 국민경제 전체에 커다란 영향력을 행사하게 되는 일반집중의 모습으로 나타나게 되었다.[3] 대기업집단은 계열회사 상호 간의 내부거

---

3) 강철규 외, 「재벌」(비봉출판사, 1991), 132-139면.

래를 통해 상품이나 생산요소 시장을 독과점하기도 하고, 과도한 외부금융에 의존하여 외형적 성장을 추구함으로써 경영위험을 증대시키기도 하였다. 더구나 계열회사에 대한 상호출자나 순환출자 등을 통해 적은 자본으로 다수의 계열회사를 지배하는 소유·지배구조의 왜곡현상과 함께 2세, 3세로의 경영권 세습이 이루어짐으로써 경제력이 개인에게 집중되는 소유집중 현상이 나타나게 되었다.

또한 1997년 IMF 구제금융 사태에서 경험하였듯이 대기업집단 소속 계열회사의 독립적 책임경영이 확립되지 못한 채, 일부 대기업집단 그룹총수의 잘못된 의사결정으로 인해 국가경제가 심각한 위기에 처하게 되었고, 국가경제 회생을 위해 막대한 공적자금을 투입함으로써 결국 국민적 부담으로 전가되기도 하였다.[4] 이에 따라 대기업집단의 경제력집중은 국가경제 발전과정에서 기업의 경영성과가 상대적으로 경제적 기회를 잠식당했던 국민들에게 어느 정도 혜택으로 분배되지 못하고 있다는 인식과 함께 경제적 차원의 문제를 넘어 사회적 긴장감을 조성하고, 정치적 분극화를 초래하는 원인이 되기도 하였다. 이러한 현실적인 갈등구조는 자칫 자본주의 체제에 대한 불신을 야기하고 자유민주주의 체제를 내부로부터 해체시키는 요인으로 작용할 수 있다는 점에서 문제의 심각성이 있다.

그러나 다른 한편으로 오늘날 거대한 글로벌기업과의 치열한 경쟁에서 살아남기 위해서는 규모의 경쟁력을 유지할 필요가 있다. 또한 혁신을 통해 성장을 이룩한 신흥 빅테크 대기업집단에게는 미래산업 분야에서 기술개발을 위한 투자가 지속적으로 이루어져야 한다. 따라서 종래 국내시장에서의 경제력집중을 억제하기 위해 추진해왔던 정책은 경제의 글로벌화 및 사회 전반의 민주화라는 시대적 변화와 요구를 수용하고 국민경제 전체적인 관점에서 그 부작용을 최소화하면서 주력업종의 전문화와 국제경쟁력을 제고하는 방향으로 전환해 나가야 할 것이다.

4) IMF 외환위기의 발단이 재벌기업들이 막대한 국내외 금융차입을 통해 행하여진 무모한 과잉투자의 실패로 인하여 기업 및 금융부문의 부실이 대폭 확대되자 국가경제의 대외신인도가 하락하고, 외국자본의 대규모 이탈이 시작하면서 발생하게 된 것이고, 그 배후에는 일부 대기업집단 그룹총수의 비민주적인 경영의사 결정이 커다란 요인으로 작용하였다는 점을 인식할 필요가 있다.

제2절 지주회사의 설립 및 전환

Ⅰ. 지주회사의 의의

일반적으로 지주회사는 기업결합의 구심체로서 피라미드 구조를 통해 적은 자본으로 다수 기업을 용이하게 지배할 수 있어 경제력집중의 수단으로 이용될 수 있다.[5] 특히 주식 또는 지분소유의 대상인 다른 회사가 경쟁사업자인 경우 기업지배에 의한 독점 형성의 수단으로 이용될 우려가 있으며,[6] 기업의 소유와 경영이 분리되어 있지 않은 우리나라의 경제 현실에서 지주회사는 경제력집중의 부작용 우려가 크다.

그러나 다른 한편 지주회사는 자회사가 실제 사업수행하기 어려운 장기적이고 전략적인 의사결정을 담당할 수 있으며, 분사화(分社化)를 통해 용이하게 비주력 사업부문을 분리·매각하거나 사업의 진입·퇴출이 가능하여 기업구조조정에 유용하게 활용될 수 있다. 더구나 지주회사 체제를 도입할 경우 우리나라 대기업집단의 복잡한 순환출자 구조가 지주회사를 중심으로 하는 수직적 체계로 전환되어 지분소유구조가 단순·투명해짐으로써 기업지배구조 개선을 이룰 수 있게 된다.[7]

이러한 두 가지 측면을 종합적으로 고려하여 공정거래법은 지주회사의 설립 및 전환을 허용하되, 지주회사가 경제력집중의 수단으로 이용되는 것을 방지하고 건실한 소유지배구조를 유지할 수 있도록 지주회사, 그 자회사 및 손자회사에 대하여 일정한 제한을 가하고 있다. 즉, 지주회사에 대해서는 과도한 외부차입으로 자회사를 확장해가는 것을 방지하기 위해 원칙적으로 ① 부채비율을 200% 이내로 제한하고, ② 자회사 주식의 보유한도(비상장법인: 50% 이상, 상장법인·국외상장법인·공동출자법인: 30%, 벤처자회사: 20% 이상)를 제한하는 동시에 ③ 자회사 외의 국내 계열회사 주식의 소유를 제한하고, ④ 금융자회사와 비금융자회사를 동시에 두지 못하도록 하고 있다(법 §18②).

---

5) 예컨대, 지주회사와 자회사의 부채비율이 각각 200%이고 지주회사의 자회사에 대한 지분율이 30%라고 가정할 경우 지주회사는 1조 원의 자본으로 자산 3조 원 규모의 자회사를 최대 10개까지 소유할 수 있게 된다. 만약 이러한 지주회사를 50%의 지분율로 지배하는 대주주가 있다고 가정할 경우 5,000억 원을 출자하여 자산 3조 원 규모의 지주회사를 거느리고, 다시 지주회사를 통하여 10개의 자회사를 지배함으로써 자산규모가 총 33조 원에 달하는 거대그룹을 지배할 수 있게 되는 것이다. 자회사가 또다시 다른 회사(손자회사)를 지배할 경우에는 그 지배범위는 더욱 늘어나게 된다.

6) 공정거래위원회·한국개발연구원, 「공정거래10년」(1991), 54면.

7) 지주회사제도의 장단점에 관하여 상세한 것은 이동원, 「지주회사」(세창출판사, 2000), 175면 이하; 이재형, 「지주회사의 본질과 정책과제」(한국개발연구원, 2000), 94면.

또한 일반지주회사의 자회사(子會社)에 대해서는 다단계 출자방식으로 많은 회사를 거느리지 못하도록 원칙적으로 ① 손자회사 주식의 보유한도(비상장법인: 50% 이상, 상장법인 · 국외상장법인 · 공동출자법인: 30%, 벤처자회사: 20% 이상)를 제한하고, ② 손자회사 외의 국내 계열회사의 주식을 소유하지 못하도록 하는 한편 ③ 금융 · 보험회사를 손자회사로 지배하는 행위를 금지하고 있다(법 §18③).

일반지주회사의 손자회사(孫子會社)에 대해서는 원칙적으로 국내 계열회사의 주식을 소유하지 못하도록 하여 증손회사의 성립 여지를 차단하고 있다(법 §18④).[8] 그 밖에 상호출자제한기업집단에 속하는 회사의 경우 지주회사를 설립 또는 전환하려는 경우에는 채무보증을 해소하여야 한다(법 §19).

Ⅱ. 지주회사의 개념 및 유형

1. 지주회사의 개념

일반적으로 지주회사란 주식소유를 통해 다른 회사의 사업내용을 지배하는 회사를 말한다. 공정거래법은 '지주회사'를 보다 구체적으로 정의하여 주식(지분 포함)의 소유를 통하여 국내 회사의 사업내용을 지배하는 것을 주된 사업으로 하는 회사로 규정하고 있다(법 §2 ⅶ). '자회사'는 지주회사에 의하여 그 사업내용을 지배받는 국내계열회사로서 지주회사가 단독으로 최다출자자인 계열회사를 말한다(법 §2 ⅷ, 영 §3③). '손자회사'는 자회사가 최다출자자인 계열회사를 말한다(법 §2 ⅸ, 영 §3④).

공정거래법은 지주회사의 규모를 기본적으로 "주식(지분 포함)의 소유를 통하여 국내 회사의 사업내용을 지배하는 것을 주된 사업으로 하는 회사로서 시행령상의 기준일 현재의 대차대조표상의 자산총액이 5천억 원 이상인 회사"로 한정하되, 벤처기업 또는 중소기업을 자회사로 하는 '벤처지주회사'(법 §18② ⅱ)의 경우[9]에는 기준일 현재의 대차

---

8) 2023년 9월 기준 공정거래위원회에 신고된 지주회사는 총 172개사(일반지주회사 162개사, 금융지주회사 10개사)이다. 일반지주 · 자회사의 자 · 손자회사에 대한 평균 지분율은 각각 72.9%(상장 39.7%, 비상장 85.6%), 82.6%(상장 48%, 비상장 85.2%)로, 법상 기준(부채비율 200%, 상장 30% · 비상장 50%)을 비교적 여유있게 충족하고 있다. 전체 지주회사의 평균 자산총액은 2조 8,209억 원이며, 평균 부채비율은 41.7%(전환집단 47.5%)로 지주회사 부채비율 한도(200%)보다 현저히 낮은 수준으로 유지되고 있다. 공정거래위원회 보도참고자료(「2023년 지주회사 현황 분석 결과」, 2023. 12. 15.).

9) '벤처지주회사'란 「벤처기업 육성에 관한 특별조치법」 제2조 제1항의 규정에 의한 벤처기업 또는 「중소기업기본법」 제2조에 따른 중소기업 중 연간 매출액에 대한 연간 연구개발비의 비율의 100분의 5 이상인 중소기업(이하 "중소벤처기업")으로서 일정한 요건을 모두 갖춘 회사를 자회사로 하는 지주회사로서 ⅰ) 전체 자회사 주식가액 합계액 중 중소벤처기업의 주식가액 합계액이 차지하는 비율이 100분의 50 이상일 것, ⅱ) 동일인 및 그 친족이 자회사, 손자회사 또는 증손회사의 주식을 소유하지 않을 것, ⅲ) 이사회 또는 주주총회를 통해 벤처지주회사로 설립 또는 전환을 의결했을 것의 기준을 모두 충족하는 지주회사를 말한다

대조표상의 자산총액이 300억 원 이상인 경우까지 포함시키고 있다(법 §2 ⅶ, 영 §3①). 여기에서 기준일이란 지주회사의 요건을 갖추게 된 날(설립등기일, 합병등기일, 분할등기일) 또는 직전 사업연도 종료일을 말한다.

지주회사의 조직형태는 제한이 없으므로 회사의 형태를 갖추고 있는 한 주식회사는 물론 유한회사나 합명회사 또는 합자회사라도 지주회사가 될 수 있다. 지주회사의 정의와 판정기준, 지주회사 등의 행위제한의무 등에 대한 구체적인 해석기준은 「지주회사 관련 규정에 관한 해석지침」[10]에서 정하고 있다.

2. 지주회사의 유형

(1) 순수지주회사 · 사업지주회사

지주회사는 그 자신이 다른 사업을 행하고 있는가 여부에 따라 순수지주회사와 사업지주회사로 구분된다. 순수지주회사는 다른 사업을 행하지 않고 오로지 다른 회사의 사업활동을 지배할 것만을 사업목적으로 하는 회사를 말한다. 이에 비하여 사업지주회사는 자신의 고유사업을 영위하면서 부수적으로 주식의 소유를 통하여 다른 회사를 지배하는 회사를 말한다.

(2) 금융지주회사 · 비금융지주회사

지주회사는 자회사의 사업내용에 따라서 금융지주회사와 비금융지주회사로 구분된다. 후자는 일반지주회사라고도 한다. 금융지주회사는 금융업 또는 보험업을 영위하는 자회사의 주식을 소유하는 지주회사이고, 비금융지주회사 또는 일반지주회사는 금융업 또는 보험업 이외의 사업을 영위하는 자회사의 주식을 소유하는 지주회사이다.

Ⅲ. 지주회사의 요건

1. '지배목적'의 요건

지주회사로 되기 위해서는 사업내용의 지배를 목적으로 다른 국내 회사의 주식을 소유하고 있어야 한다.[11]

(법 §18① ii, 영 §27③, §5② v).

10) 공정거래위원회예규 제410호, 2022. 11. 10., 일부 개정.

11) 자회사는 대통령령이 정하는 기준에 따라 지주회사에 의하여 그 사업내용을 지배받는 국내 회사로서 ① 지주회사의 계열회사이고, ② 지주회사가 소유하는 주식이 동일인 또는 동일인관련자 중 최다출자자가 소유하는 주식과 같거나 그 보다 많아야 한다(영 §3③ 각호). 다만 ①의 계열회사 중 「벤처투자 촉진에 관

'지배목적'이란 회사가 다른 국내 회사에 대한 지배관계를 형성·유지·강화하기 위하여 주식을 소유하는 경우를 말한다. 사업내용의 지배범위는 피지배회사의 사업활동 전반에 걸칠 필요는 없고 그 주요사항을 지배하는 것이면 된다. 무엇이 주요사항인가 하는 것은 구체적·개별적으로 결정할 수밖에 없으나, 지주회사에 대한 규제의 입법취지에 비추어 볼 때, 기업의 자율적 결정과 책임원리에 따라야 할 본질적인 부분이 이에 해당한다고 할 수 있다.

여기에서 '지배'는 주식소유에 의하여 자회사의 사업활동의 지배를 가능하게 할 상태를 초래하는 것으로 충분하고 실제로 의결권 행사를 통하여 지배가 이루어져야 하는 것은 아니다. 지주회사가 자회사 발행주식의 100분의 50을 초과하여 소유하는 경우 통상 이러한 지배목적이 있는 것으로 볼 수 있을 것이나, 이 이하인 경우에도 부수적인 상황을 종합하여 지배목적이 있는 것으로 추정할 수 있다.[12]

한편 공정거래법에서는 다른 국내 회사의 주식을 소유할 것을 전제로 하므로 국외에 있는 회사의 주식소유를 통하여 지배하는 것을 주된 사업으로 하는 지주회사는 공정거래법상 지주회사에 해당하지 않는다. 주식의 소유에는 사원의 지분도 포함된다.

2. '주된 사업'의 요건

지주회사로 되기 위해서는 다른 국내 회사의 지배를 해당 회사의 '주된 사업'으로 하여야 한다. 다른 국내 회사의 지배를 주된 사업으로 하는지 여부의 판단은 해당 회사 정관상의 목적을 외형상의 기준으로 할 수 있을 것이나, 그 외에도 자산 중에서 차지하는 소유주식의 가액의 비율, 해당 회사의 수익의 원천, 지주비율, 임원파견, 임원의 선임방법, 주식소유와 해당 회사 사업활동과의 관계, 주식소유와 타사지배의 관계 등을 해당 회사의 실제의 사업활동 상황으로부터 종합적이고 객관적으로 판단하여야 할 것이다.

공정거래법 시행령에서는 '주된 사업'의 기준을 지주회사가 소유하고 있는 자회사의 주식가액의 합계액이 해당 회사 자산총액의 100분의 50 이상으로 하고 있다(영 §3

한 법률」 제2조 제10호에 따른 중소기업창업 투자회사 또는 「여신전문금융업법」에 따른 신기술사업금융업자가 각각 창업투자 또는 신기술사업자 지원을 목적으로 다른 국내 회사의 주식을 취득함에 따른 계열회사를 제외한다.

12) 자회사의 요건은 사업내용의 지배 여부에 대한 형식적인 기준이 될 수 있다. 「지주회사 관련 규정에 관한 해석지침」에서는 ① 지주회사가 단독으로 50% 이상 출자한 경우, ② 지주회사가 단독으로 50% 미만을 출자(예: 25%)하였으나 최다출자자이고 피출자회사가 계열회사인 경우, ③ 피출자회사가 지주회사의 계열회사이고 피출자회사에 대하여 지주회사가 보유하는 주식이 각 특수관계인이 보유하는 주식보다 많거나 같은 경우(지주회사 20%, 특수관계인 A 20%, 특수관계인 B 10%) 등을 자회사에 해당하는 경우로 예시하고 있다(동 해석지침 Ⅱ. 1.).

②). 이 경우 자회사의 주식가액은 상법 제344조의3(의결권의 배제·제한에 관한 종류주식)의 규정에 의한 의결권 없는 주식을 포함하여 산정하며, 해당 회사가 「주식회사의 외부감사에 관한 법률」 제13조(회계처리의 기준)의 규정에 의해 금융감독위원회가 정한 기업회계기준에 따라 작성한 대차대조표상의 가액을 기준으로 한다.[13]

순수지주회사의 경우에는 당연히 공정거래법상 규제의 대상이 된다. 이에 비해 사업지주회사의 경우 그 사업활동의 주요 대상이 무엇인가에 따라 달라진다. 공정거래법상 규제의 대상이 되는 지주회사는 다른 회사의 사업내용을 지배하는 것을 '주된 사업'으로 하는 회사를 의미하므로 다른 사업을 행하지만 다른 국내 회사의 사업활동을 지배하는 것을 '주된 사업'으로 하는 경우에는 그 대상으로 될 것이나, 자신의 소유사업을 영위하면서 부수적으로 다른 회사를 지배하는 경우에는 규제대상이 아니다. '주된 사업'은 반드시 하나에만 한정되지 않으며, 사업지주회사라도 여러 개의 주된 사업 중에 다른 회사의 지배가 포함된다면 공정거래법상 지주회사로 보아야 할 것이다.

Ⅳ. 지주회사 설립·전환의 제한

1. 설립·전환의 신고

(1) 신고사항·기한

지주회사를 설립하거나 지주회사로 전환한 자는 법 제17조(지주회사 설립·전환의 신고)에 따라 공정거래위원회가 정하여 고시하는 바에 따라 신고기한 내에 신고서에 신고내용을 입증하는 서류와 채무보증의 해소실적에 관한 서류(상호출자제한기업집단의 경우)를 첨부하여 공정거래위원회에 제출하여야 한다(영 §26①).

신고기한은 ① 지주회사를 설립하는 경우에는 설립등기일부터 30일 이내(제1호), ② 다른 회사와의 합병 또는 회사의 분할을 통하여 지주회사로 전환하는 경우에는 합병등기일 또는 분할등기일부터 30일 이내(제2호), ③ 다른 법률에 의해 지주회사의 설립·전환의 신고(법 §17)의 적용이 제외되는 회사의 경우에는 다른 법률에서 정하고 있는 제외기간이 지난 날로부터 30일 이내(제3호), ④ 다른 회사의 주식취득, 자산의 증감 및 그 밖의 사유로 인하여 지주회사로 전환하는 경우에는 직전 사업연도 종료 후 4개월 이내(제4호)이다. 다만 사업연도 종료일 이전의 자산총액을 기준으로 지주회사 전환신고를 하는 경우에는 해당 전환신고 사유의 발생일부터 4개월 이내이다.

13) 「지주회사 관련 규정에 관한 해석지침」 Ⅱ. 2.

(2) 공동신고

지주회사의 설립신고에 있어서 설립에 참여하는 자가 둘 이상인 경우에는 공동으로 신고하여야 한다. 다만, 신고의무자 중 1인을 대리인으로 정하여 그 대리인이 신고하는 경우에는 단독으로 신고할 수 있다(영 §26③).

(3) 지주회사로 보지 않는 경우와 대차대조표 등의 제출의무

지주회사로서 사업연도 중 소유주식의 감소, 자산의 증감 등의 사유로 인하여 지주회사의 기준에 해당하지 아니하게 되는 회사가 이를 공정거래위원회에 신고한 경우에는 해당 사유가 발생한 날부터 이를 지주회사로 보지 아니한다(영 §26④, §3①, ②). 이 규정에 의하여 신고를 하는 회사는 공정거래위원회가 정하는 바에 따라 해당 사유가 발생한 날을 기준으로 한 공인회계사의 회계감사를 받은 대차대조표 및 주식소유현황을 공정거래위원회에 제출하여야 한다. 이 경우 공정거래위원회는 신고를 받은 날부터 30일 이내에 그 심사결과를 신고인에게 통지하여야 한다(영 §26⑤).

2. 상호출자제한기업집단의 지주회사 설립·전환 제한

상호출자제한기업집단에 속하는 회사를 지배하는 동일인 또는 해당 동일인의 특수관계인이 지주회사를 설립하고자 하거나 지주회사로 전환하려는 경우에는 제24조(계열회사에 대한 채무보증의 금지)의 규정에 의한 채무보증으로서 ① 지주회사와 자회사 간의 채무보증, ② 지주회사와 다른 국내 계열회사(해당 지주회사가 지배하는 자회사 제외) 간의 채무보증, ③ 자회사 상호 간의 채무보증, ④ 자회사와 다른 국내 계열회사(해당 자회사를 지배하는 지주회사 및 해당 지주회사가 지배하는 다른 자회사 제외) 간의 채무보증을 해소하여야 한다(법 §19). 이러한 제한규정은 계열회사가 채무보증으로 서로 얽혀있는 경우 분사화에 의한 기업구조조정 등 지주회사의 효용을 제대로 활용하기 어렵기 때문에 계열회사 간의 채무보증을 사전에 해소하도록 하기 위한 것이다.

Ⅴ. 지주회사·자회사·손자회사 행위의 제한

1. 지주회사 행위의 제한

(1) 부채비율의 제한

지주회사는 자본총액의 2배를 초과하는 부채액을 보유하는 행위를 할 수 없다. 자본총액은 자산총액에서 부채액을 차감한 금액을 말한다(법 §18② i). 이와 같이 부채비율을 제한하는 것은 지주회사가 타인자본을 바탕으로 과도하게 계열기업을 확장할 경우 우리나라처럼 금융기관의 기업경영에 대한 감시기능이 정착되고 있지 않은 상황에서는 모든 계열기업이 동반 부실화할 우려가 있기 때문이다. 또한 지주회사는 자회사 배당으로 운용되는 회사로서 부채비율이 과도할 경우 배당수입보다 이자지급이 많아 경영유지가 어려울 수밖에 없을 것임에도 불구하고, 부채액이 자본총액의 2배를 초과한다는 것은 고유한 사업목적보다 지배력 확장에 주목적이 있음을 반증하는 것이기도 하다.

다만, 지주회사로 전환하거나 설립될 당시에 자본총액의 2배를 초과하는 부채액을 보유하고 있는 때에는 지주회사로 전환하거나 설립된 날부터 2년간은 자본총액의 2배를 초과하는 부채액을 보유할 수 있다(법 §18② i 단서). 이와 같이 2년간의 유예기간을 두고 있는 것은 부채가 많은 기업이 사업의 분리·매각 등 원활한 구조조정을 추진할 수 있는 계기를 마련해 주기 위한 것이다.

(2) 자회사 주식 보유기준의 제한

지주회사는 자회사의 특성에 따라 일정한 주식보유기준을 유지하여야 한다. 즉, ① 비상장 자회사의 경우에는 해당 자회사 발행주식총수의 100분의 50, ② 해당 자회사가 자본시장법의 규정에 따른 주권상장법인, 공정거래위원회가 고시하는 국외상장법인인 경우, 공동출자법인인 경우[14]에는 100분의 30, ③ 벤처지주회사의 자회사인 경우에는 100분의 20 미만으로 소유하는 행위를 할 수 없다(법 §18② ii). 이는 지주회사가 낮은 지분율에 의하여 자회사를 지배할 수 있도록 허용할 경우 소액자본으로 다수 기업을 지배할 수 있게 되고, 결과적으로 과도한 계열기업의 확장으로 이어질 우려가 있기 때문이다.

한편 지주회사제도를 이용하여 원활한 기업구조조정이 이루어질 수 있도록 일정한 사유가 있는 경우에는 일정 기간 자회사 주식 보유기준의 적용을 유보하고 있다(법 §18② ii 단서 각목). 즉,

① 지주회사로 전환하거나 설립될 당시에 자회사주식 보유기준 미만으로 소유하고 있는 경우로서 지주회사로 전환하거나 설립된 날부터 2년 이내인 경우(가목)
② 자본시장법의 규정에 따른 주권상장법인, 국외상장법인이거나 공동출자법인이

14) '공동출자법인'이란 경영에 영향을 미칠 수 있는 상당한 지분을 소유하고 있는 2인 이상의 출자자(특수관계인의 관계에 있는 출자자 중 대통령령이 정하는 자 외의 자는 1인으로 본다)가 계약 또는 이에 준하는 방법으로 출자지분의 양도를 현저히 제한하고 있어 출자자 간 지분변동이 어려운 법인을 말한다(법 §18① i).

었던 자회사가 그에 해당하지 아니하게 되어 자회사주식 보유기준에 미달하게 된 경우로서 그 해당하지 아니하게 된 날부터 1년 이내인 경우(나목)

③ 벤처지주회사이었던 회사가 그에 해당하지 아니하게 되어 자회사주식 보유기준에 미달하게 된 경우로서 그 해당하지 아니하게 된 날부터 1년 이내인 경우(다목)

④ 자회사가 주식을 모집하거나 매출하면서 자본시장법 제165조의7(우리사주조합원에 대한 우선 배정)의 규정에 따라 우리사주조합에 우선 배정하거나 해당 자회사가 「상법」 제513조(전환사채의 발행) 또는 제516조의2(신주인수권부사채의 발행)의 규정에 따라 발행한 전환사채 또는 신주인수권부사채의 전환이 청구되거나 신주인수권이 행사되어 자회사주식 보유기준에 미달하게 된 경우로서 그 미달하게 된 날부터 1년 이내인 경우(라목)

⑤ 자회사가 아닌 회사가 자회사에 해당하게 되고 자회사주식 보유기준에는 미달하는 경우로서 해당 회사가 자회사에 해당하게 된 날부터 1년 이내인 경우(마목)

⑥ 자회사를 자회사에 해당하지 아니하게 하는 과정에서 자회사주식 보유기준에 미달하게 된 경우로서 그 미달하게 된 날부터 1년 이내인 경우(같은 기간 내에 자회사에 해당하지 아니하게 된 경우에 한정)(바목)

⑦ 자회사가 다른 회사와 합병하여 자회사주식보유기준에 미달하게 된 경우로서 그 미달하게 된 날부터 1년 이내인 경우(사목)

(3) 국내 회사 주식소유의 제한

지주회사는 ① 계열회사가 아닌 국내 회사의 주식을 해당 회사 발행주식총수의 100분의 5를 초과하여 소유[15)]하거나 ② 자회사 외의 국내 계열회사의 주식을 소유하는 행위를 할 수 없다(법 §18②iii). 이와 같이 지주회사의 비계열 국내 회사의 주식소유 비율의 상한을 제한하고 자회사 이외의 국내 계열회사 주식의 소유를 금지하는 것은 지주회사가 변칙적인 지배력 확장의 수단으로 악용되는 것을 차단하기 위한 것이다. 그러나 ①의 비계열 국내 회사 주식 5% 초과 소유의 제한은 ⅰ) 그 국내 회사가 「사회기반시설에 대한 민간투자법」 제4조(민간투자사업의 추진방식) 제1호 내지 제4호의 규정에 정한 방식으로 민간투자사업을 영위하는 회사, ⅱ) 벤처지주회사, ⅲ) 소유하고 있는 계열회사가 아닌 국내 회사의 주식가액의 합계액이 자회사의 주식가액의 합계액의 100분의 15 미만인 지주회사에는 적용하지 아니한다.

---

15) 5% 초과 소유 금지규정은 이미 「금융지주회사법」 제44조에서 금융지주회사에 대해 같은 취지로 자회사가 아닌 회사 주식에 대하여 5% 초과 소유를 금지하고 있는 것과의 일관성을 유지할 필요가 있기 때문이다.

한편, 원활한 기업구조조정이 이루어질 수 있도록 다음과 같은 일정한 사유가 있는 경우에는 일정 기간 동안 계열회사가 아닌 국내 회사나 국내 계열회사에 대한 주식소유 제한의 적용을 유보하고 있다(법 §18②iii 단서 각목). 즉,

① 지주회사로 전환하거나 설립될 당시에 이 호 본문에서 규정하고 있는 행위에 해당하고 있는 경우로서 지주회사로 전환하거나 설립된 날부터 2년 이내인 경우(가목)

② 계열회사가 아닌 회사를 자회사에 해당하게 하는 과정에서 이 호 본문에서 규정하고 있는 행위에 해당하게 된 날부터 1년 이내인 경우(같은 기간 내에 자회사에 해당하게 된 경우)(나목)

③ 주식을 소유하고 있지 아니 한 국내 계열회사를 자회사에 해당하게 하는 과정에서 그 국내 계열회사 주식을 소유하게 된 날부터 1년 이내인 경우(같은 기간 내에 자회사에 해당하게 된 경우)(다목)

④ 자회사를 자회사에 해당하지 아니하게 하는 과정에서 해당 자회사가 자회사에 해당하지 아니 하게 된 날부터 1년 이내인 경우(라목)

(4) 금융자회사와 비금융자회사 동시 소유의 금지

(가) 원칙

금융업 또는 보험업을 영위하는 자회사의 주식을 소유하는 지주회사(금융지주회사)인 경우 금융업 또는 보험업을 영위하는 회사 및 이와 밀접한 관련이 있는 회사[16] 외의 국내 회사의 주식을 소유할 수 없다(법 §18②ⅳ). 금융지주회사 외의 지주회사(일반지주회사)인 경우 금융업 또는 보험업을 영위하는 국내 회사의 주식을 소유할 수 없다(법 §18②ⅴ). 이와 같이 「금산분리의 원칙」에 따라 하나의 지주회사가 금융자회사와 비금융자회사를 동시에 소유하지 못하도록 하는 것은 금융기관을 사금고화하거나 금융기관을 통한 기업확장을 방지하기 위한 것이다.

다만, ① 금융지주회사로 전환하거나 설립될 당시에 국내 비금융・보험회사 주식을 소유하고 있는 때에는 전환 또는 설립된 날부터 2년간, ② 일반지주회사로 전환하거나 설립될 당시에 국내 금융・보험회사의 주식을 소유하고 있는 때에는 전환 또는 설립된 날부터 2년간은 각각 그 국내 회사의 주식을 소유할 수 있다(법 §18②ⅳ 단서, ⅴ 단서).

---

16) '금융업 또는 보험업과 밀접한 관련이 있는 회사'란 ① 금융회사 또는 보험회사에 대한 전산・정보처리 등의 역무의 제공, ② 금융회사 또는 보험회사가 보유한 부동산 기타 자산의 관리, ③ 금융업 또는 보험업과 관련된 조사・연구, ④ 기타 금융회사 또는 보험회사의 고유업무와 직접 관련되는 사업을 영위하는 것을 목적으로 하는 회사를 말한다(법 §18②ⅳ, 영 §28②).

(나) 기업형 벤처캐피털에 대한 특례

1) 기본적 허용

2020년 12월 공정거래법 전부개정시 벤처기업에 대한 투자와 M&A 활성화를 통한 혁신성장을 위해 「금산분리의 원칙」, 즉 일반지주회사의 금융지주회사 주식 소유 제한의 특례로서 일반지주회사라 하더라도 금융회사인 기업형 벤처캐피털(corporate venture capital, CVC)을 제한적으로 보유할 수 있도록 허용하였다. 기업형 벤처캐피털은 「벤처투자 촉진에 관한 법률」에 따른 '중소기업창업투자회사'와 「여신전문금융업법」에 따른 '신기술사업금융전문회사'를 대상으로 한다(법 §20①).

2) 구체적 제한

기업형 벤처캐피털이 경제력집중의 수단으로 이용되지 않도록 일반지주회사와 기업형 벤처캐피털 자회사('중소기업창업투자회사'와 '신기술사업금융전문회사')에 대해 세부적인 제한사항을 두고 있다. 즉, 일반지주회사에 대한 제한으로서 벤처캐피털 자회사의 주식을 소유하는 경우에는 발행주식총수를 소유하도록 하고 있다. 다만, 발행주식총수를 보유하거나 처분하는 단계에서 1년의 기간을 유예하고 있다(법 §20②, 각호).

기업형 벤처캐피털 자회사에 대한 제한으로서 ① 자본총액의 2배를 초과하는 부채액을 보유하는 행위(1호, 차입규모 제한), ② 등록한 투자업무와 관련이 없는 금융업 또는 보험업 영위하는 행위(2호 및 3호, 업무범위 제한), ③ 기업형 벤처캐피털이 소속한 기업집단 소속 회사가 아닌 자가 출자금 총액의 100분의 40을 초과하여 출자하거나 소속 기업집단의 금융·보험회사가 출자하거나 특수관계인(동일인 및 그 친족)이 출자하여 벤처투자조합 및 신기술사업투자조합을 설립하는 행위(4호, 펀드 자금조달 제한), ④ 기업형 벤처캐피탈이 직접 또는 투자조합을 통해 계열회사, 특수관계인이 출자한 회사, 공시대상기업집단 소속회사, 총자산의 100분의 20을 초과한 해외기업에 대해 투자하는 행위(제5호, 투자제한), ⑤ 투자한 회사의 주식, 채권 등을 특수관계인 및 특수관계인이 투자한 회사로서 지주회사 등이 아닌 계열회사가 취득 또는 소유하도록 하는 행위(제6호, 투자금 회수제한)는 금지된다.

3) 보고의무

일반지주회사는 기업형 벤처캐피털 주식을 취득 또는 소유한 날부터 4개월 이내에 공정거래위원회에 보고하여야 하며, 기업형 벤처캐피털은 자신 및 자신이 운용중인 모든 투자조합의 투자 현황, 출자자 내역 등을 공정거래위원회에 보고하여야 한다(법 §20④, ⑤, 보고의무).

(5) 적용제외

기업의 자발적인 사업재편[17]의 신속한 추진을 위해 「기업활력 제고를 위한 특별법(이하 "기업활력법")」[18]상의 승인받은 지주회사에 대해서는 사업재편계획에 따라 3년 동안 공정거래법 제18조 제2항 제1호부터 제3호까지의 규정, 즉 ① 부채비율의 제한에 관한 규정, ② 자회사 주식보유기준의 제한에 관한 규정, ③ 국내 회사 주식소유 제한에 관한 규정을 적용하지 아니한다. 다만, 해당 승인기업이 자회사가 아닌 국내계열회사의 주식을 소유하는 경우에는 그러하지 아니하다(동법 §21①).

2. 자회사 행위의 제한

(1) 손자회사 주식 보유기준의 제한

일반지주회사의 자회사는 손자회사의 특성에 따라 일정한 주식보유기준을 유지하여야 한다. 즉, ① 해당 손자회사가 비상장법인인 경우에는 해당 자회사 발행주식총수의 100분의 50, ② 해당 손자회사가 자본시장법에 따른 주권상장법인, 국외상장법인이거나 공동출자법인인 경우에는 100분의 30 미만, ③ 벤처지주회사(일반지주회사의 자회사인 벤처지주회사로 한정)의 자회사인 경우에는 100분의 20 미만으로 소유하는 행위를 할 수 없다(법 §18③ i). 다만 일정한 사유가 있는 경우에는 한시적으로 손자회사 주식보유기준에 미달하는 것을 허용하고 있다(법 §18③ i 단서 각목). 즉,

① 지주회사로 전환하거나 설립될 당시에 손자회사의 주식을 손자회사주식 보유기준 미만으로 소유하고 있는 경우로서 지주회사로 전환하거나 설립된 날부터 2년 이내인 경우(가목)

② 자본시장법의 규정에 의한 주권상장법인, 국외상장법인이거나 공동출자법인이었던 손자회사가 그에 해당하지 아니하게 되어 손자회사 주식 보유기준에 미달하게 된 경우로서 그 해당하지 아니하게 된 날부터 1년 이내인 경우(나목)

③ 일반지주회사의 자회사인 벤처지주회사였던 회사가 벤처지주회사에 해당하지 아니한 자회사가 됨에 따라 손자회사주식보유기준에 미달하게 된 경우로서 그

---

17) 여기에서 '사업재편'이란 기업이 사업의 전부 또는 일부의 생산성을 상당 정도 향상시키는 것을 목적으로 하는 활동으로서 ① 합병, 분할, 주식의 이전·취득·소유, 회사의 설립 등의 방식에 의하여 사업의 전부 또는 일부의 구조를 변경하고, ② 기업이 사업의 전부 또는 일부의 분야나 방식을 변경하여 신사업에 진출하거나 신기술을 도입하는 등 사업의 혁신을 추진하는 활동의 요건을 모두 갖춘 것을 말한다(기업활력법 §2 ii).

18) 기업활력법은 기업이 자발적인 사업재편을 신속하게 추진할 수 있도록 관련 절차 및 규제 등을 개선하여 기업의 활력과 산업의 경쟁력을 제고하고 시장에서의 경쟁을 촉진하며 산업구조의 고도화를 달성함으로써 국민경제의 건전한 발전에 기여하기 위해 당초 2024년 8월까지 효력을 가진 '한시법'으로 제정되었으나(동법 부칙 §1, §2), 2023년 12월 법 개정으로 '상시법'으로 전환되었다.

해당하지 아니한 자회사가 된 날부터 1년 이내인 경우(다목)

④ 손자회사가 주식을 모집하거나 매출하면서 자본시장법 제165조의7(우리사주조합원에 대한 우선 배정)의 규정에 따라 우리사주조합에 우선 배정하거나 해당 손자회사가 상법 제513조(전환사채의 발행) 또는 제516조의2(신주인수권부사채의 발행)의 규정에 따라 발행한 전환사채 또는 신주인수권부사채의 전환이 청구되거나 신주인수권이 행사되어 손자회사 주식 보유기준에 미달하게 된 경우로서 그 미달하게 된 날부터 1년 이내인 경우(라목)

⑤ 손자회사가 아닌 회사가 손자회사에 해당하게 되고 손자회사 주식 보유기준에는 미달하는 경우로서 해당 회사가 손자회사에 해당하게 된 날부터 1년 이내인 경우(마목)

⑥ 손자회사를 손자회사에 해당하지 아니하게 하는 과정에서 손자회사 주식 보유기준에 미달하게 된 경우로서 그 미달하게 된 날부터 1년 이내인 경우(손자회사 주식 보유기준에 미달하게 된 날부터 1년 이내에 손자회사에 해당하지 아니하게 된 경우에 한한다)(바목)

⑦ 손자회사가 다른 회사와 합병하여 손자회사 주식 보유기준에 미달하게 된 경우로서 그 미달하게 된 날부터 1년 이내인 경우(사목)

한편 자회사의 손자회사에 대한 지분율을 제한하는 것은 자회사가 적은 지분으로 많은 손자회사를 지배하는 중간지주회사(intermediary holding company)로 되는 것을 방지하기 위한 것으로 2020년 공정거래법 전부개정시 자회사의 손자회사 주식 보유기준을 강화하였다. 다만 개정법 시행 이전에 이미 전환·설립된 지주회사와 자회사에 관하여는 종전의 규정에 따른다(법 부칙 §11②).[19]

(2) 손자회사 외의 국내 계열회사 주식소유의 금지

일반지주회사의 자회사는 손자회사 외의 국내 계열회사 주식을 소유할 수 없다(법 §18③ⅱ). 이와 같이 지주회사의 자회사 간 출자를 금지하는 것은 지주회사 소유구조의 단순·투명화, 진입·퇴출의 원활화 및 부실의 확산을 예방하고, 지주회사의 건실한 소유지배구조를 유도하기 위한 것이다.[20] 다만, 일정한 사유가 있는 경우에는 일정 기간 동안 계열회사가 아닌 국내 회사나 국내 계열회사에 대한 주식소유 제한의 적용을

19) 종전 규정(제8조의2 제3항 제1호)에 따르면 해당 손자회사가 비상장법인인 경우에는 해당 자회사 발행주식총수의 100분의 40, 해당 손자회사가 자본시장법에 따른 주권상장법인, 국외상장법인이거나 공동출자법인인 경우에는 100분의 20 미만으로 소유하는 행위를 할 수 없다.

20) 「금융지주회사법」 제48조 제1항 제2호에도 동일한 규정을 두고 있다.

유보하고 있다(법 §18③ii 단서 각목). 즉,

① 자회사가 될 당시에 주식을 소유하고 있는 국내 계열회사의 경우로서 자회사에 해당하게 된 날부터 2년 이내인 경우(가목)

② 계열회사가 아닌 회사를 손자회사에 해당하게 하는 과정에서 해당 회사가 계열회사에 해당하게 된 날부터 1년 이내인 경우(같은 기간 내에 손자회사에 해당하게 된 경우)(나목)

③ 주식을 소유하고 있지 아니한 국내 계열회사를 손자회사에 해당하게 하는 과정에서 해당 국내 계열회사 주식을 소유하게 된 날부터 1년 이내인 경우(같은 기간 내에 손자회사에 해당하게 된 경우)(다목)

④ 손자회사를 손자회사에 해당하지 아니하게 하는 과정에서 해당 손자회사가 손자회사에 해당하지 아니하게 된 날부터 1년 이내인 경우(같은 기간 내에 손자회사에 해당하지 아니하게 된 경우)(라목)

⑤ 자회사와 다른 자회사의 손자회사가 합병하여 다른 자회사의 주식을 소유하게 된 경우로서 주식을 소유한 날부터 1년 이내인 경우(마목)

⑥ 자기주식을 보유하고 있는 자회사가 회사분할로 인하여 다른 국내 계열회사의 주식을 소유하게 된 경우로서 주식을 소유한 날부터 1년 이내인 경우(바목)

(3) 금융보험업 영위 손자회사 지배의 금지

일반지주회사의 자회사는 금융업이나 보험업을 영위하는 회사를 손자회사로 지배하는 행위를 할 수 없다. 다만, 일반지주회사의 자회사가 될 당시에 금융업이나 보험업을 영위하는 회사를 손자회사로 지배하고 있는 때에는 자회사에 해당하게 된 날부터 2년간 그 손자회사를 지배할 수 있다(법 §18③iii).

(4) 적용제외의 특례

기업활력법상의 승인기업(지주회사의 자회사)에 대해서는 사업재편계획에 따라 3년 동안 손자회사 주식보유 제한에 관한 규정(위의 (가))을 적용하지 아니한다(동법 §22①). 또한 ① 피출자기업이 지주회사의 손자회사에 해당하며, ② 피출자기업의 주식을 소유하고 있는 승인기업이 2개 이하인 요건을 모두 갖춘 경우에는 사업재편계획에 따라 3년 동안 손자회사 외의 국내 계열회사 주식소유 금지에 관한 규정(위의 (나))을 적용하지 아니한다(동법 §22②).

3. 손자회사 행위의 제한

(1) 증손회사의 원칙적 금지

일반지주회사의 손자회사는 국내 계열회사의 주식을 소유하여서는 아니 된다(법 §18④). 이에 따라 일반지주회사가 증손회사를 소유하는 것은 원칙적으로 금지된다. 다만 자회사가 손자회사 인수 당시 해당 손자회사가 이미 다른 회사의 주식을 소유하고 있는 경우 이 금지규정에 위반하지 않기 위해서는 손자회사로 하여금 인수 전에 해당 주식을 처분토록 해야 하나, 주식처분이 현실적으로 용이하지 않은 점을 고려하여 손자회사가 보유하고 있던 주식을 처분할 수 있도록 금지규정 적용의 유예기간을 인정하고 있다(법 §18④ 단서 각호). 즉,

① 손자회사가 될 당시에 주식을 소유하고 있는 국내 계열회사의 경우로서 손자회사에 해당하게 된 날부터 2년 이내인 경우(제1호)
② 주식을 소유하고 있는 계열회사가 아닌 국내 회사가 계열회사에 해당하게 된 경우로서 해당 회사가 계열회사에 해당하게 된 날부터 1년 이내인 경우(제2호)
③ 자기주식을 소유하고 있는 손자회사가 회사분할로 인하여 다른 국내 계열회사의 주식을 소유하게 된 경우로서 주식을 소유한 날부터 1년 이내인 경우(제3호)

(2) 증손회사의 예외적 허용

한편, ① 손자회사가 국내 계열회사(금융·보험회사 제외)의 주식을 100% 소유하는 경우(제4호)와 ② 손자회사가 벤처지주회사로서 국내 계열회사(금융·보험회사 제외) 발행주식총수의 100분의 50 이상을 소유하는 경우(제5호)에는 예외적으로 증손회사를 허용하고 있다(법 §18④ 단서 각호). 이는 손자회사가 100% 지분을 소유하고 있는 회사는 경제적 실질이 해당 손자회사의 사업부서와 사실상 동일하다는 점과 벤처기업 활성화 필요성을 감안한 것이다. 그러나 이 경우 손자회사가 주식을 소유하고 있는 증손회사는 국내 계열회사의 주식을 소유하여서는 아니 된다(법 §18⑤ 본문). 즉, 고손회사(高孫會社)는 허용되지 아니 한다.

다만, ① 증손회사가 될 당시에 주식을 소유하고 있는 국내 계열회사의 경우로서 증손회사에 해당하게 된 날부터 2년 이내인 경우(제1호), ② 주식을 소유하고 있는 계열회사가 아닌 국내 회사가 계열회사에 해당하게 된 경우로서 그 회사가 계열회사에 해당하게 된 날부터 1년 이내인 경우(제2호) 및 ③ 손자회사인 벤처지주회사이었던 회사가 주식보유기준(국내 계열회사 발행주식총수의 100분의 50)에 미달하게 된 경우로서 해당하지 아니

하게 된 날부터 1년 이내인 경우(제3호)에는 그러하지 아니하다(법 §18⑤ 단서 각호).

(3) 적용제외

기업활력법상의 승인기업(지주회사의 손자회사)에 대해서는 ① 피출자기업이 지주회사·자회사·손자회사·증손회사 이외의 국내 계열회사에 해당하고, ② 각 승인기업이 피출자기업의 주식을 각각 50% 이상 소유하고 있으며, ③ 피출자기업의 주식을 소유하고 있는 승인기업이 2개 이하인 요건을 모두 갖춘 경우에는 사업재편계획에 따라 3년 동안 증손회사의 금지에 관한 규정을 적용하지 않도록 하고 있다(동법 §23①).

이와 함께 「외국인투자 촉진법」에서는 일반지주회사의 손자회사로서 ① 외국인투자에 해당하고, ② 일반지주회사의 손자회사가 그 공동출자법인 발행주식총수의 100분의 50 이상을 소유하며, ③ 외국인이 그 공동출자법인 발행주식총수의 100분의 30 이상(외국인의 보유주식 비율은 공동출자법인이 되는 시점 및 그 이후에 소유한 주식에 한하여 산정)을 소유하고, ④ 일반지주회사의 손자회사가 그 공동출자법인의 발행주식 중 외국인이 소유한 주식 외의 모든 주식을 소유할 것 등의 요건을 모두 갖춘 경우에는 외국인과 함께 공동출자법인의 주식을 소유할 수 있도록 허용하고 있다(동법 §30⑥ 각호).

일반지주회사의 손자회사가 공동출자법인의 주식을 소유하려는 경우에는 외국인투자위원회의 승인을 받아야 하며, 이 경우 손자회사와의 사업관련성 및 합작주체로서의 적절성 여부 등의 요건에 대하여 공정거래위원회의 사전심의를 거쳐야 한다(동법 §30⑦).

4. 관련사항

(1) 유예기간의 연장

지주회사로의 전환 또는 설립할 당시 2년간 유예되었던 행위제한의무를 이행하기 곤란한 사정이 있는 경우에는 공정거래위원회 승인을 얻어 유예기간을 2년간 연장할 수 있다. 여기에서 이행하기 곤란한 사정은 구체적으로 주식가격의 급격한 변동 등 경제여건의 변화, 주식처분금지계약, 사업의 현저한 손실 그 밖의 사유로 인하여 부채액을 감소시키거나 주식의 취득·처분 등이 곤란한 경우를 말한다(법 §18⑥).

(2) 지주회사의 현황 보고

지주회사·자회사·손자회사 및 증손회사에 대하여 금지되는 행위의 위반 여부를 점검하기 위하여 지주회사로 하여금 지주회사 등의 사업내용에 관한 보고서를 해당 사업연도 종료 후 4월 이내에 공정거래위원회에 제출하도록 하고 있다(법 §18⑦, 영 §29①

본문). 보고하여야 할 내용으로는 지주회사등(지주회사·자회사·손자회사 및 증손회사)의 ① 회사 일반 현황, ② 재무 현황, ③ 계열회사 현황, ④ 주주 및 주식소유 현황 등이 있다(영 §29① 각호).

또한 이 보고서에는 ① 지주회사등의 직전사업연도의 대차대조표·손익계산서등 재무제표, ② 재무제표에 대한 감사인의 감사보고서, ③ 자회사, 손자회사 및 증손회사의 주주명부를 첨부하여야 한다(영 §29② 각호).[21]

Ⅵ. 탈법행위의 금지

누구든지 지주회사 등의 행위제한(법 §18②부터 ⑤까지), 상호출자제한기업집단의 지주회사 설립제한(법 §19), 일반지주회사의 금융회사 주식 소유제한에 관한 특례(법 §20) 규정의 적용을 회피하려는 행위를 하여서는 아니 된다(법 §13①). 탈법행위의 구체적인 유형과 기준은 대통령령으로 정한다(법 §13②).

Ⅶ. 법 위반의 효과

1. 시정조치

공정거래위원회는 지주회사 등의 행위제한(법 §18②부터 ⑤까지), 상호출자제한기업집단의 지주회사 설립제한(법 §19)의 규정에 위반하거나 위반할 우려가 있는 행위가 있는 때에는 해당 사업자 또는 위반행위자에 대하여 해당 행위의 중지, 주식의 전부 또는 일부의 처분, 임원의 사임, 영업의 양도, 채무보증의 취소, 시정명령을 받은 사실의 공표, 기업결합에 따른 경쟁제한의 폐해를 방지할 수 있는 영업방식 또는 영업범위의 제한, 공시의무의 이행 또는 공시내용의 정정, 기타 법 위반상태의 시정을 위하여 필요한 조치를 명할 수 있다(법 §37① 각호). 시정조치의 이행확보를 위하여 공정거래위원회로부터 주식처분명령을 받은 자는 그 명령을 받은 날로부터 해당 주식에 대하여 의결권을 행사할 수 없다(법 §39②).

공정거래법은 처분제한기간(처분시효)을 정하고 있어 공정거래위원회는 법 위반행위의 종료일부터 7년이 경과한 때에는 시정조치를 명하거나 과징금을 부과할 수 없다

21) ①의 경우 「주식회사의 외부감사에 관한 법률」에 따라 연결재무제표를 작성하는 기업의 경우에는 연결재무제표를 포함하며, ②의 경우에는 공시대상기업집단에 소속된 회사 및 「주식회사의 외부감사에 관한 법률」에 따라 외부감사의 대상이 되는 회사에 한정한다.

(법 §80④). 다만, 법원의 판결에 따라 시정조치 또는 과징금 부과처분이 취소된 경우로서 그 판결이유에 따라 새로운 처분을 하는 경우에는 그러하지 아니하다(법 §80⑥). 또한 공정거래위원회가 자료의 열람, 복사 요구에 따르지 아니하여 당사자가 소를 제기한 경우 그 당사자 및 동일한 사건으로 심의를 받는 다른 당사자에 대하여 진행이 정지되고 그 재판이 확정된 때부터 진행한다(법 §80⑦).

공정거래위원회는 법 위반사업자의 합병. 분할, 분할합병 또는 새로운 회사의 설립 등에 따른 조직변경으로 그 지위를 승계한 사업자에 대하여 시정조치를 명할 수 있다. 즉, 합병 후에는 존속회사와 신설회사, 분할 또는 분할합병 후에는 분할회사, 신설회사 및 분할합병 후 존속회사에 시정조치를 명할 수 있다(법 §37③, §7②부터 ④).

2. 과 징 금

공정거래위원회는 지주회사 등의 행위제한(법 §18②부터 ⑤까지)과 일반지주회사의 금융지주회사 주식 소유 제한에 관한 특례, 소위 기업형 벤처캐피털 특례(법 §20) 규정을 위반한 자에 대하여 위반행위 유형별로 법정된 금액에 100분의 20을 곱한 금액을 초과하지 아니하는 범위 안에서 과징금을 부과할 수 있다(법 §38③ 각호). 즉,

① 지주회사가 부채비율을 초과한 경우(법 §18② i)에는 기준대차대조표[22]상 자본총액의 2배를 초과한 부채액(제1호)

② 지주회사가 자회사주식 보유기준의 제한을 위반한 경우(법 §18② ii)에는 해당 자회사 주식의 기준대차대조표상 장부가액의 합계액에 자회사주식 보유기준에 해당하는 법정 비율[23]에서 그 자회사 주식의 소유비율을 뺀 비율을 곱한 금액을 그 자회사 주식의 소유비율로 나누어 산출한 금액(제2호)

③ i) 일반지주회사의 자회사 외의 국내 회사 주식소유 제한(법 §18② iii) 및 금융자회사와 비금융자회사의 동시소유 금지(법 §18② iv, v), ii) 일반지주회사 자회사의 손자회사 외의 국내계열회사 주식소유 금지(법 §18③ ii) 및 금융손자회사 지배금지(법 §18③ iii) iii) 일반지주회사 손자회사의 국내 계열회사 주식소유 금지(법 §18④) 규정을 위반한 경우에는 위반하여 소유하는 주식의 기준대차대조

---

22) 여기에서 범정 비율은 ① 해당 자회사가 상장법인 또는 국외상장법인이거나 공동출자법인인 경우에는 100분의 30, ② 벤처지주회사의 자회사인 경우에는 100분의 20, ③ ① 및 ②에 해당하지 아니하는 경우에는 100분의 50이다(법 §38③ ii 각목).

23) 기준대차대조표란 법 제18조 제2항부터 제5항까지(지주회사 등의 행위제한 등), 제20조 제2항 또는 제3항을 위반한 사실이 최초로 나타난 대차대조표를 말한다. 다만, 대차대조표 작성 전에 법 위반행위가 시정되어 대차대조표에 법 위반사실이 나타나지 않는 경우에는 법 위반일 기준으로 작성한 대차대조표에 따른다(영 §43②).

표상 장부가액의 합계액(제3호)

④ 일반지주회사 자회사의 손자회사의 주식보유기준의 제한규정(법 §18③ⅰ)을 위반한 경우에는 해당 손자회사 주식의 기준대차대조표상 장부가액의 합계액에 손자회사주식 보유기준에 해당하는 법정 비율[24]에서 그 손자회사 주식의 소유비율을 뺀 비율을 곱한 금액을 그 손자회사 주식의 소유비율로 나누어 산출한 금액(제4호)

⑤ 손자회사인 벤처지주회사의 100분의 50 미만 지분비율 소유 제한규정(법 §18④ⅴ)을 위반한 경우에는 해당 손자회사인 벤처지주회사가 발행주식총수의 100분의 50 미만을 소유하고 있는 국내 계열회사 주식의 기준대차대조표상 장부가액의 합계액에 100분의 50의 비율에서 그 국내 계열회사 주식의 소유비율을 뺀 비율을 곱한 금액을 그 국내 계열회사 주식의 소유비율로 나누어 산출한 금액(제5호)

⑥ 일반지주회사의 기업형 벤처캐피털 자회사(중소기업창업투자회사 및 신기술사업금융전문회사)의 발행주식총수 소유규정(법 §20②)을 위반한 경우에는 해당 자회사 주식의 기준대차대조표상 장부가액의 합계액을 그 자회사 주식의 소유비율로 나눈 금액에 해당 자회사 발행주식 중 자신이 보유하지 않은 주식의 비율을 곱하여 산출한 금액(제6호)

⑦ 일반지주회사가 주식을 소유한 기업형 벤처캐피털 자회사의 부채비율 200% 초과금지규정(법 §20③ⅰ)을 위반한 경우에는 기준대차대조표상 자본총액의 2배를 초과한 부채액(제7호)

⑧ 일반지주회사가 주식을 소유한 기업형 벤처캐피털 자회사의 투자조합 설립제한규정(법 §20③ⅳ)을 위반한 경우에는 위반에 해당하는 만큼의 출자금액(제8호)

⑨ 일반지주회사가 주식을 소유한 기업형 벤처캐피털 자회사의 투자제한규정(법 §20③ⅴ)을 위반한 경우에는 위반하여 소유하는 주식, 채권 등의 기준대차대조표상 장부가액의 합계액(제9호)

⑩ 일반지주회사가 주식을 소유한 기업형 벤처캐피털 자회사가 투자한 회사의 주식, 채권 등을 자신의 특수관계인(동일인 및 그 친족에 한정) 및 특수관계인이 투자한 회사로서 지주회사 등이 아닌 계열회사가 취득 또는 소유하는 것을 금지하는 규정(법 §20③ⅵ)을 위반한 경우에는 위반하여 소유하도록 한 주식, 채권

---

24) 여기에서 법정 비율은 ① 해당 손자회사가 상장법인 또는 국외상장법인이거나 공동출자법인인 경우에는 100분의 30, ② 기타의 손자회사의 경우에는 100분의 50이다(법 §38③ⅳ 각목).

등의 기준대차대조표상 장부가액의 합계액(제10호)

3. 합병 또는 설립 무효의 소

공정거래위원회는 상호출자제한기업집단에 속하는 회사를 지배하는 동일인이나 그 특수관계인이 법 제19조에서 요구하는 채무보증을 해소하지 아니하고 지주회사를 설립하거나 지주회사로 전환하기 위하여 회사의 합병 또는 설립을 한 경우에는 해당 회사의 합병 또는 설립 무효의 소를 제기할 수 있다(법 §37②). 탈법적인 방법에 의해 설립한 경우에도 마찬가지이다.

4. 형사적 제재

탈법행위의 금지(법 §36)의 규정에 위반 자, 지주회사 등의 행위제한(법 §18②부터 ⑤까지)을 위반한 자, 상호출자제한기업집단의 지주회사 설립제한(법 §19)에 위반하여 지주회사를 설립하거나 지주회사로 전환한 자, 일반지주회사의 금융회사주식 소유제한(법 §20②, ③)에 위반한 자에 대하여는 3년 이하의 징역 또는 2억 원 이하의 벌금에 처한다(법 §124①ⅱ, ⅳ, ⅴ, ⅵ). 또한 시정조치(법 §37)에 응하지 아니한 경우에는 2년 이하의 징역 또는 1억 5천만 원 이하의 벌금에 처한다(법 §125ⅵ).

지주회사의 설립·전환의 신고에 관한 규정에 위반하여 지주회사의 설립 또는 전환의 신고를 하지 아니하거나 허위의 신고를 한 자 또는 지주회사의 행위제한규정에 위반하여 지주회사·자회사 및 손자회사의 사업내용에 관한 보고를 하지 아니하거나 허위보고 한 자에 대하여는 1억 원 이하의 벌금에 처한다(법 §126ⅰ, ⅱ).

제 3 절 대기업집단의 규제

Ⅰ. 기업집단의 의의

1. 기업집단의 개념

기업집단이란 동일인이 사실상 그 사업내용을 지배하는 회사의 집단을 말한다. 동일인(同一人)이 ① 회사인 경우에는 그 동일인 자신과 동일인이 지배하는 1 이상의 회사의 집단을 말하고, ② 회사가 아닌 경우에는 그 동일인이 지배하는 2 이상의 회사의 집단을 말한다(법 §2ⅺ 가목, 나목).

기업집단 개념의 핵심인 '사실상 그 사업내용의 지배'와 관련하여 통상 동일인이 회사주식의 100분의 50을 초과하여 소유하는 경우에는 주주총회를 통하여 경영진을 선임할 수 있고, 그 경영진을 통하여 회사의 사업내용을 충분히 지배할 수 있게 될 것이다. 그러나 실제로는 주주의 분포, 정관의 규정, 주주총회의 참여도 등 제반사정에 따라 그 이하의 주식소유만으로도 회사의 사업내용을 지배할 수 있다. 공정거래법 시행령은 사실상 그 사업내용을 지배하는 회사의 범위를 보다 현실화하여 최다출자자이거나 회사경영에 대하여 지배적인 영향력을 행사할 수 있는 경우에도 그 범위에 해당하는 것으로 보아 기업집단에 포함시키고 있다(영 §4①).

2. 기업집단의 범위

(1) 최다출자자

기업집단에 속하기 위한 전제로서 동일인이 사실상 사업내용을 지배하는 회사의 범위를 획정하기 위해서 공정거래법 시행령은 형식적 기준을 정하여 동일인이 단독으로 또는 동일인관련자[25]와 합하여 해당 회사의 무의결권주식을 제외한 발행주식총수의 30/100 이상을 소유하는 경우로서 최다출자자로 되어있는 경우에는 해당 회사를 기업집단의 범위에 포함시키도록 하고 있다(영 §4① i).

(2) 지배적인 영향력 행사

공정거래법 시행령은 실질적 기준으로서 동일인이 회사경영에 대하여 지배적인 영향력을 행사하고 있는 경우에도 동일인이 사실상 사업내용을 지배하는 회사로 보고 있다. 즉, ① 동일인이 다른 주요 주주와의 계약 또는 합의에 의하여 대표이사를 임면하거나 임원의 100분의 50 이상을 선임하거나 선임할 수 있는 회사, ② 동일인이 직접 또는 동일인관련자를 통하여 해당 회사의 조직변경 또는 신규 사업에의 투자 등 주요 의사결정이나 업무집행에 지배적인 영향력을 행사하고 있는 회사, ③ 동일인이 지배하는 회사와 해당 회사 간에 임원겸임 등 인사교류[26]가 있는 회사, ④ 통상적인 범위를

25) 여기에서 '동일인관련자'란 동일인의 친족, 동일인이 지배하는 계열회사, 비영리법인 및 그 임직원을 말한다. 즉, ① 배우자, 4촌 이내의 혈족, 3촌 이내의 인척, ② 동일인이 지배하는 국내 회사 발행주식총수의 100분의 1 이상을 소유하고 있는 5촌·6촌인 혈족이나 4촌인 인척, ③ 동일인이 「민법」에 따라 인지한 혼인외 출생자의 생부나 생모, ④ 동일인이 단독으로 또는 동일인관련자와 합하여 총출연금액의 100분의 30 이상을 출연한 경우로서 최다출연자이거나 동일인 및 동일인관련자 중 1인이 설립자인 비영리법인 또는 단체(법인격이 없는 사단 또는 재단으로 한정), ⑤ 동일인이 직접 또는 동일인관련자를 통해 임원의 구성이나 사업운용 등에 지배적인 영향력을 행사하고 있는 비영리법인 또는 단체, ⑥ 동일인이 사실상 사업내용을 지배하는 회사, ⑦ 동일인 및 동일인과 ④~⑥ 관계에 있는 자의 사용인(법인인 경우에는 임원, 개인인 경우에는 상업사용인 및 고용계약에 따른 피고용인)을 말한다(영 §4① i 가목부터 마목까지).

초과하여 동일인 또는 동일인관련자와 자금 · 자산 · 상품 · 용역 등의 거래를 하고 있거나 채무보증을 하거나 채무보증을 받고 있는 회사, 기타 해당 회사가 동일인의 기업집단 계열회사로 인정될 수 있는 영업상의 표시행위를 하는 등 사회통념상 경제적 동일체로 인정되는 회사가 이에 해당한다(영 §4① ii).

3. 기업집단으로부터의 제외

(1) 사외이사 독립경영회사

'사외이사가 독립적으로 경영하고 있는 회사'는 동일인이 지배하는 기업집단 범위에서 제외한다. 즉, 「상법」 제382조 제3항에 따른 사외이사가 경영하고 있는 회사로서 독립경영요건(영 §5① iii 각목)을 모두 갖춘 회사는 동일인이 지배하는 기업집단의 범위에서 제외한다(영 §4②, 법률상 제외).

기업집단 계열회사가 최다출자자가 되는 등의 기준을 충족하는 경우 그 계열회사의 임원이 지배하는 회사는 기업집단 범위에 속하게 되나, 그 임원 가운데 사외이사가 지배하는 회사는 동일인의 영향력이 미치기 어려워 사전규제의 필요성이 적을 뿐만 아니라 만약 기업집단에 무리하게 편입시킬 경우 이에 따른 부담으로 전문성을 갖춘 인사가 기업집단 계열회사 사외이사 선임을 기피하여 경영상 필요한 인재영입에 지장을 줄 우려가 있기 때문이다.

(2) 공정거래위원회의 제외결정

(가) 대상회사

공정거래위원회는 형식적으로 기업집단의 범위에 포함되더라도 일정한 요건이 충족되는 회사에 대하여는 이해관계자의 요청에 따라 해당 회사를 동일인이 지배하는 기업집단의 범위에서 제외할 수 있다(영 §5). 즉,

① 동일인이 그 사업내용을 지배하지 아니한다고 인정되는 경우로서 일정한 요건에 해당하는 회사(영 §5① 각호) i) 출자자 간의 합의 · 계약 등에 의하여 동일인이 임명한 자 또는 동일인관련자 중 동일인의 친족 또는 동일인의 영향력 하에 있는 비영리법인, 단체, 계열회사에서의 사용인 이외의 자가 사실상 경영을 하고 있다고 인정되는 회사(제1호), ii) 「친족독립경영인정기준」[27]을 갖춘 회사로서 동일인의 친족이

---

26) 인사교류에는 i) 동일인이 지배하는 회사와 해당 회사 간에 임원의 겸임이 있는 경우, ii) 동일인이 지배하는 회사의 임 · 직원이 해당 회사의 임원으로 임명되었다가 동일인이 지배하는 회사로 복직하는 경우(동일인이 지배하는 회사 중 당초의 회사가 아닌 회사로 복직하는 경우를 포함한다), iii) 해당 회사의 임원이 동일인이 지배하는 회사의 임 · 직원으로 임명되었다가 해당 회사 또는 해당 회사의 계열회사로 복직하는 경우를 포함한다(영 §4① ii 다).

해당 회사를 독립적으로 경영하고 있다고 인정되는 회사(제2호), iii) 「임원독립경영인정기준」[28]을 갖춘 회사로서 동일인 관련 비영리법인, 단체, 회사의 임원 등이 해당 회사를 독립적으로 경영하고 있다고 인정되는 회사(제3호), iv) 「채무자회생 및 파산에 관한 법률」에 의한 파산절차가 진행 중인 회사(제4호), v) 「기업구조조정투자회사법」 제2조 제2호에 의한 약정체결기업에 해당하는 회사로서 일정한 요건[29]을 갖춘 회사(제5호), vi) 「채무자회생 및 파산에 관한 법률」에 의한 회생절차가 진행 중인 회사로서 일정한 요건[30]을 갖춘 회사(제6호)가 이에 해당한다.[31]

공정거래위원회는 동일인의 친족이 독립적으로 경영하고 있는 회사가 동일인이 지배하는 기업집단의 범위에서 제외된 경우(친족독립경영인정기준이 충족된 경우) 해당

---

27) 「친족독립경영」이란 동일인(자연인 또는 법인)의 친족이 주식 또는 재산의 소유관계 등에 비추어 동일인과 별도로 해당 회사를 독립적으로 경영하고 있다고 인정되는 회사로서 친족 간의 계열분리(계열분리)를 통한 친족 분리경영을 말한다. 독립경영 인정기준의 요건으로는 i) 동일인측, 즉 동일인 및 동일인관련자(독립경영친족 및 독립경영친족관련자는 제외)의 친족측 계열회사에 대한 소유주식의 합계가 각 회사의 발행주식총수의 100분의 3(주권상장법인인 회사의 경우) 또는 100분의 10(주권상장법인이 아닌 회사의 경우) 미만일 것, ii) 친족측(독립경영자 및 독립경영자의 동일인관련자)의 동일인측 계열회사에 대한 소유주식의 합계가 각 회사의 발행주식총수의 100분의 3(주권상장법인 또는 코스닥상장법인인 회사의 경우) 또는 100분의 15(주권상장법인이 아닌 회사의 경우) 미만일 것, iii) 동일인측 계열회사와 친족측 계열회사 간에 상호 임원겸임이 없을 것, iv) 동일인측 계열회사와 친족측 계열회사 간에 채무보증이나 자금대차가 없을 것(단 조세특례제한법에 따른 합리화기준에 따라 채무보증 및 거래에 수반하여 정상적으로 발생한 것은 제외), vi) 3년간 부당내부거래 또는 특수관계인에 대한 부당한 이익제공 위반으로 비친족측계열회사, 친족측계열회사, 동일인 또는 친족이 공정거래위원회로부터 시정조치(시정권고 또는 경고 포함)를 받거나 과징금을 부과받은 사실이 없을 것을 요한다(영 §5①ii 가목부터 마목까지).

28) 「임원독립경영」이란 동일인 관련 비영리법인, 단체, 회사의 임원 등(영 §4①i 마목)이 해당 회사를 독립적으로 경영하고 있다고 인정되는 회사로서 분리경영 되는 것을 말한다. 임원독립경영 인정기준의 요건으로는 i) 임원측계열회사를 독립적으로 경영하는 임원이 동일인과의 관계에 있기 전부터 사실상 사업내용을 지배하는 회사일 것, ii) 임원측계열회사에 대하여 비임원측(동일인측), 즉 동일인 및 동일인관련자(독립경영임원 및 독립경영임원관련자는 제외)가 출자하고 있지 아니할 것, iii) 비임원측계열회사에 대하여 독립경영임원 및 독립경영임원관련자가 출자하고 있지 아니할 것, iv) 비임원측계열회사와 임원측계열회사 간에 독립경영임원 외에 임원의 상호 겸임이 없을 것, v) 비임원측계열회사와 임원측계열회사 간에 채무보증이나 자금대차가 없을 것, vi) 제외를 요청한 날이 속하는 사업연도의 직전 사업연도 동안 각 비임원측계열회사의 총매출 및 총매입 거래액 중에서 전체 임원측계열회사에 대한 매출 및 매입 거래액이 차지하는 비율이 각각 100분의 50 미만일 것(역의 경우에도 동일)을 요한다(영 §5①iii 가목부터 바목까지).

29) ① 동일인 및 동일인관련자가 소유하고 있는 주식 중 해당 회사 발행주식총수의 100분의 3(주권상장법인이 아닌 회사의 경우에는 100분의 10)을 초과하여 소유하고 있는 주식에 대한 처분 및 의결권 행사에 관한 권한을 채권금융기관(은행법 그 밖의 법률에 의한 금융기관으로서 해당 회사에 대하여 신용공여를 한 금융기관을 말한다)에 위임할 것, ② 동일인 및 동일인관련자가 가목의 규정에 의한 위임계약의 해지권을 포기하기로 특약을 할 것.

30) ① 동일인 및 동일인관련자가 소유하고 있는 주식 중 해당 회사 발행주식총수의 100분의 3(주권상장법인이 아닌 회사의 경우에는 100분의 10)을 초과하여 소유하고 있는 주식에 대한 처분 및 의결권 행사에 관한 권한을 「채무자회생 및 파산에 관한 법률」의 규정에 의한 관리인에게 위임하되 정리절차가 종료된 후에는 해당 권한을 회사가 승계하게 할 것, ② 동일인 및 동일인관련자가 가목의 규정에 의한 위임계약의 해지권을 포기하기로 특약을 할 것.

31) ii)의 친족독립경영인정기준과 iii)의 임원독립경영인정기준의 예측가능성과 편의성을 제고하기 위해 업무처리 절차와 기준을 제시한 「독립경영 인정제도 운영지침」(공정거래위원회예규 제440호, 2023. 8. 25., 일부 개정)이 제정되어 있다.

독립경영친족 및 독립경영친족관련자를 동일인관련자에서 제외할 수 있다(영 §6①). 또한 동일인 및 동일인관련자가 임원의 구성이나 사업운용 등에 지배적인 영향력을 행사하지 않는다고 인정되는 비영리법인 또는 단체도 이해관계자의 요청에 따라 동일인관련자에서 제외할 수 있다(영 §6②). 또한 ① 동일인관련자의 제외 요건에 해당하지 않게 되거나 ② 회사의 청산 또는 소유지분의 매각 등의 사유로 해당 독립경영친족이 사실상 그 사업내용을 지배하고 있는 회사가 존재하지 않게 된 경우 또는 ③ 거짓의 자료를 제출하여 독립경영을 인정받은 경우[32]에는 직권 또는 이해관계자의 요청으로 제외 결정을 취소할 수 있다(영 §6③).

② 국가, 지방자치단체 또는 특정한 공법인 등이 투자한 민간투자사업법인(영 §5② i) 「사회기반시설에 대한 민간투자법」에 의하여 설립된 민간투자사업법인으로서 i) 국가 또는 지방자치단체, ii) 「공공기관의 운영에 관한 법률」 제5조(공공기관의 구분)에 따른 공기업, iii) 특별법에 따라 설립된 공사·공단 그 밖의 법인이 발행주식총수의 100분의 20 이상을 소유하고 있는 민간투자사업법인을 말한다. 다만 이 민간투자사업법인이 다른 회사와의 상호출자나 다른 회사에 대한 채무보증 또는 다른 회사로부터의 채무보증이 없을 것을 그 요건으로 한다.

③ 완전 독립경영회사(영 §5② ii) i) 동일한 업종을 경영하는 둘 이상의 회사가 사업구조조정을 위하여 그 회사의 자산을 현물출자하거나 합병, 그 밖에 이에 준하는 방법으로 설립한 회사 또는 ii) 민간투자사업법인으로서 「사회기반시설에 대한 민간투자법」 제4조(민간투자사업의 추진방식) 제1호부터 제4호까지의 어느 하나에 해당하는 방식으로 민간투자사업을 추진하는 회사로서 최다출자자가 2인 이상으로서 해당 출자자가 임원의 구성이나 사업운용 등에 대하여 지배적인 영향력을 행사하지 아니한다고 인정되는 회사를 말한다. 이 경우 최다출자자가 소유한 주식을 산정할 때 동일인 또는 동일인관련자가 소유한 해당 회사의 주식을 포함한다.

④ 독립운영 민간투자사업법인(영 §5②iii) 민간투자사업을 추진하는 회사(SPC, special purpose company)로서 독립운영을 위한 일정한 요건을 갖춘 회사를 말한다.[33]

---

32) 「행정기본법」 제18조 및 「독립경영 인정제도 운영지침」 Ⅲ. 4. 나. (3), (4).

33) 즉, i) 해당 회사의 최다출자자가 임원의 구성이나 사업운용 등에 대하여 지배적인 영향력을 행사하지 아니한다고 인정될 것(이 경우 최다출자자가 소유한 주식을 산정할 때 동일인 또는 동일인관련자가 소유한 해당 회사의 주식을 포함), ii) 해당 회사(해당 회사가 그 사업내용을 지배하는 회사 포함)가 동일인이 지배하는 회사(동일인이 회사인 경우에는 동일인 포함)에 출자하고 있지 아니할 것, iii) 해당 회사(해당 회사가 그 사업내용을 지배하는 회사 포함)와 동일인이 지배하는 회사 간에 채무보증 관계가 없을 것[다만, 해당 회사(해당 회사가 그 사업내용을 지배하는 회사 제외)에 출자한 동일인이 지배하는 회사가 해당 회사에 대하여 채무보증을 제공하는 경우는 제외], iv) 동일인 또는 동일인관련자가 해당 회사의 주식을 취득 또는 소유하여 제3조의 요건에 해당하게 된 날 이후 해당 회사(해당 회사가 그 사업내용을 지배하는 회사 포함)

다만, 해당 회사가 「사회기반시설에 대한 민간투자법」 제13조에 따라 사업시행자로 지정된 날부터 같은 법 제15조 제1항에 따라 주무관청의 승인을 받아 같은 조 제2항에 따라 고시된 실시계획에 따른 사업(같은 법 제21조 제7항에 따라 고시된 부대사업은 제외)을 완료하여 같은 법 제22조 제1항에 따른 준공확인을 받기 전까지의 기간으로 한정한다.

⑤ 산학연협력기술지주회사 또는 신기술창업전문회사(영 §5②ⅳ) 「산업교육진흥 및 산학연협력촉진에 관한 법률」에 따른 산학연협력기술지주회사 및 자회사 또는 「벤처기업 육성에 관한 특별조치법」에 따른 신기술창업전문회사 및 자회사로서 회사 설립등기일부터 10년 이내이고 동일인이 지배하는 회사(동일인이 회사인 경우 동일인을 포함)와 출자 또는 채무보증 관계가 없는 회사를 말한다.

⑥ R&D 투자비율이 높은 중소기업 또는 벤처기업(영 §5②ⅴ) 「중소기업기본법」 제2조에 따른 중소기업 중 연간매출액에 대한 「조세특례제한법」상 연구개발비의 비율이 100분의 3 이상인 중소기업 또는 「벤처기업 육성에 관한 특별조치법」에 따른 벤처기업으로서 일정한 요건을 갖춘 회사를 말한다.[34)]

(나) 제외결정의 예외

위의 ④에 해당하는 민간투자사업법인과 ⑥에 해당하는 연간매출액에 대한 연간 연구개발비 비율이 100분의 3 이상인 중소기업 또는 「벤처기업육성 특별조치법」에 따른 벤처기업으로서 공정거래위원회의 결정으로 기업집단의 범위에서 제외되더라도 특수관계인에 대한 부당한 이익 제공금지(법 §47) 규정을 적용하는 경우에는 기업집단의 범위에 속하는 것으로 본다(영 §5② 단서).

또한 벤처지주회사가 위의 ⑥에 해당하는 연간매출액에 대한 연간 연구개발비 비율이 100분의 3 이상인 중소기업 또는 「벤처기업육성 특별조치법」에 따른 벤처기업(영 §5②ⅴ) 주식을 소유한 경우 지주회사의 자회사를 정하는 기준(영 §3③, 법 §2ⅷ)을 적용

와 동일인(그 친족 포함) 간에 또는 해당 회사와 동일인이 지배하는 회사 간에 부당내부거래 금지(법 §45①ⅸ, ②) 또는 부당이익제공 금지(법 §47)를 위반하여 해당 회사, 동일인(그 친족 포함) 또는 동일인이 지배하는 회사가 공정거래위원회로부터 시정조치(시정권고 또는 경고 포함)를 받거나 과징금을 부과받은 사실이 없을 것의 4가지 요건을 모두 갖춘 회사를 말한다.

34) 즉, ⅰ) 동일인 또는 동일인관련자가 중소벤처기업의 사업내용을 지배하는 자와 합의하여 그 중소벤처기업의 주식을 취득 또는 소유하여 제3조의 요건에 해당하게 된 경우로서 그 요건 해당일부터 7년 이내일 것, ⅱ) 중소벤처기업(중소벤처기업이 그 사업내용을 지배하는 회사 포함)이 동일인이 지배하는 회사(동일인이 회사인 경우 동일인 포함)에 출자하고 있지 아니할 것, ⅲ) 중소벤처기업과 동일인이 지배하는 회사(동일인이 회사인 경우 동일인 포함) 간에 채무보증 관계가 없을 것, ⅳ) ⅰ)에 따른 요건해당일 이후 중소벤처기업과 동일인(그 친족 포함) 간에 또는 중소벤처기업과 동일인이 지배하는 회사 간에 부당내부거래 금지(법 §45①ⅸ, ②) 또는 특수관계인에 대한 부당이익제공 금지(법 §47) 위반으로 중소벤처기업, 동일인(그 친족 포함) 또는 동일인이 지배하는 회사가 공정거래위원회로부터 시정조치(시정권고 또는 경고 포함)를 받거나 과징금을 부과받은 사실이 없을 것의 요건을 모두 갖춘 회사를 말한다.

하는 경우에는 해당 회사는 기업집단의 범위에 속하는 것으로 본다(영 §5② 단서).

(다) 제외결정의 취소

공정거래위원회는 위 기업집단의 범위에서 제외된 회사가 그 제외요건에 해당하지 아니하게 된 경우에는 직권 또는 이해관계자의 요청에 의하여 그 제외결정을 취소할 수 있다(영 §5③ 본문). 다만 '친족독립경영인정기준' 요건을 갖추어 제외된 회사의 경우에는 그 제외된 날로부터 3년(직전 3년간 친족측 계열회사와의 거래와 관련하여 부당내부거래 또는 특수관계인에 대한 부당한 이익제공 위반으로 비친족측계열회사, 친족측계열회사, 동일인 또는 친족이 공정거래위원회로부터 시정조치, 시정권고 또는 경고를 받거나 과징금을 부과받은 사실이 없는 경우에는 5년) 이내에 제외요건에 해당하지 아니하게 된 경우에 한한다(영 §5③ 단서, §5②ii 마목).

4. 계열회사

기업집단을 규제대상으로 하더라도 기업집단은 법인격이 없고 수 개 기업이 단일한 지배력에 결속되어 있는 현상에 불과하므로 기업집단에 대한 구체적인 법적 구속은 그 소속기업을 대상으로 할 수밖에 없다. 공정거래법은 계열회사 개념을 도입하여, 둘 이상의 회사가 동일한 기업집단에 속하는 경우에 이들 회사를 서로 상대방의 계열회사로 정의하고 있다(법 §2xii).

Ⅱ. 대기업집단의 의의

1. 대기업집단의 개념

공정거래법은 경제력집중의 폐해를 방지하기 위해 자산규모가 큰 기업집단에 대해서는 기업집단에 속한 국내 회사들의 직전 사업연도 대차대조표상의 '자산총액 합계액'을 기준으로 자산총액 합계액이 5조 원 이상인 「공시대상기업집단」과 자산총액 합계액이 국내총생산액의 1천분의 5에 해당하는 「상호출자제한기업집단」으로 구분하여 여러 가지 행태별 규제를 하고 있다(법 §31①, 영 §38①, ②).[35] 여기에서 대기업집단은 자산규모가 큰 기업집단을 일컫는 일반적 개념으로서 이하에서는 공정거래법상 규제대상인 「공시대상기업집단」과 「상호출자제한기업집단」을 포괄하는 의미로 사용하기로 한다.

공시대상기업집단에 대해서는 시장감시기능을 강화하기 위해 대규모 내부거래에

35) 그러나 경제력집중 규제를 위한 대기업집단의 지정과 관련하여 ① 규제체계의 정합성, ② 규제목적의 정당성, ③ 규제기준의 명확성 및 ④ 규제방식의 적정성의 4가지 측면에서 비판이 제기될 수 있다. 신현윤, "기업집단 내부거래의 규제법리와 입법쟁점", 「선진상사법률연구」 통권 제81호(2018), 7면 이하.

대한 이사회 의결 및 공시(법 §26, 29), 기업집단 현황 공시(법 §28)를 의무화하고 특수관계인에 대한 부당한 이익제공을 금지(법 §47)하고 있다. 상호출자제한기업집단에 대해서는 시장감시를 위한 규제뿐만 아니라 대기업집단의 경제력집중 억제를 위한 모든 규제(상호출자의 금지, 신규 순환출자금지, 계열회사에 대한 채무보증의 금지, 금융·보험회사 및 공익법인의 의결권 제한, 대규모내부거래의 이사회 의결 및 공시, 비상장회사 등의 중요사항 공시, 기업집단현황 등에 관한 공시, 주식소유현황 등의 신고)가 적용된다.

2. 대기업집단의 지정 · 지정제외

(1) 지정요건

대기업집단으로 지정되기 위해서는 「공시대상기업집단」의 경우 해당 기업집단에 속하는 국내 회사들의 직전 사업연도 대차대조표상의 자산총액 합계액이 5조 원 이상이어야 하며, 「상호출자제한기업집단」의 경우에는 국내총생산액의 1천분의 5에 해당하는 금액 이상이어야 한다. 다만, 금융업 또는 보험업을 영위하는 회사의 경우에는 자산총액 대신에 자본총액 또는 자본금 중 큰 금액을 기준으로 한다. 이와 같이 금융업과 보험업을 영위하는 회사에서 자산총액을 기준으로 하지 않은 것은 그 자산의 대부분이 고객의 예탁금이나 보험료로 되어 있고, 다시 사외로 유출될 가능성이 있기 때문이다. 새로 설립된 회사로서 직전 사업연도 대차대조표가 없는 경우에는 지정일 현재의 납입자본금을 기준으로 한다(법 §31①, 영 §38① 본문).

(2) 동일인 지정

원래 기업집단이란 동일인이 사실상 사업내용을 지배하는 회사의 집단(법 §2xi)이기 때문에, 기업집단에 속하는 회사의 범위를 정하기 위해서는 우선 동일인을 확정하여야 한다. 그런데 대기업집단 규제의 목적이 친족 등 특수관계인의 경영참여나 출자, 자금거래 등을 통한 경제력집중 억제에 있기 때문에 '자연인' 지정을 원칙으로 하고 있다. 다만, 지정 당시 해당 대기업집단이 일정한 요건을 모두 충족하는 경우에는 이해관계자의 요청에 따라 국내 회사, 비영리법인 또는 단체를 동일인으로 하여 공시대상기업집단 또는 상호출자제한기업집단을 지정할 수 있다(영 §38④ 각호).

즉, ① 동일인을 자연인으로 보든 법인으로 보든 국내 계열회사의 범위가 동일한 기업집단의 경우로서(제1호), ② 기업집단을 지배하는 자연인이 최상단회사를 제외한 국내 계열회사에 출자하지 않고(제2호 가목), ③ 해당 자연인의 친족이 계열회사에 출자하지 않으며(제2호 나목), ④ 해당 자연인의 친족이 임원으로 재직하는 등 경영에 참여하지 않고(제2호 다목), ⑤ 해당 자연인 및 친족과 국내 계열회사 간 채무보증이나 자금대차가 없어(제2호 라목) 사익편취 등의 우려가 없다고 인정되어야 한다. 국내 회사나 비영리법인 또는 단체를 동일인으로 하여 지정된 대기업집단이 위 요건을 충족하지 못하게 된 경우에는 다시 자연인을 동일인으로 변경하여 지정할 수 있다(영 §38⑤).

(3) 지정의 법적 성격

공정거래위원회의 대기업집단 지정이나 동일인 지정은 형성적 효력을 갖는 행정처분으로서 대기업집단 지정에 대하여 불복할 경우 이해관계인은 그 통지를 받은 날로부터 30일 이내에 그 사유를 갖추어 이의신청을 하거나, 그 통지를 받은 날로부터 30일 또는 이의신청에 대한 재결서의 정본을 송달받은 날부터 30일 이내에 불복의 소를 제기할 수 있다(법 §96, §99).

(4) 지정제외

(가) 일반적 지정제외

대기업집단 지정을 위한 자산총액 합계액 기준에 해당하더라도 ① 금융업 또는 보험업만을 영위하는 기업집단, ② 금융업 또는 보험업을 영위하는 회사가 동일인인 경우의 기업집단, ③ 해당 기업집단에 속하는 회사 중 「채무자회생 및 파산에 관한 법률」에 의한 회생절차나 「기업구조조정촉진법」에 의한 부실징후기업 관리절차가 진행중인 회사의 자산총액의 합계액이 기업집단 전체 자산총액의 100분의 50 이상인 기업집단, ④ 「공공기관 운영에 관한 법률」 제4조에 따른 공공기관, 「지방공기업법」 제2조 제1항에 따른 지방 직영기업, 지방공사 또는 지방공단이 동일인인 기업집단, ⑤ 소속회사 모두가 「자본시장법」상 기관전용 사모집합투자기구, 투자목적회사, 투자대상기업, 투자대상기업이 지배하는 회사, 금융위원회에 등록된 기관전용 사모집합투자기구 집행사원의 어느 하나에 해당하는 기업집단(PEF전업집단)[36] 및 ⑥ 사모집합투자기구 관련회사와 피투자회사 또는 금융업 또는 보험업을 영위하는 회사로만 구성된 기업집단은 대기업집단 지정에서 제외된다(영 §36① 단서 각호).

다만 ③의 경우 기업집단에 속하는 회사 중 회생절차나 부실징후기업 관리절차가 진행 중인 회사를 제외한 나머지 회사의 자산총액 합계액이 여전히 5조 원 이상인 기업집단은 공시대상기업집단, 국내총생산액의 1천분의 5에 해당하는 금액 이상인 기업

36) PEF(Private Equity Fund)는 투자대상기업의 가치를 높인 후 되팔아(buy-out) 수익을 남기는 것이 목적이므로 기업지배가 일시적이라는 특징을 가지고 있다.

집단은 상호출자제한기업집단으로 지정된다(영 §38①iii 단서, §38②).

이와 같이 소속회사가 모두 금융·보험회사인 기업집단, 소유가 광범하게 분산되어 있어 특정한 지배주주가 존재하기 어려운 금융·보험회사가 지배하는 기업집단이나 공기업집단 및 부실기업에 대한 구조조정절차가 진행 중인 기업집단, 금융투자를 직접 목적으로 하는 기업집단 등을 대기업집단에서 제외하는 것은 경제력집중 폐해의 우려가 거의 없음을 감안한 것이다.

(나) 사후적 지정제외

대기업집단으로 지정된 이후에 다음 2가지 사유가 발생하는 경우에는 대기업집단에서 제외할 수 있다. 즉, ① 지정일 이후에 해당 기업집단에 소속된 회사 중 「채무자 회생 및 파산에 관한 법률」에 의한 회생절차나 「기업구조조정촉진법」에 의한 부실징후기업 관리절차가 진행 중인 회사의 자산총액의 합계액이 기업집단 전체 자산총액의 100분의 50 이상이 된 경우(다만, 회생절차 또는 부실징후기업 관리절차가 진행 중인 회사를 제외한 나머지 회사의 자산총액의 합계액이 3조 5천억 원 이상인 공시대상기업집단, 국내총생산액의 1만분의 35에 해당하는 금액 이상인 상호출자제한기업집단은 제외), ② 소속회사의 변동으로 해당 기업집단에 소속된 국내 회사들의 자산총액의 합계액이 원래보다 70% 수준인 3조 5천억 원 미만으로 감소한 공시대상기업집단 및 국내총생산액의 1만분의 35에 해당하는 금액 미만으로 감소한 상호출자제한기업집단에 대해서는 대기업집단 지정을 제외할 수 있다(영 §38⑥ i, ii, iii, §38①iii).

(5) 자료제출 요청

공정거래위원회는 회사 또는 해당 회사의 특수관계인에 대하여 대기업집단의 지정을 위하여 회사의 일반 현황, 회사의 주주 및 임원 구성, 특수관계인 현황, 주식소유 현황 등 자료의 제출을 요청할 수 있다(법 §31④, 영 §38⑨).

3. 대기업집단 지정·지정제외의 통지

(1) 통지의 방법

공정거래위원회는 매년 5월 1일(부득이한 경우에는 5월 15일)까지 그 기준에 따라 대기업집단(공시대상기업집단, 상호출자제한기업집단)으로 지정할 때나 지정된 대기업집단이 지정기준에 해당하지 않게 되거나 제외사유가 발생으로 지정에서 제외할 때에는 즉시 그 사실을 해당 기업집단에 속하는 회사와 그 회사를 지배하는 해당 기업집단의 동일인의 특수관계인인 공익법인에 서면으로 알려야 한다(법 §31①, 영 §38⑦). 또한 지정 후 해당 기업집단에 속하는 회사에 변동이 있는 경우에는 해당 회사에 대하여 서면으로 그 사실을 알려야 한다(영 §38⑧).

(2) 통지의 효력

대기업집단에 관한 규제(상호출자의 금지, 계열회사에 대한 채무보증의 금지, 금융·보험회사 및 공익법인의 의결권 제한, 대규모내부거래의 이사회 의결 및 공시, 비상장회사 등의 중요사항 공시, 기업집단현황 등에 관한 공시, 주식소유현황 등의 신고, 특수관계인에 대한 부당한 이익제공 등 금지)는 지정 통지를 받은 날로부터 적용하는 것이 원칙이다(법 §31②, 도달주의). 그러나 지정 통지를 받은 회사가 통지받을 당시 상호출자금지 위반상태에 있는 경우에는 지정일로부터 1년간, 계열회사에 대한 채무보증의 금지 규정의 위반상태에 있는 경우에는 2년간 그 적용을 유보한다(법 §31③ 각호).

4. 계열회사의 편입 및 제외

(1) 편입 및 제외

공정거래위원회는 대기업집단의 계열회사로 새로이 편입하거나 계열회사에서 제외하여야 할 사유가 발생한 경우에는 해당 회사(특수관계인 포함)의 요청이나 직권으로 계열회사에 해당하는지 여부를 심사하여 계열회사로 편입하거나 계열회사에서 제외하여야 한다(법 §32①). 공정거래위원회는 공시대상기업집단에 속하는 회사를 지배하는 동일인의 특수관계인으로 편입하거나 제외하여야 할 사유가 발생한 경우에는 해당 공익법인(해당 공익법인의 특수관계인 포함)의 요청에 의하거나 직권으로 특수관계인에 해당하는지를 심사하여 특수관계인으로 편입하거나 특수관계인에서 제외하고 그 내용을 해당 공익법인에 통지하여야 한다(법 §32②). 계열회사의 편입이나 제외심사를 위하여 필요하다고 인정하는 경우에는 해당 회사 또는 공익법인에 대하여 주주 및 임원의 구성, 채무보증관계, 자금대차관계, 거래관계 기타 필요한 자료의 제출을 요청할 수 있다(법 §32③). 공정거래위원회는 심사를 요청받은 경우에는 30일 이내에 그 심사결과를 요청한 자에게 통지하여야 한다. 다만 필요하다고 인정할 경우에는 60일의 범위 안에서 그 기간을 연장할 수 있다(법 §32④).

(2) 계열회사의 편입 · 통지일의 의제

공정거래위원회는 대기업집단의 지정(법 §31④) 또는 계열회사의 편입 및 제외심사(법 §32②)와 관련하여 자료제출을 요청을 받은 자가 정당한 이유 없이 자료제출을 거부하거나 허위의 자료를 제출함으로써 대기업집단의 소속회사로 편입되어야 함에도 불구하고 편입되지 아니한 경우에는 대통령령이 정하는 날에 그 기업집단의 소속회사로 편입·통지된 것으로 본다(법 §33).[37]

(3) 편입통지의 효력

대기업집단의 계열회사로 새로이 편입을 통지받은 회사는 통지받은 날부터 공정거래법상 대기업집단에 대한 모든 규제의 적용을 받게 된다(법 §31②, 도달주의). 그러나 편입의 통지를 받은 회사가 통지받을 당시 이미 상호출자금지 위반상태에 있는 경우에는 편입일로부터 1년간, 계열회사에 대한 채무보증의 금지 위반상태에 있는 경우에는 2년간 이를 적용하지 아니한다(법 §31③ 각호).

(4) 관계기관에 대한 자료의 확인요구

공정거래위원회는 상호출자의 금지, 채무보증의 금지, 금융회사 또는 보험회사의 의결권 제한 등 대기업집단에 대한 행태별 규제, 주식소유현황 등의 신고, 대기업집단의 지정, 계열회사의 편입 및 제외 등 규정의 시행을 위하여 필요하다고 인정하는 경우에는 금융감독원, 국내 금융기관, 명의개서 대행 업무를 영위하는 기관, 신용정보집중기관에 대하여 대기업집단의 국내 계열회사 주주의 주식소유현황, 채무보증 관련자료, 가지급금·대여금 또는 담보의 제공에 관한 자료, 부동산의 거래 또는 제공에 관한 자료 등 필요한 자료의 확인 또는 조사를 요청할 수 있다(법 §34, 영 §38).

Ⅲ. 대기업집단에 대한 규제

1. 개 요

공정거래법은 경제력집중으로 국민경제에 미치는 영향이 큰 대기업집단에 속하는 회사에 대한 행태별 규제로서 ① 계열회사에 대한 상호출자 및 신규 순환출자를 금지하고(법 §21, §22), ② 다른 국내 계열회사에 대한 채무보증을 금지하는 한편(법 §24), ③ 금융업 또는 보험업을 영위하는 회사가 취득 또는 소유하고 있는 국내 계열회사 주식, 상호출자제한기업집단에 속하는 국내 회사로서 순환출자를 형성하는 계열출자를

---

37) 대통령령이 정하는 날이란 ① 공시대상기업집단의 '지정 당시' 그 소속회사로 편입되어야 함에도 불구하고 편입되지 아니한 회사의 경우에는 그 공시대상기업집단의 지정·통지를 받은 날, ② 공시대상기업집단의 '지정 이후' 그 소속회사로 편입되어야 함에도 불구하고 편입되지 아니한 회사의 경우에는 그 공시대상기업집단에 속하여야 할 사유가 발생한 날이 속하는 달의 다음 달 1일을 말한다(영 §39).

한 회사가 상호출자제한기업집단 지정일 당시 취득 또는 소유하고 있는 순환출자회사 집단 내의 계열출자대상회사 주식 그리고 상호출자제한기업집단에 속하는 회사를 지배하는 동일인의 특수관계인에 해당하는 공익법인이 취득 또는 소유하고 있는 주식 중 그 동일인이 지배하는 국내 계열회사 주식의 의결권 행사를 일정한 한도로 제한하고 있다(법 §25, §23, §25②).

〈대기업집단 규제의 개요〉

구 분(근거)	규제내용
▪ 상호출자 금지(법 §21①)	계열회사 간 상호출자 금지
▪ 신규 순환출자 금지(법 §22)	계열회사에 대한 신규 및 추가적 순환출자 금지
▪ 순환출자에 대한 의결권 제한(법 §23)	순환출자에 해당하는 주식에 대한 의결권 제한
▪ 창업투자회사의 계열회사 주식 취득 제한(법 §21③)	소속 중소기업창업 투자회사의 국내 계열회사 주식취득 금지
▪ 채무보증 금지(법 §24)	국내 계열회사에 대한 채무보증 금지
▪ 금융·보험회사 소유주식의 의결권 행사제한(법 §25①)	계열 금융·보험회사 보유 계열회사 주식에 대한 의결권 행사의 원칙적 금지 및 예외적 허용
▪ 공익법인 소유주식의 의결권 행사 제한(법 §25②)	동일인의 특수관계인인 공익법인이 보유하는 계열회사 주식의 의결권 행사의 원칙적 금지 및 예외적 허용
▪ 대규모 내부거래의 이사회 의결 및 공시의무(법 §26)	특수관계인을 상대방으로 하거나 특수관계인을 위하여 해당 회사 자본총계 또는 자본금 중 큰 금액의 100분의 5나 100억 원 이상 거래시 이사회의 의결을 거치고, 그 내용 공시
▪ 공익법인의 이사회 의결 및 공시의무(법 §29)	국내 회사 주식의 취득 또는 처분, 특수관계인을 상대방으로 하거나 특수관계인을 위하여 해당 회사 자본총계 또는 자본금 중 큰 금액의 100분의 5나 100억 원 이상 거래시 이사회의 의결을 거치고, 그 내용 공시
▪ 비상장회사의 중요사항 공시(법 §27)	비상장회사의 소유지배구조와 관련된 중요사항, 재무구조에 중요한 변동을 초래하는 사항, 경영활동에 중요한 변동을 초래하는 사항 등 중요정보 공시
▪ 기업집단 현황 등의 공시(법 §28)	기업집단의 일반현황, 주식소유현황, 특수관계인과의 거래현황 등 공시
▪ 주식소유현황 등의 신고(법 §30①, ②)	주주의 주식소유 현황, 재무상황, 다른 국내 회사 주식소유현황, 채무보증 현황 신고
▪ 공인회계사의 회계감사(법 §31⑤)	공인회계사에 의한 회계감사(청산중에 있거나 1년 이상 휴업중인 회사 제외)
▪ 관련 정보의 공개(법 §35)	공정거래위원회의 소속회사 관련 정보 공개

또한 소유지배구조 개선 및 투명성 제고를 유도하기 위하여 ① 대기업집단 소속회사들의 대규모 내부거래에 대한 이사회 의결 및 공시(법 §26), ② 비상장회사(금융·보험회사 제외)의 소유지배구조·재무구조·경영활동 관련 중요사항의 공시(법 §27). ③ 기업집단 현황 등의 공시(법 §28) 및 ④ 특수관계인인 공익법인의 이사회 의결 및 공시(법 §29), ⑤ 주식소유현황등의 신고(법 §30)를 의무화하고 있다. 이와 함께 대기업집단에 대한 시장감시기능을 강화하기 위하여 ① 대기업집단에 속하는 회사의 공인회계사에 의한 회계감사(법 §31⑤), ② 회사의 일반현황, 지배구조 현황 등에 관한 공정거래위원회의 정보공개 등에 관하여 규정하고 있다(법 §35).

그 밖에 공정거래법은 대기업집단에 대한 직접 규제와 별도로 총수 일가의 부당한 부(富)의 축적·이전을 차단하기 위해 대기업집단 소속회사의 특수관계인에 대한 부당한 이익제공을 금지하고 있다(법 §47, 후술).

2. 계열회사 간 상호출자의 금지

(1) 상호출자의 의의

'상호출자'란 복수의 회사가 서로 상대방 회사에 대하여 출자하는 것을 말하며, 그 결과 서로의 주식을 인수하거나 취득하여 소유하게 되기 때문에 주식의 상호보유라고도 한다. 상호출자는 새로운 출자없이도 외형상 마치 출자가 이루어진 것처럼 보이나, 실제로는 상호출자의 합계액만큼 가공자본이 형성되어 자본의 공동화 현상이 나타나게 되고 회사법상의 자본충실의 원칙을 저해하게 된다.[38] 이와 함께 상호출자는 가공적인 출자에 근거하여 상호간 지배력을 교환·보유함으로써 최소한의 자본으로 강력한 기업결합 효과를 얻을 수 있기 때문에 기업집단의 외형적 확장 및 계열기업 간 횡적 결합의 강화수단으로 이용된다. 특히 우리나라의 경우 그동안 기업집단 내에서 계열회사 간의 상호출자가 빈번하게 이루어짐으로써 실질적인 1인 지배주주에 의한 경제력집중의 폐해가 심각하게 나타나게 되었다.

이에 따라 공정거래법은 특히 자산총액이 국내총생산액의 1천분의 5에 해당하는 기업집단을 상호출자제한기업집단으로 지정하여 이들 대기업집단에 속하는 회사들에 대해 상호출자를 엄격히 규제하고 있다(법 §21).[39]

---

38) 예컨대, A회사가 B회사 자본의 60%를 소유하고 있고, B회사가 A회사 자본의 40%를 소유하고 있는 경우 A회사는 B회사 자본의 60%를 가지므로 B회사의 A회사에 대한 지분의 40%에 대하여 여전히 60%의 지분을 가지는 것이고, 따라서 A회사는 B회사의 A회사에 대한 지분(40%)×60/100=24%의 자기주식을 취득하는 것이 된다. 따라서 형식적으로 출자의 왕복이 있었지만 자기주식 취득액만큼 가공자본이 형성되어 자본의 공동화 현상이 나타나게 되는 것이다.

39) 자본의 공동화 현상이나 지배구조 왜곡효과는 모두 주주와 회사채권자 보호를 둘러싼 사법적 이해관

(2) 상호출자의 폐해

일반적으로 상호출자가 이루어진 경우 상호주 보유회사 대표자는 서로 상대방회사의 주주총회에서 의결권을 행사하게 된다. 상호주가 서로의 지배에 충분한 규모라면 대표자 상호간 연임협력을 담합하여 영구적인 경영자 지배를 실현할 수 있게 된다. 특히 기업집단에 속하는 계열회사 간에 방사선형 또는 환상형 등 상호출자가 복합적으로 형성된 경우에는 어느 한 회사의 경영자의 지위는 다른 전체회사의 경영자의 의사에 달려 있으므로 상호출자 관계에 있는 회사들의 경영자들은 서로 제휴를 하고, 상대방 경영자의 지배권의 확보에 협력함으로써 결국 각자의 지위를 유지할 수 있게 된다.

이러한 연임협력 과정에서 계열회사 간의 의결권 행사는 기업집단을 실질적으로 지배하는 동일인의 지시와 조정에 의해 이루어짐으로써 계열회사의 대표이사는 기업집단의 실질적 지배주주에 의하여 선임되는 결과가 되며, 이를 통해 기업집단의 실질적 지배주주 1인 지배가 가능해진다. 이와 같이 복합적인 상호출자가 이루어진 경우 심지어 실제 거의 출자 없이도 계열회사의 의결권을 이용하여 다른 계열회사를 지배하는 경우도 생길 수 있다.[40]

(3) 상호출자의 유형[41]

(가) 직접 상호출자

직접 상호출자(cross ownership)는 2개의 기업이 주식의 교환을 통하여 서로 상대방 기업에 출자하고 있는 형태로서 일부 비공개기업 간에도 많이 이루어지고 있다. 주식의 소유는 회사의 설립당시 또는 주식의 발행시에 주식의 인수를 통하여 이루어지는 경우뿐만 아니라 이미 발행되어 유통되고 있는 주식을 양수하여 이루어질 수도 있다.

(나) 환상형 상호출자

환상형 상호출자(circular ownership)는 3개 이상의 기업이 순차적으로 다음 회사에 지분을 출자하여 주식을 보유하는 경우를 말한다. 방사선형 상호출자와 다른 점은 반드시 처음의 회사가 여러 단계의 투자고리를 거쳐 다시 출자를 받음으로써 투자한 자본이 되돌아오는 것이 특징이다.

계의 충돌로 나타나게 된다. 일부 견해는 소유지배 괴리에 따른 사익편취와 같은 이해관계 충돌문제는 공정거래법보다는 회사법 영역에서 해결할 것을 주장하고 있다. 주진열, “독점규제법상 특수관계인 이익제공의 부당성 판단기준에 대한 고찰”, 「경쟁법연구」 제47권(2023), 260면 이하.

40) 이규억 · 이재형, 앞의 책, 143면.

41) 이남기, 「기업결합론」(학연사, 1986), 199면 이하.

(다) 방사선형 상호출자

방사선형 상호출자(radial ownership)는 주력기업이 여러 개의 기업에 출자하고, 출자받은 기업들이 다시 주력기업에게 출자하는 형태이다. 그동안 우리나라 결합기업군에서 현실적으로 직접 상호주 보유만이 존재하는 경우는 거의 없었으며, 주력기업을 중심으로 한 방사선형 상호출자 방식이 종종 이용되어 왔다.[42]

(라) 행렬식 상호출자

행렬식 상호출자(matrix ownership)는 위에서 설명한 3가지 형태가 복합적으로 존재하는 상호출자방식을 말한다. 예를 들면 A・B・C・D의 4개의 회사가 있는 경우 A는 B・C・D에게 B는 A・C・D에게 그리고 C는 A・B・D에게 무작위적으로 출자하는 형태의 상호출자방식을 말한다. 우리나라의 대부분 기업결합군들은 행렬식 상호출자에 가까운 형태를 취하고 있다.[43]

(4) 상호출자 금지의 내용

(가) 상호출자의 금지

상호출자제한기업집단에 속하는 회사는 자기의 주식을 취득 또는 소유하고 있는 계열회사의 주식을 취득 또는 소유하지 못한다(법 §21① 본문). 즉, 상호출자제한기업집단에 소속되어 있는 계열회사 간에는 상호보유 주식의 규모나 지분율과 관계없이 상호출자가 전면 금지된다. 규제의 대상으로 되는 것은 계열회사 간의 직접 상호출자이며, 간접 상호출자는 해당되지 않는다. 또한 상호출자제한기업집단에 속하지 않는 회사와의 상호출자는 규제대상에 포함되지 않는다.

상호출자는 증자시 신주인수뿐만 아니라 이미 발행된 주식을 취득하는 것도 포함된다. 또한 상호출자 규제의 입법목적은 상호출자 현상 그 자체의 해소에 있으므로 주식을 취득하게 된 동기나 취득과정은 문제 삼지 않는다.

(나) 금지의 유예

해당 회사가 속하는 기업집단이 상호출자제한기업집단으로 지정되거나 새로 계열회사로 편입되면 공정거래위원회로부터 그 '통지를 받은 날'로부터 계열회사 간의 상호출자가 금지된다(법 §31②). 그러나 상호출자제한기업집단 지정 또는 계열회사 편입 당시 위의 통지를 받은 회사가 이미 계열회사의 주식을 소유함으로써 상호출자금지의 위반상태가 된 경우에는 '지정일' 또는 '편입일'로부터 1년간은 그 금지규정이 적용되지

42) 위의 책, 201면.
43) 위의 책, 201면.

않는다(법 §31③ i). 1년 경과 후에도 상호출자제한기업집단의 지정이 계속되는 경우에는 그 계열회사는 상호출자를 벗어나기 위하여 소유주식의 전부를 처분하여야 한다.

(다) 금지의 예외

1) 회사의 합병 또는 영업전부의 양수

회사의 합병 또는 영업전부의 양수의 경우에는 그 실행을 용이하게 할 수 있도록 예외적으로 상호출자가 허용된다(법 §21① 단서). 왜냐하면 이를 허용하지 않으면 회사합병이나 영업전부의 양도를 하기 전에 해당 주식을 처분하여 상호출자 상태를 벗어난 후에 합병 또는 영업양도의 절차를 밟아야 하므로 필요한 시기에 그 절차를 모두 마치지 못하게 될 우려가 있기 때문이다. 예컨대, A사가 B사에 대하여 주식을 보유하고 있고, B사는 다시 C사의 주식을, C사는 다시 A사의 주식을 보유하고 있는 경우(A→B→C→A) A사와 B사가 합병시 존속회사 또는 신설회사는 결국 C사와 주식을 상호보유하게 된다. 그러나 이 금지를 피하기 위하여 합병 이전에 C사의 주식을 처분하여 상호출자상태를 벗어나야 한다면 합병절차가 매우 번잡하고 불편해지게 된다.

2) 담보권의 실행 또는 대물변제의 수령

담보권의 실행 또는 대물변제의 수령을 위해서도 상호출자를 인정하고 있다. 왜냐하면, 이를 허용하지 않으면 만약 채무자의 유일한 재산이 주식인 경우 채권을 확보할 수 없게 되어 현실적으로 부당한 결과가 될 수 있기 때문이다. 예컨대, A사가 B사의 주식을 보유하고 있고, B사가 A사의 주식에 대해 질권을 가지고 있는 경우 A사의 채무불이행에도 불구하고 주식의 상호보유를 우려하여 B사의 A사 주식에 대한 질권 행사를 인정하지 않는다면 B사는 채권확보가 불가능하게 된다. 이는 대물변제의 수령의 경우도 마찬가지이다.

3) 주식의 처분

예외적으로 상호출자제한기업집단에 속하는 계열회사 간의 주식보유가 허용되는 경우에는 출자한 회사는 그 주식을 취득 또는 소유한 날로부터 6개월 이내에 이를 처분하여야 한다(법 §21② 본문). 이러한 예외는 부득이한 사정으로 일시적으로 인정된 계열회사 간의 상호출자 현상이므로 이 상태를 해소시킬 필요가 있기 때문이다. 다만 자기의 주식을 취득 또는 소유하고 있는 계열회사가 그 주식을 먼저 처분하면 별도로 처분할 필요가 없다(법 §21② 단서). 다만 「기업활력법」에 따른 사업재편의 승인을 받은 상호출자제한기업집단 소속 계열회사에 대해서는 1년 이내에 처분하도록 완화하고 있다(동법 §24).

한편 여기에서 처분은 회사의 합병 등으로 취득 또는 소유하게 된 계열회사의 주식에 대하여 그 의결권 행사를 잠정적으로 중단시키는 조치를 취하거나 그 주식을 다른 금융기관 등에 신탁하는 것만으로는 부족하고, 상호출자의 상태를 완전히 해소할 수 있도록 그 주식을 다른 사람에게 실질적으로 완전히 소유권을 이전하여 주는 것을 의미한다.[44]

(5) 중소기업창업 투자회사의 계열회사 주식취득 금지

상호출자제한기업집단 소속회사로서 「벤처투자 촉진에 관한 법률」에 의한 중소기업창업 투자회사는 국내 계열회사의 주식을 취득 또는 소유하는 것이 금지된다(법 §21 ③). 이는 벤처캐피탈 기능을 수행하는 중소기업창업 투자회사가 본래의 기능에서 벗어나 지주회사화하여 중소기업 벤처분야의 이른바 위장계열사를 지배하는 수단으로 이용될 가능성을 차단하는 데 그 목적이 있다.

또한 중소기업창업 투자회사는 특별법에 의하여 그 설립목적이 중소기업 창업자에 대한 투자로 제한되고, 그 지원사업을 위하여 법률상 특별한 혜택을 받고 있는데 계열회사의 주식을 취득하는 데 재원을 낭비한다면 중소기업의 창업을 지원하기 위한 입법취지에도 반하게 된다.

3. 신규·추가 순환출자의 금지 및 기존 순환출자의 의결권행사 금지

(1) 순환출자의 의의

'순환출자'란 3개 이상의 계열출자로 연결된 계열회사 모두가 계열출자회사 및 계열출자대상회사가 되는 계열출자관계를 말한다(법 §2 xvi). 즉, 3개 이상의 기업이 순차적으로 다음 회사에 지분을 출자하여 주식을 보유하는 환상형 상호출자를 의미한다.

여기에서 '계열출자'란 기업집단에 소속한 회사가 계열회사의 주식을 취득 또는 소유하는 행위를 말하며(법 §2 xiii), 계열출자를 통하여 다른 계열회사의 주식을 취득 또는 소유하는 계열회사를 '계열출자회사'(법 §2 xiv), 계열출자를 통하여 계열출자회사가 취득 또는 소유하는 계열회사 주식을 발행한 계열회사를 '계열출자대상회사'라 한다(법 §2 xv). 기업집단 소속회사 중 순환출자 관계에 있는 계열회사의 집단을 '순환출자회사집단'이라고 한다(법 §2 xvii).

그동안 대기업집단들은 외형적 팽창과정에서 동일인(소위 그룹총수)은 적은 지분으로도 계열회사 간의 순환출자를 통해 내부지분율[45]을 크게 높임으로써 많은 계열회사

44) 대법원 2006. 5. 12. 선고 2004두312 판결.

45) 기업집단 전체 발행주식 중 동일인과 특수관계인 등 기업집단 내부 관계자들이 보유한 지분비율을 말

를 지배하고 기업집단 전체를 통제해 왔다. 공정거래법은 순환출자를 통한 계열회사의 무분별한 확장을 억제하고, 핵심역량에 투자를 집중하도록 유도하기 위해 동일한 상호출자제한기업집단에 속하는 회사에 대한 신규 순환출자를 금지하고 있다(법 §22①). 그러나 사업구조 개편이나 부실기업 구조조정 등 정상적인 기업활동 유지를 위한 예외를 허용하고 있다. 그 밖에 법 위반행위에 대해서는 주식처분명령, 과징금 부과, 의결권행사 금지 및 형사적 제재를 가할 수 있도록 하고 있다.

(2) 순환출자의 폐해

그동안 순환출자는 적은 지분으로도 가공자본을 형성하여 왜곡된 소유지배구조를 심화시켰을 뿐만 아니라 지배주주의 지배력 유지 및 강화, 편법적 경영권 승계를 위한 방법으로 활용되는 등 경제력집중에 따른 폐해를 유발하고 있다는 비판이 있었다. 또한 대기업집단 소속 계열회사들은 출자고리로 연결된 수많은 계열회사 간의 상호보조·내부거래 등을 통해 독과점 시장구조를 형성하고 출자로 형성된 기업집단의 힘을 이용하여 각자 개별시장에서 용이하게 시장지배력을 행사할 수 있었다.

더구나 외부에서 유입되는 실질적 자본의 증가없이 부채비율을 형식적으로 감축하거나 부실 계열회사의 유상증자에 참여함으로써 한계기업의 퇴출을 어렵게 하기도 하였으며, 기업 내부와 외부의 견제시스템이 제대로 작동하지 않아 기업집단 내에서 한 계열회사의 부실이 다른 계열회사의 부실로 연쇄 파급되어 계열회사의 주가가 동반 하락함으로써 적대적 M&A의 표적이 되기도 하고,[46] 결국 기업집단 전체가 동반 부실화되어 채권·금융시장에서의 시스템리스크가 초래되기도 하였다.[47]

따라서 계열회사 간의 순환출자를 일정한 한도에서 억제할 경우 그동안 상호보조·부당내부거래 등을 통해 형성되어온 ① 독과점 시장구조 또는 진입장벽의 구축 등 시장경쟁 저해가능성을 예방하고, ② 계열회사의 부당지원을 받는 대기업집단 소속 기업과 독립한 중소·중견기업과의 불공정한 경쟁을 차단할 수 있게 된다. 또한 ③ 기

한다. 즉, 동일인 지분을 비롯하여 특수관계인(동일인의 친인척, 계열회사, 계열회사 임직원 등) 지분, 자사주·자사주 펀드가 이에 포함된다. 내부지분율이 높을수록 그룹의 지배구조가 공고해 외부 적대적 세력으로부터의 경영권 방어에는 유리하지만, 주식을 내부에서 보유한 만큼 외부로부터의 자금조달이 어려울 수 있다.

46) 2004년도 소버린 사태에서 특정 계열회사의 부실(SK글로벌)이 출자고리로 연결된 계열회사들의 주가를 동반 하락시키고, 그러한 상황에서 외국자본이 그룹의 핵심기업인 SK(T) 지분을 용이하게 취득하여 그룹 경영권 쟁탈을 벌인 바 있다. 이는 현재의 순환출자에 의존하는 소유지배구조가 바뀌지 않는 한 언제든지 그룹 전체가 경영권 위협에 직면할 가능성이 상존하고 있음을 보여주는 것이다.

47) 그러나 다른 한편으로는 경제개발 초기에 만성적으로 자본이 부족했던 우리나라에서 오늘날 글로벌 경쟁력을 가진 세계적 규모의 대기업들이 탄생할 수 있었던 은밀한 방식이었던 동시에, 외국인 지분율이 높은 비중을 차지하고 있는 대기업에서 총수 일가의 소수지분으로 경영권을 방어할 수 있었던 수단이기도 하였다. 신현윤·홍명수·강상엽, 「대기업집단 규제론」(법문사, 2021), 302면.

업집단 내의 어떤 계열회사의 부실이 다른 계열회사로 연쇄 파급되는 것을 방지하고, ④ 지배주주가 실제 출자지분 이상의 과도한 지배력을 행사하거나 사익을 추구하지 못하도록 함으로써 소수주주를 보호하는 역할도 수행하게 된다.

(3) 신규·추가 순환출자 및 기존 순환출자의 의결권행사 금지의 내용

상호출자제한기업집단에 속하는 회사의 순환출자를 형성하는 국내 계열회사에 대한 계열출자와 순환출자회사집단 소속 계열회사 중 순환출자관계에 있는 국내 계열회사는 계열출자대상회사에 대한 추가적인 계열출자는 금지된다(법 §22①). 즉, 새로운 순환출자를 형성하는 경우와 기존의 순환출자 고리를 강화하는 추가출자를 금지함으로써 신규의 순환출자를 금지대상으로 하고 있다.

이와 함께 기존의 순환출자에 대해서는 상호출자제한기업집단 지정일 당시 취득 또는 소유하고 있는 순환출자회사집단 내의 계열출자대상회사 주식에 대하여 의결권을 행사할 수 없도록 하고 있다(법 §23①). 그러나 순환출자회사집단에 속한 다른 국내 회사 중 하나가 취득 또는 소유하고 있는 계열출자대상회사의 주식을 처분함으로써 기존에 형성된 순환출자를 해소한 경우에는 의결권을 행사할 수 있다(법 §23②).[48] 또한 순환출자현황 공시의무를 부과하여 점진적·자발적으로 해소되도록 유도하고 있다(법 §28①).

(4) 적용제외·예외인정

(가) 적용제외

계열출자회사가 상법상 신주배정 또는 주식배당에 의하여 취득 또는 소유한 주식 중에서 배정이나 배당 전에 자신의 지분율 범위의 주식취득에 의한 계열출자와 순환출자회사집단에 속하는 계열회사 간 합병에 의한 계열출자는 순환출자 금지의 적용대상로부터 제외한다(법 §22① 본문).

(나) 금지의 예외

신규 순환출자라 하더라도 ① 회사의 합병·분할이나 주식의 포괄적 교환·이전 또는 영업전부의 양수와 같이 '사업구조개편과정'에서 불가피하게 주식을 취득 또는 소유함으로써 형성되거나, ② 담보권의 실행 또는 대물변제의 수령을 위해 주식을 취득 또는 소유하거나, ③ 기존의 순환출자 고리 내에서 신주배정 또는 주식배당시 다른 주

48) 예컨대 A→B→C→A로 연결되는 순환출자회사집단의 경우 C→A로 이어지는 출자고리를 해소한다면 나머지 A→B, B→C의 의결권행사가 가능하다.

주의 실권 등에 따라 기존 지분비율을 넘은 신주를 취득 또는 소유하는 경우와 같이 기업의 '정당한 권리 행사과정'에서 형성되는 순환출자에 대해서는 예외가 인정된다.

그 밖에도 「기업구조조정 촉진법」에 따라 ④ 부실징후기업 관리절차(소위 '워크아웃' 또는 '재무구조개선작업')를 개시한 회사에 대하여 금융채권자협의회가 의결하여 총수 일가(동일인과 그 친족)의 재산출연이나 부실징후기업의 주주인 계열출자회사의 유상증자 참여(채권의 출자전환 포함)를 결정하거나, ⑤ 금융채권자가 부실징후기업과 기업개선계획의 이행을 위한 약정(소위 '자율협약')을 체결하고 금융채권자협의회의 의결로 총수 일가(동일인과 그 친족)의 재산출연이나 부실징후기업의 주주인 계열출자회사의 유상증자 참여(채권의 출자전환 포함)를 결정한 경우로서 신규 순환출자가 발생하거나 기존 순환출자가 강화되는 경우에도 예외를 인정함으로써 기업경영의 현실을 반영하고 있다(법 §22① 단서 각호).

3) 주식의 처분

예외적으로 상호출자제한기업집단의 신규 순환출자가 허용되는 경우에도 이는 부득이한 사정으로 일시적으로 인정된 것이기 때문에 계열출자를 한 회사는 취득 또는 소유한 해당 주식을 일정 기간 이내에 처분하여야 한다(법 §22② 본문). 다만 순환출자회사집단에 속한 다른 회사 중 하나가 취득 또는 소유하고 있는 계열출자대상회사의 주식을 먼저 처분하여 이 상태가 해소되었다면 별도로 처분할 필요가 없다(법 §22② 단서 각호). 주식을 처분해야 하는 시기, 즉 순환출자 해소 유예기간은 예외인정의 유형에 따라 다르다. 즉,

① 회사의 합병·분할, 주식의 포괄적 교환·이전 또는 영업전부의 양수와 담보권의 실행 또는 대물변제의 수령을 위한 주식의 경우(법 §22① i, ii)에는 해당 주식을 취득 또는 소유한 날로부터 6개월. 다만 회사의 합병·분할, 주식의 포괄적 교환·이전 또는 영업전부의 양수의 경우로서 「기업활력법」 제24조에 따른 사업재편의 승인을 받은 기업에 대해서는 1년(동법 §24①)

② 계열출자회사가 신주배정이나 주식배당에 의해 취득 또는 소유한 주식 중에서 다른 주주의 실권 등에 의해 신주배정이나 주식배당이 있기 전 자신의 지분율 범위를 초과하여 취득 또는 소유한 계열출자대상회사의 주식의 경우(법 §22① iii)에는 해당 주식을 취득 또는 소유한 날로부터 1년

③ 「기업구조조정 촉진법」상 부실징후기업 관리절차 과정에서 불가피하게 이루어진 계열출자의 경우(법 §22① iv, v)에는 해당 주식을 취득 또는 소유한 날로부터 3년이다.

4. 계열회사에 대한 채무보증의 금지

(1) 의 의

과거 우리나라의 금융기관들은 자금대출시 자금회수의 안정성을 확보하기 위하여 과도한 부동산 담보 또는 지급보증을 요구하는 관행이 일반화되어 있었고, 담보력이 한계에 달한 대기업집단 소속회사들은 사업확장 과정에서의 자금수요를 해결하기 위하여 다른 계열회사의 채무보증을 이용하는 관행이 지속되었다. 더구나 계열회사가 제공하는 채무보증을 통해 경쟁력 없는 대기업집단 소속회사들의 적정수준 이상의 차입은 대기업집단의 재무구조를 전반적으로 악화시켰을 뿐 아니라 금융기관의 부실을 심화시켜 1997년 IMF 외환위기와 같은 국민경제 전체의 시스템 위험을 초래하는 원인이 되기도 하였다.

이러한 계열회사에 대한 채무보증의 폐해를 방지하고 대기업집단의 경제력집중을 억제하기 위해 공정거래법은 상호출자제한기업집단에 속하는 회사(금융·보험회사 제외)의 국내 계열회사에 대한 채무보증을 금지하고 있다(법 §24 본문). 다만, 산업합리화나 국제경쟁력의 강화 등 특별한 사유가 있는 때에는 예외를 인정하고 있다(법 §24 단서).

(2) 채무보증의 폐해

(가) 경제력집중의 가속화

대기업집단에 속하는 회사들은 계열회사의 채무보증을 통해 용이하게 자금을 차입할 수 있는 반면, 능력있는 독립한 중소기업에게는 그만큼 여신접근 기회가 감소하게 됨으로써 자금시장에 있어 공정한 경쟁을 저해하게 된다. 이로 인해 대기업집단에 속하는 회사들은 원활한 자금조달을 기반으로 다른 회사를 인수·합병하거나 보다 유리한 조건에서 영업활동을 전개함으로써 경제력집중을 가속화 할 수 있게 된다.

(나) 퇴거장벽의 형성

계열회사에 대한 채무보증은 과거 관치금융이 지배하는 경직적인 여신관행 하에서 대기업집단에 대한 부실대출과 여신편중을 심화시키는 요인으로 작용하였다. 또한 계열회사 간의 재무연계를 심화시키고 그룹집중식 경영구조를 고착화함으로써 시장에서 도태되어야 할 비효율적인 한계기업의 퇴출을 어렵게 한다. 즉, 계열회사 중 한계기업이 존재하더라도 그 기업이 도산할 경우 우량기업까지 연쇄 도산할 가능성이 있기 때문에 결국 한계기업의 퇴거장벽이 형성된다.

(다) 기업위험의 사회화

계열회사에 대한 채무보증의 연결고리를 통해 소수 계열회사가 부실화될 경우 기업집단 전체의 동반부실로 파급되고, 더 나아가 기업집단 전체의 대규모 연쇄도산의 위험이 초래된다. 이로 인해 계열회사 간의 독립경영체제 구축을 위한 기업구조조정이 저해되고, 이들과 거래관계에 있던 기업이나 이해관계인에까지 그 여파가 미치는 등 기업위험이 사회화하게 된다. 특히 국민경제 전체에 미치는 막대한 피해를 방지하기 위해 한계기업에 대한 지원을 계속할 경우 자원의 효율적 배분이 저해되고, 이는 결국 국민부담으로 남게 된다.

(3) 채무보증 금지의 내용

계열회사에 대한 채무보증이란 기업집단에 속하는 회사가 국내 금융기관의 여신(대출 또는 지급보증)과 관련하여 국내 계열회사에 대하여 행하는 보증을 말한다(법 §2 xviii).

공정거래법상 금지의 대상으로 되는 것은 '국내 금융기관'의 채무보증이기 때문에 외국 금융기관의 여신이나 사채시장에서의 금융조달을 위한 채무보증은 해당되지 않는다. 또한 '국내 계열회사'에 대한 채무보증을 금지하고 있기 때문에 자기 계열회사가 아닌 회사에 대한 채무보증이나 동일 기업집단의 해외현지법인 간 또는 해외현지법인과 국내법인 간의 채무보증은 공정거래법의 적용대상이 아니다. 그 밖에 다른 기업으로부터의 단순한 차입이나 계약이행에 대하여 계열회사가 행하는 보증은 금융기관이 매개되지 않았다는 점에서 본조에서 금지하고 있는 보증과 차이가 있다. 또한 계열회사가 채무보증을 통해 인적 담보로 제공되는 것을 금지하는 것이며, 계열회사가 담보목적물을 제공하고 그 범위 내에서 책임을 부담하는 것은 금지의 대상이 아니다.[49]

여기에서 국내 금융기관으로는 ① 「은행법」에 따른 은행, ② 「한국산업은행법」에 따른 한국산업은행, ③ 「한국수출입은행법」에 따른 한국수출입은행, ④ 「중소기업은행법」에 따른 중소기업은행, ⑤ 「보험업법」에 따른 보험회사, ⑥ 「자본시장법」에 따른 투자매매업자·투자중개업자 및 종합금융회사, ⑦ 그 밖에 대통령령으로 정하는 금융기관이 있다(법 §2 iii 의7 각목). 대통령령이 정하는 금융기관으로는 직전 사업연도 대차대조표상의 자산총액이 3천억 원 이상인 「여신전문금융업법」상의 여신전문금융회사와 「상호저축은행법」상 상호저축은행이 있다(영 §7).

49) 다만, 이 경우 담보제공행위를 통해 계열회사에 과다한 경제상의 이익을 제공하는 경우에는 공정거래법 제45조의 불공정거래행위 중 부당지원행위(제9호)에 해당할 수 있다.

(4) 적용제외 · 예외인정 · 적용유예

(가) 적용제외

금융업 또는 보험업을 영위하는 회사에 대하여는 동 영업을 영위하는 회사들의 영위업종의 특성과 각 개별 법령에서 채무보증과 관련하여 법적 제한을 받고 있는 점을 감안하여 채무보증제한제도의 적용 자체를 배제하고 있다(법 §24 본문).

(나) 예외인정

1) 산업합리화

채무보증의 대상이 되는 주채무의 성격에 따라 채무보증 금지의 예외를 인정하고 있다. 즉, 「조세특례제한법」에 의한 합리화 기준에 따라 인수되는 회사의 채무와 관련하여 행하는 채무보증의 경우에는 예외적으로 이를 허용하고 있다(법 §24 단서 i). 그 대상에 해당하는 것으로서 ① 주식양도 또는 합병 등의 방법으로 인수되는 회사의 인수시점의 채무나 인수하기로 예정된 채무에 대하여 인수하는 회사 또는 그 계열회사가 행하는 보증, ② 인수되는 회사의 채무를 분할인수함에 따라 인수하는 채무에 대하여 계열회사가 행하는 보증이 포함된다(영 §31① i , ii).

2) 국제경쟁력 강화

국제경쟁력 강화를 위하여 필요한 경우에는 정책적 차원에서 예외적으로 채무보증을 허용하고 있다(법 §24 단서 ii). 국제경쟁력 강화를 위한 채무보증에 해당하는 것으로서 ① 「한국수출입은행법」의 규정에 의하여 자본재(資本財)나 그 밖의 상품생산, 기술 제공과정에서 필요한 자금을 지원하기 위해 한국수출입은행이 행하는 대출 또는 이와 연계하여 다른 국내 금융기관이 행하는 대출에 대한 보증, ② 해외에서의 건설 및 산업설비공사의 수행, 수출선박의 건조, 용역수출 기타 물품수출 등과 관련하여 국내 금융기관이 행하는 입찰보증 · 계약이행보증 · 선수금환급보증 · 유보금환급보증 · 하자보수보증 또는 납세보증에 대한 보증, ③ 국내의 신기술 또는 도입된 기술의 기업화와 기술개발을 위한 시설 및 기자재 구입 등 기술개발사업을 위해 국내 금융기관으로부터 지원받은 자금에 대한 보증, ④ 인수인도조건수출 또는 지급인도조건수출 어음의 국내 금융기관 매입 및 내국신용장 개설에 대한 보증, ⑤ 「외국환거래법」에 의한 해외직접투자, 해외 건설 및 용역사업자가 행하는 외국에서의 건설 및 용역사업, 기타 공정거래위원회가 인정하는 외국에서의 사업과 관련하여 국내 금융기관의 해외지점이 행하는 여신에 대한 보증, ⑥ 「채무자회생 및 파산에 관한 법률」에 의한 회생절차개시를 법원에 신청한 회사의 제3자 인수와 직접 관련된 보증, ⑦ 「사회기반시설에 대한 민간투자법」 제4조 제1호부터 제4호까지의 규정에 의한 방식으로 민간투자사업을 영위하는 계열회사에 출자를 한 경우로서 국내금융기관이 해당계열회사에 행하는 여신에 대한 보증, ⑧「공기업의 경영구조개선 및 민영화에 관한 법률」 제2조에 따른 회사가 구조개편을 위하여 분할되는 경우에 그 회사가 계열회사가 아닌 회사에 행한 보증을 분할로 인하여 신설되는 회사가 인수하는 것과 직접 관련하여 그 회사가 그 신설회사에 대하여 행하는 재보증이 포함된다(영 §31② i부터 viii까지).

(다) 적용유예

상호출자제한기업집단에 속하는 계열회사이지만 「기업활력법」에 따른 사업재편의 승인을 받은 기업이 사업재편계획에 따라 다른 승인기업에게 채무보증을 제공하는 경우에는 3년 동안 계열회사에 대한 채무보증금지 규정을 적용하지 아니한다(동법 §24②). 그러나 승인기업이 속하는 기업집단이 상호출자제한기업집단으로 새로 지정되거나 승인기업이 자본총액(재무상태표상의 자산총액에서 부채액을 뺀 금액)의 2배를 초과하는 부채액을 보유하는 경우에는 채무보증금지 규정이 그대로 적용된다(동법 §24③).

(5) 계열회사에 대한 채무보증의 해소

계열회사에 대한 채무보증은 금지되고 있으므로 위법상태를 벗어나기 위해서는 여신상환, 신용전환, 합병, 담보대체 및 청산 등의 방법을 통해 채무보증을 즉시 해소하여야 할 것이나, 채무보증을 해소하는 데 적지 않은 시일이 걸리기 때문에 공정거래법은 채무보증 해소의무를 탄력적으로 운용하고 있다.

즉, 상호출자제한기업집단으로 새로이 지정되거나 채무보증을 받고 있는 회사가 새로 계열회사로 편입되어 계열회사에 대한 채무보증의 금지에 위반하게 되는 경우에는 채무보증 해소시한을 유예하여 그 지정일 또는 편입일부터 2년간은 채무보증금지 규정을 적용하지 아니한다(법 §31③ii). 또한 「채무자회생 및 파산에 관한 법률」에 의한 회생절차가 진행 중인 회사가 채무보증을 한 경우나 회생절차가 진행 중인 회사에 대해 채무보증을 한 경우에는 현실적으로 보증해소가 어려울 뿐만 아니라 그 해소를 의무화할 실익도 적은 점을 감안, 회생절차 등의 종료일까지 채무보증의 해소를 유예하고 있다(법 §31③ii 단서).

또한 「기업활력법」에 따른 사업재편의 승인을 받은 기업이 속한 기업집단이 상호출자제한기업집단으로 지정되거나 승인을 받은 기업이 상호출자제한기업집단에 편입된 경우에는 그 지정일 또는 편입일부터 3년의 유예기간이 적용된다(동법 §24②).

5. 금융·보험회사 및 공익법인의 의결권 행사 제한

(1) 의 의

상호출자제한기업집단에 속하는 금융·보험회사라 하더라도 금융·보험업의 특성상 자산운용을 위해 주식을 취득·처분하는 것은 일상적인 업무에 속하며, 자본시장의 수급조절기능을 유지하기 위해서도 불가피하다. 그러나 금융·보험회사의 자산은 주로 고객예탁금이나 보험계약자의 보험료로 구성되어 있음에도 고객자산을 계열회사의 주식을 취득하는 데 동원할 경우 자칫 재무건전성과 수익성을 등한시할 우려가 있으며, 기업집단의 사금고화로 인해 경제력집중의 폐해를 야기할 수 있다. 또한 장차 고객에게 되돌려 주어야 할 금융·보험회사의 자산이 대기업집단의 지배력 강화의 수단으로 이용됨으로써 실제 주인인 고객과의 이익충돌 문제가 발생할 수 있다.

이와 함께 지배주주나 기업의 사회적 책임(corporate social responsibility, CSR)을 실현하기 위해 자신 소유의 계열회사 주식을 '공익법인'에 출연하여 다양한 공익활동을 수행하는 사례가 적지 않다. 이에 따라 상호출자제한기업집단 소속 공익법인의 상당수가 계열회사 주식을 보유하게 되며, 주식을 보유하고 있는 것 자체는 문제가 되지 않는다. 오히려 국가재정만으로 공익활동을 모두 담당하기 어려운 상황에서 기업집단이 출연한 공익법인의 역할과 기능을 존중할 필요가 있다. 하지만 공익활동에 대한 세제상의 혜택에도 불구하고 당초 설립취지와 다르게 총수 일가의 경영권 승계, 지배력 확대, 부당지원이나 사익편취의 수단으로 이용될 위험이 없지 않다.

이에 따라 공정거래법은 대기업집단 소속 금융·보험회사나 공익법인의 국내 계열회사 주식의 취득이나 소유 자체는 제한하지 않되, 편법적인 계열회사 확장이나 지배력 확장의 수단으로 이용되는 것을 차단하기 위해 의결권만을 제한하는 필요 최소한의 규제방식을 택하고 있다.[50] 한편 공정거래법은 금융·보험회사나 공익법인의 주주권 중 의결권만 제한하고 있으므로 그 밖의 자익권이나 여타 공익권은 그대로 인정된다.

(2) 의결권 제한의 내용

(가) 금융·보험회사

상호출자제한기업집단에 속하는 국내 금융·보험회사는 취득 또는 소유하고 있는 국내 계열회사의 주식에 대하여 원칙적으로 의결권을 행사할 수 없다(법 §25① 본문). 다만 금융·보험회사가 ① 금융업 또는 보험업을 영위하기 위한 경우, ② 보험자산의 효

---

50) 공정거래위원회, 「시장경제창달의 발자취」 — 공정거래위원회 20년사 — (2001. 7), 348면.

율적 운용·관리를 위해 관계법령에 의한 승인 등을 얻은 경우 및 ③ 국내 계열회사의 경영권 방어를 위한 경우에는 예외적으로 의결권 행사를 허용하고 있다(법 §25① 단서).

(나) 공익법인

상호출자제한기업집단 동일인의 특수관계인에 해당하는 공익법인이 취득 또는 소유하고 있는 국내 계열회사의 주식에 대하여도 의결권을 행사할 수 없다(법 §25② 본문). 여기에서 공익법인은 종교·자선·학술 관련 사업을 비롯하여 교육, 사회복지, 의료 등의 공익사업을 하는 자를 말한다(상속세 및 증여세법 §16①, 영 §12).[51] 다만 공익법인이 ① 해당 국내 계열회사 발행주식총수를 소유(단독주주)하고 있는 경우 및 ② 국내 계열회사의 경영권 방어를 위한 경우에는 예외적으로 의결권 행사를 허용하고 있다(법 §25② 단서).

(3) 의결권 행사의 금지 및 예외

(가) 금융·보험회사

1) 금융업·보험업의 영위

금융·보험회사가 금융업·보험업을 영위하기 위하여 계열회사의 주식을 취득한 경우에는 의결권을 행사할 수 있다(법 §25① i). 주식투자는 금융·보험회사의 주요한 자산운용 수단이고, 계열회사의 주식이라 해서 자산운용의 대상에서 제외시킬 수는 없다. 그러나 금융·보험회사의 계열회사의 주식에 대한 의결권 행사금지의 취지가 대기업집단의 무분별한 계열 확장 방지에 있다는 점을 감안한다면 의결권 행사금지의 예외로서 금융업·보험업을 영위하기 위한 목적이란 예컨대, 대기업집단 내부에서 금융·보험회사의 조직재편(삼각합병, 분할합병 등)이나 금융·보험 업무를 지원 또는 보조하기 위해 계열회사 주식을 취득하는 것과 같이 그 본연의 사업이나 적어도 이에 부수하여 이루어지는 경우로 한정하는 것이 합리적이다.

2) 보험자산의 효율적인 운용·관리

보험자산의 효율적인 운용과 관리를 위하여 관계법령에 의한 승인 등을 얻어 주식을 취득 또는 소유하고 있는 경우에는 의결권을 행사할 수 있다(법 §25①ii). 주식을 취득·소유함에 있어 관계법령에 의한 절차에 따라 승인을 얻은 경우에는 이미 관계기관의 승인과정에서 보험자산의 효율적인 운용·관리에 대한 사전적 판단과 규제가 이

---

51) 일반적으로 「민법」 제32조에 따라 학술, 종교, 자선, 기예, 사교 기타 영리아닌 사업을 목적으로 하는 비영리법인을 설립할 수 있다. 그 가운데 「상속세 및 증여세법」상 공익법인에 대해서는 개인과 기업의 기부를 장려하고자 공익목적 출연재산에 대해 '과세가액 불산입'의 특혜를 부여하고 있다. 이 점에서 상증세법상 공익법인은 공정거래법상 동일인관련자인 비영리법인보다 좁은 개념이다.

루어졌을 것이므로 그 의결권 행사는 적법하다고 할 수 있다.

3) 경영권 방어

최근 대형 우량 상장회사들의 외국인 지분이 계속 늘어가고 있는 가운데 적대적 M&A 등으로부터 경영권 방어가 필요한 국내 계열회사(상장법인)의 중요한 결정사항에 대하여 금융·보험회사의 계열회사 주식에 대한 의결권 행사를 허용하고 있다(법 §25① iii). 즉, 금융·보험회사가 취득 또는 소유하고 있는 국내 계열회사 주식에 대한 의결권 행사는 경영권 방어와 직접 관련되는 i) 임원임면, ii) 정관변경 및 iii) 계열회사 이외의 다른 회사로의 합병·영업양도에 관한 주주총회의 결의에서만 허용된다.

다만 경영권 방어를 위한 경우에는 의결권 행사가 계열회사에 대한 지배력 강화의 수단으로 오용되지 못하도록 의결권 행사의 대상과 한도를 제한하고 있다. 즉, 의결권은 특수관계인(동일인과 동일인관련자 한정)의 지분과 합하여 그 계열회사 발행주식총수의 100분의 15를 초과하여 행사할 수 없다. 계열회사 발행주식총수를 계산함에 있어서는 무의결권 주식의 수는 제외한다(법 §25② ii, 영 §32).[52]

(나) 공익법인

1) 단독주주

공익법인이 해당 국내 계열회사 발행주식총수를 소유하고 있는 경우에는 공익법인을 이용한 지배력 확대의 우려가 있다고 보기 어렵기 때문에 의결권 행사를 허용하고 있다(법 §25② i).

2) 경영권 방어

금융·보험회사와 마찬가지로 공익법인에 대해서도 임원 임면, 정관변경, 합병 또는 영업양도 등 경영권 방어와 관련한 국내 계열회사(상장법인)의 중요한 결정사항에 대하여 의결권 행사의 예외를 인정하고 있다. 그러나, 다른 특수관계인(동일인과 동일인관련자 한정) 지분과 합하여 계열회사의 무의결권주식을 제외한 발행주식총수의 100분의 15를 초과하여 행사할 수 없다(법 §25② ii, 영 §32). 이와 같이 특수관계인 지분과 합산한 의결권행사 한도가 설정됨에 따라 그룹 총수의 지배력 확장 내지 방어 목적으로 공익법인을 동원하여 계열회사 주식을 매입하는 인센티브는 감소하게 된다. 한편 일시에 의결권을 제한할 경우 법적 안정성과 계열회사 운영이 어려워질 수 있음을 고려하여 3년에 걸쳐 단계적으로 의결권 행사 한도를 축소하도록 하고 있다(법 부칙 §7).[53]

---

52) 상법상 의결권이 배제 또는 제한되는 주식으로는 종류주식, 자기주식, 상호보유주식이 있다(상법 §344의3①, §369②, ③).

53) 법 부칙 제7조(공익법인의 의결권 제한에 관한 특례)에 따르면 공익법인이 의결권을 행사할 수 있는 주식의 비율은 ① 2023년 12월 31일까지: 100분의 30, ② 2024년 1월 1일부터 2024년 12월 31일까지: 100

6. 대규모 내부거래의 이사회 의결 및 공시

(1) 의 의

계열회사 간의 '내부거래'는 일반적으로 기업집단의 효율성을 증대시키거나 상호보조 효과로 경영의 안정을 확보할 수 있는 장점이 있기도 하지만, 독립한 중소기업과의 공정한 경쟁의 기회를 차단하고, 경제력집중을 심화시키는 요인으로 작용하기도 한다. 공정거래법은 내부거래가 절차적 공정성을 확보할 수 있도록 특히 공시대상기업집단에 속하는 '국내회사'가 특수관계인(국외 계열회사 제외)을 상대방으로 하거나 특수관계인을 위하여 대규모 내부거래를 하는 때에는 미리 이사회의 의결을 거친 후 이를 공시하도록 하고 있다(법 §26①). 거래의 목적·상대방·규모 및 조건 등 주요내용을 변경하는 경우에도 마찬가지이다(법 §26②).[54]

이와 함께 공시대상기업집단 동일인의 특수관계인에 해당하는 '공익법인'이 동일인의 지배력 확장을 위해 국내 계열회사의 주식을 취득 또는 처분하거나 특수관계인(국외 계열회사 제외)을 상대방으로 하거나 특수관계인을 위해 대규모 내부거래를 하는 경우에도 미리 이사회의 의결을 거친 후 이를 공시하도록 하고 있다(법 §29①, 영 §36).

이와 같이 계열회사 간 또는 공익법인의 대규모 내부거래에 대한 내부적 감시수단으로 이사회 의결을 거치도록 함으로써 이사들에 의한 사전견제가 이루어질 수 있게 되었고, 외부적 감시수단으로 공시를 통해 소액주주, 채권자등 이해관계인에 의한 사후감시도 가능해지게 되었다. 또한 기업 내·외부의 감시기능이 활발해짐에 따라 계열회사나 공익법인 스스로도 합리적이고 투명한 운영이 불가피하게 되었다. 대규모 내부거래의 이사회 의결 및 공시의무를 부담하는 공시대상기업집단에 속하는 계열회사의 경우에는 상장회사뿐만 아니라 비상장회사도 포함된다.

그 밖에 공정거래법은 내부거래가 특수관계인에게 상당히 유리한 조건이나 상당한 규모로 이루어진 경우 이를 제6장의 불공정거래행위 및 특수관계인에 대한 부당한 이익제공 금지의 한 유형으로 금지하고 있다(법 §45①ⅸ, §47①, 후술 제6장 제3절 Ⅺ).

분의 25, ③ 2025년 1월 1일부터 2025년 12월 31일까지: 100분의 20의 비율로 본다.

54) 대규모 내부거래에 대한 이사회 의결 및 공시에 관하여는 별도의 「대규모내부거래 등에 대한 이사회 의결 및 공시에 관한 규정」(공정거래위원회고시 제2021-29호, 2021. 12. 28., 일부 개정)이 제정되어 있다.

(2) 이사회 의결 및 공시의무의 내용

(가) 이사회 의결 및 공시의 대상

1) 대규모 내부거래

이사회 의결 및 공시의 대상이 되는 것은 특수관계인을 상대방으로 하거나 특수관계인을 위하여 하는 대규모 내부거래이다(법 §26① 각호, §29①ii 각목). 다만, '공익법인'의 경우에는 대규모 내부거래뿐 아니라 국내 계열회사의 주식을 취득 또는 처분하더라도 이사회 의결 및 공시를 하여야 한다(법 §29①i).

여기에서 '내부거래'란 자금, 유가증권, 자산을 제공 또는 거래하는 행위를 말하며, 구체적으로 이에 해당하는 것으로는 ① 가지급금 또는 대여금 등의 자금을 제공 또는 거래하는 행위(자금거래), ② 주식 또는 회사채 등의 유가증권을 제공 또는 거래하는 행위(유가증권거래), ③ 부동산 또는 무체재산권 등의 자산을 제공 또는 거래하는 행위(자산거래)[55] 및 ④ 자연인인 동일인이 단독으로 또는 동일인의 친족과 합한 지분율이 100분의 20 이상인 계열회사 또는 그 계열회사의 상법상 자회사인 계열회사를 상대방으로 하거나 동 계열회사를 위하여 상품 또는 용역을 제공 또는 거래하는 행위(상품·용역거래)가 있다(법 §26① 각호, §29①ii 각목, 영 §33②, §36②).

이 가운데 특히 '대규모 내부거래'에 해당하는 경우는 거래금액(④의 경우에는 분기에 이루어질 거래금액의 합계액)이 100억 원과 해당 회사 자본총계 또는 자본금 중 큰 금액의 100분의 5 이상인 금액(그 금액이 5억 원 미만인 경우에는 5억 원) 중 낮은 금액 이상인 내부거래를 말한다(영 §33①, §36①). 대규모 내부거래에 해당되는지 여부의 판단은 동일 거래상대방과의 동일 거래대상에 대한 거래행위를 기준으로 한다.[56] 자본총계는 주주총회에서 승인된 최근 사업연도말 재무제표에 표시된 자본총계를 말하며, 자본금은 이사회 의결일의 직전일의 자본금을 말한다. 따라서 이사회 의결일 이전에 유상증자 또는 전환사채의 주식전환으로 자본금이 증가한 경우에는 이를 포함한 금액을 자본금으로 본다.

적용대상인 대규모 내부거래에는 특수관계인을 직접 거래상대방으로 하는 경우뿐

---

55) 여기에서 자산은 자금과 유가증권을 제외한 유동자산 및 고정자산(투자자산, 유형자산, 무형자산)을 말하며, 담보를 제공하거나 제공받는 행위와 부동산의 임대차거래를 포함한다(「이사회 의결 및 공시규정」 §4①iii).

56) 예컨대, 이사회 의결 및 공시를 회피하고자 동일 거래상대방과의 동일 거래대상에 대한 1건의 거래행위를 분할하여 거래하는 경우에는 이를 합산하여 1건의 거래행위로 본다. 또한 동일 거래상대방과 같은 날 약관에 의한 여러 건의 기업어음 거래가 동일 조건(발행일, 기간만료일, 이자율 등)으로 거래되는 경우 하나의 차입행위로 보아 기업어음의 금액을 합산하여 공시의무 여부를 판단하여야 한다. 공정거래위원회, 「대규모 내부거래에 대한 이사회 의결 및 공시제도 해설」(2005. 4), 6면.

만 아니라 제3자를 통하여 간접적으로 특수관계인과 거래하는 경우도 포함된다.

2) 공시의 주요내용

공시대상기업집단에 속하는 회사는 공시를 함에 있어서 ① 거래의 목적 및 대상, ② 거래의 상대방(특수관계인을 위한 거래의 경우 그 특수관계인 포함), ③ 거래의 금액 및 조건, ④ 거래상대방과의 동일 거래유형의 총거래잔액, ⑤ 그 밖에 ①부터 ④까지에 준하는 사항으로서 공정거래위원회가 정하여 고시하는 사항을 포함하여야 한다(법 §26②, 영 §33③ 각호). 공시의 주요내용을 변경하려는 경우에도 다시 이사회 의결과 공시를 하여야 한다.

(나) 이사회 의결 및 공시의 절차 및 방법

1) 이사회 의결절차

공시대상기업집단에 속하는 회사의 대규모 내부거래에 대한 이사회 의결은 정관에 다른 정함이 없는 한 상법의 규정에 의한 절차와 방법에 따르게 된다. 다만, 상법 제393조의2에 따라 설치된 이사회 내 위원회로서 상법 제382조 제3항에 따른 사외이사가 세 명 이상 포함되고, 사외이사의 수가 위원 총수의 3분의 2 이상의 요건을 갖춘 위원회에서 의결한 경우에는 이사회의 의결을 거친 것으로 볼 수 있다(법 §26⑤).

한편 대규모 내부거래에 대해 이사회 의결을 거치도록 한 취지가 부당내부거래에 대한 이사의 책임 강화 및 사외이사들에 의한 견제를 통해 이를 사전에 예방하기 위한 것임을 감안한다면 내부거래에 대한 의결요건을 완화하거나 사외이사가 배제된 이사회에서 의결은 이 제도 자체를 무력화시킬 소지가 있으므로 의결의 효력이 인정되지 않는다고 보아야 할 것이다.

2) 공시의 방식 · 시기 및 절차

공시는 「자본시장법」 제161조(주요사항보고서의 제출)에 따라 금융감독원의 전자공시시스템(DART: Data Analysis, Retrieval and Transfer System)을 통해 공시할 수 있다. 이 경우 공시의 방법과 절차 기타 필요한 사항은 신고수리 수탁기관(금융감독위원회)과의 협의를 거쳐 공정거래위원회가 이를 정한다(법 §26③).[57]

공시대상기업집단에 속하는 국내 회사의 공시는 상장법인의 경우 이사회 의결 후 1일 이내, 비상장법인의 경우에는 7일 이내에 하여야 한다. 공시시기의 계산은 영업일

57) 이에 따라 공시대상기업집단에 속하는 회사는 수탁기관(금융위원회)의 전자공시시스템 전산망을 통하여 수탁기관이 정하는 「유가증권의 발행 및 공시등에 관한 규정」에 따라 공시하여야 한다. 공정거래법상 공시사항이 자본시장법상의 공시사항과 중복되는 경우 자본시장법에 따라 공시하면 공정거래법상 공시의무를 이행한 것으로 본다. 다만, 공정거래법상의 공시의무사항에도 해당되는 사항임을 표시하여야 한다. 공정거래위원회, 앞의 해설자료, 12면.

을 기준으로 한다. 즉, 공시해야 하는 마지막 날이 해당 회사의 영업일이 아닌 때에는 다음의 최초 영업일까지 공시하여야 한다(이사회 의결 및 공시규정 §6).

(3) 예 외

공시대상기업집단에 속하는 국내 회사 중 금융업 또는 보험업을 영위하는 회사가 약관에 의한 정형화된 거래행위로서 해당 회사의 일상적인 거래분야에서의 거래행위를 하려는 때에는 이사회의 의결을 거치지 아니하고 이를 할 수 있다(법 §26④ 본문, 영 §33④). 이 예외규정의 취지는 금융·보험회사의 경우 약관에 의한 금융거래는 수시로 발생하고, 거래의 특성상 신속한 의사결정이 필요하기 때문에 매건 별로 이사회에서 의결하여야 하는 부담을 감경함으로써 이사회 의결에 따른 기업의 부담을 최소화하기 위해서이다.[58] 그러나 이 경우에도 그 거래내용을 공시하여야 한다(법 §26④ 단서).

(4) 위반행위에 대한 제재

사업자 또는 사업자단체가 대규모 내부거래의 이사회 의결 및 공시의 규정에 의한 공시를 함에 있어 이사회의 의결을 거치지 아니하거나 공시를 하지 아니한 자 또는 주요내용을 누락하거나 허위로 공시한 자에 해당하는 경우에는 1억 원 이하, 회사 또는 사업자단체의 종업원 기타 이해관계인이 이에 해당하는 경우에는 1천만 원 이하의 과태료에 처한다(법 §130①ⅳ).

7. 중요사항 및 현황의 공시·신고의무 등

(1) 비상장회사 중요사항의 공시

(가) 의 의

대기업집단에 소속된 상장 계열회사의 경우 이미 자본시장법상 기업공시제도 등을 통해 시장에서의 투명성이 확보되고 있으나, 비상장 계열회사의 경우 특별한 공시의무가 없어 상장 계열회사와 복잡한 출자관계로 얽혀있음에도 불구하고 소유지배구조나 경영상황이 시장에 노출되지 않아 기업집단 자체뿐만 아니라 시장 전체의 투명성을 저해하였다. 공정거래법은 공시대상기업집단 소속 비상장회사들로 하여금 ① 회사의 소유지배구조와 관련된 중요사항(임원 현황 및 그 변동사항 제외), ② 재무구조에 중요한 변동을 초래하는 사항, ③ 경영활동에 중요한 변동을 초래하는 사항 등 투자자 및 이

58) 비금융·보험회사는 원칙적으로 모든 거래에 있어서 건별로 이사회 의결 및 공시를 하여야 하나, 약관에 의한 금융거래는 분기별로 사전에 한도액 등을 이사회에서 의결하면 그 이후에는 이사회 의결 없이 거래 후에 공시만 하면 된다. 따라서 최소한 분기별로는 이사회 의결이 있어야 한다.

해관계자가 필요로 하는 중요한 정보로서 대통령령이 정하는 사항을 공시하도록 의무를 부과하고 있다(법 §27① 각호, 영 §34).

이와 같이 공시대상기업집단 소속 비상장회사의 중요사항 공시제도를 도입한 것은 비상장회사에 대한 시장의 감시를 강화함으로써 대기업집단에서의 소유지배구조 개선 및 경영투명성 제고를 도모하기 위한 것이다. 그러나 금융업 또는 보험업을 영위하는 회사의 경우 이미 관계 법령에 따라 기업공시가 강제되어 있으므로 별도의 공시의무가 부과되지 않는다.

(나) 공시의무의 내용

1) 공시대상회사

공시대상회사는 공시대상기업집단에 속하는 상장법인을 제외한 회사로서 ① 직전 사업연도말 현재 자산총액이 100억 원 이상인 회사와 ② 100억 원 미만이더라도 자연인인 동일인 및 그 친족이 단독으로 또는 다른 특수관계인과 합하여 발행주식총수의 100분의 20 이상의 주식을 소유한 회사 또는 그 회사의 단독 자회사(단독으로 발행주식총수의 100분의 50을 초과하는 주식을 소유)이다(영 §34① i, ii).

다만, ① 금융업 또는 보험업을 영위하는 회사와 ② 자산총액이 100억 원 미만인 회사로서 청산 절차가 진행 중이거나 1년 이상 휴업 중인 회사는 제외한다(법 §27①, 영 §34① ii 단서).

2) 공시의 주요내용 및 방식

공시대상기업집단 소속 비상장회사에게 부과되는 공시의 주요내용, 방식 및 절차에 관해서는 대규모 내부거래의 이사회 의결 및 공시에 관한 규정을 준용한다(법 §27②, §26②, ③).

(2) 기업집단 현황 등의 공시

(가) 의 의

대기업집단에 대한 정책방향이 직접적 사전규제방식으로부터 자율적 시장감시 또는 사후규제방식으로 전환함에 따라 대기업집단의 기업인수·합병 등 타회사 출자가 비교적 자유로워지게 되었다. 그러나, 소액주주, 채권자 등 이해관계자들의 피해발생을 예방하고 사후적인 시장감시를 강화하기 위해서는 기업집단 현황을 공시할 필요가 있다. 이를 통해 기업집단의 투명성과 대외신인도를 높일 수 있다.

(나) 공시의무의 내용

1) 공시의무자

공시의무자는 ① 공시대상기업집단에 속하는 국내 회사로서 직전 사업연도 말일 현재 자산총액이 100억 원 미만인 회사로서 청산 중이거나 1년 이상 휴업 중인 회사는 제외한 모든 회사와 ② 공시대상기업집단에 속하는 회사를 지배하는 동일인이다(법 §28①, ②, 영 §35①). 다만 동일인이 의식불명, 실종선고, 성년후견 개시 결정이 있는 경우 및 그 밖에 동일인이 공시하는 것이 사실상 불가능하다고 공정거래위원회가 인정한 경우에는 그러하지 아니하다(법 §28②, 영 §35⑥).

2) 공시내용

국내 회사의 공시내용은 기업집단 전체의 현황을 파악하는 데 유용성이 큰 정보로서 해당 기업집단의 ① 일반현황, ② 주식소유현황, ③ 지주회사등이 아닌 계열회사 현황, ④ 상호출자 현황, ⑤ 계열회사에 대한 순환출자 현황, ⑥ 계열회사 간 채무보증 현황, ⑦ 금융업 또는 보험업을 영위하는 회사의 비금융 계열회사 주식에 대한 의결권 행사 여부, ⑧ 특수관계인과의 거래현황 등에 관한 사항으로서 대통령이 정하는 사항[59]이다(법 §28① 각호, 영 §35①).

동일인의 공시내용은 ① 자연인인 동일인과 그 친족이 단독으로 또는 다른 특수관계인과 합하여 발행주식총수의 100분의 20 이상의 주식을 소유한 국외 계열회사의 주주 구성 등 대통령령으로 정하는 사항[60]과 ② 공시대상기업집단에 속하는 국내 회사의 주식을 직접 또는 대통령령으로 정하는 방법[61]으로 소유하고 있는 국외 계열회사의 주식소유 현황 등에 관한 사항으로서 대통령령으로 정하는 사항[62] 및 그 국외 계열회

59) 공시대상기업집단에 속하는 회사의 ① 일반현황, ② 주주현황, ③ 소속회사 간 출자현황, ④ 소속회사 중 지주회사등이 아닌 계열회사 현황, ⑤ 소속회사 간의 상호출자 현황, ⑥ 소속회사 간의 순환출자 현황, ⑦ 소속회사 간의 채무보증 현황, ⑧ 소속회사 중 금융업 또는 보험업을 영위하는 회사의 국내 계열주식회사에 대한 의결권 행사 여부(금융업 또는 보험업을 영위하는 회사의 주식에 대한 의결권 행사는 제외), ⑨ 소속회사와 특수관계인 간 자금·자산 및 상품·용역을 제공하거나 거래한 현황, ⑩ 사업기간 동안 계열회사와 이루어진 상품 또는 용역의 거래금액이 그 사업기간 매출액의 100분의 5 이상이거나 50억 원 이상인 경우 그 계열회사와의 상품 또는 용역의 거래내역을 말한다(영 §35② 각호).

60) 대통령령으로 정하는 사항이란 ① 회사의 명칭, ② 대표자의 성명, ③ 소재국, ④ 사업내용, ⑤ 주주현황(소재국의 법령에서 주주에 관한 정보의 제공 또는 그 공시를 금지하는 경우는 제외), ⑥ 공정거래위원회가 공시에 필요하다고 정하여 고시하는 사항을 말한다. 다만, 친족이 단독으로 또는 다른 친족과 함께 출자한 경우로서 국내 계열회사의 주식을 직접 또는 제4항에 따른 방법으로 소유하지 않고, 국내 계열회사와 직접 또는 간접으로 직전 1년간 거래가 없는 국외 계열회사에 대해 다음 각 호의 사항에 대한 정보의 제공을 거부한 경우 해당 사항은 제외한다(영 §35③).

61) 대통령령으로 정하는 방법이란 공시대상기업집단에 속하는 국내 회사의 주식을 직접 소유하고 있는 국외 계열회사의 주식을 하나 이상의 국외 계열회사 간 출자로 연결하여 소유하는 방법을 말한다(영 §33④).

62) 대통령령으로 정하는 사항이란 ① 회사의 명칭, ② 대표자의 성명, ③ 소재국, ④ 사업내용, ⑤ 주주현황(소재국의 법령에서 주주에 관한 정보의 제공 또는 그 공시를 금지하는 경우는 제외), ⑥ 국내 계열회사 또는 다른 국외 계열회사에 대한 출자현황, ⑦ 그 밖에 공정거래위원회가 공시에 필요하다고 정하여 고

사가 하나 이상 포함된 순환출자 현황이다(법 §28②, 영 §35③부터 ⑤까지).

3) 공시의 방식, 시기 및 절차

부과되는 공시의 주요내용, 방식 및 절차에 관해서는 대규모 내부거래의 이사회 의결 및 공시에 관한 규정을 준용한다(법 §28③, §26②, ③). 공시는 공정거래위원회가 정하여 고시하는 바에 따라 분기별, 반기별 또는 연도별로 해야 한다(법 §28③, 영 §35⑦).

(3) 주식소유 현황 등의 신고

(가) 주식소유 현황 신고

공시대상기업집단에 속하는 회사는 해당 회사 주주의 주식소유현황, 재무상황 및 다른 국내 회사 주식의 소유현황을 공정거래위원회에 신고하여야 한다(법 §30①). 기업집단에 속하는 하나의 회사를 신고대리인으로 지정하여 신고할 수 있다(법 §30③, §11⑪단서)

위의 신고를 하려는 회사는 매년 5월 31일까지 ① 해당 회사의 명칭·자본금 및 자산총액 등 회사의 개요, ② 계열회사 및 특수관계인이 소유하고 있는 해당 회사의 주식수, ③ 해당 회사의 국내 회사 주식소유 현황을 기재한 신고서를 공정거래위원회에 제출해야 한다(영 §37①). 새로이 대기업집단으로 지정된 기업집단에 속하는 회사의 경우 지정된 해당 연도에 있어서는 지정통지를 받은 날부터 30일 이내에 일정한 서류[63]를 첨부한 신고서를 제출해야 한다(영 §37②). 또한 공시대상기업집단에 속하는 회사는 주식취득 등으로 소속회사의 변동사유가 발생한 경우에는 30일 이내에 그 변동내용을 기재한 신고서를 공정거래위원회에 제출해야 한다(영 §37③).

(나) 채무보증 현황 신고

특히 상호출자제한기업집단에 속하는 회사는 위와 마찬가지 기간 내에 국내 계열회사에 대한 채무보증 현황을 국내 금융기관의 확인을 받아 공정거래위원회에 신고하여야 한다(법 §30②). 기업집단에 속하는 하나의 회사를 신고대리인으로 지정하여 신고할 수 있다(법 §30③, §11⑪단서). 신고하려는 회사는 매년 5월 31일까지 해당 회사의 채무보증 금액을 기재한 신고서에 일정한 서류[64]를 첨부하여 공정거래위원회에 제출해

시하는 사항을 말한다(영 §33⑤ⅰ, ⅱ, ⅲ).

63) 첨부서류는 ① 해당 회사의 소유주식 명세서, ② 계열회사와의 상호출자 현황표, ③ 해당 회사의 직전사업연도의 감사보고서이다(영 §37② 각호).

64) 첨부서류는 ① 계열회사에 대한 채무보증명세서 및 직전 1년간의 채무보증 변동내역, ② 계열회사로부터 받은 채무보증명세서 및 직전 1년간의 채무보증 변동내역, ③ 해당 회사의 채무보증 금액과 ① 및 ②의 내용을 확인하기 위하여 채무보증관련 국내 금융기관이 공정거래위원회가 정하는 서식에 따라 작성한 확인서이다(영 §37④ 각호).

야 한다. 다만, 새로 지정된 상호출자제한기업집단에 속하는 회사의 경우에는 지정 통지를 받은 날부터 30일 이내에 그 신고서를 제출해야 한다(영 §37④).

(4) 공인회계사의 회계감사

대기업집단에 속하는 회사는 공인회계사의 회계감사를 받아야 하며, 공정거래위원회는 공인회계사의 감사의견에 따라 수정한 대차대조표를 사용하여야 한다. 다만, 청산 중에 있거나 1년 이상 휴업 중인 회사를 제외한다(법 §31⑤).

8. 공정거래위원회의 기업집단정보 공개

(1) 의 의

그동안 대부분의 대기업집단들은 그동안 계열회사 또는 특수관계인 등을 통한 복잡한 출자관계에 얽혀 있었을 뿐 아니라 소유지배구조가 외부에 제대로 드러나지 않아 공정거래위원회가 경제력집중 억제시책을 효율적으로 추진하는 데 어려움이 적지 않았다. 또한 대기업집단의 내부관계 정보에 접근하기 쉽지 않았기 때문에 대기업집단에 대한 사회적 감시도 용이하지 않았다. 이에 따라 공정거래법은 기업집단의 투명성을 제고하기 위해 공정거래위원회가 공시대상기업집단에 속하는 회사에 대한 정보를 공개할 수 있도록 하고 있다(법 §35).

(2) 공개정보의 범위

(가) 현황 정보

공정거래위원회가 공개할 수 있는 현황정보는 공시대상기업집단에 속하는 회사의 일반현황, 지배구조현황 등에 관한 정보로서 대통령령으로 정하는 정보를 말한다. 대통령령으로 정하는 정보란 ① 계열회사의 명칭, 사업내용, 주요 주주, 임원, 재무상황, 그 밖의 일반현황 또는 ② 계열회사의 이사회 및 이사회에 설치된 위원회의 구성·운영, 주주총회에서의 의결권 행사방법, 그 밖의 지배구조 현황을 말한다(법 §35① i, 영 §41①).

(나) 특수관계인 관계정보

공개대상으로 되는 특수관계인 관계정보는 공시대상기업집단에 속하는 회사 간 또는 이에 속하는 회사와 그 특수관계인 간의 출자, 채무보증, 거래관계 등에 관한 정보로서 대통령령으로 정하는 정보를 말한다. 대통령령으로 정하는 정보란 ① 공시대상기업집단 소속회사 간 또는 소속회사와 특수관계인 간의 주식소유현황 등 출자와 관련된 현황, ② 상호출자제한기업집단 소속회사 간의 채무보증 현황 또는 ③ 공시대상기업집단 소속회사 간 또는 소속회사와 특수관계인 간의 자금, 유가증권, 자산, 상품, 용역, 그 밖의 거래와 관련된 현황을 말한다(법 §35①ii, 영 §41②).

(3) 정보공개의 방식

공정거래위원회는 정보의 효율적 처리 및 공개를 위하여 정보시스템을 구축·운영할 수 있다(법 §35②). 이를 근거로 공정거래위원회는 대기업집단 인터넷 포털사이트를 구축하여 관련 정보를 입력함으로써 정보를 공개할 수 있다. 정보공개에 관한 그 밖의 사항에 관하여는 「공공기관의 정보공개에 관한 법률」이 정하는 바에 따른다(법 §35③).

Ⅳ. 탈법행위의 금지

누구든지 상호출자의 금지(법 §21), 순환출자의 금지(법 §22), 순환출자의 의결권 제한(법 §23), 계열회사에 대한 채무보증의 금지(법 §24) 또는 금융·보험회사 및 공익법인의 의결권 제한(법 §25)에 관한 규정의 적용을 회피하려는 행위를 하여서는 아니 된다(법 §36①). 탈법행위의 구체적인 유형 및 기준은 대통령령으로 정하도록 하고 있다(법 §36②).

예컨대, 상호출자제한기업집단에 속하는 회사가 국내 금융기관에 대한 자기 계열회사의 기존의 채무를 면하게 함이 없이 동일한 내용의 채무를 부담하거나, 다른 회사로 하여금 자기의 계열회사에 대하여 채무보증을 하게 하는 대신 그 다른 회사 또는 그 계열회사에 대하여 채무보증을 하는 행위가 이에 해당한다. 또한 예컨대, 「자본시장법 시행령」에 따른 특정금전신탁을 통하여 신탁업자로 하여금 자기에게 출자하고 있는 계열회사 주식을 취득·소유하도록 하고, 특약 등을 통해 해당 주식의 의결권을 사실상 행사하는 경우나 자기의 주식을 취득 또는 소유하고 있는 계열회사의 주식을 타인의 명의를 이용하여 자기계산으로 취득 또는 소유하는 경우 상호출자 금지 또는 순환출자 금지의 탈법행위를 한 것으로 볼 수 있다(영 §42 i 각목). 타인명의의 주식소유나 위장계열사를 이용하거나 친족이 일시적으로 독립경영 인정기준을 충족하여 계열회사에서 분리함으로써 채무보증의 제한을 회피하는 행위 등도 탈법행위가 된다.

V. 법 위반의 효과

1. 시정조치

(1) 시정조치의 내용

공정거래위원회는 상호출자의 금지(법 §21), 신규 순환출자의 금지(법 §22), 순환출자에 대한 의결권 제한(법 §23), 계열회사에 대한 채무보증의 금지(법 §24) 또는 금융·보험회사 및 공익법인의 의결권 제한(법 §25) 등의 규정에 위반하거나 위반할 우려가 있는 행위가 있는 때에는 해당 사업자 또는 위반행위자에 대하여 해당 행위의 중지, 주식의 전부 또는 일부의 처분, 임원의 사임, 영업의 양도, 채무보증의 취소, 시정명령을 받은 사실의 공표, 기업결합에 따른 경쟁제한의 폐해를 방지할 수 있는 영업방식 또는 영업범위의 제한, 공시의무의 이행 또는 공시내용의 정정, 기타 법 위반상태의 시정을 위하여 필요한 조치를 명할 수 있다(법 §37①).

공정거래법은 처분제한기간(처분시효)을 정하고 있어 공정거래위원회는 법 위반행위의 종료일부터 7년이 경과한 때에는 시정조치를 명하거나 과징금을 부과할 수 없다(법 §80④). 다만, 법원의 판결에 따라 시정조치 또는 과징금 부과처분이 취소된 경우로서 그 판결이유에 따라 새로운 처분을 하는 경우에는 그러하지 아니하다(법 §80⑥). 또한 공정거래위원회가 자료의 열람 또는 복사 요구(법 §95)에 따르지 아니하여 당사자가 소를 제기한 경우 그 당사자 및 동일한 사건으로 심의를 받는 다른 당사자에 대하여 진행이 정지되고 그 재판이 확정된 때부터 진행한다(법 §80⑦).

공정거래위원회는 법 위반사업자의 합병. 분할, 분할합병 또는 새로운 회사의 설립 등에 따른 조직변경으로 그 지위를 승계한 사업자에 대하여 시정조치를 명할 수 있다. 즉, 합병 후에는 존속회사와 신설회사, 분할 또는 분할합병 후에는 분할회사, 신설회사 및 분할합병 후 존속회사에 시정조치를 명할 수 있다(법 §37③, §7②부터 ④까지).

(2) 시정조치의 이행확보

상호출자의 금지(법 §21), 순환출자의 금지(법 §22)를 위반하여 상호출자 또는 순환출자를 한 주식에 대해서는 그 시정조치를 부과받은 날부터 법 위반상태가 해소될 때까지 해당 주식 전부에 대하여 의결권을 행사할 수 없다(법 §39①). 또한 시정조치의 이행확보를 위하여 공정거래위원회로부터 주식처분명령을 받은 자는 그 명령을 받은 날로부터 해당 주식에 대하여 의결권을 행사할 수 없다(법 §39②).

2. 과 징 금

상호출자의 금지(법 §21), 순환출자의 금지(법 §22)를 위반하여 주식을 취득 또는 소유한 회사에 대하여 위반행위로 취득 또는 소유한 주식의 취득가액의 100분의 20을 곱한 금액을 초과하지 아니하는 범위 안에서 과징금을 부과할 수 있다(법 §38①). 계열회사에 대한 채무보증의 금지(법 §24)를 위반하여 채무보증을 한 회사에 대하여 해당 법 위반 채무보증액의 100분의 20을 곱한 금액을 초과하지 아니하는 범위 안에서 과징금을 부과할 수 있다(법 §38②).

3. 형사적 제재

상호출자의 금지(법 §21) 또는 신규 순환출자의 금지(법 §22)에 위반하여 주식을 취득하거나 소유하고 있는 자, 계열회사에 대한 채무보증의 금지(법 §24)를 위반하여 채무보증을 하고 있는 자, 금융·보험회사 및 공익법인의 의결권 제한(법 §25) 또는 시정조치의 이행확보(법 §39)의 규정에 위반하여 의결권을 행사한 자, 탈법행위의 금지(법 §36)의 규정에 위반한 자는 3년 이하의 징역 또는 2억 원 이하의 벌금에 처한다(법 §124① ii, vii, viii).

또한 시정조치(법 §37)에 응하지 아니하거나 대규모기업집단의 지정 등(법 §31⑤)의 규정에 위반하여 공인회계사의 회계감사를 받지 아니한 자, 대기업집단의 지정 등(법 §31④)의 자료요청에 대하여 정당한 이유 없이 자료제출을 거부하거나 허위의 자료를 제출한 자는 2년 이하의 징역 또는 1억 5천만 원 이하의 벌금에 처한다(법 §125 i, ii, iii). 그 밖에 주식소유현황 등의 신고(법 §30①, ②)의 규정에 위반하여 주식소유현황 또는 채무보증현황의 신고를 하지 아니하거나 거짓으로 신고를 한 자에 대하여는 1억 원 이하의 벌금에 처한다(법 §126 iii).

제 5 장 부당한 공동행위의 금지

제 1 절 개 설

Ⅰ. 공동행위의 의의

일반적으로 공동행위란 둘 이상의 사업자 간에 계약, 협정, 결의 등의 방법으로 상품 또는 서비스의 가격, 거래조건, 거래량, 거래상대방 또는 거래지역을 제한하는 행위로서 흔히 카르텔(cartel, Kartell)[1]이라고 불리고 있다.

카르텔은 개별기업의 입장에서 본다면 동업자 간의 판매가격을 안정시켜 경영계획이나 예측을 가능하게 하고 과잉투자를 예방할 수 있다. 또한 과도한 경쟁에 의한 품질 또는 서비스의 저하를 방지하고, 생산 및 판매의 효율성을 증진시킴으로써 소비자의 이익에 기여하기도 한다. 특히 불황시에는 그 악화를 방지하고 기업의 발전에 필요한 이윤과 자금을 확보하여 고용수준과 임금을 안정적으로 유지시킬 수 있다.

그러나 다른 한편으로 카르텔은 사업자 간의 인위적인 합의나 협정으로 가격을 부당하게 유지 또는 인상하거나 시장에서의 수요와 공급을 통제함으로써 경쟁에 의해 확보되어야 할 본래의 시장기능을 마비시키게 된다. 또한 통상 최저능률의 기업도 존속할 수 있는 수준에서 약정이 이루어지기 쉽기 때문에 구식설비나 한계생산자가 시장에 온존하게 된다. 이로 인해 기업 간 경쟁압력이 제거되어 효율성이 높은 기업조차도 신기술·신상품의 개발, 경영합리화를 위한 노력을 소홀히 할 우려가 있다. 이로 인해 결과적으로 개별기업의 경쟁력이 약화됨은 물론, 국민경제 전체적인 관점에서도 자원의 배분이 효율적으로 이루어지지 못하거나 생산과 고용이 정체되는 등 폐해가 따르게 된다.

공정거래법은 카르텔의 부정적 측면을 염두에 두고 부당하게 경쟁을 제한하는 카르텔, 즉 부당한 공동행위를 원칙적으로 금지하고, 국민경제적 관점에서 필요성이 인

---

1) 카르텔이란 원래 라틴어의 carta(문서, 증서)에서 유래된 것으로 중세에는 교전국 간의 문서에 의한 휴전협정 또는 포로교환 문서 등의 의미로 사용되었으나, 오늘날 경제용어로서 기업 간의 경쟁을 휴전한다는 의미로 변화되었다.

정되는 경우에는 공정거래위원회의 인가를 얻어 예외적으로 이를 허용하도록 하고 있다(법 §40②). 한편 부당한 공동행위는 특정 시장에서의 경쟁제한 효과가 나타나는 점에서 경쟁제한적 기업결합과 같으나, 공동행위에 참가한 각 기업이 여전히 경제적 독립성을 유지하고 있고, 공정거래법상 시장구조보다는 가격이나 거래조건 등 시장행태의 규제에 중점이 두어진다는 점에서 차이가 있다.

그 밖에 개별 사업자가 아닌 사업자단체에 의한 조직적인 부당 공동행위에 대해서는 사업자단체에 관한 규정에서 별도로 금지하고 있다(법 §51① i).

II. 카르텔 일반론

1. 카르텔의 유형

(1) 기초카르텔

카르텔은 느슨한 형태에서부터 강력한 결속력을 가진 것에 이르기까지 다종·다양한 모습으로 존재하지만, 가장 전형적인 카르텔 유형으로서 가격카르텔, 생산카르텔 및 판로카르텔로 구분하는 것이 일반적이다.

가격카르텔이란 카르텔 참가자가 일정한 가격을 협정하는 것이다. 가격카르텔은 참가자의 이윤을 증대하기 때문에 가장 흔히 이용되지만, 생산과잉이 심하고 재고품이 상당히 존재하는 경우 등에는 실효성을 발휘하기 어렵다. 이러한 경우에는 다양한 방법으로 생산제한을 협정하는 이른바 생산카르텔이 이용된다. 생산카르텔은 구체적으로 노동시간의 단축, 휴일제의 채용, 생산설비의 감축 등의 조업단축 협정에 의해 이루어진다. 판로카르텔은 시장분할협정으로 각 참가사업자에게 일정한 고객 또는 판매지역을 보장하고, 각 참가사업자는 그 범위 내에서 독점적 지위를 차지하는 협정이다.

(2) 고급카르텔

카르텔 협정에서 사업자에 대하여 가격, 생산 또는 판매상 일정한 제한을 하는데 그치지 않고, 총공급량, 총수요량 또는 총수익액을 정하여 카르텔 참가자에게 일정한 기초에 근거하여 산정된 비율에 의한 할당 또는 분배를 행하기도 한다. 이러한 고급카르텔을 할당카르텔 또는 분배카르텔이라고 한다. 고급카르텔은 통상 할당 또는 분배를 행하는 특별한 기구나 중앙기관을 필요로 하며, 그것이 독립하여 설치되거나 상사 또는 은행에 위임해 그 업무를 행하기도 한다.

가격카르텔에 대한 고급카르텔은 이윤분배카르텔(Gewinnverteilungskartell)이다. 이

것은 공통의 기준원가와 판매가격을 협정하여 그 차액을 거래마다 참가자가 공통회계에 납입, 그 손익을 각 참가자에게 분배하는 방법으로 운수업, 보험업이나 수출업 등에서 나타난다. 또한 생산제한 카르텔에 대한 고급카르텔은 공급분배카르텔(Angebotsverteilungskartell)이다. 이것은 전 공급량을 정하고, 그것을 각 참가자에 일정한 비율로 할당하는 것이다. 그 밖에 판로카르텔에 대한 고급카르텔은 주문분배카르텔(Auftragsverteilungskartell)이다. 이것은 주문의 전부를 중앙기관에 집중하고, 이러한 주문을 일정한 방법으로 각 참가자에게 할당하는 방법으로 주로 사업자에 의한 품질의 차이가 적은 상품에서 행해지기 쉽다. 특히 중앙기관이 공동판매업무를 행하는 주문분배카르텔을 신디케이트(Syndicate)라고 한다.

2. 카르텔 입법정책

이 카르텔의 긍정적 측면과 부정적 측면 중 어느 것을 중시하는가에 따라 각국별 카르텔에 대한 입법정책에 차이가 나타난다. 즉, 카르텔 입법정책은 ① 카르텔의 장점을 중시하여 이를 조장하는 보강정책, ② 카르텔의 폐해를 강하게 보아 원칙적으로 카르텔의 존재 그 자체를 부인하는 금지정책 및 ③ 카르텔의 존재 그 자체는 인정하고, 그 폐해만을 규제하는 폐해규제정책으로 나눌 수 있다.

(1) 카르텔 보강정책

카르텔 보강정책은 주로 카르텔의 긍정적 측면을 염두에 두고 기업이 카르텔을 형성·유지 또는 강화하도록 국가가 조장하고 보강하는 정책이다. 이를 위해 국가는 기업들로 하여금 카르텔 결성을 권장 또는 강제하거나, 카르텔 활동을 위협하는 비참가사업자(outsider)를 통제하기도 한다. 이 정책은 주로 공황이나 전쟁을 계기로 지나친 경쟁이나 폐해를 방지하고 통제경제를 유지하기 위해 실시되었다. 일본의 1931년의 중요산업통제법, 이탈리아의 1932년의 강제카르텔법, 독일의 1933년의 강제카르텔법이 이에 속한다.

(2) 카르텔 금지정책

카르텔 금지정책은 카르텔의 부정적인 측면을 강조하여 카르텔의 존재 그 자체, 즉 카르텔의 경쟁제한 내지 시장통제 자체에 이미 폐해가 있다고 보아 카르텔을 원칙으로서 금지하는 정책이다. 다만 제반 사정상 금지의 원칙을 적용할 수 없는 경우에는 일정한 요건 하에 예외적으로 카르텔을 허용하고 있다. 이 정책은 정치적으로 자유민주주의의 기초 위에 사업자의 경쟁의 자유와 소비자의 선택의 자유를 적극적으로 보장하고, 모든 경제주체가 자기책임의 원칙 하에 능률을 최대한 발휘할 수 있도록 하기 위해서는 카르텔 금지가 불가피하다는 인식에서 출발하고 있다. 미국의 1890년의 셔먼법, 일본의 1947년의 사적독점금지법, 독일의 1957년의 경쟁제한금지법, EU기능조약 제101조 등이 이에 속한다. 우리나라 공정거래법도 제7차 개정(1999년 2월) 이후 카르텔 금지정책의 기본입장을 취하고 있다.

(3) 카르텔 폐해규제정책

카르텔 폐해규제정책은 카르텔의 존재 그 자체를 부정하지는 않고, 그것이 경제적·사회적인 폐해를 야기하는 경우에 규제하려는 정책이다. 이 정책은 카르텔 보강정책과 금지정책의 절충적인 입장에 선 것으로 그 운용에 있어서 보강정책에 가까운 것으로부터 금지정책에 가까운 것까지 다양하게 존재하나, 오늘날에는 오히려 경쟁원리에 근거하여 카르텔에 대하여 부정적인 입장에 서는 입장이 우세하다. 폐해규제정책은 그 운용방법 여하에 따라 경제에 대한 국가의 직접 간섭이 단순한 카르텔 금지정책의 경우보다 상당히 강력하게 이루어지기도 한다. 독일의 1923년의 경제력남용방지령, 오스트리아의 1959년의 카르텔법, 영국의 1956년의 제한적거래관행법 등이 이에 속한다.

3. 카르텔과 조직강제

(1) 대내적 조직강제

카르텔은 그 내부와 외부에서 많은 모순과 대립을 안고 있으며, 카르텔을 장기적으로 존속시키기 위해서는 참가사업자 간의 타협과 조정 이외에 경우에 따라서는 강제력이 요구되기도 한다.

즉, 카르텔이 형성되더라도 참가사업자(insider) 간에는 생산규모나 기술수준에 차이가 있기 때문에 이해관계가 항시 일치하는 것은 아니며, 카르텔 내부에서의 실행방식을 둘러싸고 대립이 발생하기 쉽다.[2] 또한 협정가격이 정해지더라도 카르텔에 의해 유지되는 가격수준이 통상 시장가격에 비해 인위적으로 높은 가격이기 때문에 참가사업

---

2) 예컨대, 어떤 상품의 시장가격이 하락하고 있는 경우 카르텔 참가사업자의 이를 가격제한으로 대처할 것인가, 생산제한으로 대처할 것인가에 관하여 대립하기 쉽다. 자본에서 고정비용의 부분이 크고, 신기술의 가동이나 대량생산에 의하여 생산비 저하가 현저한 사업자는 제한해야 하는 가격을 낮추고 생산량을 많이 하려고 하고, 그렇지 않은 자는 그 반대를 원할 것이다. 또한 잠재적인 발전성을 가지면서 아직도 시장에서 그에 합당한 지위를 가지고 있지 않은 사업자와 이미 시장에서 상당한 지위를 갖고 정체 상태에 있는 사업자와의 사이에서도, 생산제한의 할당비율을 둘러싸고 이해관계가 대립한다. 후자가 과거의 실적이나 현재 가동 중인 설비능력을 기준으로 할당비율을 결정하려는 데 대하여, 전자는 최근의 생산증가율이나 신설 예정의 설비능력 등을 감안할 것을 주장할 것이다.

자는 각종의 비밀리베이트나 할인 등에 의하여 협정을 위반하거나 카르텔협정이 자신에게 불리하다고 판단할 경우 카르텔을 탈퇴하려고 하기 때문에 카르텔은 항시 내재적인 붕괴요인을 안고 있다.

이러한 카르텔 내부의 문제를 해결하기 위해 참가사업자의 카르텔 위반을 감시하고 처벌하는 대내적 조직강제(Der innere Organisationszwang)가 이루어진다. 이를 위해 전속 카르텔 감시원을 두거나 검사원을 상호 파견하여 필요에 따라 참가사업자의 공장 및 사무소를 검사하고, 장부를 검열하고 협정 위반의 여부를 조사하여 위반자에 대해서는 벌칙을 적용한다. 벌칙으로서 차기 원료배정이나 점유율 배분에 불이익을 주거나 참가자로부터 미리 징수한 보증금을 몰수하는 것이 일반적이다.

(2) 대외적 조직강제

카르텔이 내부에서 참가사업자 간에 이해관계의 대립이 생기기도 하지만, 비참가사업자(Outsider)가 존재하는 경우 이들의 힘이 증대하면 카르텔은 시장통제력을 상실하고 붕괴하게 된다. 따라서 카르텔은 그 존속을 유지하기 위해 다양한 수단을 이용하여 비참가사업자의 활동을 압박하고, 그 진출을 저지하게 되는데, 이를 카르텔의 대외적 조직강제(Der außere Organisationszwang)라 한다.

대외적 조직강제의 구체적 방법으로 첫째, 덤핑 내지 차별가격을 실시한다. 이것은 비참가사업자를 배제하기 위해 일정 기간 동안 카르텔 참가사업자 모두 또는 비참가사업자와 경합하는 참가사업자가 비참가사업자의 고객에게 염가판매하는 것으로 염가판매에 의한 손실은 참가사업자가 공동으로 부담하거나 비참가사업자 배제 후 독점이윤에 의하여 보전한다. 둘째, 봉쇄조치가 있다. 이것은 사업활동에 필요한 원료, 노동력, 자금, 토지 등 중요한 생산요소가 비참가사업자에 공급되지 않도록 하여 사업활동을 압박 또는 배제하는 것이다. 셋째, 배타적 거래계약이 있다. 이것은 카르텔 참가사업자가 그 거래상대방에 대하여 비참가사업자와 거래하지 않을 것을 조건으로 거래하거나 특별할인을 하는 것이다. 그 위반자에 대하여는 공동의 거래거부, 위약금 징수, 할인정지 등의 조치를 취하는 것이 일반적이다.

Ⅲ. 관련규정

공정거래법은 사업자가 계약·협정·결의 기타 어떠한 방법으로도 다른 사업자와 공동으로 부당하게 경쟁을 제한하는 일정한 유형의 행위를 할 것을 합의(合意)하는 것을 부당한 공동행위로 규정하고, 이를 행하거나 다른 사업자로 하여금 행하도록 하는 것을 원칙적으로 금지하고 있다(법 §40①). 여기에서 다른 사업자로 하여금 행하도록 한다는 의미는 다른 사업자로 하여금 부당한 공동행위를 하도록 교사하는 행위 또는 이에 준하는 행위를 의미하고, 다른 사업자의 부당한 공동행위를 단순히 방조하는 행위는 이에 포함되지 않는다.[3)]

공동행위의 유형으로는 가격협정, 거래조건협정, 공급제한협정, 시장분할협정, 설비제한협정, 상품의 종류 또는 규격제한협정, 공동관리회사의 설립, 입찰담합, 정보교환(법 §40① 각호) 등 9가지가 예시적으로 열거되고 있다. 다만 불황극복을 위한 산업구조조정, 연구・기술개발, 거래조건의 합리화 또는 중소기업의 경쟁력 향상과 같이 국민경제 전체적인 관점에서 필요성이 인정되어 공정거래위원회의 인가를 받은 경우에는 예외적으로 이를 허용할 수 있도록 하고 있다(법 §40②).

부당한 공동행위의 사법적 효과로서 이를 약정하는 계약 등은 사업자 간에 있어서는 이를 무효로 한다(법 §40④). 또한 행위의 공동성, 특히 사업자 간의 합의 여부에 대한 입증의 곤란을 제거하기 위하여 2 이상의 사업자가 제반사정에 비추어 공동행위를 한 것으로 상당한 개연성이 있거나 공동행위에 필요한 정보를 교환한 때에는 그러한 합의를 한 것으로 추정하고 있다(법 §40⑤).

부당한 공동행위를 한 사업자에 대하여는 시정조치명령과 함께 과징금을 부과할 수 있으며(법 §42, §43), 부당한 공동행위를 한 사업자가 그 사실을 공정거래위원회에 자진신고한 경우에는 해당 신고자에 대하여는 시정조치와 과징금을 감경 또는 면제하고 형사고발을 면제할 수 있도록 하고 있다(법 §44).

제 2 절 부당한 공동행위의 요건

Ⅰ. 서 설

일반적으로 부당한 공동행위란 사업자가 다른 사업자와 공동으로 부당하게 경쟁을 제한하는 행위를 말한다. 따라서 부당한 공동행위가 성립하기 위해서는 '행위의 공동성'과 '행위의 부당성(부당한 경쟁제한성)'이라는 두 가지 요건이 모두 충족되어야 한다.

---

3) 대법원 2009. 5. 14. 선고 2009두1556 판결; 2019. 3. 14. 선고 2018두59670 판결.

일반적으로 행위의 '공동성'은 사업자 간의 행동이 외형상 일치하는 것만으로는 불충분하고, 어떠한 형태나 방식으로든 사업 활동의 제한에 대한 의사의 연락이 있고, 이에 기하여 사업자들 간에 경쟁의 제한에 대한 공동인식이 형성되어 의사의 합치가 이루어지고, 나아가 그 실행의 결과 행위의 일치가 이루어지는 것을 말한다. 또한 행위의 '부당성'은 공동행위로 인하여 일정한 거래분야에서 부당하게 경쟁이 감소하거나 감소할 우려가 있는 상태, 즉 부당한 경쟁제한성이 존재하는 것을 말한다.

그러나 현행 공정거래법은 행위의 공동성과 관련하여 부당하게 경쟁을 제한하는 행위를 하기로 「의사의 합치(합의)」가 있는 것만으로 이미 행위의 공동성 요건을 충족하는 것으로 하고, 합의에 따른 「행위의 일치」까지 요구하고 있지 않다.[4] 이는 사업자 간의 합의가 성립되면 실행되는 것이 보통이며, 공동행위에 관한 합의사실을 적발하고도 이를 규제하기 위하여 그것이 실행될 때까지 기다려야 한다는 것은 법의 취지에 부합되지 않기 때문이다.[5]

따라서 부당한 공동행위를 규제하기 위해서는 「의사의 합치」, 즉 합의의 존재를 입증하는 것이 관건이 될 것이나, 입증상의 어려움으로 오늘날 세계 각국에서는 증거 수집을 용이하게 할 수 있도록 절차상의 편의를 도모하거나 각종 면책 또는 포상을 실시하기도 하고, 판례와 이론을 통하여 일정한 정황사실로부터 합의의 존재를 추정하기도 한다.

Ⅱ. 행위의 공동성

1. 의사의 합치

공동행위가 성립하기 위해서는 무엇보다 2 이상의 사업자 간에 공동으로 일정한 행위를 하기로 하는 '합의'가 존재하여야 한다. 공정거래법 제40조 제1항에서는 이러한 합의의 방법에 관하여 "계약 · 협정 · 결의 기타 어떠한 방법으로도 …"라고 하여 명시적 방법에 의한 합의에 국한하지 않고, 기타 묵시적 방법에 의해서도 합의가 이루어질 수 있음을 염두에 두고 있다.

따라서 계약의 성립요건에서와 같이 반드시 엄격한 청약과 승낙의 의사표시가 존재해야 하는 것이 아니라 당사자 간에 의사가 합치되었다는 상호인식이나 이해 또는

---

4) 대법원 2001. 5. 8. 선고 2000두10212 판결; 2019. 1. 18. 선고 2018누38842 판결; 서울고법 2021. 8. 21. 선고 2020누61531 판결.

5) 권오승 · 홍명수, 앞의 책, 279면.

암묵적 요해(了解)가 이루어지더라도 합의가 이루어진 것으로 볼 수 있다. 또한 중개자를 매개로 정보교환이 이루어지고 의사의 합치가 순차적으로 이루어지는 경우에도 간접적으로 합의가 성립된 것으로 볼 수 있으며,[6] 심지어 어떤 사업자의 경쟁제한행위 제안에 대해 별도의 의사표시 없이 그 행위를 실행함으로써 이미 합의에 도달한 것으로 볼 수 있다.[7]

합의는 이에 가담한 사업자의 진실한 의사를 전제로 이루어져야 한다. 그러나 어느 한 쪽 사업자의 '진의 아닌 의사표시'에 의해 이루어지더라도 다른 쪽의 사업자가 이를 신뢰하여 합의하였다면 그 합의의 성립을 인정할 수 있다.[8] 합의에 가담한 사업자들을 실질적·경제적인 관점에서 "사실상 하나의 사업자"로 볼 수 있는 경우 즉, 한 사업자가 다른 사업자의 주식을 모두 소유하거나 다른 사업자를 실질적으로 지배함으로써 이들이 상호 독립적으로 운영된다고 볼 수 없다면 이들 간에는 완전한 이해관계의 일치(complete unity of interest)가 있는 것으로 보아 입찰담합의 경우를 제외하고 합의의 존재가 부정될 수 있다(공동행위심사기준 Ⅱ. 1. 나.).[9]

한편 공동행위를 하는 사업자들은 그 증거를 남기는 명시적인 방식보다는 묵시적 방식에 의해 합의(tacit collusion)에 이르는 것이 일반적이며, 실제로 은밀하게 이루어지는 합의방식의 속성상 이를 입증하는 것이 쉽지 않다. 더 나아가 과점시장에서 사업자 간에 의사의 연락없이 동일한 행위가 사실상 평행적으로 이루어지고 있음을 상호인식하고 있는 데 불과한 소위 의식적 병행행위(conscious parallelism)[10]의 경우 추가적 사정이 존재하지 않는 한 합의의 존재를 인정하기 어렵다. 따라서 어떠한 정황사실이 존재하는 경우 합의를 추정할 수 있고, 규제당국이 어느 한도까지 합의를 입증하여야 할

6) 서울고법 2014. 2. 24. 선고 2011누46394 판결. 백대용, "허브 앤 스포크(Hub-and-Spoke) 담합의 개념 및 적용 요건 등에 관한 연구", 「경쟁법연구」 제32권 제2호(2015), 3면 이하.

7) 양명조, "공동성의 입증과 추정", 「공정거래법강의Ⅱ」(법문사, 2000), 206면.

8) 대법원 1999. 2. 23. 선고 98두15849 판결.

9) 공정거래위원회의 예규인 공동행위심사기준은 미국에서 발전된 소위 기업내 공모 이론(또는 Copperweld 이론)과 EU의 경제적 단일체(single economic entity)을 배경으로 하고 있다. 참고로 미국 연방법원 판례(Copperweld Corp. v. Independence Tube Corp., 467 U. S. 752 [1984])는 자회사는 실질상 모회사의 의사로 경제활동을 행하기 때문에 지점과 다름이 없고, 지점인가 별개 법인인가라는 법형식으로 셔먼법의 적용대상 여부가 달라지는 것은 불합리하기 때문에 모회사·자회사 간의 공모는 하나의 사업자의 행위로 보아야 하며, 셔먼법 제1조는 적용되지 않는다고 판시한 바 있다. 본 판례는 100% 자회사에 관한 사안이었지만, 1988년 법무부가 발표한 「국제적 사업에 관한 가이드라인」은 이 Copperweld 이론을 50%를 넘는 주식을 모회사에 의해 보유하는 자회사(연결결산대상 자회사)에까지 확장하고 있다.

10) 의식적 병행행위는 미국에서 과점시장에서 명시적인 협정 없이 각 기업이 공동의 이윤을 최대화할 수 있도록 가격을 정하는 협조적 행동 현상을 가리키는 일반적인 표현으로서 EU에서는 「동조적 행위」(concerted practice, abgestimmtes Verhalten)라는 표현이 일반화되어 있다. 또한 미국의 시카고학파에서는 「묵시적 공모」(tacit collusion), 하버드학파에서는 「과점적 상호의존 행동」(oligopolistic interdependence)이라는 표현을 의식적 병행행위와 같은 의미로 사용하고 있다.

것인지가 부당한 공동행위의 중심과제로 등장하고 있다.

특히, 사업자 간 정보교환(information exchange)의 경우 실제 합의가 존재하는 것으로 볼 것인지에 대해 많은 논란이 있다. 그동안 판례는 '의사연결의 상호성'을 중요시하는 입장[11]에서 사업자 간의 정보교환은 의사연결의 상호성을 인정할 수 있는 유력한 증거이지만 그 자체만으로 (묵시적) 합의를 단정할 수는 없으며, 정보교환이 외형상 가격의 일치나 기존 합의의 연장선상에 있는 경우와 같이 추가 간접사실이 존재할 것을 요구하였다. 공정거래법 제40조 제1항 제9호에서는 '경쟁을 실질적으로 제한하는 민감한 정보(예컨대, 가격, 원가, 생산량, 출고량, 재고량, 판매량, 거래조건 또는 대금·대가의 지급조건)의 교환 자체를 부당 공동행위의 한 유형으로서 금지하는 한편, 제40조 제5항에서는 부당 공동행위에 필요한 민감정보 이외의 정보를 교환한 경우에는 합의를 법률상 추정할 수 있도록 함으로써 정보교환행위를 보다 용이하게 규제할 수 있는 근거를 마련하고 있다.

[판례] 라면 제조·판매사업자의 정보교환행위(대법원 2015. 12. 24. 선고 2013두25924 판결)

경쟁사업자들이 가격 등 주요 경쟁요소에 관한 정보를 교환한 경우, 그 정보교환은 가격 결정 등의 의사결정에 관한 불확실성을 제거하여 담합을 용이하게 하거나 촉진할 수 있는 수단이 될 수 있으므로 사업자 사이의 의사연결의 상호성을 인정할 수 있는 유력한 자료가 될 수 있지만, 그렇다고 하더라도 그 정보교환 사실만으로 부당하게 경쟁을 제한하는 행위에 대한 합의가 있다고 단정할 수는 없고, 관련 시장의 구조와 특성, 교환된 정보의 성질·내용, 정보교환의 주체 및 시기와 방법, 정보교환의 목적과 의도, 정보교환 후의 가격·산출량 등의 사업자 간 외형상 일치 여부 내지 차이의 정도 및 그에 관한 의사결정 과정·내용, 그 밖에 정보교환이 시장에 미치는 영향 등의 모든 사정을 종합적으로 고려하여 위 합의가 있는지를 판단하여야 한다.

그 밖에 사업자들 사이에 장기간에 걸쳐 여러 종류의 합의가 수회 반복 계속된 경우 이를 개별적 합의로 볼 것인지, 전체를 하나의 합의로 볼 것인지 여부가 문제로 된다. 판례는 사업자들이 부당한 공동행위의 기본적 원칙에 관한 합의를 하고, 이에 따라 위 합의를 실행하는 과정에서 수회에 걸쳐 회합을 가지고 구체적인 가격의 결정 등을 위한 합의를 계속하여 온 경우는 물론, 그러한 기본적 원칙에 관한 합의 없이 장기간에 걸쳐 여러 차례 합의를 해 온 경우에도 그 각 합의가 단일한 의사에 기하여 동일한 목적을 수행하기 위한 것으로서 단절됨이 없이 계속 실행되어 왔다면, 각 합의의 구체

---

11) 대법원 2013. 11. 28. 선고 2012두17421 판결; 2014. 7. 24. 선고 2013두16951 판결; 2019. 3. 14. 선고 2016두46113 판결; 2016. 12. 29. 선고 2016두31098 판결.

적 내용이나 구성원에 일부 변경이 있더라도 그와 같은 일련의 합의는 전체적으로 하나의 합의를 구성하는 것으로 보고 있다(공동행위심사기준 Ⅲ. 1.).[12)]

2. 합의의 추정

공정거래법은 '합의'의 존재에 대한 입증상의 어려움을 제거하기 위해 ① 부당한 공동행위의 외관을 가진 행위의 '외형상 일치'와 ② 사업자 간 합의가 있는 것으로 볼 수 있는 '상당한 개연성'이라는 두 가지 요건사실이 충족되면 합의가 존재하는 것으로 법률상 추정을 하고 있다. 즉, 행위의 외형상 일치가 존재하고, 소위 '추가적 요소'(plus factor)[13)]로서 외형상 일치된 행위가 합의의 결과라고밖에 설명할 수 없는 상당한 개연성을 가진 경제적 증거나 접촉증거가 있는 경우에는 합의를 추정할 수 있도록 하고 있다.

법 제40조 제5항은 합의추정을 위한 추가적 요소로서 ① 해당 거래분야 또는 상품·용역의 특성, 해당 행위의 경제적 이유 및 파급효과, 사업자 간 접촉의 횟수·양태 등 제반 사정에 비추어 그 행위를 그 사업자들이 공동으로 한 것으로 볼 수 있는 상당한 개연성이 있는 경우(제1호)[14)]와 ② 부당한 공동행위에 필요한 정보교환을 한 경우(제2호)[15)]를 들고 있다. 이러한 추가적 요소의 요구는 합의의 존재에 대한 합리적 추정이 곤란하거나 사업자 간의 독자적인 행동이 우연의 일치로 나타난 경우까지도 광범위하게 합의가 추정되지는 않음을 의미한다. 법 제40조 제5항에서 추정되는 것은 행위의 공동성에 속하는 '합의'이며, 행위의 부당성까지 포함되는 것은 아니다.

---

12) 대법원 2006. 3. 24. 선고 2004두11275 판결; 2008. 9. 25. 선고 2007두3756 판결; 2009. 6. 25. 선고 2008두16339 판결; 2010. 9. 30. 선고 2010두13043 판결; 2019. 6. 13. 선고 2019두34708 판결.

13) 실제 의식적 병행행위가 순수한 형태로 성립하는 경우는 드물며, 대부분의 경우에는 가격협조를 유인하기 위한 기업관행으로서 가격정보의 교환과 가격인상의 사전공표 등이 행해지고 있으며, 이와 같은 작위를 '추가적 요소'라 한다. 미국·EU·일본의 판례는 이러한 추가적 요소가 존재하는 경우 병행적 가격인상은 합의에 의한 것으로 사실상 추정하고 있다.

14) 이에 해당하는 사항으로 ① 직·간접적인 의사연락 등의 증거가 있는 경우, ② 공동으로 수행되어야만 당해 사업자들의 이익에 기여할 수 있고 개별적으로 수행되었다면 당해 사업자 각각의 이익에 반하리라고 인정되는 경우, ③ 당해 사업자들의 행위의 일치를 시장상황의 결과로 설명할 수 없는 경우, ④ 당해 산업구조상 합의가 없이는 행위의 일치가 어려운 경우를 들 수 있다. 「공동행위 심사기준」(공정거래위원회예규 제390호, 2021. 12. 28., 일부 개정) Ⅱ. 2. 나. (2) (가).

15) 필요한 정보교환은 사업자가 다른 사업자에게 가격, 생산량, 원가 등의 경쟁상 민감한 정보를 알리는 행위를 의미하며, 우편, 전자우편(이메일), 전화통화, 회의 등 알리는 수단은 불문한다. 뿐만 아니라, 사업자단체(협회, 협동조합 등), 제3의 사업자 등 중간 매개자를 거쳐 간접적으로 알리는 행위도 포함된다. 「사업자 간 정보교환이 개입된 부당한 공동행위 심사지침」(공정거래위원회고시 제2021－33호, 2021. 12. 28. 제정) Ⅲ., Ⅳ. 2.

3. 합의추정의 복멸

법 제40조 제5항은 추가적 요소가 존재하는 한, 합의를 법률상 추정하기 때문에 합의에 대한 입증책임이 사업자 측에 전환된 것으로 볼 수 있다.[16] 따라서 합의를 부정하기 위해서는 사업자측이 합의 또는 추가적 요소의 부존재를 적극적으로 반증하여야 한다.[17] 이와 관련하여 사업자 측에서 어느 정도의 반증을 내세워야 위 추정이 다시 복멸될 수 있는지에 대하여 합리적인 기준이 마련되어야 한다. 왜냐하면, 추정복멸 사유를 너무 엄격히 해석하면 추정이 복멸되는 경우가 거의 존재하지 않게 되어 사실상 사업자에 대한 부당한 규제로 작용할 수 있는 반면, 폭넓게 인정하면 위 추정규정을 둔 입법취지가 몰각될 우려가 있기 때문이다.

판례는 부당한 공동행위의 합의추정을 받는 사업자가 ① 외부적으로 드러난 동일 또는 유사한 행위가 실제로는 아무런 합의나 상호 간의 요해(了解)없이 각자의 경영판단에 따라 이루어졌음에도 우연히 일치되었다는 것,[18] ② 상대방 사업자와 공통적으로 관련된 외부적 요인이 각자의 가격결정 판단에 같은 정도의 영향을 미침으로써 부득이 동일·유사한 시기에 동일·유사한 행동을 할 수밖에 없었다는 것 또는 ③ 과점시장의 경우 가격선도 사업자(price leader)가 독자적인 판단에 따라 가격을 결정하고 후발사업자가 이에 동조하여 일방적으로 선도사업자의 가격을 단순히 모방한 것이라는 정황을 입증하여 그 추정을 다시 복멸시킬 수 있는 것으로 보고 있다.[19]

그러나 과점시장처럼 고도로 집중된 시장이나 과거에 가격동조화 경험이 누적된 시장에서는 경쟁사업자 간에 아무런 직접적인 사전접촉이나 정보교환이 없이도 바로 동조적 행태가 가능하다. 따라서 판례는 가격선도 사업자가 종전의 관행 등 시장의 현황에 비추어 후발사업자들이 동조할 것을 예견하고 가격을 결정한 경우에는 합의추정이 다시 복멸되지 않는 것으로 보고 있다. 즉, 합의가 존재하지 않는 의식적 병행행위에 대해서도 추가적 요소(plus factor)를 갖추면 경쟁사업자 간의 상호의존성(interdependency)을 근거로 합의를 추정할 수 있다.[20]

16) 합의추정을 위한 추가적 요소의 기준이 제대로 마련되지 않았던 법 개정 이전(구법 §19⑤)에는 합의가 광범위하게 추정됨으로써 자칫 부당한 공동행위의 외연이 과도하게 확장될 우려가 있다는 비판과 함께 사업자의 과도한 반증책임 부담을 고려하여 구법 제19조 제5항(현행법 제40조 제5항)의 합의 추정요건이 충족된 경우에 공정거래위원회가 규제절차를 착수해야 한다는 이른바 착수요건으로 이해하는 견해도 있었다. 권오승·홍명수, 앞의 책, 286면.

17) 「공동행위 심사기준」 Ⅱ. 2. 나. (4)

18) 대법원 2002. 3. 15. 선고 99두6514 판결; 2003. 2. 28. 선고 2001두1239 판결; 2005. 1. 28. 선고 2002두12052 판결.

19) 대법원 2000. 12. 21. 선고 98누12651 판결; 2002. 4. 23. 선고 2000두15035 판결; 2002. 5. 28. 선고 2000두1386 판결; 2003. 2. 11. 선고 2001두847 판결; 2003. 5. 27. 선고 2002두4648 판결.

[판례] 모나리자 등 화장지 후발업체의 2차·3차 가격모방행위(대법원 2002. 5. 28. 선고 2000두1386 판결)

… 1차 인상 당시와는 달리 2차 인상 및 3차 인상에 있어서는 화장지 3사의 가격인상 결정을 위한 내부품의 일자가 같은 시기에 이루어지고 실제 가격인상 시기도 같은 날로 결정되는 등 가격동조화 현상이 더욱 심화되었고, 이러한 현상은 화장지 제조업체가 가격변동 정보를 유통업체에 미리 통지하여 주는 유통구조의 특성상 제조업체 사이에 가격 결정에 관한 정보를 간접적으로 쉽게 교환할 수 있는 유통구조의 특성에 기인한 것으로 보인다. 이러한 사정에 비추어 보면, 원고가 주장하는 화장지 시장의 특성과 가격변동 시점별 변동요인 등을 모두 감안하더라도, 2차 인상과 3차 인상은 후발업체인 모나리자와 대한펄프가 선발 업체인 쌍용제지나 유한킴벌리의 가격 결정을 일방적으로 모방한 것으로는 보기 어렵고, 달리 부당한 공동행위의 추정을 번복할 만한 다른 사정을 인정할 수도 없다.

그 밖에 판례는 부당한 공동행위가 행정지도에 기인한 때에는 사업자 간 별도의 합의사실이 존재하지 않는 한, 합의추정이 다시 복멸되는 것으로 보고 있다.[21]

4. 수직적 공동행위

부당한 공동행위를 규율하고 있는 공정거래법 제40조가 수평적 공동행위만을 대상으로 하는지 아니면, 거래단계를 달리하는 사업자 간의 수직적 공동행위도 포함하는지에 관해서는 논란의 소지가 있다.

종전의 해석론에 따르면 공동행위의 부당성이 인정되기 위해서는 일정한 거래분야에서 경쟁을 실질적으로 제한하여야 하고, 일정한 거래분야는 거래의 객체별·단계별 또는 지역별로 경쟁관계에 있거나 경쟁관계가 성립할 수 있을 것을 전제로 하기 때문에(법 §2ⅳ) 거래단계를 달리하는 사업자 간의 수직적 공동행위는 포함되지 않았다. 그러나 1999년 제7차 개정을 통해 '일정한 거래분야'라는 문언을 삭제함으로써(법 §40①) 법문상 부당한 공동행위를 사업자 간의 경쟁관계를 전제로 하여 수평적 공동행위에 한정하여 해석할 필요는 없게 되었다. 이는 부당하게 경쟁을 제한하는 행위를 할 것을 합의하는 것을 부당한 공동행위(카르텔)로 폭넓게 규정하여 수평적 거래제한과 수직적 거래제한을 모두 포함하는 미국의 셔먼법 제1조나 EU 경쟁법(EU기능조약 §101)의 입장과도 일치하고 있다.[22]

20) 대법원 2013. 11. 28. 선고 2012두17421 판결; 2014. 5. 16. 선고 2012두13665 판결; 2014. 6. 26. 선고 2012두4104 판결; 이호영, 「독점규제법(제7판)」(홍문사, 2022), 258면.

21) 대법원 2003. 2. 28. 선고 2001두946 판결; 2005. 1. 28. 선고 2002두12052 판결. 이호영, 앞의 책, 268면.

22) EU기능조약 제101조 제1항은 "회원국 간의 무역에 영향을 줄 우려가 있고, 또한 공동시장 내의 자유경쟁을 방해, 제한 또는 왜곡할 목적 또는 결과를 가지는 사업자 간의 모든 협정, 사업자단체의 모든 결의

그러나 다른 한편으로 공정거래법은 수직적 공동행위에 해당한다고 볼 수 있는 거래단계를 달리하는 사업자 간에 작위 또는 부작위를 내용으로 하는 부당한 합의나 협정을 이미 불공정거래행위의 한 유형인 구속조건부거래나 배타조건부거래로 규율하고 있으며(법 §45①ⅶ), 사업자가 거래상대방인 사업자 등에 대하여 거래가격을 구속하는 재판매가격유지행위를 금지하는 별도의 규정을 두고 있다(법 §46). 이와 같이 수직적 합의나 협정을 규율하는 별도의 규정을 두고 있는 공정거래법의 입법체계에 비추어볼 때 제40조는 기본적으로 수평적 공동행위를 적용대상으로 한 것으로 보이지만,[23] 제40조의 법문 형식상 거래단계를 달리하는 사업자 간의 수직적 공동행위도 포괄할 여지를 남겨두고 있다.[24] 수직적 공동행위 규제체계의 정합성을 고려한 입법의 보완이 필요하다.[25]

Ⅲ. 행위의 부당성

사업자들의 공동행위는 실제 여러 가지 필요에 따라 이루어지고 그 효과 또한 다양하게 나타나기 때문에 공동행위 그 자체가 위법한 것은 아니다. 공동행위가 위법한 것으로 인정되기 위해서는 '부당하게 경쟁을 제한'하여야 한다. 여기에서 행위의 부당성은 경쟁제한성을 전제로 하여 판단될 수 있기 때문에 경쟁제한성이 인정되지 않으면 부당성이 성립할 여지가 없다.[26]

경쟁제한성을 가지는지 여부는 당해 상품의 특성, 소비자의 제품선택 기준, 당해 행위가 시장 및 사업자들의 경쟁에 미치는 영향 등 여러 사정을 고려하여, 당해 공동행위로 인하여 경쟁이 감소하여 가격·수량·품질 기타 거래조건 등의 결정에 영향을 미치거나 미칠 우려가 있는지를 살펴, 개별적으로 판단하여야 한다.[27] 또한 공동행위

및 모든 공동행위는 공동시장과 양립하지 않는 것이라고 보아 이를 금지한다"고 포괄적으로 규정하여, 거래단계가 다른 사업자 간의 경쟁제한적 협정, 즉 수직적 협정도 포함시키고 있다. 또한 OECD(경제협력개발기구)의 용어집에 있어서도 카르텔을 "경쟁을 방해, 제한 또는 왜곡할 목적 또는 효과를 가지는 사업자 간의 모든 협정, 사업자단체의 결의 또는 사업자 간의 공동행위"로 정의하여 카르텔을 수평적 협정과 수직적 협정을 포함한 넓은 의미로 사용하고 있다.

23) 이봉의, 앞의 책, 639면.

24) 하급심 판례는 거래단계를 달리하는 사업자 간의 수직적 공동행위를 인정하고 있다. 서울고법 2009. 10. 7. 선고 2009누2483 판결; 2012. 10. 11. 선고 2012누302 판결.

25) 이호영, "공정거래법상 수직적 공동행위의 규제에 관한 연구", 「경영법률」 제21권 제4호(2011), 563면 이하.

26) 권오승·서정, 앞의 책, 126면, 343면; 이봉의, 앞의 책, 689면. 현행법하에서 경쟁제한성 요건을 통하여 제반 정황, 효율성과의 비교형량 등이 고려될 수밖에 없기 때문에 부당성을 경쟁제한성 개념에 포섭하는 견해도 있다. 정호열, 앞의 책, 332면.

27) 대법원 2002. 3. 15. 선고 99두6514 판결; 2012. 6. 14. 선고 2010두10471 판결.

의 부당성은 소비자를 보호함과 아울러 국민경제의 균형있는 발전을 도모한다는 공정거래법의 궁극적인 목적(제1조) 등에 비추어 당해 공동행위에 의하여 발생될 수 있는 경쟁제한적인 결과와 아울러 당해 공동행위가 경제전반의 효율성에 미치는 영향 등을 비롯한 구체적 효과 등을 종합적으로 고려하여 그 인정 여부를 판단하여야 한다.[28] 그러나 경쟁제한성이 인정되더라도 법령 또는 공익상의 정당화사유가 존재하거나 경제적 효율성을 유지하기 위해 합리적인 범위 내에서 제한이 이루어진다면 부당성이 조각될 수 있다.[29]

한편 공동행위의 위법성을 판단하는 방식으로는 크게 당연위법의 원칙과 합리의 원칙이 있다. '당연위법의 원칙'이란 경험칙상 경쟁제한성이 있다고 보이는 일정한 유형의 공동행위에 대해서 실제의 경쟁제한성 여부를 검토하지 아니하고 일응 부당하게 경쟁을 제한한 것으로 보는 방식이다. 이 원칙을 적용할 경우 공동행위의 위법성을 판단함에 있어서는 해당 공동행위의 성립 여부만을 고려하면 된다. 반면에 '합리의 원칙'은 공동행위의 성립 유무와 별도로 경쟁제한성 여부를 구체적·실질적으로 검토하여 부당하게 경쟁을 제한하는 경우에만 공동행위의 위법성을 인정하는 방식이다.

공정거래법이 당연위법의 원칙과 합리의 원칙 중 어느 것을 택하고 있는가는 공동행위의 유형별로 경쟁제한성에 차이가 있기 때문에 일률적으로 판단하기 어렵다. 다만, 가격고정, 입찰담합, 생산량 제한, 시장분할 등 경쟁의 핵심요소를 제한하는 소위 경성카르텔(hard core cartel)은 경쟁에 부정적인 영향을 미칠 뿐만 아니라 경쟁제한의 효과가 시장에서 직접 나타나기 때문에 특별한 사정이 없는 한 그 자체로서 당연위법(per se illegal)으로 보는 것이 일반적이다. 현행 공정거래법은 제40조 제1항에서 공동행위가 '부당하게 경쟁을 제한'하는 것만으로 그 위법성을 인정할 수 있도록 규정함으로써 공동행위 유형 중 가격협정(제1호), 공급제한협정(제3호), 시장분할협정(제4호) 및 입찰담합(제8호)과 같은 경성카르텔에 대해 당연위법의 원칙이 적용될 수 있는 근거를 제공하고 있다.[30]

이에 비해 나머지의 유형의 공동행위, 즉 연성카르텔(soft cartel)은 단지 경성카르텔

28) 대법원 2013. 11. 28. 선고 2012두17773 판결.

29) 그러나 예컨대, 어떠한 계약이나 조직의 통일성과 경제적 효율성을 위해 이루어지는 부수적 제한(ancillary restraint)이라 하더라도 시장점유율, 당해 관련시장의 특성, 사업자들의 경쟁에 미치는 영향 등을 고려하여 경쟁이 감소하거나 감소할 우려가 있다면 경쟁제한성이 부정될 수 없다. 대법원 2008. 8. 21. 선고 2007두4919 판결.

30) 경성카르텔의 경우 특별한 사정이 없는 한 구체적인 시장상황에 대한 심사 없이 부당한 공동행위로 판단할 수 있다. 다만 이 경우에도 해당 공동행위와 관련되는 시장의 구조, 거래형태, 경쟁상황 등 시장상황에 대한 개략적인 분석을 하여야 한다. 공동행위심사기준 V.

을 보조하거나 경쟁사업자 간의 효율성 제고를 목적으로 하는 경우도 있기 때문에 경쟁제한성 여부를 합리의 원칙에 따라 판단하여야 할 것이다. 즉, 관련시장에서 경쟁제한 효과와 효율성 증대효과를 종합적으로 심사하여 위법성 여부를 실질적으로 판단하여야 할 것이다. 연성카르텔의 경우에는 특별한 사정이 없는 한 공동행위에 참여한 사업자들의 시장점유율 합계가 20% 이하이면 경쟁제한성이 없는 것으로 판단한다(소위 safety harbor).[31)]

[판례] 하나은행 등의 수출환어음 매입수수료 신설 공동행위(대법원 2011. 4. 14. 선고 2009두7912 판결)

공동행위가 경쟁제한성을 가지는지 여부는 해당 상품의 특성, 소비자의 제품선택 기준, 해당 행위가 시장 및 사업자들의 경쟁에 미치는 영향 등 여러 사정을 고려하여, 해당 공동행위로 인하여 가격 · 수량 · 품질 기타 거래조건 등의 결정에 영향을 미치거나 미칠 우려가 있는지를 살펴, 개별적으로 판단하여야 한다. 사업자들이 공동으로 가격을 결정하거나 변경하는 행위는 그 범위 내에서 가격경쟁을 감소시킴으로써 그들의 의사에 따라 어느 정도 자유로이 가격결정에 영향을 미치거나 미칠 우려가 있는 상태를 초래하게 되므로 특별한 사정이 없는 한 부당하다고 볼 수밖에 없다.

제 3 절 부당한 공동행위의 유형

Ⅰ. 서 설

공정거래법 제40조 제1항에서는 "부당하게 경쟁을 제한하는 다음 각호 1에 해당하는 행위를 할 것을 합의하거나 다른 사업자로 하여금 이를 행하도록 하여서는 아니 된다"고 규정하고, 부당 공동행위에 대한 규제를 용이하게 하기 위해 공동행위의 전형적인 유형을 예시적으로 열거하고 있다.

즉, ① 가격을 결정 · 유지 또는 변경하는 행위(가격카르텔), ② 상품 또는 용역의 거래조건이나, 그 대금 또는 대가의 지급조건을 정하는 행위(거래조건카르텔), ③ 상품의 생산 · 출고 · 수송 또는 거래의 제한이나 용역의 거래를 제한하는 행위(수량카르텔), ④ 거래지역 또는 거래상대방을 제한하는 행위(시장분할카르텔), ⑤ 생산 또는 용역의 거래를 위한 설비의 신설 또는 증설이나 장비의 도입을 방해하거나 제한하는 행위(설비제한카르텔), ⑥ 상품의 생산 또는 거래시에 그 상품의 종류 또는 규격을 제한하는

31) 「공동행위 심사기준」 V. 2. (3).

행위(상품의 종류 및 규격제한카르텔), ⑦ 영업의 주요부문을 공동으로 수행하거나 관리하기 위한 회사 등을 설립하는 행위, ⑧ 입찰담합, ⑨ 기타 다른 사업자의 사업활동 또는 사업내용을 방해·제한하거나 가격, 생산량 기타 대통령령으로 정하는 정보(원가, 출고량, 재고량 또는 판매량, 거래조건 또는 대금·대가의 지급조건)를 주고받음으로써 일정한 거래분야에서 경쟁을 실질적으로 제한하는 행위 등이다.

Ⅱ. 유 형

1. 가격의 결정·유지 또는 변경

가격협정은 가장 전형적인 공동행위로서 거래조건 중 가장 중요한 요소인 가격을 결정·유지 또는 변경하는 것이다(법 §40① i). 이러한 가격카르텔은 시장기구에 대한 사적 통제행위로서 경쟁제한성이 뚜렷하기 때문에 그 제한된 가격이 정당한지 부당한지 여부를 묻지 않고 그 자체로 당연위법한 것으로 보는 것이 오늘날 일반적인 추세이다. 여기에서의 가격은 명목상의 가격뿐만 아니라 사업자가 제공하는 상품 또는 용역에 대한 대가로서 거래상대방으로부터 반대급부로 받는 일체의 경제적 이익을 말한다.[32]

가격협정은 가격의 인상·인하, 최저가격·최고가격·표준가격의 설정 등 가격 자체를 대상으로 하기도 하고, 인상·인하율, 이익률이나 리베이트율 설정 등 가격의 구성요소를 대상으로 하기도 하는데,[33] 가격에 직접 영향을 미치는 요소에 대한 합의[34] 역시 제40조 제1항 제1호에서 규정하는 가격을 결정·유지 또는 변경하는 행위에 해당한다.[35] 그러나 가격설정 등에 소요되는 자료의 단순한 제공, 중소기업단체의 회원사에 대한 개별적인 원가계산지도, 법정가격에 대한 요망, 가격관련 의견표명 등은 일반적으로 허용되는 행위로서 그 자체를 가격협정으로 보기 어렵다.[36]

[판례] 시중은행 외환업무 실무책임자들의 가격공동결정행위(대법원 2011. 4. 14. 선고 2009두7912 판결)

원고 등의 외환업무 실무책임자들이 수출환어음 환가료 등의 산정을 위한 기간계산방식을 '양편 넣기'에서 '한편 넣기'로 변경해 달라는 금융감독원의 협조요청에 대한 대응방안을 모색하기 위하여 "수회에 걸쳐 회동하면서 '한편 넣기'의 시행 여부 및 이에 따른 수출환어음 매입수수료(이하 '매입수수료') 신설 문제에 대하여 의견을 교환하였(고), … 원고 등이

32) 대법원 2001. 5. 8. 선고 2000두10212 판결; 2000. 11. 16. 선고 99누6226 판결.
33) 대법원 2006. 10. 12. 선고 2004두9371 판결.
34) 서울고법 2006. 12. 20. 선고 2006누4167 판결.
35) 대법원 2002. 5. 28. 선고 2000두1386 판결; 2008. 4. 24. 선고 2007두2944 판결.
36) 대법원 2016. 3. 24. 선고 2013두2303, 2013두925 판결.

2002. 4.경 위와 같은 기간계산방식의 변경에 따른 수익감소를 보전하기 위하여 건당 20,000원의 매입수수료를 신설하기로 하는 이 사건 합의를 하고, 그 실행행위로서 매입수수료를 신설하였다고 인정하기에 충분하고, "여기에 원고 등의 매입수수료 시행시기가 2002. 7. 22.부터 2002. 11. 4.까지로 이 사건 합의 후 단기간에 걸쳐 있는 점", "국민은행은 주택은행과의 전산을 통합하는 문제로 그 시행이 지연되고 있었고, 기업은행은 국책은행이라는 사정과 중소기업의 부담 경감 차원에서 시행을 미루고 있었던 점" 등에 비추어, 원고가 주장하는 바와 같이 "매입수수료 시행시기가 피고가 주장하는 합의시점으로부터 3개월 내지 1년 3개월 정도에 걸쳐 있었다고 하여" 이 사건 공동행위의 인정에 방해가 되지 아니한다.

2. 판매조건 등의 결정

거래조건협정은 상품 또는 용역의 거래를 함에 있어서 가격 이외의 거래조건이나 그 대금 또는 대가의 지급조건을 정하는 행위이다(법 §40①ii). 거래조건협정이 가격결정에 영향을 미치면 공정거래법상의 부당한 공동행위로 된다. 그러나 거래조건에 관한 협정이라도 그것이 거래조건의 표준화를 도모함으로써 소비자의 편의를 촉진하는 경우에는 부당하다고 할 수 없다. 다만, 거래조건의 표준화에 관한 행위라도 이에 의하여 실질적으로 가격카르텔과 같은 효과가 초래되면 허용되지 않는다.

[판례] 대한손해보험협회 외 10개사의 부당한 공동행위(대법원 2006. 11. 23. 선고 2004두8323 판결)

손해보험회사들이 자동차보험 계약자들에게 무료로 제공하던 긴급출동 서비스는 대부분의 차종에 대하여 자동차종합보험 및 책임보험에 가입한 모든 계약자에 대하여 적용되는 점, 서비스 내용이 사고발생의 예방이라는 측면에서 자동차손해보험과 밀접한 관계를 가지고 있는 점, 소비자들이 긴급출동 서비스를 보험사업자의 보험계약자에 대한 거래조건으로 인식하고 있는 점, 위 서비스의 운영이 손해보험회사 재산운영의 안전성·수익성·유동성 및 공공성에 반하지 않는 점 등을 종합적으로 고려하면, 자동차손해보험 사업자가 자동차손해보험 계약자에게 제공하는 서비스로서 공정거래법 제19조 제1항 제2호(현행법 제40조 제1항 제2호) 소정의 '거래조건'에 해당된다.

3. 상품의 생산 등의 제한

공급제한협정은 사업자가 공동으로 상품의 생산·출고·수송 또는 거래의 제한이나 용역의 거래를 제한하는 행위이다(법 §40①iii). 이는 생산·판매의 수량을 일정 수준으로 제한하거나 일정률에 따라 감축시키는 것이 일반적이지만, 설비의 조업률이나 조업일수, 원재료의 구입수량, 또는 용역의 거래를 제한하거나 사업자별 시장점유율을 합의하는 경우도 있다. 이러한 협정에 따라 생산·판매 등의 수량을 제한하는 경우 시장에서의 수요와 공급에 의해 자유로이 결정되어야 할 시장가격조건을 인위적으로 조작함으로써 결국 가격의 유지·인상이라는 결과를 가져오게 된다. 공급제한협정은 가격협정에 비하여 당사자 간의 이해관계가 충돌하기 쉽고, 가격에 미치는 영향도 간접적이기 때문에 가격협정보다는 성립하기가 어렵다.

[판례] 동부제강㈜ 등 4개사의 시장점유율 합의(대법원 2001. 5. 8. 선고 2000두10212 판결)

동부제강 등 4개사의 시장점유율을 합의한 사안에서 위 4개사는 석도강판 시장점유율을 각각 포스틸, 동양석판, 동부제강 각각 28.5%, 신화실업 14.5%로 정하기로 합의하였는 바, 위와 같은 시장점유율을 사전에 합의로 정할 경우에는 합의된 시장점유율을 유지하기 위해 원고 등 4개사의 석도강판 판매량이 시장점유율 수준에 맞춰 제한될 수밖에 없고, 이는 결국 석도강판 시장의 가격, 품질, 서비스에 의한 경쟁을 감소시키는 결과를 초래하는 점에 비추어 볼 때 위 4개사의 이러한 시장점유율 합의행위는 석도강판의 생산, 출고 또는 거래를 제한하는 행위로서 국내 석도강판 거래분야에서의 경쟁을 실질적으로 제한하는 법 제19조 제1항 제3호(현행법 제40조 제1항 제3호) 소정의 부당한 공동행위에 해당한다 할 것이다.

4. 거래지역 또는 거래상대방의 제한

시장분할협정은 사업자가 공동으로 거래지역, 거래상대방을 제한하는 행위이다(법 §40①ⅳ). 이는 많은 경우 가격협정의 보조수단으로 이용되고, 그 자체로서는 가격수준을 직접 좌우하는 것은 아니나, 사업자 간의 판매경쟁이 제한되고, 이로 인해 인위적으로 분할된 시장에서 독점과 동일한 효과가 나타나게 된다는 점에서 경쟁제한성이 크다고 볼 수 있다. 따라서 시장분할협정은 가격고정, 생산량제한 및 입찰담합과 함께 이른바 경성카르텔에 해당하는 것이며, 이를 당연위법으로 보는 것이 일반적이다.

5. 설비의 신·증설이나 장비도입의 제한

설비제한협정은 생산 또는 용역의 거래를 위한 설비의 신설 또는 증설이나 장비의 도입을 방해하거나 제한하는 행위이다(법 §40①ⅴ). 이는 결국 가격유지를 위한 간접적 수단이 되고, 새로운 사업자의 시장참가를 제한하게 된다는 점에서 경쟁제한적이라고 할 수 있다. 다만 공급제한협정(법 §40①ⅲ)과는 달리 생산량이나 판매량을 직접 제한하는 것이 아니기 때문에, 예상되는 장래의 수요를 충족할 수 있는 경우에는 부당한 공동행위가 되지 않는다.

6. 상품의 종류 또는 규격의 제한

상품의 종류·규격제한협정은 상품의 생산 또는 거래시에 그 상품의 종류 또는 규격을 제한하는 행위이다(법 §40①ⅵ). 이는 흔히 특정 종류의 상품만을 생산 또는 생산하지 않게 하거나, 특정한 생산자에게 특정 종류의 상품생산을 할당함으로써 새로운 상품이나 다른 규격의 상품이 시장에 공급되는 것을 제한하거나, 표준화된 상품에 대하여 국외자의 참가를 배척함으로써 거래를 제한할 수 있기 때문에 부당한 공동행위로서 규제된다. 그러나 제품의 표준화 내지 규격의 통일이 경쟁의 합리화에 기여하는 경우에는 이를 위법으로 보기 어렵다.

[판례] SK텔레콤㈜외 온라인 음악서비스 상품의 종류와 규격 제한행위(대법원 2013. 11. 28. 선고 2012두17773 판결)

원고들이 이 사건 합의에서 다른 온라인 음악서비스 사업자들과 논의한 사항은 Non-DRM 음원(디지털 저작권 관리가 해제된 음원) 상품의 가격 및 곡수, 복합상품의 가격, 변칙상품 출시 금지 및 신규 업체의 출시에 대한 대응, 신규 상품의 출시일정, 체험 프로모션의 금지 등으로서 이는 단순히 상품 구성에 관한 사항을 정한 것이라 볼 수 없고 상품의 종류와 규격 등을 제한하는 내용의 합의에 해당하며,

… 온라인 음악서비스의 소비자에 대한 관계에서 온라인 음악서비스 사업자이자 음원권자인 원고들 등의 이익을 극대화하려는 논의로 해석된다는 등의 판시와 같은 이유를 들어, 원고들의 이 사건 합의가 온라인 음악서비스 사업자들 사이에서 상품의 종류와 규격을 제한하는 공정거래법 제19조 제1항 제6호(현행법 제40조 제1항 제6호)의 합의에 해당한다는 취지로 판단(한 원심은) … 상품의 종류·규격을 제한하는 공동행위에 관한 법리 등을 오해한 위법이 없다.

7. 영업관리회사 등의 설립

영업관리회사의 설립은 영업의 주요부문을 공동으로 수행하거나 관리하기 위한 회사 등을 설립하는 행위를 말한다(법 §40①vii). 고급카르텔의 경우에는 상호경쟁관계에 있는 다수의 사업자들이 상품 또는 서비스를 공동으로 판매하거나 원자재를 공동으로 구입하기 위하여 예컨대, 신디케이트(syndicate)와 같은 특별한 기구나 중앙기관 역할을 담당하는 관리회사를 설립하는 것이 일반적이다. 이 관리회사는 각 사업자의 생산능력, 판매능력, 설립연도에 따라 생산량, 출하량을 배분 또는 제한하거나 출하가격을 조정하기도 하고 원자재의 공동구매를 통해 상품이나 서비스의 생산과 판매에 있어서 경쟁을 제한하게 되며, 이 경우에는 부당한 공동행위에 해당하게 된다.

8. 입찰담합

입찰 또는 경매를 할 때 낙찰자, 경락자, 투찰가격, 낙찰가격 또는 경락가격, 낙찰 또는 경락의 비율, 설계 또는 시공의 방법, 그 밖에 입찰 또는 경매의 경쟁요소가 되는 사항을 결정하는 행위는 금지된다(법 §40①viii, 영 §44①).

일반적으로 입찰담합은 입찰참가자 간에 수주조정의 기본원칙을 정하는 '기본합의'와 실제 입찰에서 개별적 사항을 조정하는 '개별합의'로 구분된다. 이 가운데 입찰순번이나 자격과 같이 가격협정, 시장분할협정 등을 실행하기 위한 준비단계에서의 추상적·포괄적 협정으로서 기본합의를 부당한 공동행위를 위한 합의로 볼 것인가에 관해서는 논란의 소지가 있다. 예컨대, 8개의 사업자가 8개의 입찰에 순번을 정하여 참여하기로 하고 각 입찰에 2개 사업자씩 참여한 경우, 각 입찰에 참여하지 않은 사업자들 사이에는 낙찰가에 대한 합의가 없기 때문에 무엇을 근거로 이러한 행위를 규제할 수 있을 것인가가 문제로 될 수 있다.

그러나 입찰담합 금지의 입법취지가 '입찰 자체의 경쟁' 뿐만 아니라 '입찰에 이르는 과정에서의 경쟁'도 함께 보호하는 데 있으므로 사업자 간 합의로 낙찰예정자를 사전에 결정한 결과 낙찰예정자가 아닌 사업자들이 입찰참가 자체를 포기하게 되었다면, 경쟁이 기능할 가능성을 사전에 제거한 것이 되어 입찰과정에서의 경쟁의 주요한 부분이 제한된 것으로 보아야 할 것이다.[37] 마찬가지로 입찰가격 제출 전에 입찰가격을 비교하는 행위, 입찰하지 않을 것을 합의하는 행위, 경쟁력 없는 가격임을 알면서 입찰하는 행위, 경쟁이 있는 것처럼 가장하여 입찰할 것에 합의하는 행위[38] 등도 부당한 공동행위에 해당한다.[39]

사업자들이 여러 입찰방식 거래와 관련하여 각자가 참가할 입찰부문을 크게 나누는 등 상품이나 용역의 거래를 제한하는 합의를 하는 경우에는 공급제한협정(법 §40① iii)에 해당하는 것이 일반적이고, 이를 실행하기 위하여 개별 입찰에 관하여 투찰가격 등을 결정하는 합의까지 한 경우라면 입찰담합(법 §40①viii)에 해당하게 된다.

[판례] 대우건설㈜의 공구배분 합의(대법원 2017. 4. 26. 선고 2016두32688 판결)

하나의 공사에 관하여 공구별로 입찰이 실시되는 경우에 사전에 공구별 낙찰예정자를 선정함으로써 상품이나 용역의 거래 등을 제한하는 행위를 할 것을 합의한 경우에는 공정거래법 제19조 제1항 제3호(현행법 제40조 제1항 제3호)에서 정하는 공동행위가 성립하는 외에 같은 항 제8호에서 정하는 공동행위 역시 함께 성립한다고 보아야 한다. 또한 공구배분 합의에 따라 특정 공구의 낙찰예정자로 선정되었다고 하더라도, 해당 공구에서 경쟁입찰의 외형을 만들어 유찰을 방지하는 한편 실질적인 경쟁 없이 1개 업체만이 입찰에 참가하여 낙찰되는 것과 같은 효과를 발생시키기 위해서는 다른 사업자가 형식적으로 입찰에

37) 대법원 2015. 7. 9. 선고 2013두26804 판결.
38) 대법원 2013. 7. 12. 선고 2011두7908 판결.
39) 참고로 이미 EU에서는 카르텔을 위한 전체로서 하나의 합의(a single overall agreement)에 대해서는 그것이 비록 준비행위였다고 해도 충분히 확정적인 것이라면 카르텔의 합의로 인정해오고 있다. Pre-insulated Pipe Cartel OJ 1999 L24/48; [1999] 4 CMLR 402.

참여할 필요가 있으므로 이를 위한 별도의 참가 합의는 독자적인 경쟁제한성 및 고유한 위법성이 있다고 할 것이다.

한편 공공부문에서 입찰담합이 빈번히 발생하고 있고 이로 인한 폐해가 크기 때문에 공정거래위원회는 대통령령으로 정하는 공공기관, 즉 ① 「정부조직법」 또는 그 밖의 법률에 따라 설치된 중앙행정기관, ② 「지방자치법」에 따른 지방자치단체, ③ 「공공기관의 운영에 관한 법률」에 따른 공공기관, ④ 「지방공기업법」에 따른 지방공기업이 발주하는 입찰과 관련된 부당한 공동행위를 적발하거나 방지하기 위하여 이들 공공기관의 장에게 입찰관련 자료의 제출 그 밖의 협조를 요청할 수 있도록 하고 있다(법 §41①, 영 §48① 각호). 이들 공공기관의 장은 일정 규모[40] 이상의 입찰관련 정보를 낙찰자 결정 후 30일 이내에 '국가종합전자조달시스템' 등[41]을 통해 공정거래위원회에 제출하여야 한다. 다만, 공공기관의 장이 조달청장에게 계약체결을 의뢰하지 않은 경우 등의 사유로 '국가종합전자조달시스템' 등을 통해 입찰 관련 정보를 제출하기 어려운 경우에는 공정거래위원회가 운영하는 정보처리장치에 직접 입력하는 방식으로 제출할 수 있다(법 §41②, 영 §48③).

9. 다른 사업자 사업의 제한

다른 사업자(그 행위를 한 사업자 포함)의 사업활동 또는 사업내용을 방해하거나 제한함으로써 일정한 거래분야에서 경쟁을 실질적으로 제한하는 행위도 금지된다(법 §40①ix). 이는 법 제40조 제1항 제1호부터 제8호까지 열거되지 아니한 행위라 할지라도 그 밖의 부당한 공동행위에 대해 법 적용이 가능하도록 포괄하기 위한 것이다. 예컨대, 이미 시장을 지배하고 있는 사업자들이 공동으로 다른 사업자의 시장진입을 방해하거나 조직강제(Organisationszwang)의 일환으로 참가사업자 또는 비참가사업자에 대하여 사업활동을 방해 또는 제한하는 경우 이에 해당한다. 그 밖에 사업자 간의 영업장소의 수 또는 위치, 직원채용, 기술의 개발이나 이용, 광고행위 등의 제한을 통해 일정한 거래분야에서 경쟁을 실질적으로 제한하는 경우에도 부당한 공동행위에 해당된다.[42]

---

40) 입찰 관련 정보의 제출은 해당 입찰에 참가한 사업자의 수가 20개 이하이고, 추정가격이 ① 「건설산업기본법」 제2조 제4호에 따른 건설공사 입찰은 50억 원, ② 그 이외의 공사 입찰은 5억 원, ③ 물품구매 또는 용역 입찰은 5억 원 이상에 해당하는 경우로 한정한다(영 §48②).

41) 「전자조달의 이용 및 촉진에 관한 법률」 제2조 제4호에 따른 국가종합전자조달시스템 또는 「국유재산법」 제31조 제2항 전단에 따라 기획재정부장관이 지정・고시하는 정보처리장치를 말한다(영 §48③).

42) 대법원 2006. 11. 9. 선고 2004두14564 판결; 2006. 11. 23. 선고 2004두10586 판결; 2006. 11. 24. 선고 2004두12346 판결.

[판례] 5개 종합유선방송사업자의 사업활동 방해행위(대법원 2015. 4. 23. 선고 2012두24177 판결)

원고 등 5개 복합유선방송사업자가 인터넷멀티미디어방송사업자(IPTV사업자)의 유료방송서비스 시장에 대한 신규진입이 예상되자 이에 대응하여 방송채널사용사업자(PP사업자)들로 하여금 IPTV사업자에게 방송프로그램을 공급하지 못하도록 할 의도로, PP사업자 중 IPTV사업자와 방송프로그램 공급계약을 체결한 온미디어에 대하여는 방송채널을 축소하는 방식으로 불이익을 주는 제재를 가하면서 씨제이미디어에 대하여는 IPTV사업자에게 방송프로그램을 공급하지 아니하는 것을 조건으로 250억 원을 지원하기로 하는 합의하였다. … 원심은 이 사건 합의로 인하여 결국 시청점유율 상위 40개 방송채널을 보유한 PP사업자들 중 상당수가 IPTV사업자에게 방송프로그램을 공급하는 것을 포기하게 됨으로써 간접적으로 IPTV사업자의 유료방송서비스 사업이 방해되었다고 판단하였다. … 원심의 판단은 정당한 것으로 수긍이 가고, 공정거래법 제19조 제1항 제9호(현행법 제40조 제1항 제9호)의 '사업활동 방해'에 관한 법리오해, 심리미진, 채증법칙 위반, 판단누락 등으로 판결 결과에 영향을 미친 위법이 없다.

10. 정보교환

가격, 생산량을 비롯하여 상품 또는 용역의 원가, 출고량, 재고량 또는 판매량, 거래조건 또는 대금·대가의 지급조건에 관한 정보(소위 '카르텔 민감정보')를 주고받음으로써 일정한 거래분야에서 경쟁을 실질적으로 제한하는 행위는 금지된다(법 §40①ix, 영 §44②). 이에 따라 정보교환행위만 있고, 가격 등의 합의에 대한 명시적 증거가 없는 경우에도 정보교환행위 자체에 대한 합의 존부 및 경쟁제한성을 심사하여 규제할 수 있다.[43]

이는 원래 경쟁사업자 간 부당한 공동행위는 대부분 가격, 생산량 등과 같은 중요한 정보교환에서 시작되는 경우가 많으며, 정보교환은 담합의 유지 및 이탈방지를 위한 수단으로서 이용되고 있다는 점을 반영한 것이다. 여기에서 정보의 교환은 직접적인 방식은 물론 전산시스템이나 제3자를 통한 교환(예컨대, 'Hub & Spoke' 방식), 공표 등의 다양한 방식으로 이루어질 수 있다.

---

43) 이는 그동안 정보교환의 경쟁제한적 폐해에도 불구하고 부당한 공동행위 성립요건으로서 합의에 대한 엄격한 입증을 요구하는 법원의 입장(대법원 2015. 12. 24. 선고 2013두25924 판결)에 따라 집행상의 어려움을 해소하기 위한 것이다.

제 4 절 부당한 공동행위의 인가

Ⅰ. 서 설

공정거래법은 공동행위가 시장에서 부당하게 경쟁을 제한하더라도 산업발전이나 국민경제 전체의 이익을 위해 일정한 사유가 있을 때에는 사업자 또는 사업자단체가 공정거래위원회의 인가를 받아 예외적으로 공동행위를 할 수 있도록 허용하고 있다(법 §40②). 공동행위로 인가받을 수 있는 사유로는 ① 불황극복을 위한 산업구조조정, ② 연구·기술개발, ③ 거래조건의 합리화, ④ 중소기업의 경쟁력 향상이 있다(법 §40② 각호).

예외적 인가를 통한 부당한 공동행위와 구별하여야 할 것은 공정거래법 제116조의 다른 법령에 따라 하는 정당한 행위로서의 공동행위이다. 즉, 다른 법령에 공동행위의 근거가 있고, 사업자 또는 사업자단체가 법령상의 요건과 절차에 따라 행하는 정당한 행위로서 공동행위에 대해서는 공정거래법을 적용하지 않는다. 개별 법령에 따른 공정거래법의 일반적 적용제외는 주로 국가산업정책적 차원에서 인정되는 것이므로 행위의 정당성 여부도 공정거래법의 관점이 아니라 개별 법령의 입법취지와 필요 최소한 행위의 관점에서 판단하여야 한다.

Ⅱ. 인가사유

1. 불황극복을 위한 산업구조조정

일반적으로 불황이 도래하는 경우 수요가 현저히 감소하고, 가격이 평균생산비 이하로 하락함에 따라 수많은 기업이 채산성 악화로 도산하거나 휴·폐업이 증가하는 등 국민경제에 심각한 타격을 주게 된다. 이러한 불황이 특정한 산업분야에서 공급과잉이나 생산시설 또는 생산방법의 낙후와 같은 구조적 요인에 의해 발생할 경우 개별기업의 합리화 차원이 아닌 산업구조조정을 통해 극복될 수 있기 때문에 이를 위해 사업자의 협력이 불가피하게 요구되는 경우에는 공동행위를 인가할 수 있도록 하고 있다(법 §40② i).

다만, 산업구조조정을 위한 공동행위의 인가는 ① 해당 산업 내 상당수 기업이 불황으로 인해 사업활동에 곤란을 겪을 우려가 있을 것, ② 해당 산업의 공급능력이 현저하게 과잉상태에 있거나 생산시설 또는 생산방법의 낙후로 생산능률이나 국제경쟁력이 현저하게 저하되어 있을 것, ③ 기업의 합리화를 통해서는 가목 또는 나목의 상황을 극복할 수 없을 것, ④ 경쟁을 제한하는 효과보다 산업구조조정의 효과가 더 클 것을 요한다(영 §45① i).

2. 연구 · 기술개발

오늘날 세계 각국의 기업들은 치열할 경쟁에서 살아남기 위해 기술우위 확보에 진력하고 있다. 과거 우리나라는 산업분야에서 필요한 기술을 선진국으로부터 무상 또는 약간의 로열티만 지급하고 손쉽게 도입할 수 있었으나, 이제는 기술보호장벽이 높아져 기술이전을 받기 어려우며, 스스로 기술을 개발하지 않으면 국제경쟁에서 살아남기 어렵게 되었다. 따라서 각 기업이 보유한 지식과 인력을 유기적으로 활용하고. 연구자원의 집적을 통해 연구성과를 고양함으로써 국가경쟁력을 확보하기 위해 연구 · 기술개발을 위한 공동행위의 예외적 인가를 인정하고 있다(법 §40② ii).

다만, 연구 · 기술개발을 위한 공동행위의 인가는 ① 해당 연구 · 기술개발이 산업경쟁력 강화를 위하여 긴요하며 그 경제적 파급효과가 클 것, ② 연구 · 기술개발에 소요되는 투자금액이 과다하여 한 사업자가 조달하기 어려울 것, ③ 연구 · 기술개발성과의 불확실에 따른 위험분산을 위하여 필요할 것, ④ 경쟁을 제한하는 효과보다 연구 · 기술개발의 효과가 클 것을 요한다(영 §45① ii).

3. 거래조건의 합리화

협소한 시장에서 경쟁사업자가 과다하게 존재하는 경우 시장에서 살아남기 위해 각 사업자는 상품의 판매조건이나 용역의 제공조건 또는 대금 · 대가의 지급조건 등에서 과당경쟁을 하게 된다. 그러나 이러한 경쟁이 그 효율성을 넘어서 무질서한 덤핑이나 과도한 리베이트 제공 등 출혈경쟁 상태에 직면하는 경우 오히려 경쟁사업자들은 파멸적 상태에 놓이게 되고, 이에 따른 기업의 도산은 국민경제에 악영향을 미치게 된다. 따라서 무질서한 거래조건을 합리화하기 위해 공동행위를 예외적으로 인가할 수 있다(법 §40② iii).

다만, 거래조건의 합리화를 위한 공동행위의 인가는 ① 거래조건의 합리화로 생산능률의 향상, 거래의 원활화 및 소비자의 편익증진에 명백하게 기여할 것, ② 거래조건의 합리화 내용이 해당 사업분야의 대부분의 사업자들에 의하여 기술적 · 경제적으로 가능할 것, ③ 경쟁제한 효과보다 거래조건의 합리화 효과가 클 것을 요한다(영 §45①iii).

4. 중소기업의 경쟁력 향상

중소기업은 국민경제의 내적 연관을 담당하는 산업의 뿌리로서 생산과 고용의 증대를 통해 국민경제에 기여하고 있다. 그럼에도 불구하고 중소기업은 자금력, 기술수준, 경영능력 등에서 대기업에 비하여 열세에 있으며, 개별 중소기업이 자력만으로 경쟁력을 향상시키기 쉽지 않다. 이에 따라 경쟁력이 상대적으로 약한 중소기업들이 대기업과의 경쟁에서 불리함을 극복하기 위해 공동구매, 공동개발, 공동마케팅 등 상호협력을 통하여 시너지효과를 발휘할 수 있도록 공동행위를 예외적으로 인가할 필요가 있다(법 §40②iv).

다만, 중소기업의 경쟁력 향상을 위한 공동행위의 인가는 ① 공동행위에 의한 중소기업의 품질·기술향상 등 생산성 향상이나 거래조건에 관한 교섭력 강화가 명백할 것, ② 참가사업자 모두가 중소기업자일 것, ③ 공동행위 외의 방법으로는 대기업과의 효율적으로 경쟁하거나 대기업에 대항하기 어려운 경우에 해당할 것을 요한다(영 §45①iv).

Ⅲ. 인가절차

1. 인가 신청

공동행위의 인가를 받으려는 자는 대표사업자를 선정하여 ① 신청인의 명칭 및 소재지(대표자의 성명 및 주소 포함), ② 공동행위의 내용, ③ 공동행위의 사유, ④ 공동행위의 기간, ⑤ 참가사업자의 수, ⑥ 참가사업자의 사업내용, ⑦ 참가사업자의 명칭 및 소재지(대표자의 성명 및 주소 포함)가 포함된 신청서를 공정거래위원회에 제출해야 한다(영 §46①). 이 신청서에는 ① 영 제45조 제1항의 공동행위의 적용제외 요건에 적합함을 증명하는 서류, ② 영 제45조 제2항의 인가한계의 어느 하나에 해당하지 않음을 증명하는 서류, ③ 참가사업자의 최근 2년간의 영업보고서·대차대조표 및 손익계산서, ④ 공동행위의 협정 또는 결의서 사본, ⑤ 그 밖에 공동행위의 인가를 위해 공정거래위원회가 필요하다고 정하여 고시하는 서류를 첨부하여야 한다(영 §46②). 공정거래위원회는 필요하다고 인정하는 경우 30일 이내의 범위에서 그 인가 신청 내용을 공시하여 이해관계인의 의견을 들을 수 있다(영 §46④).

2. 인가 결정

공정거래위원회는 인가 신청을 받은 경우 그 신청일부터 30일(제4항에 따른 공시기간은 제외한다) 이내에 인가 여부를 결정해야 한다. 다만, 공정거래위원회는 인가 신청의 내용 또는 인가의 효과 등에 비추어 그 연장이 필요하다고 인정할 경우에는 30일 이내의 범위에서 그 처리기간을 연장할 수 있다(영 §46③). 공정거래위원회는 인가하는 경우 해당 신청인에게 인가증을 발급하여야 한다(영 §46⑤).

3. 인가의 변경 · 폐지

공동행위의 인가를 받은 사업자가 그 인가사항을 변경하려는 경우에는 변경사항 및 변경사유가 포함된 신청서에 시행령에서 정하는 필요서류를 첨부하여 공정거래위원회에 제출해야 한다. 이 경우 변경인가를 위한 이해관계인의 의견수렴에 관하여는 인가신청의 경우를 준용한다(영 §46⑥, ④). 공동행위의 인가를 받은 사업자가 해당 공동행위를 폐지한 경우에는 지체 없이 그 사실을 공정거래위원회에 신고하여야 한다(영 §47).

Ⅳ. 인가의 한계

공정거래법은 부당한 공동행위의 적용제외를 위한 4가지 인가사유를 규정하고 있으나, 그 요건이 추상적이어서 자칫 공정거래위원회의 인가 결정시 재량권 남용의 소지가 있다. 이를 방지하기 위해 시행령에서는 적용제외를 위한 인가에 관한 소극적 제한사유를 별도로 규정하고 있다. 즉, 공정거래위원회는 공동행위를 인가함에 있어서 ① 해당 공동행위의 목적을 달성하기 위하여 필요한 정도를 초과할 경우, ② 수요자 및 관련 사업자의 이익을 부당하게 침해할 우려가 있는 경우, ③ 해당 공동행위 참가사업자 간에 공동행위의 내용에 부당한 차별이 있는 경우, ④ 해당 공동행위에 참가하거나 탈퇴하는 것을 부당하게 제한하는 경우에 해당하면 해당 공동행위를 인가할 수 없도록 하고 있다(영 §45②).

제 5 절 법 위반의 효과

Ⅰ. 행정적 제재

1. 시정조치

공정거래위원회는 부당한 공동행위를 한 사업자에 대하여 해당 행위의 중지, 시정명령을 받은 사실의 공표 기타 시정을 위한 필요한 조치를 명할 수 있다(법 §42①). 기타 시정을 위한 필요한 조치는 시정조치의 유형으로 명시되어 있지 않더라도 해당 위반행위를 효과적이고 실질적으로 시정하기 위하여 필요하다면 합의의 파기, 거래의 재개, 계약의 수정·삭제나 독자적인 가격재결정 등을 포함하여 위반행위에 비례하여 합리적으로 필요한 범위 내에서 적절하게 선택하여 명령을 내릴 수 있다.[44]

특히 공정거래위원회는 시정조치의 확보를 위하여 필요하다고 인정하는 경우에는 관계 행정기관의 장이나 그 밖의 기관 또는 단체의 장에게 필요한 협조를 의뢰할 수 있도록 규정한 공정거래법 제121조 제3항에 근거하여 예컨대, 입찰담합을 한 사업자 또는 사업자단체에 대해 법 위반행위의 정도, 횟수 등을 고려하여 「국가를 당사자로 하는 계약에 관한 법률」(이하 "국가계약법") 제27조 및 같은 법 시행령 제76조에 의거하여[45] 시정조치 이외에 발주기관에 입찰참가자격 제한을 요청할 수 있다. 다만, 과거 5년간 입찰담합으로 받은 벌점 누계가 5점을 초과한 사업자 또는 사업자단체에 대해서는 원칙적으로 입찰참가자격제한 요청을 하여야 한다.[46]

공정거래법은 부당한 공동행위에 대하여는 처분제한기간(처분시효)을 다른 법 위반행위와 달리 정하고 있다. 즉, 공정거래위원회가 부당 공동행위에 대하여 조사를 개시한 경우에는 조사개시일부터 5년, 조사를 개시하지 아니한 경우에는 해당 위반행위의 종료일부터 7년이 지난 경우에는 시정조치를 명하거나 과징금을 부과할 수 없도록 하

---

44) 「공정거래위원회의 시정조치 운영지침」(공정거래위원회예규 제457호, 2023. 12. 29., 일부 개정)에 따르면 시정조치 유형을 크게 ① 작위명령, ② 부작위명령 및 ③ 보조적 명령으로 구분하고 있다. 작위명령으로서 주식처분명령, 임원의 사임명령, 채무보증 취소명령, 계약조항 수정·삭제명령, 합의파기명령, 거래개시·재개명령, 부작위명령으로 행위중지명령, 행위금지명령을 제시하고 있다. 그밖에 보조적 명령으로서 시정명령을 받은 사실의 통지명령, 시정명령의 이행결과 보고명령, 일정기간동안 가격변동 사실의 보고명령, 공정거래법에 관한 교육실시명령, 관련자료 보관명령 등을 들고 있다.

45) 국가계약법 이외에도 「지방계약법」, 「공공기관의 운영에 관한 법률」, 「지방공기업법」에도 근거규정을 두고 있다.

46) 「입찰에 있어서의 부당한 공동행위 심사지침」(공정거래위원회예규 제392호, 2021. 12. 28., 일부개정) 4. (2).

고 있다(법 §80⑤). 여기에서 조사개시일은 직권조사의 경우에는 위반행위 조사를 위해 처분[47]을 한 날 또는 조사를 한 날 중 가장 빠른 날, 신고의 경우에는 신고를 접수한 날을 기준으로 한다(영 §72① i, ii, 법 §81①, ②). 그러나 기준이 되는 조사개시일에 법 위반행위가 계속되고 있는 경우에는 법 위반행위가 종료된 날을 조사개시일로 본다(영 §72②). 다만, 법원의 판결에 따라 시정조치 또는 과징금 부과처분이 취소된 경우로서 그 판결이유에 따라 새로운 처분을 하는 경우에는 그러하지 아니하다(법 §80⑥). 또한 공정거래위원회가 자료의 열람 또는 복사 요구(법 §95)에 따르지 아니하여 당사자가 소를 제기한 경우 그 당사자 및 동일한 사건으로 심의를 받는 다른 당사자에 대하여 진행이 정지되고 그 재판이 확정된 때부터 진행한다(법 §80⑦).

공정거래위원회는 법 위반사업자의 합병. 분할, 분할합병 또는 새로운 회사의 설립 등에 따른 조직변경으로 그 지위를 승계한 사업자에 대하여 시정조치를 명할 수 있다. 즉, 합병 후에는 존속회사와 신설회사, 분할 또는 분할합병 후에는 분할회사, 신설회사 및 분할합병 후 존속회사에 시정조치를 명할 수 있다(법 §42②, §7②부터 ④까지).

2. 과 징 금

공정거래위원회는 부당한 공동행위금지 규정에 위반하여 부당한 공동행위를 행한 사업자에 대하여는 관련매출액에 100분의 20을 곱한 금액을 초과하지 아니하는 범위 안에서 과징금을 부과할 수 있다. 다만 매출액이 없는 경우 등에는 40억 원을 초과하지 아니하는 범위 안에서 과징금을 부과할 수 있다(법 §43). 관련매출액은 위반사업자가 위반기간 동안 일정한 거래분야에서 판매한 관련 상품 또는 용역의 매출액 또는 이에 준하는 금액을 말한다(영 §13①).

관련매출액을 산정하기 위해서는 관련 상품의 범위, 위반기간을 명확히 하여야 한다. 관련 상품의 범위는 위반행위로 인하여 직접 또는 간접적으로 영향을 받는 상품의 종류와 성질, 거래지역, 거래상대방, 거래단계 등을 고려하여 정한다(영 §85① [별표 6]). 위반기간은 위반행위의 개시일로부터 종료일까지의 기간이다. 여기에서 개시일은 원칙적으로 실행개시일이 아니라 합의일이고, 종료일은 합의에 따른 실행행위가 종료한 날을 말한다.[48]

---

47) 여기에서 공정거래위원회의 처분에는 ① 당사자, 이해관계인 또는 참고인의 출석 및 의견의 청취, ② 감정인의 지정 및 감정의 위촉, ③ 사업자, 사업자단체 또는 이들의 임직원에게 원가 및 경영상황에 관한 보고, 그 밖에 필요한 자료나 물건의 제출 명령 또는 제출된 자료나 물건의 일시 보관 등이 있다(법 §81①).

48) 대법원 2008. 9. 25. 선고 2007두3756 판결; 2011. 9. 8. 선고 2009두15005 판결; 2019. 6. 13. 선고 2019두34708 판결.

[판례] 셰플러코리아의 베어링시장에서의 부당한 공동행위(대법원 2019. 3. 14. 선고 2016두46113)

'부당한 공동행위가 종료한 날'은 그 합의에 터 잡은 실행행위가 종료한 날이다. 따라서 합의에 참가한 일부 사업자가 부당한 공동행위를 종료하기 위해서는 다른 사업자에 대하여 합의에서 탈퇴하였음을 알리는 명시적 내지 묵시적인 의사표시를 하고 독자적인 판단에 따라 담합이 없었더라면 존재하였을 가격 수준으로 인하하는 등 합의에 반하는 행위를 하여야 한다. 또한 합의에 참가한 사업자 전부에 대하여 부당한 공동행위가 종료되었다고 하기 위해서는 합의에 참가한 사업자들이 명시적으로 합의를 파기하고 각 사업자가 각자의 독자적인 판단에 따라 담합이 없었더라면 존재하였을 가격 수준으로 인하하는 등 합의에 반하는 행위를 하거나 또는 합의에 참가한 사업자들 사이에 반복적인 가격 경쟁 등을 통하여 담합이 사실상 파기되었다고 인정되는 행위가 일정 기간 계속되는 등 합의가 파기되었다고 볼 만한 사정이 있어야 한다.

한편 합의가 상당기간 동안 여러 차례에 걸쳐 불연속적으로 이루어진 경우 몇 개의 합의(공동행위)가 있는 것으로 볼 것인가는 합의의 구체적 내용과 사정 등을 종합적으로 고려하여 합의의 수와 그에 상응하는 종료일을 판단한다(과징금고시 Ⅳ. 1. 다. (1) (라)). 예컨대, 공동행위를 위한 기본원칙에 합의하고 실행과정에서 수회의 회합을 가지거나, 수회의 합의가 있더라도 단일한 의사에 기하여 동일한 목적을 수행하기 위한 것이라면 합의의 구체적 내용이나 구성원 등에 일부 변경이 있더라도 특별한 사정이 없는 한 전체적으로 하나의 합의로 볼 수 있다.[49]

[판례] 흑연전극봉 국제카르텔(대법원 2006. 3. 24. 선고 2004두11275 판결)

사업자들이 경쟁을 제한할 목적으로 공동하여 향후 계속적으로 가격의 결정, 유지 또는 변경행위 등을 하기로 하면서, 그 결정주체, 결정방법 등에 관한 일정한 기준을 정하고, 향후 이를 실행하기 위하여 계속적인 회합을 가지기로 하는 등의 기본적 원칙에 관한 합의를 하고, 이에 따라 위 합의를 실행하는 과정에서 수회에 걸쳐 회합을 가지고 구체적인 가격의 결정 등을 위한 합의를 계속하여 온 경우, 그 회합 또는 합의의 구체적 내용이나 구성원에 일부 변경이 있더라도, 그와 같은 일련의 합의는 전체적으로 하나의 부당한 공동행위로 봄이 상당하므로, 위 조항의 '법의 규정에 위반하는 행위가 종료한 날'을 판단함에 있어서도 각각의 회합 또는 합의를 개별적으로 분리하여 판단할 것이 아니라 그와 같은 일련의 합의를 전체적으로 하나의 행위로 보고 판단하여야 할 것이[다].

그 밖에 부당한 공동행위의 한 유형인 입찰담합에서는 낙찰 여부 등에 따라 관련매출액의 기준이 다르다. 낙찰된 경우에는 '계약금액', 낙찰은 되었으나 계약이 체결되지 아니한 경우에는 '낙찰금액', 낙찰되지 아니한 경우에는 '예정금액'(예정금액이 없는 경우

49) 대법원 2009. 6. 25. 선고 2008두17035 판결; 2019. 6. 13. 선고 2019두34708 판결.

에는 '응찰금액')을 해당 입찰에 참가한 사업자의 관련매출액으로 본다. 응찰하지 아니하였거나 탈락한 자(소위 들러리)에 대하여는 산정기준[50]을 2분의 1 범위 내에서 감액할 수 있다(과징금고시 Ⅳ. 1. 다. (1) (마)).

3. 자진신고자 등에 대한 면책

(1) 의 의

부당한 공동행위는 은밀한 공모를 통해 이루어지는 속성이 있고, 외형상의 증거를 남기지 않는 등 합의의 방식이 지능화되고 있어 경쟁당국의 정보수집체계가 아무리 잘 구축되어 있더라도 증거자료를 확보하기 어려운 것이 현실이다. 이에 따라 공정거래법은 참여사업자가 자발적으로 부당한 공동행위 사실을 신고하거나 조사 등에 협조하여 증거자료를 제공한 경우 제재에 대한 혜택을 부여하는 자진신고자등에 대한 면책제도(leniency program)를 운영하고 있다. 이와 같이 자진신고자 감면제도를 둔 것은 부당한 공동행위에 참여한 사업자가 자발적으로 부당한 공동행위 조사에 협조하여 증거자료를 제공한 것에 대한 혜택을 부여함으로써 참여사업자들 사이에 신뢰를 약화시켜 부당한 공동행위를 중지·예방함과 동시에, 실제 집행단계에서는 공정거래위원회로 하여금 부당공동행위를 보다 쉽게 적발하고 증거를 수집할 수 있도록 하여 은밀하게 이루어지는 부당공동행위에 대한 제재의 실효성을 확보하려는 데에 있다.[51]

(2) 자진신고

공정거래법은 부당한 공동행위의 사실을 자진신고한 자(whistle-blower)와 증거제공 등의 방법으로 조사에 협조하거나 심의·의결에 협조한 자에 대하여는 시정조치 또는 과징금을 감경 또는 면제할 수 있을 뿐 아니라, 민사책임을 완화하고 형사고발도 면제할 수 있도록 하고 있다(법 §44①). 그러나 자진신고에 따라 시정조치 또는 과징금을 감경 또는 면제받은 자가 그 감경 또는 면제받은 날부터 5년 이내에 새롭게 위반행위를 하는 경우에는 자진신고에 따른 감경 또는 면제를 하지 아니한다(법 §44②).

한편 2 이상 사업자의 공동자진신고를 인정하게 되면 부당공동행위에 참여한 사업자들이 담합하여 자진신고 하는 방법으로 감면을 받을 수 있기 때문에[52] 자진신고는 단독으로 할 것을 원칙으로 한다. 다만, 실질적 지배관계에 있는 계열회사이거나 회사

50) 위반행위 유형에 따른 기본 산정기준은 관련매출액에 위반행위의 중대성의 정도에 따라 정해진 부과기준율을 곱하여 결정되며, 구체적 위반행위에 대한 과징금 산정의 기초가 된다(「과징금 고시」 II. 1.).

51) 대법원 2018. 7. 26. 선고 2017두46912 판결; 2020. 10. 29. 선고 2017두54746 판결.

52) 대법원 2010. 9. 9. 선고 2010두2548 판결.

의 분할 또는 영업양도의 당사회사로서 공정거래위원회가 정하는 요건에 해당하면 공동행위에 참여한 2 이상의 사업자가 공동으로 증거를 제공하는 경우에도 이들이 단독으로 제공한 것으로 본다(영 §51① i 가목, ii 나목).[53] 모회사가 자회사를 위하여 자진신고한 경우 자회사에 대한 감면혜택이 인정된다.

[판례] 호남석유화학㈜의 씨텍 합성수지 가격담합 자진신고(대법원 2010. 9. 9. 선고 2009두8839 판결)

호남석유화학은 엘지화학과 함께 원고(씨텍)의 전신인 현대석유화학을 분할, 흡수 합병하였고, 현재도 잔존법인인 원고의 지분 50%를 소유하고 있는 주주회사로서 자신의 부당공동행위에 대한 부분인 분할 후의 부당공동행위에 관하여 자진신고를 하면서 분할 전 현대석유화학의 부당공동행위에 대하여도 이를 신고하고 그 관련 서류를 제출하였다. …호남석유화학의 그와 같은 행위는 분할 후 자신의 부당공동행위에 관한 자진신고인 동시에 분할 전 현대석유화학을 대리하여 그의 부당공동행위 내용을 자진신고한 경우에 해당한다. … 위와 같은 호남석유화학의 자진신고 중 원고의 부당공동행위 부분은 원고를 대리하여 자진신고한 것으로 보는 이상, 원고에 대하여도 자진신고에 따른 감면율을 적용하는 것이 형평에 반한다고 볼 수 없다.

그 밖에 경험칙상 카르텔 참가자는 다른 카르텔의 참가가능성이 크다는 점에 착안하여 보다 규모가 큰 다른 부당 공동행위를 적발하기 위한 유인책으로서 「추가감면제도」(amnesty plus)를 두고 있다. 즉, 감면대상이 되지 않거나 일부 감면대상이 된 사업자가 그 부당한 공동행위 이외에 자신이 참가하였던 다른 공동행위에 관한 증거를 최초로 제공하거나 조사에 협조한 경우 다른 공동행위에 대한 과징금 및 시정조치에 있어서 필수적 면제 또는 감경혜택을 그대로 향유하도록 하는 동시에, 그 부당한 공동행위에 대해서도 추가적으로 과징금을 감면하고 시정조치를 감경할 수 있도록 배려하고 있다(영 §51① iv).[54]

(3) 감경 또는 면제의 대상과 기준

감경 또는 면제되는 자의 범위와 감경 또는 면제의 기준·정도에 관하여 시행령에서는 경쟁적인 자진신고 또는 조사협조를 유도하기 위해 그 순서에 따라 감경 또는 면

---

53) 이는 실질적 지배관계에 있는 계열회사의 경우, 증거자료나 임직원 등을 공유하는 경우가 많아 각 회사의 개별적 증거제출로는 충실한 협조가 이루어지기 어렵다는 점, 회사 분할·영업양도의 경우에는 분할 전 회사가 분할 후 회사에게 관련 자료와 인력을 인계하여 분할 전 회사는 자진신고하고 싶어도 자료가 없고, 분할 후 회사는 자료는 있으나 자신의 행위가 아니므로 신고유인이 낮은 문제점을 보완하기 위한 것이다.

54) 조사받는 공동행위에 대한 과징금의 추가감면의 정도는 조사받는 공동행위의 규모(A)와 추가로 신고되는 공동행위의 규모(B)에 따라 달라진다(A≧B : 20% 범위 내 감경, A＜B＜2A : 30% 감경, 2A≦B＜4A : 50% 감경, 4A≦B : 면제).

제의 혜택에 커다란 차이를 두고 있다(법 §44⑤).

즉, 첫 번째 자진신고자에 대해서는 과징금 및 시정조치 모두를 면제하도록 하고 있는데 비해, 두 번째 자진신고자에 대해서는 과징금의 100분의 50을 감경하고 시정조치는 임의적으로 감경하도록 하고 있다. 조사협조자에 대해서도 마찬가지로 첫 번째 협조자에 대해서는 과징금은 면제하되, 시정조치는 감경 또는 면제하도록 하고 있다. 이에 비해 두 번째 조사협조자에 대해서는 과징금의 100분의 50을 감경하고 시정조치는 임의적으로 감경하도록 하고 있다(영 §51①ⅲ가).

〈감경 및 면제의 기준 · 정도〉

구 분		과 징 금	시정조치
조사개시 이전	첫 번째 자진신고자	필수적 면제	필수적 면제
	두 번째 자진신고자	필수적 50% 감경	임의적 감경
조사개시 이후	첫 번째 조사협조자	필수적 면제	필수적 감경 · 면제
	두 번째 조사협조자	필수적 50% 감경	임의적 감경

(4) 감경 또는 면제의 요건

감경 또는 면제 혜택이 유효하기 위해서는 첫 번째 자진신고자의 경우에는 특히 부당한 공동행위임을 입증하는 데 필요한 증거를 단독으로 제공하여야 하며, 첫 번째 자진신고자나 조사협조자(이하 "자진신고자등")에 대해서는 공통적으로 ① 공정거래위원회가 부당한 공동행위에 대한 정보를 입수하지 못하였거나 이를 입증하는 데 필요한 증거를 충분히 확보하지 못한 상태에서 자진신고 또는 조사에 협조하였을 것,[55] ② 부당한 공동행위 관련 사실을 모두 진술하고, 관련 자료를 제출하는 등 조사가 끝날 때까지 성실하게 협조하였을 것, ③ 해당 부당한 공동행위를 중단하였을 것의 요건을 모두 갖추어야 한다(영 §51① i , ii).

두 번째 자진신고자등이 감경 혜택을 받기 위해서는 우선 부당한 공동행위임을 입증하는 증거를 단독으로 제공한 두 번째의 자(부당한 공동행위에 참여한 사업자가 2개이고, 그 중 한 사업자인 경우는 제외)이어야 한다(영 §51①ⅲ가). 또한 위의 ②와 ③ 요건을 갖춤과 동시에(영 §51①ⅲ나, 다), 첫 번째 자진신고자등이 자진신고하거나 조사등에 협조

55) 하지만 감면제도의 취지와 목적에 비추어 공정거래위원회가 이미 부당한 공동행위에 대한 정보를 입수하고 이를 증명하는 데 필요한 증거를 충분히 확보한 이후에는 '조사협조자'가 성립할 수 없다. 대법원 2020. 10. 29. 선고 2017두54746 판결.

한 날부터 2년 이내에 자진신고하거나 조사등에 협조했을 것을 요한다(영 §51①ⅲ라).

[판례] 고려노벨화약㈜의 자진신고자 감면요건(대법원 2018. 7. 11. 선고 2016두46458 판결)

자진신고자 또는 조사협조자의 위반행위와 관련한 증거인멸 행위 등이 자진신고나 조사협조 개시 이전에 이루어졌더라도 그 증거인멸 행위 등은 공정거래위원회에 제출될 자료나 진술할 내용에 영향을 미치게 되고, 특별한 사정이 없는 한 자진신고 또는 조사협조 행위의 성실성 여하에도 영향을 미칠 수밖에 없다. 그러므로 자진신고 또는 조사협조 이전에 증거인멸 행위 등이 이루어졌더라도 그로 인하여 자진신고 또는 조사협조 개시 시점에 불충분한 증거를 제출한 것으로 평가할 수 있다면, 자진신고 또는 조사협조 그 자체가 불성실한 것으로 판단될 수 있다.

(5) 감경 또는 면제의 취소

공정거래위원회는 시정조치나 과징금을 감경 또는 면제받은 자가 ① 공정거래위원회의 조사등의 과정에서 한 진술이나 제출했던 자료의 중요한 내용을 재판에서 전부 또는 일부 부정하는 경우, ② 공정거래위원회의 조사등의 과정에서 진술한 내용이나 제출했던 자료가 재판에서 거짓인 것으로 밝혀진 경우, ③ 정당한 이유 없이 재판에서 공동행위 사실에 대한 진술을 하지 않는 경우, ④ 정당한 이유 없이 재판에 출석하지 않는 경우, ⑤ 자진신고한 부당한 공동행위 사실을 부인하는 취지의 소를 제기하는 경우 시정조치나 과징금의 감경 또는 면제를 취소할 수 있다(법 §44③, 영 §51③).

(6) 감경 또는 면제의 제외

과징금 또는 시정조치의 면책대상자라도 법 위반행위를 다른 사업자에게 강요하였거나 상습적으로 행한 경우에는 감면대상에서 제외된다. 즉, ① 다른 사업자에게 그 의사에 반하여 해당 부당한 공동행위에 참여하도록 강요하거나 이를 중단하지 못하도록 강요한 사실이 있는 경우 또는 ② 일정 기간 동안 반복적으로 법 제40조 제1항을 위반하여 부당한 공동행위를 한 경우에는 시정조치 및 과징금을 감경하거나 면제하지 아니한다(영 §51②).

(7) 자진신고자 등에 대한 신원보호

자진신고 또는 조사협조는 다른 카르텔 가담사업자에 대한 배신행위로서 자진신고자 또는 조사협조자의 신원이 노출될 경우 이들이 관련 업계에서 난처한 입장에 처하게 될 것이 우려된다. 따라서 제도 활성화를 위해서는 이들의 신원에 대한 비밀보장이 필수적이다. 이에 따라 공정거래법은 자진신고자 또는 조사협조자가 안심하고 공정거래위원회에 증거를 제공할 수 있도록 이들에 대한 비밀보호의무를 명시하고 있다. 즉, 공정거래위원회 및 그 소속공무원은 소송수행을 위하여 필요한 경우 등 대통령령이 정하는 경우를 제외하고는 자진신고자 또는 조사협조자의 신원 · 제보내용 등 자진신고나 제보와 관련된 정보 및 자료를 사건처리와 관계없는 자에게 제공 또는 누설하지 못하도록 금지하고 있다(법 §44④).

그러나 ① 자진신고자 등이 해당 정보를 제공하는 데 동의하거나, ② 해당 사건과 관련된 소송의 제기 · 수행 등에 필요한 경우에는 예외로 하고 있다(영 §51④). 공정거래위원회는 자진신고자 등의 요청이 있는 경우에는 자진신고자 등의 신원이 공개되지 않도록 해당 사건을 분리심리하거나 분리의결할 수 있다(영 §51⑤).

Ⅱ. 민사적 제재

부당한 공동행위를 할 것을 약정하는 계약 등은 공정거래위원회의 예외적 인가 등의 정당화사유를 갖추지 않는 한 사업자 간에 있어서는 이를 무효(無效)로 한다(법 §40④). 원래 법령 기타 사회질서에 반하는 법률행위는 당사자 간에 당연히 무효이기 때문에(민법 §103) 본 규정의 법률적 의미는 크지 않다. 그러나 공정거래법에 부당한 공동행위에 대한 무효선언규정을 두어 참가사업자로 하여금 계약위반의 책임을 걱정할 필요 없이 부당한 공동행위로부터 자유롭게 벗어날 수 있도록 배려한다는 점에서 정책적인 의미를 가지는 것으로 볼 수 있다.

부당한 공동행위를 한 사업자는 이로 인해 손해를 입은 자가 있는 경우에는 그 자에게 발생한 손해의 3배를 넘지 아니하는 범위에서 손해배상의 책임을 진다(법 §109②, §40). 다만, 고의 또는 과실이 없음을 입증한 경우에는 그 책임을 면할 수 있다(법 §109① 단서). 예외적으로 부당한 공동행위를 자진신고하거나 조사 및 심의 · 의결에 협조한 경우에는 피해자에게 발생한 실손해의 범위 내에서 배상토록 하고 있다(법 §109② 단서). 공동불법행위책임을 지는 경우에도 마찬가지이다(법 §109④).

Ⅲ. 형사적 제재

부당한 공동행위를 행하였거나 이를 행하도록 한 사업자는 3년 이하의 징역 또는 2억 원 이하의 벌금에 처한다(법 §124①ⅸ). 또한 공정거래위원회의 시정조치 또는 금지명령에 응하지 아니한 사업자는 2년 이하의 징역 또는 1억 5천만 원 이하의 벌금에 처한다(법 §125 i). 합의추정 규정(법 §40⑤)에 의하여 부당한 공동행위의 합의의 존재가 인정되더라도 형사적 제재를 위해서는 일반적인 범죄사실에 대한 입증과 마찬가지로 법관으로 하여금 합리적 의심을 할 여지가 없을 정도로 엄격한 증명을 요한다.[56]

부당한 공동행위의 형사처벌시 공소시효는 최종의 범죄행위가 종료한 때로부터 진행하고, 소정의 합의 및 그에 기한 실행행위가 있었던 경우 부당한 공동행위가 종료한 날은 그 합의가 있었던 날이 아니라 그 합의에 기한 실행행위가 종료한 날을 의미한다. 따라서 공소시효의 기산점은 최종합의에 따른 실행행위가 종료된 날이다.[57]

56) 대법원 2008. 5. 29. 선고 2006두6625 판결.
57) 대법원 2012. 9. 13. 선고 2010도17418 판결.

제 6 장 불공정거래행위의 금지

제 1 절 개 설

Ⅰ. 불공정거래행위의 의의

자본주의 시장경제의 효율성이 발휘되기 위해서는 시장에서 모든 사업자들이 각자의 사업능력을 바탕으로 품질과 가격 중심의 성과경쟁 또는 능률경쟁(competition on merits)이 이루어져야 한다. 그러나 실제로 시장에서는 불공정한 방법으로 경쟁사업자나 거래상대방의 사업활동을 구속하거나 방해하는 경우가 종종 발생하고 있다. 이럴 경우 시장에서의 경쟁질서는 파괴되고, 경쟁사업자나 거래상대방은 물론 소비자에게까지 영향을 미치게 된다. 따라서 시장에서의 경쟁질서를 유지하기 위해서는 사업자 간의 경쟁이 공정하게 이루어질 수 있도록 불공정한 방법으로 거래하는 행위를 규제할 필요가 있다.

이를 위해 공정거래법은 공정한 거래를 해칠 우려가 있는 일정한 유형[1]의 행위를 예시적으로 열거하고, 이들 행위가 시장에서 경쟁을 제한 또는 감소시키는지 여부와 관계없이 경쟁저해의 추상적 위험이 있는 단계에서 이를 금지하고 있다. 또한 사업자가 직접 불공정거래행위를 하는 것은 물론 계열회사나 다른 사업자로 하여금 이를 행하도록 하는 것도 금지하고 있다(법 §45① 각호). 이러한 공정거래법의 태도는 주어진 시장구조 하에서 개별기업의 행위가 경쟁질서를 저해하는 경우 이를 시정함으로써 공정한 경쟁질서를 유지·확보하기 위한 것이다. 즉, 사업규모, 생산능력, 시장점유율 등에서 사업자 간 경쟁능력의 차이를 주어진 조건으로 받아들이면서도 경험칙상 경쟁질서를 위협할 우려가 있는 사업자들의 행위를 엄격히 금지함으로써 독점화를 미연에 방지하고, 능률경쟁을 촉진하여 사후적·보충적으로 공정거래법 본래의 목적을 달성하기 위한 것으로 볼 수 있다.

---

1) 현행 공정거래법상 불공정거래행위의 유형은 일본 사적독점금지법에서 미국 연방거래위원회법 제5조의 "불공정 경쟁방법(unfair methods of competition)"과 관련하여 그동안 판례에서 도출된 유형들을 체계적으로 조문화한 것을 대부분 수용한 것이다.

Ⅱ. 불공정거래행위의 요건

1. 공정한 거래

(1) 공정한 거래의 의미

공정거래법 제45조 제1항은 공정한 거래를 해칠 우려가 있는 행위를 금지하고 있다. 이와 관련하여 논란이 되고 있는 것은 여기에서의 공정한 '거래'가 무엇을 의미하는가이다. 종래의 일부 학설은 공정한 '경쟁'의 의미로 좁게 해석하기도 하였으나, 오늘날 통설과 판례는 불공정거래행위를 금지하는 것은 사업자 간의 공정하고 자유로운 경쟁뿐만 아니라 경쟁자와 소비자의 이익을 보호하는데도 그 목적이 있으므로 공정한 거래의 의미로 보고 있다.[2)]

여기에서의 공정한 거래는 통상의 매매와 같은 개별적인 계약 자체를 가리키는 것이 아니라, 보다 넓은 의미에서 경쟁사업자 간의 경쟁을 포함하여 사업활동을 위한 수단 일반 또는 거래질서를 가리키는 것으로 이해하여야 한다.[3)] 이를 고려한다면 공정거래법 제45조 제1항은 단순히 불공정한 계약내용이나 사법상 권리의무를 조정하기 위한 것이 아니라, 공정한 거래질서 또는 경쟁질서의 확립을 위하여 경제에 관한 규제와 조정이라는 공법적 관점에서 불공정한 거래행위를 금지하기 위한 것으로 보아야 한다.[4)]

생각건대, 사업자 간 또는 사업자와 소비자 간의 개별적인 거래관계는 기본적으로 민·상법이나 소비자보호법의 영역에서 해결해 나가야 할 문제이며, 공정거래법의 역할은 본연의 경쟁질서 유지에 국한하는 것이 바람직하다. 하지만 경제력 격차가 큰 사업자 간의 거래 또는 사업자와 소비자 간의 거래가 불공정하게 이루어짐으로써 시장에서의 공정한 경쟁이 저해되거나 저해될 우려가 있고, 사법적 영역에서 이에 적절히 대응할 수 없다면 공법적 규제가 불가피하다. 이에 따라 현행 공정거래법은 경쟁사업자나 거래상대방 또는 소비자의 이익을 침해하는 개별적인 거래질서 저해행위까지 불공정거래행위의 유형에 포함하여 규제의 대상으로 하고 있다. 이는 공정거래법의 규제영역이 본연의 '경쟁질서'뿐만 아니라 일반 사법상의 '거래질서'에까지 확장되고 있음을 의미한다.

---

2) 권오승·홍명수, 앞의 책, 322면; 이봉의, 앞의 책, 839면; 이호영, 앞의 책, 332면; 신동권, 앞의 책, 747면. 대법원 2004. 10. 14. 선고 2001두2881 판결.

3) 대법원 2010. 1. 14. 선고 2008두14739 판결.

4) 대법원 2015. 9. 10. 선고 2012두18325 판결.

(2) 거래의 공정성

다른 법 위반행위의 유형(시장지배적지위 남용행위, 경쟁제한적 기업결합행위, 부당한 공동행위)과 달리 불공정거래행위는 시장에서의 '경쟁' 그 자체보다는 '거래질서'의 보호를 목적으로 하고 있기 때문에 거래의 공정성이 유지되도록 하는 것이 중요하다. 이를 위해서는 그 전제조건으로서 시장에서의 경쟁이 공정하고 자유롭게 이루어져야 한다. 즉, ① 사업자가 경쟁에 자유롭게 참여하고 참여사업자 상호 간의 자유로운 경쟁이 방해되지 않아야 하며(자유경쟁성), ② 사업자 간의 경쟁이 상품 또는 서비스의 가격이나 품질이라는 경쟁수단을 중심으로 공정하게 이루어져야(경쟁의 공정성) 한다. 이와 같이 공정하고 자유로운 경쟁 여건이 보장된 기반 위에 ③ 거래당사자가 자유로운 의사에 따라 거래개시 여부나 거래상대방 및 거래조건을 자주적으로 결정할 수 있어야 하며(거래결정의 자주성), ④ 거래의 결과가 거래상대방이나 다른 사업자 또는 소비자의 이익을 부당하게 침해하지 않도록 거래내용이 공평하여야 한다(거래내용의 공평성).

2. 저해할 우려

(1) 공정한 거래의 '저해'

공정한 거래의 저해는 ① 자유경쟁성, ② 경쟁의 공정성, ③ 거래결정의 자주성, ④ 거래내용의 공평성이 침해되는 상태를 말한다. 따라서 불공정거래행위에 대한 위법성 판단의 징표(徵表) 또는 핵심요소인 공정거래저해성은 기본적으로 위의 ①과 ②가 침해되는 '경쟁제한성'(restraint of competition)과 ③과 ④가 침해되는 '거래의 불공정성'(unfairness of trade)을 포괄하는 개념으로 볼 수 있다.

그러나 현행 공정거래법과 시행령은 대부분의 국가에서 일반적으로 규제하는 통상의 불공정거래행위 유형뿐만 아니라 경제력집중 억제라는 우리나라 특유의 정책적 차원에서 '계열회사를 위한 차별적 취급'이나 '부당지원행위'와 같은 행위 유형도 불공정거래행위에 포함시킴으로써 공정거래저해성의 외연을 경쟁제한성이나 거래의 불공정성을 넘어 경제력집중에까지 확장하고 있다. 한편 공정거래위원회가 보다 객관적이고 구체적인 위법성 심사기준을 마련하기 위해 제정한 「불공정거래행위 심사지침」[5]에서는 공정거래저해성을 '경쟁제한성'과 '불공정성'을 포함하는 개념으로 보고, 불공정성은 다시 경쟁수단 또는 거래내용이 정당하지 않음을 의미하는 것으로 보고 있다. 결국 심사지침에 따르면 공정거래저해성을 '경쟁제한성', '경쟁수단의 불공정성', '거래내용의 불공정성' 및 '경제력집중'으로 구분할 수 있다.[6]

---

5) 공정거래위원회예규 제387호, 2021. 12. 22., 일부개정.

(2) 저해할 우려

공정거래법은 공정한 거래질서를 저해하는 경우뿐만 아니라 저해할 '우려', 즉 공정거래 저해의 '추상적 위험'이 있는 경우도 금지하고 있다. 공정한 거래를 해칠 우려가 있는지 여부는 해당 거래행위에 대한 개별적 상황에 따라 평가할 것이 아니라 일반적·전체적인 평가를 통해 거래질서에 어떠한 영향을 미치는지를 종합적으로 판단하여야 한다. 공정한 거래를 해칠 우려가 있는 행위라는 불확정한 규제형식은 법적 안정성을 침해할 가능성이 있기 때문에 공정거래법은 여러 가지 행위 유형의 경제적 행태분석을 통해, 불공정거래행위의 유형을 예시적으로 열거함으로써(후술) 법적 안정성을 도모하고 있다.

Ⅲ. 시 장

일정한 행위가 거래질서에 미치는 영향을 판단하기 위해서는 그 전제로서 거래가 이루어지는 시장을 획정하여야 한다. 공정거래법은 대부분의 시장행태 규제를 위해 먼저 시장('일정한 거래분야')을 획정하고, 이를 토대로 규제의 대상으로 되는 행위의 '경쟁의 제한'이라는 규범적 평가를 내리도록 하고 있다.

그러나 불공정거래행위의 경우에는 시장범위의 획정을 전제로 하지 않은 채, '공정한 거래를 해칠 우려'라는 규범적 평가를 내리도록 하고 있다. 통상적으로 시장의 획정이 전제되지 않으면 행위자의 시장점유율, 경쟁사업자의 범위는 물론 경쟁사업자의 사업활동 곤란 등 경쟁질서에 대한 영향을 제대로 평가하기 어렵다. 「불공정거래행위 심사지침」에서는 관련시장 범위를 거래대상(상품 또는 용역)의 특성, 거래지역, 거래단계, 거래상대방에 따라 개별적·구체적으로 획정될 수 있도록 하고 있다. 불공정거래행위 가운데 위법성 판단요소로서 '경쟁제한성'을 전제로 하는 경우의 시장은 공정거래법상 '일정한 거래분야'(법 §2ⅳ)의 정도에 이르는 시장이라기보다는 거래질서에 미치는 영향의 정도를 판단하는 데 필요한 한도 내에서 획정될 수 있다.[7] 즉, 경쟁제한성 판단의 전제로 되는 시장은 소규모의 부분적인 경쟁관계가 성립될 수 있는 정도의 시장이면

---

6) 홍명수, "불공정거래행위의 유형에 따른 위법성 판단", 「경희법학」 제50권 제3호(2015), 50면 <표1> 참조.

7) 「불공정거래행위 심사지침」은 거래대상의 특성에 의한 시장획정은 대상 상품 또는 용역의 수요대체성과 공급대체성을 종합적으로 고려하여 판단하고, 거래지역에 의한 시장획정은 대상 상품 또는 용역에 대해 지역적으로 수요대체성(타 지역으로 수요를 전환할 수 있는지 여부)과 공급대체성(공급이 타 지역에서 당해 지역으로 전환될 수 있는지 여부)이 있는지 여부를 종합적으로 고려하여 판단하도록 하고 있다(동 지침 Ⅳ. 2.).

족하다고 보아야 할 것이다. 이에 비해 위법성 판단요소로서 '거래의 불공정성'에 초점이 맞춰진 불공정거래행위의 경우에는 시장을 전제로 하지 않더라도 행태 그 자체만으로 위법성이 인정될 수 있다.

제 2 절 불공정거래행위의 유형 및 기준

Ⅰ. 유 형

1. 기본적 유형

불공정거래행위는 장소와 시기에 따라 다양한 모습으로 나타나고 있기 때문에 규제의 효율성을 위해서는 불공정거래행위를 어느 정도 유형화할 필요가 있다. 따라서 공정거래법 제45조 제1항은 불공정거래행위를 크게 9가지의 유형으로 나누어 예시적으로 열거함으로써 불공정거래행위의 포괄적 범위와 기준을 제시하고 있다. 이러한 불공정거래행위의 유형 가운데에는 독점을 예방하는 기능을 갖는 것뿐만 아니라 기만적인 고객유인과 같이 소비자 보호를 위한 것과 우월적 지위의 남용과 같이 개별적 거래관계에서의 경제적 약자를 보호하기 위한 것도 존재한다.

공정거래법상 불공정거래행위의 유형으로는 ① 부당하게 거래를 거절하는 행위(제1호), ② 부당하게 거래상대방을 차별하여 취급하는 행위(제2호), ③ 부당하게 경쟁자를 배제하는 행위(제3호), ④ 부당하게 경쟁자의 고객을 자기와 거래하도록 유인하는 행위(제4호), ⑤ 부당하게 경쟁자의 고객을 자기와 거래하도록 강제하는 행위(제5호), ⑥ 자기의 거래상의 지위를 부당하게 이용하여 상대방과 거래하는 행위(제6호), ⑦ 거래상대방의 사업활동을 부당하게 구속하는 조건으로 거래하는 행위(제7호), ⑧ 부당하게 다른 사업자의 사업활동을 방해하는 행위(제8호), ⑨ 부당하게 특수관계인 또는 다른 회사를 지원하는 행위(제9호)가 있다.

그 밖에 제1호부터 제9호까지 이외의 행위로서 공정한 거래를 해칠 우려가 있는 행위도 불공정거래행위에 해당하는 것으로 규정하고 있다(제10호). 이는 복잡·다양한 경제활동이나 시장상황에서 발생할 수 있는 불공정거래행위의 전부를 법률에 규정하는 것이 입법기술상 어렵기 때문에 예시적으로 열거된 불공정거래행위의 유형이나 이를 가늠할 대강의 기준을 바탕으로 일체의 불공정거래행위를 규율하기 위함이다. 그러나 시행령에 구체적인 유형과 기준이 정해지지 않는 이상, 제10호를 직접적인 근거로 제재할 수는 없다(「명확성의 원칙」).

[판례] 텐커뮤니티의 기타 불공정거래행위(대법원 2008. 2. 14. 선고 2005두1879 판결)

공정거래법 제23조 제1항(현행법 제45조 제1항)에 위반하여 불공정거래행위를 한 사업자에 대하여 행정적 제재뿐만 아니라 형사처벌까지 가능하도록 하고 있는 점을 감안하면, 제8호(현행법 제10호)는 행위의 작용 내지 효과 등이 그 제1호 내지 제7호(현행법 제1호부터 제9호까지)와 유사한 유형의 불공정거래행위를 규제할 필요가 있는 경우에 이를 대통령령으로 정하여 규제하도록 한 수권규정이라고 해석함이 상당하다. … 공정거래법 시행령에 공정거래법 제23조 제1항 제8호(현행법 제45조 제1항 제10호)와 관련된 불공정거래행위의 유형 또는 기준이 정하여져 있지 아니한 이상 문제된 행위가 공정한 거래를 저해할 우려가 있는 행위라고 하여 이를 공정거래법 제23조 제1항 제8호(현행법 제45조 제1항 제10호)의 불공정거래행위로 의율하여 제재를 가할 수는 없다고 할 것이다.

그 밖에 「부정경쟁방지 및 영업비밀보호에 관한 법률」(이하 "부정경쟁방지법")에서 규제하고 있는 '부정경쟁행위'도 정당한 이유없이 타인의 상표·상호 등의 상품표지를 부정하게 사용하여 경제적 이득을 취하는 행위라는 점에서 불공정한 경쟁수단에 의한 불공정거래행위의 유형에 해당하는 것으로 볼 수 있다. 다만, 공정거래법에서 불공정거래행위를 규제하려는 것은 공정한 거래질서 유지를 목적으로 하는데 비해, 부정경쟁방지법상의 부정경쟁행위 규제는 타인의 부정한 영업표지 모용으로부터 사업자의 정당한 이익을 보호하는 데 주안점이 놓여있다는 점에서 입법목적을 달리하고 있다.[8]

2. 구체적 유형

(1) 공정거래위원회의 지정

공정거래법은 불공정거래행위의 구체적인 유형 또는 기준을 대통령령으로 정하도록 위임하고 있다(법 §45③). 시행령에서는 모든 사업분야(일반불공정거래행위)에 공통적으로 적용되는 유형 또는 기준을 [별표 2]에서 정하도록 하고 있다(영 §52). 이와 같이 공정거래위원회로 하여금 불공정거래행위의 구체적인 유형과 기준을 지정하도록 한 것은 거래사회의 실태에 따라 불공정거래행위가 다양한 모습으로 나타나기 때문에 전문기술성을 갖는 공정거래위원회가 탄력적으로 규제기준을 설정하고 변경할 수 있도록 하기 위함이다. 또한 불공정거래행위의 구체적 범위를 주지시킴으로써 사업자의 예측가능성 향상과 함께 불공정거래행위에 대한 예방적 역할도 수행할 수 있게 된다.

8) 정호열, 앞의 책, 389면; 이봉의, 앞의 책, 857-858면.

(2) 일반불공정거래행위와 특수불공정거래행위

시행령 제52조에 근거한 [별표 2]의 「불공정거래행위의 유형 및 기준」에서는 법에 규정된 9가지의 불공정거래행위 유형들을 보다 구체적이고 세부적으로 발전시켜 9개의 일반불공정거래행위 유형과 29개의 보다 세부적인 하부유형의 불공정거래행위를 규정하고 있다. 이와 함께 공정거래위원회가 별도로 제정한 「불공정거래행위 심사지침」에서는 불공정거래행위의 유형 및 기준을 보다 구체적이고 명확하게 규정하고, 법 위반에 해당할 수 있는 사례를 예시하고 있다.[9] 불공정거래행위가 발생할 우려가 높은 분야로서 공정거래위원회가 정하여 고시하는 분야에서의 불공정거래행위(특수불공정거래행위)의 세부 유형 또는 기준에 대해서는 미리 관계행정기관의 장의 의견을 들어야 한다([별표 2] 비고).

현재 특수불공정거래행위로서 '특정한 사업분야'에 적용하기 위하여 고시된 것은 「신문업에 있어서의 불공정거래행위 및 시장지배적지위남용행위의 유형 및 기준」(이하 "신문업고시")[10]과 「대리점거래에서 금지되는 불공정거래행위 유형 및 기준 지정고시」(이하 "대리점고시")[11]가 있다. '특정한 행위'에 적용하기 위하여 고시된 것으로는 「계속적 재판매거래등에 있어서의 거래상 지위 남용행위 세부유형 지정고시」(이하 "재판매거래고시")[12]와 「병행수입에 있어서의 불공정거래행위의 유형고시」(이하 "병행수입고시")[13]이 있다.

특수불공정거래행위는 불공정거래행위를 특정한 사업분야 또는 행위에 대해 보다 구체화하여 적용되는 것일 뿐, 특수불공정거래행위라고 하여 일반불공정거래행위보다 조치기준을 강하게 적용하는 것은 아니다. 일반불공정거래행위와 특수불공정거래행위는 일반법과 특별법의 관계와 같다.

---

9) 최종 개정 2021. 12. 22., 공정거래위원회 예규 제387호.
10) 2021. 12. 30. 공정거래위원회고시 제2021-22호.
11) 2022. 4. 5. 공정거래위원회고시 제2022-7호.
12) 2021. 12. 30. 공정거래위원회고시 제2021-23호.
13) 2021. 12. 30. 공정거래위원회고시 제2021-20호.

〈불공정거래행위의 유형〉

불공정거래행위 (법 제45조 제1항)		일반불공정거래행위 (영 제52조 [별표 2])	특수불공정거래행위 (특별법, 고시)
제1호	거래거절	① 공동의 거래거절 ② 기타의 거래거절	▪ 가맹사업법 ▪ 병행수입고시 ▪ 신문업고시
제2호	차별적 취급	① 가격차별 ② 거래조건차별 ③ 계열회사를 위한 차별 ④ 집단적 차별	▪ 병행수입고시 ▪ 신문업고시
제3호	경쟁사업자 배제	① 부당염매 ② 부당고가매입	
제4호	부당한 고객유인	① 부당한 이익에 의한 고객유인 ② 위계에 의한 고객유인 ③ 기타의 부당한 고객유인	▪ 표시광고법 ▪ 신문업고시
제5호	거래강제	① 끼워팔기 ② 사원판매 ③ 기타의 거래강제	▪ 가맹사업법 ▪ 신문업고시
제6호	거래상 지위남용	① 구입강제 ② 이익제공 강요 ③ 판매목표 강제 ④ 불이익 제공 ⑤ 경영간섭	▪ 대리점고시 ▪ 재판매거래고시 ▪ 신문업고시 ▪ 병행수입고시 ▪ 가맹사업법 ▪ 대규모유통업법 ▪ 대리점법 ▪ 하도급법
제7호	구속조건부거래	① 배타조건부거래 ② 거래지역·거래상대방 제한 (거래가격 제한 → 재판매가격유지행위)	▪ 가맹사업법 ▪ 신문업고시 ▪ 병행수입고시
제8호	사업활동 방해	① 기술의 부당이용 ② 인력의 부당유인·채용 ③ 거래처 이전 방해 ④ 기타 사업활동 방해	▪ 가맹사업법 ▪ 병행수입고시
제9호	부당한 지원행위	① 부당한 자금지원 ② 부당한 자산·상품지원 ③ 부당한 인력지원 ④ 부당한 거래단계 추가	
제10호	기타		

3. 특 별 법

거래상 빈번히 발생하는 불공정거래행위를 규율하기 위해 현재 5개의 특별법이 제정되어 있다. 즉, 하도급거래관계에서 원사업자와 수급사업자 간 경제력 차이로 지위남용에 해당하는 불공정거래행위를 규제하기 위한 「하도급거래 공정화에 관한 법률」(이하 "하도급법"), 부당한 표시·광고를 방지하고 소비자에게 바르고 유용한 정보의 제공을 촉진하기 위한 「표시·광고 공정화에 관한 법률」(이하 "표시광고법"), 가맹사업의 공정한 거래질서를 확립하고 가맹본부와 가맹점사업자가 대등한 지위에서 상호보완적으로 균형있게 발전할 수 있도록 하기 위한 「가맹사업거래의 공정화에 관한 법률」(이하 "가맹사업법"), 대형 유통업체의 불공정거래행위를 규제하고 중소납품업체와의 동반성장 문화를 확산시키기 위한 「대규모유통업에 있어서의 거래 공정화에 관한 법률」(이하 "대규모유통업법"), 그리고 대리점거래의 불공정 관행을 시정하기 위해 「대리점거래의 공정화에 관한 법률」(이하 "대리점법")이 제정되어 있다(후술 제10장).

Ⅱ. 위법성의 판단

1. 판단기준

사업자의 행위가 불공정거래행위로 인정되기 위해서는 무엇보다 그 위법성의 징표 또는 판단요소인 공정거래저해성(경쟁제한성 또는 거래의 불공정성)이 확정되어야 한다. 공정거래저해성을 판단함에 있어서는 일반적으로 시장 전체의 경쟁에 미치는 영향, 개별 사업자의 행위가 능률경쟁의 관점에서 정당화될 수 있는지 여부를 비롯하여 해당 행위의 의도, 목적, 태양이나 경쟁관계의 실태 등을 종합적으로 고려하여야 한다.

그러나 실제 거래에서 다양한 형태로 이루어지는 불공정거래행위의 공정거래저해성을 일일이 판단하기 쉽지 않기 때문에 공정거래법 시행령 [별표 2]의 「불공정거래행위의 유형 및 기준」(이하 "유형 및 기준")에서는 각 행위 유형별로 구체적인 판단기준으로서 '정당한 이유없이', '부당하게' 또는 '정상적인 거래관행에 비추어 부당하게'라는 요건을 제시하고, 불공정거래행위 유형별로 공정거래저해성 입증의 방법과 정도에 차이를 두고 있다. 그러나 이러한 구별은 경험칙이나 정책적 고려에 입각하여 일응의 위법성의 판단기준을 나타내는 것일 뿐 절대적인 기준은 아니다.[14] 위법성 여부는 행위의 의도·목적, 경쟁관계의 실태, 시장의 상황 등을 종합적으로 고려하여 판단되어야 한다.

14) 이호영, 앞의 책, 335면.

그럼에도 불구하고 시행령 [별표 2]의 「불공정거래행위의 유형 및 기준」만으로 다양한 불공정거래행위에 대한 위법성 판단에 한계가 있기 때문에 공정거래위원회는 보다 객관적이고 구체적인 위법성 심사기준을 마련하기 위해 「불공정거래행위 심사지침」과 「부당한 지원행위의 심사지침」을 제정하여 활용하고 있다. 특히 「불공정거래행위 심사지침」은 시장력(market power)을 보유한 사업자[15]가 경쟁제한 효과를 수반하는 경쟁제한요건 행위를 행하는 경우에는 경쟁제한 효과가 나타날 가능성이 크며, 경쟁제한 효과가 인정되더라도 효율성 증대효과가 제기된 경우에는 이를 비교형량하도록 하고 있다.[16]

2. 공정거래저해성과 부당성

공정거래법 제45조 제1항 본문에서는 공정한 거래를 저해할 우려가 있는 불공정거래행위를 일반적으로 금지하고 있으나, 제1항 각호에서는 행위요건에 다시 '부당하게'라는 요건을 추가하고 있어 본문의 '공정거래저해성'과 각호의 '부당성'의 관계를 어떻게 보아야 할 것인가가 문제로 된다. 위법성 판단의 전제로서 부당성과 공정거래저해성이 모두 요구되지만, 부당성은 공정거래저해성을 전제로 하기 때문에 공정거래저해성이 인정되지 않으면 부당성이 성립할 여지가 없다.[17]

일반적으로 행위의 공정거래저해성이 인정되면 부당성을 사실상 추정할 수 있지만, 예컨대 당사자의 거래상 지위 및 법률관계, 시장 상황, 행위의 목적과 효과 등과 같은 '공정한 거래의 저해'라는 결과에 이르게 된 배경과 과정을 종합적으로 고려하여 행위의 합리성이 인정된다면 부당성 추정이 복멸될 수 있다. 또한 부당성은 공정거래저해성의 규범적 판단의 근거이기 때문에 법령 또는 공익상의 정당화사유가 존재하면 부당성이 인정되지 않아 위법성이 조각될 수 있다. 예컨대, 부당지원행위의 경우 불공정거래행위를 금지하는 취지가 공정한 '거래질서'를 유지하는 데 있기 때문에 공익적 목적, 소비자 이익, 사업경영상 또는 거래상의 필요성 내지 합리성 등도 공정한 거래질서와는 관계없는 것이 아닌 이상 부당성을 갖는지 유무를 판단함에 있어 고려되어야 한다. 그러나 개별 사업자의 단순한 경영상 필요성 또는 거래상의 합리성만으로 공정거래저해성이 부정되는 것은 아니다.[18]

---

15) 시장점유율이 30% 이상인 경우에는 시장력이 인정되나, 시장점유율이 20% 이상 30% 미만인 경우도 시장집중도, 경쟁상황, 상품의 특성 등 제반 사정을 고려하여 시장력이 인정될 수 있다. 「불공정거래행위 심사지침」 <별첨> 「경쟁제한성 판단기준」 2. 가).

16) 「불공정거래행위 심사지침」 Ⅲ. 3. <별첨> 「경쟁제한성 판단기준」 2. 2).

17) 권오승 · 서정, 앞의 책, 426면. 이와 반대로 불공정거래행위 심사지침에서는 '공정거래저해성'과 법 제45조 제1항 각호에 규정된 '부당하게'는 그 의미가 동일한 것으로 보고 있다(동 지침 Ⅲ. 1. 가. (2) (가)).

18) 대법원 2004. 10. 14. 선고 2001두2881 판결; 2004. 12. 9. 선고 2002두12076 판결; 2006. 4. 14. 선고

3. 위법성 추정

(1) 정당한 이유 없이

불공정거래행위 중 '정당한 이유 없이'라는 요건이 부가된 유형의 행위는 행위의 외형상 법규상의 요건에 해당되면 원칙적으로 공정한 거래를 해칠 우려(공정거래저해성)가 있는 것으로 보아 위법성이 광범위하게 추정된다. 다만 정당한 이유가 있는 경우, 예컨대, 시장에서 경쟁이 침해되지 않았거나 경쟁제한의 효과가 극히 경미한 경우에는 위법성 추정이 복멸된다. 공정거래저해성이 없다는 입증책임을 행위자가 부담한다.[19] 그러나 하위법령인 시행령 [별표 2]에 '정당한 이유 없이'라는 별도의 표현을 사용함으로써 사업자에게 공정거래저해성의 입증책임을 전가시키는 것은 모법의 위임한계를 넘어선 것이라는 비판이 제기될 수 있다.[20] 다만 정당한 이유에 대한 입증책임은 법 위반혐의가 있는 사업자가 부담하게 된다.[21]

공정거래법상 이에 해당하는 행위 유형으로는 ① 공동의 거래거절, ② 계열회사를 위한 차별적 취급, ③ 계속거래상의 부당염매 및 ④ 재판매가격유지행위를 들 수 있다. 그러나 이 가운데 ②의 계열회사를 위한 차별적 취급의 경우에는 다른 불공정거래행위와의 균형상 위법성이 광범위하게 추정되는 것으로 분류하기는 곤란하나, 경제력집중 억제를 위한 정책적인 의지가 반영된 것으로 볼 수 있다.

(2) 부당하게

일반불공정거래행위의 유형 중 '부당하게'를 전제요건으로 하는 유형의 행위는 법규상의 요건에 해당되더라도 그 행위의 부당성 여부를 실질적으로 검토하여 공정거래저해성을 판단하게 된다. 즉, 그 행위 자체로서 위법한 것으로 보기보다는 부당성이라는 부가적 사정이 추가된 때에 비로소 위법성이 추정된다. 특히 '정상적인 거래관행에 비추어 부당하게'라는 요건이 부가된 유형의 경우에는 공정거래저해성을 판단함에 있어 해당 업계 통상의 거래관행이 고려되어야 함을 의미한다. 공정거래저해성에 대한 입증책임은 공정거래위원회가 부담한다.[22]

이 유형에 속하는 불공정거래행위의 위법성 판단은 「합리의 원칙」(rule of reason)에 따라 이루어지게 된다. 즉, 불공정거래행위의 외형이 존재하더라도 그 사실만으로 공

2004두3298 판결; 2006. 10. 27. 선고 2004두3274 판결.

19) 대법원 2001. 12. 11. 선고 2000두833 판결. 「불공정거래행위 심사지침」 Ⅲ. 1. (3).

20) 신동권, 앞의 책, 758면.

21) 이봉의, 앞의 책, 872면.

22) 「불공정거래행위 심사지침」 Ⅲ. 1. (3).

정거래저해성이 있다고 인정되는 것은 아니며, 불공정거래행위로 인하여 발생하는 효율성 증대효과나 소비자후생 증대효과가 공정거래저해성을 현저히 상회하는 경우에 위법한 것으로 보지 않을 수 있다.

4. 안전지대

사업자의 시장점유율(10% 미만)이나 매출액(50억 원 미만) 등에 비추어 통상적으로 해당 시장에서 경쟁제한효과가 미미할 것으로 인정되는 경우 불공정거래행위의 외형에 해당하는 행위가 있다고 하더라도 심사절차를 개시하지 않는다. 다만, 이 안전지대(safety zone)는 사업자의 시장점유율이나 매출액 등이 작을 경우 시장경쟁 상황에 미치는 효과가 미미하다는 점을 고려하여 적용하는 것이기 때문에 경쟁제한성 위주로 공정거래저해성을 심사하는 불공정거래행위 유형에 대해서 적용되며, 불공정성 위주로 심사하는 유형(예컨대, 부당한 고객유인, 거래강제, 거래상 지위의 남용, 사업활동 방해)에 대해서는 적용되지 아니한다.[23]

Ⅲ. 불공정거래행위의 대상

공정거래법 시행령에서는 사업자의 일반불공정거래행위를 '거래상대방'에 대하여 하는 경우와 '다른 사업자'에 대하여 하는 경우로 구분하고 있다. 거래상대방은 통상 경쟁사업자를 제외한 거래의 타방 사업자를 의미하지만, 부당한 고객유인이나 끼워팔기의 경우와 같이 소비자가 포함되는 경우도 있다. 이에 비해 다른 사업자는 거래상대방은 물론 거래관계가 없는 사업자 및 경쟁사업자를 포함하는 포괄적인 개념으로 이해하여야 한다.

제 3 절 일반불공정거래행위

Ⅰ. 거래거절

1. 의 의

자본주의 시장경제 체제 하에서 모든 사업자는 「사적 자치의 원칙」에 기초하여 자

23) 「불공정거래행위 심사지침」 Ⅲ. 2.

유로이 거래의 상대방을 선택할 수 있으며, 상대방의 신용에 문제가 있거나 상대방과의 거래조건이 맞지 않으면 얼마든지 거래를 거절할 수도 있다. 그러나 거래거절이 집단적으로 이루어지거나 순수한 사업적 동기를 벗어나 독과점을 형성·유지·강화하기 위한 수단으로 이용된다면 시장에서의 공정한 거래를 해칠 우려가 있기 때문에 불공정거래행위로서 규제를 받게 된다. 불공정거래행위로서 거래거절(법 §45① i)은 시장지배적사업자의 지위남용행위로서의 거래거절(법 §5①iii)과 달리 거래를 거절하는 사업자의 시장지배력을 전제로 하지 않는다.[24)]

공정거래법상 거래거절(boycott)이란 특정 사업자에 대하여 거래의 개시를 거절하거나, 계속적 거래관계에 있는 특정 사업자에 대하여 거래를 중단하거나 거래하는 상품 또는 용역의 수량이나 내용을 현저히 제한하는 행위를 말한다(유형 및 기준 제1호). 거래거절은 행위자 자신이 직접 특정 사업자에 대하여 거래를 거절하는 경우(직접 거래거절, 1차 보이콧)뿐만 아니라, 계열회사 또는 다른 사업자들에게 거래를 거절시키는 경우(간접 거래거절, 2차 보이콧)도 포함된다. 불공정거래행위의 유형 및 기준에서는 거래거절을 ① 2 이상의 사업자가 공동으로 하는 공동의 거래거절과 ② 사업자가 단독으로 행하는 기타의 거래거절로 구분하고 있다.

2. 유　　형

(1) 공동의 거래거절

공동의 거래거절(group boycott)이란 정당한 이유없이 자기와 경쟁관계에 있는 다른 사업자와 공동으로 특정 사업자와의 거래를 거절하는 것을 말한다(유형 및 기준 제1호 가목). 거래거절이 공동으로 이루어진다는 점에서 단독의 거래거절에 비해 거절당한 상대방사업자는 대체거래처 확보가 곤란하여 시장에서의 거래기회가 박탈될 가능성이 높다. 또한 개별 사업자의 계약의 자유에 근거한 권리행사라기보다는 신규 사업자의 시장참가를 저지하거나 기존 사업자를 시장으로부터 배제하려는 집단적 의도가 강하게 나타나게 되어 그만큼 경쟁감소의 우려와 함께 위법성이 강하다고 볼 수 있다. 다만 정당한 이유가 있는 경우, 예컨대 합리적인 가격에 기한 거래거절, 신뢰관계 붕괴에 따른 거래거절, 시장점유율이 낮은 소수사업자들의 거래거절 또는 공정거래법상 위법한 요구에 대응하기 위한 거래거절 등의 경우에는 위법성이 조각될 수 있다.

---

24) 미국이나 EU, 독일의 판례나 입법은 거래거절을 독점화 시도나 시장지배적지위 남용의 한 유형으로 보고 있으며, 시장지배력을 갖지 않은 일반사업자의 거래거절은 원칙적으로 불공정거래행위로서 문제가 되지 않는다.

공동의 거래거절은 각 사업자가 공동행위로서 행하는 경우와 사업자단체가 행하는 경우가 있다. 공동의 거래거절이 동시에 부당한 공동행위의 요건(법 §40①ⅳ)을 충족하는 경우 사업자 상호 간에서는 부당한 공동행위가 성립하고, 거래거절의 상대방사업자에 대해서는 불공정거래행위가 성립하게 된다. 이러한 경우 법조경합으로 보아 과징금이나 벌칙이 무거운 부당한 공동행위가 우선 적용된다고 보아야 할 것이다. 사업자단체가 사업자에게 공동의 거래거절을 교사·방조하는 경우에는 사업자단체에 대해서는 별도의 규정이 적용된다(법 §51①ⅳ).

[판례] 국민은행 외 6개 은행의 공동 거래거절의 정당한 사유(대법원 2006. 5. 12. 선고 2003두14253 판결)

원고들이 이 사건 CD공동망을 이용하여 원고들과 계속적인 거래를 해 온 하나은행에 대하여 공동으로 원고들의 중앙컴퓨터에서 하나은행이 삼성카드의 고객에게 부여한 가상계좌번호를 인식하지 못하게 하는 방법으로 하나은행으로 하여금 삼성카드 고객의 가상계좌서비스와 연결된 CD공동망을 사용하지 못하도록 단절한 행위는 불공정거래행위의 유형으로 규정하고 있는 공동의 거래거절행위에 해당하지만, …… 전문계 카드사들이 이 사건 가상계좌서비스와 같은 방법으로 이 사건 CD공동망을 전면적으로 이용하는 경우 그 이용고객 수가 급증하여 전산망 시스템에 적지 않은 부하를 주게 되므로 참가은행들은 향후 시스템 보수와 확대 및 유지에 더 많은 비용을 지출하는 부담을 안게 될 것이 명백하나, 그로 인한 이득은 변칙적인 가상계좌서비스를 제공하는 하나은행 등 일부 참가은행의 수수료 수입에 국한되는 데 비하여 나머지 참가은행들은 그동안 전문계 카드사들과 사이에 개별적으로 체결한 현금서비스 이용계약에 따라 지급받아 온 수수료 수입을 모두 상실하게 되는 결과가 초래되어 오히려 공정한 경쟁을 저해할 우려가 있게 되는 점 등의 제반사정을 고려해 보면, 그 거래거절에 정당한 사유가 있다고 할 것이다.

(2) 기타의 거래거절

기타의 거래거절이란 개별 사업자가 그 거래상대방에 대하여 부당하게 거래를 거절하는 이른바 단독의 거래거절을 말한다(유형 및 기준 제1호 나목). 단독의 거래거절은 공동의 거래거절과 달리 인위적으로 집단적인 힘을 형성하여 경쟁을 제한하는 것이 아니기 때문에 상대적으로 공정한 거래를 해칠 우려가 그만큼 크지 않다고 볼 수 있으며, 부당한 경우에만 공정거래저해성이 인정된다.

부당성 판단의 가장 중요한 기준은 거래를 거절당한 상대방의 대체거래처 확보가능성이다.[25] 거절하는 사업자의 시장점유율이 높아 거래를 거절당한 상대방이 대체거래처를 확보하기 어렵거나 확보하더라도 불리한 조건을 감수해야 함으로써 시장에서 배

25) 서울고법 2001. 1. 30. 선고 2000누1494 판결.

제되거나 경쟁에 상당한 애로가 따르는 경우에는 부당한 거래거절에 해당될 가능성이 높다. 또한 부당성을 판단함에 있어서는 거래거절이 시장에 미치는 영향보다 거래상대방의 거래기회를 배제하여 그 사업활동을 곤란하게 할 우려가 있는지, 거래상대방에 대한 부당한 통제 등 위법한 목적을 달성하기 위한 실효성 확보수단으로 이루어졌는지 등 거래상대방이 거래거절로 인해 불이익을 받았는지 여부를 기준으로 하여야 한다.[26]

거래거절이 외형상으로는 거절당한 상대방의 시장에서의 배제를 직접적인 목적으로 하지 않더라도 그 거절행위의 효과를 분석하여 거래거절의 진정한 목적이 상대방을 시장에서 배제하는 데 있는 경우에는 '위장된 거래거절'(disguised naked boycott)로서 위법한 것으로 보아야 할 것이다.[27]

[판례] 한국코카콜라㈜의 범양식품㈜에 대한 음료원액 공급거절행위(대법원 2001. 1. 15. 선고 98두17869 판결)

'기타의 거래거절'은 '공동의 거래거절'과는 달리 거래거절이라는 행위 자체로 바로 불공정거래행위에 해당하는 것은 아니고, 그 거래거절이 특정 사업자의 거래기회를 배제하여 그 사업활동을 곤란하게 할 우려가 있거나 오로지 특정 사업자의 사업활동을 곤란하게 할 의도를 가진 유력 사업자에 의하여 그 지위 남용행위로서 행하여지거나 혹은 법이 금지하고 있는 거래강제 등의 목적 달성을 위하여 그 실효성을 확보하기 위한 수단으로 부당하게 행하여진 경우라야 공정한 거래를 저해할 우려가 있는 거래거절행위로서 법이 금지하는 불공정거래행위에 해당한다고 할 수가 있다.

Ⅱ. 차별적 취급

1. 의 의

경쟁기능이 제대로 작동하여 시장 전체적으로 하나의 가격과 거래조건이 성립하고 있더라도 시장상황과 상대방과의 구체적·개별적인 거래관계에 있어서 사업자의 경영판단에 따라 다른 가격이나 거래조건으로 거래할 수 있다. 또한 경쟁사업자가 존재하는 경우 거래지역이나 거래상대방에 따라 가격 또는 거래조건을 차별적으로 제시함으로써 오히려 경쟁을 촉진시킬 수 있으며, 이를 규제할 경우 오히려 거래활동을 위축시킬 수도 있다. 그러나 이러한 차별이 부당한 방법으로 이루어져 경쟁사업자의 사업활동을 곤란하게 하거나(primary line injury) 차별을 받는 상대방 사업자의 경쟁을 제한하

26) 대법원 2007. 11. 22. 선고 2002두8626 전원합의체(포스코 판결) 판결.
27) Gamco Inc. v. Providence Fruit and Produce Building Inc., 194 F. 2nd 484, 487-8(1st Cir., 1952) Cert, deni, ed., 344 U. S. 817.

는 경우(secondary line injury)에는 불공정거래행위로 규제할 수밖에 없다(법 §45① ii).

공정거래법상 차별적 취급이란 거래거절에까지 이르지 않더라도 사업자가 부당하게 거래지역 또는 거래상대방별로 가격, 수량, 기타 거래조건 등을 유리 또는 불리하게 하여 차별취급하는 행위를 말한다(유형 및 기준 제2호). 이러한 차별적 취급이 대량구매 등에 따른 원가 차이의 반영, 수요의 변동, 상품의 특성 등에 기인한 합리적인 차별인 경우에는 위법으로 보지 않으나, 경쟁자를 배제하거나 경쟁을 제한함으로써 공정한 거래를 해칠 우려가 있는 경우에는 금지된다.

불공정거래행위의 유형 및 기준에서는 이러한 차별적 취급의 유형으로서 차별취급의 내용에 따라 크게 ① 가격차별과 ② 기타 거래조건의 차별로 구분하고 있다. 그 밖에 위법성이 뚜렷한 유형인 ③ 계열회사를 위한 차별취급과 ④ 집단적 차별취급을 별개의 행위 유형으로 정하고 있다.

2. 유　　형

(1) 가격차별

가격차별이란 부당하게 거래지역 또는 거래상대방에 따라 현저하게 유리하거나 불리한 가격으로 거래하는 행위를 말한다(유형 및 기준 제2호 가목). 가격차별이 공정한 거래를 해칠 우려가 있는 정도에 이르기 위해서는 현저한 가격 차이와 함께 '부당성'이 존재하여야 한다. 가격차별의 부당성은 가격차별의 정도, 가격차별이 경쟁사업자나 거래상대방의 사업활동 및 시장에 미치는 경쟁제한의 정도, 가격차별에 이른 경영정책상의 필요성, 가격차별의 경위 등 여러 사정을 종합적으로 고려하여 판단하여야 한다.[28] 그러나 가격차별이 소요비용의 차이, 선의의 경쟁적 대항가격, 유통기한 임박에 따른 상품의 시장성 저하 등과 같은 합리적인 근거에 기초하고 있다면 위법성이 조각된다.

가격차별은 차별의 대상에 따라 '지역별 가격차별'과 '상대방별 가격차별'로 구분된다. 전자는 주로 어떤 사업자가 시장지배력을 가지는 지역시장에서는 정상적인 가격으로 거래하면서 그렇지 않은 다른 지역시장에서는 현저하게 다른 가격으로 거래하는 경우이다. 후자는 어떤 사업자가 특정한 사업자에 대해서 다른 사업자보다 현저하게 다른 가격으로 거래하는 경우를 말한다. 가격차별이 현저한 정도에 이르는지 여부에 대해서는 사안별로 검토되어야 할 것이나, 다른 지역시장에서의 경쟁사업자나 차별적 취급을 받는 거래상대방이 시장에서의 자유경쟁에 제한을 받을 정도에 이르면 족하다고 보아야 할 것이다.

---

28) 대법원 2006. 12. 7. 선고 2004두4703 판결.

한편 가격차별의 위법성 근거를 경쟁제한성에서 구하는 한, '지역별 가격차별'의 경우에는 가격차별로 해당 지역시장에서 경쟁사업자가 사업활동에 곤란을 겪게 되거나 경쟁에서 배제될 우려가 있는 등 객관적인 경쟁감소의 효과가 존재하는 경우에 불공정거래행위로 인정된다. 이에 비해 '상대방별 가격차별'의 경우에는 가격차별이 거래상대방으로 하여금 경쟁에서 불리 또는 유리한 지위를 유지 · 강화하도록 하기 위한 수단으로서 행해지는 경우에 인정된다.

(2) 거래조건차별

거래조건차별이란 부당하게 특정 사업자에 대하여 수량 · 품질 등의 거래조건이나 거래내용을 현저하게 유리하거나 불리한 취급을 하는 행위를 말한다(유형 및 기준 제2호 나목). 원래 가격은 가장 중요한 거래조건이지만, 이미 별도로 규제하고 있으므로 여기에서의 거래조건에는 수량, 품질, 규격, 인도조건, 대금지급조건, 수송조건, 판매촉진비, 리베이트,[29] 애프터서비스, 하자책임기간 등 가격 이외의 조건이 해당된다. 거래조건차별의 위법성 판단은 가격차별에 준한다.

(3) 계열회사를 위한 차별취급

계열회사를 위한 차별취급이란 정당한 이유없이 자기의 계열회사를 유리하게 하기 위하여 가격 · 수량 · 품질 등의 거래조건이나 거래내용을 현저하게 유리하거나 불리하게 하는 행위를 말한다(유형 및 기준 제2호 다목).

계열회사를 위한 차별취급의 경우 해당 계열회사가 원가절감, 기술개발, 경영합리화 등을 통해 스스로의 경쟁력을 갖추기보다는 다른 계열회사의 도움으로 경쟁사업자와의 경쟁에서 유리한 위치를 확보하게 됨으로써 결국 계열회사 경쟁사업자의 경쟁의 자유(자유경쟁성)를 침해하게 되는 것이다. 위법성을 판단함에 있어서는 실제로 계열회사를 유리하게 하기 위한 차별적 취급이 있었는지 여부를 기준으로 하며, 실제로 계열회사의 경쟁사업자에 대한 경쟁이 침해되었는지 여부는 중요치 않다. 그러나 계열회사를 위한 차별취급이라 하더라도 영업전략이나 대량구매에 따른 원가차이를 반영하여 가격이나 거래조건을 합리적인 범위 내에서 유리하게 해주는 경우에는 정당한 이유가 있는 것으로 보아 위법성이 조각된다.

---

29) 리베이트는 거래가격의 일부가 반환된다는 점에서 거래가격조건에 해당하는 것으로 볼 수 있지만, 매 거래시 정하는 것이 아닌 일정 기간의 거래총액에 대한 리베이트인 경우에는 가격 이외의 거래조건이 된다. 이기수 · 유진희, 앞의 책, 227면.

계열회사를 위한 차별취급은 '차별성', '현저성' 및 계열회사를 유리하게 하려는 '의도'가 전제로 된다. 차별성에는 계열회사에 대한 차별취급 뿐만 아니라 계열회사에 유리하도록 비계열회사를 차별적으로 취급하는 것도 포함된다. 차별의 현저성은 계열회사와 관련시장에서의 경쟁상대인 다른 사업자들에 미치는 결과를 비교 평가하여 판단한다. 계열회사를 유리하게 하려는 의도는 특정 사업자가 자기의 이익을 위하여 영업활동을 한 결과가 계열회사에 유리하게 귀속되었다는 사실만으로는 부족하고, 차별행위의 동기, 그 효과의 귀속주체, 거래의 관행, 당시 계열회사의 상황 등을 종합적으로 고려하여 사업자의 주된 의도가 계열회사가 속한 일정한 거래분야에서 경쟁을 제한하고 기업집단의 경제력집중을 강화하기 위한 것이라고 판단되는 경우에 한하여 인정된다.30)

계열회사를 위한 차별취급은 계열회사가 주로 자신의 기업집단에 소속된 다른 계열회사의 특정 시장에서의 독과점 형성이나 경쟁사업자 배제를 목적으로 행하여지는 경우가 많다. 그러나 이러한 형태의 차별취급은 경쟁력이 없는 기업집단 소속 계열회사들을 인위적으로 유지시킴으로써 경제적 효율성을 떨어뜨리고, 경제력집중을 심화시킬 여지가 크기 때문에 정책적 차원에서 위법성을 광범위하게 추정하고 있다.

[판례] 현대자동차㈜ · 기아자동차㈜의 차별적 취급행위(대법원 2007. 2. 23. 선고 2004두14052 판결)

현대자동차㈜와 기아자동차㈜가 현대캐피탈과의 오토할부약정에 기하여 오토할부의 할부금리를 인하하는 것은 원고들이 제조 · 판매하는 자동차를 할부로 구매하려고 하는 고객들 중 현대캐피탈을 이용 또는 이용하려고 하는 고객들과 현대캐피탈이 아닌 비계열 할부금융사를 이용 또는 이용하려고 하는 고객들을 차별하는 행위라고 할 것이며, 이러한 차별로 인하여 현대캐피탈에게는 고객의 증가라는 차별효과가 귀속되게 되므로 원고들의 위 할부금리 인하행위는 일응 계열회사인 현대캐피탈을 유리하게 하는 차별적 취급행위에 해당한다.

(4) 집단적 차별취급

집단적 차별취급이란 집단으로 특정 사업자를 부당하게 차별적으로 취급하여 그 사업자의 사업활동을 현저하게 유리하거나 불리하게 하는 행위를 말한다(유형 및 기준 제2호 라목). '집단적'이란 여러 사업자 또는 사업자단체에 의한 경우를 말하며, 차별취급에 참가하는 여러 사업자들 간에 반드시 현실적 또는 잠재적 경쟁관계에 있을 필요는 없다. 집단적 차별취급은 그 상대방인 특정 사업자의 시장에서의 자유로운 경쟁활동(자유경쟁성)을 제한하게 된다는 점에서 위법성의 근거를 찾을 수 있다. 또한 동시에

30) 대법원 2004. 12. 9. 선고 2002두12076 판결.

집단적 차별이 2 이상 사업자의 합의에 의해 이루어지는 경우 해당 사업자는 부당한 공동행위(법 §40), 사업자단체를 통해 이루어지는 경우 사업자단체의 금지행위(법 §51① i) 위반에 해당하게 된다.

Ⅲ. 경쟁사업자의 배제

1. 의 의

시장경제 체제는 시장에서 치열한 경쟁을 통해 본래의 효율성을 발휘할 수 있으며, 그 과정에서 경쟁력이 없거나 비효율적인 사업자가 시장에서 퇴출되는 것은 어쩔 수 없는 이치이다. 그러나 경쟁이 아닌 부당한 방법으로 경쟁사업자를 배제하는 행위는 경쟁의 효율성을 떨어뜨리며, 공정한 거래질서를 해칠 우려가 있다.

공정거래법상 경쟁사업자 배제란 부당한 방법을 사용하여 자기 또는 계열회사의 경쟁사업자를 배제시킬 우려가 있는 행위를 말한다(법 §45①ⅲ, 유형 및 기준 제3호). 경쟁사업자 배제에는 기존의 경쟁사업자를 시장에서 배제하는 행위뿐만 아니라 잠재적 경쟁사업자의 시장진입을 제한하는 것도 포함된다.[31]

불공정거래행위의 유형 및 기준에서는 가격이라는 경쟁수단을 통한 경쟁사업자 배제에 중점을 두어 ① 상품 또는 용역을 정상적인 가격보다 현저히 낮은 가격으로 공급하는 '부당염매'와 ② 높은 가격으로 구입하는 '부당고가매입'으로 구분하고 있다. 부당염매나 부당고가매입을 함에 있어서는 경쟁사업자를 배제하려는 주관적 목적이 외부에 표현될 필요는 없지만 객관적으로 행위자에게 그러한 목적이 존재하는 것으로 인정될 수 있으면 족하다.[32] 또한 경쟁사업자를 배제시킬 우려가 있으면 충분하기 때문에 부당염매 또는 부당고가매입에 의해서 경쟁사업자의 사업활동이 실제로 곤란하게 될 것을 요하지 않는다. 따라서 상품의 양, 기간, 행위자의 사업규모, 시장에서의 지위, 경쟁사업자의 상황 등을 종합적으로 판단하여 객관적으로 경쟁사업자를 배제시킬 우려(추상적 위험)가 있으면 충분하다고 할 수 있다.

---

31) 대법원 2001. 6. 12. 선고 99두4686 판결; 1999. 2. 11. 선고 98누9181 판결.

32) 이기수 · 유진희, 앞의 책, 232면.

2. 유 형

(1) 부당염매

(가) 의 의

부당염매란 자기의 상품 또는 용역을 공급함에 있어 ① 정당한 이유없이 그 공급에 소요되는 비용보다 현저히 낮은 대가로 계속하여 공급하거나(계속거래상 부당염매), ② 기타 부당하게 상품 또는 용역을 낮은 대가로 공급함으로써(기타 거래상 부당염매) 자기 또는 계열회사의 경쟁사업자를 배제시킬 우려가 있는 행위를 말한다(유형 및 기준 제3호 가목).

일반적으로 상품 또는 용역을 경쟁사업자보다 낮은 가격으로 판매하거나 공급하는 것은 가격경쟁의 일환으로서 문제될 것이 없다. 그러나 염가, 즉 원가(原價)보다도 낮게 판매·공급한다면 생산성 향상의 결과라기보다 이는 다른 비정상적인 원인에 기인할 가능성이 크다. 만약 자신의 경제력을 배경으로 또는 다른 상품의 판매이익을 투입하여 염가판매가 이루어진다면 경쟁사업자가 시장에서 가격경쟁에 어려움을 겪게 되고, 경쟁사업자가 경쟁에서 배제된 후 독점상태가 되면 그동안의 염매로 인한 손해를 전보하기 위하여 독점력을 남용할 가능성이 크다. 여기에서 부당염매의 위법성 근거는 원가 이하로 상품이나 용역을 판매·공급하는 데 있는 것이 아니라 경쟁제한성, 즉 불공정한 경쟁수단으로 경쟁사업자를 시장에서 배제시킴으로써 시장에서의 경쟁을 제한할 우려가 있다는데 그 근거를 찾을 수 있다. 경쟁사업자 배제의 우려는 염매의 의도·목적 및 기간, 염가의 정도, 대상상품·용역의 특성과 수량, 행위자의 사업규모 및 시장지위, 경쟁사업자의 업태와 매출감소의 사실 등을 종합적 고려하여 판단하게 된다.

(나) 유 형

① 계속거래상 부당염매(계속적 염매) 계속적 염매란 자기의 상품 또는 용역을 공급함에 있어서 정당한 이유없이 그 공급에 소요되는 비용보다 현저히 낮은 대가로 계속하여 공급하는 행위를 말한다(유형 및 기준 제3호 가목 전단).

계속적 염매에 해당되기 위해서는 무엇보다 공급에 소요되는 비용, 즉 원가[33]보다도 현저하게 낮은 대가로 계속 공급하여야 한다. 현저하게 낮은 대가의 기준을 일률적으로 정하기는 곤란하나 제조원가나 매입원가를 기준으로 하되,[34] 해당 상품의 성질,

33) 일반적으로 원가에는 제조원가나 매입원가, 판매원가, 총원가 및 적정원가 등이 있다. "판매원가=제조원가(재료비+노무비+경비 등)+일반관리비 및 판매비"이고, "총원가=판매원가+이자 등 영업외비용"으로 계산된다. 그 밖에 총원가에 적정이윤을 더한 적정원가도 있다. 김병배, 「알기쉬운 공정거래」(중앙일보사, 1996), 112면.

34) 불공정거래행위 심사지침 V. 3. 가. (1) (나)에서는 제조원가를 재료비, 인건비, 기타 제조경비뿐만

수급상황, 경쟁사업자가 대항할 수 있는 수준인지 여부, 기타 경쟁사업자의 행태 등을 종합적으로 고려하여 판단할 수밖에 없다. 특히 조업중단 분기점이라고 볼 수 있는 평균가변비용(average variable cost)[35] 이하의 가격으로 공급하는 경우에는 그 자체로서 약탈적 성격이 강하기 때문에 부당염매에 해당할 가능성이 매우 높다.

계속적 염매는 경쟁사업자 배제를 직접 목적으로 하는 경우가 많기 때문에 경쟁제한성이 큰 불공정거래행위 유형에 속하며, 위법성이 광범위하게 추정된다. 다만 파손상품 · 계절상품의 재고처리나 신제품 일시 홍보를 위한 염가판매와 같이 '정당한 이유'가 있는 때에는 경쟁사업자 배제의 우려가 없기 때문에 위법성이 조각된다.

② 기타 거래상 부당염매(일시적 염매) 일시적 염매는 부당하게 상품 또는 용역을 낮은 대가로 공급하는 행위이다(유형 및 기준 제3호 가목 후단). 염매행위가 1회 또는 단기간(1주일 이내)에 그치고, 배제된 경쟁사업자가 곧 대체거래처를 확보하거나 다른 경쟁에 참여할 수 있는 기회가 회복될 수 있다는 점에서 계속적 염매에 비하여 경쟁제한성이 상대적으로 낮다고 볼 수 있다. 계속적 염매와 달리 현저성과 계속성이 요구되지 않는다.

[판례] 현대정보기술㈜의 인천광역시 용역입찰 부당염매행위(대법원 2001. 6. 12. 선고 99두4686 판결)

이른바 계속거래상의 부당염매는 사업자가 채산성이 없는 낮은 가격으로 상품 또는 용역을 계속하여 공급하는 것을 가리키므로 그 행위의 외형상 그에 해당하는 행위가 있으면 '정당한 이유가 없는 한' 공정한 거래를 저해할 우려가 있다고 보아야 할 것이나, 그 후단에서 규정하는 이른 바 기타 거래상의 부당염매는 그 행위 태양이 단순히 상품 또는 용역을 낮은 가격으로 공급하는 것이어서 그 자체로 이를 공정한 거래를 저해할 우려가 있다고 보기 어려운 만큼 그것이 '부당하게' 행하여진 경우라야 공정한 거래를 저해할 우려가 있다고 보아야 할 것이며, 이 때 그 부당성의 유무는 해당 염매행위의 의도, 목적, 염가의 정도, 반복가능성, 염매대상 상품 또는 용역의 특성과 그 시장상황, 행위자의 시장에서의 지위, 경쟁사업자에 대한 영향 등 개별사안에서 드러난 여러 사정을 종합적으로 살펴 그것이 공정한 거래를 저해할 우려가 있는지의 여부에 따라 판단하여야 한다.

(2) 부당고가매입

부당고가매입이란 부당하게 상품 또는 용역을 통상 거래가격에 비하여 높은 대가로 구입하여 자기 또는 계열회사의 경쟁사업자를 배제시킬 우려가 있는 행위(유형 및

아니라 일반관리비까지 포함하는 개념으로 사용하고 있다. 매입원가는 실제 구입가격을 기준으로 하되, 계열회사관계나 제휴관계와 같은 특수한 사정이 존재하는 경우에는 일반사업자간 거래가격을 고려하여 수정된 가격을 기준으로 할 수 있다.

35) '평균가변비용'이란 총비용에서 생산량과 무관하게 발생하는 고정비용을 제외한 가변비용을 생산량으로 나눈 것으로, 생산량 1단위당 소요되는 가변비용을 말한다.

기준 제3호 나목)를 말한다.

사업자가 특정한 상품 또는 용역을 통상의 거래가격보다 고가로 매입하더라도 원재료가 품귀할 가능성에 대비하거나 안정적인 제품생산 확보와 같이 합리적인 이유가 있다면 별 문제로 되지 않는다. 그러나 경쟁사업자의 제품생산에 필수적인 원자재의 수급이 부족하거나 시장에서 대체재 또는 경합재가 존재하지 않음에도 통상보다 비싼 가격으로 매입함으로써 경쟁사업자를 원자재 구입난에 빠뜨려 사업활동을 곤란하게 하는 것은 경쟁사업자를 시장에서 배제시킬 우려가 있는 행위로서 부당고가매입에 해당한다. 통상의 거래가격은 시장에서 동일 업종의 사업자 간에 정상적으로 형성되는 가격, 즉 시가를 의미한다.

한편 부당고가매입의 경우에는 그 요건으로서 계속성은 요구되지 않으며, 1회적이더라도 매점(買占)되는 상품 또는 용역의 물량이 전체 공급량에서 차지하는 비중이 큰 경우에는 경쟁사업자를 배제할 우려가 있는 것으로 볼 수 있다.[36] 부당고가매입의 위법성 근거도 부당염매와 같이 경쟁제한성, 즉 불공정한 경쟁수단으로 경쟁사업자를 시장에서 배제시킴으로써 시장에서의 경쟁을 제한할 우려가 있다는데 그 근거를 찾을 수 있다. 고가매입의 '부당성'은 매입자의 시장지위, 해당 상품 또는 용역의 수급상황, 대체재나 경합재의 존재, 고가매입으로 경쟁사업자들의 사업활동이 곤란하게 되거나 곤란해질 가능성 여부 등을 함께 고려하여 판단한다.

Ⅳ. 부당한 고객유인

1. 의　　의

고객을 유인하는 것은 자유경쟁의 본질로서 사업자의 매출신장 및 이윤확보에 불가결하다. 사업자가 고액유인을 위하여 신기술을 개발하고 원가절감 및 경영합리화를 통해 보다 양질·저가의 상품 또는 용역을 시장에 판매하거나 공급한다면 사업자 간의 능률경쟁이 촉진될 수 있다. 그러나 과다한 이익을 제공하거나 기만적인 수단을 통해 고객을 현혹하여 자기와 거래하도록 유인한다면 고객의 상품선택의 자유는 침해되고, 경쟁사업자의 시장에서의 경쟁이 제한될 수밖에 없다.

공정거래법상 부당한 고객유인이란 부당하게 경쟁자의 고객을 자기와 거래하도록 유인하는 행위를 말한다(법 §45①ⅳ, 유형 및 기준 제4호). 부당한 고객유인의 금지는 고

---

36) 「불공정거래행위 심사지침」 Ⅴ. 3. 나. (1) (가).

객의 자유로운 선택과 결정을 왜곡하는 불공정한 경쟁수단을 방지함으로써 시장에서 품질과 가격에 의한 능률경쟁이 유지되도록 하는 데 그 목적이 있다. 따라서 1차적으로는 거래상대방인 고객의 상품 또는 용역 선택의 의사형성과정에 영향을 미쳐 거래결정의 자주성을 침해하고, 2차적으로는 경쟁사업자의 시장에서의 능률경쟁 기회를 차단하여 경쟁의 공정성을 침해하는 데서 위법성이 근거를 찾을 수 있다. 즉, 거래의 불공정성과 경쟁제한성이 모두 위법성의 근거로 된다. 고객유인이 성립하기 위해서는 경쟁사업자의 고객이 거래처를 전환하여 자기와 거래하도록 유인하는 데까지 성공하여야 하는 것은 아니고 자기와 거래하도록 유인할 가능성이 있으면 충분하다.[37]

불공정거래행위의 유형 및 기준에서는 부당한 고객유인의 유형은 경쟁수단을 중심으로 ① 부당한 이익에 의한 고객유인, ② 위계에 의한 고객유인, ③ 기타의 부당한 고객유인으로 구분하고 있으며, 이를 모두 조리위법행위로 규제하고 있다. 이와 함께 고객유인의 방법으로 이용되고 있는 신문업시장에서의 무가지 및 경품류 제공에 관하여는 「신문업고시」에서 특수불공정거래행위로서 규제되고 있다. 특히 고객유인의 유력한 수단으로 이용되는 표시와 광고에 의한 부당한 고객유인에 대해서는 특별법으로서 「표시광고법」이 적용된다.

2. 유 형

(1) 부당한 이익에 의한 고객유인

부당한 이익에 의한 고객유인은 정상적인 거래관행에 비추어 부당하거나 과대한 이익을 제공 또는 제공할 제의를 하여 경쟁사업자의 고객을 자기와 거래하도록 유인하는 행위를 말한다(유형 및 기준 제4호 가목).

정상적 거래관행이란 해당 업계의 통상적인 거래관행을 기준으로 판단하되, 바람직한 경쟁질서에 부합되어야 한다. 일반적으로 거래에서 부수하는 서비스, 기타 이익의 제공은 부당한 것으로 볼 수 없다. 여기에서 이익의 제공 또는 그 제의는 리베이트나 판촉지원금 지급과 같이 적극적인 방식으로 이루어지기도 하고, 요금 감면이나 납부기한 연장과 같은 소극적인 방식으로 이루어질 수도 있다.

이익제공의 부당성·과대성 여부는 해당 업계의 정상적인 거래관행에 비추어 통상적인 수준을 기준으로 판단하여야 할 것이나, 그 기준이 모호한 경우가 적지 않으므로 실제로는 고객의 입장에서 합리적인 상품선택이 방해되고 있는지 여부에 따라 판단되어야 한다.[38] 구체적으로 양 당사자의 거래상 실질적 지위, 시장상황, 제공된 이익의

37) 대법원 2010. 12. 23. 선고 2008두22815 판결.

규모, 경쟁사업자의 거래행태 등을 종합적으로 고려하여야 할 것이다.

그 밖에 부당한 이익에 의한 고객유인은 불공정한 경쟁수단을 통해 고객을 유인하는 것을 문제삼는 것이기 때문에 고객유인의 의도가 외관상 나타나는 이익의 제공 또는 이익제공의 제의가 있으면 인정되며, 실제로 고객이 유인되어 자기와 거래하였을 것을 요하는 것은 아니다.

[판례] 동아제약㈜의 부당한 이익제공에 의한 고객유인행위(대법원 2010. 12. 23. 선고 2008두22815) 판결

2003. 1. 1.부터 2006. 9. 30.까지 실제로 집행된 액수가 현금성 지원액 864억 8,200만 원, 골프 접대비용 17억 2,300만 원, 물품성 지원액 454억 5,200만 원인 점 등에 비추어 보면, 원고의 의료기관 등에 대한 구체적인 지원행위는 본사 차원의 판촉계획에 대한 실행행위의 성격을 갖는다고 볼 것이므로, 그러한 행위가 부당한 고객유인행위에 해당하는지 여부를 판단함에는 이를 하나의 행위로 평가하여야 한다.

… 케이스 스터디도 주로 자사 의약품의 처방증대를 위하여 실시되었고 기부금 제공도 약품선정 등에 있어서 유리한 위치를 차지하기 위한 의도로 이루어졌던 것으로 보이는 점, 제약산업의 특성상 제약업체의 의사나 의료기관 등에 대한 정보제공과 설득을 통한 판촉활동이 불가피한 측면이 있기는 하지만, 그 상대방이 직접적인 소비자가 아니라 약품의 오남용을 막기 위해 면허제도를 통해 처방권을 부여받은 의료전문 종사자이고, 생명관련 사업이라는 특성 등으로 인하여 다른 업종보다 높은 규범성이 요구되는 점 등에 비추어 보면, 원고의 의료기관 등에 대한 구체적인 개개의 지원행위는 '정상적인 거래관행에 비추어 부당하거나 과대한 이익을 제공 또는 제공할 제의를 한 경우'에 해당한다고 봄이 상당하다.

(2) 위계에 위한 고객유인

위계에 의한 고객유인이란 부당한 표시·광고 이외의 방법으로 i) 자기가 공급하는 상품 또는 용역의 내용이나 거래조건 기타 거래에 관한 사항에 관하여 실제보다 또는 경쟁사업자의 것보다 현저히 우량 또는 유리한 것으로 고객을 오인시키거나, ii) 경쟁사업자의 것이 실제보다 또는 자기의 것보다 현저히 불량 또는 불리한 것으로 고객을 오인시켜 경쟁사업자의 고객을 자기와 거래하도록 유인하는 행위를 말한다(유형 및 기준 제4호 나목).

위계에 의한 고객유인을 금지하는 것은 기만적 행위로 인해 고객의 합리적인 상품 또는 용역의 선택권이 방해되지 않도록 하고, 경쟁사업자 간의 공정한 경쟁을 통해 시장에서의 거래질서를 유지하기 위한 데에 있다. 고객을 유인하기 위해 어느 정도의 과장은 상관행상 허용되지만, 통상적인 허용 범위를 넘어서 오인할 정도에 이르는 경우에

38) 황태희, "부당한 고객유인행위의 법적 검토", 「경쟁법연구」 제18권(한국경쟁법학회, 2008), 256면.

는 공정한 거래를 해칠 우려가 있다. 행위자가 고객을 오인시키는지 여부의 판단은 객관적으로 오인시킬 수 있는 것이면 충분하며, 행위자가 주관적으로 오인시킬 의도가 있었는지 여부는 중요치 않다. 또한 위계에 의한 고객유인은 기만적인 유인행위 자체를 금지하려는 것이므로 이러한 유인행위로 인하여 고객이 오인될 우려가 있으면 족하고, 오인의 결과로서 고객이 실제로 거래하였는지 여부는 중요치 않다. 그러나 경쟁사업자의 고객이 오인할 우려가 있더라도 그 결과 거래처를 전환하여 자기와 거래할 가능성이 없는 경우에는 단순한 비방에 불과할 뿐 부당한 고객유인에는 해당되지 않는다.[39]

[판례] SK텔레콤㈜의 위계에 의한 고객유인행위(대법원 2019. 9. 26. 선고 2014두15047 판결)

위계에 의한 고객유인행위에 해당하는지를 판단할 때에는, 그 행위로 보통의 거래 경험과 주의력을 가진 일반 소비자의 거래 여부에 관한 합리적인 선택이 저해되거나 다수 소비자들이 궁극적으로 피해를 볼 우려가 있게 되는 등 널리 업계 전체의 공정한 경쟁질서나 거래질서에 미치게 될 영향, 파급효과의 유무 및 정도, … 계속적·반복적인지 여부 등을 종합적으로 살펴보아야 한다. … 이동통신 3사와 제조 3사가 출시 단계에서부터 장려금을 반영하여 출고가를 높게 책정한 후 장려금을 재원으로 한 보조금을 지급하여 단말기를 할인해 주는 방식으로 마케팅 효과를 누리기로 한 이 사건 위반행위는 '상품 등의 거래조건 등에 관하여 실제보다 유리한 것으로 오인시켜 고객을 유인한 행위'에 해당하며, 소비자를 오인시켜 소비자의 합리적 선택을 방해하고 정상적인 단말기 출고가 및 이동통신 요금에 대한 경쟁촉진을 저해하는 행위이다.

(3) 기타의 부당한 고객유인

기타의 부당한 고객유인이란 경쟁사업자와 그 고객의 거래에 대하여 계약 성립의 저지, 계약불이행의 유인 등의 방법으로 거래를 부당하게 방해함으로써 경쟁사업자의 고객을 자기와 거래하도록 유인하는 행위를 말한다(유형 및 기준 제4호 다목). 기타의 부당한 고객유인은 경쟁사업자와 그 고객 간의 거래의 성립이나 계속을 방해함으로써 자기와 거래하도록 유인하는 행위를 대상으로 한다.

거래방해의 수단에는 제한이 없다. 예컨대, 경쟁사업자 대리점에 대해 시설보수, 영업활동 지원금 및 대리점관계의 종료시 발생할 채무상환을 위하여 무이자 및 저리의 자금을 빌려주거나 해약금을 부담해 주는 조건으로 기존의 거래관계를 해지하도록 하고 경쟁사업자와의 대리점관계 종료시점부터 자신과 거래관계를 개시하도록 유인하는 행위 등이 이에 해당한다. 거래방해가 고객유인을 위한 수단인지 여부는 방해의 동기나 의도, 방해 이후 고객의 거래처 내지 거래량의 변화추이, 경쟁사업자의 시장지위와

---

39) 「불공정거래행위 심사지침」 V. 4. 나. (2).

경쟁의 정도 등을 고려하여 판단한다. 거래방해의 상대방은 경쟁사업자 또는 경쟁사업자의 고객이며, 경쟁사업자의 고객에는 현재 거래관계를 유지하고 있는 고객뿐만 아니라 잠재적인 거래관계를 형성할 가능성이 있는 고객도 포함된다.

기타의 부당한 고객유인은 경쟁사업자와 고객 간의 계약관계에 직접 영향을 미치는 부당한 방법으로 경쟁사업자의 고객을 쟁탈하는 점에서 행위의 위법성이 더욱 강하다고 볼 수 있다.

3. 공정경쟁규약

사업자 또는 사업자단체는 부당한 고객의 유인을 방지하기 위하여 자율적으로 규약(이하 "공정경쟁규약"이라 한다)을 정할 수 있으며(법 §45⑤), 공정경쟁규약이 부당한 고객유인에 위반하는지 여부에 대해 공정거래위원회에 심사를 요청할 수 있다(법 §45⑥). 공정거래위원회는 공정경쟁규약의 심사를 요청받은 때에는 심사의 요청을 받은 날부터 60일 이내에 심사결과를 신청인에게 통보하여야 한다(영 §53).

V. 거래강제

1. 의 의

자본주의 시장경제체제에서는 모든 사업자는 시장상황과 자신의 경영판단에 따라 자유로이 거래할 지 여부를 결정할 수 있다. 그러나 자신의 요구를 거절하기 어려운 지위에 있는 거래상대방의 의사에 반하여 상품 또는 용역을 구입 또는 판매하도록 강제한다면 이는 거래상대방의 거래결정의 자주성을 침해할 뿐만 아니라 경쟁사업자와의 거래기회를 차단함으로써 시장에서의 경쟁을 제한할 우려가 있다.

공정거래법상 거래강제란 부당하게 경쟁자의 고객을 자기 또는 자기가 지정하는 사업자와 거래하도록 강제하는 행위를 말한다(법 §45① v, 유형 및 기준 제5호). 거래강제는 '지위의 우월성'과 '행위의 억압성'을 전제로 한다. 지위의 우월성은 거래상대방에 대해 절대적 우위뿐만 아니라 상대적 우위에 있는 경우, 즉 행위자의 영업상의 지위 또는 기타 거래여건에 비추어 행위자에 대한 의존도가 높거나 거래불응시 사실상 불이익이 가해질 수 있는 수단을 보유한 경우에도 해당된다. 또한 행위의 억압성은 주로 거래개시의 시점에서 유인의 정도를 넘어 상대방의 자유로운 의사결정을 구속하는 행위로서 만일 행위자의 요구에 불응할 경우 객관적으로 보아 어느 정도 불이익이 생길 가능성이 있으면 족하다. 거래강제는 거래상대방을 억압하고 경쟁사업자의 경쟁기회를 제약한다는 점에서 위법성 근거를 거래의 불공정성과 경쟁제한성 모두에서 찾을 수 있다.

불공정거래행위의 유형 및 기준에서는 거래강제의 유형을 ① 끼워팔기, ② 사원판매, ③ 기타의 거래강제로 구분하고 있다.

2. 유　　형

(1) 끼워팔기

끼워팔기란 거래상대방에 대하여 자기의 상품 또는 용역을 공급하면서 정상적인 거래관행에 비추어 부당하게 다른 상품 또는 용역을 자기 또는 자기가 지정하는 사업자로부터 구입하도록 하는 행위(유형 및 기준 제5호 가목)이다. 여기에서 정상적인 거래관행은 해당 업계에서 현존하는 관행이라기보다는 공정한 거래의 관점에서 객관적으로 수긍할 수 있는 관행을 의미한다고 보아야 할 것이다.[40] 이러한 끼워팔기는 주로 인기 있는 '주된 상품'(본상품, tying product)을 팔면서 거래상대방으로 하여금 원하지 않는 인기가 낮은 별개의 '종된 상품'(부차적 상품, tied product)의 구입을 강제하는 경우에 해당한다.

공정거래법상 끼워팔기가 성립하기 위해서는 ① 별개의 상품성, ② 구입강제성 및 ③ 부당성이 요구된다.[41] 별개의 상품성 여부는 이들이 시장에서 통상 별도로 거래되는지 여부와 함께 그 상업적 용도나 기능적 특성, 소비자 인식 및 제품통합과 기술혁신의 추세 등을 종합적으로 고려하여 판단한다.[42] 구입의 강제성은 거래상대방이 본상품 구매의 조건으로 부차적 상품의 구매를 강제당하였는지, 거래상대방이 어차피 부차적 상품을 구매할 예정이었는지, 거래상대방의 다른 선택의 기회를 봉쇄했는지 여부 등을 종합적으로 고려하여야 한다. 본상품의 판매와 연계하여 거래상대방이 부차적 상품을 구입하도록 하는 상황을 만들어내면 족하고, 반드시 시장지배적사업자일 필요는 없다.[43] 부당성은 부차적 상품을 구입토록 한 결과 거래상대방의 상품선택의 자유를 제한하거나 가격과 품질을 중심으로 한 능률경쟁을 저해할 우려가 있는지 여부에 따라

---

40) 이는 예컨대, 비용절감이나 품질관리와 같이 그 정당성이 인정되고 끼워팔리는 부차적 상품이 가격과 품질면에서 구매자의 선택권을 왜곡시키지 않는 것을 의미한다고 볼 수 있다. 김두진, 「공정거래법상 끼워팔기에 대한 규제제도 연구」(한국법제연구원, 2001), 163-164면.

41) 서울고법 2004. 2. 10. 선고 2001누16288 판결.

42) 부차적 상품이 본상품과 밀접불가분한 구성요소가 아닌 별개의 상품으로서 독립하여 거래의 대상이 될 수 있어야 한다. 거래관행상 두 개 이상의 상품이 조합되어 하나의 거래단위로 판매되는 패키지 상품(예컨대 시계와 시계줄, 열쇠와 자물쇠, 자동차와 타이어, 프린터와 잉크 등)이나 기능상 보완관계 또는 품질 및 안전관리를 위해 불가피한 경우 등은 끼워팔기에 해당하지 않는다.

43) 대법원 2006. 5. 26. 선고 2004두3014 판결. 이에 비해 미국의 경우에는 1984년 시카고 스쿨 이론에 따른 Jefferson Parish 사건판결 이후 끼워팔기의 위법성 요건으로서 본상품이 시장에서의 시장력(market power)을 가질 것을 요구하고 있다. Jefferson Parish Hospital District No. 2 v. Hyde. 466 U. S. 2 [1984].

판단하여야 하며, 실제로 거래상대방이 구입하였을 것을 요하지 않는다.

그러나 끼워팔기로 인한 소비자후생 증대효과가 경쟁제한 효과를 현저히 상회하는 경우에는 위법성이 조각되는 것으로 보아야 한다. 유의할 것은 여기에서 위법성 조각은 단순히 상반된 두 효과 간 비교형량의 문제라기보다는 적어도 거래상대방에 대한 행위의 억압성(구입강제성)까지를 감안하여 이를 상쇄할 수 있을 정도의 현저한 소비자후생의 증대효과가 요구된다고 보아야 한다.

[판례] 한국토지공사의 비인기토지 끼워팔기행위(대법원 2006. 5. 26. 선고 2004두3014 판결)

원고가 인천 마전·남양주 호평·평내·마석지구 등 공동주택지(이하 '비인기토지')의 판매가 저조하자 상대적으로 분양이 양호한 부천 상동·용인 신봉·동천·죽전·동백지구 등 공동주택지(이하 '인기토지')를 판매하면서 비인기토지의 매입시 인기토지에 대한 매입우선권을 부여함으로써 비인기토지를 매입하지 않고서는 사실상 인기토지를 매입할 수 없게 만들어, 주된 상품인 인기토지를 매입하여 주택건설사업을 하고자 하는 주택사업자로서는 사실상 종된 상품인 비인기토지를 매입할 수밖에 없는 상황에 처하도록 한 연계판매행위는 거래상대방에 대하여 자기의 주된 상품을 공급하면서 자기의 종된 상품을 구입하도록 하는 행위로서 끼워팔기에 해당하고, 나아가 공공부문 택지개발사업의 40% 이상을 점하고 있는 원고가 위와 같은 끼워팔기에 해당하는 연계판매행위를 할 경우 거래상대방인 주택사업자들의 상품선택의 자유를 제한하는 등 공정한 거래질서를 침해할 우려가 있으므로, 원고의 위와 같은 행위는 결국 '끼워팔기'에 해당한다.

(2) 사원판매

사원판매란 부당하게 자기 또는 계열회사의 임직원으로 하여금 자기 또는 계열회사의 상품이나 용역을 구입 또는 판매하도록 강제하는 행위(유형 및 기준 제5호 나목)를 말한다. 사원판매는 회사의 지시를 거부할 수 없는 임직원에 대한 회사의 우월적 지위를 바탕으로 이루어진다는 점에서 위법성의 근거를 경쟁수단의 불공정성에서 찾을 수 있다.[44] 경쟁수단의 불공정성 여부는 임직원에 대해 상품이나 용역을 구입 또는 판매하도록 강제하였는지, 임직원에 대한 강제가 경쟁사업자의 고객(잠재적 고객 포함)을 자기 또는 계열회사와 거래하도록 하기 위한 수단으로 사용되었는지 여부 등을 고려하여 판단한다.

따라서 통상적으로 신제품 판로개척 또는 매출부진을 타개하기 위하여 자기회사의 영업사원은 물론 계열회사의 임직원들이 자발적 의사에 기하여 주변 친지에게 적극적으로 제품판매에 나서는 것은 강제성이 없어 문제될 것이 없다. 또한 목표 달성을 단

44) 대법원 2001. 2. 9. 선고 2000두6206 판결; 2002. 8. 28. 선고 2002두5085 판결.

순히 촉구하거나 목표 달성시 인센티브를 제공하는 행위만으로는 원칙적으로 강제성이 인정되지 않는다. 그러나 사원별·부서별로 판매목표량을 할당하고, 목표 미달시 급여에서 공제하거나 판매실적을 인사고과 등에 반영하는 등 심리적 압박을 주거나 임의적인 의사에 반하여 제품구입을 강제하는 것은 불공정거래행위로서 규제의 대상이 된다.

이와 같이 사원판매를 금지하는 것은 회사 임직원이라 하더라도 자유로운 선택권을 가지는 고객으로서 반드시 소속 회사의 제품을 구입해야 하는 것은 아니라는 것을 전제로 하고 있다.

[판례] 대우자판㈜의 사원판매행위(대법원 2002. 8. 28. 선고 2002두5085 판결)

대우자판의 임직원 및 쌍용자동차로부터 전입한 사원들에 대하여 자사 자동차를 구입하도록 한 것은 단순히 후생복리적 차원에서 원고 대우자판 임직원들에게 차량 구입기회를 제공하는 차원에서 이루어진 것 또는 원고회사 사원들이 애사심이나 일반 판매가격보다 저렴하다는 잇점 때문에 자발적으로 제품을 구입하는 차원을 넘어선 것으로서 원고회사가 누적되는 재고차량의 소진을 위하여 우월한 지위를 바탕으로 임직원들의 임의적인 의사에 반하여 차량을 구입하도록 조직적으로 사원들의 차량구입 여부 및 차종에 대한 선택의 기회를 제한하여 자사 제품의 구입을 강제한 것으로 부당하게 자기 또는 계열회사의 임직원으로 하여금 자기 또는 계열회사의 상품이나 용역을 구입하도록 강제하는 행위에 해당된다.

(3) 기타의 거래강제

기타의 거래강제란 끼워팔기·사원판매 이외의 방법으로 정상적인 거래관행에 비추어 부당한 조건 등 불이익을 거래상대방에게 제시하여 자기 또는 자기가 지정하는 사업자와 거래하도록 강제하는 행위(유형 및 기준 제5호 다목)이다. 기타의 거래강제 위법성의 근거는 경쟁수단의 불공정성에서 찾을 수 있다. 불공정한 경쟁수단 여부는 사업자가 거래상대방에 대해 불이익을 줄 수 있는 지위에 있는지, 해당 불이익이 정상적인 거래관행에 비추어 부당한지, 거래상대방이 행위자의 요구사항을 자유로이 거부할 수 있는지 여부 등을 종합적으로 고려하여 판단한다.

여기에서 부당한 불이익에는 거래상대방이 거래에 불응하는 경우 거래량의 감소 또는 중단, 거래대금의 지연지급, 판매장려금의 축소 등을 들 수 있다.

[판례] 대우건설㈜의 거래강제행위(대법원 2007. 12. 13. 선고 2007두20492 판결)

대우건설은 입주자들에게 중도금 대출을 알선하여 주고 그 소유권의 이전 및 담보용 근저당권의 설정에 필요한 등기업무대행을 위하여 특정 법무사를 지정하고, 지정법무사 이외의 다른 법무사에게 등기업무를 위임하는 경우에는 등기업무 처리로 인한 일체의 책임을 묻지 아니하기로 하는 각서 등의 제출을 요구한 바, … 원고의 위 행위로 인하여 대부분의 대출세대가 지정법무사를 선임하여 일괄하여 그 업무를 처리하게 한 결과 40%의 비율에 상당한 등기비용을 절감하게 되었으므로 이는 결국 그 업무처리의 편의성, 효율성의 제고와 소비자의 후생 증대에 기여하였으며, 나아가 원고의 이익도 보호되는 효과가 발생하게 되었다고 할 것인 점, 원고 등의 연대보증채무의 해소를 위하여 농협으로부터 원고 등에 대한 연대보증 채권을 포기하는 동의서 등을 받아 원고 등에게 제출하는 경우에는 다른 법무사의 등기신청이 가능하도록 한 점(지정법무사를 이용하지 않은 세대수는 9세대) 등에 비추어 부당성이 인정되기 어렵다.

Ⅵ. 거래상 지위의 남용

1. 의　　의

시장경제체제 하에서는 누구든지 시장에서의 지위에 관계없이 「사적자치의 원칙」에 따라 자유롭게 거래활동을 할 수 있어야 한다. 그러나 시장에서 우월한 지위에 있는 사업자가 열등한 지위에 있는 거래상대방을 상대로 거래를 강제하거나 부당한 요구를 하고, 이에 불응할 경우 불이익을 가한다면 공정한 거래를 저해할 우려가 크다.

공정거래법상 거래상 지위의 남용이란 자신의 거래상 지위를 부당하게 이용하여 상대방과 거래하거나 거래상대방에 대하여 불이익을 주는 행위를 말한다(법 §45① vi, 유형 및 기준 제6호). 거래상 지위의 남용을 규제하는 취지는 현실의 거래관계에서 비록 당사자 간에 경제력의 차이가 있더라도 법적으로는 상호 대등한 지위에서 공정하게 거래할 수 있도록 보장하고, 상대적으로 우월한 지위에 있는 사업자가 그 지위를 남용하여 거래상대방에게 거래상 불이익을 주는 행위를 금지하는 데 있다. 판례는 불공정거래행위에서의 '거래'가 사업활동을 위한 수단 일반 또는 거래질서를 의미하고 있음을 고려하여 사업자뿐만 아니라 ① 거래질서와 관련성이 있는 경우의 일반소비자,[45] ② 직접적 계약관계가 없는 피해자[46]도 거래상대방에 포함시키고 있다.[47] 공정거래위원회는 노무제공자(특수형태근로종사자)에 대한 거래상 지위 남용행위에 대해 별도의 심사지

45) 거래상대방이 사업자가 아니라 일반 소비자인 경우에는 단순히 거래관계에서 문제될 수 있는 행태 자체가 아니라, 널리 거래질서에 미칠 수 있는 파급효과라는 측면에서 거래상 지위를 가지는 사업자의 불이익 제공행위 등으로 불특정 다수의 소비자에게 피해를 입힐 우려가 있거나, 유사한 위반행위 유형이 계속적·반복적으로 발생할 수 있는 등 거래질서와의 관련성이 인정되는 경우에 한하여 공정한 거래를 저해할 우려가 있는 것으로 해석하여야 한다. 대법원 2015. 9. 10. 선고 2012두18325 판결.

46) 예컨대, 보험회사가 피해차주에게 대물손해를 배상하여야 할 의무가 보험계약에 근거하고 있고, 피보험자의 불법행위로 인한 손해배상채무가 이행되는 과정에서도 채무자에 의한 불공정거래행위가 얼마든지 발생할 여지가 있는 점 등에 비추어 볼 때, 보험회사와 피해차주 사이에는 피보험자를 매개로 한 거래관계가 존재하는 것으로 보고 있다. 대법원 2010. 1. 14. 선고 2008두14739 판결.

47) 권오승·서정, 앞의 책, 466-467면.

침을 제정하여 시행하고 있다.[48)]

'거래상 지위'는 일방이 상대적으로 우월한 지위 또는 적어도 상대방과의 거래활동에 상당한 영향을 미칠 수 있는 지위를 가지고 있으면 인정할 수 있고, 거래상 지위가 있는지 여부는 당사자가 처하고 있는 시장의 상황, 당사자 사이의 전체적 사업능력의 격차, 거래의 대상이 되는 상품 또는 용역이나 그 거래관계의 특성 등을 모두 고려하여 판단하여야 한다.[49)] 거래상 지위의 우월성이 인정되기 위해서는 ① 계속적인 거래관계가 존재하고, ② 일방의 타방에 대한 거래의존도가 상당하여야 한다. 즉, 계속적 거래관계로 고착화(lock-in) 현상이 발생하면 이를 이용하여 상대방에게 불이익한 거래조건을 제시할 수 있고 그 상대방은 이미 투입한 투자 등을 고려하여 이를 수용할 수밖에 없는 상황이 된다. 이와 함께 상대방이 대체거래처를 구하기 어렵거나 설령 구할 수 있더라도 이를 위해 투자자본의 회수, 미수금의 처리 등 상당한 영업손실을 감수할 수밖에 없는 경우와 같이 거래의존도가 상당하여야 한다. 그렇지 않은 경우 계속적 거래관계라 하더라도 거래처 등을 변경하여 불이익한 거래조건을 회피할 수 있으므로 지위의 우월성이 인정되기 어렵다.[50)] 지위의 우월성의 정도를 넘어 시장지배적사업자에 의해 지위남용이 이루어지는 경우에는 시장지배적지위의 남용행위(법 §5)로서 더욱 엄격한 규제를 받게 된다.

거래상 지위남용의 위법성 근거로는 거래의 불공정성, 특히 거래상대방의 거래결정의 자주성과 거래내용의 공평성을 침해하는 데서 찾을 수 있다. 이 점에서 거래상대방의 거래결정 자주성과 경쟁사업자에 대한 경쟁제한성 모두를 위법성 근거로 하고 있는 거래강제와 구별된다. 또한 거래상 지위남용은 거래의 모든 과정에서 거래상대방에 대한 거래상의 불이익 요구를 대상으로 하고 있는 데 비해, 거래강제는 주로 거래개시 시점에서 행위의 억압성까지 요구한다는 점에서 차이가 있다.

불공정거래행위의 유형 및 기준에서는 거래상 지위의 남용의 유형을 ① 구입강제, ② 이익제공 강요, ③ 판매목표 강제, ④ 불이익 제공, ⑤ 경영간섭의 5가지로 구분하고 있다. 그 밖에 거래상 지위의 남용에 속하는 특수불공정거래행위의 대표적 유형으로서 「대리점고시」[51)]가 있으며, 특별법으로서 「하도급법」, 「가맹사업법」, 「대규모유통

---

48) 「노무제공자에 대한 거래상 지위남용행위 심사지침」(공정거래위원회예규 제437호, 2023. 7. 1., 제정). 노무제공자라 함은 자신이 아닌 다른 사람의 사업을 위하여 사업주로부터 직접 노무제공을 요청받거나 사업주로부터 일하는 사람의 노무제공을 중개, 알선하기 위한 전자적 정보처리시스템을 통해 노무제공을 요청받아 자신이 직접 노무를 제공하고 그 대가를 지급받는 자 중 산업재해보상보험법 시행령 제83조의5 각 호에 해당하는 자를 말한다(동 지침 Ⅱ. 3).

49) 대법원 2015. 9. 10. 선고 2012두18325 판결.

50) 「불공정거래행위 심사지침」 Ⅴ. 6. (3)

업법」, 「대리점법」이 제정되어 있다.

2. 유 형

(1) 구입강제

구입강제란 거래상대방이 구입할 의사가 없는 상품 또는 용역을 구입하도록 강제하는 행위를 말한다(유형 및 기준 제6호 가목). 구입강제에는 통상적으로 제조업체가 재고 처분을 위해 제품을 대리점에게 '밀어내기' 식으로 떠맡기는 것과 같이 직접적인 강제행위뿐만 아니라 상대방이 구입하지 않을 수 없는 객관적인 상황을 만들어 내는 것도 포함한다. 구입을 강제하는 행위가 금지되기 때문에 거래상대방이 실제로 구입하였는지 여부는 중요치 않다. 구입강제의 부당성 여부는 해당 행위의 의도 및 목적, 거래상대방의 예측가능성, 통상의 거래관행, 거래상대방의 피해발생 여부 및 관계법령 등을 종합적으로 고려하여 판단한다.

구입강제는 본상품 자체의 구입을 강제하는 점에서 거래강제의 유형으로서 부차적 상품의 구입을 강제하는 끼워팔기나 기타의 거래강제와 구별된다.

[판례] 롯데리아의 구입강제행위(대법원 2006. 3. 10. 선고 2002두332 판결)

롯데리아가 1인 의자, 테이블, 빠의자, 금전등록기, 전산장비(PC)에 대하여 가맹점사업자에게 자신으로부터만 공급받도록 하는 것은 이 일반공산품의 용도가 원고의 가맹사업의 중심상품인 패스트푸드의 맛과 품질의 균질성과 관련이 없는 점, 이 일반공산품이 원고가 가맹점사업자들에게 공급하는 일반공산품에서 차지하는 비중, 이 일반공산품에 대해서는 원고가 품질기준을 제시하고 가맹점사업자가 자유롭게 구매한다고 하더라도 그 용도나 기능에 지장이 있다고 보이지 아니하는 점 등에 비추어 보면, 가맹사업의 목적달성에 필요한 범위내의 통제라고 하기 어려우므로 거래상의 지위를 이용하여 부당하게 거래상대방으로 하여금 구입할 의사가 없는 상품을 구입하도록 강제하는 행위에 해당한다.

(2) 이익제공 강요

이익제공의 강요란 거래상대방에게 자기를 위하여 금전·물품·용역 기타의 경제상 이익을 제공하도록 강요하는 행위를 말한다(유형 및 기준 제6호 나목). 이익제공의 강요는 통상적으로 거래와 관련하여 그 대가로서 협찬금, 기부금 또는 직원파견 등 경제상 이익제공을 적극적으로 요구하는 경우가 대부분일 것이나, 자신이 부담하여야 할 비용을 거래상대방에게 전가하여 소극적으로 경제적 이익을 누리는 행위도 포함된다.

---

51) 「대리점거래에서 금지되는 불공정거래행위 유형 및 기준」(공정거래위원회고시 제2022-7호, 2022. 4. 5., 일부 개정).

이익제공 강요는 그 자체로 금지되는 행위이기 때문에 거래상대방이 실제로 이익을 제공하였는지 여부는 중요치 않다. 이익제공 강요의 부당성은 해당 행위의 의도 및 목적, 거래상대방의 예측가능성, 통상의 거래관행, 이익제공의 내용과 성격 및 관계법령 등을 종합적으로 고려하여 판단한다.

[판례] SK브로드밴드㈜의 경제상 이익제공 강요행위(대법원 2022. 5. 12. 선고 2022두31433 판결)

원고 에스케이브로드밴드가 그 대리점인 ○○영업전문점을 운영하는 (업체명 1 생략) 대표 소외 1에게 그의 의사에 반하여 (업체명 2 생략) 대표 소외 2 명의로 가입된 디지털방송 상품 30대 및 초고속인터넷서비스 상품 35회선을 인수하도록 한 행위에 대하여, 이는 원고 에스케이브로드밴드가 거래상의 지위를 부당하게 이용하여 대리점에 자기를 위하여 경제상 이익을 제공하도록 강요한 행위에 해당한다(는) … 원심의 이러한 판단은 정당하고, 거기에 상고이유 주장과 같이 법리를 오해하거나 논리와 경험칙을 위반하여 자유심증주의의 한계를 벗어나는 등의 잘못이 없다.

(3) 판매목표 강제

판매목표의 강제란 자기가 공급하는 상품 또는 용역과 관련하여 거래상대방의 거래에 관한 목표를 제시하고 이를 달성하도록 강제하는 행위를 말한다(유형 및 기준 제6호 다목). 일반적으로 다른 사업자가 자신의 경영성과를 제고하기 위하여 거래상대방에 대하여 합리적인 범위 내에서 판매목표량을 설정하고 초과 달성시 인센티브 제공 등을 통하여 이를 독려하는 것은 위법하다고 할 수 없다. 그러나 판매목표를 달성하지 못할 경우 계약의 해지, 목표미달 차액의 일방적 공제, 필요물량의 출고조절 등을 위협함으로써 판매목표 달성을 강제하는 행위는 거래상대방의 거래결정의 자주성을 침해하는 것으로서 위법하다.

판매목표 달성을 강제하기 위한 수단에는 제한이 없으며, 목표가 과다한 수준인지, 실제 거래상대방이 목표를 달성하였는지 여부는 강제성 인정에 영향을 미치지 않는다. 목표를 달성하지 못했을 경우 실제로 제재수단이 사용되었을 필요도 없다.

[판례] ㈜씨제이헬로비전의 판매목표 강제행위(대법원 2011. 5. 13. 선고 2009두24108 판결)

'판매목표 강제'에 해당하는지는 해당 행위의 의도와 목적, 효과와 영향 등과 같은 구체적 태양과 상품의 특성, 거래의 상황, 해당 사업자의 시장에서 우월적 지위의 정도 및 상대방이 받게 되는 불이익의 내용과 정도 등에 비추어 볼 때 정상적인 거래관행을 벗어난 것으로서 공정한 거래를 저해할 우려가 있는지를 판단하여 결정하여야 하고, '판매목표 강제'에서 '목표를 제시하고 이를 달성하도록 강제하는 행위'에는 상대방이 목표를 달성하지 않을 수 없는 객관적인 상황을 만들어 내는 것을 포함하고, 사업자가 일방적으로 상대방에게 목표를 제시하고 이를 달성하도록 강제하는 경우뿐만 아니라 사업자와 상대방의 의사가 합치된 계약 형식으로 목표가 설정되는 경우도 포함한다.

(4) 불이익 제공

불이익 제공이란 구입강제, 이익제공 강요, 판매목표 강제에 해당하는 행위 외의 방법으로 거래상대방에게 불이익이 되도록 거래조건을 설정 또는 변경하거나 그 이행과정에서 불이익을 주는 행위를 말한다(유형 및 기준 제6호 라목). 여기에서 불이익 제공은 사업자 간의 거래뿐만 아니라 거래상대방이 개인인 경우에도 성립한다.52) 특히 거래상대방이 소비자인 경우에는 단순히 거래관계에서 문제될 수 있는 행태 그 자체가 아니라, 널리 거래질서에 미칠 수 있는 파급효과의 측면에서 거래상 지위를 가지는 사업자의 불이익 제공행위 등으로 인하여 불특정 다수의 소비자에게 피해를 입힐 우려가 있거나, 유사한 위반행위 유형이 계속적·반복적으로 발생할 수 있는 등 거래질서와의 관련성이 인정되는 경우에만 공정한 거래를 저해할 우려가 있는 것으로 볼 수 있다.53)

불이익이란 가격을 포함하여 대금결제, 반품, 애프터서비스 등 거래에 수반되는 모든 조건에 대한 불이익을 말한다. 예컨대, 자신의 귀책사유로 인한 손해를 거래상대방으로 하여금 대신 부담하도록 하거나, 계약해석에 이견이 있는 경우 행위자의 일방적 판단에 일임하도록 하거나, 원가계산상의 착오시 행위자가 일방적으로 감액할 수 있도록 하거나, 행위자의 요구시 언제든지 추가담보 또는 연대보증인의 추가를 요구할 수 있도록 하는 것 등이 이에 해당한다.

불이익 제공행위에 해당하기 위해서는 그 행위의 내용이 상대방에게 다소 불이익하다는 점만으로는 부족하고, 구입강제, 이익제공 강요, 판매목표 강제 등과 동일시 할 수 있을 정도로 일방 당사자가 자기의 거래상의 지위를 부당하게 이용하여 거래조건을 설정 또는 변경하거나 그 이행과정에서 불이익을 준 것으로 인정되어야 한다.54) 또한 이로써 정상적인 거래관행에 비추어 상대방에게 부당하게 불이익을 주어 공정한 거래를 해칠 우려가 있어야 한다. 단지 사업자가 제3자에 대한 거래조건의 설정 또는 변경이나 이행과정에서 제3자에게 이익을 제공함으로써 거래상대방이 제3자에 비하여 상대적으로 불이익한 취급을 받게 되었다고 하여 사업자가 거래상대방에게 불이익을 제공한 것으로 볼 수는 없다.55)

---

52) 대법원 2009. 10. 29. 선고 2007두20812 판결.
53) 대법원 2015. 9. 10. 선고 2012두18325 판결.
54) 대법원 2013. 4. 25. 선고 2010두25909 판결; 2015. 9. 10. 선고 2012두18325 판결.
55) 대법원 2005. 12. 8. 선고 2003두5327 판결.

불이익 제공의 부당성 여부는 해당 행위가 행하여진 당시를 기준으로 해당 행위의 의도와 목적, 해당 행위에 이른 경위, 해당 행위에 의하여 상대방에게 생길 수 있는 불이익의 내용과 정도, 해당 행위가 당사자 사이의 거래과정에 미치는 경쟁제약의 정도, 관련 업계의 거래관행, 일반경쟁질서에 미치는 영향 및 관계 법령의 규정 등 여러 요소를 종합하여 전체적인 관점에서 판단하여야 한다.[56] 불이익이 금전상의 손해인 경우에는 그 범위(손해액)까지 명확하게 확정되어야 한다.[57]

[판례] 파스퇴르유업㈜의 불이익 제공행위(대법원 2000. 6. 9. 선고 97누19427 판결)

파스퇴르유업㈜은 특정인이 대리점주 회의를 불참하고 공장견학을 불참하였다는 등의 사유를 들어 대리점 사업자의 대리점 양도에 대하여 승인을 거부하였는 바, 이는 주로 원고의 지시를 거부한 데 대한 보복으로 이루어진 것으로 보이며, 본 건 행위로 인하여 대리점 사업자가 권리금 회수기회를 상실하고, 각종 비품 등을 싸게 처분하여야 하는 등 막대한 경제적 손실을 감수하게 된 점 등을 종합할 때 원고가 대리점 양도에 대한 승인을 거부한 것은 거래상 우월적 지위에 있는 원고가 그 지위를 이용하여 부당하게 상대방에게 불이익을 준 것으로 볼 수 있다.

(5) 경영간섭

경영간섭이란 거래상대방의 임직원을 선임・해임함에 있어 자기의 지시 또는 승인을 얻게 하거나 거래상대방의 생산품목・시설규모・생산량・거래내용을 제한함으로써 경영활동을 간섭하는 행위를 말한다(유형 및 기준 제6호 마목).

경영간섭은 거래상 지위를 이용하여 거래상대방의 사업활동의 자주성을 침해하는 가장 전형적인 유형의 불공정거래행위로 볼 수 있다. 예컨대, 대리점계약 체결시 임직원 임면에 자신의 동의를 얻도록 하는 등 인사문제에 개입하거나 수시로 거래상대방의 판매가격이나 품목을 조정하는 등 거래내용을 제한[58]하여 지속적으로 경영활동의 자주성을 침해할 수도 있고, 거래상대방에 시설확장을 요구하거나 상권이 좋은 다른 지역으로 이전을 요구하는 것처럼 경영상 중요한 판단에 대한 1회성 간섭에 불과한 경우도 있다. 전자의 경우가 후자의 경우보다 경영활동의 자주성 침해가 근본적으로 이루어진다는 점에서 위법성의 소지가 크다고 할 수 있다.

경영간섭의 부당성 여부는 경영간섭의 의도 및 목적, 관계 법령, 거래대상 상품 또는 용역의 특성, 경영간섭의 내용과 정도 등을 종합적으로 고려하여 판단한다. 다만 경

---

56) 대법원 2004. 7. 9. 선고 2002두11059 판결.
57) 대법원 2002. 5. 31. 선고 2000두6213 판결.
58) 대법원 2011. 10. 27. 선고 2010두8478 판결.

영효율성의 제고 또는 상품의 안전성 확보 등 정당한 사유가 있는 경우에는 위법성이 조각된다.

[판례] 한국수자원공사의 경영간섭행위(대법원 2007. 1. 11. 선고 2004두3304 판결)

원고는 1996년부터 17개 댐 및 하구둑의 휴게소·매점을 일반 민간업체에 임대함에 있어, 임차인은 가격 결정시 판매량이 많은 품목에 대하여는 원고와 협의하여 결정된 가격을 가격표시판에 부착하여야 하고, 임차인이 이를 위반한 때 계약을 해지할 수 있다고 하는 내용을 임대차계약에 명시한 [바 있다.] … 원고가 임대차계약을 체결함에 있어 이 사건 조항을 둔 것은 위 휴게소·매점 등의 그 지리적 특성상 다른 경쟁자가 없는 독점적 지위에 있어 운영업체들이 부당하게 비싼 가격을 책정할 우려가 있으므로 이를 사전에 방지하여 소비자를 보호하기 위한 것인 점 등의 사정에 비추어 보면, … 운영업체의 자율적인 경영을 다소 제약하였다 하여 이를 두고 거래상 지위의 남용행위로서의 경영간섭행위에 해당한다고 볼 수 없다.

Ⅶ. 구속조건부거래

1. 의 의

통상적으로 사업자는 거래상대방과의 거래관계를 지속하거나 긴밀히 유지하기 위하여 일정한 조건으로 거래를 하는 경우가 있는데, 이러한 조건부거래는 당사자 간의 거래관계를 안정적으로 유지시키고 '유통계열화' 등을 통해 사업활동의 효율성 증대에 기여하는 긍정적 측면이 있다. 반면에 그 조건의 구속을 받는 거래상대방의 입장에서는 거래결정의 자주성이 침해되고, 시장에서 공정하고 자유로운 경쟁이 저해될 우려가 있다. 예컨대, 거래상대방에게 자신의 물품만을 취급하도록 하거나 경쟁사업자의 물품을 취급하지 않을 것을 조건으로 하여 거래하는 경우 그 거래상대방의 거래결정의 자주성이 침해될 뿐 아니라, 조건부거래를 요구한 사업자의 경쟁사업자는 그 대리점을 판매경로로 이용할 수 없게 되어 시장에서의 경쟁이 감소하게 된다. 이 점에서 그 위법성 근거를 거래의 불공정성과 경쟁제한성 모두에서 찾을 수 있다.

공정거래법상 구속조건부거래란 거래상대방의 사업활동을 부당하게 구속하는 조건으로 거래하는 행위를 말한다(법 §45①ⅶ, 유형 및 기준 제7호). 구속조건부거래는 조리위법행위로서 그 위법성은 거래의 형태나 구속의 정도 및 시장에서 경쟁제한성 등에 따라 개별적으로 판단되어야 할 것이다. 단순히 거래상대방의 판매책임지역이나 판매거점을 정하는 경우까지 위법한 것으로 보지는 않으나, 엄격한 지역제한이나 고객의 요구에 의한 지역 외 판매를 제한하는 행위는 위법한 것으로 볼 수 있다.

불공정거래행위의 유형 및 기준에서는 구속조건부거래를 ① 거래상대방으로 하여금 자기 또는 자기의 계열회사의 경쟁사업자와 거래하지 못하도록 부작위(不作爲)를 조건으로 거래하는 '배타조건부거래'와 ② 거래상대방으로 하여금 그의 거래지역 또는 상대방을 한정하여 거래하도록 작위(作爲)를 조건으로 거래하는 '협의의 구속조건부거래'로 구분하고 있다. 배타조건부거래는 주로 '브랜드 간의 경쟁'을 제한하는 효과가 큰데 비해, 협의의 구속조건부거래는 '브랜드 내의 경쟁'을 제한하는 효과가 크다.

2. 유 형

(1) 배타조건부거래

배타조건부거래란 부당하게 거래상대방이 자기 또는 계열회사의 경쟁사업자와 거래하지 아니하는 조건으로 그 거래상대방과 거래하는 행위를 말한다(유형 및 기준 제7호 가목). 배타조건부거래는 행위자가 공급자인가 구매자인가에 따라 '배타적 공급계약'과 '배타적 구입계약'으로 구분된다. 전자는 공급자인 행위자가 거래상대방에 대하여 자기의 경쟁사업자로부터 해당 상품 또는 용역을 공급받지 않을 것을 조건으로 거래하는 경우로서 예컨대 특약점계약이 이에 해당한다. 이에 비해 후자는 구매자인 행위자가 거래상대방에 대하여 자기의 경쟁사업자에 대하여 해당 상품 또는 용역을 공급하지 않을 것을 조건으로 거래하는 경우로서 독점판매계약을 예로 들 수 있다. 그 밖에 공급자와 구매자가 모두 배타조건부거래를 하게 되는 '상호배타조건부거래'도 있다.

배타조건부거래는 경쟁제한성 위주로 위법성을 판단하며, 특히 자기의 경쟁사업자를 시장으로부터 배제하거나 신규사업자의 시장진입을 곤란하게 하는 시장봉쇄의 우려가 있는 경우에 위법한 것으로 볼 수 있다. 더구나 복수의 사업자가 실시하는 병행적 배타조건부거래의 경우에는 누적적 시장봉쇄효과(cumulative foreclosure effect)로 인해 신규참가자나 기존의 경쟁사업자가 대체적인 유통경로를 용이하게 확보할 수 없게 되어 단독으로 실시하는 경우보다도 배타적 효과가 높으며, 위법가능성이 크다.59)

위법성 판단의 중요한 요소인 시장봉쇄 여부는 유통관행을 비롯하여 행위사업자의 시장에서의 위치, 경쟁사업자의 유통경로 대체의 용이성 및 배타조건부거래의 실시목적·기간·효과 등을 고려하여 판단한다.60) 다만 해당 상품 또는 용역의 기술성·전문성 등으로 배타조건부거래가 필수적이거나 타 브랜드와의 서비스 경쟁촉진, 유통업자

59) 예컨대, 각 20%의 시장점유율을 갖는 5개 사업자가 각각 유통경로를 개척하여 모든 유통업자가 각각의 거래처와 배타적거래계약을 체결하고 있는 경우 시장봉쇄율은 100%이다. 이 경우 신규참가자의 시장진입은 사실상 곤란하게 된다.

60) 신현윤, "병행적 배타조건부거래의 위법성 판단", 「경쟁법연구」 제21권, 2010, 39면 이하.

의 무임승차 방지, 판매 및 조달비용의 절감 등 효율성증대 효과가 경쟁제한 효과를 현저히 상회하는 경우에는 위법성이 조각된다. 한편, 시장지배적사업자의 배타조건부 거래행위와 불공정거래행위로서의 배타조건부거래는 그 규제 목적과 범위를 달리하고 있으므로 부당성의 의미는 각각 별도로 독자적으로 평가・해석하여야 하며, 시장지배적사업자의 지위남용행위 중 배타조건부거래행위의 부당성과는 달리 불공정거래행위 중 배타조건부거래의 부당성은 경쟁제한성 이외에 거래상대방의 자유로운 의사결정이 저해되었거나 저해될 우려가 있는지 등도 아울러 고려할 수 있다.[61]

배타조건부거래는 거래상대방에게 경쟁사업자의 상품 또는 용역의 취급을 배제하도록 하고, 거래상대방의 거래활동의 자유를 제한하는 것이 가장 일반적인 모습이다. 그러나 경쟁사업자의 상품 또는 용역의 취급을 완전히 배제하지 않더라도 자기 상품 또는 용역의 취급비율을 높이기 위한 수단으로 '점유율 리베이트'나 '로열티 리베이트'를 제공하거나 판촉수수료 등을 지원하는 경우도 종종 나타나고 있다. 이러한 행위를 배타조건부거래로 보아야 하는지에 대해서는 논란이 되고 있으나,[62] 적어도 시장지배적사업자가 이러한 리베이트를 제공하는 경우에는 경쟁사업자의 상품 또는 용역의 취급을 실질적으로 제한할 소지가 크기 때문에 배타조건부거래에 해당하는 것으로 볼 수 있다.[63]

[판례] 에스오일㈜의 배타조건부 거래행위(대법원 2013. 4. 25. 선고 2010두25909 판결)

불공정거래행위로 규정하고 있는 배타조건부 거래행위의 '부당성'은 당해 배타조건부 거래행위가 물품의 구입 또는 유통경로의 차단, 경쟁수단의 제한을 통하여 자기 또는 계열회사의 경쟁사업자나 잠재적 경쟁사업자를 관련시장에서 배제하거나 배제할 우려가 있는지 여부를 비롯한 경쟁제한성을 중심으로 그 유무를 평가하되, 거래상대방인 특정 사업자가 당해 배타조건부 거래행위로 인하여 거래처 선택의 자유 등이 제한됨으로써 자유로운 의사결정이 저해되었거나 저해될 우려가 있는지 여부 등도 아울러 고려할 수 있다고 봄이 타당하다.

여기서 배타조건부 거래행위가 부당한지 여부를 판단함에 있어서는 당해 배타조건부 거래행위로 인하여 대체적 물품구입처 또는 유통경로가 차단되는 정도, 경쟁사업자가 경쟁할 수 있는 수단을 침해받는지 여부, 행위자의 시장점유율 및 업계순위, 배타조건부 거래행위의 대상이 되는 상대방의 수와 시장점유율, 배타조건부 거래행위의 실시기간 및 대상이 되는 상품 또는 용역의 특성, 배타조건부 거래행위의 의도 및 목적과 아울러 배타조건부 거

---

61) 대법원 2013. 4. 25. 선고 2010두25909 판결.

62) 김두진, "충성할인(loyalty rebate)에 대한 경쟁법상 규제 연구", 「경제법연구」 통권 제15권 제3호(2016), 167면 이하; 조성국, "시장지배적사업자의 Loyalty Rebate(충성리베이트)의 법리에 관한 연구", 「法學論文集」 제35집 제1호(중앙대 법학연구원, 2011), 281면 이하.

63) 서울고법 2013. 6. 19. 선고 2010누3932 판결. 배상원, 「공정거래법상 배타조건부거래에 관한 연구」(서울대 박사학위논문, 2022), 265면.

래계약을 체결한 거래당사자의 지위, 계약내용, 계약체결 당시의 상황 등을 종합적으로 고려하여야 할 것이다.

(2) 거래지역 또는 상대방 제한(협의의 구속조건부거래)

거래지역 또는 상대방 제한이란 사업자가 상품 또는 용역을 거래함에 있어서 그 거래상대방의 거래지역 또는 거래상대방을 부당하게 구속하는 조건으로 거래하는 행위를 말한다(유형 및 기준 제7호 나목).

원래 협의의 구속조건부거래에서 사업자가 수직적 관계에서 거래상대방으로 하여금 일정한 행위를 하도록 구속할 수 있는 내용으로는 거래가격, 거래지역 및 거래상대방을 들 수 있다. 이 가운데 거래가격을 구속하는 것을 '수직적 가격제한', 거래지역 및 거래상대방을 구속하는 것을 '수직적 비가격제한'이라고 한다. 수직적 가격제한은 거래상대방의 가격결정의 자유를 구속하고, 나아가 거래상대방 사업자 간의 가격경쟁을 소멸시키는 점에서 경쟁제한성이 매우 높기 때문에 공정거래법은 수직적인 가격제한을 재판매가격유지행위로서 별도로 규율하고 있으며(법 §46), 위법성을 광범위하게 추정하고 있다.

따라서 여기에서 협의의 구속조건부거래는 수직적 비가격제한에 한정된다. 거래지역 또는 거래상대방을 구속하는 행위는 사업자의 판매거점의 구축을 통한 적극적인 판매활동의 촉진이나 효율적인 애프터서비스 체제의 구축을 위해 필요한 경우도 적지 않다. 그러나 할당된 지역 또는 상대방과의 거래만으로 엄격히 제한하고 그 구속의 강도가 심한 경우 거래상대방의 거래활동 내지 거래처 선택의 자유를 제한하고, 거래상대방 간의 경쟁이 감소하게 된다. 거래조건의 구속성을 인정하기 위해서는 반드시 실제로 거래상대방을 제재한 사례가 존재해야 하는 것은 아니고, 거래상대방의 사업활동을 구속하는 것으로 인정되기만 하면 충분하다.[64] 위법성 여부는 행위자와 거래상대방의 시장에서의 지위, 상품의 특성, 구속조건의 내용 및 위반시 제재수단 등을 중심으로 판단하게 된다. 특히 이러한 제한이 독과점 시장이나 제품차별화가 진행된 시장의 유력한 사업자에 의해 행해지는 경우 경쟁제한의 효과가 크므로 행위자의 측면만으로 위법성이 인정될 수 있다.

[판례] ㈜필립스 코리아의 구속조건부거래(대법원 2017. 6. 19. 선고 2013두17435 판결)

원심에서 원고가 2011. 3. 18.부터 2012. 5. 18.까지 그 거래하는 대리점에 대하여 비교적 고가인 센소터치 전기면도기 등 4개 품목을 인터넷 오픈마켓에 공급하는 것을 금지하

64) 서울고법 2021. 8. 25. 선고 2020누53264 판결.

고 이를 위반한 대리점에 대하여 출고정지 · 공급가격 인상 등의 제재를 한 사실은 ① 원고가 상대적으로 고가인 위 제품들이 인터넷 오픈마켓에서 가격경쟁으로 저렴하게 판매됨에 따라 다른 유통채널에서도 판매가격이 인하되는 것을 막기 위하여 한 것으로 보이는 점, ② 위 각 제품에 관한 국내 판매시장에서 상당한 시장점유율을 가진 원고가 이 행위를 함으로써 인터넷 오픈마켓에서의 상표 내 경쟁을 근본적으로 차단하였을 뿐만 아니라, 그에 따라 오픈마켓과 오프라인, 인터넷 종합쇼핑몰 등 다른 유통채널과의 가격경쟁도 제한되었으므로, 이 행위로 인한 경쟁제한 및 소비자 후생저해 효과가 큰 점, … 등에 비추어 공정한 거래를 저해할 우려가 있는 행위라고 판단한 것은 정당하다. 거기에 상고이유 주장과 같이 구속조건부 거래행위의 관련시장 획정 및 공정거래저해성에 관한 법리를 오해하는 등의 잘못이 없다.

(3) 판매방법의 제한

사업자가 상품 또는 용역을 거래함에 있어서 그 거래상대방의 판매방법을 제한하는 경우에도 구속조건부거래로 볼 수 있을 것인가에 관하여 유형 및 기준에서는 아무런 규정을 두고 있지 않다.

판매방법의 제한에 관한 유형으로서는 설명판매의 지시, 전용코너의 지시, 택배의 지시, 특정한 서비스 제공의 지시 등을 들 수 있다. 통상적으로 제조업자가 대리점에 대하여 판매방법을 제한하여 구속하더라도 상품의 안전성이나 품질의 유지 등 합리성이 있는 것으로서 계약에 근거하는 한, 그 자체는 경쟁을 직접 저해하는 것이 아니기 때문에 일반적으로 위법성이 인정되지 않는다. 그러나 이 제한이 판매업자의 거래가격, 거래지역 및 거래상대방 등에 관한 구속의 실효성을 확보하는 수단으로 되는 경우에는 각각의 행위 유형에 따라 위법성이 판단된다. 예컨대, 가격에 관한 광고 · 표시의 제한으로서 양판점에 대해 저가판매 광고를 사전에 그만두게 하거나 참고가격을 밑도는 표시를 하지 않을 것을 약속시키는 경우에는 원칙적으로 위법한 것으로 볼 수 있다.

Ⅷ. 사업활동의 방해

1. 의 의

사업자는 자신의 정당한 노력으로 기술을 개발하고 인력을 양성하여 본연의 사업활동에 힘써야 한다. 만약 다른 사업자의 기술을 부당하게 이용하거나 인력을 부당하게 유인 · 채용하여 다른 사업자의 사업활동을 곤란에 이르게 할 경우, 1차적으로 민법, 형법 또는 부정경쟁방지법의 규율대상이 되기도 하지만, 사업활동 방해의 정도가 심각하거나 그대로 방치할 경우 시장에서의 공정한 경쟁이 저해될 우려가 있다면 공정거래법의 규제대상이 될 수 있다.

공정거래법상 사업활동 방해란 부당하게 다른 사업자의 사업활동을 심히 곤란하게 할 정도로 방해하는 행위를 말한다(법 §45①ⅷ, 유형 및 기준 제8호). 일반적으로 어떠한 형태의 불공정거래행위이든 결과적으로는 다른 사업자의 사업활동을 방해하는 것이나, 특히 불공정거래행위의 하나의 유형으로서의 '사업활동의 방해'는 다른 사업자의 사업활동에 직접 타격을 주는 행위로서 행위자의 반윤리적 성격이 강하게 나타나는 특징이 있다. 사업활동 방해는 통상적으로 방해하는 사업자와 방해받는 사업자 간의 개별적인 거래과정에서 거래내용의 공평성 상실로 나타나는 경우가 많기 때문에 거래의 불공정성에서 찾을 수 있다. 그러나 거래를 전제로 하지 않고 부당하게 다른 경쟁사업자의 기술을 이용하거나 인력을 유인·채용하는 경우에는 위법성의 근거를 경쟁제한성에서 찾을 수 있다.

여기에서 다른 사업자란 거래상대방은 물론 경쟁사업자 및 거래관계가 없는 다른 사업자도 포함된다. 사업활동의 방해에 해당하기 위해서는 사업활동상 일상적으로 나타날 수 있는 정도를 넘어 '상당히 곤란하게 할 정도'에 이르러야 한다. 단순히 매출액이 감소되었다는 사실만으로는 부족하며 부도발생 우려, 매출액의 상당한 감소, 거래상대방의 감소 등으로 현재 또는 미래의 사업활동이 곤란하게 되거나 될 가능성이 있어야 한다.[65] 그 정도의 판단을 위해서는 동종 업종의 관행, 행위자와 다른 사업자의 시장에서의 위치, 다른 사업자의 피해정도, 다른 사업자가 경쟁에 불리하게 된 정도를 종합적으로 고려하여야 한다.

불공정거래행위의 유형 및 기준에서의 사업활동 방해의 구체적인 유형으로는 ① 다른 사업자의 기술을 부당하게 이용하는 행위, ② 다른 사업자의 인력을 부당하게 유인 또는 채용하는 행위, ③ 다른 사업자의 거래처 이전을 부당하게 방해하는 행위 및 ④ 기타의 사업활동 방해행위가 있다.

2. 유 형

(1) 기술의 부당이용

기술의 부당이용이란 사업자가 다른 사업자의 기술을 부당하게 이용하여 다른 사업자의 사업활동을 상당히 곤란하게 할 정도로 방해하는 행위를 말한다(유형 및 기준 제8호 가목).

기술이용의 부당성 여부는 기술이용의 목적 및 의도, 해당 기술의 특수성, 특허법

65) 대법원 2013. 11. 14. 선고 2011두16667 판결.

등 관련 법령 위반 여부, 통상적인 업계관행 등이 고려된다. 예컨대, 생산활동을 위한 중요한 수단인 경쟁사업자의 기술을 도용하여 경쟁하거나, 전·후방관계에 있는 사업자의 기술을 도용하여 그 시장에 참가함으로써 다른 사업자의 활동에 방해가 되는 경우이다. 그 밖에도 납품업체의 도산 등에 대비하여 부품확보의 명분으로 중소기업이 개발한 제품을 납품받는 조건으로 기술자료를 제출받아 그 경쟁업체에 넘겨 가격삭감에 활용하거나 약간의 기술변형을 가하여 직접 생산에 이용하는 경우에는 부당한 기술이용에 해당한다.

(2) 인력의 부당유인·채용

인력의 부당유인·채용이란 사업자가 다른 사업자의 인력을 부당하게 유인·채용하여 다른 사업자의 사업활동을 상당히 곤란하게 할 정도로 방해하는 행위를 말한다(유형 및 기준 제8호 나목).

원래 다른 사업자의 인력을 보다 높은 보수와 지위를 보장하면서 스카우트한다고 하여 그 자체가 위법한 것으로 볼 수는 없다. 그러나 예컨대, 다른 사업자의 중요한 기술과 기업정보의 유출 또는 거래고객을 탈취하기 위한 수단으로서 인력을 유인·채용하거나 인력을 대량 스카우트함으로써 다른 사업자의 사업활동이 심히 곤란할 정도에 이르게 된다면, 이는 단순한 인력 스카우트의 한계를 벗어나 다른 사업자의 사업활동을 방해하는 것으로서 위법하다. 인력 유인·채용의 부당성은 그 목적 및 의도, 해당 인력이 사업활동에서 차지하는 비중, 인력 유인·채용에 사용된 수단, 통상적인 업계의 관행, 관련 법령 등을 고려하여 판단한다.

(3) 거래처 이전방해

거래처 이전방해란 사업자가 다른 사업자의 거래처 이전을 부당하게 방해하여 다른 사업자의 사업활동을 심히 곤란하게 할 정도로 방해하는 행위를 말한다(유형 및 기준 제8호 다목).

거래처 이전방해의 부당성 여부는 그 목적 및 의도, 거래처 이전방해에 사용된 수단, 해당 업계에서의 통상적인 거래관행, 이전될 거래처가 사업영위에서 차지하는 중요성, 관련 법령 등을 고려하여 판단한다. 예컨대, 자신과 계속적 거래관계에 있던 거래상대방이 자신과의 기존의 거래관계를 종료시키고 경쟁사업자와 거래를 개시하고자 할 경우 부동산담보의 해지를 고의로 지연시키거나 부도소문 등을 유포시킴으로써 일시적인 채권회수를 유도하여 결국 사업활동을 곤란하게 하는 경우가 이에 해당된다.

(4) 기타의 사업활동 방해

기타의 사업활동 방해란 사업자가 가목부터 다목까지의 규정 외의 부당한 방법으로 다른 사업자의 사업활동을 심히 곤란하게 할 정도로 방해하는 행위를 말한다(유형 및 기준 제8호 라목). 사업활동 방해의 수단은 묻지 않으며, 자기의 능률이나 효율성과 무관하게 다른 사업자의 사업활동을 방해하는 모든 행위를 포함한다. 예컨대, 경쟁사업자에 대한 악소문 유포, 경쟁사업자 상품에 대한 중상・비방, 카탈로그 샘플의 매점, 기타 물리적 강제력의 동원 등을 통하여 경쟁사업자의 이미지를 훼손하거나 거래를 방해하는 경우를 들 수 있다.

[심결례] 하이트진로음료㈜의 기타 사업활동 방해행위(대법원 2018. 7. 11. 선고 2014두40227 판결)

공정거래법 제23조(현행법 제45조) 제1항 제5호, 동 시행령 제36조 제1항 [별표 1](현행법 시행령 제52조 제1항 [별표 2]) 제8호 (라)목이 정한 '기타의 사업활동방해'에 해당하려면 사업자의 행위가 부당한 방법으로 다른 사업자의 사업활동을 심히 곤란하게 할 정도로 방해하는 경우이어야 한다. 이때 '부당성'의 유무는, 해당 사업자의 시장에서의 지위, 사용된 방해 수단, 그 수단을 사용한 의도와 목적, 사용된 수단과 관련한 법령의 규정 내용, 문제 된 시장의 특성, 통상적인 거래 관행, 방해 행위의 결과 등을 종합적으로 고려하여 그 행위가 공정하고 자유로운 거래를 저해할 우려가 있는지 여부에 따라 판단하여야 한다.

특히 사용된 방해 수단이 더 낮은 가격의 제시에 그칠 경우에는 그것만으로 부당성을 인정하는 데에는 신중해야 한다. 그러나 제시된 거래조건이나 혜택 자체가 경쟁사업자와 기존에 전속적 계약관계를 맺고 있는 대리점에 대한 것이고, 그 혜택이나 함께 사용된 다른 방해 수단이, 통상적인 거래 관행에 비추어 이례적이거나 선량한 풍속 기타 사회질서에 반하는 등으로 관련 법령에 부합하지 않는다면, 단순히 낮은 가격을 제시한 경우와 똑같이 취급할 수는 없다. 이때에는 위에서 본 사정들을 종합적으로 살피면서 그 방해 수단을 사용한 사업자가 단순히 경쟁사업자와 대리점의 기존 거래계약 관계를 알고 있었던 것에 불과한지, 아니면 더 나아가 경쟁사업자와 기존 대리점 계약관계의 해소에 적극 관여하거나 그 해소를 유도하였는지 여부, 그로 인하여 경쟁사업자의 사업활동이 어려워지게 된 정도 역시 중요하게 고려하여야 한다.

Ⅸ. 부당한 지원행위

1. 의　　의

그동안 우리나라에서는 기업집단 내부적으로 우량한 계열회사가 부실 계열회사의 사업활동을 지원하는 행위가 관행적으로 이루어져 왔다. 이러한 기업집단 내부의 지원행위는 일시적으로 계열회사의 내부적 효율성을 증대시키고 계열회사간의 상호보조를 통해 기업집단 전체의 경영안정을 확보할 수 있다는 장점이 있으나, 다른 한편으로 시장경쟁을 왜곡시켜 경제의 효율성을 저해하고 경제력집중의 폐해를 야기하게 된다.

즉, 지원받는 계열회사의 시장에서의 지위를 인위적으로 유지·강화함으로써 해당 시장에서 독립·비계열 사업자와의 공정한 경쟁기반을 저해하고, 잠재적 경쟁사업자의 시장진입을 억제할 수 있다. 또한 경쟁력이 소진된 한계기업의 퇴출을 지체시킴으로써 장기적으로 시장기능을 저하시키고 한정된 자원의 효율적 배분을 저해할 수 있다. 특히 대기업집단 내부에서 이루어지는 부당지원행위는 동일인(소위 그룹총수)의 지배력 강화 및 계열 확장의 주요수단으로 이용됨으로써 불건전한 기업지배구조 및 경제력집중을 심화시키게 된다.

이에 따라 공정거래법은 시장에서의 공정한 경쟁기반을 확보하고 기업집단 내부적으로 핵심역량(core competence) 위주의 건전한 지배구조가 정착될 수 있도록 부당한 지원행위를 불공정거래행위의 한 유형으로 규제하고 있다. 즉, 공정거래법 제45조 제1항 제9호에서는 ① 특수관계인 또는 다른 회사에 대하여 가지급금·대여금·인력·부동산·유가증권·상품·용역·무체재산권 등을 제공하거나 상당히 유리한 조건으로 거래하는 행위(가목) 또는 ② 다른 사업자와 직접 상품·용역을 거래하면 상당히 유리함에도 불구하고 거래상 실질적인 역할이 없는 특수관계인이나 다른 회사를 매개로 거래하는 행위(나목)를 통하여 특수관계인 또는 다른 회사를 지원하는 행위를 부당한 지원행위로서 이를 금지하고 있다.[66]

여기에서 '지원행위'란 지원주체가 지원객체에게 직접 또는 간접으로 제공하는 경제적 급부의 정상가격이 그에 대한 대가로 지원객체로부터 받는 경제적 반대급부의 정상가격보다 높거나(거래조건을 통한 지원, 무상제공 또는 무상이전의 경우 포함), 상당한 규모로 거래하여(거래규모를 통한 지원) 지원주체가 지원객체에게 과다한 경제상 이익을 제공하는 작위 또는 부작위를 말한다.[67] 여기에서 '정상가격'이란 지원주체와 지원객체 간에 이루어진 경제적 급부와 동일한 경제적 급부가 시기, 종류, 규모, 기간, 신용상태 등이 유사한 상황에서 특수관계가 없는 독립된 자 간에 이루어졌을 경우 형성되었을 거래가격 등을 말한다.[68]

---

66) 일반적으로 부당한 자금·자산·인력의 지원행위 대신에 「부당 내부거래」라는 용어가 실무상 자주 사용되고 있다. 엄밀한 의미에서 지원행위의 개념과 내부거래의 개념을 동일시할 수는 없다. 전자는 그동안 기업집단 내부에서의 계열회사에 대한 자산 및 자금, 인력 등의 지원 그 자체에 중점을 둔 것인데 비해, 후자는 자산 및 자금, 인력 등의 지원이 기업집단 내부의 계열회사를 비롯한 특수관계인간의 내부거래의 형태로 나타나고 있는 측면에 중점을 둔 것으로 볼 수 있다.

67) 「부당한 지원행위의 심사지침」(2022. 12. 9, 공정거래위원회 예규 415호) Ⅱ. 4.

68) 「부당한 지원행위의 심사지침」 Ⅱ. 5. 대법원 2004. 10. 14. 선고 2001두2935 판결; 2009. 5. 28. 선고

공정거래법은 지원행위 수혜의 상대방인 특수관계인 또는 회사에게도 다른 사업자로부터 부당한 지원행위에 해당할 우려가 있는 지원을 받을 수 없도록 금지하고 있으며(법 §45②), 부당지원을 통해 실제 이득을 얻은 수혜자에게 과징금을 부과할 수 있도록 하고 있다(법 §50②).

2. 적용대상

부당 지원행위의 대상으로 되는 지원객체는 '특수관계인'(영 §14, §4 i)과 '다른 회사'이다. 여기에서 다른 회사의 범위에는 계열회사, 자회사[69]를 비롯하여 지원주체인 회사 이외의 모든 회사가 포함된다.[70] 이는 경제력집중 억제시책의 일환으로 대기업집단의 계열분리가 요청되고 있으나, 만약 계열회사가 대기업집단에서 분리된 후에도 부당한 지원이 이루어진다면 실질적으로는 계열분리가 이루어지지 않은 것과 마찬가지로 되기 때문에 계열분리의 실효성을 확보하기 위한 것이다. 또한 지원객체는 시장에 직접 참여하고 있는 사업자일 것을 요하지 않으며 잠재적 사업자[71]나 자연인[72]도 이에 포함된다. 그 밖에 제3자를 통해 지원객체에 간접적으로 지원이 이루어지는 경우에도 부당지원행위가 성립할 수 있다.[73]

3. 유 형

(1) 부당한 자금지원

부당한 자금지원이란 부당하게 특수관계인 또는 다른 회사에 대하여 "가지급금·대여금 등 자금을 상당히 낮거나 높은 대가로 제공 또는 거래하거나 상당한 규모로 제공 또는 거래"하여 과다한 경제상 이익을 제공함으로써 특수관계인 또는 다른 회사를 지원하는 행위를 말한다(유형 및 기준 제9호 가목). 이 자금지원행위는 지원주체가 지원객체의 금융상 편의를 위하여 직접 또는 간접으로 현금 기타 자금을 이용할 수 있도록 경제상 이익을 제공하는 일체의 행위를 말한다.[74]

부당한 자금지원행위의 규제대상은 지원의도에 기한 자금의 제공 또는 거래행위나 자금을 회수하지 아니하는 행위 그 자체이므로 자금지원의 의도로 자금을 제공 또는

2008두7885 판결.

69) 여기에서 자회사에는 100% 완전자회사도 포함된다. 대법원 2004. 11. 12. 선고 2001두2034 판결.

70) 대법원 2004. 10. 14. 선고 2001두2881 판결; 2004. 11. 12. 선고 2001두2034 판결.

71) 대법원 2005. 5. 27. 선고 2004두6099 판결.

72) 대법원 2004. 9. 24. 선고 2001두6364 판결.

73) 대법원 2004. 10. 14. 선고 2001두2881 판결.

74) 대법원 2003. 9. 5. 선고 2001두7411 판결; 2006. 4. 14. 선고 2004두3298 판결.

거래하거나 자금을 회수하지 아니하는 행위가 있으면 그 즉시 자금지원행위가 성립하고, 그로 인하여 지원객체가 얻게 되는 이익은 이러한 행위로 인한 경제상 효과에 불과하다.[75] 또한 자금의 제공 또는 거래방법이 직접적이든 간접적이든 묻지 아니한다. 따라서 지원주체와 지원객체 간의 직접적이고 현실적인 상품거래나 자금거래행위라는 형식을 회피하기 위한 방편으로 제3자를 매개하여 이러한 거래가 이루어지고 그에 따라 지원객체에 실질적으로 경제상의 이익이 귀속되는 경우는 자금지원행위에 해당한다.

[판례] 현대중공업㈜의 현대리바트㈜ 발행 기업어음 저리인수행위(대법원 2004. 4. 9. 선고 2001두6203 판결)

현대중공업㈜이 1998년 1월 12일 현대리바트㈜가 발행한 만기 91일의 기업어음을 26%의 할인율을 적용하여 인수한 사안에서 현대중공업과 현대리바트는 동일한 대규모기업집단에 속하는 계열회사 관계에 있는 점, 현대리바트는 3년간 연속적자로 자본잠식 상태에 있었고, 만기 1~7일 정도의 최단기 기업어음만 발행하여 부도를 막기에 급급한 상태로 영리를 추구하는 통상의 기업이라면 현대리바트가 기업어음을 인수하기 어렵다고 보임에도 불구하고 현대중공업㈜은 만기가 장기인 이 사건 기업어음을 인수하였을 뿐만 아니라 그 인수금액 200억 원은 현대리바트의 1997년도 당기 순손실 457억 9,500만 원의 46.5%에 달하는 상당한 규모인 점, 위 현대중공업이 이 사건 어음을 인수함으로써 현대리바트에게 위 인수금액에 대한 정상할인율과 실제할인율의 차액에 해당하는 4억 4,800만 원 상당의 과다한 경제상의 이익을 제공한 점 등 여러 사정을 고려하여 볼 때 위 현대중공업㈜이 경영난에 처한 현대리바트 발행의 기업어음을 현대리바트에게 현저히 유리한 조건으로 인수하여 과다한 경제상 이익을 제공하여 현대리바트로 하여금 가구제조업계에서 종전의 지위를 계속 유지할 수 있게 함으로써 공정하고 자유로운 경쟁을 저해할 우려가 있다.

(2) 부당한 자산 · 상품 등 지원

부당한 자산지원이란 부당하게 특수관계인 또는 다른 회사에 대하여 "부동산 · 유가증권 · 상품 · 용역 · 무체재산권 등 자산을 상당히 낮거나 높은 대가로 제공 또는 거래하거나 상당한 규모로 제공 또는 거래"하여 과다한 경제상 이익을 제공함으로써 특수관계인 또는 다른 회사를 지원하는 행위를 말한다(유형 및 기준 제9호 나목).

자산거래 이외에도 상품 또는 용역 거래를 통한 부당한 지원행위도 규제의 대상이다.[76] 이러한 부당지원행위에는 상품이나 용역을 상당히 높거나 낮은 대가로 거래하는 경우뿐만 아니라 변제기 이후 대금을 회수하지 아니하여 지원객체로 하여금 그 자금을 운용토록 함으로써 그 이자 상당의 수익을 얻도록 하는 경우도 해당된다. 또한 계열회

---

75) 대법원 2004. 4. 9. 선고 2001두6197 판결.

76) 대법원 2004. 10. 14. 선고 2001두2935 판결; 2006. 4. 14. 선고 2004두3298 판결.

사 간의 거래가격이 비슷하더라도 대규모 물량을 몰아준다면 부당한 지원행위에 해당할 수 있다.[77] 상품 · 용역 거래를 통한 부당한 지원행위 금지는 공정한 거래질서의 확립과 경제력집중의 방지뿐만 아니라, 그동안 특히 동일인과 그 친인척의 지분율이 높은 회사에 물량을 몰아주어 경제적 이득을 취하게 하는 「회사기회의 유용」(usurpation of corporate opportunity)을 규제하는 효과도 가지게 된다.

[판례] 서울신문사의 스포츠서울21 지원행위(대법원 2004. 11. 12. 선고 2004두9630 판결)

정상 임대수익율 연 19.77%에 비하여 원고(서울신문)가 스포츠서울21에 대하여 적용한 월세환산 임대수익율 연 7.5%는 현저히 낮은 금리이므로 스포츠서울21에게 그 금리 차이에 해당하는 금액만큼 경제상 이익을 제공한 것이다. 또한 스포츠서울21은 1999. 12. 30 서울신문으로부터 물적 분할 방식을 통하여 분할 · 설립된 자본금 300억 원 규모의 회사로서 통상적으로 회사설립 초기에는 막대한 운영자금이 소요되고 제 비용 등이 필요한 시기였음에 비추어 볼 때, 서울신문의 지원행위로 인하여 스포츠서울21은 사무실 임대보증금만큼의 자금을 차입할 필요성이 없어지므로 그에 따른 금융비용 부담이 완화되는 등 경영여건을 개선시키는 등 스포츠신문시장에서의 유력한 사업자로서의 지위를 형성 · 유지 또는 강화시킬 우려가 있는 바, 이는 부당한 자산지원행위에 해당한다.

(3) 부당한 인력지원

부당한 인력지원이란 부당하게 특수관계인 또는 다른 회사에 대하여 "인력을 상당히 낮거나 높은 대가로 제공하거나 상당한 규모로 제공하여 과다한 경제상 이익을 제공 또는 거래"함으로써 특수관계인 또는 다른 회사를 지원하는 행위를 말한다(유형 및 기준 제9호 다목).

지원주체가 제공하는 인력과 관련하여, 지원객체가 지원주체 또는 해당 인력에 대하여 지급하는 일체의 급여 · 수당 등(실제 지급급여)이 해당 인력이 근로제공의 대가로서 지원주체와 지원객체로부터 지급받는 일체의 급여 · 수당 등(정상급여)보다 적은 때에는 지원주체가 지원객체에게 인력지원을 한 것으로 볼 수 있다.[78] 그러나 기업구조조정이나 공기업 민영화 및 경영개선계획 등에 따라 일부 사업부문을 분사화하여 설립한 회사에 대하여 분사 이전의 시설투자자금 상환 · 연구기술인력 및 분사 후 분할된 자산의 활용 등과 관련하여 단기간 동안 분할회사의 자생력 배양을 위하여 불가피하게 인력을 지원하는 경우로서 기존기업의 거래관계에 영향이 적은 경우에는 부당한 지원행위로 보기 어렵다.

---

77) 서울고법 2009. 8. 19. 선고 2007누30903 판결(글로비스 사건).
78) 「부당한 지원행위 심사지침」 Ⅲ. 5.

[판례] 하나로통신㈜의 인력지원행위(대법원 2005. 10. 28. 선고 2003두13441 판결)

시내전화 및 초고속인터넷사업 등의 서비스업자인 원고와 주식회사 에이아이넷의 대표이사인 소외인 1 사이에 무선인터넷 정보서비스사업을 목적으로 한 주식회사 엠커머스를 설립하여 원고가 주식 51%를 51억 원에 인수하고, …

… 무선인터넷 정보서비스시장에서의 경쟁조건을 결정짓는 것은 초기설비투자의 규모 및 기술력에 의존하는 측면이 강하므로 원고의 이 사건 인력지원행위가 무선인터넷 정보서비스시장의 경쟁에 미치는 영향은 미미할 것으로 보이는 점, 무선인터넷시장은 에스케이(SK)텔리콤, 엘지(LG)텔리콤, 케이티에프(KTF) 등 대형 이동통신사업자들과 많은 중소업체들이 난립한 상황으로서 그 규모는 1999년 기준 약 5,000억 원 정도에 달하여 엠커머스의 2000년 매출액은 전체시장규모의 0.62%에 불과하고, 지원금액 95백만 원은 전체 시장규모의 0.019%에 불과한 사실 등을 알 수 있으므로, … 이 사건 인력지원행위로 인하여 엠커머스가 속한 무선인터넷시장에서 경쟁이 저해되거나 경제력집중이 야기되는 등으로 공정한 거래가 저해되거나 저해될 우려가 있다고 할 수 없다.

(4) 부당한 거래단계 추가 등

부당한 거래단계 추가란 부당하게 "① 다른 사업자와 직접 상품·용역을 거래하면 상당히 유리함에도 불구하고 거래상 역할이 없거나 미미한 특수관계인이나 다른 회사를 거래단계에 추가하거나 거쳐서 거래 또는 ② 그러한 거래하면서 그 특수관계인이나 다른 회사에 거래상 역할에 비하여 과도한 대가를 지급"함으로써 특수관계인 또는 다른 회사를 지원하는 행위를 말한다(유형 및 기준 제9호 라목). 즉, 거래단계에서 전혀 역할을 하지 않거나 미미한 역할을 하는 경우와 어느 정도 역할은 하지만 그 대가를 과도하게 지급받는 경우의 2가지로 유형화하고 있다.

이와 같이 특수관계인 또는 다른 회사를 매개로 하는 거래를 금지하는 것은 거래단계의 중간에서 실질적인 역할 없이 수수료만 챙기는 소위 '통행세' 관행을 개선하기 위한 것이다.

[판례] 롯데피에스넷의 부당지원행위 건(대법원 2014. 2. 13. 선고 2013두17466 판결)

원고가 2009. 9.부터 2012. 5.까지 기업집단 롯데가 보유한 편의점 등 점포에 비치하기 위하여 이 사건 현금자동입출금기를 구매하는 과정에서, 제조사인 네오아이씨피로부터 직접 구매하지 않고 같은 계열사인 롯데알미늄을 거쳐 구매함으로써 롯데알미늄으로 하여금 판시 매출이익을 실현하게 한 것은 부당지원행위에 해당하고. 따라서 이에 대한 피고(공정위)의 이 사건 시정명령 및 과징금 납부명령은 적법하다.

4. 부당성·상당성의 판단기준

(1) 부당성

지원행위에 대한 부당성은 지원주체와 지원객체와의 관계, 지원행위의 목적과 의도, 지원객체가 속한 시장의 구조와 특성, 지원성 거래규모와 지원행위로 인한 경제상 이익, 지원기간, 지원객체가 속한 시장에서의 경쟁제한이나 경제력집중의 효과 등을 종합적으로 고려하여 해당 지원행위로 인하여 지원객체의 관련시장에서 경쟁이 저해되거나 경제력집중이 야기되는 등 공정한 거래가 저해될 우려가 있는지 여부에 따라 판단한다.[79] 여기에서 '지원성 거래규모'란 지원주체가 지원객체에게 지원행위를 한 기간 동안 해당 지원행위와 관련하여 이루어진 거래(무상제공 또는 무상이전 포함)의 규모를 말한다.[80]

특히 판례는 지원행위의 부당성 판단을 위한 주관적 요건으로서 지원행위가 지원주체의 의도와 목적에 따라 이루어질 것을 요구하고 있다. 여기에서 지원의도는 지원객체에게 유리한 결과를 귀속시킴으로써 지원객체가 속한 시장에서의 경쟁을 제한하거나 기업집단의 경제력집중을 강화하려는 의도를 말한다. 지원행위의 부당성은 공정한 거래질서라는 관점에서 판단되어야 하며, 지원행위에 단순한 사업경영상 또는 거래상의 합리성 내지 필요성이 있다는 사유만으로 부당성이 부정되지 않는다(부당성 판단의 기본원칙).[81]

(2) 상당성

지원객체에게 상당히 유리한 조건의 거래인지 여부를 판단함에 있어서는 급부와 반대급부 간의 차이가 가장 중요한 기준이 될 수 있을 것이나, 지원성 거래규모와 지원행위로 인한 경제적 이익, 지원기간, 지원횟수, 지원시기, 지원행위 당시 지원객체가 처한 경제적 상황 등을 종합적으로 고려하여 구체적·개별적으로 판단하여야 한다.[82]

(3) 안전지대

부당한 지원행위라도 지원객체에 대한 경제적 이익의 이전 정도가 상당하지 않은 경우에는 규제대상에서 제외된다. 구체적으로 ① 부당한 자금·자산 거래의 경우에는

79) 대법원 2004. 3. 12. 선고 2001두7220 판결; 2004. 10. 14. 선고 2001두2935 판결; 2006. 7. 27. 선고 2004두1186 판결.

80) 「부당한 지원행위 심사지침」 Ⅱ. 7.

81) 「부당한 지원행위 심사지침」 Ⅳ. 1. 대법원 2004. 10. 14. 선고 2001두2935 판결.

82) 대법원 2004. 10. 14. 선고 2001두2881 판결.

해당 연도 거래총액이 30억 원 미만이면서 지원주체와 지원객체 간의 실제 거래조건(가격 또는 금리)과 정상조건과의 차이가 7% 미만, ② 부당한 상품·용역거래의 경우에는 통상 거래가 장기간 계속되며, 거래 규모가 상대적으로 크기 때문에 해당 연도 거래총액이 100억 원 미만이면서 실제 거래가격과 정상가격과의 차이가 7% 미만 또는 거래상대방의 평균 매출액의 100분의 12 미만이면 부당 지원행위가 성립하지 아니하는 것으로 판단할 수 있다.[83] 그밖에 지원행위로 인한 지원금액이 1억 원 이하로서 공정거래저해성이 크지 않다고 판단되는 경우에는 부당한 지원행위에 해당하지 않는 것으로 본다.[84]

X. 재판매가격유지행위의 금지

1. 의 의

시장경제 체제하에서 상품 또는 용역의 공급가격은 기본적으로 시장에서의 수요공급 여건에 따라 결정되며, 사업자는 시장기구에서 수요자의 반응에 따라 가격을 신축적으로 조정하면서 대응하게 된다. 이러한 과정을 통해 이루어지는 시장기구에서의 가격결정은 자원의 효율적 배분을 가능하게 하는 핵심적인 요소이다. 그러나 사업자(제조업자 또는 판매업자)가 판매업자의 자유로운 가격결정에 개입하여 구속할 경우 판매업자 간의 가격경쟁은 소멸하게 된다.

재판매가격유지행위(resale price maintenance)란 사업자가 상품 또는 용역을 거래함에 있어서 거래상대방인 사업자 또는 그 다음 거래단계별 사업자에 대하여 거래가격을 정하여 그 가격대로 판매 또는 제공할 것을 강제하거나 이를 위하여 규약 기타 구속조건을 붙여 거래하도록 하는 행위이다(법 §2 x x). 재판매가격유지행위는 원래 상표제도를 중심으로 한 제조업자의 신용보호에서 비롯된 것으로, 판매업자가 고객을 유인하기 위하여 상표품(branded goods)을 염가로 유인판매할 경우 상품의 이미지나 신뢰도가 저하될 것을 우려한 제조업자가 자신의 상품에 대한 신용과 명예를 보호하기 위한 대응책으로서 나타난 것이다. 재판매가격유지행위의 대상으로 되는 것은 사업자가 판매한 해당 상품뿐만 아니라 그 상품이 가공되어 판매되는 완제품도 포함된다. 예컨대, 외식업 프랜차이즈에서와 같이 가맹본부가 원재료를 공급하고 가맹점이 이를 가공하여 완제품을 판매하는 경우에 가맹본부가 완제품에 대해 재판매가격유지행위를 하더라도

83) 「부당한 지원행위 심사지침」 Ⅲ. 1. 파., Ⅲ. 2. 마., Ⅲ. 4. 가. 6), Ⅲ. 4. 나. 5).
84) 「부당한 지원행위 심사지침」 Ⅳ. 3. 바.

공정거래법을 적용할 수 있다.

재판매가격유지행위는 일반적으로 수직적 가격결정 또는 구속(vertical price fixing)의 성격을 띠고 있지만, 현실적으로는 도매 · 소매업자를 수평적 · 집단적으로 구속하는 가격협정으로 발전하는 경향이 있다. 더구나 재판매가격에 따르지 않는 유통업자에 대하여 공급정지 또는 벌칙 등의 조치를 취하는 경우에는 강력한 카르텔로서의 성격을 띠게 되고, 이로 인해 경쟁제한적 성격이 더욱 강하게 나타나게 된다. 그러나 다른 한편 유통단계에서 가격수준을 유지함으로써 판매업자에게 안정적인 이윤을 보장하고, 이를 통해 제조업자 또는 판매업자의 유통경로 확보와 시장지배력 확대에 도움이 될 수 있다. 또한 브랜드 간의 가격경쟁(interbrand price competition)이 오히려 강화되거나 브랜드 내의 가격경쟁(intrabrand price competition)이 불가능하게 된 대신에 품질 · 서비스 등 비가격적인 측면에서의 경쟁이 촉진될 수 있다.

2. 유사개념과의 구별

(1) 부당한 공동행위

일반적으로 공동행위는 일정한 사업자들이 동일한 상품 또는 용역의 가격 등에 관하여 수평적으로 협정하는 것임에 비하여, 재판매가격유지행위는 제조업자 → 도매업자 → 소매업자 간에 수직적으로 가격을 협정하는 것을 말한다. 그러나 재판매가격유지행위는 도매업자 단체 또는 소매업자 단체가 구성사업자 간의 경쟁으로 인한 손실을 막기 위해 제조업자 또는 제조업자 단체에 대해 재판매가격유지행위의 실시를 요구하는 등 그들 구성사업자 상호 간에는 수평적 결합의 성격을 띠기도 한다. 또한 제조업자 상호 간 협정을 통해 공동으로 도매업자 또는 소매업자에 대해 판매가격을 구속하는 경우 제조업자 간에는 부당한 공동행위가 성립하게 된다.

(2) 구속조건부거래

재판매가격유지행위는 제조업자 등의 공급자가 유통업자(도소매업자) 등과 같은 다음 단계의 사업자들에게 판매가격을 구속하는 조건으로 거래한다는 의미에서 구속조건부거래(법 §45①ⅶ)에 해당되는 것으로 볼 수 있다. 그러나 공정거래법상 불공정거래행위로서의 구속조건부거래는 '판매지역'이나 '거래상대방' 등 비가격적 요소의 구속을 조건으로 거래하는 것에 한정하고, '가격조건'을 구속하여 거래하는 경우에는 그 성립요건과 적용범위를 명확히 하기 위하여 별도의 조문으로 재판매가격유지행위로서 규제하고 있다. 재판매가격유지행위는 제조업자가 유통업자의 의사를 억압하여 일방적으로 행한 경우를 전제로 하며, 제조업자와 유통업자간의 '협조적 합의'에 의한 경우에는 재판매가격유지행위로 포섭하기는 어렵고, 공동행위로 포섭할 수 있을 것이다.

한편 미국이나 EU에서는 재판매가격유지행위를 공동행위(concerted action)의 한 유형으로서 거래단계를 달리하는 사업자 간의 수직적 가격협정으로 보고 있다.[85]

3. 재판매가격유지행위의 요건

(1) 재판매가격의 지정

재판매가격유지행위에 해당하기 위해서는 제조업자 또는 도매업자가 먼저 하위단계의 판매업자에 대하여 재판매가격을 지정하여야 한다. 재판매가격은 일반적으로 '최저가격'이나 확정된 가격을 지정하는 방식으로 이루어지고 있으나, '최고가격'을 지정하는 방식으로 이루어질 수도 있다. 제조업자 또는 판매업자의 직접 상대방이 판매하게 되는 가격(재판매가격)뿐만 아니라, 그 상대방인 사업자가 판매하는 상품을 매수하여 판매하는 사업자가 그 상품을 또 다시 판매하는 가격(재재판매가격)을 유지하는 행위도 금지된다.

한편 재판매가격유지행위는 '재판매'를 규제대상으로 하는 것이므로 재판매의 전단계로서 제조업자와 판매업자 또는 판매업자 상호 간의 직접적인 매매계약관계가 존재하여야 한다. 그러나 위탁판매의 경우 위탁매매인은 위탁매매계약에서 정한 거래조건에 따라 상품을 판매하고 그 대가로서 위탁자로부터 일정한 보수를 받는 데 불과하기 때문에 위탁자와 위임관계에 있을 뿐이며, 상법상 위탁매매인에게는 지정가액 준수의무가 있기 때문에(상법 §106①) 위탁자가 위탁매매인에게 판매가격을 지정하더라도 재판매가격유지행위의 적용을 받지 않는다.

그러나 실제에 있어 위탁판매제도가 재판매가격유지를 위한 탈법수단으로 사용될 위험도 있기 때문에 진정한 위탁판매에 속하는지 여부는 당사자 간의 거래관계가 판매인가 위탁인가의 형식만을 가지고 판단할 것이 아니라, 수탁자의 독립상인성 여부·외상판매대금 회수책임·상품보관 및 관리책임·재고품에 대한 위험부담·보수 산정방식·종합보험가입 비용부담의무 및 화재·도난에 따른 손해책임 등을 그 판단기준을 삼아야 한다. 위탁매매의 형식을 취하더라도 거래상 위험부담을 위탁매매인이 부담하고 있거나 반품이 허용되지 않는 경우에는 진정한 위탁매매에 속하지 않으며, 이 경우 위탁매매인에게 지정가격의 준수를 요구하는 것은 재판매가격유지행위에 해당하는 것

85) E. T. Sullivan & J. L. Harrison, Understanding Antitrust and Its Economic Implication, 2nd ed., (Matthew Bender, 1994), pp. 149-150.

으로 보아야 한다.

[판례] 동아제약㈜의 재판매가격유지행위(대법원 2010. 12. 23. 선고 2008두22815 판결)

원고가 3개 도매상과 체결한 '박카스-에프 위탁판매 거래계약서'에 의하면, 도매상은 제품 도착일 기준 30일 이내의 은행도 약속어음이나 현금으로 대금을 결제하여야 하고 이를 위반할 경우 원고는 도매상에 대한 덤 지원을 유보할 수 있으며, 원고가 일반 대중매체에 대한 광고선전비를 부담하기는 하지만 도매상의 거래처에 대한 기획판촉비용은 도매상이 분담하도록 되어 있는 점, 원고가 3개 도매상에게 판매수수료의 형식으로 지급하는 15%의 덤은 일반적인 도매거래에서 부여되는 판매마진의 변형된 한 형태에 불과할 뿐 이를 위탁판매에 따른 수수료로 볼 수 없는 점 등에 비추어 보면, 원고와 3개 도매상 사이에서 박카스 제품의 판매로 인한 손익은 원고가 아닌 도매상에게 귀속된다고 볼 수밖에 없으므로, 원고와 3개 도매상 사이의 관계를 재판매가격유지행위에 해당하지 아니하는 위탁판매로 볼 수 없다.

(2) 재판매가격 유지의 구속성

재판매가격유지행위가 성립하기 위해서는 직접 또는 간접의 거래상대방에 대하여 재판매가격의 유지를 강제하는 '구속성'이 있어야 한다. 여기에서 구속성은 거래상대방에 대한 계약상의 의무로서 강제되어 있는 경우는 물론, 재판매가격에 따르지 않을 경우에 경제상 불이익이 수반됨으로써 현실로 그 실효성이 확보되고 있는 한 인정되는 것으로 볼 수 있다. 재판매가격유지행위는 구속성을 요건으로 하기 때문에 제조업자 또는 도매업자가 거래상대방인 판매업자에 대해 추천가격, 희망가격, 권장가격 또는 표준가격 등을 제시하고 판매업자가 각자의 판단으로 그 가격을 정하여 판매하는 경우 결과적으로 해당 상품의 재판매가격이 동일하게 되었더라도 위법으로 되지 않는다.

그러나 준수하도록 요구되는 가격이 단순한 권장가격에 불과한지, 아니면 구속성·강제성을 지니고 있는지 여부는 위반사업자에 대한 불이익 제공 등 관련사항을 종합적으로 고려하여 개별적으로 판단할 수밖에 없다. 예컨대, 유통계열화가 되어 있어 소매업자가 권장소비자가격에 따를 수밖에 없거나, 그 희망 또는 권장하는 가격에 따르지 않으면 거래거절이나 리베이트차별 등 일정한 제재를 받는 경우에는 사실상의 재판매가격유지행위로서 위법성이 인정된다.[86] 판례도 재판매가격유지행위가 실효성이 확보된 수단을 통하여 이루어지는 경우에는 그 구속성을 인정하고 있다.[87]

---

86) 상대방 유통업자가 해당 상품을 공급받지 못하는 불이익을 받게 되어 제재효과가 가장 큰 재판매가격유지의 핵심수단이라고 할 수 있다. 그러나 거래거절 자체가 공급자의 재고부족이나 상대방의 대금미납 등 통상의 사업활동으로 행해질 수 있기 때문에 종합적으로 고려하여 재판매가격유지를 위해 실시되었는지 여부를 판단하여야 할 것이다.

87) 대법원 2001. 12. 24. 선고 99두11141 판결.

한편 오늘날 기업경영이나 유통방식의 새로운 형태로 자리 잡아 가고 있는 프랜차이즈 영업방식[88]에서는 프랜차이즈 제공자인 가맹본부(franchisor)가 자기 상표나 상호의 신용 및 동일 이미지를 유지하기 위해 프랜차이즈 이용자인 가맹점사업자(franchisee)의 영업활동과 관련하여 판매지역, 거래상대방 및 판매가격에 대해 통제와 구속을 하는 것이 일반적이다. 이와 관련하여 판매가격을 구속하는 경우 재판매가격유지행위에 해당하는지가 문제된다. 프랜차이즈 영업방식 자체가 가맹본부와 가맹점사업자 간의 협력에 의한 경영효율성을 도모하는 데 있어 어느 정도 가격과 품질에 대한 통제가 불가피한 측면이 있으므로 단지 가격책정이 구속적이라는 이유로 재판매가격유지행위에 해당한다고 할 것이 아니라, 경쟁상태에 미치는 영향과 유형, 목적, 기능 및 구속의 정도 등을 구체적으로 고려하여 판단하여야 할 것이다.[89]

[판례] 남양유업㈜의 재판매가격유지행위(대법원 2001. 12. 24. 선고 99두11141 판결)

사업자가 재판매업자에게 상품을 판매함에 있어 일방적으로 재판매가격을 지정하여 그 가격대로 판매할 것을 지시·통지하는 행위는 그것이 단지 참고가격 내지 희망가격으로 제시되어 있는 것에 그치는 정도인 경우에는 이를 위법하다 할 수 없고, 거기에서 그치지 아니하고 재판매업자로 하여금 그 지시·통지에 따르도록 하는 것에 대하여 현실로 그 실효성을 확보할 수 있는 수단이 부수되어 있는 경우에만 법 제29조 제1항에 의하여 금지되는 '재판매가격유지행위'에 해당한다.

4. 적용제외

(1) 정당한 이유

재판매가격유지행위는 다음 단계의 사업자들에게 판매가격을 구속함으로써 다음 단계시장에서의 가격경쟁이 소멸하게 되므로 원칙적으로 금지되어야 하나, 효율성 증대로 인한 소비자후생 증대효과가 경쟁제한으로 인한 폐해보다 큰 경우와 같이 정당한 이유가 있으면 예외적으로 허용된다. 이 점에서 '최저재판매가격유지행위'이든 '최고재판매가격유지행위'이든 「합리의 원칙」을 적용하고 있는 것으로 볼 수 있다(법 §46 i).[90] 예컨대, 최저재판매유지행위의 경우 상표 간 경쟁활성화 및 비가격 서비스 경쟁촉진 등

---

88) 프랜차이즈 영업방식이란, 프랜차이즈 제공자(본부)가 프랜차이즈 이용자(가맹점)로부터 일정한 대가(프랜차이즈 사용료)를 받고, 그 반대급부로써 자신의 상호, 상표 등의 영업표지를 이용하여 동일한 이미지 아래 사업을 할 수 있는 특권을 주고 조직의 편성, 훈련, 경영에 관하여 각종 지원과 통제를 하는 수직적 유통체계를 말한다.

89) 권오승·양명조·서헌제·정호열, 「공정거래법 심결례 100선」(법문사, 1996), 520면. 가맹사업법 시행령 [별표2]는 가맹본부가 ① 판매가격을 정하여 가맹사업자에게 권장하는 행위와 ② 가맹사업자의 판매가격 결정 또는 변경시 사전협의하도록 하는 행위에 대해서는 강요에 이르지 않는 한 가맹사업법상의 불공정거래행위(동법 §12①i)로 보지 않는다(2. 가.).

90) 대법원 2017. 6. 19. 선고 2013두17435 판결.

으로 인한 소비자후생 증대효과가 가격경쟁 제한으로 인한 소비자후생 저해효과보다 크거나, 최고재판매가격유지행위의 경우 진정한 의미의 최고가격제로서 유통마진의 축소를 통해 소비자에게 이익이 된다면 정당한 이유가 있는 것으로 보아 금지의 예외를 인정하고 있다.[91]

[판례] 한미약품㈜의 재판매가격유지행위(대법원 2010. 11. 25. 선고 2009두9543, 환송심-서울고법 2011. 4. 27. 선고 2010누42050 판결)

공정거래법의 입법목적과 재판매가격유지행위를 금지하는 취지에 비추어 볼 때, 최저재판매가격유지행위가 해당 상표 내의 경쟁을 제한하는 것으로 보이는 경우라 할지라도, 시장의 구체적 상황에 따라 그 행위가 관련 상품시장에서의 상표 간 경쟁을 촉진하여 결과적으로 소비자후생을 증대하는 등 정당한 이유가 있는 경우에는 이를 예외적으로 허용하여야 할 필요가 있다. 그리고 그와 같은 정당한 이유가 있는지 여부는 관련시장에서 상표 간 경쟁이 활성화되어 있는지 여부, 그 행위로 인하여 유통업자들의 소비자에 대한 가격 이외의 서비스 경쟁이 촉진되는지 여부, 소비자의 상품 선택이 다양화되는지 여부, 신규사업자로 하여금 유통망을 원활히 확보함으로써 관련 상품시장에 쉽게 진입할 수 있도록 하는지 여부 등을 종합적으로 고려하여야 할 것이며, 이에 관한 증명책임은 관련 규정의 취지상 사업자에게 있다고 보아야 한다.

(2) 저작물

대통령령이 정하는 저작물에 대해서는 공정거래법에서 정한 바에 의해 재판매가격유지행위를 할 수 있다(법 §46ii). 이를 법정재판매가격유지행위 또는 일명 도서정가제라 한다. 재판매가격유지행위가 허용되는 저작물은 저작권법 제2조(정의) 제1호의 저작물 중 관계 중앙행정기관의 장과의 협의를 거쳐 공정거래위원회가 고시하는 출판된 저작물(전자출판물 포함)을 말한다고 규정하고 있다. 이는 저작물의 경우 문화상품 내지 지적생산물로서의 특성으로 인해 시장경쟁의 원리에만 맡길 경우에는 사회의 지식기반이자 문화적 공공재적 성격을 지니고 있는 저작물의 생산과 보급이 원활해지지 못할 수 있음을 감안하여야 한다는 취지이나, 반면에 유통단계에서 건전한 가격경쟁을 통한 소비자후생을 제한하는 측면도 있다. 이와 관련하여 공정거래위원회는 재판매가격유지행위가 허용되는 저작물의 범위를 정하여 고시하고 있다.[92]

---

91) 참고로 미국 연방대법원은 지난 100년간 '최저재판매가격유지행위'에 대해 당연위법의 입장을 유지하였으나, Leegin Creative Leather Products v. PSKS(2007) 사건에서 친경쟁적 · 반경쟁적 효과를 비교 · 형량하여 합리성 여부에 따라 위법성 여부를 판단해야 한다는 합리의 원칙으로 전환하였다. 또한 '최고재판매가격유지행위'에 대해서도 미국 연방대법원은 종래 Albrecht v. The Herald Co., 390 U.S. 145(1968) 사건에서 당연위법의 입장을 견지한 바 있으나, State Oil Co. v. Khan, 118 S. Ct. 275(1997) 사건에서 합리의 원칙(rule of reason)으로 전환하였다.

92) 이 고시에 의하여 재판매가격유지행위가 허용되는 저작물은 「출판문화산업 진흥법」 적용대상 간행물,

한편 재판매가격유지행위가 허용된다고 하여 반드시 재판매가격유지행위를 하여야 하는 것은 아니다. 만약 사업자단체가 자유로운 가격경쟁을 원하는 사업자에게 재판매가격유지행위를 하도록 하는 경우에는 사업자단체의 재판매가격유지행위의 교사·방조행위(법 §51① ⅳ)에 해당된다.

[판례] ㈔대한출판문화협회의 재판매가격유지행위(대법원 1997. 6. 13. 선고 96누5834 판결)

프라이스클럽은 1994년 10월 ㈔대한출판문화협회(이하 "출협"이라 한다)에게 재판매가격유지계약의 체결을 위한 대리권을 수여하지 아니 한 22개 출판사의 서적을 정가의 20~30%씩 할인하여 일반 소비자에게 판매하였다. 이 사실을 알게 된 ㈔한국서점조합연합회는 출협에 통지하였고, 출협은 1994년 12월 위 22개 출판사에 대하여 프라이스클럽의 할인판매행위는 도서정가제의 존립에 심각한 위협이 되기 때문에 프라이스클럽에 대한 도서공급중단의 협조공문을 송달하였다.

대법원은 공정거래법 제26조 제1항 제4호(현행법 제51조 제1항 제4호)에서 사업자단체가 사업자에게 재판매가격유지행위를 하게 하는 행위를 금지하는 취지는 사업자의 재판매가격유지행위와는 전혀 별개의 것이므로 개개의 사업자 사이에 저작물에 관하여 재판매가격유지행위를 할 수 있다고 하더라도 사업자단체가 자유경쟁가격제도를 택하려는 사업자에게 재판매가격유지행위를 하게 하는 행위는 법 제26조 제1항 제4호에 위반되는 것이고, 재판매가격유지계약 체결권한을 위임받지 아니한 출판사들에 대한 원고의 위 공문 송달 행위는 위법한 것으로 판결하였다.

XI. 특수관계인에 대한 부당한 이익제공의 금지

1. 의 의

그동안 일부 대기업집단을 중심으로 소속 계열회사들이 특수관계인 또는 이들의 지분집중률이 높은 비상장 계열회사에 유망한 사업기회를 제공하는가 하면 물량몰아주기, 수익성 높은 비상장 계열회사 주식의 저가양도 등의 편법수단을 이용하여 대기업집단의 그룹총수 일가의 사익을 추구해 온 바 있다. 이에 따라 공정거래법은 특수관계인이 지배주주의 지위를 남용하여 기업집단에 속하는 회사로 하여금 특수관계인에게 이익을 제공하게 함으로써 주식지분에 따른 비율적 이익을 초과하는 부당한 이익을 얻고, 기업집단의 경영권 승계에 필요한 자금을 마련하는 등 특수관계인을 중심으로 경제력집중이 유지·심화되는 것을 규제하기 위해 특수관계인에 대한 부당한 이익제공을 금지하고 있다.

「신문 등의 진흥에 관한 법률」상의 일반일간신문 및 특수일간신문이다. 「재판매가격유지행위가 허용되는 저작물의 범위」(2021. 12. 30., 공정거래위원회고시 제2021-21호).

즉, 동일인이 자연인인 공시대상기업집단에 속하는 회사는 특수관계인(동일인 및 그 친족에 한정)이나 동일인이 단독으로 또는 동일인의 친족(계열분리 경영하는 친족은 제외)과 합하여 발행주식 총수의 100분의 20 이상의 주식을 보유한 계열회사 또는 그 계열회사가 단독으로 발행주식총수의 100분의 50을 초과하는 주식을 소유한 국내 계열회사와 특수관계인에게 부당한 이익을 귀속시키는 거래나 사업기회를 제공하는 행위[93]를 금지하고 있다(법 §47①). 또한 공정거래법은 부당한 이익을 제공하는 대기업집단 소속의 회사뿐만 아니라 그 거래 또는 사업기회 제공의 상대방인 특수관계인이나 위의 요건에 해당하는 국내 계열회사에게도 마찬가지로 위의 부당한 이익제공에 해당할 우려가 있는 거래를 하거나 사업기회를 제공받는 행위를 하지 못하도록 금지하고 있다(법 §47③). 부당한 이익을 제공받는 대상인 제공객체가 의무위반행위를 하는지 여부는 해당 이익제공행위가 부당한 이익제공행위에 해당할 수 있음을 제공객체가 인식하거나 인식할 수 있었는지 여부를 기준으로 판단한다.

2. 이익제공행위

공정거래법은 특수관계인이 기업집단에 대하여 가지는 영향력을 고려하여 이익제공행위에 대한 '지시'뿐만 아니라 '관여'까지 금지하고 있다. 즉, 특수관계인은 누구에게든지 위의 부당한 이익제공이나 이에 해당할 우려가 있는 거래 또는 사업기회 제공을 지시하거나 이에 관여하여서는 아니 된다(법 §47④). 이익제공행위는 직접적인 제공뿐만 아니라 간접적 제공도 가능하고, 특수관계인이 부당한 이익제공행위에 '관여'하는 방법 역시 마찬가지이므로, 특수관계인이 계열회사의 임직원 등에게 부당한 이익제공행위를 장려하는 태도를 보였거나, 특수관계인이 해당 거래의 의사결정 또는 실행과정에서 계열회사의 임직원 등으로부터 부당한 이익제공행위와 관련된 보고를 받고 이를 명시적 또는 묵시적으로 승인하였다면 그 행위에 관여한 것으로 평가할 수 있다.

특수관계인이 부당한 이익제공행위에 '관여'했는지는 행위주체와 행위객체 및 특수관계인의 관계, 행위의 동기와 경위, 행위의 내용 및 결과, 해당 행위로 인한 이익의 최종 귀속자가 누구인지, 특수관계인이 부당한 이익제공행위의 의사결정 또는 실행과정에서 법률상 또는 사실상 관여할 수 있는 지위에 있었는지, 특수관계인 외에 실행자가 있는 경우 실행자와 특수관계인의 관계 및 평소 권한 위임 여부, 실행자가 특수관계인의 동의나 승인 없이 해당 행위를 하는 것이 법률상 또는 사실상 가능한지, 해당

93) 실무상 '특수관계인에 대한 부당한 이익제공'을 흔히 '사익편취'로 약칭하여 사용하고 있으나, 이는 동 행위의 법 위반 여부 판단 이전에 이미 (형사상)불법이라는 예단을 갖도록 함으로써 동 행위에 대한 객관적이고 중립적인 가치 판단에 부정적인 영향을 줄 우려가 있으므로 주의할 필요가 있다.

행위를 할 동기가 있는지 여부 등 제반 사정을 종합하여 판단해야 한다. 이때 특수관계인은 기업집단에 대한 영향력을 이용하여 다양한 방식으로 간접적으로 관여할 수 있다는 점도 고려할 필요가 있다.[94]

3. 이익제공의 부당성

특수관계인에 대한 부당한 이익제공행위의 부당성 판단은 이익제공행위를 통하여 특수관계인에게 직접 또는 간접으로 부당한 이익이 귀속되었는지 여부를 기준으로 판단한다.[95] 즉, 이익의 제공이 직접적이든 간접적이든 묻지 않으므로 제3자를 매개하여 이익제공이 이루어지고 그로 인하여 특수관계인에게 실질적으로 이익이 귀속된다면 부당한 것으로 볼 수 있다.[96] 문제는 일반 불공정거래행위의 금지가 공정거래저해성, 즉 경쟁제한성과 거래의 불공정성을 위법성 판단의 근거로 삼고 있는 데 비해,[97] 특수관계인에 대한 부당한 이익제공 금지는 법문상 부당한 이익의 제공 여부를 위법성 판단의 근거로 삼고 있다는 점에서 특징이 있다. 즉, 이익의 부당성이 인정되면 위법성이 쉽게 추정되는 것으로 해석할 여지가 있다.

그러나 아무리 규제당국의 입증상 편의라는 본조의 입법취지를 고려하더라도 부당성이나 이익의 규모와 정도를 지나치게 완화하여 해석할 경우 이익의 부당성이 사실상 추정되어 별다른 규범적 판단을 거치지 않고 규제범위가 과도하게 확장되거나 당연위법식으로 운영될 우려가 있다. 이러한 우려를 감안하여 판례는 특수관계인에 대한 부당한 이익제공 행위에 해당하려면, 그 행위를 통하여 특수관계인에게 귀속된 이익이 '부당'한지에 대한 규범적 평가가 이루어져야 하며, 이익의 부당성을 판단함에 있어서는 이익제공행위를 통하여 대기업집단의 특수관계인을 중심으로 경제력집중이 유지·심화될 우려가 있는지 여부를 살피도록 하고 있다.[98] 이와 함께 특수관계인에게 귀속된 이익이 '부당'하다는 점은 시정명령 등 처분의 적법성을 주장하는 규제당국이 증명하도록 하고 있다.

[판례] 대한항공의 특수관계인에 대한 부당 이익제공행위(대법원 2022. 5. 12. 선고 2017두63993 판결)

공정거래법 제23조의2 제1항 제1호(현행법 제47조 제1항 제1호)에서 금지하는 특수관계인에 대한 부당한 이익제공행위에 해당하려면, 제1호의 행위에 해당하는지 여부와는 별도

94) 대법원 2023. 3. 16. 선고 2022두38113 판결.
95) 「특수관계인에 대한 부당한 이익제공행위 심사지침」(공정거래위원회 예규 435호, 2023. 5. 22., 일부개정) V. 1.
96) 대법원 2022. 11. 10. 선고 2021두35759 판결; 2022. 5. 26. 선고 2020두36267 판결.
97) 대법원 2004. 3. 12. 선고 2001두7220 판결; 2004. 9. 24. 선고 2001두6364 판결.
98) 「특수관계인에 대한 부당한 이익제공행위 심사지침」 V. 2.

로 그 행위를 통하여 특수관계인에게 귀속된 이익이 '부당'한지에 대한 규범적 평가가 아울러 이루어져야 한다. 여기에서 말하는 '부당성'이란, 이익제공행위를 통하여 그 행위객체가 속한 시장에서 경쟁이 제한되거나 경제력이 집중되는 등으로 공정한 거래를 저해할 우려가 있을 것까지 요구하는 것은 아니고, 행위주체와 행위객체 및 특수관계인의 관계, 행위의 목적과 의도, 행위의 경위와 그 당시 행위객체가 처한 경제적 상황, 거래의 규모, 특수관계인에게 귀속되는 이익의 규모, 이익제공행위의 기간 등을 종합적으로 고려하여, 변칙적인 부의 이전 등을 통하여 대기업집단의 특수관계인을 중심으로 경제력집중이 유지·심화될 우려가 있는지 여부에 따라 판단하여야 한다.

4. 금지 대상행위

(1) 상당히 유리한 조건의 거래

정상적인 거래에서 적용되거나 적용될 것으로 판단되는 조건보다 상당히 유리한 조건으로 거래하는 행위는 금지된다(법 §47① i). 여기에서 거래에는 자금거래, 자산·상품·용역거래 및 인력거래가 모두 포함된다.

'상당히 유리한 조건'의 거래란 정상적인 거래에서 적용되는 대가보다 상당히 낮거나 높은 대가로 제공하는 것을 말한다. 다만 시기, 종류, 규모, 기간, 신용상태 등이 유사한 상황에서 특수관계가 없는 독립된 자 간의 정상적인 거래에서 적용되거나 적용될 것으로 판단되는 조건과의 차이가 100분의 7 미만이고, 거래당사자 간 해당 연도 거래총액이 50억 원(상품·용역의 경우에는 200억 원) 미만인 경우에는 상당히 유리한 조건에 해당하지 않는 것으로 본다(영 §54① [별표 3] 제1호).

[판례] 특수관계인에 대한 상당히 유리한 조건의 거래에서 정상가격의 기준(대법원 2022. 5. 12. 선고 2017누63993 판결)

… [별표 1의3] 제1호의 '상당히 유리한 조건의 거래인지 여부'를 판단하는 기준이 되는 '정상가격'이란, 거래당사자 간에 이루어진 경제적 급부와 동일한 경제적 급부가 시기, 종류, 규모, 기간, 신용상태 등이 유사한 상황에서 특수관계가 없는 독립된 자 간에 이루어졌을 경우 형성되었을 거래가격 등을 말한다. 공정거래위원회가 당해 거래와 동일한 실제 사례를 찾을 수 없어 부득이 유사한 사례에 의해 정상가격을 추단할 수밖에 없는 경우에는, 단순히 제반 상황을 사후적, 회고적인 시각에서 판단하여 거래 당시에 기대할 수 있었던 최선의 가격이나 당해 거래가격보다 더 나은 가격으로 거래할 수도 있었을 것이라 하여 가벼이 이를 기준으로 정상가격을 추단하여서는 안 되고, 먼저 해당 거래와 비교하기에 적합한 유사한 사례를 선정하고, 나아가 그 사례와 해당 거래 사이에 가격에 영향을 미칠 수 있는 거래조건 등의 차이가 존재하는지를 살펴 그 차이가 있다면 이를 합리적으로 조정하는 과정을 거쳐 정상가격을 추단하여야 한다.

(2) 사업기회의 제공

회사가 직접 또는 자신이 지배하고 있는 회사를 통하여 수행할 경우 회사에 상당한 이익이 될 사업기회를 제공하는 행위는 금지된다(법 §47①ii). 회사에 상당한 이익이 될 사업기회를 제공한다는 점에서 일종의 '사업기회의 유용'이라고 볼 수 있다. 여기서 상당한 이익이 될 사업기회란 구체적으로 회사에 '현재 또는 가까운 장래에 상당한 이익이 될 수 있는 사업기회'를 의미한다. 이때 현재 또는 가까운 장래에 상당한 이익이 발생할 수 있는지 여부는 원칙적으로 사업기회 제공 당시를 기준으로 판단한다. 상당한 이익이 될 사업기회인지 여부는 제공주체인 회사 또는 회사 자신이 지배하는 회사를 기준으로 판단하여야 한다. 제공객체에게 보다 더 이익이 될 수 있는지 여부, 제공객체가 해당 사업을 수행하는데 필요한 전문성과 능력을 더 잘 갖추고 있다는 등의 사정은 원칙적으로 상당한 이익의 판단과 직접 관련되는 요소가 아니다. 사업기회 제공 당시에는 이익을 내지 못하는 영업권이라 하더라도 사후적으로 많은 영업이익을 낼 것이라는 합리적 예측이 가능한 경우에는 상당한 이익이 될 사업기회에 해당할 수 있다.[99] 다만 회사가 해당 사업기회를 수행할 능력이 없거나 사업기회 제공에 대한 정당한 대가를 지급받은 경우, 그 밖에 합리적인 사유로 사업기회를 거부한 경우에는 제외한다(영 §54① [별표 3] 제2호).

(3) 상당히 유리한 조건의 현금 · 금융상품 거래

특수관계인과 현금, 그 밖의 금융상품을 상당히 유리한 조건으로 거래하는 행위는 금지된다(법 §47①iii). 다만 특수관계인이 아닌 자와의 정상적인 거래에서 적용되거나 적용될 것으로 판단되는 조건과의 차이가 100분의 7 미만이고, 거래당사자 간 해당 연도 거래총액이 50억 원 미만인 경우에는 상당히 유리한 조건에 해당하지 않는 것으로 본다(영 §54① [별표 3] 제3호).[100]

(4) 합리적 고려나 비교 없는 상당한 규모의 거래

사업능력, 재무상태, 신용도, 기술력, 품질, 가격 또는 거래조건 등에 대한 합리적인 고려나 다른 사업자와의 비교 없이 상당한 규모로 거래하는 행위는 금지된다(법 §47 iv). 여기에서 합리적 고려나 비교없는 상당한 규모의 거래란 소위 '일감몰아주기'의

99) 「특수관계인에 대한 부당한 이익제공행위 심사지침」 Ⅳ. 2.

100) 시행령 [별표3] 제3호에서 현금이나 그 밖의 금융상품의 상당히 유리한 조건의 거래를 제1호와 별도로 규정한 것은 과거 대법원의 삼성에스디에스 판결을 고려한 입법으로 보인다. 권오승 · 서정, 앞의 책, 639면.

전형적인 사례로 해당 거래의 정보를 충분히 수집·조사하고, 이를 객관적·합리적으로 검토하거나 다른 사업자와 비교·평가하는 등 해당 거래의 특성상 통상적으로 행하여지거나 행하여질 것으로 기대되는 거래상대방의 적합한 선정과정 없이 상당한 규모로 거래하는 행위를 말한다(영 §57① [별표 3] 제4호 본문). 여기에서 '상당한 규모'로 거래하였는지 여부는 제공객체가 속한 시장의 구조와 특성, 거래 당시 제공객체의 경제적 상황, 제공객체가 얻은 경제상 이익, 여타 경쟁사업자의 경쟁능력 등을 종합적으로 고려하여 구체적·개별적으로 판단한다.[101]

다만 거래당사자 간 상품·용역의 연간 거래총액이 200억 원 미만이고, 거래상대방의 평균매출액의 100분의 12 미만인 경우에는 상당한 규모에 해당하지 않는 것으로 본다(영 §54① [별표 3] 제4호 단서).

[판례] 기업집단 태광 소속 계열회사의 합리적 고려나 비교 없는 상당한 규모의 거래행위(대법원 2023. 3. 16. 선고 2022두38113 판결)

이 사건 와인거래 이전 행위주체인 기업집단 태광 소속 계열회사들에 대한 대주주 원고 A의 지분은 일부에 불과하였고, 원고 A의 처, 자녀의 지분은 없거나 매우 적었다. 반면 행위객체인 원고 ㈜메르뱅은 원고 A의 처 소외 3을 비롯한 특수관계인이 100% 지분을 보유하고 있었다.

원고 ㈜메르뱅이 와인사업에 진출한 지 얼마 되지 않았는데, 경영기획실의 지시 아래 사실상 기업집단 태광 소속의 전 계열회사들은 2014. 7.경부터 2016. 9.경까지 사업능력, 재무상태, 신용도, 기술력, 품질, 가격 또는 거래조건 등에 대한 합리적인 고려나 다른 사업자와의 비교 없이 상당한 규모로 와인을 매수하는 이 사건 와인거래를 하여 원고 ㈜메르뱅에 부당한 이익을 제공하였다. 위 기간 이 사건 와인거래 매출액 약 46억 원은 같은 기간 원고 ㈜메르뱅의 전체 매출액의 약 58%이고, 소매 매출액의 약 79%에 이르는 규모이며, 그 이익은 특수관계인에 대한 배당 및 원고 ㈜메르뱅의 자산증가에 기여하는 등으로 원고 A 등 특수관계인의 기업집단 태광에 대한 지배력 확장에 도움이 되었다.

5. 금지의 예외

특히 위의 (4)에서 금지되는 합리적 고려나 비교없는 상당한 규모의 거래(법 §47① ⅳ)라 하더라도 기업의 ① 효율성 증대, ② 보안성, ③ 긴급성 등 거래의 목적을 달성하기 위하여 불가피한 경우에는 예외적으로 허용된다(법 §47②).

'효율성 증대효과가 있는 거래'란 다른 자와의 거래로는 달성하기 어려운 비용절감, 판매량 증가나 품질개선·기술개발 등의 효율성 증대효과가 있음이 명백하게 인정되는 거래로서 일정한 경우[102]에 해당하는 거래를 말한다.

---

101) 「특수관계인에 대한 부당한 이익제공행위 심사지침」 Ⅳ. 3.

'보안성이 요구되는 거래'란 다른 자와 거래할 경우 영업활동에 유용한 기술 또는 정보 등이 유출되어 경제적으로 회복하기 어려운 피해를 초래하거나 초래할 우려가 있는 거래로서 일정한 경우[103]에 해당하는 거래를 말한다. 또한 '긴급성이 요구되는 거래'란 경기급변, 금융위기, 천재지변, 해킹 또는 컴퓨터 바이러스로 인한 전산시스템 장애 등 회사 외적 요인으로 인한 긴급한 사업상 필요에 따른 불가피한 거래를 말한다(영 §54② [별표 4]).

XII. 보복조치의 금지

거래상 우월한 지위에 있는 사업자가 불공정거래행위를 할 경우 거래상대방은 이를 공정거래위원회에 신고하거나 분쟁조정을 신청할 수 있다. 그러나 실제로는 거래상 약자의 지위에 있는 거래상대방의 입장에서는 불공정거래행위를 한 사업자의 보복조치가 두려워 자신의 권리보호를 포기하는 경우가 적지 않다.

이러한 잘못된 관행을 개선하고 거래상대방의 권리를 보호하기 위해 공정거래법은 불공정거래행위(§45) 및 재판매가격유지행위(§46)와 관련하여 거래상 우월한 지위에 있는 사업자의 거래상대방에 대한 보복조치를 금지하고 있다(법 §48 각호). 즉, ① 공정거래위원회 또는 공정거래분쟁조정협의회에 분쟁조정을 신청(§76①)하거나, ② 공정거래위원회에 신고(§80②)하거나, ③ 공정거래위원회의 조사에 협조(§81)한 것을 이유로 거래상대방에 대해 거래의 정지 또는 물량의 축소, 그 밖에 불이익을 주는 행위를 하거나 계열회사 또는 다른 사업자로 하여금 이를 행하는 것을 금지하고 있다.

또한 이를 위반한 자에 대해서는 보복조치의 악의성 및 법 위반 억지력 강화 필요성 등을 감안하여 시정조치명령, 과징금 및 형벌 부과를 규정하고 있다(법 §49, §50①, §124①xi).

---

102) 일정한 경우란 ① 상품의 규격·품질등 기술적 특성상 전후방 연관관계에 있는 계열회사 간의 거래로서 해당 상품의 생산에 필요한 부품·소재 등을 공급 또는 구매하는 거래, ② 회사의 기획·생산·판매과정에 필수적으로 요구되는 서비스를 산업연관성이 높은 계열회사로부터 공급받는 거래, ③ 주된 사업영역에 대한 역량집중, 구조조정 등을 위해 회사의 일부 사업을 전문화된 계열회사가 전담하는 경우 그 일부 사업과 관련하여 그 계열회사와 하는 거래, ④ 긴밀하고 유기적인 거래관계가 오랜 기간 지속되어 노하우 축적, 업무이해도 및 숙련도 향상 등 인적·물적으로 협업체계가 이미 구축되어 있는 거래, ⑤ 거래목적상 거래에 필요한 전문지식 및 인력보유 현황, 대규모·연속적 사업의 일부로서의 밀접한 연관성 또는 계약이행에 대한 신뢰성 등을 고려하여 계열회사와 하는 거래의 어느 하나에 해당하는 경우를 말한다(시행령 [별표 4] 제1호 각목).

103) 일정한 경우란 ① 전사적(全社的) 자원관리시스템, 공장, 연구개발시설 또는 통신기반시설 등 필수시설의 구축·운영, 핵심기술의 연구·개발·보유 등과 관련된 경우, ② 거래 과정에서 영업·판매·구매 등과 관련된 기밀 또는 고객의 개인정보 등 핵심적인 경영정보에 접근 가능한 경우의 어느 하나에 해당하는 경우를 말한다(시행령 [별표 4] 제2호 각목).

제4절 법 위반의 효과

Ⅰ. 행정적 제재

1. 시정조치

공정거래위원회는 법 제45조(불공정거래행위의 금지) 제1항 또는 제2항, 제46조(재판매가격유지행위의 금지), 제47조(특수관계인에 대한 부당한 이익제공 금지) 또는 제48조(보복조치의 금지)에 위반하는 행위가 있을 때에는 해당 사업자, 특수관계인 또는 회사에 대하여 해당 불공정거래행위 또는 특수관계인에 대한 부당한 이익제공행위의 중지 및 재발방지를 위한 조치, 계약조항의 삭제, 시정명령을 받은 사실의 공표 그밖에 시정을 위해 필요한 조치를 명할 수 있다(법 §49①).

공정거래법은 처분제한기간(처분시효)을 정하고 있어 공정거래위원회는 법 위반행위의 종료일부터 7년이 경과한 때에는 시정조치를 명하거나 과징금을 부과할 수 없다(법 §80④). 다만, 법원의 판결에 따라 시정조치 또는 과징금 부과처분이 취소된 경우로서 그 판결이유에 따라 새로운 처분을 하는 경우에는 그러하지 아니하다(법 §80⑥). 또한 공정거래위원회가 자료의 열람 또는 복사 요구(법 §95)에 따르지 아니하여 당사자가 소를 제기한 경우 그 당사자 및 동일한 사건으로 심의를 받는 다른 당사자에 대하여 진행이 정지되고 그 재판이 확정된 때부터 진행한다(법 §80⑦).

공정거래위원회는 법 위반사업자의 합병. 분할, 분할합병 또는 새로운 회사의 설립 등에 따른 조직변경으로 그 지위를 승계한 사업자에 대하여 시정조치를 명할 수 있다. 즉, 합병 후에는 존속회사와 신설회사, 분할 또는 분할합병 후에는 분할회사, 신설회사 및 분할합병 후 존속회사에 시정조치를 명할 수 있다(법 §49②, §7②부터 ④).

2. 과 징 금

공정거래위원회는 부당 지원행위를 제외한 불공정거래행위(법 §45①, ⅸ제외), 재판매가격유지행위(법 §46) 또는 보복조치 금지행위(법 §48)의 경우에는 해당 사업자에게 관련매출액에 100분의 4를 곱한 금액을 초과하지 아니하는 범위 안에서 과징금을 부과할 수 있다. 다만 매출액이 없는 경우 등에는 10억 원을 초과하지 아니하는 범위 안에서 과징금을 부과할 수 있다(법 §50①, 영 §13①).

부당 지원행위(법 §45①ix)와 부당지원을 받는 행위(법 §45②), 특수관계인에 대한 부당한 이익제공행위와 이익제공을 받는 행위(법 §47①, ③)의 경우에는 해당 특수관계인 또는 회사에 해당 사업자의 직전 3개 사업연도의 평균매출액에 100분의 10을 곱한 금액을 초과하지 아니하는 범위 안에서 과징금을 부과할 수 있다. 다만 매출액이 없는 경우 등에는 40억 원을 초과하지 아니하는 범위 안에서 과징금을 부과할 수 있도록 하고 있다(법 §50②, 영 §13②).

Ⅱ. 민사적 제재

사업자의 불공정거래행위(부당지원행위는 제외) 위반으로 피해를 입거나 피해를 입을 우려가 있는 자는 자신에 대한 침해행위의 금지 또는 예방을 청구할 수 있다(법 §108①). 제소권자에는 경쟁사업자나 거래상대방인 사업자는 물론 일반 소비자도 이에 포함된다.

또한 사업자의 불공정거래행위로 피해를 입은 자는 위반사업자에 대하여 공정거래법상의 손해배상책임을 청구할 수 있다. 다만 사업자가 고의 또는 과실이 없음을 입증한 경우에는 그 책임을 면할 수 있다(법 §109①). 특히 사업자가 불공정거래행위 및 재판매가격유지행위와 관련하여 거래상대방이 분쟁조정 신청, 공정거래위원회 신고 또는 조사협조를 이유로 거래의 정지 또는 물량의 축소, 그 밖에 불이익을 주는 행위를 하는 등 보복조치를 행함으로써 손해를 입은 자가 있는 경우에는 그 자에게 발생한 손해의 3배를 넘지 아니하는 범위에서 손해배상의 책임을 진다(법 §109②, §48 각호).

Ⅲ. 형사적 제재

불공정거래행위 중 부당한 고객유인, 부당한 거래강제, 거래상 지위남용, 부당한 사업활동방해에 해당하는 불공정거래행위를 한 자는 2년 이하의 징역 또는 1억 5천만 원 이하의 벌금에 처한다(법 §125ⅳ, §45① ⅳ, ⅴ, ⅵ, ⅷ). 그러나 부당한 지원행위(법 §45①ix), 그러나 불공정거래행위 중 특수관계인에 대한 부당한 이익제공행위 또는 부당한 이익을 제공하거나 받도록 지시하는 행위(법 §46①, ④)에 대해서는 벌칙을 강화하여 3년 이하의 징역 또는 2억 원 이하의 벌금에 처한다(법 §124①ⅹ).

그 밖에 공정거래위원회의 시정조치(법 §24) 규정에 의한 시정조치 또는 금지명령에 응하지 아니한 사업자 역시 2년 이하의 징역 또는 1억 5천만 원 이하의 벌금에 처한다(법 §125ⅰ).

제 7 장 사업자단체의 규제

제 1 절 개 설

일반적으로 사업자들은 사업활동상 공동의 이익을 증진하고 사업자 간의 친목을 도모하기 위해 사업자단체를 구성하게 된다. 이에 따라 사업자단체는 구성사업자를 대상으로 새롭고 유익한 정보의 제공 및 교육의 실시, 기술향상을 위한 공동연구 등을 통해 전문적인 지식과 경험이 업계에서 널리 활용되도록 하는가 하면, 공익을 위한 협력사업이나 업계 홍보 등을 통해 구성사업자의 이미지 향상에 이바지하기도 한다. 또한 관련 부처와의 소통을 통해 업계의 현안과 애로사항을 정부시책에 반영시키기도 하고, 정부시책을 널리 전파하여 국가경제 발전에 함께 참여하는 긍정적인 기능을 수행하기도 한다.

그러나 일부 사업자단체에서 공동의 이익을 도모한다는 명목으로 구성사업자의 사업활동을 부당하게 제한하거나 비구성사업자의 사업활동에 대한 배타적 또는 차별적 행위를 함으로써 시장에서의 공정하고 자유로운 경쟁이나 거래질서를 저해하는 경우도 있다. 예컨대, 가격통제, 생산 또는 출고의 조절 등의 담합을 통하여 부당한 공동행위를 유발하기도 하고, 이에 이르기까지는 않더라도 강한 결속력을 바탕으로 구성사업자의 활동을 구속하거나 다른 비구성사업자에 대해 여러 가지 유형·무형의 압력을 가할 우려도 있다. 특히 사업자단체의 주도로 시장에서의 경쟁제한행위가 이루어질 경우 개별 사업자에 의한 경우보다 국민경제에 미치는 폐해가 더욱 크게 나타나게 된다.

공정거래법은 사업자단체에 의한 경쟁제한행위의 집단적 성격과 그 위험성을 고려하여 개별사업자의 법 위반행위와 별도로 규율하고 있다. 즉, 제51조 제1항에서는 사업자단체의 전형적인 법 위반행위를 4가지로 유형화하여 금지하고 있고, 제51조 제3항에 근거하여 사업자단체의 법 위반 여부를 용이하게 식별할 수 있도록 「사업자단체활동지침」에서 법 위반 유형을 구체적으로 열거하고 있다.[1)]

---

1) 공정거래위원회고시 제2021-35호, 2021. 12. 28., 일부개정.

제2절 사업자단체의 요건

Ⅰ. 구 성 원

사업자단체란 그 형태가 무엇이든 상관없이 둘 이상의 사업자가 공동의 이익을 증진할 목적으로 조직한 결합체 또는 연합체를 말한다(법 §2ii). 즉, 사업자단체는 2인 이상의 사업자로 구성된다. 사업자단체의 구성원인 사업자(이하 "구성사업자")란 법 제2조 제1호에서 규정한 사업을 영위하는 자를 말한다. 그러나 공정거래법은 사업자단체에 관한 규정을 적용함에 있어서 사업자의 이익을 위한 행위를 하는 임원·종업원·대리인 기타의 자는 이를 사업자로 보고 있다(법 §2i 2문). 이는 회사의 임원, 종업원 등이 개인 명의로 단체를 구성하거나 가입하고 있으면서 실질적으로는 그가 속하고 있는 사업자의 이익을 위하여 행동하는 경우를 염두에 둔 것이다. 즉, 형식상으로는 사업자가 구성원으로 되지 않고, 사업자의 임원 등을 구성원으로 하는 결합체라 하더라도 실질적으로 사업자의 결합체로서 기능하는 경우에도 사업자단체로 규율하기 위한 것이다.

한편 사업자단체는 '2인 이상의 사업자의 결합체'이면 충분하며, 사업자가 반드시 동업자이거나 관련 사업을 영위할 필요는 없다. 다른 업종에 속하거나 거래단계를 달리하는 사업자, 예컨대 제조업자와 판매업자가 동시에 구성사업자로 되어 있는 경우라도 상관없다. 또한 구성원의 전원이 사업자이어야 할 필요는 없고, 일부 비사업자가 포함되어 있더라도 사업자단체의 요건을 갖춘 것으로 보아야 한다.

그 밖에 변호사, 의사, 회계사, 건축사, 법무사 등 전문직 자영업자들이 단체를 통하여 공공연히 요금협정 또는 개업제한 등을 행하고 있는 실정에 비추어 이들 단체도 사업자단체로 보는 것이 타당하다. 그동안 판례와 공정거래위원회의 심결례에서는 대한의사협회,[2] 대한약사회,[3] 대한법무사협회,[4] 대한건축사협회,[5] 한국야구위원회[6] 및 한국농구연맹[7] 등의 경쟁제한행위 및 구성사업자의 사업활동 제한행위에 대하여 사업자단체성을 인정한 바 있다.[8] 한편, 근로자의 단체인 노동조합은 단결권, 단체교섭권,

2) 대법원 2003. 2. 20. 선고 2001두5347 판결.
3) 대법원 1995. 5. 12. 선고 94누13794 판결.
4) 대법원 1997. 5. 16. 선고 96누150 판결.
5) 공정위 1987. 3. 25. 의결 제87-1호.
6) 공정위 2001. 3. 9. 의결 제2001-30호.
7) 공정위 2002. 8. 3. 의결 제2002-163호.

단체행동권의 행사에 관해서는 노동조합법 등 노동 관련 법률이 적용되므로 공정거래법이 적용되지 않는다. 그러나 노동조합이라고 하더라도 사업자들이 가입한 경우에는 사업자단체에 해당할 수 있다.[9]

[판례] 전국항운노동조합연맹 울산항운노동조합의 사업자단체성(대법원 2023. 7. 13. 선고 2022두62888 판결)

공정거래법 제2조 제1호는 불공정거래행위의 주체인 사업자를 '제조업, 서비스업, 기타 사업을 행하는 자'로 규정하고 있을 뿐 그 범위에 관하여 아무런 제한을 두고 있지 않은 점, 국내 근로자공급사업의 경우 「노동조합 및 노동관계조정법」(이하 '노동조합법'이라고 한다)에 따른 노동조합만 그 사업의 허가를 받을 수 있는바(직업안정법 제33조 제3항 제1호 참조), 근로자공급사업 허가를 받은 노동조합은 노동조합의 지위와 사업자의 지위를 겸하게 되는 점, 불공정거래행위 등을 규제하여 공정하고 자유로운 경쟁을 촉진하고자 하는 공정거래법의 입법목적을 달성하기 위해서는 근로자공급사업 허가를 받은 노동조합도 공정거래법의 적용대상으로 삼을 필요성이 있는 점 등을 고려해 보면, 적어도 노동조합이 직업안정법에 따라 근로자공급사업 허가를 받아 이를 영위하는 범위 내에서는 공정거래법의 적용대상인 '사업자'에 해당한다고 봄이 타당하다.

Ⅱ. 목 적

사업자단체는 사업자 간의 공동의 이익을 증진할 목적으로 조직된 단체이다. 사업자 간 공동의 이익이란 구성사업자의 사업활동상의 경제적 이익에 직접 또는 간접으로 기여하는 것을 말한다. 경제적 이익을 목적으로 하지 않는 순수한 자선단체, 학술단체, 친목단체 등은 통상 사업자단체에 해당하지 않는다. 또한 사업자단체의 목적은 정관, 규약 등에 잘 나타나고 있지만, 그것만을 가지고 형식적으로 판단할 것이 아니라, 실제 활동내용 등을 고려하여 실질적으로 판단하여야 한다. 따라서 명목상 자선, 학술, 친목 등을 목적으로 하더라도 실제로 가격협정, 생산조정 등의 경쟁제한행위를 행하고 있다면 사업자 간의 공동의 이익을 증진할 것을 목적으로 하고 있다고 보아야 할 것이다.

또한 그 이익이 사업자 전체에 관한 것에 한하지 않고, 그 일부에 관한 것도 무방하며, 받는 이익이 직접적이든 간접적이든 불문한다.[10] 각 사업자가 받는 이익의 내용이 일치해야 하는 것은 아니기 때문에 제조업자와 판매업자가 동일한 단체를 조직하는 경우에도 공동의 이익은 존재할 수 있다.

---

8) 공정위 1992. 5. 12. 의결 제92-56호.
9) 권오승 · 서정, 앞의 책, 505면.
10) 대법원 2008. 2. 14. 선고 2005두1879 판결.

Ⅲ. 조직형태

사업자단체는 명칭과 형태, 법인격 유무에 대한 제한이 없다. 따라서 조합, 법인 기타 어떠한 형태이든 상관없으며, 법인인 경우에도 사단법인, 재단법인 또는 영리법인, 비영리법인을 불문한다. 그러나 사업자단체로 되기 위해서는 구성사업자와는 별개의 것으로서 식별될 수 있는 사회적 존재일 것을 요한다. 이를 위해서 구성원과는 독립한 명칭을 가지고 어느 정도 상시적인 조직을 유지하여야 한다. 또한 사업자단체의 상위조직으로서 연합회, 중앙회는 물론 그 하위조직으로서 지부, 부회 등도 별도의 규약과 직원을 가지고, 그 구성사업자들의 공동의 이익을 증진할 목적으로 독자적인 의사결정에 기하여 독자의 활동하는 경우에는 그 자체로서 별개의 사업자단체로 본다.[11]

제 3 절 사업자단체의 금지행위

Ⅰ. 의 의

모든 사업자가 자유의사에 따라 사업활동을 전개할 수 있을 때 시장에서 공정하고 자유로운 경쟁이 촉진되고 국민경제의 건전한 발전이 이루어질 수 있다. 따라서 아무리 사업자단체라 하더라도 법률에 특별한 규정이 있거나 법률에 근거한 행정처분 등 명백한 근거가 있는 경우를 제외하고는 구성사업자의 사업활동을 제한하거나 구속하는 행위를 하여서는 아니 된다. 구성사업자의 사업활동을 부당하게 구속하는 행위는 사업자 간의 공정하고 자유로운 경쟁을 저해하는 행위로서 원칙적으로 공정거래법 위반으로 된다.

공정거래법은 이를 보다 구체화하여 사업자단체가 ① 공동행위에 의한 경쟁제한, ② 사업자수 제한, ③ 구성사업자 사업내용 또는 활동의 부당한 제한 및 ④ 사업자에 대한 불공정거래행위 또는 재판매가격유지행위의 교사 또는 방조를 금지하고 있다(법 §51①). 사업자단체의 행위에 대한 규제는 사업자단체의 활동에 대한 규제이기 때문에 행위의 위법성 판단을 위해서는 그 사업자단체의 의사의 존부, 즉 어떻게 결정된 의사를 사업자단체의 의사로 볼 것인가 하는 문제[12]와 각 행위 유형별 위법성의 판단방법

---

11) 권오승 · 서정, 앞의 책, 502면; 이봉의, 앞의 책, 1151면; 이호영, 앞의 책, 492면.

에 대해 고려하여야 한다.

공정거래법은 사업자단체의 금지행위 위반을 예방하기 위하여 공정거래위원회가 필요한 경우 사업자단체가 준수하여야 할 지침을 제정·고시할 수 있도록 하고 있다(법 §51③). 이에 따라 공정거래위원회는 위반행위를 미연에 방지하고, 사업자단체의 합리적 기능을 조장시키기 위하여 「사업자단체활동지침」을 제정·고시하고 있다.[13]

Ⅱ. 금지행위의 유형

1. 부당한 공동행위에 의한 경쟁제한

사업자단체는 공동행위에 의하여 부당하게 경쟁을 제한하는 행위를 하여서는 아니 된다(법 §51① i). 공동행위의 유형은 공정거래법 제40조 제1항에서 8개 항목으로 법정되어 있으며, 이 행위유형에 대한 설명은 부당한 공동행위에서 설명한 바와 같다. 통상 사업자단체가 절차에 따라 의사를 결정하고 이를 구성사업자에게 통지하여 실시토록 하는 경우에는 사업자단체의 행위에 해당하고, 사업자단체의 의사결정절차와 무관하게 구성사업자들끼리 독자적으로 공동행위를 하였다면 복수의 사업자의 합의에 기한 부당한 공동행위(법 §40①)에 속하는 것으로 볼 수 있다.

그러나 실제로 양자를 구별하는 것은 용이하지 않다. 예컨대, 사업자단체의 총회에서 다수결로 가격인상을 결정하는 경우, 이를 사업자단체의 행위로 파악할 수도 있지만, 동시에 총회의 장소를 이용한 구성사업자 간의 공동행위로 볼 수도 있을 것이다. 공동행위가 사업자단체의 행위로 되기 위해서는 공정거래법 제40조 제1항과의 균형상 해당 공동행위에 관한 사업자단체의 의사결정이 있고, 그 뜻을 구성사업자에게 통지함으로써 사업자단체의 구성원 간에 그 사업자단체의 의사결정을 준수하여야 한다는 공동인식이 형성됨으로써 성립한다고 할 것이고, 사업자단체의 구성원이 사업자단체의 의사결정에 따른 행위를 실행하였을 것을 요하는 것은 아니다.[14]

한편 사업자단체를 중심으로 이루어지는 정보제공이나 교환은 구성사업자의 사업활동 합리화에 기여하기도 하지만, 너무 상세하게 이루어져 다른 구성사업자의 장래의

12) 공정거래법의 규제대상이 되는 것은 사업자단체의 행위이며 사업자단체의 행위가 되기 위해서는 사업자단체의 의사결정이 존재해야 한다. 사업자단체의 의사가 존재한다고 볼 수 있는 경우로는 ① 정관, 규약 그리고 사업계획서에 의한 행위, ② 동 단체의 정식 의사결정기관에 의한 결정, ③ 정식의사결정기관이 아니더라도 사실상 동 단체의 구성원의 의사라고 인식이 가능한 경우. 예를 들어 임원 간의 의사연락, 단체의 의사결정, 기관이 아닌 집행기관의 의사결정 등, ④ 기타 관행에 의해서 한 행위 등이 있다.

13) 공정거래위원회고시 제2021-35호(2021. 12 28).

14) 대법원 2006. 11. 24. 선고 2004두10319 판결.

사업활동의 예측을 가능하게 하고 가격이나 생산에 관한 행위의 일치를 야기하는 경우에는 경쟁제한 효과가 발생할 수도 있다. 2020년 12월 전부개정된 공정거래법 제40조 제5항은 부당 공동행위에 필요한 정보를 교환하는 경우 합의를 추정할 수 있도록 하고, 제40조 제1항 제9호에서는 부당 공동행위로 금지되는 합의의 유형에 '경쟁을 실질적으로 제한하는 정보교환'을 추가하고 있어 사업자단체에 의한 정보제공이나 교환에 대한 규제가능성이 높아지게 되었다.

[판례] 전국학생복발전협의회 외 1의 사업자단체금지행위(대법원 2006. 11. 24. 선고 2004두10319 판결)

원고 중앙협의회가 3사와 나머지 원고들이 참석한 가운데 수차례의 회의를 개최하여 학생복 판매가격의 결정방법이나 기준 등을 제시하는 방법으로 지역별 특성에 따라 학생복 가격을 일정수준으로 유지하기로 결의하는 한편, 그 결의 내용의 이행을 위하여 수시로 지역별협의회의 상황 및 성과를 점검하였고, 유통업체별 · 지역별로 안배된 대표 20명의 발기인들에 의하여 창립된 원고 중앙협의회가 2000년 기준으로 시장점유율이 50%를 넘는 학생복 3사와 공동으로 위와 같은 행위를 한 점에 비추어 보면, 원고 중앙협의회의 위와 같은 행위는 학생복 판매시장에서의 경쟁을 실질적으로 제한하는 행위로서 법 제26조 제1항 제1호(현행법 제51조 제1항 제1호) 소정의 '사업자단체의 금지행위'에 해당한다.

2. 사업자 수 제한

사업자단체는 일정한 거래분야에 있어서 현재 또는 장래의 사업자의 수를 제한하지 못한다(법 §51①ii). 사업자의 수를 제한하는 것은 시장에서의 경쟁을 위한 기본조건을 저해하는 행위로서 일반적으로 기존 사업자의 휴 · 폐업의 강제, 신규사업자의 시장참가 방해 등의 형태로 나타난다.

실제 사업자 수를 제한하는 유력한 수단으로서 자주 이용되는 것이 사업장소 간 거리의 제한이나 인근 구성사업자의 소개 및 동의의 의무화, 영업시설 형태의 지정, 고액의 가입금 납부 등을 통해 사업자단체에 대한 가입을 제한하는 경우이다. 이는 특히 사업의 개시를 위해서 사업자단체 가입이 법적으로 강제되어 있거나 사업자단체에 가입을 하지 않으면 사업활동에 반드시 필요한 각종의 증명서나 추천서 등을 사업자단체로부터 교부받기 어려운 경우 또는 원료의 수급이나 상품의 판매가 오로지 사업자단체를 통해서만 이루어지는 경우에 문제가 된다. 왜냐하면 사업자단체의 가입을 제한함으로써 일정한 거래분야에서 신규참가가 곤란해지거나 사업자가 시장에서 배제되기 때문이다. 그렇다고 하여 사업자단체가 모든 사업자의 가입을 받아주어야 할 의무가 있는 것은 아니다. 허가 또는 인가 등 법률에 의한 자격제한이나 사업자단체의 성격상 그 가입을 법정 유자격자에게만 한정하는 경우에는 적법한 가입제한으로 보아야 한다.

[판례] 전라북도 사진앨범 인쇄협동조합의 사업자수 제한행위(대법원 1991. 2. 12. 선고 90누6248 판결)

원고조합은 각급 학교로부터 졸업사진앨범의 제작을 수주함에 있어서 조합원들의 개별계약을 지양하고 조합명의의 단체수의계약이나 조달요청방식에 의한 계약을 추진하고 이를 실행하여 오던 중, 조합원인 소외 ○○○이 조합명의의 수주를 회피하고 개별계약을 자행하였으며, 조합원으로 가입한 후 제명당할 때까지 월 회비를 한번도 납부한 일이 없다는 이유로, 위 ○○○을 원고조합에서 제명하였다. 그러나 위 ○○○이 원고조합으로부터 제명되는 경우 졸업사진앨범에 대한 단체수의계약에 따른 물량배정의 대상과 정부조달 물자의 구매대상에서 제외되어 앞으로의 사업이 위 ○○○의 앞서 인정된 바와 같은 행위만으로 그를 제명한 조치는 위 ○○○에게 너무 가혹하여 부당하므로, 공정거래법 제26조 제1항 제2호(현행법 제51조 제1항 제2호)에 해당한다.

3. 구성사업자의 사업활동 제한

사업자단체가 구성사업자의 사업내용 또는 활동을 부당하게 제한하는 행위는 금지된다(법 §51①iii). 제한의 대상이 되는 사업내용 또는 활동은 구성사업자의 사업상의 조직, 설비, 가격, 생산·판매수량, 개업, 영업방법, 거래처의 선택 등 사업활동 전반에 관한 것을 말한다.[15)]

원래 사업자단체는 구성사업자의 공동의 이익을 증진할 것을 목적으로 하는 단체이므로 그 목적 달성을 위하여 단체의 의사결정에 의하여 구성사업자의 사업활동에 대하여 일정한 범위의 제한을 하는 것이 어느 정도 예정되어 있다. 그러나 그 결의의 내용이 구성사업자의 사업내용이나 활동을 과도하게 제한하여 구성사업자 사이의 공정하고 자유로운 경쟁을 저해할 정도에 이른 경우에는 이를 허용하여서는 아니 된다.[16)] 예컨대, 정부의 정책에 반대하여 구성사업자의 의사를 불문하고 일제히 휴업하도록 요구하고 그 요구에 어느 정도 강제성이 있다면, 이는 사업자단체가 구성사업자의 사업활동에 간섭한 것이고, 이와 같은 사업자단체의 집단휴업 조치는 구성사업자들 사이의 공정하고 자유로운 경쟁을 저해하는 것으로 볼 수 있다.[17)] 그러나 사업자단체가 정부

15) 구체적으로 ① 각종 증명서의 교부나 추천을 거부하거나 지연함으로써 구성사업자의 사업활동을 부당하게 제한하는 행위, ② 영업장소의 수 또는 위치를 제한하거나 일정한 기간 동안 조업을 단축하도록 하거나 영업을 하지 못하도록 함으로써 구성사업자의 활동을 부당하게 제한하는 행위, ③ 구성사업자에게 공동사업의 이용을 강제하거나 부당하게 구성사업자를 차별적으로 취급하는 행위, ④ 구성사업자에게 특정한 원료의 사용비율을 정하여 강제하거나 직원의 채용 또는 자유로운 기술 개발·이용을 부당하게 제한하는 행위, ⑤ 구성사업자의 광고내용, 광고회수, 광고매체 등을 부당하게 제한하거나 공동으로 결정하게 하는 행위. ⑥ 단체로부터의 탈퇴를 강요하거나 거부함으로써 구성사업자의 사업활동을 부당하게 제한하는 행위를 말한다. 「사업자단체활동지침」 3. 가. (11).

16) 대법원 2001. 6. 15. 선고 2001두175 판결.

17) 대법원 2003. 2. 20. 선고 2001두5347 판결. 참고로 미국에서는 판례를 통하여 입법기관에 대한 경쟁제한적 입법의 제정이나 행정기관에 대한 경쟁제한적 운용을 구하는 공동의 압력작용은 헌법상 결사의 자유나 표현의 자유라는 인권의 문제와도 관계하여 독점금지법에 위반하지 않는다는 Noerr-Pennington 이론이

의 정책에 대한 찬반투표를 실시하고 그 결과에 따른 휴업 참여(실행) 여부를 구성사업자들의 자율적 판단에 맡기도록 한다면 구성사업자의 사업내용 또는 활동을 부당하게 제한하는 행위로 보기 어렵다.[18]

한편 구성사업자의 사업내용 또는 활동에 대한 제한이 모두 위법한 것은 아니며, 이러한 제한이 부당한 경우에 위법으로 된다. 여기서 부당성은 구성사업자의 사업활동에 대한 제한이 일정한 거래분야에서 경쟁을 제한하는 정도에까지 이르지는 않더라도 공정하고 자유로운 경쟁을 저해할 우려가 있는 경우이어야 한다. 이러한 의미에서 본호는 제1호 또는 제4호에 대한 보충적 성격을 띠고 있다고 할 수 있다.[19]

[판례] 대한의사협회의 집단휴업에 의한 사업활동 제한행위(대법원 2003. 2. 20. 선고 2001두5347 판결)

[다수의견] 사업자단체인 사단법인 대한의사협회가 의약분업 시행을 앞두고 의료계의 주장을 관철하기 위하여 개최하는 의사대회 당일 휴업·휴진할 것과 참석 서명 및 불참자에 대한 불참사유서를 징구할 것을 결의하고, 그 결의내용을 문서, 인터넷 홈페이지 및 신문광고 등을 통해 자신의 구성사업자인 의사들에게 통보하여 대회 당일 휴업·휴진을 하도록 한 행위는, 이른바 단체적 구속으로서, 내심으로나마 휴업·휴진에 반대하는 구성사업자인 의사들에게 자기의 의사에 반하여 휴업·휴진하도록 사실상 강요함으로써 구성사업자들의 공정하고 자유로운 경쟁을 저해하는 결과를 가져온다고 할 것이고 … 구성사업자들에게 본인의 의사 여하를 불문하고 일제히 휴업하도록 요구하였고 그 요구에 어느 정도 강제성이 있었다고 한다면, 이는 구성사업자인 의사들의 자유의 영역에 속하는 휴업 여부 판단에 사업자단체가 간섭한 것이고, 그 결과 사업자 각자의 판단에 의하지 아니한 사유로 집단휴업 사태를 발생시키고 소비자 입장에 있는 일반 국민들의 의료기관 이용에 큰 지장을 초래하였으니, 그와 같은 집단휴업 조치는 의사들 사이의 공정하고 자유로운 경쟁을 저해하는 것이라고 보지 않을 수 없으므로, 대한의사협회의 행위는 공정거래법 제26조 제1항 제3호(현행법 제51조 제1항 제3호) 소정의 '부당한 제한행위'에 해당한다.[20]

인정되고 있다. Eastern Railroad Presidents Conference v. Noerr Motor Freigt Co., 365 U. S. 127[1961]; United Mine Workers v. Pennington, 381 U. S. 657[1965].

18) 대법원 2021. 9. 9. 선고 2016누36345 판결.

19) 즉, 사업자단체가 구성사업자의 사업내용이나 활동에 일정한 제한을 가함으로써 경쟁을 제한하게 되는 경우에는 제1호가 적용되며, 경쟁을 제한하는 정도에까지는 이르지 못하여도 경쟁에 무시할 수 없을 정도의 영향을 미치는 경우에는 본 호가 적용된다.

20) 이 사건에서 반대의견은 대한의사협회의 행위의 목적은 정부의 의료정책에 대한 항의에 있는 것이지 구성사업자인 의사들 사이의 경쟁을 제한하여 이윤을 더 얻겠다는 데 있는 것이 아님이 분명하므로, 위 '부당성'의 판단 기준에 비추어 볼 때 대한의사협회가 정부의 정책에 대하여 항의의사를 표시하는 과정에서 구성사업자 상당수로 하여금 영업의 기회를 포기하게 하였다는 점을 들어 바로 대한의사협회의 행위를 구성사업자 사이의 공정하고 자유로운 경쟁을 저해하는 행위로서 허용될 수 없는 행위라고 단정하기는 어렵다 할 것이고, 나아가 이는 사업자단체에 의하여 행하여지는 가격, 고객, 설비, 개업, 영업방법 등에 대한 제한 등에도 해당하지 아니한다 할 것이어서, 대한의사협회의 행위는 같은 금지되는 사업자단체의 행위에 해당한다고 할 수 없는 것으로 보고 있다.

4. 불공정거래행위 또는 재판매가격유지행위의 교사 · 방조

사업자단체는 사업자에게 불공정거래행위 또는 재판매가격유지행위를 하게 하거나 방조하는 행위를 하여서는 아니 된다(법 §51①ⅳ). 불공정거래행위에는 법 제45조 제1항과 시행령 제52조에 근거한 동 [별표 2]에 열거된 행위로서 공정한 거래를 해칠 우려가 있는 행위(일반불공정거래행위)와 공정거래위원회가 특정한 분야 또는 행위에 적용하기 위하여 지정 · 고시한 행위(특수불공정거래행위)가 포함된다. 사업자단체가 교사 · 방조하는 불공정거래행위의 유형에 속하는 대표적인 것으로서는 거래거절, 차별적 취급, 거래상 지위남용, 구속조건부거래, 배타조건부거래, 사업활동 방해 등이 있다. 또한 재판매가격유지행위는 법 제46조에 의하여 사업자에게 금지된 행위이다. 교사(敎唆) 또는 방조(幇助)의 대상으로 되는 사업자는 사업자단체의 구성사업자에 한하지 않으며, 그 이외의 사업자도 포함한다.

여기에서 불공정거래행위 또는 재판매가격유지행위를 '하게 하는 행위'란 구성사업자 또는 그 이외의 사업자에게 물리적으로 강요하는 것만을 의미하는 것이 아니라 권장하거나 협조를 요청하는 등 어떠한 방법으로든 이를 사실상 강요하는 결과를 가져오는 모든 행위를 말하며,[21] 상대방이 이에 따라 실행을 하였는지 여부는 상관없다. 사업자단체가 스스로 사업주체로서 불공정거래행위 또는 재판매가격유지행위를 하는 경우에는 법 제45조 또는 제46조의 규제를 받게 된다.

[판례] (사)한국출판인회의의 재판매가격유지 강요행위(대법원 2003. 1. 11. 선고 2002두9346 판결)

(사)한국출판인회의는 임시총회를 개최하여 할인서점에 대하여 도서공급을 중단하기로 결의하고 이를 회원사 및 도매서점에 통보함으로써 할인서점에 대한 도서공급이 중단된 사실, 그 후 도서정가제 준수의사를 밝힌 3개 온라인 서점에 대한 도서공급이 재개된 사실,

21) 대법원 2003. 1. 11. 선고 2002두9346 판결. 구체적으로 ① 사업자로 하여금 정당한 이유없이 경쟁관계에 있는 다른 사업자(이하 "경쟁사업자"라고 함)와 공동으로 특정 사업자에 대하여 거래를 거절하게 하거나 거래에 관계되는 상품 또는 용역의 수량이나 내용을 제한하도록 강요하는 행위, ② 사업자로 하여금 부당하게 거래상대방에 대하여 가격, 거래조건 등에 관하여 차별하여 취급하도록 강요하는 행위, ③ 사업자로 하여금 경쟁사업자를 배제하기 위하여 상품 또는 용역을 공급함에 있어서 부당하게 낮은 가격으로 공급하게 하거나, 또는 상품 또는 용역을 통상 거래가격에 비하여 높은 가격으로 구입하도록 강요하는 행위, ④ 사업자로 하여금 부당하게 경쟁사업자의 고객을 자기와 거래하도록 유인하기 위하여 부당한 이익을 제공하게 하거나 위계에 의하여 고객을 유인하도록 강요하는 행위, ⑤ 사업자로 하여금 부당하게 경쟁사업자의 고객을 자기와 거래하도록 하기 위하여 끼워팔기, 거래강제 등을 강요하는 행위, ⑥ 사업자로 하여금 그 사업자의 거래상지위를 부당하게 이용하여 거래상대방에게 구입강제, 이익제공, 불이익제공 등을 강요하도록 하는 행위, ⑦ 사업자로 하여금 거래상대방에게 경쟁사업자와 거래하지 않을 것을 조건으로 거래하도록 강요하는 행위, ⑧ 사업자로 하여금 상품 또는 용역을 거래함에 있어서 그 거래상대방의 거래지역 또는 거래상대방의 사업활동을 부당하게 구속하는 조건을 붙여 거래하도록 강요하는 행위, ⑨ 구성사업자 또는 다른 사업자에게 상품의 판매가격을 지정하여 주거나 일정율 이하 또는 그 이상으로 거래하지 못하게 하는 행위를 말한다.「사업자단체활동지침」 3. 가. (12).

서울지역의 주요 도서유통업체에 대하여 감찰위원 파견 및 위반시 제재한다는 확인서를 받은 사실, 원고 법인의 회원사들과 합의각서에 서명한 4개 온라인 서점 간에 사후적으로 재판매가격유지계약을 맺도록 주선한 사실, 합의에 참여하지 않은 온라인 서점에 대해 도서공급을 중단하도록 도매상에 대해 압력을 행사한 사실, 원고 상조회가 할인서점에 도서를 공급하는 문학수첩 등 2개 출판사와의 거래를 중단하라고 합의하고 일제히 이를 실행한 사실 등에 비추어 볼 때, 원고들은 단체의 힘을 빌려 개별사업자에게 상당한 영향력을 행사하고 있음이 인정되고 만일 원고들의 요구에 불응할 경우 도서공급 중단이나 판매망의 봉쇄 등으로 영업상 막대한 타격을 입게 되어 업계에서 도태되는 등의 불이익을 감수하여야 함에 따라 그 요구에 따를 수밖에 없는 상황이라 할 것이므로 원고들의 각 행위는 비록 합의 또는 협조를 구하는 형식을 취하였지만 그 실질은 법 제26조 제1항 제4호(현행법 제51조 제1항 제4호)에서 말하는 불공정거래행위 또는 재판매가격유지행위를 하게 하는 행위로 인정된다.

Ⅲ. 금지의 예외

제1호의 사업자단체의 부당한 공동행위와 관련한 예외적 인가에 관하여는 사업자의 부당한 공동행위 관련규정을 준용한다(법 §51②, §40②, ③). 이에 따라 불황극복을 위한 산업구조 조정, 연구 · 기술개발, 거래조건의 합리화 또는 중소기업의 경쟁력 향상과 같은 국민경제 전체적인 관점에서 필요하다고 인정되어 공정거래위원회의 인가를 받은 경우에는 적용을 제외하고 있다. 이에 따라 공정거래위원회의 예외적 인가를 위한 요건(영 §45①), 인가의 한계(영 §45②), 공동행위의 인가 절차 및 방법(영 §46) 및 인가된 공동행위의 폐지(영 §47)의 규정이 준용된다.

제 4 절 법 위반의 효과

Ⅰ. 행정적 제재

1. 시정조치

공정거래위원회는 공정거래법에 위반하는 행위를 하는 사업자단체(필요한 경우 관련 구성사업자 포함)에 대하여 해당 행위의 중지, 시정명령을 받은 사실의 공표 기타 시정을 위하여 필요한 조치를 명할 수 있다(법 §52①).

공정거래위원회는 사업자단체의 법 위반행위의 종료일부터 7년이 경과한 때에는 시정조치를 명하거나 과징금을 부과할 수 없다(법 §80④, 처분시효). 다만, 법원의 판결에 따라 시정조치 또는 과징금 부과처분이 취소된 경우로서 그 판결이유에 따라 새로운 처분을 하는 경우에는 그러하지 아니하다(법 §80⑥). 또한 공정거래위원회가 자료의 열람 또는 복사 요구(법 §95)에 따르지 아니하여 당사자가 소를 제기한 경우 그 당사자 및 동일한 사건으로 심의를 받는 다른 당사자에 대하여 진행이 정지되고 그 재판이 확정된 때부터 진행한다(법 §80⑦).

공정거래위원회는 사업자단체의 합병. 분할, 분할합병 또는 새로운 사업자단체의 설립 등에 따른 조직변경으로 그 지위를 승계한 사업자단체, 즉 합병 후에는 존속 사업자단체와 신설 사업자단체, 분할 또는 분할합병 후에는 분할 사업자단체, 신설 사업자단체와 및 분할합병 후 존속하는 사업자단체에 시정조치를 명할 수 있다(법 §52②, §7②부터 ④까지).

2. 과 징 금

공정거래위원회는 사업자단체가 법 제51조 제1항 각호의 규정에 위반한 때에는 공정거래위원회는 해당 사업자단체에 대하여 10억 원의 범위 안에서 과징금을 부과할 수 있다(법 §53①). 또한 법 제51조 제1항 제1호의 규정(부당한 공동행위의 금지)에 위반하는 사업에 참가한 사업자에 대하여는 관련매출액에 100분의 20을 곱한 금액을 초과하지 아니하는 범위 안에서 과징금을 부과할 수 있다. 다만 매출액이 없는 경우 등에는 40억 원을 초과하지 않는 범위 안에서 과징금을 부과할 수 있다(법 §53②, 영 §58, §13①). 그러나 제2호부터 제4호까지의 규정을 위반하는 행위에 참가한 사업자에 대하여는 대통령령으로 정하는 매출액에 100분의 10를 곱한 금액을 초과하지 아니하는 범위에서 과징금을 부과할 수 있다. 다만, 매출액이 없는 경우 등에는 20억 원을 초과하지 아니하는 범위에서 과징금을 부과할 수 있다(법 §53③, 영 §58, §13①).

Ⅱ. 민사적 제재

사업자단체의 불공정거래행위로 피해를 입거나 피해를 입을 우려가 있는 자는 자신에 대한 침해행위의 금지 또는 예방을 청구할 수 있다(법 §108①, §51①ⅳ). 제소권자에는 경쟁사업자나 거래상대방인 사업자는 물론 일반 소비자도 이에 포함된다.

사업자단체의 공정거래법 위반행위로 손해를 입은 자는 위반사업자에 대하여 공정거래법상의 손해배상책임을 청구할 수 있다. 다만 사업자단체가 고의 또는 과실이 없음을 입증한 경우에는 그 책임을 면할 수 있다(법 §109①). 사업자단체의 부당한 공동행위로 손해를 입은 자가 있는 경우에는 그 자에게 발생한 손해의 3배를 넘지 아니하는 범위에서 손해배상의 책임을 진다(법 §109②, §51①ⅰ).

Ⅲ. 형사적 제재

사업자단체의 법 위반에 대한 형사제재는 위반행위 유형에 따라서 2가지로 구분된다. 첫째, 사업자단체가 법 제40조 제1항의 부당한 공동행위를 하는 경우에는 3년 이하의 징역 또는 2억 원 이하의 벌금에 처한다(법 §124①ⅹⅱ). 이 경우 징역형과 벌금형을 병과할 수 있다. 둘째, 법 제51조의 4가지 유형의 금지행위 가운데 제3호의 행위, 즉 구성사업자의 사업내용 또는 사업활동을 부당하게 제한하는 행위를 한 때에는 2년 이하의 징역 또는 1억 5천만 원 이하의 벌금에 처한다(법 §125ⅴ). 그 밖에 공정거래위원회의 시정조치에 응하지 아니한 사업자단체에 대하여는 2년 이하의 징역 또는 1억 5천만 원 이하의 벌금에 처한다(법 §125ⅰ). 사업자단체의 법 위반의 경우 그 대표자가 처벌대상자로 되겠으나, 그 밖에 실행행위를 한 자도 범죄사실의 인식 내지 인용이 있는 때에는 처벌될 수 있을 것이다.

제 8 장 규제기관 및 규제절차

제 1 절 공정거래위원회

Ⅰ. 개 관

공정거래위원회는 정부조직법 제2조의 규정에 따라 공정거래법에 의한 사무를 독립적으로 수행하기 위하여 설치된 국무총리 소속의 독립한 중앙행정기관이다(법 §54①, ②). 공정거래위원회는 정부조직법상 통상의 독임제 행정기관과는 달리 다수 구성원의 합의에 의해 의사결정이 이루어지는 합의제 행정기관(동법 §5)으로서 공정거래법의 시행과 관련하여 행정권은 물론 준사법권과 준입법권을 갖춘 독립한 규제위원회이다.

공정거래위원회는 기본적으로 각종 인가사무, 신고의 접수 및 보고의 징수 등 시장에서의 경쟁질서 유지를 위한 광범위한 권한을 가질 뿐만 아니라, 법 위반행위에 대하여 그 사실관계를 조사하며, 행정처분으로서 시정조치를 내리고 과징금을 부과함으로써 법 위반상태를 해소한다. 특히 공정거래법은 일반 행정절차와 달리 조사에서 행정처분에 이르기까지 적정한 심결구조와 절차를 보장하고, 심결을 위한 의사결정 자체를 준사법화(準司法化)함으로써 사안의 공정한 판단과 당사자 및 이해관계인의 권리보호를 도모하고 있다. 즉, 사전절차로서 피심인에 대한 고지와 청문의 기회를 부여하고 있으며, 심결의 공정성 유지를 위해 제척·기피·회피제도 및 대심구조형의 쟁송절차를 도입하고 있다. 심결에 불복할 경우 이의신청 및 불복의 소를 제기할 수 있도록 하는 한편, 공정거래위원회 심결의 전문적 판단을 존중하여 불복의 소를 서울고등법원 전속관할로 하고 있다. 이는 공정거래위원회의 심결에 대해 사실상 제1심 판결의 지위를 인정하고 있는 것으로 볼 수 있다.

그 밖에 공정거래위원회는 공정거래법의 시행에 필요한 규칙과 고시를 제정하고, 공정거래법상 금지되는 행위에 대한 예외를 인정하는 준입법적 권한도 가지고 있다.

Ⅱ. 조 직

1. 구성 및 소관사무

공정거래위원회는 의사결정기구인 위원회와 실무기구인 사무처로 구성되어 있다. 위원회는 위원장 1인, 부위원장 1인을 포함한 위원 9인으로 구성되며, 그 중 4인은 비상임위원으로 한다(법 §57①). 공정거래위원회는 중앙행정기관으로서 아래와 같은 소관사무를 수행한다(법 §54②, §55).

① 시장지배적지위의 남용행위 규제에 관한 사항(제1호)
② 기업결합의 제한 및 경제력집중의 억제에 관한 사항(제2호)
③ 부당한 공동행위 및 사업자단체의 경쟁제한행위 규제에 관한 사항(제3호)
④ 불공정거래행위, 재판매가격유지행위 및 특수관계인에 대한 부당한 이익제공의 금지행위 규제에 관한 사항(제4호)
⑤ 경쟁제한적인 법령 및 행정처분의 협의·조정 등 경쟁촉진정책에 관한 사항(제6호)
⑥ 기타 법령[1]에 의하여 공정거래위원회의 소관으로 규정된 사항(제7호)

2. 위원의 임명과 임기

위원장과 부위원장은 국무총리의 제청으로 대통령이 임명하며, 기타 위원은 위원장의 제청으로 대통령이 임명 또는 위촉한다. 이 경우 위원장은 국회의 인사청문을 거쳐야 한다(법 §57②). 위원장과 부위원장은 정무직으로 하고, 정부위원이 된다. 기타 상임위원은 고위공무원단에 속하는 일반직공무원으로서 「국가공무원법」 제26조의5에 따른 임기제 공무원으로 보한다(법 §57③). 위원장, 부위원장 및 다른 위원의 임기는 3년으로 하고, 한 차례만 연임할 수 있다(법 §61).

3. 위원의 자격요건

위원으로 임명되기 위해서는 독점규제 및 공정거래 또는 소비자 분야에 경험 또는 전문지식이 있는 자로서 다음의 자격요건을 갖추어야 한다(법 §57②).

---

1) 공정거래위원회의 소관사항에 속하는 기타 법령으로는 소비자보호를 위한 「소비자기본법」, 「약관규제법」, 「표시광고법」, 「할부거래법」, 「방문판매법」, 「전자상거래소비자보호법」과 독립한 중소사업자 보호를 위한 「하도급법」, 「가맹사업법」, 「대리점법」, 「대규모유통업법」이 있다.

① 2급 이상 공무원 또는 고위공무원단에 속하는 일반직 공무원의 직에 있던 자(제1호)
② 판사 · 검사 또는 변호사의 직에 15년 이상 있던 자(제2호)
③ 법률 · 경제 · 경영 또는 소비자 관련 학문 분야를 전공하고 대학이나 공인된 연구기관에서 15년 이상 근무한 자로서 부교수 이상 또는 이에 상당하는 직에 있던 자(제3호)
④ 기업경영 및 소비자보호활동에 15년 이상 종사한 경력이 있는 자(제4호)

4. 위원의 신분보장

위원은 ① 금고 이상의 형의 선고를 받은 경우와 ② 장기간의 심신쇠약으로 직무를 수행할 수 없게 된 경우를 제외하고는 그 의사에 반하여 면직 또는 해촉되지 아니한다(법 §62). 위원은 정당에 가입하거나 정치운동에 관여할 수 없다(법 §63). 공정거래위원회의 위원 중 공무원이 아닌 위원은 형법이나 그 밖의 법률에 따른 벌칙의 적용에 있어서는 공무원으로 본다(법 §123①).

5. 위원장의 직무

위원장은 공정거래위원회를 대표하며, 국무회의에 출석하여 발언할 수 있다(법 §60①, ②). 위원장이 사고로 인하여 직무를 수행할 수 없을 때에는 부위원장이 그 직무를 대행하며, 위원장과 부위원장이 모두 사고로 인하여 직무를 수행할 수 없을 때에는 선임 상임위원의 순으로 그 직무를 대행한다(법 §60③).

위원장은 소회의의 분장업무를 지정하고 필요한 경우에는 분장업무를 변경할 수 있으며(영 §60), 각 소회의의 구성위원을 지정하고 필요한 경우에는 구성위원을 변경할 수 있다(영 §59②). 그리고 위원장은 위원의 기피신청에 대하여 위원회의 의결을 거치지 아니하고 이를 결정한다(법 §67②). 위원장은 각 소회의의 구성위원에게 특정 사건에 대하여 제척 · 기피 · 회피에 해당되는 사유가 있는 경우에는 해당 사건을 다른 소회의에서 심의하도록 하거나 해당 사건에 한하여 다른 소회의의 위원을 그 소회의의 위원으로 지정할 수 있다(영 §59③).

Ⅲ. 위원회의 회의

1. 회의 구분

(1) 전원회의

(가) 구 성

전원회의는 공정거래위원회의 위원 전원으로 구성된다(법 §58).

(나) 관장사항

전원회의는 다음 사항을 심의·의결한다(법 §59①).

① 공정거래위원회 소관 법령이나 규칙·고시의 해석적용에 관한 사항(제1호)

② 법 제96조(이의신청)의 규정에 의한 이의신청(제2호)

③ 소회의에서 의결되지 아니하거나 소회의가 전원회의에서 처리하도록 결정한 사항(제3호)

④ 규칙 또는 고시의 제정 또는 변경(제4호)

⑤ 경제적 파급효과가 중대한 사항 기타 전원회의에서 스스로 처리하는 것이 필요하다고 인정하는 사항(제5호)

(다) 의사 및 의결정족수

전원회의의 의사는 위원장이 주재하며, 의결은 재적위원 과반수의 찬성으로 한다(법 §64①). 위원장이 주재할 수 없는 경우에는 부위원장 및 선임 상임위원의 순으로 의사를 주재한다(법 §60③).

(2) 소회의

(가) 구 성

소회의는 상임위원 1인을 포함한 위원 3인으로 구성한다(법 §58). 공정거래위원회에 5개 이내의 소회의를 둔다(영 §59①). 소회의의 분장업무는 위원장이 지정하며, 필요한 경우에는 분장업무를 변경할 수 있다(영 §60).

(나) 관장사항

소회의는 전원회의의 관장사항 이외의 비교적 경미한 사안에 해당하는 사항을 심의·의결한다(법 §59②).

(다) 의사 및 의결정족수

소회의의 의사는 상임위원이 주재한다. 그리고 소회의에서의 의결은 구성위원의 전원출석과 출석위원 전원의 찬성에 의한다(법 §64②).

2. 위원의 제척 · 기피 · 회피

(1) 제 척

위원이 아래에 해당하는 사건에 관한 심의 · 의결을 하는 경우에는 제척(除斥)된다(법 §67①).

① 자기나 배우자 또는 배우자이었던 자가 당사자이거나 공동권리자 또는 공동의무자인 사건(제1호)

② 자기가 당사자와 친족관계에 있거나 자기 또는 자기가 속한 법인이 당사자의 법률 · 경영 등에 대한 자문 · 고문 등으로 있는 사건(제2호)

③ 자기 또는 자기가 속한 법인이 증언이나 감정을 한 사건(제3호)

④ 자기 또는 자기가 속한 법인이 당사자의 대리인으로서 관여하거나 관여하였던 사건(제4호)

⑤ 자기 또는 자기가 속한 법인이 사건의 대상이 된 처분 또는 부작위에 관여한 사건(제5호)

⑥ 자기가 공정거래위원회 소속 공무원으로서 해당 사건의 조사 또는 심사를 행한 사건(제6호)

(2) 기 피

당사자는 위원에게 심의 · 의결의 공정을 기대하기 어려운 사정이 있는 경우에는 기피(忌避)를 신청할 수 있다. 위원장은 이 기피신청에 대하여 위원회의 의결을 거치지 아니하고 결정한다(법 §67②).

(3) 회 피

위원 본인이 제척의 사유 또는 기피의 사유에 해당하는 경우에는 스스로 그 사건의 심의 · 의결을 회피(回避)할 수 있다(법 §67③).

3. 위원의 서명 · 날인

공정거래위원회가 이 법 위반 여부에 관한 사항을 심의 · 의결하는 경우 의결 내용 및 그 이유를 명시한 의결서로 하여야 하고, 의결에 참여한 위원이 그 의결서에 서명 · 날인하여야 한다(법 §68①). 이에 따라 법 위반으로 의결한 사건은 물론 무혐의 사건을 포함하여 공정거래위원회에서 의결한 모든 사건에 대해 의결서를 작성하여 공개하여야 한다. 의결서 등에 오기(誤記), 계산착오, 그 밖에 이와 유사한 오류가 있는 것이 명백한 때에는 신청에 의하거나 직권으로 경정(更正)할 수 있다(법 §68②).

4. 법 위반행위의 판단시점

공정거래위원회가 이 법에 위반되는 사항에 대하여 의결하는 경우에는 그 사항에 관한 심리를 종결하는 날까지 발생한 사실을 기초로 판단한다(법 §69).

5. 심리 · 의결의 공개 및 합의의 비공개

위원회가 법 위반행위에 대한 시정조치를 의결함에 있어서는 이를 공개하여야 하나, 사업자 또는 사업자단체의 사업상의 비밀을 보호할 필요가 있다고 인정할 때에는 그러하지 아니하다(법 §65①). 심리는 구술심리를 원칙으로 하되, 필요한 경우 서면심리로 할 수 있다(법 §65②). 공정거래위원회의 사건에 관한 의결의 합의는 공개하지 아니한다(법 §65③). 이는 위원회 의결의 합의과정을 공개할 경우 각 위원들의 자유로운 의사 개진이 곤란할 수 있기 때문이다.

6. 심판정의 질서유지

전원회의 및 소회의의 의장은 심판정에 출석하는 당사자, 이해관계인, 참고인 및 참관인 등에 대하여 심판정의 질서유지를 위하여 필요한 조치를 명할 수 있다(법 §66).

Ⅳ. 사무처 · 지방사무기구

공정거래위원회의 사무를 처리하기 위하여 공정거래위원회에 사무처를 둔다(법 §70). 공정거래법에 규정된 것 이외의 조직에 관하여 필요한 사항은 대통령령으로 정하고 운영 등에 관하여 필요한 사항은 공정거래위원회의 규칙으로 정한다(법 §71). 이에 따라 「공정거래위원회와 그 소속기관 직제」(이하 “직제”)와 「공정거래위원회 회의운영 및 사건절차등에 관한 규칙」이 제정되어 있다.

공정거래위원회는 위원회의 사무를 처리하기 위하여 사무처를 둔다(직제 §5①). 사무처장은 위원장의 명을 받아 사무처의 사무를 처리하고, 소속 직원을 지휘 · 감독한다(직제 §5③). 사무처 하부조직으로서 운영지원과 · 경쟁정책국 · 소비자정책국 · 시장감시국 · 카르텔조사국 · 기업집단감시국 및 기업거래결합심사국을 두며(직제 §6①), 위원장

밑에 대변인, 부위원장 밑에 심판관리관 및 감사담당관, 사무처장 밑에 조사관리관 및 기획조정관 각 1명을 둔다(직제 §6②). 공정거래위원회의 소관 사무를 분장하기 위하여 지방공정거래사무소를 둔다(직제 §2). 이에 근거하여 현재 서울·부산·광주·대전 및 대구에 지방공정거래사무소를 두고 있다(직제 §18, §19, 동 [별표 1]).

〈공정거래위원회 조직도〉

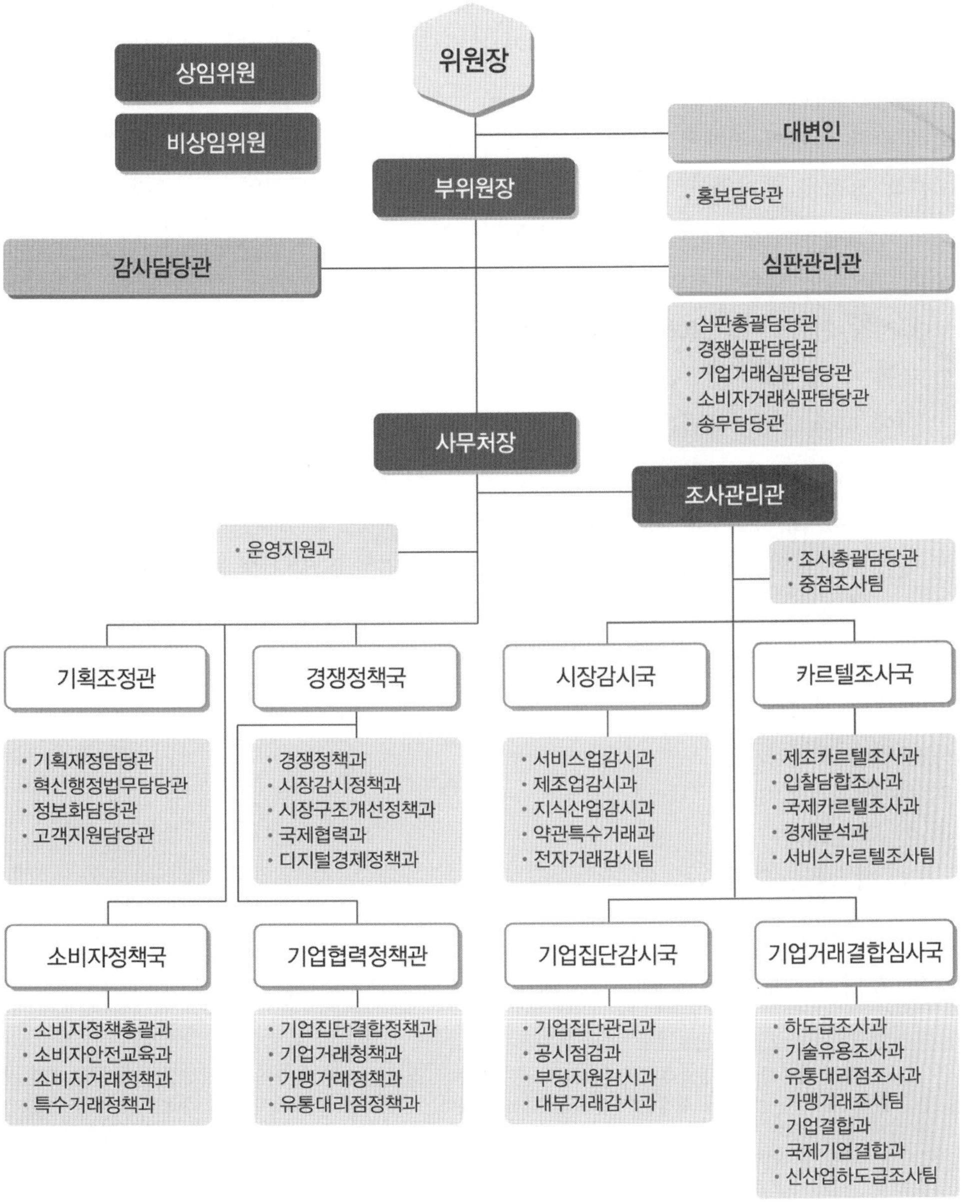

V. 경쟁제한법령 등의 협의·통보

1. 의 의

그동안 우리나라는 정부의 광범위한 산업정책적 시장개입으로 기업의 경쟁이 제한되고 카르텔 등 많은 경쟁제한행위가 법령에 따른 정당한 행위로서 합법화되는가 하면, 행정지도 등을 통해 반경쟁적 행위가 조장되는 사례가 많았다. 따라서 공정거래위원회가 사업자를 대상으로 경쟁제한행위를 규율하는 역할만으로는 경쟁적 시장경제로의 원활한 이행이 지체될 수밖에 없으며, 정부를 포함한 공공부문부터 솔선하여 경쟁제한적 요소를 제거하고 경쟁촉진적 환경을 조성하는 적극적인 경쟁주창(competition advocacy) 활동이 요구된다. 이러한 경쟁주창 활동은 기업의 경쟁법 준수 의식 제고 등 보다 근본적인 방향에서의 발전을 가져오게 하고, 사회 전반에 경쟁문화를 확산시켜 보다 시장 친화적이고 효율적인 경제체제를 조성한다는 점에서 경쟁당국의 중요한 역할로 볼 수 있다.[2]

이에 따라 공정거래법은 경쟁제한적인 법령 및 행정처분의 협의, 조정 등 경쟁촉진 정책에 관한 사항을 공정거래위원회의 소관사무의 하나로서 들고 있다(법 §55ⅵ). 또한 경쟁제한사항을 내용으로 하는 각종 법령, 예규·고시의 제정 또는 개정 및 각종 처분에 대한 사전협의, 사전통보 및 사후통보제도를 도입하고 있다(법 §120). 이러한 제도는 외국의 입법에서는 그 유례를 찾기 어려운 우리나라 공정거래법의 독특한 제도로서 그동안 만연해왔던 경쟁제한적 법령·제도·관행을 축소·제거하고 공적 영역에서 새로운 형태의 경쟁제한적 요소를 사전에 억제함으로써 시장기능과 경쟁의 활성화를 도모하기 위한 것이다.

2. 주요내용

(1) 사전협의

관계행정기관의 장이 사업자의 가격·거래조건의 결정, 시장진입 또는 사업활동의 제한, 부당한 공동행위(법 §40) 및 사업자단체의 금지행위(법 §51) 등 경쟁제한사항을

2) 공정거래위원회, 「공정거래백서」(2024), 187면 이하. '경쟁법 집행'은 기업의 반경쟁적 행위에 대한 시정을 통해 주로 민간영역에 한정하여 영향을 미치는 반면, '경쟁주창'은 제도개선 및 경쟁의 편익에 대한 인식 확산 등을 통해 민간·공공부문 모두에 영향을 미친다. 대정부 경쟁주창활동으로는 정부정책결정과정, 규제개혁과정 및 민영화 과정에서의 활동이 있으며, 대민간 경쟁주창 활동으로는 경쟁정책에 대한 교육과 홍보 및 자율준수프로그램(compliance program)의 확산 등을 들 수 있다.

내용으로 하는 법령을 제정·개정하거나 사업자 또는 사업자단체에 대하여 경쟁제한사항을 내용으로 하는 승인 기타의 처분 등을 하고자 할 때에는 공정거래위원회와 사전협의하여야 한다(법 §120①). 사전협의 없이 제정 또는 개정된 법령에 대하여 경쟁제한사항이 포함되어 있다고 인정되는 경우에 공정거래위원회는 관계행정기관의 장에게 해당 경쟁제한사항의 시정에 관한 의견을 제시할 수 있다(법 §120⑤).

(2) 사전통보

관계행정기관의 장이 경쟁제한사항을 내용으로 하는 예규·고시 등을 제정 또는 개정하려는 때에는 공정거래위원회에 통보하여야 한다(법 §120②). 공정거래위원회는 통보를 받은 후 제정 또는 개정하려는 해당 예규·고시 등에 경쟁제한사항이 포함되어 있다고 인정되는 경우에는 관계행정기관의 장에게 시정의견을 제시할 수 있다(법 §120④). 또한 사전통보없이 제정 또는 개정된 예규·고시 등이나 관계행정기관의 승인 그 밖의 처분에 경쟁제한사항이 포함되어 있다고 인정되는 경우에도 시정의견을 제시할 수 있다(법 §120②, ⑤).

(3) 사후통보

경쟁제한사항을 내용으로 하는 승인 기타의 처분을 행한 경우에는 관계행정기관의 장은 공정거래위원회와 사전협의하는 이외에도 해당 승인 기타 처분의 내용을 공정거래위원회에 사후통보하여야 한다(법 §120③).

Ⅵ. 공정거래 자율준수 프로그램

1. 의 의

공정거래 자율준수 프로그램(compliance program, CP)이란 공정거래위원회 소관 법령을 자율적으로 준수하기 위해 사업자가 운영하는 내부 준법시스템을 말한다.

사업자가 공정거래 자율준수제도 도입을 통해 자발적으로 관련 법규범을 준수하고 공정거래질서 확립에 솔선하면 법 위반에 따른 위험(legal risk)을 줄일 수 있을 뿐 아니라, 법 위반사실이 공표될 경우 감당해야 할 이미지 실추나 각종 경제적·사회적 비용의 지출과 같은 유·무형의 손실을 예방할 수 있다. 공정거래위원회의 입장에서도 공적인 법 집행에만 의존할 경우 막대한 행정자원의 낭비와 기업의 순응비용 부담이 크다는 점을 감안한다면 자율준수제도를 도입하는 것이 시장친화적인 공정거래정책의 운용하는 계기가 될 수 있다.

이미 미국, EU 등에서는 공정거래 자율준수 프로그램 운용이 보편적인 관행으로 정착되고 있으며, 우리나라에서도 그동안 민간 주도로 공정거래 자율준수제도가 도입되어 운용되고 있었다.[3] 그러나 자율준수제도를 활성화하고 내실화하기 위해서는 자율준수문화 확산을 위한 시책 추진과 함께 자율준수제도 운영상황을 평가하고 그 결과 등에 따라 과징금 감경 등 유인을 제공하거나 지원할 수 있는 법적 근거가 필요하다는 지적에 따라 공정거래법에 정식으로 제도를 도입하게 되었다(법 §120의2, §120의3).

2. 공정거래 자율준수평가

공정거래위원회는 경쟁촉진의 일환으로 공정거래 자율준수 문화를 확산시키기 위한 시책을 마련하고 추진할 수 있다(법 §120의2①). 그 일환으로 공정거래위원회 소관 법령을 자율적으로 준수하기 위하여 내부준법제도(이하 "공정거래 자율준수제도")를 운영하는 사업자를 대상으로 그 운영상황에 대하여 평가(이하 "공정거래 자율준수평가")를 실시하고 평가등급을 부여할 수 있다(법 §120의2②). 이를 통해 공정거래위원회는 공정거래 자율준수평가를 통해 자율준수제도를 공정거래질서 확립을 위한 중요한 정책인프라로 활용하고, 기업은 경쟁친화적인 경영을 통해 건전하고 지속 가능한 발전을 도모하는 경영인프라로 활용할 수 있다. 다만, 공정거래 자율준수제도의 도입 기간이 1년 미만인 경우에는 공정거래 자율준수평가를 실시하지 않을 수 있다(영 §90의2③ 단서).

자율준수평가는 서류평가, 현장평가 및 심층면접평가(AA 이상)의 3단계 평가를 거쳐 최종 등급을 부여한다. 평가등급은 ① 공정거래자율준수를 위한 경영진의 의지 및 지원 정도, ② 공정거래자율준수를 담보하기 위해 필요한 사항[4]의 실시 여부 및 그 적정성, ③ 공정거래위원회 소관 법령에 따른 의무·명령 등의 준수 여부, ④ 공정거래위원회가 공정거래 자율준수제도의 운영상황을 평가하는 데에 필요하다고 인정하여 고시하는 사항을 기준으로 고려하여 부여할 수 있다(영 §90의2① 각호). 공정거래 자율준수평가의 결과는 사업자에 대한 각종 인센티브와 밀접하게 연계되어 있기 때문에 평가업무는 객관적이고 합리적으로 이루어져야 한다.

---

3) 2001년 7월 경제단체, 학계, 법조계 등 민간대표를 중심으로 발족된 공정거래질서 자율준수위원회에서 「공정거래 자율준수규범」을 제정·선포하고, 각 기업은 권고된 규범을 토대로 공정거래법 위반을 예방하기 위한 내부 자율준수 프로그램을 운영하고 있다.

4) 여기에서 필요한 사항으로는 ⅰ) 공정거래자율준수 관련 업무 기준 및 절차의 수립·운영, ⅱ) 위법행위의 예방 및 조기 발견을 위한 내부감시체계의 구축·운영, ⅲ) 공정거래자율준수 관련 교육, ⅳ) 공정거래자율준수를 위한 편람의 작성 및 활용, ⅴ) 공정거래위원회 소관 법령을 위반한 임직원의 징계, 공정거래자율준수 관련 관리자 임명 등 인사제도의 운영이 있다(영 §90의2① ⅱ 각목).

3. 자율준수평가기관의 지정

공정거래위원회는 공정거래 관련 분야에 대하여 전문성이 있는 기관 또는 단체를 대통령령으로 정하는 바에 따라 공정거래 자율준수평가기관(이하 "평가기관")으로 지정하여 공정거래 자율준수평가에 관한 업무(이하 "평가업무")를 수행하게 할 수 있다(법 §120의3①). 공정거래위원회는 ① 한국공정거래조정원이나 ② 공정거래 자율준수 평가업무를 수행할 수 있는 전문조직이나 전문인력을 갖추고 공정거래 관련 인증·평가업무를 수행한 실적이 있는 전문성 있는 법인·단체 또는 기관 중에서 평가기관을 지정할 수 있다(영 §90의3 ① 각호).

평가기관의 신뢰성과 평가업무의 공정성 확보를 위해 공정거래위원회는 평가기관이 ① 거짓이나 부정한 방법으로 지정을 받은 경우, ② 업무정지명령을 위반하여 그 정지 기간 중 평가업무를 행한 경우, ③ 고의 또는 중대한 과실로 공정거래 자율준수평가의 기준 및 절차를 위반한 경우, ④ 정당한 사유 없이 평가업무를 거부한 경우, ⑤ 파산 또는 폐업한 경우 또는 ⑥ 그 밖에 휴업 또는 부도 등으로 인하여 평가업무를 수행하기 어려운 경우에는 평가기관의 지정을 취소하거나 1년 이내의 기간을 정하여 업무의 정지를 명할 수 있다. 다만, ① 또는 ⑤에 해당하면 그 지정을 취소하여야 한다(법 §120의3② 각호).

4. 자율준수평가 결과에 대한 인센티브

공정거래위원회는 공정거래 자율준수제도를 활성화하기 위하여 공정거래 자율준수평가를 받은 사업자를 대상으로 평가결과 등에 근거하여 시정조치 또는 과징금 감경이나 포상 또는 지원 등을 할 수 있다(법 §120의2④). 즉, 공정거래위원회는 시정명령 받은 사실의 공표에 대하여 위반행위의 내용 및 정도, 공정거래 자율준수평가 결과 등을 고려하여 공표 매체 수, 공표 기간 및 지면크기를 줄일 수 있다(영 §90의2④ 단서). 또한 공정거래위원회는 공정거래 자율준수평가 결과가 우수한 자에 대하여 포상을 실시할 수 있다(영 §90의2⑤).

「공정거래 자율준수제도 운영·평가에 관한 규정」에 따르면 CP 평가에서 AA등급 이상을 받은 사업자는 유효기간(2년) 내 1회에 한하여 10%(AA) 또는 15%(AAA)까지 과징금 감경을 받을 수 있으며, 공정거래위원회 조사개시 전 CP의 효과적 운영을 통해 법 위반을 탐지·중단하였음을 사업자가 스스로 입증할 경우 5%까지 추가 감경이 가능해 최대 20%까지 과징금 감경을 받을 수 있다. 또한 A등급 이상 사업자는 유효기간

내 1회에 한하여 평가등급에 따라 시정명령을 받은 사실의 공표 관련 매체수, 공표 크기 및 기간을 감경받을 수 있다.

Ⅶ. 보 칙

1. 비밀엄수의무

이 법에 의한 직무에 종사하거나 종사하였던 위원, 공무원 또는 협의회에서 분쟁조정업무를 담당하거나 담당하였던 자는 그 직무상 알게 된 사업자 또는 사업자단체의 비밀을 누설하거나 이 법의 시행을 위한 목적 외에 이를 이용하여서는 아니 된다(법 §119).

2. 업무협조

공정거래법의 시행을 위하여 공정거래위원회는 관계 행정기관 기타 기관 또는 단체의 장의 의견을 청취하거나 필요한 조사를 의뢰하고 자료를 요청할 수 있다(법 §121 ①, ②). 특히 시정조치의 확보를 위하여 필요하다고 인정하는 경우에는 관계 행정기관의 장이나 그 밖의 기관 또는 단체의 장에게 필요한 협조의뢰를 할 수 있다(법 §121 ③). 예컨대, 공정거래위원회는 입찰담합을 한 사업자 또는 사업자단체에 대해 법 위반행위의 정도, 횟수 등을 고려하여 국가계약법, 지방계약법, 공공기관의 운영에 관한 법률, 지방공기업법 등의 관련규정에 의거하여 시정조치 이외에 발주기관에 입찰참가자격 제한을 요청할 수 있다.

3. 권한의 위임 · 위탁

공정거래위원회는 그 권한의 일부를 대통령령이 정하는 바에 의하여 소속기관의 장이나 특별시장, 광역시장, 특별자치시장 · 도지사 또는 특별자치도지사에게 위임하거나 다른 행정기관의 장에게 위탁할 수 있다(법 §122).

4. 벌칙적용의 공무원 의제

공정거래위원회의 위원 중 공무원이 아닌 위원은 형법 그 밖의 법률에 따른 벌칙의 적용에 있어서는 공무원으로 본다(법 §123①). 공정거래분쟁조정협의회에서 분쟁조정업무를 담당하거나 담당하였던 자는 「형법」 제129조(수뢰, 사전수뢰) 내지 제132조(알선수뢰)의 적용에 있어서는 공무원으로 본다(법 §123②).

제 2 절 법 위반행위의 행정적 규제

Ⅰ. 개 관

공정거래위원회의 법 위반행위에 대한 규제는 심사절차와 심결절차로 구별된다. 규제절차에 관하여는 공정거래법 제10장(법 §80부터 §101까지)과 시행령에 개괄적인 규정을 두고 있다. 이를 근거로 절차의 투명성과 법 집행의 신뢰성을 보장하기 위해 공정거래위원회 고시인 「공정거래위원회의 조사절차에 관한 규칙」(이하 '조사절차규칙')[5]과 「공정거래위원회의 회의운영 및 사건절차등에 관한 규칙」(이하 '사건절차규칙')[6]에서 구체적인 절차규정을 두고 있다.

'심사절차'는 일반인으로부터의 신고 또는 직권인지 등 법 위반의 단서를 접한 공정거래위원회가 후속단계인 심결절차에 부의할 필요가 있는지를 심사하는 과정으로 심사관이 담당한다. 이 심사를 위한 전제로서 조사가 이루어지며, 이를 위해 의견청취권, 정보요구권, 일시 보관권, 조사공무원의 현장조사권 등이 인정되고 있다(법 §81). 조사결과 공정거래법 위반에 대한 시정조치의 실익이 있는 경우에는 심사보고서를 작성하여 공정거래위원회에 보고함으로써 심결안건으로서 정식으로 부의한다.

다만, 법 위반에 대한 혐의사실이 밝혀지지 않는 경우에는 무혐의 조치를 취하고, 혐의사실이 밝혀지더라도 경고 또는 시정권고에 해당된다고 인정되는 사안으로서 공정거래위원회에 부의하지 아니한 사건에 대하여는 심사관 전결로 절차를 종료할 수 있다. 그러나 시장지배적지위 남용행위로서 해당 시장의 연간 매출액 규모가 1,000억 원 이상인 경우 또는 기존 선례가 없는 새로운 유형의 경우로서 사건의 사실관계에 대한 확인이 곤란하여 법 위반 여부의 판단이 불가능하거나 위반행위에 대한 증거가 없다고 인정되는 사건에 대하여는 심사관 대신 조사관리관이 각각 심사절차종료와 무혐의로 전결할 수 있다.[7]

'심결절차'는 심사를 거친 결과 법 위반에 해당한다고 하여 심사관으로부터 제출받은 심사보고서를 바탕으로 공정거래법 제57조부터 제68조까지의 규정에서 정해진 바에 따라 공정거래위원회가 심의·의결하는 절차이다. 심결절차는 모두절차(冒頭節次)와

5) 공정거래위원회고시 제2023-11호, 2023. 4. 14., 일부 개정.
6) 공정거래위원회고시 제2023-26호, 2023. 12. 21., 일부 개정.
7) 「사건절차규칙」 §61

사실심리절차(事實審理節次)로 진행되고, 구체적인 절차진행에 있어 인정신문, 심사관의 의견진술, 피심인의 모두진술, 증거조사절차, 심사관의 조치의견 진술, 피심인의 최후 진술 등으로 이루어져 형사소송의 공판절차와 유사한 성격을 가진다. 또한 민사소송절차와 같은 석명권, 질문권, 심의의 분리·병합·재개 등을 규정하고 있어 여러 절차의 복합적인 성격을 갖는다.[8] 공정거래위원회는 부의된 안건에 대하여 정식으로 심결을 행한다. 심결의 유형에는 시정권고, 시정조치명령, 과징금 부과명령, 과태료 부과명령과 동의의결이 있다.

〈공정거래위원회의 규제절차〉

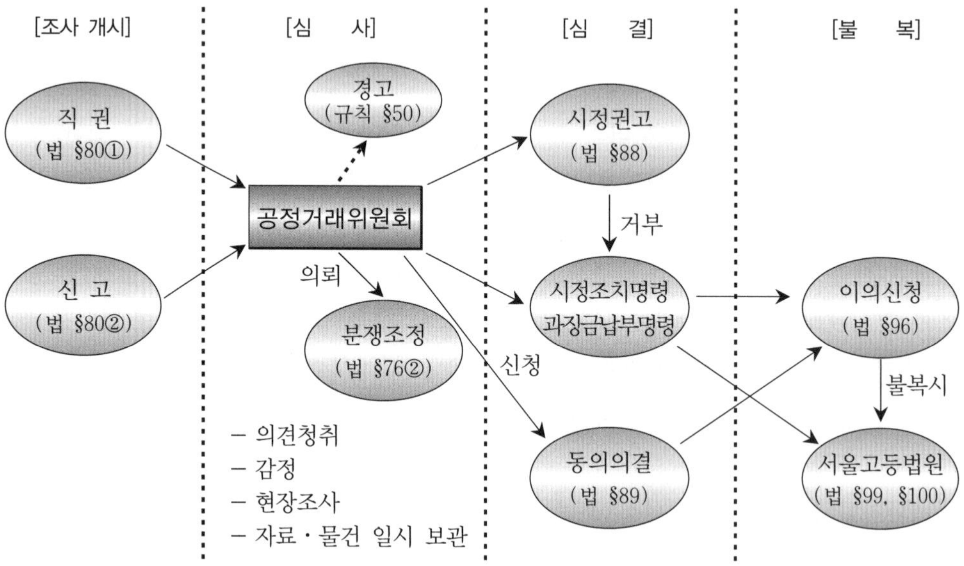

공정거래위원회는 시정조치 또는 과징금의 납부명령을 하기 전에 「법적 청문의 원칙」에 따라 당사자 또는 이해관계인에게 의견진술의 기회를 주어야 한다. 이 절차적 요건을 갖추지 못한 시정조치 또는 과징금의 납부명령은 설령 실체법적 사유를 갖추고 있더라도 위법한 것으로 취소사유가 된다.[9] 또한 당사자 또는 이해관계인은 공정거래위원회의 회의에 출석하여 그 의견을 진술하거나 필요한 자료를 제출할 수 있다(법 §93). 공정거래위원회는 조사의 결과를 서면으로 해당 사건의 당사자에게 통지하여야 한다(법 §80③).

8) 「사건절차규칙」 §35부터 §43까지.
9) 대법원 2001. 5. 8. 선고 2000두10212 판결.

Ⅱ. 법 위반행위의 조사

1. 조사의 개시

공정거래위원회는 '직권' 또는 '신고'에 의하여 위법사실에 관하여 필요한 조사를 할 수 있다(법 §80①, ②). 여기에서 신고의 법적 성격은 일반 행정관청에 대한 민원과는 달리, 공정거래위원회로 하여금 법에 위반되는 사실에 관한 직권발동을 촉구하는 단서를 제공하는 것에 불과하고 적당한 조치를 요구할 수 있는 구체적인 청구권을 부여한 것은 아니다.[10] 공정거래법상 심결제도가 공익보호의 입장으로부터 법 위반행위를 배제하는 것이고, 개인적 이익의 구제를 도모할 것을 목적으로 하는 것은 아니기 때문이다. 그러나 신고자가 제3자가 아닌 피해자로서 위법행위의 배제조치 등을 위해 공정거래위원회에 신고하는 경우에는 그 권리성을 인정하는 것이 바람직하다. 공정거래위원회는 신고가 접수된 경우 공정거래분쟁조정협의회에 그 행위 또는 사건에 대한 분쟁조정을 의뢰할 수 있다(법 §76②, 법 §80②).

2. 조사의 진행

(1) 조사권

공정거래위원회는 필요하다고 인정할 때에는 대통령령이 정하는 바에 따라 ① 당사자, 이해관계인 또는 참고인의 출석 및 청취, ② 감정인의 지정 및 감정의 위촉, ③ 사업자, 사업자단체 또는 이들의 임직원에 대하여 원가 및 경영상황에 관한 보고, 그 밖에 필요한 자료나 물건의 제출 명령 또는 제출된 자료나 물건의 일시 보관의 처분을 할 수 있다(법 §81① 각호).

공정거래법의 시행을 위하여 필요하다고 인정할 때에는 공정거래위원회는 그 소속 공무원(법 제122조의 규정에 의한 권한의 위임을 받은 기관의 소속 공무원 포함)으로 하여금 사업자 또는 사업자단체의 사무소 또는 사업장에 출입하여 업무 및 경영상황, 장부·서류, 전산자료·음성녹음자료·화상자료 그 밖에 대통령령이 정하는 자료나 물건을 조사하게 할 수 있다(법 §81②). 그러나 일정한 경우[11]를 제외하고 조사공무원은 피조사업체의 준법지원부서(법무 및 컴플라이언스 업무 수행부서)를 조사대상 부서로 선정하

---

10) 대법원 1989. 5. 9. 선고 88누4515 판결.

11) 일정한 경우란 피조사업체의 준법지원부서가 ① 법 위반 또는 증거인멸 행위에 직접 관여한 경우 ② 법 위반혐의 관련 업무도 직접 수행하는 경우 ③ 현장진입 과정에서의 조사 거부·방해 행위에 관여한 정황이 있는 경우를 말한다(「조사절차규칙」 §11② 각호).

여서는 아니 된다. 이는 변호사와 의뢰인 간의 기밀통신의 내용이 공개되지 않도록 보장하는 영미법상의 소위 비닉특권(Attorney-Client Privilege) 제도를 반영한 것으로 볼 수 있다. 조사공무원은 지정된 장소[12]에서 당사자, 이해관계인 또는 참고인의 진술을 들을 수 있다(법 §81③). 이와 별도로 피조사업체 또는 그 임직원이 심사가 진행 중인 사건과 관련하여 일정한 사유[13]가 있어 심사관 또는 사건 담당 부서장에게 직접 의견을 제출하거나 진술하고자 하는 경우 심사관은 예비의견청취절차를 실시하여야 한다.

한편 심의·의결절차가 진행 중인 경우에는 조사를 하거나 당사자의 진술을 들어서는 아니 된다(법 §81④ 본문). 이는 심의절차 개시 이후 조사공무원의 추가 현장 조사를 금지함으로써 피심인의 권리를 보호하기 위한 것이다. 다만, 조사공무원 또는 당사자의 신청에 대하여 전원회의 또는 소회의가 필요하다고 인정하는 경우에는 그러하지 아니하다(법 §81④ 단서). 이 조사는 사실관계 확인 등을 위한 조사로서 조사공무원이 아닌 위원회에 의하여 행하여진다.

객관적 사실의 보존 및 피조사자 보호를 위하여 조사공무원은 당사자의 진술을 들었을 때 진술조서를 작성하여야 하며(법 §81⑤), 조사과정에서 증거인멸의 우려가 있는 경우에는 사업자, 사업자단체 또는 이들의 임직원에 대하여 조사에 필요한 자료나 물건의 제출을 명하거나 제출된 자료나 물건을 일시 보관할 수 있다(법 §81⑥, 영 §75③). 이 자료나 물건을 일시 보관할 때에는 보관조서를 작성·발급하여야 한다(법 §81⑦). 보관한 자료나 물건이 ① 검토 결과 해당 조사와 관련이 없다고 인정되는 경우와 ② 해당 조사 목적의 달성 등으로 자료나 물건을 보관할 필요가 없어진 경우에는 즉시 반환하여야 한다(법 §81⑧).

조사공무원은 현장조사시 그 권한을 표시하는 증표를 관계인에게 제시하고, 조사목적·조사기간 및 조사방법 등이 기재된 문서를 발급하여야 한다(법 §81⑨, 조사공문 교부의무). 위반행위의 조사와 관련한 공정거래위원회의 처분 또는 조사와 관련된 당사자, 이해관계인 또는 참고인은 의견을 제출하거나 진술할 수 있다(법 §81⑩, 의견제출 및 진술권).

공정거래위원회 조사의 법적 성격은 행정조사이며, 사법경찰권에 의한 수사가 아니다. 따라서 조사대상자의 자발적 협조를 전제로 자료제출 요구 및 일시 보관 권한, 현

---

12) '지정된 장소'란 사업자 또는 사업자단체의 사무소나 사업장과 공정거래위원회의 출석요구서에 지정된 장소를 말한다(영 §75①).

13) 일정한 사유란 ① 법 위반혐의 관련 기초 사실관계를 명확히 할 필요가 있는 경우, ② 사실관계가 복잡하거나 쟁점이 많은 경우, ③ 관련 주요쟁점에 대한 심결례·판례 등이 확립되어 있지 않은 경우, ④ 전원회의 또는 소회의 상정이 예상되는 경우 등을 말한다(「조사절차규칙」 §22의2① 각호).

장조사 권한 등을 가지며, 비록 조사과정에서 사업자 또는 사업자단체가 수인의무를 위반하더라도 이를 사법상 강제할 수 없다. 행정조사에 관한 기본원칙 · 행정조사의 방법 및 절차 등에 관하여는 「행정조사기본법」에 따른다.

(2) 조사시간 및 기간

조사공무원은 조사를 받는 사업자 또는 사업자단체의 정규 근무시간 내에 조사를 진행하여야 한다. 다만, 증거인멸의 우려 등으로 정규 근무시간 내의 조사로는 조사의 목적을 달성하는 것이 불가능한 경우에는 피조사업체와 협의하여 정규 근무시간 외의 시간에도 조사를 진행할 수 있다(법 §82①). 또한 조사공무원은 조사공문에 기재된 조사기간 내에 조사를 종료하여야 한다. 다만, 조사기간 내에 조사목적 달성을 위한 충분한 조사가 이루어지지 못한 경우에는 조사를 받는 사업자 또는 사업자단체의 업무 부담을 최소화할 수 있는 범위에서 조사기간을 연장할 수 있다(법 §82②, §81⑨). 조사기간을 연장하는 경우에는 해당 사업자 또는 사업자단체에 연장된 조사기간이 명시된 공문서를 발급하여야 한다(법 §82③).

(3) 변호인의 조력을 받을 권리

위반행위 조사 및 심의 시 피조사자 방어권 보장의 핵심인 변호인의 조력을 받을 수 있도록 공정거래위원회로부터 조사 및 심의를 받는 사업자, 사업자단체 또는 이들의 임직원은 변호사 등 변호인으로 하여금 조사 및 심의에 참여하게 하거나 의견을 진술하게 할 수 있다(법 §83). 피심인의 방어권 보장을 위한 변호사 조력권은 「적법절차의 원칙」(due process of law)에 따른 당연한 헌법상의 기본적 권리이기도 하다.[14]

(4) 조사권 남용금지

조사공무원은 이 법의 시행을 위하여 필요한 최소한의 범위 안에서 조사를 행하여야 하며, 다른 목적 등을 위하여 조사권을 남용하여서는 아니 된다(법 §84). 이 조항은 그동안 공정거래위원회의 조사권한에 대한 통제수단이 없어 남용될 가능성이 있다는 지적에 따라 국세청, 금융위원회 등 조사기능을 가지고 있는 타 행정기관의 관련 규정[15] 등을 감안한 것이다.

---

14) 국세기본법 제81조의5에서도 납세자가 세무조사를 받는 경우에 변호사 등을 조사에 참여하게 하거나 의견을 진술하게 할 수 있도록 규정하고 있다.

15) 국세기본법 제81조의4(세무조사권의 남용금지), 자본시장조사업무규정 제4조(조사시 유의사항).

(5) 조사연기

공정거래위원회로부터 처분 또는 조사를 받게 된 사업자 또는 사업자단체가 천재지변이나 대통령령이 정하는 사유, 즉 ① 합병·인수, 화의 또는 법정관리신청 또는 파산 그 밖에 이에 준하는 절차가 진행되고 있거나, ② 권한 있는 기관에 장부·증거서류가 압수 또는 일시 보관되어 있거나, ③ 화재 또는 재난 등으로 인한 사업자 및 사업자단체의 사업수행에 중대한 장애 발생으로 인하여 처분을 이행하거나 조사를 받기가 곤란한 경우에는 공정거래위원회에 연기하여 줄 것을 신청할 수 있다(법 §85①, 영 §76①). 공정거래위원회가 연기신청을 받은 때에는 그 사유를 검토하여 타당하다고 인정되는 경우에는 처분 또는 조사를 연기할 수 있다(법 §85②).[16]

(6) 조사의 거부 · 방해 등

조사활동의 실효성 확보를 위해 공정거래위원회 소속공무원(위임을 받은 기관의 소속공무원 포함)의 조사시 폭언·폭행, 고의적인 현장진입 저지·지연 등을 통하여 조사를 거부·방해 또는 기피한 자에 대하여는 3년 이하의 징역 또는 2억 원 이하의 벌금에 처하도록 하고 있다(법 §124① x iii). 또한 공정거래위원회가 사업자, 사업자단체 또는 이들의 임직원에 대하여 원가 및 경영상황에 관한 보고, 기타 조사에 필요한 자료나 물건의 제출을 명하였음에도 불구하고, 이에 따른 보고 또는 자료나 물건의 제출 명령을 이행하지 아니하거나 거짓의 보고 또는 자료나 물건을 제출한 자 및 자료의 은닉·폐기, 접근거부 또는 위조·변조 등을 통하여 조사를 거부·방해 또는 기피한 자에 대하여는 2년 이하의 징역 또는 1억 5천만 원 이하의 벌금에 처하도록 하고 있다(법 §125 vi, vii).

이와 별도로 공정거래위원회의 보고 또는 자료나 물건의 제출명령에 따르지 않는 사업자에게 이행강제금을 부과할 수 있다. 즉, 사업자, 사업자단체 또는 이들의 임직원이 공정거래위원회의 보고 또는 자료나 물건의 제출명령을 이행하지 아니한 경우, 그 보고 또는 자료나 물건이 이 법 위반 여부를 확인하는 데 필요하다고 인정하는 때에는 소회의의 결정으로 그 보고 또는 자료나 물건의 제출을 다시 명령할 수 있으며, 이를 이행하지 아니한 자에게는 매 1일당 대통령령으로 정하는 1일 평균매출액의 1000분의 3의 범위에서 이행강제금을 부과할 수 있다. 다만, 매출액이 없거나 매출액의 산정이 곤란한 경우에는 매 1일당 200만 원의 범위에서 이행강제금을 부과할 수 있다(법 §92 ①).

16) 국세기본법 제81조의7에서도 세무조사의 사전통지와 연기신청제도를 두고 있다.

공정거래위원회는 해당 명령을 이행하지 않는 경우에는 이행강제금이 부과·징수될 수 있다는 사실을 서면으로 알려야 한다(영 §77②). 이행강제금의 부과·납부·징수 및 환급 등에 대해서는 대통령령으로 정한다. 공정거래위원회는 이행강제금의 징수 또는 체납처분에 관한 업무를 국세청장에게 위임할 수 있다(법 §92②, §16②, ③).

(7) 조사결과의 통지

조사 종결 시 당사자가 그 결과를 명확히 알 수 있도록 하기 위해 공정거래위원회는 직권으로 또는 신고로 조사한 결과 이 법에 따른 처분을 하거나 처분을 하지 아니하는 경우에는 그 근거, 내용 및 사유 등을 기재한 서면을 해당 사건의 당사자에게 통지하여야 한다(법 §80③ 본문). 즉, 처분을 행한 경우뿐만 아니라 조사중지, 무혐의 또는 심사불개시 등 처분을 하지 않은 경우에도 통지의무를 부과하고 있다. 다만, 제68조에 따라 의결서를 작성하는 경우에는 해당 의결서 정본을 송부한다(법 §80③ 단서).

(8) 서면실태조사

공정거래위원회는 일정한 거래분야의 공정한 거래질서 확립을 위하여 해당 거래분야에 관한 서면실태조사를 실시하여 그 조사결과를 공표할 수 있다(법 §87①). 공정거래위원회가 서면실태조사를 실시하려는 경우에는 조사대상자의 범위, 조사기간, 조사내용, 조사방법, 조사절차 및 조사결과 공표범위 등에 관한 계획을 수립하여야 하고, 조사대상자에게 거래실태 등 조사에 필요한 자료의 제출을 요구할 수 있다(법 §87②). 공정거래위원회가 자료의 제출을 요구하는 경우에는 조사대상자에게 자료의 범위와 내용, 요구사유, 제출기한 등을 분명하게 밝혀 서면으로 알려야 한다(법 §87③).

3. 포상금제도

(1) 포상금의 지급

공정거래법은 소비자 등 시장참여자의 적극적인 법 위반 감시기능을 활용하기 위하여 법 위반행위 신고자에 대한 포상금제도를 두고 있다. 공정거래위원회는 이 법의 위반행위를 신고하거나 제보하고 이를 입증할 수 있는 증거자료를 최초로 제출한 자에 대해 예산의 범위에서 포상금을 지급할 수 있다. 다만, 신고자 또는 제보자가 그 위반행위를 한 사업자인 경우에는 제외한다(영 §91①). 포상금제도는 ① 상호출자제한기업집단 지정을 위한 자료제출 누락, ② 부당한 공동행위, ③ 신문업의 불공정거래행위, ④ 부당한 고객유인행위, ⑤ 사원판매, ⑥ 대규모소매점업의 불공정거래행위, ⑦ 부당

지원행위, ⑧ 특수관계인에 대한 부당한 이익제공금지, ⑨ 사업자단체 금지행위의 9가지 유형의 법 위반행위를 대상으로 실시되고 있다(영 §91① 각호). 공정거래위원회는 특별한 사정이 없으면 신고되거나 제보된 행위를 법 위반행위로 의결한 날(이의신청이 있는 경우에는 재결한 날)부터 3개월 이내에 포상금을 지급하여야 한다(영 §91②).

공정거래위원회는 포상금의 지급 및 반환의 기준·절차·방법과 신고포상금심의위원회의 설치·운영에 필요한 세부사항을 「공정거래법 등 위반행위 신고자에 대한 포상금 지급에 관한 규정」[17]에서 고시하고 있다.

(2) 포상금의 환수

공정거래위원회가 포상금을 지급한 후 ① 위법 또는 부당한 방법의 증거수집, 거짓신고, 거짓진술, 증거위조 등 부정한 방법으로 포상금을 지급받거나, ② 동일한 원인으로 다른 법령에 따라 포상금이나 이에 준하는 금품을 지급받거나, ③ 그 밖에 착오 등의 사유로 포상금이 잘못 지급된 사실이 발견된 경우에는 그 포상금을 반환받을 수 있다(영 §91④ 각호).

Ⅲ. 심 결

1. 심결절차의 적정화

(1) 의견진술 기회의 부여

공정거래위원회는 사안이 중대한 심결절차의 공정성을 보장하기 위해서 시정조치 또는 과징금의 납부명령을 하기 전에 당사자 또는 이해관계인에게 의견진술의 기회를 주어야 하고, 당사자 또는 이해관계인은 공정거래위원회의 회의에 출석하여 그 의견을 진술하거나 필요한 자료를 제출할 수 있도록 하고 있다(법 §93①, 「법적 청문의 원칙」). 또한 방어권 보장을 위해 당사자 또는 이해관계인은 공정거래위원회의 회의에 출석하여 그 의견을 진술하거나 필요한 자료를 제출할 수 있도록 하고 있다(법 §93②).

특히 심의과정에서 ① 사업자인 피심인이 5명 이상(부당공동행위 사건의 경우 15명 이상)이거나 ② 최대 예상과징금액이 1천억 원 이상(부당공동행위 사건의 경우 사건의 경우 5천억 원 이상)인 경우 피심인의 신청이 있으면 처분시효 도과 우려 등 특별한 사정이 없는 한 2일 이상의 심의기일을 지정하여 심의하도록 함으로써 심의과정에서 의견

17) 「공정거래법 등 위반행위 신고자에 대한 포상금 지급에 관한 규정」(2021. 5. 20., 공정거래위원회고시 제2021-8호).

개진의 기회를 확대하고 있다.[18]

(2) 심의절차에서의 증거조사

공정거래위원회는 사건을 심의하기 위하여 필요하면 당사자의 신청이나 직권으로 증거조사를 할 수 있다(법 §94①). 전원회의 또는 소회의 의장은 당사자의 증거조사 신청을 채택하지 아니하는 경우 그 이유를 당사자에게 고지하여야 한다(법 §94②).

(3) 자료열람요구권

해당 사건의 당사자 또는 신고인, 법 제109조에 따라 손해배상청구의 소를 제기한 자(소송 계속 중인 경우에 한정)는 공정거래위원회에 이 법에 따른 처분과 관련된 자료의 열람 또는 복사를 요구할 수 있다(법 §95). 이 경우 공정거래위원회는 ① 영업비밀(「부정경쟁방지 및 영업비밀보호에 관한 법률」 제2조 제2호에 따른 영업비밀) 자료, ② 부당 공동행위 자진신고 등과 관련된 자료, ③ 다른 법률에 따른 비공개 자료를 제외하고는 이에 따라야 한다(법 §95 각호).

자료열람요구권은 피심인 등의 방어권 보장과 함께 당사자 간 지위격차가 현저한 공정거래사건에서 피해자가 쉽게 증거자료를 확보하기 어려운 점을 감안하여 공정거래위원회가 자료를 적극적으로 제공하게 하도록 인정된 것이다. 공정거래위원회가 자료열람요구를 거부하는 경우 피심인 등은 법원에 그 자료의 열람 또는 복사를 허용하도록 청구하는 소(訴)를 제기할 수 있다.

2. 경고 · 시정권고

(1) 의 의

경고와 시정권고는 공정거래법 위반사건의 간이한 처리방법이다. '경고'는 ① 위반의 정도가 경미한 경우, ② 위반행위를 한 사업자 또는 사업자단체가 사건의 심사 또는 심의과정에서 해당 위반행위를 스스로 시정하여 시정조치의 실익이 없는 경우, ③ 위반행위를 한 사업자 또는 사업자단체가 공정거래위원회의 시정조치 또는 금지명령에 응하지 않아 심사관이 심사절차를 개시하였으나 사건의 심사 또는 심의과정에서 시정조치 또는 금지명령을 이행한 경우에 내려지는 조치유형이다.[19]

'시정권고'는 ① 위원회의 심결을 거쳐 위반행위를 시정하기에는 시간적 여유가 없

18) 「사건절차규칙」 §37⑦.
19) 「사건절차규칙」 §57.

거나 시간이 경과되어 위반행위로 인한 피해가 크게 될 우려가 있는 경우, ② 위반행위자가 위반사실을 인정하고 해당 위반행위를 즉시 시정할 의사를 명백히 밝힌 경우, ③ 위반행위의 내용이 경미하거나 일정한 거래분야에서 경쟁을 제한하는 효과가 크지 않은 경우, ④ 공정거래 자율준수 프로그램을 실질적으로 도입·운용하고 있는 사업자가 동 제도 도입 이후 최초 법 위반행위를 한 경우에 공정거래위원회가 법 위반행위 사업자 또는 사업자단체에 대하여 시정방안을 정하여 이에 따를 것을 권고하는 것을 말한다(법 §88).[20]

일정한 사유가 있는 경우에는 심결절차를 거치지 않고 심사관의 전결로 경고 또는 시정권고를 할 수 있다.[21] 공정거래위원회의 심결절차를 반드시 거쳐야 하는 것이 아닌 점에서 시정명령과 구별된다.

(2) 시정권고의 절차와 효력

시정권고는 법 위반내용·권고사항·시정기한·수락 여부 통지기한·수락거부시의 조치 등을 명시하여 서면으로 하여야 한다(영 §78). 시정권고의 통지를 받은 자는 통지를 받은 날로부터 10일 이내에 권고수락 여부를 공정거래위원회에 통지하여야 한다(법 §88②). 지정된 기간 내에 서면으로 수락 여부를 통지하지 않은 경우에는 수락하지 않은 것으로 보아 심결절차가 개시된다. 시정권고를 받은 자가 시정권고를 수락한 경우에는 공정거래법에 의한 시정조치가 명하여진 것으로 본다(법 §88③). 시정권고를 수락한 후 이를 불이행한 경우에는 시정조치의 불이행으로 처벌된다.

3. 시정조치

(1) 의 의

시정조치는 공정거래위원회가 공정거래법 위반행위자에게 그 위반행위의 시정을 위하여 심결을 거쳐 일정한 작위 또는 부작위를 명하는 것이다. 시정조치는 법 위반행위의 형태에 따라 차이가 있으나 통상적으로 해당 행위의 중지, 주식의 전부 또는 일부의 처분, 임원의 사임, 영업의 양도, 채무보증의 취소, 시정조치를 받은 사실의 공표, 그 밖에 법 위반상태를 시정하기 위하여 필요한 조치가 그 대상으로 된다. 시정명령은 객관적인 위법상태를 제거하기 위한 것이므로 위반행위자의 고의나 과실을 요하지 아니한다.

---

20) 「사건절차규칙」 §58.

21) 「사건절차규칙」 §61.

특히 시정조치의 하나로서 '시정명령을 받은 사실의 공표'를 규정한 것은 일반 공중이나 관련 사업자들이 법 위반 여부에 대한 정보와 인식의 부족으로 피고의 시정조치에도 불구하고, 위법사실의 효과가 지속되고 피해가 계속되는 사례가 발생할 수 있으므로 조속히 법 위반에 관한 중요정보를 공개하는 등의 방법으로 일반 공중이나 관련 사업자들에게 널리 경고함으로써 계속되는 공공의 손해를 종식시키고 위법행위가 재발하는 것을 방지하는데 있다.[22] 또한 '그 밖에 시정에 필요한 조치'란 다양한 모습으로 나타나는 법 위반행위에 대한 구체적이고 합리적인 시정조치의 재량권을 공정거래위원회에 부여한 것으로서 ① 위법상태의 소극적 시정이라는 시정조치의 본질을 벗어나지 않아야 하고, ② 가까운 장래에 반복될 우려가 있는 동일한 유형의 행위가 반복되지 않도록 효과적이어야 하며, ③ 예시적으로 열거된 다른 시정조치의 이행 부담과 어느 정도 균형을 이룰 수 있어야 한다.[23]

시정조치와는 별도로 공정거래위원회는 기업결합의 제한규정이나 지주회사의 설립금지 규정에 위반하였을 경우에는 해당 회사의 합병 또는 설립 무효의 소를 제기할 수 있다(법 §37②).

(2) 시정조치를 발할 수 있는 경우

시정조치는 현재의 위법상태를 효과적으로 제거하는 동시에 장래에 그 위법상태가 계속되지 않도록 방지하기 위한 것이므로 위법상태가 현존하여야 한다. 위법상태가 해소된 경우에는 시정조치를 명할 필요가 없다. 여기서 위법상태가 해소되었다고 하는 것은 장래에 다시 발생할 염려가 없을 정도라야 하며, 단지 일시적으로 위법행위를 중지한 것만으로는 위법상태가 재발할 우려가 없다고 단정할 수 없다. 특히 공정거래법 위반에 대하여 가하는 제재조치로서 시정조치와 과징금 부과는 행정목적의 달성을 위하여 행정법규 위반이라는 객관적 사실에 착안하여 가하는 제재이므로 위반자의 의무해태를 탓할 수 없는 정당한 사유가 있는 등의 특별한 사정이 없는 한, 위반사업자에게 고의나 과실이 없더라도 부과될 수 있다.[24]

하지만 일정한 기간이 경과한 경우에는 시정조치를 명하거나 과징금을 부과할 수 없다(법 §80④ 본문). 이는 장기간 법적 불확실성 상태를 해소하기 위한 것이다. 처분제

---

22) 대법원 2006. 5. 12. 선고 2004두12315 판결.

23) 예컨대, 부당한 공동행위에 대해 가격인하명령이나 원상회복명령은 시정조치의 한계를 벗어난 것으로 볼 수 있다. 권오승 · 서정, 앞의 책, 778면; 이동규, 앞의 책, 77면.

24) 대법원 2000. 5. 26. 선고 98두5972 판결; 2003. 9. 2. 선고 2002두5177 판결; 2009. 6. 11. 선고 2009두4272 판결.

한기간(처분시효)은 크게 두 가지로 구분된다. 즉, 대부분 법 위반행위에 대해서는 해당 위반행위의 종료일부터 7년이지만(법 §80④), 부당한 공동행위에 대해서는 공정거래위원회가 조사를 개시한 경우에는 조사개시일부터 5년, 조사를 개시하지 아니한 경우에는 해당 위반행위의 종료일부터 7년이다(법 §80⑤). 다만, 법원의 판결에 따라 시정조치 또는 과징금 부과처분이 취소된 경우로서 그 판결이유에 따라 새로운 처분을 하는 경우에는 그러하지 아니하다(법 §80⑥).

(3) 시정조치의 원칙

시정조치는 공권력에 의해 사업자에게 의무를 부담시키고, 개인의 자유와 재산에 대해 제한을 가하는 것이다. 따라서 시정조치를 명령함에 있어서는 해당 위반행위를 효과적으로 시정할 수 있도록 실효성 있게 이루어져야 하며(「실효성의 원칙」), 해당 위법행위의 위법성 판단과 연관되어야 하고(「연관성의 원칙」), 시정조치를 받은 피심인이 이행할 내용이 무엇이고 공정거래위원회가 이행을 확보하고 점검하여야 할 내용이 무엇인지 알 수 있도록 명확하고 구체적이어야 한다(「명확성과 구체성의 원칙」). 또한 시정조치는 피심인이 해당 시정조치를 사실상·법률상 이행하는 것이 가능할 수 있어야 하며(「이행가능성의 원칙」), 해당 법 위반행위의 내용과 정도에 비례하여야 한다(「비례의 원칙」).[25]

이와 함께 시정조치는 그 목적에 비추어 필요 최소한도의 범위 내에서 합리적으로 행하여야 한다. 여기에서 필요 최소한도의 범위라고 하는 것은 최소한의 시정조치를 하면 된다는 뜻이 아니라, 위법상태의 제거와 경쟁질서의 회복을 위하여 충분한 조치이어야 하며, 이에 필요한 범위 내에서 사업자의 부담이 가장 적은 조치를 선택하여야 한다는 의미이다.

(4) 시정조치의 이행확보 및 이행관리

공정거래법은 시정조치의 이행을 확보하기 위해 주식처분명령을 받은 경우 등에는 해당 주식에 대한 의결권을 행사할 수 없도록 제한하고 있다(법 §39). 또한 시정조치에 응하지 아니한 자에 대하여는 2년 이하의 징역 또는 1억 5천만 원 이하의 벌금에 처한다(법 §125 i).

공정거래위원회는 시정조치의 이행 여부를 점검할 수 있고, 해당 사업자 또는 사업자단체에 그 이행에 관련된 자료의 제출을 요구할 수 있다(법 §97의2①). 공정거래위원

---

25) 「공정거래위원회 시정조치 운영지침」(예규 제457호, 2023. 12. 29., 일부 개정) Ⅴ. 1.

회는 시정조치의 이행 여부 점검 및 그 이행에 관련된 자료의 제출요구 업무를 한국공정거래조정원에 위탁한다(법 §97의2②, 영 §83의2).

(5) 시정명령의 집행정지

공정거래위원회는 시정조치명령을 받은 자가 이의신청을 제기한 경우로서 그 명령의 이행 또는 절차의 계속 진행으로 인하여 발생할 수 있는 회복하기 어려운 손해를 예방하기 위하여 필요하다고 인정하는 때에는 당사자의 신청이나 직권에 의하여 그 명령의 이행 또는 절차의 계속 진행에 대한 정지를 결정할 수 있다(법 §97①). 그러나 집행정지의 결정을 한 후에 집행정지의 사유가 없어진 경우에는 당사자의 신청 또는 직권에 의하여 집행정지의 결정을 취소할 수 있다(법 §97②).

4. 과 징 금

(1) 의 의

과징금이란 행정법상 의무이행 확보수단의 하나로서 행정기관이 부과·징수하는 금전적 제재이다. 과징금은 법 위반이나 의무불이행으로 얻은 불법한 이익을 박탈하여 오히려 경제적 불이익이 생기도록 함으로써 간접적으로 의무를 이행하도록 하기 위한 수단으로 이용된다.

과징금은 행정법상 의무위반에 대하여 금전적 제재로서 부과되는 점에서 '과태료'와 유사하다. 그러나 과징금은 직접적으로 행정목적이나 사회목적을 침해하는 행정법상 의무위반이나 불이행을 대상으로 하는 데 비해, 과태료는 가벼운 행정법상의 의무위반행위에 대한 질서벌이라는 점에서 차이가 있다.[26] 또한 과징금은 행정기관이 구체적인 행정법상의 의무위반 행위에 대하여 개별적으로 부과하는 행정상의 제재로서, 형벌로서 과하여지는 '벌금' 또는 '과료'와 구별된다.[27] 그 밖에 금전적 제재로서 '이행강제금'이 있다. 이는 행정상의 대체적 작위의무나 비대체적 작위의무·부작위의무·수인의무의 불이행시에 부과하는 것으로서 이미 행하여진 위법행위에 대한 제재나 속죄의 의미에서 부과되는 것이 아니라 앞에서 본 바와 같은 의무불이행시 일정액수의 금

26) 과태료는 ① 질서벌로서의 과태료, ② 집행벌로서의 과태료, ③ 징계벌로서의 과태료의 3가지로 대별된다. 공정거래법상 과태료는 이중 행정상의 질서위반행위에 대한 제재로서 과태료에 속한다. 예컨대, 당사자, 이해관계인 또는 참고인이 출석요구에 이유없이 불응하는 경우 또는 공정거래조사를 거부·기피·방해하는 행위에 대하여 공정거래위원회가 과태료를 부과하도록 규정하고 있다(법 §130).

27) 벌금은 위반행위의 반사회성·반도덕성에 착안하여 위반행위에 대한 응보의 관점으로부터 위반행위자에 대하여 도의적 비난을 가할 것을 본질로 하는 것으로 과징금과는 그 취지·목적·성격·절차를 달리한다.

전이 부과될 것임을 미리 계고함으로써 의무이행의 확보를 도모하는 것이라는 점에서 과징금 및 과태료나 벌금과 그 성격을 달리한다.[28)]

(2) 과징금의 법적 성격

공정거래법상의 과징금은 법 위반사업자가 얻은 부당이득의 환수적 성격과 행정제재적 성격을 모두 갖고 있다.[29)] 즉, 과징금의 부과 여부와 과징금액의 결정에 공정거래위원회가 재량을 가지게 한 것은 행정제재적 성격을 반영하는 것이고, 공정거래위원회가 과징금을 부과할 때 위반행위의 내용 및 정도, 기간 및 횟수와 함께 위반행위로 인해 취득한 이익의 규모 등을 참작하도록 하고 있는 것은 부당이득 환수의 성격을 반영하는 것이다.[30)] 판례도 공정거래법상의 과징금은 비록 제재적인 성격을 가진 것이기는 하여도 기본적으로는 법 위반행위에 의하여 얻은 불법적인 경제적 이익을 박탈하기 위하여 부과되는 것이라고 판시하여, 부당이득을 박탈하는 성격의 제도이지만 행정제재로서의 성격이 가미되어 있다는 점을 분명히 하고 있다.[31)]

과징금의 법적 성격을 둘러싼 그동안의 논의는 결국 과징금의 부과 여부나 과징금액의 산정에 대한 재량을 인정할 것인가의 여부와 밀접하게 관련되어 있다.[32)] 공정거래법의 제정 당시에는 과징금에 대한 부당이득 환수의 성격을 중시하였으나, 그 후 법 개정을 통하여 점차 행정제재적 성격을 강화시켜 오고 있다. 특히 매출액이 없는 경우나 부당내부거래에서의 지원주체와 같이 부당이득 자체가 존재하지 않는 경우에도 과징금을 부과할 수 있도록 하는 것은 과징금의 법적 성격이 변화하고 있음을 보여주는 것이다. 그러나 과징금을 부과함에 있어 여전히 취득이익의 규모 등을 참작하도록 하고 있는 점에서(법 §102) 부당이득 환수의 기본적 성격이 그대로 남아 있음을 알 수 있다.

한편 과징금의 행정제재적 성격과 관련하여 과징금이 형벌(법 §124부터 §127까지)과 더불어 부과될 경우 헌법상 「이중처벌금지의 원칙」에 위반되는지가 문제로 될 수 있다. 판례는 공정거래법상의 과징금 납부명령은 행정형벌과는 성격이 다른 납부하명으

28) 공정거래법은 기업결합제한 관련 시정조치의 미이행(법 §16), 공정거래위원회의 조사 거부·방해(법 §86), 동의의결의 미이행(법 §92) 등의 행위에 대해 이행강제금을 부과할 수 있도록 하고 있다.

29) 권오승·서정, 앞의 책, 781면; 이봉의, 앞의 책, 1315면.

30) 박해식, 앞의 논문, 597면.

31) 헌법재판소 2003. 7. 24. 선고 2001헌가25 결정; 대법원 2004. 4. 9. 선고 2001두6197, 6203 판결.

32) 더 나아가 과징금의 법적 성격 문제와 관련하여 법인이익에 과세할 때, 과징금을 영업상의 지출로 할 수 있는가에 관하여도 다른 판단이 내려지게 된다. 즉, 과징금의 목적이 제재라면 과징금분을 공제할 수 없으나, 그 목적이 경제적 이익의 박탈이고, 과징금 결정시 위반사업자가 납부한 세금이 공제되었던 경우에는 공제할 수 있다. 독일 1999년 연방세무법원 판결(BFH-Urteil vom 9. 6. 1999(I R 100/97) BStBl. 1999 I S. 658).

로서 헌법 제13조 제1항에서 금지하는 국가형벌권 행사로서의 처벌에 해당한다고 할 수 없기 때문에 공정거래법상 형벌이 동시에 과해지더라도 그 자체로서 이중처벌금지의 원칙에 위반되는 것으로 보고 있지 않다.[33] 하지만, 과징금 본래의 부당이득 환수의 성격을 고려한다면 법 위반사업자의 부당이득을 국가가 환수하여 국고에 귀속시키는 동시에 피해자에게 민사손해배상(3배 배상 포함)을 통하여 부당이득을 반환하도록 하는 것은 법 위반사업자에게 부당이득을 이중으로 반환토록 하는 결과가 되기 때문에 시장에서의 경쟁질서 유지에 필요한 한도를 넘어 과징금이 과도하게 부과된다면 「과잉금지 원칙」에 위반할 소지는 남아 있다.

(3) 과징금의 산정

(가) 비율과징금

과징금은 원칙적으로 매출액을 기준으로 하여 그 비율에 따라 산정한다. 비율과징금 부과의 기준이 되는 매출액은 관련매출액과 평균매출액으로 구분된다.

'관련매출액'이란 위반사업자가 위반기간 동안 일정한 거래분야에서 판매한 관련 상품 또는 용역의 매출액 또는 이에 준하는 금액으로서 공정거래위원회가 정하여 고시[34]하는 바에 따라 산정한 금액을 말한다. 이 경우 위반행위가 상품이나 용역의 구매와 관련하여 이루어진 경우에는 관련 상품이나 용역의 매입액을 관련매출액으로 본다(영 §13①). 시장지배적사업자의 지위남용행위(법 §5), 부당한 공동행위(법 §40), 불공정거래행위(법 §45①, ⅸ제외)와 재판매가격유지행위(법 §46) 및 그 보복조치(법 §48), 사업자단체의 금지행위 위반(법 §51①)에 대한 과징금에 대해서는 관련매출액을 기준으로 과징금 비율을 산정한다(영 §13①, §50, §56①, §58). 다만 부당한 공동행위 가운데 입찰담합 및 이와 유사한 행위인 경우에는 계약금액을 매출액으로 본다(영 §50).

'평균매출액'이란 해당 사업자의 직전 3개 사업연도의 매출액을 평균한 것으로서 다만 해당 사업연도 초일 현재 사업을 개시한 지 3년이 되지 않는 경우에는 그 사업개시 후 직전 사업연도 말일까지의 매출액을 연평균 매출액으로 환산한 금액을, 해당 사업연도에 사업을 개시한 경우에는 사업개시일부터 위반행위일까지의 매출액을 연매출액으로 환산한 금액을 말한다(영 §56②). 불공정거래행위 유형 중 부당한 지원행위 또는 그 지원을 받는 행위(법 §45①ⅸ, §45②)와 특수관계인에 대한 부당한 이익제공행위 또는 그 이익제공을 받는 행위(법 §47①, §47③) 위반에 대한 과징금에 대해서는 평균매

---

33) 헌법재판소 2003. 7. 24. 선고 2001헌가25 결정; 2001. 5. 31. 선고 99헌가18 결정.

34) 「과징금부과 세부기준 등에 관한 고시」(개정 2021. 12. 29. 공정거래위원회 고시 제2021-50호).

출액을 기준으로 하고 있다(영 §56②). 평균매출액의 산정에 필요한 사항은 공정거래위원회가 정하여 고시한다(영 §56③).

(나) 정액과징금

법인 신설 등으로 매출액이 없거나 매출액 기준으로 과징금을 부과하는 것이 곤란한 경우에는 위반행위별로 정해진 정액과징금을 부과할 수 있다. 이에 해당하는 경우로는 ① 영업을 개시하지 아니하거나 영업중단 등으로 인하여 영업실적이 없는 경우, ② 재해 등으로 매출액 산정자료가 소멸 또는 훼손되는 등의 사유로 객관적인 매출액의 산정이 곤란한 경우 및 ③ 위반기간 또는 관련 상품이나 용역의 범위를 확정할 수 없어 관련매출액의 산정이 곤란한 경우이다(영 §13③).

(4) 과징금의 부과

(가) 부과기준

과징금은 법 위반 억지효과 등 법집행의 실효성을 제고할 수 있으나, 이를 부과받은 피심인의 입장에서는 경제적 타격을 받는 것이므로, 과징금이 필요한 경우에 적정한 수준으로 부과될 수 있도록 해야 할 것이다. 공정거래법은 과징금을 부과함에 있어 객관성과 공정성을 제고하기 위하여 ① 위반행위의 내용, 정도 및 기간·횟수, ② 위반행위로 인해 취득한 이익의 규모, ③ 위반사업자의 재무상태 및 시장·경제여건 등을 참작하도록 하고 있다(법 §102①).

(나) 부과대상

과징금 부과대상인 사업자가 합병, 분할 또는 분할합병 등 회사의 조직변경으로 법인격이 바뀌어도 조직변경 전에 부과되어야 할 과징금을 조직변경 후의 사업자에게도 그대로 부과할 수 있다.

즉, 공정거래위원회는 이 법을 위반한 회사인 사업자의 '합병'이 있는 경우에는 해당 회사가 행한 위반행위는 합병 후 존속하거나 합병에 의해 설립된 회사가 행한 행위로 보아 과징금을 부과·징수할 수 있다(법 §102②). 또한 이 법을 위반한 회사인 사업자가 '분할'되거나 '분할합병'되는 경우 분할되는 사업자의 분할일 또는 분할합병일 이전의 위반행위를 ① 분할되는 회사, ② 분할 또는 분할합병으로 설립되는 새로운 회사, ③ 분할되는 회사의 일부가 다른 회사에 합병된 후 그 다른 회사가 존속하는 경우 그 다른 회사의 어느 하나에 해당하는 회사의 행위로 보고 과징금을 부과·징수할 수 있다(법 §102③). 그 밖에 이 법을 위반한 회사인 사업자가 「채무자 회생 및 파산에 관한 법률」 제215조에 따라 '신회사를 설립'하는 경우에는 기존 회사 또는 신회사 중 어느 하나의 행위로 보고 과징금을 부과·징수할 수 있다(법 §102④).

(다) 부과한도

과징금은 위반행위 유형별로 공정거래법에서 개별적으로 규정한 한도 내에서 부과될 수 있다. 공정거래위원회는 공정거래법 위반행위에 대하여 과징금을 부과할 것인지 여부와 만일 과징금을 부과할 경우 공정거래법령이 정하고 있는 일정한 범위 안에서 과징금의 액수를 구체적으로 얼마로 정할 것인지에 관하여 재량을 가지고 있으므로, 공정거래위원회의 법 위반행위자에 대한 과징금 부과처분은 재량행위에 해당한다.[35] 따라서 부과한도 내에서 해당 행위의 위법성 정도와 경쟁질서 회복의 필요성, 위법행위로 얻은 이득액의 규모와 균형을 이루는 범위 내에서 과징금을 부과할 수 있다. 다만 과징금 부과의 기초가 되는 사실을 오인하였거나 헌법상 「과잉금지의 원칙」이나 「비례의 원칙」에 위배하여 과도한 과징금을 부과할 경우에는 재량권 일탈·남용으로서 위법하다.

[판례] 대우자판㈜의 사원판매행위에 대한 과징금 부과(대법원 2001. 2. 9. 선고 2000두6206 판결)

과징금의 액수가 비록 법과 시행령의 규정에서 정한 상한을 초과하지 않은 것이라도 불법적인 경제적 이익의 박탈이라는 과징금 부과의 기본적 성격에 비추어 볼 때 과징금액이 구체적인 불공정거래행위로 인한 이득액의 규모와 사이에서 지나치게 균형을 잃어서는 안 된다고 할 것인 바, 대우자동차판매㈜가 사원판매행위로 얻은 이익이 5천만 원임에 비해 과징금이 19억여 원인 경우에는 액수면에서 「비례의 원칙」에 위배되는 재량권 일탈·남용에 해당한다고 할 것이다.

(라) 과징금 부과의 제한

시정명령의 경우와 마찬가지로 처분제한기간(처분시효)을 경과한 경우에는 해당 위법행위에 대하여 시정조치나 과징금을 부과하지 아니한다. 다만, 법원의 판결에 따라 과징금 부과처분이 취소된 경우로서 그 판결이유에 따라 새로운 처분을 하는 경우에는 그러하지 아니하다(법 §80④부터 ⑥까지).

(마) 통 지

공정거래위원회는 과징금을 부과하려는 경우 그 위반행위의 종별과 해당 과징금의 금액을 명시하여 이를 납부할 것을 서면으로 알려야 한다(영 §85①).

35) 대법원 2018. 4. 24. 선고 2016두40207 판결; 2019. 1. 31. 선고 2016두51658 판결.

〈위반행위 유형별 과징금 산정기준[36]〉

위반행위 유형	기본 산정기준
시장지배적사업자의 지위남용 (법 §8)	▪ 비율과징금: 관련매출액의 100분의 6 ▪ 정액과징금: 20억 원
기업결합의 제한 (법 §16)	[이행강제금] ▪ 시정조치 불이행시 매 1일당 법정기준액의 1만분의 3 ▪ 임원겸임의 경우에는 매 1일당 200만 원
경제력집중의 억제 (법 §38)	▪ 상호출자 및 순환출자: 위반행위로 취득 또는 소유한 주식취득가액의 100의 20 ▪ 채무보증: 법 위반 채무보증액의 100분의 20 ▪ 지주회사 제한행위: 법정 기준금액의 100분의 20
부당한 공동행위 (법 §43)	▪ 비율과징금: 관련매출액의 100분의 20 ▪ 정액과징금: 40억 원
불공정거래행위, 재판매가격유지행위 및 특수관계인에 대한 부당한 이익제공의 금지 (법 §50)	▪ 비율과징금: 관련매출액의 100분의 4 ＊부당지원행위 및 특수관계인에 대한 부당한 이익제공의 금지는 연평균 매출액의 100분의 10 ▪ 정액과징금: 10억 원 ＊부당지원행위 및 특수관계인에 대한 부당한 이익제공의 금지는 40억 원
사업자단체의 금지행위 (법 §53)	▪ 비율과징금: 부당공동행위 관련매출액의 100분의 20 (기타의 경우 100분의 10) ▪ 정액과징금: 부당공동행위 20억 원 (기타의 경우 10억 원) ＊사업자단체에는 10억 원 범위 내의 정액과징금

(5) 과징금의 납부

(가) 납부기간

과징금 납부의무자는 과징금 납부통지를 받은 날로부터 60일 이내에 공정거래위원회가 정하는 수납기관에 납부해야 한다(영 §85②).

(나) 과징금의 납부기한 연장, 분할납부 및 담보제공

공정거래위원회는 과징금의 금액이 일정액을 초과하는 경우로서 과징금 납부의무자가 과징금 전액을 일시 납부하기 어렵다고 인정된 경우에는 납부기한을 '연장'하거나 '분할납부'하게 할 수 있으며, 이 경우 필요하다고 인정하는 경우에는 '담보제공'을 하게 할 수 있다(법 §103①).

36) 공정거래법 시행령 [별표 6].

납부기한의 연장 등을 위해서는 과징금액이 매출액의 100분의 1을 초과하게 되거나 10억 원을 초과하게 되는 경우(영 §86①)로서 과징금 납부의무자가 ① 재해·도난 등으로 재산의 현저한 손실을 받는 경우, ② 사업여건의 악화로 사업의 중대한 위기에 처한 경우, ③ 과징금의 일시납부에 따라 자금사정에 현저한 어려움이 예상되는 경우 또는 ④ 그 밖에 이에 준하는 사유가 있는 경우이어야 한다. 과징금 납부의무자가 납부기한 연장 또는 분할납부를 신청하려는 경우에는 납부를 통지받은 날부터 30일 이내에 공정거래위원회에 신청하여야 한다(법 §103②). 납부기한의 연장은 그 납부기한의 다음 날부터 2년을 초과할 수 없다(영 §86②). 분할납부의 경우 각 분할된 납부기한 간의 간격은 6개월을 초과할 수 없으며, 분할횟수는 6회를 초과할 수 없다(영 §86③).

공정거래위원회는 과징금 납부의무자에게 그 납부기한을 연장하거나 분할납부하게 하는 경우에는 그 신청 당시 ① 과징금을 부과받은 자에게 직전 3개 사업연도 동안 연속하여 당기 순손실이 발생하였는지 여부, ② 과징금을 부과받은 자가 자본총액의 2배를 초과하는 부채를 보유하고 있는지 여부 및 ③ 과징금 대비 현금보유액(납기일로부터 2개월 이내 상환이 도래하는 차입금을 공제한 금액) 비율이 50% 미만인지 여부[37]를 고려하여야 한다(영 §86④).

공정거래위원회는 납부기한이 연장되거나 분할납부가 허용된 납부의무자가 ① 분할납부 결정된 과징금을 그 납부기한까지 납부하지 아니한 경우, ② 담보의 변경 또는 그 밖에 담보보전에 필요한 공정거래위원회의 명령을 이행하지 아니한 경우, ③ 강제집행, 경매의 개시, 파산선고, 법인의 해산, 국세 또는 지방세의 체납처분등으로 과징금의 전부 또는 잔여분을 징수할 수 없다고 인정되는 경우 또는 ④ 납부기간 연장 또는 분할납부 사유가 해소되어 과징금을 일시에 납부할 수 있다고 인정되는 경우에는 납부기한의 연장 또는 분할납부 결정을 취소하고 일시에 징수할 수 있다(법 §103③).

(다) 과징금의 연대납부의무

과징금을 부과받은 회사가 분할 또는 분할합병될 경우 과징금 납부책임의 주체가 불명확해질 우려가 있다. 이를 방지하기 위해 공정거래법은 분할로 인하여 존속하는 회사 또는 새로 설립되는 회사 등 분할과 밀접한 관련이 있는 회사에 대하여 과징금의 연대납부의무를 지우고 있다.

즉, 과징금을 부과받은 회사인 사업자가 분할 또는 분할합병되는 경우(부과일에 분할 또는 분할합병되는 경우 포함) 그 과징금은 ① 분할되는 회사, ② 분할 또는 분할합병

37) 「과징금 납부기한 연장 및 분할납부 기준에 관한 고시」(공정거래위원회고시 제2016-4호, 2016. 4. 27., 제정) 1. 가.

으로 인하여 설립되는 회사, ③ 분할되는 회사의 일부가 다른 회사와 합병하여 그 다른 회사가 존속하는 경우의 그 다른 회사가 연대하여 납부할 책임을 진다(법 §104①). 과징금을 부과받은 회사인 사업자가 분할 또는 분할합병으로 인하여 해산되는 경우(부과일에 해산되는 경우를 포함) 그 과징금은 ① 분할 또는 분할합병으로 인하여 설립되는 회사, ② 분할되는 회사의 일부가 다른 회사와 합병하여 그 다른 회사가 존속하는 경우의 그 다른 회사가 연대하여 납부할 책임을 진다(법 §104②).[38]

(6) 과징금의 징수

공정거래위원회는 과징금 납부의무자가 납부기한 내에 과징금을 납부하지 아니한 경우에는 납부기한의 다음 날부터 납부한 날까지의 기간에 대하여 연 100분의 40의 범위에서 「은행법」에 따른 은행의 연체이자율을 고려하여 대통령령[39]으로 정하는 바에 따라 가산금을 징수한다. 이 경우 가산금을 징수하는 기간은 60개월을 초과할 수 없다(법 §105①). 또한 과징금 납부의무자가 납부기한까지 과징금을 납부하지 아니하였을 때에는 기간을 정하여 독촉을 하고, 그 기간 내에 과징금 및 가산금을 납부하지 아니하였을 때에는 국세체납처분의 예에 따라 이를 징수할 수 있다(법 §105②).

(7) 과징금의 체납 및 결손처분

(가) 체납처분

공정거래위원회는 과징금 및 가산금의 징수 또는 체납처분에 관한 업무를 국세청장에게 위탁할 수 있으며, 체납된 과징금의 징수를 위하여 필요하다고 인정되는 경우에는 국세청장에 대하여 과징금을 체납한 자에 대한 국세과세에 관한 정보의 제공을 요청할 수 있다(법 §105③, ④).

(나) 결손처분

공정거래위원회는 과징금·과태료, 그 밖에 이 법에 따른 징수금(이하 "징수금등")의 납부의무자에게 일정한 사유가 있는 경우에는 결손처분을 할 수 있다(법 §107①). 이는 과징금의 징수가능성이 없음에도 장기체납으로 남을 경우 이로 인해 행정력의 낭비가 초래되고 미납수율이 계속 증가할 우려가 있기 때문이다.

---

38) 국세기본법에도 법인이 분할 또는 분할합병되는 경우, 법인이 분할 또는 분할합병으로 인하여 해산되는 경우, 또는 법인이 「채무자 회생 및 파산에 관한 법률」 제215조에 따라 신회사를 설립하는 경우에 국세·가산금 및 체납처분비에 대한 연대책임조항(동법 §25② 내지 ④)을 두고 있다.

39) 시행령에서는 체납가산금의 요율과 관련하여 "과징금의 체납가산금은 체납된 과징금에 연 1천분의 75를 곱하여 계산한 금액으로 한다"고 규정하고 있다(영 §87).

여기에서 일정한 사유란 ① 체납처분이 끝나고 체납액에 충당된 배분금액이 체납액에 미치지 못하는 경우, ② 징수금등의 징수권에 대한 소멸시효가 완성된 경우, ③ 체납자의 행방이 분명하지 아니하거나 재산이 없다는 것이 판명된 경우, ④ 체납처분의 목적물인 총재산의 추산가액이 체납처분비에 충당하고 남을 여지가 없음이 확인된 경우, ⑤ 체납처분의 목적물인 총재산이 징수금등보다 우선하는 국세, 지방세, 전세권·질권 또는 저당권에 의하여 담보된 채권 등의 변제에 충당하고 남을 여지가 없음이 확인된 경우 및 ⑥ 「채무자 회생 및 파산에 관한 법률」 제251조(회생채권 등의 면책 등)에 따라 면책된 경우, ⑦ 불가피한 사유로 환수가 불가능하다고 인정되는 경우로서 공정거래위원회가 정하여 고시한 경우를 말한다(법 §107① 각호, 영 §90각호).

공정거래위원회가 결손처분을 할 때에는 지방행정기관 등 관계 기관에 대하여 체납자의 행방 또는 재산의 유무를 조사하고 확인하여야 한다(법 §107②). 또한 ④ 또는 ⑤의 요건에 해당되어 결손처분을 할 때에는 체납처분을 중지하고 그 재산의 압류를 해제하여야 한다(법 §107③). 공정거래위원회가 결손처분을 한 후 압류할 수 있는 다른 재산을 발견한 때에는 지체 없이 결손처분을 취소하고 체납처분을 하여야 한다. 다만, ②의 징수권 소멸시효가 완성된 경우에는 그러하지 아니하다(법 §107④).

(8) 과징금 환급가산금

공정거래위원회가 이의신청의 재결 또는 법원의 판결 등의 사유로 과징금을 환급하는 경우에는 과징금을 납부한 날부터 환급한 날까지의 기간에 대하여 환급될 과징금에 대하여 국세기본법 시행령 제43조의3 제2항에 따른 이자율을 곱하여 계산한 금액에 따라 환급가산금을 지급하여야 한다. 다만, 법원의 판결에 따라 과징금 부과처분이 취소되어 그 판결이유에 따라 새로운 과징금을 부과하는 경우에는 당초 납부한 과징금에서 새로 부과하기로 결정한 과징금을 공제한 나머지 금액에 대해서만 환급가산금을 계산하여 지급한다(법 §106, 영 §89). 즉, 과징금 부과처분이 법원에서 패소한 경우라도 적법하게 부과된 부분의 금액에 대해서는 환급가산금을 지급하지 않는다.

Ⅳ. 문서의 제출 및 송달

1. 의　　의

공정거래위원회가 법 위반행위를 심의하고 집행하는 과정에서 공정성·투명성 및 신뢰성을 확보하기 위해서는 당사자, 이해관계자 또는 그 대리인에게 문서 등을 통해 처분 또는 결정 사실을 명확히 알리는 것이 중요하다. 더구나 오늘날 다양한 정보가 전자적으로 저장·관리가 되고 각종 종이서류나 문서가 일정한 형태의 전자문서로 전환되는 추세에 있는 점을 고려한다면 이러한 문서를 전자적으로 송달할 수 있도록 보완할 필요가 있다. 문서 송달에 관하여는 공정거래위원회가 행정기관이기 때문에 「행정절차법」 제14조부터 제16조까지의 일반규정을 준용한다(법 §98).

2. 문서송달의 방법

행정절차법에 따르면 송달은 우편, 교부 또는 정보통신망 이용 등의 방법으로 하되, 송달받을 자(대표자 또는 대리인 포함)의 주소·거소(居所)·영업소·사무소 또는 전자우편주소로 한다. 다만, 송달받을 자가 동의하는 경우에는 그를 만나는 장소에서 송달할 수 있다(행정절차법 §14①).

교부에 의한 송달은 수령확인서를 받고 문서를 교부함으로써 하며, 송달하는 장소에서 송달받을 자를 만나지 못한 경우에는 그 사무원·피용자(被傭者) 또는 동거인으로서 사리를 분별할 지능이 있는 사람(이하 '사무원등')에게 문서를 교부할 수 있다(행정절차법 §14②). 정보통신망을 이용한 송달은 송달받을 자가 동의하는 경우에만 한다. 이 경우 송달받을 자는 송달받을 전자우편주소 등을 지정하여야 한다(행정절차법 §14③). 그러나 ① 송달받을 자의 주소등을 통상적인 방법으로 확인할 수 없거나 ② 송달이 불가능한 경우에는 송달받을 자가 알기 쉽도록 관보, 공보, 게시판, 일간신문 중 하나 이상에 공고하고 인터넷에도 공고하여야 한다(행정절차법 §14④).

3. 문서송달의 효력

송달은 원칙적으로 해당 문서가 송달받을 자에게 도달됨으로써 그 효력이 발생한다(행정절차법 §15①). 정보통신망을 이용하여 전자문서로 송달하는 경우에는 송달받을 자가 지정한 컴퓨터 등에 입력된 때에 도달된 것으로 본다(행정절차법 §15②). 공고에 의한 경우에는 원칙적으로 공고일부터 14일이 지난 때에 그 효력이 발생한다. 다만, 긴급히 시행하여야 할 특별한 사유가 있어 효력 발생 시기를 달리 정하여 공고한 경우에는 그에 따른다(행정절차법 §15③).

4. 공정거래법의 특별규정[40)]

(1) 전자정보처리조직을 통한 문서의 제출과 송달

(가) 문서의 제출

공정거래법은 심의절차에서 문서의 제출과 송달이 종이 문서로 처리됨에 따른 사업자의 비용 부담을 줄이고, 심의절차의 효율성을 높이기 위해 당사자등이 심의에 필요한 문서와 자료를 전자문서화하고 이를 정보통신망을 이용하여 공정거래위원회가 지정·운영하는 전자정보처리조직을 통하여 제출할 수 있도록 하고 있다(법 §98의2①). 제출된 전자문서는 그 문서를 제출한 당사자등이 정보통신망을 통하여 전자정보처리조직에서 제공하는 접수번호를 확인하였을 때 전자정보처리조직에 기록된 내용으로 접수된 것으로 본다(법 §98의2②).

(나) 문서의 송달

마찬가지로 공정거래위원회도 당사자등에게 전자정보처리조직과 그와 연계된 정보통신망을 이용하여 의결서·재결서와 그 밖에 이 법에 따른 심의에 필요한 문서를 송달할 수 있다. 다만, 당사자등이 동의하지 아니하는 경우에는 그러하지 아니하다(법 §98의2③). 이 방법으로 문서를 송달하는 경우 해당 문서를 전자정보처리조직에 입력하여 등재한 후 그 등재 사실을 전자우편 등 대통령령으로 정하는 방법으로 당사자등에게 통지하여야 한다(법 §98의2④).

문서의 송달은 당사자등이 등재된 전자문서를 확인하였을 때 전자정보처리조직에 기록된 내용으로 도달한 것으로 본다. 다만, 등재 사실이 통지된 날부터 2주 이내(의결서 및 재결서 외의 서류는 7일 이내)에 확인하지 아니하였을 때에는 그 등재 사실이 통지된 날부터 2주가 지난 날(의결서 및 재결서 외의 서류는 7일이 지난 날)에 도달한 것으로 본다(법 §98의2⑤). 전자정보처리조직의 장애로 송달 또는 통지를 받을 자가 전자문서를 확인할 수 없는 기간은 단서의 기간에 산입하지 아니한다(법 §98의2⑥).

(2) 국내 지정 대리인에 대한 문서송달

공정거래법은 국외에 주소·영업소 또는 사무소를 두고 있는 사업자 또는 사업자단체에 대해서는 국내에 대리인을 지정하도록 하여 그 대리인에게 문서를 송달하도록 하고 있다(법 §98의2①). 이들이 대리인을 지정하지 아니한 경우 문서송달에 관하여는 행정절차법과 공정거래법의 특별규정이 그대로 적용된다(법 §98의2②).

---

40) 이 특별규정은 공포 후 3년이 경과한 날(2027. 2. 7.)부터 시행한다(법률 제20239호 부칙 제1조).

V. 이의신청 · 불복의 소

1. 이의신청

공정거래법은 피심인의 권익보호 차원에서뿐만 아니라 공정거래위원회 스스로 자신이 내린 처분[41]에 대해 재검토할 수 있는 기회를 부여하기 위해 이의신청을 인정하고 있다. 이의신청의 대상이 되는 것은 공정거래위원회의 처분으로서 당사자의 법률관계에 종국적인 영향을 미칠 수 있는 시정명령, 과징금 납부명령 및 과태료 납부명령이다. 공정거래위원회의 처분에 대해 불복하는 자는 그 처분의 통지를 받은 날로부터 30일 이내에 사유를 갖추어 공정거래위원회에 이의신청할 수 있다(법 §96①). 공정거래위원회는 이의신청에 대하여 60일 이내에 재결(裁決)을 하여야 한다. 다만 부득이한 사정으로 그 기간 내에 재결을 할 수 없을 경우에는 30일의 범위 안에서 결정으로 그 기간을 연장할 수 있다(법 §96②).

공정거래위원회는 시정조치의 이행 또는 절차의 계속 진행으로 인하여 발생할 수 있는 회복하기 어려운 손해를 예방하기 위하여 필요하다고 인정할 때에는 당사자의 신청이나 직권으로 그 시정조치의 이행 또는 절차의 계속 진행에 대한 정지를 결정할 수 있다(법 §97①). 집행정지의 결정을 한 후에 집행정지 사유가 없어진 경우에는 당사자의 신청이나 직권으로 집행정지의 결정을 취소할 수 있다(법 §97②).

2. 불복의 소

(1) 2원적 절차

불복(不服)의 소의 제기는 임의적 전치절차인 이의신청의 경유 여부에 따라 2원화되어 있다. 공정거래위원회의 처분에 대하여 불복의 소를 제기하려는 자는 이의신청을 거치지 않는 경우에는 처분의 통지를 받은 날부터 30일 이내, 이의신청을 거친 경우에는 그에 대한 재결서의 정본을 송달받은 날부터 30일 이내에 소를 제기하여야 한다(법 §99①). 이 기간은 불변기간이다(법 §99②). 불복의 소는 서울고등법원을 전속관할로 한다(법 §100).

(2) 실질적 증거의 원칙

불복의 소가 제기된 경우 법원이 공정거래위원회가 인정한 사실을 어느 정도 받아

---

41) 판례는 시정명령이나 과징금 납부명령 뿐만 아니라 경고 의결에 대하여도 공정거래위원회의 처분성을 인정하고 있다. 대법원 2013. 12. 26. 선고 2011두4930 판결.

들일 것인지가 문제된다. 공정거래법상 이에 관한 명문의 규정이 없고, 법관은 사실관계의 심증을 형성함에 있어 자유심증주의에 따라 증거자료와 변론의 전취지를 통하여 자유로운 판단을 할 수 있기 때문에 공정거래위원회의 심결에서 인정한 사실이 법원의 판단을 구속한다고 보기는 어렵다.

그러나 공정거래위원회가 심결에서 인정한 사실은 준사법적인 대심구조(對審構造) 하에서 심사관과 피심인이 증거조사로 공방을 다한 결과 인정한 사실로 신빙성이 크며 사실상의 증명력이 강하다고 볼 수 있다.[42] 따라서 공정거래위원회가 심결에서 인정한 사실에 대한 증거력을 인정하여 법원이 별도의 증거조사에 기하여 사실 여부를 판단해야 하는 부담을 덜어주고, 소송의 효율성을 증대시킬 필요가 있다. 미국에서는 연방거래위원회의 심판절차를 거친 심결에 관해서는 선례로서의 가치를 가지며, 그 인정사실이 충분한 증거에 근거한 경우에는 심결취소소송에서 「실질적 증거의 원칙」(substantial evidence rule)에 따라 법원을 구속한다.[43]

V. 사전심사의 청구

1. 의　　의

공정거래위원회는 공정거래법 운용의 투명성과 예측가능성을 높이기 위해 「독점규제 및 공정거래에 관한 법률 등의 위반여부 사전심사청구에 관한 운영지침」[44]을 제정하여 사전심사청구제도를 운영하고 있다. 이 제도는 사업자 또는 사업자단체가 어떤 행위를 하기 전에 미리 공정거래위원회에 법 위반 여부의 심사를 청구하면 이를 심사하여 서면으로 회답해주는 일종의 법률자문서비스제도이다.

---

42) 이봉의, 앞의 책, 1399면.

43) 법원이 심결기록을 자세히 검토하여, 거기에 있는 증거에 의하여 합리적인 사람(reasonable man)이 합리적으로 생각하고 최종 결정으로 인정한 사실에 도달할 수 있다고 판단될 수 있는 경우에 실질적 증거가 있다고 한다. 따라서 항소법원은 원칙으로서 법률문제에 집중하여 심사한다. 일본의 경우에도 독점금지법에서 "공정취인위원회가 인정한 사실은 이를 입증하는 실질적인 증거가 있는 경우에는 법원을 구속한다"고 규정하여 실질적 증거의 원칙을 도입한 바 있었으나(동법 §81①), 2013년 12월 개정에서 사적독점금지법 위반사건 1심 법원을 동경지방재판소로 변경하면서 이 원칙을 삭제하였다.

44) 공정거래위원회고시 제2015-15호, 2015. 10. 23., 일부 개정. 이 제도는 이미 미국 법무부나 연방거래위원회의 사전심사청구제도(business review)나 일본 공정취인위원회의 사전상담제도를 참조하여 2004년 12월 1일부터 시행되고 있다. 그 밖에 프랑스, 캐나다, 이탈리아, 호주 등 주요 선진국가의 경쟁당국에서도 다양한 형태의 기업상담(business consultation)제도를 운용하고 있다.

2. 주요내용

(1) 심사청구

사전심사의 청구는 대상행위를 직접 실시하려는 사업자 또는 사업자단체만이 할 수 있으며, 거래상대방, 이해관계인 등은 해당되지 않는다. 사전심사 대상행위가 계약에 의한 경우에는 계약의 양 당사자가 함께 청구하거나 혹은 일방당사자가 청구할 수 있다(지침 §3).

사전심사는 공정거래위원회가 운용하는 「공정거래법」, 「가맹사업법」, 「표시광고법」, 「하도급법」, 「전자상거래소비자보호법」, 「방문판매법」, 「할부거래법」, 「대규모유통업법」의 적용대상이 되는 행위(지침 §1) 가운데 청구인이 앞으로 실시하기로 계획하고 있는 구체적·개별적 행위에 대해 청구할 수 있다(지침 §4①). 따라서 학술적인 질의, 구상 중이거나 추상적인 행위, 이미 시행 중인 행위 및 공정거래위원회의 조사 혹은 심결이 진행 중인 행위는 사전심사 청구의 대상이 되지 않는다. 다른 정부기관의 승인이 필요한 행위인 경우에는 사전심사 없이는 승인이 불가능하거나 해당 승인기관이 문서로 요청한 경우에 한하여 사전심사를 청구할 수 있다(지침 §4③, ④). 다만, 공정거래법 제7조에 규정된 기업결합에 관한 행위는 본 지침의 사전심사 대상에서 제외된다. 청구인은 사전심사 대상행위가 공정거래법 등에 위반되는지 여부를 판단하는데 필요한 자료와 공정거래위원회가 필요하다고 추가로 요청하는 자료를 제출하여야 한다(지침 §6).

(2) 회 답

사전심사 청구일로부터 30일 이내에 서면으로 회답하여야 한다. 다만, 공정거래위원회가 필요하다고 인정할 때에는 30일의 범위 안에서 회답기간을 연장할 수 있으며, 위원회가 추가로 자료제출을 요청한 경우에는, 추가자료 요청일로부터 제출일까지의 기간은 회답기간에 산입하지 아니한다(지침 §7). 그러나 사전심사의 대상인 행위가 부적절한 사유에 해당되는 경우에는 회답을 하지 아니하고, 그 구체적 사유를 청구인에 서면 통지한다(지침 §8). 회답은 공정거래위원회의 공식입장이므로, 적법하다고 인정한 행위에 대해서 사후에 법적 조치를 취하지 않는다는 점에서 사후적인 기속력이 없는 공정거래법 등에 대한 설명이나 해석, 법적용에 관한 사적의견 제시 등 일반상담과 다르다. 다만, 청구인이 허위자료를 제출하거나 중요한 자료를 제출하지 아니한 사실이 사후에 발견되거나, 청구서에 기재된 내용과 다른 행위를 하는 경우, 청구서에 기재된 행위의 범위를 벗어난 경우에는 사후조치를 할 수 있다(지침 §9).

공정거래위원회는 청구인이 시장에서 차지하는 지위나 시장상황에 변화가 생기는 등 심사의 근거가 된 사실관계에 현저한 변화가 생기거나, 그 실행과정에서 공정한 경쟁이 저해되는 등 회답내용을 유지하는 것이 적절하지 않다고 인정되는 경우에는 문서로서 회답의 전부 또는 일부를 철회할 수 있다(지침 §10). 이 경우에도 회답의 전부 또는 일부를 철회한 후가 아니면, 해당 대상행위에 대해 법적 조치를 취할 수 없다.

(3) 심사내용의 공개

청구인과 청구 및 회답 내용(개요)은 청구인의 기밀에 관한 사항을 제외하고는 그 내용을 위원회 홈페이지 등에 공개한다. 청구인의 기밀에 관한 사항은 위원회가 청구인의 의견을 들어 결정한다. 청구인이 공개의 연기를 희망하고 그 이유가 타당하다고 인정될 때는 심사내용의 공개를 연기한다. 공개시기는 청구인의 희망과 연기사유 소멸시점 등을 고려하여 결정한다(지침 §11).

(4) 다른 의무와의 관계

사전심사 청구로 인해 청구인의 공정거래법 등에 규정된 다른 의무가 면제되지 않는다(지침 §12).

Ⅵ. 분쟁의 조정

1. 의　　의

공정거래법 위반사건의 절반 이상을 차지하고 있는 불공정거래행위는 다른 법 위반행위에 비해 시장경쟁에 미치는 영향이 비교적 적은 편이며, 사적 분쟁의 성격이 강한 것으로 볼 수 있다. 그럼에도 불구하고 공정거래위원회는 불공정거래행위 사건에 과도한 인력과 자원을 투입하여 정작 중요한 사안을 신속하게 처리하지 못하는 어려움을 안고 있다. 또한 행정상의 제재조치(시정명령・과징금 등) 만으로는 불공정거래행위로 인한 피해자의 실질적인 권리구제에는 한계가 있으며, 피해자가 손해를 배상받기 위해서는 궁극적으로 법원에 소(訴)를 제기하여야 하나, 많은 시간과 비용이 소요될 수밖에 없는 실정이다.

이에 따라 공정거래법은 법 위반사건 처리의 효율성을 증진하고, 분쟁당사자 간 자율적인 합의를 통하여 신속하게 피해구제가 이루어질 수 있도록 분쟁조정제도를 도입하고 있다. 이를 위해 한국공정거래조정원에 「공정거래분쟁조정협의회」를 설치하고,

당사자 간의 합의로 분쟁을 해결하는 것이 적정한 것으로 인정되는 일부 불공정거래행위에 대하여 조정이 이루어지면 시정조치를 면제하도록 하고 있다(법 §72부터 §79까지).

2. 분쟁조정기구

(1) 한국공정거래조정원

(가) 설 립

공정거래법은 분쟁조정기구의 공공성 확보를 위해 공익법인으로서 한국공정거래조정원(이하 "조정원"이라 한다)을 설립하도록 하고(법 §72①, ②), 정부는 조정원의 설립과 운영에 필요한 경비를 예산의 범위 안에서 출연하거나 보조할 수 있도록 하고 있다(법 §72④). 조정원에 관하여 이 법에서 규정한 것 외에는 「민법」 중 재단법인에 관한 규정을 준용한다(법 §72⑤).

(나) 업 무

조정원의 업무로는 ① 불공정거래행위 금지를 위반한 혐의가 있는 행위와 관련된 분쟁의 조정, ② 다른 법률[45]에서 조정원으로 하여금 담당하게 하는 분쟁의 조정, ③ 시장 또는 산업의 동향과 공정경쟁에 관한 조사 및 분석, ④ 사업자의 거래 관행과 행태의 조사 및 분석, ⑤ 공정거래위원회로부터 위탁받은 동의의결의 이행관리, ⑥ 공정거래와 관련된 제도와 정책의 연구 및 건의, ⑦ 그 밖에 공정거래위원회로부터 위탁받은 사업이 있다(법 §72① 각호).

(다) 조정원의 장

조정원의 장(이하 "조정원장")은 독점규제 및 공정거래 또는 소비자분야에 경험 또는 전문지식이 있는 공정거래위원회 위원의 자격을 갖춘 자 중에서 공정거래위원장이 임명한다(법 §72③, §57②).

(2) 공정거래분쟁조정협의회

(가) 협의회의 구성

불공정거래행위와 관련된 분쟁을 조정하기 위하여 조정원에 공정거래분쟁조정협의회(이하 "협의회")를 둔다(법 §73①). 협의회는 위원장 1명을 포함한 9명 이내의 협의회 위원으로 구성하며, 위원장은 상임으로 한다(법 §73②). 협의회 위원장은 그 직무 외에 영리를 목적으로 하는 업무[46]에 종사하지 못하나, 공정거래위원장의 심사를 거쳐 비영

---

45) 현재 공정거래조정원이 분쟁조정을 담당하도록 근거를 마련하고 있는 법률로는 「가맹사업법」, 「하도급법」, 「대규모유통업법」, 「대리점법」이 있다.

46) 여기에서 영리업무란 ① 상업, 공업, 금융업 또는 그 밖의 영리적인 업무를 스스로 경영하여 영리를

리 목적의 업무를 겸할 수 있다(법 §73⑧, ⑩).

(나) 위원의 자격요건

협의회 위원은 독점규제 및 공정거래 또는 소비자분야에 경험 또는 전문지식이 있는 사람으로서 일정한 요건을 갖추어야 한다. 여기에서 일정한 요건이란 ① 4급 이상의 공무원(「국가공무원법」에 따른 고위공무원단에 속하는 공무원 포함)의 직에 있던 자, ② 판사·검사 또는 변호사의 직에 7년 이상 있던 자, ③ 법률·경제·경영 또는 소비자 관련 분야 학문을 전공하고 대학이나 공인된 연구기관에서 7년 이상 근무한 자로서 부교수 이상 또는 이에 상당하는 직에 있던 자, ④ 기업경영 및 소비자보호활동에 7년 이상 종사한 경력이 있는 자를 말한다(법 §73④ 각호, 영 §63①, ②).

(다) 위원(장)의 위촉 · 임명 등

협의회 위원장은 위원 중에서 조정원장의 제청으로 공정거래위원장이 위촉한다(법 §73③). 협의회 위원은 위의 자격요건을 갖춘 자 중에서 조정원장의 제청으로 공정거래위원장이 임명 또는 위촉한다(법 §73④ 1문). 위원 위촉의 경우 직역의 균형성을 보장하기 위해 위의 ①부터 ④까지의 각 자격요건을 갖춘 자가 1명 이상 포함되어야 한다(법 §73④ 2문).

협의회 위원이 직무와 관련된 비위사실이 있거나 직무태만, 품위손상 또는 그 밖의 사유로 위원으로 적합하지 아니하다고 인정되는 경우 공정거래위원장은 그 직에서 해임 또는 해촉할 수 있다(법 §73⑦).

(라) 위원의 임기

협의회 위원의 임기는 3년으로 한다(법 §73⑤). 협의회 위원 중 결원이 생긴 때에는 제4항에 따라 보궐위원을 위촉하여야 하며, 그 보궐위원의 임기는 전임자의 남은 임기로 한다(법 §73⑥).

(3) 협의회의 회의

협의회의 회의는 위원장이 소집하고 그 의장이 된다(법 §74①). 위원장이 사고로 직무를 수행할 수 없을 때에는 공정거래위원장이 지명하는 위원이 그 직무를 대행한다(법 §74③). 협의회는 재적위원의 과반수 출석으로 개의(開議)하고 출석위원의 과반수 찬성으로 의결한다(법 §74②). 조정의 대상이 된 분쟁의 당사자인 사업자(이하 "분쟁

추구함이 뚜렷한 업무, ② 상업, 공업, 금융업 또는 그 밖에 영리를 목적으로 하는 사기업체(私企業體)의 이사·감사 업무를 집행하는 무한책임사원·지배인·발기인 또는 그 밖의 임원이 되는 것, ③ 본인의 직무와 관련 있는 타인의 기업에 대한 투자, ④ 그 밖에 계속적으로 재산상 이득을 목적으로 하는 업무를 말한다(「공공기관의 운영에 관한 법률」 §37③, 동 시행령 §25, 「국가공무원 복무규정」 §25).

당사자")는 협의회의 회의에 출석하여 의견을 진술할 수 있다(법 §74④).

(4) 위원의 제척 · 기피 · 회피

협의회 위원은 아래 사유에 해당하는 경우 해당 분쟁조정사항의 조정에서 제척(除斥)된다(법 §75①).

① 자기나 배우자 또는 배우자였던 사람이 분쟁조정사항의 분쟁당사자이거나 공동권리자 또는 공동의무자인 경우
② 자기가 분쟁조정사항의 분쟁당사자와 친족이거나 친족이었던 경우
③ 자기 또는 자기가 속한 법인이 분쟁조정사항의 분쟁당사자의 법률·경영 등에 대한 자문·고문 등으로 있는 경우
④ 자기 또는 자기가 속한 법인이 증언이나 감정을 한 경우
⑤ 자기 또는 자기가 속한 법인이 분쟁조정사항의 분쟁당사자의 대리인으로서 관여하거나 관여하였던 경우

분쟁당사자는 협의회 위원에게 협의회의 조정에 공정을 기하기 어려운 사정이 있는 때에 협의회에 그 협의회 위원에 대한 기피(忌避)신청을 할 수 있다(법 §75②). 협의회 위원이 위의 제척 또는 기피사유에 해당하는 경우에는 스스로 해당 분쟁조정사항의 조정에서 회피(回避)할 수 있다(법 §75③).

3. 분쟁조정절차

(1) 조정절차의 개시

조정절차는 피해사업자의 분쟁조정의 '신청' 또는 공정거래위원회의 '의뢰'에 따라 개시된다. 즉, 불공정거래행위 금지를 위반한 혐의가 있는 행위로 인하여 피해를 입은 사업자는 일정한 사항이 기재된 분쟁조정신청서를 협의회에 제출함으로써 분쟁조정을 신청할 수 있다(법 §76①).[47] 공정거래위원회도 법 위반신고가 접수된 경우 협의회에 그 행위 또는 사건에 대한 분쟁조정을 의뢰할 수 있다(법 §76②, §80②).

협의회가 분쟁조정의 신청을 받거나 공정거래위원회로부터의 의뢰를 접수한 때에는 즉시 그 접수사실 등을 공정거래위원회 및 분쟁당사자에게 통지하여야 한다(법 §76③).

47) 분쟁조정신청서에는 ① 분쟁당사자의 성명과 주소(분쟁당사자가 법인인 경우에는 법인의 명칭, 주된 사무소의 소재지, 그 대표자의 성명과 주소), ② 분쟁조정 신청의 취지와 그 이유, ③ 대리인의 성명과 주소(대리인이 있는 경우), ④ 소송사건의 번호(분쟁조정을 신청하려는 사건에 대해 소가 제기된 경우)가 포함되어야 한다(영 §64①).

(2) 조정절차의 진행

협의회는 분쟁당사자에게 분쟁조정사항에 대하여 스스로 합의하도록 권고하거나 조정안을 작성하여 제시할 수 있다(법 §77①). 협의회는 해당 분쟁조정사항에 관한 사실을 확인하기 위하여 필요한 경우 조사를 하거나 분쟁당사자에 대하여 관련 자료의 제출이나 출석을 요구할 수 있다(법 §77②).

협의회는 분쟁조정신청 대상이 아닌 행위나 사건, 즉 ① 조정신청의 내용과 직접적인 이해관계가 없는 자가 조정신청을 하거나 ② 이 법의 적용대상이 아닌 사안에 관하여 조정신청을 하거나 ③ 위반혐의가 있는 행위의 내용·성격 및 정도 등을 고려하여 공정거래위원회가 직접 처리하는 것이 적합한 경우로서 부당지원행위 및 ④ 조정신청이 있기 전에 공정거래위원회가 조사를 개시한 사건(시정조치 등의 처분 후 분쟁조정을 신청한 경우에는 예외)에 대하여는 조정신청을 각하(却下)하여야 한다(법 §77③ 1문 ⅰ부터 ⅳ까지, 영 §69①). 이 경우 협의회는 분쟁조정이 신청된 행위 또는 사건이 ④에 해당하는지 여부에 대하여 공정거래위원회의 확인을 받아야 한다(법 §77③ 2문).

(3) 조정절차의 종료

협의회는 ① 분쟁당사자가 협의회의 권고 또는 조정안을 수락하거나 스스로 조정하는 등 조정이 성립되었거나, ② 분쟁조정의 신청을 받거나 의뢰를 받은 날부터 60일(분쟁당사자 쌍방이 기간연장에 동의한 경우에는 90일)이 경과하여도 조정이 성립하지 아니하였거나, ③ 분쟁당사자의 일방이 조정을 거부하거나 해당 분쟁조정사항에 대해 법원에 소(訴)를 제기하는 등 조정절차를 진행할 실익이 없는 경우에는 조정절차를 종료하여야 한다(법 §77④). 공정거래위원회는 분쟁조정사항에 관하여 조정절차가 종료될 때까지 해당 분쟁당사자에게 시정조치 및 시정권고를 하여서는 아니 된다(법 §77⑥).

(4) 소송과의 관계

(가) 수소법원의 소송절차 중지

분쟁조정이 신청된 사건에 대하여 신청 전 또는 신청 후 소가 제기되어 소송이 진행 중일 때에는 수소법원(受訴法院)은 조정이 있을 때까지 소송절차를 중지할 수 있다(법 §77의2①). 수소법원의 소송중지제도가 원활히 작동할 수 있도록 분쟁당사자는 분쟁조정을 신청한 후 해당 사건에 대하여 법원에 소를 제기한 경우 지체 없이 그 사실을 협의회에 알려야 하며(영 §68①), 협의회가 분쟁당사자로부터 소 제기 사실을 통지받거나 제출받은 분쟁조정신청서를 통해 분쟁조정이 신청된 사건에 대해 소가 제기된 사실을 확인한 경우에는 분쟁당사자의 동의를 받아 일정한 사항[48]을 수소법원에 알려야 한다(영 §68②).

수소법원의 소송중지제도는 종래에 분쟁당사자 일방이 소제기 시 분쟁조정 절차를 중지하도록 함에 따라 불리한 조정결과를 예상한 분쟁당사자가 결과통지 이전에 소를 제기하는 등의 남용사례를 방지하기 위한 것이다. 수소법원이 소송절차를 중지한 경우에는 분쟁당사자는 지체 없이 그 사실을 협의회에 알려야 한다(영 §68③).

(나) 협의회의 조정절차 중지 및 재개

법원이 소송절차를 중지하지 아니하는 경우 협의회는 해당 사건의 조정절차를 중지하여야 한다(법 §77의2②). 그러나 수소법원이 소송절차를 중지한 경우 협의회는 해당 사건의 조정절차를 재개한다. 즉, 분쟁조정절차와 소송절차가 경합할 경우 법원의 결정 여하에 따라 협의회 조정이 계속되거나 중지될 수 있다. 또한 조정이 신청된 사건과 동일한 원인으로 다수인이 관련되는 동종·유사 사건에 대한 소송이 진행 중인 경우 협의회의 결정으로 조정절차를 중지할 수 있다(법 §77의2③). 협의회가 조정절차를 중지하면 지체 없이 그 사실을 분쟁당사자에게 알려야 한다(영 §68⑤).

협의회는 수소법원이 소송절차를 중지한 분쟁조정 사건에 대해 조정신청을 각하하거나 조정절차를 종료한 경우에는 분쟁당사자의 동의를 받아 그 사유 또는 조정결과 등 일정한 사항[49]을 수소법원에 알려야 한다(영 §68④).

(5) 분쟁조정종료서 또는 조정조서의 작성

협의회는 ① 조정신청을 각하하거나 ② 기간 경과 또는 분쟁당사자 일방의 조정거부나 소제기로 인하여 조정절차를 종료한 경우에는 대통령령으로 정하는 바에 따라[50] 분쟁조정종료서를 작성한 후 조정의 경위, 조정신청 각하 또는 조정절차 종료의 사유 등을 관계 서류와 함께 공정거래위원회에 지체 없이 서면으로 보고하여야 하고, 분쟁당사자에게 그 사실을 통보하여야 한다(법 §77⑤).

그러나 분쟁조정사항에 대하여 조정이 성립되거나 분쟁당사자가 조정절차를 개시하기 전에 분쟁조정사항을 스스로 조정하고 조정조서의 작성을 요청하는 경우에는 조

48) 여기에서 일정한 사항은 ① 분쟁당사자의 성명 및 주소, ② 분쟁조정 신청일, ③ 분쟁조정 신청의 취지 및 이유, ④ 소송사건의 번호를 말한다(영 §68② 각호).

49) 여기에서 일정한 사항은 ① 분쟁당사자의 성명 및 주소, ② 조정신청의 각하 사유 또는 조정절차의 종료 사유, ③ 조정의 결과(조정이 성립된 경우), ④ 소송사건의 번호를 말한다(영 §68④ 각호).

50) 대통령령에서는 조정신청을 각하하거나 조정절차를 종료한 경우에는 ① 분쟁당사자의 일반 현황, ② 분쟁의 경위, ③ 조정의 쟁점, ④ 조정신청의 각하 또는 조정절차의 종료사유가 포함된 '분쟁조정종료서'를 작성한 후 그 사본과 관련 서류를 첨부하여 공정거래위원회에 보고하도록 하고 있다(영 §69②).

정에 참가한 위원과 분쟁당사자가 기명날인하거나 서명한 조정조서를 작성하여야 한다(법 §78①, ②). 조정조서 작성 후 그 사본과 관련 서류를 첨부한 조정결과를 공정거래위원회에 보고하여야 한다(영 §69③).

(6) 시효중단

분쟁조정의 신청은 시효중단의 효력이 있다(법 §76④ 본문). 이는 조정절차 진행 중 손해배상청구권 등 사법상 권리의 소멸시효가 도과할 경우 분쟁조정을 신청한 피해자의 권리구제에 공백이 생길 우려가 있기 때문이다. 다만, 신청이 취하되거나 각하된 때에는 그러하지 아니하다(법 §76④ 단서). 신청이 취하 또는 각하된 경우에 6개월 내에 재판상의 청구, 파산절차참가, 압류 또는 가압류, 가처분을 한 때에는 시효는 최초의 분쟁조정의 신청으로 인하여 중단된 것으로 본다(법 §76⑤). 신청에 의해 중단된 시효는 ① 분쟁조정이 이루어져 조정조서를 작성하거나, ② 분쟁조정이 이루어지지 아니하고 조정절차가 종료된 때부터 새로이 진행한다(법 §76⑥ 각호).

4. 분쟁조정의 효과

협의회의 분쟁조정 결과 당사자들이 분쟁조정안을 수락하고 이를 이행할 경우 사건은 종료된다. 협의회는 조정이 성립된 경우 조정에 참가한 위원과 분쟁당사자가 기명날인하거나 서명한 조정조서를 작성한다(법 §78①). 또한 분쟁당사자가 조정절차를 개시하기 전에 조정사항을 스스로 조정하고 조정조서의 작성을 요청하는 경우에는 그 조정조서를 작성하여야 한다(법 §78②).

이에 따라 작성한 조정조서는 분쟁당사자 간 재판상 화해와 동일한 효력을 갖는다(법 §78⑤). '재판상 화해'는 법원의 확정판결과 동일한 효력을 가지는 것으로(민소법 §220) 당사자 쌍방은 분쟁조정의 효력에 구속되며, 그 효력은 궁극적이다. 따라서 확정된 조정안에 대하여는 항소할 수 없으며, 그 자체가 민사집행법상 집행권원으로 인정되어(동법 §56) 별도의 법적 절차 없이 즉시 강제집행이 가능하다.[51] 그러나 당사자가 분쟁조정의 수락을 거부하였을 경우에는 민사소송을 통해 분쟁을 해결하게 된다.

분쟁당사자는 조정에서 합의된 사항의 이행결과를 공정거래위원회에 제출하여야 한다(법 §78③). 공정거래위원회는 조정절차 개시 전에 시정조치 등의 처분을 하지 아니한 분쟁조정사항에 대하여 합의가 이루어지고, 그 합의된 사항을 이행한 경우에는

---

51) 따라서 위원회에서 내린 조정결정은 성립되었으나, 당사자 일방이 결정내용을 이행치 않을 경우 「대법원 규칙」 제1198호에 의거하여 관할법원으로부터 집행문을 부여받아 강제집행을 실시할 수 있다.

시정조치 및 시정권고를 하지 아니한다(법 §78④). 그러나 조정이 불성립된 경우에는 공정거래위원회에서 정식의 사건처리절차가 진행된다.

Ⅶ. 동의의결

1. 의　의

동의의결이란 공정거래법 위반사건의 조사·심의과정에서 피심인이 스스로 소비자 피해구제, 원상회복 등 타당한 시정방안을 제안하고 경쟁당국이 이해관계자 등의 의견 수렴을 거쳐 그 타당성을 인정하는 경우, 위법성 여부를 판단하지 않고 사건을 신속히 종결하는 제도이다.[52] 공정거래법에 이어 특별법인 「하도급법」, 「가맹사업법」, 「대규모유통업법」, 「표시광고법」, 「대리점법」에서도 특수불공정거래행위와 관련한 동의의결 제도를 도입하고 있다.

동의의결제도는 공정거래위원회의 입장에서 위법성 여부가 불분명한 사건처리에 소요되는 행정비용과 시간을 절감할 수 있고, 사업자도 일방적인 시정조치에 따르는 이미지 실추 및 법적 분쟁으로 인한 유·무형의 비용 등 사건조사 및 심의과정에서 발생되는 위험과 비용을 회피할 수 있다는 장점이 있다. 소비자의 입장에서도 경쟁당국의 시정조치가 이루어지더라도 실제 피해구제를 받기 위해서 별도의 소송을 제기해야 하지만, 동의의결로 시정방안이 실행될 경우 신속하고 효율적으로 피해를 보상받을 수 있게 된다. 그러나 경쟁당국이 정식절차를 통한 법 위반행위의 근절보다는 법 위반혐의가 있는 사업자와 적당히 타협하여 업무를 회피하거나 사업자에 대한 면죄부 수단으로 오용될 우려가 있으며, 법 위반행위에 대한 사법적 통제가 사실상 무력화될 가능성도 있다.

따라서 현행 공정거래법은 부당한 공동행위나 형사처벌 가능성이 큰 중대하고 명백한 법 위반행위를 동의의결 대상에서 제외하는 한편, 각 사건별루 형사처벌 여부에 대하여 검찰과 사전 협의를 해야 하는 등 다른 나라보다 엄격한 요건 및 절차를 규정하고 있다. 동의의결의 신청방법, 의견조회 방법, 심의·의결 절차 등 그 밖의 세부사항은 공정거래위원회가 정하여 고시할 수 있다(법 §90⑥).[53]

52) 이 제도는 당초 미국에서 동의명령(consent order)제도로 처음 시행된 이후, EU와 독일에서 각각 화해결정(commitment decision) 또는 의무부담부확약(Verpflichtungszusagen)제도로 도입·운영되고 있다.

53) 이에 따라 「동의의결제도 운영 및 절차 등에 관한 규칙」(공정거래위원회고시 제2023-27호, 2023. 12. 21., 일부 개정)이 제정되어 있다.

2. 법적 성격

동의의결은 공정거래위원회가 신청인의 시정방안에 동의하여 더 이상의 조사·심의를 진행하지 않기로 '합의'하는 점에서 외관상 비권력적 행위로서 공법상 계약으로 볼 수 있지만, 공정거래법이 신청인의 시정방안을 수락하여 동의의결을 받아 들일지 여부는 공정거래위원회가 심결을 통해 일방적으로 결정하고(법 §90④), 신청인이 동의의결을 이행하지 않는 경우 공정거래위원회가 동의의결을 취소하고(법 §91①), 정당한 이유 없이 동의의결 미이행시 이행강제금을 부과할 수 있도록(법 §92①) 규정한 것에 비추어 볼 때 동의의결은 행정처분행위로서의 성격을 가지고 있다고 보아야 할 것이다.[54]

따라서 동의의결의 처분적 성격을 인정할 경우 신청인은 불복시 그 통지를 받은 날로부터 30일 이내에 그 사유를 갖추어 이의신청을 하거나, 그 통지를 받은 날로부터 30일 또는 이의신청에 대한 재결서의 정본을 송달받은 날부터 30일 이내에 불복의 소를 제기할 수 있다고 보아야 할 것이다(법 §96, §99). 그러나 재량적 판단에 속하는 동의의결의 신청을 기각하였다고 하여 불복의 소 제기를 허용할 경우 공정거래위원회가 당연히 법 위반행위를 조사·심의할 수 있는 본래의 권한이 훼손되고 신속한 해결을 통한 경쟁질서 회복이라는 동의의결제도 본래의 취지에서 벗어날 우려도 있다.

3. 동의의결 절차

(1) 동의의결의 신청

(가) 신청인

공정거래위원회의 조사나 심의를 받고 있는 사업자 또는 사업자단체는 해당 조사나 심의의 대상이 되는 행위로 인한 경쟁제한상태 등의 자발적 해소, 소비자 피해구제, 거래질서의 개선 등을 위하여 동의의결을 하여 줄 것을 최종 심의일 전까지 공정거래위원회에 신청할 수 있다(법 §89①).

(나) 신청대상

공정거래위원회의 조사나 심의의 대상으로 되는 행위에 대해서는 원칙적으로 동의의결을 신청할 수 있다. 그러나 ① 부당한 공동행위, ② 전속고발요건(위반의 정도가 객관적으로 명백하고 중대하여 경쟁질서를 현저히 저해)에 해당하는 경우, ③ 동의의결 전에 신청인이 신청을 취소하는 경우에는 동의의결의 대상에서 제외하고 있다(법 §89① 각호). 이 경우 공정거래위원회는 동의의결을 하지 않고 심의절차를 그대로 진행하여야

---

54) 권오승·홍명수, 앞의 책, 439면; 유진희·최지필, "공정거래법상 동의의결제도의 내용과 문제점 검토", 「고려법학」 제64호(2012. 3), 368면.

한다.

공정거래법 특별법인 「하도급법」, 「가맹사업법」, 「대규모유통업법」, 「표시광고법」, 「대리점법」에서도 특수불공정거래행위와 관련한 동의의결 규정을 두고 있다.

(다) 시정방안의 제출

신청인은 ① 해당 행위를 특정할 수 있는 사실관계와 ② 해당 행위의 중지, 원상회복 등 경쟁질서의 회복이나 거래질서의 적극적 개선을 위하여 필요한 시정방안, ③ 소비자, 다른 사업자 등의 피해를 구제하거나 예방하기 위하여 필요한 시정방안을 기재한 서면으로 동의의결을 신청하여야 한다(법 §89②).

(2) 동의의결 절차개시 여부의 결정

공정거래위원회는 해당 행위의 사실관계에 대한 조사를 마친 후 신청인에 의해 제시된 시정방안이 적정한 경우에 동의의결 절차의 개시를 결정할 수 있다. 절차개시 여부는 심사관의 각 회의 보고 후 14일 이내에 결정하여야 하며(규칙 §5①), 심사관은 각 회의 결정이 있은 날로부터 5일 이내에 그 결과(동의의결 신청을 받아들이지 아니하는 경우에는 그 이유 포함)를 신청인에게 서면으로 통지하여야 한다(규칙 §5③).

공정거래위원회는 신속한 조치의 필요성, 소비자 피해의 직접 보상 필요성 등을 종합적으로 고려하여 동의의결 절차의 개시 여부를 결정하여야 한다(법 §90①). 이와 함께 규칙에서는 동의의결 절차개시를 인용할 것인지 여부를 판단함에 있어 각 회의는 해당사건을 동의의결로 처리하는 것이 해당 행위의 중대성, 증거의 명백성 여부 등 사건의 성격, 시간적 상황에 비추어 적절한 것인지 여부 및 소비자 보호 등 공익에의 부합성을 고려하도록 하고 있다(규칙 §5② 1문). 동의의결 절차를 개시하는 결정을 한 경우에는 해당 사건의 조사·심의절차는 중단된다(규칙 §6).

(3) 잠정 동의의결안의 작성 및 의견수렴

동의의결 절차가 개시된 경우, 심사관은 신청인과의 협의를 거쳐 잠정 동의의결안을 작성하여 개시결정이 있은 날로부터 원칙적으로 30일 이내에 위원장에게 보고하고 신청인에게 이를 송부하여야 한다(규칙 §8①). 심사관은 신청인의 동의를 얻어 당초 신청인이 제출한 시정방안을 수정하여 잠정 동의의결안을 작성·보고할 수 있다(규칙 §8③).

공정거래위원회는 동의의결을 하기 전에 30일 이상의 기간을 정하여 신고인 등 이해관계인에게 통지하거나, 관보 또는 공정거래위원회의 인터넷 홈페이지에 공고하는 등의 방법으로 잠정 동의의결안에 대한 의견제출의 기회를 주어야 한다. 통지·공고할 사항으로는 ① 해당 행위의 개요, ② 관련 법령 조항, ③ 시정방안(시정방안이 수정된 경우에는 그 수정된 시정방안), ④ 해당 행위와 관련하여 신고인 등 이해관계인의 이해를 돕는 그 밖의 정보(다만, 사업상 또는 사생활의 비밀 보호나 그 밖에 공익상 공개하기에 적절하지 아니한 것은 제외)가 있다(법 §90②).

이와 함께 공정거래위원회는 제2항 각 호의 사항을 관계 행정기관의 장에게 통보하고 그 의견을 들어야 한다. 벌칙 규정(법 §124부터 법 §127까지)이 적용되는 행위에 대해서는 검찰총장과 서면으로 협의하여야 한다(법 §90③, 규칙 §9①). 의견수렴시 신고인 등 이해관계인의 의견제출 기간은 30일 이상 60일 이하의 기간 내에서 정하여야 한다(규칙 §9②).

만약 의견수렴의 결과 잠정 동의의결안이 적정하지 않다고 판단되는 경우 공정거래위원회는 동의의결 절차를 중단하거나 신청인과의 협의를 거쳐 잠정 동의의결안을 수정할 수 있으며, 이 경우 다시 의견수렴 절차를 거쳐야 한다.

(4) 동의의결의 확정

잠정 동의의결안에 대한 의견수렴을 마치면 공정거래위원회는 최종 동의의결안을 마련하여 전원회의 및 소회의 관장사항의 구분에 따른 회의의 심의·의결을 거쳐야 한다(법 §90④).

각 회의는 최종 동의의결안이 ① 해당 행위가 이 법을 위반한 것으로 판단될 경우에 예상되는 시정조치, 그 밖의 제재와 균형을 이루는지 여부, ② 공정하고 자유로운 경쟁질서나 거래질서를 회복시키거나 소비자, 다른 사업자 등을 보호하기에 적절하다고 인정되는지 여부를 종합적으로 고려하여 두 가지 요건을 모두 충족한다고 판단하는 경우에는 해당 행위 관련 심의절차를 중단하고 최종 동의의결안과 같은 취지의 동의의결을 할 수 있다. 이 경우 공정거래위원회는 신청인과 협의를 거쳐 최종 동의의결안을 수정할 수 있다(법 §89③).

각 회의는 동의의결을 하는 경우 부득이한 사유가 없는 한 그 의결이 있은 날로부터 30일 이내에 동의의결서를 작성하여야 하며, 그 의결이 있는 날로부터 40일 이내에 신청인에게 통지하여야 한다(규칙 §13, §14). 동의의결을 받은 신청인은 의결에 따라 동의의결의 이행계획과 이행결과를 공정거래위원회에 제출하여야 한다(법 §90⑤).

〈동의의결 절차의 개요〉

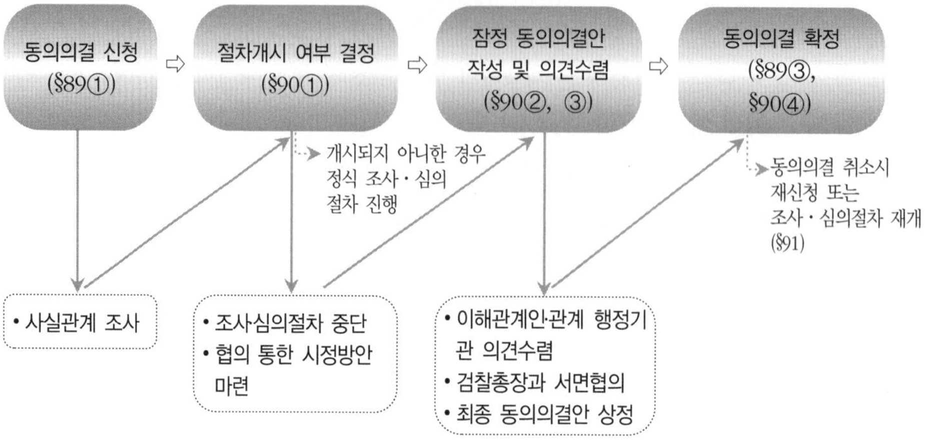

(5) 동의의결 이행의 점검

공정거래위원회는 제출된 이행계획의 이행 여부를 점검할 수 있고, 동의의결을 받은 신청인에게 그 이행에 관련된 자료의 제출을 요청할 수 있다(법 §90⑥). 공정거래법은 이행계획의 이행 여부 점검 등 동의의결의 이행관리에 관한 업무를 대통령령으로 정하는 바에 따라 공정거래조정원 또는 한국소비자원에 위탁할 수 있도록 하고 있으나(법 §90⑦), 시행령에서는 공정거래조정원에 위탁하도록 하고 있다(영 §80). 위탁을 받은 기관의 장은 신청인이 제출한 동의의결의 이행계획과 이행결과에 대한 이행관리 현황을 분기별로 공정거래위원회에 보고하여야 한다. 다만, 공정거래위원회의 현황 보고 요구가 있는 경우 즉시 이에 따라야 한다(법 §90⑧). 위탁을 받은 기관의 장은 동의의결을 받은 신청인이 그 이행을 게을리하거나 이행하지 아니하는 경우에는 지체없이 그 사실을 공정거래위원회에 통보하여야 한다(법 §90⑨).

(6) 처분시효의 정지

동의의결을 신청한 경우 그 신청인 및 동일한 사건으로 심의를 받는 다른 당사자에 대하여 진행이 정지된다(법 §90⑩ 본문). 다만, ① 신청의 취소, ② 동의의결 절차를 개시하지 아니하기로 한 결정, ③ 동의의결 기각 결정, ④ 동의의결 이행 완료, ⑤ 동의의결 취소에 해당하는 때부터 남은 기간이 진행한다(법 §90⑩ 단서 각호).

4. 동의의결의 효과

동의의결로 해당 사건은 종결된다. 다만, 공정거래위원회의 동의의결은 해당 행위가 이 법에 위반된다고 인정한 것을 의미하지 아니하며, 누구든지 신청인이 동의의결을 받은 사실을 들어 해당 행위가 이 법에 위반된다고 주장할 수 없다(법 §89④). 따라서 이해관계인 등의 제3자는 동의의결로 사건이 종결되더라도 관련 민사손해배상소송 등에서 동의의결을 받은 사실이 해당 행위의 위법성 판단에 대한 사실상 추정으로 작용하지 않으며, 그 위법성에 대하여 별도로 주장·입증하여야 한다.

5. 동의의결의 사후통제

(1) 동의의결 취소 등

(가) 취소 등의 사유

공정거래위원회는 ① 동의의결의 기초가 된 시장상황 등 사실관계의 현저한 변경 등으로 인해 시정방안이 적정하지 아니하게 된 경우(제1호), ② 신청인이 제공한 불완전하거나 부정확한 정보로 인하여 동의의결을 하게 되었거나, 신청인이 거짓 또는 그 밖의 부정한 방법으로 동의의결을 받은 경우(제2호), ③ 신청인이 정당한 이유 없이 동의의결을 이행하지 아니하는 경우(제3호) 중의 어느 하나에 해당하는 경우에는 동의의결을 취소 또는 변경할 수 있다(법 §91① 각호, 규칙 §15). 공정거래위원회는 동의의결을 취소·변경하는 경우에는 전원회의 및 소회의 관장사항의 구분에 따른 회의의 심의·의결을 거쳐야 한다(법 §90④).

(나) 절차의 재개

①의 취소사유에 따라 동의의결을 취소하는 경우 신청인이 동의의결을 하여줄 것을 재신청하면 공정거래위원회는 동일한 절차(법 §89①)에 따라 다시 동의의결을 할 수 있다(법 §91②). 그러나 ②, ③의 취소사유에 따라 동의의결을 취소하는 경우 공정거래위원회는 동의의결 절차개시로 인하여 중단되었던 본래의 조사·심의절차를 계속하여 진행할 수 있다(법 §91③).

(2) 이행강제금 부과

공정거래위원회는 정당한 이유 없이 상당한 기한 내에 동의의결을 이행하지 아니한 자에게 동의의결이 이행되거나 취소되기 전까지 1일당 200만 원 이하의 이행강제금을 부과할 수 있다(법 §92①). 공정거래위원회는 동의의결을 할 때 동의의결된 시정방안을 이행하지 않는 경우 이행강제금이 부과·징수될 수 있다는 사실을 서면으로 알려야 한다(영 §79). 이행강제금의 부과·납부·징수 및 환급 등에 대하여는 제16조(이행강제금) 제2항 및 제3항을 준용한다(법 §92②).

제 3 절 법 위반행위의 민사적 · 형사적 규제

Ⅰ. 민사적 규제

1. 금지청구권

(1) 의 의

공정거래법 위반행위는 다른 일반적인 불법행위와 달리 일과성에 그치지 않고 지속적으로 이루어지거나, 회복되기 어려운 피해 발생으로 사후적인 금전 손해배상만으로는 효과적인 피해구제가 이루어지지 않는 경우가 많다.[55] 따라서 피해를 예방하고 피해구제를 충실히 하기 위해서는 피해자 스스로 신속하고 적절히 대응할 수 있는 법적 수단을 제공할 필요가 있다. 이를 고려하여 공정거래법은 위반 사업자 또는 사업자단체에 대한 손해배상책임뿐만 아니라 법 위반행위로 인하여 피해를 입거나 입을 우려가 있는 자가 직접 법원에 침해행위의 중지 또는 예방을 청구할 수 있도록 하고 있다.

사인에 의한 금지청구권(injunction)제도는 이미 각국에서 널리 인정되고 있으며,[56] 손해배상청구소송과 상호보완적 역할을 수행하고 있다. 또한 공정거래위원회에 의한 행정처분 이외에도 피해자 자신이 주도하여 법원의 금지명령을 통해 구제(injunctive relief)받을 수 있는 길이 열리게 되고, 법 위반에 대한 억지 효과도 기대할 수 있다.

(2) 금지청구권의 주요 내용

(가) 금지청구의 대상행위

공정거래법은 금지청구권의 대상을 부당지원행위를 제외한 사업자 또는 사업자단체의 불공정거래행위에 한정하고 있다(법 §108①, §45①, §51①ⅳ). 따라서 시장지배적지위 남용행위, 경쟁제한적 기업결합, 경제력집중 억제, 부당한 공동행위는 금지청구의 대상에 포함되지 않는다. 이와 같이 불공정거래행위를 대상으로 한정한 것은 금지청구

55) 예컨대, 유력한 사업자에 의한 구속조건부거래로 인해 대체적인 유통경로를 확보할 수 없어 시장에서 배제된 사업자에게는 이로 인한 금전 손해배상만으로는 충분한 구제가 될 수 없으며, 시장에서 배제되기 전에 구속조건부거래행위 중지가 이루어져야 한다.

56) 클레이튼법 제16조는 위반행위의 제거를 목적으로 하는 종국적 유지청구(permanent injunction)와 회수불능한 손해의 방지를 목적으로 하는 예비적 유지청구(preliminary injunction)를 규정하고 있다. 또한 독일의 경쟁제한금지법 제33조 및 일본의 사적독점금지법 제24조에서도 인정되고 있다. 또한 현행 「부정경쟁방지 및 영업비밀보호에 관한 법률」 제4조에서도 마찬가지의 규정을 두고 있다.

권제도가 공익보다는 사익 보호를 1차적인 목적으로 하고 있으며, 불공정거래행위가 당사자에 의한 위반행위의 입증이 용이한 점을 고려한 것으로 보인다.

(나) 제소권자와 상대방

금지청구권은 기본적으로는 개인의 피해에 대한 민사적 구제수단이라는 점에서, 이를 행사할 수 있는 제소권자는 사업자 또는 사업자단체의 불공정거래행위(부당지원행위 제외) 위반으로 피해를 입거나 피해를 입을 우려가 있는 자이다. 따라서 경쟁사업자나 거래상대방인 사업자는 물론 일반 소비자도 이에 포함된다. 그 상대방은 위법행위를 하거나 할 우려가 있는 사업자 또는 사업자단체이다(법 §108①). 피해의 '상당성'이나 '현저성' 등 규모와 범위에 관하여는 아무런 제한을 두고 있지 않으며, 피해 발생의 우려, 즉 잠재성이 있는 경우에도 소를 제기할 수 있다.[57] 동일한 위법행위로 다수의 피해자가 원고로서 금지청구소송을 제기하는 경우에는 선정당사자제도(민사소송법 §30)를 이용할 수 있을 것이다.

(다) 금지의 내용

제소권자는 자신에 대한 침해행위의 금지 또는 예방을 청구할 수 있다. 이에 따라 법원은 1차적으로 불공정거래행위의 중지, 금지 또는 원상회복을 명할 수 있으나, 피해자에 대한 유효한 구제를 위해서는 예방을 위해 필요한 조치도 명할 수 있다. 다만 그 범위와 한계는 조치의 필요성과 위반 사업자 또는 사업자단체의 조치에 따른 부담을 감안하여 법원이 재량에 따라 정한다.

(라) 관할법원

금지청구의 소를 제기하는 경우에는 「민사소송법」에 따라 관할권을 갖는 지방법원 외에 해당 지방법원 소재지를 관할하는 고등법원이 있는 곳의 지방법원에도 제기할 수 있다(법 §108②). 이와 같이 중복관할을 허용한 것은 사건처리의 신속성과 효율성을 위한 것으로서 고등법원이 관할하는 지방법원에 중복적으로 관할을 허용함으로써 향후 법원의 사무조정을 통하여 금지청구사건이 집중처리될 수 있도록 하기 위함이다.[58]

(마) 담보제공명령

법원은 금지청구의 소가 제기된 경우에 그로 인한 피고의 이익을 보호하기 위하여

---

57) 참고로 일본 사적독점금지법 제24조는 '현저한 손해'를 금지청구의 요건으로 하고 있다. 법원은 사업자가 시장에서 배제될 우려가 있는 경우나 신규참가가 저해되고 있는 경우 등 사적독점금지법 위반행위에 의하여 회복하기 어려운 손해가 발생하는 경우 또는 금전배상으로의 구제가 불충분한 경우 등이 이 요건에 해당하는 것으로 보고 있다.

58) 민사소송법 제24조(지식재산권 등에 관한 특별재판적)에서는 "지식재산권과 국제거래에 관한 소를 제기하는 경우에는 제2조 내지 제23조의 규정에 따른 관할법원 소재지를 관할하는 고등법원이 있는 곳의 지방법원에 제기할 수 있다."는 규정을 두고 있다.

필요하다고 인정하면 피고의 신청이나 직권으로 원고에게 상당한 담보의 제공을 명할 수 있다(법 §108③). 담보제공명령은 원래 외국 당사자가 원고인 경우에 소송비용 담보를 위한 민사소송법상의 제도이나,[59] 금지청구권이 공정거래법 위반행위에 의한 피해의 구제로서가 아니라, 경쟁사업자의 사업활동을 제약하여 경쟁을 회피하거나 거래상대방과의 교섭을 유리하게 추진하기 위한 수단으로 남용되지 않도록 하기 위해 도입하였다.

(3) 관련문제

피해자인 원고가 법원에 위법행위의 금지를 청구하고 동시에 공정거래위원회에도 위반사실을 신고하여 공정거래위원회와 법원이 각기 공정거래법 위반 여부를 판단해야 할 경우 공정거래위원회와 법원 간의 위법성 판단기준이 상이하게 나타나게 되면 공정거래법의 해석·운용에 혼란이 생길 우려가 있다. 따라서 양자 간의 협조관계가 필수적이다. 특히 금지청구소송이 비록 민사소송의 성격을 띠고 있기는 하나, 사익의 보호뿐 아니라 결과적으로 공정하고 자유로운 경쟁질서라는 공익 실현에도 이바지하기 때문에 법원은 공정거래위원회의 전문적 판단과 경험을 참고할 필요가 있다. 입법론적으로 법원의 공정거래위원회에 대한 통지 및 공정거래위원회의 의견진술 기회를 부여하는 것이 바람직하다.

2. 손해배상책임

(1) 의 의

사업자 또는 사업자단체의 법 위반행위로 피해가 발생한 경우 민법상 불법행위로 인한 손해배상책임(민법 §750)의 요건을 갖추었다면 피해자가 이를 근거로 손해배상책임을 청구할 수 있음은 당연하다. 공정거래법은 이와 별도로 손해배상에 관한 규정을 두고 있다(법 §109, 110). 공정거래법상의 손해배상책임이 인정되기 위해서는 민법상 불법행위책임과 마찬가지로 ① 행위의 위법성, ② 고의·과실, ③ 손해의 발생, ④ 위법행위와 손해발생과의 인과관계의 존재를 입증하여야 한다.

다만 공정거래법은 법 위반행위의 특수성을 고려하여 민법상 불법행위책임보다 피해자의 입증부담을 크게 완화하고 있다. 즉, 법 위반 사업자 또는 사업자단체에게 고

59) 민사소송법 제117조(담보제공의무) 제1항에서는 "원고가 대한민국에 주소·사무소와 영업소를 두지 아니한 때 또는 … 청구가 이유 없음이 명백한 때 등 … 경우에 피고의 신청이 있으면 법원은 원고에게 소송비용에 대한 담보를 제공하도록 명하여야 한다."고 규정하고 있다.

의 · 과실의 입증책임을 전환시키는 한편, 손해액의 산정과 관련하여 필요한 사실의 입증이 해당 사실의 성질상 극히 곤란한 경우에는 법원이 변론 전체의 취지와 증거조사의 결과에 기초하여 상당한 손해액을 인정할 수 있도록 함으로써 피해자의 입증부담을 경감시켜주고 있다.

(2) 청구권자

공정거래법은 손해배상청구권자의 범위를 제한하고 있지 않기 때문에 사업자 또는 사업자단체의 법 위반행위로 인하여 피해를 입은 거래상대방이나 경쟁사업자는 물론 일반 소비자와 같은 간접구매자도 손해배상을 청구할 수 있다.[60] 하지만, 법 위반사업자가 직접구매자에게 이미 손해를 배상하였음에도 불구하고 직접 거래하지 않은 간접구매자에게 손해배상책임을 부담해야 한다면 「이중배상」(double indemnity)의 문제가 발생할 수 있다.[61]

이러한 문제를 해결하기 위해 직접구매자가 '초과가격 지급에 따른 손해'의 전부 또는 일부를 간접구매자에게 전가하였다면 그 한도에서 직접구매자가 손해를 입지 않은 것으로 보아야 한다는 「손해전가의 항변」(passing-on defense)을 법 위반사업자에게 인정할 것인지에 대해 논의되고 있다. 왜냐하면 만약 손해전가의 항변을 인정하지 않는다면, 직접구매자는 간접구매자에게 전가된 손해에 대해서도 배상을 받을 수 있게 되어 「실손해 배상의 원칙」(민법 §393)에 반하는 문제가 발생하기 때문이다.[62] 대법원 판례는 직접구매자가 초과가격을 지급하고 매수한 시점에서 이미 손해가 발생하였음을 이유로 손해전가의 항변을 부정하면서도, 공평의 원칙상 손해배상액을 정할 때 간접구매자에게 전가된 손해를 참작하도록 함으로써 이중배상의 문제를 해결하고 있다.

---

60) 서울고법 2007. 6. 27. 선고 2005나109365 판결; 2013. 1. 17. 선고 2011나106169 판결.

61) 일본의 사적독점금지법 제25조 제1항이나 미국의 클레이튼법 제4조에서도 손해배상청구권자의 범위를 제한하고 있지 않다. 일반 소비자의 원고적격과 관련하여 일본 판례는 이를 인정하고 있는 데 비해(日本最高裁判所 1987.7.2 宣告 昭和56年 178判決; 日本最高裁判所 1989.12.8 宣告 昭和60年 933, 1162判決), 미국 판례는 동일 손해에 대한 이중배상의 위험과 남소의 폐해를 방지하기 위해 간접구매자인 소비자에 대해서는 이를 부인하고 있다(Illinois Brick Co. *v.* Illinois, 431 U.S. 720. 97 S.Ct. 2061 (1977), 소위 「직접구매자의 원칙」).

62) 이와 관련하여 미국 연방대법원은 Hanover Shoe사건에서 손해전가의 항변을 배척한 바 있다. Hanover Shoe, Inc. *v.* United Shoe Machinery Corp., 392 U.S. 481, 88S.Ct. 2224(1968). 독일 경쟁제한금지법(GWB) 제33조 제3항 제2문도 손해전가의 항변을 금지하는 명문의 규정을 두고 있다. 이에 비해 EU의 손해배상청구에 관한 백서(2008.4)에서는 직접 구매자에 대해서는 손해전가의 항변을 허용하는 한편, 간접구매자는 손해의 전부가 자신에게 전가되었다는 추정을 허용하고 있다.

[판례] 삼립식품의 삼양사 등 8개사 밀가루 담합에 대한 손해배상청구 사건(대법원 2012. 11. 29. 선고 2010다93790 판결)

이 사건 담합행위로 인하여 인상된 가격으로 밀가루를 구매한 원고가 밀가루를 원료로 생산하여 판매하는 제품에 관한 가격 인상을 통하여 인상된 밀가루 가격의 전부 또는 일부를 최종 소비자에게 전가하였다는 이유로 피고들 자신이 배상할 손해액에서 위와 같이 전가된 손해액 부분을 공제할 것을 주장한 이른바 '손해전가의 항변(passing on defence)'에 대하여, 원고가 중간단계의 원재료 구매자로서 자신이 입은 손해의 전부 또는 일부를 하위 구매자인 간접구매자에게 전가하였다 하더라도, 사전 약정 등에 따라 원고가 초과 지급한 밀가루 가격에 대응하여 고정적으로 일정 비율 또는 그 액수만큼 제품의 가격 인상이 이루어지고 제품의 판매 수량에 변동이 없다는 등의 특별한 사정이 없는 한, 밀가루를 원료로 하여 생산한 제품의 가격을 인상하여 비용을 전가할 것인지 여부 및 그 범위는 원고의 의사에 전적으로 맡겨진 영역이고, 제품가격의 인상으로 인한 수요 감소를 무릅쓰고 비용을 전가할 것인지 여부는 원고의 별도의 판단에 따른 것이라는 사정 등을 참작하여, 담합으로 인한 밀가루 가격상승에 따른 원고의 손해와 원고가 제품가격의 인상에 의하여 취득한 가액 사이에는 상당인과관계가 없다.

(3) 손해배상의 범위

공정거래법 위반행위에 대한 손해배상의 범위는 기본적으로 실손해액 배상주의를 취하고 있는 현행 사법체계(민법 §763, §393)에 따라 통상의 손해를 그 한도로 한다.

그러나 중대한 법 위반행위에 대해서는 징벌적 손해배상제도를 도입하여 엄격한 책임을 지우고 있다. 즉, 부당한 공동행위(법 §40, §51① i)나 공정거래위원회 신고를 이유로 보복조치(법 §48)를 한 사업자 또는 사업자단체는 자신의 고의 또는 무과실을 입증하지 않는 한 손해의 3배를 넘지 않는 범위에서 배상책임을 지도록 하고 있다(법 §109②).[63] 다만 부당한 공동행위를 자진신고하거나 조사 및 심의·의결에 협조한 경우에는 예외적으로 피해자에게 발생한 실손해의 범위 내에서 배상하도록 하고 있다(법 §109② 단서). 공동불법행위책임을 지는 경우에도 마찬가지이다(법 §109④).

법원은 실손해액의 3배를 넘지 않는 범위에서 배상책임을 인정할 수 있다. 구체적 배상액을 정할 때에는 ① 고의 또는 손해 발생의 우려를 인식한 정도(제1호), ② 위반행위로 인한 피해 규모(제2호), ③ 위법행위로 인하여 사업자 또는 사업자단체가 취득

---

63) 일반적으로 손해배상의 범위와 관련하여 실제로 입은 손해를 배상토록 하는 전보적 손해배상(compensatory damage)과 가해자의 행위가 특히 악의적이고 반사회적일 경우 실제 손해액보다 훨씬 많은 손해를 배상토록 하는 징벌적 손해배상(punitive damage)의 두 가지가 있다. 후자는 일반적인 손해배상을 넘어선 제재를 가함으로써 유사한 행위의 재발을 방지하기 위한 것으로 형벌적 성격을 띠고 있다. 징벌적 손해배상제도는 이 제도는 증거개시(discovery), 집단소송(class action) 제도와 함께 미국 반트러스트법 활성화에 기여하고 있다.

한 경제적 이익(제3호), ④ 위반행위에 따른 벌금 및 과징금(제4호), ⑤ 위반행위의 기간・횟수 등(제5호), ⑥ 사업자의 재산상태(제6호) 및 ⑦ 사업자 또는 사업자단체의 피해구제 노력의 정도(제7호)를 고려하여야 한다(법 §109③ 각호).

이와 같이 징벌적 손해배상제도를 도입한 것은 피해자의 실질적 피해구제를 강화하면서 위법행위에 따른 기대비용을 높여 법 위반 억지력을 높일 필요가 있기 때문이다. 하지만 그 징벌적 손해배상의 대상을 시장에서의 경쟁을 직접적으로 제한할 우려가 큰 부당한 공동행위나 보복행위에 한정한 것은 그 적용대상을 지나치게 확대할 경우 자칫 통상의 민사적 거래관계에 대한 과잉규제 논란과 함께 공・사법 체계의 혼란을 가져올 우려가 있기 때문이다.[64]

(4) 입증책임

(가) 고의・과실

공정거래법은 "사업자 또는 사업자단체가 고의 또는 과실이 없음을 입증한 경우에는 피해자에 대하여 손해배상책임을 지지 않는다"고 하여 고의・과실에 대한 입증책임을 전환시키고 있다(법 §109① 단서). 이와 같이 주관적 요건으로서 고의・과실에 대한 입증책임을 사업자 또는 사업자단체에게 전환시킨 이유는 오늘날 기업경영이나 거래방법의 복잡성 또는 비공개성 등의 현실을 고려할 때 피해자에게 고의・과실에 대한 입증책임을 그대로 부담 지우면 손해배상청구권의 행사는 사실상 불가능하게 될 우려가 있기 때문이다.

(나) 손해액

불법행위로 인한 손해액은 그 위법행위가 없었을 경우에 상대방에게 존재하였을 재산상태와 그 위법행위가 가해진 재산상태의 차이가 되는 액수이다.[65] 공정거래사건에서 손해액의 계산을 위해서는 위반행위가 없었다면 존재했을 시장가격 또는 이익을 산정하지 않으면 안 된다.[66] 또한 불법행위 등이 채권자 또는 피해자에게 손해를 생기

---

64) 미국의 경우도 3배 손해배상소송이 남발되기도 하고 소송을 두려워 한 기업들이 경쟁촉진적인 행위마저 주저하는 등 부작용도 나타나고 있다. 3배 손해배상제도의 문제점에 대해서는 R. A. Posner, *Antitrust Law: An Economic Perspective*, University of Chicago Press, 1976, p.35; F. H. Easterbrook, *Detrebling Antitrust Damages*, Journal of Law & Economics, vol. 28, May 1985, pp. 445-467.

65) 대법원 2010. 4. 29. 선고 2009다91828 판결.

66) 대법원 1990. 4. 10. 선고 89다카29075 판결; 1997. 4. 22. 선고 96다54195 판결. 일반적으로 손해배상소송에서 나타나는 손해액의 계산방식은 크게 3가지가 있다. '전후이론'은 위반행위가 존재하기 전후의 가격을 비교하여 그 차액을 손해로 보는 방식이고, '기준이론'은 위반행위의 영향을 받고 있지 않는 동종 시장의 가격이나 원고(피해자)와 동종 기업의 이익 상황과 위반행위의 영향 하에 있는 시장의 가격이나 원고의 이익 상황을 비교하여 손해액을 산정하는 방식이다. 그 밖에 '시장점유율이론'은 위반행위가 없었던 경우의 원고의 시장점유율을 산정하고, 그 다음에 시장의 규모와 원고의 예상이익률을 기초로 원고의 일실이익을 산정

게 하는 동시에 이익을 가져다 준 경우에는 공평의 관념상 그 이익은 당사자의 주장을 기다리지 아니하고 손해를 산정할 때에 공제하여야 하나, 손익상계가 허용되기 위해서는 손해배상책임의 원인이 되는 행위로 인하여 피해자가 새로운 이득을 얻었고 그 이득과 손해배상책임의 원인행위 사이에 상당인과관계가 있어야 한다.[67]

그러나 사업자의 법 위반행위로 인한 손해발생은 소비자 기호의 변화, 경기변동, 신제품의 출현 등 복합적인 요인이 있기 때문에 기술적으로 가상의 시장가격 또는 이익을 산정하기 곤란한 경우가 많다. 하지만 손해액을 정확하게 계산할 수 없다는 이유로 위반행위자가 배상책임을 면하게 된다면 이는 형평에 어긋나는 결과가 된다. 따라서 공정거래법 위반사건의 경우에는 법익침해의 사실이 입증되면 손해액의 입증책임을 다른 사건의 경우보다는 완화되도록 할 필요가 있다.

이 점을 고려하여 공정거래법은 '손해액인정제'를 도입하여 법원은 법 위반행위로 인하여 손해가 발생된 것은 인정되나, 그 손해액을 입증하기 위하여 필요한 사실을 입증하는 것이 해당 사실의 성질상 극히 곤란한 경우 변론 전체의 취지와 증거조사의 결과에 기초하여 상당한 손해액을 인정할 수 있도록 하고 있다(법 §115). 이에 따라 원고가 합리적이라고 추정되는 금액을 제시하면 법원은 피고의 반론도 고려하여 종합판단에 의하여 타당한 손해액을 산출하게 된다. 여기에서 법원에 의한 손해액 산정은 수학적으로 정확한 수치를 도출하는 것은 곤란하지만, 공정하고 합리적인 평가에 근거한 것이면 된다.

(다) 기록의 송부 등

법원은 공정거래법상 손해배상청구의 소가 제기되었을 때 필요한 경우 공정거래위원회에 대하여 해당 사건의 기록의 송부를 요구할 수 있다(법 §110). 이는 공정거래위원회의 심결의 확정을 전제로 한 것으로 사건의 기록에는 사건관계인, 참고인 또는 감정인에 대한 심문조서 및 속기록 기타 재판상 증거가 되는 일체의 것이 포함된다.

법원은 사건기록의 검토 결과를 토대로 자유심증주의에 입각하여 사실인정을 하는 것이 원칙이다. 그러나 심결의 사실상 추정력을 긍정할 경우 법원의 기록의 검토는 확인적 의미에서 이루어지게 될 것이다. 그러나 손해 및 인과관계 등에 관한 보다 구체적 사실의 확인을 위해서 필요한 경우 법원은 단순히 기록의 검토에 그치지 않고, 민사소송법상 조사촉탁 또는 감정촉탁 규정을 근거로 실제로 사건처리를 통하여 상세한 사실관계를 파악하고 있는 공정거래위원회에 의견을 구할 수 있다.

하는 방법으로 주로 참가방해나 거래거절 등에 의한 손해액을 산출하는 데 사용된다.

67) 대법원 2005. 10. 28. 선고 2003다69638 판결; 2011. 4. 28. 선고 2009다98652 판결.

(5) 피해자 증거능력 확보

(가) 자료의 제출

당사자 간 지위 격차가 현저한 공정거래사건에서는 피해자가 쉽게 증거를 확보하기 어려우므로 사업자의 자료제출 거부를 제한하거나 제출을 활성화할 필요가 있다. 이에 따라 공정거래법은 법원으로 하여금 부당한 공동행위, 불공정거래행위(부당지원행위 제외) 또는 사업자단체의 부당한 공동행위를 위반한 행위로 인한 손해배상청구소송에서 당사자의 신청에 따라 상대방 당사자에게 해당 손해의 증명 또는 손해액의 산정에 필요한 자료(자진신고 등과 관련된 자료 제외)의 제출을 명할 수 있도록 하고 있다. 다만, 그 자료의 소지자가 자료의 제출을 거절할 '정당한 이유'가 있으면 그러하지 아니하다(법 §111①).

법원은 자료의 소지자가 제출을 거부할 "정당한 이유가 있다고 주장하는 경우에는 그 주장의 당부(當否)를 판단하기 위하여 자료의 제시를 명할 수 있다. 이 경우 법원은 그 자료를 다른 사람이 보게 하여서는 아니 된다(법 §111②). 제출되어야 할 자료가 영업비밀에 해당하나 손해의 증명 또는 손해액의 산정에 반드시 필요한 경우에는 정당한 이유로 보지 아니한다. 이 경우 법원은 제출명령의 목적 내에서 열람할 수 있는 범위 또는 열람할 수 있는 사람을 지정하여야 한다(법 §111③).

법원은 당사자가 정당한 이유 없이 자료제출명령에 따르지 아니한 경우에는 자료의 기재에 대한 상대방의 주장을 진실한 것으로 인정할 수 있다(법 §111④). 이 경우 법원은 자료의 제출을 신청한 당사자가 자료의 기재에 관하여 구체적으로 주장하기에 현저히 곤란한 사정이 있고 자료로 증명할 사실을 다른 증거로 증명하는 것을 기대하기도 어려운 경우에는 그 당사자가 자료의 기재로 증명하려는 사실에 관한 주장을 진실한 것으로 인정할 수 있다(법 §111⑤).

(나) 비밀유지명령

법원은 공정거래법상 손해배상청구소송에서 그 당사자가 보유한 영업비밀에 대하여 일정한 사유[68]를 모두 소명한 경우에는 그 당사자의 신청에 따라 결정으로 다른 당사자(법인인 경우에는 그 대표자), 당사자를 위하여 소송을 대리하는 자, 그 밖에 그 소송으로 영업비밀을 알게 된 자에게 그 영업비밀을 그 소송의 계속적인 수행 외의 목적

---

68) 일정한 사유란 ① 이미 제출하였거나 제출하여야 할 준비서면, 이미 조사하였거나 조사하여야 할 증거 또는 법원의 자료제출 명령에 따라 제출하였거나 제출하여야 할 자료에 영업비밀이 포함되어 있다는 것(제1호), ② 영업비밀이 해당 소송 수행 외의 목적으로 사용되거나 공개되면 당사자의 영업에 지장을 줄 우려가 있어 이를 방지하기 위하여 영업비밀의 사용 또는 공개를 제한할 필요가 있다는 것(제2호)을 말한다(법 §112① 각호).

으로 사용하거나 그 영업비밀에 관계된 이 항에 따른 명령을 받은 자 외의 자에게 공개하지 아니할 것을 명할 수 있다(법 §112① 본문). 다만, 그 신청 시점까지 다른 당사자 등이 자료제출명령에 따른 준비서면의 열람이나 증거조사 외의 방법으로 그 영업비밀을 이미 취득하고 있는 경우에는 그러하지 아니하다(법 §112① 단서). 비밀유지명령의 신청을 기각하거나 각하한 재판에 대해서는 즉시항고를 할 수 있다(법 §112⑤).

한편 비밀유지명령을 신청한 자 또는 비밀유지명령을 받은 자는 비밀유지명령의 요건을 갖추지 못하였거나 갖추지 못하게 된 경우 소송기록을 보관하고 있는 법원(소송기록을 보관하고 있는 법원이 없는 경우에는 비밀유지명령을 내린 법원)에 비밀유지명령의 취소를 신청할 수 있다(법 §113①). 비밀유지명령을 취소하는 재판을 한 법원은 비밀유지명령의 취소신청을 한 자 또는 상대방 외에 해당 영업비밀에 관한 비밀유지명령을 받은 자가 있는 경우에는 그 자에게 즉시 비밀유지명령의 취소 재판을 한 사실을 알려야 한다(법 §113⑤). 비밀유지명령의 취소신청에 대한 재판에 대해서는 즉시항고를 할 수 있다(법 §113③).

그밖에 비밀유지명령이 내려진 소송(모든 비밀유지명령이 취소된 소송은 제외)에 관한 소송기록에 대하여 「민사소송법」 제163조(비밀보호를 위한 열람 등의 제한) 제1항의 결정이 있었던 경우에,[69] 당사자가 같은 항에서 규정하는 비밀 기재부분의 열람 등의 청구를 하였으나 그 청구 절차를 해당 소송에서 비밀유지명령을 받지 아니한 자가 밟은 경우에는 법원서기관, 법원사무관, 법원주사 또는 법원주사보(이하 "법원사무관등")는 같은 항의 신청을 한 당사자(그 열람 등의 청구를 한 자는 제외)에게 그 청구 직후에 그 열람 등의 청구가 있었다는 사실을 알려야 한다(법 §114①). 법원사무관등은 열람청구가 있었던 날부터 2주일이 지날 때까지(그 청구 절차를 밟은 자에 대한 비밀유지명령 신청이 그 기간 내에 이루어진 경우에는 그 신청에 대한 재판이 확정되는 시점까지) 그 청구절차를 밟은 자에게 비밀 기재부분의 열람 등을 하게 하여서는 아니 된다(법 §114②). 그러나 「민사소송법」 제163조 제1항의 신청을 한 당사자 모두가 동의하는 경우에는 그러하지 아니하다(법 §114③).

---

69) 민사소송법 제163조 제1항에서는 ① 소송기록 중에 당사자의 사생활에 관한 중대한 비밀이 적혀 있고, 제3자에게 비밀 기재부분의 열람 등을 허용하면 당사자의 사회생활에 지장이 클 우려가 있는 때, ② 소송기록 중에 당사자가 가지는 영업비밀(부정경쟁방지법 제2조 제2호에 규정된 영업비밀)이 적혀 있는 때 중의 어느 하나에 해당한다는 소명이 있는 경우에는 법원은 당사자의 신청에 따라 결정으로 소송기록 중 비밀이 적혀 있는 부분의 열람·복사, 재판서·조서중 비밀이 적혀 있는 부분의 정본·등본·초본의 교부를 신청할 수 있는 자를 당사자로 한정할 수 있다고 규정하고 있다.

3. 관련 문제

(1) 심결의 구속력

공정거래위원회가 행정적 제재를 위해 확정한 심결을 기초로 피해자(원고)가 법 위반사업자에 대하여 손해배상청구소송을 제기하는 경우 법 위반사업자(피고)가 위반사실의 존부를 다툰다면 법원은 민사소송절차에 따라 위반사실에 관하여 사실심리를 행하고 심증을 형성할 필요가 있다. 이 경우 공정거래위원회에 의해 확정된 심결이 손해배상청구소송에서 법원을 어느 정도 구속할 수 있을 것인지가 문제로 된다. 생각건대 민사소송법의 대원칙인 「자유심증주의」에 의하면 사실인정은 법원의 자유로운 판단에 의하기 때문에 공정거래위원회의 심결이 법원의 판단을 구속하기는 어렵다. 다만 공정거래위원회의 심결은 전문성을 기초로 대심구조에 의하여 충분히 증거를 검토하여 이루어진 것이고, 공정거래위원회를 독립한 준사법적 행정기관으로 운용하는 취지에 비추어 볼 때 '사실상의 추정력'은 인정된다고 보아야 할 것이다.[70]

(2) 민법상 손해배상책임과의 관계

공정거래법 제109조의 규정에 의한 손해배상책임의 법적 성질은 불법행위책임이기 때문에 손해배상의 범위와 방법, 과실상계 등은 민법상 불법행위책임에 관한 규정에 따른다(민법 §763, §393, §394, §396 등). 또한 공정거래법상 손해배상청구권은 고의·과실의 입증책임이 전환되었을 뿐 민법 제750조의 일반불법행위에 의한 손해배상청구권과 사실상 동일하기 때문에 청구권 경합관계에 있다.[71] 따라서 어느 하나의 청구권을 행사함으로써 만족을 얻은 때에는 다른 청구권을 행사하지 못한다. 그 밖에 공정거래법은 손해배상책임의 소멸시효에 관하여 아무런 규정을 두고 있지 않으나, 그 법적 성질이 불법행위책임이기 때문에 민법상 불법행위책임과 마찬가지로 안 날로부터 3년 또는 불법행위를 한 날로부터 10년의 소멸시효에 걸리는 것으로 보아야 한다(민법 §766).

(3) 법 위반행위의 사법상 효력

공정거래법 위반행위의 효력에 관하여 제40조 제4항에서 "부당한 공동행위를 약정하는 계약 등은 당사자 간에 있어서 이를 무효로 한다"고 하여 사법상의 효력을 부인하고 있을 뿐, 다른 법 위반행위에 대해서는 아무런 규정을 두고 있지 않다. 따라서 법

---

70) 손해배상청구소송을 제기하기 위해 공정거래위원회의 심결을 거치도록 한 '심결전치주의'를 취했던 과거 공정거래법하에서 판례는 사실상 추정력을 인정한 바 있다. 대법원 1990. 4. 10. 선고 89다카29075 판결.

71) 권오승·서정, 앞의 책, 817면; 이봉의, 앞의 책, 1384면.

위반행위의 사법상 효력의 문제는 일반 법이론에 따라 해결할 수밖에 없다.

공정거래법은 각 금지규정마다 그 입법취지를 조금씩 달리하고 있고, 동일한 금지규정에 위반한 경우에도 그 행위 태양에 따라 위법성의 정도에도 상당한 차이가 있다. 더구나 위법행위로 되는 거래에 제3자가 관여된 경우에는 거래의 안전도 함께 고려하지 않을 수 없을 것이다. 따라서 법 위반행위의 사법상 효력을 일률적으로 유효 또는 무효로 판단하기보다는 구체적 사안마다 공정거래법의 금지규정의 취지나 위법성의 정도, 거래안전 등을 고려하여 위반행위의 사법적 효력에 관하여 타당한 해결을 도모하는 것이 바람직하다.

한편 사법상의 효력이 부정되는 경우에서도 「일부 무효의 이론」이 적용될 수 있다. 따라서 법률행위의 일부가 무효인 때에는 그 전부를 무효로 하지만, 무효부분이 없더라도 법률행위를 하였을 것이라고 인정될 때에는 나머지 부분은 무효가 되지 아니한다(민법 §137). 또한 위반행위의 사법적 효력이 무효인 한 상대방으로부터 이행청구나 위약금 청구에 대해 무효의 항변을 원용할 수 있으며, 원칙적으로 소급효가 생기고, 반환청구권 등 원상회복을 청구할 수 있다. 그 밖에 제3자도 무효를 주장할 수 있다.

Ⅱ. 형사적 규제

1. 규제내용

공정거래법은 자본주의 시장경제의 경쟁질서를 유지하기 위한 법률로서 이를 위반하는 것은 공익을 침해하는 행위이다. 따라서 법 위반행위를 하였거나 공정거래위원회의 시정조치에 응하지 아니한 사업자 또는 사업자단체 및 그 대표자, 대리인, 사용인 기타 종업원은 위반내용에 상응하여 형사적 제재를 받게 된다(법 §124부터 §127까지). 이들 행위자 이외에도 그 법인 또는 개인에 대하여도 벌금형이 병과된다. 다만, 법인 또는 개인이 그 위반행위를 방지하기 위하여 해당 업무에 관하여 상당한 주의와 감독을 게을리하지 아니한 경우에는 그러하지 아니하다(법 §128).[72]

---

72) 참고로 형벌의 적용은 형벌을 적용하지 아니하면 법의 목적 실현이 불가능할 정도의 것이 되어야 할 것이다. 선진국들도 공정거래법에서 형벌을 규정하고 있는 법제는 미국, 일본 정도이고, 이들의 경우도 모든 법 위반행위에 대하여 형벌이 규정된 것이 아니라 독점화, 카르텔에 대한 규제로서 형벌이 규정되어 있다. 이에 비해 독일의 경우 경제질서 위반행위에 대해서는 행정법으로 보아 형벌규정을 두고 있지 않다. 따라서 향후 형벌의 대상, 형벌의 정도에 대해서는 행정적 제재수단, 민사적 제재수단 등 다른 실효성 확보수단과 함께 종합적으로 검토할 필요가 있다.

2. 전속고발제도

(1) 전속고발권

공정거래법의 벌칙조항(법 §124부터 §127까지) 가운데 중대한 법익의 침해와 관련한 범죄(법 §124, §125)에 대해서는 공정거래위원회의 고발이 있어야 공소를 제기할 수 있다(법 §129①). 공정거래위원회의 형사고발은 일반적 의미의 고발과는 달리 단순한 수사의 단서에 불과한 것이 아니라 친고죄의 형사소추요건이 된다.[73] 또한 공정거래위원회의 고발조치는 행정기관 상호 간의 행위에 불과하기 때문에 행정처분으로 볼 수 없으며, 항고소송의 대상이 되지 않는다.[74] 이와 함께 공정거래위원회의 전속고발권은 이해관계인의 신청이나 동의와 같은 협력을 전제로 하지 않기 때문에 고발권을 행사하지 않더라도 부작위에 의한 행정심판이나 행정소송의 대상이 되지 않는다.[75]

이처럼 공정거래위원회에 전속고발권을 부여한 것은 공정거래위원회가 법 집행기관으로서 경제여건과 시장구조에 대한 전문적 식견과 시장성과에 관한 경험칙에 기초한 시장경제분석을 통하여 공정거래법 보호법익 침해의 중대성 여부를 판단할 수 있음을 전제로 하고 있다. 또한 형벌은 원래 법의 목적을 달성할 수 없는 불가피한 경우에 최후의 수단(ultima ratio)으로 사용되어야 한다는 「형벌의 보충성 원리」에 따라 시장경제 상황에 따라 시정조치나 과징금 등의 행정조치만으로 이를 규제할 것인지, 아니면 더 나아가 형벌까지 적용해야 할 것인지의 여부를 공정거래위원회의 전문적 판단에 맡기는 것이 공정거래법 위반행위의 과잉범죄화를 위해 바람직하기 때문이다.[76]

한편 공정거래법상 전속고발제도는 검사의 공소권 행사에 대한 사전적 제약의 의미를 지니고 있다. 공정거래위원회의 고발이 없는 한 검사는 위반행위가 인정된다고 하더라도 기소할 수 없으며, 설사 기소하더라도 소추요건을 흠결한 이상 공소기각 등 형식적 재판이 이루어질 수밖에 없다.[77] 따라서 예컨대, 공정거래위원회가 법 위반사업자 중 일부만 고발하더라도 검사는 형사소송법상 「고소불가분의 원칙」(동법 §233)[78] 등을 이유로 나머지 사업자를 기소할 수 없다.

---

73) 권오승·서정, 앞의 책, 811면; 이봉의, 앞의 책, 1440면.

74) 대법원 1995. 5. 12. 선고 94누13794 판결.

75) 헌법재판소 1995. 7. 21. 선고 94헌마136 결정.

76) 손영화, “공정거래법상 전속고발권 폐지를 둘러싼 논의에 관한 연구”, 「기업법연구」 제32권 제4호(2018), 231면.

77) 전속고발제도는 공정거래법 위반죄의 소추요건을 규정하는 것에 불과하고, 그 규정 자체만으로는 자유의 제한 등 기본권 침해와 관련되는 것은 아니다. 헌법재판소 1995. 7. 21. 선고 94헌마191 결정.

78) '고소불가분의 원칙'이란 친고죄에 있어서 고소의 효력과 범위는 불가분이라는 원칙을 말한다. 즉, 공범 가운데 1인이나 일부에 대한 고소 또는 고소의 취소는 다른 공범 전원에 대하여 효력이 미치게 된다.

[판례] 호남석유화학에 대한 공소기각(대법원 2010. 9. 30. 선고 2008도4762 판결)

공정거래법은 공정거래위원회가 법 위반행위자 중 일부에 대하여만 고발을 한 경우에 그 고발의 효력이 나머지 법 위반행위자에게도 미치는지 여부 즉, 고발의 주관적 불가분원칙의 적용 여부에 관하여는 명시적으로 규정하고 있지 아니하고, 형사소송법도 제233조에서 친고죄에 관한 고소의 주관적 불가분원칙을 규정하고 있을 뿐 고발에 대하여 그 주관적 불가분의 원칙에 관한 규정을 두고 있지 않고 또한 형사소송법 제233조를 준용하고 있지도 아니하다. 이와 같이 명문의 근거규정이 없을 뿐만 아니라 소추요건이라는 성질상의 공통점 외에 그 고소·고발의 주체와 제도적 취지 등이 상이함에도 불구하고 친고죄에 관한 고소의 주관적 불가분원칙을 규정하고 있는 형사소송법 제233조가 공정거래위원회의 고발에도 유추적용된다고 해석한다면 이는 공정거래위원회의 고발이 없는 행위자에 대해서까지 형사처벌의 범위를 확장하는 것으로서, 결국 피고인에게 불리하게 형벌법규의 문언을 유추해석한 경우에 해당하므로 죄형법정주의에 반하여 허용될 수 없다.[79]

(2) 고발의무

공정거래법상 중대한 법익침해행위에 대한 전속고발권은 공정거래위원회에 부여되어 있으나, 그 행사 여부는 공정거래위원회의 재량에 맡겨져 있기 때문에 공정거래위원회가 자의적으로 고발권을 행사하지 않는 경우에는 법 위반행위자를 처벌할 수 없게 된다. 따라서 공정거래법에서는 공정거래위원회의 전문적 판단을 존중하여 전속고발제도를 유지하되 위반의 정도가 객관적으로 명백하고 중대하여 경쟁질서를 현저히 해친다고 인정되는 경우에 공정거래위원회에 고발하도록 의무를 지우고 있다(법 §129②). 이는 공정거래위원회의 고발권의 행사가 무제한의 자유재량이 아니라 내재적 한계를 가지는 '합목적적 재량'에 속하고 있음을 반영하는 것이다.[80]

(3) 고발요청

공정거래위원회의 고발의무 요건에 해당하는 사실이 있는 경우 검찰총장은 이를 공정거래위원회에 통보하여 고발을 요청할 수 있다(법 §129③). 또한 공정거래위원회가 고발요건에 해당하지 아니한다고 결정하더라도 감사원장, 중소벤처기업부장관, 조달청

---

79) 더 나아가 판례는 공정거래법 제70조의 양벌규정에 따라 처벌되는 법인이나 개인에 대한 고발의 효력이 그 대표자나 대리인, 사용인 등으로서 행위자인 사람에게까지 미치지 않는 것으로 보고 있다. 대법원 2011. 7. 28. 선고 2008도5757 판결.

80) 헌재 1995. 7. 21. 94헌마136 결정(㈜에이스침대의 대리점계약 해지사건). "공정거래법이 추구하는 앞서 본 법 목적에 비추어 행위의 위법성과 가벌성이 중대하고 피해의 정도가 현저하여 형벌을 적용하지 아니하면 법 목적의 실현이 불가능하다고 봄이 객관적으로 상당한 사안에 있어서는 공정거래위원회로서는 그에 대하여 당연히 고발해야 할 의무가 있고 이러한 작위의무에 위반한 고발권의 불행사는 명백히 자의적인 것으로서 해당 위반행위로 인한 피해자의 평등권과 재판절차 진술권을 침해하는 것이라고 보아야 할 것이다."

장은 사회적 파급효과, 국가재정에 끼친 영향, 중소기업에 미친 피해 정도 등 다른 사정을 이유로 공정거래위원회에 고발을 요청할 수 있다(법 §129④). 이 고발요청제도의 도입으로 형사고발을 둘러싼 공정거래위원회의 재량적 판단에 대한 견제는 강화되었으나, 공정거래위원회의 전문적 식견과 경험을 전제로 한 전속고발제도 본래의 의미가 퇴색되었다. 나아가 경쟁제한성과 공정거래저해성을 위법성의 근거로 집행되고 있는 공정거래법에 각종 사회정책, 재정정책이나 중소기업정책적 요소까지 수용하여 판단토록 하는 것은 시장에서의 경쟁질서를 유지하기 위해 제정된 공정거래법 본연의 역할을 혼란스럽게 할 우려가 있다.

(4) 고발강제

공정거래위원회는 검찰총장 또는 감사원장, 중소벤처기업부장관, 조달청장의 고발요청이 있을 때에는 검찰총장에게 고발하여야 한다(법 §129⑤). 만약 법 위반행위의 위법성과 가벌성이 중대하고 피해의 정도가 현저함에도 불구하고 공정거래위원회가 고발의무를 이행하지 않거나 위의 고발요청이 있어도 이에 응하지 않는 경우 재량권을 넘어서는 행정상 부작위처분으로서 행정쟁송을 제기할 수 있을 것이다.

일단 공소가 제기된 후에는 공정거래위원회가 고발을 취소하지 못한다(법 §129⑥). 이를 통해 공정거래위원회의 고발권 행사 이후에는 더 이상 검찰의 수사에 영향을 미치지 않도록 하고 있다.

3. 양벌제도

벌칙에 대해서는 양벌규정이 적용되어 법인(법인격없는 단체 포함)의 대표자나 법인 또는 개인의 대리인, 사용인, 그 밖의 종업원이 그 법인 또는 개인의 업무에 관하여 제124조부터 제126조까지의 어느 하나에 해당하는 위반행위를 하면 그 행위자를 벌하는 외에 그 법인이나 개인에게도 해당 조문의 벌금형을 과(科)한다(법 §128 본문). 이는 개인에 대한 처벌 이외에 사업자에게도 관리책임을 물어 법 위반행위를 억제하기 위한 것이다. 다만, 법인 또는 개인이 그 위반행위를 방지하기 위하여 해당 업무에 관하여 상당한 주의와 감독을 게을리하지 아니한 경우에는 그러하지 아니하다(법 §128 단서).[81)]

---

81) 종래 양벌규정은 문언상 영업주가 종업원 등에 대한 관리·감독상 주의의무를 다하였는지 여부에 관계없이 영업주(사업자로서의 법인 또는 개인)를 처벌하도록 하고 있어 형사법의 기본원리인 책임주의 원칙에 위배될 소지가 있었으나(헌법재판소 2007. 11. 19. 선고 2005헌가10 결정), 법 개정(2009. 3. 25)을 통해 영업주가 종업원 등에 대한 관리·감독상 주의의무를 다한 경우에는 처벌을 면하게 함으로써 양벌규정에도 책임주의 원칙이 관철될 수 있게 되었다.

제 9 장 역외적용과 국제협력

제 1 절 개 설

1995년 1월 WTO 체제 출범 이후 관세 · 비관세 등 공적 영역에서의 통상장벽이 어느 정도 제거되고, 경제의 글로벌화가 가속화됨에 따라 이제 전세계가 하나의 시장으로 통합되어 가고 있다. 이러한 개방경제 체제 하에서 기업 간의 경쟁은 전 세계를 무대로 이루어지고 있으며, 예컨대, 국제적인 기업 간의 합병이나 카르텔, 다국적기업의 기술 · 상표 등의 경쟁제한적 라이센싱 내지 프랜차이징 계약 등에서 볼 수 있듯이 국내시장의 경쟁질서도 외국기업이나 다국적기업에 의하여 침해되는 경우가 종종 나타나고 있다.

그러나 이와 같이 기업의 경쟁제한행위가 오늘날 국경을 넘어 다른 국가의 시장에서의 경쟁질서에 영향을 미치게 됨에도 불구하고 이를 규율할 수 있는 통일적인 규범은 존재하지 않으며, 국가에 따라 경쟁정책, 경쟁법[1]의 구비 여부와 그 집행강도에 있어서도 상당한 차이가 있다. 따라서 공적 영역에서의 통상장벽이 어느 정도 해소된 오늘날 사적 영역에서 기업의 경쟁제한행위와 이에 대한 경쟁법상 규제문제는 개방경제 체제하에서 국가 간 새로운 통상마찰의 요인으로 등장하고 있다.

이와 관련하여 미국과 EU의 경쟁당국은 이미 오래전부터 국경을 초월하여 이루어지는 외국기업들의 경쟁제한행위로 국내시장에서의 경쟁질서가 침해되는 것을 규제하기 위해 자국 경쟁법의 적용을 확대해오고 있다.[2] 그러나 이러한 경쟁법의 역외적용(extraterritorial application)은 외국기업에 대해 국가관할권을 확장하는 것으로서 국가간 중요한 이익이나 주권이 충돌하게 될 가능성이 크다.[3] 이 점을 고려하여 이들 경쟁당국은 경쟁법의 역외적용에 따른 국가 간의 마찰을 피하기 위하여 국제예양 등 역외적용을

---

1) 이하에서 경쟁법이라는 용어는 우리나라의 공정거래법이나 독점규제법등 경쟁제한행위를 규제하는 법률을 통칭하는 의미에서 사용하기로 한다.

2) 미국 및 EU의 경쟁법의 역외적용의 방식에 관하여 Joseph P. Griffin, *Extraterritoriality in U.S. and EU Antitrust Enforcement*, Antitrust Law L. J. Vol. 67 Issue 1 pp. 159-199.

3) 국내법의 역외적용은 오늘날 비단 공정거래법 분야에서뿐만 아니라 조세, 증권거래, 지식재산권 등의 분야에서도 점차 일반화되어 가는 추세이다.

자제하는 「관할권의 합리성 원칙」(jurisdictional rule of reason)을 수용하는 한편, 관할권 충돌을 둘러싼 마찰의 해소 및 국제적인 협조관계를 유지하기 위하여 경쟁법의 조사 및 집행에 관한 국가간 상호협력 협정의 체결을 확대해 나가고 있다. 이와 함께 WTO, OECD, ICN[4] 등 국제기구에서도 공정하고 자유로운 통상질서를 확립하기 위한 다자간 협력방안의 일환으로 경쟁규범의 국제적 수렴화(convergence)와 공조화(harmonization)를 추진하고 있다.

이러한 의미에서 공정거래법은 오늘날 국내시장에서의 경쟁질서 확립이라고 하는 측면에서뿐만 아니라 세계시장에서의 통상질서 회복이라는 차원에서 그 역할이 중요시 되고 있다.[5]

제 2 절 역외적용

Ⅰ. 의 의

외국기업의 경쟁제한행위가 국내에서 행하여질 경우 자국 경쟁법을 적용하는 것은 '속지주의'의 일반원칙상 문제 되지 않는다. 그러나 그 행위가 국외에서 행하여지고, 그 행위의 결과로서 국내시장의 경쟁질서가 침해되는 경우 해당 외국기업에 대하여 경쟁법을 적용할 수 있을 것인가가 문제 된다. 만약 경쟁법의 적용을 속지주의 원칙에 따라 외국기업의 국내에서 행한 행위에만 국한시킨다면 외국기업에 대하여 경쟁법의 적용을 회피할 수 있는 길을 열어주게 될 것이고, 경쟁법의 실효성은 그만큼 감소될 것이다. 이와 반대로 외국기업이 국외에서 행한 경쟁제한행위의 효과가 국내시장에서 나타난다는 이유로 그 외국기업에 대해 국내 경쟁법을 적용하려 한다면 외국기업이 속하고 있는 국가의 주권을 침해하게 되어 국제적 마찰을 야기하거나 복수국가에 의한 속

4) ICN(international competition network, 국제경쟁네트워크)은 미국과 EU, 한국, 일본, 캐나다 등을 주축으로 선진국과 개도국 경쟁당국이 참여하는 비공식 네트워크로서 국제기구 가운데 경쟁이슈만을 논의하기 위해 설립되는 유일한 기구이다. ICN은 미국에서 승인되었던 GE/Honeywell 합병이 EU에서 불발로 그치면서 국제적인 경쟁규범의 조화가 시급하다는 인식 하에 2001년 10월 출범하여 2005년 6월 현재 80개국 90개 경쟁당국이 회원으로 가입하고 있다. ICN은 의론을 통한 합의에 기초하여 각국의 경쟁법의 내용・기준과 집행에 있어서 실체상 및 절차상의 접근・조화가 이루어지도록 비구속적 권고를 행한다.

5) 원래 통상정책과 경쟁정책은 지향하는 목표와 정책의 범위, 성격, 국제규범의 접근방법을 달리한다. 그러나 WTO 체제 출범 이후에는 통상이슈가 시장에 대한 자유로운 접근가능성에서 시장 내에 존재하는 기업에게 공정한 활동의 기회를 부여하고, 특정시장에 자유롭게 진입할 수 있도록 기회를 보장한다는 방향으로 나아가고 있으며, 통상정책과 경쟁정책이 조화되어 가고 있다. 경쟁정책의 국제규범화를 통해 경쟁정책과 통상정책을 연계하려는 움직임을 경쟁라운드(competition round)라고 한다.

지적 관할권 경합문제가 발생할 수 있다. 따라서 경쟁법의 역외적용은 자국 법률의 실효성 확보와 외국주권의 존중이라는 두 가지 측면을 어떻게 조화시킬 것인가의 문제로 귀착된다.1)

Ⅱ. 국가관할권

1. 입법관할권

일반적으로 역외적용이란 국가가 자국의 영토 외에 있는 사람, 재산 또는 행위에 대하여 국가관할권을 행사하는 것을 말한다. 따라서 경쟁법의 역외적용을 위해서는 그 중요한 전제로서 국가관할권이 존재하여야 한다. 국가관할권은 크게 입법관할권과 절차관할권으로 구분할 수 있다. 여기에서 입법관할권이란 국가가 입법을 통하여 일정한 사항 또는 행위에 대하여 규제를 미칠 수 있는 권한을 말한다.

전통적인 국제법상 일반원칙인 속지주의(territoriality principle)를 엄격히 따를 경우 외국기업의 자국 영토 외에서의 행위에 대하여 국내 경쟁법을 적용할 여지는 없다. 그러나 외국기업의 자국 경쟁질서를 침해하는 사례가 늘어나게 되자 속지주의의 입장에 서면서도 이를 확대 해석하여, 자국 영토 외에서 이루어진 외국기업의 행위이더라도 그 행위의 일부만 자국 영토 내에서 이루어진 경우에는 일련의 행위 전체에 대하여 입법관할권을 인정하는 소위 실행지이론에 근거한 '객관적 속지주의'(principle of objective territorial jurisdiction) 이론이 나타나게 되었다. 더 나아가 외국기업의 행위가 자국 영토 외에서 행하여지더라도 경쟁제한적인 효과가 영토 내에서 생긴 경우에는 자국의 경쟁법을 적용할 수 있다는 '효과이론'(effects doctrine)이 등장하여 오늘날 각국의 판례 및 입법을 통해 점차 많은 지지를 받고 있다.2)

심지어 최근에는 자회사가 국내에서 경쟁제한행위를 할 경우 외국에 소재한 모회사에 대해서도 자국의 경쟁법을 역외적용하는 종래의 (가해) '기업동일체 이론'(doctrine of enterprise entity) 또는 '경제적 단일체 이론'(economic unit doctrine)을 확대하여 외국에 소재한 자회사가 경쟁제한행위로 인해 피해가 발생하여 국내 모회사에 영향이 미칠 경우에도 자국의 경쟁법을 역외적용하는 (피해) '기업동일체 이론'이 등장하고 있다.

---

1) 신현윤, "현행 독점규제법의 역외적용", 「연세법학연구」 제2집(1992), 500면.
2) 박정구, "경쟁법의 역외적용 및 그 한계", 「글로벌시대의 국제통상과 경쟁법」(한국법제연구원, 2005), 103면 이하.

2. 절차관할권

절차관할권은 국가가 입법관할권을 전제로 어떤 일정한 사항 내지 행위의 주체에 대하여 현실로 법을 적용하여 법률효과를 생기게 하는 절차적 권한을 말하는 것으로 어떤 행위자에 대하여 행정절차 또는 사법절차를 개시하고(대인관할권), 위법사항 또는 행위와 관련하여 증인소환, 증거제출 등을 통하여 조사를 실시하며(조사관할권), 위법사실이 확정된 경우 그 위법상태를 배제하기 위하여 작위 또는 부작위를 명하거나 손해배상책임을 부과하는 등 자신의 판단을 강제하는 권한(집행관할권)을 포함한다.

(1) 대인관할권

대인관할권이란 입법관할권을 전제로 경쟁당국 또는 법원이 공권력을 행사하여 법위반행위자를 구속할 수 있는 권한을 의미한다. 대인관할권이 인정되기 위해서는 위법행위자가 관할지역 내에 현존하여야 하고, 규제 또는 소송절차 개시를 위한 문서송달이 이루어져야 한다. 그러나 외국기업에 대하여 무엇을 기준으로 경쟁당국의 규제개시 또는 법원에 소송제기할 수 있는가의 문제가 제기된다.[3]

(2) 조사관할권

조사관할권이란 증인소환, 증거제출 등 행위의 위법 여부를 판단하기 위하여 조사를 실시하는 권한을 말한다. 증거조사나 증인신문의 경우 증인이나 피심인 또는 피고가 자국의 국적이나 자국 내에 거주지를 가져야 하며, 그렇지 않은 경우에는 외국의 주권을 침해할 소지가 크므로 사실상 곤란한 경우가 많다. 마찬가지로 외국에 소재한 증거문서 등의 지배권을 외국기업이 가지고 있는 경우 조사에 필요하다면 문서의 제출을 명할 수 있을 것이나, 이 역시 외국주권을 침해할 소지가 크다.

미국의 경우 문서제출에 관하여 광범위한 역외적 효력을 인정하고 있으나, 일부 국가에서는 이에 대항하기 위하여 외국정부 또는 법원의 명령에 의한 상업문서의 국외반출을 법률로 금지하기도 한다.[4]

---

3) 역외적용에 적극적인 미국의 경우 「연방민사소송규칙」에서는 대인관할권이 성립하기 위해서는 법정지 내에 피고가 현존할 것과 그에 대해 소장(訴狀)이 송달될 것을 원칙으로 하고 있다. 그러나 클레이튼법 제12조는 이 원칙을 완화하여 반트러스트법에 따른 제소는 피고의 거주지나 설립지 또는 영업지의 관할구역에서 이루어진다고 규정하고 있고, 1995년 미 법무부 시행지침은 영업의 개념을 확대하여 피고인이 미국과 관계되거나 최소한의 접촉요건만 충족하면 관할권이 인정된다고 하고 있다. 재판개시를 위한 서류의 송달문제와 관련하여 클레이튼법과 연방민사소송규칙에서는 외국기업에 대한 대인관할권이 있는 한 외국기업의 실질적 경영활동을 영위하고 있는 국내 자회사에 대한 서류송달로서 외국기업에 대한 적법한 송달이 있는 것으로 보거나, 외국기업에 대한 직접 송달도 적법한 것으로 보고 있다.

(3) 집행관할권

집행관할권은 외국기업에 대하여 조사절차가 마무리되어 위반사실이 확정되면 경쟁당국이나 법원은 위법상태를 제거하기 위하여 작위 또는 부작위를 명하거나 손해배상책임을 지도록 하는 등 행정적, 민사적 또는 형사적 제재를 가하는 권한을 말한다.

(가) 행정적 제재

경쟁법 위반상태를 회복하기 위하여 경쟁당국이 시정조치를 취할 수 있는 바, 외국기업에 대하여 일정한 작위 또는 부작위를 명하는 경우 외국법과 저촉되기도 하고, 주권침해의 소지가 크다. 따라서 실제로는 국내시장에서의 경쟁조건의 회복이나 불공정거래의 시정에 그치는 것이 일반적이다.

(나) 민사적 제재

역외적용의 결과 위법행위를 한 외국기업에 대하여 손해배상책임이 부과되더라도 실제로는 국내 자산에 대하여만 집행을 할 수 있고, 외국에 있는 자산에 대하여는 집행하기 곤란할 것이다. 손해배상의 범위와 관련하여 국가 간 법률충돌이 발생하기도 한다. 예컨대, 미국의 클레이튼법에서는 반트러스트법상 피해자에 대하여 3배의 손해배상을 하도록 규정하고 있으나, 이에 대항하여 제정한 영국의 무역이익보호법에서는 3배 배상제도를 자국 내에서 집행하는 것을 금지하고 있다.

(다) 형사적 제재

외국기업 또는 그 대표자 등 위법행위자에 대하여 형벌을 부과하더라도 이들이 국내에 없는 경우 상대국의 협조가 없는 한 그 집행은 사실상 불가능하다. 그러나 이들이 자국 내에 입국하는 경우 형벌을 집행하거나, 자국 내의 자산에 대한 압류·가압류 등을 통해 강제할 수 있는 길은 남아 있다.

Ⅲ. 공정거래법상의 역외적용

1. 배 경

그동안 우리나라에서는 역외적용에 관한 명문의 규정이나 판례가 없었기 때문에 공정거래법의 역외적용을 인정할 수 있을 것인가에 관하여 해석상 많은 논란이 제기된 바 있다.

4) 미국 경쟁법의 역외적용을 저지하기 위한 대항입법의 예로서 영국의 1980년 「통상이익보호법」(The protection of trading interest act 1980, ch. 11), 캐나다의 1985년 「외국역외조치법」(foreign extraterritorial measure act, 33 Elizabeth Ⅱ, ch. 49(1985), 호주의 1985년 「외국소송(管轄權踰越)법」(foreign proceeding (excess of jurisdiction) act 1984, No. 3, Austl. Acts(1984) 등이 있다.

역외적용을 부정하는 견해는 역외적용을 인정할 경우 국제법상 일반적으로 승인되고 있는 속지주의 원칙에 반하게 되며, 공정거래법의 해석상 개별규정에서 규제대상으로 하는 것은 행위 자체이지 그 행위의 결과인 상태가 아니라는 점을 지적하였다. 또한 공정거래법은 제정 당시부터 국내사업자에 대한 법적용 및 규제절차를 전제로 하고 있음을 근거로 역외적용을 위해서는 공정거래법상 근거규정이 마련되어야 한다는 점을 강조한 바 있다.[5] 이에 비해 긍정하는 견해에서는 역외적용에 관한 명문의 규정이 없더라도 공정거래법이 목표로 하는 공정하고 자유로운 경쟁질서는 국내기업에 대한 법적용만으로는 한계가 있으며, 미국과 EU의 경우에도 명문규정이 없더라도 역외적용의 법리를 발전시키고 있는 점에 비추어 역외적용의 불가피성을 주장한 바 있다.[6]

한편 경제활동의 글로벌화로 우리나라 기업이 외국의 경쟁당국에 의해 역외적용을 받는 사례가 점차 증가하고, 국제카르텔 등 국외에서 이루어진 외국기업의 행위로 인해 국내시장 및 소비자가 피해를 입는 경우가 자주 발생함에 따라 공정거래위원회는 흑연전극봉 국제카르텔 사건(2002년 4월) 및 비타민 국제카르텔 사건(2003년 4월)에서 외국사업자에 대해 역외적용을 한 바 있으며, 판례도 공정거래법의 역외적용에 적극적인 입장을 취한 바 있다.[7]

[판례] 흑연전극봉 국제카르텔 사건(대법원 2006. 3. 23. 선고 2003두11124 판결)

공정거래법은 사업자의 부당한 공동행위 등을 규제하여 공정하고 자유로운 경쟁을 촉진함으로써 창의적인 기업활동을 조장하고 소비자를 보호함과 아울러 국민경제의 균형있는 발전을 도모함을 그 목적으로 하고 있고(제1조), 부당한 공동행위의 주체인 사업자를 '제조업, 서비스업, 기타 사업을 행하는 자'로 규정하고 있을 뿐 내국사업자로 한정하고 있지 않는 점(제2조), 외국사업자가 외국에서 부당한 공동행위를 함으로 인한 영향이 국내시장에 미치는 경우에도 공정거래법의 목적을 달성하기 위하여 이를 공정거래법의 적용대상으로 삼을 필요성이 있는 점 등을 고려해 보면, 외국사업자가 외국에서 다른 사업자와 공동으로 경쟁을 제한하는 합의를 하였더라도, 그 합의의 대상에 국내시장이 포함되어 있어서 그로 인한 영향이 국내시장에 미쳤다면 그 합의가 국내시장에 영향을 미친 한도 내에서 공정거래법이 적용된다고 할 것이다.

공정거래법은 역외적용을 긍정적으로 받아들이는 국제사회의 현실을 반영하고, 외국사업자의 경쟁제한행위로부터 국내시장의 경쟁질서를 보호하기 위해 역외적용에 관한 실정법적 근거를 마련하고 있다(법 §3). 또한 역외적용의 절차적 관할권문제와 관련

5) 양명조, 「국제독점금지법」(박영사, 1986), 311면; 신현윤, 앞의 논문, 525-526면.
6) 이봉의, "독점규제법의 역외적용", 「경쟁법연구」 제4권, 1992, 76-79면.
7) 신현윤, "경쟁법 역외적용의 최근동향", 「경쟁법연구」 제20권, 2009, 39면 이하.

하여 외국사업자에 대한 문서송달 규정(법 §98)과 법집행의 실효성 제고를 위한 외국 경쟁당국과의 국제협력에 관한 규정을 두고 있다(법 §56).

2. 주요내용

(1) 입법관할권

공정거래법은 역외적용에 관하여 “국외에서 이루어진 행위라도 그 행위가 국내시장에 영향을 미치는 경우에는 이 법을 적용한다”고 명문으로 규정하고 있다(법 §3). 이는 오늘날 세계적인 추세로 자리잡아 가고 있는 입법관할권에 관한 「효과이론」을 그대로 반영한 것이다.

(2) 절차관할권

(가) 문서송달

외국사업자에 대한 입법관할권이 인정되더라도 공정거래위원회의 조사의 실시나 회의개최의 통지, 의결서의 송달 등과 같은 공정거래법상의 절차를 진행하기 위해서는 외국사업자에 대한 문서송달이 불가피하다. 문서의 송달에 관하여 공정거래법은 원칙적으로 행정절차법 제14조부터 제16조까지의 규정을 준용하도록 하고 있다(법 §98①). 또한 국외에 주소·영업소 또는 사무소를 두고 있는 사업자 또는 사업자단체에 대해서는 국내에 대리인을 지정하도록 하여 동 대리인에게 송달하도록 하고 있다(법 §98②). 그러나 외국의 사업자 또는 사업자단체가 국내대리인을 지정하지 아니한 경우에는 우편송달을 하고 불가능한 경우에는 공시송달하도록 하고 있다(법 §98③).[8]

한편 외국에 소재한 외국사업자에 대한 문서의 송달이 단순한 사실의 통지에 그치지 않고, 출두명령이나 금전지급의무 등을 발생시키는 경우에는 엄연한 행정·사법작용의 일환으로 이루어지는 것이기 때문에 상대국 정부의 협력이 없는 한 주권침해의 소지가 있다. 따라서 앞으로 서류송달에 관한 양국 간의 협력협정이나 국제조약의 효력을 인정하여 이들 외국사업자에 대한 적법·유효한 송달이 가능하도록 할 필요가 있다.

---

8) 한편, 행정절차법 제14조에서는 송달은 우편·교부 또는 정보통신망 이용 등의 방법에 의하되 송달받을 자(대표자 또는 대리인 포함)의 주소·거소·영업소·사무소 또는 전자우편주소로 한다. 다만, 송달받을 자가 동의하는 경우에는 그를 만나는 장소에서 송달할 수 있다(제1항). 여기에서 정보통신망을 이용한 송달은 송달받을 자가 동의하는 경우에 한하며, 이 경우 송달받을 자는 송달받을 전자우편주소 등을 지정하여야 한다(제3항). 송달받을 자의 주소 등을 통상의 방법으로 확인할 수 없거나 송달이 불가능한 경우에는 송달받을 자가 알기 쉽도록 관보·공보·게시판·일간신문 중 하나 이상에 공고하고 인터넷에도 공고하도록 하고 있다(제4항).

(나) 법 집행

공정거래법의 역외적용은 외국사업자에 대한 조사를 전제로 하는 만큼 국외에 있는 증거자료의 확보 및 법 집행과정에서 불가피하게 외국사업자 및 외국 경쟁당국과의 마찰이 발생할 수 있다. 이러한 마찰을 방지하고 법집행 과정에서 실질적인 협조가 이루어질 수 있도록 외국 경쟁당국과의 양자협력 협정을 포함한 실질적인 협력방안이 강구되어야 할 것이다.

이를 위해 공정거래법은 국외에서 이루어진 외국사업자의 카르텔 등 경쟁제한행위로부터 국내 소비자와 시장을 보호하고, 외국정부와 법집행을 상호 지원할 수 있도록 외국 경쟁당국과의 협정체결, 법집행 공조 등 국제협력 관련규정을 두고 있다. 즉, 정부는 대한민국의 법률 및 이익에 반하지 않는 범위 안에서 외국정부와 이 법의 집행을 위한 협정을 체결하거나 체결한 협정에 따라 외국정부의 법 집행을 지원할 수 있도록 하고 있다(법 §56①, ②). 또한 공정거래위원회는 이러한 국제협정이 체결되어 있지 않은 경우에도 외국정부의 법집행 요청시 동일하거나 유사한 사항에 관하여 대한민국의 지원요청에 따른다는 요청국의 보증이 있는 경우에는 지원할 수 있도록 하고 있다(법 §56③).

Ⅳ. 역외적용의 예외

1. 국가행위이론

「국가행위이론」(act of state doctrine)은 미국 판례법을 통하여 정립된 이론으로 외국주권의 존중이라는 국제법상의 일반원칙에 따라 역외적용의 대상이 될 행위가 주권국가의 행위인 경우에는 사법부가 그에 대한 판단을 자제하여야 한다는 이론이다.[9] 그러나 외관상 외국정부의 행위이더라도 실질적으로 외국기업의 행위인 경우에는 이에 해당하지 않는다.

2. 정부강제이론

「정부강제이론」(foreign sovereign compulsion doctrine)은 경쟁제한행위가 외국정부의 강제에 의해 행해진 경우에는 외국정부의 행위와 마찬가지로 보아 책임을 추궁당하지

9) 미국에서 이에 관한 대표적인 1897년 Underhill v. Hernandez 판결에서는 "모든 주권국가는 다른 주권국가의 독립을 존중해야 하며, 한 국가의 법원은 그들 고유의 영토에서 행한 다른 국가의 행위에 대해 판단을 내려서는 안 된다"고 판시한 바 있다.

않는다는 이론이다. 예컨대, 외국기업이 외국정부가 만든 독점에 의하여 반사적으로 이익을 얻고 있거나, 정부의 명령에 의하여 카르텔에 참여한 경우에는 역외적용의 대상이 될 수 없다는 이론이다. 그러나 강제에까지 이르지 않은 단순한 명령, 장려 등은 이에 해당하지 않는다.

3. 주권면책이론

「주권면책이론」(sovereign immunity doctrine) 외국정부가 소송의 당사자(피고)로 등장하는 경우 사법고권으로부터 면제하여야 한다는 이론이다. 따라서 법원은 외국정부에 대하여 재판권을 행사할 수 없고, 소송을 각하하여야 한다. 그러나 이 이론에 의하더라도 외국정부의 모든 행위가 면책되는 것은 아니고 국가의 고권행위가 아닌 일반적인 비고권적 상업행위에 대하여는 면책되지 않는다.[10]

Ⅴ. 외국의 동향

1. 미　　국

미국은 1945년 Alcoa 판결[11] 이후 「효과이론」을 배경으로 국외에서 행하여진 외국기업 간의 행위라도 미국시장에 직접적이고 상당하며 합리적으로 예측가능한 영향(a direct, substantial, and reasonably foreseeable effect)을 미치고 그것이 행위자에 의해서 의도된(intended to have an effect) 경우 미국의 관할권을 인정해오고 있다. 그 후 1976年 Timberlane 판결[12]에서는 「관할권의 합리성 원칙」(jurisdictional rule of reason)에 따라 관할권 행사시 이익형량 및 국제예양 등을 고려할 것을 강조한 바 있으나, 1993년 Hartford 판결[13]에서는 다시 원칙적인 효과이론으로 회귀하였으며, 1997년의 Nippon Paper 판결[14]에서는 종래 민사책임에 국한되어 있던 미국 반트러스트법의 역외적용을 형사책임에까지 확대하였다.

한편 미국은 역외적용과 그 집행을 강화하기 위하여 이를 입법화하고 있다. 1982년

---

10) 경쟁법의 역외적용에 가장 적극적인 입장을 보이는 미국은 1976년 외국주권면책법(Foreign Sovereign Immunity Act)에서 외국정부의 행위를 원칙적으로 주권면책의 대상으로 하고 있으나, 외국정부의 상업적 행위에 대해서는 그 대상에서 제외하고 있다.

11) United States v. Aluminium Co. of America, 148 F 2d 416(2d Cir. 1945).

12) Timberlane Lumber Co. v. Bank of America, 549 F. 2d 597(9th Cir. 1976); Mannington Mills Inc. v. Congoleum Corp., 595 F. 2d 1287(3rd. Cir. 1979).

13) Hartford Fire Insurance Co. v. California, 509 U.S. 764, 796(1993).

14) United States v. Nippon Paper Industries Co., 109 F. 3d 1(1st Cir. 1997).

의 「대외독점금지개선법」(Foreign Trade Improvement Act) 개정에 따라 신설된 셔먼법의 제6조의a에서는 "미국 반트러스트법의 관할권은 대외거래 및 무역에 관한 행위가 미국의 국내거래 또는 수입거래나 수출거래에 직접적이고 실질적이며, 합리적으로 예견 가능한 영향을 미치는 경우에 이에 미친다"고 규정하여 그동안 판례를 통해 확립되어온 효과주의 원칙을 명문화하였다. 1994년 제정된 「반트러스트법의 국제적 집행에 관한 지원법」(International Antitrust Enforcement Assistance Act)에서는 미국 법무부와 연방거래위원회에 외국 당국과 반트러스트 집행과 관련한 국제협약을 체결할 권한을 부여하고 있으며, 1995년 미국 법무부와 연방거래위원회가 공동으로 마련한 「국제적 사업활동에 대한 반트러스트법 집행지침」(Antitrust Enforcement Guideline for International Operations)에서는 동 지침이 미국의 대외거래에 실질적인 영향을 미치는 반경쟁적 행위에까지 적용되는 것으로 규정하여 미국 법집행당국의 역외적용 가능성을 폭넓게 인정하고 있다.

2. EU

EU도 미국과 마찬가지로 오래전부터 경쟁법의 역외적용을 인정해오고 있으나, 집행기관과 사법기관 간에 그 적용근거를 달리하고 있다. 1968년 염료(Dyestuffs)카르텔 사건[15]과 Wood Pulp 사건[16]에서 당시 집행기관인 EC위원회(현 EU집행위원회)는 일관하여 「효과이론」에 근거하여 역외적용을 인정하였던 데 비해, 유럽법원(현 EU법원)은 기본적으로 속지주의 원칙을 고수하면서도 다양한 법리를 동원하여 경쟁법의 역외적용을 긍정하고 있다. 즉, 1972년 염료카르텔 판결[17]에서 「경제적 단일체이론」(economic unit doctrine) 또는 「귀책이론」(liability doctrine)에 근거하여 국내의 자회사 또는 지점이 경쟁제한행위를 하는 경우 그 책임을 국외의 모기업에까지 추급하였던데 비해, 1988년 Wood Pulp 판결[18]에서는 소위 「실행이론」(implementation doctrine)에 기초하여 경쟁제한에 관한 합의를 한 곳뿐만 아니라 이를 실행하여 결과가 발생한 곳도 행위지로 보아 외국기업이 국내에서 경쟁제한행위를 실행한 경우에는 자회사 또는 지점 등 국내 거점 여부와 관계없이 외국기업에 대해 역외적용 관할권을 인정하였다. 그러나 1996년 Genco-Lonrho 판결[19]과 2005년 GE-Honeywell 판결[20]에서 유럽법원은 유럽

15) Commission Decision of 24 July 1969, O.J. 1969. L195/11.
16) Commission Decision of 24 December 1984. L85/1.
17) Imperial Chemical Industries et al. v. Commission (Dysetuffs) Case [1972] ECR 619.
18) A. Ahlstrom Osakeytio v. E.C. Commission, [1988] 4 C.M.L.R. 901.
19) Gencor Ltd. v. Commission, [1995] 5 C.M.L.R. 971.
20) General Elec. Co. v. Commission, [2006] 4 C.M.L.R. 15.

공동체시장 이외에서 발생한 경제력집중이 공동체시장에서 유효경쟁에 영향을 미치는 경우 이를 통제할 수 있다고 하여 효과이론에 기초한 경쟁법의 역외적용을 긍정하고 있다.

3. 기 타

독일 경쟁제한금지법(GWB) 제130조 제2항에서는 "이 법은 적용영역 외에서 이루어지더라도 적용영역 내에 영향이 미치는 모든 경쟁제한행위에 적용된다"고 하여 효과이론에 기초한 역외적용을 명문화하고 있다. 또한 2008년 8월부터 시행되고 있는 중국의 반독점법도 국내시장의 경쟁에 영향을 미치는 외국에서의 행위에 대해서 역외적용할 것을 규정하고 있다(동법 §2②). 그동안 경쟁법 집행에 비교적 소극적이었던 일본 공정취인위원회도 2010년 10월 최초로 (피해)기업동일체이론에 근거하여 외국기업에 과징금을 부과하고, 일본 최고재판소도 이를 받아들임으로써[21] 경쟁법의 역외적용은 이제 거스를 수 없는 대세로 확립되고 있다.

제 3 절 경쟁법 · 정책의 국제협력

I. 배 경

오늘날 세계 각국은 각기 경제이념과 체제, 산업구조 및 사회 · 경제사적 기초를 달리하기 때문에 경쟁법의 구비 여부, 규정내용과 기준, 집행강도 등에 있어서 많은 차이를 보이고 있다. 심지어 시장에서의 동일한 행위에 대해 어떤 국가에서는 허용되지만 다른 국가에서는 위법으로 되는 경우도 있고, 2개국 이상의 관할권이 중첩되는 경우가 발생하기도 한다. 이러한 국가 간의 상이한 경쟁법질서 또는 경쟁정책 하에서는 엄격한 경쟁법의 규제를 받는 국가의 기업이 그렇지 않은 국가의 기업에 비하여 불리한 입장에 처할 수 있다. 또한 경쟁법규범 및 규제당국에 대한 신뢰도를 저하시키고, 기업활동의 자율성과 자유로운 통상환경을 저해하는 요인으로 작용하게 된다. 따라서 국제적

---

21) 일본 최고재판소 2017. 12. 12 판결(상고기각). 공정취인위원회는 2010. 10. 7 삼성SDI 말레이시아 등 5개사가 2003년 5월부터 2007년 3월까지 산요전기, 샤프 등 일본 전자회사의 동남아 현지 자회사에 납품되는 브라운관 가격을 담합한 것이 일본에 소재한 모회사의 TV가격 결정에 영향을 미침으로써 일본 국내시장에도 영향을 미쳤다고 판단하여 과징금을 부과한 바 있다. 이에 대한 비판으로는 申鉉允, "韓國競爭法の域外適用と最近の動向", 「競爭法の國際的執行」, 日本經濟法學會年報 第34號(通卷56號), 2013年, 68面 以下.

으로 활동하는 기업의 불확실성을 제거하고 통상의 자유화를 촉진하기 위해서는 경쟁당국 간 국제적 협력이 불가피하다.

이 점을 고려하여 현행 공정거래법은 제56조에서 외국 경쟁당국과의 협정체결, 법집행 공조 등 국제협력 관련 규정을 두고 있다(전술). 국제협력의 내용으로는 경쟁법의 내용 및 기준을 접근·통일화시키는 실체법상의 국제협력과 역외적용에 수반하는 마찰을 회피 및 국제적인 경쟁제한행위에 대한 공동규제를 위한 절차법상의 국제협력이 있다. 실체법상의 국제협력은 다시 통일된 경쟁규범의 제정이라고 하는 접근방식과 각국 경쟁법의 접근·조화라고 하는 접근방식으로 구분된다. 또한 절차법상의 국제협력에는 종래부터 OECD(경제개발협력기구)를 통한 다자간 협력의 틀과 특히 미국을 중심으로 추진하고 있는 양자간 협력협정의 틀이 있다.[22]

그러나 2008년 글로벌 금융위기 이후 세계 각국의 보호주의 정책과 제도 도입 움직임 및 최근 진영 간 갈등 심화에 따른 세계화의 퇴조로 공정거래법 집행의 수렴화 내지 공조화에 대한 불확실성이 커지고 있으며, 특히 기업의 국제적 인수합병(M&A)에 대한 심사가 강화되고 있다.[23]

Ⅱ. 실체법상의 국제협력

1. 통일 경쟁법규범의 제정

통일 경쟁법규범에 대해 최초로 시도가 이루어진 것은 1948년 소위 '하바나 헌장'이라고 불리는 국제무역헌장의 제5장에서이다. 이 헌장에서는 국제적인 자유시장 유지의 원칙에 입각하여 부당한 국제적 경쟁제한행위를 배제하는 제도를 마련하였으나, 비준국의 부족으로 조약으로서의 효력을 갖지 못한 채 단순한 선언으로서 끝났다. 그 후에도 GATT 등 국제기구를 통해 통일 경쟁법규범을 제정하려는 시도가 있었으나, 일시적인 노력에 그치고 말았다. 또한 현실적으로 경제적인 수준이 다른 선진국과 개도국이 합의할 수 있는 통일 경쟁법규범의 제정 전망은 그리 밝지 않다.

다만 지역적인 다국간 조약에 의한 경쟁제한행위의 규제로서 EC기능조약 제101조, 제102조 및 합병규칙을 근간으로 하는 EU 경쟁법은 회원국의 경쟁법 규범으로서 회원국의 경쟁법과 경쟁정책의 조화에 기여하고 있다.

---

22) 허선, "경쟁법집행의 국제적 수렴화", 「글로벌시대의 국제통상과 경쟁법」(한국법제연구원, 2005), 11면 이하.

23) 정영진, 「탈세계화시대의 경쟁법 규제」(박영사, 2024), 4면.

2. 경쟁법 · 정책의 조화

1995년 WTO 체제 출범 이후 다국적기업의 세계시장 분할, 국내기업 간의 카르텔 형성을 통한 외국기업의 시장진입 방해 등 기업의 경쟁제한적 관행 내지 시장구조가 정부규제를 대신하는 통상장벽으로 등장함에 따라 사적 영역의 통상장벽을 해소하고 국가별로 상이한 경쟁법 시스템을 조화하기 위해 WTO, OECD, ICN 등 다자적 국제기구를 중심으로 경쟁정책의 국제규범화와 경쟁법 · 정책의 국제적 조화를 위한 논의가 활발하게 전개되었다. 그 일환으로 우선 2001년 카타르 도하에서 개최된 제4차 WTO 각료회의에서는 경쟁정책과 관련된 내용을 각료회의 선언문(Doha development agenda)에 포함시켜 경쟁라운드를 사실상 출범시켰다. 동 아젠다는 경쟁정책과 관련하여서는 사실상 협상을 개시하게 되는 결과를 가져왔다.[24] 경쟁이슈가 WTO 뉴라운드의 협상이슈에 포함됨에 따라 경쟁정책은 이제 각국이 자유롭게 선택할 수 있는 정책대안이 아니라 공정한 국제무역을 위해 반드시 선택되어야 할 필수적인 정책과제가 되었다.

한편 선진국의 그룹인 OECD는 이미 1998년 이사회 권고안[25]을 통해 회원국 간 가장 합의하기 쉬운 가격협정, 입찰담합, 생산제한협정, 시장분할협정 등 경성카르텔에 관하여 각 회원국이 효과적으로 금지하도록 하였다. 또한 전통적으로 경쟁정책에 관한 국제논의를 선도해왔던 OECD의 경쟁법 · 정책위원회도 세계화의 심화, WTO의 출범 등 대외환경의 변화를 반영하여 초국경적 합병, 카르텔, 경쟁법의 보급 확대의 3가지 이슈에 집중하고 있다. 그 밖에 각국 경쟁당국의 연합체인 ICN(international competition network)은 특히 합병, 경쟁주창 등 소수의 제한된 과제를 중심으로 모범관행 및 가이드라인을 제시하는 데 초점을 맞추고 있다.

Ⅲ. 절차법상의 국제협력

1. 다국간 국제협력

경쟁법의 절차상의 다국간 국제협력의 틀로서는 1967년 OECD가 제정하고 1995년

---

24) 경쟁정책 분야 관련 각료선언문에서는 ① 제5차 각료회의에서 명백한 합의(explicit consensus)를 통해 결정된 협상방식(modality)에 따라 제5차 각료회의 이후에 협상을 개시하며, ② 개도국에 대해 기술지원(technical assistance)과 능력배양(capacity building)을 위한 지원을 강화하기 위해 UNCTAD 등 관련 국제기구와 협력할 것과 ③ 무역경쟁작업반이 제5차 각료회의까지 투명성, 비차별, 절차적 공정성 등의 핵심원칙, 경성카르텔 금지규정, 자발적 협력방식, 능력배양을 통한 개도국 경쟁법제 강화지원 등 향후 협상 포함 요소들을 명확히 하는 작업을 진행할 것임을 명시하고 있다.

25) Recommendation of the Council concerning Effective Actions Against Hard Core Cartels (C(98)35/FINAL, March 25, 1998).

개정한 「국제무역에 영향을 끼치는 경쟁제한적 관행에 대한 회원국간 협력에 관한 권고」[26]가 있다. 이 권고는 각 회원국이 경쟁법을 집행함에 있어 다른 회원국에 영향을 미치는 경우 국가 간의 마찰을 방지하기 위해 통보・협의・조정제도를 두고 있다.

여기에서 '통보'(notification)란 회원국의 경쟁법에 의한 절차가 다른 회원국의 중요한 이익에 영향을 미칠 가능성이 있는 경우에 사전에 해당 다른 회원국에 통지하는 것이다. 또한 '협의'(consultation)는 다른 회원국의 경쟁법에 의한 절차가 자국의 중요한 이익에 영향을 미칠 가능성이 있다고 생각하는 경우 그 다른 회원국에 대해 요청함으로써 이루어진다. '조정'(conciliation)이란 복수의 회원국이 경쟁법의 절차를 행하고 있거나, 복수의 회원국 간 협의에 있어서 만족할 수 있는 결론에 달하지 않은 경우에 관계회원국이 OECD 경쟁정책위원회의 알선을 요구하여 행하는 것이다. 또한 회원국은 국제적인 경쟁제한행위에 대처하기 위하여 법령이 허용하는 한 관련정보의 교환을 행할 것도 요구하고 있다.

2. 양국 간 국제협력

미국과 EU를 비롯한 일부 국가들은 경쟁법 역외적용시 외국에 소재한 증거의 조사 및 시정조치의 집행 등 절차관할권의 실행이 현실적으로 어렵다. 이러한 인식하에, 그 동안 미국, EU, 호주 등 경쟁법의 집행수준이 비슷한 국가들을 중심으로 양자간 협력협정을 체결해 오고 있다.

경쟁법 집행을 위한 양자협력협정은 자유무역협정(FTA)에서 경쟁법의 역외적용에 따른 집행력 보장을 명시한 별도의 장(chapter)을 삽입하는 방식과 독립된 양자협력협정을 체결하는 방식이 이용된다. 우리나라의 경우 전자의 예로 한－칠레 FTA(2003년), 한－싱가포르 FTA(2005년), 한－EFTA FTA(2005년), 한－미국 FTA(2007년)가 있고, 후자의 예로 한－호주 협력협정(2002년), 한－멕시코 협력협정(2004년), 한－캐나다 협력협정(2006년), 한－EU협력협정(2009년)을 체결한 바 있다.

협력협정의 주요내용은 양국의 경쟁당국의 법집행에 필요한 정보교환, 상대국 관련 조사내용의 상호통보 및 소극적・적극적 예양에 관한 것이다. 종래의 협력협정에서는 역외적용시 상대국의 중요한 이익을 고려하는 소극적 예양(negative comity)을 규정하는 데 그쳤으나, 최근에는 적극적 예양(positive comity)을 명문화하는 경향이 강하다. 즉, 상대국의 영역 내의 반경쟁적 행위에 대하여 느닷없이 역외적용을 하는 것이 아니라, 우

---

26) OECD Recommendation of the Council concerning Cooperation between Members Countries on Anticompetitive Practices Affecting International Trade, 27 July 1995 – C(95)130/FINAL.

선 상대국의 경쟁당국에 대하여 적절한 집행활동을 개시하도록 요청할 수 있도록 하고 있다. 이는 상대국에 대해 먼저 경쟁법의 발동을 촉구함으로써 역외적용에 따른 마찰을 원활하게 해소하려는 데 의미가 있다.

제 10 장 공정거래법의 특별법

제 1 절 하도급거래 공정화에 관한 법률

Ⅰ. 서 설

1. 하도급거래의 의의

그동안 우리나라의 거래 현실에서는 원사업자와 수급사업자 간의 호혜적 관계가 정립되지 못한 채, 하도급대금의 부당한 지급 지연이나 감액 등 원사업자의 거래상지위 남용행위가 빈번히 발생하고 있다. 그럼에도 불구하고 수급사업자의 원사업자에 대한 거래의존성이 크고, 이의제기시 거래단절 등을 우려하여 원사업자의 지위남용행위에 대해 적절히 대응하기 쉽지 않다. 이 점을 고려한다면 원사업자와 수급사업자 간의 수직적 관계에서 나타나는 불공정한 거래관행으로부터 정상적인 하도급 거래질서를 회복하고 원사업자와 수급사업자 간의 호혜적 협력관계를 확립하기 위해 국가가 하도급 거래관계에 개입할 필요가 있다.

이와 관련하여 이미 공정거래법은 거래상 지위를 부당하게 이용하여 상대방과 거래하는 행위를 불공정거래행위의 한 유형으로서 규제하고 있다. 그러나 공정거래법의 일반규정만으로는 하도급 거래관계에서 발생하는 원사업자와 수급사업자 간의 힘의 불균형에 따른 지위남용행위를 규율하기에 충분하지 않다. 이에 따라 불공정한 하도급 거래관행을 효과적으로 규제하고, 주로 대·중소기업 관계에 있는 원사업자와 수급사업자가 대등한 지위에서 균형 있게 발전할 수 있도록 1984년 12월 31일 공정거래법의 특별법으로서 「하도급거래 공정화에 관한 법률」(이하 "하도급법")이 제정되었다. 특히 최근 수년간 대·중소기업의 양극화 해소 차원에서 원사업자의 거래상지위 남용 요소를 억제하고, 법 위반행위에 대한 민·형사상의 제재를 강화하는 한편, 원사업자와 수급사업자 간의 원만한 상생협력관계를 강조하고 있다.

2. 다른 법률과의 관계

(1) 민 · 상법과의 관계

원래 도급은 당사자 간의 계약관계에 의하여 성립하게 되며, 이에 관하여는 민법상 당사자인 도급인과 수급인 간의 권리 · 의무관계에 관하여 규정을 두고 있다(민법 §664부터 §674까지). 또한 상법에서도 작업 또는 노무의 도급의 인수를 영업으로 하는 행위를 기본적 상행위로 규정하고(상법 §46 v), 상법을 적용하도록 하고 있다. 그러나 사법(私法)으로서의 민 · 상법은 거래주체의 대등성을 전제로 규율된다는 점에서 특징이 있다. 이에 비해 하도급법은 거래주체의 불대등성에서 기인한 경제적 약자로서의 수급사업자를 보호하고 국민경제의 건전한 발전을 위해 국가가 사법적 권리 · 의무관계에 직접 개입하는 점에서 경제법으로서의 성격을 가진다. 특히 하도급법은 불공정 하도급거래에서 발생하는 분쟁을 당사자 간의 자율적 해결에 맡길 경우 발생하는 사회적 비용을 최소화하는 의미도 가지고 있다.

(2) 공정거래법과의 관계

불공정 하도급거래행위는 공정거래법상 '거래상 지위남용행위'(동법 §45① vi)의 유형에 속하는 것이다. 그러나 불공정 하도급거래행위가 우리 사회에 만연하고 있고, 그 형태 또한 다양하게 나타나고 있어 공정거래법상 불공정성 판단기준만으로는 이를 규제하기 어렵기 때문에 특별법으로서 하도급법을 제정한 것이다. 따라서 불공정거래행위 중 하도급 거래관계에서 발생하는 거래상지위 남용행위에 대해서는 하도급법이 적용된다(하도급법 §28). 그러나 하도급 거래관계에서 흔히 발생하는 그 밖의 불공정거래행위의 유형, 예컨대, 부당한 거래거절이나 차별적 취급 등에 대해서는 여전히 공정거래법의 규정이 적용된다. 또한 하도급 거래관계에서 발생하는 불공정거래행위의 규제기관과 규제절차에 관해서는 기본적으로 공정거래법의 규정이 준용된다(하도급법 §27).

(3) 특별법상 하도급 관련 조항과의 관계

하도급거래 관련규정은 비단 하도급법에서뿐만 아니라 「대 · 중소기업 상생협력촉진에 관한 법률」, 「전기공사업법」, 「건설산업기본법」, 「전기통신공사업법」 등에 산재하고 있다. 이들 법률에 규정된 하도급거래 관련규정과 하도급법의 규정이 저촉되는 경우에는 하도급법을 우선하여 적용한다(하도급법 §34). 건설산업기본법상 금지되어 있는 일괄하도급, 재하도급의 경우도 하도급법 적용대상이 되는 하도급거래가 될 수 있다. 그러나 하도급거래의 어느 한 당사자가 무면허 건설업자인 경우에는 하도급법의 적용대상이 되지 않는다.

Ⅱ. 하도급거래의 개념 및 유형

1. 개 념

일반적으로 '하도급'이란 자신이 도급받은 일을 제3자에게 위탁하는 것을 말한다. 여기에서 하도급 개념의 기초로 되는 도급이란 당사자 일방(수급인)이 어떤 일을 완성할 것을 약정하고 상대방(도급인)이 그 일의 결과에 대하여 보수를 지급할 것을 약정함으로써 그 효력이 생기는 계약을 말한다(민법 §664). 이러한 도급은 어떤 일의 완성을 목적으로 하는 것으로서 반드시 수급인이 수행하여야 하는 것은 아니다. 따라서 도급계약에서 특별한 반대약정이 없는 한, 일의 전부 또는 일부를 수급인 이외의 제3자에게 다시 위탁할 수 있다. 이를 하도급이라고 하며, 이에 대응하는 개념으로서 원래의 도급을 '원도급'이라고 한다. 또한 하도급받은 일을 다시 하도급하는 것을 '재하도급'이라 한다.

한편 하도급법에서는 그 적용대상이 되는 하도급거래의 범위를 한정하여 "원사업자가 수급사업자에게 제조위탁(가공위탁 포함)·수리위탁·건설위탁 또는 용역위탁을 하거나 원사업자가 다른 사업자로부터 제조위탁·수리위탁·건설위탁 또는 용역위탁을 받은 것을 수급사업자에게 다시 위탁한 경우, 그 위탁(제조등의 위탁)을 받은 수급사업자가 위탁받은 것(목적물등)을 제조·수리·시공하거나 용역수행하여 원사업자에게 납품·인도 또는 제공(납품등)하고 그 대가(하도급대금)를 받는 행위"로 정의하고 있다(법 §2①).

한편 판례는 하도급법의 적용범위가 하도급관계냐 아니냐에 따르는 것이 아니라, 제2조 제2항에 따라 원사업자의 규모에 의하여 결정되므로 그 명칭과는 달리 하도급관계뿐만 아니라 원도급관계, 즉 발주자와 원사업자의 관계도 규제할 수 있는 것으로 보고 있다.[1] 다만 모든 원도급관계에 해당되는 것이 아니라 별도의 발주자가 위탁하지 않은 상태에서 원사업자가 자신의 업(業)의 일부인 업무를 (발주자로서) 외부 사업자에게 위탁하는 경우와 같이 개념상 자신의 일을 아래 단계의 사업자에게 위탁하는 하도급의 특성이 인정되는 경우에 한정하는 것으로 보아야 한다.[2]

---

1) 대법원 2003. 5. 16. 선고 2001다27470 판결; 2001. 10. 26 선고 2000다61435 판결.
2) 한철수·류송·정상오·홍석범, 「하도급법 기업거래 실무가이드」(공정경쟁연합회, 2022), 14면.

2. 유 형

(1) 제조위탁

제조위탁이란 물품의 제조·판매·수리 및 건설에 해당하는 행위를 업으로 하는 사업자가 그 업에 따른 물품의 제조를 다른 사업자에게 위탁하는 것을 말한다(법 §2⑥). 제조위탁에는 가공위탁을 포함한다(법 §2①). 그러나 대통령령이 정하는 물품에 대하여는 대통령령이 정하는 특별시, 광역시 등의 지역에 한하여 제조위탁의 규정을 적용한다(법 §2⑦).[3]

제조위탁에 해당되기 위해서는 첫째, 사업자가 물품의 제조·판매·수리와 건설을 업으로 하여야 한다. 따라서 이들 이외의 사업자가 원사업자로서 물품의 제조를 위탁하는 경우에는 제조위탁에 해당하지 아니하며, 하도급법의 적용대상이 아니다. 둘째, 그 업에 따른 물품의 제조를 다른 사업자에게 위탁하여야 한다. 즉, 위탁내용이 위탁사업자의 사업의 일환으로 계속적·반복적으로 하는 행위와 밀접한 관련이 있는 물품의 제조에 관한 것이어야 한다. 여기에서 위탁의 대상인 물품에는 완제품인 경우뿐만 아니라 물품의 제조·수리과정에서 투입되는 중간재(원자재, 부품, 반제품 등)나 물품의 구성에 부수되는 포장용기, 라벨, 견본품, 사용안내서 등과 같은 것도 포함된다.

특히 건설업자가 제조위탁을 하는 경우 건설 또는 건축 자재, 부품에 대하여 규격 등을 지정한 도면, 시방서 및 사양서 등에 의해 물품의 제작 또는 제조를 주문하는 것이 일반적이나, 거래관행상 시방서 등 성능, 품질, 규격 등을 지정한 주문서가 없더라도 지정된 시간과 장소에 납품하도록 제조를 위탁하는 것(예컨대, 레미콘, 아스콘 등)도 포함된다. 단순한 건설자재인 시멘트, 자갈, 모래는 제작 또는 제조 물품에서 제외되나, 규격·품질 등을 지정하여 골재 등을 제조위탁하거나 석산 등을 제공하여 임가공위탁하는 경우는 제조위탁에 해당한다.

(2) 수리위탁

수리위탁이란 사업자가 주문을 받아 물품을 수리하는 것을 업으로 하거나 자기가 사용하는 물품을 수리하는 것을 업으로 하는 경우에 그 수리행위의 전부 또는 일부를 다른 사업자에게 위탁하는 것을 말한다(법 §2⑧).

---

3) "대통령령으로 정하는 물품"이란 레미콘을 말하며, "대통령령으로 정하는 특별시, 광역시 등의 지역"이란 수급사업자의 사업장 소재지를 기준으로 하여 대구광역시, 광주광역시, 대전광역시, 세종특별자치시, 강원도, 충청북도, 충청남도, 전라북도, 전라남도, 경상북도, 경상남도 및 제주특별자치도를 말한다(영 §2⑤).

(3) 건설위탁

건설위탁이란 건설업자[4]가 그 업에 따른 건설공사의 전부 또는 일부를 다른 건설업자에게 위탁하거나 건설업자가 대통령령이 정하는 건설공사[5]를 다른 사업자에게 위탁하는 것을 말한다(법 §2⑨). 여기에서 다른 사업자는 건설업자일 것을 요하지 않는다.

(4) 용역위탁

용역위탁이란 '지식 · 정보성과물의 작성' 또는 '역무의 공급'을 업으로 하는 사업자(용역업자)가 그 업에 따른 용역수행행위의 전부 또는 일부를 다른 용역업자에게 위탁하는 것을 말한다(법 §2⑪).[6]

지식 · 정보성과물이란 ① 정보프로그램,[7] ② 영화, 방송프로그램 그 밖에 영상 · 음성 또는 음향으로 구성되는 성과물, ③ 문자 · 도형 · 기호의 결합 또는 문자 · 도형 · 기호와 색채의 결합으로 구성되는 성과물,[8] ④ 기타 이에 준하는 것으로서 공정거래위원회가 정하여 고시하는 것을 말한다(법 §2⑫). 또한 역무란 ①「엔지니어링산업진흥법」 제2조 제1호의 규정에 의한 엔지니어링활동(설계는 제외), ②「화물자동차운수사업법」에 따라 화물자동차를 이용하여 화물을 운송 또는 주선하는 활동, ③「건축법」에 따라 건축물을 유지 · 관리하는 활동, ④「경비업법」에 따라 시설 · 장소 · 물건 등에 대한 위험발생 등을 방지하거나 사람의 생명 또는 신체에 대한 위해의 발생을 방지하고 그 신변을 보호하기 위하여 행하는 활동, ⑤ 기타 원사업자로부터 위탁받은 사무를 완성하기 위하여 노무를 제공하는 활동으로서 공정거래위원회가 정하여 고시하는 활동을 말한다(법 §2⑬).

---

4) 건설업자는 ①「건설산업기본법」 제2조(정의) 제7호의 규정에 의한 건설사업자, ②「전기공사업법」 제2조(용어의 정의) 제3호의 규정에 의한 공사업자, ③「정보통신공사업법」 제2조(정의) 제4호의 규정에 의한 정보통신공사업자, ④「소방시설공사업법」 제4조(소방시설업의 등록) 제1항의 규정에 따라 소방시설공사업의 등록을 한 자, ⑤ 그 밖에 대통령령이 정하는 사업자(「주택법」 제9조에 따른 등록사업자, 「환경기술 및 환경산업 지원」 제15조에 따른 등록업자, 「하수도법」 제51조 및 「가축분뇨의 관리 및 이용에 관한 법률」 제34조에 따른 등록업자, 「에너지이용 합리화법」 제37조에 따른 등록업자, 「도시가스사업법」 제12조에 따른 시공자, 「액화석유가스의 안전관리 및 사업법」 제17조에 따른 시공자)를 말한다.

5) 대통령령이 정하는 건설공사란 건설산업기본법시행령 제8조 및 전기공사업법시행령 제5조에서의 '경미한 공사'를 말한다(영 §2⑥).

6) 실제 하도급거래로 이루어지는 용역위탁의 사례로는 i) 방송사가 방송프로그램의 제작을 방송프로그램 제작업체에게 위탁, ii) 대형광고대행사가 영상광고의 제작을 광고제작업체에게 위탁, iii) 화물운송업자가 일부 구간의 운송을 다른 화물운송업자에게 위탁, iv) 건물관리업자가 건물위생(청소)을 청소업자에게 위탁하는 경우를 들 수 있다.

7)「소프트웨어산업진흥법」 제2조 제1호에 따른 소프트웨어, 특정한 결과를 얻기 위하여 컴퓨터 · 전자계산기 등 정보처리능력을 가진 장치에 내재된 일련의 지시 · 명령으로 조합된 것을 말한다.

8)「건축사법」 제2조 제3호에 따른 설계 및 「엔지니어링산업 진흥법」 제2조 제1호에 따른 엔지니어링활동 중 설계를 포함한다.

용역위탁 중 지식·정보성과물의 작성을 위탁하는 경우와 달리 역무의 공급을 위탁하는 경우에는 특정한 성과물이 존재하지 않기 때문에 법 제8조 제1항 제2호(목적물 등의 납품 등에 대한 수령 또는 인수를 거부하거나 지연하는 행위의 금지) 및 제10조 제1항(부당반품의 금지)에 관한 규정이 적용될 여지가 없다.

Ⅲ. 적용범위

1. 적용대상 사업자

(1) 원사업자

원사업자란 수급사업자에게 제조·수리·건설 또는 용역수행을 위탁(이하 "제조등의 위탁")하는 사업자로서 크게 5가지 유형에 해당하는 사업자를 말한다. 즉, ① 중소기업자(중소기업협동조합 포함)[9]가 아닌 사업자(법 §2② i), ② 직전 사업연도 연간매출액이 수급 중소기업자보다 많은 중소기업자(다만, 제조·수리위탁의 경우에는 연간매출액 30억 원 미만, 용역위탁의 경우에는 연간매출액 10억 원 미만, 건설위탁의 경우에는 시공능력평가액 45억 원 미만인 중소기업자 제외)(법 §2② ii, 영 §2④),[10] ③ 원사업자의 요건을 갖춘 기업집단 소속회사가 계열회사를 통하여 중소기업자에게 재위탁한 경우 그 계열회사(법 §2④),[11] ④ 중소기업자 또는 연간매출액 3,000억 원 미만의 중견기업과 위탁거래를 하는 상호출자제한기업집단에 속하는 회사(법 §2⑤, 법 §13⑪ i) 및 ⑤ 상호출자제한기업집단에 속하지 않는 회사로서 소규모 중견기업[12]과 거래하는 연간매출액 2조 원을 초과하는 대규모회사(법 §13⑪ ii, 영 §7의6)이다.[13]

그 밖에 수급사업자가 다시 하도급을 주는 경우(재하도급) 그 수급사업자는 원사업

---

9) 여기에서 법문상 중소기업자란 중소기업기본법 제2조 제1항 또는 제3항에 따른 자 및 중소기업협동조합법 제3조 제1항의 중소기업협동조합을 말한다.

10) 연간매출액이 아니라 관계 법률에 따라 시공능력평가액을 적용받는 거래의 경우에는 하도급계약 체결 당시 가장 최근에 공시된 시공능력평가액의 합계액을 말하고, 연간매출액이나 시공능력평가액이 없는 경우에는 자산총액을 말한다.

11) 이는 기업집단에 속한 회사가 하도급법상의 규제를 피하기 위하여 같은 집단의 계열회사를 이용하는 편법을 방지하기 위한 것이다. 한철수 외, 앞의 책, 71면.

12) 여기에서 소규모 중견기업이란 연간매출액이 주된 업종별로 800억 원에서 3,000억 원 미만인 중견기업을 말한다(영 §7의5 [별표 1의2]).

13) 그러나 ④에서 중견기업과 거래하는 상호출자제한기업집단 소속회사와 ⑤의 대규모회사를 원사업자로 간주하는 경우는 총 14개 조문, 즉 하도급대금의 지급등(법 §13①부터 ⑩)을 비롯하여 보복조치의 금지(법 §19), 탈법행위의 금지(법 §21), 조사대상 거래의 제한(법 §23②), 분쟁조정의 신청(법 §24의4①), 조정등(법 §24의5⑥), 시정조치(법 §25①, ③), 공탁(법 §25의2), 과징금(법 §25의3①), 시정권고(법 §25의5①), 관계행정기관의 장의 협조(법 §26②), 벌칙(법 §30①), 과실상계(법 §33), 손해배상책임(법 §35①)을 적용할 때에만 한정하고 있다(법 §13⑪ 2문).

자의 지위에 서게 된다.

(2) 수급사업자

수급사업자란 원사업자로부터 제조등의 위탁을 받은 중소기업자를 말한다(법 §2③).[14] 수급사업자는 원칙적으로 중소기업자를 대상으로 하지만, 그 규모가 중소기업에 해당하더라도 '상호출자제한기업집단'에 속하는 회사가 제조등의 위탁을 받은 경우에는 수급사업자로 보지 않는다(법 §2⑤ii). 그러나 중소기업기본법 제2조 제1항 단서에서는 '공시대상기업집단'에 속하는 회사를 중소기업자에서 제외하고 있어 수급사업자 제외 범위가 더욱 확대되고 있다.

한편 중소기업자가 아니더라도 상호출자제한기업집단 소속회사 또는 연간매출액 2조원을 초과하는 대규모회사로부터 제조등의 위탁을 받은 소규모 중견기업은 수급사업자로 본다(법 §13⑪, 영 §7의5).[15]

(3) 발주자

발주자란 제조·수리·시공 또는 용역수행을 원사업자에게 도급하는 자를 말한다(법 §2⑩ 본문). 발주자와 원사업자 간에는 원도급 관계가 성립된다. 다만, 재하도급의 경우에는 원사업자를 말한다(법 §2⑩ 단서). 재하도급의 경우 원사업자를 발주자로 보게 되므로 수급사업자는 재하도급관계에 있어서 원사업자로 보게 된다. 따라서 원사업자에게 적용되는 하도급법상의 의무가 재하도급관계에 있어서는 수급사업자(재하도급관계에서 원사업자)에게 적용되어야 한다.

(4) 특 칙

기업집단에 속하는 회사와 관련된 하도급 거래관계에 대해서는 기업집단 전체의 결합력을 염두에 둔 2가지 특칙을 두고 있다.

첫째, 사업자가 계열회사에 위탁을 하고 그 계열회사가 위탁받은 행위의 전부 또는 상당부분을 중소기업자인 제3자에게 재위탁한 경우에는 그 계열회사가 원사업자의 요건에 해당하지 않더라도 제3자가 그 계열회사에게 위탁을 한 사업자로부터 직접 위탁

---

14) 참고적으로 중소기업이 그 규모의 확대 등으로 중소기업에 해당하지 아니하게 된 경우 그 사유가 발생한 연도의 다음 연도부터 5년간은 중소기업으로 본다. 다만, 중소기업 외의 기업과 합병 등의 사유로 중소기업에 해당하지 아니하게 된 경우에는 그러하지 아니하다(중소기업기본법 §2③). 한철수 외, 앞의 책, 79면.

15) 중견기업을 수급사업자로 간주하는 경우는 총 7개 조문, 즉 하도급대금의 지급등(법 §13①부터 ⑩)을 비롯하여 보복조치의 금지(법 §19), 수급사업자의 준수 사항(법 §21), 조사대상 거래의 제한(법 §23②), 분쟁조정의 신청(법 §24의4①), 공탁(법 §25의2), 과실상계(법 §33)를 적용할 때에만 한정하고 있다(법 §13⑪ 2문).

을 받는 것으로 하면 그 계열회사와 제3자를 각각 원사업자와 수급사업자로 본다(법 §2④). 둘째, 공정거래법상 상호출자제한기업집단에 속하는 회사가 위탁을 하거나 받는 경우에는 위탁을 한 회사가 원사업자의 요건에 해당하지 않더라도 원사업자로 보는 반면에, 위탁을 받은 회사가 수급사업자의 요건(중소기업자)에 해당하더라도 수급사업자로 보지 아니한다(법 §2⑤).

2. 하도급거래의 승계

사업자가 합병, 영업양수, 상속 등을 통하여 권리의무를 포괄적으로 승계하는 경우에는 하도급거래에 따른 전사업자의 제반 권리의무를 승계한 것으로 보며, 권리의무를 승계한 사업자는 승계한 시점에서 당사자의 요건을 충족하지 아니하더라도 이미 성립한 하도급거래에 따른 당사자로 본다. 또한 「건설산업기본법」 등 건설관계 법령에 의하여 등록·지정을 받은 권한을 양수한 자는 양수이전(양수시점에서 이미 시공완료된 공사는 제외)의 공사부문에 대하여도 하도급거래 당사자로 보며, 건설관계법령의 규정에 의하여 영업정지, 등록의 취소, 시공자의 지위상실 및 기타의 사유로 자격을 상실한 사업자 또는 그 포괄승계인이 동 처분 전의 공사를 계속 시공할 경우에는 같은 처분 이전의 공사부문에 대해서는 물론, 처분 이후의 공사부문에 대해서도 하도급거래 당사자로 본다(하도급거래공정화지침 Ⅱ. 4.).

Ⅳ. 사업자의 의무

하도급 거래관련 사업자의 의무로서는 원사업자가 지켜야 할 의무사항, 원사업자가 하여서는 아니 되는 금지사항, 발주자가 지켜야 할 의무사항 및 수급사업자의 의무사항 등이 있다.

1. 원사입자의 의무

(1) 서면발급의무

(가) 서면발급

원사업자는 수급사업자에게 위탁을 하는 경우뿐만 아니라 위탁을 한 이후에 해당 계약내역에 없는 위탁 또는 계약내역을 변경하는 위탁(추가·변경위탁)을 하는 경우에 ① 하도급대금과 그 지급방법 등 하도급계약의 내용, ② 하도급대금 조정이 불가피한 경우의 원사업자에 대한 하도급대금 조정신청 시(법 §16의2①) 하도급대금의 조정요건,

방법 및 절차, ③ 하도급대금 연동의 대상 목적물등의 명칭, 주요 원재료, 조정요건, 기준 지표 및 산식 등 하도급대금 연동에 관한 사항 등 일정한 사항[16]을 적은 서면(전자문서 포함)을 하도급의 유형에 따라 일정한 기한까지 수급사업자에게 발급하여야 한다(법 §3①, ② 각호). 이 서면에는 원사업자와 수급사업자가 서명(공인전자서명 포함) 또는 기명날인하여야 한다(법 §3②). 이 서면은 ① 제조위탁의 경우 납품을 위한 작업을 시작하기 전, ② 수리위탁의 경우 수리행위를 시작하기 전, ③ 건설위탁의 경우 계약공사를 착공하기 전, ④ 용역위탁의 경우는 용역수행행위를 시작하기 전까지 수급사업자에게 발급하여야 한다(법 §3① 각호).

여기에서 발급의무 위반에는 서면의 미발급, 지연발급뿐만 아니라 허위서면의 발급도 해당된다. 다만, 위탁시점에 확정하기 곤란한 사항에 대하여 원사업자는 재해·사고로 인한 긴급복구공사를 하는 경우 등 정당한 사유가 있는 경우에는 해당 사항을 적지 아니한 서면을 발급할 수 있으며(법 §3⑥), 이 경우에는 해당 사항이 확정되는 때에 지체 없이 그 사항을 적은 새로운 서면을 발급하여야 한다(법 §3⑦). 서면발급의무를 위반한 원사업자에 대하여는 하도급대금의 2배를 초과하지 아니하는 범위에서 과징금을 부과할 수 있다(법 §25의3① i).

(나) 서면확인 회신 · 계약 추정

원사업자가 제조등의 위탁을 하면서 서면(일부 사항을 적지 아니한 서면 포함)을 발급하지 아니한 경우에는 수급사업자는 위탁받은 작업의 내용, 하도급대금 등 대통령령으로 정하는 사항을 원사업자에게 서면으로 통지하여 위탁내용의 확인을 요청할 수 있다(법 §3⑧).

원사업자는 통지를 받은 날부터 15일 이내에 그 내용에 대한 인정 또는 부인의 의사를 수급사업자에게 서면으로 회신을 발송하여야 하며, 이 기간 내에 회신을 발송하지 아니한 경우에는 천재나 그 밖의 사변으로 회신이 불가능한 경우가 아닌 한, 원래 수급사업자가 통지한 내용대로 위탁이 있었던 것으로 추정한다(법 §3⑨ 본문). 이는 계약을 구두로 체결하여 하도급 계약서가 없더라도 일정한 절차와 요건을 갖추면 계약내용을 법률상 추정함으로써 수급사업자가 안정적으로 작업에 임할 수 있도록 정책적 차원에서 배려한 것이다. 하지만 원사업자는 15일 이내에 반대 회신만으로 계약의 성립

16) "일정한 사항"이란 ① 위탁일과 수급사업자가 위탁받은 것(이하 "목적물등")의 내용, ② 목적물을 원사업자에게 납품·인도 또는 제공하는 시기 및 장소, ③ 목적물등의 검사의 방법 및 시기, ④ 하도급대금(선급금, 기성금 및 법 제16조에 따라 하도급대금을 조정한 경우에는 그 조정된 금액을 포함)과 그 지급방법 및 지급기일, ⑤ 원사업자가 수급사업자에게 목적물의 제조·수리·시공 또는 용역수행행위에 필요한 원재료 등을 제공하려는 경우에는 그 원재료 등의 품명·수량·제공일·대가 및 대가의 지급방법과 지급기일을 말한다(영 §3① 각호).

을 부정할 수 있으며, 계약사실이 추정되더라도 반증을 제시하여 번복할 수 있다.

이와 같이 서면확인 회신 및 계약추정제도를 둔 것은 원사업자가 서면발급을 기피하여 계약이행과정에서 발생하는 각종 위험이 수급사업자에게 일방적으로 전가되는 관행을 근절하고, 구두계약에만 의존하는 수급사업자의 권리구제를 개선하기 위한 것이다.[17)]

(다) 표준하도급계약서의 제정·개정 및 사용

공정거래위원회는 표준하도급계약서를 제정 또는 개정하여 이 법의 적용대상이 되는 사업자 또는 사업자단체(이하 "사업자등")에 그 사용을 권장할 수 있다(법 §3의2①, 하향식 제 · 개정). 그럼에도 불구하고 하도급대금 연동에 관한 사항과 원사업자와 수급사업자가 하도급대금 연동을 하지 아니하기로 합의한 경우 원사업자와 수급사업자가 그 취지와 사유를 서면에 분명하게 적은 표준하도급계약서를 제정 또는 개정하여 사업자등에게 그 사용을 권장하여야 한다(법 §3의2②). 공정거래위원회가 표준하도급계약서를 제정 또는 개정하는 경우에는 관련 분야의 거래당사자인 사업자등의 의견을 들어야 한다(법 §3의2⑥).

사업자등은 건전한 하도급거래질서를 확립하고 불공정한 내용의 계약이 통용되는 것을 방지하기 위하여 일정한 하도급 거래분야에서 통용될 수 있는 표준하도급계약서의 제정 · 개정안(이하 "표준계약서안")을 마련하여 그 내용이 이 법에 위반되는지 여부에 관하여 공정거래위원회에 심사를 청구할 수 있다(법 §3의2③, 상향식 제 · 개정). 공정거래위원회는 심사가 청구된 날부터 30일 이내에 관련 분야의 거래당사자인 사업자등에게 표준계약서안의 내용을 서면으로 통지해야 한다(영 §6의2①). 통지를 받은 관련 분야의 거래당사자인 사업자등은 표준계약서안에 관한 의견을 서면으로 제출할 수 있다(영 §6의2②). 공정거래위원회는 사업자등이 심사를 청구한 날부터 6개월이 지나기 전까지 심사를 청구한 사업자등에게 심사 결과를 통지하고, 관련 분야의 거래당사자인 사업자등에게 제정 · 개정된 표준하도급계약서의 내용을 통지해야 한다(영 §6의2④).

더구나 ① 일정한 하도급 거래분야에서 여러 수급사업자에게 피해가 발생하거나 발생할 우려가 있거나 ② 이 법의 개정 등으로 인하여 표준하도급계약서를 정비할 필요가 발생한 경우 공정거래위원회는 사업자등에 대하여 표준하도급계약서의 제정 · 개정안을 마련하여 심사를 청구할 것을 권고할 수 있다(법 §3의2④). 사업자등이 제3항의 권고를 받은 날부터 상당한 기간 이내에 필요한 조치를 하지 아니하는 경우 공정거래

17) 이는 예컨대 구두계약과 같이 방식이 흠결된 계약을 체결한 후, 일방 당사자가 그 계약의 일부를 이행한 경우, 상대방은 더 이상 방식의 흠결을 이유로 항변할 수 없으며, 법원은 계약이행명령으로 신뢰를 보호한다는 미국 계약법상 「일부 이행의 법리」(part performance doctrine)를 배경으로 한 것이다.

위원회는 표준하도급계약서를 제정 또는 개정하여 사업자등에게 그 사용을 권장할 수 있다(법 §3의2⑤).

공정거래위원회는 표준하도급계약서를 제정 또는 개정하는 경우에는 관련 분야의 거래당사자인 사업자등의 의견을 들어야 하며, 제정·개정 업무 수행을 위해 필요하다면 하도급거래에 관한 학식과 경험이 풍부한 자문위원을 위촉할 수 있다(법 §3의2⑥, ⑦).

(2) 서류보존의무

원사업자와 수급사업자는 대통령령이 정하는 바에 의하여 하도급거래에 관한 서류[18]를 거래가 끝난 날로부터 3년간 보존하여야 한다(법 §3⑪, 영 §6②). 그러나 ① 원사업자가 수급사업자에게 기술자료 제공을 요구한 경우의 요구목적, 권리귀속관계, 대가 등의 사항을 적은 서면의 사본과 ② 수급사업자가 원사업자에게 기술자료를 제공하는 경우의 비밀유지계약에 관한 서류는 7년간 보존하여야 한다(영 §6②).

여기에서 거래가 끝난 날이란 제조위탁·수리위탁 및 용역위탁 중 지식·정보성과물의 작성위탁의 경우에는 수급사업자가 원사업자에게 위탁받은 목적물을 납품 또는 인도한 날을, 용역위탁 중 역무의 공급위탁의 경우에는 원사업자가 수급사업자에게 위탁한 역무공급을 완료한 날을, 건설위탁의 경우에는 원사업자가 수급사업자에게 건설위탁한 공사가 완공된 날을 말한다. 다만 하도급계약이 중도에 해지되거나 하도급거래가 중지된 경우에는 해지 또는 중지된 날을 말한다(법 §23②).

(3) 선급금 지급의무

수급사업자에게 제조 등의 위탁을 한 원사업자가 발주자로부터 선급금을 받은 때에는 수급사업자가 제조·수리·시공 또는 용역수행을 시작할 수 있도록 그가 받은

---

18) 보존해야 할 하도급거래에 관한 서류는 법 제3조 제1항의 서면과 일정한 서류 또는 일정한 사항을 적은 서류로 한다(영 §6①). 구체적으로 ① 법 제8조 제2항에 따른 수령증명서, ② 법 제9조에 따른 목적물등의 검사 결과, 검사 종료일, ③ 하도급대금의 지급일·지급금액 및 지급수단(어음으로 하도급대금을 지급하는 경우에는 어음의 교부일·금액 및 만기일 포함), ④ 법 제6조에 따른 선급금 및 지연이자, 법 제13조 제6항부터 제8항까지의 규정에 따른 어음할인료 및 지연이자, 법 제15조에 따른 관세 등 환급액 및 지연이자를 지급한 경우에는 그 지급일과 지급금액, ⑤ 원사업자가 수급사업자에게 목적물의 제조·수리·시공 또는 용역수행행위에 필요한 원재료 등을 제공하고 그 대가를 하도급대금에서 공제한 경우에는 그 원재료 등의 내용과 공제일·공제금액 및 공제사유, ⑥ 법 제11조제1항 단서에 따른 하도급대금 감액 시 법정 기재사항을 적은 서면의 사본, ⑦ 법 제12조의3 제1항 단서에 따라 기술자료의 제공을 요구한 경우에는 법정 기재사항을 적은 서면의 사본, ⑧ 수급사업자가 원사업자에게 기술자료를 제공하는 경우에는 법정 기재사항을 적은 비밀유지계약에 관한 서류, ⑨ 법 제16조에 따라 하도급대금을 조정한 경우에는 그 조정한 금액 및 사유, ⑩ 법 제16조의2에 따라 하도급대금 조정을 신청한 경우에는 신청내용 및 협의내용, 그 조정금액 및 조정사유, ⑪ 하도급대금 산정 기준 및 내역과 관련된 서류, 입찰명세서, 낙찰자결정품의서, 견적서, 현장설명서와 설계설명서(건설위탁의 경우), 그 밖에 하도급대금 결정과 관련된 서류를 보존해야 한다.

선급금의 내용과 비율에 따라 선급금을 수급사업자에게 지급하여야 한다(법 §6①). 선급금의 법정 지급기한은 선급금을 지급받은 날(제조등의 위탁을 하기 전에 선급금을 받은 경우에는 제조등의 위탁을 한 날)로부터 15일 이내이다.

원사업자가 발주자로부터 받은 선급금을 받은 날로부터 15일(법정 지급기한)이 지난 후에 지급하는 경우에는 그 초과기간에 대하여 연 100분의 40 이내에서 은행법에 따른 은행이 적용하는 연체금리 등 경제사정을 고려하여 공정거래위원회가 정하여 고시하는 이율에 의한 지연이자[19]를 지급하여야 한다(법 §6②). 선급금을 어음 또는 어음대체결제수단을 이용하여 지급하는 경우 어음만기일이 법정 지급기한을 초과할 경우에는 그 초과기간에 대한 지연이자 또는 할인료를 지급하여야 한다(법 §6③).[20]

선급금의 지급의무 위반은 원사업자가 발주자로부터 선급금을 수령하고서도 수급사업자에게 이를 지급하지 아니하는 경우뿐만 아니라 선급금을 수령하였으나 수령한 비율(20%)보다 적은비율(10%)로 지급한 경우 및 선급금에 대한 어음할인료 및 지연이자를 지급하지 아니하는 것도 포함된다.

(4) 내국신용장(Local L/C) 개설의무

원사업자는 수출할 물품을 수급사업자에게 제조 등을 위탁한 경우에는 '정당한 사유'가 있는 경우를 제외하고는 위탁한 날로부터 15일 이내에 내국신용장을 수급사업자에게 개설해 주어야 한다. 다만, 신용장에 의한 수출에 있어서 원사업자가 원신용장을 받기 전에 제조위탁하는 경우에는 원신용장을 받은 날로부터 15일 이내에 내국신용장을 교부해 주어야 한다(법 §7). 여기에서 정당한 이유란 예컨대, 수급사업자가 영세하거나 내국신용장 개설에 필요한 서류작성능력이 없는 등의 이유로 내국신용장의 개설을 원하지 아니한 사실이 명백한 경우 또는 원사업자가 내국신용장 개설은행에 연체 및 대지급 당한 상태에 있거나, 개설한도 부족 등으로 인하여 신용장 개설이 불가능한 경우를 말하며, 원사업자가 이를 입증하여야 한다. 내국신용장을 개설할 경우에는 검사완료 즉시 물품수령증명서(인수증)를 수급사업자에게 교부하여야 한다(법 §8②).

---

19) 지연이자는 공정거래위원회가 정하여 고시하도록 하고 있는 바, 2018년 12월 6일 개정된 「선급금등 지연지급시의 지연이자율 고시」에 따른 지연이자율은 연 15.5%%로 고시되어 있다.

20) 어음으로 선급금을 지급하는 경우에는 어음교부가 법정 지급기한 이내에 이루어졌는지 이후에 이루어졌는지에 따라 차이가 있다. 즉, 수급사업자에게 법정 지급기한 내에 어음을 교부하였으나, 어음만기일이 법정 지급기한을 초과하는 경우에는 법정 지급기한부터 어음만기일까지의 기간에 대한 어음할인료를 지급하여야 한다. 그러나 수급사업자에게 법정 지급기한을 초과하여 어음을 교부한 경우에는 법정 지급기한을 초과한 날로부터 어음교부일까지의 기간에 대해서는 지연이자를 부과하고 어음교부일부터 만기일까지의 기간에 대해서는 어음할인료를 지급하여야 한다.

(5) 검사 및 검사결과 통보의무

수급사업자가 인도한 목적물에 대한 검사의 기준 및 방법은 원사업자와 수급사업자가 협의하여 정하되 객관적이며 공정·타당하여야 한다(법 §9①).

원사업자는 정당한 사유가 있는 경우를 제외하고는 수급사업자로부터 목적물을 수령한 날로부터 10일 이내에 검사결과를 수급사업자에게 서면으로 통지하여야 하며, 동 기간 내에 통지하지 않는 경우에는 검사에 합격한 것으로 본다(법 §9②).[21] 여기에서 정당한 사유가 있는 경우란 검사대상 물품이 과다하여 10일 이내에 검사가 곤란하거나 상당기간 경과 후 합격판정이 가능한 경우 원사업자와 수급사업자 간에 검사기간 연장에 대해 합의가 이루어진 경우 등을 말한다. 검사비용에 관하여 별도의 약정이 없는 한 원사업자가 부담함을 원칙으로 하며, 수급사업자가 원사업자의 지시에 따라 제3의 기관에 검사를 의뢰한 경우 그 비용은 원사업자가 부담하여야 한다.

[판례] ㈜코아스의 검사결과 통지의무 위반행위(대법원 2023. 3. 13. 선고 2022두57909 판결)

… 원사업자가 통지기간 내에 검사 결과를 수급사업자에게 서면으로 통지하지 아니하면 설령 하도급법 제9조 제2항 본문 후단에 따라 검사에 합격한 것으로 간주된다고 하더라도 원사업자가 추후 미통지의 정당한 사유 등을 주장함에 따라 수급사업자가 불안정한 지위에 놓일 수 있는 점 등을 고려하면, 원사업자가 정당한 사유 없이 통지기간 내에 검사 결과를 수급사업자에게 서면으로 통지하지 아니하였다면 별도의 불합격 통지를 하였는지에 관계없이 하도급법 제9조 제2항 본문에 위반되고, 이 경우 공정거래위원회는 특별한 사정이 없는 한 같은 법 제25조 제1항에 따라 원사업자에게 시정명령을 할 수 있다.

(6) 관세 등 환급액 지급의무

원사업자가 「수출용 원재료에 대한 관세 등 환급에 관한 특례법」에 의하여 관세 등을 환급받은 때에는 그 받은 날로부터 15일 이내에 받은 내용에 따라 이를 수급사업자에게 지급하여야 한다(법 §15①). 이와 관계없이 수급사업자에 대한 관세 등 환급상당액의 지급은 수급사업자에게 책임을 돌릴 사유가 없는 한 목적물의 수령일로부터 60일을 초과할 수 없다(법 §15②). 예컨대, 수급사업자가 기초원자재 납세증명서 등 관세 환급에 필요한 서류를 원사업자에게 인도하지 아니하거나 지연하여 인도한 경우는 수급사업자의 귀책사유에 속하는 것으로 볼 수 있다.

원사업자가 관세 등 환급상당액을 법정기한을 초과하여 지급하는 경우에는 그 초

---

21) 따라서 예컨대, 수급사업자가 기성청구 또는 공사를 준공하고 준공통지를 원사업자에게 하였음에도 불구하고 원사업자가 검사결과를 통지하지 않고 법정지급기일(목적물 수령일로부터 60일)을 경과한 날까지 공사대금을 지급하지 아니한 경우에는 원사업자가 기성청구 또는 준공통보를 받은 날로부터 10일 이내에 검사결과를 통보하지 아니하였으므로 목적물 인수일은 기성청구 또는 준공통보일로부터 10일째 되는 날이 된다.

과기간에 대하여 연 100분의 40의 범위 안에서 은행법에 따른 은행이 적용하는 연체 금리 등 경제사정을 고려하여 공정거래위원회가 정하여 고시하는 이율에 의한 이자를 지급하여야 한다(법 §15③).

(7) 하도급대금 지급의무

(가) 원사업자가 목적물을 수령한 경우

원사업자가 수급사업자에게 목적물의 수령일로부터 60일 이내의 가능한 짧은 기한으로 정한 지급기일까지 하도급대금을 지급하여야 한다(법 §13① 본문). 이 지급기일은 절대적인 기일로 원사업자가 발주자로부터 도급대금을 받지 못한 경우라도 수급사업자에게는 목적물 수령일로부터 60일 이내에 하도급대금을 지급하여야 한다.

여기에서 목적물의 수령일은 ① 제조·수리위탁의 경우에는 원사업자가 수급사업자로부터 목적물의 납품을 받은 날을 말하며, ② 건설위탁의 경우에는 인수일(법 §8② 단서에 의하여 원사업자가 수급사업자로부터 준공 또는 기성부분의 통지를 받고 검사를 완료한 날), ③ 용역위탁의 경우에는 수급사업자가 위탁받은 용역의 수행을 완료한 날, ④ 납품이 빈번하여 원사업자와 수급사업자가 월 1회 이상 세금계산서의 발행일을 정한 경우에는 그 정한 날을 말한다. 다만, i) 원사업자와 수급사업자가 대등한 지위에서 지급기일을 정한 것으로 인정되는 경우와 ii) 해당 업종의 특수성과 경제여건에 비추어 그 지급기일이 정당한 것으로 인정되는 경우에는 그러하지 아니하다(법 §13① 단서). 그 밖에 하도급대금의 지급기일이 정하여져 있지 않은 경우에는 목적물의 수령일, 하도급대금의 지급기일을 목적물의 수령일로부터 60일을 초과하여 정한 경우에는 목적물의 수령일로부터 60일째 되는 날을 각각 하도급대금의 지급기일로 본다(법 §13②).

(나) 원사업자가 발주자로부터 도급대금을 지급받은 경우

원사업자가 발주자로부터 준공금 또는 기성금 등 도급대금을 지급받은 경우 수급사업자에게도 하도급대금을 지급하여야 한다. 원사업자는 제조·수리·시공 또는 용역수행행위의 완료 즉, 도급의 완성에 따라 발주자로부터 준공금을 받은 때에는 하도급대금 전액을, 도급의 진척에 따라 기성금을 받은 때에는 수급사업자가 시공한 분에 해당하는 금액을 그 지급받은 날로부터 15일 이내에 수급사업자에게 지급하여야 한다(법 §13③).

원사업자가 수급사업자에게 하도급대금을 지급함에 있어서는 원사업자가 발주자로부터 해당 위탁과 관련하여 지급받은 현금비율 미만으로 지급하여서는 아니 된다(법 §13④).[22] 원사업자가 하도급대금을 어음으로 지급하는 경우에는 해당 위탁과 관련하

22) 현금뿐만 아니라 수표, 내국신용장에 의한 환어음, 구매자금융에 의한 환어음, 기업구매전용카드, 양

여 발주자로부터 원사업자가 교부받은 어음의 지급기간 (발행일로부터 만기일까지)을 초과하는 어음을 교부하여서는 아니 된다(법 §13⑤). 재하도급의 경우 원사업자는 발주자로 보게 되므로 수급사업자가 원사업자가 되는 재하도급관계에 있어 원사업자(재하도급관계에서 발주자)로부터 현금으로 결제받은 수급사업자(재하도급관계에서 원사업자)는 2차 하도급업체에 대해 하도급대금을 지급할 때 법 제13조 제4항 및 제5항의 적용을 받는다(법 §2⑩). 원사업자가 하도급대금을 어음으로 지급했으나, 동 어음이 부도처리된 경우에는 하도급대금을 지급하지 않은 것으로 보아야 할 것이다.

(다) 어음할인료 · 지연이자의 추가지급

① 원사업자가 하도급대금을 「어음」으로 지급하는 경우에는 그 어음은 법률에 근거하여 설립된 금융기관에서 할인이 가능한 것이어야 한다. 어음을 교부한 날로부터 어음의 만기일까지의 기간에 대한 할인료를 어음을 교부하는 날에 수급사업자에게 지급하여야 한다. 다만, 원사업자가 수급사업자로부터 목적물을 수령한 경우에는 목적물 수령일로부터 60일 이내(발주자로부터 준공금 또는 기성금을 지급받아 수급사업자가 시공한 분에 대한 하도급대금을 지급하는 경우에는 발주자로부터 도급대금을 지급받은 날로부터 15일 이내)에 어음을 교부하는 경우에는 목적물의 수령일로부터 60일을 초과한 날 이후 만기일까지의 기간에 대한 할인료를 목적물의 수령일로부터 60일 이내에 수급사업자에게 지급하여야 한다(법 §13⑥). 여기에서 적용하는 할인율은 연 100분의 40 이내에서 법률에 근거하여 설립된 금융기관에서 적용되는 상업어음할인율을 고려하여 공정거래위원회가 정하여 고시한다(법 §13⑨).

원사업자가 하도급대금을 목적물의 수령일로부터 60일을 초과하여 지급한 경우에는 그 초과기간에 대하여 연 100분의 40 이내에서 은행법에 따른 은행이 적용하는 연체금리 등 경제사정을 고려하여 공정거래위원회가 정하여 고시하는 이율에 의한 이자를 수급사업자에게 지급하여야 한다(법 §13⑧).[23]

② 원사업자가 하도급대금을 기업구매전용카드, 기업구매자금대출제도, 외상매출채권담보대출제도, 구매론제도, 네트워크론제도 등 「어음대체결제수단」을 이용하여 지급하는 경우에 지급일부터 하도급대금 상환기일까지의 기간에 대한 수수료(대출이자 포함)를 지급일에 수급사업자에게 지급하여야 한다. 다만, 목적물 등의 수령일로부터 60일

도인에 대한 상환청구권이 없는 팩토링(상환청구권 없는 외상매출채권 담보대출 포함)도 현금으로 인정되는 결제수단의 범위에 속한다.

23) 어음할인율은 시중은행에서 적용되는 상업어음할인율을 참작하여 공정거래위원회가 정하여 고시하도록 되어 있는 바(법 §13⑥), 공정거래위원회의 「어음에 의한 하도급대금 지급시의 할인율고시」에 따르면 하도급대금으로 교부된 어음은 7.5%의 할인율을 적용하도록 하고 있다.

이내에 어음결제수단으로 지급하는 경우에는 목적물 등의 수령일로부터 60일을 초과한 날 이후부터 하도급대금 상환기일까지의 기간에 대한 수수료를 목적물등의 수령일부터 60일 이내에 수급사업자에게 지급하여야 한다(법 §13⑦). 어음결제수단을 이용하여 지급하는 경우 적용하는 수수료율은 원사업자가 금융기관(「여신전문금융업법」 제2조 제2호의2에 따른 신용카드업자 포함)과 체결한 어음대체결제수단의 약정상 수수료율로 한다(법 §13⑩).

(라) 중견기업에 대한 특례

원래 하도급법에서는 수급사업자의 범위를 「중소기업기본법」에 따른 중소기업으로 한정하고 있지만, 대기업 등에 비하여 규모가 작은 중견기업[24]은 중소기업에 해당되었을 때 받은 각종 정부의 지원이 중단되는 점을 감안하여 연간매출액 규모가 상대적으로 작은 중견기업이 하도급대금을 지급받음에 있어서는 수급사업자의 지위를 부여함으로써 소규모 중견기업을 보호·지원할 필요가 있다.

이에 따라 하도급대금 지급에 관한 제13조의 규정은 「중견기업 성장촉진 및 경쟁력 강화에 관한 특별법」상의 중견기업(동법 §2ⅰ)으로 연간매출액이 대통령령으로 정하는 금액[25] 미만인 중견기업이 상호출자제한기업집단에 속하는 회사 또는 상호출자제한기업집단에 속하지 아니하는 회사로서 연간매출액이 2조 원을 초과하는 사업자로부터 제조등의 위탁을 받은 경우에도 적용한다(법 §13⑪, 영 §7의6).

이 경우 제조등의 위탁을 한 자는 하도급대금 지급(§13①부터 ⑩까지), 보복조치의 금지(§19), 탈법행위의 금지(§20), 조사대상 거래의 제한(§23②), 분쟁의 조정(§24의4① 및 ⑥), 시정조치(§25① 및 ③), 공탁(§25의2), 과징금(§25의3①), 시정권고(§25의5①), 관계행정기관의 장의 협조(§26②), 벌칙(§30①), 과실상계(§33), 손해배상책임(§35①)을 적용할 때에는 원사업자로 보고, 제조등의 위탁을 받은 중견기업은 하도급대금 지급(§13①부터 ⑩까지), 보복조치의 금지(§19), 수급사업자의 준수의무(§21), 조사대상 거래의 제한(§23②), 분쟁의 조정(§24의4①), 공탁(§25의2), 과실상계(§33)를 적용할 때에는 수급사업자로 본다.

(8) 건설하도급 계약이행 및 대금지급 보증의무

건설위탁의 경우 건설공사의 불확실성을 고려하여 원사업자에게는 대금지급 보증

24) 중견기업이란 중소기업기본법상의 중소기업이나 공공기관 또는 공기업이 아니면서 대기업집단에 속하지 아니한 기업을 말한다(중견기업 성장촉진 및 경쟁력 강화에 관한 특별법 §2ⅰ, 동법 시행령 §2①, ②).

25) 시행령 제7조의4 [별표 1]에서는 업종별로 연간매출액 800억 원부터 3,000억 원에 이르기까지 세분하고 있다. 다만 중견기업이 상호출자제한기업집단에 속하는 회사와 거래하는 경우에는 연간매출액을 3천억 원으로 한다.

의무, 수급사업자에게는 계약이행의무를 각각 부과하고 있다. 즉, 원사업자는 계약체결일부터 30일 이내에 수급사업자에게 공사기간과 기성부분에 대한 대가의 지급주기에 따라 일정한 금액의 공사대금 지급을 보증하도록 하고(하도급공사대금 지급보증의무), 수급사업자에게는 원사업자에게 계약금액의 100분의 10에 해당하는 금액의 계약이행을 보증하도록 하고 있다(계약이행 보증의무, 법 §13의2① 본문).

우선 원사업자는 i) 공사기간이 4개월 이하인 경우에는 계약금액에서 선급금을 뺀 금액, ii) 공사기간이 4개월을 초과하고 기성부분에 대한 대가의 지급주기가 2개월 이내인 경우에는 $\frac{\text{하도급계약금액}-\text{계약상선급금}}{\text{공사기간(개월 수)}}\times 4$ 에 따라 산출한 금액, iii) 공사기간이 4개월을 초과하고 기성부분에 대한 대가의 지급주기가 2개월을 초과하는 경우에는 $\frac{\text{하도급계약금액}-\text{계약상 선급금}}{\text{공사기간(개월 수)}\times\text{기성부분에 대한 대가의 지급주기(개월수)}\times 2}$ 에 따라 산출한 금액의 공사대금 지급을 보증하여야 한다(법 §13의2① 본문 각호). 여기에서 지급보증은 지급수단이 어음인 경우에는 만기일까지를, 어음대체결제수단인 경우에는 하도급대금 상환기일까지를 보증기간으로 한다.

다만, 원사업자의 재무구조·공사의 규모 등을 감안하여 보증을 요하지 아니하거나 보증이 적합하지 아니하다고 인정되는 경우로서 대통령령이 정하는 경우[26]에는 대금지급 보증의무가 면제된다(법 §13의2① 단서). 그러나 그 사유가 소멸한 경우에는 원사업자는 그 사유가 소멸한 날부터 30일 이내에 공사대금 지급보증을 하여야 한다. 다만, 계약의 잔여기간, 위탁사무의 기성률, 잔여대금의 금액 등을 고려하여 보증이 필요하지 아니하다고 인정되는 경우로서 대통령령으로 정하는 경우에는 그러하지 아니하다(법 §13의2②).

특히 국가계약법·지방계약법이 적용되는 장기계속건설공사에 있어 원사업자의 수급사업자에 대한 연차별 계약이행보증금 중도 반환을 의무화하고 있다. 즉, 국가·지방자치단체 또는 「공공기관의 운영에 관한 법률」에 따른 공기업, 준정부기관 또는 「지방공기업법」에 따른 지방공사, 지방공단과 장기계속건설계약[27]을 체결한 원사업자가

---

26) 지급보증의무가 면제되는 대통령령이 정하는 경우란 ① 원사업자가 수급사업자에게 건설위탁을 하는 경우로서 1건 공사의 공사금액이 4천만 원 이하인 경우, ② 하도급계약 체결일부터 30일 이내에 법 제14조 제1항 제2호에 따른 합의를 한 경우, ③ 하도급대금의 지급을 전자적으로 관리하기 위하여 운영되고 있는 시스템(이하 "하도급대금지급관리시스템")을 활용하여 발주자가 원사업자 명의의 계좌를 거치지 아니하고 수급사업자에게 하도급대금을 지급하는 경우를 말한다(영 §8① 각호). ②의 공정거래위원회가 고시하는 등급은 2개 이상 신용평가전문기관의 회사채 평가등급이 A 이상인 경우와 발주자, 원사업자, 수급사업자 간에 하도급대금의 직접지급에 합의한 경우를 말한다.

27) 여기에서 장기계속건설계약이란 총액으로 입찰하여 각 회계연도 예산의 범위에서 낙찰된 금액의 일부에 대하여 연차별로 계약을 체결하는 계약으로서 국가계약법 제21조 또는 지방계약법 제24조에 따른 장기계속계약을 말한다(법 §13의2③).

해당 건설공사를 장기계속건설하도급계약을 통하여 건설위탁하는 경우 원사업자는 최초의 장기계속건설하도급계약 체결일부터 30일 이내에 수급사업자에게 공사대금 지급을 보증하고, 수급사업자는 원사업자에게 최초 장기계속건설하도급계약 시 약정한 총 공사금액의 100분의 10에 해당하는 금액으로 계약이행을 보증하여야 한다(법 §13의2③).

이에 따라 수급사업자로부터 계약이행 보증을 받은 원사업자는 장기계속건설계약의 연차별 계약의 이행이 완료되어 이에 해당하는 계약보증금을 위의 공공발주자로부터 반환받을 수 있는 날부터 30일 이내에 수급사업자에게 해당 수급사업자가 이행을 완료한 연차별 장기계속건설하도급계약에 해당하는 하도급 계약이행보증금을 반환하여야 한다. 이 경우 이행이 완료된 부분에 해당하는 계약이행 보증의 효력은 상실되는 것으로 본다(법 §13의2④).

원사업자와 수급사업자 간의 보증은 현금(체신관서 또는 「은행법」에 따른 은행이 발행한 자기앞수표 포함) 또는 일정한 공적 기관[28]이 발행하는 보증서의 교부에 의하여 한다(법 §13의2⑤). 그러나 원사업자가 부도·파산 등으로 하도급대금을 지급하지 못하는 상황임에도 불구하고, 수급사업자가 보증기관으로부터 보증금을 직접 받지 못하는 경우 수급사업자까지 연쇄 도산할 우려가 있음을 감안하여, 위 보증기관은 법정 사유로 수급사업자가 보증약관상 필요한 청구서류를 갖추어 보증금 지급을 요청한 경우 30일 이내에 보증금액을 수급사업자에게 지급하도록 하고 있다(법 §13의2⑥ 본문).

여기에서 법정 사유에 해당하는 것으로는 ① 원사업자가 당좌거래정지 또는 금융거래정지로 하도급대금을 지급할 수 없는 경우, ② 원사업자의 부도·파산·폐업 또는 회사회생절차 개시 신청 등으로 하도급대금을 지급할 수 없는 경우, ③ 원사업자의 해당 사업에 관한 면허·등록 등이 취소·말소되거나 영업정지 등으로 하도급대금을 지급할 수 없는 경우, ④ 원사업자가 제13조에 따라 지급하여야 할 하도급대금을 2회 이상 수급사업자에게 지급하지 아니한 경우, ⑤ 그 밖에 원사업자가 ①부터 ④까지에 준하는 지급불능 등 대통령령으로 정하는 사유[29]로 인하여 하도급대금을 지급할 수 없는

---

28) 이에는 i) 「건설산업기본법」에 의한 각 건설공제조합과 「전문건설공제조합법」에 의한 전문건설공제조합 및 업종별 공제조합, ii) 「보험업법」에 의한 보험회사, iii) 「신용보증기금법」에 의한 신용보증기금, iv) 「은행법」에 의한 금융기관이 있다(법 §13의2⑤). 또한 대통령령이 정하는 보증기관으로는 i) 「전기공사공제조합법」에 따른 전기공사공제조합 및 ii) 「정보통신공사업법」에 따른 정보통신공제조합, iii) 「주택도시기본법」에 따른 주택도시보증공사, iv) 「소방산업의 진흥에 관한 법률」에 따른 소방산업공제조합 및 v) 그 밖에 다른 법령에 따라 보증업무를 담당할 수 있는 기관 중에서 공정거래위원회가 정하여 고시하는 기관이 있다(영 §8②).

29) 여기에서 대통령령이 정하는 사유란 ① 기업구조조정촉진법에 따른 채권금융기관 자율협약에 의한 기업구조조정 추진 등으로 원사업자가 하도급대금을 지급할 수 없는 경우, ② 발주자에 대한 원사업자의 공사대금채권에 대하여 제3채권자가 압류·가압류를 하였거나 원사업자가 해당 공사대금채권을 제3자에게 양도한 경우, ③ 수급사업자에게 상환부담이 있는 어음대체 결제수단으로 하도급대금을 지급한 후 원사업자가 결제하지 아니한 경우, ④ 원사업자로부터 하도급대금으로 지급받은 어음이 부도 처리된 경우, ⑤ 원사업자가 수급

경우를 말한다(법 §13의2⑥ 본문 각호). 다만, 보증금 지급요건 충족 여부, 지급액에 대한 이견 등 대통령령으로 정하는 불가피한 사유[30]가 있는 경우 보증기관은 수급사업자에게 통지하고 30일 동안 보증금 지급을 보류할 수 있다. 다만 수급사업자와 합의한 경우 1차에 한하여 15일까지 이를 연장할 수 있다(법 §13의2⑥ 단서, 영 §8④).

원사업자가 제3항에 따라 지급보증서를 교부할 때에 그 공사기간 중에 건설위탁하는 모든 공사에 대한 공사대금의 지급보증이나, 1회계연도에 건설위탁하는 모든 공사에 대한 공사대금의 지급보증을 하나의 지급보증서의 교부에 의할 수 있다(법 §13의2⑦). 그 밖에 실제에 있어 원사업자는 수수료 부담 등을 이유로 대금지급 보증의무는 이행하지 않으면서 거래상의 우월적 지위를 이용하여 수급사업자의 계약이행보증을 요구하지 못하도록 원사업자의 하도급대금 지급보증의무 미이행시, 수급사업자는 계약이행보증의무의 이행을 거절할 수 있도록 하고 있다(법 §13의2⑨). 아울러 수급사업자의 계약이행 보증에 대한 원사업자의 청구권은 해당 원사업자가 공사대금 지급을 보증한 후가 아니면(제1항 또는 제2항 단서에 따라 공사대금 지급보증의무가 면제된 경우는 예외) 이를 행사할 수 없다(법 §13의2⑩).

(9) 설계변경 등에 따른 하도급대금의 조정 및 지급의무

원사업자는 제조등의 위탁을 한 후에 발주자로부터 설계변경, 목적물등의 납품등 시기의 변동 또는 경제상황의 변동 등의 이유로 계약금액이 증액되고 이와 같은 이유로 목적물의 완성 또는 완료에 추가비용이 들 경우에는 그가 발주자로부터 증액받은 계약금액의 내용과 비율에 따라 하도급대금을 증액하여야 한다. 다만, 원사업자가 발주자로부터 계약금액을 감액받은 경우에는 그 내용과 비율에 따라 하도급대금을 감액할 수 있다(법 §16①). 설계변경 등에 따라 원사업자가 발주자로부터 받은 추가금액의 내용과 비율이 명확한 경우에는 그 내용과 비율에 따라 수급사업자에게 지급하여야 하고, 내용이 불명확한 경우에는 발주자가 지급한 평균비율을 적용하여 지급하여야 한다.

하도급대금을 증액 또는 감액할 경우, 원사업자는 발주자로부터 계약금액을 증액 또는 감액받은 날부터 15일 이내에 발주자로부터 증액 또는 감액받은 사유와 내용을 해당 수급사업자에게 통지하여야 한다. 다만, 발주자가 그 사유와 내용을 해당 수급사업자에게 직접 통지한 경우에는 그러하지 아니하다(법 §16②). 이는 수급사업자로 하여

사업자로부터 2회 이상 하도급대금 지급에 관한 최고를 받고도 이를 이행하지 아니한 경우를 말한다(영 §8⑤).

30) 여기에서 대통령령이 정하는 사유란 ① 보증기간 내 계약이행 여부가 불명확하여 자료보완이 필요한 경우, ② 지급하여야 할 기성금(명칭을 불문하고 계약이행에 따른 대가로 지급되는 것을 말한다)에 대하여 당사자 간 이견이 있는 경우를 말한다(영 §8③).

금 원사업자와 발주자 간의 '도급대금' 조정 사실과 내역을 알 수 있게 하여 원사업자의 제1항의 의무위반에 대응할 수 있도록 하기 위한 것이다. 하도급대금의 증액 또는 감액은 원사업자와 발주자로부터 계약금액을 증액 또는 감액받은 날로부터 30일 이내에 하여야 한다(법 §16③). 원사업자가 계약금액 증액에 따라 발주자로부터 추가금액을 지급받은 날부터 15일이 지난 후에 지급하는 경우에는 초과기간에 대한 지연이자를, 어음 또는 기업구매전용카드 등 어음대체결제수단을 이용하여 지급하는 경우에는 초과기간에 대한 지연이자 또는 할인료를 지급하여야 한다(법 §16④).

(10) 공급원가 등의 변동에 따른 하도급대금 조정협의의무

(가) 수급사업자의 원사업자에 대한 조정신청

수급사업자는 제조등의 위탁을 받은 후 공급원가 변동 등의 사유로 하도급대금 조정이 필요한 경우에는 원사업자('상호출자제한기업집단 소속회사' 및 '중견기업')에게 하도급대금의 조정을 신청할 수 있다(법 §16의2①, 영 §9의2③, 납품단가조정 신청제도).

조정 신청사유로는 ① 목적물등의 공급원가가 변동되거나 ② 수급사업자의 책임으로 돌릴 수 없는 사유로 목적물등의 납품등 시기가 지연되어 관리비 등 공급원가 외의 비용이 변동되거나 ③ 공급원가, 기타 비용이 하락할 것으로 예상하여 계약기간 경과에 따라 단계적으로 하도급대금을 인하하는 내용의 계약(소위 CR 계약)[31)]을 체결하였으나 원사업자가 목적물등의 물량이나 규모를 축소하는 등 수급사업자의 책임이 없는 사유로 공급원가 또는 그 밖의 비용이 하락하지 아니하거나 그 하락률이 하도급대금 인하 비율보다 낮아 하도급대금의 조정이 불가피한 경우를 들 수 있다(법 §16의2① 각 호). 여기에서 '공급원가'는 재료비, 노무비, 경비 등 수급사업자가 목적물등을 제조·수리·시공하거나 용역을 수행하는 데 소요되는 비용을 말하며(영 §9의2①), 그 변동폭에 상관없이 조정을 신청할 수 있다.

(나) 조합의 조정협의

「중소기업협동조합법」에 따른 중소기업협동조합(이하 "조합")은 목적물등의 공급원가가 변동된 경우에는 조합원인 수급사업자의 신청을 받아 원사업자와 하도급대금의 조정을 위한 협의를 할 수 있다. 다만, 원사업자와 수급사업자가 같은 조합의 조합원인 경우에는 그러하지 아니하다(법 §16의2②). 원사업자에 대해 하도급대금 조정을 신청한

---

31) 원래 하도급대금 조정신청제도는 공급원가나 관리비 등 원가가 인상된 경우를 염두에 둔 것이지만, 원가절감을 전제로 단계적으로 단가를 인하하기로 하는 CR(cost reduction) 계약이 체결된 경우 납품 물량의 현저한 감소 등 수급사업자의 책임 없는 사유로 원가절감이 이루어지지 못함에도 불구하고 CR 계약 내용대로 단가를 인하하면 수급사업자가 손해를 볼 수도 있기 때문에 조정신청사유에 포함시키고 있다.

수급사업자가 조합에 조정협의를 신청한 경우 원래의 신청은 철회된 것으로 본다(법 §16의2⑥). 수급사업자로부터 신청을 받은 조합은 신청받은 날부터 20일 이내에 원사업자에게 하도급대금의 조정을 신청하여야 한다(법 §16의2③ 본문). 다만, 조합이 해당 기간 내에 중앙회에 조정을 위한 협의를 신청한 경우에는 그러하지 아니하다(법 §16의2③ 단서).

(다) 중소기업중앙회의 조정협의

조합은 조정을 신청하기 전이나 신청한 후에 필요하다고 인정되면 수급사업자의 동의를 받아 「중소기업협동조합법」에 따른 중소기업중앙회(이하 "중앙회")에 원사업자와 하도급대금 조정을 위한 협의를 하여 줄 것을 신청할 수 있다(법 §16의2④). 이는 중앙회가 중소기업 관련 연구 및 조사 기능을 수행하고 표준원가센터를 운영하는 등 대금 조정 협의에 대한 전문성을 보유하고 있기 때문에 중앙회로 하여금 조합의 후견적 역할을 담당할 수 있도록 하기 위함이다.

조합으로부터 협의신청을 받은 중앙회는 그 신청을 받은 날부터 15일 이내에 원사업자에게 하도급대금의 조정을 신청하여야 한다(법 §16의2⑤). 하도급대금 조정을 신청한 조합이 중앙회에 조정협의를 신청한 경우 신청은 철회된 것으로 본다(법 §16의2⑥). 이와 같이 조합 또는 중앙회에 후견적 역할을 인정하여 하도급대금 조정신청권을 부여한 것은 수급사업자들이 원사업자의 거래중단 위협 때문에 조정신청을 주저하는 현실을 감안하여 수급사업자의 교섭력을 보강하기 위한 것이다.

(라) 원사업자의 조정협의의무

원사업자는 조정 신청이 있은 날부터 10일 안에 조정을 신청한 수급사업자, 조합 또는 중앙회와 하도급대금 조정을 위한 협의를 개시하여야 하며, 정당한 사유 없이 협의를 거부하거나 게을리 하여서는 아니 된다(법 §16의2⑩).

원사업자 또는 수급사업자(조정협의의 경우 조합 또는 중앙회 포함)는 ① 조정신청이 있은 날부터 10일이 지난 후에도 원사업자가 하도급대금의 조정을 위한 협의를 개시하지 아니하거나 ② 조정신청이 있은 날부터 30일 안에 하도급대금의 조정에 관한 합의에 도달하지 아니하거나 ③ 조정신청으로 인한 협의개시 후 원사업자 또는 수급사업자가 협의 중단의 의사를 밝힌 경우 등 대통령령으로 정하는 사유[32]로 합의에 도달하지 못할 것이 명백히 예상되는 경우 한국공정거래조정원에 설치된 하도급분쟁조정협의회

32) 여기에서 대통령령으로 정하는 사유란 ① 원사업자 또는 수급사업자(협의 신청을 받은 조합 또는 중앙회를 포함)가 협의 중단의 의사를 밝힌 경우, ② 원사업자 및 수급사업자가 제시한 조정금액이 상호 간에 2배 이상 차이가 나는 경우, ③ 합의가 지연되면 영업활동이 심각하게 곤란하게 되는 등 원사업자 또는 수급사업자에게 중대한 손해가 예상되는 경우 및 ④ 그 밖에 이에 준하는 사유가 있는 경우를 말한다(영 §9의3).

에 조정을 신청할 수 있다(법 §24①, ②, §16의2⑪).

(마) 기 타

위의 조정협의가 완료된 경우 수급사업자, 조합 또는 중앙회는 사정변경이 없는 한 동일한 사유를 들어 원사업자와의 조정 신청을 다시 할 수 없다(법 §16의2⑦, 일사부재리 원칙). 수급사업자로부터 조정협의 신청을 받은 조합 또는 중앙회는 납품 중단을 결의하는 등 부당하게 경쟁을 제한하거나 부당하게 사업자의 사업내용 또는 활동을 제한하는 행위를 하여서는 아니 된다(법 §16의2⑧).

(11) 하도급대금 연동의무

(가) 의 의

원사업자의 하도급대금 조정협의의무(법 §16의2)에도 불구하고, 수급사업자의 원사업자에 대한 거래의존성 심화와 원·수급사업자 간 교섭력의 차이로 변동된 공급원가를 하도급대금에 제대로 반영하기 쉽지 않다. 이에 따라 하도급법은 수급사업자가 대부분인 중소기업의 생태계 유지를 위해 원사업자의 하도급대금 연동의무를 부과하고 있다.[33]

'하도급대금 연동'이란 주요 원재료 가격의 변동분에 연동하여 하도급대금을 조정하는 것을 말한다. 하도급법은 원사업자와 수급사업자가 100분의 10 이내의 범위에서 협의하여 정한 비율 이상 변동하는 경우 원칙적으로 하도급대금에 연동하도록 규정하고 있다(법 §2⑰). 여기에서 '주요 원재료'란 하도급거래에서 목적물등의 제조·수리·시공 또는 용역수행에 사용되는 원재료로서 그 비용이 하도급대금의 100분의 10 이상인 원재료를 말한다(법 §2⑯).

원사업자는 하도급대금 연동의 대상 목적물등의 명칭, 주요 원재료, 조정요건, 기준지표 및 산식 등 하도급대금 연동에 관한 사항으로서 대통령령으로 정하는 사항[34]을 적은 서면(전자문서 포함)을 수급사업자에게 발급하도록 하고 있다(법 §3①, ②iii).

특히 원사업자는 서면에 하도급대금 연동에 따른 사항을 적을 때 수급사업자의 이익에 반하는 불공정한 내용이 되지 아니하도록 수급사업자와 성실히 협의하여야 한다

---

33) 「대중소기업 상생협력에 관한 법률」(이하 "상생협력법")에서도 위탁기업과 수탁기업 간에 적용되는 같은 취지의 규정을 두고 있어(동법 §21) 자칫 적용상의 혼란이 초래될 수 있으나, 상생협력법이 하도급법에 어긋나는 경우에는 하도급법에 따르도록 하고 있다(하도급법 §34).

34) 여기에서 대통령령으로 정하는 사항이란 ① 하도급대금 연동 대상 목적물등의 명칭, ② 하도급대금 연동 대상 목적물등의 주요 원재료, ③ 하도급대금 연동의 조정요건, ④ 주요 원재료 가격의 기준 지표, ⑤ 하도급대금 연동의 산식, ⑥ 주요 원재료 가격의 변동률 산정을 위한 기준 시점 및 비교 시점 및 ⑦ 하도급대금 연동의 조정일, 조정주기 및 조정대금 반영일을 말한다(영 §3② 각호).

(성실협의의무, 법 §3③). 이와 함께 원사업자는 하도급대금 연동과 관련하여 하도급거래에 관한 거래상 지위를 남용하거나 거짓 또는 그 밖의 부정한 방법으로 하도급대금 연동의무의 적용을 피하려는 행위를 하여서는 아니 된다(법 §3⑤, §20②).

(나) 적용 예외

하도급법은 하도급대금 연동의무가 경직적으로 적용되지 않도록 일정한 예외를 인정하고 있다. 즉, ① 원사업자가 「중소기업기본법」 제2조제2항에 따른 소기업에 해당하는 경우, ② 하도급거래 기간이 90일 이내인 경우, ③ 하도급대금이 1억 원 이하인 경우 및 ④ 원사업자와 수급사업자가 하도급대금 연동을 하지 아니하기로 합의한 경우에는 적용을 강제하고 있지 않다(법 §3④ 본문 각호, 영 §3③, §3④). 다만, ②와 ③의 거래 관행 등 거래의 특성을 고려하여 공정거래위원회가 달리 정하여 고시하는 경우에는 그에 따른 기간 또는 금액을 말한다(법 §3④ 각호, 영 §3③ 단서, §3④ 단서). 또한 ④의 경우에는 원사업자와 수급사업자가 그 취지와 사유를 서면에 분명하게 적어야 한다(법 §3④ 단서).

(다) 하도급대금 연동의 확산

공정거래위원회는 하도급대금 연동의 확산을 위하여 하도급대금 연동 우수기업 및 하도급대금 연동 확산에 기여한 자(이하 "하도급대금 연동 우수기업등")를 선정하고 포상하는 등 지원시책을 수립하여 추진할 수 있다(법 §3의6, 영 §6의6). 하도급대금 연동 우수기업등에 대해서는 공정거래협약 평가시 가점을 부여하고, 하도급법 위반시 50% 범위 내에서 과태료를 경감할 수 있으며, 행정적·재정적 지원방안을 마련할 수 있다(법 §3의3②, 영 §6의6②, ③).

또한 하도급대금 연동의 확산을 지원하기 위하여 관련 기관이나 단체를 하도급대금 연동 확산 지원 본부(이하 "연동지원본부")로 지정할 수 있다(법 §3의7①, 영 §6의7). 연동지원본부는 ① 원재료 가격 및 주요 물가지수 정보 제공, ② 하도급대금 연동의 도입 및 조정 실적 확인, ③ 하도급대금 연동 관련 교육 및 컨설팅 등의 사업을 한다(법 §3의7②).

(라) 위반시 제재

하도급대금 연동의무를 위반한 사업자에 대해서는 법 위반행위의 중지, 특약의 삭제나 수정, 향후 재발방지, 그 밖에 시정에 필요한 조치를 명할 수 있으며(법 §25), 명령에 따르지 아니한 원사업자는 1억 5천만 원 이하의 벌금에 처한다(법 §30②iii). 거래상 지위를 남용하거나 거짓 또는 그 밖의 부정한 방법으로 하도급대금 연동의무의 적용을 피하려는 행위를 한 원사업자에 대해서는 5천만 원 이하의 과태료, 서면에 하도급대금 연동에 관한 사항을 적지 아니한 원사업자에 대해서는 1천만 원 이하의 과태료를 부과한다(법 §30의2⑤ i).

(12) 건설하도급 입찰결과 공개의무

국가 또는 「공공기관의 운영에 관한 법률」 제5조에 따른 공기업 및 준정부기관이 발주하는 공사입찰로서 「국가를 당사자로 하는 계약에 관한 법률」 제10조제2항에 따라 각 입찰자의 입찰가격, 공사수행능력 및 사회적 책임 등을 종합 심사할 필요가 있는 건설공사, 즉 추정가격 100억 원 이상인 공사 등 국가계약법 시행령 제42조 제4항 제1호 및 제2호의 종합심사낙찰제가 적용되는 건설공사를 위탁받은 사업자는 경쟁입찰에 의하여 하도급계약을 체결하려는 경우 건설하도급 입찰에 관한 ① 입찰금액, ② 낙찰금액 및 낙찰자(상호, 대표자 및 영업소 소재지 포함), ③ 유찰된 경우 유찰 사유를 개찰 후 지체 없이 서면이나 전자적 방법으로 입찰참가자에게 알려야 한다(법 §3의5, 영 §6의5①, ②).

이처럼 입찰결과를 공개하도록 한 것은 공공분야가 발주한 건설공사의 하도급 단계에서 입찰결과가 공개되지 않아 건설공사를 위탁받은 사업자가 저가 계약을 목적으로 의도적으로 유찰시키는 등 관행적으로 이루어지던 불공정행위를 방지하기 위함이다.

(13) 하도급대금의 결제조건 등에 관한 공시의무

공정거래법상 공시대상기업집단에 속하는 원사업자는 하도급대금 지급수단, 지급금액, 지급기간(원사업자가 목적물등을 수령한 날부터 수급사업자에게 하도급대금을 지급한 날까지의 기간) 및 하도급대금과 관련하여 수급사업자로부터 제기되는 분쟁 등을 처리하기 위하여 원사업자가 자신의 회사에 설치하는 하도급대금 분쟁조정기구 등에 관한 사항을 공시하여야 한다(법 §13의3①).[35] 공시는 금융위원회를 통하여 할 수 있으며, 이 경우 공시의 방법·절차, 그 밖에 필요한 사항은 금융위원회와의 협의를 거쳐 공정거래위원회가 정한다(법 §13의3②, 자본시장법 §161). 시행령에서는 공시대상기업집단에 속하는 원사업자는 매 반기가 끝난 날의 다음 날부터 45일 이내에 공정거래위원회가 정하여 고시하는 정보시스템을 통해 공시하도록 하고 있다(영 §8의2②).

이와 같이 공시의무를 부과한 것은 원사업자와 1차 협력사 간 하도급대금의 결제

35) 공시해야 할 사항은 ① 반기 중 지급된 하도급대금의 지급수단별 지급금액과 그 비중, ② 반기 중 지급된 하도급대금의 지급기간별 지급금액과 그 비중 및 ③ 원사업자의 하도급대금 분쟁조정기구 설치 여부와 하도급대금 분쟁조정기구가 설치된 경우 하도급대금 분쟁조정기구의 담당부서 및 연락처이다(영 §8의2①).

조건 등의 정보가 2차, 3차 협력사까지 공유되지 않아 하위 단계로 갈수록 결제조건 등이 점차 열악해지지 않도록 하기 위함이다.

2. 원사업자의 금지사항

(1) 부당한 특약의 금지

원사업자가 수급사업자의 이익을 부당하게 침해하거나 제한하는 계약조건(부당한 특약)을 설정하여서는 아니 된다(법 §3의4①). 이 규정은 하도급거래계약 체결 시 원사업자가 수급사업자를 상대로 불리한 특수조건을 설정하여 자신이 부담하여야 할 비용을 수급사업자에게 부담시키는 등 열악한 지위에 있는 중소기업의 어려움을 가중시키고 있는 실정임을 감안한 것이다. 여기에서 부당한 특약으로 볼 수 있는 약정은 다음과 같다(법 §3의4②).

① 원사업자가 계약사항을 기재한 서면(법 §3①)에 기재되지 아니한 사항을 요구함에 따라 발생된 비용을 수급사업자에게 부담시키는 약정

② 원사업자가 부담하여야 할 민원처리, 산업재해 등과 관련된 비용을 수급사업자에게 부담시키는 약정

③ 원사업자가 입찰내역에 없는 사항을 요구함에 따라 발생된 비용을 수급사업자에게 부담시키는 약정

④ 그 밖에 이 법에서 보호하는 수급사업자의 이익을 제한하거나 원사업자에게 부과된 의무를 수급사업자에게 전가하는 등 대통령령으로 정하는 약정[36]

(2) 부당한 하도급대금 결정의 금지

원사업자는 수급사업자에게 위탁을 하는 경우에 부당하게 목적물과 동종 또는 유사한 것에 대하여 통상 지급되는 대가보다 낮은 수준으로 하도급대금을 결정하거나 하도급 받도록 강요하여서는 아니 된다(법 §4①).

---

36) 대통령령으로 정하는 약정이란 ① 인·허가, 환경·품질관리 등과 관련하여 발생되는 비용, 원사업자의 설계·작업내용의 변경에 따라 발생되는 비용, 수급사업자의 귀책사유 없이 원사업자의 요구 등에 따른 재작업, 추가작업 또는 보수작업으로 인한 비용, 관련 법령, 발주자와 원사업자 사이의 계약 등에 따라 원사업자가 부담하여야 할 하자담보책임 또는 손해배상책임을 수급사업자에게 부담시키는 약정, ② 천재지변, 매장문화재의 발견, 해킹·컴퓨터바이러스 발생 등으로 인한 작업기간 연장 등 위탁시점에 원사업자와 수급사업자가 예측할 수 없는 사항과 관련하여 수급사업자에게 불합리하게 책임을 부담시키는 약정, ③ 해당 하도급거래의 특성을 고려하지 아니한 채 간접비의 인정범위를 일률적으로 제한하는 약정, ④ 계약기간 중 수급사업자가 하도급대금 조정을 신청할 수 있는 권리를 제한하는 약정(발주자와 원사업자 사이의 계약에서 정한 간접비의 인정범위와 동일하게 정한 약정은 제외), ⑤ 그 밖에 ①에서 ④까지에 준하는 약정으로서 수급사업자의 권리·이익을 부당하게 박탈한다고 공정거래위원회가 정하여 고시하는 약정을 말한다(영 §6의4).

여기에서 부당한 방법이란 통상 지급되는 단가보다 부당하게 강요 등에 의해 일률적으로 단가를 낮게 결정하는 행위뿐만 아니라 예컨대, 협조요청, 기만 및 착오, 거짓견적, 다량발주 등을 이유로 부당하게 하도급대금을 수급사업자의 의사에 반하여 저가로 감액 결정하는 행위가 포함된다. 단가가 낮은지 여부는 위탁 목적물 등과 같거나 유사한 것에 대하여 일반적으로 지급되는 대가보다 낮은 수준인지를 기준으로 판단하고, '일반적으로 지급되는 대가'의 수준은 문제가 된 행위 당사자들 사이에 있었던 종전 거래의 내용, 비교의 대상이 되는 다른 거래에서 형성된 대가 수준의 정도와 편차, 비교 대상 거래의 시점, 방식, 규모, 기간과 비교 대상 거래 사업자들의 시장에서의 지위나 사업규모, 거래 당시의 물가 등 시장 상황 등을 두루 고려하여 인정할 수 있다.[37]

위반행위에 대한 입증책임 부담을 완화하기 위하여 하도급거래에서 자주 발생하고 위법성이 큰 위반행위 유형에 대하여는 부당한 하도급대금의 결정으로 간주하고 있다(법 §4②). 즉,

① 정당한 이유없이 일률적인 비율로 단가를 인하하여 하도급대금을 결정하는 행위
② 협조요청 등 명목 여하를 불문하고 일방적으로 일정 금액을 할당한 후 해당 금액을 감하여 하도급대금을 결정하는 행위
③ 정당한 이유없이 특정 수급사업자를 차별취급하여 하도급대금을 결정하는 행위
④ 수급사업자에게 발주량 등 거래조건에 대하여 착오를 일으키게 하거나 다른 사업자의 견적 또는 거짓 견적을 내보이는 등의 방법으로 수급사업자를 기만하고 이를 이용하여 하도급대금을 결정하는 행위
⑤ 원사업자가 일방적으로 낮은 단가에 의하여 하도급대금을 결정하는 행위
⑥ 수의계약으로 하도급계약을 체결함에 있어서 정당한 사유[38] 없이 대통령령이 정하는 바에 따른 직접공사비 항목의 값을 합한 금액[39]보다 낮은 금액으로 하도급대금을 결정하는 행위
⑦ 경쟁입찰에 의하여 하도급계약을 체결함에 있어서 정당한 사유 없이 최저가로 입찰한 금액보다 낮은 금액으로 하도급대금을 결정하는 행위

---

37) 대법원 2017. 12. 7. 선고 2016두35540 판결.

38) 여기서 정당한 사유는 공사현장여건, 수급사업자의 시공능력 등을 고려하여 판단하되, ① 수급사업자가 특허공법 등 지식재산권을 보유하여 기술력이 우수한 경우나 ② 「건설산업기본법」 제31조에 따라 발주자가 하도급 계약의 적정성을 심사하여 그 계약의 내용 등이 적정한 것으로 인정한 경우에는 하도급대금의 결정에 정당한 사유가 있는 것으로 추정한다(영 §7②).

39) 여기서 "대통령령으로 정하는 바에 따른 직접공사비 항목의 값을 합한 금액"이란 원사업자의 도급내역상의 재료비, 직접노무비 및 경비의 합계를 말한다. 다만, 경비 중 원사업자와 수급사업자가 합의하여 원사업자가 부담하기로 한 비목(費目) 및 원사업자가 부담하여야 하는 법정경비는 제외한다(영 §7①).

⑧ 계속적 거래계약에서 원사업자의 경영적자, 판매가격 인하 등 수급사업자의 책임으로 돌릴 수 없는 사유로 수급사업자에게 불리하게 하도급대금을 결정하는 행위

[판례] 현대자동차의 하도급대금 단가 일률적 비율 인하행위(대법원 2011. 3. 10. 선고 2009두1990 판결)

법 제4조 제2항 제1호에서 '일률적인 비율로 단가를 인하'한다는 것은, 둘 이상의 수급사업자나 품목에 관하여 수급사업자의 경영상황, 시장상황, 목적물 등의 종류 · 거래규모 · 규격 · 품질 · 용도 · 원재료 · 제조공법 · 공정 등 개별적인 사정에 차이가 있는데도 동일한 비율 또는 위와 같은 차이를 반영하지 아니한 일정한 구분에 따른 비율로 단가를 인하하는 것을 의미한다. … 수급사업자들의 경영상황과 목적물의 종류 등은 물론 납품물량 증가율까지 서로 다른데도, 원사업자가 저수익 차종의 재료비를 3.5% 인하하여 수익성을 개선할 계획을 세운 다음 2차 인하를 단행함으로써 수급사업자들 중 1차에서 1.8~2.0% 인하한 20개 업체에 대하여는 1.3~1.5% 추가 인하하여 인하율이 합계 3.2~3.5%에 이르게 하고, 나머지 6개 업체에 대하여는 3.4~3.5% 인하한 것으로 볼 여지가 있어 원사업자의 2차 인하행위가 '일률적인 비율로 단가를 인하하여 하도급대금을 결정하는 행위'에 해당한다고 할 수 있(다).

[판례] 신영프레세전의 하도급대금 단가 일방적 인하행위(대법원 2018. 3. 13. 선고 2016두59430 판결)

법 제4조 제2항 제5호가 정하는 '합의 없이 일방적으로 낮은 단가에 의하여 하도급대금을 결정하는 행위'란 원사업자가 거래상 우월적 지위에 있음을 기화로 수급사업자의 실질적인 동의나 승낙이 없는데도 단가 등을 낮게 정하는 방식으로 일방적으로 하도급대금을 결정하는 행위를 말한다.

여기서 '합의 없이 일방적으로' 대금을 결정하였는지는 원사업자의 수급사업자에 대한 거래상 우월적 지위의 정도, 수급사업자의 원사업자에 대한 거래의존도, 계속적 거래관계의 유무와 정도, 거래관계를 지속한 기간, 문제 된 행위를 전후로 한 시장 상황 등과 함께, 하도급대금이 결정되는 과정에서 수급사업자가 의사표시의 자율성을 제약받지 않고 협의할 수 있었는지 여부와 그 제약의 정도, 결정된 하도급대금으로 인해 수급사업자가 입은 불이익의 내용과 정도 등을 종합적으로 고려하여 판단하여야 한다.

(3) 물품 등 구매강제의 금지

원사업자는 수급사업자에게 위탁을 하는 경우에 그 목적물의 품질의 유지 · 개선이나 기타 정당한 이유가 있는 경우를 제외하고는 그가 지정하는 물품 · 장비 또는 역무 등을 수급사업자에게 매입, 사용 또는 이용하도록 강요하여서는 아니 된다(법 §5). 여기에서 기타 정당한 이유가 있는 경우란 발주자, 바이어, 고객이 목적물 제조, 수리, 시공 또는 용역수행시 특정 물품 및 장비 등을 사용토록 요구한 경우를 말한다.

(4) 부당한 위탁취소의 금지

원사업자는 수급사업자에게 책임을 돌릴 이유가 있는 경우를 제외하고는 ① 위탁을 임의로 취소·변경하거나 ② 목적물의 납품에 대한 수령 또는 인수를 거부·지연하여서는 아니 된다(법 §8①). 다만 용역위탁 가운데 역무의 공급을 위탁하는 경우에는 특정한 성과물이 없기 때문에 ②의 수령 또는 인수의 거부나 지연 금지가 적용될 여지가 없다. 여기에서 수령이란 수급사업자가 납품 등을 한 목적물 등을 받아 원사업자의 사실상 지배하에 두게 되는 것을 말한다. 다만, 이전이 곤란한 목적물 등의 경우에는 검사를 개시한 때를 수령한 때로 본다(법 §8③).

원사업자는 목적물의 납품이 있을 때에는 역무의 공급을 위탁하는 경우를 제외하고는 검사완료 전이라도 즉시(제7조의 규정에 따라 내국신용장을 개설한 경우에는 검사완료 즉시) 수령증명서를 교부하여야 한다. 건설위탁의 경우에는 검사가 종료되는 즉시 목적물을 인수하여야 한다(법 §8②).

(5) 부당반품의 금지

원사업자는 다음에 해당하는 경우를 제외하고는 수급사업자의 납품 목적물을 수령한 후 이를 수급사업자에게 반품시켜서는 아니 된다(법 §10①). 다만, 용역위탁 가운데 역무의 공급을 위탁하는 경우에는 특정한 성과물이 없기 때문에 부당반품 금지규정이 적용될 여지가 없다.

부당반품에 해당하는 원사업자의 행위로는 ① 거래상대방으로부터의 발주취소 또는 경제상황의 변동 등을 이유로 목적물을 반품하는 행위, ② 검사기준 및 방법을 불명확하게 정함으로써 목적물을 부당하게 불합격으로 판정하여 이를 반품하는 행위, ③ 원사업자가 공급한 원재료의 품질 불량으로 인하여 목적물이 불합격품으로 판정되었음에도 불구하고 이를 반품하는 행위, ④ 원사업자의 원재료 공급지연으로 납기가 지연되었음에도 불구하고 이를 이유로 목적물을 반품하는 행위가 있다(법 §10②).

(6) 하도급대금 감액의 금지

원사업자는 제조등의 위탁을 할 때 정한 하도급대금을 감액하여서는 아니 된다(법 §11① 본문). 다만 원사업자가 정당한 사유를 입증한 경우에는 하도급대금을 감액할 수 있으나, 그 감액사유와 기준 등[40]을 적은 서면을 해당 수급사업자에게 미리 주어야 한

40) 하도급대금의 감액시 서면에 기재하여야 하는 사항으로는 ① 감액시 그 사유와 기준, ② 감액의 대상이 되는 목적물 등의 물량, ③ 감액금액, ④ 공제 등 감액방법, ⑤ 그 밖에 원사업자의 감액이 정당함을 입

다(법 §11① 단서, ③). 이로써 대금 감액의 정당성 입증을 원사업자가 부담하도록 하여 입증책임을 전환하고 있다. 하지만 다음과 같은 원사업자의 행위는 정당한 사유에 의한 행위로 보지 아니한다(법 §11②). 즉,

① 위탁할 때 하도급대금을 감액할 조건 등을 명시하지 아니하고 위탁 후 협조요청 또는 거래상대방으로부터의 발주취소, 경제상황의 변동 등 불합리한 이유를 들어 하도급대금을 감액하는 행위

② 수급사업자와 단가 인하에 관한 합의가 성립한 경우 해당 합의 성립 전에 위탁한 부분에 대하여도 합의내용을 소급하여 적용하는 방법으로 하도급대금을 감액하는 행위

③ 하도급대금을 현금으로 또는 지급기일 전에 지급함을 이유로 하도급대금을 지나치게 감액하는 행위

④ 원사업자에 대한 손해발생에 실질적 영향을 미치지 아니하는 수급사업자의 과오를 이유로 하도급대금을 감액하는 행위

⑤ 목적물 등의 제조·수리·시공 또는 용역수행에 필요한 물품 등을 자기로부터 사게 하거나 자기의 장비 등을 사용하게 한 경우에 적정한 구매대금 또는 사용대가 이상의 금액을 하도급대금에서 공제하는 행위

⑥ 하도급대금 지급시점의 물가나 자재가격 등이 납품 등의 시점에 비하여 떨어진 것을 이유로 하도급대금을 감액하는 행위

⑦ 경영적자 또는 판매가격 인하 등 불합리한 이유로 부당하게 하도급대금을 감액하는 행위

⑧ 「고용보험 및 산업재해보장보험의 보험료 징수등에 관한 법률」, 「산업안전보건법」 등에 따라 원사업자가 부담하여야 하는 고용보험료, 산업안전보건관리비 그 밖의 경비 등을 수급사업자에게 부담시키는 행위

⑨ 그 밖에 제1호부터 제8호까지의 규정에 준하는 것으로서 대통령령으로 정하는 행위.

[판례] 한온시스템㈜의 하도급대금 감액 정당화 사유(서울고법 2023. 2. 2. 선고 2020누64561 판결, 대법원 2023. 6. 15. 선고 2023두36459 심리불속행 기각 판결로 확정)

원사업자의 생산성 향상 기여를 이유로 하도급대금을 감액하는 것이 예외적으로 정당화되기 위해서는 수급사업자가 그러한 감액에 동의하였다거나 단순히 원사업자가 수급사업자의 생산성 향상에 도움을 주었다는 사실만으로 부족하고, 사후적으로 보았을 때도 원고

증할 수 있는 사항 등이 있다(영 §7의2).

에게 분배되는 금액(감액액)이 원고의 기여 정도나 원고가 지출한 비용 등을 합리적으로 반영한 것이라는 점을 분명하게 확인할 수 있을 정도로 원고가 하려는 생산성 향상 지원활동의 구체적인 내용, 원고가 지출하는 비용, 그로 인해 발생하는 구체적인 생산성 향상 효과와 그 이익액의 분배방법 등이 사전에 명확하게 정해져 있어야 하고, 실제 원고의 기여활동을 통해 원가절감 효과가 발생하였음이 구체적이고 객관적인 자료에 의해 증명되어야 (한다.)

원사업자가 부당감액한 금액을 목적물등의 수령일부터 60일이 지난 후에 지급하는 경우에는 그 초과기간에 대하여 연 100분의 40 이내에서 「은행법」에 따른 은행이 적용하는 연체금리 등 경제사정을 고려하여 공정거래위원회가 정하여 고시하는 이율에 따른 이자를 지급하여야 한다(법 §11④).

(7) 물품구매대금 등의 부당결제청구의 금지

원사업자는 수급사업자에게 목적물의 제조·수리·시공 또는 용역수행에 필요한 물품 등을 자기로부터 사게 하거나 자기의 장비 등을 사용하게 한 경우에 정당한 이유 없이 해당 목적물에 대한 하도급대금의 지급기일에 앞서 구매대금이나 사용대가의 전부 또는 일부를 지급하게 하거나 자기가 구입·사용 또는 제3자에게 공급하는 조건보다 현저하게 불리한 조건으로 지급하게 하여서는 아니 된다(법 §12).

(8) 경제적 이익의 부당요구 금지

원사업자는 정당한 사유 없이 수급사업자에게 자기 또는 제3자를 위하여 금전, 물품, 용역 그 밖에 경제적 이익을 제공하도록 하는 행위를 하여서는 아니 된다(법 §12의2). 이는 원사업자가 하도급거래를 하면서 자신의 우월적 지위를 이용하여 수급사업자에게 법률상 의무 없는 부담을 강요하는 불공정거래행위를 금지하기 위한 것이다. 여기에서 말하는 '경제적 이익의 제공'에는 반드시 반대급부가 없는 일방적인 경제적 이익만이 아니라, 원사업자가 부담하여야 할 비용을 수급사업자에게 전가하거나 유동성을 확보하는 것 등 간접적이고 우회적인 형태로 수급사업자에게 경제적 부담을 지우는 것도 포함된다.[41]

[판례] 남양건설의 경제적 이익 부당요구행위(대법원 2010. 12. 9. 선고 2009두2368 판결)

원고가 이 사건 39개 수급사업자들에게 건축공사를 하도급하면서 그 거래조건으로 자신의 미분양 아파트를 분양받도록 하거나 자신과 특수한 관계에 있는 회사의 수입차량을 구

41) 대법원 2010. 12. 9. 선고 2009두2368 판결.

매하는 것을 조건으로 하여 하도급계약을 체결한 것은 자신 또는 제3자의 매출을 늘리고 자금운용을 원활하게 할 수 있는 경제적 이익의 요구행위로 볼 수 있(다.)

(9) 기술자료 제공 요구 · 유용의 금지

원사업자는 정당한 사유를 입증한 경우에만 수급사업자의 기술자료를 본인 또는 제3자에게 제공하도록 요구할 수 있다(법 §12의3①). 원사업자가 정당한 사유를 입증하여 수급사업자에게 기술자료를 요구할 경우에는 요구목적, 권리귀속 관계, 대가 등 대통령령으로 정하는 사항[42]을 해당 수급사업자와 미리 협의하여 정한 후 그 내용을 적은 서면을 해당 수급사업자에게 주어야 한다(법 §12의3②, 영 §7의3 각호). 여기에서 "기술자료"란 비밀로 관리되는 제조 · 수리 · 시공 또는 용역수행 방법에 관한 자료, 그 밖에 영업활동에 유용하고 독립된 경제적 가치를 가지는 것으로서 대통령령으로 정하는 자료[43]를 말한다(법 §2⑮). 즉, 하도급법상 기술유용행위의 보호대상인 기술자료는 '기술성'과 '비밀관리성'을 갖추어야 한다.

수급사업자가 원사업자에게 기술자료를 제공하는 경우 비밀유지계약을 체결하여야 한다. 즉, 원사업자는 해당 기술자료를 제공받는 날까지 해당 기술자료의 범위, 기술자료를 제공받아 보유할 임직원의 명단, 비밀유지의무 및 목적 외 사용금지, 위반 시 배상 등 대통령령으로 정하는 사항[44]이 포함된 비밀유지계약을 수급사업자와 체결하여야 한다(법 §12의3③). 이는 원 · 수급사업자 간 협상력 차이로 수급사업자가 비밀유지계약 체결을 요구하기 어려운 상황임을 고려하여 의무화한 것이다. 공정거래위원회는 표준비밀유지계약서 작성 및 사용을 권장할 수 있다(법 §12의3⑤).

그 밖에 원사업자는 취득한 수급사업자의 기술자료를 부당하게 자기 또는 제3자를 위하여 사용하거나 제3자에게 제공하는 행위(하도급계약 체결 전 행한 행위 포함)를 금지하고 있다(법 §12의3④). 이에 따라 하도급계약 체결 전 교섭단계에서 원사업자가 우월한 지위를 이용하여 기술자료를 제공받아 이를 유용하는 행위도 금지된다. 그 위반행

---

42) 대통령령이 정한 사항은 ① 기술자료 제공 요구목적, ② 비밀유지방법 등 요구대상 기술자료의 비밀유지에 관한 사항, ③ 요구대상 기술자료와 관련된 권리귀속 관계, ④ 요구대상 기술자료의 대가 및 대가의 지급방법, ⑤ 요구대상 기술자료의 명칭 및 범위, ⑥ 요구일, 제공일 및 제공방법, ⑦ 요구대상 기술자료의 사용기간, ⑧ 반환 또는 폐기방법, ⑨ 반환일 또는 폐기일, ⑩ 그 밖에 원사업자의 기술자료 제공 요구가 정당함을 입증할 수 있는 사항을 말한다(영 §7의3).

43) 대통령령으로 정하는 자료란 ① 특허권, 실용신안권, 디자인권, 저작권 등의 지식재산권과 관련된 정보나 ② 시공 또는 제품개발 등을 위한 연구자료, 연구개발보고서 등 수급사업자의 생산 · 영업활동에 기술적으로 유용하고 독립된 경제적 가치가 있는 정보를 말한다(영 §2⑧).

44) 대통령령으로 정하는 사항이란 ① 기술자료의 명칭 및 범위, ② 기술자료의 사용기간, ③ 기술자료를 보유할 임직원의 명단, ④ 기술자료의 비밀유지 의무, ⑤ 기술자료의 목적외 사용금지, ⑥ 비밀유지 의무 위반시 배상, ⑦ 기술자료의 반환 또는 폐기방법, ⑧ 기술자료의 반환일 또는 폐기일을 말한다(영 §7의4).

위에 대해서는 손해액의 5배를 넘지 아니하는 범위에서 징벌적 손해배상책임을 지우고 있다(법 §35②ii). 이는 원사업자가 수급사업자의 독자적인 기술자료를 획득하여 손쉽게 경제적 이익을 얻거나 심지어 획득한 기술자료를 제3의 수급사업자에게 제공하면서 기존 수급사업자와 가격경쟁을 유도하여 납품단가를 낮추는 데 악용하는 것을 방지하기 위한 것이다. 또한 기술자료 제공요구·유용의 금지는 수급사업자의 기술경쟁력 축적에도 기여하게 될 것이다.

[판례] 현대건설기계의 기술자료 유용행위(서울고법 2022. 2. 17. 선고 2019누51675 판결, 대법원 2022. 6. 30. 선고 2022두39178 심리불속행 기각 판결로 확정)

수급사업자가 작성한 기술자료에 원사업자의 기술이 포함 또는 반영되어 있더라도 그러한 사정만으로 곧바로 하도급법이 보호하는 '수급사업자의 기술자료'가 아니라고 볼 수는 없고, 수급사업자가 고유기술과 노하우를 투여하여 원사업자의 기술을 해당 부품에 적용될 수 있게 한 경우에는 '수급사업자의 기술자료'라고 인정할 수 있고, 이 때 가미된 수급사업자의 기술과 노하우가 원사업자 또는 제3자가 보유함으로써 얻게 되는 상당한 이익이 있거나 보유하기 위하여 상당한 비용이 소요되는 정도의 유용성과 경제적 가치가 있는 것이라면, 그것이 거래의 대상이 될 수 있을 정도의 독자적인 가치를 가지지 않아도 무방(하다.)

(10) 부당한 대물변제행위의 금지

원사업자는 수급사업자의 의사에 반하여 하도급대금을 물품으로 지급하여서는 아니 된다(법 §17① 본문). 다만, 하도급대금의 회수를 위해서는 물품이라도 대물변제로서 받아야 할 불가피한 사유가 있는 경우, 즉 ① 원사업자가 발행한 어음 또는 수표가 부도로 되거나 은행과의 당좌거래가 정지 또는 금지된 경우, ② 원사업자에 대한 「채무자 회생 및 파산에 관한 법률」에 따른 파산신청, 회생절차개시 또는 간이회생절차개시의 신청이 있은 경우 또는 ③ 그 밖에 원사업자가 하도급대금을 물품으로 지급할 수밖에 없다고 인정되는 대통령령으로 정하는 사유가 발생하고, 수급사업자의 요청이 있는 경우에는 그러하지 아니하다(법 §17① 단서).

수급사업자의 의사에 반하지 아니하였다는 입증책임은 원사업자에게 있다. 하도급계약서상에 대물변제에 대하여 상호 합의한 내용이 있는 경우에는 부당한 대물변제행위로 볼 수 없다. 그러나 현실적으로 하도급대금을 미분양아파트, 건설자재 등 대물로 변제하는 경우가 많은데 반해, 담보제공, 채권·채무 설정 등 자산에 대한 권리·의무관계가 확인되지 않은 상태에서 대물로 하도급거래대금을 지급할 경우 수급사업자의 피해로 이어질 수 있기 때문에, 원사업자는 대물변제하기 전에 소유권, 담보제공 등 물품의 권리·의무 관계를 확인할 수 있는 자료를 수급사업자에게 제시하여야 한다(법

§17②). 제시하여야 할 자료, 자료제시의 방법 및 절차 등 그 밖에 필요한 사항은 대통령령으로 정한다(법 §17③, 영 §9의4).

(11) 부당한 경영간섭의 금지

원사업자는 하도급 거래량을 조절하는 방법 등을 이용하여 수급사업자의 경영에 간섭하여서는 아니 된다(법 §18①). 특히 ① 정당한 사유 없이 수급사업자가 기술자료를 해외에 수출하는 행위를 제한하거나 기술자료의 수출을 이유로 거래를 제한하는 행위, ② 정당한 사유 없이 수급사업자로 하여금 자기 또는 자기가 지정하는 사업자와 거래하도록 구속하는 행위, ③ 정당한 사유 없이 수급사업자에게 원가자료 등 공정거래위원회가 고시하는 경영상의 정보를 요구하는 행위의 어느 하나에 해당하는 원사업자의 행위는 부당한 경영간섭으로 본다(법 §18②).

그 밖에도 수급사업자가 임직원을 선임・해임함에 있어 자기의 지시 또는 승인을 얻게 하는 행위, 수급사업자의 생산품목・시설규모 등을 제한하는 행위, 하도급거래의 목적과 관계없이 2차 수급사업자의 선정・계약조건의 설정 등 재하도급의 거래내용을 제한하는 행위 등은 부당한 경영간섭으로 볼 수 있다.

그러나 수급사업자의 능력부족으로 종업원 확보, 자재구입, 설비 Line 설치 등이 적시에 이루어지지 않아 납기지연이 우려되어 원사업자가 이를 알선해 주거나 위탁 목적물의 품질 유지 및 납기 내 납품 여부를 조사하기 위해 공정을 확인하는 것은 부당한 경영간섭으로 볼 수 없다.

(12) 보복조치의 금지

원사업자는 수급사업자, 조합 또는 중앙회가 ① 원사업자가 하도급법을 위반하였음을 관계기관 등에 신고하거나, ② 원사업자에 대한 하도급대금의 조정신청 또는 하도급분쟁조정협의회에 대한 조정신청하거나 ③ 관계기관의 조사에 협조한 행위 또는 ④ 하도급거래 서면실태조사를 위하여 공정거래위원회가 요구한 자료를 제출한 것을 이유로 그 수급사업자에 대하여 수주기회를 제한하거나 거래의 정지, 그 밖에 불이익을 주는 행위를 하여서는 아니 된다(법 §19). 불이익을 주는 행위란 예컨대, 원사업자가 하도급법 위반으로 신고한 수급사업자를 협력업체 등록으로부터 해제하거나 협력업체 신용등급을 하향조정하는 등의 보복조치를 말한다.

(13) 탈법행위의 금지

원사업자는 하도급거래(법 제13조 제11항이 적용되는 중견기업에 대한 하도급거래 포함)와 관련하여 우회적인 방법에 의하여 실질적으로 하도급법의 적용을 면탈하려는 행위를 하여서는 아니 된다(법 §20). 예컨대, 공정거래위원회의 시정조치에 따라 하도급대금 등을 수급사업자에게 지급한 후 이를 회수하거나 납품대금에서 공제하는 등의 방법으로 환수하는 행위, 어음할인료 · 지연이자 등을 수급사업자에게 지급한 후 이에 상응하는 금액만큼 일률적으로 단가를 인하하는 행위가 이에 속한다.

3. 발주자의 의무사항(하도급대금의 직접 지급의무)

(1) 직접 지급 사유

발주자는 일정한 사유가 발생한 경우에는 수급사업자가 제조 · 수리 · 시공 또는 용역수행한 분에 상당하는 하도급대금을 해당 수급사업자에게 직접 지급하여야 한다(법 §14①).

일정한 사유란 ① 원사업자의 파산 기타 이와 유사한 사유가 있거나 사업에 관한 허가 · 인가 · 면허 · 등록 등이 취소되어 원사업자가 하도급대금을 지급할 수 없게 된 경우로서 수급사업자가 하도급대금의 직접지급을 요청한 때(제1호), ② 발주자가 하도급대금을 직접 수급사업자에게 지급하기로 발주자 · 원사업자 및 수급사업자가 합의[45]한 경우(제2호), ③ 원사업자가 제13조 제1항 또는 제3항의 규정에 의하여 지급하여야 할 하도급대금의 2회분 이상을 지급하지 아니한 경우로서 수급사업자가 하도급대금의 직접지급을 요청한 때(제3호) 및 ④ 원사업자가 제13조의2 제1항 또는 제2항에 따른 하도급대금 지급보증의무를 이행하지 아니한 경우로서 수급사업자가 하도급대금의 직접지급을 요청한 때(제4호)를 말한다.

수급사업자의 직접지급 요청은 그 의사표시가 발주자에게 도달한 때 효력이 발생하며, 의사표시의 도달 사실은 수급사업자가 증명하여야 한다(영 §9①). 수급사업자의 발주자에 대한 직접지급 요청에는 특별한 방식을 요하지 아니므로 이를 입증할 만한 증거만 있으면 요청할 수 있다.

(2) 직접 지급의 법적 효과

하도급대금 직접 지급 사유가 발생한 경우 발주자의 원사업자에 대한 대금지급채

---

45) 발주자, 원사업자 및 수급사업자 간의 합의 여부를 판단함에 있어, 반드시 3자 간에 동시에 명시적인 합의가 있어야 하는 것은 아니며, 수급사업자의 요청에 의해 원사업자가 하도급대금 직접지급에 대한 동의를 하고 이를 발주자에게 통지하는 경우처럼 묵시적 · 순차적인 합의도 유효하다.

무와 원사업자의 수급사업자에 대한 하도급대금 지급채무는 그 범위 내에서 소멸한 것으로 본다(법 §14②). 따라서 예컨대, 직접 지급 사유 발생 후 원사업자의 제3채권자가 원사업자의 발주자에 대한 공사대금채권을 (가)압류한 경우 동 (가)압류는 발주자가 수급사업자에게 직접 지급하여야 하는 금액의 범위 내에서는 이미 소멸한 채권을 대상으로 한 (가)압류에 해당되어 무효이다. 따라서 이러한 경우 발주자는 (가)압류 등과 관계없이 하도급대금을 수급사업자에게 직접 지급하여야 한다.

이에 비해 원사업자의 제3채권자가 원사업자의 발주자에 대한 공사대금채권에 대해 (가)압류가 직접 지급사유 발생 이전에 이루어진 것이라면 (가)압류의 효력에 의해 원사업자의 공사대금채권이 제3채권자의 강제집행을 위하여 보전되었으므로 발주자는 하도급법상 직접 지급의무가 없다.

(3) 직접 지급의 중지

원사업자가 발주자에게 해당 하도급계약과 관련하여 수급사업자의 임금, 자재대금 등의 지급을 지체한 사실을 입증할 수 있는 서류를 첨부하여 해당 하도급대금의 직접 지급의 중지를 요청한 경우에는 해당 하도급대금을 직접 지급하여서는 아니 된다. 그러나 원사업자의 귀책사유로 그 지급 지체가 발생한 경우는 제외한다(법 §14③).

(4) 직접 지급의 한도

발주자는 원사업자에 대한 대금지급의무의 범위 안에서 하도급대금 직접 지급의무를 부담한다(영 §9③). 발주자가 해당 수급사업자에게 하도급대금을 직접 지급함에 있어서 발주자가 원사업자에게 이미 지급한 하도급금액은 이를 제외한다(법 §14④).

(5) 원사업자의 협조의무

발주자가 수급사업자에게 하도급대금을 직접 지급함에 있어서 원사업자는 기성부분의 확인 등 수급사업자가 하도급대금을 직접 지급받는 데 필요한 조치를 지체없이 이행하여야 한다(법 §14⑤).

(6) 지급방법 및 절차

하도급대금을 직접 지급하는 경우의 지급방법 및 절차 등 필요한 사항은 대통령령으로 정한다(법 §14⑥, 영 §9). 이에 따라 수급사업자의 직접 지급 요청은 그 의사표시가 발주자에게 도달한 때부터 효력이 발생하며(영 §9①), 이에 따라 발주자는 원사업자에 대한 대금지급의무의 범위에서 하도급대금의 직접 지급의무를 부담한다(영 §9③). 여기에서 의사표시가 도달되었다는 사실은 수급사업자가 증명하여야 한다(영 §9①).

하도급대금의 직접 지급의 요건을 갖추고, 그 수급사업자가 제조·수리·시공 또는 용역수행한 분(分)에 대한 하도급대금이 확정된 경우, 원사업자가 발주자에 대해 가지는 대금채권 중 하도급부분에 관한 채권은 해당 수급사업자에게 귀속하기 때문에 발주자는 도급계약의 내용에 따라 수급사업자에게 하도급대금을 지급하여야 한다(영 §9④ 참조). 그러나 발주자는 하도급대금을 직접 지급할 때에 「민사집행법」 제248조 제1항(제3채무자 채무액의 공탁) 등의 공탁사유가 있는 경우에는 해당 법령에 따라 공탁할 수 있다(영 §9② 참조).

4. 수급사업자의 의무사항

수급사업자는 원사업자로부터 제조 등의 위탁을 받은 경우에는 그 위탁의 내용을 신의에 따라 성실하게 이행하여야 하며(법 §21①), 원사업자의 이 법 위반행위에 협조하여서는 아니 된다(법 §21②). 또한 이 법에 의한 신고를 한 경우에는 증거서류 등을 공정거래위원회에 지체 없이 제출하여야 한다(법 §21③). 특히 건설위탁의 경우에는 건설공사의 불확실성 등의 특성을 고려하여 하도급계약을 이행할 수 없는 경우에 대비하여 원사업자에게 계약금액의 100분의 10에 해당하는 금액의 계약이행을 보증하여야 한다(법 §13의2① 본문). 그 밖에 수급사업자도 원사업자와 마찬가지로 대통령령이 정하는 바에 의하여 하도급거래에 관한 서류를 거래가 끝난 날로부터 3년간 보존하여야 한다(법 §3⑨, 영 §6②).

수급사업자의 의무사항 중 제21조의 의무는 수급사업자 스스로의 권리보호를 위해 준수해야 할 사항을 밝힌 점에서 선언적 의미를 지니고 있고, 제13조의2 제1항에서 규정하고 있는 수급사업자의 계약이행보증의무는 강제규정이나 벌칙규정이 없어 법률상의 의무라고 보기 어렵다. 이에 비해 법 제3조의 서류보존의무는 위반시 과징금이 부과된다는 점(법 §25의3①ii)에서 법률상 의무에 속한다고 볼 수 있다.

V. 분쟁의 조정

1. 분쟁조정협의회의 설치 및 구성

(1) 협의회의 설치 및 구성

한국공정거래조정원은 원사업자와 수급사업자 사이에 발생한 분쟁을 조정하기 위하여 하도급분쟁조정협의회(이하 "협의회")를 설치하여야 한다(법 §24①). 사업자단체도 공정거래위원회의 승인을 받아 협의회를 설치할 수 있다(법 §24②). 국가는 협의회의 운영에 필요한 경비의 전부 또는 일부를 예산의 범위에서 보조할 수 있다(법 §24⑪).

조정원에 설치하는 협의회(이하 "조정원 협의회")는 위원장 1명을 포함하여 9명 이내의 위원으로 구성하되 공익을 대표하는 위원, 원사업자를 대표하는 위원과 수급사업자를 대표하는 위원이 각각 같은 수가 되도록 한다(법 §24③). 사업자단체에 설치하는 협의회(이하 "사업자단체 협의회")의 위원의 수는 공정거래위원회의 승인을 받아 해당 협의회가 정한다(법 §24④).

(2) 위원의 자격 · 임기

조정원 협의회 위원의 자격요건으로는 ① 대학에서 법률학 · 경제학 또는 경영학을 전공한 사람으로서 「고등교육법」에 따른 학교나 공인된 연구기관에서 부교수 이상의 직 또는 이에 상당하는 직에 있거나 있었던 사람이나 ② 판사 · 검사직에 있거나 있었던 사람 또는 변호사의 자격이 있는 사람 또는 ③ 독점금지 및 공정거래 업무에 관한 경험이 있는 4급 이상 공무원(고위공무원단에 속하는 일반직공무원 포함)의 직에 있거나 있었던 사람이어야 한다(법 §24⑦). 조정원 협의회의 위원의 임기는 3년으로 하고, 사업자단체에 설치하는 협의회 위원의 임기는 공정거래위원회의 승인을 받아 해당 협의회가 정한다(법 §24⑥).

(3) 위원(장)의 위촉 · 해촉

조정원 협의회의 위원은 조정원의 장의 제청으로 공정거래위원회 위원장이 임명하거나 위촉한다(법 §24⑦). 사업자단체에 설치하는 협의회의 위원은 협의회를 설치한 각 사업자단체의 장이 위촉하되 미리 공정거래위원회에 보고하여야 한다. 다만, 사업자단체가 공동으로 협의회를 설치하려는 경우에는 해당 사업자단체의 장들이 공동으로 위촉한다(법 §24⑧). 하지만, 분쟁조정의 대상이 되는 업종에 속하는 사업을 영위하는 사람이나 해당 업종에 속하는 사업체의 임직원은 공익을 대표하는 위원이 될 수 없다(법 §24⑨). 공정거래위원장 또는 협의회를 설치한 사업자단체의 장은 공익을 대표하는 위원으로 위촉받은 자가 분쟁조정의 대상이 되는 업종에 속하는 사업을 영위하는 사람이나 해당 업종에 속하는 사업체의 임직원으로 된 때에는 즉시 해촉하여야 한다(법 §24⑩).

조정원 협의회의 위원장은 공익을 대표하는 위원 중에서 공정거래위원장이 위촉하고, 사업자단체에 설치하는 협의회의 위원장은 위원 중에서 협의회가 선출한다. 협의회의 위원장은 해당 협의회를 대표한다(법 §24⑤). 특히 조정원 협의회의 위원장은 상임으로 하며, 그 직무 외에 영리를 목적으로 하는 업무에 종사하지 못한다(법 §24③, ⑫). 그러나 영리 목적 여부에 대한 공정거래위원장의 심사를 거쳐 비영리 목적의 업무를 겸할 수 있다(법 §24⑭).

(4) 위원의 제척 · 기피 · 회피

위원은 ① 위원 또는 그 배우자나 배우자이었던 자가 해당 조정사항의 분쟁당사자가 되거나 공동 권리자 또는 의무자의 관계에 있는 경우, ② 위원이 해당 조정사항의 분쟁당사자와 친족관계에 있거나 있었던 경우, ③ 위원 또는 위원이 속한 법인이 분쟁당사자의 법률·경영 등에 대하여 자문이나 고문의 역할을 하고 있는 경우 또는 ④ 위원 또는 위원이 속한 법인이 해당 조정사항에 대하여 분쟁당사자의 대리인으로 관여하거나 관여하였던 경우 및 증언 또는 감정을 한 경우에는 조정사건의 조정에서 제척된다(법 §24의2①). 분쟁당사자는 위원에게 협의회의 조정에 공정을 기하기 어려운 사정이 있는 때에 협의회에 해당 위원에 대한 기피 신청을 할 수 있으며(법 §24의2②), 위원 본인이 제척사유 또는 기피사유에 해당하는 경우에는 스스로 해당 조정사항의 조정에서 회피할 수 있다(법 §24의2③).

2. 분쟁조정협의회의 회의

협의회의 회의는 위원 전원으로 구성되는 회의(전체회의)와 공익을 대표하는 위원, 원사업자를 대표하는 위원, 수급사업자를 대표하는 위원 각 1인으로 구성되는 회의(소회의)로 구분한다. 다만, 사업자단체에 설치하는 협의회는 소회의를 구성하지 아니할 수 있다(법 §24의3①). 소회의는 전체회의로부터 위임받은 사항에 관하여 심의·의결한다(법 §24의3②).

협의회의 전체회의는 위원장이 주재하며, 재적위원 과반수의 출석으로 개의하고, 출석위원 과반수의 찬성으로 의결한다(법 §24의3③). 협의회의 소회의는 공익을 대표하는 위원이 주재하며, 구성위원 전원의 출석과 출석위원 전원의 찬성으로 의결한다. 이 경우 소회의의 의결은 협의회의 의결로 보되, 회의의 결과를 전체회의에 보고하여야 한다(법 §24의3④).

위원장이 사고로 직무를 수행할 수 없을 때에는 공익을 대표하는 위원 중에서 공정거래위원장이 지명하는 위원이 그 직무를 대행한다(법 §24의3⑤).

3. 분쟁의 조정절차

(1) 조정절차의 개시

조정절차는 협의회에 대한 분쟁조정의 신청 또는 공정거래위원회의 의뢰에 따라 개시된다. 직접 분쟁당사자인 원사업자와 수급사업자뿐만 아니라 조정협의를 담당했던 조합 또는 중앙회는 원사업자와 수급사업자 간의 하도급거래에 관한 분쟁에 대하여 협의회에 조정을 신청할 수 있다(법 §24의4① 1문 각호, §16의2⑪). 이 경우 분쟁당사자가 각각 다른 협의회에 분쟁조정을 신청한 때에는 수급사업자, 조합 또는 중앙회가 분쟁조정을 신청한 협의회가 이를 담당하도록 우선권을 부여하고 있다(법 §24의4① 2문). 협의회는 분쟁당사자로부터 분쟁조정을 요청받은 때에는 지체없이 그 내용을 공정거래위원회에 보고하여야 한다(법 §24의4③).

공정거래위원회도 원사업자와 수급사업자 간의 하도급거래에 관한 분쟁에 대하여 협의회에 분쟁조정을 의뢰할 수 있다(법 §24의4②, §49②).

(2) 조정절차의 진행

협의회는 분쟁당사자에게 분쟁조정사항에 대하여 스스로 합의하도록 권고하거나 조정안을 작성하여 제시할 수 있다(법 §24의5①). 협의회는 해당 분쟁조정사항에 관한 사실을 확인하기 위하여 필요한 경우 조사를 하거나 분쟁당사자에 대하여 관련 자료의 제출이나 출석을 요구할 수 있다(법 §24의5②).

협의회는 분쟁조정신청 대상이 아닌 행위나 사건, 즉 ① 조정신청의 내용과 직접적인 이해관계가 없는 자가 조정신청을 하거나 ② 이 법의 적용대상이 아닌 사안에 관하여 조정신청을 하거나 ③ 조정신청이 있기 전에 공정거래위원회가 제49조에 따라 조사를 개시한 사건에 대하여는 조정신청을 각하하여야 한다(법 §24의5③ 각호).a

(3) 조정절차의 종료

협의회는 ① 분쟁당사자가 협의회의 권고 또는 조정안을 수락하거나 스스로 조정하는 등 조정이 성립되었거나, ② 분쟁조정의 신청 또는 의뢰를 받은 날부터 60일(분쟁당사자 쌍방이 기간연장에 동의한 경우에는 90일)이 경과하여도 조정이 성립하지 아니하였거나, ③ 분쟁당사자의 일방이 조정을 거부하는 등 조정절차를 진행할 실익이 없는 경우에는 조정절차를 종료하여야 한다(법 §24의5④).

협의회는 조정신청을 각하하거나 조정절차를 종료한 경우에는 공정거래위원회에 조정의 경위, 조정신청 각하 또는 조정절차 종료의 사유 등을 관계 서류와 함께 지체 없이 서면으로 보고하여야 하며, 분쟁당사자에게 그 사실을 통보하여야 한다(법 §24의5 ⑤, 영 §11).

공정거래위원회는 보고를 받은 경우 해당 분쟁에 대한 조정절차가 종료될 때까지는 해당 분쟁의 당사자인 원사업자에게 시정조치를 명하거나 시정권고를 해서는 아니 된다. 다만, 공정거래위원회가 이미 조사 중인 사건에 대하여는 그러하지 아니하다(법 §24의5⑥).

(4) 수소법원의 소송중지

분쟁조정이 신청된 사건에 대하여 신청 전 또는 신청 후 소가 제기되어 소송이 진행 중일 때에는 수소법원(受訴法院)은 조정이 있을 때까지 소송절차를 중지할 수 있다(법 §24의8①). 이에 따라 분쟁조정 절차와 소송이 경합할 경우, 법원의 결정에 따라 조정이 있을 때까지 소송이 중지될 수 있다. 이는 종래에 분쟁당사자 일방이 소제기 시 분쟁조정 절차를 중지하도록 함(구법 §24의5④ⅲ)에 따라 불리한 조정결과를 예상한 분쟁당사자가 결과통지 이전에 소를 제기하는 등의 남용사례를 방지하기 위한 것이다.

그러나 법원이 소송절차를 중지하지 아니하는 경우 협의회는 해당 사건의 조정절차를 중지하여야 한다(법 §24의8②). 또한 조정이 신청된 사건과 동일한 원인으로 다수인이 관련되는 동종·유사 사건에 대한 소송이 진행 중인 경우에는 협의회의 결정으로 조정절차를 중지할 수 있다(법 §24의8③).

(5) 시효중단

분쟁조정의 신청은 시효중단의 효력이 있다(법 §24의4④ 본문). 이는 조정절차 진행 중 손해배상청구권 등 사법상 권리의 소멸시효가 도과할 경우 분쟁조정을 신청한 피해자의 권리구제에 공백이 생길 우려가 있기 때문이다. 다만, 신청이 취하되거나 각하된 때에는 그러하지 아니하다(법 §24의4④ 단서, §24의5③). 신청에 의해 시효가 중단된 경우에는 ① 분쟁조정이 이루어져 조정조서를 작성하거나, ② 분쟁조정이 이루어지지 아니하고 조정절차가 종료된 때부터 시효가 새로이 진행한다(법 §24의4⑤ 각호). 신청이 취하 또는 각하된 경우에 6개월 내에 재판상의 청구, 파산절차참가, 압류 또는 가압류, 가처분을 한 때에는 시효는 최초의 분쟁조정의 신청으로 인하여 중단된 것으로 본다(법 §24의4⑥).

4. 분쟁조정의 효과

협의회의 분쟁조정 결과 당사자들이 분쟁조정안을 수락하고 이를 이행할 경우 사건은 종료된다. 협의회는 조정이 성립된 경우 조정에 참가한 위원과 분쟁당사자가 기명날인하거나 서명한 조정조서를 작성한다(법 §24의6①). 또한 분쟁당사자가 조정절차를 개시하기 전에 조정사항을 스스로 조정하고 조정조서의 작성을 요청하는 경우에는 그 조정조서를 작성하여야 한다(법 §24의6②).

분쟁당사자는 조정에서 합의된 사항을 이행하여야 하고, 이행결과를 공정거래위원회에 제출하여야 한다(법 §24의6③). 조정조서가 작성되고, 분쟁당사자가 조정조서에 기재된 사항을 이행한 경우 공정거래위원회는 시정조치 및 시정권고를 하지 아니한다(법 §24의6④). 적법절차에 따라 작성한 조정조서는 분쟁당사자 간 재판상 화해와 동일한 효력을 갖는다(법 §24의6⑤).

Ⅵ. 동의의결

1. 동의의결 신청

공정거래위원회의 조사나 심의를 받고 있는 공급업자는 해당 조사나 심의의 대상이 되는 행위(이하 "해당 행위")로 인한 불공정한 거래상태 등의 자발적 해소, 거래질서의 개선, 대리점 피해구제 등을 위하여 동의의결을 하여 줄 것을 공정거래위원회에 신청할 수 있다(법 §24의9① 본문).

신청은 ① 해당 행위를 특정할 수 있는 사실관계, ② 해당 행위의 중지, 원상회복 등 경쟁질서의 회복이나 거래질서의 적극적 개선을 위하여 필요한 시정방안, ③ 대리점 등의 피해를 구제하거나 예방하기 위하여 필요한 시정방안을 기재한 서면으로 하여야 한다(법 §24의9② 각호). 다만, ① 그 위반의 정도가 객관적으로 명백하고 중대하여 경쟁질서를 현저히 저해한다고 인정되는 경우나 ② 동의의결이 있기 전에 신청을 철회하는 경우에는 공정거래위원회는 동의의결을 하지 아니하고 이 법에 따른 심의절차를 진행하여야 한다(법 §24의9① 단서 각호, §32②).

2. 동의의결 절차

동의의결 절차는 공정거래법 제90조를 준용한다(법 §24의10①). 이에 따라 공정거래위원회는 신속한 조치의 필요성, 수급사업자 피해의 직접 보상 필요성 등을 종합적으로 고려하여 동의의결 절차의 개시 여부를 결정하여야 한다(공정거래법 §90①). 공정거래위원회는 동의의결을 하기 전에 30일 이상의 기간을 정하여 법률이 정한 일정한 사항[46]을 신고인 등 이해관계인에게 통지하거나, 관보 또는 공정거래위원회의 인터넷 홈페이지에 공고하는 등의 방법으로 의견을 제출할 기회를 주어야 한다(공정거래법 §90②). 공정거래위원회는 위의 일정한 사항을 관계 행정기관의 장에게 통보하고 그 의견을 들어야 하며, 제29조 및 제30조의 벌칙규정이 적용되는 행위에 대해서는 검찰총장과 협의하여야 한다(공정거래법 §90③).

3. 동의의결 내용

동의의결 신청을 받은 공정거래위원회는 해당 행위의 사실관계에 대한 조사를 마친 후 공급업자가 제시한 시정방안이 ① 해당 행위가 이 법을 위반할 것으로 판단될 경우에 예상되는 시정조치, 그 밖의 제재와 균형을 이루고, ② 공정하고 자유로운 경쟁질서나 거래질서를 회복시키거나 공급업자와 대리점 등의 상호보완적이고 균형 있는 발전에 적절하다고 인정된다고 판단한 경우에는 해당 행위와 관련한 심의절차를 중단하고 시정방안과 같은 취지의 의결(동의의결)을 할 수 있다. 이 경우 동의의결을 신청한 공급업자(이하 "신청인")와의 협의를 거쳐 시정방안을 수정할 수 있다(법 §24의9③).

공정거래위원회의 동의의결은 해당 행위가 이 법에 위반된다고 인정한 것을 의미하지 아니하며, 누구든지 신청인이 동의의결을 받은 사실을 들어 해당 행위가 이 법에 위반된다고 주장할 수 없다(법 §24의9④).

4. 동의의결의 취소

동의의결의 취소에 관하여는 공정거래법 제91조를 준용한다(법 §24의10①). 이에 따라 공정거래위원회는 ① 동의의결의 기초가 된 시장상황 등 사실관계의 현저한 변경 등으로 인하여 시정방안이 적정하지 아니하게 되거나, ② 신청인이 제공한 불완전하거나 부정확한 정보로 인하여 동의의결을 하게 되었거나, 신청인이 거짓 또는 그 밖의 부정한 방법으로 동의의결을 받았거나, ③ 신청인이 정당한 이유 없이 동의의결을 이행하지 아니하는 경우에는 동의의결을 취소할 수 있다(공정거래법 §91①). 동의의결을 취소한 경우 공정거래위원회는 중단된 해당 행위 관련 심의절차를 계속하여 진행할

46) 여기에서 일정한 사항이란 ① 해당 행위의 개요, ② 관계 법령 조항, ③ 시정방안(시정방안이 수정된 경우에는 그 수정된 시정방안), ④ 해당 행위와 관련하여 신고인 등 이해관계인의 이해를 돕는 그 밖의 정보(다만, 사업상 또는 사생활의 비밀 보호나 그 밖에 공익상 공개하기에 적절하지 아니한 것은 제외)를 말한다(공정거래법 §90② 각호).

수 있다(공정거래법 §91③).

5. 동의의결의 이행 점검 및 이행관리 위탁

동의의결을 받은 신청인은 의결에 따라 동의의결의 이행계획과 이행결과를 공정거래위원회에 제출하여야 한다(공정거래법 §90⑤).

공정거래위원회는 제출된 이행계획의 이행 여부를 점검할 수 있고, 동의의결을 받은 신청인에게 그 이행에 관련된 자료의 제출을 요청할 수 있다(공정거래법 §90⑥). 공정거래위원회는 이행계획의 이행 여부 점검 등 동의의결의 이행관리에 관한 업무를 대통령령으로 정하는 바에 따라 한국공정거래조정원 또는 한국소비자원에 위탁할 수 있다(공정거래법 §90⑦). 공정거래법 시행령에서는 공정거래조정원에 위탁하도록 하고 있다(공정거래법 시행령 §80). 위탁을 받은 기관의 장은 신청인이 제출한 동의의결의 이행계획과 이행결과에 대한 이행관리 현황을 분기별로 공정거래위원회에 보고하여야 한다. 다만, 공정거래위원회의 현황 보고 요구가 있는 경우 즉시 이에 따라야 한다(공정거래법 §90⑧). 위탁을 받은 기관의 장은 동의의결을 받은 신청인이 그 이행을 게을리하거나 이행하지 아니하는 경우에는 지체 없이 그 사실을 공정거래위원회에 통보하여야 한다(공정거래법 §90⑨).

6. 동의의결의 미이행

공정거래위원회는 정당한 이유 없이 동의의결 시 정한 이행기한까지 동의의결을 이행하지 아니한 자에게 동의의결이 이행되거나 취소되기 전까지 1일당 200만 원 이하의 이행강제금을 부과할 수 있다(법 §24의11①). 이행강제금의 부과ㆍ납부ㆍ징수 및 환급 등에 대하여는 공정거래법 제16조 제2항 및 제3항을 준용한다(법 §24의11②)

Ⅶ. 법 위반의 효과

1. 행정적 제재

(1) 조사의 개시

조사는 신고 또는 직권에 의해 개시된다. 즉, 공정거래위원회는 신고가 있거나 이 법에 위반되는 사실이 있다고 인정하는 때에는 필요한 조사를 할 수 있다(법 §22②).

우선 누구든지 하도급법에 위반되는 사실이 있다고 인정하는 때에는 그 사실을 공정거래위원회에 신고할 수 있다. 이 경우 공정거래위원회는 신고자가 동의한 경우 원사업자에게 신고가 접수된 사실을 통지하여야 한다(법 §22①). 특히 수급사업자로부터 원사업자의 법 위반행위에 관한 신고가 공정거래위원회에 접수되어 공정거래위원회가 이 사실을 원사업자에게 통지한 때에는 민법 제174조에 의한 최고가 있는 것으로 보아 민사적 특별효과를 인정하고 있다(법 §22③ 본문). 다만, 신고된 사건이 각하 또는 기각되거나 취하된 경우, 즉 신고된 사실이 이 법의 적용대상이 아니거나 조사대상 거래의 제한 기한(§23① 본문)을 경과하여 공정거래위원회가 심의절차를 진행하지 아니하기로 한 경우, 신고된 사실에 대하여 공정거래위원회가 무혐의로 조치한 경우 또는 신고인이 신고를 취하한 경우에는 그러하지 아니하다(법 §22③ 단서).

공정거래위원회의 조사개시 대상이 되는 하도급거래(법 제13조 제11항이 적용되는 중견기업에 대한 하도급거래 포함)는 기본적으로 그 거래가 끝난 날부터 3년, 기술자료 제공 요구금지의 경우에는 7년이 지나지 아니한 것으로 한정한다. 다만, 거래가 끝난 날부터 3년 이내에 신고되거나 원사업자와 수급사업자인 분쟁당사자에 의하여 분쟁조정이 요청된 하도급거래의 경우에는 거래가 끝난 날부터 3년이 지난 경우에도 조사를 개시할 수 있다(법 §23①). 여기에서 “거래가 끝난 날”이란 ① 제조위탁 · 수리위탁 및 용역위탁 중 지식 · 정보성과물의 작성위탁의 경우에는 수급사업자가 원사업자에게 위탁받은 목적물을 납품 또는 인도한 날, ② 용역위탁 중 역무의 공급위탁의 경우에는 원사업자가 수급사업자에게 위탁한 역무공급을 완료한 날, ③ 건설위탁의 경우에는 원사업자가 수급사업자에게 건설위탁한 공사가 완공된 날을 말한다. 다만, 하도급계약이 중도에 해지되거나 하도급거래가 중지된 경우에는 해지 또는 중지된 날을 말한다(법 §23②).

(2) 조사의 진행

이 법의 시행을 위하여 필요한 공정거래위원회의 조사 · 의견청취 및 시정권고 등에 관하여는 공정거래법의 규정을 준용한다(법 §27②). 이에 따라 공정거래위원회는 필요하다고 인정되는 때에는 하도급거래에 대하여 원사업자, 수급사업자 및 관련 사업자단체로 하여금 원가 및 경영상황에 관한 보고 기타 필요한 자료나 물건의 제출을 명하거나, 소속 공무원으로 하여금 사업자 또는 사업자단체의 사무소나 사업장에서 업무 및 경영상황, 장부 · 서류 기타의 자료나 물건을 조사하게 할 수 있으며, 지정된 장소에서 당사자, 이해관계인 또는 참고인의 진술을 듣게 할 수 있다(공정거래법 §81, §88).

(3) 조사결과의 조치

(가) 시정조치

공정거래위원회는 하도급법의 규정에 위반한 발주자 및 원사업자에 대하여 하도급 대금 등의 지급, 공시의무의 이행 또는 공시내용의 정정, 법 위반행위의 중지, 특약의 삭제나 수정, 향후 재발방지, 그 밖에 해당 위반행위의 시정에 필요한 조치를 명할 수 있다(법 §25①).[47] 이와 함께 시정조치를 받은 원사업자에 대하여 시정조치를 받았다는 사실을 공표할 것을 명할 수 있다(법 §25③).

공정거래위원회로부터 경고, 시정명령을 받거나 시정권고를 수락한 발주자와 원사업자는 수급사업자가 변제를 받지 아니하거나 받을 수 없을 때에는 수급사업자를 위하여 변제의 목적물을 공탁하여 그 시정조치 또는 시정권고의 이행의무를 면할 수 있다. 발주자와 원사업자가 과실 없이 수급사업자를 알 수 없는 경우에도 또한 같다(법 §25의2). 즉, 원사업자가 공탁을 통해 시정조치의 의무이행을 면하기 위해서는 ① 원사업자가 하도급법을 위반하여 시정명령을 받았고, ② 시정명령의 내용이 금전채무의 이행에 관한 것이고, ③ 수급사업자가 변제를 받지 아니하거나 받을 수 없는 경우 또는 원사업자가 과실 없이 수급사업자를 알 수 없는 경우이어야 한다. 여기에서 공탁의 내용은 시정명령의 내용에 따른 것이어야 한다. 따라서 시정명령에 따른 금액의 일부만을 공탁하거나 조건부 공탁 등 시정명령의 내용과 다르게 공탁하는 것은 시정명령을 이행한 것으로 볼 수 없다.

(나) 시정권고

공정거래위원회는 이 법을 위반한 발주자와 원사업자에 대하여 시정방안을 정하여 이에 따를 것을 권고할 수 있다. 이 경우 발주자와 원사업자가 해당 권고를 수락한 때에는 공정거래위원회가 시정조치를 한 것으로 본다는 뜻을 함께 알려야 한다(법 §25의4①). 시정권고를 받은 발주자와 원사업자는 그 권고를 통지받은 날부터 10일 이내에 그 수락 여부를 공정거래위원회에 알려야 한다(법 §25의4②). 시정권고를 받은 발주자와 원사업자가 그 권고를 수락하였을 때에는 시정조치를 받은 것으로 본다(법 §25의4③).

(다) 과징금

공정거래위원회는 하도급법의 각종 의무사항이나 금지사항을 위반한 발주자・원사

47) "향후 재발방지, 그 밖에 시정에 필요한 조치"를 명할 수 있도록 한 것은 원사업자가 하도급대금, 지연이자 등을 지급하여 법 위반사실을 시정하였다면 향후 위반행위의 재발을 방지하기 위한 시정명령을 내릴 수 없다고 판시한 대법원 판결(대법원 2010. 9. 30. 선고 2008두16377 판결; 2010. 11. 11. 선고 2008두20093 판결; 2011. 3. 10. 선고 2009두1990 판결) 이후 원사업자가 향후 동일 또는 유사한 위반행위를 반복할 가능성이 있음에도 이를 방지하기 위한 시정명령을 할 수 없게 되는 문제점을 입법적으로 해소하기 위한 것으로 2011년 3월 제11차 법 개정에서 신설되었다.

업자 또는 수급사업자에 대하여 수급사업자에게 위탁한 하도급대금이나 발주자·원사업자로부터 제조등의 위탁받은 하도급대금의 2배를 초과하지 아니하는 범위 안에서 과징금을 부과할 수 있다(법 §25의3① 각호). 이는 특히 상습적인 법 위반자나 고의로 법 위반행위를 은폐하거나 조사를 방해할 목적으로 탈법행위를 하는 등의 악질적인 법 위반자에 대한 징벌적 성격을 띤 것으로 볼 수 있다.

그러나 과징금 납부기한 연기나 분할납부도 허용하여 공정거래위원회는 10억 원[48]을 초과하는 과징금을 부과받은 자가 ① 재해 또는 도난 등으로 재산에 현저한 손실을 입은 경우, ② 사업여건의 악화로 사업이 중대한 위기에 처한 경우, ③ 과징금의 일시납부에 따라 자금사정에 현저한 어려움이 예상되는 경우 또는 ④ 그 밖에 이에 준하는 사유가 있는 경우 과징금의 전액을 일시에 납부하기 어렵다고 인정되면 그 납부기한을 연기하거나 분할하여 납부하게 할 수 있다. 이 경우 필요하다고 인정되면 담보를 제공하게 할 수 있다(법 §25의3②). 공정거래위원회는 과징금의 납부기한을 연기하거나 분할 납부하게 하려는 경우에는 ① 당기순손실, ② 부채비율, ③ 그 밖에 재무상태를 확인하기 위하여 필요한 사항에 관하여 대통령령으로 정하는 사항을 고려하여야 한다(법 §25의3③).

과징금의 부과, 납부기한의 연기 및 분할납부, 연대납부의무, 징수 및 체납처분, 환급가산금, 결손처분에 관하여는 공정거래법 제102조, 제103조(제1항 제외) 및 제104조부터 제107조까지의 규정을 준용한다(법 §25의3④).

(라) 과태료

공정거래위원회는 법 위반행위 조사와 관련하여 ① 하도급대금의 결제조건 등에 관한 공시를 하지 아니하거나 주요 내용을 누락 또는 거짓으로 공시한 자, ② 공정거래위원회의 출석처분을 위반하여 정당한 사유 없이 출석하지 아니한 자, ③ 공정거래위원회에 보고 또는 필요한 자료나 물건의 제출을 하지 아니하거나, 허위의 보고 또는 자료나 물건을 제출한 자 및 ④ 공정거래위원회의 조사를 거부·방해 또는 기피한 자 등에 대하여 법정의 과태료를 부과한다(법 §30의2). 과태료 부과의 대상이 되는 자는 사업자, 사업자단체, 사업자 또는 사업자단체의 임원, 종업원과 그 밖의 이해관계인이다.

(마) 상습법위반사업자 명단공표

공정거래위원장은 직전 연도부터 과거 3년간 이 법 위반을 이유로 공정거래위원회

---

48) 공정거래법 위반의 경우에는 과징금이 매출액의 100분의 1을 곱한 금액 또는 10억 원이 초과하여야 분할납부가 가능하나(동법 §103①, 시행령 §86), 하도급법 위반의 경우에는 10억 원으로 하되, '중소기업'에 한하여 5억 원 초과로 완화하고 있다(영 §13의2①).

로부터 경고 또는 시정조치를 3회 이상 받은 사업자 중 벌점이 대통령령으로 정하는 기준을 초과하는 상습법위반사업자의 명단을 공표하여야 한다. 다만, 이의신청 등 불복절차가 진행 중인 조치는 제외한다(법 §25의4①). 공표는 관보 또는 공정거래위원회 인터넷 홈페이지에 게시하는 방법에 의한다(법 §24의4⑤). 이러한 명단공표는 그동안 규제당국의 지속적인 노력에도 불구하고 하도급법 상습위반자가 줄어들지 않고 있는 실정을 감안하여 이루어지는 조치로서 공정거래법 제119조(비밀엄수의무)에 위반하는 것은 아니다.

상습법위반사업자 명단의 공표 여부를 심의하기 위하여 공정거래위원회에 상습법위반사업자 명단공표심의위원회를 둔다(법 §25의4③). 심의위원회는 공무원인 위원과 공무원이 아닌 위원으로 구성되며, 공정거래위원회 사무처장이 위원장이 된다(영 §16). 공무원이 아닌 위원에 대해서는 공무상 비밀누설죄와 수뢰죄(형법 §127, §129부터 §132) 규정을 적용할 때에는 공무원으로 본다(법 §36). 공정거래위원회는 심의위원회의 심의를 거친 공표대상 사업자에게 명단공표대상자임을 통지하여 소명기회를 부여하여야 하며, 통지일부터 1개월이 지난 후 심의위원회로 하여금 명단공표 여부를 재심의하게 하여 공표대상자를 선정한다(법 §25의4④).

(바) 행정처분의 승계

하도급법 위반행위로 공정거래위원회로부터 시정조치나 과징금 부과 등의 제재처분을 받아 공법상 의무나 책임이 발생한 후 합병·분할 등의 조직변경이 이루어졌다면 시정조치 또는 과징금 부과와 관련된 사업 부문을 승계한 사업자가 연대하여 이행의무나 책임을 부담하여야 한다.

[판례] 한화시스템㈜의 하도급법상의 벌점 승계에 따른 입찰참가자격 제한 등(대법원 2023. 4. 27. 선고 2020두47892 판결)

구 한화에스앤씨에 부과된 벌점은 분할되는 회사의 공법상 의무 또는 이와 관련한 재산적 가치가 있는 사실관계에 해당하므로, 분할신설회사인 한화에스앤씨에 귀속된 후 이를 흡수합병한 원고(한화시스템)에게 승계되었다고 봄이 타당하다.

하도급법에 따른 벌점 부과 및 벌점 누적을 이유로 한 이 사건 처분은 시정조치 또는 과징금 부과의 대상이 된 사업 부문과 관련하여 공법상 법률관계를 형성한다는 점에서 해당 사업과 분리하여 따로 평가하기 어렵고, 이 사건 처분과 관련된 공법상 의무가 그 성질상 이전이 허용되지 않는다거나 일신전속적인 것이라고 볼 수도 없다.

만약 하도급법 위반행위로 제재처분을 받은 회사가 그 제재처분에 부수되는 벌점이 누적됨에 따라 입찰참가자격제한 요청 등의 법적 요건까지 모두 충족하여 후속 처분이 임박하였음에도 회사분할을 하였다는 이유만으로 피고가 해당 사업 부문을 승계한 분할신설회사에 대하여 후속 처분을 할 수 없다고 한다면, 회사분할을 통하여 기존에 부과받은 벌점 및 이에 따르는 후속 처분을 무력화할 여지가 있어 벌점 부과 제도의 실효성을 확보할 수 없게 된다.

(4) 처분제한기간(처분시효)

공정거래위원회는 하도급법 위반행위에 대하여 신고를 받고 조사를 개시한 경우에는 신고일부터 3년, 직권으로 조사를 개시한 경우에는 조사개시일부터 3년의 기간이 경과한 경우에는 시정조치를 명하거나 과징금을 부과하지 아니한다(법 §22④ 본문). 이는 하도급법 위반행위를 둘러싼 법률관계를 신속히 확정하여 공정거래위원회가 일방적으로 처분권을 남용하지 못하도록 하고 법적 안정성을 유지하기 위한 것이다. 다만, 법원의 판결에 따라 시정조치 또는 과징금 부과처분이 취소된 경우로서 그 판결이유에 따라 새로운 처분을 하는 경우에는 그러하지 아니하다(법 §22④ 단서). 여기에서 신고일은 형식적인 신고접수일이 아니라 공정거래위원회가 실제로 '신고를 받은 날'을 말한다.

[판례] ㈜한화의 하도급법 위반행위에 대한 처분시효 기산일로서의 신고일(대법원 2021. 5. 7. 선고 2020두57332 판결)

하도급법 제22조 제4항 제1호의 문언·내용과 취지, 하도급법 제22조 제1항 전단에 따른 신고의 법적 성격 등을 종합하면, 하도급법 제22조 제4항 본문 제1호의 '신고일'은 피고(공정거래위원회)가 하도급법 위반행위에 대하여 제1항 전단에 따른 '신고를 받은 날'을 뜻한다고 보아야 한다. … 원심은, 피고(공정거래위원회)가 참가인으로부터 이 사건 신고를 받고도 그 접수를 보류하다가 신고를 접수한 날인 2016. 10. 26.이 아니라, 이 사건 신고를 받은 2016. 7. 13.을 하도급법 제22조 제4항 본문 제1호의 '신고일'로 보아, 그로부터 3년이 지난 다음에 이루어진 이 사건 처분은 처분시효의 기간이 지나 위법하다고 판단하였다. 원심판결 이유를 위에서 본 법리에 비추어 살펴보면, 원심판결은 그 이유에 다소 부적절한 점이 있지만 그 결론은 정당하다.

(5) 처분에 대한 불복

하도급법에 의한 공정거래위원회의 심의·의결 및 처분에 대한 이의신청·소의 제기 및 전속관할, 조사, 의견청취에 관하여는 공정거래법의 해당 규정을 준용한다(법 §27①, ②). 따라서 하도급법에 의한 공정거래위원회의 처분에 대하여 불복이 있는 사업자는 그 처분의 통지를 받은 날로부터 30일 이내에 그 사유를 갖추어 공정거래위원회에 이의신청을 할 수 있다(공정거래법 §96). 공정거래위원회의 처분 또는 이의신청에 대한 재결서의 정본을 송달받은 날부터 30일 이내에 서울고등법원에 행정소송을 제기할 수 있다(공정거래법 §99, §100).

2. 민사적 제재

(1) 손해배상책임의 원칙

원사업자가 이 법의 규정을 위반함으로써 손해를 입은 자가 있는 경우에는 그 자에게 발생한 손해에 대하여 배상책임을 진다. 다만, 원사업자가 고의 또는 과실이 없음을 입증한 경우에는 그러하지 아니하다(법 §35①). 손해배상청구의 소가 제기된 경우 공정거래법의 관련 규정(§110 및 §115)을 준용한다(법 §35③).

(2) 징벌적 손해배상

(가) 적용대상

하도급법은 아직 하도급 거래분야에서 뿌리 깊게 남아 있는 원사업자와 수급사업자 간의 불공정 거래관행을 근절하기 위해 특히 사회적으로 민감한 금지 위반행위를 대상으로 징벌적 손해배상제도를 도입하였다. 이에 따라 원사업자는 부당한 하도급대금의 결정 금지(§4), 부당한 위탁취소 금지(§8①), 부당한 반품 금지(§10), 감액 금지(§11①, ②) 및 보복조치의 금지(§19) 위반으로 손해를 입은 자에 대해 발생한 손해액의 3배를 넘지 아니하는 범위에서 배상책임을 지도록 하고 있다. 다만, 원사업자가 고의 또는 과실이 없음을 입증한 경우에는 그러하지 아니하다(법 §35② i).

특히 기술자료 유용(소위 기술탈취) 금지(§12의3④) 위반의 경우에는 유·무형의 기술, 노하우 등의 침해에 대한 정확한 손해 산정이 어려워 기술탈취의 피해를 입은 수급사업자가 정당한 손해배상을 받기 어려운 실정임을 감안하여 발생한 손해액의 5배를 넘지 아니하는 범위에서 배상책임을 지도록 하고 있다(법 §35② ii).

(나) 배상액 산정

법원은 징벌적 손해배상액을 정할 때에는 ① 고의 또는 손해 발생의 우려를 인식한 정도, ② 위반행위로 인하여 수급사업자와 다른 사람이 입은 피해규모, ③ 위법행위로 인하여 원사업자가 취득한 경제적 이익, ④ 위반행위에 따른 벌금 및 과징금, ⑤ 위반행위의 기간·횟수 등, ⑥ 원사업자의 재산상태 및 ⑦ 원사업자의 피해구제 노력의 정도 등의 사항을 고려하여야 한다(법 §35③).

(다) 손해액의 추정

하도급법은 원사업자의 기술탈취로 인한 피해를 입고도 대부분 중소기업인 수급사업자가 손해액을 산정하거나 이를 입증하기 어려워 분쟁조정 또는 소송 등의 구제조치를 받지 못하고 있는 현실을 고려하여 특히 기술자료 유용(§12의3④) 금지를 위반함으로써 손해를 입은 자(이하 "기술유용피해사업자")가 손해배상을 청구하는 경우에는 손해액 입증의 편의를 위해 손해액을 추정하고 있다. 이는 특허법(동법 §128④) 등에 도입되어 있는 손해액 추정기준을 하도급분야에 맞게 도입하여 수급사업자의 입증책임을 완화하려는 것이다.

이에 따라 원사업자 또는 기술자료를 제공받은 제3자가 위반행위(이하 "침해행위")를 하게 한 목적물 등을 판매·제공하였을 때, ① 그 목적물 등의 판매·제공 규모(기술유용피해사업자가 그 침해행위 외의 사유로 판매·제공할 수 없었던 사정이 있는 경우에는그 침해행위 외의 사유로 판매·제공할 수 없었던 규모를 뺀 규모) 중 기술유용피해사업자가 제조·수리·시공하거나 용역 수행할 수 있었던 목적물 등의 규모에서 실제 판매·제공한 목적물 등의 규모를 뺀 나머지 규모를 넘지 아니하는 목적물 등의 규모를 기술유용피해사업자가 그 침해행위가 없었다면 판매·제공하여 얻을 수 있었던 이익액과 ② 그 목적물등의 판매·제공 규모 중 기술유용피해사업자가 제조·수리·시공하거나 용역수행할 수 있었던 목적물 등의 규모에서 실제 판매·제공한 목적물 등의 규모를 뺀 규모를 넘는 규모 또는 그 침해행위 외의 사유로 판매·제공할 수 없었던 규모가 있는 경우 그 규모에 대해서는 기술자료의 사용에 대하여 합리적으로 얻을 수 있는 이익액의 합계액을 기술유용피해사업자가 입은 손해액으로 할 수 있다(법 §35의6①).

기술유용피해사업자가 손해배상을 청구하는 경우 원사업자 또는 기술자료를 제공받은 제3자가 그 침해행위로 인하여 얻은 이익액을 기술유용피해사업자의 손해액으로 추정한다(법 §35의6②). 또한 침해행위의 대상이 된 기술자료의 사용에 대하여 합리적으로 받을 수 있는 금액을 자기의 손해액으로 하여 손해배상을 청구할 수 있다(법 §35의6③). 그럼에도 불구하고 손해액이 이 금액을 초과하는 경우에는 그 초과액에 대해서도 손해배상을 청구할 수 있다. 이 경우 원사업자에게 고의 또는 중대한 과실이 없으면 법원은 손해배상액을 산정할 때 그 사실을 고려할 수 있다(법 §35의6④). 법원은 침해행위로 인한 소송에서 손해가 발생한 것은 인정되나 그 손해액을 증명하기 위하여 필요한 사실을 증명하는 것이 해당 사실의 성질상 극히 곤란한 경우에는 변론 전체의 취지와 증거조사의 결과에 기초하여 상당한 손해액을 인정할 수 있다(법 §35의6⑤).

(3) 피해자 증거능력 확보

(가) 자료제출명령

법원은 법 위반행위로 인한 손해배상청구소송에서 당사자의 신청에 따라 상대방 당사자에게 해당 손해의 증명 또는 손해액의 산정에 필요한 자료의 제출을 명할 수 있다. 다만, 그 자료의 소지자가 자료의 제출을 거절할 '정당한 이유'가 있으면 그러하지 아니하다(법 §35의2①).

법원은 자료의 소지자가 제출을 거부할 "정당한 이유가 있다고 주장하는 경우에는 그 주장의 당부를 판단하기 위하여 자료의 제시를 명할 수 있다. 이 경우 법원은 그 자료를 다른 사람이 보게 하여서는 아니 된다(법 §35의2②, 비밀심리절차). 제출되어야 할 자료가 '영업비밀'에 해당하더라도 손해의 증명 또는 손해액의 산정에 반드시 필요한 경우에는 정당한 이유로 보지 아니한다. 이 경우 법원은 제출명령의 목적 내에서 열람할 수 있는 범위 또는 열람할 수 있는 사람을 지정하여야 한다(법 §35의2③).

법원은 당사자가 정당한 이유 없이 자료제출명령에 따르지 아니한 경우에는 자료의 기재에 대한 상대방의 주장을 진실한 것으로 인정할 수 있다. 이 경우 법원은 자료의 제출을 신청한 당사자가 자료의 기재에 관하여 구체적으로 주장하기에 현저히 곤란한 사정이 있고 자료로 증명할 사실을 다른 증거로 증명하는 것을 기대하기도 어려운 경우에는 그 당사자가 자료의 기재로 증명하려는 사실에 관한 주장을 진실한 것으로 인정할 수 있다(법 §35의2④). 그러나 손해배상소송에서 영업비밀 유출을 최소화하고 소송목적으로만 사용될 수 있도록 비밀유지명령과 소송기록 열람청구 통지 등을 규정하고 있다.

(나) 비밀유지명령

법원은 하도급법상 손해배상청구소송에서 그 당사자가 보유한 영업비밀에 대하여 일정한 사유[49]를 모두 소명한 경우에는 그 당사자의 신청에 따라 결정으로 ① 다른 당사자(법인인 경우에는 그 대표자), ② 당사자를 위하여 소송을 대리하는 자, ③ 그 밖에 그 소송으로 영업비밀을 알게 된 자에게 그 영업비밀을 그 소송의 계속적인 수행 외의 목적으로 사용하거나 그 영업비밀에 관계된 이 항에 따른 명령을 받은 자 외의 자에게 공개하지 아니할 것을 명할 수 있다(법 §35의3① 본문). 다만, 그 신청 시점까지 다른 당사자 등이 자료제출명령에 따른 준비서면의 열람이나 증거조사 외의 방법으로 그 영업비밀을 이미 취득하고 있는 경우에는 그러하지 아니하다(법 §35의3① 단서). 비밀유지명령은 법원의 결정서가 비밀유지명령을 받을 자에게 송달된 때부터 효력이 발생한다(법 §35의3④, ⑤). 비밀유지명령의 신청을 기각하거나 각하한 재판에 대해서는 즉시항고를 할 수 있다(법 §35의3⑥).

---

49) 일정한 사유란 ① 이미 제출하였거나 제출하여야 할 준비서면, 이미 조사하였거나 조사하여야 할 증거 또는 법원의 자료제출 명령에 따라 제출하였거나 제출하여야 할 자료에 영업비밀이 포함되어 있다는 것(제1호), ② 자료에 포함된 영업비밀이 해당 소송수행 외의 목적으로 사용되거나 공개되면 당사자의 영업에 지장을 줄 우려가 있어 이를 방지하기 위하여 영업비밀의 사용 또는 공개를 제한할 필요가 있다는 것(제2호)을 말한다(법 §35의3② 각호).

비밀유지명령을 신청한 자 또는 비밀유지명령을 받은 자는 비밀유지명령의 요건을 갖추지 못하였거나 갖추지 못하게 된 경우 소송기록을 보관하고 있는 법원(소송기록을 보관하고 있는 법원이 없는 경우에는 비밀유지명령을 내린 법원)에 비밀유지명령의 취소를 신청할 수 있다(법 §35의4①). 법원은 비밀유지명령의 취소신청에 대한 결정을 한 경우에는 그 결정서를 그 신청을 한 자 및 상대방에게 송달하여야 하며(법 §35의4②), 그 외에 해당 영업비밀에 관한 비밀유지명령을 받은 자가 있으면 그 자에게 즉시 그 취소결정을 한 사실을 알려야 한다(법 §35의4⑤). 비밀유지명령의 취소신청에 대한 법원의 결정에 대해서는 즉시항고를 할 수 있다(법 §35의4③).

(다) 소송기록 열람 등의 청구 통지

비밀유지명령이 내려진 소송(모든 비밀유지명령이 취소된 소송은 제외)에 관한 소송기록에 대하여 「민사소송법」 제163조(비밀보호를 위한 열람 등의 제한) 제1항의 결정이 있었던 경우에,[50] 당사자가 같은 항에서 규정하는 비밀 기재부분의 열람 등의 청구를 하였으나 그 청구절차를 해당 소송에서 비밀유지명령을 받지 아니한 자가 밟은 때에는 법원서기관, 법원사무관, 법원주사 또는 법원주사보(이하 "법원사무관등")는 같은 항의 신청을 한 당사자(그 열람 등의 청구를 한 자는 제외)에게 그 청구 직후에 그 열람 등의 청구가 있었다는 사실을 알려야 한다(법 §35의5①).

법원사무관등은 열람청구가 있었던 날부터 2주일이 지날 때까지(그 청구 절차를 밟은 자에 대한 비밀유지명령 신청이 그 기간 내에 이루어진 경우에는 그 신청에 대한 재판이 확정되는 시점까지) 그 열람의 신청절차를 밟은 자에게 영업비밀이 적혀 있는 부분의 열람 등을 하게 하여서는 아니 된다. 다만, 그 열람 등의 신청 절차를 밟은 자가 영업비밀이 적혀 있는 부분의 열람 등을 하는 것에 대하여 「민사소송법」 제163조 제1항에 따른 열람 등의 제한을 신청한 당사자 모두가 동의하는 경우에는 본문에 따른 기한이 지나기 전이라도 열람 등을 하게 할 수 있다(법 §35의5②).

3. 형사적 제재

(1) 벌 칙

① 국내외에서 정당한 사유 없이 이 법 위반행위에 대한 손해배상청구소송에서 당

---

50) 민사소송법 제163조 제1항에서는 ① 소송기록 중에 당사자의 사생활에 관한 중대한 비밀이 적혀 있고, 제3자에게 비밀 기재부분의 열람 등을 허용하면 당사자의 사회생활에 지장이 클 우려가 있는 때, ② 소송기록 중에 당사자가 가지는 영업비밀(부정경쟁방지법 제2조 제2호에 규정된 영업비밀)이 적혀 있는 때 중의 어느 하나에 해당한다는 소명이 있는 경우에는 법원은 당사자의 신청에 따라 결정으로 소송기록 중 비밀이 적혀 있는 부분의 열람·복사, 재판서·조서중 비밀이 적혀 있는 부분의 정본·등본·초본의 교부를 신청할 수 있는 자를 당사자로 한정할 수 있다고 규정하고 있다.

사자의 신청에 따라 결정이 이루어진 법원의 비밀유지명령(법 §35의3①)을 위반한 자와 ② 하도급법에서 준용하는 공정거래법상의 비밀엄수의무(동법 §119)를 위반한 자는 2년 이하의 징역 또는 2천만 원 이하의 벌금에 처한다(법 §29①). ①의 경우에는 비밀유지명령을 신청한 자의 고소가 없으면 공소를 제기할 수 없다(법 §29②).

또한 하도급법상 의무 또는 금지규정을 위반한 원사업자는 위반행위의 유형에 따라 각각 하도급대금의 2배에 상당하는 금액 이하, 3억 원 이하, 1억 5천만 원 이하 또는 3천만 원 이하의 벌금에 처한다(법 §30①, ②, ③). 이 벌칙에 해당하는 죄는 공정거래위원회의 고발이 있어야 공소를 제기할 수 있다(법 §32①).

공정거래위원회는 그 위반의 정도가 객관적으로 명백하고 중대하다고 인정하는 경우에는 검찰총장에게 고발하여야 한다(법 §32②, 고발의무). 고발의무 요건에 해당하는 사실이 있는 경우 검찰총장은 이를 공정거래위원회에 통보하여 고발을 요청할 수 있다(법 §32③, 고발요청). 공정거래위원회가 고발의무 요건에 해당하지 아니한다고 결정하더라도 감사원장, 중소벤처기업부장관은 사회적 파급효과, 수급사업자에게 미친 피해 정도 등 다른 사정을 이유로 공정거래위원회에 고발을 요청할 수 있다(법 §32④, 고발요청). 검찰총장 또는 감사원장, 중소벤처기업부장관의 고발요청이 있는 때에는 공정거래위원장은 검찰총장에게 고발하여야 한다(법 §32⑤, 고발강제). 공정거래위원회는 공소가 제기된 후에는 고발을 취소할 수 없도록 함으로써 고발권 행사 후 검찰의 수사과정에 영향을 미치지 않도록 하고 있다(법 §32⑥).

(2) 양벌규정

법인의 대표자나 법인 또는 개인의 대리인·사용인 기타 종업원이 그 법인 또는 개인의 업무에 관하여 벌칙에 해당하는 위반행위를 한 때에는 행위자를 벌하는 외에 그 법인 또는 개인에 대하여도 벌금형을 과한다. 다만, 법인 또는 개인이 그 위반행위를 방지하기 위하여 해당 업무에 관하여 상당한 주의와 감독을 게을리하지 아니한 경우에는 그러하지 아니하다(법 §31).

4. 수급사업자의 과실상계

원사업자의 하도급법 위반행위에 관하여 수급사업자에게 책임이 있는 경우에는 하도급법에 의한 시정조치·고발 또는 벌칙을 적용함에 있어서 이를 참작할 수 있다(법 §33). 수급사업자에게 책임이 있는 이유로 고려될 수 있는 경우로는 예컨대, 목적물을 납품·인도하거나 하도급공사를 준공한 후 원사업자가 정당하게 요구한 하자보증의무를 수급사업자가 이행하지 않아 하도급대금의 지급이 지연되거나 수급사업자의 귀책부분에 대하여 하도급대금의 지급이 공제된 경우를 들 수 있다.

Ⅷ. 기 타

1. 행정기관의 업무협조

공정거래위원회는 이 법의 시행을 위하여 필요하다고 인정하는 때에는 관계 행정기관의 장의 의견을 듣거나 관계행정기관의 장에 대하여 조사를 위한 인원의 지원 기타 필요한 협조를 요청할 수 있다(법 §26①). 공정거래위원회는 협조를 위해 원사업자와 수급사업자가 하도급 관련 법령의 준수 및 상호 지원·협력을 약속하기 위해 체결한 협약(법 §3의3①)의 이행실적에 관하여 우수한 평가를 받은 사업자 명단 등 필요한 정보를 관계행정기관의 장에게 제공할 수 있으며, 정보를 제공받은 관계행정기관의 장이 관계 법령 등에 따라 필요한 조치를 한 경우 그 내역을 통보해 줄 것을 요청할 수 있다(영 §16의2①, ②).

특히 공정거래위원회는 하도급법의 규정을 위반한 원사업자 또는 수급사업자에 대하여 그 위반 및 피해의 정도를 고려하여 대통령령으로 정하는 벌점을 부과하고, 그 벌점이 대통령령으로 정하는 기준을 초과하는 경우에는 관계 행정기관의 장에게 입찰참가자격의 제한,[51] 「건설산업기본법」 제82조 제1항 제7호에 따른 영업정지, 그 밖에 하도급거래의 공정화를 위하여 필요한 조치를 취할 것을 요청하여야 한다(법 §26②).

2. 포상금제도

공정거래위원회는 법 위반행위 조사의 단서가 되는 신고나 증거자료를 제출한 자에 대해 포상할 수 있다. 즉, 부당한 하도급대금의 결정(§4), 부당한 위탁취소(§8①), 부당반품(§10), 정당한 사유 없는 하도급대금 감액(§11①, ②) 또는 경제적 이익의 부당요구(§12의3③) 행위를 신고하거나 제보하고 그 법 위반행위를 입증할 수 있는 증거자료를 제출한 자에게 예산의 범위에서 포상금을 지급할 수 있다(법 §22⑤).

그러나 공정거래위원회가 포상금을 지급한 후 ① 위법 또는 부당한 방법의 증거수집, 거짓신고, 거짓진술, 증거위조 등 부정한 방법으로 포상금을 지급받은 경우, ② 동

51) 특히 누산 벌점이 5점을 초과하는 사업자는 공공분야 입찰에 참여할 수 없는데, 시행령에서는 원사업자가 하도급업체에 보복행위를 행하여 한 차례만 고발 조치되더라도 5.1점의 벌점이 부과되도록 하여 보복사업자에 대한 엄격한 '원 스트라이크 아웃제'를 실시하고 있다(영 [별표3]).

일한 원인으로 다른 법령에 따라 포상금 등을 지급받은 경우, ③ 그 밖에 착오 등의 사유로 포상금이 잘못 지급된 경우의 어느 하나에 해당하는 사실이 발견된 경우에는 해당 포상금을 지급받은 자에게 반환할 금액을 통지하여야 하고, 해당 포상금을 지급받은 자는 그 통지를 받은 날부터 30일 이내에 이를 납부하여야 한다(법 §22⑦).

3. 서면실태조사

하도급거래에서 수급사업자는 원사업자로부터 불공정거래를 강요당하고도 수직·종속적인 하도급관계에 따른 원사업자의 보복조치 또는 일방적인 거래단절을 우려하여 이를 신고하거나 사법대응을 하지 못하는 경향이 있다. 이러한 현실을 감안하여 공정거래위원회는 공정한 하도급거래질서 확립을 위하여 하도급거래에 관한 서면실태조사를 실시하여 그 조사결과를 공표하여야 한다(법 §22의2①). 이에 따라 공정거래위원회는 수급사업자의 익명성을 보장하는 가운데 매년 원사업자와 수급사업자에게 하도급거래의 실태 전반(분기별 거래내역, 대금지급 실태 등)에 대한 설문조사를 실시하고, 응답내용을 교차 검토한 후 불공정사례를 포착하여 이를 자진 시정할 것을 원사업자에게 요구하기도 하고 현장조사의 단서로 활용하게 된다.

공정거래위원회는 서면실태조사를 실시하려는 경우에는 조사대상자의 범위, 조사기간, 조사내용, 조사방법 및 조사절차, 조사결과 공표범위 등에 관한 계획을 수립하여야 하고, 조사대상자에게 하도급 거래실태 등 조사에 필요한 자료의 제출을 요구할 수 있다(법 §22의2②). 공정거래위원회는 제2항에 따라 자료의 제출을 요구하는 경우에는 조사대상자에게 자료의 범위와 내용, 요구사유, 제출기한 등을 명시하여 서면으로 통지하여야 한다(법 §22의2③).

원사업자는 수급사업자로 하여금 하도급 거래실태 등 조사에 필요한 자료를 제출하지 아니하게 하거나 거짓 자료를 제출하도록 요구해서는 아니 되며(법 §22의2④), 수급사업자 또는 조합이 하도급거래 서면실태조사를 위하여 공정거래위원회가 요구한 자료를 제출한 것을 이유로 그 수급사업자에 대하여 수주기회를 제한하거나 거래의 정지, 그 밖에 불이익을 주는 행위를 하여서는 아니 된다(법 §19ⅲ).

제 2 절 표시 · 광고의 공정화에 관한 법률

Ⅰ. 서 설

1. 표시 · 광고의 의의

오늘날 상품 또는 용역의 내용은 점차 전문화 · 다양화되고 있고, 시장구조가 공급자 중심에서 수요자 중심으로 변화하고 있다. 이에 따라 소비자에게 정확한 정보를 제공함으로써 올바른 상품선택권을 보장하는 것이 시장경쟁을 촉진하기 위한 관건으로 되고 있다.

이러한 의미에서 사업자가 일반 소비자에게 상품 또는 용역에 관한 정보를 제공하는 행위로서 '표시'와 '광고'는 유효수요를 창출하기 위한 판촉활동의 일환인 동시에 시장경쟁을 촉진하기 위한 전제조건이라고 볼 수 있다. 그러나 표시 · 광고는 사업자가 소비자에게 일방적으로 제공하는 것으로서 늘 올바른 정보만을 제공하는 것은 아니다. 실제로 사업자들은 자기에게 불리한 내용은 은폐하고 표시 · 광고를 통하여 유리한 것만을 알리려는 속성을 가지고 있으며, 심지어 근거 없이 경쟁사업자의 상품 또는 용역을 비방하는 경우도 있다. 이러한 부당한 표시 · 광고행위는 소비자의 오인을 유발하여 상품 또는 용역의 합리적인 선택을 저해할 우려가 있을 뿐 아니라, 이를 방치할 경우 사업자는 가격이나 품질에 의한 능률경쟁보다는 부당한 수단에 의한 고객유인에 치중함으로써 사업자 간의 공정한 경쟁을 저해할 우려가 있다.

이에 따라 허위, 기만등의 부당한 표시 · 광고를 보다 효과적으로 시정하고 소비자에게 바르고 유용한 시장정보를 제공하도록 하기 위하여 1999년 2월 공정거래법에 규정된 표시 · 광고관련제도의 미비점을 보완한 종합적인 표시 · 광고 관련 법률로서 「표시 · 광고의 공정화에 관한 법률」(이하 "표시광고법")이 제정되었다. 특히 최근 IT 발전과 인터넷 보급확대에 따라 다양한 유형의 디지털표시 · 광고가 대세를 이루고 있고 소비자에 대한 파급력이 크기 때문에, 향후 불공정한 경쟁수단으로 오용되거나 남용되지 않도록 대비할 필요가 있다.

2. 다른 법률과의 관계

(1) 공정거래법

표시광고법은 공정한 거래질서의 확립과 소비자보호를 목적으로 하고 있는 점에서 공정거래법과 그 입법목적이 일치한다. 또한 부당한 표시·광고행위는 사업자가 자신의 상품 또는 용역을 허위·과장하거나 기만적인 방법으로 표시·광고하거나 경쟁사업자의 상품 또는 용역과의 부당한 비교 또는 비방하는 표시·광고하는 행위이다. 이는 원래 공정거래법상의 불공정거래행위로서 위계에 의한 고객유인의 유형에 속하는 것이나, 부당한 표시·광고행위가 빈번하게 나타남에 따라 그동안 별개의 불공정거래행위 유형으로 규제하여 왔다. 표시광고법은 입법 연혁에서 알 수 있듯이 공정거래법상 불공정거래행위로서의 표시·광고규정을 분리하여 별도 법률로 제정된 것으로 공정거래법과는 일반법과 특별법과의 관계에 있다. 따라서 표시광고법이 우선 적용되는 범위 내에서 공정거래법의 적용이 배제된다.

(2) 부정경쟁방지법

광고에 의하여 원산지나 상품의 품질·내용·제조방법·용도 또는 수량의 오인을 일으키게 하는 부정경쟁행위(부정경쟁방지법 §2 i 라목 내지 바목)에 대해서는 부정경쟁방지법의 규정과 표시광고법에 다른 규정이 있는 경우에는 표시광고법에 의한다(부정경쟁방지법 §15). 따라서 오인을 유발할 수 있는 광고의 경우 표시광고법이 부정경쟁방지법에 우선하여 적용되며, 그 한도에서 특별법적인 지위에 있다고 볼 수 있다.

(3) 소비자기본법 등

소비자기본법 제10조·제11조의 표시·광고의 기준, 식품위생법 제11조의 식품에 관한 허위의 표시광고를 규제하는 규정, 기타 약사법, 공산품품질관리법에서도 고유의 입법목적에 따라 상품의 품질·가격·규격·취급상의 주의 또는 사용방법 등에 관한 표시를 의무화하거나 부당한 표시·광고를 금지하는 규제를 하고 있다. 그러나 위의 소비자보호 관련 법률에 의한 규제는 국민건강의 보호, 안전사고의 방지 등을 소비자 안전의 보호를 목적으로 하는데 비해, 표시광고법은 소비자거래의 보호를 목적으로 하는 점에서 입법목적을 달리하고 있다. 따라서 이들 법률들은 일반법과 특별법의 관계로 볼 수 없으며, 동일한 표시·광고에 대해서 각 법률마다의 입법목적에 따라 경합하여 적용할 수 있다.[52]

---

52) 허위표시·과대광고에 대해 식품위생법상 보건복지부장관 또는 시도지사 등이 시정명령을 할 수 있으며, 같은 이유로 그 광고가 동시에 경쟁사업자 간의 공정거래를 해하는 것일 때에는 공정거래법상의 시정명령도 가능하다. 대법원 1990. 10. 10. 선고 89누8200 판결.

Ⅱ. 부당한 표시·광고행위의 금지

1. 표시·광고의 개념

(1) 표 시

표시란 사업자 또는 사업자단체(이하 "사업자등")가 자기 또는 다른 사업자등에 관한 사항이나 자기 또는 다른 사업자등의 상품 또는 용역(이하 "상품등")의 내용, 거래 조건, 그 밖에 그 거래에 관한 사항을 소비자에게 알리기 위하여 상품의 용기·포장(첨부물과 내용물 포함), 사업장 등의 게시물 또는 상품권·회원권·분양권 등 상품등에 관한 권리를 나타내는 증서에 쓰거나 붙인 문자·도형과 상품의 특성을 나타내는 용기·포장을 말한다(법 §2 i). 즉, 상품 자체, 사업장의 게시물 또는 권리를 나타내는 증서 등에 상품 또는 용역에 관한 사항을 기재하여 일반 소비자에게 널리 알리는 것을 말한다.

(2) 광 고

광고란 사업자등이 ① 자기 또는 다른 사업자등에 관한 사항이나 자기 또는 다른 사업자등의 상품등의 내용, 거래 조건, 그 밖에 그 거래에 관한 사항을 ② 신문·인터넷신문, 정기간행물, 방송, 전기통신, 그 밖에 대통령령으로 정하는 방법[53]으로 ③ 소비자에게 널리 알리거나 제시하는 것을 말한다(법 §2 ii). 즉, 사업자가 매체를 통하여 사업자등에 관련한 사항이나 상품등에 관하여 일반 소비자에게 널리 알리는 것을 말한다. 판례는 개인정보를 수집하는 대가로 소비자에게 일정한 경품을 제공하는 것도 원고의 경품 이벤트라는 사업자의 용역으로 볼 수 있다고 하여 광고의 의미를 넓게 해석하고 있다.

[판례] 표시광고법에서 정한 '광고'의 의미(대법원 2017. 4. 7. 선고 2014두1925 판결)

원고는 오픈마켓에 쿠폰 등의 경품을 제공한다는 배너·팝업 광고를 게시하면서 소비자가 배너·팝업 광고를 클릭하면 원고의 개인정보 수집 경품이벤트 페이지로 연결되도록 하였다. 이 사건 개인정보 수집 페이지에는 ① 개인정보를 입력하는 부분이 있고, ② 그 아래에 쿠폰 사용 후기 게시판 형태로 원고에게 유리한 사용 후기 일부를 발췌한 이미지를 표시한 부분이 있으며, ③ 마지막으로 개인정보 수집 목적 관련 정보와 쿠폰 증정 조건, 쿠폰 사용제한 조건 등에 대한 부분이 기재되어 있다. … 이 사건 개인정보 수집 페이지의

---

53) 여기에서 대통령령이 정하는 방법이란 ① 전단·팜플렛·견본 또는 입장권, ② 인터넷 또는 PC통신, ③ 포스터·간판·네온사인·애드벌룬 또는 전광판, ④ 비디오물·음반·서적·간행물·영화 또는 연극, ⑤ 자기의 상품외의 다른 상품, ⑥ 기타 이와 유사한 매체 또는 수단을 이용하는 것을 말한다(영 §2).

내용은 소비자가 원고의 경품 이벤트라는 용역에 참여할 경우 원고가 그 대가로 할인쿠폰을 제공한다는 것으로서, 표시광고법 제2조 제1호 (나)목에서 정한 '상품 등의 거래 조건에 관한 사항'에 해당하고, 원고가 배너·팝업 광고와 이 사건 개인정보 수집 페이지를 통하여 이를 소비자에게 널리 알리거나 제시하였으므로, 표시광고법 제2조 제2호에서 정한 광고에 해당한다.

2. 부당한 표시·광고

(1) 위법성의 근거

고객의 상품등의 선택에 즈음하여 그 객관적인 성질이나 거래조건 등에 관한 정보를 소비자에게 제공하기 위해 이루어지는 표시·광고행위는 본질적으로 시장경쟁에 있어서 고객을 유인하기 위한 정상적인 판매촉진활동에 속하는 것이다. 그러나 사업자가 자신의 상품 또는 용역을 거짓·과장 또는 기만적인 방법으로 표시·광고하거나 경쟁사업자의 것과의 부당한 비교 또는 비방하는 표시·광고를 하여 고객을 오인에 빠뜨려 합리적인 판단을 왜곡할 경우 고객인 소비자의 상품선택권은 물론 시장에서 경쟁사업자에 의한 능률경쟁은 침해될 것이다.

따라서 부당한 표시·광고행위의 위법성의 근거는 1차적으로 ① 고객의 합리적이고 자유로운 선택권 왜곡과 ② 경쟁사업자의 능률경쟁 침해에서 찾을 수 있다.

(2) 위법성의 판단기준

표시·광고가 구체적으로 어떠한 경우에 부당한 것으로 볼 수 있을 것인가 하는 판단기준이 문제로 된다. 이와 관련하여 표시광고법 제3조 제1항은 "…소비자를 속이거나 소비자로 하여금 잘못 알게 할 우려가 있는 표시·광고행위로서 공정한 거래질서를 해칠 우려가 있는 다음 각 호의 행위를 하거나 다른 사업자등으로 하여금 하게 하여서는 아니 된다"고 규정하고 있다. 즉, 부당성의 구체적인 판단기준으로서 ① 소비자의 오인성과 ② 공정거래저해성을 제시하고 있다. 따라서 사실과 부합하지 않더라도 소비자오인성이나 공정거래저해성이 없으면 규제대상이 아니다.[54]

여기에서 소비자 '오인성'이란 소비자를 기만하거나 오인시킬 우려가 있음을 의미한다. 오인의 개연성 내지 추상적 위험성이 있는 행위인지 여부는 평균인으로서의 일반 소비자에게 주는 전체적·궁극적인 인상에 의하여 객관적으로 판단된다.[55] 일부 진

54) 영국의 거래명세법(Trade Descriptions Act) 제3조는 표시가 중대한 정도로 사실에 반한 때에 한하여 거짓표시로 하고 있으며, 미국 FTC법 제15조 (a)는 실질적 요소 즉 소비자의 구매의사 결정에 실질적인 영향을 주는 경우에만 규제하고 있다.

55) 대법원 2005. 2. 18. 선고 2003두8203 판결; 2010. 7. 22. 선고 2007다59066 판결; 2013. 6. 14. 선고

실한 내용을 포함하고 있더라도 소비자의 오인을 유발할 우려가 있는 경우에는 부당한 것으로 볼 수 있다. 오인의 주체로서 소비자는 보통의 신중함과 주의력을 가진 소비자를 전제로 한다. 부당한 표시·광고행위의 위법성 판단기준인 소비자 오인성에 대한 사업자의 주관적 의도로서 고의·과실 여부는 불문한다.[56]

소비자 오인의 결과 소비자가 잘못된 선택권을 행사하게 되고, 이로 인해 경쟁사업자의 고객을 빼앗는 등 시장에서의 공정한 거래질서를 저해할 우려가 있어야 한다. 즉 '공정거래저해성'이 요구된다. 판례는 오인 유발의 우려가 있는 경우 일반적으로 공정거래저해성이 인정되는 것으로 보고 있다.[57]

[판례] 가습기 살균제 사건에서의 소비자 오인성의 기준(대법원 2014. 12. 24. 선고 2014두11977 판결)

… 제품 표시에 사용된 '인체에 안전한 성분; 안심하고 사용' 등의 표현은 보통의 주의력을 가진 일반 소비자에게 이 사건 제품에 부작용이 전혀 없거나 그 사용에 있어 더 이상의 안전예방조치를 필요로 하지 않는다는 인상을 주어, 이 사건 제품이 인체에 안전하다고 잘못 알게 할 우려가 있다. … 또한 원심이 판시한 사정을 종합하면, 이 사건 제품을 소비자에게 공급하는 원고로서는 이 사건 제품의 안전성 여부, 특히 에어로졸 형태의 흡입독성에 관해 좀 더 면밀하게 점검한 뒤 이 사건 표시를 할 필요가 있었음에도 원고가 별도의 실험 등 검증절차를 거치지 않고 만연히 이 사건 제품이 인체에 안전하다고 표시한 것에 정당한 사유를 인정할 수 없다.

3. 부당한 표시·광고의 유형

(1) 거짓·과장 표시·광고

거짓·과장의 표시·광고는 사실과 다르게 표시·광고하거나 사실을 지나치게 부풀려 표시·광고하는 것을 말한다(법 §3① i, 영 §3①).

여기에서 거짓, 즉 '허위'란 사실과 다름을 의미한다. 허위내용은 그 자체만으로 오인을 유발할 가능성이 크므로 허위사실만 입증되면 위의 요건을 충족하는 것으로 본다. 허위사실의 판단기준은 사회통념을 기준으로 하며, 자연과학적인 엄밀성을 요구하지 않는다. '과장'은 넓은 의미에서 허위의 범주에 속하는 것이나, 공정거래법은 양자를 구별하여 사실을 지나치게 부풀려 표현하는 경우를 말하고 있다. 부분적으로는 사실이라고 하더라도 전체적으로 보아 소비자를 오인시킬 우려가 있는 부정확한 표시·광고행위도 이에 속한다고 볼 수 있다. 실제에 있어서 상거래상 어느 정도의 과장은 사회

2011두82 판결; 2018. 7. 12. 선고 2017두60109 판결 등.

56) 이호영, 「소비자보호법」 제4판(홍문사, 2018), 78면.

57) 대법원 2014. 12. 24. 선고 2014두11977 판결. 이선희, "가습기살균제의 표시에 있어서 거짓·과장 여부의 판단", 「광고판례 백선」(한국광고법학회, 2019), 163면.

적으로 용인되고 있다고 할 수 있으나, 객관적인 근거 없이 배타성을 띤 절대적 표현, 예컨대 최초, 최대, 최고, 넘버원, 1위, 제일, 유일 등을 사용하는 경우에는 과장의 범주에 해당될 가능성이 크다.

거짓 · 과장성을 판단함에 있어서 단순히 표시 · 광고 자체가 객관적 사실에 부합하는지 여부만을 보는 것이 아니라, 표시 · 광고주의 의도 및 소비자오인성 등의 요소를 복합적으로 고려하여 종합적으로 판단하여야 한다.[58] 또한 표시 · 광고의 진실성 여부를 판단할 때에는 문구의 명료성, 글자 및 도안의 상대적인 위치와 크기 또는 색상, 보통의 소비자에게 전달되는 의미 등 표시 · 광고의 전체를 종합적으로 판단하여야 한다.

일반 소비자는 광고에서 직접적으로 표현된 문장, 단어, 디자인, 도안, 소리 또는 이들의 결합에 의하여 제시되는 표현뿐만 아니라 거기에서 간접적으로 암시하고 있는 사항, 관례적이고 통상적인 상황 등도 종합하여 전체적 · 궁극적 인상을 형성하므로, 표시 · 광고가 소비자를 속이거나 소비자로 하여금 잘못 알게 할 우려가 있는지는 보통의 주의력을 가진 일반 소비자가 해당 광고를 받아들이는 전체적 · 궁극적 인상을 기준으로 하여 객관적으로 판단하여야 한다.[59]

[판례] 드림코어의 연수기(軟水器) 허위 · 과장 광고행위(대법원 2013. 9. 26. 선고 2011두7632 판결)

표시 · 광고에 소비자가 본인의 사용 경험에 근거하여 당해 상품을 효능, 효과, 성능 등의 면에서 좋은 상품으로 평가 · 보증하거나 당해 상품의 구매 · 사용을 추천하는 내용이 포함되어 있고 그 내용이 추천자의 개인적 경험을 넘어 일반 소비자들에게도 가능한 사실로 받아들여지는 경우에는, 그 추천 · 보증의 내용이 추천자가 실제로 경험한 사실에 부합한다고 하더라도 추천자의 경험내용이나 판단내용이 일반 소비자들에게 보편적으로 발생하는 현상이 아니거나 학계 등 관련 전문분야에서 일반적으로 받아들여지고 있는 견해가 아니라면 표시 · 광고행위를 한 사업자(원고)가 그 소비자가 추천 · 보증하는 내용이 진실임을 입증할 책임이 있다.

… 원고가 객관적으로 확인될 수 없거나 확인된 사실이 없음에도 불구하고 이 사건 제품의 사용으로 아토피성 피부염, 가려움증, 짓무름, 성인어른 탈모 증상 등이 개선되는 효과가 확실하게 나타나는 것처럼 광고한 행위는 사실과 다르거나 사실을 지나치게 부풀린 것으로서 허위 · 과장성이 인정되는 점, 보통의 주의력을 가진 일반 소비자가 위와 같은 광고를 접할 경우 이 사건 제품을 사용하면 아토피성 피부염, 가려움증, 짓무름, 성인어른 탈모 증상 등이 개선되는 것으로 오인하거나 오인할 우려가 있는 점, 소비자가 건강, 환경 관련 상품을 구매함에 있어 특정 질환의 개선 · 치료 여부는 그 상품을 구매 · 선택함에 있어 중요한 요인으로 작용한다고 볼 수 있으므로 이 사건 광고는 소비자에게 잘못된 정보를

58) 대법원 2014. 12. 24. 선고 2014두11977 판결. 이선희, "가습기살균제의 표시에 있어서 거짓 · 과장 여부의 판단", 「광고판례 백선」(한국광고법학회, 2019), 163면.

59) 대법원 1990. 2. 9. 선고 89누6860 판결.

제공하여 소비자의 합리적인 선택을 방해함으로써 소비자 피해를 유발하고 공정한 거래를 저해할 우려가 있는 점 등에 비추어 볼 때, 이 사건 행위는 표시광고법 제3조 제1항 제1호 소정의 '허위 · 과장광고'에 해당한다.

(2) 기만적인 표시 · 광고

기만적인 표시 · 광고는 사실을 은폐하거나 축소하는 등의 방법으로 표시 · 광고하는 것을 말한다(법 §3①ii, 영 §3②). 여기에서 '사실'이란 소비자가 상품 또는 용역을 선택하는데 있어 필요한 사항, 예컨대, 상품의 원재료, 성분, 품질, 효능, 규격, 제조방법, 제조일자, 원산지, 포장, 추천, 권장, 용도, 사용방법, 기타의 거래내용 등을 의미하며, 사업자는 표시 · 광고를 함에 있어 자기 자신이나 자기가 공급하는 상품에 대하여 이러한 사실을 표기하여야 한다.

표시 · 광고가 부분적으로 진실(half truth)하더라도 사업자 자신이나 상품에 관하여 중요한 사실이나 내용을 은폐하거나 축소함으로써 소비자를 속이거나 착오에 빠트릴 우려가 있는 경우에는 기만성이 인정될 수 있다. 이처럼 거래의 중요한 사항에 관하여 구체적 사실을 신의성실의 의무에 비추어 비난받을 정도의 방법으로 허위로 고지한 경우에는 기망행위에 해당한다고 할 것이나, 그 선전 광고에 다소의 과장 허위가 수반되는 것은 그것이 일반 상거래의 관행과 신의칙에 비추어 시인될 수 있는 한 기망성은 결여된 것으로 볼 수 있다.[60]

[판례] 가연결혼정보㈜의 기만적인 광고행위(대법원 2014. 12. 24. 선고 2012두26 판결)

원고의 회원은 유료회원과 무료회원으로 구분되고 유료회원은 재직증명서 · 혼인관계증명서 · 졸업증명서 등의 제출을 통해 원고로부터 신원검증을 받은 후 가입하게 되며, 일정 횟수의 이성 소개 등 결혼중개업체의 실질적인 서비스를 받는 반면, 무료회원은 원고의 웹사이트에 결혼경력 · 핸드폰 번호 · 직종 등 몇 가지 개인정보만 입력하면 가입이 되며, 미팅파티 및 일반 이벤트와 리서치 참여, 원고의 사무실 방문 시 컨설팅 서비스 정도만 가능할 뿐 이성 소개 등의 서비스를 제공받을 권리는 없[다.]

… 유료회원과 무료회원은 원고로부터 받을 수 있는 서비스의 차이가 현저하고, 원고의 전체 회원 293,202명 중 유료회원이 7,776명으로서 그 비율이 3%에 불과함에도, 원고가 그 구분 없이 '20만 회원이 선택한 서비스'라고 광고한 것은 결혼중개업체로부터 본질적 서비스라 할 수 있는 이성소개 등의 서비스를 받을 수 있는 유료회원 수를 은폐하는 등 기만성이 인정되고, 광고를 접한 보통의 주의력을 가진 소비자로서는 '20만 명' 모두가 소개받을 수 있는 유료회원인 것으로 오인하거나 오인할 우려가 있으며, 소비자에게 잘못된 정보를 제공하여 소비자의 합리적인 선택을 방해할 우려가 있는 등 공정거래저해성도 인정

60) 대법원 2009. 3. 16. 선고 2008다1842 판결.

된[다.].

(3) 부당하게 비교하는 표시 · 광고

부당하게 비교하는 표시 · 광고는 비교대상 및 기준을 명시하지 아니하거나 객관적인 근거 없이 자기 또는 자기의 상품이나 용역을 다른 사업자 또는 사업자단체나 다른 사업자등의 상품이나 용역과 비교하여 우량 또는 유리하다고 표시 · 광고하는 것을 말한다(법 §3①iii, 영 §3③).

비교하는 표시 · 광고가 공정하게 이루어진다면 소비자의 다양한 구매욕구에 부합하는 유용한 정보를 제공할 수 있을 것이나, 객관적으로 근거가 없거나 자기의 것의 유리한 부분만을 들어 비교하여 표시 · 광고하는 경우 오히려 소비자의 그릇된 선택을 유도하는 결과가 된다. 또한 본래 비교 표시 · 광고는 자기의 우월성을 나타냄으로써 상대적으로 경쟁사업자의 단점을 표시 · 광고하기 위한 목적으로 행하여지는 것이고, 자칫 경쟁사업자의 상품 또는 용역에 대해 비방으로 비춰질 수도 있기 때문에 신중하게 행하여져야 한다. 따라서 비교 표시 · 광고는 비교대상 및 비교기준이 명확하여야 하며, 비교내용 및 비교방법이 적정하여야 한다.[61] 비교대상 및 비교기준이 명확하더라도 광고내용 중 사실에 관련된 사항을 보여주기 위한 조사가 객관적이고 타당한 방법으로 이루어지지 못한 경우에는 부당하게 비교하는 표시광고에 해당할 수 있다.[62]

경쟁사업자의 상품 또는 용역의 단점을 주장할 때 비록 그 내용이 진실하다 하여도 자기 상품 또는 용역과의 비교에서 중요한 차이가 있는 경우에만 허용되고 그 정도가 유사하여 구분이 어려운 경우에는 이를 내용으로 하여 상대방의 상품 또는 용역을 비방하는 것은 허용되지 않는다(소위 「중요성의 원칙」, doctrine of significance).

[판례] ㈜중외산업의 부당한 비교광고행위(대법원 2003. 2. 26. 선고 2002다67062 판결)

중외산업이 일산화탄소 등 유해가스 배출량의 감소와 연료절감 등을 위하여 자동차 연료에 첨가하는 엔진내부 세척제로 생산 판매하는 '엔팍'을 불스원이 생산 판매하는 엔진내부 세척제인 '불스원샷'과 비교하는 광고를 신문 등에 게재하면서, 제작사 · 제작연도 및 차종이 다른 차량에 '엔팍'과 '불스원샷'을 각 사용하여 유해가스 배출량 감소비율을 측정한 결과 '엔팍'을 사용한 차량의 유해가스 배출량 감소비율이 2배 정도 커 '엔팍'의 품질과 성

---

61) 「비교 표시 · 광고에 관한 심사지침」(공정거래위원회 예규 제269호, 2016. 12. 23., 일부 개정)에서는 일반원칙으로서 비교표시 · 광고는 객관적으로 측정 가능한 특성을 비교하여야 하며 객관적으로 측정이 불가능한 주관적 판단, 경험, 체험, 평가 등을 근거로 다른 사업자 또는 다른 사업자의 상품과 비교하는 표시 · 광고행위는 허용되지 않는 것으로 하고 있다.

62) 대법원 2003. 3. 31. 선고 98누2463 판결. 한편 비교광고가 가지는 정보제공 및 경쟁촉진효과를 감안하여 소비자오인성이 인정되더라도 공정거래를 저해하는 정도가 크지 않은 경우에는 비교광고를 허용하여야 한다는 주장도 있다. 이봉의, "비교광고의 부당성 판단기준" 「광고판례 백선」(한국광고법학회, 2019), 306면.

능이 더 우수하다는 취지로 광고하였는데, 비록 유해가스 배출량 감소비율 측정에 사용된 차량의 배기량이 비슷하고 그 배출가스 허용기준이나 보증기간 등이 같다고 하더라도 차종이나 제작연도 등에 따라 유해가스 배출량이 달라질 수 있는 점 등에 비추어 보면 그 광고의 비교기준이 적정하고 합리적으로 설정된 것으로 보기 어려우므로, 중외산업의 위와 같은 광고행위는 소비자를 속이거나 소비자로 하여금 잘못 알게 할 우려가 있는 '부당하게 비교하는 광고'에 해당한다.

(4) 비방적인 표시 · 광고

비방적인 표시 · 광고는 다른 사업자등 또는 다른 사업자등의 상품등에 관하여 객관적인 근거가 없는 내용으로 표시 · 광고하여 비방하거나 불리한 사실만을 표시 · 광고하여 비방하는 것을 말한다(법 §3①ⅳ, 영 §3④). 객관적인 근거가 없는 비방행위는 통상적으로 경쟁사업자의 명예 · 신용을 훼손하고 경쟁사업자의 상품등에 대한 이미지를 실추시키며, 이로 인해 경쟁사업자의 사업기회를 박탈하고 영업상 이익을 직접적으로 침해할 가능성이 크기 때문에 엄격히 금지할 필요가 있다.

판례는 어느 정도 객관적인 근거에 의하여 뒷받침되고 있다면 과학적으로 명백하게 입증할 수 없더라도 비방적인 표시 · 광고로 금지되어야 하는 것은 아니며, 자신의 약점을 묵비하고 경쟁사업자의 약점만을 들추어 비방하더라도 객관적 근거에 기반한 것이라면 소비자의 오인가능성이 없는 한 비방적인 표시 · 광고에 해당하지 않는다.[63] 이에 비해 객관적이고 타당한 방법으로 이루어지지 않은 실험결과를 근거로 경쟁사업자의 제품에 불리한 사실을 알리거나[64] 다양한 성분 중에 특정 성분만을 기준으로 비교하여 경쟁사업자에게 불리한 사실만을 광고하는 행위[65]는 비방적인 표시 · 광고에 해당할 수 있다.

하지만 객관적 근거에 기초하고 있더라도 다른 사업자 및 다른 사업자의 상품에 대해 불리한 사실만을 표기하여 중대한 이미지 훼손에 이르거나 전체 내용이 전달하는 바가 다른 사업자 또는 다른 사업자의 상품이 실제보다 현저히 열등 또는 불리한 것처럼 소비자가 오인할 수 있도록 하는 경우에는 기만적인 표시 · 광고에 해당할 수 있다.

[판례] 삼광유리㈜의 비방광고행위(대법원 2013. 3. 14. 선고 2011두7991 판결)

이 사건 광고를 통하여 플라스틱 용기에서 환경호르몬이 용출될 가능성을 지지하는 일부 학자의 견해나 그 위험에 대비하는 외국의 입법례를 인용하는 방식으로 플라스틱 용기의 안전성에 관한 소비자들의 우려를 은연중에 부추김으로써 유리 재질인 자신의 글라스락

63) 대법원 1998. 11. 27. 선고 96누5643 판결.
64) 서울고법 2007. 5. 17. 선고 2006누23861 판결, 고법 확정.
65) 대법원 2005. 3. 10. 선고 2004누9654 판결.

제품에 대한 소비자들의 선호를 높이려고 시도한 점은 알 수 있으나, 식품 또는 그와 직접 연관된 제품의 안전성 또는 인체에 대한 유해성과 관련하여 소비자들이 고도의 경각심을 갖고 그 위험을 미리 회피하기 위하여 최선의 노력을 다하는 것은 소비자들에게 주어진 정당한 선택의 권리에 속한다고 보아야 하는 점에 비추어, 어떠한 식품이나 그와 직접 연관된 제품의 인체 유해성에 관하여 어느 정도 객관적 근거를 갖춘 우려가 제기되어 현실적으로 논란이 되고 있다면, 그 유해성이나 유해 수준이 과학적으로 명백하게 입증되지는 않았다고 하더라도 경쟁제품이 갖고 있는 위와 같은 유해의 가능성 또는 위험을 언급하거나 지적하는 내용의 광고에 대하여 함부로 공정한 거래질서를 저해할 우려가 있는 비방광고로서 금지하여야 한다고 단정할 것은 아니다.

4. 사업자단체의 표시 · 광고 제한행위 금지

사업자단체는 법령에 따르지 아니하고는 그 사업자단체에 가입한 사업자에 대하여 표시 · 광고를 제한하는 행위를 하여서는 아니 된다(법 §6① 본문). 이는 개별사업자의 자유로운 표시 · 광고활동을 제한하는 것은 사업자간 경쟁을 제한할 뿐 아니라 소비자에 대한 정보제공을 차단하기 때문이다. 다만, 공정거래위원회가 소비자의 이익을 보호하거나 공정한 거래질서를 유지하기 위하여 미리 관계 행정기관의 장과 협의하여 이를 필요하다고 인정하는 경우에는 예외적으로 허용된다(법 §6① 단서, ②).

Ⅲ. 소비자정보 제공의 적정화

1. 중요정보의 공개

(1) 의 의

사업자는 상품정보를 독점하면서 유리한 정보만을 공개하고 불리한 정보는 은폐하거나 축소하려는 경향이 강하다. 특히 상품에 관한 중요한 정보를 누락할 경우 기만적인 표시 · 광고에 해당할 가능성이 크며, 이로 인해 소비자의 올바른 구매선택은 물론 사업자 간의 품질 · 가격 경쟁도 저해할 우려가 있다. 따라서 사업자가 표시 · 광고할 때 소비자선택에 필요한 핵심적인 중요정보를 반드시 포함하도록 의무화하는 것은 결국 사업자와 소비자 간의 정보의 불균형 또는 비대칭 현상으로부터 발생하는 시장실패를 치유하고 사업자 간의 공정한 경쟁을 촉진시킴으로써 시장메커니즘이 제대로 작동하도록 하기 위한 것이다. 또한 소비자에게 중요한 정보제공을 통해 소비자의 합리적 선택이 가능해지고 사업자의 입장에서도 표시상의 결함으로 인한 책임을 일부 면할 수 있게 된다.

(2) 중요정보의 고시

(가) 중요정보의 대상

중요정보란 상품등이나 거래분야의 성질에 비추어 소비자보호 및 공정한 거래질서의 유지를 위하여 필요한 사항으로서 사업자등이 표시·광고에 포함하여야 하는 사항을 말한다(법 §4①). 이는 주로 표시·광고사항에 포함되지 아니할 경우 정보를 은폐·누락하거나 불분명하게 표현함으로써 소비자의 기만·오인을 야기할 우려가 큰 사항을 말한다.[66] 구체적으로 ① 표시·광고를 하지 아니하여 소비자의 피해가 자주 발생하는 사항, ② 표시·광고를 하지 아니하면 i) 소비자가 상품등의 중대한 결함이나 기능상의 한계 등을 정확히 알지 못하여 구매 선택을 하는 데에 결정적인 영향을 미치게 되는 경우, ii) 소비자의 생명·신체 또는 재산에 위해를 끼칠 가능성이 있는 경우, iii) 그 밖에 소비자의 합리적인 선택을 현저히 그르칠 가능성이 있거나 공정한 거래질서를 현저히 해치는 경우가 생길 우려가 있는 사항이 이에 해당한다(법 §4① 각호).

(나) 고 시

공정거래위원회는 중요정보와 표시·광고의 방법을 고시(인터넷 게재 포함)할 수 있다. 다만, 다른 법령에서 표시·광고를 하도록 한 사항은 고시에서 제외한다(법 §4① 단서).[67]

공정거래위원회는 중요정보와 표시·광고의 방법의 고시를 하려면 관계 행정기관의 장과 미리 협의하여야 한다. 이 경우 필요하다고 인정하면 공청회를 개최하여 사업자단체, 등록소비자단체, 그 밖의 이해관계인 등의 의견을 들을 수 있다(법 §4②). 공정거래위원회는 중요정보를 고시할 때 소비자, 사업자등 이해관계인에게 종합적인 정보를 제공하기 위하여 다른 법령에서 표시·광고를 하도록 한 사항과 표시·광고를 제한하거나 금지하고 있는 사항을 통합하여 공고할 수 있으며(법 §4③), 관계 행정기관의 장은 통합공고 사항에 관한 법령이 제정되거나 개정된 경우에는 그 사항이 통합공고될 수 있도록 그 법령의 시행일 전에 공정거래위원회에 통보하여야 한다(법 §4④). 이는 법 제4조 제1항 단서에서 다른 법령에서 표시·광고를 하도록 하고 있는 사항은 중요정보고시에서 제외하고 있는 데 따라 소비자·사업자 등의 관련 정보 이용상의 불편을 개선하기 위한 것이다.

---

66) 한국개발연구원, 「표시·광고등의 공정화에 관한 법률 제정에 관한 연구」(1997), 250면.

67) 표시광고법 이외에도 「방송법」, 「방문판매법」, 「산업안전보건법」, 「부동산중개업법」, 「국민건강증진법」, 「농약관리법」, 「마약류관리법」, 「에너지이용합리화법」, 「증권투자회사법」 등 개별 법률에서 부당한 광고규제기준을 두고 있기도 하다.

(3) 사업자의 준수의무

사업자등은 표시 · 광고행위를 하는 경우에는 중요정보로 고시된 표시 · 광고사항이 포함되게 하여야 한다(법 §4⑤).

2. 표시 · 광고의 실증

(1) 의 의

오늘날 상품이 복잡 · 다양해짐에 따라 사업자의 사실주장에 관한 진위 여부를 소비자가 판단하는 것이 곤란하다. 따라서 표시광고법은 표시 · 광고내용 중 사실과 관련한 주장에 대해서는 광고주가 합리적인 근거나 객관적인 자료 등을 통하여 진실임을 증명하도록 하고, 필요한 경우 그 실증자료를 공개할 수 있도록 하고 있다.[68] 이 실증제도는 사업자의 사실에 바탕을 둔 광고의무를 강조하고 부당한 광고를 예방하기 위한 것인 동시에 사실과 관련한 표시 · 광고내용에 대한 입증책임[69]을 사업자에게 전환함으로써 부당한 표시 · 광고인지 여부를 보다 신속하게 판단하기 위한 것이다.

(2) 실증의 대상

사업자등은 자기가 한 표시 · 광고 중 사실과 관련된 사항에 대하여는 실증할 수 있어야 한다(법 §5①). '사실과 관련한 사항'이라 함은 표시 · 광고에서 주장한 내용 중에서 합리적인 근거나 객관적인 자료 등을 통하여 그 진위 여부의 판단이 가능한 내용을 말한다.

실증대상인 표시 · 광고는 부당한 표시 · 광고행위에 위반될 혐의가 있는 표시 · 광고로 TV, 라디오, 신문 및 잡지를 통해 전국적으로 표시 · 광고되고 표시 · 광고 중 사실과 관련된 사항이 해당 표시 · 광고의 주요내용으로서 ① 인체에 직접적으로 영향을 미친다는 내용, ② 안전 또는 환경과 관련된 내용, ③ 성능, 효능, 품질에 관한 내용, ④ 기타 소비자의 구매선택 및 거래질서에 중대한 영향을 미치는 내용인 경우이다.[70]

예컨대, 운동기구 광고에서 "하루 10분 운동으로 1~10cm 키가 큰다"는 광고를 믿고 제품을 구입 · 사용하였으나 효과가 없어 반품하려 해도 사업자의 거부로 소비자피해가 발생하는 경우 운동기구 사용효과와 관련하여 실제 키 크는 효과에 대한 실험자

---

68) 표시광고법과 별도로 화장품법도 광고실증제도를 도입하여 제14조 제1항에서 "제조업자, 제조판매업자 또는 판매자는 자기가 행한 표시 · 광고 중 사실과 관련한 사항에 대하여는 이를 실증할 수 있어야 한다"고 규정하고 있다.

69) 실증제도는 단지 '사실과 관련한 사항'에 대한 입증책임만 사업자에게 전환한 것일 뿐, '부당한 표시 · 광고'에 대한 입증책임은 여전히 공정거래위원회가 부담한다. 대법원 2003. 3. 31. 자 2002마4109 결정.

70) 「표시 · 광고 실증에 관한 운영고시」(공정거래위원회고시 제2015-15호, 2015. 10. 23., 일부 개정) Ⅲ. 1

료가 있었는지 여부, 있다면 그 실증자료를 제출받아 소비자에게 공개함으로써 소비자의 잘못된 구매를 예방할 수 있다. 또한 예컨대, 건강보조식품 광고에서 항암효과가 있다고 해서 제품을 구입·복용하였으나 항암효과가 있는지 여부를 확인할 수 없어 소비자의 불만이 초래된 경우 항암효과에 대한 임상실험결과가 있는지, 그 결과가 객관적으로 인정가능한지 여부 등 실증자료를 제출받아 그 결과를 소비자에게 공개함으로써 소비자의 합리적인 선택을 지원할 수 있다.

그러나 광고는 그 속성상 어느 정도의 과장된 표현(puffing)이 필요하므로 실증대상은 '사실과 관련된 사항'으로 한정하고 있다. 따라서 예컨대, "소리가 보인다", "가슴속까지 시원하다" 등의 표현에 대해서까지 실증할 필요는 없다.

(3) 실증방법

사업자등이 표시·광고한 내용 중 사실과 관련한 사항을 실증함에 있어서 시험이나 조사를 하려는 경우에는 ① 실증에 사용되는 시험 또는 조사의 방법은 학술적 또는 산업계에서 일반적으로 인정된 방법 등 객관적이고 타당한 방법이어야 하며, ② 시험 또는 조사는 법령에 의한 시험·조사기관이나 사업자등과 독립적으로 경영되는 시험·조사기관에서 이를 행하여야 한다. 다만, 법령에 의한 시험·조사기관 또는 사업자등과 독립적으로 경영되는 시험·조사기관에 의한 시험·조사가 불가능하거나 적당하지 아니하다고 인정되는 경우에는 그러하지 아니하다(영 §4①).

(4) 실증자료의 제출

공정거래위원회는 사업자등이 제3조 제1항의 규정에 위반할 우려가 있어 제1항의 규정에 따른 실증이 필요하다고 인정하는 경우에는 그 내용을 구체적으로 밝혀 해당 사업자등에게 관련 자료를 제출하도록 요청할 수 있다(법 §5②).

실증자료의 제출을 요청받은 사업자등은 요청받은 날부터 15일 이내에 그 실증자료를 공정거래위원회에 제출하여야 한다. 다만, 공정거래위원회는 정당한 사유가 있다고 인정되는 경우에는 그 제출기간을 연장할 수 있다(법 §5③). 실증자료의 제출기간이 원칙적으로 15일로 한정되어 있기 때문에 사업자등은 표시·광고를 하기 전에 사실과 관련된 사항에 대하여는 객관적인 근거 등을 가지고 있어야 기간 내 제출이 가능하게 될 것이다.

표시·광고의 진실성을 제고하고 부당한 표시·광고를 억제하기 위해 공정거래위원회는 사업자등이 실증자료의 제출을 요구받고도 제출기간(15일) 이내에 실증자료를 제출하지 아니한 채 계속하여 표시·광고를 하는 경우에는 실증자료를 제출할 때까지 그 표시·광고행위의 중지를 명할 수 있다(법 §5⑤).

(5) 실증자료의 심사

공정거래위원회는 사업자가 제출한 실증자료를 심사한다. 실증자료가 합리적·객관적 근거가 있는 것으로 인정받기 위해서는 ① 시험결과, 조사결과, 전문가(단체/기관)의 견해, 학술문헌, 기타 과학적이고 객관적이라고 인정할 수 있는 자료 중의 하나에 해당하여 합리적인 근거로 인정될 수 있는 실증방법이어야 하고, ② 실증자료는 객관적이고 과학적인 절차와 방법에 따라 작성되어야 하며, ③ 제시된 실증자료의 내용이 표시나 광고에서 주장하는 내용과 직접적인 관련이 있어야 한다.[71]

실증자료가 위의 3가지 조건을 모두 충족할 경우, 해당 표시·광고는 사실에 부합하는 내용으로 인정되어 사업자는 계속하여 표시·광고를 할 수 있으나, 그렇지 아니한 경우에는 공정거래위원회는 제출한 실증자료에 근거하여 해당 표시·광고가 부당한지 여부를 다시 판단하여야 한다.

(6) 실증자료의 공개

공정거래위원회는 상품등에 관하여 소비자가 잘못 아는 것을 방지하거나 공정한 거래질서를 유지하기 위하여 필요하다고 인정하는 경우에는 사업자등이 제출한 실증자료를 갖추어 두고 이를 일반이 열람할 수 있게 하거나 기타 적절한 방법으로 이를 공개할 수 있다. 다만, 그 자료가 사업자등의 영업상의 비밀에 해당하여 공개하면 사업자등의 영업활동을 침해할 우려가 있는 경우에는 그러하지 아니하다(법 §5④). 공정거래위원회는 실증자료를 열람·공개하는 경우에는 소비자의 구매선택에 필요한 정보를 요약·정리하여 이를 할 수 있다(영 §6①).

[심결례] 대우전자㈜의 부당한 광고행위 및 실증자료의 공개(공정위 2001. 3. 21. 의결(약) 제2001-41호)

대우전자㈜는 2000. 9～2000. 10까지 신문, 월간잡지를 통해 살균표백세탁기를 광고하면서, 한국원사직물시험연구원의 5개 세탁방식에 대한 표백효과 및 한국소비자과학연구센타의 2개 세탁방식에 대한 살균력 테스트 결과라는 주장 하에 막대그래프와 함께 "표백제를 넣는 것보다 더 하얗게", "삶지 않고도 살균한다"라고 광고하였다.

공정거래위원회는 피심인에게 표시광고법 제5조에 의한 실증자료 제출을 요구하였고 피심인이 제출한 자료를 확인한 결과 "표백효과"를 비교한 5개 세탁방식의 막대그래프에서

---

71) 「표시·광고 실증에 관한 운영고시」 Ⅳ. 1.

경쟁사의 2개 세탁방식(A, B사)은 대우전자㈜가 자체 실시한 것으로서 한국원사직물시험연구원의 시험내용이 아니었고, 동 연구원이 시험 실시한 세탁방식(살균표백세탁기, 표백제사용, 삶는 방식)에서도 삶는 방식은 실시횟수가 다르고 편차가 커서 객관성을 인정하기 어렵다고 인정하였다. 또한 한국소비과학연구센타의 세탁 후 2개 세균(대장균, 황색포도당구균)에 대한 "살균력"시험결과는 살균표백세탁기가 99%(세균잔존율 1%) 정도로 기존 공기방울세탁기의 97%(세균잔존율 3%) 정도와 거의 비슷하였음에도 사실과 다르게 기존 공기방울세탁기가 40%정도만의 살균력을 가진 것으로 광고한 행위는 마치 표백제를 사용하지 않는 신제품인 살균표백세탁기가 표백제를 사용하는 경쟁사의 일반세탁기에 비해 표백효과와 살균력이 월등한 것처럼 객관적인 근거 없이 소비자를 오인시킬 우려가 있는 부당한 비교광고행위로 인정되었다.

Ⅳ. 동의의결

1. 동의의결 신청

공정거래위원회의 조사나 심의를 받고 있는 사업자등(이하 "신청인")은 해당 조사나 심의의 대상이 되는 행위(이하 "해당 행위")로 인한 소비자 오인상태의 자발적 해소 등 거래질서의 개선, 소비자 피해구제 등을 위하여 동의의결을 하여 줄 것을 공정거래위원회에 신청할 수 있다(법 §7의2① 본문).

다만, ① 그 위반의 정도가 객관적으로 명백하고 중대하여 경쟁질서를 현저히 저해한다고 인정되어 형사고발요건에 해당하는 경우나 ② 신청을 취소하는 경우에는 공정거래위원회는 동의의결을 하지 아니하고 이 법에 따른 심의절차를 진행하여야 한다(법 §7의2① 단서 각호, 공정거래법 §129②).

2. 동의의결 절차

동의의결 절차에 관하여는 공정거래법 제90조의 규정을 준용한다(법 §7의2⑤). 이에 따라 공정거래위원회는 신속한 조치의 필요성, 소비자 피해의 직접 보상 필요성 등을 종합적으로 고려하여 동의의결 절차의 개시 여부를 결정하여야 한다(공정거래법 §90①). 공정거래위원회는 동의의결을 하기 전에 30일 이상의 기간을 정하여 법률이 정한 일정한 사항[72]을 신고인 등 이해관계인에게 통지하거나, 관보 또는 공정거래위원회의 인터넷 홈페이지에 공고하는 등의 방법으로 의견을 제출할 기회를 주어야 하며, 관계 행

72) 여기에서 일정한 사항이란 ① 해당 행위의 개요, ② 관계 법령 조항, ③ 시정방안(시정방안이 수정된 경우에는 그 수정된 시정방안), ④ 해당 행위와 관련하여 신고인 등 이해관계인의 이해를 돕는 그 밖의 정보(다만, 사업상 또는 사생활의 비밀 보호나 그 밖에 공익상 공개하기에 적절하지 아니한 것은 제외)를 말한다(공정거래법 §90② 각호).

정기관의 장에게 통보하고 그 의견을 들어야 한다. 다만, 벌칙규정이 적용되는 행위(법 §17, §18)에 대해서는 검찰총장과 협의하여야 한다(공정거래법 §90②, ③).

3. 동의의결의 확정

공정거래위원회는 해당 행위의 사실관계에 대한 조사를 마친 후 위 시정방안이 ① 해당 행위가 이 법을 위반한 것으로 판단될 경우에 예상되는 시정조치, 그 밖의 제재와 균형을 이루고, ② 공정하고 자유로운 거래질서를 회복시키거나 소비자, 다른 사업자등을 보호하기에 적절하다고 인정된다고 판단되는 경우에는 해당 행위와 관련한 심의절차를 중단하고 시정방안과 같은 취지의 의결(동의의결)을 할 수 있다. 이 경우 신청인과의 협의를 거쳐 시정방안을 수정할 수 있다(법 §7의2③). 공정거래위원회의 동의의결은 해당 행위가 이 법에 위반된다고 인정한 것을 의미하지 아니하며, 누구든지 신청인이 동의의결을 받은 사실을 들어 해당 행위가 이 법에 위반된다고 주장할 수 없다(법 §7의2④).

4. 동의의결의 취소

동의의결 취소에 관하여는 공정거래법 제91조의 규정을 준용한다(법 §7의2⑤). 공정거래위원회는 ① 동의의결의 기초가 된 시장상황 등 사실관계의 현저한 변경 등으로 인하여 시정방안이 적정하지 아니하게 되거나, ② 신청인이 제공한 불완전하거나 부정확한 정보로 인하여 동의의결을 하게 되었거나, 신청인이 거짓 또는 그 밖의 부정한 방법으로 동의의결을 받았거나, ③ 신청인이 정당한 이유 없이 동의의결을 이행하지 아니하는 경우에는 동의의결을 취소할 수 있다(공정거래법 §91① 각호). 동의의결을 취소하는 경우 공정거래위원회는 중단된 해당 행위 관련 심의절차를 계속하여 진행할 수 있다(공정거래법 §91③).

5. 동의의결의 이행 점검 및 이행관리 위탁

동의의결을 받은 신청인은 의결에 따라 동의의결의 이행계획과 이행결과를 공정거래위원회에 제출하여야 한다(공정거래법 §90⑤).

공정거래위원회는 제출된 이행계획의 이행 여부를 점검할 수 있고, 동의의결을 받은 신청인에게 그 이행에 관련된 자료의 제출을 요청할 수 있다(공정거래법 §90⑥). 공정거래위원회는 이행계획의 이행 여부 점검 및 그 이행에 관련된 자료의 제출요청 업무를 한국소비자원에 위탁한다(법 §8의2, 공정거래법 §90⑦). 업무를 위탁받은 한국소비자원장은 신청인이 제출한 동의의결의 이행계획과 이행결과에 대한 이행관리 현황을 분기별로 공정거래위원회에 보고하여야 한다. 다만, 공정거래위원회의 현황 보고 요구가 있는 경우 즉시 이에 따라야 한다(공정거래법 §90⑧). 한국소비자원장은 동의의결을 받은 신청인이 그 이행을 게을리하거나 이행하지 아니하는 경우에는 지체 없이 그 사실을 공정거래위원회에 통보하여야 한다(공정거래법 §90⑨).

6. 동의의결의 미이행

공정거래위원회는 정당한 이유 없이 상당한 기한 내에 동의의결을 이행하지 아니한 자에게 동의의결이 이행되거나 취소되기 전까지 1일당 200만 원 이하의 이행강제금을 부과할 수 있다(법 §7의5①). 이행강제금의 부과·납부·징수 및 환급 등에 대하여는 공정거래법 제16조 제2항 및 제3항을 준용한다(법 §7의5②).

Ⅴ. 법 위반의 효과

1. 행정적 제재

(1) 시정조치

공정거래위원회는 사업자등의 법 위반행위에 대하여 시정조치를 명할 수 있다. 사업자등이 부당한 표시·광고행위를 하는 때에는 그 사업자등에 대하여 그 시정을 위하여 ① 해당 위반행위의 중지, ② 시정명령을 받은 사실의 공표, ③ 정정광고, ④ 그 밖에 위반행위의 시정을 위하여 필요한 조치를 명할 수 있다(법 §7①).

사업자등에 대하여 시정명령을 받은 사실의 공표 또는 정정광고를 명하려는 경우에는 ① 위반행위의 내용 및 정도, ② 위반행위의 기간 및 횟수를 참작하여 공표 또는 정정광고의 내용 및 그 횟수·크기·매체 등을 정하여 이를 명하여야 한다(영 §8①). 공정거래위원회가 시정명령을 받은 사실의 공표 또는 정정광고를 명함에 있어서는 해당 사업자등에 대하여 미리 그 문안 등에 관하여 공정거래위원회와 협의하도록 할 수 있다(영 §8①).

특히 정정광고 제도는 부당한 표시·광고행위에 대하여 해당 행위의 중지, 시정조치를 받은 사실의 공표만으로는 잔존하는 소비자의 잘못된 인식을 치유하는데 한계가 있기 때문에 부당한 표시·광고행위에 대한 시정의 실효성 확보수단으로서 인정되는 제도이다. 정정광고를 명할 수 있는 경우는 소비자의 피해가 크고 소비자 오인성을 치유할 필요성이 큰 부당한 표시·광고로서 구체적으로 ① 인체에 직접적으로 영향을 미친다는 내용의 표시·광고, ② 안전 또는 환경과 관련된 표시·광고, ③ 성능·효능·품질에 관한 내용으로서 소비자구매선택 및 거래질서에 중대한 영향을 미치는 내용의 표시·광고가 이에 해당한다(「정정광고에 관한 운영지침」 Ⅲ. 1).

그 밖에 사업자단체가 법령에 따르지 아니하고 그 사업자단체에 가입한 사업자에 대하여 표시·광고를 제한하는 때에는 ① 해당 위반행위의 중지, ② 해당 위반행위를 정한 정관·규약 등의 변경, ③ 그 밖에 위반행위의 시정을 위하여 필요한 조치를 명할 수 있다(법 §6③).

(2) 과징금

부당한 표시·광고행위를 한 사업자등에 대하여는 매출액에 100분의 2를 곱한 금액을 초과하지 아니하는 범위 안에서 비율과징금을 부과할 수 있다. 다만, 위반행위를 한 자가 매출액이 없거나 매출액의 산정이 곤란한 경우에는 5억 원을 초과하지 아니하는 범위 안에서 정액과징금을 부과할 수 있다(법 §9①).

여기에서 과징금 부과기준으로 되는 것은 법에 위반하여 부당한 표시·광고 행위를 한 사업자등이 위반기간 동안 판매하거나 매입한 관련 상품·용역의 매출액이나 매입액 또는 이에 준하는 소위 「관련매출액」을 말한다. 다만 ① 영업을 시작하지 아니하거나 영업중단 등으로 인하여 영업실적이 없는 경우, ② 재해 등으로 매출액 산정자료가 소멸되거나 훼손되는 등의 사유로 객관적인 매출액의 산정이 곤란한 경우, ③ 위반기간 또는 관련 상품등의 범위를 확정할 수 없어 관련매출액의 산정이 곤란한 경우 등 그 위반행위를 한 자가 매출액이 없거나 매출액을 산정하기 곤란한 때에는 5억 원을 초과하지 아니하는 범위에서 위반행위의 중대성의 정도별로 정하는 금액을 기본과징금으로 한다(영 §14① 각호, 영 §15① 별표1).

사업자의 표시·광고행위를 제한하는 행위를 한 사업자단체에 대하여는 5억 원의 범위에서 과징금을 부과할 수 있다(법 §9②).

[판례] 남양유업㈜의 관련매출액 산정을 위한 위반기간 계산(서울고법 2011. 6. 15. 선고 2010누34691 판결, 고법 확정)

관련매출액 산정을 위한 위반기간이란 위반행위 개시일로부터 종료일까지의 기간을 말하는 바, 광고란 그 특성상 광고를 중단한 이후로도 상당한 기간 그 효과가 지속되는 것이 일반적이라는 점을 고려할 때, 여기에서의 위반행위의 종료일이란 단순히 마지막으로 광고한 날이 아니라 위법한 광고행위로 인하여 야기된 효과인 공정한 거래질서를 저해할 우려가 소멸된 날이라고 보아야 하는데, 이 사건의 경우 이 사건 광고행위로 인한 공정거래저해의 효과가 언제까지 지속되었는지는 정확히 알기 어려우므로, 위반기간 동안의 객관적인 매출액을 산정하기 곤란한 경우에 해당한다고 봄이 상당(하다.) … 따라서 피고(공정거래위원회)가 표시광고법 제9조 제1항 단서를 적용하여 과징금을 산정한 것은 적법하다.

(3) 과태료

사업자등이 공정거래위원회의 조사를 거부·방해 또는 기피한 경우에는 2억 원 이하의 과태료를 부과하고, 사업자단체의 임원이나 종업원 또는 그 밖의 이해관계인에게는 5천만 원 이하의 과태료를 부과한다(법 §20①).

또한 사업자등이 ① 고시된 중요정보를 표시·광고하지 아니한 경우, ② 실증자료를 제출하지 아니한 경우, ③ 실증자료를 미제출로 공정거래위원회로부터 표시·광고 중지명령을 받고 중지하지 아니한 경우, ④ 임시중지명령에 따르지 아니한 경우, ⑤ 법 위반행위 조사와 관련하여 공정거래위원회의 조사 및 의견청취 요구에 정당한 사유 없이 출석하지 아니한 경우, ⑥ 공정거래위원회에 보고 또는 필요한 자료나 물건의 제출을 하지 아니하거나 거짓으로 보고하거나 거짓 자료·물건을 제출한 경우에는 1천만 원 이하의 과태료를 부과한다(법 §20②).

표시·광고 자율규약 위반에 대한 공정거래위원회의 시정명령을 따르지 아니한 경우 사업자등에게는 3천만 원 이하의 과태료를 부과하고, 법인 또는 사업자단체의 임원이나 종업원 또는 그 밖의 이해관계인에게는 3백만 원 이하의 과태료를 부과한다(법 §20③, §14⑤). 심판정의 질서유지명령에 따르지 아니한 자에게는 100만 원 이하의 과태료를 부과한다(법 §20④, §16①, 공정거래법 §66).

(4) 임시중지명령

(가) 의 의

공정거래위원회의 시정조치는 준사법절차를 거쳐 이루어지기 때문에 이를 발동하는 데까지 많은 시간이 소요된다.[73] 따라서 시정조치가 있더라도 소비자·경쟁사업자에게 회복할 수 없는 피해를 입히거나 시정의 실익이 없는 경우가 발생하게 된다. 임시중지명령제도는 소비자 또는 경쟁사업자에게 중대한 피해를 줄 우려가 있는 부당한 표시·광고에 대하여 공정거래위원회의 정식절차에 의한 시정조치를 하기 전까지 이를 일시 중지토록 하는 제도이다. 이는 법 위반이 명백한 광고로서 해당 광고로 인한

---

73) 법 위반이 명백하게 의심되는 경우란 ① 공정거래위원회가 고시한 중요정보(법 §4)를 포함하지 아니하고 표시·광고 행위를 한 경우, ② 공정거래위원회로부터 제출 요청을 받은 실증자료(법 §5③)를 제출하지 아니한 경우, ③ 공정거래위원회가 정하여 고시한 부당한 표시·광고의 세부적인 유형 및 기준(법 §3⑤)에 명백하게 해당한다고 판단되는 경우 및 ④ 기존 판례나 심결례에 비추어 부당한 표시·광고 유형과 동일하거나 상당히 유사하다고 명백하게 판단되는 경우를 말한다(영 §9①).

회복하기 어려운 손해발생을 사전에 예방하기 위한 것이다.

(나) 적용대상

공정거래위원회는 ① 표시·광고행위가 법 제3조 제1항(부당한 표시·광고행위의 금지)을 위반한다고 명백하게 의심되고,[74] ② 그 표시·광고행위로 인하여 소비자나 경쟁사업자에게 회복하기 어려운 손해가 발생할 우려가 있어 이를 예방하기 위하여 긴급히 필요하다고 인정되는 경우에는 사업자등에 대하여 해당 표시·광고행위를 일시 중지할 것을 명할 수 있다(법 §8①).[75]

①의 부당 표시·광고행위 금지규정 위반이 명백하게 의심될 경우란 i) 공정거래위원회가 고시한 중요정보를 포함하지 않고 표시·광고행위를 한 경우, ii) 공정거래위원회 요구에 따라 제출하여야 하는 실증자료를 제출하지 아니한 경우, iii) 공정거래위원회가 정하여 고시한 부당한 표시·광고의 세부적인 유형 및 기준에 명백하게 해당된다고 판단되는 경우 및 iv) 기존 판례나 심결례에 비추어 동일 또는 상당히 유사한 부당한 표시·광고 유형에 명백하게 해당된다고 판단되는 경우를 말한다(영 §9①). 또한 ②의 소비자나 경쟁사업자에게 회복하기 어려운 손해가 발생할 우려가 있는 경우란 i) 소비자의 생명·신체상 안전에 대한 심각한 위해나 재산상 중대한 손해가 발생할 우려가 있는 경우와 ii) 경쟁사업자가 사업 자체를 계속할 수 없거나 중대한 경영상의 위기를 맞게 될 것으로 보이는 손해가 발생할 우려가 있는 경우를 말한다(영 §9②).

소비자단체나 그 밖에 대통령령으로 정하는 기관·단체[76]는 사업자 등의 표시·광고행위가 동 요건에 해당한다고 인정할 때에는 서면으로 공정거래위원회에 그 표시·광고행위의 일시중지를 명하도록 요청할 수 있다(법 §8②).

(다) 불복처리절차

임시중지명령에 불복하는 자는 그 명령을 받은 날부터 7일 이내에 공정거래위원회에 이의를 제기할 수 있다(법 §8③). 임시중지명령을 받은 자가 이의를 제기한 때에는 공정거래위원회는 지체 없이 서울고등법원에 그 사실을 통보하여야 하며, 그 통보를 받은 서울고등법원은 비송사건절차법에 의하여 재판을 한다(법 §8④).

---

74) 회복하기 어려운 손해가 발생할 우려가 있는 경우란 ① 소비자의 생명·신체의 안전에 심각한 위해(危害)나 재산상 중대한 손해가 발생할 우려가 있는 경우와 ② 경쟁사업자가 사업 자체를 계속할 수 없거나 중대한 경영상의 위기를 맞게 될 것으로 보이는 손해가 발생할 우려가 있는 경우를 말한다(영 §9②).

75) 구체적 요건은 「임시중지명령에 관한 운영지침」[시행 2021. 12. 29.](공정거래위원회예규 제399호, 2021. 12. 27., 폐지제정) Ⅱ. 2. 다., 라.

76) 시행령에서는 임시중지명령의 요청이 남발되지 않도록 방송통신위원회, 한국소비자원, 한국신문윤리위원회 및 한국광고자율심의기구 등 표시·광고를 심의하기 위하여 설립된 기관·단체로 제한하고 있다(영 §9③).

[심결례] ㈜수신오가피에 대한 임시중지명령(공정위 2002. 6. 19. 의결(임) 제2002-001호)

㈜수신오가피는 2002. 5. 23부터 같은 해 6. 12까지 조선, 동아일보 등 13개 중앙일간지에 총 134회에 걸쳐 "오가피를 아신다면 이 글을 꼭 읽어보십시요"라는 제하에 자사 제품과 타사 8개 제품의 "아칸토싸이드D 성분 함량비교표"를 제시하면서 자사 제품에는 오가피의 지표물질인 아칸토싸이드D 성분이 타사에 비해 월등하게 많이 검출되었으며 아칸토싸이드D 성분의 검출유무 및 함량정도에 따라 오가피 제품의 품질을 평가 할 수 있는 것처럼 광고한 사실이 있다.

서울대 천연과학물연구소 등의 오가피 관련 사실확인 자료에 따르면 오가피류 식물이 가지고 있는 항피로작용, 노화방지 및 성인병 예방의 효과는 아칸도사이드D 성분에만 의해서만 얻을 수 있는 효능이 아니라 아칸도사이드B－E, I, L, K 등의 유기적 결합에 의한 효능으로 보고되고 있는 점 등을 고려한다면 ㈜수신오가피의 광고행위가 객관적 근거없이 소비자를 오인시킬 우려가 있는 허위 과장광고행위일 뿐만 아니라 비방광고행위에 해당하는 것으로 피심인은 ㈜수신오가피의 부당한 광고행위건에 대한 공정거래위원회의 의결서를 받는 날까지 이 같은 광고행위를 임시중지하여야 한다.

(5) 처분제한기간(처분시효)

공정거래위원회가 이 법 위반행위에 대하여 해당 위반행위의 종료일부터 7년이 경과하면 시정조치를 명하거나 과징금을 부과할 수 없다. 다만, 법원의 판결에 따라 시정조치 또는 과징금 부과처분이 취소된 경우로서 그 판결이유에 따라 새로운 처분을 하는 경우에는 그러하지 아니하다(법 §16②, 공정거래법 §80④, ⑥ 준용).

2. 민사적 제재

사업자와 사업자단체는 부당한 표시·광고행위를 함으로써 피해를 입은 자가 있는 경우에는 그 피해자에 대하여 손해배상의 책임을 진다(법 §10①). 이 경우 손해배상의 책임을 지는 사업자등은 고의 또는 과실이 없음을 들어 그 피해자에 대한 책임을 면할 수 없다(법 §10②). 또한 손해액 인정제도에 따라 부당한 표시·광고행위로 인하여 손해가 발생된 사실은 인정되나 그 손해액을 증명하는 것이 사안의 성질상 곤란한 경우 법원은 변론 전체의 취지와 증거조사의 결과에 기초하여 상당한 손해액을 인정할 수 있다(법 §11).

3. 형사적 제재

(1) 벌　칙

부당한 표시·광고행위를 하거나 또는 다른 사업자등으로 하여금 하게 한 사업자등 및 공정거래위원회의 시정조치명령에 따르지 아니한 자는 2년 이하의 징역 또는 1억

5천만 원 이하의 벌금, 비밀엄수의무를 위반한 자는 2년 이하의 징역 또는 2천만 원 이하의 벌금에 처한다(법 §17, §18). 벌칙에 따른 고발에 관하여는 전속고발에 관한 공정거래법 규정을 준용한다(법 §16, §71).

(2) 양벌규정

법인의 대표자나 법인 또는 개인의 대리인·사용인, 그 밖의 종업원이 그 법인 또는 개인의 업무에 관하여 벌칙에 해당하는 위반행위를 하면 행위자를 벌하는 외에 그 법인 또는 개인에 대하여도 벌금형을 과한다. 다만, 법인 또는 개인이 그 위반행위를 방지하기 위하여 해당 업무에 관하여 상당한 주의와 감독을 게을리하지 아니한 경우에는 그러하지 아니하다(법 §19).

Ⅵ. 보　　칙

1. 표시·광고의 자율화 인정

(1) 자율규약

사업자등은 부당한 표시·광고행위를 방지하기 위하여 자율적으로 표시·광고에 관한 규약이나 기준(자율규약)을 정할 수 있다(법 §14①). 자율규약은 부당한 표시·광고행위를 방지하기에 적합하여야 하며, 정당한 사유 없이 사업자등의 표시·광고 또는 소비자에 대한 정보제공을 제한하여서는 아니 된다(법 §14②). 사업자등은 공정거래위원회에 자율규약이 법 규정에 위반하는지의 여부에 대한 심사를 요청할 수 있으며, 공정거래위원회가 심사를 요청받은 경우에는 요청을 받은 날부터 60일 이내에 심사결과를 신청인에게 통보하여야 한다(법 §14③, ④). 공정거래위원회는 자율규약이 제2항의 규정을 위반한 경우에는 사업자등에게 그 시정을 명할 수 있다(법 §14⑤).

(2) 표시·광고 자율심의기구

공정거래위원회가 사업자등이 행하는 모든 표시광고에 대하여 이 법에 의한 모니터링을 하는 것은 현실적으로 무리이다. 따라서 표시·광고가 부당한지 또는 자율규약에 위반되는지의 여부를 민간이 자율적으로 판단할 수 있는 심의기구를 두어 소비자피해를 사전예방하고 법 운용의 활성화를 도모할 필요가 있다. 이에 따라 표시광고법은 민간의 자율적 시정기능을 수행할 수 있는 심의기구에 관하여 규정을 두고 있다(법 §14의2).

자율심의기구를 운영하는 자는 대통령령이 정하는 바에 따라 공정거래위원회에 신고할 수 있으며, 자율심의기구등은 표시 · 광고를 심의할 때에 부당한 표시 · 광고행위의 금지규정(법 §3의①) 또는 자율규약에 따라 판단하여야 하며, 정당한 사유 없이 사업자등의 표시 · 광고 또는 소비자에 대한 정보제공을 제한하여서는 아니 된다(법 §14의2②). 공정거래위원회는 자율심의기구등의 심의내용이나 처리결과 등이 이를 위반한 경우에는 그 시정을 요구할 수 있으며, 자율심의기구등은 특별한 사유가 없으면 시정요구에 따라야 한다(법 §14의2④).

공정거래위원회는 표시 · 광고가 자율심의기구등의 심의대상에 해당되는 것으로 판단하는 경우에는 자율심의기구등에 그 표시 · 광고의 심의를 요청할 수 있다(법 §14의2⑤). 자율심의기구등이 공정거래위원회가 요청한 심의대상을 심의하여 처리한 결과에 따라 사업자등이 부당한 표시 · 광고행위를 시정한 경우에는 시정조치를 하지 아니한다. 다만, 사업자등이 법 위반행위를 반복하는 등 자율심의기구등의 시정만으로는 소비자나 경쟁사업자의 피해방지가 곤란하다고 판단되는 경우에는 그러하지 아니하다(법 §14의2⑥). 자율심의기구등이 공정거래위원회가 요청한 심의를 한 경우에는 예산의 범위 안에서 그 경비를 보조할 수 있다(법 §14의2⑦).

2. 관계기관과의 협의 · 협조

(1) 표시 · 광고제한 법령의 사전협의

관계행정기관의 장은 사업자등에게 표시 · 광고를 금지 또는 제한하거나 표시 · 광고하도록 의무를 부과하는 것을 내용으로 하는 법률을 제정하거나 개정할 때에는 미리 공정거래위원회와 협의하여야 한다(법 §13).

(2) 표시광고법 시행 및 집행의 협조

공정거래위원회는 이 법의 시행을 위하여 필요하다고 인정할 때에는 관계행정기관 또는 그 밖의 기관 또는 단체의 장의 의견을 들을 수 있고(법 §15①), 필요한 조사를 의뢰하거나 필요한 자료를 요청할 수 있다(법 §15②). 또한 시정조치명령의 이행을 확보하기 위하여 필요하다고 인정할 때에는 이들에게 필요한 협조를 요청할 수 있다(법 §15③).

한편 공정거래위원회는 금융 · 보험 사업자등이 부당한 표시 · 광고 규정에 위반하였다고 인정되어 직권으로 조사할 사유가 있는 경우에는 이를 조사하지 아니하고 금융위원회에 통보하여 금융위원회에서 처리하도록 하여야 한다(법 §15④). 통보를 받은 금융위원회는 금융·보험 관계 법령에서 정하는 바에 따라 이를 성실히 처리하여 그 결과를 공정거래위원회에 통보하여야 한다(법 §15⑤).

(3) 공정거래법등의 준용

표시광고법 위반행위의 조사개시, 조사절차, 심의·의결, 과징금 납부, 공정거래위원회의 처분에 대한 불복(임시중지명령은 제외)과 관련한 사무처리 및 형사고발에 관하여는 기본적으로 공정거래법이 준용된다(법 §16).

즉, 이 법에 따른 공정거래위원회의 심의·의결에 관하여는 공정거래법 제59조, 제64조부터 제68조까지 및 제93조를 준용하며, 이 법에 따른 공정거래위원회의 처분(임시중지명령은 제외)에 대한 이의신청, 소의 제기, 불복의 소의 전속관할 및 사건 처리에 관하여는 공정거래법 제96조, 제97조, 제98조의2 및 제99조부터 제101조까지의 규정을 준용한다(법 §16①).

또한 이 법을 위반하는 행위에 대한 인지·신고 등에 관하여는 공정거래법 제80조를 준용하며, 이 법에 따른 공정거래위원회의 조사, 의견청취 및 시정권고 등에 관하여는 공정거래법 제81조 제1항·제2항·제3항·제6항·제9항, 제84조, 제85조 및 제88조를 준용한다(법 §16②). 그밖에 이 법에 따른 과징금의 납부기한 연장 및 분할납부, 과징금의 연대납부의무, 과징금 징수 및 체납처분과 과징금 환급가산금에 관하여는 공정거래법 제103조부터 제106조까지의 규정을 준용하며, 이 법 제17조에 따른 죄의 고발에 관하여는 공정거래법 제129조를 준용한다(법 §16③).

공정거래위원회는 법 위반행위를 조사하기 위하여 필요하다고 판단되는 경우 한국소비자원과 합동으로 조사반을 구성할 수 있다(법 §16의2①). 이 경우 해당 업무를 담당하는 한국소비자원의 임직원은 「형법」 제129조부터 제132조까지의 규정에 따른 벌칙(뇌물의 수수와 관련한 벌칙)을 적용할 때에는 공무원으로 본다(법 §16의2③).

제 3 절 가맹사업거래의 공정화에 관한 법률

Ⅰ. 서 설

1. 가맹사업의 의의

오늘날 우리 사회에서 가맹사업은 외식업, 편의점을 비롯하여 다양한 업종으로 확산되고 있으며, 국민경제에서 차지하는 비중도 점차 커지고 있다.[77] 가맹사업은 사업자가 개발한 상호, 상표 등 영업표지나 영업비밀, 경영기법 등을 다른 사업자가 이용하여 영업을 할 수 있도록 제공하고 일정한 대가(가맹금)를 받는 거래관계이다.

가맹사업은 이와 같이 가맹본부가 제공하는 영업표지(브랜드)와 노하우를 이용하여 별다른 경험이나 사업지식이 없는 사람도 창업할 수 있다는 장점 때문에 소자본창업자들이 가장 선호하는 창업형태이다. 가맹본부 또한 자신이 보유하는 독특한 영업표지나 사업모델을 가맹희망자들의 자본을 통해 확산시킴으로써 적은 자본으로도 수익을 창출할 수 있는 매우 효율적인 사업방식이라 할 수 있다. 그러나 가맹사업 분야가 급속히 확대되면서 가맹본부의 허위·과장 정보제공으로 가맹점사업자를 모집하거나 모집 후 영업지역 침해, 부당한 점포환경 개선요구, 광고나 판촉행사 등의 명목으로 가맹점사업자로부터 과도한 금전을 수수하는 등의 행위가 자주 발생하고 있다.

또한 가맹본부는 타방 당사자인 가맹점사업자보다 각종 지식재산권이나 회계, 운영 등에서 월등한 정보력과 노하우를 갖고 있음을 이용하여 가맹점사업자에게 일방적으로 불리한 거래조건을 강제하거나 부당하게 계약을 종료하는 등 사회적 물의를 일으키기도 한다. 그럼에도 불구하고 일단 가맹계약이 체결되면 가맹본부와 가맹사업자는 계속적·전속적 계약관계에 놓이게 되고, 거래상 지위가 열위에 있는 가맹사업자의 입장에서는 매몰비용을 우려하여 가맹본부의 부당한 요구를 받아들일 수밖에 없는 실정이다.

이에 따라 가맹사업 분야에서의 공정한 거래질서를 확립하고 가맹본부와 가맹점사업자가 대등한 지위에서 상호보완적으로 균형 있게 발전할 수 있도록 2002년 5월 「가맹사업거래의 공정화에 관한 법률」(이하 "가맹사업법")이 제정되었다.

2. 공정거래법과의 관계

가맹사업법은 가맹사업거래에 따르는 가맹본부의 불공정거래행위를 규제하기 위하여 제정된 것으로서 공정거래법의 특별법으로서의 성격을 지니고 있다. 즉, 가맹사업법 제38조에서는 가맹사업법의 적용을 받는 사항에 대하여는 공정거래법상 불공정거래행위 중 부당한 거래거절(법 §45① i), 부당한 고객유인(법 §45①ⅳ), 거래상 지위남용(법 §45①ⅵ), 구속조건부거래(법 §45①ⅶ) 및 재판매가격유지행위(법 §46)를 적용하지

77) 2023년 말 현재 공정거래위원회에 등록된 정보공개서 기준 전체 가맹본부 수는 8,759개, 상표(이하 '브랜드') 수는 12,429개, 가맹점 수는 352,866개이며, 업종별 브랜드 수 비중은 외식(79.9%), 서비스(15.3%), 도소매(4.8%) 순이며, 가맹점 수 비중 역시 외식(51.0%), 서비스(29.5%), 도소매(19.5%) 순이다. 공정거래위원회 보도자료, 「2023년 가맹사업 현황 통계」(2024. 4. 8.).

않도록 규정하고 있어 가맹사업법과 공정거래법이 일반법과 특별법과의 관계에 있음을 나타내고 있다. 따라서 가맹사업법에서 규정하고 있는 불공정거래행위에 대해서는 가맹사업법이 공정거래법에 우선하여 적용된다.

3. 소규모 가맹본부에 대한 적용배제

가맹사업 거래가 소규모인 경우에는 가맹사업법의 적용이 배제된다. 즉 ① 가맹점사업자가 가맹금의 최초 지급일부터 6개월까지의 기간 동안 가맹본부에게 지급한 가맹금의 총액이 100만 원을 초과하지 아니하는 경우 또는 ② 가맹본부의 연간 매출액이 5천만 원(해당 가맹본부가 가맹사업을 시작하기 전에 해당 가맹사업과 같은 품질기준이나 영업방식에 따라 상품이나 용역을 판매하는 직영점을 개설하여 1년 이상 운영하고 있는 경우에는 2억 원) 미만인 경우에는 적용하지 아니한다. 다만, 가맹본부와 계약을 맺은 가맹점사업자의 수가 5개 이상인 경우는 제외한다(법 §3①, 영 §5).

한편 부실한 소규모 가맹본부와 거래하는 가맹희망자나 가맹점주 보호를 위해 위의 적용배제 요건에 해당하더라도 정보공개서의 등록(법 §6의2), 정보공개서 등록의 거부(법 §6의3), 정보공개서 등록의 취소(법 §6의4), 가맹금 예치(법 §6의5), 정보공개서의 제공의무(법 §7), 허위·과장된 정보제공 등의 금지(법 §9), 가맹금의 반환(법 §10) 및 가맹점사업자피해보상보험계약(법 §15의2)에 관한 규정은 모든 가맹사업거래에 대하여 그대로 적용한다(법 §3②).

Ⅱ. 가맹사업의 개념 및 특성

1. 관련개념

(1) 가맹사업

가맹사업(franchise)이란 가맹본부가 가맹점사업자로 하여금 자기의 상표·서비스표·상호·간판 그 밖의 영업표지(이하 "영업표지")를 사용하여 일정한 품질기준이나 영업방식에 따라 상품(원재료 및 부재료 포함) 또는 용역을 판매하도록 함과 아울러 이에 따른 경영 및 영업활동 등에 대한 지원·교육과 통제를 하며, 가맹점사업자는 영업표지의 사용과 경영 및 영업활동 등에 대한 지원·교육의 대가로 가맹금을 지급하는 계속적인 거래관계를 말한다(법 §2 i).

이러한 가맹사업의 정의로부터 ① 가맹본부의 가맹점사업자에 대한 영업표지등의 사용허락, ② 가맹본부의 통제와 조력, ③ 가맹점사업자의 대가지급의 3가지를 가맹사

업의 본질적 요소로서 파악할 수 있다.[78]

(2) 가맹본부

가맹본부란 가맹사업과 관련하여 가맹점사업자에게 가맹점운영권을 부여하는 사업자를 말한다(법 §2 ii).

(3) 가맹점사업자

가맹점사업자(franchisor)란 가맹사업과 관련하여 가맹본부로부터 가맹점운영권을 부여받은 사업자를 말한다(법 §2 iii).

(4) 가맹희망자

가맹희망자(prospective franchisee)란 가맹계약을 체결하기 위하여 가맹본부나 가맹지역본부와 상담하거나 협의하는 자를 말한다(법 §2 iv). 가맹희망자는 아직까지 가맹계약을 체결하지는 않았으나, 잠재적 가맹점사업자로서 가맹계약 체결 이후 발생할 수 있는 피해의 사전예방을 위해 법률은 정보공개서의 제공 등을 통해 계약내용을 숙지할 수 있도록 하고, 일정한 경우 가맹점의 반환을 요구할 수 있도록 배려하고 있다.

(5) 가맹점운영권

가맹점운영권이란 가맹점사업자가 가맹본부의 가맹사업과 관련하여 가맹점을 운영할 수 있는 계약상의 권리를 말한다(법 §2 v).

(6) 가맹금

가맹금(franchise fee)이란 명칭이나 지급형태가 어떻든 간에 법률에서 정하고 있는 대가를 말한다(법 §2 vi, 영 §3). 이에 해당하는 것으로는 ① 가입비・입회비・가맹비・교육비 또는 계약금 등 가맹점사업자가 영업표지의 사용허락 등 가맹점운영권이나 영업활동에 대한 지원・교육 등을 받기 위하여 가맹본부에 지급하는 대가, ② 가맹점사업자가 가맹본부로부터 공급받는 상품의 대금 등에 관한 채무액이나 손해배상액의 지급을 담보하기 위하여 가맹본부에 지급하는 대가, ③ 가맹점사업자가 가맹점운영권을 부여받을 당시에 가맹사업을 착수하기 위하여 가맹본부로부터 공급받는 정착물・설비・상품의 가격 또는 부동산의 임차료 명목으로 가맹본부에 지급하는 대가, ④ 가맹

78) 최영홍, 「가맹계약론」(프랜차이즈연구소, 2003), 47-62면 참조.

점사업자가 가맹본부와의 계약에 의하여 허락받은 영업표지의 사용과 영업활동 등에 관한 지원·교육, 그 밖의 사항에 대하여 가맹본부에 정기적으로 또는 비정기적으로 지급하는 대가로서 대통령령이 정하는 것, ⑤ 그 밖에 가맹희망자나 가맹점사업자가 가맹점운영권을 취득하거나 유지하기 위하여 가맹본부에 지급하는 모든 대가가 있다(법 §2ⅵ 각목). 다만, 가맹본부에 귀속되지 아니하는 것으로서 대통령령이 정하는 대가를 제외한다(법 §2ⅵ 단서).

특히 ⑤에 해당하는 가맹금의 요소를 갖추는 것으로서 차액가맹금,[79] 즉 가맹점사업자가 해당 가맹사업을 운영하는 과정에서 가맹본부가 가맹점사업자에게 가맹본부 또는 가맹본부가 지정한 자와 거래할 것을 강제 또는 권장하여 공급받는 품목에 대하여 가맹본부에 지급하는 대가 중 적정한 도매가격을 넘는 대가를 들 수 있으며, 가맹금과 마찬가지로 이와 관련한 사항을 정보공개서에 기재하도록 하고 있다(영 §4①).

[판례] 하이쿨 외 1의 가맹금 반환명령에서의 가맹금의 범위(서울고법 2012. 8. 28. 선고 2012누8764 판결, 대법원 2013. 1. 24. 선고 2012두22560 심리불속행 기각 판결로 확정)

가맹사업법 제2조 제6호, 동법 시행령 제3조 제1항의 규정에 비추어 볼 때, 원고가 받은 가맹점 개설대가 1,100만 원 중 가맹비, 교육지원비는 가맹금에 해당한다고 볼 수 있고, 물품비(홍보전단지·현수막·포스터·명함 등 개원준비물에 대한 대가)나 ID사용료(온라인 콘텐츠 사용권에 대한 대가)는 원고에게 귀속되지 않는 부분을 제외한 한도 내에서 가맹금에 해당한다고 볼 수 있(음에도) (공정거래위원회가) 원고가 가맹사업자로부터 받은 개설대가 1,100만 원 전부를 가맹금이라고 보고 그 반환을 명한 부분은 가맹금에 관하여 사실을 오인하여 재량권을 일탈·남용한 것으로 위법(하다.)

(7) 가맹지역본부

가맹지역본부(subfranchisor)란 가맹본부와의 계약에 의하여 일정한 지역 안에서 가맹점사업자의 모집, 상품 또는 용역의 품질유지, 가맹점사업자에 대한 경영 및 영업활동의 지원·교육·통제 등 가맹본부의 업무의 전부 또는 일부를 대행하는 사업자를 말한다(법 §2ⅶ). 가맹본부로부터 가맹사업에 관련된 포괄적 권리를 제3자에게 부여할 수 있는 권리를 얻은 가맹지역본부가 자신의 계산으로 다수의 가맹계약자를 모집하여 별도의 가맹사업을 하는 경우 그의 가맹점사업자에 대한 관계에서는 가맹본부로 볼 수 있다.

---

79) 영 §4① [별표 1] 5. 나. 2). 헌법재판소 2021. 10. 28. 선고 2019헌마288 전원재판부 결정 참조.

(8) 가맹중개인

가맹중개인이란 가맹본부 또는 가맹지역본부로부터 가맹점사업자를 모집하거나 가맹계약을 준비 또는 체결하는 업무를 위탁받은 자를 말한다(법 §2viii).

(9) 가맹계약서

가맹계약서란 가맹사업의 구체적 내용과 조건 등에 있어 가맹본부 또는 가맹점사업자(이하 "가맹사업당사자")의 권리와 의무에 관한 사항을 기재한 문서를 말한다(법 §2ix). 특수한 거래조건이나 유의사항이 있는 경우에는 이를 기재사항에 포함한다.

(10) 정보공개서

정보공개서란 일정한 사항에 관하여 대통령령이 정하는 사항을 수록한 문서를 말한다(법 §2x). 여기에서 일정한 사항이란 ① 가맹본부의 일반 현황, ② 가맹본부의 가맹사업 현황(가맹점사업자의 매출에 관한 사항을 포함), ③ 가맹본부와 그 임원(공정거래법 제2조 제6호에 따른 임원)이 이 법, 「공정거래법」 또는 「약관규제법」을 위반한 사실, 사기·횡령·배임 등 타인의 재산을 영득 또는 편취하는 죄에 관련된 민사소송에서 패소의 확정판결을 받았거나 민사상 화해를 하였거나 이러한 죄를 범하여 형의 선고를 받은 사실, ④ 가맹점사업자의 부담, ⑤ 영업활동에 관한 조건과 제한, ⑥ 가맹사업의 영업 개시에 관한 상세한 절차와 소요시간, ⑦ 가맹본부의 경영 및 영업활동 등에 대한 지원과 교육·훈련에 대한 설명, ⑧ 가맹본부의 직영점 현황(직영점의 운영기간 및 매출에 관한 사항을 포함)을 말한다(법 §2x 각목, 영 §4① [별표 1]).

(11) 점포환경 개선

점포환경 개선이란 가맹점 점포의 기존 시설, 장비, 인테리어 등을 새로운 디자인이나 품질의 것으로 교체하거나 신규로 설치하는 것을 말한다. 이 경우 점포의 확장 또는 이전을 수반하거나 수반하지 아니하는 경우를 모두 포함한다(법 §2xi).

(12) 영업지역

영업지역이란 가맹점사업자가 가맹계약에 따라 상품 또는 용역을 판매하는 지역을 말한다(법 §2xii).

2. 가맹사업의 특성

가맹사업은 가맹본부가 상표, 상호 등 영업표지 또는 영업비밀 등에 대한 독점적·준독점적 권리를 가지고 다수의 가맹점사업자에게 그 사용을 허락하고 판매방법이나 매장운영, 광고 등에 관한 영업지원을 하는 반면, 가맹점사업자는 이에 대한 대가로서 일정한 가맹금을 지급하는 형태의 계속적 거래관계이다. 따라서 가맹본부는 가맹사업의 통일적인 이미지를 유지하기 위하여 가맹점사업자에 대한 검사, 통제, 지시 내지 경영지도를 실시하게 된다. 또한 가맹점사업자의 입장에서도 가맹본부가 지니고 있는 브랜드 가치와 제품의 노하우를 영업이익으로 직결시키기 위해 가맹본부의 요구에 협력하는 것이 일반적이다.

이러한 가맹사업의 특성을 고려하여 가맹사업법에서는 가맹본부의 가맹점사업자에 대한 경쟁제한행위가 일정한 요건을 갖춘 경우 허용될 수 있음을 규정하고 있다. 가맹사업법 시행령 제13조 제1항 관련 불공정거래행위의 유형 또는 기준(별표2)에서는 구속조건부거래를 통해 가맹점사업자의 영업활동을 제한하거나 거래상 지위남용에 해당하는 행위를 하더라도 가맹본부의 상표권을 보호하고 상품 또는 용역의 동일성을 유지하기 어렵다는 사실이 객관적으로 인정되는 경우로서, 해당 사실에 관하여 가맹본부가 미리 정보공개서를 통하여 가맹점사업자에게 알리고 가맹점사업자와 계약을 체결하거나 가맹점사업자의 동의를 얻는 경우에는 가맹사업법에서 금지하고 있는 불공정거래행위의 유형에 해당하지 않는 것으로 하고 있다. 따라서 가맹본부가 이 요건을 충족하여 가맹점사업자와 거래하더라도 가맹사업법 위반이 아니며, 가맹사업법의 공정거래법에 대한 특별법의 관계에서 볼 때 결국 가맹사업법에서 정하는 일정한 경우 공정거래법이 적용되지 않게 된다.[80]

Ⅲ. 가맹사업 당사자의 준수 및 의무사항

1. 기본원칙

가맹사업은 계속적 거래관계로서의 특성상 당사자 간의 신뢰가 중요하다. 사업의 성공을 위해 가맹본부는 시장에 공급되는 상품 또는 용역을 개발하고 그 품질관리와 판매기법을 발전시켜 가맹점사업자에게 제공하는 대신, 가맹점사업자는 가맹사업의 명

80) 더구나 공정거래법 제116조(법령에 따른 정당한 행위)에서는 사업자 또는 사업자단체가 다른 법령에 따라 행하는 정당한 행위에 대하여는 공정거래법을 적용하지 않는 것으로 규정하고 있기 때문에 공정거래법의 적용제외에 해당하는 것으로도 볼 수 있다.

성과 통일성을 유지할 수 있도록 가맹본부가 요구하는 기준을 준수하고 판매신장에 노력하여야 한다. 이러한 점에서 가맹사업의 당사자인 가맹본부와 가맹점사업자는 각기 독립한 사업자이지만 각자의 임무를 준수하고 서로 긴밀히 협력해야 하는 공동운명체라고 할 수 있다.

이를 위해 가맹사업법은 “가맹사업당사자는 가맹사업을 영위함에 있어서 각자의 업무를 신의에 따라 성실하게 수행하여야 한다”고 규정하여 이들이 지켜야 할 기본원칙으로서 「신의성실의 원칙」을 선언하고 있다(법 §4). 이는 가맹본부와 가맹점사업자 간의 거래관계가 신의성실의 원칙에 따라 형성되고 유지되어야 하는 동시에 각자의 업무를 수행함에 있어서도 가맹사업 공동의 이익을 위해 신의에 어긋나지 않도록 해야 한다는 기본원칙을 선언한 것으로 볼 수 있다.

가맹사업법은 이러한 신의성실의 원칙하에 가맹본부와 가맹점사업자가 지켜야 할 기본적인 사항을 열거하고 있다(법 §5, §6). 이들 준수사항의 위반에 대해서는 별도의 제재규정이 없으므로 법률상 의무라고 볼 수는 없지만, 가맹사업 당사자가 체결하여야 할 계약의 기본적인 내용을 포함하고 있는 것으로 가맹사업법 규정에 대한 해석기준 또는 당사자 간의 권리의무관계에 관한 해석원리로서 중요한 의미를 가진다.

그 밖에 공정거래위원회는 가맹사업거래의 공정한 거래질서 확립을 위하여 필요한 경우 업종별로 바람직한 거래기준을 정하여 가맹본부에 이의 준수를 권고할 수 있다(법 §12의7).

2. 가맹사업 당사자의 준수사항

(1) 가맹본부

가맹사업법 제5조에서는 가맹본부가 가맹사업거래관계에서 지켜야 할 7가지의 준수사항에 관하여 규정하고 있다. 즉,

① 가맹사업의 성공을 위한 사업구상

② 상품이나 용역의 품질관리와 판매기법의 개발을 위한 계속적인 노력

③ 가맹점사업자에 대하여 합리적 가격과 비용에 의한 점포설비의 설치, 상품 또는 용역 등의 공급

④ 가맹점사업자와 그 직원에 대한 교육・훈련

⑤ 가맹점사업자의 경영・영업활동에 대한 지속적인 조언과 지원

⑥ 가맹계약기간 중 가맹점사업자의 영업지역 안에서 자기의 직영점을 설치하거나 가맹점사업자와 유사한 업종의 가맹점을 설치하는 행위의 금지

⑦ 가맹점사업자와의 대화와 협상을 통한 분쟁해결 노력

(2) 가맹점사업자

가맹사업법 제6조에서는 가맹본부가 가맹사업거래관계에서 지켜야 할 12가지의 준수사항에 관하여 규정하고 있다. 즉,

① 가맹사업의 통일성 및 가맹본부의 명성을 유지하기 위한 노력
② 가맹본부의 공급계획과 소비자의 수요충족에 필요한 적정한 재고유지 및 상품진열
③ 가맹본부가 상품 또는 용역에 대하여 제시하는 적절한 품질기준의 준수
④ 제3호의 규정에 의한 품질기준의 상품 또는 용역을 구입하지 못하는 경우 가맹본부가 제공하는 상품 및 용역의 사용
⑤ 가맹본부가 사업장의 설비와 외관, 운송수단에 대하여 제시하는 적절한 기준의 준수
⑥ 취급하는 상품・용역이나 영업활동을 변경하는 경우 가맹본부와의 사전 협의
⑦ 상품 및 용역의 구입과 판매에 관한 회계장부 등 가맹본부의 통일적 사업경영 및 판매전략의 수립에 필요한 자료의 유지와 제공
⑧ 가맹점사업자의 업무현황 및 제7호의 규정에 의한 자료의 확인과 기록을 위한 가맹본부의 임직원 기타 대리인의 사업장 출입허용
⑨ 가맹본부의 동의를 얻지 아니한 경우 사업장의 위치변경 또는 가맹점운영권의 양도 금지
⑩ 가맹계약기간 중 가맹본부와 동일한 업종을 영위하는 행위의 금지
⑪ 가맹본부의 영업기술이나 영업비밀의 누설 금지
⑫ 영업표지에 대한 제3자의 침해사실을 인지하는 경우 가맹본부에 대한 영업표지 침해사실의 통보와 금지조치에 필요한 적절한 협력

3. 가맹본부의 의무

(1) 정보공개의무

(가) 정보공개서의 등록 및 변경등록

가맹본부는 가맹희망자에게 제공할 정보공개서를 공정거래위원회 또는 특별시장・광역시장・특별자치시장・도지사・특별자치도지사(이하 "시・도지사")에게 등록하여야 한다(법 §6의2①, 영 §5의2). 이는 그동안 일부 가맹본부가 독특한 노하우나 개발기술 없

이 가맹희망자를 모집하기도 하고, 계약 이후 가맹점사업자에게 일방적으로 부담을 지우거나 영업활동에 대한 조건 및 제한을 요구함으로써 이들을 곤경에 빠트리는 경우가 종종 있었기 때문에, 가맹본부로 하여금 가맹계약 체결 전에 가맹희망자에게 계약체결에 필요한 가맹본부와 가맹사업 등에 관한 충분한 정보를 제공하도록 하기 위함이다. 이로써 가맹사업의 구조적 특성에 기인하는 가맹본부와 가맹점사업자 사이의 정보의 비대칭성으로 인해 발생할 수 있는 부작용을 예방하고 상대적으로 불리한 지위에 있는 가맹점사업자의 권익을 보호할 수 있다.[81]

등록한 정보공개서의 기재사항 중 대통령령이 정하는 일정한 사항을 변경하려는 경우에는 변경등록하여야 한다. 다만, 대통령령이 정하는 경미한 사항을 변경하려는 경우에는 신고하여야 한다(법 §6의2②, 영§5의3).

공정거래위원회 및 시·도지사는 ① 정보공개서나 그 밖의 신청서류에 거짓이 있거나 필요한 내용을 적지 아니한 경우 또는 ② 정보공개서에 기재된 가맹사업의 내용에 다른 법률에서 금지하고 있는 사항이 포함되어 있는 경우 및 ③ 신규 등록 신청일 현재 정보공개서에 기재된 가맹사업과 영업표지가 동일하고 같은 품질기준이나 영업방식에 따라 상품이나 용역을 판매하는 직영점이 없거나, 그 운영기간이 1년 미만인 경우[82]에는 정보공개서의 등록을 거부하거나 그 내용의 변경을 요구할 수 있다(법 §6의3①). 공정거래위원회 및 시·도지사는 정보공개서의 등록을 하였을 때에는 가맹본부에게 등록증을 내주어야 한다(법 §6의3②).

또한 공정거래위원회 및 시·도지사는 정보공개서가 ① 거짓이나 그 밖의 부정한 방법으로 등록된 경우, ② 정보공개서에 기재된 가맹사업의 내용에 다른 법률에서 금지하고 있는 사항이 포함되어 있는 경우, ③ 대통령령이 정하는 중요사항이 누락된 경우, ④ 가맹본부가 폐업신고한 경우, ⑤ 가맹본부가 정보공개서 등록취소를 요청하는 경우에는 등록을 취소할 수 있다(법 §6의4①). 공정거래위원회 및 시·도지사는 정보공개서 등록이 취소된 가맹본부의 명단을 공개할 수 있다(법 §6의4②).

공정거래위원회는 공정거래위원회와 시·도지사 간 정보공개서의 등록·공개 및 등록취소 등에 관한 일관된 사무처리를 위하여 필요한 세부사항을 정할 수 있다(영 §5의6).

---

81) 대법원 2018. 6. 15. 선고 2017다248803, 248810 판결; 헌법재판소 2021. 10. 28. 선고 2019헌마288 전원재판부 결정.

82) 다만, 가맹본부가 가맹사업의 영위를 위하여 관련 법령에 따라 허가·면허를 받아야 하는 등 직영점 운영이 불필요하다고 인정되는 사유로 대통령령으로 정하는 경우에는 이 규정을 적용하지 아니한다(법 §6의3① iii 단서).

(나) 정보공개서의 제공

가맹본부가 가맹점사업자를 모집하기 위하여 가맹희망자에게 정보공개서를 제공하는 경우에는 반드시 공정거래위원회에 등록된 정보공개서를 제공하도록 함으로써 정보공개서 내용의 신뢰성과 투명성을 담보하고 있다. 즉, 가맹본부(가맹지역본부 또는 가맹중개인이 가맹점사업자를 모집하는 경우 포함)는 가맹희망자에게 등록 또는 변경등록한 정보공개서를 내용증명우편 등 제공시점을 객관적으로 확인할 수 있는 방법[83]에 따라 제공하여야 한다(법 §7①). 이를 통해 가맹희망자는 가맹본부의 신뢰가능성, 사업의 내용, 거래조건 등에 관하여 충분히 파악한 후 계약을 체결할 수 있게 된다.

가맹본부는 정보공개서를 제공할 경우 가맹희망자의 장래 점포 예정지에서 가장 인접한 가맹점 10개(정보공개서 제공시점에 가맹희망자의 장래 점포 예정지가 속한 광역지방자치단체에서 영업 중인 가맹점의 수가 10개 미만인 경우에는 해당 광역지방자치단체 내의 가맹점 전체)의 상호, 소재지 및 전화번호가 적힌 문서(이하 "인근가맹점 현황문서"를 함께 제공하여야 한다. 다만, 정보공개서를 제공할 때 장래 점포 예정지가 확정되지 아니한 경우에는 확정되는 즉시 제공하여야 한다(법 §7②).

가맹본부는 등록된 정보공개서등(정보공개서 및 인근가맹점 현황문서)을 제공하지 아니하였거나 정보공개서등을 제공한 날부터 14일(숙고기간)이 지나지 아니한 경우에는 ① 가맹희망자로부터 가맹금을 수령하거나 ② 가맹희망자가 가맹계약을 체결하는 행위를 하여서는 아니 된다(법 §7③). ①의 경우 가맹희망자가 예치기관에 예치가맹금을 예치하는 때에는 최초로 예치한 날(가맹본부가 가맹희망자와 최초로 가맹금을 예치하기로 합의한 때에는 그 날)에 가맹금을 수령한 것으로 본다. 다만 가맹희망자가 정보공개서에 대하여 변호사 또는 제27조에 따른 가맹거래사의 자문을 받은 경우에는 7일로 한다.

(다) 정보공개서의 공개

한편 가맹본부의 정보공개의무와 별도로 공정거래위원회 및 시·도지사는 「개인정보보호법」상의 '개인정보'(동법 §2 i)와 「부정경쟁방지 및 영업비밀보호에 관한 법률」상의 '영업비밀'(동법 §2 ii)을 제외하고 가맹본부가 등록·변경등록하거나 신고한 정보공개서를 공개하여야 한다(법 §6의2③). 공정거래위원회 및 시·도지사가 정보공개서를 공개하는 경우에는 해당 가맹본부에게 공개하는 내용과 방법을 미리 통지하여야 하고, 사실과 다른 내용을 정정할 수 있는 기회를 주어야 한다(법 §6의2④). 이에 따라 공정

83) 정보공개서 제공을 위해서는 ① 직접 전달하는 방법. ② 내용증명우편으로 제공하는 방법, ③ 정보통신망을 이용하여 정보공개서의 내용을 게시한 후 게시사실을 가맹희망자에게 알리는 방법. ④ 전자우편, 문자메시지 또는 이동통신 단말장치에서 사용되는 애플리케이션을 이용하여 가맹희망자에게 정보공개서의 내용이 포함된 전자적 파일을 보내는 방법이 있다(영 §6① 각호).

거래위원회 또는 시·도지사가 정보공개서를 공개하는 경우에는 서면으로 공개일 10일 전까지 가맹본부에 이를 미리 알려야 하며(영 §5의4②), 통지를 받은 가맹본부는 공개하는 내용 중 사실과 다른 내용이 있거나 개인정보 또는 영업비밀에 해당하는 내용이 있으면 통지받은 날부터 7일 이내에 공정거래위원회 또는 시·도지사에게 그 내용의 정정 또는 비공개를 요구할 수 있다. 가맹본부의 요구가 정당하다고 인정되면 공정거래위원회 또는 시·도지사는 정보공개서의 공개 내용을 변경하거나 공개하지 아니하여야 한다(영 §5의4③).

공정거래위원회는 정보공개서의 공개(시·도지사가 공개하는 경우 포함)를 위하여 예산의 범위 안에서 가맹사업정보제공시스템을 구축·운용할 수 있다(법 §6의2⑤). 이와 함께 가맹사업정보제공시스템이 구축되면 가맹본부가 직접 가맹정보를 공시하도록 하는 것이 가맹제도의 안정적 운영을 위해 바람직할 것이다.[84]

(2) 가맹금 예치의무

(가) 가맹금의 예치 및 통지

가맹사업법은 가맹본부가 가맹점사업자에 대한 영업지원능력이 부족하거나, 사기로 가맹점사업자를 모집하는 경우에는 가맹점사업자가 지급하는 가맹금의 안전성을 담보하기 곤란하다. 따라서 가맹사업법은 가맹희망자나 가맹점사업자가 가맹본부에 지급하는 일정한 가맹금[85]을 예치기관[86]에 예치하도록 하고 있다. 그 후 가맹희망자나 가맹점사업자가 정상적으로 영업을 개시하거나 가맹계약 체결일부터 2월이 경과한 후에 예치한 가맹금을 가맹본부에 지급하도록 하고 있다. 그러나 가맹본부가 가맹점사업자피해보상보험계약 등을 체결하여 가맹희망자나 가맹점사업자의 피해보상이 가능한 경우에는 가맹금 예치의무를 적용하지 않도록 하고 있다(법 §6의5①).

예치신청을 받은 예치기관의 장은 예치가맹금을 예치기관의 명의로 예치하여야 하고, 이를 다른 금융자산과 분리하여 관리하여야 한다(영 §5의8④). 또한 예치기관의 장

84) 정주미, "가맹사업법상 정보공개서 등록제도의 공시제도로 변경방안", 「경쟁법연구」 제48권(2023. 9.), 344면.

85) 가맹희망자나 가맹점사업자가 가입비·입회비·가맹비·교육비 또는 계약금 등 가맹점사업자가 영업표지의 사용허락 등 가맹점운영권이나 영업활동에 대한 지원·교육 등을 받기 위하여 가맹본부에 지급하는 대가 또는 가맹점사업자가 가맹본부로부터 공급받는 상품의 대금 등에 관한 채무액이나 손해배상액의 지급을 담보하기 위하여 가맹본부에 지급하는 대가로서 금전으로 지급하는 경우에 한하며, 계약체결 전에 지급하는 가맹금도 포함한다(법 §6의5①, §2ⅵ 가목 및 나목).

86) 여기에서 예치기관은 ① 「은행법」 제2조 제1항 제2호 및 같은 법 제5조에 따른 금융기관, ② 「우체국예금·보험에 관한 법률」에 따른 체신관서, ③ 「보험업법」에 따른 보험회사 및 ④ 「자본시장과 금융투자업에 관한 법률」에 따른 신탁업자이다(영 §5의7).

은 예치일부터 7일 이내에 그 사실을 가맹본부에 통지하여야 한다(법 §6의5②).

(나) 예치가맹금의 지급요청

가맹본부는 ① 가맹점사업자가 영업을 개시한 경우나 ② 가맹계약 체결일부터 2개월이 경과한 경우에는 예치기관의 장에게 대통령령이 정하는 바에 따라 예치가맹금의 지급을 요청할 수 있다. 이 경우 예치기관의 장은 예치가맹금을 가맹본부에 지급하여야 한다. 다만, ②의 경우 2개월이 경과하기 전에 가맹점사업자가 지급보류사유(법 §6의5⑤ ⅰ에서 ⅲ까지)에 해당하는 조치를 취한 사실을 예치기관의 장에게 서면으로 통보한 경우에는 그러하지 아니하다(법 §6의5③). 가맹본부는 거짓이나 그 밖의 부정한 방법으로 예치가맹금의 지급을 요청하여서는 아니 된다(법 §6의5④).

(다) 예치가맹금의 지급유예 · 거절

예치기관의 장은 ① 가맹점사업자가 예치가맹금을 반환받기 위하여 소를 제기하였거나, ② 가맹점사업자가 예치가맹금을 반환받기 위하여 알선, 조정, 중재 등을 신청하였거나, ③ 가맹점사업자가 제10조 위반을 이유로 가맹본부를 공정거래위원회에 신고한 경우에는 제24조에 따른 가맹사업거래분쟁조정협의회의 조정 그 밖의 분쟁해결의 결과 또는 제33조에 따른 공정거래위원회의 시정조치가 확정될 때[87]까지 예치가맹금의 지급을 보류하여야 하고, 가맹본부가 거짓이나 그 밖의 부정한 방법으로 예치가맹금의 지급을 요청한 경우에는 예치가맹금의 지급요청을 거부하거나 가맹본부에 그 내용의 변경을 요구하여야 한다(법 §6의5⑤ 각호).

(라) 예치가맹금의 반환

예치기관의 장은 가맹본부 또는 가맹점사업자가 분쟁조정 등의 결과나 시정조치 결과를 첨부하여 예치가맹금의 지급 또는 반환을 요청하는 경우 요청일부터 30일 이내에 그 결과에 따라 예치가맹금을 가맹본부에 지급하거나 가맹점사업자에 반환하여야 한다(법 §6의5⑥). 예치기관의 장은 가맹점사업자가 가맹본부의 동의를 받아 예치가맹금의 반환을 요청하는 경우에는 제5항 및 제6항에 불구하고 요청일부터 10일 이내에 예치가맹금을 가맹점사업자에게 반환하여야한다(법 §6의5⑦).

(3) 가맹금 반환의무

(가) 취 지

가맹본부가 가맹희망자 또는 가맹점사업자에게 필요하고도 적정한 정보를 제공하

87) 공정거래위원회의 시정조치에 대하여 이의신청이 제기된 경우에는 재결이, 시정조치나 재결에 대하여 소가 제기된 경우에는 확정판결이 각각 확정된 때를 말한다.

지 않은 채 가맹금을 수취하거나, 가맹금을 수취한 채 가맹사업을 일방적으로 중단하는 경우가 종종 나타나고 있다. 그러나 이들이 가맹본부로부터 가맹금을 반환받기 위해서는 일정한 요건을 입증하고 민사적인 절차를 거쳐야 하는 등 복잡한 문제가 발생하게 된다. 따라서 가맹사업법은 부당하게 피해를 입은 가맹희망자 또는 가맹점사업자가 가맹금을 용이하게 반환받을 수 있는 제도를 마련하고 있다(법 §10, §16 이하, §33).

(나) 반환사유

가맹사업법은 가맹금 반환사유로서 다음의 4가지 경우를 들고 있다(법 §10① 각호).

첫째, 가맹본부가 등록된 정보공개서를 제공하지 아니하였거나 정보공개서를 제공한 날부터 14일(변호사나 가맹거래사의 자문을 받은 경우에는 7일 전)이 지나지 아니하였음에도 가맹희망자로부터 가맹금을 수령하거나 가맹희망자와 가맹계약을 체결한 경우로서(법 §7②) 가맹희망자 또는 가맹점사업자가 가맹계약 체결 전 또는 가맹계약의 체결일부터 4개월 이내에 가맹금의 반환을 요구하는 경우(제1호),

둘째, 가맹본부가 허위·과장된 정보를 제공하거나 중요사항을 누락한 경우로서(법 §9①) 가맹희망자가 가맹계약 체결 전에 가맹금의 반환을 요구하는 경우(제2호),

셋째, 가맹본부가 허위·과장된 정보를 제공하거나 중요사항을 누락한 경우로서(법 §9①) 허위 또는 과장된 정보나 중요사항의 누락된 내용이 계약 체결에 중대한 영향을 준 것으로 인정되어 가맹점사업자가 가맹계약의 체결일부터 4개월 이내에 가맹금의 반환을 요구하는 경우(제3호),

넷째, 가맹본부가 정당한 사유 없이 가맹사업을 일방적으로 중단하고 가맹점사업자가 대통령령이 정하는 가맹사업의 중단일부터 4개월 이내에 가맹금의 반환을 요구하는 경우(제4호)

(다) 반환시기 · 금액

가맹금의 반환시기는 가맹희망자 또는 가맹점사업자의 요구가 있는 날부터 1개월 이내이다(법 §10① 본문). 또한 반환하는 가맹금의 금액을 정함에 있어서는 가맹계약의 체결 경위, 금전이나 그 밖에 지급된 대가의 성격, 가맹계약기간, 계약이행기간, 가맹사업당사자의 귀책 정도 등을 고려하여야 한다(법 §10②).

(4) 가맹계약서 작성·교부·보관의무

(가) 계약서의 작성·교부·보관

가맹사업거래의 공정성을 확보하고 불명확한 계약조건에 의하여 가맹점사업자가 피해를 입지 않도록 하기 위해서는 당사자 간의 권리의무를 계약서에 명시하고, 이 계약서를 교부하여 당사자들이 일정 기간 보관하도록 할 필요가 있다. 이를 통해 당사자 간의 법률관계를 명확히 할 수 있으며, 분쟁의 소지를 줄일 수 있게 된다. 이와 관련하여 가맹사업법은 가맹계약서의 작성・교부・보관의무에 관하여 규정하고 있다(법 §11).

먼저 계약체결 단계에서 가맹본부는 가맹점사업자에게 일방적으로 불리하거나 불명확한 계약이 체결되지 않도록 하기 위해 가맹계약서를 제공한 시점부터 14일(가맹희망자가 가맹계약서의 내용에 대하여 변호사 또는 가맹거래사의 자문을 받은 경우에는 7일)이 경과한 후 가맹희망자로부터 가맹금을 수령[88]하거나 가맹희망자와 계약을 체결할 수 있도록 하고 있다(법 §11①). 이와 같이 유예기간을 둔 것은 가맹점사업자가 계약내용에 대한 충분한 이해나 검토과정 없이 선불리 가맹금을 지급하거나 계약을 체결할 경우 가맹점사업자의 권익이 침해될 우려가 있기 때문이다. 가맹계약서는 유의사항, 특수거래조건 등 가맹본부와 가맹점사업자의 권리와 의무사항[89]을 기재한 문서를 포함한다. 가맹본부는 가맹계약서를 가맹사업의 거래가 종료된 날부터 3년간 보관하여야 한다(법 §11③).

(나) 표준가맹계약서의 사용

공정거래위원회는 가맹본부에게 건전한 가맹사업거래질서를 확립하고 불공정한 내용의 가맹계약이 통용되는 것을 방지하기 위하여 일정한 가맹사업거래에서 표준이 되는 가맹계약서(이하 "표준가맹계약서")를 마련하고, 가맹본부, 가맹본부로 구성된 사업자단체, 가맹점사업자 및 가맹점사업자의 권익보호 및 경제적 지위 향상을 도모하기 위하여 구성된 가맹점사업자단체(§14의2)에 이를 사용하도록 권장할 수 있다(법 §11의2①, 하향식 제・개정). 이들 사업자 또는 사업자단체는 공정거래위원회에 표준가맹계약서의 제정 또는 개정을 요청할 수 있다(법 §11의2②, 상향식 제・개정).

---

88) 가맹희망자가 예치기관에 예치가맹금을 예치하는 경우에는 최초로 예치한 날로 한다. 다만, 가맹희망자가 최초로 가맹금을 예치하기로 가맹본부와 합의한 날이 있는 경우에는 그 날로 한다.

89) 가맹계약서는 포함하여야 할 사항으로는 ① 영업표지의 사용권 부여에 관한 사항, ② 가맹점사업자의 영업활동 조건에 관한 사항, ③ 가맹점사업자에 대한 교육・훈련, 경영지도에 관한 사항, ④ 가맹금 등의 지급에 관한 사항, ⑤ 영업지역의 설정에 관한 사항, ⑥ 계약기간에 관한 사항, ⑦ 영업의 양도에 관한 사항, ⑧ 계약해지의 사유에 관한 사항, ⑨ 가맹희망자 또는 가맹점사업자가 가맹계약을 체결한 날부터 2개월(가맹점사업자가 2개월 이전에 가맹사업을 개시하는 경우에는 가맹사업개시일)까지의 기간 동안 예치가맹금을 예치기관에 예치하여야 한다는 사항. 다만, 가맹본부가 제15조의2에 따른 가맹점사업자피해보상보험계약 등을 체결한 경우에는 그에 관한 사항으로 한다. ⑩ 가맹희망자가 정보공개서에 대하여 변호사 또는 제27조에 따른 가맹거래사의 자문을 받은 경우 이에 관한 사항, ⑪ 가맹본부 또는 가맹본부 임원의 위법행위 또는 가맹사업의 명성이나 신용을 훼손하는 등 사회상규에 반하는 행위로 인하여 가맹점사업자에게 발생한 손해에 대한 배상의무에 관한 사항, ⑫ 가맹본부가 가맹점사업자에게 가맹본부 또는 가맹본부가 지정한 자와 거래할 것을 강제할 경우 그 강제의 대상이 되는 부동산・용역・설비・상품・원재료 또는 부재료・임대차 등의 종류 및 공급 가격 산정방식에 관한 사항, ⑬ 그 밖에 가맹사업당사자의 권리・의무에 관한 사항으로서 대통령령이 정하는 사항이 있다(법 §11② 각호).

(5) 계약갱신요구 수용의무

계속적 거래관계라는 가맹사업의 특성상 가맹본부가 일방적으로 가맹계약의 갱신을 거절할 경우 가맹점사업자가 지속적인 거래를 예상하여 투자한 자본을 적절하게 회수하는 데 큰 어려움이 생기게 된다. 이를 방지하기 위해 가맹사업법은 가맹점사업자가 가맹본부에 가맹계약의 갱신을 요구할 수 있는 적극적 권리를 부여하고, 가맹본부는 가맹점사업자가 가맹계약상의 가맹금 등의 지급의무를 지키지 아니하거나 가맹사업의 유지를 위하여 필요한 가맹본부의 중요한 영업방침을 지키지 아니한 경우 등을 제외하고는 가맹점사업자의 갱신 요구를 거절하지 못하도록 하고 있다.[90]

즉, 가맹본부는 가맹점사업자가 가맹계약기간 만료 전 180일부터 90일까지 사이에 가맹계약의 갱신을 요구하는 경우 정당한 사유 없이 이를 거절하지 못하도록 하고 있다(법 §13①). 다만, ① 가맹점사업자가 가맹계약상의 가맹금 등의 지급의무를 지키지 아니한 경우(제1호), ② 다른 가맹점사업자에게 통상적으로 적용되는 계약조건이나 영업방침을 가맹점사업자가 수락하지 아니한 경우(제2호) 또는 ③ 가맹사업의 유지를 위하여 필요하다고 인정되는 것으로서 가맹점의 운영에 필요한 점포・설비의 확보나 법령상 필요한 자격・면허・허가의 취득 등에 관한 사항, 판매하는 상품이나 용역의 품질을 유지하기 위하여 필요한 제조공법 또는 서비스기법의 준수에 관한 사항, 그 밖에 가맹점사업자가 가맹사업을 정상적으로 유지하기 위하여 필요하다고 인정되는 것으로서 대통령령이 정하는 사항에 해당하는 가맹본부의 중요한 영업방침을 가맹점사업자가 지키지 아니 한 경우(제3호)에 해당하는 경우에는 그러하지 아니하다(법 §13① 단서 각호).

가맹점사업자의 계약갱신요구권은 최초 가맹계약기간을 포함한 전체 가맹계약기간이 10년을 초과하지 않는 범위 내에서만 행사할 수 있다(법 §13②). 가맹본부가 가맹점사업자의 갱신 요구를 거절하는 경우에는 그 요구를 받은 날부터 15일 이내에 가맹점사업자에게 거절 사유를 적어 서면으로 통지하여야 한다(법 §13③). 가맹본부가 거절통지를 하지 아니하거나 가맹계약기간 만료 전 180일부터 90일까지 사이에 가맹점사업자에게 조건의 변경에 대한 통지나 가맹계약을 갱신하지 아니한다는 사실의 통지를 서면으로 하지 아니하는 경우에는 계약 만료 전의 가맹계약과 같은 조건으로 다시 가맹계약을 체결한 것으로 본다. 다만, 가맹점사업자가 계약이 만료되는 날부터 60일 전까지 이의를 제기하거나 가맹본부나 가맹점사업자에게 천재지변이나 그 밖에 대통령령

90) 이는 일반 거래관행상 계약만료일로부터 90일 전에 가맹점사업자에게 서면 통지하고, 통지하지 아니하는 경우 동일 조건으로 가맹계약을 다시 체결한 것으로 간주하였던 종전 법(구법 §13①, ② 본문)보다 가맹점사업자의 권익을 대폭 강화한 것이다.

이 정하는 부득이한 사유가 있는 경우에는 그러하지 아니하다(법 §13④).

(6) 계약해지 통지의무

가맹사업법은 가맹점사업자의 사소한 계약위반에 따른 계약의 해지보다는 가능한 한 가맹사업의 거래관계를 지속할 수 있도록 하기 위하여 가맹계약의 해지사유가 발생하더라도 가맹본부가 계약을 해지하기 위해서는 일정한 절차를 거치도록 하고 있다. 즉, 가맹본부는 가맹계약을 해지하려는 경우에는 가맹점사업자에게 2개월 이상의 유예기간을 두고 계약위반 사실을 구체적으로 밝히고 이를 시정하지 아니하면 그 계약을 해지한다는 사실을 서면으로 2회 이상 통지하도록 하고 있다(법 §14① 본문). 이러한 절차를 거치지 아니한 가맹계약의 해지는 그 효력이 없다(법 §14②). 이로써 가맹점사업자는 가맹본부의 일방적이고 자의적인 계약해지로부터 보호받을 수 있게 된다. 그러나 가맹사업의 거래를 지속하기 어려운 부득이한 사유[91]가 있는 경우에는 이러한 절차를 요하지 아니한다(법 §14① 단서).

(7) 광고 · 판촉행사의 실시 및 집행 내역 통보의무

가맹본부는 가맹점사업자가 비용의 전부 또는 일부를 부담하는 광고나 판촉행사를 실시하려는 경우(가맹본부 및 가맹점사업자가 체결한 광고 · 판촉행사의 약정에 따라 실시하는 경우 제외) 그 비용부담에 관하여 광고의 경우에는 전체 가맹점사업자 중 100분의 50, 판촉행사의 경우에는 100분의 70 이상의 (사전)동의를 받아야 한다(법 §12의6①, 영 §13의5②). 다만, 판촉행사의 경우에는 해당 판촉행사의 비용부담에 동의한 가맹점사업자

---

91) 여기에서 가맹계약의 해지사유로서 부득이한 사유란 ① 가맹점사업자에게 파산 신청이 있거나 강제집행절차 또는 회생절차가 개시된 경우, ② 가맹점사업자가 발행한 어음 · 수표가 부도 등으로 지불정지된 경우, ③ 천재지변, 중대한 일신상의 사유 등으로 가맹점사업자가 더 이상 가맹사업을 경영할 수 없게 된 경우, ④ 가맹점사업자가 공연히 허위사실을 유포함으로써 가맹본부의 명성이나 신용을 뚜렷이 훼손하거나 가맹본부의 영업비밀 또는 중요정보를 유출하여 가맹사업에 중대한 장애를 초래한 경우, ⑤ 가맹점사업자가 가맹점 운영과 관련되는 법령을 위반하여 이를 시정하라는 내용의 행정처분(과징금 · 과태료 등의 부과처분을 포함한다)을 통보받고도 행정청이 정한 시정기한(시정기한을 정하지 아니한 경우에는 통보받은 날부터 10일) 내에 시정하지 않는 경우, ⑥ 가맹점사업자가 가맹점 운영과 관련되는 법령을 위반하여 자격 · 면허 · 허가 취소 또는 영업정지 명령(15일 이내의 영업정지 명령을 받은 경우는 제외한다) 등 그 시정이 불가능한 성격의 행정처분을 받은 경우(다만, 법령에 근거하여 행정처분을 갈음하는 과징금 등의 부과 처분을 받은 경우는 제외한다), ⑦ 가맹점사업자가 법 제14조 제1항 본문에 따른 가맹본부의 시정요구에 따라 위반사항을 시정한 날부터 1년(계약갱신이나 재계약된 경우에는 종전 계약기간에 속한 기간을 합산한다) 이내에 다시 같은 사항을 위반하는 경우(다만, 가맹본부가 시정을 요구하는 서면에 다시 같은 사항을 1년 이내에 위반하는 경우에는 법 제14조 제1항의 절차를 거치지 아니하고 가맹계약이 해지될 수 있다는 사실을 누락한 경우는 제외한다), ⑧ 가맹점사업자가 가맹점 운영과 관련된 행위로 형사처벌을 받은 경우, ⑨ 가맹점사업자가 공중의 건강이나 안전에 급박한 위해를 일으킬 염려가 있는 방법이나 형태로 가맹점을 운영하는 경우, ⑩ 가맹점사업자가 정당한 사유 없이 연속하여 7일 이상 영업을 중단한 경우 등을 말한다(영 §15).

만을 대상으로 하여 이를 실시할 수 있다(법 §12의6① 단서). 이에 따라 가맹본부가 광고·판촉행사를 일방적으로 실시하고 가맹점사업자에게 예측하지 못한 비용부담을 전가시키던 관행은 유지되기 어렵게 되었다. 동의방법으로는 동의시점을 객관적으로 확인할 수 있다면 문서, 내용증명우편, 전자우편, 인터넷 홈페이지, 애플리케이션 또는 판매시점 관리 시스템(POS) 등 전자적 수단을 포함한 다양한 방법을 사용할 수 있다(영 §13의5①).

가맹본부 및 가맹점사업자가 광고·판촉행사의 약정을 체결하려는 경우에는 가맹계약과 별도로 체결해야 하며, 약정에는 ① 광고나 판촉행사의 명칭 및 실시기간과 ② 광고나 판촉행사의 소요비용에 대한 가맹점사업자의 분담 비율 및 분담 한도에 관한 사항이 모두 포함되어야 한다(영 §13의5③, ④). 이와 함께 가맹본부는 가맹점사업자가 비용의 전부 또는 일부를 부담하는 광고나 판촉행사를 실시한 경우 그 집행 내역[92]을 가맹점사업자에게 통보하고 가맹점사업자의 요구가 있는 경우 이를 열람할 수 있도록 해야 한다(법 §12의6②).

4. 가맹본부의 금지사항

(1) 불공정거래행위의 일반적 금지[93]

가맹사업법은 가맹사업 분야에서의 거래관행의 합리화를 도모하고 불공정거래행위를 사전에 예방하기 위하여 가맹사업의 거래단계에서 발생하는 불공정거래행위의 유형을 열거하고 있다(법 §12① 각호).

우선 가맹사업 분야에서의 불공정거래행위 일반적 유형으로서 ① 가맹점사업자에 대하여 상품이나 용역의 공급 또는 영업의 지원 등을 부당하게 중단 또는 거절하거나 그 내용을 현저히 제한하는 행위(거래거절, 제1호), ② 가맹점사업자가 취급하는 상품 또는 용역의 가격, 거래상대방, 거래지역이나 가맹점사업자의 사업활동을 부당하게 구속하거나 제한하는 행위(구속조건부거래, 제2호),[94] ③ 거래상의 지위를 이용하여 부당

---

92) 집행 내역에 속하는 것으로는 ① 해당 사업연도에 실시한 광고나 판촉행사(해당 사업연도에 일부라도 비용이 집행된 경우 포함)별 명칭, 내용 및 실시기간, ② 해당 사업연도에 광고나 판촉행사를 위하여 전체 가맹점사업자로부터 지급받은 금액, ③ 해당 사업연도에 실시한 광고나 판촉행사별로 집행한 비용 및 가맹점사업자가 부담한 총액이 있다(영 §13의6① 각호).

93) 공정거래위원회는 법 제12조 제1항 및 시행령 [별표 2]에서 정하는 불공정거래행위 유형(① 거래거절, ② 구속조건부 거래, ③ 거래상 지위의 남용, ④ 부당한 손해배상의무 부과행위, ⑤ 그 밖의 불공정거래행위)과 함께 법 제12조의2 내지 제12조의6 제1항, 법 제14조의2 제5항에 따른 금지행위(① 부당한 점포환경개선 강요, ② 부당한 영업시간 구속, ③ 부당한 영업지역 침해, ④ 보복조치, ⑤ 광고·판촉행사 사전동의의무 위반, ⑥ 가맹점사업자단체 활동 방해)에 대한 심사기준을 제시하기 위해 「가맹분야 불공정거래행위 심사지침」(공정거래위원회 예규 제459호, 2024. 3. 25., 제정)을 마련하였다.

94) 구속조건부거래의 가장 대표적인 필수품목(가맹사업 경영에 필수적인 상품, 용역, 설비, 부동산 및 원·

하게 가맹점사업자에게 불이익을 주는 행위(거래상 지위의 남용, 제3호), ④ 계약의 목적과 내용, 발생할 손해 등에 비하여 과중한 위약금을 부과하는 등 가맹점사업자에게 부당하게 손해배상 의무를 부담시키는 행위(제5호), ⑤ 기타의 행위로서 부당하게 경쟁가맹본부의 가맹점사업자를 자기와 거래하도록 유인하는 행위 등 가맹사업의 공정한 거래를 저해할 우려가 있는 행위(제6호)의 5가지를 들고 있다.

[판례] 카페베네의 필수품목을 벗어난 거래강제행위(대법원 2018. 11. 9. 선고 2015두59686 판결)

가맹본부가 인테리어 시공 및 설비·기기·용품 등의 구입을 자기 또는 자기가 지정한 자로부터 하도록 하는 행위가 '부당하게 가맹점사업자에게 특정한 거래상대방과 거래할 것을 강제하는 행위'에 해당하는지는, 가맹사업의 목적과 가맹점계약의 내용, 가맹금의 지급방식, 가맹사업의 대상인 상품 또는 용역과 설비와의 관계에 비추어 보았을 때, ① 객관적으로 설비 등이 가맹사업을 경영하는 데에 필수적인 것인지, ② 가맹사업의 통일적 이미지 확보와 상품의 동일한 품질유지를 위한 기술관리·표준관리·유통관리·위생관리의 필요성 등의 측면에서 가맹점사업자에게 사양서나 품질기준만을 제시하고 임의로 구입 또는 설치하도록 방치해서는 가맹사업의 통일적 이미지 확보와 상품의 동일한 품질을 보증하는 데 지장이 있는지(대법원 2006. 3. 10. 선고 2002두332 판결 참조), ③ 미리 정보공개서를 통하여 가맹점사업자에게 특정한 거래상대방과 거래해야만 한다는 점을 알리고 가맹점사업자와 계약을 체결하였는지 등을 종합적으로 고려하여 판단하여야 한다.

한편 특정한 거래상대방과 거래하도록 '강제'하는 행위에는, 상대방이 구입하지 아니할 수 없는 객관적인 상황을 만들어 내는 것도 포함된다(대법원 2002. 1. 25. 선고 2000두9359 판결 등 참조). 또한 가맹점사업자가 가맹계약 체결 전에 특정한 거래상대방과 거래하여야 하는 사정을 정보공개서를 통해 알리거나, 그에 대하여 사전에 의사 합치가 있는 상태에서 가맹계약을 체결하였다는 사정이 있다고 하더라도, 그와 같은 사정이 있기만 하면 언제나 '부당하게 가맹점사업자에게 특정한 거래상대방과 거래할 것을 강제하는 행위'에 해당하지 않는다고 단정할 수는 없다.

또한 불공정거래행위의 세부적인 유형과 기준은 시행령에서 정하도록 함에 따라(법 §12②) 시행령 [별표 2]에서는 공정거래법이 금지하고 있는 불공정거래행위 유형 중 일부는 가맹사업 거래관계에 그대로 적용하기 곤란한 점을 고려하여 가맹사업 거래관계의 특성에 부합하는 불공정거래행위 유형으로 수정하여 상세한 규정을 두고 있다.

① 공정거래법상 거래거절행위를 가맹사업 거래관계에서는 가맹본부의 가맹점사업자에 대한 영업지원 등의 거절, 부당한 계약갱신 거절, 부당한 계약해지 유형으로 수정

부재료 등)을 지정함에 있어 과도한 품목선정이나 일방적 단가인상 등에 따른 가맹점사업자의 경영상 부담을 고려하여 가맹사업법은 필수품목과 종류 및 공급 가격 산정방식에 관한 사항을 가맹계약서에 필수적 기재사항에 포함시키도록 하고 있다(법 §11② xii). 이혁, "가맹사업 필수품목 제도개선 방안 연구", 「경제법연구」 제22권 3호(2023. 12), 91면 이하.

하고 있다. 또한 공정거래법상 재판매가격유지행위의 금지, 부당한 구속조건부거래행위의 금지를 일부 완화하고 있다. 재판매가격유지행위의 경우에는 재판매가격을 권장하는 행위, 재판매가격에 관하여 사전협의하도록 하는 행위는 허용하고 있다.

② 거래상대방(가맹본부 포함)의 구속 및 가맹점사업자의 상품 또는 용역의 판매제한의 경우에는 가맹본부의 상표권을 보호하고 상품 또는 용역의 동일성을 유지하기 위하여 객관적으로 필요하며, 미리 정보공개서를 통하여 해당 사실을 알리고 계약을 체결한 경우에는 허용되도록 하고 있다. 거래상대방의 구속의 경우 추가요건으로 가맹사업을 경영하는 데 필수적이라고 객관적으로 인정될 것이 요구된다.

③ 이와 함께 영업지역을 준수하도록 강요하는 행위는 금지하지만, 가맹본부가 가맹점사업자의 영업거점지역을 정하는 행위, 가맹점사업자가 자기의 영업지역에서의 판매책임을 다한 경우에 영업지역 외의 다른 지역에서 판매할 수 있도록 하는 행위, 자기의 영업지역 외의 다른 지역에서 판매하려는 경우 그 지역의 가맹점사업자에게 광고선전비 등 판촉비용에 상당하는 일정한 보상금을 지불하도록 하는 행위는 허용하고 있다.

④ 그 밖에 공정거래법상 거래상 지위남용행위로 규정되고 있는 행위유형 또한 가맹본부의 상표권을 보호하고 상품 또는 용역의 동일성을 유지하기 위하여 필요한 것으로서 객관적으로 인정되고 가맹점사업자에게 미리 정보공개서를 통하여 알리고 계약을 체결한 경우에는 허용하고 있다.

(2) 허위 · 과장된 정보제공 등의 금지

가맹본부가 가맹점 모집광고를 하거나 가맹희망자와 모집상담을 하는 과정에서 허위 또는 과장된 정보제공으로 계약체결을 유도하는 사례가 종종 나타나고 있다. 따라서 정보제공의 적정성 확보를 위해 가맹희망자나 가맹점사업자에게 정보를 제공함에 있어서 ① 사실과 다르게 정보를 제공하거나 사실을 부풀려 정보를 제공하는 행위(허위 · 과장의 정보제공행위)나 ② 계약의 체결 · 유지에 중대한 영향을 미치는 사실을 은폐하거나 축소하는 방법으로 정보를 제공하는 행위(기만적인 정보제공행위)를 하지 못하도록 하고 있다(법 §9① 각호).

허위 · 과장의 정보제공행위란 ① 객관적인 근거 없이 가맹희망자의 예상수익상황을 과장하여 제공하거나 사실과 다르게 가맹본부가 최저수익 등을 보장하는 것처럼 정보를 제공하는 행위, ② 가맹희망자의 점포예정지 상권의 분석 등과 관련하여 사실 여부가 확인되지 아니한 정보를 제공하는 행위, ③ 가맹본부가 취득하지 아니한 지식재산권을 취득한 것처럼 정보를 제공하는 행위, ④ 위와 유사한 행위로서 거래조건과 관련하여 사실과 다르거나 사실을 부풀려 정보를 제공하는 행위를 말한다(영 §8① 각호). 허위 · 과장의 정보제공으로 족하며, 추가로 가맹희망자를 오인시킬 우려 내지 가맹본부의 기만적인 의도가 요구되는 것은 아니다.[95]

기만적인 정보제공행위란 ① 정보공개서에 중요사항을 기재하지 아니하는 행위, ② 영업지원금 제공 등 가맹본부가 가맹점사업자에게 제공하는 지원금이 일정 요건 하에서만 제공됨에도 불구하고 해당 요건을 제시하지 않으면서 모든 경우에 제공되는 것처럼 정보를 제공하는 행위, ③ 위와 유사한 행위로서 계약의 체결유지에 중대한 영향을 미치는 사실을 은폐하거나 축소하여 제공하는 행위를 말한다(영 §8② 각호).

가맹본부는 가맹희망자나 가맹점사업자에게 ① 가맹희망자의 예상매출액 · 수익 · 매출총이익 · 순이익 등 장래의 예상수익상황에 관한 정보 또는 ② 가맹점사업자의 매출액 · 수익 · 매출총이익 · 순이익 등 과거의 수익상황이나 장래의 예상수익상황에 관한 정보를 제공하는 경우에는 서면으로 하여야 한다(법 §9③). 가맹본부가 정보를 제공하는 경우에는 그 정보의 산출근거가 되는 자료로서 대통령령이 정하는 자료를 가맹본부의 사무소에 비치하여야 하며, 영업시간 중에 언제든지 가맹희망자나 가맹점사업자의 요구가 있는 경우 그 자료를 열람할 수 있도록 하여야 한다(법 §9④).

그럼에도 불구하고 ① 중소기업자가 아닌 가맹본부나 ② 직전 사업연도 말 기준으로 가맹본부와 계약을 체결 · 유지하고 있는 가맹점사업자의 수가 100개 이상인 가맹본부는 가맹계약을 체결할 때 가맹희망자에게 예상매출액의 범위, 즉 점포 예정지에서 영업개시일로부터 1년간 발생할 것으로 예상되는 연간 매출액의 최저액과 최고액으로 획정된 범위 및 그 산출근거를 서면(예상매출액 산정서)으로 제공하여야 한다(법 §9⑤, 영 §9③ 1문, ⑤). 이 경우 그 매출액의 최고액은 그 매출액의 최저액의 1.7배를 초과해서는 아니 된다(영 §9③ 2문). 가맹본부는 예상매출액 산정서를 가맹계약 체결일부터 5년간 보관하여야 한다(법 §9⑥).

(3) 부당한 점포환경개선 강요 금지

가맹사업법은 가맹본부가 거래상 우월한 지위를 이용하여 정당한 사유 없이 가맹점사업자에 대해 점포의 이전 · 확장이나 환경개선을 강요하지 못하도록 금지하고 있다(법 §12의2①). 여기에서 정당한 사유란 ① 점포의 시설, 장비, 인테리어 등의 노후화가 객관적으로 인정되는 경우 또는 ② 위생이나 안전의 결함으로 인하여 가맹사업의 통일성을 유지하기 어렵거나 정상적인 영업에 현저한 지장을 주는 경우를 말한다(영

95) 서울고법 2018. 9. 6. 선고 2018누38651 판결, 고법 확정.

§13의2① 각호).

가맹본부는 가맹점사업자의 점포환경개선에 소요되는 비용으로서 간판교체비용과 인테리어 공사비용[96]을 기준으로 ① 점포의 확장 또는 이전을 수반하지 않는 점포환경개선의 경우에는 100분의 20, ② 점포의 확장 또는 이전을 수반하는 점포환경개선의 경우에는 100분의 40 이내의 범위에서 대통령령으로 정하는 비율에 해당하는 금액을 부담하여야 한다(법 §12의2② 본문, 영 §13의2②, ③). 다만, ① 가맹본부의 권유 또는 요구가 없음에도 가맹점사업자의 자발적 의사에 의하여 점포환경개선을 실시하는 경우나 ② 가맹점사업자의 귀책사유로 인하여 위생·안전 및 이와 유사한 문제가 발생하여 불가피하게 점포환경개선을 하는 경우에는 그러하지 아니하다(법 §12의2② 각호). 특히 ①에서의 가맹본부의 권유 또는 요구는 단순한 정보제공보다는 구체적이면서 강요에는 미치지 아니하는 정도의 요청을 의미하며, 외형은 권유 또는 요구이더라도 그 실질이 강요에 해당될 경우에는 해당되지 아니한다.[97]

가맹점사업자는 공사비용을 증빙할 수 있는 서류를 갖추어 가맹본부 부담액의 지급을 청구하여야 하며, 가맹본부는 비용청구일로부터 90일 이내에 지급하여야 한다. 단, 가맹본부와 가맹점사업자 간 점포환경개선 협의시 비용지급과 관련된 별도의 합의가 있는 경우에는 1년의 범위 내에서 이를 분할하여 지급할 수 있다(영 §13의2④, ⑤). 가맹본부는 가맹점사업자가 가맹본부 또는 가맹본부가 지정한 자를 통하여 점포환경개선을 한 경우에는 점포환경개선이 끝난 날부터 90일 이내에 가맹본부 부담액을 가맹점사업자에게 지급하여야 한다(영 §13의2⑥). 점포환경개선일로부터 3년 이내에 가맹본부의 책임 없는 사유로 계약이 종료되는 경우에는 가맹본부 부담액 중 잔여기간에 비례하는 부담액은 지급하지 아니하거나 이미 지급한 경우에는 이를 환수할 수 있다(영 §13의2⑦).

[판례] 제너시스 비비큐의 부당한 점포환경개선 강요행위(서울고법 2019. 1. 23. 선고 2018누48726 판결, 대법원 2019. 6. 19. 선고 2019두35985 심리불속행 기각 판결)

가맹본부가 가맹사업의 영업상 필요에 따라 가맹점 전반에 적용될 수 있는 점포환경개선 계획을 수립하고 이에 따라 가맹점사업자에게 점포환경개선을 권유 또는 요구하였다면, 가맹본부의 권유 또는 요구와 가맹점사업자의 점포환경개선 결의 사이에 인과관계가 인정되지 않더라도 가맹사업법 제12조의2 제1호의 예외사유에 해당한다고 볼 수 없다.

---

96) 여기에서 인테리어 공사비용은 장비·집기의 교체비용을 제외한 실내 건축공사에 소요되는 일체의 비용을 말한다. 다만 가맹사업의 통일성과 무관하게 가맹점사업자가 추가공사를 실시함에 따라 소요되는 비용은 제외한다(영 §13의3②ii).

97) 서울고법 2019. 1. 23. 선고 2018누48726 판결, 대법원 2019. 6. 19. 선고 2019두35985 심리불속행 기각 판결.

… 원고가 이 사건 점포환경개선을 실시하지 않더라도 가맹점사업자들에 대하여 불이익을 주지 않았으므로 원고가 점포환경개선을 권유 또는 요구하였다고 볼 수 없다고 주장하나, 점포환경개선을 실시하지 않는 경우 불이익이 수반되었는지 여부는 원고가 가맹점사업자들에게 이 사건 점포환경개선을 권유 또는 요구하였는지를 판단하기 위하여 고려될 것은 아니고, 원고는 일정한 지원이나 포상을 실시하는 등의 유인책과 가맹계약 갱신 여부를 점포환경개선과 결부시키는 등의 방법으로 가맹점사업자들에 대하여 이 사건 점포환경개선을 권유 또는 요구하였다고 판단된다.

(4) 부당한 영업시간 구속금지

가맹사업법은 가맹본부가 우월한 지위를 이용하여 정상적인 거래관행에 비추어 부당하게 가맹점사업자의 영업시간을 구속하는 행위를 하지 못하도록 금지하고 있다(법 §12의3①). 특히 ① 가맹점사업자의 점포가 위치한 상권의 특성 등의 사유로 오전 0시부터 오전 6시까지 또는 오전 1시부터 오전 6시까지의 심야 영업시간대의 매출이 그 영업에 소요되는 비용에 비하여 저조하여 가맹점사업자가 영업시간 단축을 요구한 날이 속한 달의 직전 3개월의 기간 동안 영업손실이 발생함에 따라 가맹점사업자가 영업시간 단축을 요구함에도 이를 허용하지 아니하는 행위나 ② 가맹점사업자가 질병의 발병과 치료 등 불가피한 사유로 인하여 필요 최소한의 범위에서 영업시간의 단축을 요구함에도 이를 허용하지 아니하는 행위를 부당한 영업시간 구속으로 보고 있다(법 §12의3②, 영 §13의3①, ②).

(5) 부당한 영업지역 침해금지

가맹사업법은 가맹점사업자의 영업권을 보호하기 위해 가맹본부의 부당한 영업지역 침해를 금지하고 있다. 이를 위해 가맹본부는 가맹계약 체결시 가맹점사업자의 영업지역을 설정하여 가맹계약서에 이를 기재하여야 하며(법 §12의4①), 계약 갱신과정에서 상권의 급격한 변화 등 대통령령으로 정하는 사유[98]가 발생하여 기존 영업지역을 변경하기 위해서는 가맹점사업자가 합의하여야 한다(법 §12의4②, 영 §13의4).

또한 가맹본부는 정당한 사유 없이 가맹계약기간 중 가맹점사업자의 영업지역 안에서 가맹점사업자와 동일한 업종(수요층의 지역적·인적 범위, 취급품목, 영업형태 및 방식 등에 비추어 동일하다고 인식될 수 있을 정도의 업종)의 자기 또는 계열회사의 직영점이나

98) 여기에서 대통령령으로 정하는 사유란 ① 재건축, 재개발, 신도시 건설 등 대규모 개발로 인하여 상권의 급격한 변동이 발생하는 경우, ② 해당 상권의 거주인구 또는 유동인구가 현저히 변동되는 경우, ③ 소비자의 기호변화 등으로 인하여 상품·용역에 대한 수요가 현저히 변동되는 경우 및 ④ 위에 준하는 사유로 인하여 기존 영업지역을 그대로 유지하는 것이 현저히 불합리하다고 인정되는 경우를 말한다(영 §13의4 각호).

가맹점을 설치하는 행위를 하여서는 아니 된다(법 §12의4③).

[판례] ㈜올치에프씨의 부당한 영업지역 침해금지 위반행위(서울고법 2020. 2. 5. 선고 2019누55448 판결, 대법원 2020. 5. 14. 선고 2020두34524 심리불속행 기각 판결)

가맹사업법 제14조의4 제3항의 입법취지는 가맹본부의 중복 출점에 따른 가맹점사업자의 피해를 방지하기 위하여 영업지역 보호를 강화하려는 것이고, 이러한 보호의 충실화는 가맹점사업자의 기존 영업지역에 다른 새로운 가맹점이 들어선다는 객관적 외관이 형성되는 것을 차단할 때에 가능하다. … 기존의 가맹점사업자는 그러한 객관적인 외관이 형성되는지는 쉽게 확인할 수 있으나 그 새로운 가맹점이 영업을 개시했는지 여부와 그 시점을 수시로 확인하는 것이 쉽지 않고, 기존의 가맹점사업자에게 이런 확인 부담을 지우는 것도 옳지 않다.

(6) 보복조치의 금지

가맹본부는 가맹점사업자가 ① 분쟁조정을 신청하거나, ② 공정거래위원회의 서면실태조사에 협조하거나 ③ 위반행위의 신고 및 공정거래위원회의 조사에 협조하였음을 이유로 그 가맹점사업자에 대하여 상품·용역의 공급이나 경영·영업활동 지원의 중단, 거절 또는 제한, 가맹계약의 해지, 그 밖에 불이익을 주는 행위를 하거나 계열회사 또는 다른 사업자로 하여금 이를 행하도록 하여서는 아니 된다(법 §12의5).

5. 가맹사업 당사자 간의 협력

(1) 가맹점사업자단체의 협의요청

가맹사업법은 가맹본부와 가맹점사업자의 권익보호 및 경제적 지위 향상을 도모하기 위하여 가맹점사업자가 단체를 구성할 수 있도록 보장하고 있다(법 §14의2①). 동일 영업표지를 사용하는 가맹점사업자단체는 그 가맹본부에 대하여 가맹계약의 변경 등 거래조건에 대한 협의를 요청할 수 있다(법 §14의2②). 협의를 요청받은 경우 가맹본부는 성실하게 협의에 응하여야 한다. 다만, 복수의 가맹점사업자단체가 협의를 요청할 경우 가맹본부는 다수의 가맹점사업자로 구성된 가맹점사업자단체와 우선적으로 협의한다(법 §14의2③).

그 밖에 협의와 관련하여 가맹점사업자단체는 가맹사업의 통일성이나 본질적 사항에 반하는 거래조건을 요구하는 행위, 가맹본부의 경영 등에 부당하게 간섭하는 행위 또는 부당하게 경쟁을 제한하는 행위를 하여서는 아니 된다(법 §14의2④). 가맹본부는 가맹점사업자단체의 구성·가입·활동 등을 이유로 가맹점사업자에게 불이익을 주는 행위를 하거나 가맹점사업자단체에 가입 또는 가입하지 아니할 것을 조건으로 가맹계약을 체결하여서는 아니 된다(법 §14의2⑤).

[판례] ㈜에땅의 가맹점사업자단체의 구성 · 가입 · 활동 등을 이유로 한 계약종료행위(서울고법 2022. 5. 12. 선고 2021누61871 판결. 고법 확정)

원심이 인정한 사실관계에 비추어 보면 이 사건 매장점검은 점주협회의 활동을 주도한 가맹점사업자들의 계약 위반사항을 적발한 다음 이를 이유로 계약갱신 거절 등의 불이익제공행위를 함으로써 궁극적으로 가맹점사업자단체의 활동을 무력화시키고자 하는 목적에서 이루어진 것으로 이 사건 계약종료를 위한 수단 내지 방편에 불과하다고 할 것이다. 따라서 원고가 이 사건 매장점검을 하고 이를 통하여 발견한 계약위반사항을 기초로 계약종료에 나아간 일련의 행위는 전체적으로 보아 가맹사업법 제14조의2 제5항에서 금지하고 있는 불이익제공행위에 해당한다고 보아야 한다.

(2) 가맹사업 당사자 간 협약체결

가맹사업법은 가맹본부와 가맹점사업자 간의 소위 '갑을관계'로부터 가맹점사업자를 보호하기 위하여 공정거래위원회가 가맹본부와 가맹점사업자 간의 가맹사업 관계법령의 준수 및 상호 지원 · 협력을 약속하는 자발적인 협약을 체결하도록 권장할 수 있도록 하고 있다(법 §15의4①). 공정거래위원회는 가맹본부와 가맹점사업자가 협약을 체결하는 경우 그 이행을 독려하기 위하여 포상 등 지원시책을 마련하여 시행하여야 한다(법 §15의4②).

Ⅳ. 가맹점사업자 피해의 보상

1. 의　　의

오늘날 가맹본부 가운데는 가맹점사업자에 대한 영업지원능력이 부족하거나, 가맹점 모집에만 신경을 쓰고 그 이후 가맹사업의 발전이나 매출증대에 대한 관심이 미흡한 경우가 적지 않다. 이들 가맹본부가 기본적인 책무를 다하지 못하거나 심지어 사기로 가맹점사업자를 모집하는 경우 가맹점사업자가 지급하는 가맹금의 안전성을 담보하기 곤란할 뿐 아니라 가맹본부만 믿고 사업을 시작한 가맹점사업자들에게 예측치 못한 피해를 주게 된다.

가맹사업법은 가맹사업거래에서 나타날 수 있는 이러한 위험을 고려하여 가맹점사업자의 피해보상을 사전에 확보할 수 있는 제도적 장치로서 가맹본부로 하여금 가맹점사업자피해보상보험계약 등을 체결할 수 있도록 하는 한편, 가맹본부의 자율적인 가맹점사업자 피해구제 노력을 유도하기 위해 공제조합을 설립할 수 있도록 하고, 공제조합과의 공제계약을 가맹점사업자피해보상보험계약 등에 추가하고 있다.

2. 가맹점사업자피해보상보험계약 등

(1) 유 형

가맹점사업자의 피해보상을 위한 사전확보장치로서 가맹점사업자피해보상보험계약 등에 해당하는 것으로는 ① 「보험업법」에 의한 보험계약, ② 「금융위원회의 설치 등에 관한 법률」 제38조의 규정에 따른 기관과의 채무지급보증계약, ③ 제15조의3에 따라 설립된 공제조합과의 공제계약의 3가지가 있다(법 §15의2① 각호).

이에 해당할 수 있기 위해서는 그 내용과 형식에서 일정한 요건을 충족하여야 한다. 즉, ① 가맹본부의 가맹금반환의무의 불이행 등으로 인한 가맹점사업자의 피해를 보상하는 내용일 것, ② 피보험자 · 채권자 또는 수익자는 해당 가맹본부와 가맹계약을 체결하거나 체결할 예정인 가맹점사업자 또는 가맹점사업자가 지정한 자로 할 것, ③ 계약금액은 예치가맹금 이상으로 할 것, ④ 정당한 사유 없이 가맹점사업자의 의사표시 방법을 제한하거나 가맹점사업자에게 지나친 입증책임을 지우지 아니할 것, ⑤ 정당한 사유 없이 피해보상의 범위나 보험자 · 보증인 · 공제조합 또는 가맹본부의 책임을 한정하지 아니할 것, ⑥ 계약기간은 2개월 이상으로 하고, 정당한 사유 없이 쉽게 계약을 해지할 수 있도록 하여 가맹점사업자에게 불이익을 주지 아니할 것, ⑦ 그 밖에 가맹점사업자에게 예상하기 어려운 위험이나 손해를 줄 염려가 있거나 부당하게 불리한 약정을 두지 아니할 것, ⑧ 보험금 · 보증금 또는 공제금은 해당 가맹본부와 가맹계약을 체결하거나 체결할 예정인 가맹점사업자 또는 가맹점사업자가 지정한 자가 직접 수령할 수 있도록 할 것 등의 요건을 갖추어야 한다(영 §16의2① 각호).

(2) 계약체결

가맹사업법은 피해보상보험계약이 가맹점사업자의 실질적인 피해보상을 담보할 수 있도록 계약체결의 공정성과 계약내용의 적절성을 요구하고 있다. 즉, 가맹점사업자피해보상보험계약 등을 체결하려는 가맹본부는 가맹점사업자피해보상보험계약 등을 체결하기 위하여 매출액 등의 자료를 제출함에 있어 허위의 자료를 제출하여서는 아니된다(법 §15의2③). 가맹본부는 가맹점사업자피해보상보험계약 등을 체결함에 있어서 가맹점사업자의 피해 보상에 적절한 수준이 되도록 하여야 한다(법 §15의2④).

(3) 보상금 지급

가맹점사업자피해보상보험계약 등에 의하여 가맹점사업자 피해보상금을 지급할 의무가 있는 자는 그 지급사유가 발생한 경우 지체없이 이를 지급하여야 한다. 이를 지연한 경우에는 지연배상금을 지급하여야 한다(법 §15의2②).

(4) 표지사용

가맹점사업자피해보상보험계약 등을 체결한 가맹본부는 그 사실을 나타내는 표지를 사용할 수 있다(법 §15의2⑤). 가맹점사업자피해보상보험계약 등을 체결하지 아니한 가맹본부는 제5항에 따른 표지를 사용하거나 이와 유사한 표지를 제작 또는 사용하여서는 아니 된다(법 §15의2⑥).

3. 공제조합의 설립

(1) 설 립

가맹본부는 가맹점사업자 피해보상으로 인한 보상금 지급책임의 보험공제사업을 영위하기 위하여 공정거래위원회의 인가를 받아 공제조합을 설립할 수 있다. 공제조합 설립을 위해 공정거래위원회에 인가를 신청하기 위해서는 10명 이상이 발기인이 되어 정관을 작성하고 창립총회의 의결을 거쳐야 한다. 그러나 특정 업종에 속하는 가맹본부만을 조합원으로 하는 공제조합을 설립하려는 때에는 발기인이 10명 미만이라도 해당 업종에 속하는 가맹본부 총수의 10분의 1 이상의 발기인이 있으면 설립절차를 진행할 수 있다(영 §16의3①, ②). 공제조합은 법인으로 하며, 주된 사무소의 소재지에 설립등기를 함으로써 성립한다(법 §15의3②).

(2) 운 영

공제조합에 가입한 자는 공제사업의 수행에 필요한 출자금 등을 조합에 납부하여야 한다(법 §15의3③). 공제조합의 기본재산은 조합원의 출자금 등으로 조성한다(법 §15의3④). 공제조합의 조합원의 자격, 임원에 관한 사항 및 출자금의 부담기준에 관한 사항은 정관으로 정한다(법 §15의3⑤). 공제조합이 소비자 피해보상으로 인한 보상금 지급책임의 보험공제사업을 하려는 때에는 공제규정을 정하여 공정거래위원회의 인가를 받아야 하며, 이 공제규정을 변경하려는 때에도 같다(법 §15의3⑦). 이 공제규정에는 공제사업의 범위, 공제료, 공제사업을 충당하기 위한 책임준비금 등 공제사업의 운영에 관하여 필요한 사항을 포함하여야 한다(법 §15의3⑧).

공제조합에 관하여 이 법에 규정된 것을 제외하고는 민법 중 사단법인에 관한 규정을 준용한다(법 §15의3⑨). 그 밖에 공제조합의 사업에 대하여는 「보험업법」을 적용하지 아니한다(법 §15의3⑩).

V. 분쟁의 조정

1. 의 의

가맹사업거래 관련 분쟁은 가맹본부의 거래상 지위의 남용과 이에 따른 가맹점사업자(또는 가맹희망자)의 피해구제에 관한 사안이 대부분이다. 그러나 거래 중에 발생한 분쟁과 관련하여 가맹본부에 대한 제재조치만으로는 가맹점사업자의 피해에 대한 실효성 있는 구제 및 예방에 한계가 있다. 따라서 가맹사업법은 가맹사업당사자의 분쟁을 조정하기 위하여 한국공정거래조정원과 특별시 · 광역시 · 특별자치시 · 도 · 특별자치도(이하 "시 · 도")에 「가맹사업거래분쟁조정협의회」(이하 "협의회")를 두도록 하고 있다(법 §16①, ②). 협의회는 공정거래위원회 또는 분쟁당사자가 요청하는 가맹사업거래의 분쟁에 관한 사항을 조정한다(법 §21).

분쟁조정 업무를 복수의 기관[99]에서 수행하게 됨에 따라 공정거래위원회는 분쟁조정 업무의 일관성을 유지하기 위해 필요한 운영지침을 정하여 고시할 수 있다(법 §16③). 이와 함께 분쟁조정 업무와 공정거래위원회의 사건처리 업무가 원활하게 연계될 수 있도록 조정이 신청되거나 각하 · 종료되는 경우 조정원에 설치된 협의회는 공정거래위원회에, 시 · 도에 설치된 협의회는 공정거래위원회 및 시 · 도에 통보하도록 하고 있다(법 §22④, §23⑤).

협의회에서 이루어진 조정에 대해서는 시정조치를 면제하는 등 행정상의 혜택을 부여하고 있다. 이로써 가맹점사업자들은 상대적으로 많은 시간과 비용이 소요되는 타율적인 분쟁해결보다는 당사자 간의 합의에 의해 신속하게 분쟁을 해결할 수 있게 되었고, 가맹본부의 입장에서도 공정거래위원회의 시정조치에 앞서 분쟁을 스스로 해결할 수 있는 기회를 가짐으로써 분쟁비용을 절감할 수 있게 되었다. 그러나 당사자가 분쟁조정을 거부하는 경우에는 민사소송을 통해 분쟁을 해결하게 된다.

---

99) 2024년 5월 현재 가맹사업거래 분야 분쟁조정 업무는 공정거래조정원을 비롯하여 서울특별시, 경기도, 인천광역시, 부산광역시에서 수행하고 있다.

2. 가맹사업거래분쟁조정협의회

(1) 협의회의 구성

(가) 위원의 구성

협의회는 위원장 1인을 포함한 9인의 위원으로 구성한다(법 §17①). 위원은 공익대표, 가맹본부 이익대표, 가맹점사업자 이익대표로 구분하되 각각 동수로 한다(법 §17②).

(나) 위원의 자격요건 · 임기

위원의 자격요건으로서는 ① 대학에서 법률학 · 경제학 · 경영학을 전공한 자로서 「고등교육법」에 따른 학교나 공인된 연구기관에서 부교수 이상의 직 또는 이에 상당하는 직에 있거나 있었던 자, ② 판사 · 검사 직에 있거나 있었던 자 또는 변호사의 자격이 있는 자, ③ 독점금지 및 공정거래업무에 관한 경험이 있는 4급 이상의 공무원(고위공무원단에 속하는 일반직 공무원 포함)의 직에 있거나 있었던 자이어야 한다(법 §17③ 각호). 위원의 임기는 3년으로서 연임이 가능하다(법 §17⑤).

(다) 위원(장)의 임명 · 위촉

조정원에 두는 협의회(이하 "조정원 협의회")의 위원은 조정원장의 제청으로 공정거래위원장이 임명하거나 위촉하며, 시 · 도에 두는 협의회(이하 "시 · 도 협의회")의 위원은 시 · 도지사가 임명 또는 위촉한다(법 §17③). 하지만, 위촉일 현재 가맹본부 또는 가맹점사업자의 임직원으로 있는 자자는 공익대표 위원으로 위촉될 수 없다(법 §18①). 공익대표 위원으로 위촉받은 자가 가맹본부 또는 가맹점사업자의 임직원으로 된 때에는 즉시 해촉하여야 한다(법 §18②).

조정원 협의회의 위원장은 공익을 대표하는 위원 중에서 공정거래위원장이 위촉하고, 시 · 도 협의회의 위원장은 공익을 대표하는 위원 중에서 시 · 도지사가 임명하거나 위촉한다(법 §17④). 조정원 협의회의 위원장은 상임으로 하며, 그 직무 외에 영리를 목적으로 하는 업무에 종사하지 못한다(법 §17⑦). 그러나 영리 목적 여부에 대한 공정거래위원장의 심사를 거쳐 비영리 목적의 업무를 겸할 수 있다(법 §17⑨).

(2) 협의회의 회의

협의회의 회의는 위원 전원으로 구성되는 '전체회의'와 공익, 가맹본부의 이익 및 가맹점사업자의 이익을 대표하는 위원 각 1인으로 구성되는 '소회의'로 구분한다(법 §19①). 협의회 위원장이 전체회의를 소집하거나 공익을 대표하는 위원이 소회의를 소집하려는 때에는 관계 위원들에게 회의개최 7일전까지 회의의 일시 · 장소 및 안건을 서면으로 통지하여야 한다. 다만, 긴급을 요하는 경우에는 그러하지 아니하다(영 §18①).

협의회의 전체회의는 ① 소회의가 전체회의에서 처리하도록 결정한 사항, ② 협의회 운영세칙의 제정 · 개정에 관한 사항, ③ 그 밖에 전체회의에서 처리할 필요가 있다고 인정하는 사항으로서 협의회의 위원장이 전체회의에 부치는 사항을 심의 · 의결한다(법 §19② 각호). 소회의는 전체회의 소관 이외의 사항을 심의 · 의결한다(법 §19③). 협의회의 전체회의는 위원장이 주재하며, 재적위원 과반수의 출석으로 개의하고, 출석위원 과반수의 찬성으로 의결한다(법 §19④). 협의회의 소회의는 공익을 대표하는 위원이 주재하며, 구성위원 전원의 출석과 출석위원 전원의 찬성으로 의결한다. 이 경우 소회의 의결은 협의회의 의결로 보되, 회의의 결과를 전체회의에 보고하여야 한다(법 §19⑤). 협의회의 회의는 공개하지 아니한다. 다만, 위원장이 필요하다고 인정하는 때에는 분쟁당사자 그 밖의 이해관계인에게 방청하게 할 수 있다(영 §18②).

위원장이 사고로 직무를 수행할 수 없을 때에는 공익을 대표하는 위원 중에서 공정거래위원장 또는 시 · 도지사가 지명하는 위원이 그 직무를 대행한다(법 §19⑥). 조정의 대상이 된 분쟁의 당사자인 가맹사업당사자(이하 "분쟁당사자")는 협의회의 회의에 출석하여 의견을 진술하거나 관계자료를 제출할 수 있다(법 §19⑦).

(3) 위원의 제척 · 기피 · 회피

위원 또는 그 배우자나 배우자이었던 자가 해당 조정사항의 분쟁당사자가 되거나 공동권리자 또는 의무자의 관계에 있거나 기타 이해관계에 있는 등 협의회의 조정에 공정을 기하기 어려운 사정이 있는 때에 제척사유가 되며, 위원에게 이러한 사정이 있는 때에는 분쟁당사자는 협의회에 기피신청을 할 수 있다. 또한 제척 또는 기피신청의 사유에 해당하는 경우에는 위원 스스로 해당 조정사항의 조정에서 회피할 수 있다(법 §20).

3. 분쟁의 조정절차

(1) 조정의 신청 · 의뢰

분쟁당사자는 공정거래위원회가 조사 중인 사건을 제외하고 협의회에 서면으로 조정을 신청할 수 있다(법 §22①, 영 §19). 다수인이 공동으로 분쟁의 조정을 신청하는 때에는 신청인 중 3인 이내의 대표자를 선정할 수 있으며, 신청인이 대표자를 선정하지 아니한 경우 협의회 위원장은 신청인에게 대표자를 선정할 것을 권고할 수 있다(영 §20①, ②). 협의회 위원장은 분쟁조정의 신청에 대하여 보완이 필요하다고 인정될 때에는 상당한 기간을 정하여 그 보완을 요구하여야 한다(영 §21①).

분쟁당사자가 서로 다른 협의회에 분쟁조정을 신청하거나 여러 협의회에 중복하여 분쟁조정을 신청한 때에는 ① 조정원 협의회, ② 가맹점사업자의 주된 사업장이 소재한 시·도 협의회, ③ 가맹본부의 주된 사업장이 소재한 시·도 협의회 중 가맹점사업자가 선택한 협의회에서 이를 담당한다(법 §22②). 협의회가 분쟁당사자로부터 조정을 신청 받았을 때에는 즉시 그 조정사항을 분쟁당사자에게 통지하여야 하며, 조정원 협의회의 경우 공정거래위원회에, 시·도 협의회의 경우 공정거래위원회 및 시·도에 이를 알려야 한다(법 §22④).

공정거래위원회는 가맹사업거래의 분쟁에 관한 사건에 대하여 협의회에 그 조정을 의뢰할 수 있다(법 §22③).

(2) 시효중단

분쟁조정의 신청은 시효중단의 효력이 있다. 다만, 신청이 취하되거나 각하된 때에는 그러하지 아니하다(법 §22⑤). 즉, 분쟁조정 신청과 동시에 채권의 소멸시효가 중단된다. 이는 조정절차 진행 중 손해배상청구권 등 사법상 권리의 소멸시효가 도과할 경우 특히 분쟁조정을 신청한 가맹점사업자의 권리구제에 공백이 생길 우려가 있기 때문이다.

신청이 취하되거나 각하된 경우 6개월 내에 재판상의 청구, 파산절차 참가, 압류 또는 가압류, 가처분을 한 때에는 시효는 최초의 분쟁조정의 신청으로 인하여 중단된 것으로 본다(법 §22⑥). 신청에 의해 중단된 시효는 ① 분쟁조정이 이루어져 조정조서를 작성하거나, ② 분쟁조정이 이루어지지 아니하고 조정절차가 종료된 때부터 새로이 진행한다(법 §22⑦ 각호). 이는 민법 제178조(중단 후에 시효진행)의 취지를 확인하는 것으로 조정절차가 개시되어 시효가 중단되었더라도 조정이 성립 또는 불성립하여 조정절차가 끝난 시점부터는 시효가 다시 진행한다는 점을 분명히 하려는 것이다.

(3) 조정절차의 개시

협의회는 조정을 신청 받거나 조정을 의뢰 받는 경우에는 지체 없이 분쟁조정 절차를 개시하여야 한다(법 §23①). 협의회는 분쟁당사자에게 조정사항에 대하여 스스로 조정하도록 권고하거나 조정안을 작성하여 제시할 수 있다(법 §23②). 협의회는 해당 조정사항에 관한 사실을 확인하기 위하여 필요한 경우 조사를 하거나 분쟁당사자에 대하여 관련 자료의 제출이나 출석을 요구할 수 있다(법 §23⑥).

공정거래위원회는 조정절차 개시 전에 시정조치 등의 처분을 하지 아니한 분쟁조정사항에 관하여 조정절차가 종료될 때까지 해당 분쟁당사자에게 시정명령이나 시정권고를 하여서는 아니 된다(법 §23⑦).

(4) 소송과의 관계

분쟁당사자가 분쟁조정을 신청한 후 해당 사건에 대하여 법원에 소를 제기하거나 중재법에 따른 중재를 신청한 경우에는 지체 없이 그 사실을 협의회에 알려야 한다(영 §27①). 협의회가 분쟁당사자로부터 소 제기 사실을 통지받거나, 제출받은 분쟁조정신청서를 통해 분쟁조정이 신청된 사건에 대해 소가 제기된 사실을 확인한 경우에는 분쟁당사자의 동의를 받아 수소법원(受訴法院)에 알려야 한다(영 §27②). 수소법원이 소송절차를 중지한 경우에는 분쟁당사자는 지체 없이 그 사실을 협의회에 알려야 한다(영 §27③).

분쟁조정이 신청된 사건에 대하여 신청 전 또는 신청 후 소가 제기되어 소송이 진행 중일 때에는 수소법원은 조정이 있을 때까지 소송절차를 중지할 수 있다(법 §23의2①). 그러나 법원이 소송절차를 중지하지 아니하는 경우 협의회는 해당 사건의 조정절차를 중지하여야 한다(법 §23의2②). 즉, 법원이 재량을 갖고 소송절차를 중지할 수 있도록 하되, 법원이 중지하지 않는 경우에는 협의회가 조정절차를 중지하도록 하고 있다. 또한 조정이 신청된 사건과 동일한 원인으로 다수인이 관련되는 동종·유사 사건에 대한 소송이 진행 중인 경우에는 협의회의 결정으로 조정절차를 중지할 수 있다(법 §23의2③). 조정절차를 중지한 경우 협의회는 지체 없이 그 사실을 분쟁당사자에게 알려야 한다(영 §27⑤).

그 밖에 협의회는 수소법원이 소송절차를 중지한 분쟁조정 사건에 대해 조정신청을 각하하거나 조정절차를 종료한 경우에는 분쟁당사자의 동의를 받아 그 사유 또는 조정결과 등을 수소법원에 알려야 한다(영 §27④).

(5) 분쟁당사자의 지위승계

협의회는 조정절차가 종료되기 전에 분쟁당사자가 사망하거나 능력의 상실, 그 밖의 사유로 조정절차를 계속할 수 없는 경우에는 법령에 따라 그 지위를 승계한 자가 분쟁당사자의 지위를 승계하게 할 수 있다(영 §26①). 분쟁당사자의 지위를 승계하려는 자는 서면으로 협의회에 신청하여야 하며, 협의회가 신청을 받은 때에는 지체 없이 이를 심사하여 승계 여부를 결정하고, 그 내용을 신청인에게 서면으로 통지하여야 한다

(영 §26②, ③).

(6) 조정신청의 각하 및 절차종료

(가) 조정신청의 각하

협의회는 조정을 위한 전제조건이 충족되지 아니한 경우, 즉 ① 조정신청의 내용과 직접적인 이해관계가 없는 자가 조정신청을 하거나(제1호), ② 이 법의 적용대상이 아닌 사안에 관하여 조정신청을 하거나(제2호), ③ 이미 공정거래위원회가 조사를 개시한 사안에 대해 조정신청을 한 경우(제3호)에는 조정신청을 각하하여야 한다(법 §23③ 전단 각호). 이 경우 협의회는 분쟁조정이 신청된 행위 또는 사건이 ③에 해당하는지에 대하여 공정거래위원회의 확인을 받아야 한다(법 §23③ 후단). 또한 ③에 해당하더라도 공정거래위원회로부터 시정조치 등의 처분을 받은 후 분쟁조정을 신청한 경우에는 그러하지 아니하다(법 §23③ iii 단서). 즉, 공정거래위원회의 제재조치가 완료된 사건도 분쟁조정대상에 포함하여 피해자 또는 양 당사자가 원하는 경우 민사소송이 아닌 분쟁조정을 통하여 신속한 권리구제를 받을 수 있다.

(나) 조정절차의 종료

협의회는 ① 분쟁당사자가 협의회의 권고 또는 조정안을 수락하거나 스스로 조정하는 등 조정이 성립된 경우, ② 조정을 신청 또는 의뢰 받은 날부터 60일(분쟁당사자 쌍방이 기간연장에 동의한 경우에는 90일)이 경과하여도 조정이 성립하지 아니한 경우 또는 ③ 분쟁당사자의 일방이 조정을 거부하는 등 조정절차를 진행할 실익이 없는 경우에는 조정절차를 종료하여야 한다(법 §23④).

(다) 조정결과의 보고 및 통보

협의회는 조정신청을 각하하거나 조정절차를 종료한 경우에는 대통령령으로 정하는 바에 따라 조정원 협의회의 경우 공정거래위원회에, 시·도 협의회의 경우 공정거래위원회 및 시·도에 조정의 경위, 조정신청 각하 또는 조정절차 종료의 사유 등과 관계서류를 서면으로 지체 없이 보고하여야 하고 분쟁당사자에게 그 사실을 통보하여야 한다(법 §23⑤).

4. 분쟁조정의 효과

협의회의 분쟁조정 결과 당사자들이 분쟁조정안을 수락하고 이를 이행할 경우 사건은 종료된다. 협의회는 조정사항에 대하여 조정이 성립된 경우 조정에 참가한 위원과 분쟁당사자가 기명날인한 조정조서를 작성한다(법 §24①). 또한 협의회는 분쟁당사자가 조정절차를 개시하기 전에 조정사항을 스스로 조정하고 조정조서의 작성을 요청하는 경우에는 그 조정조서를 작성하여야 한다(법 §24②). 이에 따라 작성한 조정조서는 분쟁당사자 간 재판상 화해와 동일한 효력을 갖는다(법 §24⑤).[100] '재판상 화해'는 법원의 확정판결과 동일한 효력을 가지는 것으로(민소법 §220), 당사자 쌍방은 분쟁조정의 효력에 구속되며, 그 효력은 궁극적이다.

분쟁당사자는 조정에서 합의된 사항을 이행하여야 하고, 이행결과를 공정거래위원회에 제출하여야 한다(법 §24③). 공정거래위원회는 조정절차 개시 전에 시정조치 등의 처분을 하지 아니한 분쟁조정사항에 대하여 합의가 이루어지고, 그 합의사항을 이행한 경우에는 시정명령이나 시정권고를 하지 아니한다(법 §24④). 그러나 조정이 불성립된 경우에는 공정거래위원회의 정식사건 처리절차에 따라 진행된다.

Ⅵ. 동의의결

1. 동의의결 신청

공정거래위원회의 조사나 심의를 받고 있는 가맹본부 또는 가맹지역본부(이하 "신청인")는 해당 조사나 심의의 대상이 되는 행위(이하 "해당 행위")로 인한 불공정한 거래내용 등의 자발적 해결, 가맹점사업자의 피해구제 및 거래질서의 개선 등을 위하여 동의의결을 하여 줄 것을 공정거래위원회에 신청할 수 있다(법 §34의2① 본문).

신청은 ① 해당 행위를 특정할 수 있는 사실관계, ② 해당 행위의 중지, 원상회복 등 경쟁질서의 회복이나 거래질서의 적극적 개선을 위하여 필요한 시정방안, ③ 가맹점사업자 등의 피해를 구제하거나 예방하기 위하여 필요한 시정방안을 기재한 서면으로 하여야 한다(법 §34의2②). 다만, 그 위반의 정도가 객관적으로 명백하고 중대하여 경쟁질서를 현저히 저해한다고 인정되는 경우나 동의의결이 있기 전에 신청을 취소하는 경우에는 공정거래위원회는 동의의결을 하지 아니하고 이 법에 따른 심의 절차를 진행하여야 한다(법 §34의2① 단서 각호, §44②).

---

100) 대체적 분쟁해결수단인 조정에 대하여 재판상 화해와 같은 효력을 인정할 수 있겠는지 여부는 조정을 주관하는 분쟁조정협의회의 독립성, 조정절차의 공정성 등에 따라 달라지는데(헌법재판소 2009. 4. 30. 선고 2006헌마1322 결정 등), 현행법상 분쟁조정협의회는 한국공정거래조정원에 두되 그 위원의 임기가 보장되고, 위원에 대한 공정거래위원회의 지휘·감독권이나 징계권 등은 인정되지 않는다는 점에서 협의회의 독립성이 인정될 수 있으며, 협의회의 회의가 각 당사자의 이익을 대표하는 위원들과 공익을 대표하는 위원이 모두 참여하고, 위원의 제척·기피·회피 등도 가능하므로, 그 절차의 공정성도 인정할 수 있다는 점에서 재판상 화해와 같은 효력을 인정하고 있다.

2. 동의의결 절차

동의의결 절차에 관하여는 공정거래법 제90조를 준용한다(법 §34의3). 이에 따라 공정거래위원회는 신속한 조치의 필요성, 가맹점사업자 피해의 직접 보상 필요성 등을 종합적으로 고려하여 동의의결 절차의 개시 여부를 결정하여야 한다(법 §34의3, 공정거래법 §90①).

공정거래위원회는 동의의결을 하기 전에 30일 이상의 기간을 정하여 법률이 정한 일정한 사항[101]을 신고인 등 이해관계인에게 통지하거나, 관보 또는 공정거래위원회의 인터넷 홈페이지에 공고하는 등의 방법으로 의견을 제출할 기회를 주어야 한다(공정거래법 §90②). 공정거래위원회는 위의 일정한 사항을 관계 행정기관의 장에게 통보하고 그 의견을 들어야 하며, 제41조의 벌칙규정이 적용되는 행위에 대해서는 검찰총장과 협의하여야 한다(공정거래법 §90③).

3. 동의의결 내용

동의의결 신청을 받은 공정거래위원회는 해당 행위의 사실관계에 대한 조사를 마친 후 신청인이 제시한 시정방안이 ① 해당 행위가 이 법을 위반할 것으로 판단될 경우에 예상되는 시정조치, 그 밖의 제재와 균형을 이루고, ② 공정하고 자유로운 경쟁질서나 거래질서를 회복시키거나 가맹점사업자 등을 보호하기에 적절하다고 인정된다고 판단되는 경우에는 해당 행위와 관련한 심의절차를 중단하고 시정방안과 같은 취지의 의결(동의의결)을 할 수 있다. 이 경우 동의의결 신청인과의 협의를 거쳐 시정방안을 수정할 수 있다(법 §34의2③).

공정거래위원회의 동의의결은 해당 행위가 이 법에 위반된다고 인정한 것을 의미하지 아니하며, 누구든지 신청인이 동의의결을 받은 사실을 들어 해당 행위가 이 법에 위반된다고 주장할 수 없다(법 §34의2④).

4. 동의의결 취소

동의의결의 취소에 관하여는 공정거래법 제91조를 준용한다(법 §34의3). 이에 따라 공정거래위원회는 ① 동의의결의 기초가 된 시장상황 등 사실관계의 현저한 변경 등

---

101) 여기에서 일정한 사항이란 ① 해당 행위의 개요, ② 관계 법령 조항, ③ 시정방안(시정방안이 수정된 경우에는 그 수정된 시정방안), ④ 해당 행위와 관련하여 신고인 등 이해관계인의 이해를 돕는 그 밖의 정보(다만, 사업상 또는 사생활의 비밀 보호나 그 밖에 공익상 공개하기에 적절하지 아니한 것은 제외)를 말한다(공정거래법 §90② 각호).

으로 인하여 시정방안이 적정하지 아니하게 되거나, ② 신청인이 제공한 불완전하거나 부정확한 정보로 인하여 동의의결을 하게 되었거나, 신청인이 거짓 또는 그 밖의 부정한 방법으로 동의의결을 받았거나, ③ 신청인이 정당한 이유 없이 동의의결을 이행하지 아니하는 경우에는 동의의결을 취소할 수 있다(공정거래법 §91① 각호). 동의의결을 취소한 경우 공정거래위원회는 중단된 해당 행위 관련 심의절차를 계속하여 진행할 수 있다(공정거래법 §91③).

5. 동의의결의 이행 점검 및 이행관리 위탁

동의의결을 받은 신청인은 의결에 따라 동의의결의 이행계획과 이행결과를 공정거래위원회에 제출하여야 한다(공정거래법 §90⑤).

공정거래위원회는 제출된 이행계획의 이행 여부를 점검할 수 있고, 동의의결을 받은 신청인에게 그 이행에 관련된 자료의 제출을 요청할 수 있다(공정거래법 §90⑥). 공정거래위원회는 이행계획의 이행 여부 점검 등 동의의결의 이행관리에 관한 업무를 대통령령으로 정하는 바에 따라 한국공정거래조정원 또는 한국소비자원에 위탁할 수 있다(공정거래법 §90⑦). 공정거래법 시행령에서는 공정거래조정원에 위탁하도록 하고 있다(공정거래법 시행령 §80). 위탁을 받은 기관의 장은 신청인이 제출한 동의의결의 이행계획과 이행결과에 대한 이행관리 현황을 분기별로 공정거래위원회에 보고하여야 한다. 다만, 공정거래위원회의 현황보고 요구가 있는 경우 즉시 이에 따라야 한다(공정거래법 §90⑧). 위탁을 받은 기관의 장은 동의의결을 받은 신청인이 그 이행을 게을리하거나 이행하지 아니하는 경우에는 지체 없이 그 사실을 공정거래위원회에 통보하여야 한다(공정거래법 §90⑨).

6. 동의의결의 미이행

공정거래위원회는 정당한 이유 없이 상당한 기한 내에 동의의결을 이행하지 아니한 자에게 동의의결이 이행되거나 취소되기 전까지 1일당 200만 원 이하의 이행강제금을 부과할 수 있다(법 §34의4①). 이행강제금의 부과·납부·징수 및 환급 등에 대하여는 공정거래법 제16조 제2항 및 제3항을 준용한다(법 §34의4②).

Ⅶ. 가맹거래사제도

1. 의　　의

가맹점사업자들은 가맹본부와의 관계에서 자신의 권익보호를 위해 전문가의 조력이 필요하나, 소자본 창업을 특징으로 하는 가맹사업거래의 특성상 변호사나 공인회계사 등의 조력을 기대하기는 힘든 상황이다. 이에 가맹사업 거래분야에 특화된 전문성을 보유하고 있으면서도 저렴한 비용으로 접근할 수 있는 가맹거래사제도가 마련되었다. 이 제도는 당초 가맹사업 당사자에 대한 전문적인 서비스 제공을 위해 도입되었으나, 2007년 개정법에서 그 업무범위에 가맹사업 관련 분쟁조정 신청과 정보공개서 등록신청의 대행 업무를 추가하여 가맹거래사제도의 활성화를 도모하고 있다.

2. 자　　격

(1) 자격요건

가맹거래사가 되기 위해서는 공정거래위원회가 실시하는 자격시험에 합격한 후 100시간 이상의 실무수습을 마쳐야 한다(법 §27①, 영 §30). 가맹거래사 자격시험은 공정거래위원회가 한국산업인력공단에 위탁하여 시행 및 관리한다(영 §36②).

(2) 결격사유

① 미성년자·피성년후견인 또는 피한정후견인, ② 파산선고를 받고 복권되지 아니한 자, ③ 금고 이상의 형의 선고를 받고 그 집행이 종료(종료된 것으로 보는 경우 포함)되거나 집행을 받지 아니하기로 확정된 후 2년이 경과되지 아니한 자, ④ 금고 이상의 형의 집행유예를 받고 그 집행유예기간 중에 있는 자 및 ⑤ 가맹거래사의 등록이 취소된 날부터 2년이 경과되지 아니한 자는 가맹거래사가 될 수 없다(법 §27② 각호).

(3) 자격정지 및 회복

제29조 제2항의 규정에 의한 5년마다의 갱신등록을 하지 아니한 가맹거래사는 그 자격이 정지된다. 이 경우 공정거래위원회가 고시로서 정하는 바에 따라 보수교육을 받고 갱신등록을 한 때에는 그 때부터 자격이 회복된다(법 §31②).

3. 업 무

가맹거래사는 ① 가맹사업의 사업성에 관한 검토, ② 정보공개서와 가맹계약서의 작성 · 수정이나 이에 관한 상담이나 자문, ③ 가맹점사업자의 부담, 가맹사업 영업활동의 조건에 관한 상담이나 자문, ④ 가맹사업당사자에 대한 교육 · 훈련이나 이에 대한 상담이나 자문, ⑤ 가맹사업거래 분쟁조정 신청의 대행 및 의견의 진술, ⑥ 정보공개서 등록의 대행에 관한 업무를 담당한다(법 §28).

4. 책 무[102]

가맹거래사는 가맹사업거래에 대한 신뢰성을 제고하고, 가맹사업의 공정한 거래질서 확립에 기여하는 역할을 수행하는 자이다. 이를 위해 가맹거래사는 성실히 직무를 수행하며, 품위를 유지하여야 한다(법 §30①). 직무를 수행함에 있어서 고의로 진실을 감추거나 허위의 보고를 하여서는 아니 된다(법 §30②).

5. 등 록

(1) 등록 및 갱신

가맹거래사의 자격이 있는 자가 업무를 개시하려는 경우에는 공정거래위원회에 등록하여야 한다(법 §29①). 등록한 가맹거래사는 공정거래위원회가 정하는 바에 따라 5년마다 등록을 갱신하여야 한다(법 §29②). 등록을 한 가맹거래사가 아닌 자는 가맹거래사임을 표시하거나 이와 유사한 용어를 사용하여서는 아니 된다(법 §29④).

(2) 등록증 발급 및 대여금지

공정거래위원회는 가맹거래사의 등록 또는 갱신등록을 할 때에 등록증을 내주어야 한다(법 §29③). 가맹거래사가 등록증을 다른 사람에게 빌려주거나 누구든지 다른 사람의 가맹거래사 등록증을 빌리는 행위는 금지되며, 금지된 행위를 알선하여서도 아니 된다(법 §29의2①, ②, ③). 이를 위반한 자는 1년 이하의 징역 또는 1천만 원 이하의 벌금에 처한다(법 §41④).

(3) 등록취소 · 자격정지

공정거래위원회는 등록한 가맹거래사가 ① 허위 그 밖의 부정한 방법으로 등록 또

102) 법문에는 가맹거래사의 책임으로 되어 있으나, 그 조문내용의 성질상 책무로 보는 것이 타당하다.

는 갱신등록을 한 경우 또는 ② 가맹거래사의 결격사유(법 §27②)에 해당하게 된 경우에는 등록을 취소하여야 한다(필요적 취소요건, 법 §31① i, ii). 또한 가맹거래사가 ① 업무수행과 관련하여 알게 된 비밀을 다른 사람에게 누설한 경우, ② 가맹거래사 등록증을 다른 사람에게 대여한 경우, ③ 업무수행과 관련하여 고의 또는 중대한 과실로 다른 사람에게 중대한 손해를 입힌 경우에는 그 등록을 취소할 수 있다(임의적 취소요건, 법 §31① iii, iv, v).

가맹거래사 등록이 취소된 사람은 지체 없이 등록증을 공정거래위원회에 반납하여야 한다(법 §31③). 공정거래위원회가 가맹거래사의 등록을 취소하려는 경우에는 「행정절차법」에 따른 청문을 실시하여야 한다(법 §31④).

Ⅷ. 법 위반의 효과

1. 행정적 제재

(1) 법 위반행위의 조사

(가) 조사개시의 대상

공정거래위원회의 조사개시의 대상이 되는 가맹사업거래는 그 거래가 종료된 날부터 3년을 경과하지 아니한 것에 한정한다. 다만, 그 거래종료일로부터 3년 이내에 조정이 신청되거나 법 위반사실이 신고된 가맹사업거래의 경우에는 그러하지 아니하다(법 §32①).

(나) 조사개시의 단서

누구든지 이 법에 위반되는 사실이 있다고 인정할 때에는 그 사실을 공정거래위원회에 신고할 수 있으며, 공정거래위원회는 신고가 있거나 이 법에 위반되는 혐의가 있다고 인정할 때에는 필요한 조사를 할 수 있다(법 §32의3①, ②). 신고는 일정한 사항을 적은 서면(전자문서 포함)으로 하는 것이 원칙이나 긴급하거나 부득이한 경우에는 구두로 할 수 있다(영 §32의3①).

공정거래위원회는 신고자가 동의한 경우에는 가맹본부 또는 가맹지역본부에게 신고가 접수된 사실을 통지하여야 하며, 통지한 때에는 「민법」 제174조에 따른 최고가 있은 것으로 본다.[103] 이와 같이 통지에 대해 민법상 최고로 간주함으로써 피신고인에

103) 공정거래위원회는 신고를 접수한 날부터 15일 이내에 신고자가 신고접수 사실 및 신고내용을 가맹본부 또는 가맹지역본부에 통지하는 것에 대해 동의하는지 여부를 확인하기 위한 서면을 신고자에게 직접 발급하거나 송부하여야 한다(영 §32의3②). 신고자는 서면을 발급받거나 송부받은 날부터 15일 이내에 동의 여부를 공정거래위원회에 서면으로 통지하여야 하며, 그 기간 내에 통지하지 아니한 경우에는 동의를 하지

대한 신고인 채권의 소멸시효를 중단시키는 효력이 발생하게 된다. 다만, 신고된 사실이 이 법의 적용대상이 아니거나 조사개시대상행위의 제한 기한을 경과하여 공정거래위원회가 심의절차를 진행하지 아니하기로 한 경우, 신고된 사실에 대하여 공정거래위원회가 무혐의로 조치한 경우 또는 신고인이 신고를 취하한 경우에는 그러하지 아니하다(법 §32의3①, ③).

(다) 조사결과의 통지

공정거래위원회가 조사를 한 경우에는 그 결과(시정조치 명령 등 처분내용 포함)를 서면으로 해당 사건의 당사자에게 통지하여야 한다(법 §32의3④).

(2) 시정조치

공정거래위원회는 가맹사업법의 의무규정이나 금지규정을 위반한 가맹본부에 대하여 가맹금의 예치, 정보공개서의 제공, 점포환경개선 비용의 지급, 가맹금 반환, 위반행위의 중지, 위반내용의 시정을 위한 필요한 계획 또는 행위의 보고, 그 밖에 위반행위의 시정에 필요한 조치를 명할 수 있다(법 §33①). 공정거래위원회가 시정명령을 하는 경우 가맹본부에게 시정명령을 받았다는 사실을 공표하거나 거래상대방에 대하여 통지할 것을 명할 수 있다(법 §33③).

또한 공정거래위원회는 이 법의 규정을 위반한 가맹본부에 대하여 시정조치를 명할 시간적 여유가 없는 경우에는 시정방안을 마련하여 이에 따를 것을 권고할 수 있다. 이 경우 그 권고를 수락한 때에는 시정조치를 한 것으로 본다는 뜻을 함께 통지하여야 한다(법 §34①). 시정권고를 받은 가맹본부는 그 권고를 통지받은 날부터 10일 이내에 이를 수락하는지의 여부에 관하여 공정거래위원회에 통지하여야 한다(법 §34②). 시정권고를 받은 가맹본부가 그 권고를 수락한 때에는 제33조의 규정에 의한 시정조치를 받은 것으로 본다(법 §34③).

공정거래위원회는 이미 조사 중인 사건을 제외하고 가맹사업거래분쟁조정협의회의 조정사항에 관하여 조정절차가 종료될 때까지 해당 분쟁당사자에게 시정조치를 권고하거나 명하여서는 아니 된다(법 §23⑦). 또한 조정절차 개시 전에 시정조치 등의 처분을 하지 아니한 분쟁조정사항에 대하여 합의가 이루어지고, 그 합의사항을 이행한 경우에는 시정명령이나 시정권고를 하지 아니한다(법 §24④).

아니한 것으로 본다(영 §32의3③). 공정거래위원회가 신고자로부터 동의한다는 통지를 받은 경우에는 그 통지를 받은 날부터 7일 이내에 신고접수 사실, 신고자 및 신고내용을 기재한 서면을 가맹본부 또는 가맹지역본부에 직접 발급하거나 송부하여야 한다(영 §32의3④).

(3) 과징금

(가) 과징금 부과기준

공정거래위원회는 가맹사업법상의 의무규정이나 금지규정을 위반한 가맹본부에 대하여 매출액에 100분의 2를 곱한 금액을 초과하지 아니하는 범위 안에서 과징금을 부과할 수 있다(법 §35① 본문). 여기에서의 매출액은 관련매출액, 즉 해당 가맹본부가 위반기간 동안 관련 가맹희망자 또는 가맹점사업자에게 판매한 상품이나 용역의 매출액 또는 이에 준하는 금액을 의미하지만, 상품 또는 용역의 대가의 합계액을 재무제표 등에서 영업수익으로 기재하는 사업자의 경우에는 영업수익을 말한다(영 §34). 다만, 그 위반행위를 한 가맹본부가 매출액이 없거나 매출액의 산정이 곤란한 경우로서 대통령령으로 정하는 경우[104]에는 5억 원을 초과하지 아니하는 범위에서 과징금을 부과할 수 있다(법 §35① 단서).

공정거래위원회가 과징금을 부과하는 경우에는 ① 위반행위의 내용 및 정도, ② 위반행위의 기간 및 횟수 및 ③ 위반행위로 취득한 이익의 규모 등을 고려하여야 한다(법 §35②).

(나) 과징금 부과의 상대방

이 법을 위반한 회사인 가맹본부가 합병을 하는 경우에는 그 가맹본부가 한 위반행위는 합병 후 존속하거나 합병으로 설립되는 회사가 한 위반행위로 보아 과징금을 부과·징수할 수 있다(법 §35③). 가맹본부가 분할되거나 분할합병되는 경우 분할되는 가맹본부의 분할일 또는 분할합병일 이전의 위반행위를 ① 분할되는 회사, ② 분할 또는 분할합병으로 설립되는 새로운 회사 또는 ③ 분할되는 회사의 일부가 다른 회사에 합병된 후 그 다른 회사가 존속하는 경우 그 다른 회사의 행위로 보고 과징금을 부과·징수할 수 있다(법 §35④).

그 밖에 공정거래위원회는 이 법을 위반한 회사인 가맹본부가 「채무자 회생 및 파산에 관한 법률」 제215조에 따라 신회사를 설립하는 경우에는 기존 회사 또는 신회사 중 어느 하나의 행위로 보고 과징금을 부과·징수할 수 있다(법 §35⑤).

(4) 과태료

공정거래위원회의 원활한 조사업무를 방해하거나 거부한 행위, 심판정의 질서유지 명령에 위반한 행위, 수익상황을 설명 또는 광고하는 경우 그 근거자료를 가맹본부 사

104) 여기에서 대통령령이 정하는 경우란 ① 영업을 개시하지 아니하거나 영업중단 등으로 인하여 영업실적이 없는 경우, ② 위반기간 등을 확정할 수 없어 금액산정이 곤란한 경우, ③ 재해 등으로 인하여 매출액 산정자료가 소멸 또는 훼손되는 등 객관적인 매출액 산정이 곤란한 경우를 말한다(영 §34③).

무소에 비치하지 않는 행위 등에 대해서는 법률에서 정한 바에 따라 행위 유형별로 1억 원 이하에서 100만 원 이하에 이르기까지의 과태료가 부과된다(법 §43①에서 ⑦까지).

(5) 처분제한기간(처분시효)

공정거래위원회는 신고사건의 경우에는 신고를 받고 조사를 개시한 경우 신고일로부터 3년, 직권 인지하여 조사한 사건의 경우에는 조사개시일부터 3년이 지나면 해당 위반행위에 대하여 이 법에 따른 시정조치를 명하거나 과징금을 부과하지 아니한다. 다만, 법원의 판결에 따라 시정명령 또는 과징금 부과처분이 취소된 경우로서 그 판결 이유에 따라 새로운 처분을 하는 경우에는 그러하지 아니하다(법 §32②).

(6) 공정거래법의 준용

가맹사업법 위반사건의 처리를 위한 공정거래위원회의 조사, 심의·의결, 과징금의 부과·징수, 공정거래위원회 처분에 대한 이의신청·불복의 소의 제기, 체납징수금의 결손처분 등에 관해서는 공정거래법을 준용한다(법 §37①에서 ③까지).

2. 형사적 제재

(1) 형 벌

가맹사업법상 의무규정이나 금지규정을 위반한 가맹본부에 대해서는 위반의 정도에 따라 벌칙에 처한다(법 §41). ① 허위·과장의 정보제공행위나 기만적인 정보제공행위를 한 자에게는 5년 이하의 징역 또는 3억 원 이하의 벌금(법 §41①), ② ⅰ) 가맹사업자에게 보복조치를 행하거나, ⅱ) 시정조치의 명령에 따르지 아니하거나, ⅲ) 분쟁조정업무와 관련한 비밀준수의무를 위반한 자에게는 3년 이하의 징역 또는 1억 원 이하의 벌금(법 §41②), ③ ⅰ) 제3 기관에 예치하여야 할 가맹금을 가맹점사업자로부터 직접 수령하거나, ⅱ) 등록된 정보공개서를 제공하지 않거나 제공 후 법정기일이 경과하기 전에 가맹금을 수령 또는 가맹계약을 체결하거나, ⅲ) 가맹점사업자피해보상보험계약 등을 체결하지 아니하였음에도 계약체결 사실을 나타내는 표지 또는 이와 유사한 표지를 제작하거나 사용한 자는 2년 이하의 징역 또는 5천만 원 이하의 벌금(법 §41③)에 처한다. 그 밖에 ④ 거짓이나 그 밖의 부정한 방법으로 예치가맹금의 지급을 요청한 자는 예치가맹금의 2배에 상당하는 금액 이하의 벌금에 처한다(법 §41④).

법인의 대표자나 법인 또는 개인의 대리인·사용인 기타 종업원이 그 법인 또는 개인의 업무에 관하여 벌칙에 해당하는 위반행위를 한 때에는 행위자를 벌하는 외에 그 법인 또는 개인에 대하여도 벌금형을 과한다. 다만, 법인 또는 개인이 그 위반행위를 방지하기 위해 해당 업무에 관하여 상당한 주의와 감독을 게을리 하지 아니한 경우에는 그러하지 아니하다(법 §42).

(2) 전속고발

가맹사업법의 벌칙조항 가운데 허위·과장 또는 기만적인 정보제공행위나 공정거래위원회의 시정명령에 불응하는 등 중대한 법익의 침해와 관련한 범죄(법 §41①, ② i, ③)에 대해서는 공정거래위원회의 고발이 있어야 공소를 제기할 수 있다(법 §44①).

하지만 공정거래위원회는 그 위반의 정도가 객관적으로 명백하고 중대하다고 인정하는 경우에는 검찰총장에게 고발하여야 한다(법 §44②, 고발의무). 공정거래위원회의 고발의무 요건에 해당하는 사실이 있는 경우 검찰총장은 이를 공정거래위원회에 통보하여 고발을 요청할 수 있으며, 감사원장, 중소벤처기업부장관은 사회적 파급효과, 가맹희망자나 가맹점사업자에게 미친 피해 정도 등 다른 사정을 이유로 공정거래위원회에 고발을 요청할 수 있다(법 §44③, ④, 고발요청). 검찰총장이나 감사원장, 중소벤처기업부장관의 고발요청이 있는 때에는 공정거래위원장은 검찰총장에게 고발하여야 한다(법 §44⑤, 고발강제).

3. 민사적 제재

(1) 손해배상책임의 원칙

가맹본부가 이 법의 규정을 위반함으로써 가맹점사업자에게 손해를 입힌 경우에는 가맹점사업자에 대하여 배상책임을 진다. 다만, 가맹본부가 고의 또는 과실이 없음을 입증한 경우에는 그러하지 아니하다(법 §37의2①). 손해배상청구의 소가 제기된 경우 공정거래법 제110조(기록의 송부등) 및 제115조(손해액의 인정)를 준용한다(법 §37의2④).

(2) 징벌적 손해배상

가맹사업법 위반행위에 대한 손해배상의 범위는 기본적으로 실손해액 배상주의를 취하고 있는 현행 사법체계(민법 §763, §393)에 따라 통상의 손해를 그 한도로 한다. 그러나 가맹본부의 악의성이 크고 가맹점사업자의 막대한 투자금 손실 및 시장퇴출의 위험을 야기하는 등 사회적 폐해가 큰 법 위반행위에 대해서는 징벌적 손해배상책임을 지우도록 하고 있다.

즉, ① 가맹본부가 허위·과장된 정보제공 금지조항(법 §9①), ② 부당한 거래거절

금지조항(법 §12① i) 및 ③ 보복조치 금지조항(법 §12의5)을 위반함으로써 가맹점사업자에게 손해를 입힌 경우에는 가맹점사업자에게 발생한 손해의 3배를 넘지 아니하는 범위에서 배상책임을 진다. 다만, 가맹본부가 고의 또는 과실이 없음을 입증한 경우에는 그러하지 아니하다(법 §37의2②).

법원은 징벌적 손해배상액을 정할 때에는 ① 고의 또는 손해 발생의 우려를 인식한 정도, ② 위반행위로 인하여 가맹점사업자가 입은 피해 규모, ③ 위법행위로 인하여 가맹본부가 취득한 경제적 이익, ④ 위반행위에 따른 벌금 및 과징금, ⑤ 위반행위의 기간・횟수, ⑥ 가맹본부의 재산상태 및 ⑦ 가맹본부의 피해구제 노력의 정도의 사항을 고려하여야 한다(법 §37의2③).

Ⅸ. 기 타

1. 자율규약

가맹사업법은 가맹본부 또는 가맹본부를 구성원으로 하는 사업자단체가 가맹사업의 공정한 거래질서를 유지하기 위하여 자율규약을 제정할 수 있는 근거를 규정하고 있다(법 §15①). 가맹본부 또는 이들을 구성원으로 하는 사업자단체가 자율규약을 정하려는 경우 그 규약이 불공정거래행위의 금지규정(법 §12①)에 위반하는지 여부에 대한 심사를 공정거래위원회에 요청할 수 있다(법 §15②). 공정거래위원회는 자율규약의 심사를 요청받은 때에는 그 요청을 받은 날부터 60일 이내에 심사결과를 신청인에게 통보하여야 한다(법 §15③).

2. 신고포상금

가맹사업법은 시정조치의 대상이 되는 위반행위를 신고 또는 제보하고 이를 입증할 수 있는 증거자료를 최초로 제출한 자에 대하여 예산의 범위 안에서 포상금을 지급할 수 있다. 다만, 해당 위반행위를 한 가맹본부 및 그 가맹본부의 임직원으로서 해당 위반행위에 관여한 사람은 제외한다(법 §15의5①, 영 §17①). 공정거래위원회는 특별한 사정이 있는 경우를 제외하고는 신고 또는 제보된 행위를 한 가맹본부에 시정조치 등의 처분을 하기로 의결한 날(이의신청이 있는 경우에는 재결한 날)부터 3개월 이내에 포상금을 지급한다(영 §17②).

3. 서면실태조사

공정거래위원회는 가맹사업거래에서의 공정한 거래질서 확립을 위하여 가맹본부와 가맹점사업자 등 사이의 거래에 관한 서면실태조사를 실시하여 그 결과를 공표하여야 한다(법 §32의2①). 공정거래위원회가 서면실태조사를 실시하려는 경우에는 조사대상자의 범위, 조사기간, 조사내용, 조사방법, 조사절차 및 조사결과 공표범위 등에 관한 계획을 수립하여야 하고, 조사대상자에게 거래실태 등 조사에 필요한 자료의 제출을 요구할 수 있다(법 §32의2②). 공정거래위원회가 자료의 제출을 요구하는 경우에는 조사대상자에게 자료의 범위와 내용, 요구사유, 제출기한 등을 명시하여 서면으로 알려야 한다(법 §32의2③). 가맹본부는 가맹점사업자로 하여금 거래실태 등 조사에 필요한 자료를 제출하지 아니하게 하거나 거짓 자료를 제출하도록 요구해서는 아니 된다(법 §32의2④).

4. 행정기관의 업무협조

공정거래위원회는 이 법의 시행을 위하여 필요하다고 인정하는 때에는 관계 행정기관의 장의 의견을 듣거나 관계 행정기관의 장에 대하여 조사를 위한 인원의 지원 기타 필요한 협조를 요청할 수 있다(법 §36). 또한 가맹사업법상 공정거래위원회의 권한은 그 일부를 대통령령이 정하는 바에 따라 소속기관의 장이나 시·도지사에게 위임하거나 다른 행정기관의 장에게 위탁할 수 있다(법 §39①).

그 밖에 공정거래위원회는 ① 정보공개서의 등록, 등록 거부 및 공개 등에 관한 업무(법 §6의2, §6의3)나 ② 가맹거래사 자격시험의 시행 및 관리 업무(법 §27①)를 대통령령이 정하는 바에 따라 한국공정거래조정원이나 관련 법인·단체에 위탁할 수 있다. ①의 경우 공정거래위원회는 위탁관리에 소요되는 경비의 전부 또는 일부를 지원할 수 있다(법 §39②). 공정거래위원회는 제39조의 규정에 의하여 위임 또는 위탁한 사무에 대하여 위임 또는 위탁받은 자에게 필요한 보고를 하게 할 수 있다(법 §40).

5. 교　　육

(1) 내　용

가맹사업법은 공정한 가맹사업거래질서를 확립하기 위하여 공정거래위원회로 하여금 가맹사업 관련사업자 및 가맹거래사에 대한 교육·연수 업무를 수행할 수 있도록 하고 있다(법 §31의2①). 공정거래위원회가 수행할 수 있는 업무로는 ① 가맹본부에 대한 교육·연수, ② 가맹희망자 및 가맹점사업자에 대한 교육·연수, ③ 가맹거래사에 대한 교육 · 연수(제27조 제1항에 따른 실무수습 포함), ④ 가맹본부가 이 법을 자율적으로 준수하도록 유도하기 위한 자율준수프로그램의 보급 · 확산, ⑤ 그 밖에 공정한 가맹사업거래질서 확립을 위하여 필요하다고 인정하는 업무가 있다(법 §31의2① 각호).

(2) 교육의 위탁

공정거래위원회는 제1항의 업무를 대통령령으로 정하는 시설 · 인력 및 교육실적 등의 기준에 적합한 법인으로서 공정거래위원회가 지정하는 기관 또는 단체("교육기관 등")에 위탁할 수 있다(법 §31의2②). 교육기관 등은 제1항에 따른 업무를 수행하는 데 필요한 재원을 조달하기 위하여 수익사업을 할 수 있다(법 §31의2③). 공정거래위원회는 교육기관 등이 제1항에 따른 업무를 충실히 수행하지 못하거나 대통령령이 정하는 기준에 미치지 못하는 경우에는 지정을 취소하거나 3개월 이내의 기간을 정하여 지정의 효력을 정지할 수 있다(법 §31의2④). 공정거래위원회는 지정을 취소하는 경우에는 「행정절차법」에 따른 청문을 실시하여야 한다(법 §31의2⑤).

제 4 절 대규모유통업에서의 거래 공정화에 관한 법률

Ⅰ. 서 설

1. 대규모유통의 의의

일반적으로 백화점, 쇼핑센터, 대형할인점, TV홈쇼핑업자, 온라인쇼핑몰업자와 같은 대규모유통업자는 매출 규모가 매우 크고, 거래상대방인 납품업자 또는 매장임차인(이하 "납품업자등")과 수직적 거래관계에 있기 때문에 납품업자등의 대규모유통업자에 대한 거래의존성이 매우 높은 편이다. 따라서 설사 대규모유통업자가 우월한 지위를 이용하여 부당한 요구를 하더라도 납품업자등은 대규모유통업자와의 계속적 거래관계를 유지하기 위해 이를 거절하기 어려우며, 심지어 수용할 수 없는 불이익을 당하여도 거래단절을 각오하지 않는 한 신고를 기피하는 경향이 있다. 더구나 다수의 거래상대방을 통하여 대량구매를 하고 다수의 소비자를 상대로 판매하는 대규모유통업자의 특성상 이들의 불공정거래행위는 시장에서의 경쟁질서를 저해하고, 일반 소비자들에게까지 피해를 줄 가능성도 있다.

이에 따라 대규모유통업에서의 공정한 거래질서를 확립하고 대규모유통업자와 납품업자등이 대등한 지위에서 상호보완적으로 발전할 수 있도록 2011년 11월 「대규모유통업에서의 거래 공정화에 관한 법률」(이하 "대규모유통업법")이 제정되었다. 대규모유통업법은 대규모유통업자의 납품업자등에 대한 불공정거래행위의 규제범위를 확대하고 규제내용을 강화하는 한편, 거래상 지위 남용행위의 부당성 증명책임을 대규모유통업자에게 전환시키는 등 납품업자등의 권리구제를 용이하도록 함으로써 대규모유통업자와 납품업자 간의 동반성장의 기틀을 마련하는 데 초점이 맞추어져 있다. 그러나 4차 산업혁명 기반기술 활용으로 유통서비스가 초고도화되는 유통산업 4.0시대에는 디지털 플랫폼을 중심으로 산업간 융합이 이루어지고, 온－오프라인 간 경계가 허물어지는 빅블러(Big Blur) 현상도 나타나고 있다. 또한 유통채널이 종래 오프라인에서 온라인 중심으로 변화하고 있다. 이러한 시장의 흐름에 대응하여 유통시장을 융합적이고 탄력적으로 획정하고, 오프라인 중심의 유통시장 환경에 맞추어 제정된 대규모유통업법에 대한 재검토가 필요하다.[105]

2. 공정거래법과의 관계

대규모유통업법은 대규모유통업자들이 강화된 구매력을 바탕으로 납품업자등과의 거래에서 불공정거래행위를 규제하기 위하여 제정된 것으로서 대규모유통업자와 납품업자등 사이의 거래에 관하여는 공정거래법상 불공정거래행위 중 거래상 지위남용(동법 §45①vi), 구속조건부거래(동법 §23①vii)에 우선하여 적용하도록 규정하고 있다(법 §4). 따라서 대규모유통업법과 공정거래법은 특별법과 일반법과의 관계에 있으며, 대규모유통업자와 납품업자등 간의 불공정거래행위에 대해서는 대규모유통업법이 공정거래법에 우선하여 적용된다.

다만, 대규모유통업자와 납품업자등 사이의 거래가 하도급법 제2조 제6항에 따른 제조위탁에 해당하는 경우에는 하도급법을 대규모유통업법에 우선하여 적용한다. 이는 대규모유통업법과 하도급법령의 적용관련 혼선을 방지하고, 하도급법상 '하도급거래'에 대해서는 부당반품 이외에도 대규모유통업법에서 정하고 있지 아니한 하도급대금의 결정, 검사기준·시기·방법, 대금지급기간 등과 관련한 내용에 대해서도 규제하고 있기 때문이다.

3. 적용제외

이 법은 첫째, 대규모유통업자가 납품업자등에 대하여 거래상 우월적 지위에 있다

---

105) 강정희, "대규모유통업법 규제 재검토 논의를 위한 조항별 판례 분석", 「경쟁법연구」 제48권(2023. 9), 120면.

고 인정되지 아니하는 거래, 예컨대 교섭력이 충분한 공급독점적 납품업체와의 거래에는 적용하지 아니한다(법 §3① i). 거래상 우월적 지위에 있는지 여부는 ① 유통시장의 구조, ② 소비자의 소비실태, ③ 대규모유통업자와 납품업자등 사이의 사업능력의 격차, ④ 납품업자등의 대규모유통업자에 대한 거래 의존도, ⑤ 거래의 대상이 되는 상품의 특성, ⑥ 공정거래법상 기업집단이나 하나의 대규모유통업자가 운영하는 유통업태의 범위를 종합적으로 고려하여 판단한다(법 §3②). 여기에서 거래상 우월적 지위는 그 주체인 대규모유통업자가 적어도 상대방인 납품업자의 거래 활동에 상당한 영향을 미칠 수 있는 상대적으로 우월한 지위에 있으면 충분하고, 설령 납품업자 또는 그 지배회사가 관련 시장에서 상당한 지위에 있더라도 당해 대규모유통업자와의 납품거래가 갖는 사업상 의미가 크다면 인정된다고 보아야 한다.

둘째, 대규모유통업자로 의제되는 사업자(법 §2의2)가 자신과 거래하는 다수의 매장임차인 중 일부 매장임차인으로부터는 상품 매출액에 연동되는 임차료 등을 수취하지 아니하는 경우 그 매장임차인과 대규모유통업자로 의제되는 사업자 간의 거래에 대하여 적용하지 아니한다(법 §3① ii).

[판례] 홈플러스의 ㈜농심에 대한 거래상 우월적 지위 여부(대법원 2021. 11. 25. 선고 2018다65071 판결)

대형마트를 운영하는 원고들의 시장점유율이 높고, 대형마트를 찾는 소비자들이 '원스톱 쇼핑'을 선호하는 경향이 있어 납품업자인 농심 등으로서는 원고들과의 거래 유지를 희망할 수밖에 없으며, 농심 등의 일부 제품이 상당한 인지도를 갖고 있기는 하지만, 원고들의 제품 판촉행사 여부, 제품 진열 위치 선정 등에 따라 제품 판매량이 달라질 수 있을 뿐만 아니라 농심 등이 대체거래선을 찾기도 쉽지 않아 전체적으로 납품업체인 농심 등의 협상력이 열위에 있다고 볼 수 있는 점 등 제반 사정을 종합하여 원고들과 주식회사 농심 등 사이의 거래가 대규모유통업법 제3조의 적용제외 대상에 해당하지 않는다

Ⅱ. 대규모유통업의 개념 및 특성

1. 관련 개념

(1) 대규모유통업자

대규모유통업자란 소비자가 사용하는 상품을 다수의 사업자로부터 납품받아 판매하는 자(가맹사업법 제2조 제2호의 가맹본부 포함) 중 i) 직전 사업연도의 소매업종 매출액[106]이 1천억 원 이상이거나 ii) 매장면적(매장의 바닥면적에 100분의 95를 곱하여 산출된 면적)의 합계가 3천㎡ 이상인 점포를 소매업에 사용하는 자를 말한다(법 §2 i).

최근 급격한 매출신장을 보이고 있는 TV홈쇼핑업자나 온라인쇼핑몰업자도 납품업자로부터 상품을 구매하거나 수탁 받아 소비자에게 판매하는 유통업으로서 매장이 방송채널, 모바일 앱 또는 인터넷공간이라는 점만 다를 뿐 납품업자 등에 대한 거래상의 지위가 현저히 우월하여 이를 이용한 불공정거래행위를 할 가능성이 크다. 따라서 대규모유통업법은 대규모유통업자 중 TV홈쇼핑업자나 온라인쇼핑몰업자와 같은 무점포 소매업자도 적용대상으로 하고 있다. 여기에서 TV홈쇼핑업자란 방송법 제9조 제5항에 따라 상품소개와 판매에 관한 전문편성을 행하는 방송채널사용사업을 하고자 방송위원회의 승인을 받은 자를 말한다. 온라인쇼핑몰업자란 온라인 네트워크에 기반하여 점포 없이 소매사업을 영위하는 자를 말한다(영 §2②, ③).

한편 상품 매출액에 연동되는 임차료 등을 수취하는 임대사업자의 경우 통상적인 임대사업자와는 달리 그 경제적 실질이 사실상 대규모유통업자와 동일하다는 점을 감안하여 임대매장에서의 매출액이나 매장면적이 대규모유통업자에 준하는 규모를 가지는 경우에는 대규모유통업법의 중요한 규정을 적용함에 있어서는 대규모유통업자로 의제하고 있다. 즉, 매장을 임대하는 자로서 임차인으로부터 상품 매출액에 연동되는 임차료 또는 이에 준하는 경제적 이익(이하 "임차료등")을 수취하는 사업자 중 ① 직전 사업연도에 자신이 임대한 매장에서 발생한 소매업종 매출액이 1천억 원 이상이거나 ② 자신이 임대한 매장면적의 합계가 3천㎡ 이상인 자는 서면의 교부 및 서류의 보존의무(법 §6), 상품판매대금의 지급(법 §8), 판매촉진비용의 부담전가 금지(법 §11), 납품업자 등의 종업원 사용 금지(법 §12), 배타적 거래 강요 금지(법 §13), 경영정보 제공 요구 금지(법 §14), 경제적 이익 제공 요구 금지(법 §15), 부당한 영업시간 구속 금지(법 §15의2), 매장 설비비용의 보상(법 §16), 불이익 제공행위의 금지(법 §17), 보복조치의 금지(법 §18)까지 규정의 적용에 있어서는 "대규모유통업자"로 본다(법 §2의2).

(2) 납품업자

납품업자란 거래형태에 상관없이 대규모유통업자가 판매할 상품을 대규모유통업자에게 공급(대규모유통업자가 판매한 상품을 소비자에게 직접 공급하는 경우 포함)하는 자를 말한다(법 §2 ii).

---

106) 기업회계기준상 순액법에 의하여 수익을 인식하는 사업자의 경우에는 총매출액을 말하며, 가맹본부의 경우 소매업종 매출액과 가맹점사업자에게 판매한 상품매출액을 합산한 금액을 말한다. 다만, 직전 사업연도의 사업기간이 1년 미만인 경우에는 그 기간 동안의 매출액을 12개월로 환산한 금액으로 한다.

(3) 매장임차인

매장임차인이란 대규모유통업자로부터 매장의 일부를 임차하여 소비자가 사용하는 상품의 판매에 사용하고 그 대가를 대규모유통업자에게 지급하는 형태의 거래를 하는 자를 말한다(법 §2ⅲ).

(4) 직매입거래

직매입거래란 대규모유통업자가 매입한 상품 중 판매되지 아니한 상품에 대한 판매책임을 부담하고 납품업자로부터 상품을 매입하는 형태의 거래를 말한다(법 §2ⅳ). 직매입거래에 따른 판매, 재고처리 및 손익의 발생 등에 대한 책임은 대규모유통업자가 부담하게 된다.

(5) 특약매입거래

특약매입거래란 대규모유통업자가 매입한 상품 중 판매되지 아니한 상품을 반품할 수 있는 조건으로 납품업자로부터 상품을 외상 매입하고 상품판매 후 일정률이나 일정액의 판매수익을 공제한 상품판매대금을 납품업자에게 지급하는 형태의 거래를 말한다(법 §2ⅴ). 이 경우 재고품에 대한 부담 및 손익의 발생은 납품업자가 부담하며, 납품업자는 상품판매액의 일정율을 수수료로서 대규모유통업자에게 지급하게 된다.

(6) 위 · 수탁거래

위·수탁거래란 대규모유통업자가 납품업자가 납품한 상품을 자기 명의로 판매하고 상품판매 후 일정률이나 일정액의 수수료를 공제한 상품판매대금을 납품업자에게 지급하는 형태의 거래를 말한다(법 §2ⅵ).

(7) 반 품

반품이란 대규모유통업자가 납품받은 상품을 되돌려 주거나 납품업자의 다른 상품과 바꾸는 등 형식에 상관없이 납품받은 상품을 납품업자에게 실질적으로 되돌려 주는 모든 행위를 말한다(법 §2ⅶ).

(8) 판매촉진행사

판매촉진행사란 명칭이나 형식에 상관없이 상품에 대한 수요를 늘려 판매를 증진시킬 목적으로 행하는 모든 행사 또는 활동을 말한다(법 §2ⅷ).

(9) 판매장려금

판매장려금이란 명칭에 상관없이 직매입거래에서 상품의 판매촉진을 위하여 연간 거래 기본계약에 명시된 조건에 따라 납품업자가 대규모유통업자에게 지급하는 경제적 이익을 말한다(법 §2ix).

(10) 신선 농 · 수 · 축산물

신선 농・수・축산물이란 시간이 지남에 따라 부패하기 쉬운 특성을 지닌 신선상태의 농산물・수산물・축산물로서 건조・염장 등 가공을 하지 아니한 것을 말한다(법 §2x).

2. 대규모유통업의 특성

우리나라 유통시장은 1996년 시장개방 이후 백화점・대형마트・TV홈쇼핑업자 등 대규모유통업자들을 중심으로 급성장하였다. 유통산업의 대형화는 규모의 경제를 통한 효율성을 제고하고 소비자후생을 증대하는 긍정적 측면이 있다. 하지만, 이 과정에서 대규모유통업자들은 막대한 자본과 우월적 지위를 바탕으로 중소규모 유통업자들을 시장에서 밀어내고, 강화된 구매력(buying power)을 바탕으로 자신들의 거래상대방인 납품업자등에 대한 불공정거래행위를 관행화하는 부작용이 발생하기도 한다.

이러한 대규모유통업의 특성을 고려하여 대규모유통업법에서는 불공정거래행위를 유형별로 구체화하면서 납품업자등의 신고 및 권리구제가 용이하도록 하는 한편, 공정거래 및 동반성장협약 체결 권장 등을 통해 대규모유통업자와 납품업자등이 서로 대등한 지위에서 보완적 관계를 형성하도록 함으로써 유통시장에서의 공정한 거래질서를 정립하고 국민경제의 균형 있는 성장 및 발전에 이바지하고자 하고 있다.

Ⅲ. 거래공정화를 위한 대규모유통업자의 의무 및 금지사항

1. 기본원칙

대규모유통업자와 납품업자등은 통상적으로 계속적 거래관계를 유지하면서 납품과 입점과 관련한 거래관계를 형성하게 되고, 그에 따른 권리・의무를 가지게 된다. 이와 관련하여 대규모유통업법은 “대규모유통업자와 납품업자등은 각자의 거래상 의무를 신의에 따라 성실하게 이행하여야 한다(법 §5)”고 규정하여 이들이 지켜야 할 기본원칙으로서 「신의성실의 원칙」을 선언하고 있다. 이는 민법상 신의성실의 원칙(민법 §2 i)에서 유래한 것으로 일반 사인간의 거래와 마찬가지로 대규모유통업자와 납품업자등도 각자의 업무를 수행함에 있어서도 서로의 이익을 위해 노력해야 하고, 상대방의 기대와 신뢰에 어긋나지 않도록 유념해야 한다는 기본원칙을 선언한 것으로 볼 수 있다.

그러나 실제로는 대규모유통업자에 입점 및 납품을 원하는 거래상대방이 다수이므로 납품업자등에 대하여 그의 우월한 지위를 이용하여 각종 불공정거래행위를 할 가능성이 크다. 이에 따라 대규모유통업법은 거래과정에서 대규모유통업자가 지켜야 할 의무사항과 납품업자등에 대하여 행하기 쉬운 불공정거래행위의 유형으로서 금지되는 사항을 규정하고 있다. 특히 공정거래법상 일반불공정거래행위와 달리 대규모유통업법상 금지되는 불공정거래행위는 배타적 거래강요의 금지(법 §13)와 경영정보제공 요구 금지(법 §14) 이외에는 「부당성」을 위법행위의 요건사실에서 제외함으로써 대규모유통업자의 행위가 각 규정의 요건사실에 해당하는 한, 공정거래위원회가 별도의 부당성의 존부를 입증할 필요 없이 위법행위로 판단할 수 있도록 하고 있다.[107]

2. 대규모유통업자의 의무

(1) 서면의 작성·교부 및 서류의 보존의무

(가) 서면의 작성·교부

거래상 우월한 지위에 있는 대규모유통업자가 서면계약을 체결하지 않거나 거래개시 시점에 거래조건을 명확히 하지 않으면 사후적으로 납품업자등에게 불이익이나 부담을 전가할 위험이 있다. 대규모유통업법은 이를 방지하기 위해 모든 납품업자등과의 거래시 거래조건에 관한 서면계약 작성을 의무화하는 한편, 서면계약서의 내용에 거래와 관련하여 분쟁의 대상이 될 수 있는 사항을 포함하도록 하고 있다.

즉, 대규모유통업자는 납품업자등과 계약을 체결한 즉시 납품업자등에게 거래형태 등 일정한 계약사항[108]이 명시된 서면(전자거래기본법 제2조 제1호에 따른 전자문서 포함)

---

107) 오금석 · 윤성운 · 이현규 외, 「대규모유통업법」(박영사, 2012), 11면.

108) 시행령에서는 서면에 포함될 주요 계약사항을 공통사항과 업종별 고유사항으로 구분하여 구체화하고 있다. 즉, 공통사항으로서 모든 서면에는 거래와 관련하여 분쟁의 대상이 될 수 있는 i) 거래형태, 거래품목 및 기간, ii) 납품방법, 납품장소 및 일시, iii) 일정 수량의 상품을 납품받는 계약의 경우 판매를 위하여 납품업자가 공급하거나 준비하는 상품의 수량, iv) 상품판매대금 또는 상품대금의 지급수단 및 지급시기, v) 상품의 반품조건, vi) 매장임차료(매장임차인의 경우), 대규모유통업자가 상품판매대금에서 공제하는 판매수익 또는 수수료(특약매입거래 또는 위 · 수탁거래의 경우) 및 그 밖에 대규모유통업자에게 추가로 지급해야 하는 비용(납품업자 또는 매장임차인의 경우), vii) 종업원등의 파견조건, 파견비용 분담 여부 및 조건, viii) 판매장려금에 관한 사항, ix) 매장의 위치 및 면적, 매장 설비비용의 분담 여부 및 조건을 명시하도록 하고 있다(영 §2①).

업종별 고유사항으로서 대규모유통업자 중 ① TV홈쇼핑업자에 대해서는 i) 공통사항 중 i 에서 vi까지의 사항, ii) 방송 횟수 및 일시, iii) 방송출연자의 인건비와 그 분담 여부 및 조건, iv) 소비자가 주문한 상품의 배송 조건, v) 소비자가 구매를 취소하거나 반품한 상품의 배송 및 처리조건(영 §2②), ② 온라인쇼핑몰을 주어야 하며(법 §6①). 서면에는 대규모유통업자와 납품업자등이 각각 서명(전자서명법 제2조 제2호에 따른 전자서명 포함) 또는 기명날인하여야 한다(법 §6②). 대규모유통업자는 계약사항이 명시된 서면을 납품업자에게 줄 때까지 납품할 상품을 제조·주문하게 하거나 납품할 상품을 위한 설비·장치를 준비하도록 요구하여서는 아니 된다. 다만, 대규모유통업자가 서명 또는 기명날인한 서면으로 요구하는 경우는 그러하지 아니하다(법 §6③).

(나) 계약내용의 확인 요청

납품업자등은 대규모유통업자가 계약사항이 명시된 서면을 주지 아니하는 경우에 대통령령으로 정하는 계약사항을 대규모유통업자에게 서면으로 통지하여 계약 내용의 확인을 요청할 수 있다(법 §6④). 대규모유통업자는 그 통지를 받은 날부터 15일 이내에 그 내용에 대한 인정 또는 부인의 의사를 명시한 회신을 서면으로 납품업자등에게 발송하여야 하며 이 기간 내에 회신을 발송하지 아니한 경우에는 납품업자등이 통지한 내용대로 계약이 체결된 것으로 추정한다. 다만, 천재지변이나 그 밖의 사변으로 회신이 불가능한 경우에는 그러하지 아니하다(법 §6⑤). 이와 같이 계약성립을 추정하도록 한 것은 대규모유통업자의 서면교부의무의 이행을 담보하고, 추후 분쟁발생시 납품업자등의 계약내용에 관한 입증책임을 경감하기 위한 것이다.

(다) 서류보존

대규모유통업자는 납품업자등과의 계약이 끝난 날부터 5년간 대규모유통업자와 납품업자등 사이의 거래에 관한 서류를 보존하여야 한다(법 §6⑧, 영 §5). 이는 대규모유통업법 위반에 대한 처분소멸시효가 5년(법 §31)인 점을 고려한 것이다.

(라) 표준거래계약서의 사용

공정거래위원회는 대규모유통업에서의 공정한 거래질서를 확립하고 불공정한 내용의 계약이 통용되는 것을 방지하기 위하여 일정한 거래분야에서 표준이 되는 거래계약서(이하 "표준거래계약서")를 마련하고, 대규모유통업자나 대규모유통업자를 구성원으로 하는 사업자단체 및 납품업자등에 이를 사용하도록 권장할 수 있다(법 §6의2①). 이들은 공정거래위원회에 표준거래계약서의 제정 또는 개정을 요청할 수 있다(법 §6의2②).

(2) 상품판매대금 등의 지급의무

대규모유통업자는 ① 특약매입거래로 납품받은 상품을 판매하는 경우, ② 매장임차

업자에 대해서는 ⅰ) 공통사항 중 ⅰ에서 ⅴ까지의 사항, ⅱ) 소비자가 주문한 상품의 배송조건, ⅲ) 소비자가 구매를 취소하거나 반품한 상품의 배송 및 처리조건을 명시하도록 하고 있다(영 §2③).

인의 상품판매대금을 받아 관리하는 경우, ③ 납품업자로부터 위탁받아 상품을 판매하고 그 판매대금을 받아 관리하는 경우에는 해당 상품의 판매대금을 월 판매마감일부터 40일 이내에 납품업자등에게 지급하여야 한다(법 §8①). 직매입거래의 경우에는 해당 상품수령일부터 60일 이내에 해당 상품의 대금을 납품업자에게 지급하여야 한다(법 §8②).

대규모유통업자가 법정기한을 초과하여 상품판매대금 또는 상품대금[109]을 지급하는 경우에는 그 초과기간에 대하여 연 100분의 40 이내에서 「은행법」에 따른 은행이 적용하는 연체이자율 등 경제사정을 고려하여 공정거래위원회가 정하여 고시하는 이율에 따른 이자를 지급하여야 한다(법 §8③). 대규모유통업자는 상품판매대금 또는 상품대금 및 이자를 상품권이나 물품으로 지급하여서는 아니 된다(법 §8④).

이와 관련하여 특약으로 위의 법정지급기한(법 §8①, ②)과 지연손해금율(법 §8③)과 다른 내용의 약정을 정할 수는 있으나, 그 약정이 효력을 가지기 위해서는 납품업자의 자발적 동의하에 체결되었어야 하고, 이에 대한 증명책임은 대규모유통업자가 부담한다.[110]

(3) 매장 설비비용의 보상의무

납품업자등은 대규모유통업자와의 어느 정도 지속적인 거래관계를 예상하고 매장시설물에 대해 인테리어비용을 포함한 설비비용을 지출하는 경우가 많다. 그러나 대규모유통업자가 납품업자등과 거래를 중단 또는 거절하거나 납품업자등의 매장 위치·면적·시설을 변경하는 행위를 하는 경우 기왕에 투자한 설비비용을 회수할 수 없게 되어 불측의 손해를 보게 된다. 따라서 대규모유통업법은 납품업자등이 지출한 해당 매장에 대한 설비비용 총액에 전체 계약기간(계약기간이 1년 미만인 경우는 계약기간을 1년으로 본다)에서 해당하는 행위가 발생한 날부터 계약기간의 마지막 날까지의 기간이 차지하는 비율을 곱한 금액 이상을 해당 매장 설비비용에 대한 보상으로 납품업자등에게 지급하도록 하고 있다(법 §16).

3. 대규모유통업자의 금지사항

(1) 상품대금 감액의 금지

「사적 자치의 원칙」에 의해 계약당사자는 계약체결 이후에도 가격 등 거래조건을 변경할 수 있다. 그러나 대규모유통업자는 납품업자등에 비해 거래상 우월한 지위에

109) 대규모유통업법은 대규모유통업자과 거래상대방과의 특약매입·위수탁·임대차거래에서 발생하는 '상품판매대금'과 직매입거래에서 발생하는 '상품대금'을 구분하여 규정하고 있다.

110) 대법원 2020. 6. 25. 선고 2016두55896 판결.

있기 때문에 대규모유통업자의 일방적인 요구에 의해 사후에 상품대금을 감액하는 경우가 적지 않다. 따라서 대규모유통업법에서는 원칙적으로 대규모유통업자가 납품받은 상품의 대금을 감액하지 못하도록 금지하고 있다(법 §7① 본문).

다만, 납품받은 상품이 계약한 상품과 다르거나 납품업자의 책임 있는 사유로 인하여 오손·훼손되었거나 상품에 하자가 있는 등 정당한 사유가 있는 경우로서 해당 거래분야에서 합리적이라고 인정되는 기간 내에 상품대금을 감액하는 경우는 예외로 하고 있다(법 §7① 단서). '합리적이라고 인정되는 기간'은 상품별, 사업자별, 시기별로 다소 차이가 있을 수 있지만 하자를 발견한 시점으로부터 비교적 가까운 시일로 한정하여야 할 것이다.[111] 특히 신선 농·수·축산물은 기간의 경과에 따라 상품성이 떨어지는 속도가 빠르기 때문에 이를 대상으로 상품대금을 감액하는 기간을 보다 단축하여 납품업자가 신선 농·수·축산물을 납품한 시점부터 대규모유통업자가 그 상품의 검수 및 매입을 마친 시점까지의 기간 내에 하여야 하며, 특별한 사유가 없으면 2일을 초과할 수 없도록 하고 있다(법 §7②, 영 §6).

한편 상품대금의 감액행위는 대규모유통업 거래의 공정화를 저해하는 가장 전형적인 형태로서 외형상 경제적 이익의 제공을 요구하거나(법 §15①) 납품가격을 현저히 낮추도록 요구하는 행위(법 §17ⅱ)도 그 실질에 있어 상품대금의 감액에 해당한다면 중첩적용될 수 있다.

[판례] 홈플러스의 ㈜농심 등에 대한 상품대금 감액(서울고법 2018. 11. 9. 선고 2016누60425 판결, 대법원 2021. 11. 25. 선고 2018다65071 심리불속행 기각 판결)

대규모유통업법 제7조 제1항은 "대규모유통업자는 납품받은 상품의 대금을 감액하여서는 아니 된다"고 규정하고 있을 뿐 상품대금을 감액하는 시기에 관해서는 아무런 규정을 두고 있지 않은바, … 위 규정이 상품대금을 납품계약 이후에 사후적으로 감액한 경우만을 규제하고 있다고 제한하여 해석할 수는 없다. 따라서 피고가 이 사건 장려금 명목 대금공제행위에 대하여 대규모유통업법 제7조 제1항을 적용한 것이 위법하다고 할 수 없다.

… 제2장 '대규모유통업에서의 거래 공정화'에서 위와 같은 목적을 위해 대규모유통업자들이 준수하여야 하는 행위 유형을 구체화하고 있을 뿐, 각 행위별로 개별적인 목적을 구성요건으로 요구하고 있지는 않다. 이러한 대규모유통업법의 취지, 형식, 내용 등에 비추어 보면, 설령 원고들의 주장대로 이 사건 장려금 명목 대금공제행위에 대규모유통업법 제15조 제1항 또는 제17조 제2호가 적용될 수 있다고 보더라도, 이는 별개의 법조항 위반행위

---

111) 참고로 상법 제69조(매수인의 목적물의 검사와 하자통지의무)에서는 상인간의 매매에 있어서 매수인이 목적물을 수령한 때에는 지체 없이 이를 검사하여야 하며, 하자 또는 수량의 부족을 발견한 경우에는 즉시 매도인에게 그 통지를 발송하지 아니하면 이로 인한 계약해제, 대금감액 또는 손해배상을 청구하지 못하도록 하고 있다. 다만 매매의 목적물에 즉시 발견할 수 없는 하자가 있거나, 매도인이 악의인 경우에는 예외를 인정하고 있다.

로서 대규모유통업법 제7조 제1항과 제15조 제1항 또는 제17조 제2호가 중첩적으로 적용될 수 있을지언정 이 중 어느 하나의 규정만이 배타적으로 적용된다고 볼 수는 없다.

(2) 상품 수령 거부 · 지체 금지

납품업자의 채무의 본지에 따른 정상적인 상품공급에도 불구하고 대규모유통업자가 그 수령을 거부하거나 지체하는 때에는 민법상 채권자지체에 해당하며, 납품업자는 고의 또는 중과실이 없는 한 이행책임을 지지 않는다(민법 §400, §401). 그러나 실제로는 대규모유통업자의 상품의 수령을 거부하거나 지체할 경우 납품업자는 직 · 간접적으로 손실을 입게 됨에도 불구하고 거래단절을 각오하지 않는 한 손해배상을 청구하기 어려운 것이 현실이다.

이 점을 고려하여 대규모유통업법은 대규모유통업자가 납품업자와 납품에 관한 계약을 체결한 후 해당 상품의 전부 또는 일부의 수령을 거부하거나 지체하여서는 아니된다고 규정하여 상품 수령의 거부 또는 지체를 원칙적으로 금지하고 있다. 다만, 납품받은 상품이 납품업자의 책임 있는 사유로 인하여 훼손되는 등 일정한 사유가 발생한 경우[112]에는 그러하지 아니하도록 하였다(법 §9).

(3) 상품 반품의 금지

대규모유통업자가 자신의 거래상 우월한 지위를 이용하여 판매부진, 계절경과 등으로 납품받아 판매하다 남은 재고품을 납품업자에게 반품하도록 약정하는 경우가 종종 있다. 그러나 납품업자의 귀책사유 없이 상품을 반품할 경우 대규모유통업자의 경영손실을 납품업자에 전가시키는 결과가 될 수 있다.[113] 이 점을 고려하여 대규모유통업법은 대규모유통업자가 '정당한 사유 없이' 납품받은 상품의 전부 또는 일부를 반품하지 못하도록 원칙적으로 금지하고 있다(법 §10① 본문). 이와 같이 반품은 예외적인 경우에 제한적으로 인정되는 것이므로 대규모유통업자가 납품업자의 책임있는 사유로 상품에 하자가 있음을 입증하여야 한다.[114]

다만, 거래상 반품이 필요하고 납품업자의 정당한 기대이익이 인정되지 않는 경우

---

112) 여기에서 일정한 사유가 발생한 경우란 ① 납품받은 상품이 납품업자의 책임 있는 사유로 인하여 훼손된 경우, ② 납품받은 상품에 결함이 있는 경우, ③ 납품받은 상품이 대규모유통업자가 주문한 상품과 다른 경우, ④ 일정한 기간 동안에 집중적으로 판매되는 상품으로서 해당 기간을 넘겨 납품한 경우, ⑤ 그 밖에 정당한 사유가 있는 경우를 말한다(영 §7).

113) 특히 대규모유통업자가 특별히 규격, 의장, 형태 등을 정하여 주문하였거나 직매입 거래로 구매한 상품을 반품하는 경우에는 납품업자는 반품받은 재고를 처리할 적정한 방법을 더욱이 찾기 어렵다.

114) 대법원 2021. 1. 14. 선고 2020두50607 판결.

까지 인위적으로 반품을 금지시키는 것은 자칫 매수인으로서 대규모유통업자의 정당한 권리행사를 제한하는 결과를 가져올 수 있기 때문에 '일정한 사유'에 해당하는 경우[115]로서 해당 거래분야에서 합리적이라고 인정되는 기간 내에 반품하는 경우에는 정당한 사유가 있는 것으로 추정한다(법 §10① 단서).

신선 농 · 수 · 축산물의 반품은 납품업자가 신선 농 · 수 · 축산물을 납품한 시점부터 대규모유통업자가 그 상품의 검수 및 매입을 마친 시점까지의 기간 내에 하여야 하며, 특별한 사유가 없으면 2일을 초과할 수 없다(법 §10②, 영 §6).

(4) 판매촉진비용의 부담전가 금지

판매촉진행사는 유통사업자의 통상적인 영업활동의 일환으로 이루어지지만, 결과적으로 납품업자나 매장임차인의 매출 증대에 도움이 되고, 또한 광고비용, 경품비 등 사은행사비용, 아르바이트비용, 모델 등의 방송출연료 등의 상당한 비용이 소요되기 때문에 그 비용을 서로 분담할 수 있다. 그러나 대규모유통업자가 자신의 거래상 지위를 이용하여 임의로 판촉행사를 기획하고 그 비용을 일방적으로 납품업자등에게 떠넘기는 사례도 적지 않다. 이에 따라 대규모유통업법은 사전 서면약정에 의하지 아니한 납품업자등에 대한 판촉비용의 부담전가를 금지하고, 분담비율을 일정한 한도로 제한하고 있다.

즉, 대규모유통업자는 판매촉진행사를 실시하기 이전에 행사에 소요되는 비용(판매촉진비용)의 부담 등을 납품업자등과 약정[116]하지 아니하고는 이를 납품업자등에게 부담시키는 행위를 하여서는 아니 된다(법 §11①). 이 약정은 대규모유통업자와 납품업자등이 각각 서명 또는 기명날인한 서면으로 이루어져야 하며, 대규모유통업자는 약정과

---

115) 여기에서 일정한 사유에 해당하는 경우란 ① 특약매입거래의 경우로서 계약체결 시 반품조건을 구체적으로 약정하고 그 반품조건을 명시한 서면을 납품업자에게 준 경우, ② 위 · 수탁거래의 경우, ③ 납품받은 상품이 납품업자의 책임 있는 사유로 인하여 오손 · 훼손되었거나 상품에 하자가 있는 경우, ④ 납품받은 상품이 계약한 상품과 다른 경우, ⑤ 대규모유통업자가 반품으로 인하여 생기는 손실을 스스로 부담하고 해당 납품업자에게 반품의 동의를 받은 경우, ⑥ 직매입거래의 경우로서 일정한 기간이나 계절에 집중적으로 판매되는 상품(신선 농 · 수 · 축산물 제외)에 대하여 계약체결 시 반품조건을 구체적으로 약정하고 그 반품조건이 명시된 서면을 납품업자에게 준 경우, ⑦ 직매입거래의 경우로서 납품업자가 반품이 자기에게 직접적으로 이익이 된다는 객관적인 근거자료를 첨부한 서면으로 반품일 이전에 자발적으로 반품을 요청한 경우, ⑧ 대통령령으로 정하는 바에 따라 「가맹사업법」 제2조 제3호의 가맹점사업자로부터 반품받은 상품을 가맹본부가 납품업자에게 반품하는 경우, ⑧ 그 밖에 직매입거래의 경우로서 제3호부터 제8호까지의 규정에 준하는 정당한 사유가 있는 경우를 말한다(법 §10① 각호).

116) 여기에서 약정하여야 하는 사항이란 ① 판매촉진행사의 명칭 · 성격 및 기간, ② 판매촉진행사를 통하여 판매할 상품의 품목, ③ 판매촉진행사에 소요될 것으로 예상되는 비용의 규모 및 사용내역, ④ 해당 판매촉진행사를 통하여 대규모유통업자와 납품업자등이 얻을 것으로 예상되는 경제적 이익의 비율, ⑤ 판매촉진비용의 분담 비율 또는 액수를 말한다(영 §9).

동시에 이 서면을 납품업자등에게 주어야 한다(법 §11②).

판매촉진비용의 분담비율은 대규모유통업자와 납품업자등이 각각 해당 판매촉진행사를 통하여 직접적으로 얻을 것으로 예상되는 경제적 이익(예상이익)의 비율에 따라 정하되 대규모유통업자와 납품업자등 사이의 예상이익의 비율을 산정할 수 없는 경우에는 대규모유통업자와 납품업자등의 예상이익이 같은 것으로 추정한다(법 §11③). 하지만, 납품업자등의 판매촉진비용 분담비율은 100분의 50을 초과하여서는 아니 된다(법 §11④).

납품업자등이 '자발적'으로 대규모유통업자에게 요청하여 다른 납품업자등과 '차별화'되는 판매촉진행사를 실시하려는 경우에는 대규모유통업자는 납품업자등과 상호 협의하여 판매촉진비용의 분담비율을 정할 수 있다. 이 경우 사전서면약정이나 분담비율 등에 관한 법 규정은 적용하지 아니한다(법 §11⑤).

[판례] 롯데쇼핑의 판촉비용 분담 예외적 허용을 위한 자발성·차별성 요건(대법원 2020. 5. 14. 선고 2018다52044 판결)

대규모유통업법 제11조 제5항에서 납품업자 등의 요청이 '자발적'이라는 것은 단순히 대규모유통업자가 납품업자 등에게 판매촉진행사를 강제하지 않았다거나 납품업자 등의 동의가 있었다는 정도를 의미하는 것이 아니라, 대규모유통업자의 실질적 관여나 개입 없이 납품업자 등이 먼저 독자적이고 적극적으로 판매촉진행사를 기획하여 대규모유통업자에게 그 실시를 요청하는 것을 의미한다고 보아야 한다.

… 판매촉진행사가 다른 납품업자 등과 '차별화'된다고 하려면 그 행사의 내용이나 효과가 그 행사를 요청한 해당 납품업자 등에게 특화되어 있어야 하고, 다른 납품업자 등에게도 그대로 적용되거나 귀속될 수 있는 것이어서는 안 된다. … 개별 납품업자 등에게 특화되지 않은 판매촉진행사라면 특별한 사정이 없는 한 해당 납품업자들이 그러한 행사를 자발적으로 기획하여 실시할 가능성은 그리 크지 않으므로, 이러한 측면에서 차별성은 자발성을 판단하는 데 중요한 고려요소가 된다.

(5) 납품업자등의 종업원 사용 금지 등

대규모유통업자가 자신의 거래상 지위를 이용하여 납품업자등에게 종업원 등을 파견하도록 요청하여 납품업자 업무와는 관계없는 캐셔보조, 상품포장, 진열업무 등 자기의 판매업무에 종사시키거나 또는 자기가 직접 고용하는 종업원 등의 인건비를 납품업자에게 부담시키는 경우가 있다.

이에 따라 대규모유통업법은 대규모유통업자는 납품업자등으로부터 종업원이나 그 밖에 납품업자등에 고용된 인력(이하 "종업원등")을 파견 받아 자기의 사업장에서 근무하게 하지 못하도록 금지하고 있다(법 §12① 본문). 다만, 일정한 사항에 해당하는 경우[117]로서 납품업자등과 사전에 일정한 사항[118]의 파견조건을 서면으로 약정하고 파견된 종업원등을 해당 종업원등을 고용한 납품업자등이 납품하는 상품의 판매 및 관리 업무에 종사하게 하는 경우에는 그러하지 아니하다(법 §12① 단서). 이와 함께 대규모유통업자는 자기가 고용한 자의 인건비를 납품업자등에게 부담시키는 행위를 하여서는 아니 된다(법 §12③).

[판례] 롯데하이마트 납품업자 종업원의 타사 상품 판매('교차판매')행위(서울고법 2023. 7. 12. 선고 2021누33090 판결, 대법원 2023. 11. 16. 선고 2023다48339 심리불속행 기각 판결)

대규모유통업자가 납품업자의 종업원 사용을 엄격하게 금지하는 대규모유통업법 제12조의 취지에 비추어, 같은 조 제1항 단서의 예외적 허용 요건을 함부로 확장 해석하는 것은 합당하지 않다. (중략) … 이 사건에서 파견 종업원의 교차판매 및 제휴서비스 판매가 위법하다는 것은 교차판매나 제휴서비스 판매 자체가 위법하거나 단순히 납품업자 또는 종업원의 의사나 이익에 반하기 때문이 아니라, 대규모유통업법 제12조 제1항 단서의 예외 요건을 갖추지 않은 채 파견 종업원에게 광범위하게 그러한 업무에 종사하도록 하는 것은 거래상 우월적 지위에 있는 원고의 편익이나 판매 효율성 제고를 위해 개별 납품업자 또는 종업원의 이익이 희생될 우려가 있기 때문이다.

(6) 부당한 배타적 거래 강요 금지

일반적으로 배타조건부 거래는 거래상대방에 대한 사업활동상 의사결정의 자유 침해와 함께 다른 경쟁자들에 대한 시장봉쇄로 인한 경쟁제한 효과가 나타날 수 있지만, 다른 한편으로 유통계열화를 통한 안정적인 거래선 확보의 장점도 지니고 있다. 이러한 특성을 고려하여 대규모유통업법에서는 대규모유통업자는 부당하게 납품업자등에게 배타적 거래를 하도록 하거나 납품업자등이 다른 사업자와 거래하는 것을 방해하는 행위를 하여서는 아니 된다고 규정하여(법 §13) '부당한' 배타적 거래의 경우에만 위법한 것으로 보고 있다. 여기에서 배타적 거래의 요구에는 엄격한 의미의 강요에 이르지 않더라도 대규모유통업자가 납품단가 인하, 수수료 인상, 거래중단, 매장이동 등 불이익 제공이라는 우회적 방법을 통해 사실상 배타적 거래를 하도록 하는 행위도 포함된다.[119]

---

117) 여기에서 일정한 사항에 해당하는 경우란 ① 대규모유통업자가 대통령령으로 정하는 바에 따라 파견된 종업원등의 인건비를 비롯한 제반 비용을 부담하는 경우, ② 납품업자등이 종업원등의 파견에 따른 예상이익과 비용의 내역 및 산출근거를 객관적·구체적으로 작성하여 명시한 서면에 따라 대규모유통업자에게 자발적으로 자신이 고용한 종업원등의 파견을 요청하는 경우, ③ 특수한 판매기법 또는 능력을 지닌 숙련된 종업원등을 파견받는 경우, ④ 특약매입거래를 하는 납품업자등이 상시적으로 운영하는 매장에서 상품의 특성상 전문지식이 중요하다고 공정거래위원회가 정하여 고시하는 상품류를 판매·관리하기 위하여 종업원등을 파견받는 경우를 말한다(법 §11① 단서 각호).

118) 여기에서 일정한 사항이란 ① 종업원등의 수, ② 종업원등의 근무기간 및 근무시간, ③ 종업원등이 종사할 업무내용, ④ 종업원등의 인건비 분담 여부 및 조건에 관한 약정사항을 말한다(영 §10① 각호).

(7) 부당한 경영정보 제공요구 금지

일반적으로 거래상대방에 대한 어느 정도의 경영정보를 파악하는 것은 거래를 개시하거나 유지할지 여부를 판단하는데 도움이 될 수 있으며, 거래조건을 유리하게 이끌기 위해 유용한 수단이 될 수 있다. 그러나 거래상 우월한 지위에 있는 대규모유통업자가 납품업자등에 대해 중요한 경영정보 제공을 요구할 경우 납품업자등은 이를 사실상 거절하기 어렵고, 경영정보 유출로 거래조건의 협상에서 불리한 입장에 처하게 된다.

이에 따라 대규모유통업법은 대규모유통업자가 납품업자에 대하여 '부당하게' 중요한 정보제공을 요구하는 행위 자체를 금지하고, 그 절차와 경영정보의 범위에 대해서도 일정한 제한을 두고 있다. 즉, 대규모유통업자는 부당하게 납품업자등에게 일정한 사항에 해당하는 중요 경영정보[120] 제공을 요구하지 못하도록 금지하고 있다(법 §14①). 여기에서 부당성은 당사자가 처해 있는 시장 및 거래의 상황, 거래의 대상인 상품의 특성, 경영정보 제공을 요구한 의도・경위・목적・효과・영향, 당사자 간의 전체적인 사업능력의 격차 등 여러 사정을 참작하여 그 요구행위가 정상적인 거래관행을 벗어난 것으로서 공정한 거래를 저해할 우려가 있는 경우에 인정될 수 있다.

대규모유통업자가 납품업자등에게 중요한 경영정보를 요구하는 경우에는 정보요구에 앞서 요구목적, 비밀유지에 관한 사항 등을 적은 서면[121]을 해당 납품업자등에게 제공하도록 하고 있다(법 §14②). 또한 대규모유통업자가 납품업자등에게 경영정보를 요구하는 경우 요구목적에 필요한 최소한의 범위에서 하여야 한다(법 §14④).

[판례] 롯데쇼핑의 경영정보 제공 요구의 부당성(대법원 2017. 12. 22. 선고 2015다36010 판결)

원고가 이 사건 납품업자들이 판매하고 있는 60개 브랜드의 경쟁 백화점에서의 월별 또는 특정 기간별 매출자료를 요구한 행위는 원고 회사 차원에서 행해진 것이라고 보이고, 자발적으로 제공할 특별한 사정이 없었음에도 불구하고 납품업자들이 원고에게 위 매출자료를 제공한 것은 거래상 우월적 지위에 있는 원고의 요구를 거부할 수 없었기 때문으로 보이며, 위 경영정보는 향후 원고가 백화점에 관한 거래에서 원고의 이익을 위해 사용될 가능성이 있고, 원고 입장에서 시장조사를 할 필요성이 인정된다고 하더라도 이를 위하여

119) 오금석・윤성운・이현규 외, 앞의 책, 284면.

120) 일정한 사항에 해당하는 정보란 ① 납품업자가 다른 사업자에게 공급하는 상품의 공급조건(공급가격을 포함한다)에 관한 정보, ② 매장임차인이 다른 사업자의 매장에 들어가기 위한 입점조건(임차료를 포함한다)에 관한 정보, ③ 그 밖에 납품업자등이나 납품업자등의 거래상대방에 관한 제1호 및 제2호에 준하는 정보로서 대통령령으로 정하는 경영정보를 말한다(법 §14① 각호).

121) 서면에 적어야 할 사항으로는 ① 경영정보 제공을 요구하는 목적, ② 비밀유지방법 등 요구 대상 정보의 비밀유지에 관한 사항 및 비밀침해 시의 손해배상에 관한 사항, ③ 경영정보 요구일자, 제공일자 및 제공방법, ④ 경영정보 제공 요구가 불가피함을 객관적으로 증명할 수 있는 사항이 있다(영 §11② 각호).

자신의 납품업자에게 매출자료 등의 정보를 요구하는 것이 반드시 필요한 방법이라고 보기 어려우므로, 원고의 이 사건 요구행위가 원고와 이 사건 납품업자들 사이의 거래관계 개선 등을 위해 필요하였다고 보이지 않으므로 부당하다.

(8) 경영활동 간섭 금지

최근 온라인 유통시장이 크게 성장하고 경쟁이 심화되면서 대규모유통업자가 납품업자에게 경쟁온라인몰의 판매가격 인상을 요구하는 등 납품업자의 경영활동에 부당하게 관여하는 사례가 발생하고 있다. 이러한 행위는 공정거래법상 거래상지위 남용행위의 한 유형인 경영활동 간섭(동법 시행령 [별표 2] 6. 라.)에 해당하지만, 이와 별도로 대규모유통업법은 대규모유통업자가 자기의 거래상의 지위를 부당하게 이용하여 납품업자등의 경영활동을 간섭하는 행위를 하거나, 계열회사 또는 다른 사업자로 하여금 이를 행하지 못하도록 금지하고 있다(법 §14의2①).[122]

(9) 경제적 이익 제공요구 금지

납품업자등은 자신이 공급하는 상품의 판매촉진을 위해 간혹 대규모유통업자에게 기본거래계약에서 정한 급부 이외에 판매장려금이나 업무활동비, 보조금 등의 명목으로 경제적 이익을 제공하는 경우가 있다. 그러나 이와 달리 대규모유통업자가 거래상 우월한 지위에 있음을 기화로 납품업자등에게 경제적 이익제공을 요구하는 경우도 있다. 이 경우 납품업자등은 어쩔 수 없이 추가적인 비용을 부담할 수밖에 없으며, 특히 영세한 납품업자등은 과도한 부담을 감당하지 못해 대규모유통업자와의 거래기회를 상실할 수도 있다.

이에 따라 대규모유통업법은 대규모유통업자는 '정당한 사유 없이' 납품업자등에게 자기 또는 제3자를 위하여 금전, 물품, 용역, 그 밖의 경제적 이익을 제공하게 하지 못하도록 금지하고 있다(법 §15①). 여기에서 정당한 사유란 대규모유통업자의 예상외의 추가적인 노고에 대한 대가의 제공과 같이 정상적인 거래관행에 비추어 타당하다고 인정되는 경우를 말한다. 하지만 이러한 일반적 금지규정에도 불구하고 대규모유통업자

---

122) 금지되는 행위의 유형으로는 ① 납품업자등이 종업원등을 선임 또는 해임하거나 종업원등의 근무지역 또는 근무조건을 결정하는 경우 대규모유통업자의 지시 또는 승인을 받도록 하는 행위, ② 납품업자등의 판매품목, 시설규모, 영업시간 등 경영활동에 관한 사항을 부당하게 제한하는 행위, ③ 납품업자등이 다른 유통업자를 통해 판매촉진행사를 실시하는 경우 협의 또는 승인의 요구, 판매촉진행사의 제한 또는 중단 등의 방법으로 간섭하는 행위, ④ 납품업자등이 다른 유통업자를 통해 판매하는 상품의 가격, 수량 등 거래조건을 정하거나 유지하거나 변경하도록 요구하는 등의 방법으로 간섭하는 행위, ⑤ 그 밖에 납품업자등이 독자적으로 의사결정을 하고 수행해야 하는 경영활동에 간섭하는 행위로서 공정거래위원회가 정하여 고시하는 행위가 있다(영 §11의2 각호).

는 납품업자등에게 예측 가능한 정도의 판매장려금을 수수할 수 있다. 즉, 대규모유통업자는 '연간거래 기본계약'의 내용으로 판매장려금의 지급목적, 지급시기 및 횟수, 판매장려금의 비율이나 액수 등의 사항을 납품업자와 약정하고, 이에 따라 납품업자로부터 판매장려금을 받을 수 있다. 이 경우 판매장려금은 해당 거래분야에서 합리적이라고 인정되는 범위를 넘을 수 없다(법 §15②, 영 §12).

[판례] 홈플러스의 ㈜농심에 대한 부당한 경제적 이익제공 요구(대법원 2021. 11. 25. 선고 2018구65071 판결)

대규모유통업법 제2조 제9호, 제15조의 내용에 비추어 보면, 판매장려금은 해당 상품에 대한 수요를 늘려 판매를 증진시킴을 목적으로 하는 것만을 의미하는 것이고, 이러한 목적과 직접적인 관련이 없다면 대규모유통업법 제15조 제2항에서 정한 합리적 인정 범위 내에 있는 것으로 보기 어려워 대규모유통업법 제15조에 의하여 허용되는 적법한 판매장려금이라고 할 수 없다. … 원고들이 농심 등 4개 납품업자에게 지급하는 상품대금에서 판촉비용분담금 또는 진열장려금 명목으로 매입액 대비 일정률 또는 일정액의 금액을 공제한 것은 대규모유통업법 제15조와 판매장려금지침에 따라 허용되는 판매장려금에 해당하지 않으므로 이를 공제한 행위에 정당한 사유가 없다.

(10) 부당한 영업시간 구속 금지

매장임차인이 질병의 발병과 치료의 사유로 인하여 영업시간의 단축을 요구함에도 대규모유통업자가 이를 허용하지 아니하는 등 부당하게 영업시간을 구속하는 사례가 나타나고 있다. 이에 따라 대규모유통업법은 거래상 약자인 매장임차인의 건강권이 침해되지 않도록 대규모유통업자는 매장임차인(매장임차인으로부터 판매위탁을 받은 자 포함)이 질병의 발병과 치료의 사유로 인하여 필요 최소한의 범위에서 영업시간의 단축을 요구함에도 이를 허용하지 아니하는 등 부당하게 매장임차인의 영업시간을 구속하는 행위를 금지하고 있다(법 §15의2).

(11) 불이익 제공행위의 금지

대규모유통업자는 일반적으로 정형화된 불공정거래행위 이외에도 자신의 거래상 지위를 이용하여 납품업자등의 의사에 반하여 일정한 행위를 하도록 요구하거나 납품업자등의 의사를 묻지 아니하고 거래와 관련한 중요사항을 일방적으로 처리함으로써 납품업자등에게 불이익을 주는 경우가 적지 않다. 이에 따라 대규모유통업법은 납품업자등에게 불이익을 주는 대규모유통업자의 불공정거래행위를 예시적으로 열거하고, 대규모유통업자가 '정당한 사유 없이' 납품업자등에게 이에 해당하는 행위를 하지 못하도록 원칙적으로 금지하고 있다(법 §17).

[판례] 홈플러스의 납품업자등에 대한 불이익제공의 정당화 사유(서울고법 2020. 7. 2. 선고 2019누52159 판결, 고법 확정)

정당한 사유가 인정되는지 여부는 납품업자등의 매장 위치·면적·시설을 변결하게 된 사유 및 목적, 점포개편에 따른 매장 위치·면적·시설의 변경을 납품업자등이 사전에 예상할 수 있었는지 여부, 점포개편 과정에서 대규모유통업자와 납품업자등 사이에 실질적인 협의가 있었다고 볼 수 있는지 여부, 납품업자등에게 구 대규모유통업법 제16조 제2호에 의한 보상을 포함하여 적절한 보상이 이루어졌는지 여부, 매장 위치나 면적의 증감 등에 따른 이해관계의 조정이 적절하게 이루어졌는지 여부 등을 종합적으로 고려하여 판단함이 상당하다.

특히 대규모유통업자가 아래의 행위를 하거나 강요의 정도에 이르지 않더라도 납품업자등으로 하여금 하게 하는 것 자체를 금지하고 있다.

① 상품권이나 물품을 구입하게 하는 행위
② 통상적인 시장의 납품 가격보다 현저히 낮은 가격으로 납품하게 하는 행위
③ 판매촉진행사를 실시하기 위하여 통상의 납품수량보다 현저히 많은 수량을 납품하게 하는 행위
④ 납품업자등의 의사에 반하여 판매촉진행사에 참여하게 하는 행위
⑤ 한시적으로 인하하기로 약정한 납품 가격을 기한이 경과한 후에도 정상가격으로 환원하지 아니하거나 환원을 지연하는 행위
⑥ 납품업자등의 의사에 반하여 해당 납품업자등의 상품에 관한 광고를 하게 하는 행위
⑦ 일정한 점포의 매장에서 퇴점하는 것을 방해하거나 납품업자등의 의사에 반하여 자기의 다른 점포의 매장에 입점하게 하는 행위
⑧ 계약기간 중에 납품업자등의 매장 위치·면적·시설을 변경하는 행위
⑨ 계약기간 중에 판매장려금의 비율 등 대통령령으로 정하는 계약조건[123]을 변경하는 행위
⑩ 그 밖에 제1호부터 제9호까지의 규정에 준하는 것으로서 납품업자등에게 불이익을 주거나 이익을 제공하게 하는 행위

---

123) 여기에서 '대통령령으로 정하는 계약조건'이란 ① 판매장려금의 비율 또는 액수, ② 특약매입거래 또는 위·수탁거래의 경우 상품판매대금에서 대규모유통업자가 공제하는 판매수익 또는 수수료의 어느 하나를 말한다(영 §13②).

(12) 보복조치의 금지

대규모유통업자의 불공정거래행위가 근절되지 않는 주된 이유 중의 하나는 납품업자등이 이들의 불공정거래행위를 관계기관에 알릴 경우 그 보복으로서 각종 불이익을 받을 것을 두려워하기 때문이다. 이 점을 고려하여 대규모유통업법은 납품업자등이 ① 분쟁조정을 신청하거나, ② 공정거래위원회에 법 위반행위를 신고하거나 ③ 공정거래위원회의 서면실태조사에 자료제출 등의 방식으로 협조하거나 ④ 공정거래위원회의 법 위반행위 조사에 협조하였음을 이유로 대규모유통업자가 납품업자등에게 불리하게 계약조건을 변경하는 행위, 납품이나 매장 임차의 기회를 제한하는 행위 또는 계약의 이행과정에서 불이익을 주는 보복조치를 금지하고 있다(법 §18).

4. 공정거래 및 동반성장 협약

우리나라는 대기업 중심의 경제구조를 가지고 있기 때문에 그동안 대기업과 중소기업 간에 많은 갈등이 일어나고 있다. 이러한 문제를 해결하기 위해 대기업과 중소기업이 공존하고 함께 성장을 이루어나가기 위한 동반성장이 오늘날 우리 사회의 화두가 되고 있다.

이러한 추세에 따라 대규모유통업법은 대규모유통업자와 납품업자등 사이에 동반성장 협약을 체결할 수 있는 근거를 마련하여 공정거래위원회는 대규모유통업자와 납품업자등이 대규모유통업 관련 법령의 준수 및 상호 지원·협력을 약속하는 협약을 체결하도록 권장할 수 있도록 하고 있다(법 §19①). 공정거래위원회는 대규모유통업자와 납품업자등이 위 협약을 체결하는 경우 그 이행을 독려하기 위하여 포상 등 지원시책을 마련하여 시행하여야 한다(법 §19②). 한편 공정거래위원회는 협약의 내용·체결절차·이행실적평가 및 지원시책 등에 필요한 사항을 정하도록 하고 있다(법 §19③). 이에 따라 공정거래위원회는 현재 「대·중소기업간 공정거래 및 동반성장협약 절차·지원 등에 관한 기준(유통분야)」을 제정하여 시행중에 있다.

Ⅳ. 분쟁의 조정

1. 의 의

대규모유통업거래 관련 분쟁은 대규모유통업자의 거래상 지위의 남용과 이에 따른 납품업자등의 피해구제에 관한 사안이 대부분이다. 그러나 거래 중에 발생한 분쟁과 관련하여 대규모유통업자에 대한 제재조치만으로는 납품업자등의 피해에 대한 실효성 있는 구제 및 예방에 한계가 있다.

따라서 대규모유통업법은 대규모유통업거래 당사자의 분쟁을 조정하기 위하여 한국공정거래조정원에 「대규모유통업거래 분쟁조정협의회」를 설치할 수 있도록 하고(법 §20①), 동 협의회에서 이루어진 조정에 대해서는 시정조치를 면제하는 등 행정상의 혜택을 부여하고 있다. 이로써 분쟁당사자인 납품업자등은 상대적으로 많은 시간과 비용이 소요되는 타율적인 분쟁해결보다는 당사자 간의 합의에 의해 신속하게 분쟁을 해결할 수 있게 되었고, 대규모유통업자의 입장에서도 공정거래위원회의 시정조치에 앞서 분쟁을 스스로 해결할 수 있는 기회를 가짐으로써 분쟁비용을 절감할 수 있게 되었다.

2. 대규모유통업거래 분쟁조정협의회

(1) 분쟁조정협의회의 설치 및 구성

(가) 위원의 구성

대규모유통업거래 분쟁조정협의회(이하 "협의회")는 위원장 1명을 포함한 9명의 위원으로 구성되며, 위원장은 상임으로 한다(법 §20②). 위원은 공익대표, 대규모유통업자 이익대표, 납품업자등 이익대표로 구분하되 각각 같은 수로 한다(법 §20③).

(나) 위원의 자격요건 · 임기

위원의 자격요건으로서는 ① 대학에서 법률학 · 경제학 · 경영학을 전공한 자로서 「고등교육법」에 따른 학교나 공인된 연구기관에서 부교수 이상의 직 또는 이에 상당하는 직에 있거나 있었던 사람, ② 판사 · 검사의 직에 있거나 있었던 사람 또는 변호사의 자격이 있는 사람, ③ 독점금지 및 공정거래업무에 관한 경험이 있는 4급 이상의 공무원(고위공무원단에 속하는 일반직 공무원 포함)의 직에 있거나 있었던 사람, ④ 그 밖에 대규모유통업 분야의 거래 및 분쟁조정에 관한 학식과 경험이 풍부한 사람이어야 한다(법 §20④ 각호). 위원의 임기는 3년으로서 연임이 가능하다(법 §20⑥).

(다) 위원(장)의 임명 · 위촉

협의회의 위원은 조정원장의 제청으로 공정거래위원장이 임명하거나 위촉한다(법 §20④). 하지만, 위촉일 현재 대규모유통업자 또는 납품업자등의 임직원으로 있는 자는 공익대표위원으로 위촉될 수 없다(법 §21①). 공익을 대표하는 위원으로 위촉받은 자가 대규모유통업자 또는 납품업자등의 임직원인 경우에는 즉시 위촉을 해제하여야 한다(법 §21②).

협의회의 위원장은 공익대표위원 중에서 공정거래위원장이 위촉한다(법 §20⑤). 협의회의 위원장은 상임으로 하며, 그 직무 외에 영리를 목적으로 하는 업무에 종사하지 못한다(법 §20②, ⑧). 그러나 영리 목적 여부에 대한 공정거래위원장의 심사를 거쳐 비영리 목적의 업무를 겸할 수 있다(법 §20⑩).

(2) 협의회의 회의

협의회의 회의는 위원 전원으로 구성되는 '전체회의'와 공익, 대규모유통업자의 이익 및 납품업자등의 이익을 대표하는 위원 각 1인으로 구성되는 '소회의'로 구분한다(법 §22①). 협의회의 소회의는 전체회의로부터 위임받은 사항에 관하여 심의·의결한다(법 §22②). 협의회의 전체회의는 위원장이 주재하며, 재적위원 과반수의 출석으로 개의하고, 출석위원 과반수의 찬성으로 의결한다(법 §22④). 협의회의 소회의는 공익을 대표하는 위원이 주재하며, 구성위원 전원의 출석과 출석위원 전원의 찬성으로 의결한다. 이 경우 소회의 의결은 협의회의 의결로 보되, 회의의 결과를 전체회의에 보고하여야 한다(법 §22⑤).

협의회 위원장이 사고로 직무를 수행할 수 없을 때에는 공익을 대표하는 위원 중에서 공정거래위원장이 지명하는 위원이 그 직무를 대행한다(법 §22⑥). 조정의 대상이 된 분쟁의 당사자인 사업자(이하 "분쟁당사자")는 협의회의 회의에 출석하여 의견을 진술하거나 관계 자료를 제출할 수 있다(법 §22⑦).

(3) 위원의 제척 · 기피 · 회피

위원 또는 그 배우자나 배우자이었던 자가 해당 조정사항의 분쟁당사자가 되거나 공동권리자 또는 의무자의 관계에 있거나 기타 이해관계에 있는 등 협의회의 조정에 공정을 기하기 어려운 사정이 있는 때에 제척사유가 되며(법 §23①), 위원에게 조정을 공정하게 수행하기 어려운 사정이 있는 경우 분쟁당사자는 협의회에 기피신청을 할 수 있다(법 §23②). 기피신청에 상당한 이유가 있는 경우에는 위원장의 결정으로 해당 위원을 조정에서 제외한다(법 §23④). 또한 위원 스스로 조정의 공정성을 저해할 우려가 있다고 판단하는 때에는 위원장의 허가를 받아 해당 조정사항의 조정에서 회피할 수 있다(법 §23⑤).

(4) 협의회의 조정사항

협의회는 공정거래위원회가 의뢰하거나 분쟁당사자가 신청하는 사항으로서 대규모유통업자의 의무 및 금지사항(법 §5부터 §15까지, §15의2, §6부터 §18까지의 규정)과 관련한 분쟁에 관한 사항을 조정한다(법 §24). 공정거래위원회는 분쟁조정사항에 관하여 조정절차가 끝날 때까지 해당 분쟁당사자에게 시정명령이나 시정권고를 하여서는 아니 된다. 다만, 공정거래위원회가 이미 조사 중인 사건에 대하여는 그러하지 아니하다(법 §26⑧).

3. 분쟁조정절차

(1) 조정의 신청 · 의뢰

분쟁당사자는 일정한 사항을 적은 서면을 제출하여 협의회에 그 조정을 신청할 수 있다(법 §25①). 협의회가 분쟁당사자로부터 조정을 신청받았을 때에는 즉시 그 조정사항을 분쟁당사자에게 알려야 한다(법 §25③). 그러나 당사자가 분쟁조정의 수락을 거부하였을 경우에는 민사소송을 통해 분쟁을 해결하게 된다.

공정거래위원회도 대규모유통업자와 납품업자등 사이의 거래와 관련한 분쟁에 관한 사건에 대하여 협의회에 그 조정을 의뢰할 수 있다(법 §25②).

(2) 시효중단

당사자가 조정을 신청하는 경우 시효중단의 효력이 있다(법 §25④ 본문). 다만 조정이 신청되더라도 그 신청이 취하되거나 각하된 때에는 그러하지 아니하다(법 §25④ 단서). 신청이 취하 또는 각하된 경우에 6개월 내에 재판상의 청구, 파산절차 참가, 압류 또는 가압류, 가처분을 한 때에는 시효는 최초의 분쟁조정의 신청으로 인하여 중단된 것으로 본다(법 §25⑤).

중단된 시효는 분쟁조정이 이루어져 조정조서를 작성한 때나 분쟁조정이 이루어지지 아니하고 조정절차가 종료된 때에는 이때로부터 새로이 시효가 진행한다(법 §25⑥). 이는 민법 제178조(중단 후에 시효진행)의 취지를 확인하는 것으로 조정절차가 개시되어 시효가 중단되었더라도 조정이 성립 또는 불성립하여 조정절차가 끝난 시점부터는 시효가 다시 진행한다는 점을 분명히 하려는 것이다.

(3) 조정절차의 개시

협의회는 조정을 신청 받거나 조정을 의뢰 받는 경우에는 지체 없이 분쟁조정 절차를 개시하여야 한다(법 §26①). 협의회는 분쟁당사자에게 분쟁조정사항에 대하여 스스로 합의하도록 권고하거나 조정안을 작성하여 제시할 수 있다(법 §26②). 협의회는 해당 분쟁조정사항에 관한 사실을 확인하기 위하여 필요한 경우 조사를 하거나 분쟁당사자에게 관련 자료의 제출이나 출석을 요구할 수 있다(법 §26③). 협의회는 조정절차가 종료되기 전에 분쟁당사자가 사망하거나 능력의 상실 그 밖의 사유로 조정절차를 계속 할 수 없는 경우에는 법령에 따라 그 지위를 승계한 자가 분쟁당사자의 지위를 승계하게 할 수 있다(영 §22①).

공정거래위원회는 조정절차 개시 전에 시정조치 등의 처분을 하지 아니한 분쟁조정사항에 관하여 조정절차가 끝날 때까지 해당 분쟁당사자에게 시정명령이나 시정권고를 하여서는 아니 된다(법 §26⑧).

(4) 소송과의 관계

분쟁당사자가 분쟁조정을 신청한 후 해당 사건에 대하여 법원에 소를 제기한 경우에는 지체 없이 그 사실을 협의회에 알려야 한다(영 §23①). 협의회가 분쟁당사자로부터 소 제기 사실을 통지받거나, 제출받은 분쟁조정신청서를 통해 분쟁조정이 신청된 사건에 대해 소가 제기된 사실을 확인한 경우에는 분쟁당사자의 동의를 받아 수소법원(受訴法院)에 알려야 한다(영 §23②). 수소법원이 소송절차를 중지한 경우에는 분쟁당사자는 지체 없이 그 사실을 협의회에 알려야 한다(영 §23③).

분쟁조정이 신청된 사건에 대하여 신청 전 또는 신청 후 소가 제기되어 소송이 진행 중일 때에는 수소법원(受訴法院)은 조정이 있을 때까지 소송절차를 중지할 수 있다(법 §26의2①). 그러나 법원이 소송절차를 중지하지 아니하는 때에는 협의회가 해당 사건의 조정절차를 중지하여야 한다(법 §26의2②). 그 밖에 협의회는 조정이 신청된 사건과 동일한 원인으로 다수인이 관련되는 동종·유사 사건에 대한 소송이 진행 중인 경우에는 결정으로 조정절차를 중지할 수 있다(법 §26의2③). 조정절차를 중지한 경우 협의회는 지체 없이 그 사실을 분쟁당사자에게 알려야 한다(영 §23⑤).

그 밖에 협의회는 수소법원이 소송절차를 중지한 분쟁조정 사건에 대해 조정신청을 각하하거나 조정절차를 종료한 경우에 분쟁당사자의 동의를 받아 그 사유 또는 조정결과 등을 수소법원에 알려야 한다(영 §23④).

(5) 조정신청의 각하 및 절차종료

(가) 조정신청의 각하

협의회는 조정을 위한 전제조건이 충족되지 아니한 경우, 즉 ① 조정신청의 내용과 직접적인 이해관계가 없는 자가 조정신청을 하거나(제1호), ② 이 법의 적용대상이 아니거나 조정사항(대규모유통업자의 의무 및 금지에 관한 제5조에서 제18조까지의 사항)에 해당하지 않는 사안에 관하여 조정신청을 하거나(제2호), ③ 이미 공정거래위원회가 조사를 개시한 사안에 대해 조정신청을 한 경우(제2호)에는 조정신청을 각하한다(법 §26④ 전단 각호). 이 경우 협의회는 분쟁조정이 신청된 행위 또는 사건이 ③에 해당하는지에 대하여 공정거래위원회의 확인을 받아야 한다(법 §26④ 후단). 또한 ③에 해당하더라도 공정거래위원회로부터 시정조치 등의 처분을 받은 후 분쟁조정을 신청한 경우에는 그러하지 아니하다(법 §26④ iii 단서). 즉, 공정거래위원회의 제재조치가 완료된 사건도 분쟁조정대상에 포함하여 피해자 또는 양 당사자가 원하는 경우 민사소송이 아닌 분쟁조정을 통하여 신속한 권리구제를 받을 수 있다.

(나) 조정절차의 종료

협의회는 ① 분쟁당사자의 일방이 조정절차 진행 중 조정을 거부한 경우, ② 조정의 신청이 있은 후 분쟁당사자가 「중재법」에 따라 중재신청을 한 경우, ③ 조정할 실익이 없는 것으로서 대통령령이 정하는 사항[124]이 발생하는 경우에는 조정절차를 끝낼 수 있다(법 §26⑤, 임의적 절차종료).

그러나 ① 분쟁당사자가 협의회의 권고 또는 조정안을 수락하거나 스스로 조정하는 등 조정이 이루어진 경우, ② 분쟁당사자가 협의회의 권고 또는 조정안을 수락하지 아니하여 조정이 이루어지지 아니한 경우, ③ 조정신청을 통지받은 날부터 60일(분쟁당사자 쌍방이 기간연장에 동의한 경우에는 90일)이 지나도 조정이 이루어지지 아니한 경우에는 조정절차를 끝내야 한다(법 §26⑥, 필수적 절차종료).

(다) 조정결과의 보고 및 통지

협의회는 조정신청을 각하하거나 조정절차를 끝낸 경우에는 대통령령이 정하는 바에 따라 공정거래위원회에 조정의 경위, 조정거부·중지 또는 종료의 사유 등과 관계 서류를 서면으로 지체 없이 보고하여야 하고 분쟁당사자에게 그 사실을 통보하여야 한다(법 §26⑦).

4. 분쟁조정의 효과

협의회의 분쟁조정 결과 당사자들이 분쟁조정안을 수락하고 이를 이행할 경우 사건은 종료된다. 협의회는 조정사항에 대하여 조정이 성립된 경우 조정에 참가한 위원과 분쟁당사자가 기명날인하거나 서명한 조정조서를 작성한다(법 §27①). 또한 협의회

124) 분쟁조정 종료사유에 해당하는 것으로는 ① 신청인이 정당한 사유 없이 기한 내에 분쟁조정신청을 보완하지 아니한 경우, ② 신청의 내용과 직접적인 이해관계가 없는 자가 조정신청을 한 경우, ③ 신청인이 부당한 이익을 얻을 목적으로 조정신청을 한 것으로 인정되는 경우, ④ 분쟁의 성격상 조정을 하는 것이 적당하지 아니하다고 인정되는 경우, ⑤ 신청인이 같은 사안에 대하여 같은 취지로 2회 이상 조정신청을 한 경우, ⑥ 신청인이 협의회에서 이미 끝난 분쟁조정과 같은 사안을 공정거래위원회에 신고하여 다시 협의회에 넘겨진 경우가 있다(영 §19).

는 분쟁당사자가 조정절차를 개시하기 전에 조정사항을 스스로 조정하고 조정조서의 작성을 요청하는 경우에는 그 조정조서를 작성하여야 한다(법 §27②).

조정조서를 작성한 경우 조정조서는 분쟁당사자 간 재판상 화해와 동일한 효력을 갖는다(법 §27⑤). 재판상 화해는 법원의 확정판결과 동일한 효력을 가지는 것으로(민소법 §220), 당사자 쌍방은 분쟁조정의 효력에 구속되며, 그 효력은 궁극적이다. 따라서 확정된 조정안에 대하여는 항소할 수 없으며, 그 자체가 민사집행법상 집행권원이 되어 별도의 법적 절차 없이 즉시 강제집행이 가능하다.[125]

분쟁당사자는 조정에서 합의된 사항을 이행하여야 하고, 이행결과를 공정거래위원회에 제출하여야 한다(법 §27③). 공정거래위원회는 조정절차 개시 전에 시정조치 등의 처분을 하지 아니한 분쟁조정사항에 대하여 합의가 이루어지고, 그 합의사항을 이행한 경우에는 시정명령이나 시정권고를 하지 아니한다(법 §27④). 그러나 조정이 불성립된 경우에는 공정거래위원회에서 정식사건 처리절차에 따라 진행된다.

Ⅴ. 동의의결

1. 동의의결 신청

공정거래위원회의 조사나 심의를 받고 있는 대규모유통업자 또는 대규모유통업자를 구성원으로 하는 사업자단체(이하 "신청인")는 해당 조사나 심의의 대상이 되는 행위(이하 "해당 행위")로 인한 불공정한 거래내용 등의 자발적 해결, 납품업자의 피해구제 및 거래질서의 개선 등을 위하여 동의의결을 하여 줄 것을 공정거래위원회에 신청할 수 있다(법 §34의2① 본문).

신청은 ① 해당 행위를 특정할 수 있는 사실관계, ② 해당 행위의 중지, 원상회복 등 경쟁질서의 회복이나 거래질서의 적극적 개선을 위하여 필요한 시정방안, ③ 납품업자 등의 피해를 구제하거나 예방하기 위하여 필요한 시정방안을 기재한 서면으로 하여야 한다(법 §34의2②). 다만, 그 위반의 정도가 객관적으로 명백하고 중대하여 경쟁질서를 현저히 저해한다고 인정되는 경우나 동의의결이 있기 전에 신청을 취소하는 경우에는 공정거래위원회는 동의의결을 하지 아니하고 이 법에 따른 심의 절차를 진행하여야 한다(법 §34의2① 단서 각호, §44②).

---

125) 따라서 위원회에서 내린 조정결정은 성립되었으나, 당사자 일방이 결정내용을 이행치 않을 경우 「대법원규칙」 제1198호에 의거하여 관할법원으로부터 집행문을 부여받아 강제집행을 실시할 수 있다.

2. 동의의결 절차

동의의결 절차에 관하여는 공정거래법 제90조를 준용한다(법 §34의3). 이에 따라 공정거래위원회는 신속한 조치의 필요성, 납품업자 피해의 직접 보상 필요성 등을 종합적으로 고려하여 동의의결 절차의 개시 여부를 결정하여야 한다(법 §34의3, 공정거래법 §90①).

공정거래위원회는 동의의결을 하기 전에 30일 이상의 기간을 정하여 법률이 정한 일정한 사항[126]을 신고인 등 이해관계인에게 통지하거나, 관보 또는 공정거래위원회의 인터넷 홈페이지에 공고하는 등의 방법으로 의견을 제출할 기회를 주어야 한다(공정거래법 §90②). 공정거래위원회는 위의 일정한 사항을 관계 행정기관의 장에게 통보하고 그 의견을 들어야 하며, 제39조의 벌칙규정이 적용되는 행위에 대해서는 검찰총장과 협의하여야 한다(공정거래법 §90③).

3. 동의의결 내용

동의의결 신청을 받은 공정거래위원회는 해당 행위의 사실관계에 대한 조사를 마친 후 신청인이 제시한 시정방안이 ① 해당 행위가 이 법을 위반할 것으로 판단될 경우에 예상되는 시정조치, 그 밖의 제재와 균형을 이루고, ② 공정하고 자유로운 경쟁질서나 거래질서를 회복시키거나 납품업자 등을 보호하기에 적절하다고 인정된다고 판단되는 경우에는 해당 행위와 관련한 심의절차를 중단하고 시정방안과 같은 취지의 의결(동의의결)을 할 수 있다. 이 경우 동의의결 신청인과의 협의를 거쳐 시정방안을 수정할 수 있다(법 §34의2③).

공정거래위원회의 동의의결은 해당 행위가 이 법에 위반된다고 인정한 것을 의미하지 아니하며, 누구든지 신청인이 동의의결을 받은 사실을 들어 해당 행위가 이 법에 위반된다고 주장할 수 없다(법 §34의2④).

4. 동의의결 취소

동의의결의 취소에 관하여는 공정거래법 제91조를 준용한다(법 §34의3). 이에 따라 공정거래위원회는 ① 동의의결의 기초가 된 시장상황 등 사실관계의 현저한 변경 등

---

126) 여기에서 일정한 사항이란 ① 해당 행위의 개요, ② 관계 법령 조항, ③ 시정방안(시정방안이 수정된 경우에는 그 수정된 시정방안), ④ 해당 행위와 관련하여 신고인 등 이해관계인의 이해를 돕는 그 밖의 정보(다만, 사업상 또는 사생활의 비밀 보호나 그 밖에 공익상 공개하기에 적절하지 아니한 것은 제외)를 말한다(공정거래법 §90② 각호).

으로 인하여 시정방안이 적정하지 아니하게 되거나, ② 신청인이 제공한 불완전하거나 부정확한 정보로 인하여 동의의결을 하게 되었거나, 신청인이 거짓 또는 그 밖의 부정한 방법으로 동의의결을 받았거나, ③ 신청인이 정당한 이유 없이 동의의결을 이행하지 아니하는 경우에는 동의의결을 취소할 수 있다(공정거래법 §91① 각호). 동의의결을 취소한 경우 공정거래위원회는 중단된 해당 행위 관련 심의절차를 계속하여 진행할 수 있다(공정거래법 §91③).

5. 동의의결의 이행 점검 및 이행관리 위탁

동의의결을 받은 신청인은 의결에 따라 동의의결의 이행계획과 이행결과를 공정거래위원회에 제출하여야 한다(공정거래법 §90⑤).

공정거래위원회는 제출된 이행계획의 이행 여부를 점검할 수 있고, 동의의결을 받은 신청인에게 그 이행에 관련된 자료의 제출을 요청할 수 있다(공정거래법 §90⑥). 공정거래위원회는 이행계획의 이행 여부 점검 등 동의의결의 이행관리에 관한 업무를 대통령령으로 정하는 바에 따라 한국공정거래조정원 또는 한국소비자원에 위탁할 수 있다(공정거래법 §90⑦). 그러나 공정거래법 시행령에서는 공정거래조정원에 위탁하도록 하고 있다(공정거래법 시행령 §80). 위탁을 받은 기관의 장은 신청인이 제출한 동의의결의 이행계획과 이행결과에 대한 이행관리 현황을 분기별로 공정거래위원회에 보고하여야 한다. 다만, 공정거래위원회의 현황 보고 요구가 있는 경우 즉시 이에 따라야 한다(공정거래법 §90⑧). 위탁을 받은 기관의 장은 동의의결을 받은 신청인이 그 이행을 게을리하거나 이행하지 아니하는 경우에는 지체 없이 그 사실을 공정거래위원회에 통보하여야 한다(공정거래법 §90⑨).

6. 동의의결의 미이행

공정거래위원회는 정당한 이유 없이 상당한 기한 내에 동의의결을 이행하지 아니한 자에게 동의의결이 이행되거나 취소되기 전까지 1일당 200만 원 이하의 이행강제금을 부과할 수 있다(법 §34의4①). 이행강제금의 부과・납부・징수 및 환급 등에 대하여는 공정거래법 제16조 제2항 및 제3항을 준용한다(법 §34의4②).

Ⅵ. 법 위반의 효과

1. 행정적 제재

(1) 법 위반행위의 조사

법 위반행위의 조사는 신고 또는 직권에 의해 개시된다(법 §29①, ②). 누구든지 대규모유통업법에 위반되는 사실이 있다고 인정하는 때에는 그 사실을 공정거래위원회에 신고할 수 있다. 이 경우 공정거래위원회는 신고자가 동의한 경우에는 대규모유통업자에게 신고가 접수된 사실을 통지하여야 한다(법 §29①). 또한 공정거래위원회는 이 법에 위반되는 혐의가 있다고 인정할 때에는 직권으로 필요한 조사를 할 수 있다(법 §29②).

특히 대규모유통업법은 공정거래위원회가 신고가 접수된 사실을 대규모유통업자에게 통지한 때에는 민법 제174조에 의한 최고가 있는 것으로 보아 민사적 특별효과를 인정하고 있다(법 §29④ 본문). 다만, ① 신고된 사실이 처분제한기간(처분시효 5년, §31)을 경과하여 공정거래위원회가 심의절차를 진행하지 아니하기로 한 경우, ② 신고된 사실에 대하여 공정거래위원회가 무혐의로 조치한 경우 또는 ③ 신고인이 신고를 취하한 경우에는 그러하지 아니하다(법 §29④ 단서). 공정거래위원회가 조사를 한 경우에는 그 결과(조사결과 시정명령 등의 처분을 하려는 경우에는 그 처분의 내용을 포함)를 서면으로 해당 사건의 당사자에게 알려야 한다(법 §29③).

(2) 시정명령 · 시정권고

공정거래위원회는 대규모유통업법의 의무규정이나 금지규정을 위반한 대규모유통업자에게 법 위반행위의 중지, 향후 재발방지, 상품판매대금 또는 상품대금의 지급, 매장 설비비용의 보상, 계약조항의 삭제 · 수정, 시정명령을 받은 사실의 공표, 시정명령을 받은 사실의 거래상대방인 납품업자등에 대한 통지, 법 위반행위의 시정에 필요한 계획 또는 행위의 보고나 그 밖에 시정에 필요한 조치를 명할 수 있다(법 §32). 공정거래위원회가 이 법에 위반되는 행위에 대하여 의결하는 경우에는 그 행위에 관한 심리를 마치는 날까지 발생한 사실을 기초로 판단한다(법 §36).

공정거래위원회는 이 법의 규정을 위반한 대규모유통업자에 대하여 시정방안을 마련하여 이에 따를 것을 권고할 수 있다. 이 경우 대규모유통업자가 해당 권고를 수락한 때에는 공정거래위원회가 시정명령을 한 것으로 본다는 뜻을 함께 알려야 한다(법 §33①). 대규모유통업자는 그 권고를 통지받은 날부터 10일 이내에 수락 여부를 공정거래위원회에 알려야 한다(법 §33②). 시정권고를 받은 대규모유통업자가 그 권고를 수락하였을 때에는 제32조에 따른 시정명령을 받은 것으로 본다(법 §33③). 분쟁조정협의회에서 분쟁조정 합의 및 이에 대한 이행이 이루어진 경우 공정거래위원회는 시정명령이나 시정권고를 하지 아니한다(법 §27④).

시정명령을 받았거나 시정권고를 수락한 대규모유통업자는 납품업자등이 변제를 받지 아니하거나 받을 수 없는 때에는 납품업자등을 위하여 변제의 목적물을 공탁하고 그 시정명령의 이행의무를 면할 수 있다. 대규모유통업자가 과실 없이 납품업자등을 알 수 없는 경우에도 또한 같다(법 §34).

(3) 과징금

공정거래위원회는 대규모유통업법상의 의무규정이나 금지규정을 위반한 대규모유통업자에게 대통령령으로 정하는 산출방식에 따른 납품대금이나 연간 임대료를 초과하지 아니하는 범위 안에서 과징금을 부과할 수 있다. 다만, 매출액을 산정하기 곤란한 경우 등에는 5억 원을 초과하지 아니하는 범위에서 과징금을 부과할 수 있다(법 §35①). 과징금은 위반행위를 규정한 조문별로 산정하되, 그 합계가 납품대금이나 연간 임대료의 2배를 초과할 수 없다(법 §35②). 과징금의 부과·징수에 관하여는 공정거래법의 관련 규정(§102부터 §107까지)을 준용한다(법 §35③).

한편 대규모유통업자의 상품판매대금 또는 상품대금, 소위 납품대금 미지급은 민사분쟁의 성격이 강하고 납품업자등에 대한 신속한 피해구제를 위해 대규모유통업자가 납품업자등에게 납품대금을 법정 지급기한 내에 지급하지 않아(법 §8) 공정거래위원회의 조사가 개시된 경우, 조사개시일로부터 30일 내에 납품대금(이자 포함)을 지급하면 과징금을 부과하지 않을 수 있도록 하고 있다(영 [별표 1], 과징금고시).

(4) 과태료

대규모유통업자나 그 임원·종업원이 공정거래위원회의 원활한 조사업무에 협조하지 않거나 거부하는 행위 등에 대해서는 법률에서 정한 바에 따라 과태료가 부과된다. 즉, 대규모유통업자가 ① 공정거래위원회의 서면실태 조사에 필요한 자료를 제출하지 아니하거나 거짓의 자료를 제출한 경우, ② 납품업자등으로 하여금 공정거래위원회가 요구한 자료를 제출하지 아니하게 하거나 거짓 자료를 제출하도록 요구한 경우, ③ 공정거래위원회가 위반행위 조사를 위해 요구하는 출석 및 의견의 청취에 정당한 사유 없이 출석하지 아니한 경우, ④ 공정거래위원회가 위반행위 조사를 위해 요구하는 보고 또는 필요한 자료나 물건을 제출하지 아니하거나 거짓으로 보고 또는 자료나 물건을 제출한 경우에는 1억 원 이하의 과태료를, 공정거래위원회의 조사를 거부·방해 또는 기피한 경우에는 2억 원 이하의 과태료를 부과한다(법 §41①). 이 경우 대규모유통업자의 임원·종업원이나 그 밖의 이해관계인에게도 각각 1천만 원 이하, 5천만 원 이하의 과태료를 각각 부과한다(법 §41②).

(5) 처분제한기간(처분시효)

공정거래위원회는 이 법에 위반되는 행위가 끝난 날부터 5년이 지난 경우에는 해당 위반행위에 대하여 이 법에 따른 시정명령·과징금 부과 등을 하지 아니한다. 다만, 법원의 판결에 따라 시정명령 또는 과징금 부과처분이 취소된 경우로서 그 판결이유에 따라 새로운 처분을 하는 경우에는 그러하지 아니하다(법 §31).

(6) 공정거래법의 준용

대규모유통업법 위반사건의 처리를 위한 공정거래위원회의 조사, 심의·의결, 과징금의 부과·징수, 공정거래위원회 처분에 대한 이의신청·불복의 소의 제기, 체납징수금의 결손처분 등에 관해서는 공정거래법을 준용한다(법 §38①부터 ⑤).

2. 형사적 제재

(1) 형 벌

대규모유통업법상 의무규정이나 금지규정을 위반한 대규모유통업자에 대해서는 위반의 정도에 따라 벌칙에 처한다. 즉,

① 제13조를 위반하여 납품업자등에게 배타적 거래를 하도록 하거나 납품업자등이 다른 사업자와 거래하는 것을 방해한 자, 제14조 제1항을 위반하여 납품업자등에게 정보 제공을 요구한 자, 제18조를 위반하여 납품업자등에게 불리하게 계약조건을 변경하는 행위, 납품이나 매장 임차의 기회를 제한하는 행위 또는 계약의 이행과정에서 불이익을 주는 행위를 한 자, 제32조에 따른 시정명령에 따르지 아니한 자에게는 2년 이하의 징역 또는 1억 5천만 원 이하의 벌금(법 §39①),

② 감정을 거짓으로 한 자에게는 1억 원 이하의 벌금(법 §39②, §38③, 공정거래법 §81①ii),

③ 이 법에 의한 직무에 종사하거나 종사하였던 위원, 공무원 또는 협의회에서 분쟁조정업무를 담당하거나 담당하였던 자 가운데 그 직무상 알게 된 비밀을 누설하거나

이 법의 시행을 위한 목적 외에 그 비밀을 이용한 자는 2년 이하의 징역 또는 500만 원 이하의 벌금(법 §39③, §38⑤, 공정거래법 §119)에 처한다.

법인의 대표자나 법인 또는 개인의 대리인·사용인 기타 종업원이 그 법인 또는 개인의 업무에 관하여 벌칙에 해당하는 위반행위를 한 때에는 행위자를 벌하는 외에 그 법인 또는 개인에 대하여도 벌금형을 과한다. 다만, 법인 또는 개인이 그 위반행위를 방지하기 위해 해당 업무에 관하여 상당한 주의와 감독을 게을리 하지 아니한 경우에는 그러하지 아니하다(법 §40).

(2) 전속고발

납품업자등에게 배타적 거래를 하도록 하거나 납품업자등이 다른 사업자와 거래하는 것을 방해하거나, ② 납품업자등에게 정보 제공을 요구하거나, ③ 납품업자등에게 불리하게 계약조건을 변경하는 행위, 납품이나 매장 임차의 기회를 제한하는 행위 또는 계약의 이행과정에서 불이익을 주는 행위를 하거나, ④ 시정명령에 따르지 아니하는 경우와 같이 대규모유통업법 위반의 정도가 중한 벌칙에 대해서는 공정거래위원회가 고발하는 경우에만 공소를 제기할 수 있다(법 §42, §39①).

공정거래위원회는 그 위반의 정도가 객관적으로 명백하고 중대하다고 인정하는 경우에는 검찰총장에게 고발하여야 한다(법 §42②, 고발의무). 공정거래위원회의 고발의무 요건에 해당하는 사실이 있는 경우 검찰총장은 이를 공정거래위원회에 통보하여 고발을 요청할 수 있으며, 감사원장, 중소벤처기업부장관은 사회적 파급효과, 납품업자등에게 미친 피해 정도 등 다른 사정을 이유로 공정거래위원회에 고발을 요청할 수 있다(법 §42③, ④, 고발요청). 검찰총장이나 감사원장, 중소벤처기업부장관의 고발요청이 있는 때에는 공정거래위원장은 검찰총장에게 고발하여야 한다(법 §42⑤, 고발강제). 공정거래위원회는 공소가 제기된 후에는 고발을 취소할 수 없다(법 §42⑥).

3. 민사적 제재

(1) 손해배상책임의 원칙

대규모유통업자가 이 법을 위반함으로써 납품업자등에게 손해를 입힌 경우에는 그 손해에 대하여 배상책임을 진다. 다만, 대규모유통업자가 고의 또는 과실이 없음을 입증한 경우에는 그러하지 아니하다(법 §35의2①). 손해배상청구의 소가 제기된 경우 공정거래법 제110조(기록의 송부 등) 및 제115조(손해액의 인정)를 준용한다(법 §35의2④).

(2) 징벌적 손해배상

대규모유통업법 위반행위에 대한 손해배상의 범위는 기본적으로는 실손해액 배상주의를 취하고 있는 현행 사법체계(민법 §763, §393)에 따라 통상의 손해를 그 한도로 한다. 그러나 대규모유통업자와 납품업자등과의 갑을관계에서 발생하는 중요한 법 위반행위에 대해서는 징벌적 손해배상을 지우도록 하고 있다.

즉, 대규모유통업자는 ① 상품대금 감액의 금지(법 §7), ② 상품의 반품 금지(법 §10), ③ 납품업자등의 종업원 사용 금지(법 §12) 및 ④ 보복조치 금지(법 §18) 조항을 위반한 경우 납품업자등에게 발생한 손해의 3배를 넘지 아니하는 범위에서 배상책임을 진다. 다만, 대규모유통업자가 고의 또는 과실이 없음을 입증한 경우에는 그러하지 아니하다(법 §35의2②).

법원은 징벌적 손해배상액을 정할 때에는 ① 고의 또는 손해 발생의 우려를 인식한 정도, ② 위반행위로 인하여 납품업자등이 입은 피해 규모, ③ 위법행위로 인하여 대규모유통업자가 취득한 경제적 이익, ④ 위반행위에 따른 벌금 및 과징금, ⑤ 위반행위의 기간·횟수, ⑥ 대규모유통업자의 재산상태 및 ⑦ 대규모유통업자의 피해구제 노력의 정도의 사항을 고려하여야 한다(법 §35의2③).

Ⅶ. 기 타

1. 행정기관의 업무협조

공정거래위원회는 이 법의 시행을 위하여 필요하다고 인정하는 때에는 관계 행정기관의 장의 의견을 듣거나 관계 행정기관의 장에게 필요한 조사를 의뢰하거나 필요한 자료를 요청할 수 있으며, 이 법에 따른 시정명령의 이행을 확보하기 위해 필요한 협조를 요청할 수 있다(법 §37①, ②, ③). 조사의뢰 또는 자료요청을 받거나 협조를 요청받은 관계 행정기관의 장은 특별한 사유가 없으면 이에 협조하여야 한다(법 §37④).

2. 포상금제도

공정거래위원회는 이 법의 위반행위를 신고하거나 제보하고 그 신고나 제보를 입증할 수 있는 증거자료를 제출한 자에게 예산의 범위에서 포상금을 지급할 수 있다(법 §29의2①, 영 §26). 그러나 공정거래위원회가 포상금을 지급한 후 ① 위법 또는 부당한 방법의 증거수집, 거짓신고, 거짓진술, 증거위조 등 부정한 방법으로 포상금을 지급받거나, ② 동일한 원인으로 다른 법령에 따라 포상금 등을 지급받거나, ③ 그 밖에 착오 등의 사유로 포상금이 잘못 지급된 사실이 발견된 경우에는 해당 포상금을 지급받은 자에게 반환할 금액을 통지하여야 하고, 해당 포상금을 지급받은 자는 그 통지를 받은 날부터 30일 이내에 이를 납부하여야 한다(법 §29의3).

3. 서면실태조사

공정거래위원회는 대규모유통업에서의 공정한 거래질서 확립을 위하여 대규모유통업자와 납품업자등 사이의 거래에 관한 서면실태조사를 실시하여 그 조사결과를 공표하여야 한다(법 §30①). 공정거래위원회가 서면실태조사를 실시하려는 경우에는 조사대상자의 범위, 조사기간, 조사내용, 조사방법, 조사절차 및 조사결과 공표범위 등에 관한 계획을 수립하여야 하고, 조사대상자에게 거래실태 등 조사에 필요한 자료의 제출을 요구할 수 있다(법 §30②). 공정거래위원회가 자료의 제출을 요구하는 경우에는 조사대상자에게 자료의 범위와 내용, 요구사유, 제출기한 등을 명시하여 서면으로 알려야 한다(법 §30③). 대규모유통업자는 납품업자등으로 하여금 거래실태 등 조사에 필요한 자료를 제출하지 아니하게 하거나 거짓 자료를 제출하도록 요구해서는 아니 된다(법 §30④).

제 5 절 대리점거래의 공정화에 관한 법률

Ⅰ. 서 설

1. 대리점거래의 의의

일반적으로 대리점은 일정 기간 계속하여 특정한 공급업자의 상품 또는 용역을 판매하는 역할을 담당하는 수직적 거래관계에 있기 때문에 공급업자에 대한 사업의존도가 매우 높은 편이다. 이로 인해 대리점은 공급업자가 거래상 우월한 지위를 이용하여 부당한 요구를 하더라도 이를 사실상 거절하기 어려운 입장에 있다.

이를 기화로 일부 공급업자들은 매출 증대를 위해 대리점에 판매목표를 부과하고 이를 달성하지 못할 경우 약정된 대가를 제대로 지급하지 않거나 무리한 물량 밀어내기, 영업비용의 전가 등의 불공정 거래관행을 보이고 있으며, 대리점이 이에 응하지 않을 경우 거래를 일방적으로 중단하는 사례도 나타나고 있다. 그러나 협상력이 부족하고 경제적으로 종속된 위치에 있는 대리점으로서는 거래단절을 각오하지 않는 한 이를 경쟁당국에 신고하기 어려우며, 이 때문에 공급업자의 불공정 거래관행에 대한 권리구제가 쉽지 않은 것이 현실이다.

이에 따라 대리점거래의 공정한 거래질서를 확립하고 공급업자와 대리점이 대등한 지위에서 상호보완적으로 균형 있게 발전할 수 있도록 2015년 12월 「대리점거래의 공정화에 관한 법률」(이하 "대리점법")이 제정되었다. 이 법률은 특히 구입강제나 경제상 이익제공 강요와 같은 불공정거래행위로 대리점에 손해를 입히거나 보복조치에 대해서는 징벌적 손해배상책임까지 질 수 있도록 함으로써 그동안 논란이 되었던 소위 '갑(공급업자)'의 횡포를 근절하는데 중점을 두고 있다.

2. 공정거래법과의 관계

대리점법은 공급업자들의 우월한 거래상 지위를 남용한 불공정거래행위를 특별히 규제하기 위하여 제정된 법률로, 대리점법과 공정거래법은 특별법과 일반법과의 관계에 있다. 따라서 대리점법에 규정된 공급업자와 대리점 간의 불공정거래행위에 대해서는 대리점법이 우선하여 적용되며(법 §4), 대리점법에 규정되지 아니한 거래에 관하여는 공정거래법상 불공정거래행위 중 거래상 지위남용(동법 §45①ⅵ)이 적용될 수 있다.

3. 적용제외

대리점법은 거래상 지위 남용행위를 규제하기 위한 특별법적인 성격을 가지고 있으므로 공급업자가 대리점에 대하여 거래상 우월한 지위를 가지지 않을 경우에는 그 적용대상에서 제외할 필요가 있다.

이에 따라 ① 공급업자가 중소기업자이거나 ② 대리점이 중소기업자에 해당하지 아니하는 경우처럼 공급업자와 대리점이 어느 정도 대등한 정도의 교섭력을 가지고 있다고 판단되는 경우에는 대리점법의 적용이 제외된다(법 §3①ⅰ, ⅱ). 여기에서 중소기업자라 함은 「중소기업기본법」 상 중소기업(동법 §2①, ③), 「중소기업협동조합법」 상 중소기업협동조합(동법 §3①)을 포함한다.

또한 공급업자가 대리점에 대하여 거래상 우월적 지위에 있다고 인정되지 아니하는 경우에도 대리점법이 적용되지 아니한다(법 §3①ⅲ). 이때 공급업자가 대리점에게 거래상 우월한 지위를 가지고 있는지 여부는 ① 상품시장 및 유통시장의 구조, ② 공급업자와 대리점 간 사업능력의 격차, ③ 대리점의 공급업자에 대한 거래 의존도, ④ 거래의 대상이 되는 상품 또는 용역의 특성을 종합적으로 고려하여 판단한다(법 §3①ⅲ 각목).

이와 함께 대리점법은 ① 「가맹사업법」에서 정하는 가맹사업에 해당하는 거래, ② 「자본시장법」에서 정하는 금융투자업에 해당하는 거래, ③ 「대규모유통업법」에서 정하는 대규모유통업자와 납품업자 등 사이의 거래 또는 ④ 그 밖에 거래의 성격 및 대리점 보호의 필요성 등을 고려하여 대리점거래에서 제외할 필요가 있는 것으로서 대통령령으로 정하는 거래에 대하여는 적용하지 아니한다(법 §3② 각호).

Ⅱ. 대리점거래의 개념 및 유사개념과의 구분

1. 관련 개념

(1) 대리점거래

대리점거래란 공급업자와 대리점 사이에 상품 또는 용역의 재판매 또는 위탁판매를 위하여 행하여지는 거래로서 일정 기간 지속되는 계약을 체결하여 반복적으로 행하여지는 거래를 말한다(법 §2ⅰ). 이에 따라 대리점거래는 공급업자가 계속적으로 공급하는 상품 또는 용역을 재판매업자가 매입하여 이를 다시 판매하는 '재판매'와 공급업자가 공급한 상품 또는 용역을 판매자가 자기 명의로 판매한 후 일정액의 수수료를 공제한 판매대금을 공급업자에게 지급하는 형태의 '위탁판매'로 구분된다.

그러나 여기에서 '위탁판매'의 범위를 '위탁매매'에 한정하기보다는 대리점거래의 현실이나 대리점법의 입법목적에 비추어 이를 확대할 필요가 있다. 즉, 공급업자가 자기의 명의로 제3자와 거래하고 대리점이 상법상 대리상(상법 §87, 체약대리상 또는 중개대리상)으로서 또는 상품의 공급·배송을 위탁받아 실행하는 등의 방법으로 공급업자를 보조하는 역할을 담당하는 경우에도 위탁판매거래의 한 유형으로 인정할 필요가 있다.

(2) 공급업자

공급업자란 생산 또는 구매한 상품 또는 용역을 대리점에게 공급하는 사업자를 말한다(법 §2ⅱ). 여기에서 공급업자는 제조업(가공업 포함), 수입업 또는 유통업을 영위하는 자이다. 공급업자는 상품 또는 용역을 '생산' 또는 '구매'할 것을 전제로 하기 때문에 판매를 '위탁'받은 상품 또는 용역을 재판매 또는 (재)위탁판매를 위해 대리점에 공급하는 경우에는 공급업자의 개념에 포함되지 않는다.

또한 공급업자라 하더라도 중소기업자이거나 대리점에 대하여 거래상 우월한 지위를 가지고 있다고 인정되지 아니하는 경우에는 대리점법의 적용대상에서 제외된다(법 §3①).

(3) 대리점

대리점이란 공급업자로부터 상품 또는 용역을 공급받아 불특정다수의 소매업자 또는 소비자에게 재판매 또는 위탁판매하는 사업자를 말한다(법 §2iii). 이에 따라 대리점은 재판매대리점과 위탁판매대리점으로 구분할 수 있다.

대리점법상 점포와 같은 물적 설비나 장소적 요건을 전제로 하지 않기 때문에 대리점에는 무점포 대리점이나 온라인 대리점도 포함되며, 공급업자가 대리점에 대해 거래상 우월적 지위를 가지고 있는 한 전속대리점뿐만 아니라 혼합대리점도 대리점법상 대리점에 포함된다. 하지만 대리점이 중소기업자에 해당하지 아니하는 경우에는 대리점법의 적용대상에서 제외된다(법 §3ii).

(4) 반 품

반품이란 대리점이 공급받은 상품을 되돌려 주거나 대리점의 다른 상품과 바꾸는 등 형식에 상관없이 공급받은 상품을 공급업자에게 실질적으로 되돌려주는 모든 행위를 말한다(법 §2iv).

(5) 판매장려금

판매장려금이란 명칭에 상관없이 상품 또는 용역의 판매촉진을 위하여 공급업자가 대리점에게 지급하는 경제적 이익을 말한다(법 §2v).

2. 유사개념과의 구분

(1) 대리상

대리상은 일정한 상인을 위하여 상업사용인이 아니면서 그 영업부류에 속하는 거래의 대리 또는 중개를 영업으로 하는 자이다(상법 §87). 상법상 개념에 따르면 대리상은 일정한 상인(공급업자) 명의로 거래를 대리 또는 중개를 함으로써 법적 효과가 직접 본인(공급업자)에게 귀속되고, 그 대가로 수수료를 받는 사업자이다. 이 점에서 공급업자와는 별도로 자기 자신의 명의와 계산으로 상품 또는 용역을 매입하여 이를 다시 판매함으로써 법적 효과와 경제적 효과가 자기에게 귀속하는 재판매대리점과 구분된다. 즉, 상법상 대리상의 경우에는 사업상의 리스크를 공급업자가 부담하는 데 비해, 재판매대리점의 경우에는 대리점 스스로 부담하게 된다.[127]

---

127) 거래현실에서 총판대리점, 특약점, 판매점, 체인점 등 다양한 명칭이 사용되고 있으나, 이들이 상법상 대리상인지 대리점법상의 대리점인지 여부는 계약내용을 실질적으로 살펴 판단하여야 한다. 대법원 1999. 2. 5. 선고 97다26593 판결 참조.

(2) 위탁매매인

위탁매매인은 자기명의로써 타인의 계산으로 물건 또는 유가증권의 매매를 영업으로 하는 사업자를 말한다(상법 §101). 위탁매매인은 위탁자를 위한 매매로 인하여 상대방에 대하여 직접 권리를 취득하고 의무를 부담한다(상법 §102). 상법상 개념에 따르면 위탁매매인은 자기 명의와 타인(위탁자)의 계산으로 위탁매매를 하는 것이기 때문에 법적으로는 자기가 거래의 당사자로 등장하나, 경제적 효과는 위탁자인 공급업자에게 귀속하고 그 수수료를 받는 데 불과하다. 이 점에서 상법상 위탁매매인은 위탁판매대리점의 개념에 포섭된다고 할 수 있다.

(3) 가맹점사업자

가맹점사업자는 가맹사업과 관련하여 가맹본부로부터 가맹점운영권을 부여받은 사업자를 말한다(가맹사업법 §2ⅲ). 즉, 가맹본부로부터 그의 영업표지를 사용하여 일정한 품질기준이나 영업방식에 따라 상품 또는 용역을 판매할 수 있는 가맹점운영권을 부여받음과 아울러 경영 및 영업활동 등에 대한 지원·교육과 통제를 받고, 그 대가로 가맹본부에 가맹금을 지급하는 사업자를 말한다. 가맹본부의 통일적인 지시나 통제를 따라야 하고, 독자적인 상호를 사용할 수 없다는 점에서 대리점에 비해 사업의존성이 강한 점이 특징이다.

Ⅲ. 거래공정화를 위한 공급업자의 의무 및 금지사항

1. 개 관

통상적으로 대리점들은 특정한 공급업자로부터 상품 또는 용역을 공급받아 이를 판매(재판매 또는 위탁판매)하는 일을 계속 반복하고 있으며, 공급업자에 대해 거래상 종속적인 지위에 있다고 볼 수 있다. 이를 기화로 공급업자는 그의 우월한 지위(소위 '갑'의 지위)를 이용하여 대리점을 상대로 불공정한 거래를 요구할 가능성이 크다.

이러한 실정을 고려하여 대리점법은 공급업자가 거래과정에서 지켜야 할 의무사항으로서 공급업자에 대한 대리점거래계약서 작성·제공 및 보관의무를 부과하고(법 §5), 공급업자가 거래상의 지위를 부당하게 이용하여 대리점에 대하여 행하기 쉬운 불공정거래행위를 7개 유형으로 세분화하여 구입강제, 이익제공 강요, 판매목표 강제, 불이익제공, 경영 간섭하는 행위, 보복조치 등을 하거나 계열회사 또는 다른 사업자로 하여금 이를 행하지 못하도록 금지하고 있다(법 §6부터 §11까지).

2. 공급업자의 계약서 작성 · 제공 및 보관의무

(1) 계약서의 작성·제공·보관

공급업자와 대리점은 통상 거래상 갑을관계에 있고, 협상력의 차이가 크기 때문에 계약을 서면으로 체결하지 않는 경우 거래개시 시점에 거래조건이 명확치 않을 수 있다. 또한 추후 대리점에게 불이익이 되도록 거래조건을 설정하거나 거래내용을 변경할 위험이 있다. 이러한 거래상 지위에서 발생할 수 있는 불공정거래행위를 사전에 방지하기 위해 대리점법은 모든 대리점과의 거래시 거래조건에 관한 서면계약 작성을 의무화하는 한편, 서면계약서의 내용에 거래와 관련하여 분쟁의 대상이 될 수 있는 사항[128]을 포함하도록 하고 있다. 공급업자는 대리점과 계약을 체결한 즉시 대리점거래 계약서를 대리점에게 서면(전자문서 포함)으로 제공하여야 한다(법 §5①). 대리점거래 계약서에는 공급업자와 대리점이 각각 서명(공인전자서명 포함) 또는 기명날인을 하여야 한다(법 §5②). 공급업자는 대리점거래 계약서를 대리점거래가 종료된 날부터 3년간 보관하여야 한다(법 §5③).

(2) 표준대리점계약서의 사용

공정거래위원회는 건전한 대리점거래 질서를 확립하고 계약당사자가 대등한 입장에서 공정하게 계약을 체결할 수 있도록 업종별로 대리점거래에 관한 표준계약서(이하 "표준대리점계약서")를 마련하고, 이 법의 적용대상이 되는 사업자 또는 사업자를 구성원으로 하는 사업자단체에 이를 사용하도록 권장할 수 있다(법 §5의2①). 이들 사업자 또는 사업자단체는 공정거래위원회에 표준대리점계약서의 제정 또는 개정을 요청할 수 있다(법 §5의2②). 공정거래위원회는 표준계약서의 제 · 개정시 이해관계자 또는 학식과 경험이 풍부한 전문가의 의견을 들을 수 있다(법 §5의2③).

3. 공급업자의 금지사항

(1) 구입강제행위

공급업자는 자기의 거래상의 지위를 부당하게 이용하여 대리점이 구입할 의사가

---

128) 대리점에게 거래와 관련하여 분쟁의 대상이 될 수 있는 사항으로는 ① 거래형태, 거래품목 및 기간, ② 납품방법, 납품장소 및 일시, ③ 상품대금의 지급수단 및 지급시기, ④ 상품의 반품조건, ⑤ 영업의 양도, ⑥ 계약해지의 사유 및 계약해지 절차, ⑦ 판매장려금 지급, ⑧ 그 밖에 대리점거래계약 당사자의 권리 · 의무에 관한 사항으로서 대통령령으로 정하는 사항이 있다(법 §5① 각호). 여기에서 대통령령으로 정하는 사항이라 함은 위탁판매 거래의 경우 ① 공급업자가 대리점에게 위탁한 업무의 범위 및 그 수행방법에 관한 사항과 ② 수수료 등 그 명칭에 상관없이 대리점이 공급업자로부터 수령하는 위탁판매의 대가에 관한 사항을 말한다(영 §2).

없는 상품 또는 용역을 구입하도록 강제하는 행위를 하거나, 계열회사 또는 다른 사업자로 하여금 이를 행하도록 하여서는 아니 된다(법 §6①).

공급업자의 구입 강제행위의 유형으로서 ① 대리점이 특정 상품 또는 용역을 주문하도록 강요하거나 주문할 수밖에 없는 상황을 조성하여 구입을 강제하는 행위, ② 대리점의 주문내용을 일방적으로 수정하여 대리점이 구입할 의사가 없는 상품 또는 용역을 공급하는 행위, ③ 그 밖에 대리점의 의사에 반하여 상품 또는 용역을 구입하도록 강제하는 행위로서 공정거래위원회가 정하여 고시하는 행위를 들 수 있다(법 §6②, 영 §3).

(2) 경제상 이익제공 강요행위

공급업자는 자기의 거래상 지위를 부당하게 이용하여 대리점에게 자기를 위하여 금전·물품·용역, 그 밖의 경제상 이익을 제공하도록 강요하는 행위를 하거나, 계열회사 또는 다른 사업자로 하여금 이를 행하도록 하여서는 아니 된다(법 §7①).

공급업자의 경제상 이익제공 강요행위의 유형에 해당하는 것으로서 ① 공급업자의 필요에 따라 판매촉진행사를 실시하면서 그 비용·인력 등을 대리점이 부담하도록 강요하는 행위, ② 공급업자가 고용한 임직원 인건비의 전부 또는 일부를 대리점이 부담하도록 강요하는 행위, ③ 대리점이 고용한 임직원을 공급업자의 사업장 또는 공급업자가 지정한 사업장 등의 장소에서 근무하도록 강요하는 행위, ④ 기부금, 협찬금 등 그 명칭과 관계없이 대리점거래와 무관한 경제상 이익의 제공을 강요하는 행위, ⑤ 그 밖에 대리점의 의사에 반하여 대리점으로 하여금 금전·물품·용역, 그 밖의 경제상 이익을 제공하도록 강요하는 행위로서 공정거래위원회가 정하여 고시하는 행위를 들 수 있다(법 §7②, 영 §4).

(3) 판매목표 강제행위의 금지

공급업자는 자기의 거래상의 지위를 부당하게 이용하여 자기가 공급하는 상품 또는 용역과 관련하여 대리점에게 거래에 관한 목표를 제시하고 이를 달성하도록 강제하는 행위를 하거나, 계열회사 또는 다른 사업자로 하여금 이를 행하도록 하여서는 아니 된다(법 §8①).

여기에서 판매목표를 강제하는 행위의 유형으로는 공급업자가 자기가 공급하는 상품 또는 용역과 관련하여 대리점에게 거래에 관한 목표를 제시하고 목표를 달성하지 못할 경우 ① 대리점 계약을 중도에 해지하는 행위, ② 상품 또는 용역의 공급을 중단하는 행위, ③ 대리점에 지급하여야 하는 금액의 전부 또는 일부를 지급하지 아니하는 행위, ④ 그 밖에 대리점의 정상적인 영업을 방해하는 불이익을 주는 행위로서 공정거래위원회가 정하여 고시하는 행위를 말한다(법 §8②, 영§5).

(4) 불이익 제공행위의 금지

공급업자는 자기의 거래상의 지위를 부당하게 이용하여 제6조부터 제8조까지에 해당하는 행위 외의 방법으로 대리점에게 불이익이 되도록 거래조건을 설정 또는 변경하거나 그 이행과정에서 불이익을 주는 행위를 하거나, 계열회사 또는 다른 사업자로 하여금 이를 행하도록 하여서는 아니 된다(법 §9①).

불이익 제공행위의 유형 또는 기준으로는 ① 계약서 내용에 관하여 공급업자와 대리점의 의견이 일치하지 아니하는 경우 공급업자의 해석에 따르도록 하는 계약을 체결하는 행위, ② 계약 기간 중에 대리점의 의사에 반하여 거래조건을 추가하여 변경하는 행위, ③ 계약의 전부 또는 일부를 해지하더라도 대리점이 손해배상을 청구할 수 없도록 하는 행위, ④ 합리적인 이유 없이 상품 또는 용역의 공급이나 대리점과 약정한 영업지원을 중단하거나 제한하는 행위, ⑤ 대리점거래 계약서상의 판매장려금 지급제한 사유에 해당하지 아니함에도 불구하고 판매장려금을 삭감하거나 지급하지 아니하는 행위, ⑥ 대리점에 임대한 장비나 비품이 대리점의 귀책사유로 손실, 훼손된 경우 감가상각을 고려하지 아니한 가격으로 대리점이 변상하도록 하는 행위, ⑦ 공급업자의 귀책사유로 상품이 파손되거나 훼손되었음에도 불구하고 반품을 거부하는 행위, ⑧ 공급업자의 귀책사유로 인한 반품임에도 불구하고 운송비 등 반품에 드는 비용을 대리점에 부담하게 하는 행위, ⑨ 그 밖에 대리점에 불이익이 되도록 거래조건을 설정 또는 변경하거나 그 이행과정에서 대리점에 불이익을 주는 행위로서 공정거래위원회가 정하여 고시하는 행위를 들 수 있다(법 §9②, 영 §6 각호).

[판례] 패션그룹형지㈜의 불이익제공행위(서울고법 2023. 2. 8. 선고 2022누36744 판결, 고법 확정)

원고는 자신의 필요에 따라 상품을 이동시키면서 그 이동단계가 '판매대행점 → 원고 → 판매대행점'에서 '판매대행점 → 판매대행점'으로 간소화됨으로 인한 편익은 누리면서도 그 비용을 모두 판매대행점에 전가하였다. (중략) … 원고의 매출 증대 효과가 판매대행점의 위탁판매수수료 증가 효과보다 훨씬 크고, 이익의 크기와 무관하게 상품이동으로 이익을 얻게 되는 주체가 그 비용을 부담하는 것은 당연하다.

원고의 경영상 판단에 따라 이루어진 다른 비용 지원 여부가 원고가 원래 부담하여야 할 본사 지시이동에 따른 운송비용을 판매대행점에 전가하는 이 사건 행위를 정당화한다고 볼 수 없으므로 원고가 판매대행점에 행낭운송비용 이외 다른 비용들을 지원하고 있다는 사정을 고려하여 판매대행점이 이 사건 행위와 관련하여 불이익을 받지 않았다고 볼 수 없다.

(5) 경영활동 간섭 금지

공급업자와 대리점은 법적으로 별개의 사업자이기 때문에 대리점거래를 통하여 상호 협조하는 관계에 있더라도 공급업자가 대리점의 경영활동에 간섭하여서는 아니 된다. 공급업자는 자기의 거래상의 지위를 부당하게 이용하여 대리점의 경영활동을 간섭하는 행위를 하거나, 계열회사 또는 다른 사업자로 하여금 이를 행하도록 하여서는 아니 된다(법 §10①). 그 행위의 유형 또는 기준은 대통령령으로 정한다(법 §10②).

경영활동 간섭행위의 유형으로는 ① 대리점이 임직원 등을 선임 또는 해임하거나 임직원 등의 근무지역 또는 근무조건을 결정하는 경우 공급업자의 사전 지시 또는 사후 승낙을 받도록 하는 행위, ② 합리적인 이유 없이 대리점에 거래처 현황, 매출내역 등 영업상 비밀에 해당하는 정보를 제공하도록 요구하는 행위, ③ 대리점의 거래처, 영업시간, 영업지역, 판촉활동 등을 공급업자가 일방적으로 정하여 이행을 요구하는 행위, ④ 그 밖에 대리점이 독자적으로 의사결정을 하고 수행하여야 하는 경영활동에 간섭하는 행위로서 공정거래위원회가 정하여 고시하는 행위를 들 수 있다(법 §10②, 영 §7).

그러나 재판매 대리점과 달리 위탁판매 대리점과 공급업자 간에는 어느 정도 업무상의 연계성이 인정되기 때문에 경영활동 간섭 여부를 판단할 때에는 이 점을 고려해야 할 것이다.

[판례] 매드트로닉코리아(유)의 판매가격 정보제공 요구행위(서울고법 2021. 8. 25. 선고 2020누53264 판결, 고법 확정)

원고와 대리점들은 동일한 제품이더라도 이를 판매하는 병원마다 판매가격이 달랐으므로 판매가격은 거래당사자인 병원과 대리점이 아닌 제3자로서는 쉽게 알 수 없는 정보이다. (중략) … 특정 사업자가 제품 판매를 통해 창출하는 수익을 파악하는 핵심적 지표가 되는 판매가격 정보는 그 자체로 독립한 경제적 가치를 지닌다.

… 대리점이 원고에게 판매가격 정보를 제공할 경우 대리점으로서는 자신의 유통 마진이 노출되어 원고와의 향후 공급가격 협상 등에 있어 불리한 위치에 있게 되므로 판매가격 정보는 대리점들의 상당한 노력에 의하여 비밀로 유지되는 정보라고 볼 수 있다.

(6) 주문내용 확인요청의 거부 또는 회피 금지

공급업자는 자기의 거래상의 지위를 부당하게 이용하여 대리점이 청약 또는 구입의사를 표시한 제품, 수량 등 주문내역의 정당한 확인요청에 대하여 이를 거부 또는 회피하는 행위를 하거나, 계열회사 또는 다른 사업자로 하여금 이를 행하도록 하여서는 아니 된다(법 §11). 이는 정상적인 대리점거래를 보호하고, 공급업자가 대리점이 주문하지 않은 상품이나 용역을 공급하거나 주문내용을 임의적으로 수정 또는 변경하여 과다하게 공급하는 등 소위 밀어내기식 불공정 대리점거래의 발생을 미연에 방지하기 위한 것이다.

(7) 보복조치의 금지

공급업자의 불공정거래행위가 근절되지 않는 주된 이유 중의 하나는 대리점이 이들의 불공정거래행위를 관계기관에 알릴 경우 그 보복으로서 각종 불이익을 받을 것을 두려워하기 때문이다. 이 점을 고려하여 대리점법은 공급업자가 자기의 법 위반행위(법 §5부터 §11까지)와 관련하여 대리점이 ① 분쟁조정을 신청하거나, ② 공정거래위원회에 법 위반행위를 신고하거나 ③ 공정거래위원회의 법 위반행위 조사에 협조하거나 ④ 공정거래위원회의 서면실태조사에 협조하였음을 이유로 그 대리점에 대해 거래의 정지 또는 물량의 축소, 그 밖에 불이익을 주는 보복행위를 하거나, 계열회사 또는 다른 사업자로 하여금 이를 행하지 못하도록 금지하고 있다(법 §12).

Ⅳ. 거래공정화를 위한 공정거래위원회의 역할

1. 개　　관

영세한 소상공인, 자영업자들이 다수 종사하는 대리점 분야의 경우 공급업자와 대리점 간에는 현실적으로 경제력의 격차가 존재하기 때문에 거래의 공정화를 위해서는 공정거래위원회의 후견적 역할이 요구된다. 대리점법은 연성규제의 일환으로서 공정거래위원회는 공급업자와 대리점이 대리점 관련 법령의 준수 및 상호 지원·협력을 약속하는 자발적인 협약을 체결하도록 권장할 수 있으며, 공정한 대리점거래질서 확립을 위하여 필요한 경우 업종별로 바람직한 거래기준을 정하고, 공급업자에게 이를 준수할 것을 권고할 수 있다. 또한 공정한 대리점거래질서를 확립하기 위하여 공급업자 및 대리점에 대한 교육·연수 등을 담당할 종합지원센터의 설치근거를 마련하고 있다.

2. 공급업자와 대리점 간 협약체결 권장

대리점거래의 공정한 거래질서 확립을 위해 공정거래위원회는 공급업자와 대리점이 대리점 관련 법령의 준수 및 상호 지원·협력을 약속하는 자발적 협약을 체결하도록 권장할 수 있다(법 §12의2①). 공정거래위원회는 공급업자와 대리점이 자발적 협약을 체결하는 경우 그 이행을 독려하기 위하여 포상 등 지원시책을 마련하여 시행하여야 한다(법 §12의2②).

3. 모범거래기준 권고

공정한 대리점 거래질서 확립을 위해서는 제재 위주의 사후규제 방식보다 자발적인 거래관행 개선을 유도하여 법 위반행위를 하지 않도록 사전예방하는 것이 바람직하다. 이에 합리적인 거래방식과 기준을 공급업자에게 선제적으로 보급하여 이를 준수토록 할 필요가 있다. 공정거래위원회는 업종별로 활용되고 있는 바람직한 거래기준을 정하고, 공급업자에게 이를 준수할 것을 권고할 수 있다(법 §12의3).

4. 대리점거래에 대한 교육 등

대리점 분야의 경우 영세한 소상공인이나 자영업자의 비중이 높은 편이어서 이들에 대한 지속적인 교육·상담 및 개선된 제도에 대한 홍보가 필요하다. 공정거래위원회는 공정한 대리점 거래질서 확립을 위하여 ① 공급업자 및 대리점에 대한 교육·연수, ② 공급업자가 대리점법을 자율적으로 준수하도록 유도하기 위한 공정거래 자율준수 프로그램[129]의 보급확산, ③ 공급업자와 대리점 간 규형있는 발전을 위한 제도의 홍보, ④ 그 밖에 공정한 대리점 거래질서 확립을 위하여 필요한 업무를 수행할 수 있다(법 §12의4①).

그러나 공정거래위원회의 인력만으로는 이를 감당하기 어렵기 때문에 교육·상담·홍보 등을 전문기관에 위탁할 수 있다. 즉, 공정거래위원회는 시설·인력 및 교육실적 등 대통령령으로 정하는 기준에 적합한 기관 또는 단체를 '대리점종합지원센터'로 지정하여 그 업무를 위탁할 수 있다(법 §12의4②). 그러나 지정받은 기관 또는 단체가 ① 위탁받은 업무를 충실히 수행하지 못하거나 ② 지정기준을 충족하지 못한 경우에는 지정을 취소하거나 3개월 이내의 기간을 정하여 지정의 효력을 정지할 수 있다(법 §12의4③).

129) 사업자가 공정거래 관련 법규를 준수하기 위하여 자체적으로 제정·운영하는 교육, 감독 등 내부준법체계를 말한다.

V. 분쟁의 조정

1. 의 의

대리점거래 관련 분쟁은 공급업자의 거래상 지위의 남용과 이에 따른 대리점의 피해구제에 관한 사안이 대부분이다. 그러나 거래 중에 발생한 분쟁과 관련하여 공급업자에 대한 제재조치만으로는 대리점의 피해에 대한 실효성 있는 구제 및 예방에 한계가 있다. 따라서 대리점법은 대리점거래에 관한 분쟁을 조정하기 위하여 한국공정거래조정원과 특별시·광역시·특별자치시·도·특별자치도(이하 "시·도")에 「대리점분쟁조정협의회」(이하 "협의회")를 설치할 수 있도록 하고 있다(법 §13①, ②). 협의회는 공정거래위원회 또는 분쟁당사자가 요청하는 대리점거래의 공정화(법 §5부터 §12까지)와 관련한 분쟁사항을 조정한다(법 §18).

분쟁조정 업무를 복수의 기관[130]에서 수행하게 됨에 따라 공정거래위원회는 분쟁조정업무의 일관성을 유지하기 위해 필요한 운영지침을 정하여 고시할 수 있다(법 §13③). 이와 함께 분쟁조정 업무와 공정거래위원회의 사건처리 업무가 원활하게 연계될 수 있도록 조정이 신청되거나 각하·종료되는 경우 조정원에 설치된 협의회는 공정거래위원회에, 시·도에 설치된 협의회는 공정거래위원회 및 시·도에 통보하도록 하고 있다(법 §19④, §20⑥).

동 협의회에서 이루어진 조정의 합의를 이행할 경우 시정조치를 면제하는 등 행정상의 혜택을 부여하고 있다. 이로써 분쟁당사자인 대리점은 상대적으로 많은 시간과 비용이 소요되는 타율적인 분쟁해결보다는 당사자 간의 합의에 의해 신속하게 분쟁을 해결하고, 공급업자의 입장에서도 공정거래위원회의 시정조치에 앞서 분쟁을 스스로 해결할 수 있는 기회를 가짐으로써 분쟁비용을 절감할 수 있다.

2. 대리점분쟁조정협의회

(1) 분쟁조정협의회의 설치 및 구성

(가) 위원의 구성

대리점분쟁조정협의회(이하 "협의회")는 위원장 1명을 포함한 9명의 위원으로 구성되며, 위원은 공익대표, 공급업자 이익대표, 대리점 이익대표로 구분하되 각각 같은 수

---

130) 2024년 5월 현재 대리점 분쟁조정 업무는 공정거래조정원을 비롯하여 서울특별시, 경기도, 인천광역시, 부산광역시에서 수행하고 있다.

로 한다(법 §14①, ②).

(나) 위원의 자격요건 · 임기

위원의 자격요건으로서는 ① 대학에서 법률학 · 경제학 · 경영학을 전공한 자로서 「고등교육법」에 따른 학교나 공인된 연구기관에서 부교수 이상의 직 또는 이에 상당하는 직에 있거나 있었던 사람, ② 판사 · 검사의 직에 있거나 있었던 사람 또는 변호사의 자격이 있는 사람, ③ 독점금지 및 공정거래업무에 관한 경험이 있는 4급 이상의 공무원(고위공무원단에 속하는 일반직 공무원 포함)의 직에 있거나 있었던 사람, ④ 그 밖에 대리점거래 및 분쟁조정에 관한 학식과 경험이 풍부한 사람이어야 한다(법 §14③ 각호). 위원의 임기는 3년으로 하되, 연임할 수 있다(법 §14⑤).

(다) 위원(장)의 임명 · 위촉

조정원에 두는 협의회(이하 "조정원 협의회")의 위원은 조정원장의 제청으로 공정거래위원장이 임명하거나 위촉하며, 시 · 도에 두는 협의회(이하 "시 · 도 협의회")의 위원은 시 · 도지사가 임명 또는 위촉한다(법 §14③). 하지만, 위촉일 현재 공급업자 또는 대리점의 임직원으로 있는 자는 공익을 대표하는 위원으로 위촉될 수 없다(법 §15①). 공익대표위원으로 위촉받은 자가 공급업자 또는 대리점의 임직원인 경우에는 즉시 위촉을 해제하여야 한다(법 §15②).

조정원 협의회의 위원장은 공익을 대표하는 위원 중에서 공정거래위원장이 위촉하고, 시 · 도 협의회의 위원장은 공익을 대표하는 위원 중에서 시 · 도지사가 임명하거나 위촉한다(법 §14④). 조정원 협의회의 위원장은 상임으로 하며, 그 직무 외에 영리를 목적으로 하는 업무에 종사하지 못한다(법 §14④, ⑦). 그러나 영리 목적 여부에 대한 공정거래위원장의 심사를 거쳐 비영리 목적의 업무를 겸할 수 있다(법 §14⑨).

(2) 협의회의 회의

협의회의 회의는 위원 전원으로 구성되는 「전체회의」와 공익을 대표하는 위원, 공급업자의 이익을 대표하는 위원, 대리점의 이익을 대표하는 위원 각 1인으로 구성되는 「소회의」로 구분한다(법 §16①). 협의회의 위원장이 전체회의를 소집하려면 관계 위원들에게 회의개최 7일 전까지 회의의 일시 · 장소 및 안건을 서면(전자문서 포함)으로 통지하여야 한다. 다만, 긴급한 경우에는 회의 개최 전날까지 통지할 수 있다(영 §8①).

협의회의 소회의는 전체회의로부터 위임받은 사항에 관하여 심의 · 의결한다(법 §16②). 협의회의 전체회의는 위원장이 주재하며, 재적위원 과반수의 출석으로 개의하고, 출석위원 과반수의 찬성으로 의결한다(법 §16③). 협의회의 소회의는 공익을 대표하는 위원이 주재하며, 소집절차는 전체회의를 준용한다(영 §8①). 소회의는 구성위원 전원의 출석과 출석위원 전원의 찬성으로 의결한다. 이 경우 소회의 의결은 협의회의 의결로 보되, 회의의 결과를 전체회의에 보고하여야 한다(법 §16④). 협의회의 회의는 공개하지 아니한다. 다만, 위원장이 필요하다고 인정하는 때에는 분쟁당사자나 그 밖의 이해관계인에게 방청하게 할 수 있다(영 §8③).

협의회 위원장이 사고로 직무를 수행할 수 없을 때에는 공익을 대표하는 위원 중에서 공정거래위원장 또는 시・도지사가 지명하는 위원이 그 직무를 대행한다(법 §22⑤). 분쟁당사자는 협의회의 회의에 출석하여 의견을 진술하거나 관계 자료를 제출할 수 있다(법 §22⑥).

(3) 위원의 제척 · 기피 · 회피

위원 또는 그 배우자나 배우자이었던 자가 해당 조정사항의 분쟁당사자가 되거나 공동권리자 또는 의무자의 관계에 있거나 기타 이해관계에 있는 등 협의회의 조정에 공정을 기하기 어려운 사정이 있는 때에 제척사유가 되며(법 §17①), 위원에게 조정의 공정을 기하기 어려운 사정이 있는 경우 분쟁당사자는 협의회에 기피신청을 할 수 있다(법 §17②). 제척 또는 기피사유에 해당하는 경우에는 위원은 해당 조정사항의 조정에서 회피할 수 있다(법 §23③).

(4) 협의회의 조정사항

협의회는 공정거래위원회 또는 분쟁당사자가 요청하는 사항으로서 공급업자의 의무 및 금지사항(법 §5부터 §12까지의 규정)과 관련한 분쟁에 관한 사항을 조정한다(법 §18).

3. 분쟁조정절차

(1) 조정의 신청 · 의뢰

분쟁당사자는 공정거래위원회가 조사 중인 사건을 제외하고 분쟁조정신청서를 협의회에 제출하여 조정을 신청할 수 있다(법 §19①). 협의회 위원장은 분쟁조정의 신청에 대하여 보완이 필요하다고 인정될 때에는 상당한 기간을 정하여 그 보완을 요구하여야 하며, 보완에 소요된 기간은 조정절차 종료제척기간(법 §20⑤iii)의 산정에서 제외한다(영 §11①, ②).

공정거래위원회는 공급업자와 대리점 사이의 거래와 관련한 분쟁에 관한 사건에 대하여 협의회에 그 조정을 의뢰할 수 있다(법 §19②). 협의회는 제1항에 따라 분쟁조정을 신청 받았을 때에는 즉시 그 조정신청사항을 분쟁당사자에게 통지하여야 하며, 조정원 협의회의 경우 공정거래위원회에, 시·도협의회의 경우 공정거래위원회 및 시·도에 이를 알려야 한다(법 §19④).

(2) 중복신청 · 공동신청

분쟁당사자가 서로 다른 협의회에 분쟁조정을 신청하거나 여러 협의회에 중복하여 분쟁조정을 신청한 때에는 ① 조정원 협의회, ② 대리점의 주된 사업장이 소재한 시·도 협의회, ③ 공급업자의 주된 사업장이 소재한 시·도 협의회 중 대리점이 선택한 협의회에서 이를 담당한다(법 §19③).

또한 다수인이 공동으로 분쟁의 조정을 신청하는 때에는 신청인 중 3인 이내의 대표자를 선정할 수 있으며, 협의회 위원장은 신청인이 대표자를 선정하지 아니한 경우 신청인에게 대표자를 선정할 것을 권고할 수 있다(영 §10①, ②). 신청인은 대표자를 선정하거나 변경하는 때에는 그 사실을 지체 없이 위원장에게 통지하여야 한다(영 §10③).

(3) 시효중단

당사자에 의한 분쟁조정의 신청은 시효중단의 효력이 있다(법 §19⑤ 본문). 그러나 중단된 시효는 ① 분쟁조정이 이루어져 조정에 참가한 위원과 분쟁당사자가 기명날인한 조정조서를 작성한 경우나 ② 분쟁조정이 이루어지지 아니하고 조정절차가 종료된 경우에는 이 때로부터 새로이 시효가 진행한다(법 §19⑦ 각호). 다만 신청이 취하되거나 각하된 때에는 시효중단의 효력이 없다(법 §19⑤ 단서). 하지만 이 경우에도 6개월 내에 재판상의 청구, 파산절차 참가, 압류 또는 가압류, 가처분을 한 때에는 시효는 조정신청 시점으로 소급하여 최초의 분쟁조정의 신청으로 인하여 시효가 중단된 것으로 본다(법 §19⑥).

(4) 조정절차의 진행

협의회는 분쟁당사자에게 조정사항에 대하여 스스로 조정(합의)하도록 권고하거나 조정안을 작성하여 이를 제시할 수 있다(법 §20①). 협의회는 해당 조정사항에 관한 사실을 확인하기 위하여 필요한 경우 조사를 하거나 분쟁당사자에 대하여 관련 자료의 제출이나 출석을 요구할 수 있다(법 §20②).

협의회가 분쟁당사자에 대하여 출석을 요구하려는 때에는 시기 및 장소를 정하여 출석요구일 7일 전까지 분쟁당사자에게 통지하여야 한다. 다만, 긴급을 요하거나 출석의 통지를 받은 자가 동의하는 경우에는 그러하지 아니하다(영 §12①). 출석통지를 받은 분쟁당사자가 협의회에 출석할 수 없는 부득이한 사유가 있는 경우에는 미리 서면으로 의견을 제출할 수 있다(영 §12②). 분쟁당사자는 분쟁조정 신청 후 해당 사건에 대하여 소(訴)를 제기하거나 중재를 신청한 경우 지체 없이 이를 협의회에 통지하여야 한다(영 §13②).

공정거래위원회는 조정절차 개시 전에 시정조치 등의 처분을 하지 아니한 분쟁조정사항에 관하여 조정절차가 끝날 때까지 해당 분쟁당사자에게 시정명령이나 시정권고를 하여서는 아니 된다(법 §20⑦).

(5) 소송과의 관계

분쟁당사자가 분쟁조정을 신청한 후 해당 사건에 대하여 법원에 소를 제기하거나 중재법에 따른 중재를 신청한 경우에는 지체 없이 그 사실을 협의회에 알려야 한다(영 §13의2①). 협의회가 분쟁당사자로부터 소 제기 사실을 통지받거나, 제출받은 분쟁조정 신청서를 통해 분쟁조정이 신청된 사건에 대해 소가 제기된 사실을 확인한 경우에는 분쟁당사자의 동의를 받아 수소법원(受訴法院)에 알려야 한다(영 §13의2②). 수소법원이 소송절차를 중지한 경우에는 분쟁당사자는 지체 없이 그 사실을 협의회에 알려야 한다(영 §13의2③).

분쟁조정이 신청된 사건에 대하여 신청 전 또는 신청 후 소가 제기되어 소송이 진행 중일 때에는 수소법원은 조정이 있을 때까지 소송절차를 중지할 수 있다(법 §20의2①). 그러나 법원이 소송절차를 중지하지 아니하는 경우 협의회는 해당 사건의 조정절차를 중지하여야 한다(법 §20의2②). 즉, 법원이 재량을 갖고 소송절차를 중지할 수 있도록 하되, 법원이 중지하지 않는 경우에는 협의회가 조정절차를 중지하도록 하고 있다. 또한 조정이 신청된 사건과 동일한 원인으로 다수인이 관련되는 동종·유사 사건에 대한 소송이 진행 중인 경우에는 협의회의 결정으로 조정절차를 중지할 수 있다(법 §20의2③). 조정절차를 중지한 경우 협의회는 지체 없이 그 사실을 분쟁당사자에게 알려야 한다(영 §13의2⑤).

그 밖에 협의회는 수소법원이 소송절차를 중지한 분쟁조정 사건에 대해 조정신청을 각하하거나 조정절차를 종료한 경우에는 분쟁당사자의 동의를 받아 그 사유 또는 조정결과 등을 수소법원에 알려야 한다(영 §13의2④).

(6) 분쟁당사자의 지위승계

협의회는 조정절차가 종료되기 전에 분쟁당사자가 사망하거나 능력의 상실 그 밖의 사유로 절차를 계속할 수 없는 경우에는 법령에 의하여 그 지위를 승계한 자가 분쟁당사자의 지위를 승계하게 할 수 있다(영 §16①). 분쟁당사자의 지위를 승계하려는 자는 협의회에 서면으로 지위승계를 신청하여야 한다(영 §16②). 협의회가 지위승계 신청을 받은 때에는 지체 없이 이를 심사하여 승계 여부를 결정하고, 그 내용을 신청인에게 서면으로 통지하여야 한다(영 §16③).

(7) 조정신청의 각하 및 절차종료

(가) 조정신청의 각하

협의회는 조정을 위한 전제조건이 충족되지 아니한 경우, 즉 ① 조정신청의 내용과 직접적인 이해관계가 없는 자가 조정신청을 하거나, ② 이 법의 적용대상이 아니거나 조정대상인 공급업자의 의무 및 금지사항(법 §5에서 §12까지의 사항)에 해당하지 아니한 사안에 관하여 조정신청을 하거나, ③ 이미 공정거래위원회가 조사를 개시한 사안에 대해 조정신청을 한 경우(제3호)에는 조정신청을 각하하여야 한다(법 §20③ 전단 각호). 이 경우 협의회는 분쟁조정이 신청된 행위 또는 사건이 ③에 해당하는지에 대하여 공정거래위원회의 확인을 받아야 한다(법 §20③ 후단). 또한 ③에 해당하더라도 공정거래위원회로부터 시정조치 등의 처분을 받은 후 분쟁조정을 신청한 경우에는 그러하지 아니하다(법 §20③ iii 단서).

(나) 조정절차의 종료

협의회는 ① 분쟁당사자의 일방이 조정절차 진행 중에 조정을 거부하거나 ② 조정의 신청 후에 분쟁당사자가 「중재법」에 따른 중재신청을 한 경우, ③ 조정을 하여야 할 실익이 없는 것으로서 대통령령이 정하는 사항[131]이 발생하는 경우에는 조정절차를 종료할 수 있다(법 §20④, 임의적 절차종료).

그러나 ① 분쟁당사자가 협의회의 권고 또는 조정안을 수락하거나 조정에 합의하여 조정이 이루어진 경우, ② 분쟁당사자가 협의회의 권고 또는 조정안을 수락하지 아니하여 조정이 이루어지지 아니한 경우, ③ 분쟁당사자로부터 조정을 신청받은 날 또

131) 이는 ① 신청인이 조정신청을 취하한 경우, ② 분쟁의 성격상 조정을 하는 것이 적당하지 아니하다고 인정되는 경우, ③ 신청인이 부당한 이익을 얻을 목적으로 조정신청을 한 것으로 인정되는 경우, ④ 신청인이 동일한 사안에 대하여 동일한 취지로 2회 이상 조정신청을 한 경우, ⑤ 신청인이 이미 각하되거나 종료된 분쟁조정과 동일한 사안을 공정거래위원회에 신고하여 공정거래위원회가 그 사안을 협의회에 조정의뢰한 경우, ⑥ 신청인이 정당한 사유 없이 기한 내에 분쟁조정신청의 보완을 하지 아니한 경우 및 ⑦ 대리점이 조정절차를 담당할 다른 협의회를 선택한 경우를 말한다(영 §13).

는 공정거래위원회로부터 조정을 의뢰 받은 날부터 60일(분쟁당사자 쌍방이 기간연장에 동의한 경우에는 90일)이 지나도 조정이 이루어지지 아니한 경우에는 조정절차를 종료하여야 한다(법 §20⑤, 필수적 절차종료).

(다) 조정결과의 보고 및 통보

협의회는 조정신청을 각하하거나 조정절차를 종료한 경우에는 ① 분쟁당사자의 일반현황, ② 분쟁당사자 간 대리점거래의 개요, ③ 조정의 쟁점, ④ 조정의 경위, ⑤ 조정신청의 각하 또는 조정절차의 종료사유가 기재된 '분쟁조정종료서'를 작성하여 조정원 협의회의 경우 공정거래위원회에, 시·도협의회의 경우 공정거래위원회 및 시·도에 지체 없이 서면으로 보고하고 분쟁당사자에게 그 사실을 통보하여야 한다(법 §20⑥, 영 §14①, ②).

마찬가지로 분쟁조정이 성립된 경우에도 위의 ①부터 ④의 사항 및 조정결과가 기재된 '조정조서'를 작성한 후 그 사본과 관련서류를 첨부하여 공정거래위원회에 보고하여야 한다(영 §15).

4. 분쟁조정의 효과

협의회의 분쟁조정 결과 당사자들이 분쟁조정안을 수락하고 이를 이행할 경우 사건은 종료된다. 협의회는 조정사항에 대하여 조정이 성립된 경우 조정에 참가한 위원과 분쟁당사자가 기명날인한 조정조서를 작성한다(법 §21①). 또한 협의회는 분쟁당사자가 조정절차를 개시하기 전에 조정사항을 스스로 조정하고 조정조서의 작성을 요구하는 경우에도 그 조정조서를 작성하여야 한다(법 §21②). 분쟁당사자 간 조정조서는 조정절차를 거친 것이든 스스로 조정한 후 협의회에 요구한 것이든 모두 재판상 화해와 동일한 효력을 갖는다(법 §21⑤).

재판상 화해는 법원의 확정판결과 동일한 효력을 가지는 것으로(민소법 §220), 당사자 쌍방은 분쟁조정의 효력에 구속되며, 그 효력은 궁극적이다. 따라서 확정된 조정안에 대하여는 항소할 수 없으며, 그 자체가 민사집행법상 집행권원이 되어 별도의 법적 절차 없이 즉시 강제집행이 가능하다.[132)]

분쟁당사자는 조정에서 합의된 사항을 이행하여야 하고, 이행결과를 공정거래위원회에 제출하여야 한다(법 §21③). 공정거래위원회는 조정절차 개시 전에 시정조치 등의 처분을 하지 아니한 분쟁조정사항에 대하여 합의가 이루어지고, 그 합의사항을 이행한

---

132) 따라서 위원회에서 내린 조정결정은 성립되었으나, 당사자 일방이 결정내용을 이행치 않을 경우 「대법원 규칙」 제1198호에 의거하여 관할법원으로부터 집행문을 부여받아 강제집행을 실시할 수 있다.

경우에는 시정조치나 시정권고를 하지 아니한다(법 §21④). 그러나 조정이 불성립된 경우에는 공정거래위원회에서 정식사건 처리절차에 따라 진행된다.

Ⅵ. 동의의결

1. 동의의결 신청

공정거래위원회의 조사나 심의를 받고 있는 공급업자는 해당 조사나 심의의 대상이 되는 행위(이하 "해당 행위")로 인한 불공정한 거래상태 등의 자발적 해소, 거래질서의 개선, 대리점 피해구제 등을 위하여 동의의결을 하여 줄 것을 공정거래위원회에 신청할 수 있다.

신청은 ① 해당 행위를 특정할 수 있는 사실관계, ② 해당 행위의 중지, 원상회복 등 경쟁질서의 회복이나 거래질서의 적극적 개선을 위하여 필요한 시정방안, ③ 대리점 등의 피해를 구제하거나 예방하기 위하여 필요한 시정방안을 기재한 서면으로 하여야 한다(법 §24의2① 본문). 다만, 그 위반의 정도가 객관적으로 명백하고 중대하여 경쟁질서를 현저히 저해한다고 인정되는 경우나 동의의결이 있기 전에 신청을 철회하는 경우에는 공정거래위원회는 동의의결을 하지 아니하고 이 법에 따른 심의 절차를 진행하여야 한다(법 §24의2③ 각호, §33②).

2. 동의의결 절차

공정거래위원회는 신속한 조치의 필요성, 대리점 피해의 직접 보상 필요성 등을 종합적으로 고려하여 동의의결 절차의 개시 여부를 결정하여야 한다(법 §24의2⑤).

동의의결의 절차는 공정거래법 제90조를 준용한다(법 §24의2⑥). 이에 따라 공정거래위원회는 동의의결을 하기 전에 30일 이상의 기간을 정하여 법률이 정한 일정한 사항[133]을 신고인 등 이해관계인에게 통지하거나, 관보 또는 공정거래위원회의 인터넷 홈페이지에 공고하는 등의 방법으로 의견을 제출할 기회를 주어야 한다(공정거래법 §90②). 공정거래위원회는 위의 일정한 사항을 관계 행정기관의 장에게 통보하고 그 의견을 들어야 하며, 제30조의 벌칙규정이 적용되는 행위에 대해서는 검찰총장과 협의하여야 한다(공정거래법 §90③).

---

133) 여기에서 일정한 사항이란 ① 해당 행위의 개요, ② 관계 법령 조항, ③ 시정방안(시정방안이 수정된 경우에는 그 수정된 시정방안), ④ 해당 행위와 관련하여 신고인 등 이해관계인의 이해를 돕는 그 밖의 정보(다만, 사업상 또는 사생활의 비밀 보호나 그 밖에 공익상 공개하기에 적절하지 아니한 것은 제외)를 말한다(공정거래법 §90② 각호).

3. 동의의결 내용

동의의결 신청을 받은 공정거래위원회는 해당 행위의 사실관계에 대한 조사를 마친 후 공급업자가 제시한 시정방안이 ① 해당 행위가 이 법을 위반할 것으로 판단될 경우에 예상되는 시정조치, 그 밖의 제재와 균형을 이루고, ② 공정하고 자유로운 경쟁질서나 거래질서를 회복시키거나 공급업자와 대리점 등의 상호보완적이고 균형 있는 발전에 적절하다고 인정된다고 판단한 경우에는 해당 행위와 관련한 심의절차를 중단하고 시정방안과 같은 취지의 의결(동의의결)을 할 수 있다. 이 경우 동의의결을 신청한 공급업자(이하 "신청인")와의 협의를 거쳐 시정방안을 수정할 수 있다(법 §24의2②).

공정거래위원회의 동의의결은 해당 행위가 이 법에 위반된다고 인정한 것을 의미하지 아니하며, 누구든지 신청인이 동의의결을 받은 사실을 들어 해당 행위가 이 법에 위반된다고 주장할 수 없다(법 §24의2④).

4. 동의의결의 취소

동의의결의 취소에 관하여는 공정거래법 제91조를 준용한다(법 §24의2⑥). 이에 따라 공정거래위원회는 ① 동의의결의 기초가 된 시장상황 등 사실관계의 현저한 변경 등으로 인하여 시정방안이 적정하지 아니하게 되거나, ② 신청인이 제공한 불완전하거나 부정확한 정보로 인하여 동의의결을 하게 되었거나, 신청인이 거짓 또는 그 밖의 부정한 방법으로 동의의결을 받았거나, ③ 신청인이 정당한 이유 없이 동의의결을 이행하지 아니하는 경우에는 동의의결을 취소할 수 있다(공정거래법 §91① 각호). 동의의결을 취소한 경우 공정거래위원회는 중단된 해당 행위 관련 심의절차를 계속하여 진행할 수 있다(공정거래법 §91③).

5. 동의의결의 이행 점검 및 이행관리 위탁

동의의결을 받은 신청인은 의결에 따라 동의의결의 이행계획과 이행결과를 공정거래위원회에 제출하여야 한다(공정거래법 §90⑤).

공정거래위원회는 제출된 이행계획의 이행 여부를 점검할 수 있고, 동의의결을 받은 신청인에게 그 이행에 관련된 자료의 제출을 요청할 수 있다(공정거래법 §90⑥). 공정거래위원회는 이행계획의 이행 여부 점검 등 동의의결의 이행관리에 관한 업무를 대통령령으로 정하는 바에 따라 한국공정거래조정원 또는 한국소비자원에 위탁할 수 있다(공정거래법 §90⑦). 그러나 공정거래법 시행령에서는 공정거래조정원에 위탁하도록 하고 있다(공정거래법 시행령 §80). 위탁을 받은 기관의 장은 신청인이 제출한 동의의결의 이행계획과 이행결과에 대한 이행관리 현황을 분기별로 공정거래위원회에 보고하여야 한다. 다만, 공정거래위원회의 현황 보고 요구가 있는 경우 즉시 이에 따라야 한다(공정거래법 §90⑧). 위탁을 받은 기관의 장은 동의의결을 받은 신청인이 그 이행을 게을리하거나 이행하지 아니하는 경우에는 지체없이 그 사실을 공정거래위원회에 통보하여야 한다(공정거래법 §90⑨).

6. 동의의결의 미이행

공정거래위원회는 정당한 이유 없이 상당한 기한 내에 동의의결을 이행하지 아니한 자에게 동의의결이 이행되거나 취소되기 전까지 1일당 200만 원 이하의 이행강제금을 부과할 수 있다(법 §24의3①). 이행강제금의 부과·납부·징수 및 환급 등에 대하여는 공정거래법 제16조 제2항 및 제3항을 준용한다(법 §24의3②, 영 §18의2, §18의3)

Ⅶ. 법 위반의 효과

1. 행정적 제재

(1) 시정명령 · 시정권고

공정거래위원회는 대리점법의 금지사항(법 §6부터 §12까지)을 위반한 공급업자에 대하여 해당 행위의 중지, 시정명령을 받은 사실의 공표, 그 밖에 위반행위의 시정에 필요한 조치를 명할 수 있다(법 §23).

또한 공정거래위원회는 이 법의 규정을 위반한 공급업자에 대하여 시정방안을 마련하여 이에 따를 것을 권고할 수 있다(법 §24①). 시정권고는 ① 법 위반내용, ② 권고사항, ③ 시정기한, ④ 수락 여부 통지기한, ⑤ 수락 거부시의 조치를 명시한 서면으로 하여야 한다(영 §18). 시정권고를 받은 사업자는 해당 권고를 통지받은 날부터 10일 이내에 이를 수락하는지 여부를 공정거래위원회에 통지하여야 한다(법 §24②). 시정권고를 받은 사업자가 해당 권고를 수락한 때에는 시정조치를 받은 것으로 본다(법 §24③).

(2) 과징금

공정거래위원회는 대리점법상의 금지규정(법 §6부터 §12까지)을 위반한 공급업자에게 대통령령으로 정하는 법 위반금액을 초과하지 아니하는 범위에서 과징금을 부과할 수 있다. 다만 법 위반금액을 산정하기 곤란한 경우에는 5억 원을 초과하지 아니하는 범위에서 과징금을 부과할 수 있다(법 §25①, 영 [별표1]). 과징금의 부과·징수에 관하여는 공정거래법 관련규정(법 §102부터 §107까지)을 준용한다(법 §25②).

(3) 과태료

공급업자가 ① 공정거래위원회의 원활한 조사업무를 거부·방해 또는 기피한 경우에는 2억 원 이하, ② 정당한 사유 없이 2회 이상 출석하지 아니한 경우 또는 ③ 보고 또는 필요한 자료나 물건의 제출을 정당한 사유 없이 하지 아니하거나, 거짓의 보고 또는 자료나 물건을 제출한 경우에는 1억 원 이하, ④ 대리점거래계약서 작성·교부의무를 위반한 경우에는 5천만 원 이하, ⑤ 대리점거래계약서 보관의무를 위반한 경우에는 1천만 원 이하, ⑥ 자료를 제출하지 아니하거나 거짓의 자료를 제출한 경우에는 2천만 원 이하의 과태료를 부과한다(법 §32①).

또한 공급업자의 임원 또는 종업원이나 그 밖의 이해관계인이 ①에 해당하는 경우에는 5천만 원 이하, ② 또는 ③에 해당하는 경우에는 1천만 원 이하, ⑥에 해당하는 경우에는 500만 원 이하의 과태료를 부과한다(법 §32②). 심판정 질서유지명령에 응하지 않는 자에게는 100만 원 이하의 과태료를 부과한다(법 §32③). 과태료는 대통령령으로 정하는 바에 따라 공정거래위원회가 부과·징수한다(법 §32④).

(4) 공정거래법의 준용

이 법에 따른 공정거래위원회의 심의·의결, 이 법의 시행을 위하여 필요한 공정거래위원회의 조사·의견청취, 이 법에 따른 공정거래위원회 및 위임받은 지방자치단체장의 처분에 대한 이의신청, 시정명령의 집행정지, 소의 제기 및 불복의 소의 전속관할, 직무종사자의 비밀엄수의무에 관해서는 공정거래법 해당 규정을 준용한다(법 §27① 부터 ④까지).

특히 처분제한기간(처분시효)과 관련하여 공정거래위원회가 이 법 위반행위에 대하여 해당 위반행위의 종료일부터 7년이 경과하면 시정조치를 명하거나 과징금을 부과할 수 없다. 다만, 법원의 판결에 따라 시정조치 또는 과징금 부과처분이 취소된 경우로서 그 판결이유에 따라 새로운 처분을 하는 경우에는 그러하지 아니하다(법 §27②, 공정거래법 §80④, ⑥).

2. 형사적 제재

(1) 형 벌

대리점법상 금지규정(법 §6부터 §12까지)을 위반하였거나 공정거래위원회의 시정조치명령에 따르지 아니한 자는 2년 이하의 징역 또는 1억 5천만 원 이하의 벌금에 처한다(법 §30① 각호). 이와 관련한 징역형과 벌금형은 병과할 수 있다(법 §30③). 또한 업무상 비밀을 누설하거나 이 법의 시행을 위한 목적 외에 그 비밀을 이용한 사람은 2년 이하의 징역 또는 2천만 원 이하의 벌금에 처한다(법 §30②).

법인의 대표자나 법인 또는 개인의 대리인, 사용인, 그 밖의 종업원이 그 법인 또는 개인의 업무에 관하여 위 벌칙에 해당하는 위반행위를 하면 그 행위자를 벌하는 외에 그 법인 또는 개인에게도 해당 벌금형을 부과한다. 다만, 법인 또는 개인이 그 위반행위를 방지하기 위하여 해당 업무에 관하여 상당한 주의와 감독을 게을리하지 아니한 경우에는 그러하지 아니하다(법 §31).

(2) 전속고발

대리점법 위반의 정도가 중한 죄(법 §30①)에 대해서는 공정거래위원회가 고발하는 경우에만 공소를 제기할 수 있다(법 §33①). 공정거래위원회는 그 위반의 정도가 객관적으로 명백하고 중대하다고 인정하는 경우에는 검찰총장에게 고발하여야 한다(법 §33②, 고발의무). 공정거래위원회의 고발의무 요건에 해당하는 사실이 있는 경우 검찰총장은 이를 공정거래위원회에 통보하여 고발을 요청할 수 있으며, 감사원장, 중소벤처기업부장관은 사회적 파급효과, 대리점에 미친 피해 정도 등 다른 사정을 이유로 공정거래위원회에 고발을 요청할 수 있다(법 §33③, ④, 고발요청). 검찰총장이나 감사원장, 중소벤처기업부장관의 고발요청이 있는 때에는 공정거래위원장은 검찰총장에게 고발하여야 한다(법 §33⑤, 고발강제).

3. 민사적 제재

(1) 손해배상의 원칙

공급업자가 이 법의 규정을 위반함으로써 대리점에게 손해를 입힌 경우에는 대리점에게 발생한 손해에 대하여 배상책임을 진다. 다만, 무과실의 입증책임을 공급업자에게 전환하여 공급업자가 고의 또는 과실이 없음을 입증한 경우에는 그러하지 아니하다(법 §34①). 손해배상청구의 소가 제기된 경우에는 공정거래법 제110조(기록의 송부등) 및 제115조(손해액의 인정)의 규정이 준용된다(법 §34④).

(2) 징벌적 손해배상

대리점법 위반행위에 대한 손해배상의 범위는 기본적으로는 통상의 손해를 그 한도로 한다(민법 §763, §393). 그러나 공급업자의 대리점에 대한 불공정거래행위 중에서도 특히 그 위법성의 정도가 심한 구입강제 행위(법 §6), 경제상 이익제공 강요행위(법 §7) 또는 보복조치(법 §12)로 대리점에 손해를 입힌 경우에는 대리점에 발생한 손해의 3배를 넘지 아니하는 범위에서 징벌적 배상책임을 지도록 하고 있다(법 §34② 본문). 다만 공급업자가 고의 또는 과실이 없음을 입증한 경우에는 그러하지 아니하다(법 §34② 단서).

법원이 3배 배상액을 정할 때에는 ① 고의 또는 손해 발생의 우려를 인식한 정도, ② 위반행위로 인하여 대리점이 입은 피해 규모, ③ 위법행위로 인하여 공급업자가 취득한 경제적 이익, ④ 위반행위에 따른 벌금 및 과징금, ⑤ 위반행위의 기간・횟수 등, ⑥ 공급업자의 재산상태, ⑦ 공급업자의 피해구제 노력의 정도의 사항을 고려하여야 한다(법 §34③).

Ⅷ. 기 타

1. 행정기관의 업무협조

공정거래위원회는 이 법의 시행을 위하여 필요하다고 인정하는 때에는 관계 행정기관의 장의 의견을 듣거나 관계 행정기관의 장에게 필요한 조사를 의뢰하거나 필요한 자료를 요청할 수 있다(법 §26).

또한 이 법에 의한 공정거래위원회의 권한은 그 일부를 대통령령으로 정하는 바에 따라 소속기관의 장이나 시・도지사에게 위임하거나 다른 행정기관의 장에게 위탁할 수 있다(법 §28).[134] 공정거래위원회는 위임 또는 위탁한 사무에 대하여 위임 또는 위탁받은 자에게 필요한 보고를 하게 할 수 있다(법 §29).

2. 포상금제도

공정거래위원회는 이 법의 제6조부터 제12조까지의 어느 하나에 해당하는 위반행위를 신고하거나 제보하고 그 신고나 제보를 입증할 수 있는 증거자료를 제출한 자에게 예산의 범위에서 포상금을 지급할 수 있다(법 §26의2①, 영 §19의2①). 포상금은 위반행위를 신고하거나 제보하고, 이를 입증할 수 있는 증거자료를 최초로 제출한 자에게 지급한다. 다만, 해당 위반행위를 한 공급업자 및 그 공급업자의 임직원으로서 해당 위

134) 특히 대리점거래계약서 작성의무(법 §5)를 위반한 공급업자에 대한 과태료의 부과・징수 권한을 시・도지사에게 위임하도록 하고 있다(영 §19의3).

반행위에 관여한 사람은 제외한다(영 §19의2②).

공정거래위원회가 포상금을 지급한 후 ① 위법 또는 부당한 방법의 증거수집, 거짓 신고, 거짓진술, 증거위조 등 부정한 방법으로 포상금을 지급받거나, ② 동일한 원인으로 다른 법령에 따라 포상금 등을 지급받거나, ③ 그 밖에 착오 등의 사유로 포상금이 잘못 지급된 사실이 발견된 경우에는 해당 포상금을 지급받은 자에게 반환할 금액을 통지하여야 하고, 해당 포상금을 지급받은 자는 그 통지를 받은 날부터 30일 이내에 이를 납부하여야 한다(법 §26의2③).

3. 서면실태조사

공정거래위원회는 공정한 거래질서 확립을 위하여 공급업자와 대리점 등 사이의 거래에 관한 서면실태조사를 실시하여 그 조사결과를 공표하여야 한다(법 §27의2①). 공정거래위원회가 서면실태조사를 실시하려는 경우에는 조사대상자의 범위, 조사기간, 조사내용, 조사방법, 조사절차 및 조사결과 공표범위 등에 관한 계획을 수립하여야 하고, 조사대상자에게 거래실태 등 조사에 필요한 자료의 제출을 요구할 수 있다(법 §27의2②). 공정거래위원회가 자료의 제출을 요구하는 경우에는 조사대상자에게 자료의 범위와 내용, 요구사유, 제출기한 등을 명시하여 서면으로 알려야 한다(법 §27의2③).

제 3 편

소비자보호에 관한 법률

제1장 총 설

제1절 개 설

Ⅰ. 소비자보호의 필요성

자본주의 시장경제가 정상적으로 작동하는 체제하에서 소비자는 자유롭고 합리적인 선택을 통해 시장에서 영향력을 행사함으로써 기업으로 하여금 경쟁을 통하여 보다 값싸고 품질 좋은 상품 또는 서비스를 공급하도록 지시하는 힘을 가지게 된다. 그것은 최종 수요자로서의 소비자와 생산자로서의 기업이라는 두 경제주체가 상호의존관계를 형성·유지함에 있어서 소비자가 시장메커니즘을 통하여 국민경제의 기본문제인 무엇을 얼마나 어떻게 생산할 것인가에 대한 최종적인 결정을 할 수 있는 힘, 즉 「소비자주권」(consumer sovereignty)을 가지게 됨을 의미하는 것이다. 이와 같은 소비자주권이 현실적으로 기능을 발휘할 수 있기 위해서는 그 전제로서 ① 시장에서의 경쟁이 자유롭고 공정하게 이루어져야 하고, ② 기업이 이윤추구를 위하여 서로 독립하여 경쟁하여야 하며, ③ 소비자의 선택이 외부의 개입에 의해 왜곡되지 않고 합리적으로 이루어져야 한다.[1)]

그러나 오늘날 시장의 상당부분은 독과점 대기업에 의해 지배되고 있어 시장에서의 가격이 수요·공급의 법칙에 따라 형성되는 일은 드물다. 이들 독과점 대기업들은 시장에서의 경쟁보다는 시장지배력을 바탕으로 품질, 가격 또는 거래조건 등을 자의적으로 결정하거나 기업 간의 담합에 의해 결정하기도 하고, 이에 따른 부담을 소비자에게 전가하려는 경향이 있다. 또한 많은 기업들은 이윤추구의 동기에서 상품 또는 서비스에 대한 정확한 정보를 숨겨둔 채 과장광고, 부당표시 등의 정보조작이나 과대한 경품제공 등을 통해 소비자의 합리적인 선택을 저해하거나 부당한 거래조건을 요구하기도 하고, 심지어는 위해한 상품 또는 서비스를 공급하여 소비자들의 생명과 신체에 피

---

1) G. Howells/S. Weatherill, Consumer Protection Law, Dartmouth, 2005, pp. 1-2. 소비자주권의 개념은 민주사회에서 국민들이 정치적 주권을 가지고 있는 것처럼 시장경제에서 소비자가 경제적 주권을 가진다는 뜻에서 허트(Hutt)에 의해 1930년대부터 사용되기 시작하여 오늘날 경제학상 일반화된 개념으로 정착되고 있다.

해를 주기도 한다. 이에 비해 개별 경제주체로서의 소비자는 기업에 비해 정보수집능력, 자금력 및 조직력 면에서 상대적으로 불리한 지위에 있다. 이로 인해 소비자는 시장에서 자유롭고 합리적인 선택을 하기 어려우며, 계약조건에 관하여도 기업측이 제시하는 조건에 따르지 않을 수 없는 경우가 많다. 더구나 소비자는 소비생활과정에서 복잡하고 다양한 소비제품에 대하여 안전성 여부의 확인이나 위해사고 발생시 결함제품에 대한 원인규명도 여의치 않아 피해보상을 위한 법적 대응에 한계가 있다.

따라서 소비자주권이 진정한 권리로서 진가를 발휘할 수 있기 위해서는 국가가 적극적인 조정자의 입장에서 사업자와 소비자 간의 경제적 힘의 불균형이 시정될 수 있도록 「무기대등의 원칙」을 강화하여야 하며, 소비자가 손쉽게 피해구제를 받을 수 있는 제도적 장치를 마련하여야 한다. 특히 오늘날과 같은 대량생산·대량소비 시대에 있어서 소비자 피해규모의 확산을 방지하고, 디지털경제 시대에 있어서 새로운 유형의 소비자피해를 예방하기 위하여 국가의 역할이 더욱 중요시되고 있다. 그러나 소비자보호를 위한 국가의 역할이 강조되더라도 국가의 과도한 개입은 오히려 시장메커니즘을 왜곡하고 사법상 거래질서를 저해할 우려가 있기 때문에 사적 자치의 영역에서 해결이 가능한 일반적인 소비생활에 대해서까지 국가가 관여해야 하는 것은 아니다.

그 밖에 소비자보호를 위한 국가의 조정자로서의 역할은 단지 경제적 약자인 소비자를 보호한다는 측면에서뿐만 아니라, 소비자주권의 회복을 통해 보다 효율적인 시장경제의 기능을 유지시키고, 국민경제의 균형발전을 도모하게 된다는 점에서도 커다란 의미가 있다.

Ⅱ. 소비자피해의 의의 및 특성

1. 소비자피해의 의의

소비자피해란 소비자가 물품이나 용역을 구입하여 사용하거나 이용하는 과정에서 품질상의 결함으로 인하여 입게 된 생명·신체상의 손해와 거래과정에서 부당한 가격이나 거래조건 그리고 불공정한 거래방법 등으로 인해 소비자가 입는 재산의 손해를 모두 포함하는 개념이다.

2. 소비자피해의 특성

(1) 피해발생의 보편성

오늘날 대량생산시대에서는 대부분의 생산공정이 분업화하고 있음에도 전체적인 통합・조정과 각 단계에서의 품질관리가 제대로 이루어지지 못해 종종 상품의 결함이 나타나곤 한다. 또한 정상적인 상품이 생산되더라도 복잡한 유통과정을 거치면서 보관이나 취급상의 부주의로 변질・변형된 상품이 소비자에게 공급될 가능성도 크다. 이와 같이 오늘날 결함상품의 생산・유통이 널리 이루어짐에 따라 소비자피해가 보편적으로 발생하고 있다.

(2) 피해발생의 광범위성

오늘날 교통・통신수단의 발달로 대량생산된 결함 상품 또는 서비스는 다양한 유통경로를 통해 신속하게 확산될 위험성이 그만큼 커지며, 이로 인해 그 피해가 모든 소비자에게 광범위하게 파급된다. 특히 정보통신의 발달로 인터넷 등을 통한 상품 또는 서비스의 거래가 시간적・장소적 제약을 받지 않고 즉시 이루어질 수 있게 됨에 따라 그 소비자피해는 더욱 광범위하게 나타나게 된다. 더구나 고도의 기술상품인 경우에는 피해의 사전 탐지나 예방이 기술적으로 곤란하여 결함상품 공급 후에도 상당기간 사후구제조치가 이루어지지 못함으로써 피해의 범위가 더욱 확산될 우려가 크다.

(3) 피해원인 구명의 곤란성

오늘날 대부분의 상품 또는 서비스는 원료공급에서부터 완제품의 생산에 이르기까지의 과정이 무수하게 분화・독립되고 있다. 또한 완제품이 최종 수요자인 소비자에게 제공되기까지에는 여러 단계의 유통과정을 거치게 된다. 이처럼 원료공급에서부터 완제품의 소매단계 유통에 이르기까지 무수한 사업자가 관련되어 있으므로 소비자피해가 발생한 경우 그 원인이 과연 어느 단계에서 발생하였는지 알기 어려우며, 따라서 그 책임소재를 파악하기 어려운 경우가 많다. 특히 오늘날 상품이 고도화・다양화・정밀화되면서 복잡하고 고도의 기술을 사용한 상품에 대해서는 피해원인을 구명하기 더욱 어렵게 된다.

(4) 피해발생의 중대성

오늘날 과학기술의 고도화로 상품이 복잡해질수록 결함이 빈발하며, 그만큼 상품의 위험성이 커지게 된다. 특히 식품·의약품에 결함이 있는 경우 단순한 재산의 피해를 넘어서 소비자의 생명·신체에 중대한 위해를 끼치게 되며, 사회전체적으로 심각한 영향을 미치게 된다.

제2절 소비자보호의 법적 기초

Ⅰ. 기본원칙

소비자보호의 전제로서 그 법적 기초를 이루는 것이 근대 시민법의 기본원칙인 계약자유의 원칙과 과실책임의 원칙이다.

「계약자유의 원칙」은 사인 상호 간의 법률관계의 형성을 당사자의 자기결정에 맡기고 국가는 계약 상대방의 선택, 내용결정 및 체결방식에 개입하지 않는다는 것을 의미한다. 이 원칙은 사인은 각자 자신의 욕구와 이해관계를 가장 잘 통찰할 수 있기 때문에 사적인 생활관계의 형성을 그들의 자유로운 의사에 맡겨 놓으면 각자의 이익을 극대화할 수 있을 뿐 아니라 사회전체의 이익도 가장 잘 조화될 수 있다는 사고에 기초하고 있다. 또한 이 원칙은 인간의 자기결정권을 표현한 것으로서 인간의 존엄과 가치를 실현하기 위한 불가결의 조건이 되는 동시에 당사자 간의 정당한 이익조정을 위한 법적 수단이 되고 있다.

「과실책임의 원칙」은 개인이 타인에게 준 손해에 대하여는 그 행위가 위법할 뿐만 아니라 동시에 고의 또는 과실에 기한 경우에는 책임을 진다는 원칙이다. 이 원칙은 개인이 자유롭게 거래를 한 이상 그로 인해 생긴 손해는 원칙적으로 각자의 책임으로 돌아가게 된다는 「자기책임의 원칙」을 의미하기도 한다.

Ⅱ. 기본원칙의 수정

근대 사법의 기본원칙은 기본적으로 거래주체 지위의 대등성과 입장의 호환성을 전제로 성립하는 것이다. 그러나 오늘날 고도자본주의 사회의 구조적 특성으로 더 이상 그 전제가 충족되기 어렵게 되었으며, 이러한 기본원칙들은 아이러니컬하게도 계약이라는 합법적인 수단을 통하여 경제적 강자가 경제적 약자에게 자신의 의사를 일방적으로 강요하는 것을 보장하는 역할을 담당하게 되었다. 특히 소비자와 기업 간의 정보력, 자금력, 조직력 등의 격차로 인해 양자 간의 거래에서 소비자는 자기의 권리와 이익을 제대로 실현하지 못하는 경우가 많으며, 거래과정에서 생명·신체 또는 재산에 피해를 받은 경우에도 그 피해원인이나 기업의 고의·과실을 입증하지 못하여 피해구제를 받지 못하는 경우가 많다. 이는 현대적 법률문제에 대한 근대적 민사책임법리의 한계를 나타내는 것이기도 하다.

따라서 국가는 경제적 약자인 소비자의 실질적인 권리와 이익을 보장하기 위하여 자본주의 시장경제 체제를 지탱하는 기본원칙이라고 할 수 있는 계약자유의 원칙과 과실책임의 원칙에 중대한 제한을 가하게 되었다. 즉, 계약자유의 원칙을 수정하여 계약의 체결을 강제하거나 계약내용결정의 자유를 제한하기도 한다. 또한 과실책임의 원칙을 그대로 관철하는 경우 기업의 영리추구활동에 의하여 손해를 입은 소비자가 아무런 배상도 받지 못하고 방치되는 부당한 결과를 가져올 우려가 있기 때문에 과실책임의 원칙을 수정하여 거증책임을 전환하거나 무과실책임을 인정하기도 한다.

제 3 절 소비자보호의 법체계

Ⅰ. 헌 법

소비자권리는 오늘날 새로운 유형의 복합적 기본권으로서 그 헌법적 근거도 다양하다. 소비자보호에 관한 직접 규정으로 헌법 제124조는 소비자보호의 중요성을 인식하여 "국가는 건전한 소비행위를 계도하고 생산품의 품질향상을 위한 소비자보호운동을 법률이 정하는 바에 의하여 보호한다"고 규정하여 국민으로서 일반 소비자 지위를 보호할 수 있는 근거를 마련하고 있다. 헌법의 표현상으로는 소비자보호운동의 보장이지만, 여기에서 바로 소비자권익 내지 권리를 연역해 낼 수는 없다. 소비자의 권리를 헌법에서 추론하는 데는 헌법상 인간의 존엄과 가치 및 행복추구권(헌법 §10), 그리고 인간다운 생활을 할 권리(헌법 §34)의 규정까지 동원함으로써 비로소 소비자 기본권의 확보가 가능하다.[2)]

---

2) 그 밖에 헌법에 열거되지 아니한 자유와 권리도 경시되지 아니한다는 제37조 제1항을 보완적 근거규정으로 볼 수 있으며, 제23조 제1항(재산권 보장), 제34조 제1항(인간다운 생활의 보장) 및 동조 제6항(국가의 재해예방과 위험으로부터의 국민의 보호의무), 제36조 제3항(보건에 관한 권리), 제26조(청원권), 제30조(범죄피해자구조청구권) 등도 간접적 근거규정으로서 소비자권리를 헌법상 보장하고 있다.

Ⅱ. 소비자기본법

헌법상 소비자보호의 이념을 구현하기 위한 기본법으로 「소비자기본법」이 제정되어 있다. 이 법은 소비자의 권익을 증진하기 위하여 소비자의 권리와 책무, 국가·지방자치단체 및 사업자의 책무, 소비자단체의 역할 및 자유시장경제에서 소비자와 사업자 사이의 관계를 규정함과 아울러 소비자정책의 종합적 추진을 위한 기본적인 사항을 규정하고 있다.

소비자기본법은 소비자정보의 제공, 품질·안전의 보장, 피해구제 등을 통한 소비자후생의 증진을 목적으로 한다는 점에서 공정거래법과 공통된다고 할 수 있다. 그러나 소비자기본법은 정보의 불완전성과 비대칭성에 기인한 수요측면에서의 시장실패를 치유하는데 중점을 두고 있는데 비해, 공정거래법은 비경쟁적 시장구조에 기인한 공급측면에서의 시장실패를 치유함으로써 간접적으로 소비자를 보호하게 된다는 점에서 차이가 있다. 그러나 두 법률은 상호보완성을 가지고 있으며, 상호 연계되어 시행될 때 소비자보호정책의 시너지 효과가 극대화될 수 있다.

Ⅲ. 소비자보호 관련법률

1. 특 성

소비자가 일상적인 거래관계에서 사업자와 체결하는 계약에 관한 기본적인 사항은 민법전에서 규율하고 있다. 그러나 계약의 체결과정에서 소비자는 상품 또는 서비스에 대한 충분한 지식이나 정보를 가지지 못하는 경우가 많으며, 계약의 이행과정에서 사업자의 이기적 행위로 불이익을 감수하거나 심지어는 생명·신체상의 피해를 입는 경우도 있다. 그럼에도 불구하고 민법상 계약법의 원칙만으로는 소비자와 사업자 간의 거래관계를 적절하게 해결을 할 수 없는 경우도 종종 발생하고 있다. 소비자보호에 관한 여러 법률들에서는 계약관계에 따르는 소비자피해를 방지하기 위해 소비자정보의 제공, 거래의 적정화, 피해구제의 신속화에 관한 제도적 장치 및 소비자안전을 제고하기 위한 규정을 두고 있다.

2. 소비자정보의 제공에 관한 법률

소비자보호의 출발점은 소비자정보의 제공에 있다. 정확하고 충분한 소비자정보의 제공은 소비자의 상품 또는 서비스에 대한 선택능력을 높여 시장경쟁의 여건을 조성하는 계기로 된다.

이를 위해 소비자정보의 기본법인 「표시 · 광고의 공정화에 관한 법률」에서는 부당한 표시 · 광고의 규제를 통하여 소비자에게 올바른 정보제공이 이루어지도록 하고 있다. 표시의 충실을 위하여 「물가안정에 관한 법률」에서는 주무부장관이 물품을 생산 · 판매하거나 물품의 매매를 업으로 하는 자 또는 용역의 제공을 업으로 하는 자에게 당해 물품의 가격 또는 용역의 대가를 표시할 것을 명할 수 있도록 하고 있다(동법 §3). 또한 제품의 안전성 확보를 위해 「제품안전기본법」에서 소비자가 최종으로 사용하는 제품의 안전관리를 위한 기본적인 사항을 규정하고, 식품, 의약품, 고압가스 등의 제품 분야별로 개별 법률에서 안전관리 체계를 규정하고 있다. 「식품위생법」에서는 식품 · 식품첨가물이나 기구 · 용기 · 포장의 표시에 관하여 식품의약품안전청장이 정한 기준에 맞는 표시가 없는 식품등은 판매 · 수입 · 진열 · 운반 · 사용할 수 없도록 하고 있다(동법 §10).

그 밖에 계량 및 규격의 적정화를 위해 「산업표준화법」에서는 한국산업표준(KS)을 제정할 수 있도록 하고 있으며, 「계량에 관한 법률」에 따른 검정을 받지 아니한 계량기는 법정계량에 사용이 금지된다. 「농산물품질관리법」, 「수산물품질관리법」, 「축산물위생관리법」, 「농약관리법」, 「약사법」 등에도 관련규정이 마련되어 있다.

3. 거래의 적정화에 관한 법률

(1) 거래환경의 보호

공정거래법은 사업자 간의 공정하고 자유로운 경쟁의 촉진을 통해 궁극적으로 소비자보호를 목적으로 하고 있다. 이를 위해 시장구조면에서 시장지배력을 형성 · 유지 · 강화하거나 남용하는 행위를 엄격히 금지하고, 시장행태면에서 시장기능에 의하지 않은 기업간 공동행위나 불공정거래행위를 금지하고 있다. 이러한 점에서 본다면 공정거래법은 자본주의 시장경제에 있어서 거래환경(시장여건)을 보호하는 법률인 동시에 소비자보호의 기초로 되는 법률이라고 볼 수 있다.

(2) 거래조건의 규제

소비자는 경제적 약자의 위치에 있기 때문에 기업과 불리한 조건으로 거래가 이루어질 우려가 크다. 소비자와의 거래조건 규제에 관한 가장 대표적인 법률로서 「약관규제법」에서는 사업자가 그 거래상의 지위를 남용하여 불공정한 내용의 약관을 작성 ·

통용하는 것을 방지하고 불공정한 내용의 약관을 규제하고 있다. 또한 할부매매시 매수인의 충동구매와 매도인의 부당한 약관에 따른 매수인(소비자)의 피해를 방지하기 위하여 「할부거래법」이 제정되어 있으며, 방문판매, 전화권유판매, 다단계판매, 계속거래, 사업권유거래 등 특수한 판매방식에 따른 소비자이익의 보호를 위해 「방문판매법」이 제정되어 있다. 이와는 별도로 최근 급속히 성장하고 있는 전자상거래 등 통신수단을 이용한 특수거래분야에 대한 거래적정화를 위해 「전자상거래소비자보호법」이 제정되어 있다.

(3) 거래가격의 규제

「물가안정에 관한 법률」에서는 정부가 국민생활과 국민경제의 안정을 위하여 필요하다고 인정할 때에는 특히 중요한 물품의 가격, 부동산 등의 임대료 또는 용역의 대가에 대하여 최고가격을 지정할 수 있도록 하고 있다(동법 §2①). 또한 사업자가 폭리를 목적으로 물품을 매점하거나 판매를 기피하는 행위로서 기획재정부장관이 물가의 안정을 해칠 우려가 있다고 지정한 매점매석 행위를 금지하고 있다(동법 §7). 그 밖에 「여객자동차 운수사업법」에서는 자동차의 운임이나 요금의 신고(동법 §8), 「해운법」에서는 해상여객운송사업자의 운임과 요금의 신고(동법 §11) 등을 통하여 소비자가격을 안정시키고 있다.

4. 소비자안전의 제고에 관한 법률

소비자제품이 소비자의 생명 및 신체에 미치는 위해는 소비자피해 중에서도 가장 중대한 것이므로 1차적으로는 경찰법적 규제 내지 형법상의 규제대상으로 되는 것이다. 그러나 소비자안전의 제고 및 위해방지를 위해서는 사후규제보다는 사전예방이 요구된다. 이에 따라 「소비자기본법」에서는 소비자안전에 관한 독립한 장을 두어 소비자안전센터의 설립, 결함물품의 수거·파기 및 위해정보의 수집·처리 등에 관한 규정을 두고 있다. 또한 모든 제품안전에 대해 일반적으로 적용되는 「제품안전기본법」을 비롯하여 「식품위생법」, 「고압가스안전관리법」, 「전기용품 및 생활용품 안전관리법」, 「전기공사업법」 등에서는 소비자안전과 관련된 각종 기준의 제정 및 금지, 명령, 인·허가 등에 관한 규정을 두고 있다.

5. 소비자피해의 구제에 관한 법률

소비자 피해구제란 피해 당사자인 소비자와 사업자 간의 합의·권고, 분쟁조정, 소송 등의 절차를 통해 피해에 상응하는 경제적 보상을 받는 것을 의미한다. 피해의 구제와 관련하여서는 기본적으로 민법을 중심으로 한 「민사법」과 「민사소송법」, 「소액사건심판법」과 같은 소송법규들이 해당 규범으로서 역할을 하고 있다.

그러나 소비자 피해구제가 보다 원활하게 이루어질 수 있도록 「소비자기본법」, 「방문판매법」, 「전자상거래소비자보호법」 등에서 국가, 지방자치단체 및 소비자보호단체 등의 소비자 피해구제업무를 유기적으로 연계하고, 소비자분쟁 조정의 효율성과 전문성을 제고를 위해 상세한 규정을 두고 있다. 이와 함께 제품의 결함에 의한 소비자피해의 구제를 지원할 수 있도록 「제조물책임법」이 제정되었다. 이 법에서는 제품의 결함으로 인하여 발생한 피해에 대하여 민사법상의 손해배상책임 요건을 완화하여 제품의 결함에 의한 손해발생시 제조자, 판매자 또는 상표사용자 등 그 제품의 제조·판매에 관여한 자에 대하여 무과실책임을 지우고 있다.

그 밖에 소비자기본법에서는 소비자의 피해구제를 원활히 하기 위하여 자율적 분쟁조정제도, 집단적 분쟁조정제도 및 소비자단체소송제도를 규정하고 있다.

제 2 장 소비자기본법

제 1 절 총 설

Ⅰ. 개 관

우리 사회는 지난 1960~70년대 이후 경제성장에 따른 국민생활소득 수준의 향상과 함께 소비자들의 다양한 욕구가 표출되기 시작하였다. 이에 비해 국가의 소비자정책은 산업정책의 부작용을 교정하거나 물가안정 차원에서 소극적으로 이루어지고 있었다. 또한 부정·불량상품이 범람하여 소비자의 안전을 위협하는 사례가 종종 발생함에도 불구하고 사전예방보다는 사후적인 일회성 처벌로 끝나는 경우도 많았다.

1980년대에 들어서면서 소비자운동을 주도해온 여성단체들이 중심이 되어 소비자보호를 뒷받침할 종합적이고 체계적인 소비자보호법의 필요성을 거론하기 시작하였다. 또한 각계에서도 소비자보호정책을 효율적으로 추진할 수 있도록 소비자보호에 관한 기본법을 제정해야 한다는 움직임이 나타나기 시작하였다. 이러한 시대적 요구를 반영하여 1980년 제8차 헌법 개정에서 소비자보호운동의 법률적 보장에 관하여 최초의 규정을 두게 되었고, 소비자보호를 종합적이고 체계적으로 뒷받침할 수 있도록 1980년 1월 「소비자보호법」이 제정되었다. 이 소비자보호법은 소비자보호에 관한 기본적인 사항을 규정한 모든 소비자보호 관련법령의 기초가 되는 법으로서 기업과 소비자 간의 거래의 불평등을 해소하고, 소비자단체의 적극적인 소비자보호운동을 위한 기반을 제공하는 데 기여하였다.

특히 2006년 9월 제8차 개정에서는 소비자보호법을 「소비자기본법」으로 개명하는 동시에 그 동안 소비자 지위의 향상과 전자상거래 및 국제거래의 활성화 등 소비생활의 환경변화에 대응하여, 종래 소비자보호 위주의 소비자정책에서 탈피하여 중장기 소비자정책의 수립, 소비자안전·교육의 강화 등 소비자 권익을 증진하는 데 중점을 두었다. 또한 시장환경 변화에 맞게 소비자업무 기능을 조정하여 한국소비자원 관할을 포함한 소비자정책에 대한 집행기능을 공정거래위원회로 이관하도록 하였다. 특히 소액다수의 소비자피해를 신속하고 효율적으로 구제하기 위하여 일괄적 집단분쟁조정 및 단체소송제도를 도입함으로써 소비자피해 구제를 강화하였다.

Ⅱ. 소비자기본법의 목적

소비자기본법은 소비자의 권익을 증진하기 위하여 소비자의 권리와 책무, 국가・지방자치단체 및 사업자의 책무, 소비자단체의 역할 및 자유시장경제에서 소비자와 사업자 사이의 관계를 규정함과 아울러 소비자정책의 종합적 추진을 위한 기본적인 사항을 규정함으로써 소비생활의 향상과 국민경제의 발전에 이바지함을 목적으로 하고 있다(법 §1). 소비자기본법이 1차적 목적으로 하는 소비자권익의 증진은 단순히 경제적 약자로서 개별 소비자를 보호한다는 차원을 넘어 소비자주권의 확립을 통해 소비자가 사업자와 대등한 관계에서 시장에서 역할을 담당하고, 국민경제 전체의 효율성을 제고하는데 불가결의 전제가 된다고 할 수 있다.

Ⅲ. 다른 법률과의 관계

오늘날 산업경제상의 이유 등으로 소비자의 권익이 제한되는 경우가 생길 수 있다. 그러나 원칙적으로 법률에 의하여 정당화되지 않는 한 소비자의 권익이 제한되어서는 아니 되며, 제한이 불가피하더라도 이는 최소한으로 이루어져야 할 것이다. 이 점을 고려하여 소비자기본법에서는 소비자의 권익에 관하여 다른 법률에서 특별한 규정을 두고 있는 경우를 제외하고는 이 법을 적용한다고 규정하고 있다(법 §3). 이 규정은 소비자기본법이 소비자권익을 보호하기 위한 기본적인 법률로서의 지위를 확인한 것으로 볼 수 있다.

제 2 절 소비자의 권리와 책무

Ⅰ. 소비자의 개념

일반적으로 소비자란 사업자[1]와 대립되는 개념으로서 사업자가 공급하는 물품 또

---

1) 소비자기본법에서의 사업자란 물품을 제조(가공 및 포장 포함)・수입・판매하거나 용역을 제공하는 자를 말한다(법 §2ⅱ). 사업자단체란 2 이상의 사업자가 공동의 이익을 증진할 목적으로 조직한 단체를 말한다(법 §2ⅳ).

는 용역(이하 "물품등")을 거래과정의 말단에서 최종 구매하는 수요자를 말한다.

그러나 소비자기본법은 소비자의 개념을 확대하여 물품등을 소비생활을 위하여 최종적으로 사용하거나 이용하는 자(최종소비자)뿐만 아니라, 소비생활 외의 목적으로 물품등을 사용하거나 이용하는 자(중간소비자)로서 정책적으로 인정하는 자(정책적 소비자)도 소비자의 개념에 포함시키고 있다(법 §2 i). 즉, 사업자가 제공하는 물품등을 최종적으로 사용하거나 이용하지 않고 생산활동을 위해 사용하거나 이용하는 사업자라 하더라도 사실상 소비자와 동일한 지위 및 거래조건으로 거래하는 경우에는 소비자로 보아 보호하고 있다.

이에 따라 소비자기본법 시행령에서는 ① 제공된 물품등을 사용하거나 이용하더라도 그 물품등을 원재료나 중간재 및 자본재로 사용하지 않고 최종적으로 사용하거나 이용하는 자[2]와 ② 제공된 물품등을 농업, 축산업, 어업활동을 위하여 구입하는 자를 소비자의 개념에 포함시키고 있다(영 §2 각호). 다만, ②의 경우 영세한 농·수·축산업자가 생계유지를 위하여 생산활동을 하는 경우에 정책적 차원에서 소비자와 마찬가지로 보호하는 것이기 때문에 기업적 성격이 강한 농·수·축산업자[3]는 제외된다(법 §2 i, 영 §2 ii).

한편 소비자기본법상 보호의 대상으로 되는 소비자는 사업자에 비해 경제적 약자로서의 소비자라고 할 수 있으며, 그 규율대상도 근대 민사책임법리의 한계로 소비자의 권익이 부당하게 침해되는 경우에 한한다고 할 수 있다.[4] 이러한 의미에서 소비자는 자연인에 한정하여야 할 것이다. 더구나 법인은 경제적 자위능력과 수단을 가지고 있어 자연인으로서 소비자만큼 두텁게 보호할 필요성이 그리 크지 않다.[5]

---

2) 자본재(capital goods)란 다른 재화를 생산하기 위해 사용되는 토지, 노동 이외의 재화로서 내구성 여부에 따라 원재료와 같은 '유동자본재'와 건물, 기계, 장치, 기타 공장설비 등과 같은 '고정자본재'로 구분된다. 예컨대, 편의점을 운영하는 사업자가 TV나 청소기를 자가소비를 위하여 다른 소비자와 같은 거래조건으로 구입하였다면, 판매목적으로 원자재나 자본재로 구입한 것이 아니기 때문에 이 법에 의한 소비자에 해당한다.

3) 「축산법」 제21조 제1항에 따라 농림축산식품부령으로 정하는 사육규모 이상의 축산업을 영위하는 자 및 「원양산업발전법」 제6조 제1항에 따라 해양수산부장관의 허가를 받아 원양어업을 하는 자를 말한다.

4) 권오승, 「소비자보호법(제5판)」(법문사, 2005), 7-8면.

5) 권오승, 위의 책, 5면.

Ⅱ. 소비자의 권리

1. 권리의 성격

소비자기본법 제4조는 소비자에게 보장되어야 할 8가지의 기본적 권리로서 ① 안전할 권리, ② 알권리, ③ 선택할 권리, ④ 의사를 반영시킬 권리, ⑤ 보상받을 권리, ⑥ 교육받을 권리, ⑦ 단체를 조직하고 활동할 권리 및 ⑧ 친환경적 소비의 권리를 규정하고 있다.

이러한 소비자의 권리는 우리 헌법상 인정되고 있는 행복추구권, 생존권 및 재산권 보장의 차원에서 소비자로서의 국민들이 누려야 할 당연한 권리인 동시에 시장경제의 주체로서 소비자의 상품 또는 서비스 욕구의 충족을 위한 선택행동에 따라 자원배분이 결정된다는 의미에서 소비자주권을 실현하기 위한 조건이기도 하다. 이러한 측면에서 위와 같은 소비자의 권리는 오늘날 세계 각국의 소비자 보호운동과 보호행정의 목표로 이용되고 있다.[6] 그 밖에 소비자권리는 인간의 자유·평등이라고 하는 기본적 가치의 실현을 추구하는 근대 시민법원칙을 오늘날 소비자와 사업자 간에 일상적으로 이루어지는 계약관계에서 수정 내지 보완하는 것에 의해 소비자의 이익을 실질적으로 확보할 것을 목표로 하고 있다.

한편 소비자기본법 제4조에서의 기본적 권리는 그 구체적인 내용이나 실현절차 등에 관하여 정하고 있지 않기 때문에 선언적 성격을 가질 뿐이다. 따라서 이 권리를 근거로 국가나 지방자치단체 또는 사업자에게 일정한 행위를 청구할 수 있는 바는 아니다.[7]

2. 기본적 권리

(1) 안전할 권리

소비자는 물품 또는 용역(이하 "물품등")으로 인한 생명·신체 또는 재산의 위해로부터 보호받을 권리가 있다(법 §4 i). 소비자의 안전할 권리는 인간다운 생활을 영위하기 위해 생명·신체의 안전이 우선되지 않으면 안 된다는 점에서 소비자의 권리 중 가

6) 1962년 미국 케네디 대통령이 연방의회에 보낸 특별교서를 통해 안전할 권리(The Right to Safety), 알권리(The Right to be Informed)를 4대 권리로 제시한 바 있으며, 1975년에는 경제협력개발기구(OECD)도 소비자보호와 정보에 관한 기본계획에서 소비자의 5대 권리를 선언하였다. 이어서 1980년에는 세계 각국의 소비자단체들의 협의기구인 국제소비자연맹(IOCU)도 안전할 권리, 알권리, 선택할 권리, 의사를 반영할 권리, 보상받을 권리, 교육받을 권리, 쾌적한 환경을 누릴 권리 등 7대 권리를 선언하였다.

7) 김두진, 「소비자보호법」[개정판](동방문화사, 2022), 17면.

장 기초적인 권리라고 할 수 있다. 따라서 사업자는 소비자의 건강과 생명, 안전을 위태롭게 하는 물품 또는 용역을 소비자에게 판매하거나 제공하여서는 아니 된다. 소비자는 물품 또는 용역의 위해로부터 안전을 보장받기 위하여 국가 또는 자치단체에 건의 및 시정요구를 할 수 있다.

소비자기본법에서는 소비자안전을 위한 사전예방제도로서 모든 물품 또는 용역으로 인한 소비자 생명, 신체 및 재산의 위해를 방지하기 위해서 국가가 안전기준을 제정하도록 의무화하고(법 §8), 결함상품을 리콜(수거 · 파기)할 수 있도록 하고 있다(법 §47부터 §50까지).[8)]

(2) 정보를 제공받을 권리(알 권리)

소비자는 물품이나 용역을 선택함에 있어 필요한 지식 및 정보를 제공받을 권리가 있다(법 §4ii). 오늘날 시중에 제공되는 수많은 상품들은 새로운 소재와 제조방법 및 기술로 생산되기 때문에 소비자들이 제품에 대한 효용성을 높이고 안전한 소비생활을 영위하기 위해서는 소비자들이 상품내용이나 사용방법 등에 대한 정확한 정보를 가지고 있어야 한다. 소비자의 알권리의 대상으로 되는 것은 물품이나 용역의 품질, 성능, 내용, 성분, 가격, 거래조건 등 소비자선택에 필요한 모든 정보를 말하며, 이러한 정보는 안전한 소비생활의 영위뿐만 아니라 합리적인 선택을 통한 소비자주권의 회복을 위한 전제로서도 중요한 의미를 가지고 있다.

소비자기본법에서는 소비자의 알권리를 근거로 국가의 표시기준의 제정의무(법 §10), 국가 및 지방자치단체의 소비자에 대한 정보제공의무(법 §13), 사업자의 표시기준 준수의무(법 §20②)를 규정하고 있다. 또한 사업자의 소비자단체 또는 한국소비자원에 대한 자료 및 정보제공 협력의무(법 §18②)와 함께 소비자단체와 한국소비자원은 사업자 또는 사업자단체에 대한 자료 및 정보제공요청권(법 §78)을 규정하고 있다. 그 밖에 「표시광고법」에서는 소비자의 선택에 중요한 영향을 끼치는 중요정보를 공개하도록 하고 있으며, 「자본시장과 금융투자업에 관한 법률」(자본시장법), 「은행법」, 「보험업법」 등에서는 증권, 금융, 보험상품 등과 관련된 정보를 제공하도록 규정하고 있다.

(3) 선택할 권리

소비자는 물품을 구입하거나 용역을 이용할 때 거래의 상대방, 구입장소, 가격, 거

---

8) 이와 별도로 2011년 1월에 제정된 「제품안전기본법」 제5조(국민의 권리)에서 국민은 국가나 지방자치단체의 제품안전정책의 수립 · 시행에 참여하고, 안전한 제품을 사용할 권리가 있음을 규정하고 있다.

래조건 등을 자유로이 선택할 권리가 있다(법 §4iii). 소비자의 선택할 권리는 알권리 충족을 전제로 소비자가 가능한 한 많은 사업자로부터 다양한 물품이나 용역을 자유롭게 경쟁가격으로 구입 또는 이용할 수 있는 권리를 말한다. 그러나 오늘날 독과점 대기업들은 거대한 경제력을 배경으로 소비자들이 가격결정이나 그 밖의 거래조건의 결정에 참여할 수 있는 기회를 박탈하고 있으며 심지어 대대적인 광고로 소비자의 선호마저 조작하고 있다. 따라서 국가는 소비자가 자유롭고 합리적인 선택을 할 수 있도록 시장을 경쟁적인 구조로 유지시켜야 하며, 불공정한 시장행태가 나타나지 않도록 규제하여야 한다. 소비자기본법은 사업자가 소비자의 합리적인 선택이나 이익을 침해할 우려가 있는 거래조건이나 거래방법의 사용을 금지하고 있다(법 §19②).

(4) 의사를 반영시킬 권리

소비자는 소비생활에 영향을 주는 국가 및 지방자치단체의 정책과 사업자의 사업활동에 대하여 의견을 반영시킬 권리가 있다(법 §4iv). 원래 소비자는 시장에서 물품 또는 용역에 대한 자유로운 선택권을 행사함으로써 자신의 의사를 나타낼 수 있다. 그러나 오늘날 소비생활에 관련된 국가정책에 의해 소비자가 영향을 받는 부분이 증대됨에 따라 국가의 정책결정과정에 소비자가 직접 자신의 의견을 반영시킬 필요가 있다.

소비자기본법은 소비자정책위원회에 소비자대표가 직접 참여할 수 있도록 하고 있으며(법 §24③ii), 소비자정책위원회의 심의에 필요한 경우에는 소비자문제에 관하여 전문지식이 있는 자 또는 소비자의 의견을 들을 수 있도록 규정하고 있다(법 §26①). 또한 소비자단체는 소비자문제에 관한 조사·연구 및 이를 바탕으로 국가 및 지방자치단체에 소비자의 권익과 관련된 시책을 건의할 수 있도록 하고 있다(법 §28①i, ii). 국가 및 지방자치단체는 소비자보호와 관련되는 제반시책을 수립·시행함에 있어서 소비자의 의견을 충분히 호의적으로 반영하여야 한다. 그 밖에 소비자 또는 소비자단체는 사업자에 대한 시정촉구를 통해 소비자의 의견을 반영할 수 있다.

(5) 보상을 받을 권리

소비자는 물품이나 용역의 사용 또는 이용으로부터 입은 피해에 대하여 신속·공정한 절차에 의하여 적절한 보상을 받을 권리가 있다(법 §4v). 소비자는 구입하는 물품이나 용역으로부터 생명이나 신체 또는 재산에 피해를 받지 않고 생활하는 것이 가장 이상적이나, 일단 발생한 피해에 대해서는 신속하고 공정한 절차에 따라 적절히 보상받을 수 있어야 할 것이다. 그러나 이전부터 존재해 왔던 소송을 통한 민사구제제도만으로는 소액다수의 피해를 특징으로 하는 소비자 피해구제에 충분치 않다. 따라서 소비자의 보상받을 권리가 적절하게 실현되기 위해서는 소비자 분쟁에 적용되는 기준 자체의 재검토와 아울러 소액다수의 피해를 특징으로 하는 소비자피해에 적합한 구제 제도가 마련되어야 할 것이다.

소비자기본법은 소비자 분쟁해결의 신속·공정한 처리를 위해 품목별로 분쟁해결 기준을 마련하도록 하는 한편, 국가 및 지방자치단체에 소비자 피해구제를 위한 필요한 조치 등을 강구하도록 하고 있다(법 §16①, ②). 또한 국가·지방자치단체, 소비자단체, 한국소비자원 및 법률이 정하는 분쟁조정기구 등을 통하여 당사자인 소비자와 사업자 간의 합의·권고, 분쟁조정 등의 절차를 통해 신속하고 적절한 보상을 받을 수 있도록 하고 있다. 그 밖에 제조물책임법에서는 결함상품에 대한 사업자의 무과실책임을 통해 소비자 피해구제를 보다 용이하게 하고 있다.

(6) 교육을 받을 권리

소비자는 합리적인 소비생활을 영위하기 위해 필요한 교육을 받을 권리가 있다(법 §4ⅵ). 소비자의 교육받을 권리는 경제주체로서 소비자가 스스로 권익을 옹호할 수 있는 능력을 배양하도록 하기 위한 것이다. 특히 디지털시대의 도래와 복잡·다양한 시장에서 소비자가 합리적인 소비생활을 영위할 수 있기 위해서는 소비자교육의 역할이 중요시되고 있다.

소비자는 교육을 통해 소비생활능력을 배양할 수 있을 뿐 아니라, 경제동향 및 정부의 소비자정책, 소비자의 권리, 공해문제 등 각 분야별 정책을 국민생활에 적용해 시장경제의 주체로서의 역할을 수행하는 데 필요한 지식을 갖출 수 있게 될 것이다. 또한 소비자교육을 통해 분별력 있는 소비자 계층이 두터워진다면, 이들은 시장감시자로서 자유롭고 합리적인 선택을 통해 기업간 능률경쟁을 촉진시키고 시장경제의 효율성이 발휘될 수 있도록 버팀목 역할을 하게 될 것이다. 이를 위해서는 학교, 사회교육기관 등을 통한 지속적인 소비자교육이 요구된다.[9]

소비자기본법은 이 권리를 실현하기 위해 소비자교육을 소비자단체와 한국소비자원의 주요한 업무로 규정하고(법 §28①ⅳ, §35①ⅳ), 이들 소비자보호 관련기관이 소비자교육을 실시하는 데 필요한 지원을 할 수 있도록 규정하고 있다.

---

9) 소비자교육은 크게 학교교육과 사회교육으로 구분할 수 있다. 학교교육은 학교 교과과정에 소비자보호 관련내용을 수록하여 체계적인 교육을 실시하는 것으로 주로 공교육을 책임지고 있는 국가가 행하게 된다. 또한 소비자 관련기관에서는 성인을 대상으로 하는 사회교육 및 계몽활동 등을 행하고 있다.

(7) 단체를 조직할 권리

소비자들은 스스로의 권익을 증진하기 위하여 단체를 조직하고, 이를 통하여 활동을 전개할 수 있다(법 §4ⅶ). 소비자들은 전체로서는 사업자에 대응한 힘의 원천이지만, 개별적으로는 조직화되지 않은 무력한 경제주체이다. 따라서 개별 소비자의 시장에서의 영향력은 취약할 수밖에 없다. 소비생활에 따른 불만해소, 피해구제를 위해서는 소비자들의 힘을 결집할 수 있는 단체의 결성이 필요하다. 소비자단체는 소비자들의 단결된 힘을 바탕으로 조직화된 이익의 표출을 통해 소비자권익 향상에 기여할 수 있으며, 소비자문제와 관련한 시장실패를 극복하는 데 주요한 역할을 수행할 수 있다.

이러한 소비자단체는 국가 및 지방자치단체에 적극적인 소비자보호시책을 강구하도록 요구할 수 있으며, 사업자와의 교섭을 통하여 문제를 자주적으로 해결할 수도 있다. 소비자기본법은 소비자단체의 업무와 역할에 관하여 상세한 규정을 두고 있다(법 §28부터 §32까지).

(8) 친환경적 소비의 권리

소비자는 안전하고 쾌적한 소비생활 환경에서 소비할 권리를 가진다(법 §4ⅷ). 우리나라는 고도의 경제성장을 추진해오는 과정에서 자연환경의 오염이 심각한 상태에 이르렀고, 이러한 오염으로 인해 국민건강이 위협받고 있다. 쾌적한 환경에서 소비할 소비자의 권리는 생산단계에서뿐만 아니라 소비 유통단계에서의 환경친화성을 증진시킴으로써 환경적으로 건전하며 지속가능한 산업사회 기반의 구축에 기여하게 된다. 또한 오늘날 세계적으로도 환경에 대한 소비자 권리의식의 고양이 중요한 과제로 등장하고 있는 바, 현세대의 소비욕구를 효율적으로 충족시키면서 미래세대의 소비욕구를 저해하지 않도록 배려하는 소위 지속가능한 소비에 대한 논의가 계속되고 있다.[10] 이는 한정된 지구자원을 절약하고 지구환경의 보전을 위해 독성물질과 폐기물의 발생을 최소화하며, 자원과 상품의 재사용을 증진하여 소비의 환경건전성을 개선함을 의미한다.

소비자기본법은 소비자가 쾌적한 환경에서 소비할 권리를 실현하기 위하여 소비자의 책무를 강조하고(법 §5), 국가의 환경친화적 소비의 형성 및 증진을 위한 정보제공의무(법 §13②)와 사업자의 환경친화적인 기술개발과 자원의 재활용을 위한 노력의무(법 §18③)를 명시하고 있다. 또한 소비자단체 및 한국소비자원의 업무에 물품 또는 용

---

10) 1999년 9월 UN은 국제소비자기구(IOCU)의 요청에 따라 소비자보호가이드라인(UN Guidelines on Consumer Protection)을 개정하여 친환경적이고 지속가능한 소비(sustainable consumption)와 생산행태를 동 지침에 추가함으로써 각국이 소비자보호를 환경보호와 함께 추구할 수 있도록 하였다.

역의 환경영향에 대한 시험 · 검사를 추가하고 있다(법 §28① ii, §35① ii).

Ⅲ. 소비자의 책무

오늘날 기술혁신으로 새로운 제품이 시장에서 끊임없이 판매되고, 고도화 · 다양화 · 정밀화되면서 소비자가 물품이나 용역을 잘못 선택하여 구입하거나 사용함으로써 피해를 보는 경우가 적지 않다. 따라서 소비자기본법은 소비자의 8가지 기본적 권리를 명문화하고, 이를 뒷받침하기 위한 실체규정을 두고 있다. 그러나 소비자 자신도 더 이상 보호의 대상으로만 남아 있을 것이 아니라, 구매 전에는 각종 상품정보나 상품표시 등을 통해 사용목적에 부합하는지 여부를 정확히 판단해야 하고, 사용과정에서는 올바른 취급방법, 주의사항 등을 충분히 습득하여 최대의 효용수준을 충족해야 한다. 더구나 디지털 경제시대에서는 인터넷을 통해 상품정보를 충분히 탐색하여 스스로 합리적인 판단을 하는 등 소비자의 역할도 변화할 필요가 있다.[11)]

소비자기본법은 이를 반영하여 소비자가 스스로의 안전과 권익을 향상시키기 위하여 필요한 지식을 습득함과 동시에 자주적이고 성실한 행동과 환경친화적인 소비생활을 영위함으로써 소비생활의 향상과 합리화에 적극적인 역할을 다하도록 규정하고 있다(법 §5). 이는 소비자의 권리만이 아니라, 소비생활에 따르는 스스로의 책임도 마찬가지로 중요하다는 취지이다. 다만 법문의 해석상 엄격한 법적 의무나 책임이라기보다는 공동체 구성원으로서의 도덕적 책임의식을 강조한 것이라고 볼 수 있다.

제 3 절 소비자 보호책무

Ⅰ. 국가 · 지방자치단체의 책무

1. 정책적 책무

국가 및 지방자치단체는 ① 관계법령 및 조례의 제정 및 개폐, ② 필요한 행정조직

11) 한 걸음 더 나아가 오늘날 정보통신수단의 발달과 함께 소비자들은 단순한 소비자가 아니라 적극적인 프로슈머(Prosumer)로 활동하게 된다. 프로슈머는 생산자(Producer)와 소비자(Consumer)가 결합되어 만들어진 신조어로서 기존 소비자들과 달리 생산활동의 일부에 직접 참여하게 되는데, 이들은 인터넷, 트위터 등 통신매체를 통해 자신이 구매한 물품이나 서비스의 장단점, 구매가격 등을 다른 사람들과 비교 · 비판하기도 하고, 때로는 불매운동이나 사이버시위와 같은 방식으로 적극적으로 제품개발과 유통과정에 참여하기도 한다.

의 정비 및 운영 개선, ③ 필요한 시책의 수립 및 실시, ④ 소비자의 건전하고 자주적인 조직활동의 지원·육성할 책무를 부담한다(법 §6). 이 정책적 책무는 소비자의 기본적 권리가 실현되도록 하기 위한 것으로서 소극적 질서유지 차원에서 부담하는 것이 아니라, 사업자와 대등한 지위에서 거래할 힘이 없는 경제적 약자인 소비자의 생존권을 국가가 특별히 보장한다는 적극적 차원의 것이라는 점에서 특색이 있다. 그러나 이러한 국가의 정책적 책무는 선언적 성격을 가지는 것으로서 이에 대응하여 소비자의 국가에 대한 개별적인 법적 청구권이 인정되는 것은 아니다.

한편 ②의 필요한 행정조직의 정비 및 운영 개선책무와 관련하여 국가는 지방자치단체의 현실적인 조직과 재정능력이 불충분한 점을 고려하여 지방자치단체에 설치된 소비자권익과 관련되는 행정조직의 설치·운영 등에 관하여 대통령령으로 정하는 바에 따라 필요한 지원을 할 수 있다(법 §7). 국가는 지방행정조직의 소비자권익 증진업무 수행을 위한 지원책의 일환으로 지방자체단체가 등록된 소비자단체의 장 또는 한국소비자원장에게 소속직원의 파견을 요청하는 경우 파견에 소요되는 경비 등을 지원할 수 있다(영 §5).

또한 ④의 소비자의 건전하고 자주적인 조직활동의 지원·육성책무와 관련하여 국가 및 지방자치단체는 소비자의 건전하고 자주적인 조직활동 지원·육성책의 일환으로 소비자단체 등에 대하여 예산의 범위 안에서 필요한 자금을 지원할 수 있다(법 §6 ⅳ, 영 §4②).

2. 위해방지책무

국가는 소비자의 안전할 권리에 대응하여 사업자가 제공하는 물품 또는 용역으로 인한 소비자의 생명, 신체 및 재산의 위해를 방지하기 위하여 일정한 사항[12] 등에 관하여 사업자가 지켜야 할 기준을 제정하여야 한다(법 §8①). 중앙행정기관의 장은 사업자가 안전 기준을 준수하는지 여부를 정기적으로 시험·검사 또는 조사하여야 한다(법 §8②).[13]

한편 소비자기본법상의 위해방지책무 이외에도 「제품안전기본법」 제4조에서는 제품안전정책의 수립과 시행 과정에서 국가의 위해방지책무를 규정하고 있다. 즉, 국가

---

12) 여기에서 안전기준에 필요한 일정한 사항은 ① 물품 또는 용역의 성분·함량·구조 등 안전에 관한 중요한 사항, ② 물품 또는 용역의 사용 또는 이용 상의 지시사항이나 경고 등 표시할 내용과 방법, ③ 기타 위해를 방지하기 위하여 필요하다고 인정하는 사항을 말한다(법 §8① 각호).

13) 중앙행정기관의 장은 법 제49조의2 제1항 및 영 제41조의2에 근거하여 시험. 검사 또는 조사권한을 특별시장·광역시장·특별자치시장·도지사 또는 특별자치도지사에게 위임한다.

및 지방자치단체는 제품안전정책을 수립·시행함에 있어 소비자의 생명·신체 또는 재산에 대한 위해방지를 우선적으로 고려하고, 어린이·노약자·장애인 등 안전취약계층을 배려할 책무를 규정하고 있다(동법 §4②).

3. 계량·규격의 적정화책무

국가 및 지방자치단체는 소비자가 사업자와의 거래에 있어서 계량으로 인하여 손해를 보는 일이 없도록 하기 위하여 물품등의 계량에 관하여 필요한 시책을 강구하여야 한다(법 §9①). 이와 함께 물품등의 품질개선 및 소비생활의 향상을 기하기 위하여 물품등의 규격을 정하고 이를 보급하기 위한 시책을 강구하여야 한다(법 §9②). 이와 같이 계량 및 규격의 적정화가 이루어질 경우 권한있는 기관이 실시한 검사에서 합격표시를 하면 소비자는 세세한 내용을 스스로 검사하지 않고도 손쉽게 자기가 원하는 물품등을 구입할 수 있을 것이다.

4. 표시기준 제정책무

국가는 소비자의 선택할 권리에 대응하여 소비자가 사업자와의 거래에 있어서 표시나 포장 등으로 인하여 물품등을 잘못 선택하거나 사용하지 아니하도록 물품등에 대하여 일정한 사항[14]에 관한 표시기준을 정하여야 하며(법 §10①), 사업자가 이러한 사항을 변경하는 경우 그 변경 전후 사항을 표시하도록 기준을 정할 수 있다(법 §10②). 이와 같이 표시기준에 따른 물품등의 표시는 위험한 물품 또는 용역으로부터 소비자의 생명, 신체 및 재산을 지켜주는 수단이 될 뿐만 아니라, 물품등의 품질이나 내용에 대한 이해를 높혀 주고 소비자가 원하는 물품 등을 올바르게 선택하도록 도와준다.

또한 국가는 물품등의 잘못된 소비 또는 과다한 소비로 인하여 소비자의 생명·신체 및 재산의 위해를 방지하기 위하여 일정한 경우[15]에는 광고의 내용 및 방법에 관한 기준, 즉 광고기준을 정하여야 한다(법 §11).

---

14) 사업자가 소비자에게 알려야 할 기본적인 사항은 ① 상품명·용도·성분·재질·성능·규격·가격·용량·허가번호 및 용역의 내용, ② 물품등을 제조·수입 또는 판매하거나 제공한 사업자의 명칭(주소 및 전화번호를 포함) 및 물품의 원산지, ③ 사용방법, 사용·보관할 때의 주의사항 및 경고사항, ④ 제조연월일, 부품보유기간, 품질보증기간 또는 식품이나 의약품 등 유통과정에서 변질되기 쉬운 물품은 그 유효기간, ⑤ 표시의 크기·위치·방법, ⑥ 물품등에 따른 불만이나 소비자피해가 있는 경우의 처리기구(주소 및 전화번호를 포함) 및 처리방법, ⑦ 「장애인차별금지 및 권리구제 등에 관한 법률」 제20조에 따른 시각장애인을 위한 표시방법을 말한다(법 §10① 각호).

15) 일정한 경우란 ① 용도·성분·성능·규격·원산지 등을 광고하는 때에 허가 또는 공인된 내용만으로 광고를 제한할 필요가 있거나 특정내용을 반드시 소비자에게 알려야 할 필요가 있는 경우, ② 소비자가 오해할 우려가 있는 특정용어 및 특정표현의 사용을 제한할 필요가 있는 경우, ③ 광고의 매체 및 시간대에 대하여 제한이 필요한 경우를 말한다(법 §11 각호).

5. 거래의 적정화책무

국가는 사업자의 불공정한 거래조건이나 방법으로 인하여 소비자가 부당한 피해를 입지 아니하도록 필요한 시책을 수립 · 실시하여야 하고(법 §12①), 소비자의 합리적인 선택을 방해하고 소비자에게 손해를 끼칠 우려가 있다고 인정되는 사업자의 부당한 행위를 지정 · 고시할 수 있다(법 §12②). 또한 거래의 적정화가 이루어질 수 있도록 국가 및 지방자치단체는 약관에 따른 거래 및 방문판매 · 다단계판매 · 할부판매 · 통신판매 · 전자거래 등 특수한 형태의 거래에 대하여는 소비자의 권익을 위하여 필요한 시책을 강구하여야 한다(법 §12③).[16]

6. 정보제공책무

국가 및 지방자치단체는 소비자의 기본적 권리가 실현될 수 있도록 소비자의 권익과 관련된 주요시책 및 주요 결정사항을 소비자에게 알려야 한다(법 §13①). 또한 소비자가 물품등을 합리적으로 선택할 수 있도록 하기 위하여 물품등의 거래조건 · 거래방법 · 품질 · 안전성 및 환경성 등에 관련되는 사업자의 정보가 소비자에게 제공될 수 있도록 필요한 시책을 강구하여야 한다(법 §13②). 이와 별도로 중앙행정기관의 장은 리콜권고를 받은 사업자가 정당한 사유 없이 그 권고를 따르지 아니하는 때에는 사업자가 권고를 받은 사실을 공표할 수 있다(법 §49④). 정보제공책무는 소비자의 알권리에 대응한 책무이다.

7. 소비자능력 향상책무

국가 및 지방자치단체는 소비자의 올바른 권리행사를 이끌고, 물품등과 관련된 판단능력을 높이며, 소비자가 자신의 선택에 책임을 지는 소비생활을 할 수 있도록 필요한 교육을 하여야 한다(법 §14①). 또한 국가 및 지방자치단체는 경제 및 사회의 발전에 따라 소비자의 능력 향상을 위한 프로그램을 개발하여야 하며(법 §14②), 소비자교육과 학교교육 · 평생교육을 연계하여 교육적 효과를 높이기 위한 시책을 수립 · 시행하여야 한다(법 §14③). 그 밖에 국가 및 지방자치단체는 소비자의 능력을 효과적으로 향상시키기 위한 방법으로 「방송법」에 따른 방송사업을 할 수 있다(법 §14④).

---

16) 소비자보호를 위한 거래적정화에 관한 법률로는 「약관의 규제에 관한 법률」, 「방문판매 등에 관한 법률」, 「할부거래에 관한 법률」, 「전자상거래 등에서 소비자보호에 관한 법률」 등이 있다. 이들 소비자보호법에서의 거래적정화는 사업자와 소비자 간의 거래를 대상으로 하고 있는 점에서 사업자 간의 거래를 적정화함으로써 소비자의 이익을 보호하는 공정거래법의 입장과 구별된다.

8. 개인정보 보호책무

국가 및 지방자치단체는 소비자가 사업자와의 거래에서 개인정보의 분실·도난·누출·변조 또는 훼손으로 인하여 부당한 피해를 입지 아니하도록 필요한 시책을 강구하여야 한다(법 §15①). 또한 국가는 소비자의 개인정보를 보호하기 위한 기준을 정하여야 한다(법 §15②).

9. 소비자분쟁 해결책무

(1) 행정조직 정비

국가 및 지방자치단체는 소비자의 불만이나 피해가 신속·공정하게 처리될 수 있도록 관련기구의 설치 등 필요한 조치를 강구하여야 한다(법 §16①). 이를 위해 실질적으로 소비자보호행정을 담당하는 시·도지사는 소비자의 불만이나 피해를 신속·공정하게 처리하기 위하여 전담기구의 설치 등 필요한 행정조직을 정비하여야 한다(영 §7). 이러한 소비자분쟁 해결책무는 소비자의 보상받을 권리에 대응한 국가 및 지방자치단체의 책무라고 할 수 있다.

(2) 소비자분쟁해결기준 제정

오늘날 소비자가 구입 또는 사용하는 물품 또는 용역이 일정기간이 경과한 후 잠재된 결함이 노출되는 경우가 많으며, 이에 따른 보상, 교환 또는 환불의 분쟁이 자주 발생하고 있다. 그러나 사업자의 하자담보책임의 존속기간만을 정하고 있는 「민법」 규정만으로는 소비자분쟁의 해결에 어려움이 있다. 이러한 민법 규정의 비효율성을 극복하고, 소비자와 사업자 간의 분쟁을 원활하게 해결하기 위하여 국가는 대통령령으로 정하는 바에 따라 소비자분쟁해결기준을 제정할 수 있다(법 §16②).

이에 따라 시행령에서는 「일반적 소비자분쟁해결기준」을 규정하고 있으며, 공정거래위원회는 그 기준에 따라 다시 「품목별 소비자분쟁해결기준」을 제정하여 고시할 수 있다(영 §8①, ③). 소비자분쟁해결기준은 분쟁당사자 사이에 분쟁해결방법에 관한 별도의 의사표시가 없는 경우에 한하여 분쟁해결을 위한 합의 또는 권고의 기준이 된다(법 §16③). 그러나 다른 법령에 근거한 별도의 분쟁해결기준이 소비자분쟁해결기준보다 소비자에게 유리한 경우에는 당해 분쟁해결기준을 소비자분쟁해결기준에 우선하여 적용한다(영 §9①).

품목별 소비자분쟁해결기준에서 해당 품목에 대한 분쟁해결기준을 정하지 아니한 경우에는 동 기준에서 정한 유사제품에 대한 분쟁해결기준을 준용할 수 있으며, 동일한 피해에 대한 분쟁해결기준을 두 가지 이상 정하고 있는 경우에는 소비자가 선택하는 분쟁해결기준에 의한다(영 §9②, ③).

(3) 소비자종합지원시스템 구축·운영

공정거래위원회는 소비자에게 물품 등의 선택, 피해의 예방 또는 구제에 필요한 정보의 제공 및 분쟁조정을 포함한 소비자 피해구제를 신청하는 창구의 통합 제공 등을 위하여 「소비자종합지원시스템」을 구축·운영한다(법 §16의2①). 종합지원시스템을 통하여 공정거래위원회는 소비자에게 ① 물품등의 유통이력, 결함, 피해사례, 품질인증 등 소비자의 선택, 피해의 예방 또는 구제와 관련된 정보 제공, ② 소비자 피해구제기관 및 절차 안내, 피해구제를 신청하는 창구의 통합 제공, 피해구제신청에 대한 처리결과 안내 등 소비자 피해구제 지원 및 ③ 그 밖에 소비자의 물품등의 선택, 피해의 예방 또는 구제를 위하여 필요한 업무로서 대통령령으로 정하는 업무를 제공하여야 한다(법 §16의2② 1문).

이 경우 공정거래위원회는 해당 사항을 관장하는 중앙행정기관의 장, 지방자치단체의 장 및 관련 기관·단체의 장(이하 "중앙행정기관의 장등")과 협의하여야 한다(법 §16의2② 2문). 공정거래위원회는 종합지원시스템의 구축·운영을 위하여 필요한 경우 중앙행정기관의 장등에게 다음 각 호의 자료 또는 정보를 제공하여 줄 것을 요청하고 제공받은 목적의 범위에서 그 자료·정보를 보유·이용할 수 있다(법 §16의2③). 그 밖에 공정거래위원회는 종합지원시스템 운영의 전부 또는 일부를 일정한 자격을 갖춘 소비자 피해예방 및 구제업무를 수행하는 법인(기관 또는 단체)에 위탁할 수 있다(법 §16의2⑦, 영 §9의2).

한편 공정거래위원회는 이 시스템을 통하여 소비자 피해의 예방 및 구제를 위한 사무를 수행하기 위해 불가피한 경우 「개인정보 보호법」에 따른 건강에 관한 정보나 고유식별정보가 포함된 자료를 처리할 수 있다(법 §83의2①, 개인정보 보호법 §23, §24). 종합지원시스템 운영의 전부 또는 일부를 위탁받은 자도 마찬가지로 당사자의 동의를 얻어 위의 정보가 포함된 자료를 처리할 수 있다(법 §83의2②, §16의2⑦).

10. 시험·검사시설의 설치책무

국가 및 지방자치단체는 물품등의 규격·품질·안전성 등에 관하여 시험·검사를 실시할 수 있는 기구와 시설을 갖추어야 한다(법 §17①). 또한 국가 및 지방자치단체는 소비자보호를 위하여 필요하다고 인정되는 때 또는 소비자의 요청이 있을 때에는 설치된 시험·검사기관(국·공립검사기관)이나 한국소비자원에 시험·검사 또는 조사를 의뢰하여 시험 등을 실시할 수 있다(법 §17②). 시험·검사 또는 조사에 소요되는 비용은 이를 의뢰한 자가 부담하지만, 소비자의 요청에 의한 시험·검사 또는 조사의 경우에는 이를 요청한 소비자가 부담한다(영 §10③). 시험·검사 또는 조사의 의뢰를 받은 국·공립검사기관 또는 한국소비자원은 원칙적으로 의뢰를 받은 날부터 1월 이내에 그 결과를 의뢰인에게 통보하여야 한다(영 §10②).

한편 국가 및 지방자치단체는 국·공립검사기관이나 한국소비자원에 의뢰하여 시험 등을 실시한 경우에는 그 결과를 공표하고 소비자의 권익을 위하여 필요한 조치를 취하여야 한다(법 §17③). 그 밖에 국가 및 지방자치단체는 소비자단체가 물품 또는 용역의 규격·품질·안전성 등에 관하여 시험·검사를 실시할 수 있는 시설을 갖출 수 있도록 지원할 수 있다(법 §17④).

그 밖에 국가 및 지방자치단체는 위해방지기준의 제정(법 §8), 표시·광고기준의 제정(법 §10, §11), 거래적정화 시책의 수립·실시(법 §12), 소비자 정보제공(법 §13) 또는 개인정보의 보호(법 §15) 규정에 따라 기준을 정하거나 소비자의 권익과 관련된 시책을 수립하기 위하여 필요한 경우에는 한국소비자원, 국·공립 검사기관 등 대통령령으로 정하는 기관에 조사·연구를 의뢰할 수 있다(법 §17⑤).

Ⅱ. 사업자의 책무[17]

1. 소비자권익 증진시책에 대한 협력책무

소비자기본법은 사업자의 국가 및 지방자치단체의 소비자권익 증진시책에 적극 협력할 책무(법 §18①)와 함께 소비자단체 또는 한국소비자원의 소비자 권익증진과 관련된 업무의 추진에 필요한 자료 및 정보제공 요청에 적극 협력할 의무를 부과하고 있다(법 §18②).[18] 사업자는 안전하고 쾌적한 소비생활 환경을 조성하기 위하여 물품등을 제공함에 있어서 환경친화적인 기술의 개발과 자원의 재활용을 위하여 노력하여야 한다(법 §18③). 이러한 환경보호책무는 소비자에게 쾌적한 환경에서 소비할 권리와 책무가

17) 사업자의 책무와는 별도로 소비자기본법은 사업자에 대하여 결함정보 보고의무(법 §47)와 결함물품등의 수거·파기의무(법 §48)를 부과하고 있으며, 이러한 사업자의 의무위반에 대해서는 벌칙규정(법 §86)을 두고 있다.

18) 사업자의 정보제공협력책무에 대응하여 소비자단체 및 한국소비자원은 그 업무를 추진함에 있어서 필요한 자료 및 정보의 제공을 사업자 또는 사업자단체에 요청할 수 있는 권한이 인정되고 있다(법 §78).

인정되어 있는 것에 대응하여 사업자에게도 후손에게 쾌적한 환경을 물려주도록 마찬가지의 책무를 지운 것으로 볼 수 있다.

그 밖에 사업자는 소비자의 생명 · 신체 또는 재산 보호를 위한 국가 · 지방자치단체 및 한국소비자원의 조사 및 위해방지 조치에 적극 협력하여야 한다(법 §18④). 이는 최근 사업자가 제공하는 물품 또는 용역은 복잡한 제조공정을 거치고, 그 과정에서 다양한 화학물질들이 사용되고 있어 소비자의 안전성에 대한 불안이 제기됨에 따라 시험 · 검사 또는 조사를 위해 필요한 시료 확보를 포함하여 각종 안전성 검사의 실효성을 확보하기 위한 것이다.

2. 소비자보호를 위한 일반적 책무

사업자는 물품이나 용역을 공급함에 있어서 소비자의 이익이 침해되지 않도록 배려해야 할 일반적 책무가 있다. 이를 위해 사업자는 물품등으로 인하여 소비자에게 생명 · 신체 또는 재산에 대한 위해가 발생하지 아니하도록 필요한 조치를 강구하여야 한다(법 §19①). 여기에서 사업자의 필요한 조치란 사업자가 공급하는 물품등의 소비과정에서 발생할 수 있는 위해요인을 사전에 제거하는 것을 말한다. 또한 사업자는 물품등을 공급함에 있어서 소비자의 합리적인 선택이나 이익을 침해할 우려가 있는 거래조건이나 거래방법을 사용하여서는 아니 되며(법 §19②), 소비자에게 물품등에 대한 정보를 성실하고 정확하게 제공하여야 한다(법 §19③). 사업자는 소비자의 개인정보가 분실 · 도난 · 누출 · 변조 또는 훼손되지 아니하도록 그 개인정보를 성실하게 취급하여야 한다(법 §19④). 그 밖에 사업자는 물품등의 하자로 인한 소비자의 불만이나 피해를 해결하거나 보상하여야 하며, 채무불이행 등으로 인한 소비자의 손해를 배상하여야 한다(법 §19⑤).

3. 기준 · 고시 준수책무

사업자는 소비자의 권익증진을 위해 국가가 정한 기준을 위반하거나 소비자 손해방지를 위해 지정 · 고시한 부당한 행위를 하여서는 아니 된다. 이를 위해 사업자는 국가가 제정한 위해방지기준(법 §8①)에 위반되는 물품등을 제조 · 수입 · 판매하거나 제공하여서는 아니 된다(법 §20①). 또한 사업자는 국가가 제정한 표시기준(법 §10), 광고기준(법 §11), 개인정보 보호기준(법 §15②)을 위반하거나, 거래의 적정화를 위하여 지정 · 고시한 부당한 행위(법 §12②)를 하여서는 아니 된다(법 §20②부터 ⑤까지).

중앙행정기관의 장은 위반사업자에게 그 행위의 중지 등 시정에 필요한 조치를 명할 수 있다(법 §80). 또한 공정거래위원회는 사업자의 위반사실을 알게 된 때에는 그 물품등을 주관하는 중앙행정기관의 장에게 위반행위의 시정에 필요한 적절한 조치를 요청할 수 있다(법 §81②). 그 밖에 국가 및 지방자치단체는 사업자가 위의 기준을 위반하거나 부당한 행위를 하는지 여부를 판단하기 위하여 필요한 경우에는 등록소비자단체 또는 한국소비자원에 조사를 의뢰할 수 있다(법 §81①).

Ⅲ. 소비자중심경영에 대한 인증

1. 소비자중심경영

오늘날 사업자의 물품이나 용역이 소비자의 선택을 받기 위해서는 단순히 소비자 불만 처리와 피해구제의 소극적·수동적 자세에서 벗어나 적극적·능동적으로 소비자가 요구하는 바를 파악하여 이를 충족시키려는 노력이 경영 전반에 확산될 필요가 있다. 소비자중심경영(CCM, consumer centered management)이란 사업자가 수행하는 모든 활동을 소비자 관점에서 소비자 중심으로 (재)구성하고 관련 경영활동을 지속적으로 개선해 나가는 것을 말한다. 이를 통해 사업자는 상품과 서비스 수준을 소비자 관점에서 끊임없이 혁신하여 궁극적으로 대외경쟁력을 제고할 수 있으며, 사후적 분쟁해결 및 시정조치를 위해 지출해야 하는 불필요한 비용을 절감할 수 있다.

2. 소비자중심경영의 인증

공정거래위원회는 물품의 제조·수입·판매 또는 용역의 제공의 모든 과정이 소비자 중심으로 이루어지는 경영(이하 "소비자중심경영")을 하는 사업자에 대하여 소비자중심경영에 대한 인증을 할 수 있다(법 §20의2①). 소비자중심경영의 인증을 받으려는 사업자는 경영목표, 경영방식 및 성과관리 등의 심사항목과 심사항목별 배점에 따른 인증기준을 갖추어야 하며, 인증신청서와 관련서류를 첨부하여 공정거래위원회에 신청하여야 한다(법 §20의2②, 영 §11의2①, ②). 인증을 받은 사업자는 법 제20조의2제3항에 따라 제품의 포장·용기, 홍보물, 문서 등에 인증의 표시를 할 수 있다(법 §20의2③, 영 §11의3①). 인증 유효기간은 그 인증을 받은 날부터 3년이다(법 §20의2④).

공정거래위원회는 소비자중심경영에 관하여 전문성이 있는 기관 또는 단체를 소비자중심경영인증기관으로 지정하여 소비자중심경영인증에 관한 업무를 수행하게 할 수 있다(법 §20의3①). 공정거래위원회는 한국소비자원과 소비자와 관련된 인증·평가업무를 위임·위탁받아 2년 이상 해당 업무를 수행한 법인·단체 또는 기관을 인증기관으로 지정할 수 있다(법 §20의3①, 영 §11의6①).

공정거래위원회는 소비자중심경영인증을 받은 사업자가 거짓이나 부정한 방법으로 인증을 받은 경우에는 그 인증을 취소하여야 한다. 인증기준에 적합하지 아니하게 되거나 인증을 받은 후에 소비자의 생명·신체 또는 재산의 보호 등에 관한 법률로서 대통령령으로 정하는 법률(방문판매법, 전자상거래소비자보호법, 할부거래법, 표시광고법, 공정거래법)을 위반하여 관계 중앙행정기관으로부터 시정명령이나 과징금 부과처분 등의 조치를 받은 경우에는 그 인증을 취소할 수 있다(법 §20의4①, 영 §11의7①).

제 4 절 소비자정책의 추진체계

Ⅰ. 국가 및 지방자치단체

1. 중앙행정기관

중앙행정기관은 국가기관으로서 주로 담당업무와 관련된 정책적 분야에서 소비자보호 업무를 수행한다. 그 중에서도 소비자보호정책을 수립하고 시행하는 기관은 공정거래위원회이다. 공정거래위원회는 각 중앙부처별 소비자보호시책을 종합·조정하여 소비자보호 종합시책을 수립하고 각 중앙부처 및 지방자치단체에 시달한다. 또한 소비자기본법에 의거하여 설립된 한국소비자원을 지휘·감독하는 한편 소비자단체에 대한 정부의 보조금 지원업무를 담당한다.

2. 지방자치단체

지방자치단체는 국가(중앙행정기관)와 함께 소비자의 권익증진을 위한 책무를 부담하고 있으나(법 §9, §12③, §13, §14, §15 등), 실제 업무면에 있어서 지방자치단체의 역할이 중요시되고 있다. 더구나 지방자치의 활성화를 위해 소비자기본법상 중앙행정기관의 장의 권한의 일부를 특별시장·광역시장·도지사 또는 특별자치도지사(이하 "시·도지사")에게 위임할 수 있는 근거조항을 마련하고 있으며(법 §83), 시행령에서는 소비자 안전분야의 규제권한을 시·도지사에게 대폭 위임하였다(영 §68①).

이 점을 감안하여 소비자기본법에서는 지방자치단체에 설치된 소비자권익과 관련되는 행정조직의 설치·운영 등에 관하여 대통령령으로 정하는 바에 따라 국가가 필요한 지원을 할 수 있도록 하고 있다(법 §7). 또한 시행령에서 국가는 지방자치단체가 소비자보호 업무를 원활하게 수행하기 위하여 등록된 소비자단체의 장 또는 한국소비자원의 원장에게 소속직원의 파견을 요청하는 경우 파견에 소요되는 경비 등을 지원할 수 있도록 하고 있다(영 §5).

Ⅱ. 소비자정책의 수립

1. 기본계획의 수립

공정거래위원회는 소비자정책위원회의 심의·의결을 거쳐 소비자정책에 관한 기본계획을 3년마다 수립하여야 한다(법 §21①). 기본계획에 포함되어야 할 사항에는 ① 소비자정책과 관련된 경제·사회 환경의 변화, ② 소비자정책의 기본방향, ③ 일정한 사항[19]이 포함된 소비자정책의 목표, ④ 소비자정책의 추진과 관련된 재원의 조달방법, ⑤ 어린이 위해방지를 위한 연령별 안전기준의 작성, ⑥ 기타 소비자정책의 수립과 추진에 필요한 사항이 있다(법 §21②). 공정거래위원회는 제23조의 규정에 따른 소비자정책위원회의 심의·의결을 거쳐 기본계획을 변경할 수 있으며(법 §21③), 기본계획의 수립·변경 절차 등에 관하여 필요한 사항은 대통령령으로 정한다(법 §21④).

2. 시행계획의 수립

관계 중앙행정기관의 장은 기본계획에 따라 매년 10월 31일까지 소관 업무에 관하여 다음 연도의 소비자정책에 관한 「중앙행정기관별 시행계획」을 수립하여야 한다(법 §22①). 또한 시·도지사는 기본계획과 중앙행정기관별시행계획에 따라 매년 11월 30일까지 소비자정책에 관한 다음 연도의 「시·도별 시행계획」을 수립하여야 한다(법 §22②). 공정거래위원회는 매년 12월 31일까지 중앙행정기관별시행계획 및 시·도별시행계획을 취합·조정하여 소비자정책위원회의 심의·의결을 거쳐 「종합시행계획」을 수립하여야 한다(법 §22③). 관계 중앙행정기관의 장 및 시·도지사는 종합시행계획이 실효성 있게 추진될 수 있도록 매년 소요비용에 대한 예산편성 등 필요한 재정조치를 강구하여야 한다(법 §22④). 종합시행계획의 수립 및 그 집행실적의 평가 등에 관하여 필요한 사항은 대통령령으로 정한다(법 §22⑤).

---

19) 일정한 사항에 해당하는 것으로는 ⅰ) 소비자안전의 강화, ⅱ) 소비자와 사업자 사이의 거래의 공정화 및 적정화, ⅲ) 소비자교육 및 정보제공의 촉진, ⅳ) 소비자피해의 원활한 구제, ⅴ) 국제소비자문제에 대한 대응, ⅵ) 그 밖에 소비자의 권익과 관련된 주요한 사항이 있다(법 §21②ⅲ 각목).

Ⅲ. 소비자정책위원회

1. 구 성

소비자정책위원회는 소비자의 권익증진 및 소비생활의 향상에 관한 기본적인 정책을 심의·의결하기 위한 기구로서 국무총리 소속으로 하고 있다(법 §23). 이 위원회는 위원장 2명을 포함한 25명 이내의 당연직 위원과 위촉위원으로 구성한다(법 §24①, ③).

(공동)위원장은 국무총리와 소비자문제에 관하여 학식과 경험이 풍부한 자 중에서 대통령이 위촉하는 자가 된다(법 §24②). 당연직 위원은 관계 중앙행정기관의 장[20]과 한국소비자원장이 된다. 위촉위원은 ① 소비자문제에 관하여 학식과 경험이 풍부한 자와 ② 등록된 소비자단체 및 대통령령으로 정하는 경제단체[21]에서 추천하는 소비자대표 및 경제계 대표 중에서 국무총리가 위촉하는 자로 한다(법 §24③).

위촉위원장과 위촉위원의 임기는 3년이다(법 §24④). 국무총리는 위촉위원이 ① 심신장애로 인하여 직무를 수행할 수 없게 되거나, ② 직무와 관련된 비위사실이 있거나, ③ 직무태만, 품위손상, 그 밖의 사유로 인하여 위원으로 적합하지 아니하다고 인정되거나 또는 ④ 위원 스스로 직무를 수행하는 것이 곤란하다고 의사를 밝히는 경우에는 해당 위원을 해촉할 수 있다.

2. 기 능

(1) 심의 · 의결

정책위원회는 다음 사항을 종합·조정하고 심의·의결한다(법 §25①).

① 소비자정책의 기본계획 및 종합시행계획의 수립·평가와 그 결과의 공표

② 소비자정책의 종합적 추진 및 조정에 관한 사항

③ 소비자보호 및 안전 확보를 위하여 필요한 조치에 관한 사항

④ 소비자정책의 평가 및 제도개선·권고 등에 관한 사항

⑤ 그 밖에 위원장이 소비자의 권익증진 및 소비생활의 향상을 위하여 토의에 부

---

20) 관계부처의 장은 기획재정부장관·행정안전부장관·농림축산식품부장관·산업통상자원부장관·보건복지부장관·환경부장관·국토교통부장관 및 공정거래위원회위원장으로 한다(영 §14①).

21) 여기에서 "대통령령으로 정하는 경제단체"란 ① 「상공회의소법」에 따른 대한상공회의소, ② 「중소기업협동조합법」에 따른 중소기업중앙회, ③ 사업자 등을 회원으로 하여 「민법」에 따라 설립된 사단법인으로서 정관에 따라 기업경영의 합리화 또는 건전한 기업문화 조성에 관한 사업을 수행하는 법인 중 공정거래위원회위원장이 정하여 고시하는 법인을 말한다(영 §14②). ③에 해당할 수 있는 단체로는 한국경제인협회(구 전경련)나 한국경영자총협회가 있다.

치는 사항

(2) 권 고

정책위원회는 소비자의 기본적인 권리를 제한하거나 제한할 우려가 있다고 평가한 법령·고시·예규·조례 등에 대하여 중앙행정기관의 장 및 지방자치단체의 장에게 법령의 개선 등 필요한 조치를 권고할 수 있다(법 §25②). 정책위원회는 법령의 개선 등 필요한 조치를 권고하기 전에 중앙행정기관의 장 및 지방자치단체의 장에게 미리 의견을 제출할 기회를 주어야 한다(법 §25③). 중앙행정기관의 장 및 지방자치단체의 장은 제2항에 따른 권고를 받은 날부터 3개월 내에 필요한 조치의 이행계획을 수립하여 정책위원회에 통보하여야 한다(법 §25④). 정책위원회는 통보받은 이행계획을 검토하여 그 결과를 공표할 수 있다(법 §25⑤).

정책위원회는 업무를 효율적으로 수행하기 위해 실무위원회와 분야별 전문위원회를 둘 수 있다(법 §25⑥).

3. 운 영

정책위원회에 간사 1명을 두되, 간사위원은 공정거래위원장이 된다(법 §24⑤). 정책위원회의 사무를 처리하기 위하여 공정거래위원회에 사무국을 둔다(법 §24⑦). 정책위원회의 회의는 재적위원 과반수의 출석으로 열고, 출석위원 과반수의 찬성으로 의결한다(영 §16①). 정책위원회의 위원장은 필요하다고 인정하는 경우 위원이 아닌 사람을 회의에 참석하게 하여 발언하게 하거나 배석하게 할 수 있다(영 §16②).

정책위원회에 올릴 안건을 미리 검토·조정하고, 정책위원회의 운영을 지원하기 위하여 실무위원회를 둔다(영 §17①). 실무위원회는 위원장(공정거래위원장) 1명을 포함한 20명 이내의 위원으로 구성한다(영 §17②, ③). 또한 정책위원회에 올릴 안건 중 전문성이 요구되는 사안에 대한 연구·검토를 수행하도록 하기 위하여 분야별 전문위원회를 둔다(영 §18①).

4. 긴급대응

정책위원회 위원장은 ① 사업자가 제공하는 물품등으로 인하여 소비자의 생명 또는 신체에 대통령령으로 정하는 위해가 발생하였거나 발생할 우려가 있거나, ② 위해의 발생 또는 확산을 방지하기 위하여 복수의 중앙행정기관에 의한 종합적인 대책 마련이 필요한 경우에는 긴급회의를 소집할 수 있다(법 §25의2①).

여기에서 대통령령으로 정하는 위해란 ① 사업자가 제공하는 물품등으로 인한 소비자의 사망, ② 불특정 다수의 소비자에게 발생한 「의료법」 제3조 제2항에 따른 의료기관에서 3주 이상의 치료가 필요한 골절·질식·화상·감전 등 신체적 부상이나 질병 또는 ③ 그 밖에 중대한 위해로서 복수의 중앙행정기관이 종합대책을 수립하여 대응할 필요가 있다고 정책위원회의 위원장이 판단한 위해를 말한다(영 §18의2 각호).

긴급회의는 정책위원회 위원장, 간사위원(공정거래위원장) 및 위원장이 종합적인 대책의 수립과 관계된다고 인정하는 중앙행정기관의 장으로 구성하며, 위해의 발생 및 확산을 방지하기 위한 종합대책을 마련할 수 있다(법 §25의2②, ③). 중앙행정기관의 장은 종합대책에 필요한 세부계획을 즉시 수립·이행하고, 해당 세부계획의 이행 상황 및 결과를 정책위원회에 보고하여야 한다(법 §25의2④, 영 §18의3③, ④, ⑥).

5. 의견청취

정책위원회는 위의 사항을 심의하기 위하여 필요한 경우에는 소비자문제에 관하여 전문지식이 있는 자, 소비자 또는 관계사업자의 의견을 들을 수 있다(법 §26①). 공정거래위원회는 소비자권익 증진, 정책위원회의 운영 등을 위하여 필요한 경우 중앙행정기관의 장 및 지방자치단체의 장 등 관계 행정기관에 의견제시 및 자료제출을 요청할 수 있다(법 §26②).

Ⅳ. 국제협력

오늘날 시장개방으로 해외직구 등을 통해 외국산 제품의 국내 소비가 증가함에 따라 불량 또는 위해 상품으로부터 국내 소비자를 보호할 필요성이 커지고 있다. 이에 따라 국가는 소비자문제의 국제화에 대응하기 위하여 국가 사이의 상호협력방안을 마련하는 등 필요한 대책을 강구하여야 한다(법 §27①). 이와 함께 공정거래위원회는 관계 중앙행정기관의 장과 협의하여 국제적인 소비자문제에 대응하기 위한 정보의 공유, 국제협력창구 또는 협의체의 구성·운영 등 관련 시책을 수립·시행하여야 한다(법 §27②). 국제협력창구 또는 협의체를 구성하는 때에는 소비자정책위원회의 심의·의결을 거쳐야 하며(영 §21①), 공정거래위원회는 국제협력창구 또는 협의체의 운영비용을 예산의 범위 안에서 지원할 수 있다(영 §21②).

제5절 소비자단체와 한국소비자원

Ⅰ. 소비자단체

1. 의 의

개별 소비자들은 사업자에 비해 정보의 수집능력이나 자금력, 교섭력 등에서 상대적으로 열등하고 조직화되어 있지 않으며, 통상 피해액이 소액에 불과한데 비해 그 구제를 위한 시간·비용 등의 제약으로 권리구제를 포기하는 경우가 많다. 따라서 소비자들의 피해를 예방하고, 권익을 증진하기 위해서는 개별 소비자들을 조직화하여 그 후견적 기능을 담당할 수 있는 단체의 역할이 요구된다.

소비자단체는 소비자의 기본적 권리로서 단결할 권리(법 §4ⅶ)에 기초하여 소비자 공동의 권익을 보호하기 위해 결성된 조직체이다.[22] 소비자단체는 무엇보다도 소비자들이 보다 합리적인 구매의사 결정을 내릴 수 있도록 다양한 정보를 제공하고, 소비자의 피해구제를 위한 각종 상담과 지원활동을 전개하게 된다. 또한 광범위한 전국적 조직을 기반으로 효과적인 시장감시활동이 가능하며, 생활현장과 밀착된 소비자정보를 소비자정책에 반영하기도 한다. 그러나 소비자단체는 궁극적으로 개별 소비자로서 극복하기 어려운 사업자와의 힘의 불균형 관계를 보완하고, 소비자의 시장에서의 영향력(소비자주권) 회복을 통해 소비자문제와 관련한 시장실패를 극복하는 데도 주요한 역할을 수행하게 된다.

2. 업 무

소비자단체는 다음과 같은 5가지 업무를 수행한다(법 §28①). 이 가운데 ②와 ⑤의 업무를 하려는 소비자단체는 공정거래위원회 또는 지방자치단체에 등록할 수 있다.

① 국가 및 지방자치단체에 대한 소비자의 권익과 관련된 시책에 대한 건의(제1호)

② 물품 또는 용역의 규격·품질·안전성에 대한 시험·검사 및 가격 등을 포함한 거래조건이나 거래방법에 대한 조사·분석(제2호)[23]

---

22) 소비자단체협의회를 구성하고 있는 소비자단체로는 한국YWCA연합회, 한국부인회, 소비자시민모임, 한국소비자연맹, 대한어머니회, 녹색소비자연대, 소비자교육원, 소비자공익네트워크 등 전국 규모의 12개 단체가 있으며, 이들 단체들은 지역 단위의 소비자단체로서 시·도지부를 가지고 있다(http://www.consumernet.or.kr).

23) 소비자단체는 비교적 간단한 시험검사는 자체시설로 수행하고 전문적인 시험검사를 요하는 것은 국내

③ 소비자문제에 관한 조사·연구(제3호)
④ 소비자의 교육(제4호)
⑤ 소비자의 불만 및 피해를 처리하기 위한 상담·정보제공 및 당사자 사이의 합의의 권고(제5호)[24]

소비자단체는 ②의 조사·분석 결과를 공표할 수 있다(임의적 공표권). 다만 공표되는 사항 중 물품등의 품질·성능 및 성분 등에 관한 시험·검사로서 전문적인 인력과 설비를 필요로 하는 시험·검사[25]인 경우에는 대통령령으로 정하는 시험·검사기관[26]의 시험·검사를 거친 후 공표하여야 한다(법 §28②). 또한 소비자단체는 시험·검사기관의 시험·검사의 결과를 공표할 경우에는 공표예정일 7일 전에 당해 사업자의 의견을 들어야 한다(영 §22③). 이는 만약 소비자단체가 사업자의 의견을 반영하지 않고 시험·검사결과를 일방적으로 공표할 경우 자칫 예측치 못한 사업자의 피해발생이 우려되기 때문이다.

한편 소비자단체는 ⑤의 소비자의 불만 및 피해를 처리함에 있어서 상담·정보제공 및 당사자 사이의 합의를 권고할 수 있을 뿐이다. 소비자와 사업자 간에 합의가 이루어지지 아니할 때에는 소비자단체는 한국소비자원에 설치된 소비자분쟁조정위원회에 분쟁조정을 신청하거나(법 §65①) 상대방 소비자를 대리하여 소비자단체협의체에 분쟁조정을 신청할 수 있다(영 §24②). 공정거래위원회에 등록한 소비자단체의 협의체는 소비자의 불만 및 피해를 처리하기 위해 자율적 분쟁조정을 할 수 있으나, 다른 법률의 규정에 따라 설치된 전문성이 요구되는 분야의 분쟁조정기구로서 대통령령으로 정하는 기구에서 관장하는 사항에 대하여는 그러하지 아니하다(법 §31, 후술).

외 전문시험검사기관에 의뢰한다. 재정적으로 열악한 소비자단체가 보다 정확하고 신속한 검사결과를 얻을 수 있도록 소비자단체가 관련 시험·검사시설을 설치하는 데 필요한 지원을 할 수 있다(법 §17④).

24) 소비자단체의 업무로서 '상담(advise)'은 당사자의 고충을 듣고 법률문제를 포함한 분쟁처리방법에 관한 정보를 제공하는 것으로서 법원에 의한 소송(litigation) 이외의 가장 낮은 단계의 대체적 분쟁해결수단(alternative dispute resolution, ADR)이다. 이에 비해 소비자단체의 업무로서 소비자피해 및 불만처리를 위한 당사자 간 "합의의 권고"는 분쟁해결 수단으로 당사자 사이에서 대립되는 문제에 관하여 조정, 합의에 이를 수 있도록 제3자가 단순히 조력하는 알선(mediation)의 한 형태라고 할 수 있다.

25) '전문적인 설비를 필요로 하는 시험·검사'는 역학, 화학, 전기 등 시행령에서 정한 9가지 분야에 관한 시험·검사로서 물품의 품질·성능·성분 및 안전성에 관하여 비교 또는 종합평가가 필요한 시험·검사를 말한다(영 §22①).

26) '대통령령으로 정하는 시험·검사기관'이란 국·공립 검사기관, 한국소비자원, 중앙행정기관의 장이 시험·검사능력을 인정한 시험·검사기관 또는 중앙행정기관의 장이 관계법령에 의하여 지정한 시험·검사기관을 말한다(영 §22②).

3. 소비자단체의 등록

(1) 등록요건

소비자단체 가운데 ① 물품 또는 용역에 대한 시험·검사 및 거래조건이나 거래방법에 관한 조사(법 §28①ii) 및 소비자피해 및 불만처리를 위한 상담·정보제공 및 당사자 간 합의의 권고(법 §28①v)에 관한 업무를 수행하고, ② 물품 및 용역에 대하여 전반적인 소비자문제를 취급하고, ③ 대통령령으로 정하는 설비와 인력을 갖추고, ④ 비영리단체지원법 제2조 각 호의 요건을 모두 갖춘 소비자단체는 공정거래위원회 또는 지방자치단체에 등록할 수 있다(법 §29①). 공정거래위원회 또는 지방자치단체의 장은 등록을 신청한 소비자단체가 제1항 각 호의 요건을 갖추었는지 여부를 심사하여 등록 여부를 결정하여야 한다(법 §29②).

공정거래위원회에 등록하려는 소비자단체는 전국적 규모의 소비자단체의 협의체 및 3개 이상의 시·도에 지부를 설치하고 있는 소비자단체이어야 한다. 그 밖의 소비자단체는 주된 사무소가 위치한 시·도에 등록할 수 있다(영 §23②). 공정거래위원회 또는 시·도지사는 등록신청서를 제출받은 경우에 그 내용을 검토하여 그 등록신청서를 접수한 날부터 20일 이내에 소비자단체의 등록 여부를 결정하고, 그 결과와 이유를 지체 없이 등록을 신청한 소비자단체에 알려야 한다(영 §23④). 등록한 소비자단체는 등록사항에 변경이 있는 경우 그 변경이 있는 날부터 20일 이내에 공정거래위원회 또는 시·도지사에게 통보하여야 한다(영 §23⑥).

(2) 등록의 취소

공정거래위원회 또는 지방자치단체의 장은 소비자단체가 거짓 그 밖의 부정한 방법으로 등록을 한 경우에는 등록을 취소하여야 한다(법 §30①). 또한 등록소비자단체가 등록요건을 갖추지 못하게 된 경우에는 3월 이내에 보완을 하도록 명할 수 있고, 그 기간이 경과하여도 요건을 갖추지 못하는 경우에는 등록을 취소할 수 있다(법 §30②).

(3) 보조금의 지급 등

국가 또는 지방자치단체는 등록된 소비자단체에 대하여 그 건전한 육성·발전을 위해 필요하다고 인정될 때에는 보조금을 지급할 수 있다(법 §32). 국가 또는 지방자치단체가 법 제32조에 따라 등록소비자단체에 지급할 수 있는 보조금의 범위는 등록소비자단체의 사업 및 운영에 필요한 경비이다(영 §25의2). 이처럼 보조금을 지급할 수 있도록 한 것은 소비자권익 증진운동을 활성화하기 위한 목적과 함께 등록된 소비자단체가 소비자정보제공, 소비자교육, 소비자상담 및 피해구제업무 등 국가 또는 지방자치단체가 수행해야 할 소비자권익 증진행정의 고유한 업무영역을 담당하고 있기 때문이다.

4. 정보제공요청권

등록된 소비자단체는 그 업무를 추진함에 있어서 필요한 자료 및 정보의 제공을 사업자 또는 사업자단체에 요청할 수 있으며, 당해 사업자 또는 사업자단체는 정당한 사유가 없는 한 이에 응하여야 한다(법 §78①, 영 §65①). 소비자단체의 자료 및 정보제공요청에 대해 사업자 또는 사업자단체가 정당한 사유 없이 이를 거부・방해・기피하거나 거짓으로 제출한 경우에는 당해 그 사업자 또는 사업자단체의 이름(상호 기타의 명칭 포함), 거부 등의 사실과 사유를 「신문 등의 진흥에 관한 법률」에 의한 일반 일간신문에 게재할 수 있다(법 §28③). 소비자단체는 업무상 알게 된 정보를 소비자의 권익을 증진하기 위한 목적이 아닌 용도에 사용할 수 없으며(법 §28④), 목적 외의 용도로 사용함으로써 사업자 또는 사업자단체에 손해를 끼친 때에는 그 손해에 관하여 배상할 책임을 진다(법 §28⑤).

Ⅱ. 한국소비자원

1. 설 립

한국소비자원은 국가 소비자시책의 종합적인 추진기관으로서 1987년 7월 1일 정부출연 특수공법인으로 설립되었다. 한국소비자원은 공정거래위원회의 승인을 얻어 필요한 곳에 지부를 설치할 수 있으며 주된 사무소의 소재지에서 설립등기를 함으로써 성립한다(법 §33).

정관의 기재사항으로는 ① 목적, ② 명칭, ③ 주된 사무소 및 지부에 관한 사항, ④ 임원 및 직무에 관한 사항, ⑤ 이사회의 운영에 관한 사항, ⑥ 소비자안전센터에 관한 사항, ⑦ 분쟁조정위원회에 관한 사항, ⑧ 업무에 관한 사항, ⑨ 재산 및 회계에 관한 사항, ⑩ 공고에 관한 사항, ⑪ 정관의 변경에 관한 사항, ⑫ 내부규정의 제정 및 개폐에 관한 사항이 있다(법 §34).

2. 임원 및 이사회

(1) 임원의 구성 및 임기

한국소비자원의 임원은 원장 · 부원장 및 소비자안전센터의 소장 각 1인을 포함한 10인 이내의 이사와 감사 1인으로 구성된다. 원장 · 부원장 · 소장 및 대통령령으로 정하는 이사는 상임으로 하고 그 밖의 임원은 비상임으로 한다(법 §38①, ②).

원장은 공공기관의 운영에 관한 법률 제29조에 따른 임원추천위원회가 복수로 추천한 사람 중에서 공정거래위원장의 제청으로 대통령이 임명한다. 부원장, 소장 및 이사는 원장이 임명한다. 비상임이사는 임원추천위원회가 복수로 추천한 사람 중에서 공정거래위원장이 임명한다. 감사는 임원추천위원회가 복수로 추천하여 공공기관의 운영에 관한 법률 제8조에 따른 공공기관운영위원회의 심의 · 의결을 거친 사람 중에서 기획재정부장관의 제청으로 대통령이 임명한다. 원장의 임기는 3년으로 하고, 부원장, 소장, 이사 및 감사의 임기는 2년으로 한다(법 §38③부터 ⑦까지).

(2) 임원의 직무

원장은 한국소비자원을 대표하고 업무를 총괄한다. 부원장은 원장을 보좌하며 원장이 부득이한 사유로 직무를 수행할 수 없는 경우에 그 직무를 대행한다. 소장은 원장의 지휘를 받아 소비자안전센터의 업무를 총괄하며, 원장 · 부원장 및 소장이 아닌 이사는 정관이 정하는 바에 따라 한국소비자원의 업무를 분장한다. 원장, 부원장이 부득이한 사유로 직무를 수행할 수 없는 때에는 상임이사 · 비상임이사의 순으로 정관이 정하는 순서에 따라 그 직무를 대행한다. 감사는 업무 및 회계를 감사한다(법 §39).

(3) 이사회

이사회는 원장 · 부원장 · 소장 그 밖의 이사로 구성하며, 한국소비자원의 업무와 운영에 관한 중요사항을 심의 · 의결한다. 원장은 이사회를 소집하고 의장이 되며, 감사는 이사회에 출석하여 의견을 진술할 수 있다(법 §40).

(4) 재단법인 규정의 준용

한국소비자원에 관하여 이 법에 규정되지 아니한 사항에 관하여는 민법 중 재단법인에 관한 규정을 준용한다(법 §44).

3. 업 무

(1) 주요업무

한국소비자원의 업무로는 다음과 같은 것이 있다(법 §35①).

① 소비자의 권익과 관련된 제도와 정책의 연구 및 건의(제1호)

② 소비자의 권익증진을 위하여 필요한 경우 물품등의 규격·품질·안전성·환경성에 관한 시험·검사 및 가격 등을 포함한 거래조건이나 거래방법에 대한 조사·분석(제2호)

③ 소비자의 권익증진·안전 및 소비생활의 향상을 위한 정보의 수집·제공[27] 및 국제협력(제3호)

④ 소비자의 권익증진·안전 및 능력개발과 관련된 교육·홍보 및 방송사업(제4호)

⑤ 소비자의 불만처리 및 피해구제(제5호)

⑥ 소비자의 권익증진 및 소비생활의 합리화를 위한 종합적인 조사·연구(제6호)

⑦ 국가 또는 지방자치단체가 소비자의 권익증진과 관련하여 의뢰한 조사 등의 업무(제7호)[28]

⑧ 「독점규제 및 공정거래에 관한 법률」 제90조 제7항에 따라 공정거래위원회로부터 위탁받은 동의의결의 이행관리(제8호)

⑨ 그 밖에 소비자의 권익증진 및 안전에 관한 업무(제9호)

(2) 업무대상 제외

한국소비자원의 소비자의 불만처리 및 피해구제업무(법 §35① v)와 관련하여 ① 국가 또는 지방자치단체의 물품등으로 인해 발생한 피해구제와 ② 기타 다른 법률의 규정에 따라 설치된 전문성이 요구되는 분야의 분쟁조정기구에 신청된 피해구제 등으로서 대통령령으로 정하는 피해구제는 업무대상에서 제외된다(법 §35② 각호). 이는 다른 법률에 따라 설치된 전문성이 있는 분쟁조정기구의 판단을 존중하는 것이 합리적이기 때문이다. 이러한 의미에서 한국소비자원의 피해구제는 다른 전문적인 분쟁조정기구에

---

27) 사업자는 한국소비자원의 소비자보호업무의 추진에 필요한 자료 및 정보제공요청에 적극 협력하여야 한다(법 §18②). 한국소비자원은 그 업무를 추진함에 있어서 필요한 자료 및 정보의 제공을 사업자 또는 사업자단체에 요청할 수 있다(법 §78①). 소비자단체의 자료 및 정보제공요청과 관련한 사항을 협의·조정하기 위하여 한국소비자원에 「소비자정보요청협의회」를 둔다(법 §79).

28) 국가 및 지방자치단체는 사업자가 위해방지기준(법 §8), 표시기준(법 §10), 광고기준(법 §11), 거래적정화(법 §12), 소비자정보제공(법 §13), 개인정보 보호기준(법 §15)을 정하거나 소비자권익과 관련된 시책을 추진하기 위하여 필요한 경우에는 한국소비자원에 조사·연구를 의뢰할 수 있다(법 §17⑤).

서 피해구제를 다루지 않는 범위 내에서 보충적으로 이루어진다고 볼 수 있다. 여기에서 대통령령으로 정하는 피해구제란 ① 다른 법률에 따라 소비자분쟁조정위원회에 준하여 설치되어 있는 분쟁조정기구에 피해구제가 신청되어 있거나 이미 그 피해구제절차를 거친 사항과 동일한 내용의 피해구제와 ② 한국소비자원에 피해구제를 신청한 후, 다시 다른 법정 분쟁조정기구에 피해구제를 신청한 경우의 그 피해구제를 말한다 (영 §28 각호).

〈다른 법률에 따라 설치된 전문적 분쟁조정기구(영 §25 각호)〉

명 칭	분쟁 대상	관련 법령
금융분쟁조정위원회	증권 · 은행 · 보험업 분쟁	금융소비자보호법 §33
의료분쟁조정중재원	의료사고 분쟁	의료분쟁조정법 §6
환경분쟁조정위원회	환경피해 분쟁	환경분쟁조정법 §4
한국저작권위원회	저작권 분쟁	저작권법 §112
개인정보분쟁조정위원회	개인정보피해 분쟁	개인정보보호법 §40
전기위원회	전기사업 분쟁	전기사업법 §53
우체국예금·보험분쟁조정위원회	우체국보험 분쟁	우체국예금보험법 §51①
방송통신위원회	방송통신사업 분쟁	방송통신위원회법 §12
전자문서 · 전자거래분쟁조정위원회	전자상거래 분쟁	전자문서 및 전자거래기본법 §32
지방변호사회	변호사 · 위임인 직무상 분쟁	변호사법 §74

(3) 업무결과 공표

한국소비자원은 업무수행 과정에서 취득한 사실 중 소비자의 권익증진, 소비자피해의 확산 방지, 물품등의 품질향상 그 밖에 소비생활의 향상을 위하여 필요하다고 인정되는 사실은 이를 공표하여야 한다. 다만, 사업자 또는 사업자단체의 영업비밀을 보호할 필요가 있다고 인정되거나 공익상 필요하다고 인정되는 때에는 그러하지 아니하다 (법 §35③). 이와 관련하여 한국소비자원의 공표는 행정상의 공표에 해당하기 때문에 공표사실이 의심의 여지없이 확실히 진실이라고 믿을 만한 객관적이고 타당한 확증과 근거가 요구된다.

[판례] 한국소비자보호원(현 한국소비자원)의 검사결과 공표(대법원 1998. 5. 22. 선고 97다57689 판결)

소비자보호법 및 같은 법 시행령이 물품의 품질과 안전성 등을 검사하고, 그 결과를 공표하여 소비자보호를 위하여 필요한 조치를 취하는 것은 원칙적으로 국가나 지방차지단체의 직무로 규정하면서 그와 같은 소비자보호시책의 효과적인 추진을 위하여 피고 법인을 설립하고 국가나 지방자치단체로 하여금 그와 같은 시험·검사 등을 피고 법인에 의뢰하도록 하는 일방 피고 법인의 업무에 위와 같은 물품의 품질 등에 관한 검사와 그 결과의 공표를 포함시키고 있는 점에 비추어 보면, 피고의 이 사건 공표의 성질은 국가나 지방자치단체의 검사 결과 공표와 마찬가지로 행정상의 공표에 해당한다 할 것이므로, 결국 피고가 이 사건 공표의 내용이 진실하다고 믿은 데에 상당한 이유가 있다고 하기 위하여서는 이 사건 공표가 객관적이고도 타당한 확증과 근거에 기하여 이루어진 것이라는 점이 증명되어야 할 것이다.

… 기록에 의하면, 피고는 당초 원고의 실제 공급구역이 위와 같이 2개 면으로 제한되어 있는지 여부를 알지 못한 상태에서 원고 제품의 유통경로 등에 대한 조사를 전혀 시행하지 아니한 채 단지 외관만에 의하여 이 사건 시료를 원고의 제품으로 보고 구입하였음이 분명한 이상, 피고가 그러한 타당한 확증과 근거를 갖추기 위한 조사활동을 다하였다고 보기가 어렵다고 할 것이므로, 결국 피고가 이 사건 시료의 진정성 내지 이 사건 공표 내용의 진실성을 오신하였더라도 그에 상당한 이유가 있다고 할 수 없다.

(4) 시료의 수거

최근 사업자가 제공하는 물품 또는 용역은 복잡한 제조공정을 거치고, 그 과정에서 다양한 화학물질들이 사용되고 있어 소비자의 안전성에 대한 불안이 제기되고 있다. 따라서 소비자권익 전문기관으로서 한국소비자원이 시험·검사 또는 조사를 위해 필요한 시료를 확보하기 위한 근거를 명확히 하고 각종 안전성 검사의 실효성을 확보할 필요가 있다.

소비자원장은 물품등의 규격·품질·안전성·환경성에 관한 시험·검사 및 가격 등을 포함한 거래조건이나 거래방법에 대한 조사·분석(법 §35① ii)이나 소비자의 불만처리 및 피해구제(법 §35① v) 업무를 수행함에 있어서 다수의 피해가 우려되는 등 긴급하다고 인정되는 때에는 사업자로부터 필요한 최소한의 시료를 수거할 수 있도록 하고 있다. 이 경우 그 사업자는 정당한 사유가 없는 한 이에 따라야 한다(법 §35④). 소비자원장은 시료를 수거한 경우 특별한 사정이 없으면 시료 수거일로부터 30일 이내에 공정거래위원회 및 관계 중앙행정기관의 장에게 그 시료수거 사실과 결과를 보고하여야 한다(법 §35⑤).

(5) 시험 및 검사의 의뢰

소비자원장은 ① 물품등의 규격·품질·안전성·환경성에 관한 시험·검사업무(법 §35①ii), ② 소비자의 불만처리 및 피해구제(법 §35①v)를 수행함에 있어서 필요한 경우에는 국·공립시험검사기관에 관계물품에 대한 시험·조사를 의뢰할 수 있다(법 §36①). 시험·검사의 의뢰를 받은 국·공립검사기관은 특별한 사유가 있는 경우가 아니면 의뢰받은 날부터 15일 이내에 그 시험·검사결과를 한국소비자원에 통보하여야 한다. 이 경우 15일 이내에 그 결과를 통보할 수 없는 부득이한 사유가 있는 때에는 그 사유와 통보기한을 정하여 한국소비자원에 알려야 한다(법 §36②, 영 §29①). 시험·검사에 소요되는 비용은 한국소비자원이 부담한다(영 §29②).

4. 회계·감독 등

(1) 회 계

한국소비자원의 설립·시설·운영 및 업무에 필요한 경비는 ① 국가 및 지방자치단체의 출연금과 ② 한국소비자원의 운영에 따른 수입금을 재원으로 충당한다(법 §41).

(2) 감 독

공정거래위원회는 소비자안전센터를 포함한 한국소비자원을 지도·감독하고, 필요하다고 인정되는 때에는 한국소비자원에 대하여 그 사업에 관한 지시나 명령을 내릴 수 있다(법 §42①). 한국소비자원은 매년 업무계획서, 예산서 및 결산보고서를 작성하여 공정거래위원회의 승인을 얻어야 하며, 매년 결산보고서와 이에 대한 감사의 의견서를 작성하여 공정거래위원회에 보고하여야 한다(법 §42②). 공정거래위원회는 필요하다고 인정되는 때에는 한국소비자원에 대하여 그 업무·회계 및 재산에 관한 사항을 보고하게 하거나 감사할 수 있다(법 §42③).

5. 기 타

이 법에 따른 한국소비자원이 아닌 자는 한국소비자원 또는 이와 유사한 한국소비자보호원 등의 명칭을 사용하여서는 아니 된다(법 §37). ① 한국소비자원의 임원, ② 제35조 제1항 제2호·제5호의 업무에 종사하는 직원, ③ 제52조 제1항·제2항의 업무에 종사하는 직원, ④ 제60조의 규정에 따른 소비자분쟁조정위원회의 위원은 「형법」 제129조부터 제132조까지 적용할 때에는 이를 공무원으로 본다(법 §43).

제 6 절 소비자안전

Ⅰ. 의 의

오늘날 과학기술의 발달과 함께 안전이 검증되지 아니한 결함물품[29]이나 생활유해물질이 증가하고, 각종 수입 농·수산물의 증대, 소비자의 삶의 질 향상과 관련된 레저·여가 상품의 확대 등 소비생활환경이 변화함에 따라 소비자안전의 심각성이 증대되고 있다. 따라서 현실적인 소비생활에서의 생명·신체상의 위해나 잠재적인 위험으로부터 소비자의 안전을 확보하는 문제가 오늘날 소비자정책의 중요한 이슈로 대두되었다. 이러한 소비자안전의 보장은 헌법상 보장된 기본권으로서 인간의 존엄과 가치(헌법 §10)를 실현하기 위해 국가에 부여된 가장 기본적인 책무인 동시에 국가가 소비자운동을 보장(헌법 §124)하여야 할 궁극적인 목표이기도 하다.

이 점을 고려하여 소비자기본법은 소비자안전에 관한 독립된 장을 두어 소비자안전 관련규정을 체계적으로 정비하고 있다. 특히 사회적으로 안전취약계층인 어린이·노약자 및 장애인 우선보호시책을 선언하고, 그 동안 관계 중앙행정기관의 장에게 일임되었던 리콜조치(결함 물품등의 수거·파기 등)에 관하여 공정거래위원회가 보다 적극적으로 개입할 수 있는 법적 근거를 마련하고 있다. 또한 한국소비자원에 설치된 소비자안전센터를 명문화하고, 위해정보의 수집·처리, 소비자안전경보 등 소비자안전에 관한 사항을 규정하고 있다. 한편, 소비자기본법과 별도로 2011년 1월에는 제품안전에 대한 통일된 정책방향 수립, 소비자 중심의 시장감시 기능의 정착 등 모든 제품에 공통적이고 일반적으로 적용되는 총괄법인 「제품안전기본법」을 제정하였다. 이 법에서는 정부가 제품안전관리에 관한 종합계획을 수립하여 소비자정책위원회에 제출토록 하는 한편, 중앙행정기관의 제품에 대한 안전성조사, 결함제품에 대한 리콜권고, 리콜명령 등에 관하여 규정하고 있다.

---

29) 여기에서 말하는 결함은 리콜과 제조물책임법상 개념으로 소비자의 생명·신체에 위해나 재산의 손실을 야기할 수 있는 위해요인이 제품의 설계·제조·표시·유통과정에서 발생한 것을 의미하며, 일반적인 하자(瑕疵) 개념과는 구별된다. 즉, 하자는 제품으로서 갖추어야 할 질과 양을 갖추지 못했거나 제품에 보증된 기능 등을 제대로 갖추지 못한 경우로서 민법 제580조(하자담보책임), 제758조(공작물등의 점유자·소유자의 책임), 국가배상법 제5조(영조물의 설치·관리의 하자와 배상책임)에 명시되어 있다.

Ⅱ. 총칙규정

1. 취약계층의 우선보호

오늘날 고도화된 기술사회에서 기능적으로 복잡하고 위험이 내재된 각종 물품등의 공급이 늘어남에 따라 소비자들이 생명이나 신체상의 위해를 입을 가능성이 커지고 있다. 이러한 소비환경 속에서 특히 위해물품 등에 대한 식별능력이나 위험으로부터 자신을 보호할 수 있는 능력이 취약한 어린이나 노약자의 안전을 보호하기 위한 각별한 관심이 요구된다. 이 점을 고려하여 소비자기본법은 국가·지방자치단체 및 사업자의 안전취약계층에 대한 우선보호책무를 규정하고 있다.[30]

즉, 국가 및 지방자치단체는 어린이·노약자·장애인 및 결혼이민자[31] 등 안전취약계층에 대하여 우선적으로 보호시책을 강구하여야 한다(법 §45①). 또한 사업자는 안전취약계층에 대하여 물품등을 판매·광고 또는 제공하는 경우에는 그 취약계층에게 위해가 발생하지 아니하도록 제19조 제1항의 규정(위해발생방지책무)에 따른 조치와 더불어 필요한 예방조치를 취하여야 한다(법 §45②).

2. 공정거래위원회의 시정조치 요청권

소비자에게 제공되는 물품등의 관리를 소관하는 중앙행정기관은 소비자의 생명 또는 건강에 위해할 수 있는 물품등에 대하여 리콜명령 등 시정조치를 할 수 있는 권한을 가지고 있으나, 위해정보가 부족하거나 관할구분이 분명치 아니 한 경우에는 그 권한을 행사하지 못하게 되어 소비자안전 보호에 사각지대가 발생할 수 있다.

이를 고려하여 소비자기본법에서는 공정거래위원회 또는 시·도지사가 중앙행정기관의 장에게 소비자의 생명, 건강을 위해할 수 있는 소비자제품에 대하여 일정한 조치를 취하도록 요청할 수 있는 보충적인 시정조치 요청권을 인정하고 있다(법 §46①). 여기에서 요청할 수 있는 일정한 조치는 ① 사업자가 다른 법령에서 정한 안전조치를 취하지 아니하는 경우 그 법령의 규정에 따른 조치, ② 다른 법령에서 안전기준이나 규격을 정하고 있지 아니하는 경우 리콜권고, 리콜명령과 과태료 처분 및 ③ 그 밖에 물품등에 대한 위해방지대책의 강구를 말한다. 이러한 시정조치 요청권은 공정거래위원

---

30) 「제품안전기본법」 제4조 제2항에서도 국가 및 지방자치단체는 제품안전정책을 수립·시행함에 있어 소비자의 생명·신체 또는 재산에 대한 위해방지를 우선적으로 고려하고, 어린이·노약자·장애인 등 안전취약계층을 배려하도록 국가의 위해방지책무를 규정하고 있다.

31) 「재한외국인 처우 기본법」 제2조 제3호에 따른 결혼이민자를 말한다.

회 또는 시 · 도지사에 합리적 재량권을 부여한 것으로 이를 행사하지 아니한 것이 현저하게 합리성을 잃어 사회적 타당성이 없다면 직무상 의무위반으로 볼 수 있다.

공정거래위원회 또는 시 · 도지사의 요청을 받은 관계 중앙행정기관의 장은 조치 여부 및 그 내용을 신속히 공정거래위원회 또는 시 · 도지사에게 통보하여야 한다(법 §46②).

[판례] 공정거래위원회의 시정조치요청권 불행사의 직무상 의무위반 여부(대법원 2014. 2. 13. 선고 2011다38417 판결)

… 소비자기본법의 규정(각주: 제1조, 제46조, 제49조, 제50조) 내용과 형식에 비추어 보면, 위 각 법 규정들 역시 사업자가 제공한 물품 등의 결함으로 인하여 소비자의 생명 · 신체 또는 재산에 위해를 끼치거나 끼칠 우려가 있다고 인정되는 경우에 당해 물품 등의 수거 · 파기 · 수리 · 교환 · 환급 또는 제조 · 수입 · 판매 · 제공의 금지 등을 권고하거나 명하도록 하는 등 사업자가 제공한 물품 등으로 인한 소비자에 대한 위해 발생을 예방하기 위한 조치를 취할 수 있는 합리적 재량 권한을 공정거래위원회와 중앙행정기관의 장 및 관련 공무원에게 부여한 것이라고 볼 것이다.

… 소비자기본법의 위와 같은 법 규정들이 식약청장, 공정거래위원회, 중앙행정기관의 장 및 관련 공무원들(이하 통틀어 '식약청장 등')에게 각각 합리적인 재량에 따른 직무수행 권한을 부여한 것으로 해석되는 이상, 식약청장 등에게 그러한 권한을 부여한 취지와 목적에 비추어 볼 때, 구체적인 상황 아래에서 식약청장 등이 그 권한을 행사하지 아니한 것이 현저하게 합리성을 잃어 사회적 타당성이 없는 경우에 한하여 직무상 의무의 위반으로서 위법하게 된다.

Ⅲ. 소비자안전조치

1. 의 의

소비자안전조치는 소비자에게 제공한 물품등의 결함으로 인하여 소비자의 생명 · 신체 또는 재산에 위해를 끼치거나 끼칠 우려가 있는 경우에 소비자에게 제품의 결함 내용을 알리고 수거 · 파기 · 수리 · 교환 · 환급 또는 제조 · 수입 · 판매 · 제공의 금지 그 밖의 필요한 조치를 취하는 것으로서 그동안 리콜(recall)[32]로 널리 알려져 있다. 소비자안전조치는 결함제품의 수거등을 통해 소비자 피해를 사전예방하기 위한 제도라는

32) 리콜(recall)이란 용어는 원래 선거직 공무원을 임기 중에 국민(주민)투표를 통하여 해임시키는 국민소환제라는 말에서 기원하는 것이나, 오늘날에는 사업자가 결함제품의 수거 · 파기 및 수리 · 교환 · 환급 등의 조치의 의미로 많이 사용되고 있다. 제품안전기본법에서는 리콜을 제품에 대한 수거 · 파기 · 수리 · 교환 · 환급 · 개선조치 또는 제조 · 유통의 금지, 그 밖에 필요한 조치를 '수거등'이라고 정의하고 있다(동법 §10①).

점에서 입증요건 완화를 통해 제품의 결함에 따른 손해배상을 사후적으로 용이하도록 해주는 제조물책임제도와 대비된다.

소비자기본법상의 소비자안전조치의 방식은 ① 결함정보 보고의무(법 §47), ② 자진시정조치(법 §48, 자발적 리콜), ③ 수거·파기 등의 권고(법 §49, 리콜권고), ④ 수거·파기 등의 명령(법 §50, 리콜명령)의 4가지로 구성되어 있다.[33][34]

2. 소비자안전조치의 유형 및 방법

(1) 유 형

(가) 사전리콜과 사후리콜

소비자안전조치(리콜)가 이루어지는 시점에 따라 사전리콜과 사후리콜로 나눌 수 있다. 사전리콜이란 결함제품으로 인하여 소비자에게 생명·신체 또는 재산상 위해가 발생하기 전에 실시하는 것으로서 제품이 시중에 유통되기 전 단계에서 실시되는 경우가 많기 때문에 효율적이고 적은 비용으로 가능하다는 장점이 있다. 이에 비해 사후리콜은 결함제품의 사용으로 소비자 위해가 발생한 후에 실시함으로써 소비자피해의 확산을 신속히 방지하는 데 의미가 있다.

(나) 소비자기본법상 리콜과 개별법상 리콜

리콜제도는 소비자기본법에서뿐만 아니라 소비자안전에 관한 개별 법률, 예컨대 「제품안전기본법」, 「약사법」, 「의료기기법」, 「전기생활용품안전법」, 「자동차관리법」, 「환경보건법, 「대기환경보전법」, 「식품위생법」, 「축산물위생관리법」, 「에너지이용 합리화법」, 「화장품법」, 「소방법」, 「농수산물 품질관리법」, 「위생용품관리법」, 「건강기능식품법」, 「화학제품안전법」, 「화학물질등록평가법」, 「생활방사선법」 등에서도 규정되어 있다.[35]

소비자기본법은 소비자의 안전 등 권익을 보장하기 위한 기본법이므로 제품별로 안전을 관장하는 개별 법규에 리콜 관련규정이 존재하면, 해당 제품의 리콜은 개별법의 조항에 따라 진행한다. 예컨대, 자동차 리콜은 「자동차관리법」의 적용을 받으며, 식

33) 리콜제도는 위해정보 수집을 전제로 하는 제도이므로, 위해정보수집 및 평가는 리콜제도의 일부라고 볼 수 있으며, 그 밖에도 보완적으로 소비자안전을 위한 제도로서 안전성 검사 및 인증마크제가 있으며, 위해요소 중점관리제도 운용된다. 여기에서 안전성 검사, 안전검정, 형식승인, 품질인증 제도는 대체로 공산품에 대하여 운용되고 있으며, 위해요소 중점관리제는 「식품위생법」 및 「축산물가공처리법」을 통하여 적용되고 있다.

34) 소비자기본법 등 14개 관련 법률에 따른 2022년 총 리콜 건수는 3,586건(자진리콜 857건, 리콜권고 620건, 리콜명령 2,109건)으로 매년 증가추세에 있다. 공정거래위원회 보도자료, 2022년 제품 결함 보상(리콜) 실적발표(2023. 7. 23.).

35) 김두진, 앞의 책, 70-72면.

품은「식품위생법」의 규정에 따라 리콜을 실시하게 된다. 그러나 모든 제품마다 개별법의 제정을 통해 리콜을 실시하는 데는 한계가 있으므로 개별법의 적용대상이 되지 않는 제품은「소비자기본법」 또는「제품안전기본법」에 따라 리콜을 시행한다.

(2) 방 법

(가) 수거 · 파기

판매가 금지되거나 회수된 제품에 대해서는 수거하여 파기하여야 한다. 이는 위해요인의 제거와 보관비용의 손실을 줄이기 위한 목적으로 이행된다.

(나) 수 리

수리는 제품에 결함이나 위해요인이 없도록 완전하게 고치는 것을 말한다. 결함제품의 부품교환 등으로 결함의 완전한 시정이 가능한 경우에 실시하는 방법으로서, 수리가 가능한 상황은 결함의 원인이 명확하고 제품을 지정 수리장소로 가져오는 것이 용이하여야 한다. 만약 소비자가 수리장소로 가져오기에 곤란한 제품은 출장수리하거나 수리장소까지 사업자의 비용부담으로 제품을 이송한 후 수리하도록 권장하고 있다.

(다) 교 환

교환은 제품의 수리로는 결함이나 위해 요인의 시정이 곤란한 경우에 결함이 없는 같은 종류의 제품으로 바꾸어 주는 것을 말한다. 결함이 없는 같은 종류의 제품으로 바꿔 주는 것이 원칙이지만, 같은 종류의 제품이 없다면 소비자의 양해를 전제로 제품의 가격이나 가치가 동등한 다른 제품으로 교환하는 것도 가능하다.

(라) 환 급

환급은 결함제품의 수리 또는 교환이 불가능한 제품에 대해서는 구입가를 돌려주는 것을 말한다. 환급은 소비자가 구입할 때 지불한 금액 전액을 돌려주는 것이 원칙이지만 사용기간이 오래 경과된 제품 등에 대해서는 구입금액에서 일정비율을 감가상각한 후 지급할 수 있다.

3. 소비자안전조치의 방식

(1) 결함정보 보고의무

(가) 결함정보의 개념

결함정보는 소비자에게 제공한 물품등에 소비자의 생명 · 신체 및 재산의 안전에 위해를 끼치거나 끼칠 우려가 있는 제조 · 설계 또는 표시 등의 중대한 결함이 있는 사실을 말한다. 중대한 결함이란 ① 물품의 제조 · 설계 · 표시 · 유통 또는 용역의 제공에 있어서 통상적으로 기대할 수 있는 안전성을 결여한 결함으로서 제품의 안전성 결여로 소비자에게 i) 사망, ii)「의료법」제3조 제2항에 따른 의료기관에서 3주 이상의 치료가 필요한 골절·질식·화상·감전 등 신체적 부상이나 질병 또는 iii) 2인 이상의 식중독을 일으키거나 일으킬 우려가 있는 결함 및 ② 물품등이 관계법령이 정하는 안전기준을 위반한 결함을 말한다(영 §34①).

(나) 결함정보 보고 사업자

사업자는 ① 제조·수입·판매 또는 제공한 물품등에 중대한 결함정보를 알게 되거나, ② 동일한 물품등에 대하여 외국에서 결함이 발견되어 사업자가 외국 정부로부터 수거·파기·수리·교환·환급 또는 제조·수입·판매·제공의 금지 및 그 밖의 필요한 조치(이하 "수거·파기등")의 권고 또는 명령을 받거나 자발적으로 수거·파기등의 조치를 한 경우 또는 외국의 다른 사업자가 해당 조치를 한 사실을 알게 된 경우에는 결함정보를 소관 중앙행정기관의 장에게 보고(전자적 보고 포함)하여야 한다(법 §47① 본문).[36] 다만 ②의 경우로서 사업자가 자진하여 해당 물품등의 수거·파기등을 한 경우(법 §48, 자진시정조치)에는 그러하지 아니하다(법 §47① 단서).

결함정보를 보고하여야 할 사업자는 ① 물품등을 제조·수입 또는 제공하는 자, ② 물품에 성명·상호 그 밖에 식별 가능한 기호 등을 부착함으로써 자신을 제조자로 표시한 자(OEM생산자), ③ 대형 유통사업자[37] 및 ④ 기타 소비자의 생명·신체 및 재산에 위해를 끼치거나 끼칠 우려가 있는 물품등을 제조·수입·판매 또는 제공하는 자로서 대통령령이 정하는 자이다(법 §47③). 다만 ③의 유통사업자가 결함사실을 알기 전에 ①과 ②의 사업자가 이미 결함사실을 보고했을 때에는 유통사업자의 보고의무는 면제된다(영 §35③). 이처럼 사업자에게 보고의무를 지운 것은 자사 물품등의 결함 여부를 가장 잘 알 수 있는 사업자에게 스스로 결함정보를 보고하도록 함으로써 관계 행정기관에서 물품등의 위해성 여부를 신속히 확인하고 이를 통해 리콜을 활성화하기 위한 것이다. 물품등의 결함사실을 알면서도 보고를 하지 아니하거나 허위로 보고한 사업자는 3천만 원 이하의 과태료에 처한다(법 §86①iii).

---

36) 소비자기본법과 별도로 제품안전기본법에서도 사업자가 시중에 유통시킨 제품과 동일한 제품에 대하여 위해성을 이유로 외국 정부로부터 수거등의 권고 또는 명령을 받고 수거등의 조치를 하거나 자발적으로 수거등의 조치를 한 경우 등에는 소관 중앙행정기관의 장에게 즉시 보고하도록 하고 있다(동법 §13③).

37) 여기에서 대형 유통사업자는「유통산업발전법」제2조 제3호의 규정에 따른 대규모점포 중 대통령령이 정하는 대규모점포를 설치하여 운영하는 자로서「유통산업발전법 시행령」제3조에서의 대규모점포(면적 3,000㎡ 이상)의 종류 중 대형마트·전문점·백화점·쇼핑센터·복합쇼핑몰 또는 그 밖의 대규모점포를 설치하여 운영하는 자를 말한다(영 §34③). 따라서 영세한 사업자(동네의 중·소 슈퍼마켓, 편의점 등)는 포함되지 않는다.

(다) 결함정보 보고시기

결함정보의 보고는 그 사실을 안 날로부터 5일 이내에 서면 또는 전자문서로 하여야 한다. 다만 물품 등의 중대한 결함으로 소비자의 생명 · 신체 및 재산의 안전에 긴급한 위해를 끼치거나 끼칠 우려가 있다고 판단되는 경우에는 지체 없이 구술로 당해 결함사실을 보고하고, 24시간 이내에 서면보고하여야 한다(영 §35①, ②).

(라) 중앙행정기관의 조치

사업자로부터 보고를 받은 중앙행정기관의 장[38]은 사업자가 보고한 결함의 내용에 대하여 국 · 공립검사기관 또는 한국소비자원 등에 시험 · 검사를 의뢰하고, 시험 · 검사의 결과 당해 물품등이 수거 · 파기 등의 권고(법 §49, 리콜권고) 또는 수거 · 파기 등의 명령(법 §50, 리콜명령)의 요건에 해당하는 경우에는 해당 규정에 따른 필요한 조치를 취할 수 있다(법 §47②). 결함정보 보고를 받은 중앙행정기관의 장은 당해 물품등의 결함 여부가 확인될 때까지는 당해 결함 보고사실을 공개하여서는 아니 된다(영 §35④). 이와 같이 위해성 조사 등 객관적 절차를 통하여 제품의 결함이 확인되기 전까지 외부에 결함정보 내용을 공개하지 못하도록 한 것은 사업자가 보고한 결함정보는 물품등의 결함사실을 인정한 것이라기보다 결함의 추정을 의미할 뿐이며, 사전에 공개할 경우 기업의 손실 등 부작용이 발생할 소지가 있기 때문이다.

(2) 자진시정조치

(가) 의 의

자진시정조치(자발적 리콜)는 사업자가 제공한 물품등의 결함으로 소비자의 생명 · 신체 또는 재산에 위해를 끼치거나 끼칠 우려가 있는 경우에 스스로 당해 물품등의 수거 · 파기 · 수리 · 교환 · 환급 또는 제조 · 수입 · 판매 · 제공의 금지 그 밖의 필요한 조치를 취하는 것을 말한다(법 §48, 영 §36).[39] 자진시정조치는 소비자에 대한 신뢰를 회복할 수 있을 뿐만 아니라 만약 결함 물품등에 대해 조기에 시정조치를 취하지 않아 소비자피해가 확산될 경우 「제조물책임법」 등에 따라 감당해야 할지도 모를 막대한 손해배상책임을 미연에 방지할 수 있다는 점에서 사업자에게 매우 필요한 조치이다.

---

38) 소비자기본법상 결함정보 보고, 리콜권고, 리콜명령과 관련한 중앙행정기관의 장의 권한은 특별시장 · 광역시장 · 도지사 또는 특별자치도지사 즉, 시 · 도지사에게 위임되어 있다(법 §83, 영 §68①). 그러나 시 · 도지사는 업무처리의 내용을 지체 없이 중앙행정기관의 장에게 보고하여야 한다(영 §68③).

39) 소비자기본법과 별도로 제품안전기본법에서도 자진시정조치에 관하여 규정하고 있다. 즉, 사업자는 시중에 유통되는 제품의 중대한 결함으로 인하여 소비자의 생명 · 신체 또는 재산에 위해를 끼치거나 끼칠 우려가 있다는 사실을 알게 된 때에는 그 결함의 내용을 소관 중앙행정기관의 장에게 즉시 보고하고 대통령령으로 정하는 바에 따라 해당 제품의 수거등을 하도록 하고 있다(동법 §13①).

[사례] LG전자의 자진시정조치(자발적 리콜) 실시

LG전자는 세탁기 안에서 문이 열리지 않는 드럼세탁기 안에 어린이가 들어가 놀다가 질식해 숨지는 사고가 잇따르자 2010년 2월 자사의 드럼세탁기가 국제규격에 벗어난 결정적 하자가 있는 것이 아니지만 고객 부주의로 인한 사고까지 미연에 방지한다는 방침 하에 LG 드럼세탁기 일부 모델 105만 대에 대해 안에서 문이 열리는 잠금장치로 무상 교체하는 자진시정조치를 실시한 바 있다.

(나) 절 차

자진하여 시정조치하려는 사업자는 소관 중앙행정기관의 장에게 일정한 사항이 포함된 시정계획서를 제출하여야 하며, 자진시정조치 후 그 결과를 소관 중앙행정기관의 장에게 보고하여야 한다(영 §36①). 자진시정조치를 실시하기 위해서는 소비자와 판매업자에게 시정통지를 하여야 하는데, 소비자와 판매업자의 주소를 알 수 없거나, 위해확산 등이 긴급하여 신속한 조치가 필요한 경우에는 우편발송 대신에 2개 이상의 중앙일간지에 시정계획통지문을 눈에 잘 띄게 공고하여야 한다. 자진시정조치에 소요되는 비용은 사업자가 부담하는 것을 원칙으로 한다.

(다) 책 임

자진시정조치의 책임은 1차적으로 결함 물품등의 제조자(혹은 준제조자, 수입업자 포함)에게 있다. 그러나 제품이 유통단계에서 결함이 발생하였거나 물품등에 제조자가 표시되지 않아 제조자를 알 수 없는 경우, 제조자의 도산 및 영세성 등으로 리콜을 실시하기가 불가능한 경우, 유통사업자가 스스로 책임자로 표시한 경우 등은 2차적으로 유통사업자가 자진시정조치를 실시하여야 한다.

(3) 수거 · 파기 등의 권고

(가) 의 의

수거 · 파기 등의 권고(리콜권고)는 시중에 유통되는 제품의 결함으로 소비자의 생명 · 신체 또는 재산에 위해를 끼치거나 끼칠 우려가 있는 물품등에 대하여 자진하여 시정조치를 실시하도록 권고하는 제도이다(법 §49).[40] 이 권고는 수거 · 파기 등의 명령(리콜명령)과 달리 위해성평가기관[41]의 엄격한 평가나 사업자의 청문 등 복잡한 절차를

40) 소비자기본법과 별도로 「제품안전기본법」에서도 리콜권고에 관하여 규정하고 있다. 즉, 중앙행정기관의 장은 시중에 유통되는 제품의 제조 · 설계 또는 제품상 표시 등의 결함으로 인하여 소비자의 생명 · 신체 또는 재산에 위해를 끼치거나 끼칠 우려가 있는 경우에는 해당 제품의 사업자에 대하여 수거등을 권고할 수 있다(동법 §10①).

41) 위해정보 평가업무의 효율적 추진을 위한 위해성 평가기관으로 한국소비자원에 '위해정보평가위원회'가 구성되어 있다. 이 위해정보평가위원회는 ① 위해정보의 위해성 평가에 관한 사항, ② 위해정보 관련 당

거치지 않고, 신속하게 시정조치가 이루어지도록 유도하는 제도이다(법 §49, 영 §37). 또한 중앙행정기관의 장은 구체적이고 엄격한 입증자료가 없어도 제품관련 안전사고나 소비자의 불만 등 위해사실의 발생과 이와 관련된 언론매체의 보도내용, 전문가의 위해성에 대한 의견 등 제품의 위해성을 추정할 수 있는 근거만 있으면 리콜권고를 할 수 있다.

(나) 절 차

리콜권고는 중앙행정기관의 장이 일정한 사항[42]을 기재한 서면으로 할 수 있다(영 §37②). 중앙행정기관의 장은 권고를 할 때 위해정보가 필요하다고 인정되면 소비자안전센터에 위해정보의 제출을 요청할 수 있다. 이 경우 소비자안전센터는 특별한 사유가 없으면 요청에 따라야 한다(영 §37①). 권고를 받은 사업자는 통지를 받은 때로부터 7일 이내에 소관 중앙행정기관의 장에게 일정한 사항을 기재한 서면으로 권고의 수락여부를 통지해야 한다(법 §49②, 영 §37③). 사업자가 권고를 수락하는 경우에는 시정조치계획을 제출하고, 자진시정조치(법 §48)를 취하여야 한다(법 §49③). 그러나 권고는 결함의 추정만으로도 시행될 수 있기 때문에 사업자에게 이의를 제기할 수 있는 기회가 제공된다. 즉, 사업자는 권고의 수락을 거부할 수 있으며, 이 경우에는 서면으로 수락여부 통지시 그 사유 등을 기재하고, 객관적인 자료를 제출하여 소명할 수 있다.

(다) 불이행시 조치

소비자기본법상 사업자가 리콜권고에 따르지 아니하더라도 시정조치의 강제나 과태료 부과 등 직접적인 제재방법은 없으나, 사업자가 '정당한 사유 없이' 권고에 따르지 아니하는 때에는 중앙행정기관의 장은 사업자가 권고를 받은 사실을 신문·방송 등을 통해 공표할 수 있도록 함으로써(법 §49④, 영 §37④)[43] 사업자의 이미지 실추와 이에 따른 매출감소 등 간접적인 제재효과가 생기도록 하고 있다. 다만, 사업자가 자신이 제공한 물품 또는 용역의 안전성에 대한 객관적 자료를 제시한 경우에는 당해 사실을 공표할 수 없다(영 §37④ 단서).

(라) 해제신청

제품안전기본법에 따라 중앙행정기관의 장으로부터 시정권고를 받은 제품에 대한

해물품 또는 용역의 결함 시정건의에 관한 사항, ③ 소비자 정보제공에 관한 사항, ④ 기타 위해정보 평가 및 조치 등에 관한 사항을 심의·의결한다.

42) 리콜권고 통지서에는 시정권고의 대상이 되는 사업자의 이름, 시정권고의 대상이 되는 물품등의 명칭과 제조연월일 또는 공급연월일, 결함 및 위해의 내용, 시정권고의 내용, 시정권고 수락 여부의 통지기한, 시정권고를 수락하지 아니하는 경우의 조치계획 등을 기재하여야 한다(영 §37② 각호).

43) 제품안전기본법 제10조 제2항에서도 시정권고를 받은 사업자가 정당한 사유 없이 그 권고를 따르지 아니하는 경우에는 중앙행정기관의 장이 그 사실을 공표할 수 있도록 하고 있다.

이해관계를 가진 사업자는 그 권고가 있음을 안 날부터 30일 이내에 소관 중앙행정기관의 장에게 권고의 전부 또는 일부 해제를 신청할 수 있다(동법 §12①). 소관 중앙행정기관의 장은 이 신청에 대하여 30일 이내에 시정권고의 전부 또는 일부의 해제 여부를 결정하여야 한다. 다만, 부득이한 사정으로 그 기간 내에 결정을 할 수 없을 경우에는 30일의 범위에서 그 기간을 연장할 수 있다(동법 §12②). 사업자는 신청 여부와 관계없이 「행정심판법」에 따른 행정심판을 청구할 수 있다(동법 §12③).

(4) 수거 · 파기 등의 명령

(가) 의 의

수거·파기 등의 명령(리콜명령)은 결함이 확인된 제품에 대하여 일정한 절차를 거쳐 해당 사업자에게 시정조치를 실시하도록 명령하는 제도이다. 중앙행정기관의 장은 사업자가 제공한 물품등의 결함으로 인하여 소비자의 생명·신체 또는 재산에 위해를 끼치거나 끼칠 우려가 있다고 인정되는 경우에는 그 물품등의 수거·파기·수리·교환·환급을 명하거나 제조·수입·판매 또는 제공의 금지를 명할 수 있고, 그 물품등과 관련된 시설의 개수(改修) 그 밖의 필요한 조치를 명할 수 있다(법 §50①).[44]

이 리콜명령은 제품에 결함이 있음에도 불구하고 자진시정조치를 실시하지 않거나 소비자 안전에 미흡한 수준으로 시정조치를 실시하는 사업자에게 내려진다. 리콜권고가 단순히 제품결함으로 소비자안전에 위해를 끼칠 우려만으로도 내려질 수 있는 데 비해, 리콜명령은 위해성 확인절차(안전성조사)를 거치거나 결함의 정도가 중대하거나 소비자안전에 위해를 끼칠만한 상당한 이유가 있는 때에만 내려질 수 있다.

(나) 절 차

중앙행정기관의 장이 사업자에게 리콜명령을 할 때 위해정보가 필요하다고 인정되는 경우에는 소비자안전센터에 위해정보의 제출을 요청할 수 있다. 이 경우 소비자안전센터는 특별한 사유가 없으면 요청에 따라야 한다(영 §38①).

리콜명령을 내리기 위해서 중앙행정기관의 장은 두 가지의 절차를 거쳐야 한다.[45] 첫째, 관련 제품을 「위해성 평가기관」에 의뢰하여 위해성 확인, 즉 객관적인 결함확인 절차를 거쳐야 한다. 이를 위해 중앙행정기관의 장은 국공립 시험·검사기관 및 한국

44) 소비자기본법상의 리콜명령과 별도로 제품안전기본법에서도 제품의 위해성이 확인되거나 리콜권고를 받은 사업자가 정당한 사유 없이 그 권고를 따르지 아니하거나 제품의 중대한 결함으로 소비자의 생명·신체 또는 재산에 위해를 끼칠 우려가 있다고 인정할 만한 상당한 이유가 있는 경우 해당 제품의 사업자에 대하여 리콜을 명령하고 그 사실을 공표할 수 있도록 하고 있다(동법 §11①).

45) 소비자기본법의 리콜절차는 개별법이 적용되지 않는 제품에 대해 적용되며, 「제품안전기본법」, 「자동차관리법」, 「식품위생법」 등 개별법에 의한 리콜명령은 소관 법규에서 정한 절차에 따른다.

소비자원의 시험·검사와 한국소비자원의 위해정보평가위원회의 심의를 의뢰할 수 있다. 둘째, 결함이 확인된 제품이라도 리콜명령을 내리기 전에 이해당사자(시정조치 대상자)에게 청문기회를 제공하여야 한다(법 §82 본문). 다만 소비자의 안전에 긴급하고 현저한 위해를 끼치거나 끼칠 우려가 있다고 인정되는 경우로서 그 위해의 발생 또는 확산을 방지하기 위하여 불가피하다고 인정되는 경우에는 청문절차를 생략할 수 있다(법 §50① 단서, §82 단서).

결함이 확인된 제품에 대해 청문절차를 거친 후 중앙행정기관의 장이 사업자에게 리콜명령을 내리는 경우 그 사실을 공표할 수 있다(법 §50③). 또한 해당 사업자에게 그 사유와 의무사항 및 이행에 필요한 상당한 기간을 정하여 서면으로 알려야 한다(영 §38②). 이 리콜명령을 받은 사업자는 7일 이내에 시정계획서를 소관 중앙행정기관의 장에게 제출하고, 시정조치를 실시하여야 한다. 이 경우 소관 중앙행정기관의 장은 소비자의 안전에 긴급하고 현저한 위해를 끼칠 우려가 있는 경우에는 시정계획서의 제출기한을 단축할 수 있다(영 §38③). 제출받은 시정계획서가 소비자 안전에 끼칠 우려가 있는 위해를 제거하는 데 미흡하다고 인정되면 보완을 요구할 수 있다(영 §38④). 시정계획서를 제출한 사업자는 지체 없이 시정조치를 이행하여야 하며, 이를 완료한 때에는 일정한 사항[46]을 기재한 서면으로 시정조치의 결과를 지체 없이 중앙행정기관의 장에게 보고하여야 한다(영 §38⑥).

(다) 리콜명령의 유형

① 일반시정명령 　중앙행정기관의 장은 사업자가 물품 또는 용역의 제공과 관련하여 소비자의 생명·신체 또는 재산에 위해를 끼치거나 끼칠 우려가 있다고 인정되는 경우 위에서 일정한 절차를 거쳐 시정명령을 내릴 수 있다. 시정명령은 소비자에 대한 위해를 제거하기에 가장 적합한 방식, 구체적으로 ① 당해 물품의 수거·파기·수리·교환·환급을 명하거나, ② 제조·수입·판매금지 또는 제공금지를 명하거나, ③ 당해 물품 또는 용역과 관련된 시설의 개수 기타 필요한 조치를 명하는 방식으로 내려진다(법 §50①).

② 긴급시정명령 　긴급하고 현저한 위해의 발생 또는 확산을 방지하기 위하여 지체 없이 시행하는 시정명령이다. 중앙행정기관의 장은 소비자의 생명·신체 또는 재산에 긴급하고 현저한 위해를 끼치거나 끼칠 우려가 있다고 인정되는 경우로서 그 위해의 발생 또는 확산을 방지하기 위하여 불가피하다고 인정되는 경우에는 일반적인

46) 여기에서 일정한 사항은 ① 시정조치의 내용 및 실적, ② 시정조치를 이행하지 못한 물품등에 대한 조치 계획, ③ 위해의 재발 방지를 위한 대책을 말한다.

절차 등을 거치지 않고 바로 시정명령을 내릴 수 있다(법 §50① 단서). 긴급하고 현저한 위해란 예컨대, 병원성 리스테리아균, 살모넬라균, O157균 등에 오염된 식품으로 인해 인체에 치명적인 위해를 야기할 우려가 있거나, 자동차의 중대한 안전결함으로 주행 중에 사고발생의 위험이 있는 경우를 들 수 있다. 한편 긴급시정명령을 실시하는 경우 청문절차의 생략은 가능하지만, 「위해성 평가기관」의 결함확인절차는 거쳐야 한다. 중앙행정기관의 장은 긴급시정명령을 시행함에 있어서 사업자의 시정계획서 제출기한을 일반시정명령(7일 이내)보다 단축할 수 있다.

(라) 불이행시 조치

사업자가 리콜명령에 따르지 아니하는 경우, 즉 시정계획서상의 시정조치기간 내에 위해물품등의 수거·파기 또는 제공금지 등을 실시하지 않을 경우 중앙행정기관의 장은 소속 공무원으로 하여금 직접 필요한 조치를 취하도록 할 수 있다. 이 경우 사업자 이외의 자가 소유하거나 점유하는 물품은 수거·파기 대상에서 제외할 수 있다(법 §50②, 영 §38⑦, 제품안전기본법 §11③).

공무원이 직접 물품등을 수거하여 파기할 때에는 사업자를 참여시켜야 하며, 사업자가 이에 응하지 아니하거나 상당한 기간 사업자의 소재를 알 수 없는 경우에는 수거·파기를 담당하는 공무원 외에 관계공무원 1인 이상을 참여시켜야 한다(영 §38⑧). 수거·파기에 소요되는 비용은 사업자가 부담하는 것이 원칙이나, 파산 등으로 사업자가 부담할 수 없는 때에는 직접 수거·파기등을 실시하는 중앙행정기관이 그 비용을 부담할 수 있다(영 §38⑨). 중앙행정기관의 장의 리콜명령에 따르지 아니한 사업자에 대해서는 3년 이하의 징역 또는 5천만 원 이하의 벌금에 처한다(법 §84 i).

(마) 해제신청

제품안전기본법에 따라 중앙행정기관의 장으로부터 리콜명령 받은 제품에 대한 이해관계를 가진 사업자는 리콜권고를 받은 경우와 마찬가지로 리콜명령이 있음을 안 날부터 30일 이내에 해제신청을 할 수 있다(동법 §12).

(5) 해외 위해물품의 국내 유통 방지

그 밖에 공정거래위원회는 고유업무의 일환으로 해외에서 리콜된 물품[47]이 구매대행 및 오픈마켓 사이트 등을 통해 국내로 유통되는 것이 확인되면 해당 판매사이트에

47) 예컨대, 살모넬라균 오염 가능성으로 미국과 영국에서 리콜된 땅콩버터, 1군 발암물질인 '벤젠'이 검출된 화장품(드라이 샴푸, 자외선 차단제 등), 안전기준에 부적합하게 제조된 전원코드로 일본에서 리콜된 보온병(전기보온병, 포트, 밥솥 등) 등이 있다.

요청하여 게시물을 삭제하거나 판매를 차단하고, 국내 수입·유통업자가 확인되는 경우에는 사업자에게 환급이나 교환과 같은 조치를 권고하여 유통을 차단하고 있다. 또한 해외 위해물품이 국내 온라인 사이트 등을 통해 유통되는 것을 방지하기 위해 관계부처(환경부, 식약처, 관세청, 국립기술표준원, 한국소비자원)와 실무협의체를 구성하여 공동으로 대응하고 있으며, '소비자24'(www.consumer.go.kr)를 통해 각 부처에 흩어진 안전 인증정보와 국내·외 리콜제품정보를 통합하여 제공하고 있다.

4. 내부자신고

사업자가 제품의 중대한 결함으로 인하여 소비자의 생명·신체 또는 재산에 위해를 끼칠 우려가 있다는 사실을 알고 있음에도 그 결함의 내용을 숨기고 있는 경우 해당 사업자의 고용인은 그 사실을 소관 중앙행정기관의 장에게 신고할 수 있다(제품안전기본법 §14①). 사업자는 신고를 이유로 해당 고용인에 대하여 불리한 처우를 하여서는 아니 되며, 누구든지 신고를 한 이유로 신분상 불이익을 당하였을 경우에는 소관 중앙행정기관의 장에게 불이익처분의 원상회복이나 그 밖에 필요한 조치를 요구할 수 있다(제품안전기본법 §14②, ③).

Ⅳ. 위해정보의 수집 및 처리

1. 의 의

오늘날 기술적으로 고도화된 사회에서 복잡하고 다양한 기능을 갖춘 제품들이 지속적으로 시장에 등장하고 있으며, 이들 제품들은 여러 단계의 유통과정을 거쳐 소비자에게 제공되고 있다. 따라서 사업자가 아무리 엄격한 품질관리를 하더라도 결함제품이 발생될 위험은 더 커질 수밖에 없으며, 안전성이 검증되지 않은 제품의 결함(缺陷)으로 인해 소비자에 대한 생명·신체 또는 재산의 위해요소가 증가하고 있다. 더구나 시장개방에 따라 외국으로부터 수입되는 위해·불량 상품도 늘어나고 있고, 대량생산·대량소비 시대에 결함물품등으로 인한 피해의 규모와 속도는 날로 그 심각성이 더해가고 있는 실정이다.

위해정보제도란 결함물품등으로부터 소비자안전을 확보하기 위해 소비자 피해사례를 신속하게 수집하고 그 원인을 분석하여 소비자안전조치와 사고 재발방지 대책을 강구하는 일련의 과정을 말한다.

2. 소비자안전센터의 설치

그 동안 소비자안전을 위한 물품등의 검증절차는 공산품, 식품, 의약품 등 품목별로 이루어져왔고, 위해물품등에 대한 사후적 시정조치도 「식품위생법」, 「약사법」 등 관계법령에 따라 소관 중앙행정기관이나 지방자치단체 별로 이루어져 부처별 정책공조와 유기적인 협력이 미진하였다. 또한 위해물품등은 그로 인한 피해가 누적되어 사회적으로 문제화되기 전에는 잘 알려지지 않아 소비자들의 안전은 지속적으로 위험에 노출되어 있고, 사회문제화된 이후에도 그 시정에 많은 시간이 소요되고 있다. 따라서 소비자피해가 확산되기 전에 소비자안전에 관한 정보를 신속히 제공하고, 체계적으로 연계시켜줄 수 있는 기구가 필요하다.

이에 소비자기본법은 한국소비자원에 소비자안전센터를 설치하여 개별 소비자안전법령과 무관하게 소비자안전시책을 효율적으로 수행할 수 있는 방안을 마련하고 있다. 소비자안전센터는 소비자안전 전담기구로서, 소비자가 물품 또는 용역을 사용하거나 이용하는 과정에서 발생한 사망·상해 사례 등 위해정보를 수집하여 원인분석 후 소비자피해 재발 방지를 위한 처리를 주된 업무로 하고 있다(법 §51①).

소비자안전센터의 업무로는 ① 제52조의 규정에 따른 위해정보의 수집 및 처리, ② 소비자안전을 확보하기 위한 조사 및 연구, ③ 소비자안전과 관련된 교육 및 홍보, ④ 위해 물품등에 대한 시정 건의, ⑤ 소비자안전에 관한 국제협력 및 ⑥ 그 밖에 소비자안전에 관한 업무가 있다(법 §51③). 소비자안전센터에 소장 1인을 두고, 그 조직에 관한 사항은 정관으로 정한다(법 §51②).

3. 위해정보의 수집 및 처리

(1) 위해정보의 수집 — 위해정보제출기관의 지정

소비자안전센터는 물품등으로 인하여 소비자의 생명·신체 또는 재산에 위해가 발생하였거나 발생할 우려가 있는 사안에 대한 정보(위해정보)를 수집할 수 있다(법 §52①). 공정거래위원회는 소비자안전센터가 위해정보를 효율적으로 수집할 수 있도록 하기 위하여 필요한 경우에는 행정기관·병원·학교·소비자단체 등을 위해정보제출기관으로 지정·운영할 수 있다(법 §52⑥).

위해정보제출기관으로 지정·운영할 수 있는 기관은 ① 경찰서·소방서·보건소 등 위해정보수집이 가능한 행정관서, ② 법 제29조에 따라 등록한 소비자단체, ③ 「의료법」 제3조 제3항 및 같은 조 제4항의 규정에 의한 종합병원 및 병원, ④ 「초·중등

교육법」 제2조에 따른 초등학교 · 중학교 · 고등학교 중 보건실을 운영하고 있는 학교 및 ⑤ 기타 위해정보의 수집이 가능한 기관이다(영 §39①). 위해정보 제출기관으로 지정된 기관은 업무상 취득한 위해정보를 소비자안전센터에 제출하여야 한다(영 §39②). 소비자안전센터는 제출받은 위해정보의 내용 보완이 필요하다고 인정되면 위해정보제출기관에 그 보완을 요구할 수 있다(영 §39③).

위해정보제출기관은 위해정보를 제출한 후 그 내용을 변경하려는 경우에는 그 내용과 사유를 소비자안전센터에 제출하여야 한다(영 §39④). 소비자안전센터는 위해정보 제출기관에 대하여 한국소비자원 예산의 범위 안에서 경비를 지원할 수 있다(영 §41).

(2) 위해정보의 처리

소비자안전센터 소장은 수집한 위해정보를 분석하여 그 결과를 한국소비자원장에게 보고하여야 한다. 소비자원장은 위해정보의 분석결과에 따라 필요한 경우에는 ① 위해방지 및 사고예방을 위한 소비자안전경보의 발령, ② 물품등의 안전성에 관한 사실의 공표, ③ 위해 물품등을 제공하는 사업자에 대한 시정권고, ④ 국가 또는 지방자치단체에의 시정조치 · 제도개선 건의 및 ⑤ 그 밖에 소비자안전을 확보하기 위하여 필요한 조치로서 대통령령으로 정하는 사항 등의 조치를 할 수 있다(법 §52②).

소비자원장은 ③의 시정권고를 받은 사업자에게 수락 여부 및 i) 시정권고에 따른 이행 내용과 실적, ii) 시정권고를 이행하지 못한 물품등에 대한 조치계획, iii) 위해의 재발방지를 위한 대책을 포함한 이행 결과 등의 제출을 요청할 수 있다. 이 경우 사업자는 특별한 사유가 없으면 이에 따라야 한다(법 §52③). 소비자원장은 물품등으로 인하여 소비자의 생명 · 신체 또는 재산에 위해가 발생하거나 발생할 우려가 높다고 판단되는 경우로서 사업자가 ③의 시정권고를 이행하지 않는 경우에는 공정거래위원회에 시정요청(법 §46①)을 해 줄 것을 건의할 수 있다(법 §52④).

(3) 위해정보의 보고 및 관리

소비자안전센터는 위해정보제출기관으로부터 제출받은 위해정보를 분기별로 해당 물품등의 소관 중앙행정기관의 장에게 보고하여야 한다. 다만, 긴급한 조치가 필요하다고 인정되면 이를 즉시 보고하여야 한다(영 §39⑤). 소비자안전센터는 위해정보제출기관이 제출한 위해정보를 유형별로 분류하여 3년 이상 보관하여야 한다(영 §40).

(4) 소비자안전경보 발령

소비자안전경보를 발령하는 경우(법 §52② i) 한국소비자원의 원장은 소비자안전경보의 발령이나 물품등의 안전성에 관한 사실을 공표하려면 소비자안전센터의 소장으로 하여금 해당 물품등에 대하여 위해정보의 발생빈도, 소비자의 위해정도, 그 밖에 한국소비자원의 원장이 정하는 평가요소에 대한 평가를 실시하게 할 수 있다(영 §42①). 평가업무를 효율적으로 추진하기 위하여 소비자안전센터에 「위해정보평가위원회」를 둔다(영 §42②). 소비자안전센터의 소장은 소비자안전경보 발령을 위한 평가를 하는 경우에는 위해정보평가위원회의 심의를 거쳐야 한다(영 §42③).

제7절 소비자분쟁의 해결

Ⅰ. 개 관

소비자보호를 위해서는 소비자피해가 발생되지 않도록 사전예방하는 것이 가장 바람직하지만, 일단 피해가 발생한 경우에는 가능한 한 신속하고 공정한 피해구제가 이루어지는 것이 중요하다. 이와 관련하여 소비자피해 구제를 위해서는 민사소송을 제기하는 것이 원칙이나, 민사소송을 통한 해결을 위해서는 소송절차에 대한 전문지식이 요구될 뿐만 아니라 과도한 시간과 비용이 소요되어 소액·다수라는 소비자피해의 특성을 고려한다면 바람직한 피해구제수단으로 보기 어렵다.

소비자기본법은 소비자분쟁의 신속한 해결을 위해 국가나 지방자치단체가 설치한 기구(법 §16①), 등록된 소비자단체(법 §28①v), 사업자가 설치한 소비자상담기구(법 §53①), 한국소비자원(법 §55①), 소비자분쟁조정위원회(법 §60①) 또는 소비자단체협의체(법 §31①) 등을 통한 여러 채널의 분쟁해결 시스템을 마련하고 있다. 그러나 분쟁해결을 위한 역할과 절차는 다소 복잡하게 얽혀 있다.

우선 소비자는 물품등의 사용으로 인해 피해를 입은 경우 피해구제를 국가·지방자치단체가 설치한 구제기구, 소비자단체, 사업자의 소비자상담기구에 신청하거나 직접 한국소비자원에 신청할 수 있다. 국가·지방자치단체가 설치한 기구나 소비자단체 또는 사업자가 소비자로부터 피해구제 신청을 받은 때에는 그 처리를 다시 한국소비자원에 의뢰할 수 있다(법 §55②). 국가·지방자치단체가 설치한 기구에서 소비자분쟁이 해결되지 아니하거나 소비자단체의 합의권고에 따른 합의가 이루어지지 않는 경우에는 당사자나 그 기구 또는 단체의 장은 한국소비자원 내에 있는 소비자분쟁조정위원회에 분쟁조정을 신청할 수 있다(법 §65①). 또한 한국소비자원장의 합의권고에 따른 합의가 이루어지지 아니 하는 때에는 원장은 지체 없이 소비자분쟁조정위원회에 분쟁조정을 신청하여야 한다(법 §58). 그 밖에 공정거래위원회에 등록한 소비자단체협의체는 소비자의 불만 및 피해를 처리하기 위해 자율적 분쟁조정을 할 수 있다(법 §31①).

분쟁조정을 통해서 피해구제를 받지 못한 소비자는 정식 재판절차인 민사소송을 통해 자신의 피해를 구제받게 된다.

〈소비자 피해구제제도의 구조〉

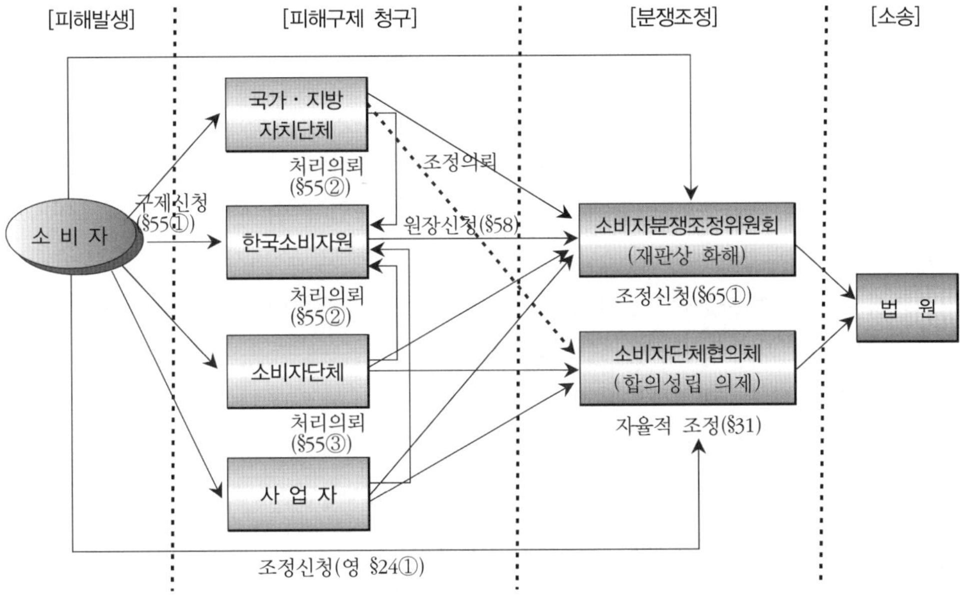

Ⅱ. 사업자의 소비자상담기구 설치 · 운영

1. 의 의

소비자분쟁은 주로 사업자가 공급한 물품 또는 용역의 결함이나 거래과정에서 사업자가 부당한 방법을 사용함으로써 발생하는 경우가 많다. 그 경우 사업자는 통상적으로 당사자로서 하자담보책임이나 채무불이행책임 또는 불법행위책임 등을 부담하게 된다. 그러나 사업자에게 법적 책임을 지우기 이전에 소비과정에서 소비자의 불만이나 피해를 사업자에게 통보하고 그 내용을 구체적으로 전달할 수 있는 경로가 요구되는 데, 이러한 요구를 충족시킬 수 있는 기구가 사업자의 소비자상담기구이다.

소비자상담기구는 소비자문제를 국가나 소비자단체 등이 처리할 경우 사업자의 행위로 인한 비용을 사회에 전가하는 소위 외부불경제 효과를 억제하는 측면과 함께 소비자문제를 사업자가 당사자의 문제로 해결할 수 있다는 점에서 바람직한 제도적 장치라고 할 수 있다. 또한 사업자는 소비자의 불만이나 피해의 내용을 확인하고 그 원인을 밝힐 수 있는 가장 많은 지식과 정보를 보유하고 있기 때문에 국가・지방자치단체나 소비자단체에 의한 해결보다 소비자문제에 더욱 효과적으로 대응할 수 있다. 그 밖에 소비자상담기구는 소비자불만 및 피해를 사후적으로 치유하는 역할뿐만 아니라 사업자의 내부경영을 위한 자료를 생산하고 반영할 수 있으며, 이는 소비자뿐만 아니라 사업자 자신을 위해서도 바람직하다.[48]

2. 소비자상담기구의 설치・운영

소비자기본법은 소비자상담기구의 설치・운영에 관하여 기본원칙만을 규정하고 나머지는 사업자의 자율적인 판단에 맡기고 있다. 즉, 사업자 및 사업자단체는 소비자로부터 제기되는 의견이나 불만 등을 기업경영에 반영하고, 소비자의 피해를 신속하게 처리하기 위한 소비자상담기구의 설치・운영에 적극 노력하여야 하며(법 §53①), 소비자의 불만 또는 피해의 상담을 위하여 「국가기술자격법」에 따른 관련 자격이 있는 자 등 전담직원을 고용・배치하도록 적극 노력하도록 규정하고 있다(법 §53②). 그러나 소비자상담기구 설치를 의무조항이 아닌 정부의 권장사항으로 하여, 중앙행정기관의 장 또는 시・도지사는 사업자 또는 사업자단체에게 소비자상담기구의 설치・운영을 권장하거나 그 설치・운영에 필요한 지원을 할 수 있도록 하고 있다(법 §54①). 따라서 정부의 직접적인 명령이나 지시는 어려우며, 사업자의 소비자상담기구 설치 및 운영을 증진하기 위해서는 우회 또는 유인과 같은 방법을 사용할 수밖에 없다. 공정거래위원회는 소비자상담기구의 설치・운영에 관한 권장기준을 정하여 고시할 수 있다(법 §54②).

48) 그 밖에도 소비자상담기구는 ① 소비자불만 및 피해의 처리, ② 소비자교육 및 홍보, ③ 소비자정보분석 및 경영반영, ④ 대외기관과의 협력, ⑤ 소비자상담의 중요성에 대한 사업자 내부의 인식제고의 역할을 수행한다.

Ⅲ. 한국소비자원(장)의 구제

1. 피해구제의 신청 또는 의뢰

물품등의 사용으로 인해 피해를 입은 소비자는 피해구제를 한국소비자원에 신청할 수 있다(법 §55①). 국가·지방자치단체 또는 소비자단체는 소비자로부터 피해구제 신청을 받은 때에는 한국소비자원에 그 처리를 의뢰할 수 있다(법 §55②).[49]

사업자도 소비자로부터 피해구제의 신청을 받은 때에 한국소비자원에 그 처리를 의뢰할 수 있으나, 일정한 제한이 따른다. 즉, 사업자는 ① 소비자로부터 피해구제의 신청을 받은 날부터 30일이 경과하여도 합의에 이르지 못하는 경우, ② 한국소비자원에 피해구제의 처리를 의뢰하기로 소비자와 합의한 경우 또는 ③ 그 밖에 한국소비자원의 피해구제의 처리가 필요한 경우로서 대통령령으로 정하는 사유에 해당하는 경우에 한하여 그 처리를 의뢰할 수 있다(법 §55③).

피해구제의 신청 또는 의뢰는 서면으로 하여야 하나, 긴급을 요하거나 부득이한 경우 구술 또는 전화 등으로 할 수 있다(영 §43①). 한국소비자원은 청구를 받은 경우에는 지체 없이 그 피해구제의 신청이나 의뢰에 관련된 피해구제신청사건의 당사자와 의뢰인에게 서면으로 그 사실을 통보하여야 한다(영 §43②).

2. 합의의 권고

원장은 피해구제신청의 당사자에 대하여 피해보상에 대한 합의를 권고할 수 있다(법 §57). 당사자가 원장의 합의권고를 받아들이는 경우에는 분쟁이 해결되는 것이지만, 그렇지 아니한 경우에는 소비자분쟁조정위원회에 분쟁조정으로 넘어간다.

원장은 피해구제의 신청 또는 의뢰를 받은 날부터 30일 이내에 권고에 따른 합의가 이루어지지 아니하는 때에는 지체 없이 소비자분쟁조정위원회에 분쟁조정을 신청하여야 한다. 다만, 피해의 원인규명 등에 상당한 시일이 요구되는 피해구제신청사건으로서 대통령령으로 정하는 사건[50]에 대하여는 60일 이내의 범위에서 처리기간을 연장

---

49) 소비자단체는 소비자로부터 불만 및 피해구제 청구가 있는 경우 그 업무 중의 하나로서 소비자불만 및 피해의 해결을 위한 상담·정보제공 및 사업자의 자율적 구제를 유도할 수 있다. 그러나 전문적인 시험검사 또는 조사를 필요로 하거나 소비자와 사업자 간에 분쟁이 발생한 때에는 소비자단체는 그 처리를 한국소비자원에 의뢰하게 된다. 각 지방자치단체에도 소비자피해의 상담 및 구제를 위하여 공무원과 한국소비자원 또는 소비자단체에서 파견한 직원으로 구성된 소비자생활센터가 설치·운영되고 있으나, 자체적으로 해결이 곤란한 경우에 한국소비자원에 해결을 의뢰하고 있다.

50) 이에 해당하는 사건으로는 ① 의료관련사건, ② 보험관련사건, ③ 농업 및 어업관련사건, ④ 피해의

할 수 있다(법 §58).

3. 처리중지

원장은 피해구제의 신청 또는 의뢰를 받은 경우 그 내용이 한국소비자원에서 처리하는 것이 부적합하다고 판단되는 때에는 신청인 또는 의뢰인에게 사유를 통보하고 그 사건의 처리를 중지할 수 있다(법 §55④). 한국소비자원의 피해구제 처리절차 중에 법원에 소를 제기한 당사자는 그 사실을 한국소비자원에 통보하여야 하며, 한국소비자원은 당사자의 소제기 사실을 알게 된 때에는 지체 없이 피해구제절차를 중지하고, 당사자에게 이를 통지하여야 한다(법 §59①, ②).

4. 위법사실의 통보

원장은 피해구제신청사건을 처리함에 있어서 당사자 또는 관계인이 법령위반한 것으로 판단되는 때에는 관계기관에 이를 통보하고 적절한 조치를 의뢰하여야 한다(법 §56). 그러나 ① 피해구제신청사건의 당사자가 피해보상에 관한 합의를 하고 법령 위반행위를 시정한 경우, ② 관계 기관에서 위법사실을 이미 인지하여 조사하고 있는 경우에는 그러하지 아니하다(법 §56단서 각호).

Ⅳ. 소비자분쟁조정위원회의 조정

1. 분쟁조정위원회의 구성

(1) 위원의 구성

소비자와 사업자 사이에 발생한 분쟁을 조정[51]하기 위하여 한국소비자원에 소비자분쟁조정위원회(이하 “조정위원회”)를 둔다(법 §60①). 조정위원회는 위원장 1명을 포함한 150명 이내의 위원으로 구성한다. 위원장을 포함한 5명은 상임으로 하고, 나머지는 비상임으로 한다(법 §61①). 조정위원회 위원수를 이처럼 대규모로 하고 있는 것은 다

원인규명에 시험검사가 필요한 사건이 있다(영 §44 각호).

51) 당사자 간에 분쟁이 발생한 경우 국가기관에 의한 전형적인 분쟁해결 방법이 법원에 의한 소송(Litigation)이지만 그 밖에도 대체적 분쟁해결수단(Alternative Dispute Resolution, ADR)으로서 상담(Advise), 교섭(Negotiation), 화해(Settlement), 알선(Mediation), 조정(Conciliation), 중재(Arbitration) 등이 있다. 조정이란 당사자가 아닌 제3자가 분쟁당사자를 중개하여 화해의 성립을 원조, 협력함으로서 당사자의 서로 양보에 의한 합의로 분쟁을 해결하는 제도를 말한다. 그 점에서 조정은 당사자 사이에서 대립되는 문제에 관하여 조정, 합의에 이를 수 있도록 제3자가 단순히 조력하는 데 불과한 알선보다는 개입의 정도가 더 강한 것이라 할 수 있다. 그러나 일정한 법률관계에 관한 분쟁에 관하여 제3자인 중재인에게 그 해결을 맡겨 중재인의 판정에 복종할 것을 약정하는 중재에 비하여서는 그 정도가 낮은 개입이라고도 볼 수 있다.

양한 분야의 전문가를 조정위원으로 확보하여 풀(pool)제로 운영함으로써 분쟁조정의 전문성과 효율성을 제고하기 위한 것이다.

위원은 원장의 제청에 의하여 공정거래위원회위원장이 임명(상임위원) 또는 위촉(비상임위원)한다(법 §61②). 원장은 비상임위원을 제청함에 있어서 전국적 규모의 소비자단체 및 사업자단체로부터 추천된 자 중에서 각각 2인 이상 균등하게 포함하도록 하여야 한다(영 §47). 위원장은 상임위원 중에서 공정거래위원회위원장이 임명한다(법 §61③). 위원장이 부득이한 사유로 직무를 수행할 수 없을 때에는 위원장이 아닌 상임위원이 직무를 대행하고, 위원장이 아닌 상임위원이 부득이한 사유로 직무를 대행할 수 없을 때에는 공정거래위원회위원장이 지정하는 위원이 위원장의 직무를 대행한다(법 §61④).

(2) 위원의 자격, 임기 및 신분보장

위원은 ① 대학이나 공인된 연구기관에서 부교수 이상 또는 이에 상당하는 직에 있거나 있었던 자로서 소비자권익 관련분야를 전공한 자, ② 4급 이상의 공무원 또는 이에 상당하는 공공기관의 직에 있거나 있었던 자로서 소비자권익과 관련된 업무에 실무경험이 있는 자, ③ 판사·검사 또는 변호사의 자격이 있는 자, ④ 소비자단체의 임원의 직에 있거나 있었던 자, ⑤ 사업자 또는 사업자단체의 임원의 직에 있거나 있었던 자 또는 ⑥ 소비자권익과 관련된 업무에 관한 학식과 경험이 풍부한 자로서의 자격요건을 갖추어야 한다(법 §61②). 위원의 임기는 3년으로 하며, 연임할 수 있다(법 §61⑤).

위원은 자격정지 이상의 형을 선고받은 경우, 신체상·정신상 또는 그 밖의 사유로 직무를 수행할 수 없는 경우를 제외하고는 그의 의사와 다르게 면직되지 아니한다(법 §62).

(3) 위원의 제척·기피·회피

조정위원은 ① 위원 또는 그 배우자나 배우자이었던 자가 당사자이거나 공동권리자 또는 공동의무자인 경우, ② 위원이 당해 사건의 당사자와 친족관계에 있거나 있었던 경우, ③ 위원이 당해 사건에 관하여 증언이나 감정을 한 경우 또는 ④ 위원이 당해 사건에 관하여 당사자의 대리인으로서 관여하거나 관여하였던 경우에 해당하는 경우에는 분쟁조정사건의 심의·의결에서 제척된다(법 §64①).

사건의 당사자는 위원에게 심의·의결의 공정을 기대하기 어려운 사정이 있는 경우 기피신청을 할 수 있으며, 위원장은 기피신청에 대하여 위원회의 의결을 거치지 아니하고 결정한다(법 §64②). 또한 위원 본인이 제척사유 또는 기피사유에 해당하는 경우에는 스스로 심의·의결에서 회피할 수 있다(법 §64③).

2. 분쟁조정위원회의 운영

조정위원회는 ① 소비자분쟁에 대한 조정결정, ② 조정위원회의 의사에 관한 규칙의 제정 및 개정·폐지, ③ 기타 조정위원회 위원장이 토의에 부치는 사항을 심의·의결한다(법 §60②).

조정위원회 회의는 위원장, 상임위원과 위원장이 회의마다 지명하는 5명 이상 9명 이하의 위원으로 구성하는 분쟁조정회의와 위원장 또는 상임위원과 위원장이 회의마다 지명하는 2명 이상 4명 이하의 위원으로 구성하는 조정부로 구분되며(법 §63①), 분쟁조정회의는 위원장이, 조정부는 위원장 또는 상임위원이 회의를 주재한다(법 §63②). 조정위원회의 회의는 위원장이 소집하며, 위원장이 회의를 소집하려면 회의의 일시·장소 및 부의사항을 정하여 부득이한 사유가 있는 경우 외에는 회의 시작 3일 전까지 각 위원에게 서면으로 알려야 한다(영 §45①, ②). 조정위원회의 회의에는 소비자 및 사업자를 대표하는 위원이 각 1명 이상 균등하게 포함되어야 하며, 어느 경우에나 위원 과반수 출석과 출석위원 과반수의 찬성으로 의결한다(법 §63③).

분쟁조정회의는 ① 합의권고금액[52] 200만 원 이상의 소비자분쟁에 대한 조정, ② 조정위원회의 의사에 관한 규칙의 제정 및 개정·폐지, ③ 조정위원회에 의뢰 또는 신청된 집단분쟁조정, ④ 조정부가 분쟁조정회의에서 처리하도록 결정한 사항을 심의·의결하며(법 §63의2①), 조정부는 분쟁조정회의의 관장사항 외의 사항을 심의·의결한다(법 §63의2②).

그 밖에 조정위원회의 분쟁조정사건에 대한 사실조사, 그 밖의 사무 등을 처리하기 위하여 조정위원회에 사무국을 설치하고, 사무국에 사무국장 1명을 두며, 사무국장은 한국소비자원의 원장이 한국소비자원의 직원 중에서 임명한다(영 §48①, ②). 또한 조정위원회의 업무를 효율적으로 수행하기 위하여 분야별 전문위원회를 둘 수 있다(법 §61⑥). 전문위원회는 분야별로 10인 이내의 위원으로 구성하며, 회의는 조정위원장이 소집한다(영 §50①, §51①).

조정위원회의 운영 및 조정절차에 관하여 이 법에서 규정하지 아니한 사항에 대하

52) 합의권고의 내용이 물품의 교환인 경우에는 해당 물품에 상당하는 금액을, 권고의 내용이 수리인 경우에는 물품의 수리에 드는 비용에 상당하는 금액을 합의권고금액으로 본다(영 §45의2②).

여는 「민사조정법」을 준용한다(법 §69).

3. 분쟁의 조정

(1) 분쟁조정의 개시

분쟁조정절차는 분쟁조정의 신청으로부터 개시한다. ① 소비자원장의 합의권고에 따른 합의가 이루어지지 아니한 경우 원장은 지체 없이 분쟁조정을 신청하여야 하며(법 §58), ② 국가 · 지방자치단체에 설치된 분쟁해결기구에서 해결되지 아니하거나 소비자단체의 합의권고에 따른 합의가 이루어지지 아니한 경우에는 당사자(소비자와 사업자), 국가 · 지방자치단체에 설치된 분쟁해결기구 또는 단체의 장이 분쟁조정을 신청할 수 있다(법 §65①). 분쟁조정이 신청된 경우(법 §58) 조정위원회는 지체 없이 분쟁조정절차를 개시하여야 한다(법 §65②).

조정위원회는 분쟁조정을 신청받은 경우에는 분쟁조정을 위하여 필요하다고 인정되면 그 신청인이나 분쟁당사자에게 증거서류 등 관련 자료의 제출을 요청할 수 있다(영 §53).

(2) 분쟁조정의 진행

조정위원회는 분쟁조정을 신청받은 경우 지체 없이 분쟁조정절차를 개시하여야 한다. 다만, 조정위원장은 효과적인 분쟁조정 업무수행을 위하여 10일 이내의 기간을 정하여 분쟁당사자에 대하여 보상방법에 대한 합의를 권고할 수 있다(영 §54). 조정위원회는 필요한 경우 업무를 효율적으로 수행하기 위하여 설치된 전문위원회의 자문을 구할 수 있으며, 분쟁조정절차에 앞서 이해관계인, 소비자단체 또는 관계기관의 의견을 들을 수 있다(법 §65③, ④). 조정위원회는 분쟁조정을 위하여 필요하면 한국소비자원장에게 시험 · 검사 또는 조사를 요청할 수 있으며, 요청을 받은 원장은 지체 없이 시험 · 검사 또는 조사를 실시하여 그 결과를 조정위원회에 통보하여야 한다(영 §49①, ②).

(3) 분쟁조정의 기간

조정위원회는 신청을 받은 날부터 30일 이내에 분쟁조정을 마쳐야 한다. 다만, 정당한 사유가 있는 경우로서 30일 이내에 그 분쟁조정을 마칠 수 없는 때에는 그 기간을 연장할 수 있으며, 이 경우 그 사유와 기한을 명시하여 당사자 및 그 대리인에게 통지하여야 한다(법 §66①, ②).

(4) 분쟁조정절차의 분리 · 병합

조정위원회는 신청받은 분쟁조정을 효율적으로 하기 위하여 필요하다고 인정하면 분쟁조정절차를 분리하거나 병합할 수 있다(영 §46①). 조정위원회는 제1항에 따라 분쟁조정절차를 분리하거나 병합한 때에는 분쟁조정의 신청인 및 분쟁당사자에게 지체 없이 서면으로 그 뜻을 알려야 한다(영 §46②).

(5) 소송과의 관계

(가) 수소법원의 소송절차 중지

분쟁조정이 신청된 사건(법 §58, §65①)에 대하여 신청 전 또는 신청 후 소가 제기되어 소송이 진행 중일 때에는 수소법원(受訴法院)은 조정이 있을 때까지 소송절차를 중지할 수 있다(법 §68의4①). 분쟁조정 사건의 수소법원 소송중지제도가 원활히 작동할 수 있도록 조정위원회는 분쟁당사자의 소 제기 사실을 알게 된 때에 분쟁당사자의 동의를 받아 일정한 사항[53]을 수소법원에 알려야 하며(영 §62의2①), 분쟁당사자는 수소법원이 소송절차를 중지한 경우 지체 없이 그 사실을 조정위원회에 알려야 한다(영 §62의2②).

(나) 조정위원회의 조정절차 중지 및 재개

분쟁조정절차 중에 소(訴)를 제기한 당사자는 그 사실을 한국소비자원(조정위원회)에 통보하여야 한다. 조정위원회가 당사자의 소제기 사실을 알게 된 때에는 지체 없이 분쟁조정절차를 중지하고, 분쟁당사자에게 이를 통지하여야 한다(법 §65⑤, §59①, ②). 조정이 신청된 사건과 동일한 원인으로 다수인이 관련되는 동종·유사 사건에 대한 소송이 진행 중인 경우에도 조정위원회는 결정으로 조정절차를 중지할 수 있다(법 §68의4③). 조정위원회 결정으로 조정절차를 중지한 경우에는 지체 없이 그 사실을 분쟁당사자에게 알려야 한다(영 §62의2④).

이와 같이 법원이 소송절차를 중지하지 아니하는 한, 조정위원회는 해당 사건의 조정절차를 중지하여야 하며, 수소법원이 소송절차를 중지한 경우에만 해당 사건의 조정절차를 재개한다(법 §68의4②). 조정위원회는 재개한 분쟁조정사건의 조정절차를 종료한 경우 분쟁당사자의 동의를 받아 일정한 사항[54]을 수소법원에 알려야 한다(영 §62의2③).

---

53) 여기에서 일정한 사항은 ① 분쟁당사자의 성명 및 주소, ② 분쟁조정 신청일, ③ 분쟁조정 신청의 취지 및 이유, ④ 소송사건의 번호를 말한다(영 §62의2① 각호).

54) 여기에서 일정한 사항은 ① 분쟁당사자의 성명 및 주소, ② 조정신청의 각하 사유 또는 조정절차의 종료 사유, ③ 조정의 결과(법 제67조제1항에 따라 통지된 분쟁조정의 내용에 대해 분쟁당사자가 수락하거나 수락한 것으로 보는 경우로 한정), ④ 소송사건의 번호를 말한다(영 §62의2③ 각호).

(6) 시효중단

분쟁조정의 신청(법 §58 및 §65①)과 집단분쟁조정의 의뢰 또는 신청(법 §68① 및 ④)은 시효중단의 효력이 있다(법 §68의3① 본문). 이는 조정절차 진행 중 손해배상청구권 등 사법상 권리의 소멸시효가 그대로 진행될 경우 소비자의 권리보호에 공백이 생길 우려가 있기 때문이다. 그러나 시효중단은 정상적인 분쟁조정절차의 진행을 전제로 하여 인정되는 것이기 때문에 조정기간의 경과나 조정거부 등 비정상적으로 조정절차가 종료하게 된 경우에는 시효중단을 인정할 필요는 없다.

따라서 ① 당사자가 분쟁조정 또는 집단분쟁조정의 내용을 수락하거나 수락한 것으로 보는 경우, ② 당사자의 일방 또는 쌍방이 분쟁조정 또는 집단분쟁조정의 내용을 수락하지 아니한 경우와 같은 정상적인 분쟁조정절차를 거친 외의 경우로 조정절차가 종료된 경우에는 그 조정절차가 종료된 날부터 1개월 이내에 소를 제기하지 아니하면 시효중단의 효력이 없다(법 §68의3① 단서 각호). 중단되었던 시효는 ①, ②의 경우 해당하는 때부터 새로이 진행한다(법 §68의3②).

(7) 분쟁조정의 효력

조정위원장은 분쟁조정을 마친 때에는 지체 없이 당사자에게 그 분쟁조정의 내용을 통지하여야 한다(법 §67①). 그 내용의 통지를 받은 당사자는 그 통지를 받은 날부터 15일 이내에 분쟁조정의 내용에 대한 수락 여부를 조정위원회에 통보하여야 한다. 이 경우 15일 이내에 의사표시가 없는 때에는 수락한 것으로 본다(법 §67②). 당사자가 분쟁조정의 내용을 수락하거나 수락한 것으로 보는 경우 조정위원회는 조정조서를 작성하고, 조정위원장 및 각 당사자가 기명날인하거나 서명하여야 한다. 다만, 수락한 것으로 보는 경우에는 각 당사자의 기명날인 또는 서명을 생략할 수 있다(법 §67③).

당사자가 분쟁조정의 내용을 수락하거나 수락한 것으로 보는 때에는 그 분쟁조정의 내용은 재판상 화해와 동일한 효력을 갖는다(법 §67④). 재판상 화해는 법원의 확정판결과 동일한 효력을 가지는 것으로(민소법 §220), 당사자 쌍방은 분쟁조정의 효력에 구속되며, 그 효력은 궁극적이다. 따라서 확정된 조정안에 대하여는 항소할 수 없으며, 그 자체가 채무명의가 되어 별도의 법적 절차 없이 즉시 강제집행이 가능하다.[55] 그러나 당사자가 분쟁조정의 수락을 거부하였을 경우에는 민사소송을 통해 분쟁을 해결하게 된다.

---

55) 따라서 위원회에서 내린 조정결정은 성립되었으나, 당사자 일방이 결정내용을 이행치 않을 경우「대법원규칙」제1198호에 의거하여 관할법원으로부터 집행문을 부여받아 강제집행을 실시할 수 있다.

4. 집단분쟁조정

(1) 의 의

일반적으로 분쟁조정은 개별적인 분쟁의 해결을 목적으로 하는 것이나, 동일하거나 유사한 유형의 소비자피해에 대해서는 이를 일괄하여 처리하는 것이 바람직하다. 소비자기본법은 소액다수 소비자에 대한 권리구제의 효율성을 제고하기 위해 분쟁조정의 특례로서 물품 또는 용역으로 인한 피해가 동일 또는 유사한 유형으로 반복하여 발생하는 경우 공신력 있는 기관이나 소비자단체, 그리고 소비자가 일괄하여 분쟁조정을 신청하는 집단분쟁조정제도를 도입하고 있다.

(2) 집단분쟁조정의 개시

(가) 집단분쟁조정의 신청

소비자분쟁조정위원회에 일괄적인 분쟁조정(집단분쟁조정)을 의뢰 또는 신청할 수 있는 자는 국가·지방자치단체·한국소비자원·소비자단체·소비자 또는 사업자이다(법 §68①).

집단분쟁조정을 의뢰 또는 신청할 수 있는 사건은 소비자의 피해가 다수의 소비자에게 같거나 비슷한 유형으로 발생하는 경우로서 ① 물품등으로 인한 피해가 같거나 비슷한 유형으로 발생한 소비자 중 i) 자율적 분쟁조정, 한국소비자원장의 권고 등을 통해 사업자와 분쟁해결이나 피해보상에 관한 합의가 이루어진 소비자, ii) 다른 법률에 의한 분쟁조정기구(영 §25 각호)에서 분쟁조정이 진행 중인 소비자, iii) 당해 물품등으로 인한 피해에 관하여 법원에 소(訴)를 제기한 소비자를 제외한 소비자의 수가 50명 이상이고, ② 사건의 중요한 쟁점이 사실상 또는 법률상 공통되는 사건이다(법 §68①, 영 §56). 집단분쟁조정의 의뢰 또는 신청은 서면으로 하여야 한다(영 §57①).

(나) 절차의 개시

집단분쟁조정을 의뢰받거나 신청받은 조정위원회는 ① 집단분쟁이 요건을 갖추지 못한 사건이나 ② 기존의 집단분쟁조정결정이 있는 사건으로서 개시의결을 반복할 필요가 없다고 인정되는 사건, ③ 신청인의 신청내용이 이유가 없다고 명백하게 인정되는 사건을 제외하고 조정위원회의 의결로써 의뢰받거나 신청받은 날부터 60일 이내에 집단분쟁조정의 절차를 개시하여야 한다(법 §68②). 집단분쟁조정절차의 개시를 의결한 경우 조정위원장은 14일 이상의 기간 동안 그 절차의 개시를 공고하여야 한다(영 §58①). 절차개시의 공고는 한국소비자원 인터넷 홈페이지 및 전국을 보급지역으로 하는 일간신문에 게재하는 방법으로 한다(영 §58②).

조정위원회는 ① 피해의 원인규명에 시험, 검사 또는 조사가 필요한 사건이나 ② 피해의 원인규명을 위하여 제68조의2에 따른 대표당사자가 집단분쟁조정 절차개시 결정의 보류를 신청하는 사건에 대하여는 개시결정기간(의뢰받거나 신청받은 날부터 60일) 이내에 조정위원회의 의결로써 집단분쟁조정 절차개시의 결정을 보류할 수 있다. 이 경우 그 사유와 기한을 명시하여 의뢰 또는 신청한 자에게 통지하여야 하고, 그 보류기간은 개시결정기간이 경과한 날부터 60일을 넘을 수 없다(법 §68③, ②).

(3) 집단분쟁조정의 진행

(가) 참가신청

조정위원회는 집단분쟁조정의 당사자가 아닌 소비자 또는 사업자로부터 그 분쟁조정의 당사자에 추가로 포함될 수 있도록 하는 신청을 받을 수 있다(법 §68④). 집단분쟁조정의 당사자가 아닌 소비자나 사업자가 추가로 집단분쟁조정의 당사자로 참가하려면 절차개시 공고기간 이내에 서면으로 참가신청을 하여야 한다(영 §59①). 조정위원회는 집단분쟁조정의 당사자 참가신청을 받으면 참가신청기간이 끝난 후 10일 이내에 참가인정 여부를 서면으로 알려야 한다(영 §59②).

(나) 대표당사자 선임 등

집단분쟁조정에 이해관계가 있는 당사자들은 그 중 3명 이하를 대표당사자로 선임할 수 있다(법 §68의2①). 대표당사자를 선임한 당사자들은 필요하다고 인정하는 경우에는 대표당사자를 해임하거나 변경할 수 있지만, 이 경우 당사자들은 그 사실을 지체없이 조정위원회에 통지하여야 한다(법 §68의2⑤). 조정위원회는 당사자들이 대표당사자를 선임하지 아니한 경우에 필요하다고 인정하는 때에는 당사자들에게 대표당사자를 선임할 것을 권고할 수 있다(법 §68의2②).

대표당사자를 선임한 당사자들은 대표당사자를 통해서만 그 사건의 조정에 관한 행위를 할 수 있으며(법 §68의2④), 대표당사자는 자기를 선임한 당사자들을 위하여 그 사건의 조정에 관한 모든 행위를 할 수 있다. 다만, 대표당사자의 조정신청의 철회 및 조정안의 수락·거부는 자기를 선임한 당사자들의 서면에 의한 동의를 받아야 한다(법 §68의2③).

(4) 집단분쟁조정의 기간

조정위원회는 집단분쟁조정의 경우에 일반분쟁조정과 달리 분쟁조정신청일이 아닌 절차개시공고가 종료된 날의 다음 날부터 30일 이내에 분쟁조정을 마쳐야 한다. 다만, 정당한 사유가 있는 경우로서 해당 기간 내에 그 분쟁조정을 마칠 수 없는 때에는 2회에 한하여 각각 30일의 범위에서 그 기간을 연장할 수 있으며, 이 경우 그 사유와 기한을 구체적으로 밝혀 당사자 및 그 대리인에게 통지하여야 한다(법 §68②, ⑦, §66①).

(5) 집단분쟁조정의 효력

조정위원회는 사업자가 조정위원회의 집단분쟁조정의 내용을 수락한 경우에는 집단분쟁조정의 당사자가 아닌 자로서 피해를 입은 소비자에 대한 보상계획서를 작성하여 조정위원회에 제출하도록 권고할 수 있다(법 §68⑤). 즉, 집단분쟁조정이 끝난 후에도 조정위원회가 조정에 참가하지 않은 소비자들을 위해 사업자에게 추가로 보상하도록 권고할 수 있는 근거를 두고 있다. 보상계획서의 제출을 권고 받은 사업자는 그 권고를 받은 날로부터 15일 이내에 권고의 수락 여부를 조정위원회에 알려야 한다(영 §60).

(6) 집단분쟁조정의 속행

집단분쟁조정의 경우 개별적 분쟁조정의 특례로서 조정위원회는 집단분쟁조정의 당사자인 다수의 소비자 중 일부의 소비자가 법원에 소를 제기한 경우에도 그 절차를 중지하지 아니하고, 소를 제기한 일부의 소비자를 그 절차에서 제외한다(법 §68⑥).

(7) 조정절차의 분리 · 병합 등

집단분쟁조정 절차의 분리 · 병합에 관하여는 조정위원회의 일반적인 분쟁조정절차의 분리 · 병합(영 §46)을 준용한다(영 §57②). 그 밖에 조정위원회는 집단분쟁조정 신청의 요건을 모두 갖춘 사건에 대하여 집단분쟁조정 절차가 시작된 후 집단분쟁조정의 당사자인 다수의 소비자 중 일부의 소비자가 ① 자율적 분쟁조정, 한국소비자원장의 권고 등을 통해 사업자와 분쟁해결이나 피해보상에 관한 합의가 이루어졌거나, ② 다른 법률에 의한 분쟁조정기구(영 §25 각호)에서 분쟁조정이 진행 중인 경우에는 그 절차를 중지하지 아니하고, 이에 해당하는 소비자는 그 절차에서 제외한다(영 §61).

Ⅴ. 소비자단체협의체의 자율적 분쟁조정

1. 의 의

공정거래위원회에 등록된 소비자단체의 협의체(현재 "한국소비자단체협의회")는 소비자불만 및 피해의 처리를 위하여 자율적 분쟁조정을 할 수 있다(법 §31① 본문, §28① ⅴ). 이와 같이 소비자단체 협의체에 분쟁조정 역할을 부여한 것은 소비자와 사업자 간의 원만한 합의를 유도함으로써 소송을 통한 해결보다 신속하고 내실 있는 소비자 피해구제가 가능할 것으로 기대하기 때문이다. 그러나 다른 법률에 따라 설치된 전문성이 요구되는 분쟁조정기구로서 대통령령으로 정하는 기구[56]에서 관장하는 사항에 대하여는 그러하지 아니하다(법 §31① 단서). 소비자단체 협의체가 자율적 분쟁조정을 하는 경우에는 조정위원회의 구성 및 조정서의 작성 등에서 공공성과 중립성이 유지되도록 하여야 한다(영 §24③).

2. 자율적 분쟁조정위원회의 구성

자율적 분쟁조정위원회는 위원장 1명을 포함한 40명 이내의 위원으로 구성하되, 자율적 분쟁조정위원회의 위원장·위원의 요건과 회의의 구성 등에 관한 사항은 소비자단체협의체가 정한다(영 §24④).[57]

3. 자율적 분쟁조정의 신청

자율적 분쟁조정의 신청은 소비자와 사업자 간에 발생한 분쟁에 대하여 등록된 소비자단체가 합의의 권고(법 §28① ⅴ)를 하였음에도 불구하고 합의가 이루어지지 아니한 경우에 당사자인 소비자 또는 사업자가 각각 신청할 수 있으며, 소비자단체도 소비자를 대리하여 신청할 수 있다(영 §24①, ②). 또한 공정거래위원회, 시·도지사 또는 시장·군수·구청장은 방문판매법, 전자상거래소비자보호법 위반행위와 관련하여 소비자의 피해구제 신청이 있는 경우 소비자단체협의체에 자율적 분쟁조정을 의뢰할 수 있다(방문판매법 §50①, 동 시행령 §57ⅲ, 전자상거래소비자보호법 §33①, 동 시행령 §35ⅳ).

---

56) 여기에서 대통령령으로 정하는 기구는 금융분쟁조정위원회, 의료분쟁조정중재원, 환경분쟁조정위원회, 한국저작권위원회, 통신위원회, 개인정보분쟁조정위원회, 전기위원회, 우체국예금·보험분쟁조정위원회, 기타 공정거래위원회가 필요하다고 인정하여 지정·고시하는 분쟁조정기구를 말한다(영 §25 각호).

57) 한국소비자단체협의회 내 자율분쟁조정위원회는 소비자대표, 사업자대표, 전문가대표 35명으로 전체 분쟁조정위원회가 구성되며, 개별 분쟁조정은 5~7명의 조정위원이 참여하는 분쟁조정회의에서 담당한다.

4. 자율적 분쟁조정의 수행

자율적 분쟁조정위원회는 자율적 분쟁조정을 신청받은 경우 그 분쟁조정을 위하여 필요하다고 인정되면 분쟁 분쟁당사자나 소비자를 대리하여 신청한 소비자단체에 증거서류 등 관련 자료의 제출을 요청할 수 있다(영 §24⑤). 자율적 분쟁조정위원회는 분쟁조정의 신청을 받은 날부터 30일 이내에 그 분쟁조정을 마쳐야 한다. 다만, 부득이한 사정으로 그 기간 내에 분쟁조정을 마칠 수 없으면 그 사유와 기한을 구체적으로 밝혀 당사자나 그 대리인에게 알려야 한다(영 §24⑥).

5. 자율적 분쟁조정의 효력

자율적 분쟁조정은 당사자가 이를 수락한 경우 당사자 사이에 자율적 분쟁조정의 내용과 동일한 합의가 성립된 것으로 본다(법 §31②). 이와 같이 자율적 분쟁조정에 대해 단순히 당사자 간의 사적 합의가 이루어진 정도의 효력만을 인정하고 있는 것은 재판상 화해와 같은 강력한 효력이 부여되고 있는 소비자분쟁조정위원회의 조정결정과 대비된다. 이는 소비자분쟁조정위원회의 경우 분쟁조정절차의 공정성이 보장될 수 있도록 법률에 절차에 관한 엄격한 규정을 두고 있고, 그 분쟁해결을 담당하는 자도 독립한 지위에 있는 제3자인 데 비해, 소비자단체협의체는 사적 단체로서 그 분쟁조정이 법률에 그 절차에 대한 규정이나 판정 담당자에 대한 규정 없이 자율적으로 이루어지는 것이기 때문이다.

따라서 분쟁당사자가 조정결정을 승낙하지 않으면 조정불성립으로 되어 아무런 효력도 발생하지 않으며, 분쟁당사자가 그 이행을 거절한다면 다시 법원에 소송을 제기하여 그 판결에 따라 채무명의를 확보하는 수밖에 없다.

Ⅵ. 소비자단체소송

1. 의 의

오늘날 대량생산·대량소비 시대에 있어서 결함물품 등으로 피해를 입은 소비자는 다수인 데 비해, 개별 소비자가 입은 피해액수는 개별적으로 소송을 수행해야 할 만큼 충분한 액수에는 달하지 않는 경우가 대부분이다. 따라서 실제로 개별 소비자는 시간적 제약 내지 번거로움 및 소송비용의 부담 등으로 정식의 민사소송절차나 법리에 따라 자신의 피해를 구제받기 어렵다.[58] 이 점을 고려하여 소비자기본법은 제70조 이하에서 공익단체를 중심으로 개별 소비자의 소제기권을 집단적으로 행사할 수 있는 소비자단체소송제도를 도입하였다. 이에 따라 일정한 요건을 갖춘 소비자단체・사업자단체・비영리민간단체는 다수 소비자의 생명・신체・재산 등 소비자의 권익을 침해하는 사업자의 위법행위에 대하여 법원에 금지・중지를 청구할 수 있게 되었다.[59] 그러나 아직 손해배상을 청구하기 위한 단체소송은 인정되고 있지 않다.

2. 원고적격

(1) 소비자단체

공정거래위원회에 등록한 소비자단체로서 ① 정관에 따라 상시적으로 소비자의 권익증진을 주된 목적으로 하고, ② 단체의 정회원수가 1천명 이상이고, ③ 등록 후 3년이 경과한 요건을 모두 갖춘 단체를 말한다(법 §70 i).

(2) 한국소비자원

소비자기본법 제33조에 따라 설립된 한국소비자원을 말한다(법 §70ii).

(3) 사업자단체

「상공회의소법」에 따른 대한상공회의소, 「중소기업협동조합법」에 따른 중소기업협동조합중앙회 및 전국 단위의 경제단체로서 대통령령으로 정하는 단체[60]를 말한다(법 §70iii, 영 §63).

(4) 비영리단체

「비영리민간단체 지원법」 제2조의 규정에 따른 비영리민간단체로서 ① 법률상 또는 사실상 동일한 침해를 입은 50인 이상의 소비자로부터 단체소송의 제기를 요청받고, ② 정관에 소비자의 권익증진을 단체의 목적으로 명시한 후 최근 3년 이상 이를

---

58) 물론 다수 피해자를 법적으로 구제하는 수단으로서 민사소송법상 공동소송제도(§65)나 선정당사자제도(§53, §54)를 통하여 피해를 구제할 수도 있겠으나, 절차가 번거롭고 기판력의 범위에 제한이 있으며, 특히 피해자의 분포가 전국적으로 확산되어 있는 경우는 매우 비효율적이다.

59) 소비자단체소송제도는 공익단체가 직접 당사자로서 소송을 수행한다는 점에서 단지 개인의 소송수행을 배후에서 지원하는 것에 그치는 소송부조(legal aid)와는 구별된다.

60) 여기에서 "대통령령으로 정하는 단체"란 전국 단위의 경제단체로서 ① 사업자 등을 회원으로 하여 「민법」에 따라 설립된 사단법인으로서 정관에 따라 기업경영의 합리화 또는 건전한 기업문화 조성에 관한 사업을 수행하는 법인 중 공정거래위원회가 정하여 고시하는 법인과 ② 사업자 등을 회원으로 하여 「민법」에 따라 설립된 사단법인으로서 정관에 따라 무역진흥업무를 수행하는 법인 중 공정거래위원회가 정하여 고시하는 법인을 말한다(영 §63). ①에 해당할 수 있는 단체로는 전국경제인연합회나 한국경영자총협회, ②에 해당할 수 있는 단체는 한국무역협회 등이 있다.

위한 활동실적이 있고, ③ 단체의 상시 구성원수가 5천명 이상이며, ④ 중앙행정기관에 등록되어 있는 요건을 모두 갖춘 단체를 말한다(법 §70ⅳ).

3. 소제기의 요건

소비자단체소송은 사업자가 소비자 권익증진 관련기준 준수책무(법 §20)에 위반하여 소비자권익을 직접적으로 침해하고(침해의 직접성) 그 침해가 계속되는(침해의 계속성) 경우에 제기할 수 있다(법 §70).

소제기의 대상은 소비자 권익침해 행위의 금지 또는 중지이다. 따라서 권익침해 행위가 종료된 경우에는 단체소송을 제기할 수 없다.[61] 이는 소비자단체소송을 부작위청구소송의 형태로 운용함으로써 제도도입 초기단계에서 기업의 부담을 덜어주기 위한 것이다. 따라서 소비자들의 피해에 대한 집단적 손해배상은 여전히 집단적 분쟁조정이나 공동소송제도에 의할 수밖에 없다.

4. 소송절차의 개시

(1) 관할법원

단체소송의 소는 피고의 주된 사무소 또는 영업소가 있는 곳, 주된 사무소나 영업소가 없는 경우에는 주된 업무담당자의 주소가 있는 곳의 지방법원 본원 합의부의 전속관할에 속한다(법 §71①). 전속관할에 규정을 외국사업자에 적용하는 경우 대한민국에 있는 이들의 주된 사무소·영업소 또는 업무담당자의 주소에 따라 정한다(법 §71②).

(2) 소송대리인의 선임

소비자기본법은 단체소송에 대해서는 소송결과가 소비자 권익보호에 미치는 영향 및 소송심리의 원활한 진행을 고려하여 「변호사강제주의」를 택하고 있다. 이에 따라 원고는 변호사를 소송대리인으로 선임하여야 한다(법 §72).[62] 소송허가 신청단계에서 원고가 변호사를 대리인으로 선임하지 아니한 경우에는 소송허가 요건에 흠결이 생긴 것으로 보아 법원은 즉시 이에 대한 보정을 명하고, 원고가 이에 불응할 경우에는 소송 불허가결정을 하여야 한다.[63] 한편 원고의 소송대리인 전원이 사망·사임·해임된 때에는 원고가 새로운 소송대리인을 선임할 때까지 소송절차가 중지되며, 이 경우 법

---

61) 김두진, 앞의 책, 103면.

62) 증권관련 집단소송법에서는 원고와 피고 모두에게 변호사강제주의를 채택하고 있으나(동법 §5①), 소비자기본법에서는 원고에게만 변호사선임을 강제하고 있다.

63) 법원행정처, 「소비자단체소송 해설」(세미나자료)(2007), 13면.

원은 원고에게 1개월 이상의 기간을 정하여 변호사를 선임할 것을 명하여야 한다. 만일 원고가 변호사 선임명령을 받고도 정해진 기간 내에 변호사를 선임하지 아니한 때에는 법원은 결정으로 소를 각하하여야 하며, 이 각하결정에 원고는 즉시 항고할 수 있다(소비자단체소송규칙 §12).

5. 소송의 허가

(1) 소송허가의 신청

단체소송을 제기하는 단체는 소장과 함께 ① 원고 및 그 소송대리인, ② 피고, ③ 금지·중지를 구하는 사업자의 소비자권익 침해행위의 범위를 기재한 소송허가신청서를 법원에 제출하여야 한다(법 §73①). 소송허가신청서에는 ① 소제기단체가 소제기 요건(법 §70① 각호)을 갖추고 있음을 소명하는 자료와 ② 소제기단체가 사업자에게 소비자권익 침해행위 금지·중지를 요청한 서면(법 §74①ⅲ) 및 이에 대한 사업자의 의견서를 첨부하여야 한다. 다만, ②에서 정하는 기간(14일) 내에 사업자의 응답이 없을 경우에는 사업자의 의견서를 생략할 수 있다(법 §73②).

(2) 소송허가의 요건

법원은 일정한 요건을 모두 갖춘 경우에 한하여 결정으로 단체소송을 허가한다. 즉, ① 물품등의 사용으로 인하여 소비자의 생명·신체 또는 재산에 피해가 발생하거나 발생할 우려가 있는 등 다수 소비자의 권익보호 및 피해예방을 위한 공익상의 필요가 있고, ② 소송허가신청서의 기재사항(법 §73)에 흠결이 없고, ③ 소제기단체가 사업자에게 소비자권익 침해행위를 금지·중지할 것을 서면으로 요청한 후 14일이 경과하여야 한다(법 §74①). 특히 냉각기간(14일)을 둔 것은 사업자의 자율적 시정을 유도함으로써 단체소송의 남용을 방지하기 위한 것이다. 단체소송의 허가 또는 불허가 결정에 대하여는 즉시항고할 수 있다(법 §74②). 그러나 소비자기본법상 단체소송(법 §70)이 부작위소송의 성격을 띠고 있고, 그 요건상 권익침해 행위가 종료된 이후에는 단체소송을 제기할 실익이 없기 때문에 소송허가 요건에서 이미 생명·신체 또는 재산에 피해가 발생한 경우를 포함하는 것은 불합리한 측면이 있다.[64]

---

64) 김두진, 앞의 책, 107면; 김성천, "소비자기본법에서의 집단분쟁해결제도에 관한 소고," 「기업소송연구」(2008), 24면.

(3) 민사소송법의 적용

법원이 소송을 허가하면 단체소송이 진행되고 소비자기본법에 특별할 규정이 없는 경우에는 민사소송법을 적용한다(법 §76①). 따라서 일반 민사소송에서처럼 당사자주의, 변론주의 및 쌍방심리주의가 적용되며, 사실과 증거의 수집·제출에 있어 민사소송법이 그대로 적용된다. 또한 단체소송의 허가결정이 있는 경우에는 「민사집행법」 제4편의 규정에 따른 보전처분을 할 수 있다(법 §76②). 이 보전조치는 소비자권익의 침해에 대한 예방조치로서 유용한 수단이 될 수 있을 것이나, 법원의 소송허가의 결정을 전제로 하기 때문에 시기적으로 제한되는 측면이 있다.

6. 기 판 력

확정판결은 사업자의 소비자권익 침해행위의 금지 또는 중지를 내용으로 한다(법 §70①). 원고가 승소한 경우 민사소송법의 원칙상 확정판결의 기판력은 원고(原告)인 소비자단체, 사업자단체 또는 비영리민간단체에 미치며, 개별 소비자에게 직접 미치지는 않는다(법 §76①, 민소법 §218). 따라서 원고의 청구가 인용되어도 개별 소비자가 이를 통해 곧바로 손해배상을 받을 수 있는 것은 아니며, 다만 이를 근거로 사업자에 대한 손해배상청구소송을 제기할 수 있을 뿐이다.

한편 원고의 청구를 기각하는 판결이 확정된 경우 이와 동일한 사안에 관하여 다른 단체는 단체소송을 제기할 수 없다. 이는 민사소송법상 기판력의 주관적 범위가 당사자에게만 미친다는 원칙(민소법 §218)에 대한 예외로서 법률관계의 획일적 해결을 도모하기 위한 것이다. 다만, ① 판결이 확정된 후 그 사안과 관련하여 국가 또는 지방자치단체가 설립한 기관에 의하여 새로운 연구결과나 증거가 나타났거나, ② 기각판결이 원고의 고의로 인한 것임이 밝혀진 경우에는 그러하지 아니하다(법 §75).

제8절 조사 등의 절차

Ⅰ. 검사 및 자료제출

중앙행정기관의 장은 ① 사업자의 위해방지기준 준수 여부 시험·검사 또는 조사(법 §8②), ② 소비자에 대한 정보제공(법 §13), ③ 소비자의 불만 및 피해 처리(법 §16①), ④ 법 위반 여부의 확인을 위해 필요한 경우 소속공무원으로 하여금 사업자의 물품·시설 및 물품제조 공정 기타 물건의 검사 또는 필요한 최소한의 시료수거를 하게 하거나 그 사업자에게 그 업무에 관한 보고 또는 관계 물품·서류를 제출하게 할 수 있다(법 §77①). 시료수거는 무상으로 할 수 있다(법 §77②). 중앙행정기관의 장이 소속 공무원으로 하여금 검사를 하게 하거나 사업자에게 자료제출 등을 명하는 때에는 미리 서면으로 알려야 한다(영 §64①, ②).

중앙행정기관의 장은 물품등의 안전성을 의심할 만한 정당한 이유가 있는 경우로서 수집된 위해정보의 사실 확인을 위하여 필요한 때에는 소속 공무원으로 하여금 사업자의 영업장소, 제조장소, 창고 등 저장소, 사무소 그 밖의 이와 유사한 장소에 출입하여 제1항의 규정에 따른 검사(사업자의 물품·시설 및 물품제조 공정 기타 물건의 검사) 등을 하게 할 수 있다(법 §77③). 이 경우 검사를 하는 공무원은 그 권한을 나타내는 증표를 지니고 관계인에게 내보여야 한다(법 §77④). 직무에 종사하는 공무원은 검사나 제출된 물품 또는 서류 등에 의하여 알게 된 내용을 소비자기본법의 시행을 위한 목적 아닌 용도로 사용해서는 아니 된다(법 §77⑤). 중앙행정기관의 장은 소관 소비자권익 증진시책을 추진하기 위하여 필요한 경우에는 한국소비자원장에게 소비자피해에 관한 정보 및 각종 실태조사 결과 등 소비자의 권익과 관련된 정보의 제공을 요청할 수 있다(법 §77⑥).

국가 및 지방자치단체는 사업자가 소비자의 권익증진 관련기준의 준수책무(법 §20)를 위반하는지 여부를 판단하기 위하여 필요한 경우에는 등록소비자단체 또는 한국소비자원에 조사를 의뢰할 수 있다(법 §81①).

Ⅱ. 청 문

중앙행정기관의 장은 소비자중심경영인증기관 지정의 취소(법 §20의3③), 소비자중심경영인증의 취소(법 §20의4①), 소비자단체 등록의 취소(법 §30), 수거·파기 등의 명령(법 §50) 및 시정조치(법 §80)를 하려는 경우에는 청문을 실시하여야 한다(법 §82 본문). 따라서 사업자 또는 이해관계인은 자신에게 내려질지도 모를 불리한 행정조치에 대해 당해 행정기관에 출석하여 그 의견을 진술하거나 필요한 자료를 제출할 수 있다. 다만 수거·파기 등의 명령시 소비자의 생명·신체 또는 재산에 긴급하고 현저한 위해를 끼치거나 끼칠 우려가 있다고 인정되는 경우로서 그 위해의 발생 또는 확산을 방지하기 위하여 불가피하다고 인정되는 경우에는 청문절차를 생략할 수 있다(법 §82 단서, §50① 단서).

Ⅲ. 권한의 위임 · 위탁

1. 권한의 위임

국가 및 지방자치단체가 소비자보호정책을 보다 효율적으로 추진하기 위해서는 일선에서 소비자보호행정을 담당하는 지방자치단체에 실질적인 권한을 많이 부여할 필요가 있다. 이를 위해 중앙행정기관의 장은 그 권한의 일부를 시 · 도지사에게 위임(委任)할 수 있다(법 §83①).

특히 ① 위해방지기준 준수 여부의 시험 · 검사 또는 조사, ② 리콜권고 · 리콜명령 및 실행관련사항, ③ 위해방지기준 위반사실의 공표, ④ 소비자행정 목적을 위한 검사와 자료제출, ⑤ 과태료부과 · 징수, ⑥ 사업자의 리콜계획서 · 조치결과보고서의 수리 등 소비자안전 분야의 규제권한은 시 · 도지사에게 대폭 위임되고 있다(영 §68① 각 호). 이와 관련하여 소비자기본법에서는 국가는 지방자치단체에 설치된 소비자보호와 관련되는 행정조직의 운영 등에 관하여 대통령령으로 정하는 바에 따라 필요한 지원을 할 수 있는 근거를 마련하고 있다(법 §7, 영 §5).

한편 권한을 위임받은 시 · 도지사는 매년 당해 업무의 처리실적을 해당 중앙행정기관의 장에게 제출하여야 하며(영 §68②), ① 사업자로부터 결함정보를 보고받거나, ② 리콜을 직접 실시하거나, ③ 사업자의 자발적 리콜 계획서 · 결과보고서를 제출받은 경우에는 지체 없이 당해 업무의 처리내용을 해당 중앙행정기관의 장에게 보고하여야 한다(영 §68③).

2. 권한의 위탁

중앙행정기관의 장은 소비자에 대한 정보제공, 소비자의 불만 및 피해 처리, 소비자기본법 위반 여부 확인을 위해 필요한 경우 소속공무원으로 하여금 사업자의 물품 · 시설 및 제조공정 그 밖의 물건을 검사하게 하거나 그 사업자에게 그 업무에 관한 보고 또는 관계 물품 · 서류 등의 제출을 명할 수 있다(법 §77①). 하지만 일정한 경우 중앙행정기관의 장은 자신의 권한을 한국소비자원에 위탁(委託)할 수 있다(법 §83②). 이에 해당하는 일정한 경우는 다음과 같다.

① 중앙행정기관의 장이 한국소비자원에 시험 · 검사 또는 조사를 의뢰하는 경우(법 §17②),

② 중앙행정기관의 장이 한국소비자원에 청구 또는 의뢰된 피해구제사건을 처리함

에 있어서 사실 확인을 위하여 필요한 경우(법 §55①부터 ③까지),

③ 한국소비자원장이 소비자의 권익증진을 위하여 물품등의 규격 · 품질 · 안전성 · 환경성에 관한 시험 · 검사 및 가격 등을 포함한 거래조건이나 거래방법에 대한 조사 · 분석(법 §35①ii)을 하기 위하여 필요하다고 요청하는 경우 및 소비자안전센터의 위해정보 분석결과에 따라 위해방지 및 사고예방을 위한 소비자 안전경보의 발령, 물품등의 안전성에 관한 사실의 공표, 위해 물품등을 제공하는 사업자에 대한 시정권고의 조치를 하기 위하여 필요하다고 요청하는 경우(법 §52②i부터 iii까지),

④ 중앙행정기관의 장이 사업자가 소비자의 권익증진 관련기준의 준수 규정을 위반하는지 여부를 판단하기 위하여 한국소비자원에 조사를 의뢰하는 경우(법 §81①)

중앙행정기관의 장으로부터 검사 등의 권한을 위탁받은 한국소비자원의 직원으로서 그 검사 등의 권한을 행하는 직원은 그 권한을 나타내는 증표를 지니고 이를 관계인에게 내보여야 하며, 검사나 제출된 물품 또는 서류 등으로 알게 된 내용을 이 법의 시행을 위한 목적 아닌 용도로 사용하여서는 아니 된다(법 §83③, 법 §77④, ⑤).

Ⅳ. 정보제공요청권

1. 내 용

한국소비자원과 등록된 소비자단체는 그 업무를 추진함에 있어서 필요한 자료 및 정보의 제공을 사업자 또는 사업자단체에 요청할 수 있다. 이 경우 그 사업자 또는 사업자단체는 정당한 사유가 없는 한 이에 응하여야 한다(법 §78①, ④, 영 §65①). 여기에서 정당한 사유란 영업비밀 등과 같이 외부에 공개됨으로써 사업자 또는 사업자단체의 운영에 상당한 지장을 초래하거나 중대한 불이익이 발생하는 경우를 말한다.

2. 절 차

자료 및 정보의 제공을 요청하는 소비자단체 및 한국소비자원은 그 사용목적 · 사용절차 등을 미리 사업자 또는 사업자단체에게 알려야 한다(법 §78②). 그러나 등록된 소비자단체가 자료 및 정보를 요청하는 때에는 한국소비자원에 설치된 「소비자정보요청협의회」의 협의 · 조정을 거쳐야 한다(법 §78③). 협의 · 조정의 대상은 ① 자료 및 정보의 범위 · 사용목적 · 사용절차에 관한 사항, ② 자료 및 정보제공 여부, ③ 사업자 또는 사업자단체가 요청받은 자료 및 정보를 제공하여야 할 시한이다(법 §79①, 영 §66 각호).

3. 거부시 제재

사업자 또는 사업자단체가 정당한 사유 없이 자료 및 정보제공 요청을 거부·방해·기피하거나 허위로 제출한 경우에는 소비자단체는 그 사업자 또는 사업자단체의 이름(상호 기타의 명칭 포함), 거부 등의 사실과 사유를 「신문 등의 진흥에 관한 법률」에 의한 일반 일간신문에 게재할 수 있다(법 §28③).[65]

4. 제공된 정보의 부당사용

제공된 정보의 부당사용과 관련하여 소비자기본법은 일반규정으로서 소비자단체는 업무상 알게 된 정보를 소비자 보호목적 이외의 용도로 사용할 수 없도록 금지하고, 사업자 또는 사업자단체로부터 제공받은 자료 및 정보를 소비자의 권익을 증진하기 위한 목적이 아닌 용도로 사용함으로써 사업자 또는 사업자단체에 손해를 끼친 때에는 그 손해에 대하여 배상할 책임을 지도록 하고 있다(법 §28④, ⑤). 또한 소비자단체의 정보제공요청권과 관련하여 소비자단체에 제공된 자료 및 정보는 사업자 또는 사업자단체에 미리 알린 사용목적이 아닌 용도 및 사용절차가 아닌 방법으로 사용하지 못하도록 별도의 규정을 두고 있다(법 §78⑤).

Ⅴ. 실태조사

공정거래위원회는 소비자정책의 총괄부처로서 소비자정책에 관한 3년 단위의 기본계획과 1년 단위의 시행계획을 수립하고, 중앙행정기관의 장 또는 지방자치단체의 장에게 소비자정책과 관련한 제도의 개선 등을 권고하고 있다. 이를 위해 소비자 피해 현황이나 소비자피해를 유발하는 환경, 시장 등에 대한 실태조사를 실시할 필요가 있다.

이에 따라 소비자기본법은 공정거래위원회가 소비자의 권익증진이나 소비자정책의 효율적 추진을 위하여 필요하다고 인정하는 경우 실태조사를 실시하고, 그 결과를 공표할 수 있도록 하고 있다(법 §81의2①). 공정거래위원회는 실태조사를 위하여 필요한 경우에는 관계 소비자단체·사업자·사업자단체와 관계 행정기관·공공기관에 필요한 자료 또는 의견의 제출을 요청할 수 있다(법 §81의2②). 이 경우 해당 요청을 받은 자는 정당한 사유가 없으면 그 요청에 따라야 한다. 공정거래위원회는 실태조사의 효율적

---

65) 그 밖에 소비자정보가 필요한 경우에는 중앙행정기관의 장의 사업자에 대한 검사 및 자료제출명령권(법 §63①) 및 위반시 과태료 제재권한(법 §86①)이 있음을 이용하여 중앙행정기관을 우회하여 정보를 얻어내는 방안도 고려될 수 있을 것이다.

추진을 위하여 필요한 경우에는 해당 실태조사 업무를 한국소비자원이나 관계 법인·단체에 위탁할 수 있다(법 §81의2③).

제 9 절 벌 칙

I. 형 벌

1. 적용대상

소비자기본법은 소비자의 안전을 보호하고 권익을 증진하기 위하여 사업자에게 일정한 행위를 명령하거나 금지하고, 이를 위반한 때에는 형벌의 제재를 과하고 있다. 그 대상으로 되는 행위자로는 ① 중앙행정기관의 장의 리콜명령 또는 소비자의 권익증진 관련기준을 준수하지 아니하는 사업자에 대한 시정조치명령을 위반한 자, ② 사업자의 물품·시설 등의 검사 또는 제출된 물품 또는 서류 등으로 알게 된 내용을 법의 시행을 위한 목적이 아닌 용도로 사용한 공무원 또는 한국소비자원 직원, ③ 소비자단체에 제공된 사업자 또는 사업자단체의 자료 및 정보를 사용목적이 아닌 용도 또는 사용절차가 아닌 방법으로 사용한 자에 대해서는 3년 이하의 징역 또는 5천만 원 이하의 벌금에 처하도록 하고 있다(법 §84①). 이 경우 징역형과 벌금형은 병과(竝科)할 수 있다(법 §84③). 또한 위해정보를 수집·처리하는 자로서 물품등의 위해성이 판명되어 공표되기 전까지 사업자명·상품명·피해정도·사건경위에 관한 사항을 누설한 자는 1년 이하의 징역 또는 3천만 원 이하의 벌금에 처한다(법 §84②).

2. 양벌규정

법인의 대표자 또는 법인이나 개인의 대리인, 사용인 기타 종업원이 그 법인 또는 개인의 업무에 관하여 제84조 제1항 또는 제2항의 위반행위를 한 때에는 행위자를 벌할 뿐만 아니라 그 법인 또는 개인에 대하여도 각각 해당 조항의 벌금형을 과한다. 다만, 법인 또는 개인이 그 위반행위를 방지하기 위하여 해당 업무에 관하여 상당한 주의와 감독을 게을리 하지 아니한 경우에는 그러하지 아니하다(법 §85).

3. 벌칙적용에 있어서 공무원 의제

① 한국소비자원의 임원, ② 소비자분쟁조정위원회의 위원 및 ③ 한국소비자원의

직원 중에서 일정한 업무에 종사하는 직원, 즉 i) 시험·검사 및 거래조건이나 거래방법에 대한 조사·분석 업무, ii) 소비자불만처리 및 피해구제 업무, iii) 위해정보의 수집 및 처리업무에 종사하는 직원에 대하여는 형법 제129조 내지 제132조의 적용에 있어서 공무원으로 본다(법 §43, 영 §33).

Ⅱ. 과 태 료

1. 적용대상

① 소비자의 권익증진 관련기준 준수책무를 위반한 사업자, ② 한국소비자원과 같거나 유사한 명칭을 사용한 자, ③ 보고의무를 이행하지 아니하거나 거짓으로 이행한 자, ④ 공무원의 업무수행을 위한 검사 또는 명령을 거부·방해 또는 기피하거나 관계물품 또는 서류제출명령을 이행하지 아니하거나 허위로 제출한 자에 대해서는 3천만원 이하의 과태료에 처한다(법 §86①).

2. 절 차

과태료의 부과권자는 중앙행정기관의 장 또는 시·도지사이다(법 §86②). 부과권자가 과태료를 부과하고자 할 경우에는 「질서위반행위규제법」에 따라 미리 당사자에게 과태료 부과의 원인이 되는 사실, 과태료 금액 및 적용 법령 등 대통령령으로 정하는 사항을 통지하고, 10일 이상의 기간을 정하여 의견을 제출할 기회를 주어야 하며, 이 경우 지정된 기일까지 의견 제출이 없는 경우에는 의견이 없는 것으로 본다(동법 §16①). 부과권자는 의견 제출 절차를 마친 후에 질서위반행위, 과태료 금액, 그 밖에 대통령령으로 정하는 사항을 명시한 서면으로 대상자에게 과태료를 부과한다(동법 §17①, ②).

3. 이의제기

과태료 처분을 받아들이지 않을 이유가 있는 자는 그 처분의 고지를 받은 날로부터 30일 이내에 부과권자에게 이의를 제기할 수 있다(법 §86③). 과태료 처분을 받은 자가 이의를 제기한 때에는 부과권자는 지체 없이 관할법원에 그 사실을 통보하여야 하며, 그 통보를 받은 관할법원은 「비송사건절차법」에 의한 과태료의 재판을 한다(법 §86④). 과태료 처분을 받은 자가 이 기간 이내에 이의를 제기하지 아니하고 과태료를 납부하지 아니한 때에는 국세 또는 지방세 체납처분의 예에 따라 이를 징수한다(법 §86⑥).

제 3 장 약관의 규제에 관한 법률

제 1 절 개 설

Ⅰ. 약관규제의 필요성

오늘날 대량적·집단적 거래가 일상화됨에 따라 대다수의 사업자는 계약의 내용으로 될 사항을 미리 정형화한 약관을 이용하여 다수의 고객과 계약을 체결하는 방식을 자주 이용하고 있다. 약관에 의한 거래방식은 사전에 거래에 필요한 사항을 약관에 상세히 규정함으로써 법률에 전혀 규정이 없거나 불충분하게 규정되어 있는 계약 유형에 대해서도 거래상의 법률관계를 신속하고 정확하게 처리할 수 있다는 장점 때문에 점차 보편적인 방식으로 자리 잡아가고 있다.

그러나 사업자측이 약관 작성시 자기에게 유리하거나, 거래상 발생할지 모를 위험을 상대방에게 전가시키는 경우가 적지 않으며, 상당수의 약관이 깨알 같은 글씨로 인쇄되어 제공되고 있어 그 내용의 공정성이나 타당성 여부를 떠나 약관의 내용을 파악하기 어렵다. 더구나 약관에 사용된 용어의 상당수가 친숙하지 않은 법률용어들이어서 거래고객의 대부분을 차지하는 일반소비자들은 약관의 내용을 제대로 이해하지 못한 채 계약을 체결하는 경우가 많으며, 사업자측이 일방적으로 작성한 약관을 계약의 내용으로 그대로 받아들일 수밖에 없는 것이 현실이다. 이러한 현상은 결국 거래고객에게는 계약의 자유라는 명목으로 '계약체결의 자유'만 인정될 뿐이지, '계약내용 결정의 자유'는 박탈당하는 것과 마찬가지이다.

따라서 사업자측이 일방적으로 작성한 약관에 대해서는 효력을 그대로 인정할 것이 아니라, 절차적·내용적 통제를 가하여 실질적으로 불공정한 약관의 효력을 제한함으로써 거래당사자 간 힘의 불균형으로부터 오는 불합리한 결과를 제거할 필요가 있다. 이는 거래고객의 진정한 의사를 회복시키는 길인 동시에, 약관거래 분야에서 근대 시민법이 지향해왔던 「계약자유의 원칙」이 「계약공정의 원칙」으로 전환되어야 함을 의미하는 것이기도 하다.

Ⅱ. 약관의 의의

1. 약관의 개념

(1) 법률규정

약관규제법상 약관이란 “그 명칭이나 형태 또는 범위에 상관없이 계약의 한쪽 당사자(사업자)가 여러 명의 상대방(고객)과 계약을 체결하기 위하여 일정한 형식으로 미리 마련한 계약의 내용”을 말한다(법 §2 i). 여기에서 약관거래의 당사자로서 사업자란 계약의 한쪽 당사자로서 상대 당사자에게 약관을 계약의 내용으로 할 것을 제안하는 자를 말한다(법 §2 ii). 또한 상대방으로서의 고객이란 계약의 한쪽 당사자로서 사업자로부터 약관을 계약의 내용으로 할 것을 제안받은 자를 말한다(법 §2 iii). 사업자와 고객의 개념은 약관을 계약의 내용으로 할 것을 제안하고, 제안받는 데 중점이 두어져 있으므로 실제 계약체결의 단계까지 진행될 것을 요하는 것은 아니다.

한편 약관규제법은 당초 사업자와 고객 간의 양면계약 관계를 염두에 두고 제정되었으나, 최근 온라인 플랫폼을 기반으로 양면 시장에 존재하는 두 그룹 이용자(사업자와 고객) 간의 거래를 중개하는 플랫폼 사업자가 등장하고, 플랫폼 사업자가 미리 마련한 이용약관에 따라 사업자와 고객 간의 거래가 이루어지는 사례가 늘어나고 있다. 이에 따라 계약당사자가 아닌 플랫폼 사업자도 약관을 제안한 사업자로 볼 수 있는지가 문제될 수 있다. 이 경우 플랫폼 사업자가 단순한 중개기능을 넘어서 독자적인 이익을 추구한다면 실제 당해 약관을 이용하여 고객과 계약을 체결한 사업자와 함께 실질적으로 약관을 마련하여 제안하는 사업자로 보아도 무방할 것이다.[1]

(2) 개념적 요소

(가) 명칭 · 형태 · 범위의 불문

약관으로 인정되기 위해서는 반드시 약관이라는 명칭 자체를 사용하여야 하는 것은 아니다. 약정서, 계약서, 규정, 규약, 회칙 등의 명칭이 사용되더라도 다수자와의 계약체결을 위해 미리 마련된 계약의 내용이라는 실질이 있으면 약관이다. 약관의 형태에 있어서도 별도로 인쇄된 일정한 서면으로 작성되어 있는 경우가 일반적이겠으나 손으로 쓴 것이더라도 상관없으며, 거래조건이 입장권 뒷면에 기재되어 있거나 출입구

1) 이병준, 「약관법론」(박영사, 2023), 398면 이하.

안내판에 간단한 문구로 적혀 있어도 무관하다. 약관의 범위에 있어서도 계약내용 전체가 약관에 포함되어야 하는 것은 아니며, 그 일부만이 별도로 약관형태로 존재하더라도 상관없다.[2)]

(나) 사전준비성

약관은 사업자가 사전에 준비한 것이어야 한다. 따라서 사업자가 계약체결과 동시에 또는 계약체결 후에 작성한 것은 약관이 아니다. 계약체결 전에 작성한 것인 한, 사업자가 직접 약관을 작성하여야 하는 것은 아니다. 동종 업종의 약관을 이용하거나 사업자단체의 약관을 이용하더라도 상관없다. 실제로 사업자단체와 같은 제3자가 그 구성원의 사용에 제공하기 위하여 약관을 마련하기도 한다.

(다) 일방성

약관은 사업자가 일방적으로 작성·통용하는 것이어야 한다. 따라서 예컨대, 친목단체의 회칙, 법인의 정관이나 아파트관리규약, 주택조합규약 등과 같이 단체구성원들의 내부관계를 자율적으로 규율하기 위한 목적으로 제정되고, 내부적인 합의를 거쳐 그 내용이 수정될 수 있는 것은 약관과는 그 성격이 다른 것이다.

[판례] 약관작성의 일방성(대법원 2000. 12. 22. 선고 99다4634 판결)

사업자와 고객 사이에 교섭이 이루어진 조항은 약관작성상의 일방성이 없으므로 약관규제법 소정의 약관에 해당하지 않는다고 할 것이나, 이 경우 원칙적으로 개개의 조항별로 교섭의 존재 여부를 살펴야 하며, 약관조항 중 일부의 조항이 교섭되었음을 이유로 그 조항에 대하여는 약관규제법의 적용이 배제되더라도 교섭되지 아니한 나머지 조항들에 대하여는 여전히 약관규제법이 적용되어야 할 것이다.

(라) 다수 상대방

약관은 다수의 상대방을 대상으로 한 것이어야 한다. 다수의 상대방을 대상으로 하는 한 특정 다수이든 불특정 다수이든 불문한다. 이와 같이 약관으로 인정되기 위해 다수 상대방을 요하는 이유는 단일 또는 소수와의 특정계약과 달리 약관의 몰개성적인 정형적 성격으로 인해 계약내용의 개별적 수정이 어렵고, 잘못된 약관에 따라 계약을 체결할 경우 다수 소비자의 피해발생이 우려되고 있기 때문이다. 여기에서 다수 여부는 약관의 대량적·추상적 성격을 감안하여 거래의 종류에 따라 판단되어야 하며, 어떤 약관이 실제로 다수의 계약에 이용되었을 것을 요하는 것은 아니다.

---

2) 따라서 공중접객업소 출입구에 "손님이 맡기지 않은 물건의 도난·분실에 대해서는 책임지지 않습니다"라는 문구를 게시한 것도 약관으로 볼 수 있다.

2. 약관의 기능

(1) 긍정적 기능

(가) 거래의 신속 · 명확화

오늘날처럼 대량·집단·반복적인 거래가 일상적으로 이루어지는 경제구조 하에서 만약 개별거래시마다 교섭을 통해 가격, 거래조건 등의 계약내용을 일일이 확정하려고 하면 거래가 지체될 뿐만 아니라 불필요한 시간과 비용이 소요되기 마련이다. 이에 비해 약관은 계약을 표준화·정형화하여 대량적 거래에서 계약의 체결을 보다 효율적으로 할 수 있는 편의를 제공한다. 즉, 약관을 이용하여 계약이 이루어진다면 소비자의 개별적 교섭에 따른 불편을 해소하고 거래가 보다 신속하고 명확하게 이루어질 수 있게 된다. 이를 통해 소비자는 원하는 상품 또는 서비스를 손쉽게 획득함으로써 삶의 질을 향상시킬 수 있다. 또한 사업자의 입장에서도 같은 시간에 더 많은 거래를 성사시킴으로써 이윤획득의 기회가 그만큼 증가하게 되며, 결국 약관은 국민경제의 효율성을 증대시키는 데 기여하게 된다.

(나) 법률관계의 안정

사인 간의 거래관계를 규율하는 민법과 상법은 거래관계의 기본적인 사항에 관해서만 규율하고 있을 뿐 세부적인 사항의 결정은 당사자의 합의에 의할 수밖에 없다. 그러나 집단·반복적으로 이루어지는 일상거래에 있어서도 계약내용을 거래 당사자의 개별적인 합의에 의하도록 할 경우 동일한 종류의 거래임에도 불구하고 다수의 고객마다 권리·의무관계의 내용이 상이하여 사업자의 계약이행이 혼란스럽고, 상대방마다의 형평성 논란이 제기된다.

이에 비해 약관에 의해 계약이 이루어질 경우 동일한 종류의 거래에 관한 한 통일적·정형적 거래가 반복적으로 이루어짐으로써 거래관계에 대한 예측이 가능하고, 이를 통해 법률관계를 안정적으로 유지시킬 수 있다. 더구나 약관이 당해 거래분야에서 사실상 관습으로서 정착될 경우 어느 정도 규범적 효력도 발휘할 수 있어 해당 거래분야에 있어서 법률관계의 안정에 기여하게 된다. 특히 경제현상이 변화하고 새로운 유형의 거래가 등장하고 있음에도 불구하고 법률의 경직성으로 현실과의 괴리가 점차 커지고 있으나, 약관을 통해 계약이 이루어질 경우 법률이 불비되어 있거나 불충분하더라도 법률관계를 명확하게 규율함으로써 거래당사자 간에 있을 수 있는 법률적 분쟁을 미연에 방지할 수 있다.

(2) 부정적 기능

(가) 약관의 불공정성

약관은 사업자가 일방적으로 작성한 계약의 초안에 불과한 것으로서 일방 당사자(사업자)가 작성하는 것이 일반적이고, 양 당사자의 이해관계를 함께 고려하기보다는 이기적 동기에서 사업자 자신에게 유리하게 작성하는 경향이 있다. 예컨대, 면책조항이나 책임전가조항을 통해 거래로부터 발생할지 모르는 위험을 소비자에게 전가시키거나 자신에게 불리한 사항에 대해서는 적용하지 않도록 규정하기도 한다. 이와 같이 약관은 소비자이익을 희생하여 사업자이익을 극대화하는 수단으로 이용될 우려가 있다. 또한 약관내용이 불공정하게 작성되는 한 결국 계약내용의 공정성도 보장되기 어렵다.

(나) 약관의 사실상 구속성

약관은 통상적으로 사업자가 일방적으로 작성하기 때문에 고객은 그 내용을 알 수 없으며, 약관의 구체적 내용을 숙지하지 못한 채 계약을 체결하는 경우가 적지 않다. 또한 약관은 통일적·정형적으로 적용되기 때문에 사업자에 비해 경제력, 조직력, 교섭력에서 열위에 있는 소비자인 고객으로서는 그 약관에 대한 개별적인 수정을 요구하기 어렵다. 더구나 이들 약관의 대부분이 소비자의 일상생활에 필수적인 거래에서 이용되고 있기 때문에, 소비자들은 약관의 불공정성을 이유로 거래를 거부하기도 사실상 어렵다. 이는 결국 계약자유의 원칙이 경제적 강자에게는 자유로운 경제활동을 보장하는 수단으로 되지만, 경제적 약자에게는 오히려 계약의 자유를 구속하는 결과로 될 수 있음을 의미한다.

3. 약관의 성질(약관이론)

(1) 논 점

일반적으로 사인 간 거래에 있어서 법적 구속력의 근거는 당사자의 자발적인 합의에 있다. 그런데 약관을 매개로 한 계약의 경우 사업자가 다수의 상대방과 협의없이 일방적으로 계약의 내용을 정한 것이어서 상대방인 고객은 그 내용을 충분히 알지 못하거나, 심지어 약관에 의해 계약이라는 사실조차 모르고 계약을 체결하는 경우가 대부분이다.

이와 관련하여 사업자가 일방적으로 마련한 약관의 내용이 상대방인 소비자에게 법적 구속력이 있는가, 구속력이 있다면 그 근거는 무엇인가에 대해 논의되고 있다. 이는 약관의 구속력과 본질에 관한 문제로서 크게 규범설과 계약설(의사설)이 대립하고 있다. 그 본질에 대한 구분의 실익은 약관의 해석을 「법규범 해석의 원칙」에 따를 것

인가, 「법률행위 해석의 원칙」에 따를 것인가의 차이에 있다.[3]

(2) 학 설

(가) 규범설

규범설에 따르면 약관이 통용되는 특정한 거래권 내에서 약관은 법률과 같은 규범력을 가지고 있으며, 그 거래권 내에 들어오는 고객은 약관의 존재나 내용을 모르더라도 이에 구속된다고 한다. 규범설은 다시 약관의 규범성을 자치법으로 이해하는 입장과 상관습법으로 이해하는 입장으로 구분된다.

자치법설에 의하면 약관은 그 거래권 내의 사업자가 자치적으로 제정한 법규로서, 고객이 약관을 이용하여 계약을 체결하게 되면 그 거래권 내의 자치법규인 약관에 의해 구속된다고 보고 있다. 이에 비해 상관습설에 의하면 약관은 그 자체가 법규범은 아니나 특정의 거래권 내에서 약관에 따르는 것이 하나의 상관습 또는 상관습법으로 형성되어 있기 때문에 당사자를 구속하는 것으로 보고 있다.

(나) 계약설 · 의사설

계약설 또는 의사설에 의하면 약관은 일방당사자에 의하여 작성된 계약의 초안에 불과하기 때문에 그 자체가 법규범은 아니라고 보고 있다.[4] 이 설에서는 상대방이 약관을 계약의 내용으로 할 것을 동의한 경우, 즉 합의가 이루어진 경우에 비로소 법적 구속력을 가지는 것으로 보고 있다. 따라서 약관은 어떤 계약에도 강제로 적용될 수 없으며 사업자가 약관에 의해 계약을 체결하게 됨을 고객에게 밝히고, 약관을 명시한 경우 계약내용을 구성하는 것으로 보고 있다. 또한 약관은 법규범이 아니므로 당연히 정당성을 가지는 것은 아니며, 약관의 내용이 정당한가에 대해서는 심사할 필요가 있다고 한다. 이 설에 의하면 약관이 계약적 성격을 띠는 이상 약관을 해석함에 있어서도 법규범 해석이 아니라 법률행위 해석의 방법에 따라야 할 것이다.

(3) 현행법의 입장

약관규제법은 제3조에서 사업자의 약관 명시 · 설명의무를 규정하고(제2항, 제3항), 이에 위반하여 계약을 체결한 때에는 해당 약관을 계약의 내용으로 주장할 수 없도록 하고 있다(제4항). 이와 같이 사업자에 대한 약관의 명시 · 설명의무를 부과하고 있는 것은 계약체결시 고객이 약관의 존재와 내용을 알고 있을 것을 전제로 하고 있다는 점에

3) '법규범의 해석'은 통일적인 법질서 속에서 정의 · 형평이라는 법사상을 실현하는 데 중점이 두어져 있는데 비해, '법률행위의 해석'은 당사자의 의사를 중심으로 해석이 이루어지는 데 차이가 있다.

4) 권재열, 앞의 책, 440면; 이기수 · 유진희, 앞의 책, 440면.

서 기본적으로는 계약설의 입장에 서있는 것으로 보인다. 그러나 다른 한편으로 사업자가 명시·설명의무를 위반하여 계약이 체결되더라도 계약의 구속력을 적극적으로 부정하지 않고, 단지 소극적으로 사업자가 고객이 반대하는 경우 약관을 계약의 내용으로 주장할 수 없도록 제한하고 있는 것은 약관에 의한 거래가 관행적으로 이루어지고 있는 현실 속에서 거래의 안정을 도모하기 위한 정책적 고려를 가미한 것으로 보인다.[5)]

그 밖에 약관의 해석에 있어서 고객에 따라 다르게 해석되어서는 안 된다는 통일적 해석의 원칙(법 §5)은 약관의 규범적 성질을 염두에 둔 것으로 보이는데 비해, 개별약정 우선의 원칙(법 §4), 불공정한 약관조항의 무효(법 §6부터 §14까지) 등은 계약설의 근거로 제시될 수 있다. 이러한 점을 종합적으로 감안한다면 약관규제법은 약관의 본질에 대해 규범적 성질을 절충한 계약설의 입장에 서있는 것으로 볼 수 있다.

(4) 판례의 태도

약관규제법이 제정되기 이전부터 많은 논란이 되었던 약관의 성질에 대해 판례는 보통보험약관을 포함한 이른바 일반거래약관이 계약의 내용으로 되어 계약당사자에게 구속력을 갖게 되는 근거는 그 자체가 법규범 또는 법규범적 성질을 갖기 때문이 아니라 계약당사자가 이를 계약의 내용으로 하기로 명시적 또는 묵시적 합의를 하였기 때문이라고 하면서 일관하여 계약설의 입장을 취하고 있다.[6)]

[판례] 삼성화재해상보험㈜ 보험약관 구속력의 근거(대법원 2004. 11. 11. 선고 2003다30807 판결)

보통보험약관을 포함한 이른바 일반거래약관이 계약의 내용으로 되어 계약당사자에게 구속력을 갖게 되는 근거는 그 자체가 법규범 또는 법규범적 성질을 갖기 때문은 아니며 계약당사자가 이를 계약의 내용으로 하기로 하는 명시적 또는 묵시적 합의를 하였기 때문이라고 볼 것인바(대법원 1986. 10. 14. 선고 84다카122 판결 등 참조), 기록을 살펴보더라도 이 사건 보험계약의 체결 당시 당사자들 사이에서 협회선박기간보험약관을 이 사건 보험계약에 적용하기로 명시적으로 합의하였다고 볼 만한 증거가 전혀 없을 뿐만 아니라 위 약관을 계약내용에 편입시킨다는 취지가 담긴 보험계약서 내지 청약서가 작성되었다는 사정이나 기타 이 사건 보험계약을 체결함에 있어 원고와 피고 사이에 그 점에 대한 묵시적 합의가 있었다고 추정할 만한 특별한 사정도 찾아보기 어렵다. 그럼에도 불구하고, 이 사건 보험계약을 체결함에 있어 위 협회선박기간보험약관(1983)을 적용하기로 하는 합의가 있었다고 본 원심의 판단에는 채증법칙을 위반하여 사실을 오인한 위법이 있다고 할 것이다.

---

5) 이은영 교수는 현행 약관규제법은 계약설에 기초를 두되, 약관의 사회적 기능과 조화될 수 있도록 절충설을 취한 것으로 보고 있다. 이은영, 「약관규제법」(박영사, 1994), 104면.

6) 대법원 1985. 11. 26. 선고 84다카2543 판결; 1986. 10. 14. 선고 84다카122 판결; 2004. 11. 11. 선고 2003다30807 판결.

마찬가지 입장에서 판례는 약관에 의한 계약체결 후 약관이 개정되더라도 개정 약관의 효력이 개정 전 계약에 미치기 위해서는 개정 약관에 의해 계약의 내용을 변경하기로 하는 취지의 합의가 있을 것을 요한다. 판례는 고객의 명시적 동의를 얻지 않더라도 동의를 추단할 수 있는 사실이 있는 경우에는 동의가 있는 것으로 보아 합의를 인정하고 있다.[7] 다만, 합의가 인정되더라도 개정된 약관의 내용 중 고객에게 불리한 조항은 소급효가 없는 것으로 보아야 한다.[8]

[판례] 약관 변경시 변경 약관의 적용 여부(대법원 2010. 1. 14. 선고 2008다89514, 89521 판결)

보험계약이 일단 그 계약 당시의 보통보험약관에 의하여 유효하게 체결된 이상 그 보험계약관계에는 계약 당시의 약관이 적용되는 것이고, 그 후 보험자가 그 보통보험약관을 개정하여 그 약관의 내용이 상대방에게 불리하게 변경된 경우는 물론 유리하게 변경된 경우라고 하더라도, 당사자가 그 개정 약관에 의하여 보험계약의 내용을 변경하기로 하는 취지로 합의하거나 보험자가 구 약관에 의한 권리를 주장할 이익을 포기하는 취지의 의사를 표시하는 등의 특별한 사정이 없는 한 개정 약관의 효력이 개정 전에 체결된 보험계약에 미친다고 할 수 없다.

Ⅲ. 약관규제의 방식

1. 진행단계에 따른 분류

(1) 편입통제

편입통제는 약관에 대한 최초 단계의 통제로서 약관이 사업자와 고객이 체결한 당해 계약에 편입되는가, 즉 약관이 계약의 내용으로 포함될 수 있는가를 심사하는 것이다. 편입통제와 관련하여 약관규제법은 사업자의 약관의 작성·명시·교부 및 설명의무, 개별약정우선의 원칙에 관하여 규정하고 있다. 만약, 약관조항이 계약에 편입되지 못하면 약관은 계약의 내용으로 될 수 없기 때문에, 사업자는 약관조항에 의한 권리를 주장하지 못한다.

(2) 해석통제

해석통제는 약관이 계약에 편입된 경우 다음 단계에서 이루어지는 통제이다. 이는 약관조항을 여러 가지 원칙에 따라 해석하고, 해석내용에 따라 당해 계약에 적용하여 사업자와 고객의 권리·의무를 정하는 통제방식이다.

---

7) 대법원 2010. 10. 28. 선고 2010다9153 판결.

8) 이은영, 앞의 책, 340면 이하; 이병준, 앞의 책, 171면.

(3) 불공정성통제

불공정성통제는 약관조항의 내용이 고객에게 불이익을 주고 있는가를 심사하여 그 조항의 유효・무효를 결정하는 통제방식이다. 약관이 계약에 편입되었고 해석상 문제가 없다면 마지막으로 불공정성통제의 단계를 거치게 된다. 불공정성 통제는 공정거래위원회가 추상적 내용통제로서 행하는 경우도 있고, 법원이 구체적 내용통제로서 행하는 경우도 있다. 양자 간의 결과가 상이한 경우에는 법률관계의 최종판정 권한을 가지는 법원의 판단이 우선한다.

2. 불공정성과 유・무효의 관련성 여부에 따른 분류

(1) 간접적 내용통제

간접적 내용통제는 정면으로 약관조항의 유・무효를 선언하지 않고 그 밖의 방법에 의해 불공정 약관조항의 적용을 통제하는 방식이다. 편입통제, 해석통제가 이에 해당한다. 간접적 통제가 직접적 통제에 선행한다.

(2) 직접적 내용통제

직접적 내용통제는 약관조항이 이익형평을 유지하지 못하고 고객에게 불공정한 불이익을 주는 내용을 담고 있는지를 심사해 그러한 내용의 조항에 대해서는 무효, 그러하지 않은 경우에는 유효를 공개적으로 선언하는 것이다. 통상적으로 내용통제라고 하면 직접적 내용통제를 의미한다.

3. 구체적 계약관계 전제 여부에 따른 분류

(1) 추상적 내용통제

추상적 내용통제는 특정의 구체적 계약관계를 전제로 하지 않고 오로지 약관조항 자체의 불공정성을 심사하여 유효・무효를 결정하는 것을 종국적 과제로 하는 심사를 의미한다. 약관규제법에서는 공정거래위원회가 추상적 내용통제를 담당하도록 하고 있다. 추상적 내용통제의 결과 약관조항이 불공정하다고 판단되는 경우 공정거래위원회는 당해 약관조항의 삭제・수정을 명하게 된다.

(2) 구체적 내용통제

구체적 내용통제는 구체적 계약관계에서 당사자 간의 권리・의무를 확정하기 위한 선결문제로서 약관조항의 유효・무효를 심사하는 것으로 편입, 해석, 불공정성 통제의 단계를 거친다. 구체적 내용통제는 법원이 담당한다. 이는 약관조항 자체의 유효 · 무효에 대한 판단에 그치는 것이 아니라, 당해 약관에 기초한 당사자 간의 권리 · 의무관계에 대한 법적 효력을 판단하게 된다.

4. 규제의 주체에 따른 분류

(1) 입법적 규제

입법적 규제는 약관을 새로운 법현상으로 파악하여 법률의 제정을 통하여 규제하는 것을 말한다. 입법적 규제는 행정적 규제나 사법적 규제의 법률적 근거를 제공한다는 점에서 약관규제의 기초를 이룬다고 볼 수 있다. 입법적 규제에는 모든 분야의 약관을 포괄적으로 규제하는 포괄입법과 개개의 거래분야별로 입법하는 개별입법이 있다. 포괄입법은 개별입법에 따른 규제체계의 복잡화를 피하고 법의 통일적 운용이 가능하다는 장점이 있다. 전자의 예로는 약관규제법이 있다. 후자의 예로는 상법(보험편)을 비롯하여 약관규제법 제정 이후 개별 약관거래에 있어서 특성에 따라 제정된 「할부거래에 관한 법률」, 「방문판매 등에 관한 법률」, 「전자상거래 등에서의 소비자보호에 관한 법률」 등이 있다.

(2) 행정적 규제

행정적 규제는 행정관청이 법률에서 정한 약관의 인가 · 변경에 관한 명령이나 행정지도에 의하여 약관의 내용을 규제하는 것을 말한다. 약관규제법상 행정적 규제를 담당하는 행정기관은 공정거래위원회이다. 공정거래위원회는 직권 또는 이해관계자의 청구에 의해 약관을 심사하여 불공정약관에 해당하는 경우 시정조치를 취할 수 있다. 또한 관청인가약관에 대해서는 관계기관에 그 사실을 통지하고 시정에 필요한 조치를 요청할 수 있다. 관계기관은 사업자에 대하여 그 약관에 대한 시정명령을 내릴 수 있도록 하고 있다.

그 밖에 개별 법률에 근거하여 감독관청이 약관을 인가하거나 표준약관을 작성하거나 행정지도를 행하는 경우도 적지 않다. 예컨대, 보험업법, 은행법, 자동차운수사업법, 전기사업법, 항공법, 창고업법 등에 의하여 관할 행정관청이 약관의 작성 · 변경 · 사용에 있어서 사전인가 또는 사후신고를 요하는 것을 들 수 있다.

(3) 사법적 규제

사법적 규제는 약관에 대한 구체적 분쟁을 전제로 법원이 약관의 해석 · 적용을 통해 불공정하거나 신의칙 또는 강행법규에 반하는 약관을 내용으로 하는 법률관계를 무효로 함으로써 약관을 규제하는 것을 말한다. 행정적 규제는 약관 자체를 인가 또는 심사하거나 표준약관을 보급하는 방식으로서 일반적·사전적 규제의 성격이 강한데 비해, 사법적 규제는 약관에 의해 체결된 계약의 법적 효력이 소송의 방식을 통해 구체적인 사건으로서 다투어질 경우 법원이 판결을 통해 약관의 정당성 여부를 판단하는 개별적·사후적 규제이다.

(4) 자율적 규제

자율적 규제는 사업자가 국가기관의 간섭을 받지 아니하고, 스스로 또는 중립적인 제3자의 의견을 반영하여 약관을 제정하거나 불공정한 약관조항을 개정하는 것을 말한다. 자율적 규제는 사업자 단독으로도 할 수 있지만, 사업자단체가 건전한 거래질서를 확립하고 불공정한 내용의 약관이 통용되는 것을 방지하기 위하여 표준약관을 제정하고, 각 사업자가 표준약관을 거래에 이용하는 것도 자율적 규제방식으로 볼 수 있다. 약관규제법은 사업자 및 사업자단체는 일정한 거래분야에서의 표준약관을 정할 수 있고, 공정거래위원회에 법 위반 여부에 관한 심사청구를 할 수 있도록 하고 있다(법 §19의3).

제 2 절 약관규제법의 일반론

Ⅰ. 제정과 개정

우리나라에서는 1970년대 이후 경제규모가 점차 확대됨에 따라 약관을 이용한 거래가 일상생활에서 보편적인 거래방식으로 자리잡기 시작하였다. 그러나 많은 기업들이 이기적 동기에서 불공정약관을 이용하여 고객들의 경제적 이익의 희생을 바탕으로 자신들의 부당한 이익을 추구하는 경향이 나타나게 되었다. 1980년 소비자 보호운동이 본격적으로 추진되면서 불공정약관을 효율적으로 규제하기 위해서는 근대 사법의 기본원칙을 수정 또는 재해석하여 당사자 간의 권리·의무관계를 합리적으로 재조정해야 하며, 보다 근본적으로는 약관규제를 위한 입법이 마련되어야 한다는 주장이 설득력을 얻게 되었다.

이에 따라 1985년 약관규제법 제정을 위한 연구위원회가 설치되어 독일 약관규제법[9]을 주로 참조하여 입법안을 마련하였다. 이를 기초로 1986년 12월 신의성실의 원칙에 반하여 공정을 잃은 조항들을 무효화하는 「약관규제에 관한 법률」(이하 "약관규제법")이 제정되었다. 이로써 사업자측이 일방적으로 작성한 약관에 대한 절차적·내용적 통제를 통해 거래당사자 간의 이해관계를 적절히 조절할 수 있는 근거를 마련하게 되었다. 특히 약관규제법은 사업자측의 거래상대방을 '고객'으로 널리 규정함으로써 불공정한 약관의 보호대상을 '소비자'에 한정하지 않고 '사업자'에게까지 확대하고 있다.

Ⅱ. 목적과 적용범위

1. 목 적

약관규제법 제1조는 "이 법은 사업자가 그 거래상의 지위를 남용하여 불공정한 내용의 약관을 작성하여 거래에 사용하는 것을 방지하고 불공정한 내용의 약관을 규제함으로써 건전한 거래질서를 확립하고, 이를 통하여 소비자를 보호하고 국민생활을 균형있게 향상시키는 것을 목적으로 한다"고 규정하고 있다. 즉, 약관규제를 통한 건전한 거래질서의 확립을 직접 목적으로 하고 있고, 소비자보호 및 국민생활의 균형있는 향상을 궁극적인 목적으로 하고 있다. 이 목적규정은 모든 실체규정을 해석하고 운용함에 있어서 기본지침이 된다는 점에서 중요한 의미가 있다.

2. 적용범위

(1) 원 칙

약관규제법은 약관에 관한 일반법으로서 거래주체나 계약유형에 관계없이 원칙적으로 모든 약관에 대하여 적용된다. 즉, ① 사업자와 소비자 간의 거래는 물론 ② 사업자 간의 거래에 대해서도 약관규제법이 적용된다.

(2) 적용제외 및 제한

(가) 회사법, 근로기준법 등

상법 제3편(회사법), 근로기준법 또는 그 밖에 대통령령으로 정하는 비영리사업의 분야에 속하는 계약에 대해서는 약관규제법의 적용이 전면적으로 배제된다(법 §30①).

---

9) 참고적으로 독일은 그동안 독자적인 「약관규제법」(AGB, Gesetz zur Regelung der Allgemeinen Geschäftsbedingungen 1976)을 가지고 있었으나, EU 지침에 따라 채권법의 현대화 프로젝트의 일환으로 민법 개정(2002년 1월 1일 발효)과 함께 채권편(제305조 이하)으로 편입되었다. 김대규, "독일 약관규제법의 민법전 편입 및 개정", 「경쟁법연구」 제8권(2002), 591면 이하.

회사법이 약관규제법 적용에서 제외되는 것은 약관이 거래법 관계를 전제로 한 것이기 때문에 회사와 그 구성원간의 관계 및 구성원 상호 간의 단체법 관계를 규정하고 있는 회사법에 대하여 약관규제법이 적용되지 않음을 규정한 것이다. 또한 근로기준법이 적용제외 되도록 한 것은 노사 간의 근로계약관계에 관하여 약관규제법보다 훨씬 엄격한 기준에 공정성이 보장되고, 입법적·사법적 통제가 이루어지고 있기 때문이다.[10] 비영리사업 분야에 속하는 계약의 적용제외에 관하여는 아직 시행령에서 아무런 규정을 두고 있지 않다.

(나) 특정 거래분야 약관

특정한 거래분야에 속하는 약관에 대하여 다른 법률에 특별한 규정이 있는 경우에는 특별법 우선의 원칙에 의하여 다른 법률의 특별규정이 약관규제법에 우선한다(법 §30②). 예컨대, 보험약관에 관하여 보험업법에 특별규정이 있으면 그 규정이 약관규제법에 우선하여 적용된다. 그러나 이 경우에는 약관규제법의 적용이 전면적으로 배제되는 것은 아니며, 다른 법률에 특별규정이 없거나 내용이 불충분한 부분에 대해서는 약관규제법이 보충적으로 적용된다.[11]

(다) 국제통용약관

국제적으로 통용되는 약관이나 그 밖에 특별한 사정이 있는 약관으로서 대통령령으로 정하는 경우에는 불공정약관의 개별무효조항인 제7조 내지 제14조의 규정의 적용을 조항별·업종별로 제한할 수 있다(법 §15). 현재 불공정 약관조항의 적용이 제한되는 업종으로는 ① 국제적으로 통용되는 운송업, ② 국제적으로 통용되는 금융업 및 보험업, ③ 「무역보험법」에 의한 무역보험이 있다(영 §3).

한편 불공정약관의 개별무효조항인 제7조부터 제14조까지의 규정의 적용은 제한되더라도 불공정약관의 일반조항인 제6조(신의성실의 원칙)를 그대로 적용하여야 할 것인가에 관하여 논란이 제기된다. 이에 관해 일부 학설은 기본원칙인 신의성실의 원칙은 어떠한 경우에도 무시되어서는 안 된다는 이유로 제6조의 적용을 긍정한 바 있다.[12] 그러나 오늘날 판례와 학설은 약관조항이 국내법상 무효이더라도 오늘날 국제적으로 통용되고 있어 외국의 거래상대방에게는 유효인 경우가 있고, 만약 이 경우 약관규제법을 경직적으로 적용한다면 오히려 국제거래관계의 혼란이 발생할 가능성이 크며, 일

---

10) 문언 해석상 약관규제법은 모든 근로계약에 대하여 적용제외되는 것으로 볼 수밖에 없고, 대법원 판례도 이에 따르고 있으나(대법원 2010. 1. 19. 자 2009마1640 결정), 일부 견해는 근로자 보호를 위해 근로계약에 대한 내용통제가 필요한 경우에는 그 적용범위를 제한적으로 해석하여야 한다는 입장을 취하고 있다. 이병준, 앞의 책, 107-109면.

11) 대법원 1998. 11. 27. 선고 98다32564 판결; 1996. 7. 30. 선고 95다16011 판결.

12) 이은영, 앞의 책, 361-362면.

반원칙인 제6조가 그대로 적용될 경우 약관규제법의 적용제한을 규정한 제15조의 취지가 무의미해지는 불합리한 결과가 된다는 점에서 제6조의 적용을 부정하고 있다.[13]

(3) 국제거래 소비자계약

정보통신기술의 발전과 인터넷 서비스의 보급 확대에 따라 소비자들이 해외 플랫폼으로부터 상품 또는 서비스를 직접 구입하는 경우가 많아지고 있다. 이 경우 해외사업자가 제시하는 약관의 불공정성을 이유로 우리나라 약관규제법에 의하여 해당 약관조항의 무효를 주장할 수 있는지가 문제로 된다. 해당 계약의 준거법을 국내법으로 선택한 경우에는 당연히 약관규제법이 적용되어 문제가 없으나, 외국법으로 하였더라도 당해 국가와의 국제협약이나 당해 국가의 국제사법에서 우리나라 국제사법 제47조[14]와 같이 소비자계약[15]에 대한 특별규정을 두고 있다면 국내 약관규제법이 적용될 가능성이 있다. 참고로 우리나라 국제사법 제47조 제1항은 소비자계약의 당사자가 준거법을 선택하더라도 소비자의 일상거소(habitual residence)가 있는 국가의 강행규정에 따라 소비자에게 부여되는 보호를 박탈할 수 없도록 하여 소비자 소속국가 약관규제법 상의 보호 가능성을 열어두고 있다. 또한 제47조 제2항에서는 소비자보호를 위한 특별규정으로서 소비자계약의 당사자가 준거법을 선택하지 않더라도 소비자의 일상거소지법에 따르도록 하고 있어 소비자 소속국가의 약관규제법 적용이 가능하다.

Ⅲ. 약관규제법과 다른 법률과의 관계

1. 민 · 상법과의 관계

약관을 이용한 계약에 대해서는 약관규제법의 실체법 조문이 민 · 상법에 우선하여 적용된다. 이 점에서 약관규제법은 민사특별법으로서의 성질을 가지고 있다. 특히 약관규제법은 약관에 의한 거래 시 당사자 간 힘의 불균형이 엄연히 존재함에도 불구하

13) 대법원 1999. 12. 10. 선고 98다9038 판결; 2002. 5. 24. 선고 2000다52202 판결; 2002. 5. 28. 선고 2000다50299 판결.

14) 동 규정은 당초 1980년의 「계약채무의 준거법에 관한 협약」(Convention on the Law Applicable to Contractual Obligations, 일명 '로마협약')"을 본받은 것이며, 로마협약은 2009년 12월 「계약채무의 준거법에 관한 2008. 6. 17. 유럽의회 및 이사회의 No. 593/2008 규정」으로 대체되었다. 석광현, "해외직접구매에서 발생하는 분쟁과 소비자의 보호: 국제사법, 중재법과 약관규제법을 중심으로" 「법학」(서울대 법학연구소, 2016), 76면.

15) 국제사법은 로마협약의 영향을 받아 소비자계약을 '소비' 목적의 계약임을 적극적으로 명시하지 않고 "소비자가 자신의 직업 또는 영업활동 외의 목적으로 체결하는 계약"으로 소극적 형태로 정의하고 있다(동법 §42). 이병준, 앞의 책, 121면.

고 계약자유의 원칙을 그대로 적용할 경우 생길 수도 있는 불합리한 결과를 방지하기 위하여 민·상법 특히 채권법상 임의법규로 되어 있는 조문들을 경제적 약자인 다수 상대방의 이익이 침해되지 않도록 강행법규화하고 있다.

2. 민사소송법과의 관계

약관규제법은 약관 자체의 불공정성 여부에 대한 공정거래위원회의 추상적 심사에 관하여 그 실체적 기준을 정하고 있다. 그러나 약관에 의한 계약에서 발생하는 당사자 간의 구체적 법률분쟁은 일반 민사소송법의 절차에 따른다. 즉, 약관규제법상의 실체적 규정은 법관이 구체적 사건의 판결을 위한 선결문제로서 특정 약관조항의 유효·무효 여부를 판단할 때 그 판단기준으로 된다. 그러나 법원은 약관의 추상적 심사를 담당하는 공정거래위원회의 심결에 구속되거나 공정거래위원회의 심결이 사전에 이루어져야 하는 것은 아니다.

3. 행정법과의 관계

약관규제법은 공정거래위원회에 의한 행정적 규제방식을 취하고 있기 때문에 규제의 원리와 절차가 기본적으로는 행정법의 테두리 내에서 이루어지게 된다. 다만 약관규제법은 약관에 의한 거래의 특성을 반영하여 공정거래위원회의 행정권한 및 절차에 관한 특별규정을 두고 있다. 즉, 약관규제법은 공정거래위원회의 불공정 약관조항의 시정조치명령 혹은 시정권고, 약관·표준약관의 심사, 과태료부과에 관한 권한규정을 두고 있으며, 공정거래위원회의 행정처분에 대해서 불복하는 자는 이의신청이나 행정소송을 제기할 수 있도록 하고 있다.

4. 공정거래법과의 관계

약관규제법과 공정거래법은 사업자의 우월적 지위의 남용을 규제한다는 측면에서 공통점이 있지만, 법의 목적과 성격은 다르다. 즉, 약관규제법은 계약당사자 간의 경제적 지위의 차이로 인하여 계약이 불공정하게 이루어지는 것으로부터 진정한 계약내용 형성의 자유를 보장함으로써 경제적 약자를 보호하는 데 중점이 두어지는데 비해, 공정거래법은 기업 간의 진정한 경쟁의 자유를 실질적으로 회복시켜 주기 위한 것이다. 적용대상에 있어서도 약관규제법은 사업자와 사업자 간, 사업자와 소비자 간의 거래에 적용되는데 비해, 공정거래법은 사업자 간의 거래에 적용되고, 간접적으로 소비자보호의 역할을 하게 된다. 또한 약관규제법은 민사특별법으로서의 성격이 강하게 나타나고 있는데 비해, 공정거래법은 행정법으로서의 성격이 강하게 나타나고 있다.

5. 소비자기본법과의 관계

약관규제법은 소비자보호 및 권익증진시책의 하나로서 제정된 것이므로 실질적 의미에서 소비자보호법 분야에 속한다고 볼 수 있다. 그러나 약관규제법은 약관과 관련한 거래에 한정하여 소비자 보호 및 권익을 증진하는 기능을 수행한다. 또한 약관규제법은 소비자거래에 한정되지 않고, 예컨대 은행과 기업 간의 거래와 같이 소비자 이외의 거래에도 적용된다.

제3절 약관의 계약편입에 대한 통제

Ⅰ. 편입의 의의

통상적으로 계약은 양 당사자 간에 '청약'과 '승낙'이라는 두 개의 의사표시의 합치로 성립하게 된다. 그런데 약관에 의한 계약은 사업자가 일방적으로 사전에 작성한 약관을 계약의 내용으로 하는 것으로 다수의 상대방인 고객이 그 내용을 숙지하지 못한 상태에서 일상생활의 필요에 의해 불가피하게 체결하는 경우가 많다. 그러나 약관은 사업자가 제안하는 계약의 초안(Entwurf des Vertrages)으로서 계약조건에 불과하기 때문에 이것이 계약내용으로 되어 당사자를 구속하는 힘을 가지기 위해서는 당사자 간의 합의에 의하여 특정한 계약의 구성부분으로 될 것을 요한다. 이와 같이 약관이 구체적인 계약의 내용으로 되는 것을 계약에의 편입(Einbeziehung in den Vertrag)이라고 한다.

한편 약관에 의한 거래는 개별적으로 계약의 내용을 정하는 통상의 계약과는 달리 대량적이고 신속하게 이루어지기 때문에 상대방이 거래시마다 약관조항을 일일이 검토하지 못하고 합의에 이르는 것이 일반적이다. 따라서 당사자 간의 합의가 있다고 하여 약관을 그대로 계약의 내용으로 인정(편입)할 경우 고객에게 부당하게 불리한 결과가 생길 수 있다. 이러한 약관거래의 특성을 감안하여 약관규제법은 약관의 간접적인 통제의 일환으로서 계약체결시 사업자가 고객에게 약관의 존재 및 내용을 명시하고 충분히 설명한 경우에는 비록 고객이 실제로 이를 인식하지 않았더라도 약관의 계약편입을 인정하는 대신, 사업자가 이를 행하지 않고 계약을 체결한 때에는 사업자는 당해 약관을 계약의 내용으로 주장할 수 없도록 구속력을 제한하고 있다(법 §3④).

Ⅱ. 사업자의 약관 작성 · 명시 · 교부 및 설명의무

1. 작성 · 명시 · 교부의무

약관규제법은 약관의 간접적인 통제의 일환으로서 고객이 약관의 내용을 파악하지 못하고 계약을 체결함으로써 발생하게 될지 모를 피해를 사전에 방지하기 위하여 사업자에게 약관의 작성 · 명시 · 교부의무를 부과하고 있다.

우선 오늘날 대부분의 약관이 한자 및 전문용어를 많이 사용하고 있어, 고객이 약관의 내용을 제대로 이해하기 어려운 경우가 많은 점을 고려하여 약관규제법은 사업자로 하여금 고객이 약관의 내용을 쉽게 알 수 있도록 한글로 작성하고, 표준화 · 체계화된 용어를 사용하며, 약관의 중요한 내용을 부호, 문자, 색채, 굵고 큰 문자 등으로 명확하게 표시하여 알아보기 쉽게 약관을 작성하도록 하고 있다(작성의무, 법 §3①). 이와 함께 약관규제법은 그 명시방법을 특정하지 아니하고 사업자는 계약할 때에는 고객에게 약관의 내용을 계약의 종류에 따라 일반적으로 예상되는 방법으로 분명하게 밝히도록 하고 있다(명시의무, §3② 본문). 여기에서 계약의 종류에 따라 일반적으로 예상되는 방법이란 고객이 용이하게 인식할 수 있는 방법을 말하며, 예컨대, 사업자가 인쇄된 약관을 상대방에게 직접 교부하거나 송부할 수도 있고, 영업장소에 비치하거나 인터넷 홈페이지에 게시하여 고객이 약관에 접근할 수 있도록 하는 등의 방법을 사용할 수 있다.

또한 사업자는 고객이 요구할 때에는 당해 약관의 사본을 교부하여 고객이 이를 알 수 있도록 하여야 한다(교부의무, §3② 본문).[16] 다만 여객운송업, 전기 · 가스 및 수도사업, 우편업, 공중전화 서비스 제공 통신업의 약관에 대하여는 거래의 신속을 고려하여 약관의 명시 · 교부의무가 면제된다(법 §3② 단서 각호). 하지만 공중전화 서비스를 제외한 인터넷, 이동통신사업자에게는 약관의 명시 · 교부의 의무가 면제되지 아니하므로 고객에게 약관의 내용을 분명하게 밝히고, 고객의 요구가 있는 경우에는 약관을 교부하여 소비자의 알권리를 보장하고 불공정 약관조항으로 인한 소비자 피해를 방지하도록 하여야 한다.

2. 설명의무

사업자는 약관에 정하여져 있는 중요한 내용을 고객이 이해할 수 있도록 설명하여

---

16) 상법은 보험약관의 경우 고객의 요구 여부를 불문하고 보험계약자에게 반드시 약관을 교부하도록 하고 있다(상법 §638의3①).

야 한다(법 §3③ 본문). 다만, 계약의 성질상 설명이 현저히 곤란한 경우에는 설명의무가 면제된다(법 §3③ 단서). 설명의무의 면제 여부는 사업자의 주관적 사정을 고려할 것이 아니라 계약의 성질과 내용 등을 감안하여 객관적으로 판단되어야 한다. 최근 인터넷거래가 증가하고 있으나, 화면상 약관 게시와 별도로 전화통화나 고객이 쉽게 이해할 수 있도록 중요내용을 명시하는 등의 방법으로 설명의무를 이행하는 것이 어렵지 않기 때문에 계약의 성질상 설명이 현저히 곤란한 경우에 해당하는 것으로 보기 어렵다.[17] 이처럼 사업자에 대하여 설명의무를 부과하는 것은 고객으로 하여금 약관을 내용으로 하는 계약이 성립되는 경우에 각 당사자를 구속하게 될 내용을 미리 알고 약관에 의한 계약을 체결하도록 함으로써 고객의 예측하지 못한 불이익을 방지하려는 데 있다.

여기에서 '중요한 내용'이란 구체적인 계약의 성질과 내용에 따라 개별적 사정을 고려하여 판단될 수 있을 것이나, 사회통념에 비추어 고객이 계약체결의 여부나 대가를 결정하는 데 직접적인 영향을 미칠 수 있는 사항으로서 예컨대, 계약의 성립 및 존속에 관한 사항, 사업자의 면책사항, 계약위반시 책임사항 등을 말한다.[18] 설명의 방법으로는 구두로 하는 것이 가장 일반적이겠으나 약관 이외의 별도의 설명문에 의하여 알려 주더라도 그것이 약관의 중요한 내용을 포함하고 있다면 무방하다.[19]

[판례] 약관 설명의무의 대상(대법원 2010. 9. 9. 선고 2009다105383 판결)

영국 해상보험법상 워런티(warranty)라는 용어가 해상보험 거래에서 흔히 사용되고 있다 하더라도 해상보험계약을 체결한 경험이 없거나 워런티에 관한 지식이 없는 보험계약자가 워런티의 의미 및 효과에 관하여 보험자로부터 설명을 듣지 못하고 보험계약을 체결할 경우 그 위반 즉시 보험금청구권을 상실할 위험에 놓일 뿐만 아니라 그와 같은 상실 사실조차 모른 채 보험사고를 맞게 되는 곤란한 상황에 처할 수 있다. … 개별 보험계약자들이 그 의미 및 효과를 충분히 잘 알고 있다거나 충분히 예상할 수 있다고 단정하여 이를 언제나 설명의무의 대상에서 제외될 수 있는 사항이라고 볼 수는 없다.

하지만 고객이나 그 대리인이 약관의 내용을 충분히 잘 알고 있거나, 약관의 내용이 거래상 일반적이고 공통된 것이어서 고객에게 별도의 설명을 하지 아니하여도 충분히 예상할 수 있는 경우, 이미 법령에 의하여 정하여진 것을 되풀이 하는 것에 불과한 경우에는 고객에게 약관의 내용을 따로 설명할 필요가 없다. 다만 위와 같이 사업자가

17) 대법원 2013. 2. 15. 선고 2011두69053 판결.

18) 대법원 2004. 4. 27. 선고 2003다7302 판결; 2003. 5. 30. 선고 2003다15556 판결; 2008. 12. 16. 자 2007마1328 결정; 2013. 2. 15. 선고 2011다69053 판결.

19) 이은영, 앞의 책, 118면.

고객에게 약관의 내용을 따로 설명할 필요가 없는 특별한 사정이 있다는 점은 이를 주장하는 사업자가 증명하여야 한다.[20]

[판례] 약관 설명의무의 면제(대법원 2011. 7. 28. 선고 2011다23743, 23750 판결)

손해보험회사인 갑 주식회사와 폐기물 처리업자인 을 주식회사가 체결한 공장화재보험계약의 화재보험보통약관에서 보험계약자 등의 통지의무 대상으로 '위험이 뚜렷이 증가할 경우'를 규정하고 있는데, 을 회사가 갑 회사에 대한 통지 없이 다량의 폐마그네슘을 반입하여 보관하던 중 화재가 발생한 사안에서, 갑 회사가 보험계약을 체결하면서 폐마그네슘과 같은 위험품을 취급할 경우 이를 통지해야 한다는 약관의 내용을 설명하지 않았더라도, 위 약관규정은 상법 제652조(위험변경증가의 통지와 계약해지) 제1항에서 이미 정하여 놓은 통지의무를 화재보험에서 구체적으로 부연한 정도의 규정에 해당하여 보험자에게 별도의 설명의무가 인정되지 않는다.

3. 의무 위반의 효과

사업자가 명시·교부의무나 설명의무에 위반하여 계약을 체결한 경우 사업자는 당해 약관을 계약의 내용으로 주장할 수 없다(법 §3④). 따라서 계약이 체결되었더라도 고객이 사업자의 의무위반을 이유로 계약에의 편입을 항변하는 경우 사업자는 이에 대항할 수 없다.[21] 그러나 사업자가 의무에 위반하여 계약을 체결하였더라도 고객이 약관을 계약내용으로 주장하는 것은 무방하다. 즉, 고객의 항변을 해제조건으로 하여 약관의 구속력을 인정하고 있다.

한편 사업자가 명시·교부 및 설명의무에 위반에 대하여 고객의 항변으로 약관의 전부가 계약으로 편입되지 못한 경우에는 그 약관은 계약의 내용으로 될 수 없기 때문에 계약으로서의 효력을 상실하게 되나, 일부가 편입되지 못한 경우에는 나머지 부분만으로 계약이 유효하게 존속한다. 다만 그로 인하여 계약의 목적달성이 불가능하게 되거나 당사자 일방에게 부당하게 불리하게 된 때에는 계약 전체가 무효로 된다(법 §16). 사업자의 명시·교부 및 설명의무 위반에 대해서는 500만 원 이하의 과태료가 부과된다(법 §34②).

---

20) 대법원 2010. 7. 15. 선고 2010다19990 판결; 2018. 6. 19. 선고 2018다201610 판결.

21) 이와 관련하여 논란이 되는 것이 보험자가 설명의무를 위반한 경우 고객(보험계약자)은 보험계약이 성립한 날로부터 1월 내에 그 계약을 취소할 수 있도록 한 상법 제638조의3 제2항과 보험자(사업자)가 계약의 내용으로 주장할 수 없도록 한 약관규제법 제3조 제4항과의 관계이다. 이에 대하여 대법원은 고객(보험계약자)이 보험계약을 1월 내에 취소하지 않았다고 하더라도 보험자의 설명의무 위반의 법률효과가 소멸되어 이로써 보험계약자가 보험자의 설명의무 위반의 법률효과를 주장할 수 없다거나 보험자의 설명의무 위반의 하자가 치유되는 것이 아니라고 판시한 바 있다(대법원 1999. 3. 9. 선고 98다43342 판결).

Ⅲ. 개별약정 우선의 원칙

약관에서 정하고 있는 사항에 대하여 사업자와 고객이 개별적으로 약관의 내용과 다르게 합의한 사항이 있는 때에는 당해 합의사항이 약관에 우선한다(법 §4). 즉, 당사자가 개별적 사항에 관하여 약관조항과 다른 합의한 경우 그 개별약정이 약관조항에 우선하여 계약의 내용으로 된다. 그러나 개별약정이더라도 강행규정이나 선량한 풍속 기타 사회질서에 반하거나(민법 §103) 현저하게 공정을 잃은 경우(민법 §104)에는 그 효력이 인정되지 않는다. 예컨대, 불공정한 약관에 해당되어 무효로 되는 것을 회피하기 위해서 동일한 내용의 개별약정을 체결하였더라도 이는 법률의 회피행위로서 법적 효력을 인정하기 어렵다.[22]

한편 개별약정은 약관에 우선할 뿐이기 때문에 이 원칙이 적용되더라도 약관조항은 여전히 보조적인 효력을 가지며, 무효로 되는 것은 아니다. 따라서 어떠한 사정으로 개별약정이 효력을 잃거나 당사자 간의 합의로 철회하는 경우에는 적용이 배제되었던 약관조항이 다시 적용된다.

[판례] 약관에 의한 계약체결시 개별약정의 해당 여부(대법원 2014. 6. 12. 선고 2013다214864 판결)

약관에 의해 계약을 체결하는 경우에도 그 상대방과 사이에 특정 조항에 관하여 개별적인 교섭(또는 흥정)을 거침으로써 상대방이 자신의 이익을 조정할 기회를 가졌다면, 그 특정 조항은 약관의 규제에 관한 법률의 규율대상이 아닌 개별약정이 된다고 보아야 한다. 이때 개별적인 교섭이 있었다고 하기 위해서는 비록 그 교섭의 결과가 반드시 특정 조항의 내용을 변경하는 형태로 나타나야 하는 것은 아니라 하더라도, 적어도 계약의 상대방이 그 특정 조항을 미리 마련한 계약서의 내용에 구속되지 아니하고 당사자와 사이에 거의 대등한 지위에서 당해 특정 조항에 대하여 충분한 검토와 고려를 한 뒤 영향력을 행사함으로써 그 내용을 변경할 가능성이 있어야 하고, 약관 조항이 당사자 사이의 합의에 의하여 개별약정으로 되었다는 사실은 이를 주장하는 사업자 측에서 증명하여야 한다.

---

22) 이은영, 앞의 책, 137면.

제 4 절 약관의 해석에 대한 통제

Ⅰ. 약관해석의 특성

계약에 편입된 약관은 계약의 내용을 이루게 되며, 당사자를 구속하게 된다. 약관을 어떠한 원칙 하에서 해석할 것인가의 문제는 약관의 법적 성질을 어떻게 이해하는가와 밀접한 관련을 가지고 있다. 약관의 구속력의 근거를 법규범으로 이해한다면 약관의 해석은 「법규범 해석의 원칙」에 의하여야 할 것이나, 그 구속력의 근거를 당사자 간의 합의에 있다고 보는 통설에 의할 경우 계약의 내용으로 편입된 약관은 「법률행위 해석의 원칙」에 따라 해석되어야 할 것이다.

그러나 약관은 다른 통상의 계약과는 달리 당사자 간의 합의에 의하여 마련된 것이 아니라 사업자가 일방적으로 작성한 것이기 때문에, 당사자 간의 충분한 교섭과 의사의 합치를 전제로 한 일반적인 법률행위 해석의 원칙을 그대로 적용할 경우 부당한 결과가 생길 수 있다. 따라서 약관규제법은 약관의 해석에 따른 거래의 혼란을 방지하고 고객을 보호하기 위해서 약관의 해석에 관한 원칙으로서 「신의성실의 원칙」, 「통일적(객관적) 해석의 원칙」, 「작성자 불이익의 원칙」을 규정하고 있다. 그 밖에 사업자의 면책약관과 관련하여 명문규정은 없으나 작성자 불이익의 원칙의 파생원칙으로서 「축소해석의 원칙」이 인정되고 있으며, 대법원 판례는 일부 무효인 면책약관을 수정 해석하여 약관규제법이 허용하는 범위 내에서 유효한 것으로 인정하고 있다.

Ⅱ. 약관해석의 원칙

1. 신의성실의 원칙

약관은 신의성실의 원칙에 따라 공정하게 해석되어야 한다(법 §5① 전단). 신의성실의 원칙은 약관의 해석을 함에 있어서 가장 기초를 이루는 원칙으로서 어느 일방당사자의 이익에 치우치지 않고, 거래상대방의 정당한 이익을 고려하여야 하며, 자기의 이익을 취하기 전에 거래상의 신의에 어긋나지 않도록 해야 하는 것을 의미한다. 그러나 이 원칙은 매우 포괄적이고 추상적이기 때문에 이 원칙의 적용여부 및 적용범위를 둘러싸고 자유재량 판단의 여지가 크며, 법적 안정성을 해할 우려도 있다.

2. 통일적 · 객관적 해석의 원칙

약관은 고객에 따라 다르게 해석되어서는 아니 된다(법 §5① 후단). 약관은 특정한 법률관계를 위해 1회적으로 마련된 것이 아니라 다수 고객과의 집단 · 반복적인 거래를 정형적으로 처리하기 위하여 작성된 것이기 때문에 거래마다의 특수한 사정 또는 개별적인 이해관계가 고려되기 어렵다. 따라서 약관은 모든 고객에 대하여 차등 없이 적용되어야 하며, 개별적인 고객의 의사나 구체적인 사정을 고려함이 없이 평균적 고객에 대한 이해가능성을 기준으로 모든 고객에게 문언에 따라 통일적 · 객관적으로 해석되어야 한다.[23]

[판례] 가족운전자 한정운전 특별약관에서 가족에 대한 통일적 · 객관적 해석(대법원 2009. 1. 30. 선고 2008다68944 판결)

원심은 소외 1은 기명피보험자인 원고의 법률상의 모(母)는 아니지만, 그 부(父)인 소외 2와 10년간의 법률상 혼인기간을 포함하여 이 사건 사고 당시까지 13년간을 실질적으로 가족의 구성원으로 가족공동체를 이루어 생계를 같이 하고 사실상 원고의 어머니 역할을 하면서 피보험자동차를 이용하고 있었고, 다시 소외 2와 혼인신고를 함으로써 그러한 가족관계는 앞으로도 지속될 것으로 보이는바, 위와 같이 특별약관조항을 둔 취지에 비추어 보거나, 특히 가족운전자 한정 특별약관의 용어풀이에서 그 범위를 상당히 넓히고 있는 점 등을 고려할 때에, 여기에서 가족의 범위는 반드시 법률상의 가족관계에 한정할 것은 아니고, 실질적인 가족공동체를 이루면서 가족윤리나 사회윤리의 지배를 받는 사실상의 가족관계의 구성원이 모두 포함된다고 보아야 하므로, 소외 1은 이 사건 가족운전자 특별약관상의 모에 포함된다고 봄이 상당하다고 판단하고 있으나, …보통거래약관 및 보험제도의 특성에 비추어 볼 때 약관의 해석은 일반 법률행위와는 달리 개개 계약 당사자가 기도한 목적이나 의사를 기준으로 하지 않고 평균적 고객의 이해가능성을 기준으로 하되 보험단체 전체의 이해관계를 고려하여 객관적, 획일적으로 해석하여야 할 것이므로 위 가족운전자 한정운전 특별약관 소정의 기명피보험자의 모(母)에 기명피보험자의 법률상의 모가 아닌 기명피보험자의 부(父)의 사실상의 배우자는 포함되지 아니한다고 해석함이 상당하다.

3. 작성자 불이익의 원칙

약관의 뜻이 명백하지 아니한 경우에는 고객에게 유리하게 해석되어야 한다(법 §5②). 즉 "의심스러운 때에는 작성자에게 불리하게"(in dubio contra preferentum) 해석되어야 한다는 원칙이다. 「불명확성의 원칙」 또는 「고객유리해석의 원칙」이라 하기도 한다. 이 원칙은 사업자가 약관을 일방적으로 작성하기 때문에 사업자는 약관의 투명성

23) 대법원 1995. 5. 26. 선고 94다36704 판결; 1996. 6. 25. 선고 96다12009 판결; 2011. 3. 24. 선고 2010다94021 판결.

에 노력하여야 하고 그 불명확성에 대해서는 사업자가 책임져야 한다는 사고가 반영된 것으로 볼 수 있다. 그러나 약관의 의미가 모호하다고 하여 곧바로 사업자에게 불이익하게 해석해야 하는 것이 아니라 약관의 내용이나 효과가 모든 가능한 해석수단을 동원하였음에도 의문의 여지가 있고, 2가지 이상의 해석이 가능할 때 그 중 고객에게 가장 유리한 방향으로 해석해야 한다는 원칙이다.

[판례] 암보험약관에서의 작성자 불이익의 원칙(대법원 2010. 9. 30. 선고 2010다40543 판결)

이 사건 보험약관 제21조(보험금의 종류와 지급사유) 제3호에 "보험기간 중 피보험자가 암보장책임 개시일 이후에 암으로 진단이 확정되고 그 암의 치료를 직접 목적으로 하여 수술을 받았을 때 …… : 수술비 지급"이라고 규정되어 있는바, 위 보험약관에서 말하는 '암의 치료'는 암의 제거나 증식 억제뿐만 아니라 암으로부터 발현되는 증상의 호전 또는 암환자의 생명 연장을 위한 치료를 포함한다고 보는 것이 평균인의 관념에 비추어 합리적인 점, 위 '암의 치료를 직접 목적으로 하는 수술'에서 '직접'이라는 표현은 그 문구상 위치에 비추어 '암'만을 한정 수식하는 것이 아니라 '암의 치료'를 한정 수식하는 것으로 해석할 수 있는 점, 약관의 뜻이 명백하지 아니한 경우에는 고객에게 유리하게 해석되어야 하는데(약관규제법 제5조 제2항), 위 '직접'이라는 표현은 추상적이고 상대적인 측면이 있으므로 그 뜻이 명백하다고 보기는 어려운 점 등에 비추어 보면, 위 보험약관의 '암의 치료를 직접 목적으로 하는 수술'은 암을 제거하거나 암의 증식을 억제하기 위한 수술로 한정되는 것이 아니라 암 자체 또는 암의 성장으로 인하여 직접 발현되는 중대한 병적 증상을 호전시키기 위한 수술을 포함한다고 보아야 할 것이지만, 암이나 암치료 후 그로 인하여 발생한 후유증을 완화하거나 합병증을 치료하기 위한 수술까지 이에 포함된다고 보기는 어렵다.

Ⅲ. 약관의 수정해석과 축소해석

1. 수정해석

대법원 판례는 사업자의 면책조항을 해석함에 있어 약관의 일부가 무효사유에 해당하는 경우 무효인 부분을 수정 해석하여 그 나머지 한도에서 약관을 유효하게 존속시킬 수 있는 것으로 보고 있다.

[판례] 무면허운전 면책규정의 수정해석(대법원 1999. 11. 26. 선고 98다42189 판결; 1997. 9. 12. 선고 97다19298 판결)

무면허운전 면책규정은 무면허운전의 주체가 누구이든 제한이 없는 것이나, 그 무면허운전에 대한 보험계약자나 피보험자의 지배 또는 관리가능성이 없는 경우까지 위 규정이 적용된다고 보는 경우에는 위 규정은 신의성실의 원칙에 반하여 공정을 잃은 조항으로서 약관규제법 제6조 제1항, 제2항 및 제7조 제2호, 제3호의 각 규정에 비추어 무효이나, 그 무면허운전 면책조항은 이러한 무효인 경우를 제외하고 무면허운전이 보험계약자나 피보험자 등의 지배 또는 관리 가능한 상황에서 이루어진 경우, 즉 무면허운전이 보험계약자 또는 피보험자 등의 명시적 또는 묵시적 승인 하에서 이루어진 경우에 한하여 보험자의 면책을 정한 규정이라고 수정 해석함이 상당하다.

2. 축소해석

축소해석은 면책조항이나 하자담보책임조항 또는 보험계약의 책임제한조항과 같이 사업자의 책임이나 의무를 제한하거나 면제하는 약관의 문언이 불명확한 경우에는 사업자가 그 중 최소한의 책임과 의무만을 제한 또는 면제하도록 해석하고, 그 이상으로 확장 해석하지 않는 것을 말한다. 축소해석은 「작성자불이익의 원칙」의 파생원칙으로서 인정될 수 있으며, 특히, 그 계약의 내용이 당사자 일방이 작성한 약관의 내용으로서 상대방의 법률상의 지위에 중대한 영향을 미치게 되는 경우에는 더욱 엄격하게 해석하여야 한다.[24] 이 경우 「엄격해석의 원칙」 또는 「제한해석의 원칙」으로 불리기도 한다.[25]

[판례] 화재보험약관 면책조항의 축소해석(대법원 2009. 12. 10. 선고 2009다56603, 56610 판결)

"계약자 또는 피보험자가 손해통지 또는 보험금청구에 관한 서류에 고의로 사실과 다른 것을 기재하였거나 그 서류 또는 증거를 위조 또는 변조한 경우에는 피보험자는 손해에 대한 보험금청구권을 잃게 된다"고 규정하고 있는 화재보험 약관조항의 취지는 … 피보험자로 하여금 정확한 정보를 제공하도록 할 필요성이 크고, … 서류를 위조하거나 증거를 조작하는 등으로 신의성실의 원칙에 반하는 사기적인 방법으로 과다한 보험금을 청구하는 경우에는 그에 대한 제재로서 보험금청구권을 상실하도록 하려는 데 있다. 다만, 위와 같은 약관조항을 문자 그대로 엄격하게 해석하여 조금이라도 약관에 위배하기만 하면 보험자가 면책되는 것으로 보는 것은 본래 피해자 다중을 보호하려는 보험의 사회적 효용과 경제적 기능에 배치될 뿐만 아니라 고객에 대하여 부당하게 불리한 조항이 된다는 점에서 이를 합리적으로 제한하여 해석할 필요가 있으므로, 위 약관조항에 의한 보험금청구권의 상실 여부는 그 취지를 감안하여 보험금청구권자의 청구와 관련한 부당행위의 정도 등과 보험의 사회적 효용 내지 경제적 기능을 종합적으로 비교·교량하여 결정하여야 한다.

---

24) 대법원 2011. 4. 28. 선고 2010다106337 판결.

25) 권재열, 앞의 책, 458-459면.

제 5 절 약관의 불공정성에 대한 통제

I. 의 의

약관이 계약에 편입되어 계약의 내용으로서 구속력을 가지고 있고 해석상 아무런 문제가 없더라도, 약관조항이 사업자와 고객 간의 이익의 형평을 유지하지 못하고 불공정한 내용을 포함하고 있는 경우에는 고객의 정당한 이익이 침해되지 않도록 통제하여야 할 것이다. 약관규제법 제2장(법 §6부터 §14까지)에서는 사업자가 일방적으로 작성한 약관이 불공정한 경우에는 직접적인 통제방식의 일환으로서 그 사법적 효력을 부인하고 있다.

당사자 사이의 계약관계에 비추어 볼 때 양 당사자의 이익이 실질적으로 균형을 이루지 못한 조항은 불공정한 조항이다. 불공정 약관조항을 무효로 하는 입법형태에는 '일반원칙'에 의한 규제방식과 '개별무효사유 목록'에 의한 규제방식이 있다. 약관규제법은 이 양자의 규제방식을 병행하여 일반원칙으로서 신의성실의 원칙에 반하여 공정을 잃은 약관을 무효로 포괄적으로 규정하고 있다(법 §6①). 그러나 그 일반원칙의 기준이 추상적 · 포괄적이어서 이를 심사하는 자의 재량의 여지가 커지게 되고, 구체적인 사례에서 공정성 여부를 판단하기 쉽지 않다. 이 점을 감안하여 약관규제법은 일반원칙(신의성실의 원칙)에 의한 불공정성 판단을 용이하게 할 수 있도록 3가지의 추정규정을 두고 있으며(법 §6②), 일반원칙을 구체화한 8가지의 개별적인 무효사유목록을 열거하고 있다(법 §7부터 §14까지).

개별적인 무효사유목록으로 약관규제법이 규정하고 있는 것은 ① 사업자의 법률상 책임을 배제하거나 제한하는 조항(법 §7), ② 고객에게 과중한 손해배상(지연이자 포함)을 정하는 조항(법 §8), ③ 계약의 해제 · 해지를 제한하거나 고객에게 불리한 해제의 효과를 정하는 조항(법 §9), ④ 급부의 결정 · 변경 · 중지, 제3자에의 대행의 권한을 사업자에게 주는 조항(법 §10), ⑤ 법률에 정해진 권리를 박탈하는 조항(법 §11), ⑥ 고객의 의사표시를 의제하는 조항(법 §12), ⑦ 대리인의 책임을 법률보다 무겁게 정하는 조항(법 §13), ⑧ 고객에게 불리한 부제소 또는 재판관할의 합의를 정하는 조항(법 §14) 등이 있다.

Ⅱ. 불공정약관 통제의 체계

1. 일반조항과 개별무효조항과의 관계

(1) 일반조항의 보충적용

불공정성 통제의 핵심기준은 일반조항인 제6조의 신의성실의 원칙이다. 법 제7조 내지 제14조의 개별무효조항은 신의성실의 원칙을 구체화하여 무효로 되는 약관의 유형을 열거한 것이다. 그러나 복잡·다양한 거래관계에서 발생할 수 있는 불공정한 약관유형을 개별무효조항으로 모두 열거하는 것은 입법기술적으로 불가능하다. 따라서 약관규제법에서 개별적으로 열거되지 아니한 불공정한 약관에 대해서는 「신의성실의 원칙」에 입각하여 불공정성 통제가 이루어지게 된다. 즉, 일반조항인 제6조는 제7조 내지 제14조의 개별무효조항에 해당되지 않는 여타 사항에 대해서도 보충적 심사를 가능하게 하여 불공정약관으로부터 고객을 빈틈없이 보호하는 기능을 수행하게 된다(보충성·후순위성).[26]

(2) 일반조항의 재적용

일반조항과 개별무효조항과의 관계에서 논란이 되는 것은 개별무효조항의 적용 결과 이미 유효로 판단되는 사항에 대해서도 일반조항으로서 「신의성실의 원칙」을 다시 적용하여 무효로 판단할 수 있는가 하는 것이다.

이를 긍정하는 적용설의 입장에서는 어떤 약관조항이 개별무효조항에 의하여 무효가 아니라고 판단되더라도 신의성실의 원칙에 반하여 고객을 불리하게 하는 경우에는 무효로 해야 한다고 하고 있다. 이 견해에서는 입법자가 아무리 신중하게 개별무효조항을 열거하였더라도 입법 당시 예상하지 못한 개별무효조항의 남용형태가 있을 수 있으므로 일반조항을 다시 적용해야 한다고 한다.[27] 이에 비해 제한적 적용설에서는 개별무효조항의 종류에 따라 일반조항의 재적용 여부를 판단하여야 한다고 하고 있다. 이 견해에 따르면 개별무효조항은 일반조항으로서의 신의성실의 원칙의 평가기준을 구체화한 것에 지나지 않으므로 개별무효조항에서 이 원칙에 따른 평가결과 유효로 되었던 사항을 일반조항을 가지고 다시 중복하여 평가할 필요가 없지만, 이 원칙에 입각하여 평가할 여지가 없었던 절대적 무효조항의 경우에는 일반조항을 재적용하여 무효로

26) 곽윤직(손지열 집필), 민법주해 [XII], 채권(5)(박영사, 1997), 343면.
27) 장경환, 「약관규제법 일반조항에 관한 연구」(서울대 박사학위논문, 1991), 209면.

할 수 있다고 하고 있다.[28)]

생각건대 약관규제법상 신의성실의 원칙을 구체화한 8가지의 개별무효조항만으로는 오늘날 복잡 다양한 거래현상 속에서 약관이 남용되는 모든 경우를 규율할 수 없다. 따라서 개별무효조항은 불공정성에 대한 일응의 기준이 될 수 있을 뿐이며, 궁극적으로는 신의성실의 일반원칙에 입각하여 약관조항의 불공정성 여부를 판단할 수밖에 없다. 다만 상당성, 정당성 또는 부당성 등의 요건을 전제로 하는 개별무효조항(상대적 무효조항)의 경우에는 그 평가과정에서 이미 신의성실의 원칙에 입각하여 규범적 평가가 이루어졌을 것이기 때문에 신의성실의 원칙을 재적용하여 이를 다시 무효로 보기는 어려울 것이다.

2. 절대적 무효와 상대적 무효

불공정 약관조항은 약관조항의 불공정성의 정도에 따라 어떠한 경우에도 무효로 되는 절대적 무효와 통상의 경우에는 불공정하나 거래관습, 계약의 다른 조건 등 주변상황을 고려하여 상당한 이유가 있는 경우에 그 효력을 인정하는 상대적 무효로 구분할 수 있다. 약관규제법은 양자를 명확하게 구분하고 있지는 않으나, 개별적 무효사유를 정하고 있는 제7조 내지 제14조의 해석에 따라 상대적 무효와 절대적 무효의 구별이 가능하다. 법 제7조(면책조항의 금지) 제1호, 법 제9조(계약의 해제, 해지) 제1호, 법 제13조(대리인의 책임가중)의 3개 조항은 별도의 규범적 평가를 할 필요가 없는 절대적 무효조항인 데 비해, 그 이외의 나머지 조항은 "상당한 이유없이", "정당한 이유없이", "부당하게" 라는 표현을 사용함으로써 별도의 규범적 평가를 통해 유효·무효를 판단할 여지가 있는 상대적 무효조항으로 볼 수 있다. 상대적 무효조항에서 상당성, 정당성, 부당성 등의 입증책임은 그 조항의 유효를 주장하는 사업자가 부담한다.

Ⅲ. 불공정약관 통제의 유형 및 기준

1. 일반원칙

(1) 신의성실의 원칙

약관은 사업자에 의하여 일방적으로 작성되고 상대방인 고객의 입장에서는 그 구체적인 내용을 제대로 알지 못한 채 계약을 체결하는 것이 일반적이다. 이에 따라 약관규제법은 약관조항의 불공정성 여부를 심사하는 「신의성실의 원칙」에 반하여 공정

28) 이은영, 앞의 책, 191-192면; 권재열, 앞의 책, 462면. 우리나라에서 적용부정설을 취하는 학자는 없다.

을 잃은 약관조항을 무효로 선언하고 있다(법 §6①). 이는 당사자 일방이 사전에 작성한 약관이 계약의 내용으로 편입됨에 따라 형평성의 차원에서 법률행위 무효의 일반적 근거인 민법 제103조의 "선량한 풍속 기타 사회질서에 위반"보다 엄격한 기준을 적용하기 위한 것으로 볼 수 있다.29)

여기에서 신의성실의 원칙은 약관작성자가 계약상대방의 정당한 이익과 합리적인 기대에 반하지 않고 형평에 맞게끔 약관조항을 작성하여야 한다는 행위원칙을 가리킨다.30) 민법상의 신의성실의 원칙과 같은 내용이지만, 권리행사나 의무이행보다는 계약내용의 형성에 직접 관여한다는 점에 특색이 있다. 그러나 계약내용의 형성에 관여한다는 것은 당사자의 계약내용에 적극적으로 개입하여 계약의 내용을 바로잡는 것이 아니라, 단지 불공정조항을 선별하여 이를 무효로 하는 소극적 의미에 국한되는 것으로 보아야 한다. 즉, 신의성실의 원칙은 약관을 사용하는 사업자에게 고객의 이익을 침해하지 않도록 배려하고 계약당사자에게 임의법규에 의하여 제시된 이익형평의 기준을 존중할 것과 거래형태, 계약의 종류 및 거래관행 등에 따른 거래상대방의 정당한 기대를 외면하지 말도록 요구하는 동시에, 신의성실의 원칙이 부과한 의무에 위반하는 약관조항은 계약내용을 형성하지 못하도록 하는 것이다.31)

한편 약관규제법은 신의성실의 원칙에 반하는 불공정성 판단을 보다 용이하게 할 수 있도록 3가지의 추정규정을 두고 있다(법 §6②). 불공정성의 추정은 '법률상 추정'에 해당하므로 고객이 해당 사실만을 입증하면 되고, 그 불공정성까지 입증할 필요는 없다. 다만 이러한 추정규정에 해당하는 약관조항은 공정성을 잃은 것으로 추정될 뿐이기 때문에 사업자로부터 불공정하지 않다는 반증이 있으면 추정은 번복될 수 있다. 추정이 번복되지 않으면 그 때 비로소 약관조항은 무효로 된다.

(2) 불공정성의 추정

(가) 고객에 대하여 부당하게 불리한 조항

고객에 대하여 부당하게 불리한 조항은 불공정한 것으로 추정된다(법 §6② i). 약관규제법은 불공정성의 추정을 위해 '부당하게' 및 '불리한' 이라는 이중의 불확정 개념을 사용하고 있어 불공정성의 판단에 어려움이 있다. 여기에서 문제는 고객에게 부당하게 불리한 것인지 여부를 판단하는 방법과 기준이다. 우선 판단의 순서에 있어 고객의 불

29) 권오승, 앞의 책, 151면; 이호영. 앞의 책(소비자보호법), 168-169면.
30) 대법원 1994. 12. 9. 선고 93다43873 판결.
31) 이은영, 앞의 책, 183-184면.

이익 여부를 먼저 판단하여 불이익성이 인정되면 그 다음에 부당성을 판단하는 것이 합리적이다.

여기에서 불이익 여부는 우선 동종의 계약이나 법률관계에 관한 임의법규 등을 검토하여 그 임의법규 등과 약관의 차이로 인하여 고객이 불리한 상황에 놓인다고 인정될 수 있는지를 살펴보아야 한다.[32] 고객의 불이익성을 판단함에 있어서는 기본적으로 사업자의 급부와 고객의 반대급부를 비교하여 판단하게 되지만, 통상의 거래에서 나타날 수 있는 고객의 정당한 이익과 합리적인 기대 등도 감안하여야 한다. 하지만 계약당사자로서의 개별적인 고객의 이익이 아닌 전체로서의 고객, 즉 고객집단의 평균적이고 전형적인 이익을 기준으로 객관적으로 하여야 하며, 계약의 일부로서가 아니라 전체로서 불이익성을 판단하여야 한다.

한편 불공정성 판단의 기준으로서 약관규제법상 부당한 불이익은 민법 제104조의 불공정한 법률행위에 비해 그 요건이 완화되어 있다. 즉, 민법의 불공정행위가 성립하기 위해서는 주관적 요건으로서 당사자의 궁박·경솔 또는 무경험이 불공정행위의 원인이 되었을 것을 요하나, 약관규제법에서는 이러한 주관적인 요건을 요하지 않는다. 객관적인 요건에 있어서도 민법의 불공정행위는 현저하게 공정을 잃을 것을 요구하고 있는데 비해, 불공정약관에서는 부당하게 불리할 것을 요함으로써 민법에서 요구하는 만큼의 이익불균형을 요하지 않는다. 또한 약관내용의 규제는 사업자와 고객 간의 이익형량에 기초하여야 하나, 그 비교가 현실적으로 곤란하기 때문에 고객의 불이익 여부에 대한 편면적(片面的)인 심사만으로 판단하게 된다.[33]

[판례] ㈜인텔로그디앤씨의 고객에게 부당하게 불리한 약관조항(대법원 2017. 4. 13. 선고 2016다274904 판결)

고객에 대하여 부당하게 불리한 조항으로서 '신의성실의 원칙에 반하여 공정을 잃은 약관조항'이라는 이유로 무효라고 보기 위해서는, 약관조항이 고객에게 다소 불이익하다는 점만으로는 부족하고, 약관 작성자가 거래상의 지위를 남용하여 계약 상대방의 정당한 이익과 합리적인 기대에 반하여 형평에 어긋나는 약관조항을 작성·사용함으로써 건전한 거래질서를 훼손하는 등 고객에게 부당하게 불이익을 주었다는 점이 인정되어야 한다. 그리고 이와 같이 약관조항의 무효 사유에 해당하는 '고객에게 부당하게 불리한 조항'인지는 약관조항에 의하여 고객에게 생길 수 있는 불이익의 내용과 불이익 발생의 개연성, 당사자들 사이의 거래과정에 미치는 영향, 관계 법령의 규정 등 모든 사정을 종합하여 판단하여야 한다.

32) 대법원 1997. 12. 26. 선고 96다51714 판결.
33) 이은영, 앞의 책, 184면.

(나) 의외조항(기습조항)

고객이 계약의 거래행태 등 제반사정에 비추어 예상하기 어려운 조항은 불공정한 것으로 추정된다(법 §6②ii). 통상적으로 고객은 약관상 사업자와의 권리의무관계의 형평성이 어느 정도 유지될 것으로 기대하고, 그 약관내용을 상세히 검토하지 않은 채 계약을 체결하는 경우가 많다. 그런데 만약 사업자가 통상의 계약의 형태 및 그 밖의 여러 사정에 비추어 고객의 일반적인 예상을 벗어난 의외의 약관조항을 설치할 경우 이로 인해 고객은 불측의 손해를 입을 수 있다. 따라서 약관이 고객의 일반적인 기대를 벗어나더라도 약관에 고객이 일반적인 거래관행상 계약내용으로 되어있으리라 기대한 신뢰를 보호해 줄 필요가 있다.

여기에서 약관의 의외성·기습성은 약관의 규정이 거래 당시의 계약체결에 수반된 환경에 따라 판단할 때 통상적인 거래관행이나 유형에서 벗어나 계약상대방이 그것을 계산에 넣을 필요가 없을 정도로 이례적인 경우를 말한다. 그 판단은 평균적인 고객을 기준으로 하여야 한다.

[판례] 상가임대분양계약서상의 의외조항(대법원 1998. 12. 22. 선고 97다15715 판결)

상가임대분양계약서에 "기부채납에 대한 부가가치세액은 별도"라고 기재되어 있는 경우, 분양자가 위 상가를 기부채납하고 그 대가로 무상사용권을 부여받은 행위가 부가가치세법상의 '재화의 공급'에 해당되어 부가가치세가 부과된다는 것은 일반인은 잘 알지 못하는 것이고, 부과가 된다고 하더라도 그 액수가 얼마인지 미리 알기도 어려우며, 특히 분양받은 자들이 임대분양계약서에서 정한 임대보증금을 납부할 당시 부가가치세가 포함된 금액을 공급가액과 구분하여 납부하였으므로, 위 약정 당시 기부채납에 따른 부가가치세를 위 부가가치세와 혼동할 우려가 있음에도 불구하고 분양자 측에서 이 점에 관한 명백한 고지나 설명이 없었고, 부동문자로 인쇄된 계약조항 제2조의 임대보증금 납부란에 분양받은 자에게 상당한 부담이 되고 중요한 위 부가가치세 부담조항을 기재해 넣은 점, 또한 분양받은 자가 이중으로 부가가치세를 부담하게 되는 것은 형평에 어긋나고 불측의 손해를 입게 된다는 점 등을 감안할 때 위 계약서 제2조 중 기부채납에 대한 부가가치세 부담에 관한 부분은 "고객이 계약의 거래형태 등 제반사정에 비추어 예상하기 어려운 조항"에 해당하여 공정을 잃은 것으로 추정된다.

(다) 본질적 권리를 제한하는 조항

계약의 목적을 달성할 수 없을 정도로 본질적 권리를 제한하는 조항은 불공정한 것으로 추정된다(법 §6②iii). 여기에서 본질적 권리는 계약의 목적달성을 위해 요구되는 핵심적인 지위로서 이를 제한한다면 계약의 유형이 바뀌게 되거나 계약체결의 본래 의미가 소멸될 수 있을 정도로 중요한 계약상의 권리를 말한다. 예컨대, 영어회화강습계약에서 강습은 교재제공으로 대체될 수 있다고 규정한 경우 강습계약의 본질적인 권리(강습받을 권리)를 제한하므로 무효이다.[34] 고객의 본질적인 권리의 제한은 직접 제한하는 경우뿐만 아니라 사업자의 의무를 제한함으로써 고객의 본질적인 권리를 간접적으로 제한하는 경우도 포함된다. 계약목적의 달성불능은 사회통념을 기준으로 판단하게 되며, 사실상의 불능뿐 아니라 법률상 불능도 포함된다.[35]

2. 개별무효조항

(1) 면책조항의 금지

면책조항이란 채무불이행책임, 손해배상책임 또는 하자담보책임 여하를 묻지 않고 현재 또는 장래에 책임을 부담하는 자에 대해 법률상의 책임을 배제하거나 책임추궁을 곤란하게 하는 조항을 말한다. 약관규제법에서 열거하고 있는 유형으로는 ① 고의·중과실로 인한 법률상 책임의 배제, ② 손해배상범위의 제한 및 위험전가 및 ③ 담보책임의 배제, ④ 계약목적물에 관하여 책임의 배제 또는 제한이 있다(법 §7).

(가) 고의·중과실로 인한 법률상 책임의 배제

사업자, 이행보조자 또는 피용자의 고의 또는 중대한 과실로 인한 법률상의 책임을 배제하는 조항은 (절대적)무효이다(법 §7 i). 이는 만약 사업자 등의 고의·중과실로 인한 법률상 책임을 배제할 수 있는 것으로 한다면 귀책사유 있는 자가 손해배상책임 등을 지는 민사법의 일반원리에 반하게 될 뿐 아니라 고객의 최소한의 권리마저 억압하는 결과가 되기 때문이다. 다만 경과실에 대한 면책조항은 유효하다. 그러나 경과실에 의한 면책이라 할지라도 여전히 신의성실의 일반원칙(법 §6)에 반하는 경우에는 무효의 여지가 남아 있다.

[판례] 용역경비계약의 고의·중과실 면책(대법원 1996. 5. 14. 선고 94다2169 판결)

용역경비계약에 있어 "고객은 현금 및 귀중품을 되도록 금융기관에 예치하고 부득이한 경우에는 고정금고 또는 옮기기 힘든 대형금고 속에 보관하여야 하며 이를 준수하지 아니하여 발생한 사고에 대하여는 용역경비업자가 책임을 지지 않는다."는 내용의 규정 및 특약사항은 그 규정 형식 및 내용 등에 비추어 볼 때 면책약관의 성질을 가지는 것이므로 그 면책조항이 용역경비업자의 고의·중과실로 인한 경우까지 적용된다고 본다면 약관규제법 제7조 제1호에 위반되어 무효라고 볼 수밖에 없다.

---

34) 이은영, 앞의 책, 189-190면.
35) 이은영, 위의 책, 62면.

(나) 손해배상범위의 제한 및 위험전가 등

상당한 이유 없이 사업자의 손해배상범위를 제한하거나 사업자가 부담하여야 할 위험을 고객에게 이전시키는 조항은 무효이다(법 §7ii). 이는 일단 책임이 발생한 경우에 사업자의 책임범위를 법률규정(민법 §393, 손해배상의 범위)[36]에 미달하는 수준으로 축소시키거나 위험부담에 관한 기본원칙(민법 §537, 채무자위험부담주의)[37]에 반하여 사업자가 부담할 위험관리책임을 이유 없이 고객에게 전가시키는 것을 방지하기 위한 것이다.

[판례] 신용카드 비밀번호 타인유출시 책임(대법원 2009. 10. 15. 선고 2009다31970 판결)

신용카드 회원약관에서 비밀번호가 회원으로부터 타인에게 유출되어 발생하는 모든 책임은 회원에게 귀속되고, 카드 비밀번호 유출로 인한 부정사용의 경우에는 부정사용대금에 대하여 보상에서 제외된다고 규정하고 있는 경우, 위 약관 규정을 회원에게 고의나 과실이 없는 경우에도 신용카드 부정사용으로 인한 손해를 회원이 부담하여야 한다고 해석하는 것은 약관의 규제에 관한 법률 제7조 제2호에서 규정하는 상당한 이유 없이 사업자가 부담하여야 할 위험을 고객에게 이전시키는 조항에 해당하여 무효이다.

(다) 담보책임의 배제 등

상당한 이유 없이 사업자의 담보책임을 배제 또는 제한하거나 그 담보책임에 따르는 고객의 권리행사의 요건을 가중하는 조항은 무효이다(법 §7iii). 일반적으로 계약체결시 매수인이 하자가 있다는 사실을 몰랐고 또한 모른 데 대하여 잘못이 없으면 매도인이 무과실의 하자담보책임을 부담하는 것은 당연하다. 또한 하자가 있음에도 불구하고 계약목적을 달성할 수가 있으면 손해배상을 청구할 수가 있고, 계약목적을 달성할 수 없는 경우에는 계약해제와 손해배상을 청구할 수 있다(민법 §580, §575①). 그러나 상당한 이유 없이 계약상 당연히 인정되는 법정책임으로서의 담보책임을 일방적으로 배제 또는 제한하는 약관조항은 불공정한 것으로 볼 수밖에 없다.

[판례] 주상복합건물 하자담보책임 면제약정(대법원 2013. 6. 14. 선고 2011다23040 판결)

주상복합건물의 공급계약서의 "최종 건축허가 시 계약면적이 변경될 수 있으며, 분양가에 포함되지 않은 지하주차장 면적의 증감에 대해서는 피고와 수분양자 상호 간에 정산을 요구하지 않기로 한다."라는 하자담보책임 면제약정은 … 피고의 지하투영부지의 영구 사용권 제공으로 주차장 이동 동선이 짧아져 원고들의 주차장 이용의 편익이 일부 증가하였

---

36) 민법 제393조에서는 채무불이행으로 인한 손해배상의 범위와 관련하여 '통상의 손해'를 그 한도로 하며(제1항), 특별한 사정으로 인한 손해는 채무자가 그 사정을 알았거나 알 수 있었을 때에 한하여 배상의 책임이 있는 것으로(제2항) 규정하고 있다.

37) 민법 제537조에서는 "쌍무계약의 당사자 일방의 채무가 당사자 쌍방의 책임없는 사유로 이행할 수 없게 된 때에는 채무자는 상대방의 이행을 청구하지 못한다"고 규정하고 있다.

다고 하더라도 이러한 사정은 부수적인 편익에 불과하고 위와 같은 편익이 원고들의 주차 대수가 48대나 감소함으로써 입게 된 손해를 상쇄하고도 남는다고 볼 수도 없는 점 등의 사정에 비추어 보면, 이 사건 하자담보책임 면제약정은 상당한 이유 없이 사업자의 담보책임을 배제하고, 고객에 대하여 부당하게 불리하여 공정을 잃은 조항으로서, 구 약관규제법 제7조 제3호, 제6조 제2항 제1호에 의하여 무효라고 봄이 상당하다.

(라) 보증책임의 배제 등

상당한 이유 없이 계약목적물에 관하여 견본이 제시되거나 품질·성능 등에 관한 표시가 있는 경우 그 보장된 내용에 대한 책임을 배제 또는 제한하는 조항은 무효이다 (법 §7ⅳ). 일반적으로 계약은 당사자 간의 신뢰를 기초로 체결되기 때문에 물품의 공급 또는 용역의 제공시 상품성이나 목적적합성이 보장되어야 하며, 이에 미달하면 계약책임의 일환으로 보증책임을 부담하게 된다. 그러나 상당한 이유 없이 예컨대 고급자재를 견본으로 제시한 후 저급자재로 물품을 제조하거나 시공하더라도 이의제기할 수 없도록 하는 것과 같은 약관조항은 불공정한 것으로 볼 수밖에 없다. 견본매매, 품질·성능 보증부매매의 경우 고객의 신뢰를 무시한 사업자에 대한 비난가능성을 이유로 절대적 무효로 보아야 한다는 견해[38]가 있으나, 강행규정 위반, 고객의 권리의 억압 등과 같은 다른 절대적 무효사유와의 형평에 비추어볼 때 상대적 무효사유로 보는 것이 타당하다.[39]

(2) 과중한 손해배상액의 예정

고객에 대하여 부당하게 과중한 지연손해금 등의 손해배상의무를 부담시키는 약관조항은 무효이다(법 §8). 일반적으로 약관거래에 있어서도 사업자가 고객의 채무불이행에 따른 법률적 분쟁을 간편하게 해소하기 위해 손해배상액을 예정하는 것은 허용하지만, 부당하게 과중한 경우에는 문제로 된다. 손해배상액이 과중한 경우 일반적으로는 법원이 적당히 감액할 수 있으나(민법 §398②), 대량·집단·반복적으로 이루어지는 약관거래에서는 법원이 개별적 사정에 따라 일일이 감액하는 것은 효율적인 방법이 아니므로 차라리 이를 무효로 하고 있다. 이때에 약관조항 자체가 무효이기 때문에 무효로 되는 부분은 적정한 금액을 초과하는 부분에 한하지 않으며, 손해배상액의 예정이 없었던 것과 마찬가지로 된다.[40] 따라서 손해배상액은 약관조항과 관계없이 일반적인 손

38) 이은영, 앞의 책, 234면; 권재열, 앞의 책, 467면.
39) 이기수·유진희, 앞의 책, 450면.
40) 대법원 1996. 9. 10. 선고 96다19758 판결.

해배상의 원칙에 따라 다시 결정된다. 여기에서 손해배상액의 예정은 그 명칭 여하를 묻지 않고, 그 실질이 채무불이행에 따른 손해배상인 경우를 모두 포함한다.

예컨대, 주택분양계약서에서 해약시 계약금을 위약금으로 정하는 외에 연체된 이자와 실질손해까지도 고객에게 청구할 수 있도록 하고 이를 기납부된 중도금 또는 잔금에서 공제하기로 하였다면, 통상의 거래관행에서 손해배상액으로 예정하고 있는 계약금을 초과하여 고객에게 청구할 수 있도록 약정한 것으로 볼 수 있다. 이는 손해배상제도의 취지와 거래관행을 벗어나 사업자의 이익만을 고려한 것으로서 당사자 간의 형평을 잃고 고객에게 과중한 부담을 지우게 되어 무효이다.

[판례] 과중한 연체료 약정의 법률적 효력(대법원 2009. 8. 20. 선고 2009다20475, 20482 판결)

원심은 임차인의 월 차임 연체에 대하여 월 5%(연 60%)에 달하는 연체료를 부담시키는 것을 내용으로 한다는 점만으로는 선량한 풍속 기타 사회질서에 반하는 법률행위에 해당한다고 보기 어렵고, 다만 위 연체료 약정은 민법 제398조 제4항에 따라 손해배상액의 예정으로 추정되므로 같은 조 제2항에 의하여 이를 연 20%의 비율로 감액함이 상당하다고만 판단하고, 위 연체료 약정이 약관규제법 제8조에 의하여 무효인지 여부에 대하여는 판단하지 않았음을 알 수 있다.

그런데 약관규제법에 의하여 약관조항이 무효인 경우 민법 제398조 제2항을 적용하여 적당한 한도로 손해배상예정액을 감액하거나, 과중한 손해배상의무를 부담시키는 부분을 감액한 나머지 부분만으로 그 효력을 유지시킬 수는 없고, … 부당하게 과중한 손해배상의무를 부담시키는 것으로서 약관규제법 제6조, 제8조 등에 의하여 무효로 볼 여지가 있다.

(3) 계약의 해제 · 해지

계약의 해제 또는 해지는 계약당사자의 이해관계에 중대한 영향을 미치는 사항이다. 그럼에도 불구하고 이에 관한 민 · 상법상의 규정을 무시하고 고객의 해제권 · 해지권의 행사 자체를 어렵게 하거나, 해제권 · 해지권의 행사 후 그 효과로서 원상회복의무나 손해배상의무를 부당하게 확대 또는 경감함으로써 사실상 해제권 · 해지권의 행사를 곤란하게 하는 경우에는 무효이다(법 §9).

(가) 고객의 해제 · 해지권의 제한

법률의 규정에 의한 고객의 해제권 또는 해지권을 배제하거나 그 행사를 제한하는 조항은 무효이다(법 §9 i). 민법에서는 이행지체, 이행불능과 같은 채무불이행의 경우 채권자는 계약을 해제하거나 해지할 수 있으며, 해제시에는 상당기간을 두고 그 이행을 최고한 후에 계약을 해제할 수 있도록 하고 있다(민법 §543, §544). 또한 정기행위의 이행지체의 경우 채권자는 최고없이 계약을 해제할 수 있다(민법 §545). 그러나 약관조항에서 고객의 중도해약을 절대로 금지하거나 복잡한 전제를 요구하거나 정기행위의 경우에도 최고를 요하도록 하는 것은 고객의 해제・해지권을 제한하는 것으로 볼 수 있다.

(나) 사업자 해제 · 해지권의 행사요건 완화 또는 확대

사업자에게 법률에서 규정하고 있지 아니한 해제・해지권을 부여하거나, 법률의 규정에 의한 해제・해지권의 행사요건을 완화하여 고객에 대하여 부당하게 불이익을 줄 우려가 있는 조항은 무효이다(법 §9 ii, iii). 예컨대, 콘도미니엄 이용 및 분양계약에서 "중도금을 1회 30일 이상 연체할 시에는 최고 등의 절차없이 자동적으로 해약된다"라고 규정한 경우와 같이 고객의 채무불이행시 사업자의 계약이행에 관한 최고 등 다른 절차를 취함이 없이도 계약을 해제할 수 있도록 하거나, 계약관계를 종료시킬 중대하고 명백한 계약위반이 아님에도 불구하고 계약을 해제할 수 있도록 하는 것으로서 사업자의 해제・해지권의 행사요건을 완화하거나 부당하게 확대한 것으로 무효이다.

[판례] 부도발생을 이유로 하는 해지권의 부여(대법원 2017. 9. 21. 선고 2013다58668 판결)

하도급계약서 제7항은 그 규정한 해지사유가 발생하기만 하면 하도급인은 이행의 최고도 없이 계약을 해지할 수 있다고 규정하고 있다. 그러나 위 규정에서 해지사유로 정하고 있는 하수급인의 계약위반・부도・압류・가압류 등은 구체적인 사정에 따라서 하수급인이 상당한 기간 내에 위 사유를 해소하거나 그 사유와 무관하게 공기 내에 공사계약을 이행하는 것이 가능한 경우도 있을 수 있으므로, 그러한 사유가 발생하였다는 사실만으로 공사를 진행할 수 없다거나 공기 내에 공사계약을 이행하는 것이 불가능하게 되었다고 단정하기에 부족하다. 그럼에도 위와 같은 사유가 발생하기만 하면 하도급인이 공사계약 이행에 대한 최고도 없이 계약을 해지할 수 있도록 하는 것은, … 사업자에게 법률에서 규정하고 있지 아니하는 해제권 또는 해지권을 부여하여 고객에게 부당하게 불이익을 줄 우려가 있거나 법률에 따른 사업자의 해제권 또는 해지권의 행사요건을 완화하여 고객에게 부당하게 불이익을 줄 우려가 있는 약관조항 및 신의성실의 원칙을 위반하여 공정성을 잃은 약관조항으로 무효이다.

(다) 고객의 원상회복의무의 과중한 부담

계약의 해제・해지로 인한 고객의 원상회복의무를 상당한 이유 없이 과중하게 부담시키거나 원상회복청구권을 부당하게 포기하도록 하는 조항은 무효이다(법 §9 iv). 이와 같은 조항으로 고객의 사업자에 대한 의무・권리관계가 균형을 잃게 될 우려가 크다. 특히 고객의 원상회복이 사실상 곤란하거나 고객에게 과중한 위약금 지급을 의무화할 경우 계약의 해제・해지시 고객의 피해를 통하여 사업자가 부당하게 이익을 보게 되어 불공정하다.

(라) 사업자의 원상회복의무의 부당한 경감

계약의 해제·해지로 인한 사업자의 원상회복의무나 손해배상의무를 부당하게 경감하는 조항은 무효이다(법 §9ⅴ). 예컨대, 계약의 해제사유와 직접 관계없이 고객이 이미 납부한 대금 또는 그 이자 등을 환불하지 않기로 하는 경우가 이에 해당한다.

[판례] 분양계약 종료후 상가개발비 반환 면제(대법원 2014. 3. 13. 선고 2010다97051 판결)

상가개발비 반환의무의 발생이나 그 내용 등은 원칙적으로 분양계약 당사자의 약정에 따라 정하여진다고 할 것이나 약관의 형식으로 분양계약이 체결된 경우에는, 그 약관의 내용이 사적 자치의 영역에 속하는 것이라고 하더라도 이는 약관규제법의 규율 대상이 되는 것인데, 약관규제법 제9조는 계약의 해제·해지에 관하여 사업자의 원상회복의무나 손해배상의무를 부당하게 경감하는 조항은 무효라고 규정하고 있으므로, 분양계약 해제로 인하여 상가개발비 약정이 종료된 경우에 상가개발비를 어떠한 경우에도 반환하지 않는다고 규정하는 조항은 수분양자에게 일방적으로 불리한 약관으로 무효라고 할 것이다.

(마) 사업자의 부당한 계약존속기간의 설정

계속적인 채권관계의 발생을 목적으로 하는 계약에서 그 존속기간을 부당하게 단기 또는 장기로 하거나 묵시의 기간연장 또는 갱신이 가능하도록 정하여 고객에게 부당하게 불이익을 줄 우려가 있는 조항은 무효이다(법 §9ⅵ). 계속적 계약관계에 있어서 존속기간을 부당하게 단기로 하는 것은 고객의 지위를 불안정하게 하는 것이며, 부당하게 장기로 하는 것은 고객의 계약해지권을 제한하는 결과가 되기 때문이다.[41] 마찬가지로 묵시의 계약기간 연장 또는 갱신은 고객의 계약해지권을 제한하는 것이다. 명문의 규정은 없으나 해석상 상당기간의 유예 없이 계약기간 종료 직전 명시적인 의사가 없는 한 계약을 종료시키는 것도 고객의 지위를 불안정하게 하는 것으로 무효이다.

[판례] 연대보증기간 자동연장(대법원 1998. 1. 23. 선고 96다19413 판결 판결)

약관규제법 제9조 제5호의 규정 취지에 비추어, 연대보증기간 자동연장조항에 계약기간 종료시 이의통지 등에 의해 보증인의 지위에서 벗어날 수 있다는 규정이 없고, 새로운 계약기간을 정하여 계약갱신의 통지를 하거나, 그것이 없으면 자동적으로 1년 단위로 계약기간이 연장되도록 규정하고 있다면, 이는 계속적인 채권관계의 발생을 목적으로 하는 계약에서 묵시의 기간연장 또는 갱신이 가능하도록 규정하여 고객인 연대보증인에게 부당하게 불이익을 줄 우려가 있다고 보여지므로 연대보증기간 자동연장조항은 약관규제법 제9조 제5호에 위반되어 무효라고 봄이 상당하다.

---

41) 약관규제법에서는 계속적인 채권관계의 발생을 목적으로 하는 계약에서 그 존속기간을 부당하게 단기 또는 장기로 한 경우 무효로 규정하고 있으나, 그 구체적인 기준은 없다. 참고로 독일 민법 제309조에서는 계속적 채권관계에 있어서 상대방 당사자를 2년 이상의 기간 동안 구속하거나, 상대방 당사자를 구속하는 계약관계의 묵시적 연장으로서 그 연장기간이 매번 1년을 초과하는 약관조항을 무효로 하고 있다.

(4) 채무의 이행

약관거래의 특성상 계약의 급부내용은 몰개성적인 것이 일반적이다. 급부는 계약의 핵심적인 내용을 이루는 것으로서 당사자 간의 합의를 통해서 결정되어야 할 것이다. 고객의 동의 없이 사업자 본위로 급부내용을 결정·변경하거나 중지시키는 것은 고객의 선택권을 부당하게 제약할 수 있으므로 무효이다(법 §10).

(가) 사업자의 급부내용의 일방적 결정·변경

상당한 이유 없이 급부의 내용을 사업자가 일방적으로 결정하거나 변경할 수 있도록 권한을 부여하는 조항은 무효이다(법 §10 i). 여기에서 급부의 변경은 양적·질적 차이는 물론이고, 이행시기·이행장소의 차이도 해당한다. 상당한 이유가 없다는 것은 사업자의 이익만을 고려하고 고객의 이익이 무시되는 경우를 말한다.

[판례] 밀리오레 임대분양계약서의 임대료 인상(대법원 2005. 2. 18. 선고 2003두3734 판결)

대규모 쇼핑몰인 밀리오레 부산점, 대구점, 수원점, 광주점 내의 점포에 관한 임대분양계약을 체결함에 있어 계약의 내용으로 삼은 임대분양계약서(이하 '이 사건 약관'이라고 한다) 제4조 제2항 단서의 "상가운영위원회와의 협의를 거쳐 매년 임대료를 인상할 수 있다"는 부분은 상가운영위원회와 임대료 인상에 관한 의견을 교환하는 것을 의미하는 것이지 그 인상내용에 관한 구체적인 합의가 이루어져야 할 것까지를 의미한다고 볼 수 없고, "상가활성화 정도에 따라 … 임대료를 인상할 수 있다"는 것 또한 추상적이고 불명확하여 위 약관조항은 원고가 일방적으로 그의 주관적인 판단에 따라 객관적으로 상당한 차임의 범위를 초과하여 인상할 수도 있는 것으로 해석될 수 있으며, 또한 임대료라는 것은 상가건물 내 개별점포의 사용대가이므로 반드시 전체 상가의 활성화 정도에 따라 모든 점포에 대하여 일률적으로 임대료를 인상하여야 할 필요가 있다고 보기도 어려운데 위 약관조항은 상당한 이유 없이 상가활성화를 빌미로 사업자인 임대인이 고객인 모든 임차인의 임대료를 일률적으로 인상할 수 있는 권한을 부여하는 조항으로 해석될 수 있으므로 약관규제법 제10조 제1호에 해당한다고 보아야 할 것이다.

(나) 사업자의 급부의 중지 등

상당한 이유없이 사업자가 이행하여야 할 급부를 일방적으로 중지할 수 있게 하거나 제3자로 하여금 대행할 수 있게 하는 조항은 무효이다(법 §10 ii). 사업자가 급부를 일방적으로 중지하는 경우도 급부의 내용을 일방적으로 결정·변경하는 경우와 마찬가지로 불공정한 약관으로 된다. 제3자의 대행의 경우에는 급부의 개성이 중요시 되는 경우에 문제되며, 급부의 개성이 그다지 중요시되지 않거나 제3자의 대행에 따른 고객의 불이익에 대해 계약해제권이나 손해배상청구권이 부여되고 있다면 불공정하다고 보기는 어렵다.

[판례] 한국피씨통신 정보서비스이용약관상의 게시물 삭제(대법원 1998. 2. 13. 선고 97다37210 판결)

한국피씨통신 정보서비스이용약관에서는 이용자가 게재 또는 등록하는 서비스 내의 내용물이 다른 이용자 또는 제3자를 비방하거나 중상모략으로 명예를 손상시키는 내용이거나 공공질서 및 미풍양속에 위반되는 내용에 해당한다고 판단되는 경우 등에는 회사가 이용자에게 사전통지 없이 게시물을 삭제할 수 있다고 규정하고 있는 바, 이 약관조항은 약관규제법 제10조 제2호 소정의 상당한 이유 없이 사업자가 이행하여야 할 급부를 일방적으로 중지할 수 있게 한 조항에 해당할 수 없어 유효하다 할 것이다. 이 사건 게시물은 대체로 타인을 비방하고 중상 모략하거나 명예를 훼손하며 불법적인 노조활동을 선동하거나 교사하는 등 사회질서를 해하는 내용과 건전한 미풍양속을 해할 염려가 많은 상스럽고 저질스러운 표현을 담고 있으므로 피고가 이 사건 게시물을 삭제한 행위는 위 약관에 근거한 정당한 사유가 있는 삭제행위에 해당한다.

(5) 고객의 권익보호

고객이 직접 계약에 의하여 취득하거나 그 계약 외에서 향유할 수 있는 권리를 사업자가 약관으로 부당하게 제한하는 것은 고객의 권익을 침해하는 것으로서 무효이다(법 §11). 여기에서 보호객체로서 고객의 권익은 법적 권리에 한하지 않고 법적 보호이익, 반사적 이익, 관습법상 인정되는 권리 등 모든 사회적 이익을 포함한다.

(가) 고객의 권리의 배제 · 제한

법률의 규정에 의한 고객의 항변권, 상계권 등의 권리를 상당한 이유없이 배제하거나 제한하는 조항은 무효이다(법 §11 i). 항변권에는 동시이행의 항변권, 매매계약상의 항변권, 최고 · 검색의 항변권 등 법률에 의하여 부여된 모든 항변권이 포함된다. 또한 항변권과 상계권 이외에 법률상 보장되는 모든 권리 또는 이익, 예컨대, 유치권, 선택권, 수령거절권, 필요비 · 유익비 상환청구권 등도 포함된다. 그러나 항변권과 상계권이 강행규정이 아닌 한, 당사자 간에 달리 정할 수 있기 때문에 약관에서 달리 정함에 있어 상당한 이유가 있는지, 고객에게 불리한지 여부는 당해 조항만을 놓고 판단할 것이 아니라 다른 조항과의 체계정합성 및 관계를 종합적으로 검토해야 한다.[42]

[판례] 한국자산신탁㈜ 분양계약에서 잔금 지체 시 동시이행의 항변권 배제(서울고법 2021. 1. 22. 선고 2020나2034545 판결)

이 사건 분양계약 제8조 제2항은 "수분양자는 공급대금 및 기타 납부액을 완납하고 한국자산신탁의 소유권보존등기가 완료되는 날부터 60일 이내에 수분양자의 비용으로 소유권이전등기를 필하여야 한다."고 정하고 있는 사실을 인정할 수 있는바, 이에 의하면, 수분양자인 원고들은 이 사건 각 분양계약에서 정한 분양대금을 전부 지급한 후에야 분양목적

42) 서종희, "2021년도 소비자법 판례 회고", 「소비자법연구」 제8권 제2호(2022.5), 110면.

물을 인도받고 그 소유권이전등기를 경료할 수 있는 것으로서, 원고들의 잔금지급의무와 피고의 분양목적물에 대한 소유권이전의무는 처음부터 동시이행관계에 있다고 볼 수 없(다.)

설사 동시이행관계가 인정된다고 하더라도, 일반적인 부동산 매매계약에 있어서는 매수인의 잔금지급의무와 매도인의 목적물 인도의무 및 소유권이전등기의무는 동시이행관계에 있는 것이 통상적이라고 할 것이나, 이는 강행규정은 아니어서 당사자 사이에 달리 정할 수 있고, 이 사건 분양계약과 같은 대규모의 분양계약에 있어서는 분양자가 개별 수분양자들의 잔금 지급 때마다 목적물을 인도하고 소유권이전등기절차를 경료하는 것은 실질적으로 곤란하므로, 수분양자들로 하여금 정해진 기간 내에 잔금을 먼저 지급하도록 한 후 일률적으로 목적물을 인도하고 소유권이전등기를 이전할 필요성을 인정할 수 있(다.)

… (따라서) "한국자산신탁은 원고들에게 중도금을 1회 이상 연체하거나 잔금을 입점지정기간 종료일로부터 1개월 이내 납부하지 않았을 경우 14일 이상의 기간을 정하여 이행을 2회 최고한 후 계약을 해제할 수 있다"는 분양계약 제3조 제1항 제1호는 원고가 피고의 분양목적물에 대한 소유권이전등기의무 이행 시까지 분양대금의 지급을 거절할 수 있는 권리(동시이행의 항변권)를 부당하게 제한하지 않아 약관규제법 제11조 제1호에 의해 무효가 되지 않는다.

(나) 고객의 기한이익의 박탈

고객에게 부여된 기한의 이익을 상당한 이유없이 박탈하는 조항은 무효이다(법 §11 ii). 기한의 이익은 기한이 도래하지 않음으로써 받는 이익을 말한다. 가장 대표적인 사례가 할부거래 또는 은행여신거래에서 월부금 또는 이자의 1회 연체에 대하여 상당기간의 최고없이 잔액 또는 잔여채무 전액을 일시에 완불하도록 함으로써 기한의 이익을 박탈하는 경우이다. 특히 할부거래의 경우에는 기한의 이익의 박탈이 남용되지 못하도록 할부거래법에서 특별규정을 두고 있다(동법 §13).

예컨대, 신용부금약관 및 부대계약서에서 "신용부금 납입을 1회라도 연체하였을 경우 또는 약정기일에 이자를 지급하지 않을 때에는 사전 최고없이 기한의 이익이 상실된다"라고 규정한 경우 기한의 이익상실은 고객의 이해에 중대한 영향을 미치는 조항이므로 적어도 2회 이상의 연체가 있었거나 사업자가 상당한 기간을 정하여 최고하는 등 객관적으로 상당한 요건이 갖추어져야 하므로 무효이다.

[판례] 성원건설㈜ 주택공급계약서에서 고객의 기한이익 박탈 여부(대법원 2002. 11. 26. 선고 2000다52042 판결)

사업주체가 당초 주택을 공급받고자 하는 자들과 주택공급계약을 체결함에 있어서 약관에 해당하는 주택공급계약서에서 예상 건축공정에 따라 계약금 납부일 이후 입주예정일까지 사이의 기간에 대하여 3개월 또는 4개월 단위로 6회에 나누어 정기의 중도금 지급기일을 지정하고 이를 계약의 내용으로 삼은 것은 거래통념상 합당하다고 여겨지고, 이러한 약관조항이 사업주체측의 신용불안이나 재산상태의 악화, 건축공정의 부당한 지연 등 사정으로 인하여 사업주체의 주택공급계약상의 의무이행이 곤란할 현저한 사유가 발생하였음에도 불구하고 주택을 공급받고자 하는 자들에 대하여 당초 약정된 중도금의 이행의무가 선이행의무라는 이유만으로 민법 제536조 제2항 등 계약법의 일반원칙에 따른 주택을 공급받고자 하는 자들의 이행거절이나 지체책임면책 등에 관한 일체의 항변권 등을 모두 배제시킨 채 그 이행을 일방적으로 강요하는 것이라고 해석되지 아니하는 한 그 자체로 신의성실의 원칙에 비추어 공정을 잃은 것이라거나 고객에 대하여 부당하게 불리한 것이라거나 또는 법률의 규정에 의한 고객의 항변권, 상계권 등의 권리를 상당한 이유 없이 배제 또는 제한하거나 고객에게 부여된 기한의 이익을 상당한 이유 없이 박탈하는 것이라고 판단되지 아니하므로, 이러한 주택공급계약서의 중도금 납부기일에 관한 조항이 약관규제법 제11조 제2호, 제6조 제1항, 제2항 제1호, 제2호 등에 해당하여 무효라고 볼 수 없다.

(다) 고객의 계약체결의 부당한 제한

고객이 제3자와 계약을 체결하는 것을 부당하게 제한하는 조항은 무효이다(법 §11 iii). 이러한 제한은 고객측의 계약체결의 자유를 침해하게 되며, 사업자의 독과점적 지위를 형성·유지·강화를 목적으로 이루어지는 경우가 많다. 공정거래법에서도 이러한 계약체결을 구속조건부거래로서 금지하고 있다.

(라) 사업자의 고객의 비밀누설

사업자가 업무상 알게 된 고객의 비밀을 정당한 이유 없이 누설하는 것을 허용하는 조항은 무효이다(법 §11 iv). 이러한 제한은 고객의 신용정보가 유출되어 고객의 사생활의 비밀이 침해될 수 있기 때문이다. 다만 고객의 정보를 제공할 정당한 이유가 있는 경우에는 허용된다. 그러나 이 경우에도 허용요건은 채무불이행의 정도, 고객에 대한 최고 및 고객의 동의 등을 전제로 구체화되어야 하며, 유출가능한 범위도 필요한 최소한도에 그쳐야 한다.[43]

예컨대, 백화점의 신용카드계약서에서 "회원이 본 규약을 위배하여 채무를 불이행하는 경우에는 백화점은 이 사실 등의 신용정보를 신용정보기관과 관련업계에 임의로 제공할 수 있다"고 규정한 경우 당해 약관조항 그 자체는 유효하나, 만약 불입금 지급을 1회 체납할 경우에도 본인의 동의나 최고없이 관련업계에 개인의 신용정보를 임의로 제공할 수 있도록 하고 있다면 고객의 정보를 유출함에 있어 충분한 요건이 될 수 없으므로 무효이다.

---

43) 이은영, 앞의 책, 333면.

(6) 의사표시의 의제

의사표시의 방식이나 효력에 관한 민법규정은 원칙적으로 임의규정이기 때문에 당사자 간의 합의로 그 적용을 배제할 수 있다. 그러나 사업자가 고객의 의사표시를 의제하는 약관조항을 통하여 고객이 자신의 권리 또는 이익을 방어할 수 있는 기회를 박탈 또는 제한하거나 자신에게 불리한 조건을 수락하게 하는 경우에는 고객보호를 위해 무효로 하고 있다(법 §12).

(가) 고객 의사표시의 의제

일정한 작위, 부작위가 있을 때 고객의 의사표시가 표명되거나 표명되지 아니한 것으로 보는 조항은 무효이다(법 §12 i 본문). 다만, 고객에게 상당한 기간 내에 의사표시를 하지 아니하면 의사표시가 표명되거나 표명되지 아니한 것으로 본다는 뜻을 명확하게 따로 고지하거나 부득이한 사유로 그러한 고지를 할 수 없는 경우에는 무효로 되지 않는다(법 §12 i 단서). 이는 흔히 사업자가 약관을 일방적으로 변경하고 이에 대한 고객의 동의를 의제하기 위하여 사용되고 있는 약관조항을 규제하기 위한 것이다(「일방적 변경금지의 원칙」). 약관의 변경, 특히 약관조항을 고객에게 불리하게 변경하기 위해서는 양 당사자가 계약의 체결과 동일한 방법으로 별도로 고객에 대한 통지 및 이에 대한 승낙을 통한 약관변경에 대한 합의가 있어야 유효하다. 위 단서에 의한 예외로서 '고지'는 별도로 행하는 고지를 말하며, 계약체결시에 교부된 약관에 기재되어 있는 의제조항에 의한 고지는 여기에 포함되지 않는다.[44]

(나) 고객 의사표시의 형식 · 요건의 부당한 제한

고객의 의사표시의 형식이나 요건에 대하여 부당하게 엄격한 제한을 가하는 조항은 무효이다(법 §12 ii). 왜냐하면 의사표시의 형식이나 요건에 엄격한 제한을 가할 경우 사실상 의사표시를 하는 것 자체가 곤란해지기 때문이다. 따라서 서면 또는 전자문서, 공증 등 법률상 일정한 방식을 요구하는 경우를 제외하고는 원칙적으로 의사표시의 형식·요건에 부당한 제한을 가하여서는 안 된다. 여기에서 의사표시에는 본래의 의미에서의 의사표시 외에 의사의 통지, 관념의 통지도 포함하는 것으로 해석하여야 한다.

[판례] 자동차 양도시 피보험자 권리 · 의무의 승계(대법원 1996. 5. 31. 선고 96다10454 판결)

피보험자가 보험기간 중 자동차를 양도한 때에는 보험계약으로 인하여 생긴 보험계약자 및 피보험자의 권리와 의무는 양수인에게 승계되지 아니하나 보험계약으로 인하여 생긴 권리와 의무를 승계한다는 것을 약정하고 피보험자 또는 양수인이 그 뜻을 회사에 서면으로

---

44) 이은영, 위의 책, 341면; 권오승, 앞의 책(소비자보호법), 162면.

통지하여 회사의 승인을 받은 때에는 그 때로부터 양수인에 대하여 보험계약을 적용한다고 규정한 자동차종합보험보통약관은 약관규제법 제12조 제2호에 정한 고객의 의사표시의 형식이나 요건에 대하여 부당하게 엄격한 제한을 가하는 조항으로서 무효라고 할 수는 없다.

(다) 사업자의 의사표시의 도달 의제

고객의 이익에 중대한 영향을 미치는 사업자의 의사표시가 상당한 이유없이 고객에게 도달된 것으로 보는 조항은 무효이다(법 §12ⅲ). 민법은 상대방있는 의사표시는 그 통지가 상대방에게 도달할 때로부터 그 효력이 생긴다는 도달주의(到達主義) 원칙을 기본으로 하고 있다(민법 §111). 더욱이 상대방에게 미치는 영향이 중대한 경우에는 이 원칙이 엄격히 요구된다. 이러한 원칙에 반하여 사업자의 통지가 실제로 고객에 도달한 바 없음에도 불구하고 도달한 것으로 의제하여 의사표시의 효력을 발생시키려는 것은 고객의 책임없는 사유에도 불구하고 고객의 항변을 배제하는 것으로 되어 고객의 이익을 부당하게 침해하는 것이 된다.

[판례] 보험회사의 의사표시 수령장소의 의제(대법원 2000. 10. 10. 선고 99다35379 판결)

보험계약자 또는 피보험자가 개인용자동차보험 보통약관에 따라 주소변경을 통보하지 않는 한 보험증권에 기재된 보험계약자 또는 기명피보험자의 주소를 보험회사의 의사표시를 수령할 지정장소로 한다고 규정하고 있는 개인용 자동차보험 특별약관의 보험료 분할납입 특별약관을 문언 그대로 보아 보험회사가 보험계약자 또는 피보험자의 변경된 주소 등 소재를 알았거나 혹은 보통일반인의 주의만 하였더라면 그 변경된 주소 등 소재를 알 수 있었음에도 불구하고 이를 게을리 한 과실이 있어 알지 못한 경우에도 보험계약자 또는 피보험자가 주소변경을 통보하지 않는 한 보험증권에 기재된 종전 주소를 보험회사의 의사표시를 수령할 지정장소로 하여 보험계약의 해지나 보험료의 납입최고를 할 수 있다고 해석하게 되는 경우에는 위 특별약관조항은 고객의 이익에 중대한 영향을 미치는 사업자의 의사표시가 상당한 이유없이 고객에게 도달된 것으로 보는 조항에 해당하는 것으로서 약관규제법의 제12조 제3호에 따라 무효라 할 것이다.

(라) 사업자의 의사표시에 부당한 기한 설정

고객의 이익에 중대한 영향을 미치는 사업자의 의사표시에 부당하게 장기의 기한 또는 불확정한 기한을 정하는 조항은 무효이다(법 §12ⅳ). 이는 고객의 계약상의 지위를 불안정하게 하는 것이다. 고객의 이익에 중대한 영향을 미치는 의사표시로서는 청약·승낙의 의사표시, 계속적 계약관계에 있어서 기간연장에 관한 의사표시를 들 수 있다.

(7) 대리인의 책임가중

고객의 대리인에 의하여 계약이 체결된 경우 고객이 그 의무를 이행하지 아니하는 때에는 대리인에게 그 의무의 전부 또는 일부를 이행할 책임을 지우는 내용의 약관조항은 무효이다(법 §13). 대리인이 본인을 위하여 법률행위를 한 경우 그 법률행위는 본인과 상대방 사이에서만 법적 효과가 발생하기 때문에 대리인 자신은 아무런 이행책임을 지지 않는다. 따라서 대리인에게 이행책임을 지우는 것은 무효이다. 또한 무권대리의 경우에도 대리인의 책임을 민법 기타 특별법에서 정해진 내용보다 과중한 책임을 지우는 것도 무효로 보아야 한다.[45)]

한편 대리인이란 단순히 '본인을 위하여 계약체결을 대리하는 민법 또는 상법상의 대리인'을 뜻하며, 만약 이행보조자 내지 계약이행자로서의 지위도 겸하고 있는 경우에는 약관규제법상 대리인에 해당하지 않는다.[46)]

(8) 소제기 및 관할합의의 금지

고객에 대하여 부당하게 불리한 소제기의 금지조항 또는 재판관할의 합의조항이나 상당한 이유없이 고객에게 입증책임을 지우는 내용의 약관조항은 무효이다(법 §14).

(가) 소제기의 금지

당사자 간에 개별적인 특약을 통해 예컨대, "하등 이의를 제기하지 않기로 한다"는 등 부제소(不提訴)의 합의를 한 경우에는 부당하다고 할 수 없다. 그러나 부제소의 약관조항을 허용할 경우 사업자가 경제적 약자인 고객에게 권리구제의 포기를 강요하는 결과가 될 수 있으므로 부당하다. 약관규제법 제14조에서 소제기라고 함은 본안의 제소는 물론이고 보전소송 등 강제집행에 있어서의 신청까지를 포함한 소송절차상의 일체의 신청행위를 뜻한다.[47)] 한편 중재합의 약관조항 그 자체는 무효라고 할 수 없지만, 사업자가 중재인을 선정하도록 하는 경우에는 고객의 위험을 배제할 수 없으므로 무효이다.

(나) 관할합의의 금지

1심 재판관할의 합의는 전속관할에 관한 것을 제외하고는 인정되는 바이지만(민사소송법 §29①, §30), 만약 재판관할의 합의를 약관을 통하여 하는 경우까지 확장하면 통상적으로 사업자에게 유리하게 정해지고, 원거리의 고객은 제소 또는 응소상 커다란 불편이 초래될 수 있게 된다. 따라서 이러한 합의는 고객이 자기 소재지의 법원에서

---

45) 권오승, 앞의 책(소비자보호법), 163면.
46) 대법원 1999. 3. 9. 선고 98두17494 판결.
47) 대법원 1994. 12. 9. 선고 93다43873 판결.

소송할 수 있는 길이 사실상 차단되어 고객에게 부당하게 불리한 것으로서 당사자 사이의 개별적이고 명백한 특약이 없는 한 무효이다.

다만 특정한 법원에만 관할권을 인정하고 그 밖의 법원에 대한 관할권을 배제하는 전속적 합의관할의 경우와 달리 법정관할 외에 다른 관할법원을 부가하는 부가적 합의관할로 해석되는 경우에는 그 결과 고객에게 불이익이 생기는가에 따라 약관의 효력을 판단하여야 할 것이다. 그 밖에 소송의 승패는 입증책임 여하에 의하여 좌우되기 때문에 사업자가 자기의 영역 내에 속하는 사항에 대해서도 고객에게 입증책임을 전가하는 것은 부당하며, 이러한 약관조항은 무효이다.

[판례] 전속적 관할합의에 관한 약관조항이 무효인지 여부(대법원 2009. 11. 13. 자 2009마1482 결정)

당사자 중 일방이 지정하는 법원을 관할법원으로 한다는 것과 다를 바 없거나, 사업자가 그 거래상의 지위를 남용하여 사업자의 영업소를 관할하는 지방법원을 전속적 관할로 하는 약관조항을 작성하여 고객과 계약을 체결함으로써 건전한 거래질서를 훼손하는 등 고객에게 부당하게 불이익을 주었다고 인정되는 경우라면, 그 약관조항은 약관의 규제에 관한 법률 제14조에 위반되어 무효이고, 이에 이르지 아니하고 그 약관조항이 고객에게 다소 불이익한 것에 불과하다면 그 약관조항을 무효라고 할 수는 없을 것이나, 이 경우에도 그 약관은 신의성실의 원칙에 따라 공정하게 해석되어야 하며, 약관의 뜻이 명백하지 아니한 경우에는 고객에게 유리하게 해석되어야 한다.

Ⅳ. 불공정약관의 효력

1. 실체법상 당연무효

불공정 약관조항은 일반원칙상의 무효(법 §6)이든 개별적 무효조항에 따른 무효(법 §7부터 §14까지)이든 실체법상 효력이 없으며, 공정거래위원회가 무효로 판단하였기 때문에 비로소 무효로 되는 것은 아니다. 또한 일반 민사소송사건에서 불공정 약관조항이 재판의 전제로 될 때 법원은 고객의 항변과 관계없이 약관의 불공정성 여부를 직권으로 고려하여야 한다. 약관조항이 불공정한 경우에는 무효로서 소급효를 가지며, 구체적 법률관계의 효력에 영향을 미친다.

[판례] 무효인 약관조항에 기한 합의의 효력(대법원 2000. 1. 18. 선고 98다18506 판결)

무효인 약관조항에 의거하여 계약이 체결되었다면 상대방이 계약의 이행을 지체하는 과정에서 약관작성자로부터 채무의 이행을 독촉 받고 종전 약관에 따른 계약내용의 이행 및 약정내용을 재차 확인하는 취지의 각서를 작성하여 교부하였다 하여 무효인 약관의 조항이 유효한 것으로 된다거나, 위 각서의 내용을 새로운 개별약정으로 보아 약관의 유・무효와는 상관없이 위 각서에 따라 법적 효력이 생긴다고 할 수 없다.

2. 일부 무효의 특칙

(1) 원 칙

민법 제137조는 "법률행위의 일부분이 무효인 때에는 그 전부를 무효로 한다. 그러나 그 무효부분이 없었더라도 법률행위를 하였을 것이라고 인정될 때에는 나머지 부분은 무효가 되지 아니 한다"고 규정하고 있다.

그러나 약관규제법은 ① 약관의 전부 또는 일부의 조항이 사업자가 명시·교부 또는 설명의무를 이행하지 아니하여 계약의 내용이 되지 못하는 경우(법 §3④)와 ② 약관의 전부 또는 일부의 조항이 불공정 약관조항에 해당되어 무효인 경우(법 §6부터 §14까지)에 계약은 나머지 부분으로 유효하게 존속하는 것으로 규정하고 있다(법 §16① 본문).

이와 같이 약관규제법에서 민법에 대한 특칙을 둔 이유는 오늘날 약관에 의한 계약이 고객인 소비자들의 일상생활에 필수적인 거래에 자주 이용되고 있어 약관의 일부 조항이 무효라 하더라도 약관 전체를 무효로 하는 것보다 계약관계를 유지하는 것이 거래관계의 안정 및 고객의 이익에 부합되기 때문이다.

(2) 예 외

약관의 전부 또는 일부 조항이 계약의 내용으로 되지 못하거나 무효인 경우에는 계약은 나머지 부분만으로 유효하게 존속하는 것이 원칙이다(「계약지속의 원칙」). 이 원칙은 어디까지나 계약의 내용이 분리될 수 있고, 계약의 나머지 부분만으로 계약 자체가 성립할 것을 전제한 것이다. 그러나 유효한 부분만으로 계약의 목적달성이 곤란하거나 일방당사자에게 부당하게 불리한 때에는 계약 전부가 무효로 된다(법 §16① 후단). 여기에서 부당하게 불리한가 여부는 계약성립을 전제로 사업자와 고객의 이익을 비교하여 불리성을 판단한 후에, 거래관행상의 불리한 정도를 기준으로 부당성을 판단하여야 할 것이다.

(3) 무효조항의 보충

일부 무효의 특칙에 따라 약관의 전부 또는 일부조항이 계약의 내용으로 되지 못하거나 무효인 경우 그 부분을 제외한 나머지 부분만으로 계약이 유효하게 존속하게 되므로 무효로 인하여 흠결된 부분, 즉 당사자의 합의가 없었던 것으로 되는 부분을 어떻게 보충하여야 할 것인가가 문제로 된다. 이에 대하여 사적 자치가 허용되는 부분의 의사보충에 관한 민법 제106조의 규정에 따라 사실인 관습, 임의법규 등의 순으로 보충되어야 할 것이다.[48]

제 6 절 약관의 심사 및 규제

Ⅰ. 약관의 심사

1. 심사청구

약관의 법 위반 여부에 대한 심사는 공정거래위원회에 대한 심사청구에 의하여 개시한다. 약관의 심사를 청구할 수 있는 자는 ① 약관조항과 관련하여 법률상 이익이 있는 자, ② 소비자기본법에 의하여 등록된 소비자단체, ③ 한국소비자원, ④ 사업자단체이다(법 §19① 각호). 여기에서 법률상 이익이 있는 자는 고객을 염두에 둔 것이나 그 대리인과 보증인도 포함된다. 심사청구는 사업자를 피청구인으로 하여야 하며, 심사청구서[49]를 서면 또는 전자문서로 공정거래위원회에 제출하여야 한다(법 §19②, 서면제출주의). 구두에 의한 심사청구는 인정되지 아니 한다.

심사청구된 약관이라 하더라도 공정거래위원회가 반드시 심사하여야 하는 것은 아니다. 청구사항을 검토한 후 공정거래위원회에서 심사할 가치가 있다고 판단되는 경우에만 심사를 개시한다. 심사의 대상으로 되는 약관은 인가된 것인지, 이미 계약체결에 사용되었던 것인지 여부를 불문한다. 약관심사과정에서 심사대상인 약관조항이 변경되는 경우 공정거래위원회는 직권 또는 심사청구인의 신청에 의하여 심사대상을 변경할 수 있다(법 §19의2). 이는 심사청구를 반려하고 새로운 약관조항에 대하여 다시 심사청구절차를 거쳐야 하는 절차상의 번거로움을 해소하기 위한 것이다.

2. 조　　사

심사청구를 받은 경우 공정거래위원회는 약관의 법 위반 여부를 확인하기 위해 필요한 조사를 할 수 있다(법 §20①ⅱ). 이 경우 필요한 조사를 하는 공무원은 그 권한을 표시하는 증표를 지니고 이를 관계인에게 내보여야 한다(법 §20②). 조사에 관하여 상

---

48) 이은영, 앞의 책, 367면.

49) 심사청구서에는 ① 심사청구자의 성명 및 주소, ② 사업자의 성명 또는 상호 및 주소, ③ 심사청구의 취지 및 이유를 기재하고 심사청구의 대상이 되는 약관의 사본을 첨부하여야 한다(영 §7①).

세한 사항은 공정거래위원회가 제정한 「공정거래위원회 회의 운영 및 사건절차 등에 관한 규칙」[50]에서 정하고 있다.

3. 심 결

약관에 대한 심사는 공정거래위원회의 소회의에서 심의·의결(규칙 §5)하며, 소회의의 의장은 심사관의 심사보고서 제출 후 피심인의 의견서가 제출된 날 등으로부터 30일 이내에 당해 사건을 심의에 부의하여야 한다(규칙 §35①).

심의과정에서 공정거래위원회는 사업자 또는 이해관계인에 대하여 의견진술의 기회를 주어야 한다. 즉, 공정거래위원회는 심의 전에 당해 약관에 의하여 거래를 한 사업자 또는 이해관계인에 대하여 당해 약관이 심사대상이 되었다는 사실을 서면으로 통지하여야 하며, 회의의 일시 및 장소를 명기하여야 한다(법 §22①, 영 §8①). 위의 통지를 받은 당사자 또는 이해관계인은 회의에 출석하여 의견을 진술하거나 필요한 자료를 제출할 수 있다(법 §22②). 또한 공정거래위원회는 심사대상 약관이 다른 법률에 의하여 행정관청의 인가를 받았거나 받아야 할 것인 때에는 심의에 앞서 그 행정관청에 의견의 제출을 요구할 수 있다(법 §22③). 공정거래위원회는 법 제21조에 따라 심사청구를 받은 때에는 특별한 사유가 있는 경우를 제외하고는 청구를 받은 날부터 60일 이내에 심사결과를 심사청구자에게 서면으로 통보하여야 한다(영 §6②).

그 밖에 약관규제법에 따른 공정거래위원회의 심의·의결에 관하여는 공정거래법 제64조부터 제68조까지의 규정을 준용한다(법 §30의2①).

4. 심결의 효력

공정거래위원회의 심결은 약관규제법이 규정하고 있는 법적 효과를 확인하는 법해석 절차에 불과하며, 독자적으로 사법적 효력을 가지는 것은 아니다. 즉, 공정거래위원회의 심결은 약관에 대한 추상적 심사를 하는 데 불과하다. 다만 약관규제법은 불공정 약관에 대한 통제의 일환으로서 사업자에 대하여 불공정 약관을 계약의 내용으로 사용하지 못하도록 금지하고(법 §17), 이에 위반하는 경우에는 공정거래위원회가 시정권고와 시정명령을 내릴 수 있다는 점에서(법 §17의2) 심결은 시정조치를 위한 사전절차로서의 의미를 가지게 된다.

그러나 공정거래위원회의 시정조치에 따라 불공정 약관조항이 시정되더라도 그 이전에 이미 불공정한 약관에 의해 손해를 입은 고객은 당해 사업자가 자발적으로 배상

50) 개정 2023. 12. 21 공정거래위원회 고시 제2023-26호.

하지 않는 한 개별적으로 법원에 손해배상을 청구할 수밖에 없다. 이 경우 법원은 당해 사건을 심리하는 과정에서 문제가 된 약관의 무효 여부를 선결문제로서 다루게 될 것이다. 법원은 공정거래위원회의 판단에 기속되지 않는다.[51]

Ⅱ. 표준약관의 심사와 보급

1. 표준약관의 의의

표준약관이란 사업자 및 사업자단체가 건전한 거래질서를 확립하고 불공정한 내용의 약관이 통용되는 것을 방지하기 위해 작성한 일정한 거래분야에서 표준이 되는 약관을 말한다(법 §19의3①).

2. 표준약관의 심사

건전한 거래질서를 확립하고 불공정한 내용의 약관이 통용되는 것을 방지하기 위하여 사업자 및 사업자단체는 일정한 거래분야에서 표준이 될 약관의 제정・개정안을 마련하여 그 내용이 이 법에 위반되는지 여부에 관하여 공정거래위원회에 심사를 청구할 수 있다(법 §19의3①). 일반적으로 약관의 심사청구는 약관규제법에 위반되는지 여부를 심사하여 사후적・개별적으로 수정 또는 삭제하기 위한 것인데 비해, 표준약관의 심사청구는 일정한 거래분야에서 표준이 되는 약관으로 작성한 것을 승인함으로써 불공정약관의 작성・통용을 사전에 예방하기 위한 것이다.

표준약관의 심사청구를 받은 때에는 공정거래위원회는 필요하다고 인정하는 경우에는 표준약관을 사용하고 있는 사업자 또는 사업자단체에 대하여 당해 약관의 운용상황을 제출하게 할 수 있다(영 §7②). 공정거래위원회는 표준약관의 심사청구를 받은 때에는 심사청구를 받은 날부터 60일 이내에 심사결과를 신청인에게 통보하여야 한다(영 §7①).

3. 표준약관의 보급

(1) 표준약관의 제정

약관규제법은 표준약관의 보급 확대를 위해 표준약관의 제정주체를 확대하고 있다.

---

51) 이 경우 법원과 공정거래위원회 간의 판단충돌의 문제가 생길 수 있으며, 이로 인해 법적 안정성이 침해될 우려가 있기 때문에 장기적으로는 약관의 내용통제를 법원에 이관하는 것이 바람직하다는 주장도 있다. 권오승, 앞의 책(소비자보호법), 173면.

즉, 사업자 또는 사업자단체뿐만 아니라 등록된 소비자단체 또는 한국소비자원도 소비자피해가 자주 일어나는 거래분야의 표준이 될 약관을 제정 또는 개정할 것을 공정거래위원회에 요청할 수 있도록 하고 있다(법 §19의3②).

공정거래위원회는 ① 등록된 소비자단체나 한국소비자원의 요청이 있는 경우, ② 일정한 거래분야에서 다수의 고객에게 피해가 발생하거나 발생할 우려가 있는 경우에 관련 상황을 조사하여 약관이 없거나, 불공정 약관조항이 있는 경우 또는 ③ 법률의 제정·개정·폐지 등으로 약관을 정비할 필요가 발생한 경우 사업자 및 사업자단체에 대하여 표준이 될 약관의 제정·개정안을 마련하여 심사청구할 것을 권고할 수 있다(법 §19의3③). 사업자 및 사업자단체가 그 권고를 받은 날부터 4월 이내에 필요한 조치를 하지 아니하는 경우 공정거래위원회는 관련분야의 거래당사자 및 소비자단체 등의 의견을 듣고 관계부처의 협의를 거쳐 표준이 될 약관을 직접 제정 또는 개정할 수 있다(법 §19의3④). 표준약관 심사청구를 권고하기 위해 불공정 약관조항 여부를 심사함에 있어서는 문제되는 조항만을 따로 떼어서 볼 것이 아니라 전체 약관내용을 종합적으로 고찰한 후에 판단하여야 하고, 그 약관이 사용되는 거래분야의 통상적인 거래관행, 거래대상인 상품이나 용역의 특성 등을 함께 고려하여 판단하여야 한다.[52]

이와 같이 공정거래위원회가 표준약관 제정에 직접 참여토록 한 것은 소비자의 피해나 불만이 많으면서도 표준약관의 보급이 제대로 이루어지지 못하고 있는 분야에 표준약관의 보급을 원활히 하기 위한 것이다.

(2) 표준약관의 사용

공정거래위원회는 심사하거나 제정·개정한 표준약관을 공시하고, 사업자 및 사업자단체에 대하여 그 사용을 권장할 수 있다(법 §19의3⑤). 공정거래위원회로부터 표준약관의 사용을 권장받은 사업자 및 사업자단체는 표준약관과 다른 약관을 사용하는 경우에는 표준약관과 다르게 정한 주요내용을 고객이 알기 쉽게 표시하여야 한다(법 §19의3⑥). 표준약관의 사용을 활성화하기 위하여 공정거래위원회는 표준약관표지(마크)를 정할 수 있으며, 사업자 및 사업자단체는 표준약관을 사용하는 경우 공정거래위원회가 고시하는 바에 따라 표준약관표지를 사용할 수 있다(법 §19의3⑦).

4. 표준약관의 규제

사업자 및 사업자단체는 표준약관과 다른 내용을 약관으로 사용하는 경우 표준약

52) 대법원 2010. 10. 14. 선고 2008두23184 판결.

관표지를 사용하여서는 아니 된다(법 §19의3⑧). 사업자 및 사업자단체가 허위로 표준약관표지를 사용하는 경우 표준약관의 내용보다 고객에게 더 불리한 약관의 내용은 무효로 한다(법 §19의3⑨). 특히 표준약관표지의 허위사용은 소비자 오인성이 크고 표준약관의 신뢰를 크게 해치므로 이러한 행위에 대해 5천만 원 이하의 과태료를 부과할 수 있도록 하고 있다(법 §34①i).

Ⅲ. 불공정약관에 대한 규제

1. 불공정 약관조항의 사용금지의무

불공정 약관조항은 실체법상 무효이므로 계약의 내용으로 될 수 없으며, 설사 계약의 내용으로 되었더라도 소급적으로 무효이다. 그러나 통상의 경우 고객은 어떠한 조항이 불공정한 약관조항인지 잘 알지 못하므로 불공정 약관조항의 효력을 그대로 인정하는 경우가 많다. 또한 설사 불공정 약관조항임을 알았더라도 사업자가 이를 시인하지 않는 한, 고객은 분쟁해결을 위하여 소송을 제기해야 하는 실질적인 부담을 안게 된다. 약관규제법은 이러한 불합리한 결과를 방지하기 위하여 불공정한 약관조항을 계약의 내용으로 하지 않도록 모든 사업자에게 불공정 약관조항의 일반적인 사용금지의무를 부과하고 있다(법 §17).

2. 시정조치

(1) 시정권고

공정거래위원회는 사업자가 불공정 약관조항을 계약의 내용으로 하는 경우에는 건전한 거래질서의 확립을 위해 사업자에게 당해 약관조항의 삭제·수정 등 시정에 필요한 조치를 권고할 수 있다(법 §17의2①). 시정권고는 행정지도의 일종이기 때문에 사업자를 구속하거나 강제하는 것은 아니며, 사업자의 임의적인 협력에 기대할 수밖에 없다. 다만, 정당한 사유 없이 시정권고에 응하지 않아 다수 고객의 피해가 발생하거나 발생할 우려가 있는 경우에 공정거래위원회는 시정명령을 내릴 수 있기 때문에(법 §17의2 ②vi) 사업자는 사실상 시정권고에 따르지 않을 수 없을 것이다. 또한 시정권고 자체는 어떠한 법적 효과를 수반하지 않기 때문에 사업자는 이에 대하여 행정소송을 제기할 수 없다.

(2) 시정명령

시장에서의 파급영향이 큰 일정한 범위의 사업자나 시정권고 불이행으로 다수 피해가 우려되는 사업자가 법 제17조의 불공정 약관조항 사용금지의무에 위반한 경우 공정거래위원회는 현재 사용 중인 당해 약관조항의 삭제·수정 등 시정조치를 명할 수 있다(법 §17의2②). 유의할 것은 일반적으로 약관은 계약의 일부로 편입되는 것이고, 계약의 내용은 계약당사자가 정하는 것이므로 공정거래위원회로서는 불공정한 약관조항에 대하여 소극적으로 그 불공정성을 제거하는 방향으로 삭제 또는 수정할 것을 명할 수 있을 뿐, 그 약관조항을 구체적으로 어떻게 수정하라고 명령하는 방식으로 계약당사자의 계약내용에 개입할 수는 없다.[53] 약관조항의 삭제·수정 이외에도 약관으로 계약을 체결한 모든 고객에게 약관의 불공정 사실을 통지하도록 명령할 수 있다.[54]

시정명령의 대상으로 되는 범위에 속하는 사업자는 다음과 같다.

① 사업자가 공정거래법상의 시장지배적사업자인 경우

② 사업자가 자기의 거래상의 지위를 부당하게 이용하여 계약을 체결하는 경우

③ 일반 공중에게 물품·용역을 공급하는 계약으로서 계약체결의 긴급성·신속성으로 인하여 고객이 계약을 체결할 때에 약관조항의 내용을 변경하기 곤란한 경우

④ 사업자의 계약당사자로서의 우월적 지위가 현저하거나 고객이 다른 사업자를 선택할 범위가 제한되어 있어 약관을 계약의 내용으로 하는 것이 사실상 강제되는 경우

⑤ 계약의 성질 또는 목적상 계약의 취소·해제 또는 해지가 불가능하거나 그로 인하여 고객에게 현저한 재산상의 손해가 발생하는 경우

⑥ 사업자가 시정권고를 정당한 사유없이 따르지 아니하여 다수 고객의 피해가 발생하거나 발생할 우려가 있는 경우

이 시정명령은 명령을 받은 자에 대해서만 효력이 있다. 시정명령에 위반한 자에 대해서는 2년 이하의 징역이나 1억 원 이하의 벌금에 처한다(법 §32).

(3) 사용금지권고

공정거래위원회는 사업자에 대한 시정명령이나 시정권고 시 필요한 경우 당해 사업자와 동종사업을 영위하는 다른 사업자에게 같은 내용의 불공정 약관조항을 사용하

53) 대법원 2003. 1. 10. 선고 2001두1604 판결.
54) 대법원 2005. 2. 18. 선고 2003두3734 판결.

지 말 것을 권고할 수 있다(법 §17의2③).

(4) 처분에 대한 이의신청 등

이 법에 따른 공정거래위원회의 처분에 대한 이의신청, 소송 제기 및 불복 소송의 전속관할에 대하여는 공정거래법 제96조부터 제101조까지의 규정을 준용한다(법 §30의2②).

3. 관계기관의 협력

(1) 약관인가관청에 대한 시정조치 요청

공정거래위원회는 행정관청이 작성한 약관 또는 다른 법률에 따라 행정관청의 인가를 받은 약관이 불공정약관으로 인정될 때에는 당해 행정관청에 그 사실을 통보하고, 시정에 필요한 조치를 요청할 수 있다(법 §18① 전단). 이는 당해 행정관청과의 권한충돌을 방지하기 위한 것이다. 약관인가관청에 시정요청을 한 경우 공정거래위원회는 사업자에 대하여 시정권고 또는 시정명령은 하지 아니한다(법 §18③).

(2) 금융감독원에 대한 시정조치의 권고

「은행법」의 규정에 의한 은행의 약관이 제6조부터 제14조까지의 규정에 위반한 사실이 있다고 인정될 때에는 「금융위원회의 설치 등에 관한 법률」에 의하여 설립된 금융감독원에 그 사실을 통보하고 그 시정에 필요한 조치를 취하도록 권고할 수 있다(법 §18②).

(3) 처리결과 통보

법 제18조의 규정에 의한 시정에 필요한 조치의 요청 또는 권고를 받은 행정관청 또는 금융감독원은 그 요청 또는 권고를 받은 날부터 60일 이내에 공정거래위원회에 서면으로 처리결과를 통보하여야 한다(영 §5②).

4. 심결결과의 공개

공정거래위원회는 법에 위반된다고 심의·의결한 약관 조항의 목록을 인터넷 홈페이지에 공개하여야 한다(법 §23).

〈불공정약관 규제절차〉

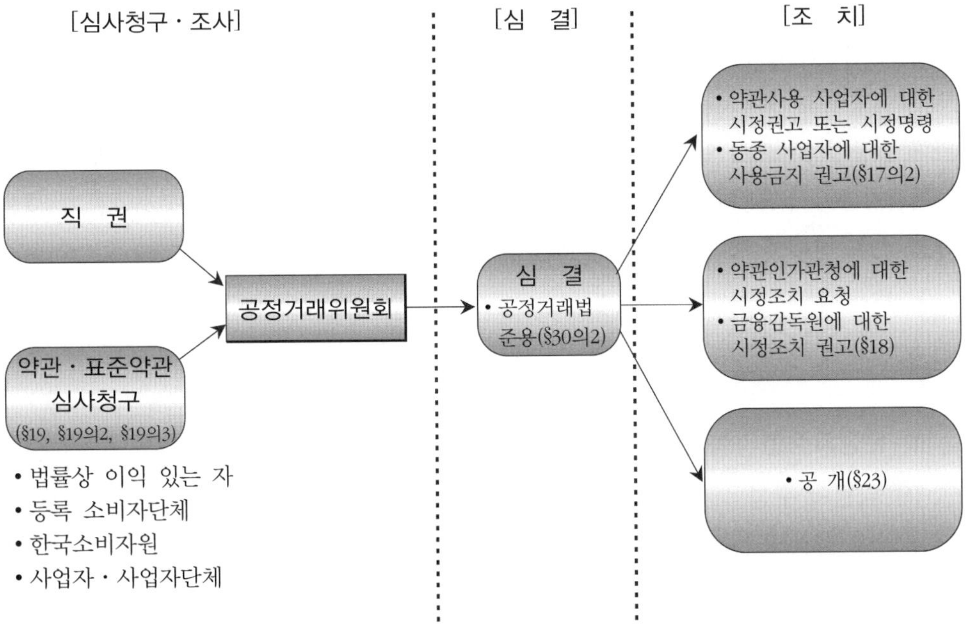

제 7 절 분쟁의 조정

Ⅰ. 의 의

약관과 관련한 분쟁은 사업자가 거래상의 지위를 남용하여 고객과 불공정한 약관에 의해 거래함에 따라 발생하는 경우가 대부분이다. 그러나 불공정 약관을 사용한 사업자에 대한 제재조치만으로는 거래고객의 피해에 대한 실효성 있는 구제에 한계가 있다. 이에 따라 약관규제법은 약관에 의한 거래당사자의 분쟁을 조정하기 위하여 한국공정거래조정원에 「약관분쟁조정협의회」를 설치하도록 하고, 동 협의회에서 이루어진 조정에 대해서는 시정조치를 면제하는 등 행정상의 혜택을 부여하고 있다. 이로써 사업자의 입장에서는 공정거래위원회의 시정조치에 앞서 분쟁을 스스로 해결할 수 있는 기회를 가질 수 있고, 상당한 시간과 비용을 요하는 민사소송을 거치지 않고 간단한 조정절차를 거쳐 약관관련 분쟁을 신속하고 효율적으로 해결할 수 있게 되었다.

약관과 관련한 분쟁의 조정을 통해 사업자와 소비자 간의 거래(B2C)뿐만 아니라 사업자와 사업자 간의 거래(B2B)에서도 불공정 약관으로 인한 피해 당사자는 민사소송에 의존하지 않더라도 간편한 절차를 통해 피해를 구제받을 수 있다. 특히 대리점·가맹점, 백화점(대형마트) 입점업체, 홈쇼핑 납품업체 등 중소 상공인에게 고액의 소송비용 부담없이 조정절차를 통해 약관관련 분쟁을 해결하는 길을 열어줄 수 있다. 이와 함께 불공정약관으로 인한 분쟁이 해결되면, 동일·유사한 약관을 사용하는 분야의 분쟁해결기준이 됨으로써 자율적 분쟁해결이 촉진될 것이고, 동시에 불공정약관의 사전예방 및 자진시정 효과도 기대될 수 있다.

Ⅱ. 약관분쟁조정협의회

1. 분쟁조정협의회의 설치 및 구성

(1) 위원의 구성

불공정 약관 또는 이와 비슷한 유형의 약관으로서 대통령령으로 정하는 약관과 관련된 분쟁을 조정하기 위하여 한국공정거래조정원(이하 "조정원")에 약관분쟁조정협의회(이하 "협의회")를 둔다. 협의회는 위원장 1인을 포함한 9인의 위원으로 구성한다(법 §24①, ②).

(2) 위원의 자격요건 · 임기

위원의 자격요건으로서는 ① 공정거래 및 소비자보호 업무에 관한 경험이 있는 4급 이상의 공무원(고위공무원단에 속하는 일반직 공무원을 포함)의 직에 있거나 있었던 사람, ② 판사·검사직에 있거나 있었던 자 또는 변호사의 자격이 있는 사람, ③ 대학에서 법률학·경제학·경영학 또는 소비자 관련 학문을 전공한 사람으로서 「고등교육법」에 따른 학교나 공인된 연구기관에서 부교수 이상의 직 또는 이에 상당하는 직에 있거나 있었던 사람, ④ 그 밖에 기업경영, 소비자권익 및 분쟁조정과 관련된 업무에 관한 학식과 경험이 풍부한 사람이어야 한다(법 §24⑤ 각호). 위원의 임기는 3년으로 하되, 연임할 수 있다(법 §24⑥).

(3) 위원(장)의 위촉

협의회의 위원과 위원장은 약관규제·소비자 분야에 경험 또는 전문지식이 있는 사람으로서 위원의 자격요건을 갖춘 사람 중에서 조정원장의 제청으로 공정거래위원장이 임명하거나 위촉한다(법 §24③, ⑤). 협의회의 위원장은 상임으로 하며, 그 직무 외에 영리를 목적으로 하는 업무에 종사하지 못한다(법 §24②, ⑨). 그러나 영리 목적 여부에 대한 공정거래위원장의 심사를 거쳐 비영리 목적의 업무를 겸할 수 있다(법 §24⑪).

2. 협의회의 회의

협의회의 회의는 위원 전원으로 구성되는 「전체회의」와 위원장이 지명하는 3명의 위원(위원장 포함 가능)으로 구성되는 「분과회의」로 구분된다(법 §25①).

전체회의는 위원장이 주재하며, 재적위원 과반수의 출석으로 개의하고, 출석위원 과반수의 찬성으로 의결한다(법 §25③). 분과회의는 전체회의로부터 위임받은 사항에 관하여 심의·의결한다(법 §25②). 분과회의는 위원장 또는 위원장이 지명하는 위원이 주재하며, 구성위원 전원의 출석과 출석위원 전원의 찬성으로 의결한다. 이 경우 분과회의의 의결은 협의회의 의결로 보되, 회의의 결과를 전체회의에 보고하여야 한다(법 §25④). 조정의 대상이 된 분쟁의 당사자인 고객(소비자기본법상 소비자는 제외)과 사업자는 협의회의 회의에 출석하여 의견을 진술하거나 관계 자료를 제출할 수 있다(법 §25⑤).

3. 위원의 제척·기피·회피

위원 또는 그 배우자나 배우자이었던 자가 당해 조정사항의 분쟁당사자가 되거나 공동권리자 또는 의무자의 관계에 있거나 기타 이해관계에 있는 등 협의회의 조정에 공정을 기하기 어려운 사정이 있는 때에 제척사유가 되며, 위원에게 이러한 사정이 있는 때에는 분쟁당사자는 협의회에 기피신청을 할 수 있다. 또한 제척 또는 기피신청의 사유에 해당하는 경우에는 위원 스스로 당해 조정사항의 조정에서 회피할 수 있다(법 §26).

Ⅲ. 분쟁조정절차

1. 조정의 신청 또는 의뢰

분쟁조정은 원칙적으로 불공정 약관으로 피해를 입은 고객이 협의회에 신청하여야 하나, 공정거래위원회도 협의회에 분쟁조정을 의뢰할 수 있다(법 §27②). 분쟁조정을 신청하기 위해서는 일정한 사항을 기재한 서면을 협의회에 제출하여야 한다(법 §27① 본문, 영 §8의4②). 협의회의 위원장은 분쟁조정의 신청에 대하여 보완이 필요하다고 인정될 때에는 상당한 기간을 정하여 그 보완을 요구하여야 한다(영 §8의6①).

2. 조정신청의 대상

분쟁조정의 신청 또는 의뢰의 대상으로 되는 것은 법 제17조(불공정 약관조항의 사용금지)를 위반한 약관과 관련된 분쟁 또는 이와 비슷한 유형의 약관과 관련된 분쟁이다(법 §24①, §27①). 여기에서 비슷한 유형의 약관이란 약관의 작성주체나 약관의 명칭 또는 문구에 상관없이 약관의 내용이 법 제17조를 위반한 약관과 법률상 쟁점에 있어 공통되는 약관을 말한다(영 §8의2, §8의4①).

다만 협의회의 권한 범위를 넘어선 ① 분쟁조정 신청이 있기 이전에 공정거래위원회가 조사 중인 사건, ② 분쟁조정 신청의 내용이 약관의 해석이나 그 이행을 요구하는 사건, ③ 약관의 무효판정을 요구하는 사건, ④ 그 밖에 분쟁조정에 적합하지 아니한 것으로 대통령령으로 정하는 사건[55]에 대해서는 분쟁조정을 신청할 수 없다(법 §27① 단서 각호). ①부터 ④까지의 어느 하나에 해당하는 사건에 대하여는 조정신청을 각하(却下)하여야 한다(법 §27의2③). 또한 ④와 관련하여 분쟁당사자는 분쟁조정 신청 후 해당 사건에 대해 법원에 소를 제기하거나 중재법에 따른 중재 또는 다른 법률에 따른 분쟁조정기구에 조정을 신청한 때에는 지체 없이 이를 협의회에 통지하여야 한다(영 §8의8).

3. 조정절차의 개시 및 진행

(1) 개 시

협의회가 분쟁조정의 신청 또는 의뢰를 받게 되면 분쟁조정절차가 개시된다. 협의회는 분쟁조정 신청서를 접수하거나 공정거래위원회로부터 분쟁조정을 의뢰받은 경우에는 즉시 분쟁당사자에게 통지하여야 한다(법 §27③). 협의회의 위원장이 회의를 소집하려는 경우에는 관계위원들에게 회의 개최 7일 전까지 회의의 일시·장소 및 안건을 서면으로 통지하여야 한다. 다만, 긴급을 요하는 경우에는 그러하지 아니하다(영 §8의3①).

(2) 진 행

협의회는 분쟁당사자에게 조정사항에 대하여 스스로 조정하도록 권고하거나 조정안을 작성하여 제시할 수 있다(법 §27의2①). 협의회는 당해 조정사항에 관한 사실을 확인하기 위하여 필요한 경우 조사를 하거나 분쟁당사자에 대하여 관련 자료의 제출이나 출석을 요구할 수 있다(법 §27의2②). 분쟁당사자에게 출석을 요구하려는 경우에는

55) 여기에서 대통령령으로 정하는 사건이란 i) 소비자기본법상 소비자가 아닌 고객과 사업자 사이의 분쟁해결이나 피해보상에 관한 합의가 이루어진 사건, ii) 중재법에 따라 중재가 진행 중이거나 신청된 사건을 말한다(영 §8의4④ 각호).

시기 및 장소를 정하여 출석요구일 7일 전까지 분쟁당사자에게 통지하여야 한다. 다만 긴급을 요하거나 분쟁당사자가 동의하는 경우에는 그 기간을 달리 정할 수 있다(영 §8의7①). 통지를 받은 분쟁당사자는 협의회에 출석할 수 없는 부득이한 사유가 있으면 미리 서면으로 의견을 제출할 수 있다(영 §8의7②).

협의회의 회의는 공개하지 않으나, 협의회의 위원장이 필요하다고 인정하는 때에는 분쟁당사자나 그 밖의 이해관계인이 방청하게 할 수 있다(영 §8의3②).

(3) 소송과의 관계

(가) 수소법원의 소송절차 중지

분쟁조정이 신청된 사건에 대하여 신청 전 또는 신청 후 소가 제기되어 소송이 진행 중일 때에는 수소법원(受訴法院)은 조정이 있을 때까지 소송절차를 중지할 수 있다(법 §27의3①). 수소법원이 소송절차를 중지한 경우에는 분쟁당사자는 지체 없이 그 사실을 협의회에 알려야 한다(영 §8의8③). 협의회는 수소법원이 소송절차를 중지한 분쟁조정 사건에 대해 조정신청을 각하하거나 조정절차를 종료한 경우 분쟁당사자의 동의를 받아 그 사유 또는 조정결과 등을 수소법원에 알려야 한다(영 §8의8④).

(나) 협의회의 조정절차 중지

법원이 소송절차를 중지하지 아니하는 경우 협의회는 해당 사건의 조정절차를 중지하여야 한다(법 §27의3②). 협의회는 조정이 신청된 사건과 동일한 원인으로 다수인이 관련되는 동종·유사 사건에 대한 소송이 진행 중인 경우에도 결정으로 조정절차를 중지할 수 있다(법 §27의3③). 협의회가 조정절차를 중지한 경우에는 지체 없이 그 사실을 분쟁당사자에게 알려야 한다(영 §8의8⑤).

(다) 소제기 사실의 통지

분쟁당사자가 분쟁조정을 신청한 후 해당 사건에 대해 소를 제기한 경우에는 지체 없이 그 사실을 협의회에 알려야 한다. 분쟁당사자가 「중재법」에 따른 중재 또는 다른 법률에 따른 분쟁조정기구에 조정을 신청한 경우에도 또한 같다(영 §8의8①). 협의회가 분쟁당사자로부터 소 제기 사실을 통지받거나, 제출받은 분쟁조정신청서를 통해 분쟁조정이 신청된 사건에 대해 소가 제기된 사실을 확인한 경우에는 분쟁당사자의 동의를 받아 수소법원에 알려야 한다(영 §8의8②).

4. 조정절차의 종료

분쟁당사자가 협의회의 권고 또는 조정안을 수락하거나 스스로 조정하는 등 조정이 성립된 경우에는 당연히 그 절차를 종료하게 된다(법 §27의2④ i). 그러나 조정의 실익이 없는 경우에도 그 절차를 종료하게 된다. 즉, 조정을 신청 또는 의뢰받은 날부터 60일(분쟁당사자 쌍방이 기간연장에 동의한 경우에는 90일)이 경과하여도 조정이 성립되지 아니하거나(법 §27의2④ ii), 분쟁당사자의 일방이 조정을 거부하는(법 §27의2④ iii) 등 조정절차를 진행할 실익이 없는 경우에는 조정절차를 종료하여야 한다.

협의회는 조정신청을 각하하거나 조정절차를 종료하면 분쟁당사자의 일반현황, 분쟁의 경위, 조정의 쟁점, 조정신청의 각하 또는 조정절차 종료사유(조정이 성립된 경우에는 조정결과)를 포함한 '분쟁조정종료서'를 작성한 후 그 사본을 첨부하여 공정거래위원회에 보고하여야 하고 분쟁당사자에게 그 사실을 통보하여야 한다(법 §27의2⑤, 영 §8의9).

Ⅳ. 집단분쟁조정

1. 의 의

약관은 대량적·집단적 거래관계에 있어서 다수의 고객과 계약을 체결하는 방식으로 자주 이용되기 때문에 불공정 약관으로 인한 피해가 동일하거나 비슷한 유형으로 발생하는 것이 일반적이다. 따라서 개별적인 사안을 대상으로 하는 통상의 분쟁조정과 달리 다수의 거래상대방에게 공통적으로 발생한 피해를 일괄하여 처리하는 것이 바람직하다. 이에 따라 약관규제법은 조정이 성립된 사항과 동일하거나 비슷한 유형의 피해가 다수 고객에게 발생할 가능성이 크다고 판단한 경우로서 일정한 요건을 갖춘 사건에 대해 공정거래위원회, 고객 또는 사업자가 협의회에 집단분쟁조정을 의뢰하거나 신청할 수 있도록 하고 있다.

2. 집단분쟁조정의 개시

(1) 집단분쟁조정의 의뢰 또는 신청

협의회에 집단분쟁조정을 의뢰 또는 신청할 수 있는 자는 공정거래위원회, 고객 또는 사업자이다(법 §28의2①). 집단분쟁조정의 대상으로 되기 위해서는 두 가지 요건을 모두 갖춘 사건이어야 한다.

첫째, 불공정 약관으로 인한 피해가 같거나 비슷한 유형으로 발생한 고객 중 ① 사업자와의 분쟁해결이나 피해보상에 관한 합의가 이루어진 고객, ② 중재법에 따라 중재가 진행 중이거나 중재를 신청한 고객, ③ 법원에 중재를 신청한 고객을 제외한 고객의 수가 20명 이상이고, 둘째, 법 제17조(불공정약관조항의 사용금지)를 위반한 약관 또는 이와 법률상 쟁점이 공통되는 약관을 원인으로 피해가 발생하여야 한다(법 §28의2①, 영 §9). 집단분쟁조정의 의뢰 또는 신청은 서면으로 하여야 한다(영 §9의2).

(2) 집단분쟁조정 절차의 개시

집단분쟁조정을 의뢰받거나 신청받은 협의회는 의결로써 집단분쟁조정의 절차를 개시할 수 있다(법 §28의2②). 집단분쟁조정절차의 개시를 의결한 경우 협의회는 14일 이상의 기간 동안 그 절차의 개시를 공고하여야 한다(영 §9의3②). 절차개시의 공고는 한국공정거래조정원 인터넷 홈페이지 및 전국을 보급지역으로 하는 일간신문에 게재하는 방법으로 한다(영 §9의3①).

3. 집단분쟁조정의 진행

(1) 참가신청

협의회는 집단분쟁조정의 당사자가 아닌 고객으로부터 그 분쟁조정의 당사자에 추가로 포함될 수 있도록 하는 신청을 받을 수 있다(법 §28의2③). 집단분쟁조정의 당사자가 아닌 고객이나 사업자가 추가로 집단분쟁조정의 당사자로 참가하려면 절차개시 공고기간(14일) 이내에 서면으로 참가신청을 하여야 한다(영 §9의4①). 협의회는 집단분쟁조정의 당사자 참가신청을 받으면 참가신청기간이 끝난 후 10일 이내에 참가인정 여부를 서면으로 알려야 한다(영 §9의4②).

(2) 대표자의 선임 등

약관규제법에서는 협의회는 의결로써 집단분쟁조정의 당사자 중에서 공동의 이익을 대표하기에 가장 적합한 1인 또는 수인을 대표당사자로 선임할 수 있도록 하고 있다(법 §28의2④). 그러나 시행령에서는 다수의 고객이 집단분쟁조정을 신청하는 경우 신청인 중 3명 이내의 대표자를 선정할 수 있으며, 신청인이 대표자를 선정하지 아니한 경우 협의회의 위원장은 신청인에게 대표자 선정을 권고할 수 있도록 하고 있다(영 §8의5①, ②).

대표자는 자기를 선임한 신청자들을 위하여 그 사건의 조정에 관한 모든 행위를 할 수 있다. 다만 조정신청의 철회 및 조정안의 수락·거부에 관하여는 다른 신청인들로부터 서면으로 동의를 받아야 한다(영 §8의5③). 대표자를 선임한 신청자들은 대표자를 통하여서만 그 사건의 조정에 관한 행위를 할 수 있다(영 §8의5④, ②). 신청인들은 대표자를 선정하거나 해임 또는 변경하는 경우에는 그 사실을 지체 없이 협의회의 위원장에게 통지하여야 한다(영 §8의5⑤).

(3) 절차의 진행

협의회는 집단분쟁조정의 요건을 모두 갖추어 절차가 시작된 후 집단분쟁조정의 당사자인 다수의 고객 중 일부의 고객이 설사 ① 사업자와의 분쟁해결이나 피해보상에 관해 합의하였거나, ② 중재를 진행 중이거나 중재를 신청하였거나, ③ 법원에 중재를 신청하더라도 그 절차를 중지하지 아니 하며, 해당 고객을 그 절차에서 제외한다(영 §9의6).

4. 보상계획의 제출

협의회는 사업자가 협의회의 집단분쟁조정의 내용을 수락한 경우에는 집단분쟁조정의 당사자가 아닌 자로서 피해를 입은 고객에 대한 보상계획서를 작성하여 협의회에 제출하도록 권고할 수 있다(법 §28의2⑤). 즉, 집단분쟁조정이 끝난 후에도 협의회가 조정에 참가하지 않은 고객들을 위해 사업자에게 추가로 보상하도록 권고할 수 있는 근거를 두고 있다. 보상계획서의 제출을 권고 받은 사업자는 그 권고를 받은 날로부터 15일 이내에 권고의 수락 여부를 협의회에 알려야 한다(영 §9의5).

Ⅴ. 분쟁조정의 효과

협의회의 분쟁조정 결과 당사자들이 분쟁조정안을 수락하고 이를 이행할 경우 사건은 종료된다. 협의회는 조정사항에 대하여 조정이 성립된 경우 조정에 참가한 위원과 분쟁당사자가 기명날인하거나 서명한 조정조서를 작성하며, 이 경우 분쟁당사자 간에 조정조서와 동일한 내용의 합의가 성립된 것으로 본다(법 §28①). 즉, 조정이 성립할 경우에는 당사자 사이에 화해계약이 체결된 것과 같은 효력이 있다. 협의회는 분쟁당사자가 조정절차를 개시하기 전에 조정사항을 스스로 조정하고 조정조서의 작성을 요구하는 경우에는 그 조정조서를 작성한다(법 §28②).

제8절 보칙 및 벌칙

Ⅰ. 공정거래법의 준용

약관규제법에 따른 불공정 약관조항에 대한 공정거래위원회의 심의·의결절차에 관하여는 공정거래법 제64조부터 제68조까지의 규정(의사정족수 및 의결정족수, 심리·의결의 공개 및 합의의 비공개, 심판정 질서유지, 위원의 제척·기피·회피, 의결서 작성 및 경정)을 준용한다(법 §30의2①). 공정거래위원회의 처분에 대한 이의신청, 소송 제기 및 불복 소송의 전속관할에 대하여는 공정거래법 제96조부터 제101조까지의 규정(이의신청, 시정조치의 집행정지, 문서의 송달, 소의 제기, 불복의 소의 전속관할, 사건처리절차 등)을 준용한다(법 §30의2②). 법 제30조의2에 규정된 것 외에 약관에 대한 심의·의결 등에 필요한 사항은 공정거래위원회가 정한다(영 §13).

Ⅱ. 인가의 기준

행정관청이 다른 법률에 의하여 약관을 인가하거나 다른 법률에 의하여 특정한 거래분야에 대하여 설치된 심사기구에서 약관을 심사하는 경우에는 제6조 내지 제14조의 규정을 심사의 기준으로 하여야 한다(법 §31). 이와 같이 행정관청에 의한 약관인가시 약관조항의 불공정성 여부를 약관규제법의 기준에 의하여 인가하도록 한 것은 약관에 대한 사전심사로서의 기능을 의미한다. 그리고 약관규제법의 기준에 의하여 인가한 약관이라 할지라도 공정거래위원회의 심사대상에서 제외되는 것은 아니다.

Ⅲ. 자문위원

공정거래위원회는 이 법에 따른 약관심사업무를 수행하기 위해 필요하다고 인정하는 때에는 약관에 관한 학식과 경험이 풍부한 자를 자문위원으로 위촉할 수 있다(법 §31의2, 영 §13의2①).

Ⅳ. 벌 칙

1. 형 벌

(1) 시정명령 위반

법 제17조의2 제2항의 시정명령에 위반한 자에 대해서는 2년 이하의 징역 또는 1억 원 이하의 벌금에 처한다(법 §32).

(2) 양벌규정

법인의 대표자나 법인 또는 개인의 대리인·사용인 기타 종업원이 그 법인 또는 개인의 업무에 관하여 제32조의 위반행위를 한 때에는 행위자를 벌하는 외에 그 법인 또는 개인에 대하여도 동조의 벌금형을 과한다. 다만, 법인 또는 개인이 그 위반행위를 방지하기 위하여 해당 업무에 관하여 상당한 주의와 감독을 게을리하지 아니한 경우에는 그러하지 아니하다(법 §33).

2. 과 태 료

(1) 부과사유

표준약관과 다른 내용을 약관으로 사용하는 사업자 및 사업자단체가 허위로 표준약관표지를 사용하는 경우(법 §19의3⑧) 및 공정거래위원회의 약관심사를 위한 조사를 거부·방해 또는 기피한 경우(법 §20①)에는 5천만 원 이하의 과태료에 처한다(법 §34①). 사업자 또는 사업자단체의 임원 또는 종업원, 그 밖의 이해관계인이 공정거래위원회의 조사를 거부·방해 또는 기피한 경우에는 1천만 원 이하의 과태료를 부과한다(법 §34②). 또한 표준약관과 다른 내용을 약관으로 사용하는 사업자 및 사업자단체가 표준약관과 다르게 정한 주요내용을 고객이 알기 쉽게 표시하지 아니하거나(법 §19의3⑥) 사업자의 명시·교부 또는 설명의무 위반(법 §3②, ③)의 경우는 500만 원 이하의 과태료를 부과한다(법 §34③). 그 밖에 공정거래법 제66조를 위반하여 질서유지의 명령을 따르지 아니한 자에게는 100만 원 이하의 과태료를 부과한다(법 §34④).

(2) 부과 및 불복절차

과태료의 부과·징수는 공정거래위원회가 담당한다(법 §34⑤). 공정거래위원회가 과태료를 부과하고자 할 경우에는 「질서위반행위규제법」에 따라 미리 당사자에게 과태료 부과의 원인이 되는 사실, 과태료 금액 및 적용 법령 등 대통령령으로 정하는 사항을 통지하고, 10일 이상의 기간을 정하여 의견을 제출할 기회를 주어야 하며, 이 경우 지정된 기일까지 의견 제출이 없는 경우에는 의견이 없는 것으로 본다(동법 §16①). 공정거래위원회는 의견제출 절차를 마친 후에 질서위반행위, 과태료 금액, 그 밖에 대통령령으로 정하는 사항을 명시한 서면으로 대상자에게 과태료를 부과한다(동법 §17①, ②).

과태료 부과에 불복하는 당사자는 과태료 부과 통지를 받은 날부터 60일 이내에 공정거래위원회에 서면으로 이의제기를 할 수 있다(동법 §20①). 과태료 부과처분을 받은 자가 이의를 제기한 경우에 공정거래위원회는 이의제기를 받은 날부터 14일 이내에 이에 대한 의견 및 증빙서류를 첨부하여 관할 법원에 통보하여야 하며(동법 §21①), 그 통보를 받은 관할 법원은 이유를 붙인 결정으로써 과태료 재판을 행한다(동법 §36①).

제 4 장 할부거래에 관한 법률

제 1 절 개 설

Ⅰ. 할부거래의 의의

오늘날 대량생산 · 대량소비시대에 있어서 많은 사업자들은 소비자에게 먼저 재화 또는 용역을 양도하거나 제공한 후에 그 대금을 일정한 시기에 분할하여 지급하도록 함으로써 대금결제가 유예되는 기간 동안 구매력이 약한 소비자들에게 신용을 제공하고 있다. 이러한 소비자신용(consumer credit)[1)]은 소비자에게 일시적으로 생길 수 있는 자금 부담을 분산시켜 줌으로써 구매욕구를 충족시키는 동시에 그들의 잠재적 수요를 유효수요로 전환시켜 사업자의 매출을 증대시킬 수 있는 장점이 있다.

이와 같이 소비자신용의 보편적인 대금결제 방식으로서 이루어지는 할부거래[2)]의 대부분은 소위 후불식 할부거래 방식이다. 이 후불식 할부거래는 일상적인 생활관계에서 사업자와 소비자 모두에게 유용한 거래방식이지만, 자칫 소비자의 충동구매를 유발할 우려가 있다. 또한 소비자가 할부금의 지급을 고의적으로 회피하거나 거부하는 사례가 나타남에 따라 그 회수를 확실히 하기 위해 예컨대, 사업자가 매도인으로서 우월한 지위를 이용하여 소유권을 자기에게 유보하거나 과도한 담보물이나 보증인을 세울 것을 요구하는 경우도 있다.

심지어 사업자는 기한이익 상실조항 또는 자력구제 허용조항 등을 통해 소비자의 권리를 과도하게 제약하기도 하고, 재판관할을 사업자에게 유리하게 하거나 공정증서를 작성케 하여 채무명의를 확보함으로써 소송 없이 바로 강제집행을 할 수 있도록 하기도 한다. 그 밖에 사업자의 계약체결 전 정보제공의 미흡, 소비자의 항변권 행사의

---

1) 소비자신용이란 금융기관, 제조업자 및 판매업자가 최종소비자에게 현재 소비생활에 필요한 자금을 직접 대여하거나 상품매매 대금의 상환을 유예하여 주고, 그 대신 장래에 이자나 수수료를 덧붙어 대여금 혹은 상품매매대금을 회수하는 것을 말한다. 전광백, 「소비자신용법에 관한 연구」(연세대 박사학위논문, 1991), 8면; 이기종, “소비자신용 관련 법제의 개선방안”, 「홍익법학」 제13권 제1호(2012), 665면.

2) 이러한 할부거래는 주로 상품의 판매 또는 매매계약의 경우에 활용되므로 할부판매 또는 할부매매라고 불리기도 한다. 또한 장래로 연기된 대금을 분할하여 지급한다는 점에서 전액을 일시에 지급하는 외상매매와 구별된다.

거부, 고율의 할부수수료 및 연체료 요구, 부당한 채권추심, 소비자 신용정보의 불법사용 등 할부거래를 둘러싸고 사업자와 소비자 간의 분쟁의 소지가 크다.

후불식 할부거래 못지않게 오늘날 사회적 물의가 야기되고 있는 것이 선불식 할부거래 방식이다. 선불식 할부거래는 소비자가 대금을 일정한 시기에 분할하여 미리 지급한 후 사업자로부터 재화 또는 용역을 양도하거나 제공받는 형태의 거래를 말한다. 선불식 할부거래는 소비자가 대금을 지급하고 장기간 경과 후에 재화 또는 용역을 양도하거나 제공받게 됨에 따라 계약 당시 예상하지 못했던 피해를 입을 위험성이 상대적으로 크다. 실제로 상조나 적립식 여행업을 중심으로 일부 업체가 경영부실이나 불건전한 운영으로 소비자에게 피해를 주는 사례가 종종 나타나고 있다.

Ⅱ. 할부거래의 유형

1. 직접할부계약 · 간접할부계약

할부계약은 신용제공자와 소비자와의 관계에 따라 직접할부계약(통상의 할부계약, 자사할부계약, 자체할부계약)과 간접할부계약(금융할부계약)으로 구분할 수 있다.

직접할부계약은 소비자가 할부거래업자에게 재화의 대금이나 용역의 대가(이하 "재화등의 대금")를 2개월 이상의 기간에 걸쳐 3회 이상 나누어 지급하고, 재화등의 대금을 완납하기 전에 재화의 공급이나 용역의 제공(이하 "재화등의 공급")을 받기로 하는 계약을 말한다(법 §2 i 가목). 할부거래업자가 자기의 신용을 직접 소비자에게 제공하는 직접할부계약으로서 예컨대, 백화점카드를 이용한 할부판매, 자동차회사의 할부판매 등을 들 수 있다.

간접할부계약은 소비자가 신용제공자에게 재화등의 대금을 2개월 이상의 기간에 걸쳐 3회 이상 나누어 지급하고, 재화등의 대금을 완납하기 전에 할부거래업자로부터 재화등의 공급을 받기로 하는 계약을 말한다(법 §2 i 나목). 간접할부계약에는 할부판매업자, 소비자, 신용제공자의 3 당사자가 존재하게 된다. '신용제공자'란 소비자 · 할부거래업자와의 약정에 따라 재화등의 대금에 충당하기 위하여 신용을 제공하는 자를 말한다(법 §2 vi). 신용제공자가 누구인가에 따라 대표적인 형태로서 신용카드거래, 할부금융거래,[3] 팩토링금융,[4] 소비자리스거래[5] 등이 있다.

---

3) 할부금융은 재화 및 용역의 매매계약에 대하여 할부금융업자가 매도인 및 매수인과 각각 약정을 체결하여 매도인이 매수인에게 융자한 재화 및 용역의 구매자금을 할부금융업자가 매도인에게 지급하고, 매수인으로부터 그 원리금을 분할하여 상환받는 방식의 금융을 말한다(여신전문금융업법 §2 x iii). 이때 재화의 소

[판례] 간접할부계약에 대한 법률적용(대법원 2008. 7. 10. 선고 2006다57872 판결)

할부거래에 관한 법률 제2조 제1항 제2호(현행법 §2 i 나목) 소정의 할부계약은 매도인(사업자), 매수인(소비자), 신용제공자라는 3당사자의 존재를 전제로 하여 매도인(사업자)과 매수인(소비자) 사이의 매매계약 이외에 신용제공자와 매도인(사업자) 사이의 보증이나 채권양도 등의 약정과 신용제공자와 매수인(소비자) 사이의 할부금의 지급 등에 관한 약정이라는 3면 계약에 의하여 이루어진 것을 말하고, 매도인(사업자)과 신용제공자 사이에서는 아무런 계약관계 없이 매수인(소비자)이 목적물의 대금을 신용제공자로부터 차용하여 목적물을 구입한 후 나중에 그 차용금을 분할하여 상환하는 방식은 분할변제의 특약이 있는 신용제공자와 매수인(소비자) 사이의 순수한 소비대차계약으로서 위 법률이 적용되지 않는다고 보아야 한다.

2. 후불식 할부계약 · 선불식 할부계약

일반적으로 할부계약이란 계약의 명칭 · 형식이 어떠하든 재화등의 대금을 2개월 이상의 기간에 걸쳐 3회 이상 나누어 지급하고, 재화등의 대금을 완납하기 전에 사업자로부터 재화등의 공급을 받기로 하는 계약을 말한다. 할부거래법상 할부계약이라는 용어는 후불식 할부계약을 전제로 하고 있다(법 §2 i).

선불식 할부계약은 계약의 명칭 · 형식이 어떠하든 소비자가 사업자에게 ① 제공시기가 확정되지 않은[6] 장례 또는 혼례를 위한 용역 및 이에 부수한 재화, ② 여행을 위한 용역 및 이에 부수한 재화, ③ 「건전가정의례의 정착 및 지원에 관한 법률」에 따른 가정의례(장례 · 혼례는 제외)를 위한 용역 및 이에 부수한 재화등의 대금을 2개월 이상의 기간에 걸쳐 2회 이상 나누어 지급하고 재화등의 공급은 대금의 전부 또는 일부를 지급한 후에 받기로 하는 계약을 말한다(법 §2 ii, 영 §1의2). 이는 주로 직접 할부계약이 체결된 경우 소비자가 적금형태로 할부금을 일정 기간 납입한 후에 사업자가 소비자에게 재화등을 공급하는 방식이다.

유권이 처음부터 매수인에게 이전하는 것이 아니라 최종납입금과 수수료 등을 완납해야만 이전된다는 점에서 신용판매와는 다르다.

4) 팩토링(factoring)금융은 매도인이 매수인에게 신용판매를 하고 그에 따른 현재 및 장래의 대금채권을 제3자인 금융업자(팩토링회사)에게 일괄적으로 양도하여 금융을 제공받고 그 금융업자가 직접 매수인(소비자)에 대한 채권의 관리, 추심, 장부작성, 신용조사 등의 사무를 처리하는 간접소비자금융을 말한다. 이 경우 통상 금융업자와 매도인(팩토링 고객) 사이에 포괄보증계약이 체결되어 매도인이 판매하는 재화 및 용역의 매입자금이 소비자에게 공여된다.

5) 리스(시설대여)란 특정물건을 새로이 취득하거나 대여받아 거래상대방에게 일정기간 이상 사용하게 하고, 그 사용기간 동안 일정한 대가를 정기적으로 나누어 지급받으며, 그 사용 기간이 끝난 후의 물건의 처분에 관하여는 당사자 간의 약정으로 정하는 방식의 금융을 말한다(여신전문금융업법 §2 x). 리스회사가 신용제공자가 된다.

6) 따라서 제공시기가 확정된 후, 예컨대 여행 일자 또는 행사 일자를 정한 후, 그 대금을 계약금, 잔금 등의 방식으로 분납하는 여행상품이나 가정의례상품은 할부거래법의 대상이 아니다.

3. 일부계약 · 주부계약 · 월부계약 · 연부계약

할부거래로 연기된 대금을 분할해서 지급하는 기간의 단위에 따라 일부, 주부, 월부 또는 연부로 구별된다. 우리나라의 경우 할부거래의 주요대상으로 되는 근로자에게 월급의 형태가 일반적인데 대응하여 월부의 형태가 일반적이다.

Ⅲ. 할부거래의 기능

1. 긍정적 기능

할부거래는 소비자 신뢰를 바탕으로 일종의 신용판매로서 상품대금 지급에 융통성을 부여함으로써 일반 소비자의 구매력을 높이는 기능을 수행하게 된다. 즉, 소비자의 입장에서는 매매대금의 분할지급의 방식으로 대금채무의 이행이 용이하게 되어 있으면서 대금완납 이전에 사용·수익함으로써 그 목적물의 실질적인 효용을 누릴 수 있게 되므로 구매력 증진과 서민문화생활의 향상을 도모할 수 있다. 또한 소비자는 가계지출을 합리적으로 계획하여 소비생활을 향상시킬 수 있다.

사업자의 입장에서도 신용이라는 새로운 구매력에 의하여 잠재적 수요를 유효수요로 전환시켜서 판매촉진을 기할 수 있다는 장점을 가지고 있다. 이러한 수요자층의 확대는 규모의 경제의 실현을 통해 원가절감 및 가격인하를 가능하게 한다. 이와 함께 금융제도의 다양화 효과로서 할부금 완납 이전에 매매대금의 대출을 전담하는 신용제공회사와 결합하면 할부금 지급에 따른 기업의 자본부담을 경감할 수 있게 된다.

2. 부정적 기능

할부계약시 소비자의 입장에서는 약간의 계약금을 지급하거나 아무런 대금을 지급하지 아니하고 상품을 인도받거나 서비스를 이용할 수 있다는 점 때문에 마치 고가의 상품 또는 서비스를 손쉽게 사용 또는 이용할 수 있다는 착각에 빠지게 되고, 그 상품 또는 서비스의 구매필요성이나 자신의 지급능력에 대한 충분한 고려 없이 성급하게 충동구매하는 경향이 종종 나타나고 있다. 이로 인해 불필요한 과잉수요를 창출해서 사치와 낭비를 조장할 수 있다. 더구나 소비자가 장래 기대수익의 소멸 또는 감소로 할부금을 변제하지 못하고 개인부채가 누적될 경우 결국 소비자의 파탄으로 이어지고, 신용불량자 양산으로 사회전반적인 신용이 저하되는 부작용이 나타날 우려가 있다.

제 2 절 할부거래법의 일반론

Ⅰ. 제정 및 개정

우리나라에서 할부매매가 널리 보급되기 시작한 것은 1960년대부터이다. 1970년대 후반 이후 할부매매의 폐해가 서서히 나타남에 따라 사회적으로 할부거래의 규제를 위한 입법의 필요성이 제기되었다. 이러한 입법요구는 기업들의 반대로 결실을 보지 못하다가 1986년 12월 제정된 「도소매업진흥법」에서 최초로 할부매매에 관한 2개의 조문을 삽입하게 되었다. 그러나 이 법은 기본적으로는 도소매업의 육성과 건전한 상거래질서의 확립을 위해 할부매매제도를 이용하고 있는 도소매업자를 규율하기 위한 것으로 할부매매에 관한 소비자보호에 기여할 수 없었다.

따라서 소비자단체 및 한국소비자원을 중심으로 할부거래를 효율적으로 규율하기 위한 독립한 법률의 제정을 요구하게 되었다. 그 결과 할부거래에서의 사업자와 소비자의 적절한 이해관계 조정을 위하여 1991년 12월 「할부거래에 관한 법률」(이하 "할부거래법")이 제정되었다.[7] 할부거래법의 제정과 함께 도소매업진흥법의 할부판매에 관한 규정은 삭제되었다. 할부거래법은 민법과 약관규제법의 특별법적 성격을 지닌 법률로서, 사업자에게 할부거래시 준수해야 할 의무와 권리제한 및 소비자의 권리와 이익보호를 중심으로 규정되어 있다.

한편 할부거래법은 제정 이후 특히 상조업을 중심으로 선불식 할부거래의 소비자피해 사례가 늘어남에 따라 2010년 3월 전부 개정을 통하여 선불식 할부거래에 관한 규정을 대폭 신설하고, 종래 할부거래의 당사자를 매도인과 매수인의 관계에서 사업자와 소비자의 관계로 전환함으로써 할부거래법이 소비자보호법의 영역에 속하는 것임을 명확히 하였다. 또한 법 위반사업자에 대한 행정제재 및 벌칙을 신설하여 소비자피해에 대한 신속한 구제 및 할부거래법 집행에 대한 실효성을 제고하고자 하였다.

---

7) 할부거래에 관한 입법방식에 있어서 소비자신용법이라는 큰 틀에서 다루는 방식(포괄규제주의)과 할부거래라는 개별적 영역에 적용되는 입법을 제정하는 방식(개별규제주의)이 있다. 미국, 영국 등 대부분의 국가에서는 전자의 방식을 택하고 있고, 우리나라와 일본은 후자의 방식을 택하고 있다. 이은영, 앞의 책, 458면 이하. 그러나 독일의 경우는 후자의 방식을 택하였다가 전자의 형식으로 전환한 바 있으며, 민법 현대화 작업으로 2001년 이후 할부거래 등 특수거래에 관한 규정은 「민법」에 일괄 편입되었다.

Ⅱ. 할부거래법의 목적 및 적용범위

1. 목 적

이 법은 할부계약 및 선불식 할부계약에 의한 거래를 공정하게 함으로써 소비자의 권익을 보호하고 시장의 신뢰도를 높여 국민경제의 건전한 발전에 이바지함을 목적으로 한다(법 §1). 이는 할부거래법의 목적이 거래질서법적인 성격과 소비자보호법으로서의 성격을 함께 가지고 있음을 보여주는 것이다.[8] 여기서는 할부계약에 의한 거래는 통상의 할부매매 물론, 할부매매의 목적을 다른 법 형식, 예컨대 리스, 임대차 등에 의하여 달성하려는 경우에도 이 법의 규제대상에 포함된다.[9]

2. 적용범위

(1) 목적물

할부거래법의 규율대상이 되는 것은 재화 또는 용역이다. 일반적으로 재화에는 동산・부동산이 모두 포함되나, 부동산은 동산과 같은 대량거래가 없을 뿐 아니라 할부거래업자는 대금채권의 확보를 위해 저당권 같은 담보물권을 설정할 수 있기 때문에 성질상 할부거래법을 적용하는 것이 적당하지 아니하여 할부거래법이 적용되는 거래에서 제외하고 있다(영 §4 ⅴ).[10]

(2) 대금분할지급의 기간 · 횟수

할부거래법상의 후불식 할부계약의 경우 소비자가 재화등의 대금을 2개월 이상의 기간에 걸쳐 3회 이상 나누어 지급하고 그 대금의 완납 전에 사업자로부터 재화등의 공급을 받기로 하는 계약에 적용된다(법 §2 ⅰ). 이에 비해 선불식 할부계약의 경우 소비자가 사업자에게 재화등의 대금을 2개월 이상의 기간에 걸쳐 2회 이상 나누어 지급함과 동시에 또는 지급한 후에 사업자로부터 재화등의 공급을 받기로 하는 계약을 말한다(법 §2 ⅱ).

---

8) 권오승, 앞의 책(소비자보호법), 182면.

9) 양창수, "독일의 새로운 소비자신용법", 「민법연구」 제1권(박영사, 1991), 460면.

10) 입법론으로서 할부거래법의 적용범위를 동산에서 물품으로 확대하여 특히 주택할부금융의 경우에도 할부거래법이 적용되어야 한다는 주장도 있다. 김성천, "할부거래법의 문제점과 개정 방향", 「소비자문제연구」, 제24호(2001. 6), 93면.

(3) 거래당사자(사업자 · 소비자)

할부거래법의 대상으로 되는 계약은 사업자와 소비자 간의 계약이며, 개인과 개인 간의 할부계약, 사업자와 사업자 간의 할부계약은 본법의 적용범위에서 제외된다.[11)]

소비자의 개념과 관련하여 할부거래법은 기본적으로 소비자기본법의 범주에서 정의하고 있다. 즉, ① 할부계약 또는 선불식 할부계약에 의하여 제공되는 재화등을 소비생활을 위하여 사용하거나 이용하는 자(최종소비자)와 ② 사실상 최종소비자와 동일한 지위 및 거래조건으로 거래하는 자 등 대통령령으로 정하는 자(정책적 소비자), 즉 i) 소비생활 외의 목적으로 재화등을 사용하거나 이용하더라도 그 재화등을 원재료나 중간재 및 자본재로 사용하지 않고 최종적으로 사용하거나 이용하는 자(영 §2 i), ii) 사실상 소비자와 같은 지위에서 다른 소비자와 같은 거래조건으로 구매하는 자(법 §3 i 단서, 영 §2 ii) 및 iii) 농업 · 축산업 · 어업 또는 양식업 활동을 위하여 재화등을 구입하는 자(영 §2 iii)[12)]를 소비자의 개념에 포함시키고 있다(법 §2 v 가목, 나목). 다만, ii)의 구매자는 해당 재화등에 대한 거래관계에 한정하여 소비자로 인정된다.

3. 적용제외

(1) 상행위

사업자가 상행위를 위하여 재화등을 공급받는 경우 이 법을 적용하지 않는다. 왜냐하면 사업자는 일반적으로 경제적인 자위능력이 있기 때문에 영리를 목적으로 할부거래를 이용한 경우에는 당사자들이 자주적으로 해결할 수 있으며, 소비자보호를 목적으로 하는 이 법의 목적상 상행위의 경우에는 보호필요성이 없기 때문이다. 여기에서 '상행위를 위하여 재화등을 공급받는 경우'라 함은 매수인이 신용제공자의 여신으로 매수한 물건을 다른 소비자에게 판매할 목적으로 할부로 구입한 경우만을 의미하는 것이 아니라, 자신의 소비만을 목적으로 한 경우가 아닌 영리를 목적으로 할부계약을 체결하는 경우를 의미한다.[13)]

다만, 사업자가 사실상 소비자와 같은 지위에서 다른 소비자와 같은 거래조건으로 거래하는 경우는 할부거래법이 적용된다(법 §3 i 단서). 즉, 사업자(개인상인)라 하더라도 그가 영리의 목적이 아니라 소비생활을 위해 할부계약을 체결하였다면 할부거래법

11) 종전에는 민법상 매매의 당사자로서 '매도인'과 '매수인'의 개념을 사용하였으나, 2010년 법 개정에서 '사업자'와 '소비자'의 개념으로 변경하였다.

12) 그러나 「원양산업발전법」 제6조 제1항에 따라 해양수산부장관의 허가를 받은 원양어업자는 제외한다(영 §2 iii).

13) 대법원 2001. 8. 21. 선고 2000다8397 판결; 2006. 7. 28. 선고 2004다54633 판결.

을 그대로 적용한다.

(2) 재화등의 성질

재화등의 성질상 이 법을 적용하는 것이 적당하지 않은 것은 이 법의 적용에서 제외된다(법 §3ii). 할부거래법의 적용대상에서 제외되는 것으로서는 1차 생산물과 성질상 거래질서에 혼란이 발생할 수 있는 품목 등이 있다. 즉 ① 농·수·축·임·광산물로서 「통계법」 제22조 규정에 의하여 작성한 한국표준산업분류표상의 제조업에 의하여 생산되지 아니한 것, ② 「약사법」 제2조 제4호의 규정에 의한 의약품, ③ 「보험업법」에 의한 보험, ④ 「자본시장과 금융투자업에 관한 법률」(자본시장법) 제4조에 따른 증권 및 같은 법 제336조 제1항 제1호 규정에 의한 어음, ⑤ 부동산 등은 할부거래법이 적용되는 재화등이 아니다(영 §4).

Ⅲ. 다른 법률과의 관계

할부거래 및 선불식 할부거래에서의 소비자보호와 관련하여 이 법과 다른 법률이 경합하여 적용되는 경우에는 이 법을 우선하여 적용한다. 다만, 다른 법률을 적용하는 것이 소비자에게 유리한 경우에는 그 법률을 적용한다(법 §4).

가장 대표적인 경우가 약관규제법과의 경합이다. 할부거래계약은 통상 사업자가 사전에 작성한 약관을 이용하여 체결하게 된다. 그런데 대부분의 소비자는 약관의 존재를 모르고 있거나, 존재를 알고 있다고 하여도 그 자세한 내용을 모르는 채 계약을 체결하는 것이 일반적이다. 그러나 통상 사업자는 후불식 할부계약의 경우에 소비자가 대금을 완납하기 전에 재화등을 공급하는 할부거래의 특성상 사업자는 할부금의 지급지연 등 할부금채권 회수와 관련하여 생길 수 있는 위험을 사전에 방지하기 위하여 법률에서 정한 것보다 엄격한 해제조건, 실권약관, 기한이익의 상실, 위약금, 자력구제허용 등을 약관형식으로 계약조항에 삽입하는 경우가 많다. 또한 선불식 할부계약의 경우에도 사업자의 채무이행을 일방적으로 중지 또는 변경하는 약관조항으로 소비자가 불측의 피해를 보는 경우도 있을 수 있다.

이 경우 할부거래가 불공정한 약관을 이용하는 한, 불공정한 약관조항에 대해서 약관규제법을 적용하는 것은 당연하다. 그럼에도 불구하고 할부거래법에서는 할부거래에 따른 소비자보호를 강화하기 위해서 할부거래에서 흔히 통용되는 소비자에게 불리한 각종 조건을 규제하기 위해 약관규제법상의 불공정 약관의 통제기준보다 구체화한 사업자의 권리제한 및 소비자의 권리보호 규정을 두고 있다. 이러한 측면에서 본다면 할부거래법은 약관규제법보다 특별법적인 지위에 있다고 볼 수 있다.

제3절 할부거래

I. 할부계약의 체결방식

1. 계약체결 전의 정보제공

(후불식) 할부거래의 실제에 있어서 소비자는 적은 돈으로 고가의 상품을 즉시 구입하여 사용할 수 있다는 점에 현혹되어 할부매매의 구체적인 내용이나 조건을 제대로 살피지 못하고 충동구매할 가능성이 크다. 따라서 할부거래법은 소비자가 할부계약의 내용을 정확하게 이해함으로써 충동구매를 억제하고 합리적인 선택을 할 수 있도록 할부계약을 체결하기 전에 사업자로 하여금 소비자에게 할부거래에 관한 일정한 사항을 표시할 것을 의무화하고 있다(법 §5 본문).

할부계약에 표시되어야 할 사항으로는 ① 재화등의 종류 및 내용, ② 현금가격, ③ 할부가격, ④ 각 할부금의 금액, 지급횟수 및 시기, ⑤ 할부수수료의 실제연간요율,[14] ⑥ 계약금, ⑦ 지연손해금 산정시 적용비율이 있다.[15] 다만 「여신전문금융업법」에 따른 신용카드가맹점과 신용카드회원 간의 간접할부계약의 경우에는 이 가운데 할부가격(③), 각 할부금의 금액, 지급횟수 및 시기(④), 계약금(⑥) 및 지연손해금 산정시 적용률(⑦) 사항은 표시하지 아니할 수 있다(법 §5 단서). 이는 이 사항들이 객관적으로 정해진 여신전문금융업자(신용카드업자)의 요율에 따라 결정되고 이에 대한 금융위원회의 감독이 이루어지고 있음을 감안한 것이다.[16]

그러나 대부분의 할부거래가 약관을 이용하여 이루어지고 있는 점을 감안한다면 할부거래에 관한 표시의무는 약관규제법상 약관의 명시·설명의무에 해당하는 것으로

---

14) 할부수수료의 실제연간요율은 현실로 제공받은 금액 및 그 금액에 대하여 신용제공을 받은 기간에 따라 엄밀히 비례하여 산출한 것이며, 연간요율은 적정하여야 하고 명확히 표시하여야 한다.

15) 표시방법에 관해서는 시행규칙에서 별도로 규정하고 있다. 예컨대 ① 사업소에 게시하거나 서면으로 제시할 것, ② 사업소에 게시하는 경우 소비자가 보기 쉬운 장소게시하고, 서면 제시하는 경우 9호 이상 활자를 사용할 것, ③ 할부수수료의 실제 연간요율은 적어도 소수점 이하의 1단위 이상까지 표시할 것 등이다(시행규칙 §2).

16) 여신전문금융업이란 신용카드업·시설대여업·할부금융업 또는 신기술사업금융업을 말한다(여신전문금융업법 §2 i). 이 중 할부거래에 있어서 제3자 여신과 관련된 전형적인 금융업이 바로 신용카드업, 시설대여업과 할부금융업이다.

도 볼 수 있어 본조는 일종의 주의규정이라고 할 수 있다.

2. 서면주의

할부거래법은 할부계약방식에 대하여 일정한 사항을 기재한 서면(전자문서 포함)으로 체결하도록 하고 있다(법 §6①). 이와 같이 「계약자유의 원칙」(계약체결 방식의 자유)에 대해 제한을 가하는 것은 할부거래의 내용이 복잡하고, 할부금의 지급관계가 장기간에 걸쳐 계속되기 때문에 계약내용을 소비자에게 주지시킴으로써 분쟁을 사전에 예방하기 위한 것이다. 또한 이를 통해 계약의 공정성도 확보될 수 있을 것이다.

계약서에 기재되어야 할 사항으로는 ① 할부거래업자 · 소비자 및 신용제공자의 성명 및 주소, ② 재화등의 종류 · 내용 및 재화등의 공급시기, ③ 현금가격, ④ 할부가격, ⑤ 각 할부금의 금액 · 지급횟수 · 지급기간 및 지급시기, ⑥ 할부수수료의 실제연간요율,[17] ⑦ 계약금, ⑧ 재화의 소유권 유보에 관한 사항, ⑨ 소비자의 청약철회의 기한 · 행사방법 · 효과에 관한 사항, ⑩ 할부거래업자의 할부계약의 해제에 관한 사항, ⑪ 지연손해금 산정시 적용률, ⑫ 소비자의 기한이익 상실에 관한 사항, ⑬ 소비자의 항변권과 그 행사방법에 관한 사항이 있다(법 §6① 각호).[18]

다만, 「여신전문금융업법」에 따른 신용카드가맹점과 신용카드회원 간의 간접할부계약의 경우에는 할부가격(④), 각 할부금의 지급시기(⑤) 및 지연손해금 산정시 적용하는 비율(⑪)은 표시하지 아니할 수 있다고 함으로써 서면주의의 적용을 부분적으로 제한하고 있다(법 §6① 단서). 그 이유는 할부거래의 표시사항에서 설명한 바와 같다. 그리고 위 요건을 갖추지 못하거나 그 내용이 불확실한 경우에도 계약이 유효하게 성립하는 것을 전제로 하여, 사업자와 소비자 간의 특약이 없는 한 그 계약내용을 소비자에게 불리하게 해석할 수 없도록 하고 있다(법 §6④). 이 규정은 계약 성립을 위한 당사자의 의사를 존중하면서 소비자에게 불이익한 결과가 생기지 않도록 배려하기 위한 것이다.

---

17) 할부수수료의 실제 연간요율이 매우 중요한데 이는 적정하여야 함은 물론 명확히 표시되어야만 소비자가 자기가 구입하려는 물건의 거래조건을 알 수 있기 때문이다. 실제 연간요율의 계산방법과 최고한도는 「이자제한법」에서 정한 이자의 최고한도의 범위에서 대통령령으로 정하는데 그 계산방법은 시행령 [별표 1]에서 규정하고 있으며, 그 최고한도는 연 100분의 20으로 한다(법 §7, 영 §5①, ②).

18) 시행규칙에서는 계약서의 구체적인 작성방법을 규정하고 있다. ① 9호 이상의 활자를 사용할 것, ② 중요사항은 일반 기재사항의 글씨와 다른 색의 글씨 또는 굵은 글씨 등을 사용할 것, ③ 소비자의 철회권 및 항변권 행사를 위한 서식을 포함시킬 것 등이다(시행규칙 §3①). 여기서 ② 중요한 사항은 청약철회의 기한 · 행사방법 · 효과에 관한 사항, 할부거래업자의 할부계약의 해제에 관한 사항, 지연손해금 산정시 적용하는 비율, 소비자의 기한의 이익 상실에 관한 사항, 소비자의 항변권과 행사방법에 관한 사항을 말한다.

3. 계약서 발급

할부계약은 대부분 대금지급이 장기간에 걸쳐 이루어지고, 그 내용도 복잡하기 때문에 소비자는 계약체결 후 일정기간이 경과하면 계약의 내용을 제대로 기억하지 못하는 경우가 많다. 할부거래법은 할부계약의 내용을 소비자에게 명확히 주지시키고, 후일 분쟁발생시 증거서면으로 활용할 수 있도록 하기 위하여 할부거래업자와 신용제공자로 하여금 할부계약을 체결할 때에는 계약서를 소비자에게 발급하도록 하고 있다. 즉 할부거래업자는 법 제6조 제1항의 기재사항 모두를 기재한 계약서를 소비자에게 발급하여야 하지만, 「여신전문금융업법」에 따른 신용카드회원과 신용카드가맹점 간의 간접할부계약의 경우 소비자의 동의를 받아 해당 계약의 내용을 팩스나 「전자문서 및 전자거래기본법」 제2조 제1호에 따른 전자문서로 보내는 것으로 대신할 수 있으며, 팩스나 전자문서로 보낸 계약서의 내용이나 도달에 다툼이 있으면 할부거래업자가 이를 입증하여야 한다(법 §6②). 한편, 신용제공자는 이 가운데 일부(④, ⑤, ⑥, ⑨, ⑪, ⑫, ⑬)를 기재한 서면을 발급하도록 하고 있다(법 §6③).

계약서 발급은 소비자에게 계약의 내용을 다시금 명확하게 주지시키는 계기가 될 뿐 아니라 소비자의 철회권 행사기간의 기산일이 된다는 점에서도 중요한 의미를 가진다.

Ⅱ. 할부거래업자 권리의 제한

1. 의 의

소비자가 할부금을 지급하지 않는 등 계약상의 채무를 이행하지 않는 경우 할부거래업자는 자신의 권리를 확보하기 위하여 계약을 해제하거나 소비자에 대한 손해배상을 청구할 수 있다. 그러나 실제 약관에 의하여 이루어지는 할부계약에서 할부거래업자가 자신의 경제력 우위를 바탕으로 자신의 권리를 지나치게 강화시키는 사례가 종종 나타나고 있다. 할부거래법에서는 이러한 사정을 감안하여 할부거래업자의 계약해제권 행사의 요건과 방식 및 손해배상액의 한도에 대하여 일정한 제한을 가하고 있다.

2. 계약해제의 제한

(1) 행사요건 및 방식

민법은 당사자 일방이 그 채무를 이행하지 아니하는 때에는 상대방은 상당한 기간을 정하여 그 이행을 최고하고, 그 기간 내에 이행하지 아니한 때에는 계약을 해제할 수 있도록 하고 있다(민법 §544). 그러나 이 규정은 당사자 간의 특약을 배제하는 것이 아니므로 할부거래와 같은 장기간의 계약에 있어서 이행의 최고 없이 계약을 해제할 수 있는 것으로 특약이 정해질 가능성이 크다.

할부거래법은 이러한 특약이 소비자에게 부당하게 불리할 것을 감안하여 할부거래업자는 소비자가 할부금 지급의무를 이행하지 아니한 경우에는 계약을 해제할 수 있으나, 할부거래업자의 계약해제권의 행사요건과 방식에 일정한 제한을 가하여 계약을 해제하기 전에 14일 이상의 기간을 정하여 소비자에게 이행할 것을 서면으로 최고하도록 하고 있다(법 §11①). 그러나 소비자가 미리 이행하지 아니할 의사를 표시한 경우에는 최고를 요하지 않는다(민법 §544 단서).

한편 위 최고에도 불구하고 소비자가 할부금 지급의무를 이행하지 아니한 경우에는 할부거래업자는 계약해제의 의사표시를 할 수 있으나, 계약해제의 의사표시는 반드시 서면으로 할 필요는 없다.

(2) 효 과

계약이 해제되면 각 당사자는 그 상대방에 대하여 원상회복의무를 진다(법 §11② 1문). 따라서 소비자는 이미 공급받은 재화등을 반환하여야 하며, 할부거래업자는 이미 지급받은 계약금과 할부금을 반환하여야 한다. 또한 당사자 간의 공평을 기하기 위하여 소비자와 할부거래업자의 원상회복의무는 동시이행의 관계에 있으며, 상대방이 원상회복할 때까지 자기의 의무이행을 거절할 수 있다(법 §11② 2문). 이는 이미 민법 제548조 제1항(계약해제의 효과, 원상회복의무) 및 제549조(원상회복의무와 동시이행)에 따라 인정되는 것이기도 하지만, 실제 할부거래업자가 특약으로 소비자에게 원상회복청구권을 포기토록 요구하거나 원상회복의무를 부당하게 부담지우는 것을 방지하기 위하여 특별히 규정한 것이다. 이 내용보다 소비자에게 불리한 내용의 특약은 무효이다(법 §43, 편면적 강행규정).

(3) 자력회수의 금지

할부거래에서는 종종 소비자가 채무를 이행하지 않는 경우에 계약을 해제하지 않고 유보된 소유권에 기하여 재화등을 자력으로 회수한다는 취지의 약정을 하는 경우가 있다. 자력회수는 자력구제의 한 형태로 법률상 일반적으로 인정되지 않으나, 할부거래법에서는 이를 보다 명확히 하기 위하여 소유권이 할부거래업자에게 유보된 경우 할부거래업자는 계약을 해제하지 않고는 반환을 청구할 수 없도록 규정하고 있다(법

§11③).

3. 손해배상액의 제한

(1) 의 의

청약철회의 경우와는 달리 계약의 해제시에는 원상회복의무뿐 아니라 손해배상책임도 존재한다. 그런데 대부분의 할부거래에서 할부거래업자는 계약해제에 따른 손해배상액 입증상의 어려움을 제거하고 분쟁을 사전에 예방하기 위하여 위약금의 약정 등을 통하여 소비자의 손해배상액을 예정하는 것이 일반적이다. 그러나 과도한 위약금이 약정된 경우 소비자가 부당하게 과중한 손해배상책임을 부담하게 되어 형평에 반하게 된다. 물론 과도한 손해배상액의 예정은 할부거래가 약관에 의해 이루어지는 경우 약관규제법 제8조에 따라 불공정 약관조항으로서 무효로 된다.

이와 별도로 할부거래법에서는 손해배상액을 법에서 정한 한도 내에서만 인정하고 과도한 손해배상액의 예정에 대하여 그 효력을 인정하고 있지 않다(법 §12). 즉, 할부거래업자 또는 신용제공자는 손해배상액의 예정·위약금 기타 명칭·형식이 어떠하든 법에 규정된 금액을 초과하여 손해배상을 청구할 수 없도록 하고 있다(법 §12①, ②, ③). 이와 함께 할부거래업자 또는 신용제공자는 손해배상을 청구하는 경우 소비자의 손해가 최소화되도록 신의에 좇아 성실히 하여야 한다(법 §12④).

(2) 법정 손해배상액

(가) 계약을 유지하는 경우

계약을 해제하지 아니하는 경우에는 할부거래업자 또는 신용제공자가 할부금 지급의무의 불이행을 이유로 소비자에게 청구하는 손해배상액은 지연된 할부금에 「이자제한법」에서 정한 이자의 최고한도의 범위에서 대통령령으로 정하는 이율을 곱하여 산정한 금액에 상당하는 지연손해금을 초과하지 못한다(법 §12①). 여기에서 "대통령령으로 정하는 이율"이란 할부거래업자 또는 신용제공자가 소비자와 약정한 이율을 말한다(영 §9).

손해배상액 ≦ 지연손해금＝지연할부금 × 약정이율

(나) 계약을 해제하는 경우

계약을 해제하는 경우에는 할부금의 지연에 따른 지연손해금과 할부거래업자의 실손해액의 합계액을 초과하지 못한다. 여기에서 실손해액은 ① 재화등의 반환 등 원상회복이 된 경우, ② 원상회복이 되지 않은 경우, ③ 재화등이 공급되기 전인 경우에 따라 차이가 있다(법 §12②).

손해배상액 ≦ 지연손해금 + 실손해액

① 원상회복된 경우 재화등의 반환 등 원상회복이 된 경우에는 통상적인 사용료와 계약체결 및 그 이행을 위하여 통상 필요한 비용의 합계액을 실손해액으로 본다. 다만, 할부가격에서 재화등이 반환된 당시의 가액을 공제한 금액이 그 사용료와 비용의 합계액을 초과하는 경우에는 그 공제한 금액으로 한다(법 §12② i).[19] 이는 제1기준으로서 손해액(사용료+계약체결·이행 통상필요비용)과 제2 기준으로서의 손해액(할부가격－재화등 반환당시 가액)을 비교하여 결국 더 큰 손해액을 기준으로 하게 되는 것을 의미한다. 이와 같이 2가지의 손해액 기준을 정하고 있는 것은 할부거래업자의 입장에서 더 실제적인 손해를 기준으로 하기 위한 것이다.

② 재화등의 반환 등 원상회복이 되지 아니한 경우 재화등의 반환 등 원상회복이 되지 아니한 경우에는 할부가격에 상당한 금액을 실손해액으로 한다. 다만, 용역이 제공된 경우에는 이미 제공된 용역의 대가 또는 그 용역에 의하여 얻어진 이익에 상당하는 금액으로 한다(법 §12② ii).

③ 재화등 공급전인 경우 재화등의 공급이 되기 전인 경우에는 계약체결 및 그 이행을 위하여 통상 필요한 금액을 실손해액으로 한다(법 §12② iii).

〈손해배상액의 한도〉

<table>
<tr><th rowspan="2">구 분</th><th colspan="2">손해배상액의 한도</th><th></th></tr>
<tr><th colspan="2">실손해액</th><th>지연손해금</th></tr>
<tr><td rowspan="2">원상회복시</td><td>▪ 사용료＋계약체결·이행 통상필요비용(제1기준)</td><td rowspan="2">중 큰 금액</td><td rowspan="4">지연할부금
×
약정이율</td></tr>
<tr><td>▪ 할부가격－반환당시가액(제2기준)</td></tr>
<tr><td>원상미회복시</td><td colspan="2">▪ 할부가격 상당액</td></tr>
<tr><td>재화등 공급전</td><td colspan="2">▪ 계약체결·이행 통상필요비용</td></tr>
</table>

Ⅲ. 소비자 권리의 보호

1. 권리 보호의 필요성

할부거래에 있어서는 소비자는 일부 대금만 지급하고도 고가의 상품을 인도받거나

19) 예컨대, 할부가격 100만 원, 반환당시가액 60만 원, 사용료 20만 원, 통상필요비용 10만 원인 경우 제1기준의 손해액은 30만 원, 제2기준의 손해액은 40만 원이 된다. 이 경우 실손해액은 더 큰 금액인 40만 원으로 보게 된다.

서비스를 이용할 수 있다는 매력 때문에 구매의 필요성이나 자신의 지급능력 등을 충분히 고려하지 않은 채 충동구매하는 경우가 많다. 그러나 소비자는 일정기간이 경과하면서 자신의 비합리적인 구매행위를 후회하더라도 행위제한능력 등 특단의 사정이 있거나, 불공정한 법률행위(민법 §104)나 착오에 의한 의사표시(민법 §109) 등 무효 또는 취소사유에 해당하지 않는 한 계약을 이행하지 않을 수 없다.

그러나 할부거래가 사업자의 적극적인 판매공세로 이루어지는 경우 소비자의 심리적 과열상태로 인해 자기결정권이 침해되기도 하고 대금채권의 회수와 관련하여 소비자의 권리가 부당하게 제약되는 경우도 있다. 따라서 소비자를 보호하기 위해서는 소비자에게 좀 더 시간적 여유를 가지고 자신의 충동구매를 냉정하게 재고할 수 있는 기회를 주고, 사업자의 부당한 권리제한이나 공급된 재화의 하자 등에 대해 적절히 대응할 수 있는 권리를 보장할 필요가 있다. 또한 할부구매 후 자금사정이 호전되는 경우에는 할부금을 조기상환하여 할부계약의 구속으로부터 벗어날 수 있도록 할 필요가 있다. 이러한 소비자보호의 필요성을 고려하여 할부거래법에서는 일반 민법에 대한 특칙으로서 소비자에게 청약철회권, 기한전 지급 및 각종 항변권 등 자위수단을 보장해주고 있다.

2. 청약철회권의 부여

(1) 철회권의 의의

철회권이란 계약체결 후 일정 기간 동안 불이익을 받지 않고 청약을 철회할 수 있는 권리를 말한다. 원래 계약의 당사자는 계약성립 후 자기의 청약 또는 승낙의 의사를 철회할 수 없는 것이 원칙이다. 민법에서는 계약의 청약의 구속력을 인정하여 청약은 철회하지 못하도록 하고 있다(민법 §527).

그러나 할부거래법에서는 할부매매의 성립을 계약서 작성과 동시에 인정하면서도 소비자가 충동구매를 재고할 수 있도록 일정한 숙고기간 또는 냉각기간(cooling off period)을 두어 그 기간 내에 청약을 철회할 수 있는 권한을 부여하고 있다(법 §8①). 이와 같이 소비자에게 청약철회권을 인정하고 있는 것은 거래의 안전을 다소 희생하더라도 소비자를 보호하기 위한 것으로서 청약의 구속력이라는 민법상 원칙의 예외[20]에

20) 학설상 청약구속력에 대한 예외로 인정되는 것은 ① 청약을 철회하더라도 상대방에게 부당한 손해를 줄 염려가 없는 경우(예컨대, 청약시 철회권을 유보하거나 승낙기간을 정하지 않은 대화자 간의 청약), ② 행위기간을 정하지 않은 현상광고에서 완료한 자가 있기 전에 동일한 방법으로 현상광고를 철회하는 경우(민법 제679조 제2항), ③ 소비자보호 특별법에서 약관에 철회권 유보에 관한 규정을 둔 경우에는 청약철회를 인정하고 있다. 김준호, 「채권법」 [제14판](법문사, 2023), 387-388면; 송덕수, 「신민법강의」 [제14판](박영사, 2021), 1078-1079면.

해당한다.

철회권의 행사는 그 사유를 불문하며 소비자에게 계약체결상의 과실이 있는 경우에도 가능하다. 또한 그 귀책사유의 유무에 관계없이 소비자는 철회에 따른 손해배상 책임을 지지 않는다. 할부거래계약에서 이와 다른 약정으로서 소비자에게 불리한 경우에는 효력이 없다(법 §43, 편면적 강행규정).

(2) 철회권의 행사기간

할부거래의 법정 철회기간은 7일이다. 만약 당사자 간의 개별약정으로 법정기간보다 길게 약정하였으면 철회기간은 약정한 기간으로 하고, 법정기간보다 짧게 약정하였으면 법정기간을 철회기간으로 한다.

청약철회권 행사의 기산점은 계약서를 받은 경우와 받지 아니한 경우에 따라 다르다. ① 계약서를 받은 경우에는 그 계약서를 받은 날로부터 기산하여 7일 이내이다. 다만, 그 계약서를 받은 날보다 재화등의 공급이 늦게 이루어진 경우에는 공급을 받은 날부터 7일이다(법 §8① i). ② 계약서를 받지 아니한 경우, 사업자의 주소 등이 기재되지 아니한 계약서를 받은 경우 또는 사업자의 주소변경 등의 사유로 위의 기간 이내에 청약을 철회할 수 없는 경우에는 그 주소를 안 날 또는 알 수 있었던 날 등 철회권을 행사할 수 있는 날부터 7일 이내에 철회권을 행사하여야 한다(법 §8①ii). 그 밖에 ③ 계약서에 청약의 철회에 관한 사항이 적혀 있지 아니한 경우에는 청약을 철회할 수 있음을 안 날 또는 알 수 있었던 날부터 7일(법 §8①iii), ④ 할부거래업자가 청약의 철회를 방해한 경우에는 그 방해 행위가 종료한 날부터 7일 이내에 청약을 철회할 수 있다(법 §8①iv).

(3) 철회권의 행사방법

소비자의 청약철회의 의사표시는 철회권 유보기간(7일) 이내에 서면으로 발송하여야 한다(법 §8③, 서면주의). 이 철회의 효력은 서면을 발송한 날에 발생한다(법 §8④, 발신주의). 신용제공자가 있는 간접 할부계약의 경우 소비자는 사업자에 대한 청약철회의 의사표시 이외에 신용제공자에게도 동일한 청약철회 행사기간 이내에 철회의 의사표시가 기재된 서면을 발송하여야 한다(법 §9①, 철회의 통보). 소비자가 그러한 서면을 발송하지 아니한 경우 신용제공자의 할부금 지급청구에 대항하지 못한다(법 §9② 1문). 다만 신용제공자가 7일 이내에 사업자에게 재화등의 대금을 지급하였거나 할부거래업자로부터 할부금청구의 중지 또는 취소를 요청받은 경우에는 소비자는 서면을 발송하지 않더라도 할부금 지급청구를 거절할 수 있다(법 §9② 2문). 이는 청약의 철회가 유보되고 있는 기간 중에 성급하게 사업자에게 대금을 지급하였거나 이미 청약철회 사실을 알고 있는 신용제공자를 보호할 필요성이 크지 않으며, 실제로 이 경우 사업자가 신용제공자에게 대금을 반환하면 간단하게 처리될 수 있기 때문이다.

(4) 철회권 행사의 효과

(가) 원상회복

청약을 철회하는 경우에는 계약 자체가 성립하지 않았던 것(계약불성립)으로 의제되기 때문에 소비자는 원상회복의무만 부담하며, 계약의 성립을 전제로 한 위약금이나 손해배상책임은 부담하지 않는다. 따라서 할부거래법은 소비자가 할부계약의 청약을 철회하는 경우 이미 공급받은 재화등을 반환하여야 하도록 하고 있으며, 할부거래업자[21]는 이미 지급받은 계약금 및 할부금을 반환하도록 하고 있다(법 §10①, ② 1문).

한편 민법상 원상회복의무는 원래 동시에 이행되는 것이 원칙이나(민법 §549), 재화공급의 경우 할부거래법은 이에 대한 예외로서 할부거래업자는 소비자로부터 재화를 반환받은 날로부터 3영업일 이내에 그 대금을 환급하도록 규정하고 있다(법 §10② i, 선이행의무). 용역제공의 경우 할부거래업자는 청약철회의 서면을 수령한 날부터 3영업일 이내에 환급하면 된다(법 §10② ii). 할부거래업자가 소비자에게 대금환급을 지연한 때에는 그 지연기간에 따라 지연배상금을 지급하여야 한다. 지연배상금은 그 지연기간에 따라 「이자제한법」에서 정한 이자의 최고한도의 범위에서 대통령령으로 정하는 이율[22]을 곱하여 산정한 지연이자를 말한다(법 §10② 2문).

(나) 반환 및 그 비용

소비자가 원상회복의무에 따라 재화를 반환하게 되는 경우 반환당시의 상태대로 반환하면 되고 별도로 사용료 등을 지급할 필요가 없다. 이와 같이 원상회복에 따른 소비자의 부담을 제거한 것은 소비자의 청약철회권 행사를 용이하게 하기 위한 것이다. 다만 이미 재화등이 사용되었거나 일부 소비된 경우 할부거래업자는 그 재화등을 사용하거나 일부 소비하여 소비자가 얻은 이익 또는 그 재화등의 공급에 든 비용에 상당하는 금액으로서 대통령령으로 정하는 범위의 금액[23]을 초과하지 않는 범위 내에서 소비자

---

21) 여기에서 할부거래업자에는 소비자로부터 재화등의 계약금 또는 할부금을 지급받은 자 또는 소비자와 할부계약을 체결한 자를 포함한다.

22) 여기에서 대통령령으로 정하는 이율이란 연 100분의 15를 말한다(영 §7).

23) 여기에서 대통령령으로 정하는 금액이란 ① 재화등의 사용으로 소모성 부품을 재판매하기 곤란하거나 재판매가격이 현저히 하락하는 경우에는 해당 소모성 부품을 공급하는 데에 든 금액이나 ② 여러 개의 가분물로 구성된 재화등의 경우에는 소비자의 일부소비로 소비된 부분을 공급하는 데에 든 금액을 말한다(영 §8).

에게 지급을 청구할 수 있다(법 §10⑨). 또한 공급받은 재화등의 반환에 필요한 비용은 할부거래업자가 부담하여야 한다(법 §10⑩ 전단).

한편 할부거래법은 이미 용역이 제공된 경우에는 사업자는 제공된 용역과 동일한 용역의 반환을 청구할 수 없도록 규정하고 있다(법 §10③). 이 규정은 사업자가 소비자에게 사실상 실현이 불가능한 동일한 용역 그 자체의 반환을 청구함으로써 소비자의 철회권 행사를 방해하는 것을 막기 위한 것이다. 그러나 이 규정의 반대해석상 사업자는 이미 제공된 용역의 대가 또는 그에 의하여 얻어진 이익의 반환을 청구할 수 있다고 보아야 한다. 이는 소비자에게 청약철회의 자유를 보장하되 그로 인한 사업자의 손실을 최소화하고 청약철회에 따른 원상회복의무를 관철하기 위한 것이다. 여기에서의 용역은 이미 제공된 용역을 말하며, 일정한 시설을 이용하거나 용역의 제공을 받을 권리는 제외된다.

(5) 철회권의 배제

(가) 멸실 · 훼손된 재화등

소비자에게 책임있는 사유로 재화등이 멸실되거나 훼손된 경우에는 소비자는 청약을 철회하지 못한다(법 §8② i). 소비자의 취급부주의로 손상된 경우까지 할부거래업자의 부담으로 전가하는 것은 소비자보호의 본래 취지를 벗어나기 때문이다. 다만, 재화등의 내용을 확인하기 위하여 포장 등을 훼손한 경우는 제외한다.

(나) 가치감소 우려가 있는 재화등

재화등의 성질에 비추어 사용 또는 소비에 의하여 그 가치가 현저히 낮아질 우려가 있는 경우에는 철회권을 인정하지 않는다(법 §8②ii). 이에 해당하는 재화로는 ①「선박법」에 따른 선박, ②「항공법」에 따른 항공기, ③「철도사업법」 및「도시철도법」에 따른 궤도를 운행하는 차량, ④「건설기계관리법」에 따른 건설기계, ⑤「자동차관리법」에 따른 자동차, ⑥ 설치에 전문인력 및 부속자재 등이 요구되는 것[24]이 있다. 그 밖에 시간이 지남으로써 다시 판매하기 어려울 정도로 재화등의 가치가 현저히 낮아진 경우나 복제할 수 있는 재화등의 포장을 훼손한 경우에도 철회권이 인정되지 않는다(법 §8②iii, iv).

다만 가치감소의 우려가 있는 재화등이라 하더라도 할부거래업자가 청약의 철회를 승낙하거나, 청약을 철회할 수 없다는 사실을 재화등의 포장이나 그 밖에 소비자가 쉽

24) 이에 해당하는 것으로는 i)「고압가스안전관리법」 제3조 제4호의 규정에 의한 냉동기, ii) 전기냉방기(난방겸용 포함) 및 iii) 보일러가 있다(영 §6①vi).

게 알 수 있는 곳에 분명하게 표시하거나, 시용 상품을 제공하는 등의 방법으로 소비자가 청약을 철회하는 것이 방해받지 아니하도록 조치를 하지 아니한 경우에는 청약을 철회할 수 있다(법 §8② 단서, §8⑥).

(다) 거래의 안전

거래의 안전을 위해 할부가격이 소액인 경우, 즉 할부가격이 10만 원 미만인 경우에는 철회권을 인정하지 않는다(법 §8②ⅴ, 영 §6②ⅰ). 다만 「여신전문금융업법」에 의한 신용카드를 사용하여 할부거래를 하는 경우에는 20만 원 미만인 경우에는 철회권을 인정하지 않는다. 또한 소비자의 주문에 따라 개별적으로 제조되는 재화등의 공급을 목적으로 하는 할부계약의 경우에도 철회권이 배제된다(법 §8②ⅴ, 영 §6②ⅱ).

(6) 간접할부계약의 특칙

(가) 할부거래업자의 의무

간접할부계약의 경우 할부거래업자는 소비자로부터 청약을 철회하는 서면을 수령한 때에는 지체 없이 해당 신용제공자에게 소비자에 대한 재화등의 할부금의 청구를 중지 또는 취소하도록 요청하여야 한다. 이 경우 할부거래업자가 신용제공자로부터 해당 재화등의 대금을 이미 지급받은 때에는 지체 없이 이를 신용제공자에게 환급하여야 한다(법 §10④). 또한 할부거래업자가 중지 또는 취소 요청을 지연하여 소비자로 하여금 신용제공자에게 할부금을 지불하게 한 경우 소비자가 지불한 금액에 대하여 소비자가 환급받는 날까지의 기간에 대한 지연배상금을 소비자에게 지급하여야 한다(법 §10⑥).

(나) 신용제공자의 의무

신용제공자가 할부거래업자로부터 할부금의 청구를 중지 또는 취소하도록 요청받은 경우 지체 없이 이에 필요한 조치를 취하여야 한다. 이 경우 소비자가 이미 지불한 할부금이 있는 때에는 지체 없이 이를 환급하여야 한다(법 §10⑤). 신용제공자가 제5항에 따른 환급을 지연한 경우 그 지연기간에 따른 지연배상금을 소비자에게 지급하여야 한다. 다만, 할부거래업자가 제4항에 따른 요청을 지연하여 신용제공자로 하여금 소비자에 대한 할부금의 환급을 지연하게 한 경우에는 그 할부거래업자가 지연배상금을 지급하여야 한다(법 §10⑦).

(다) 소비자에 대한 불이익 행위금지

할부거래업자 또는 신용제공자는 소비자가 청약을 철회함에 따라 소비자와 분쟁이 발생한 경우 분쟁이 해결될 때까지 할부금 지급거절을 이유로 해당 소비자를 약정한 기일 이내에 채무를 변제하지 아니한 자(금융채무불이행자)로 처리하는 등 소비자에게 불이익을 주는 행위를 하여서는 아니 된다(법 §10⑧).

3. 기한의 이익의 상실과 포기

(1) 기한의 이익의 상실

기한의 이익이란 특정한 기한을 정한 경우 그 기한이 도래하지 전까지 계약당사자가 얻을 수 있는 이익을 말한다. 할부거래에서 소비자는 할부금을 일정 기간까지 분할하여 지급할 수 있게 됨으로써 대금의 완제기일까지 (채무자로서) 기한의 이익을 얻게 된다. 이러한 기한의 이익은 법에서 정하고 있는 사유[25]가 발생한 경우 상실되지만, 민법상 기한의 이익의 상실사유는 임의규정이므로 당사자 간의 특약으로 박탈할 수 있다. 실제 할부계약에서 소비자가 할부금의 지급을 지체하는 경우 계약을 해제하거나 나머지 할부금에 대하여 기한의 이익을 상실한다는 자신에게만 일방적으로 유리한 기한의 이익의 상실에 관한 약관조항을 두고 있는 경우가 적지 않다.

따라서 할부거래법은 할부거래업자가 이기적 목적으로 소비자에게 부여된 기한의 이익을 부당하게 박탈하지 못하도록 할부금 지급의 연체가 상당한 정도에 이르거나 할부금 회수에 어려움이 예상되는 경우에 한정하여 기한의 이익 상실을 규정하고 있다. 즉, ① 소비자가 다음 지급기일까지 연속하여 2회 이상 할부금 지급을 연체하는 동시에 그 연체액이 할부가격의 10%를 초과하는 경우와 ② 국내에서 할부금 채무이행 보증이 어려운 경우로서 소비자가 생업에 종사하기 위하거나 외국인과의 결혼 및 연고관계로 인하여 외국에 이주하는 경우에는 기한이익의 상실을 인정하고 있다(법 §13①, 영 §10 i , ii).

소비자의 기한의 이익의 상실로 할부거래업자 또는 신용제공자가 소비자로부터 한꺼번에 지급받을 금액은 나머지 할부금에서 나머지 기간에 대한 할부수수료를 공제한 금액으로 한다. 이 경우 할부수수료는 일(日)단위로 계산한다(법 §13②).

(2) 기한의 이익의 포기

소비자가 할부로 재화등을 구입하였더라도 추후 자금사정이 호전된다면, 할부금 지급에 대한 부담감에서 벗어날 수 있도록 하기 위해 할부금의 지급기한이 도래하기 전이라도 그 할부금을 일시에 지급할 수 있도록 허용하는 것이 소비자보호를 위해 바람

---

25) 민법 제388조에서는 기한의 이익이 상실되는 경우로서 채무자가 ① 담보를 손상, 감소 또는 멸실하게 한 때와 ② 담보제공의 의무를 이행하지 아니한 때에 한정하고 있다. 그 밖에 「채무자 회생 및 파산에 관한 법률」 제425조에서는 기한부채권은 파산선고시에 변제기가 도래한 것으로 규정하여 파산선고로 기한의 이익이 상실됨을 나타내고 있다.

직하다.

이와 관련하여 민법 제153조에서는 기한의 이익은 채무자의 이익을 위한 것으로 추정하고(제1항), 기한의 이익을 포기할 수 있으나 상대방의 이익을 침해하지 못하는 것으로 규정하고 있다(제2항). 이에 비해 할부거래법에서는 할부거래에 있어서 기한의 이익은 소비자에게 있는 것으로 보고, 소비자는 기한이 도래하기 전이라도 나머지 할부금을 한꺼번에 지급할 수 있는 것으로 규정하고 있다(법 §14①). 또한 그 지급금액은 나머지 할부금에서 나머지 기간에 대한 할부수수료를 공제한 금액으로 하고 있다(법 §14②). 이는 상대방의 이익을 침해할 수 없다는 민법의 규정과 달리 할부수수료를 공제할 수 있도록 함으로써 할부거래업자의 이익을 침해하더라도 상대적으로 소비자에게 유리하도록 규정한 것으로 볼 수 있다.

4. 지급거절의 항변권

(1) 의 의

할부계약에서 매매계약이 무효 또는 취소되거나 할부거래업자로부터 재화등의 공급이 이루어지지 않거나 불완전하게 이루어짐으로써 계약의 목적달성에 적합하지 않은 경우 소비자는 민법상 일반제도로서 사업자에 대한 각종 채무불이행책임과 하자담보책임을 물을 수 있다. 할부거래법은 이러한 민법상의 제도 이외에 소비자 보호를 위하여 일정한 사유가 있는 경우 소비자는 할부거래업자에 대해 할부금 지급을 거절할 수 있는 항변권을 부여하고 있다(법 §16①). 항변권의 행사방식에는 제한이 없으나 소비자가 항변권의 행사를 서면으로 하는 경우 그 효력은 서면을 발송한 날에 발생한다(법 §16④).

(2) 항변사유

할부거래법은 소비자의 항변사유, 즉 항변권의 적용범위를 예시적으로 열거하고 있다(법 §16① 각호). 즉, ① 할부계약이 불성립·무효인 경우(제1호), ② 할부계약이 취소·해제 또는 해지된 경우(제2호), ③ 재화등의 전부 또는 일부가 계약에서 정한 재화등의 공급시기까지 소비자에게 공급되지 않은 경우(제3호), ④ 할부거래업자가 하자담보책임을 이행하지 아니한 경우(제4호), ⑤ 할부거래업자의 채무불이행으로 인해 할부계약의 목적을 달성할 수 없는 경우(제5호), ⑥ 다른 법률에 따라 정당하게 청약을 철회한 경우(제6호)에는 할부거래업자에게 할부금 지급을 거절할 수 있다.

할부거래법에서 항변사유로 규정하고 있는 사유는 민법상으로도 인정되는 것이지만, 할부거래업자가 이러한 소비자의 항변권을 약관으로 배제하는 경우가 많아 이를 강행규정화하기 위한 것이다. 또한 법 제43조(매수인에게 불리한 계약의 금지)는 '매수인의 항변권'을 보호하기 위한 규정으로서, 할부계약의 내용 중에서 법 제16조에 의한 내용보다 소비자에게 불리한 것은 사업자뿐만 아니라, 신용제공자에 대한 관계에서도 효력을 인정할 수 없다고 할 것이므로, 이른 바 간접할부계약에도 유추적용된다.

매수인의 신용제공자에 대한 할부금 지급거절의 항변권을 인정한 취지는 할부거래에서 할부금융약정이 물품매매계약의 자금조달에 기여하고 두 계약이 경제적으로 일체를 이루는 경우에 그 물품매매계약이 해제되어 더 이상 매매대금 채무가 존재하지 아니하는데도 할부거래의 일방 당사자인 매수인에게 그 할부금의 지급을 강제하는 것이 형평의 이념에 반하기 때문이다. 따라서 할부거래법은 매수인에게 매도인에 대한 항변사유를 들어 신용제공자에 대하여 할부금의 지급을 거절할 수 있는 권능을 부여하고 있다.[26]

(3) 항변권 행사의 협의

할부거래업자 또는 신용제공자는 소비자의 항변을 서면으로 수령한 경우 지체 없이 그 항변권의 행사가 항변사유에 해당하는지를 확인하여야 한다. 항변사유에 해당하지 아니하는 경우 소비자의 항변을 수령한 날부터 할부거래업자는 5영업일, 신용제공자는 7영업일 이내에 서면으로 소비자의 항변을 수용할 수 없다는 의사와 항변권의 행사가 항변사유의 어느 하나에 해당하지 아니한다는 사실을 소비자에게 서면으로 통지하여야 한다(법 §16⑤). 할부거래업자 또는 신용제공자가 그 통지를 하지 아니한 경우에는 소비자의 할부금 지급 거절의사를 수용한 것으로 본다(법 §16⑥).

이와 같이 할부거래법은 할부거래업자와 신용제공자로 하여금 정당한 사유 없이 소비자의 항변권 행사를 방치할 수 없도록 하여 소비자 권익보호를 강화하고 있다.

(4) 소비자에 대한 불이익 행위 금지

할부거래업자 또는 신용제공자는 소비자가 항변권 행사하여 소비자가 할부금의 지급을 거절한 경우 소비자와 분쟁이 발생하면 분쟁 해결시까지 할부금 지급 거절을 이유로 해당 소비자를 약정한 기일 이내에 채무를 변제하지 아니한 자(금융채무불이행자)로 처리하는 등 소비자에게 불이익을 주는 행위를 하여서는 아니 된다(법 §16⑦).

---

26) 대법원 2006. 7. 28. 선고 2004다54633 판결.

(5) 간접할부계약의 특칙

간접할부계약의 경우 소비자는 할부거래업자에 대한 항변권과 동일한 사유를 근거로 신용제공자에게도 항변권을 행사할 수 있다(법 §16②, 항변권의 접속). 다만, 항변권을 행사할 수 있는 금액의 상한선을 대통령령으로 정하여 할부가격이 10만 원 이상(「여신전문금융업법」에 의한 신용카드의 경우 20만 원 이상)인 경우에 한하여 지급거절의사를 신용제공자에게 통지한 후 할부금의 지급을 거절할 수 있도록 하고 있다(법 §16②, 영 §11).[27] 이는 할부거래에 따른 사회적 비용과 소비자보호라는 측면을 종합적으로 고려한 것으로 볼 수 있다.

여기에서 소비자가 지급을 거절할 수 있는 금액은 지급거절 당시 지급하지 아니한 나머지 할부금이다(법 §16③). 즉, 소비자의 항변권은 지급을 거절할 수 있는 권리에 지나지 않기 때문에 항변의 의사표시를 통지하기 이전에 신용제공자가 할부거래업자에게 이미 지급한 할부금의 환급은 인정되지 않는다.

5. 기타 소비자 보호제도

(1) 소비자에게 불리한 해석의 금지

할부계약이 법정 기재요건을 갖추지 못하거나 그 내용이 불확실한 경우에는 할부거래업자와 소비자의 특약이 없는 한, 그 계약내용은 어떠한 경우에도 소비자에게 불리하게 해석되어서는 아니 된다(법 §6④).

(2) 할부대금채권의 소멸시효

할부계약에 의한 할부대금채권은 3년간 행사하지 아니하면 소멸시효가 완성한다(법 §15). 이와 같이 3년의 단기소멸시효를 도입한 것은 소멸시효기간을 명확히 하여 시효를 넘긴 채권추심 등에 따른 혼란을 방지하고, 할부거래관계를 조속히 안정시킴으로써 소비자피해를 방지하기 위한 것으로 볼 수 있다.

---

27) 이에 대해서는 입법론으로 신용제공자와 할부판매업자 간에 불가분의 일체관계가 존재하는 것으로 볼 수 있는 경우, 즉 ① 신용제공자와 판매업자가 동일인인 경우, ② 양자가 직접 또는 간접적으로 지배관계에 있는 경우, ③ 신용제공자가 독자적으로 또는 공동참가의 형식으로 우편광고를 통해 소비자에게 판매업자의 물품 또는 용역을 구매할 것을 권유한 경우 등은 신용제공자에게 항변권의 제한을 받지 않도록 하여야 한다는 주장이 제기되고 있다. 김성천, 앞의 논문, 101면.

제 4 절 선불식 할부거래

Ⅰ. 의 의

일반적으로 대금을 미리 지불하고 재화 또는 용역을 오랜 기간이 지난 후에 제공받는 선불형 거래의 경우 소비자가 계약 당시에는 예상하지 못했던 피해를 입을 위험이 상대적으로 크다. 보험이나 은행적금, 개인연금과 같은 금융거래 분야에서는 이미 각종 법령에서 진입요건 및 재무건전성 등에 대해 엄격하고 규제하고 있는 데 비해, 상조업과 같은 선불식 할부거래의 경우에는 그동안 사업자의 난립과 계약불이행, 경영부실 등에 따른 소비자피해가 지속적으로 증가한 바 있다.

이에 따라 2010년 3월 할부거래법 전부 개정을 통해 상조업을 비롯한 선불식 할부거래를 규율대상에 포함시켜, 선불식 할부거래업자의 행정상 등록 및 정보공개, 지위의 승계 및 이전, 계약체결 방식, 소비자의 청약철회 및 계약해제권 및 소비자피해보상보험계약의 의무화 등 소비자피해 예방 및 구제를 위한 제도를 도입하였다.

Ⅱ. 선불식 할부거래업자의 신원확인

1. 선불식 할부거래업자의 등록

(1) 등록의무

선불식 할부거래는 (후불식) 할부거래보다 심각한 소비자문제를 야기할 수 있는 분야이기 때문에 할부거래법은 선불식 할부거래업자에 대한 규제를 더욱 강화하여 등록의무를 부과하고 있다. 즉, 선불식 할부거래업을 하려는 자는 총리령이 정하는 신청서와 일정한 서류를 갖추어 주된 사무소의 소재지를 관할하는 특별시장·광역시장·특별자치시장·도지사 또는 특별자치도지사(시·도지사)에게 등록하여야 한다(법 §18①, 영 §12①). 선불식 할부거래업의 등록을 한 경우 시·도지사는 지체 없이 선불식 할부거래업 등록증을 교부하여야 한다(법 §18②, 영 §12③).

(2) 등록요건

선불식 할부거래업자로서 등록하기 위해서는 적어도 두 가지 요건을 갖추어야 한다. 첫째, 「상법」 상 회사로서 자본금이 15억 원 이상의 규모이어야 한다(법 §18① ii, §19). 둘째, 소비자피해보상보험계약등(소비자피해보상을 위한 보험계약, 채무지급보증계약, 예치계약 또는 공제계약)을 체결하여야 한다. 이와 같이 최소 자본금 규모를 법정하고 소비자피해보상보험계약등의 체결을 의무화하고 있는 것은 부실 선불식 할부거래업자의 난립을 방지하고, 이로 인한 소비자 피해보상문제를 사전에 해결하기 위한 것이다.

(3) 제출서류

선불식 할부거래업의 등록을 하려는 자는 등록신청서와 함께 ① 상호 및 주소·전화번호·전자우편주소(영업소 및 대리점 포함)·대표자의 이름·주민등록번호 및 주소 등을 적은 신청서, ② 자본금이 15억 원 이상임을 증명하는 서류, ③ 소비자피해보상보험계약등의 체결입증서류, ④ 선불식 할부거래업자의 신원을 확인하기 위하여 필요한 사항으로서 총리령으로 정하는 서류를 제출하여야 한다(법 §18① 각호).

(4) 등록 결격사유

다음 각 경우에 해당하는 자(회사)는 선불식 할부거래업자의 등록을 할 수 없다(법 §20).

첫째, 미성년자, 피한정후견인 또는 피성년후견인, 파산선고를 받고 복권되지 아니한 자 및 이 법에 위반하여 형사처벌을 받고 일정기간(징역형 5년, 벌금형 3년, 집행유예는 유예기간)이 경과되지 아니한 자가 임원으로 있는 회사(법 §20 i)

둘째, 이 법에 위반하여 형사처벌을 받고 일정기간(징역형 5년, 집행유예는 유예기간)이 경과되지 않은 자가 지배주주[28]로 있는 회사(법 §20 ii)

셋째, 등록이 취소된 후 5년이 경과되지 아니한 회사(법 §20 iii)

넷째, 등록취소 당시의 임원 또는 지배주주이었던 자가 임원 또는 지배주주로 있는 회사(법 §20 iv)

---

28) 여기에서 지배주주란 ① 특수관계인과 함께 소유하고 있는 주식 또는 출자액의 합계가 30% 이상인 경우로서 그 합계가 가장 많은 주주 또는 출자자, ② 당해 법인의 경영을 사실상 지배하는 자를 말한다(법 §2 vii). ①의 특수관계인에는 지배주주가 개인(個人)인 경우 i) 배우자, ii) 6촌 이내의 혈족이나 4촌 이내의 인척, iii) 지배주주 단독으로 또는 배우자 및 친인척과 합하여 100분의 30 이상을 출자한 법인 및 그 임원, iv) 지배주주 단독으로 또는 그와 i), ii), iii)의 관계에 있는 자들과 합하여 100분의 30 이상을 출자한 법인 및 그 임원 등을 말하며, 지배주주가 법인(法人)인 경우에는 그 법인의 임원과 계열회사 및 그 임원을 말한다(영 §3①). ②의 해당 법인의 경영을 사실상 지배하는 자란 i) 단독으로 또는 다른 주주나 출자자와의 계약 또는 합의에 의하여 대표이사를 임면하거나 임원의 100분의 50 이상을 선임하거나 선임할 수 있는 자, ii) 해당 법인의 조직변경 또는 신규 사업 투자 등 주요 의사결정이나 업무집행에 지배적인 영향력을 행사하고 있는 자를 말한다(영 §3②).

(5) 등록의 취소 · 직권말소

(가) 취 소

시 · 도지사는 선불식 할부거래업자가 ① 거짓이나 그 밖의 부정한 방법으로 등록을 한 경우, ② 등록결격사유에 해당하게 된 경우에는 등록을 취소하여야 하며, ③ 소비자피해보상보험계약등이 해지된 경우, ④ 영업정지기간 중에 영업을 하는 경우 및 ⑤ 최근 5년간 제1항에 따른 영업정지 명령을 3회 이상 받은 경우(영업정지에 갈음하여 과징금을 부과받은 경우 포함)에는 등록을 취소할 수 있다(법 §40②). 시 · 도지사가 등록을 취소하려면 청문을 하여야 한다(법 §40③).

(나) 직권말소

시 · 도지사는 등록한 선불식 할부거래업자가 파산선고를 받거나 관할 세무서에 폐업신고를 한 경우 또는 6개월을 초과하여 영업을 하지 아니하는 등 실질적으로 영업을 할 수 없다고 판단되는 경우에는 그 등록을 직권으로 말소할 수 있다(법 §21).

(6) 변경사항 및 휴 · 폐업의 신고

선불식 할부거래업자는 등록한 사항이 변경된 경우에는 변경사항이 발생한 날로부터 15일 이내에 변경신고서에 그 변경사항을 입증하는 서류를 첨부하여 시 · 도지사에게 신고하여야 한다(법 §18③, 영 §12④). 시 · 도지사는 변경신고를 받은 날부터 7일 이내에 신고수리 여부 또는 민원 처리 관련 법령에 따른 처리기간의 연장을 신고인에게 통지하여야 한다(법 §18④). 다만, 소비자피해보상보험계약등의 해지 · 만료 등에 따른 변경사항은 계약의 해지 · 만료일 1개월 전에 그 변경사항을 입증하는 서류를 시 · 도지사에게 제출하여야 한다(영 §12④).

또한 선불식 할부거래업자는 휴업 또는 폐업을 하거나 휴업 후 영업을 다시 시작할 때에는 그 사유가 발생하기 1개월 전에 시 · 도지사에게 신고하여야 한다. 이 경우 시 · 도지사는 폐업신고를 받은 때에는 그 등록을 말소하여야 한다. 다만, 폐업신고 전 등록취소 요건에 해당되는 경우에는 폐업신고일에 등록이 취소된 것으로 본다(법 §18⑤, 영 §12⑤).

2. 선불식 할부거래업자 정보의 공개

(1) 공정거래위원회의 정보공개

할부거래법은 소비자들이 선불식 할부계약을 체결하기 전에 선불식 할부거래업자(회사)가 건실한 업체인지 판단하여 가입 여부를 결정할 수 있도록 공정거래위원회가 등록한 선불식 할부거래업자의 정보를 공개하여야 하는 것으로 규정하고 있다(법 §18⑥ 본문).[29] 다만, 선불식 할부거래업자의 경영·영업상 비밀에 관한 사항으로서 공개될 경우 선불식 할부거래업자의 정당한 이익을 현저히 해칠 우려가 있다고 인정되는 사항과 개인에 관한 사항으로서 사생활의 비밀 또는 자유를 침해할 우려가 있다고 인정되는 사항에 대하여는 공개하지 아니한다(법 §18⑥ 단서). 공정거래위원회는 정보공개를 위하여 필요한 경우에는 선불식 할부거래업자에게 관련 자료의 제출을 요구할 수 있다. 이 경우 선불식 할부거래업자는 정당한 사유가 없으면 관련 자료를 제출하여야 한다(법 §18⑦).

공정거래위원회가 선불식 할부거래업자의 정보를 공개하는 경우 공개하는 내용과 방법을 미리 통지하여야 하고, 사실과 다른 내용을 정정할 수 있는 기회를 주어야 한다. 즉, 공정거래위원회는 당해 선불식 할부거래업자에게 정보공개의 목적, 내용, 기간 및 방법 등을 정보공개일 15일 전까지 통지하여야 한다(영 §13①). 통지를 받은 선불식 할부거래업자는 공개하는 내용 중 사실과 다른 내용이 있거나 경영·영업상 비밀에 관한 사항으로서 공개될 경우 정당한 이익을 현저히 해칠 우려가 있다고 인정되는 사항과 개인에 관한 사항으로서 사생활의 비밀 또는 자유를 침해할 우려가 있다고 인정되는 사항이 있는 경우 정보공개일 5일 전까지 그 사실을 입증하는 서류를 첨부한 서면으로 공정거래위원회에 그 내용의 정정 또는 비공개를 요구할 수 있다. 이 경우 공정거래위원회는 선불식 할부거래업자의 요구가 정당하다고 인정되면 정보공개의 내용을 변경하거나 정보를 공개하지 않을 수 있다(법 §18⑥ 단서, 영 §13②).

(2) 회계감사보고서의 제출 및 공개

선불식 할부거래업자는 매 회계연도가 종료한 후 3개월 이내에 대통령령으로 정하는 절차 및 방법에 따라 「주식회사의 외부감사에 관한 법률」 제2조 제7호에 따른 감사인이 작성하는 같은 조 제8호에 따른 회계감사보고서를 문서(「전자문서 및 전자거래 기본법」 §2 i 에 따른 전자문서 포함)로 공정거래위원회에 제출해야 한다(법 §18의2①, 영 §13의2①).

공정거래위원회와 선불식 할부거래업자는 회계감사보고서를 공시하여야 한다(법 §18의2②). 즉, 공정거래위원회는 회계연도 말일부터 4개월 이내에 회계감사보고서를

29) 공개해야 하는 정보로는 ① 선불식 할부거래업자가 등록 또는 변경신고한 사항과 ② 공정거래위원회가 공정거래질서 확립 및 소비자보호를 위하여 필요하다고 인정하여 총리령으로 정하는 사항(등록번호 및 등록일, 재화등의 판매품목, 자산·부채·선수금 내역)을 말한다(법 §18⑥ 각호, 시행규칙 §7).

인터넷 홈페이지에 게시하여야 한다(영 §13의2②). 선불식 할부거래업자는 회계연도가 종료한 후 3개월이 경과한 날부터 3년 동안 회계감사보고서를 ① 선불식 할부거래업자의 본점에 일반인이 열람할 수 있도록 갖추어 두는 방법과 ② 선불식 할부거래업자의 인터넷 홈페이지에 일반인이 접근 가능하도록 게시하는 방법의 두 가지 방법으로 공시하여야 한다(영 §13의2③).

3. 지위의 승계 및 계약이전

(1) 지위의 승계

선불식 할부거래업자가 사업의 전부를 양도한 경우 또는 다른 회사와 합병하거나 회사를 분할한 경우 해당 사업의 전부를 양수한 회사, 합병 후 존속하는 회사, 합병에 따라 설립된 회사 또는 분할에 따라 해당 사업의 전부를 승계한 회사는 그 양도일, 합병일 또는 분할일부터 15일 이내에 대통령령으로 정하는 바에 따라 시·도지사에게 신고하여야 한다(법 §22①). 시·도지사는 신고를 받은 날부터 7일 이내에 신고수리 여부 또는 민원 처리 관련 법령에 따른 처리기간의 연장을 신고인에게 통지하여야 한다(법 §22④). 신고를 한 회사는 그 신고가 수리된 경우 그 양도일, 합병일 또는 분할일부터 종전의 선불식 할부거래업자의 지위를 승계한다(법 §22⑤).

합병, 분할 또는 사업의 전부를 양도하는 선불식 할부거래업자는 대통령령으로 정하는 날[30]부터 14일 이내에 전국 규모의 일반일간신문에 1회 이상 및 선불식 할부거래업자의 인터넷 홈페이지에 2주일 이상에 걸쳐 ① 합병, 분할 또는 사업의 전부 양도와 관련한 회사(합병하는 회사, 합병 후 존속하는 회사 및 합병에 의하여 설립된 회사, 분할하는 회사 및 분할에 의하여 해당 사업의 전부를 승계한 회사, 사업의 전부를 양도하는 회사 및 양수하는 회사)의 상호, 주소 등 선불식 할부거래업자의 등록과 신고에 따른 정보공개사항, ② 합병, 분할 또는 사업의 전부 양도를 통하여 이전되는 선불식 할부계약의 회원수 및 선수금 규모, ③ 합병, 분할 또는 사업의 전부 양도의 내용 및 절차, ④ 그 밖

30) 여기에서 대통령령으로 정하는 날은 ① 흡수합병(분할합병 포함)의 경우에는 합병되는 회사의 주주총회나 사원총회에서 합병을 결의한 날 또는 총사원이 합병에 동의한 날. 다만, 「상법」 제527조의2 제1항에 따라 주주총회의 승인을 이사회의 승인으로 갈음하는 경우에는 합병에 대하여 이사회에서 승인결의를 한 날, 「상법」 제600조 제1항에 따라 합병 후 존속하는 회사가 주식회사인 경우에는 법원의 인가를 받은 날이나. ② 신설합병(분할합병 포함)의 경우에는 합병하는 각 회사의 주주총회나 사원총회에서 합병을 결의한 날 또는 총사원이 합병에 동의한 날이다. 다만, 「상법」 제600조 제1항에 따라 합병으로 설립되는 회사가 주식회사인 경우에는 법원의 인가를 받은 날로 한다. ③ 분할(「상법」 제530조의12에 따른 물적 분할을 포함)의 경우에는 분할하는 회사의 주주총회에서 분할을 결의한 날이다. ④ 사업의 전부를 양도하는 경우에는 양도하는 회사의 주주총회 또는 사원총회에서 영업양도를 결의한 날이다. 다만, 「상법」 제374조의3 제1항에 따라 주주총회의 승인을 이사회의 승인으로 갈음하는 경우에는 영업양도에 대하여 이사회에서 승인결의를 한 날로 한다(영 §14③).

에 소비자의 권리를 보호하기 위하여 필요한 사항으로서 총리령으로 정하는 사항을 공고하여야 한다(법 §22② 각호, 규칙 §8①).

(2) 선불식 할부계약의 이전

(가) 의 의

"선불식 할부계약의 이전"이란 명칭·형식이 어떠하든 선불식 할부거래업자가 합병, 분할 또는 사업의 전부 양도 이외의 방식으로 소비자와 체결한 선불식 할부계약에 대한 권리·의무를 다른 선불식 할부거래업자에게 이전하는 것을 말한다(법 §2viii). 이러한 선불식 할부거래업자 간의 할부계약 이전 과정에서 각종 소비자피해가 빈발하고 있기 때문에 계약이전에 관한 절차를 마련하고, 그 책임관계를 명확히 할 필요가 있다.

(나) 계약이전의 공고

선불식 할부계약을 이전할 경우 다수의 이해관계인이 존재하므로 이를 널리 알릴 필요가 있다. 이를 위해 선불식 할부계약을 이전하는 선불식 할부거래업자는 선불식 할부계약의 이전계약을 체결한 날부터 14일 이내에 전국 규모의 일반일간신문에 1회 이상 및 선불식 할부거래업자의 인터넷 홈페이지에 2주일 이상에 걸쳐 ① 이전하는 선불식 할부거래업자 및 선불식 할부계약을 이전받은 선불식 할부거래업자의 상호·주소 등 등록과 신고에 따른 정보공개 사항, ② 이전하는 선불식 할부계약의 회원수 및 선수금 규모, ③ 이전계약의 내용 및 절차, ④ 그 밖에 소비자의 권리를 보호하기 위하여 필요한 사항으로서 총리령으로 정하는 사항을 공고하여야 한다(법 §22의2①, 규칙 §8의2①).

(다) 소비자에 대한 설명과 동의

이전하는 선불식 할부거래업자는 이전계약을 체결한 날부터 30일 이내에 선불식 할부계약을 체결한 소비자가 이전계약의 내용을 이해할 수 있도록 전화, 휴대전화 또는 소비자를 직접 방문하여 알리는 방법에 따라 ① 위의 총리령에 따른 공고사항과 ② 소비자가 7일 이내에 이전계약에 부동의(不同意) 의사표시가 없는 경우 이전계약에 동의한 것으로 본다는 내용을 설명하고, 설명한 날부터 7일 이내에 소비자로부터 이전계약에 대한 동의를 받아야 한다(법 §22의2② 본문, 규칙 §8의2②). 다만, 해당 기간 내에 이전계약에 부동의 의사를 표시하지 아니한 소비자는 이전계약에 동의를 한 것으로 본다(법 §22의2② 단서).

이전하는 선불식 할부거래업자는 소비자로부터 위의 설명한 내용을 이해하고 동의하였다는 사실을 서명, 기명날인, 녹취의 방법으로 확인받아야 한다. 다만, 제2항 단서에 따라 동의한 것으로 의제하는 경우에는 연락시간, 연락방법, 연락횟수 등을 기재하는 등 총리령으로 정하는 방법에 따라 해당 소비자에게 위의 내용에 대한 설명 등을 이행하였다는 사실을 확인할 수 있도록 하여야 한다(법 §22의2③, 규칙 §8의2③).

(라) 권리 · 의무의 승계

이전하는 선불식 할부거래업자가 가진 선불식 할부계약에 관한 권리와 의무는 그 계약을 이전받은 선불식 할부거래업자가 승계한다. 이전계약에서 이전하기로 한 자산에 관하여도 마찬가지이다(법 §22의2④).

할부거래법은 이전계약을 체결하는 경우 이전계약에 동의하지 않는 소비자 보호를 위해 선불식 할부계약과 관련된 자산(이전하는 선불식 할부거래업자의 선불식 할부계약과 관련된 부동산, 임차보증금 등의 모든 자산에서 선수금을 제외한 부채를 차감한 잔여재산)[31]을 이전하는 선불식 할부거래업자와 이전받은 선불식 할부거래업자에게 일정한 기준(이전비율)에 따라 배분하여 귀속하도록 하고 있다.

즉, ① 이전하는 선불식 할부거래업자의 경우에는 선불식 할부계약을 체결한 소비자가 납입한 총선수금에서 선불식 할부계약의 이전에 동의하지 아니하는 소비자가 납입한 선수금이 차지하는 비율로 배분한 금액, ② 이전받은 선불식 할부거래업자의 경우에는 선불식 할부계약을 체결한 소비자가 납입한 총선수금에서 선불식 할부계약의 이전에 동의하는 소비자가 납입한 선수금이 차지하는 비율로 배분한 금액의 기준에 따라 배분하여 귀속한다(법 §22의2⑤, 영 §14의2①).

(마) 자료 보존 및 신고

이전하는 선불식 할부거래업자와 이전받은 선불식 할부거래업자는 이전계약의 내용을 소비자가 이해하고 동의하였음을 확인받은 자료를 소비자에게 설명하고 동의를 받도록 한 제2항 본문의 기간이 경과한 날부터 5년간 보존하여야 한다(법 §22의2⑥). 이전받은 선불식 할부거래업자는 동의기간 경과일부터 2개월 이내에 이전계약 신고서를 작성하고 이전계약을 증명하는 서류를 첨부하여 시 · 도지사에게 신고하여야 한다(법 §22의2⑦, 영 §14의2②). 시 · 도지사는 이전계약 신고를 받은 날부터 5일 이내에 신고수리 여부 또는 민원 처리 관련 법령에 따른 처리기간의 연장을 신고인에게 통지하여야 한다(법 §22의2⑧).

---

31) 이 경우 이전하는 선불식 할부거래업자의 자산은 선불식 할부계약의 이전계약 체결 시점에 「주식회사의 외부감사에 관한 법률」 제5조 제1항에 따른 회계처리기준에 따라 작성되는 재무제표(연결재무제표를 작성하여야 하는 회사의 경우에는 연결재무제표를 포함)에 자산으로 계상(計上)될 수 있는 것으로 한정한다(영 §14의2①).

Ⅲ. 선불식 할부계약의 체결

1. 계약체결 전의 정보제공

할부거래법은 소비자가 선불식 할부계약의 내용을 정확하게 이해할 수 있도록 할부계약을 체결하기 전에 선불식 할부거래업자 또는 모집인(이하 "선불식 할부거래업자등")으로 하여금 소비자에게 할부거래에 관한 일정한 사항을 설명하도록 하고 있다(법 §23① 각호). 여기에서 "모집인"이란 선불식 할부거래업자를 위하여 선불식 할부계약의 체결을 중개하는 자를 말한다(법 §2ix).

설명되어야 할 사항으로는 ① 선불식 할부거래업자 및 모집인의 상호(모집인이 자연인인 경우는 성명)·주소·전화번호·전자우편주소·대표자의 이름, ② 재화등의 종류 및 내용, ③ 재화등의 가격과 그 지급의 방법 및 시기, ④ 재화등을 공급하는 방법 및 시기, ⑤ 계약금, ⑥ 청약의 철회 및 계약 해제의 기한·행사방법·효과에 관한 사항 및 청약의 철회 및 계약 해제의 권리 행사에 필요한 서식으로서 총리령으로 정하는 것, ⑦ 소비자 피해보상, 재화등에 대한 불만 및 소비자와 사업자 사이의 분쟁 처리에 관한 사항, ⑧ 소비자피해보상에 관한 사항으로 소비자피해보상보험계약등의 계약기간, 소비자피해보상금 및 소비자피해보상보험계약등에 따라 소비자피해보상금을 지급할 의무가 있는 자(지급의무자) 등 대통령령으로 정하는 사항,[32] ⑨ 선불식 할부계약을 체결한 날이 속하는 달의 전월 말일까지 선불식 할부거래업자가 받은 총선수금 중 제27조 제2항에 따라 보전하고 있는 총보전금액 비율, ⑩ 선불식 할부거래에 관한 약관, ⑪ 그 밖에 소비자의 구매 여부 판단에 영향을 주는 거래조건 또는 소비자의 피해구제에 필요한 사항으로서 대통령령으로 정하는 사항[33]이 있다.

선불식 할부거래업자등은 위에서 설명한 내용을 소비자가 이해하였다는 사실을 서명, 기명날인, 녹취 또는 그 밖에 대통령령으로 정하는 방법으로 소비자에게 확인받아야 한다(법 §23②).

---

32) 대통령령으로 정하는 사항이란 ① 소비자피해보상보험계약등의 체결 사실, ② 소비자피해보상보험계약등의 계약기간, ③ 소비자피해보상금, ④ 지급의무자, ⑤ 소비자피해보상금의 지급사유를 말한다(영 §15①).

33) 대통령령으로 정하는 사항이란 ① 재화등의 가격외에 소비자가 추가로 부담하여야 할 사항이 있는 경우 그 내용 및 금액, ② 판매일시·판매지역·판매수량·인도지역 등 판매조건과 관련하여 제한이 있는 경우 그 내용, ③ 선불식 할부거래업자가 선불식 할부계약의 주된 목적이 되는 재화등이 제공되기 전에 소비자에게 공급하는 재화등이 있는 경우의 그 가격을 말한다(영 §15②).

2. 계약서의 발급 및 통지

할부거래법은 할부계약방식에 대하여 서면주의를 택하여 선불식 할부거래업자가 선불식 할부계약을 체결할 경우에는 위의 계약체결 전에 소비자에게 제공했던 정보사항을 적은 계약서를 소비자에게 발급하도록 하고 있다(법 §23③). 이와 함께 선불식 할부거래업자는 계약체결일부터 7일 이내에 계약체결 사실 및 내용을 지급의무자에게 통지하여야 한다(법 §27⑥).

3. 변경사항의 통지

선불식 할부거래업자는 제1항 각호의 사항 중 소비자보호를 위하여 필요한 사항으로서 대통령령으로 정하는 사항[34]이 변경되는 경우에는 그 변경된 내용을 소비자에게 서면, 전화, 팩스, 전자우편, 휴대전화에 의한 문자메시지 또는 이와 비슷한 방법에 따라 알려야 한다(법 §23⑤, 영 §15④).

4. 적용확대

위의 선불식 할부계약 체결에 관한 제23조 제1항, 제2항, 제3항의 규정(계약체결 전의 정보제공, 소비자의 내용이해 확인 및 계약서 발급)은 선불식 할부계약을 이전받은 선불식 할부거래업자에게도 적용한다. 이 경우 이전받은 선불식 할부거래업자는 동의기간 경과일부터 30일 이내에 소비자에게 제23조 제1항 각호의 사항을 설명하고, 계약서를 발급하여야 한다(법 §23④).

Ⅳ. 선불식 할부거래업자 권리의 제한

1. 계약해제의 요건 및 방식의 제한

일반적으로 계약의 당사자 일방이 채무를 이행하지 아니하는 때에는 상대방은 상당한 기간을 정하여 그 이행을 최고하고, 그 기간 내에 이행하지 아니한 때에는 계약을 해제할 수 있다(민법 §544). 그러나 이 절차규정은 당사자 간의 특약을 배제하는 것이 아니므로 선불식 할부거래업자는 특약으로 소비자가 대금 지급의무를 이행하지 아니할 경우 이행최고 없이 선불식 할부계약을 해제할 것을 약정할 우려도 있다. 이러한

34) 대통령령으로 정하는 사항이란 ① 선불식 할부거래업자의 상호, 주소 또는 전화번호, ② 지급의무자, ③ 선불식 할부거래에 관한 약관을 말한다(영 §15③).

특약으로 인한 소비자의 불측의 손해를 방지하기 위해 할부거래법은 (후불식) 할부계약의 경우와 마찬가지로 선불식 할부계약의 경우에도 선불식 할부거래업자는 그 계약을 해제하기 전에 14일 이상의 기간을 정하여 소비자에게 채무를 이행할 것을 서면으로 최고하도록 요구하고 있다(법 §26).

2. 손해배상액의 제한

선불식 할부거래에서의 할부거래업자 등의 손해배상 청구금액의 제한에 관하여는 이 법에서 다르게 정하거나 성질에 반하지 아니하면 후불식 할부거래에서의 규정(법 §12)을 준용한다(법 §42의2).

3. 금지행위

할부거래법은 소비자에게 피해를 줄 우려가 있는 일정한 행위유형을 선불식 할부거래업자와 모집인의 금지행위로 명시하고 있다. 다만 ⑦, ⑨, ⑬, ⑭는 모집인에게는 적용되지 아니한다(법 §34 각호).

① 계약의 체결을 강요하거나 청약의 철회 또는 계약의 해제를 방해할 목적으로 상대방을 위협하는 행위
② 거짓·과장된 사실을 알리거나 기만적 방법을 사용하여 상대방과의 거래를 유도하거나 청약의 철회 또는 계약의 해제를 방해하는 행위
③ 청약의 철회 또는 계약의 해제를 방해할 목적으로 주소·전화번호 등을 변경하는 행위
④ 분쟁이나 불만처리에 필요한 인력 또는 설비가 부족한 상태를 상당 기간 방치하여 상대방에게 피해를 주는 행위
⑤ 상대방의 청약이 없음에도 재화등의 대금을 청구하는 행위
⑥ 소비자가 계약을 체결할 의사가 없음을 밝혔음에도 전화, 팩스, 컴퓨터통신 등을 통하여 계약체결을 강요하는 행위
⑦ 소비자피해보상보험계약등을 체결하지 아니하고 영업하는 행위
⑧ 소비자피해보상보험계약등을 체결하지 아니하였음에도 소비자피해보상보험계약등을 체결한 사실을 나타내는 표지나 이와 유사한 표지를 제작 또는 사용하는 행위
⑨ 소비자피해보상보험계약등에 따라 보전하여야 할 금액을 보전하지 아니하고 영업하는 행위

⑩ 본인의 허락을 받지 아니하거나 허락받은 범위를 넘어 소비자에 관한 정보를 이용(제3자에게 제공하는 경우 포함)하는 행위. 다만, i) 재화등의 배송 등 소비자와의 계약이행에 불가피한 경우로서 대통령령으로 정하는 경우,[35] ii) 재화등의 거래에 따른 대금을 정산하기 위하여 필요한 경우, iii) 도용을 방지하기 위하여 본인임을 확인할 때 필요한 경우로서 대통령령으로 정하는 경우,[36] iv) 다른 법률에 따라 불가피한 사유가 있는 경우는 제외

⑪ 소비자가 계약을 해제하였음에도 불구하고 정당한 사유 없이 이에 따른 조치를 지연하거나 거부하는 행위

⑫ 청약의 철회 또는 계약의 해제와 관련하여 분쟁이 발생한 경우 대금을 지급받기 위하여 소비자에게 위계를 사용하거나 위력을 가하는 행위

⑬ 자신이 공급하는 재화등을 소비자가 양도·양수하는 것을 상당한 이유 없이 제한하거나 양도·양수함에 있어 과다한 비용을 부과하는 행위

⑭ 다른 사람에게 자기의 명의 또는 상호를 사용하여 선불식 할부거래업을 하게 하거나 선불식 할부거래업 등록증을 대여하는 행위

⑮ 「방문판매 등에 관한 법률」 제2조 제5호에 따른 다단계판매 방식으로 선불식 할부계약을 체결하거나 선불식 할부계약의 체결을 대리 또는 중개하는 행위

⑯ 금전대차 관계를 이용하여 선불식 할부계약의 체결을 요구하는 행위

⑰ 소비자와 체결한 선불식 할부계약 중 일부에 대하여 이전계약을 체결하는 행위

⑱ 이전계약을 체결한 선불식 할부거래업자가 해당 이전계약에 대한 소비자의 동의를 받지 아니하고 소비자의 예금 등에서 금원을 인출하는 행위

---

35) 대통령령으로 정하는 경우란 ① 소비자와의 계약을 이행하기 위하여 재화등의 배송 또는 전송을 업(業)으로 하는 자에게 소비자에 관한 정보를 제공하는 경우, ② 소비자와의 계약을 이행하기 위하여 재화등의 설치, 사후 서비스, 그 밖에 약정한 서비스의 제공을 업으로 하는 자에게 소비자에 관한 정보를 제공하는 경우, ③ 소비자피해보상보험계약등을 체결한 지급의무자에게 소비자에 관한 정보를 제공하는 경우를 말한다(영 §22①).

36) 대통령령으로 정하는 경우란 ① 소비자의 신원 및 실명이나 본인의 진의를 확인하기 위하여 「전기통신사업법」 제6조에 따른 기간통신사업자, 「신용정보의 이용 및 보호에 관한 법률」 제2조 제5호에 따른 신용정보회사, 해당 거래에 따른 대금결제와 직접 관련된 결제업자, 법령에 따라 또는 법령에 따른 인·허가를 받아 도용방지를 위한 실명확인을 업으로 하는 자에게 소비자에 관한 정보를 제공하는 경우, ② 미성년자와 거래할 때 법정대리인의 동의 여부를 확인하기 위하여 정보를 이용하는 경우를 말한다(영 §22②).

Ⅴ. 소비자권리의 보호

1. 청약철회권

(1) 철회권의 행사기간

선불식 할부거래의 청약철회권 행사기간은 14일이다. 만약 당사자 간의 개별약정으로 법정기간보다 길게 약정하였으면 그 기간을 철회기간으로 한다(법 §24①).

청약철회권 행사의 기산점은 계약서를 교부받은 경우와 교부받지 아니한 경우에 따라 다르다. ① 계약서를 교부받은 경우에는 그 계약서를 교부받은 날부터 14일 이내이다. 다만, ⅰ) 선불식 할부거래업자의 주소 등이 적혀 있지 아니한 계약서를 받은 경우와 선불식 할부거래업자의 주소 변경 등의 사유로 청약을 철회할 수 없는 경우에는 그 주소를 안 날 또는 알 수 있었던 날 등 청약을 철회할 수 있는 날부터 14일, ⅱ) 계약서에 청약의 철회에 관한 사항이 적혀 있지 아니한 경우에는 청약을 철회할 수 있음을 안 날 또는 알 수 있었던 날부터 14일, ⅲ) 선불식 할부거래업자가 청약의 철회를 방해한 경우에는 그 방해행위가 종료한 날부터 14일 이내에 각각 철회권을 행사할 수 있다. ② 계약서를 교부 받지 아니한 경우에는 계약일부터 3개월이다(법 §24① 각호).

계약서의 발급사실과 그 시기 등에 관하여 다툼이 있는 경우에는 선불식 할부거래업자가 이를 입증하여야 한다(법 §24④).

(2) 철회권의 행사방법

소비자는 위의 철회권 행사기간 이내에 선불식 할부거래업자에게 청약철회의 의사표시가 적힌 서면을 발송하여야 한다(법 §24②, 서면주의). 이 철회의 효력은 서면을 발송한 날에 발생한다(법 §24③, 발신주의).

(3) 철회권 행사의 효과

소비자가 청약을 철회하는 경우 선불식 할부거래업자는 청약철회의 서면을 접수한 날부터 3영업일 이내에 이미 지급받은 계약금 및 할부금을 환급하여야 한다. 이 경우 선불식 할부거래업자가 환급을 지연한 때에는 그 지연기간에 따라 지연배상금을 함께 환급하여야 한다(법 §24⑤). 선불식 할부거래업자는 그 휴업기간 또는 영업정지기간 중에도 청약의 철회 업무를 계속하여야 한다(법 §32①). 이와 더불어 선불식 할부거래업자는 그 영업을 휴업하거나 영업정지 처분을 받은 경우에는 그 휴업기간 또는 영업정지기간을 소비자에게 서면, 전화, 팩스, 전자우편, 휴대전화에 의한 문자메시지 또는 이와 비슷한 방법에 따라 알려야 한다(법 §32②, 영 §20의2).

2. 계약해제권

(1) 계약해제기간

선불식 할부계약에서 소비자가 선불식 할부계약을 체결하고, 그 계약에 의한 재화등의 공급을 받지 아니한 경우에는 그 계약을 해제할 수 있다(법 §25①). 따라서 소비자는 청약철회 기간 이후부터 재화등의 공급 이전까지는 언제든지 계약목적 달성의 필요성이 없어지거나 선불식 할부거래업자로부터 재화등의 공급이 이루어질 것을 기대하기 어려운 경우 계약을 해제할 수 있다.

(2) 계약해제 효과

(가) 위약금

선불식 할부계약이 소비자의 귀책사유(변심 등)로 해제된 경우 소비자가 위약금을 지급하는 것은 당연하다. 그러나 선불식 할부거래업자는 계약이 해제되더라도 소비자에게 해제로 인한 손실을 초과하는 위약금을 청구하여서는 아니 된다(법 §25②). 또한 선불식 할부거래업자의 귀책사유, 즉 ① 휴업 또는 폐업신고, ② 영업정지 처분, ③ 등록의 취소 또는 말소, ④ 「은행법」에 따른 은행으로부터 당좌거래의 정지처분, ⑤ 파산 또는 화의 개시의 신청 등의 사유로 소비자가 계약을 해제하는 경우 및 ⑥ 소비자가 선불식 할부계약의 이전계약에 동의하지 아니한 때에는 선불식 할부거래업자는 위약금을 청구하여서는 아니 된다(법 §25③).

(나) 환급의무

선불식 할부거래업자는 선불식 할부계약이 해제된 경우에는 해제된 날부터 3영업일 이내에 이미 지급받은 대금에서 위약금을 뺀 금액을 소비자에게 환급하여야 한다. 선불식 할부거래업자가 환급을 지연한 때에는 그 지연기간에 따라 지연배상금을 함께 환급하여야 한다(법 §25④). 공정거래위원회는 총리령으로 정하는 바에 따라 위약금 및 대금의 환급에 관한 산정기준을 정하여 고시할 수 있다(법 §25⑤). 선불식 할부거래업자는 그 휴업기간 또는 영업정지기간 중에도 계약의 해제 업무를 계속하여야 한다(법 §32).

3. 후불식 할부거래 규정의 준용

선불식 할부거래에서의 소비자권리 보호에 관하여는 이 법에서 다르게 정하거나 성질에 반하지 아니하면 후불식 할부거래에서의 소비자의 기한의 이익 상실(법 §13), 소비자의 기한 전 지급(법 §14), 할부대금채권의 소멸시효(법 §15), 소비자의 항변권(법 §16)에 관한 규정을 준용한다(법 §42의2).

Ⅵ. 소비자피해의 예방 및 구제

1. 소비자피해보상보험계약등의 체결

(1) 계약체결의 강제

할부거래법은 선불식 할부거래에 대한 소비자의 신뢰를 제고하고 만일에 발생할지도 모를 피해보상을 사전에 확보할 수 있도록 선불식 할부거래업자로 하여금 소비자피해보상을 위한 보험계약 등을 체결하도록 하고 있다(법 §27). 이는 특히 최근 소비자피해가 급속히 확산될 우려가 있는 상조업을 염두에 둔 것으로 소비자피해보상보험계약등의 체결 입증서류 제출을 선불식 할부거래업자의 등록요건으로서 의무화하고 있다(법 §18①ⅲ).

선불식 할부거래업자는 계약체결일부터 7일 이내에 계약체결 사실 및 내용을 지급의무자에게 통지하여야 하며(법 §27⑥), 선불식 할부거래업자로부터 계약 사실 등을 통지 받은 지급의무자는 통지받은 날부터 30일 이내에 소비자에게 소비자피해보상증서를 발급하여야 한다(법 §27⑦). 또한 선불식 할부거래업자는 소비자피해보상보험계약등의 체결내용을 언제든지 소비자가 열람할 수 있게 하여야 한다(법 §33).

(2) 계약의 유형

소비자피해보상보험계약등이란 선불식 할부거래업자가 소비자로부터 선불식 할부계약과 관련되는 재화등의 대금으로서 미리 수령한 금액(선수금)을 보전하기 위하여 체결하는 계약으로 제3자를 위한 보험 또는 지급보증의 성격을 지닌다. 이러한 계약으로는 ① 소비자피해보상을 위한 보험계약, ② 소비자피해보상금 지급을 확보하기 위한 「은행법」에 따른 은행과의 채무지급보증계약, ③ 소비자피해보상금의 지급을 확보하기 위한 대통령령으로 정하는 기관(이하 "예치기관")[37]과의 예치계약, ④ 소비자피해보상을 위해 설립한 공제조합과의 공제계약을 말한다(법 §27① 각호).

---

37) 대통령령으로 정하는 예치기관에는 ① 「은행법」에 따른 은행, ② 「우체국 예금 · 보험에 관한 법률」에 따른 체신관서, ③ 「보험업법」에 따른 보험회사를 말한다(영 §16②).

(3) 선수금의 보전 및 통지

(가) 선수금 보전

소비자피해보상보험계약등이 체결되더라도 소비자에게 피해보상금을 지급하여야 할 당시에 이를 위한 자금이 제대로 확보되지 못하면 본래의 목적을 달성할 수 없다. 이를 방지하기 위해 할부거래법은 선불식 할부거래업자가 소비자피해보상보험계약등에 따라 보전해야 할 금액(2가지 유형 이상의 계약을 체결한 경우에는 각 계약에 따라 보전되는 금액을 합산)을 정하도록 하고 있다(법 §27②). 여기에서 보전해야 할 금액은 순수한 의미의 선수금, 즉 선불식 할부거래업자가 소비자로부터 미리 수령한 금액에서 선불식 할부거래업자가 소비자에게 공급한 재화등의 가액을 뺀 금액의 합산액의 100분의 50이며, 이 경우 선불식 할부거래업자가 재화등을 실제로 인도하지 아니한 경우는 재화등이 공급된 것으로 보지 아니한다(영 §16③).

이와 함께 누구든지 예치계약(법 §27①iii)에 따른 예치금을 상계 · 압류(가압류 포함)하지 못하며, 선불식 할부거래업자는 다른 선불식 할부거래업자에 대한 계약당사자 지위의 양도와 영업양도의 경우 외에는 예치금을 양도하거나 담보로 제공하지 못하도록 하고 있다(법 §27③, 영 §16④).

공정거래위원회는 소비자피해보상업무의 감독을 위하여 필요한 경우 지급의무자에게 선수금 보전과 관련된 자료의 제출을 요구할 수 있으며, 선불식 할부거래업자는 소비자피해보상보험계약등을 체결 또는 유지하는 경우 선수금 등의 자료를 제출함에 있어 거짓의 자료를 제출하여서는 아니 된다(법 §27⑧, ⑩). 선불식 할부거래업자는 예치기관에 예치금을 입금하거나 예치금의 반환을 요청하는 경우에는 선수금의 증가 또는 감소를 증명하는 서류를 예치기관에 제출하여야 하며, 예치기관은 해당 서류를 확인한 후에 예치금을 반환하여야 한다(법 §27⑫).

(나) 선수금 통지의무

선수금 보전에 대한 소비자의 알 권리를 보장하고 피해를 예방하기 위해 선불식 할부거래업자는 선수금을 받은 경우에는 선수금액, 납입횟수 등을 전화, 팩스, 전자우편, 휴대전화 문자메시지 또는 이와 유사한 방법으로 연 1회 이상 소비자에게 통지하고 통지한 이력을 5년간 보관 · 유지하도록 하고 있다(법 §27의2, 규칙 §12의2). 이는 약정 납입기간이 장기간 지속되는 선불식 할부거래 상품에 가입한 소비자가 전화나 홈페이지 등을 통해 직접 문의하기 전에는 납입내역 등 계약의 주요사항을 기억하기 어렵다는 점을 감안한 것이다.

그 밖에 공정거래위원회는 선불식 할부거래에 있어서 건전한 거래질서의 확립 및 소비자의 보호를 위하여 사업자의 자율적 준수를 유도하기 위한 지침(소비자보호지침)[38]을 관련분야의 거래당사자, 기관 및 단체의 의견을 들어 정할 수 있다(법 §27의3).

(4) 소비자피해보상금 지급

소비자피해보상보험계약등에 따라 소비자피해보상금을 지급할 의무가 있는 자는 보상금 지급사유가 발생한 경우에는 지체 없이 이를 지급하여야 한다. 정당한 사유 없이 이를 지연한 경우에는 지연배상금을 지급하여야 한다(법 §27④). 특히 「예치기관(법 §27①ⅲ)」은 지급사유가 발생한 경우에는 예치금을 인출하여 해당 선불식 할부거래업자와 선불식 할부계약을 체결한 소비자에게 우선하여 지급하여야 한다(법 §27⑤). 보상금 지급사유는 선불식 할부거래업자가 ① 폐업한 경우, ② 「은행법」에 따른 은행으로부터 당좌거래의 정지처분을 받은 경우, ③ 등록이 말소 또는 취소된 경우 및 ④ 채무불이행 등으로 인한 소비자피해보상을 위하여 대통령령으로 정하는 경우(선불식 할부거래업자가 파산선고를 받거나 회생절차개시결정을 받은 경우)이다(법 §27④ 각호, 영 §16⑤).

공정거래위원회는 지급의무자의 업무집행 등이 법령에 적합하지 아니한 경우 이의 시정을 명할 수 있고, 그 밖에 소비자의 피해구제 등과 관련하여 필요한 경우에는 적합한 조치를 요구할 수 있다(법 §27⑨).

2. 공제조합의 설립·운영 및 감독

(1) 설 립

선불식 할부거래업자는 소비자 피해보상금 지급을 위한 공제사업을 영위하기 위하여 공정거래위원회의 인가를 받아 공제조합을 설립할 수 있다(법 §27①ⅳ, 법 §28①). 공제조합을 설립하려는 때에는 10인 이상이 발기인이 되어 정관을 작성하고 창립총회의 의결을 거쳐 공정거래위원회에 인가를 신청하여야 한다(영 §18①). 공제조합은 법인으로 하며, 주된 사무소의 소재지에 설립등기를 함으로써 성립한다(법 §28②).

(2) 운 영

공제조합 가입자는 공제사업의 수행에 필요한 출자금 등을 조합에 납부하여야 한다(법 §28③). 공제조합의 기본재산은 조합원의 출자금 등으로 조성하되 출자금은 200억 원 이상이어야 한다. 다만, 정부는 예산의 범위 안에서 출연 또는 보조할 수 있다(법 §28④, 영 §17). 공제조합의 설립인가 기준 및 절차, 운영 및 감독 등에 관하여 필요

38) 「선불식 할부거래에서의 소비자보호지침」(공정거래위원회예규 제451호, 2024. 1. 9., 일부 개정)

한 사항은 대통령령으로 정한다(법 §28⑤). 공제조합에 관하여 이 법에 규정된 것을 제외하고는 민법 중 사단법인에 관한 규정을 준용한다(법 §28⑥).

(3) 사 업

공제조합이 수행하는 사업은 ① 소비자피해보상을 위한 공제사업 및 소비자의 권익보호를 위한 공익사업, ② 소비자피해예방과 홍보를 위한 출판 및 교육사업, ③ 시장의 건전한 발전을 위한 자율정화사업, ④ 공정거래위원회로부터 위탁받은 사업이다(법 §29①). 이 법에 따른 공제조합의 사업에 대하여는 「보험업법」을 적용하지 아니한다(법 §29②).

(4) 감 독

공정거래위원회는 필요하다고 인정하면 공제조합에 대하여 업무 및 회계에 관한 보고서의 제출 또는 그 밖에 필요한 조치를 명하거나 소속 공무원으로 하여금 공제조합의 업무 및 회계 상황을 조사하거나 장부 또는 그 밖의 서류를 검사하게 할 수 있다(법 §31①). 그 밖에 공정거래위원회는 공제조합의 운영 및 업무집행 등이 법령이나 정관 등에 적합하지 아니하는 경우 이의 시정을 명할 수 있고, 그 밖에 소비자의 피해구제 등과 관련하여 필요한 경우에는 적합한 조치를 요구할 수 있다(법 §31②).

공정거래위원회는 공제조합의 임직원이 공제규정을 위반하여 업무를 처리하거나 시정명령이나 조치를 이행하지 아니한 경우에는 관련 임직원에 대한 징계·해임을 요구하거나 해당 위반행위를 시정하도록 명할 수 있다(법 §31③).

3. 소비자피해분쟁조정

(1) 분쟁조정의 의뢰

공정거래위원회, 시·도지사 또는 시장·군수·구청장(이하 “시·도지사등”)은 할부거래법 위반행위와 관련하여 소비자 피해구제 신청이 있는 경우 시정권고 또는 시정조치를 행하기 전에 선불식 할부거래에 관한 소비자보호 관련 업무를 수행하는 기관 또는 단체 등 대통령령으로 정하는 소비자 피해분쟁조정기구에 그 조정을 의뢰할 수 있다(법 §41① 1문).

대통령령으로 정하는 소비자 피해분쟁조정기구로는 ① 한국소비자원을 비롯하여 ② 시·도지사가 소비자의 불만 및 피해를 처리하기 위하여 설치한 소비자피해구제기구, ③ 기타 소비자보호 관련법령에 의하여 설치되는 분쟁조정기구가 있다(영 §28). 특히 소비자보호 관련법령에 의하여 설치 운영되는 분쟁조정기구로서는 공정거래위원회에 등록한 소비자단체의 협의체(한국소비자단체협의회)가 특수거래 분야에서 발생하는 개별 피해구제(환불, 청약철회 등)를 효율적으로 처리하기 위해 설치한 「자율분쟁조정위원회」가 있다(소비자기본법 §31).[39]

공정거래위원회, 시 · 도지사등은 소비자 피해분쟁조정기구의 권고안 또는 조정안을 당사자가 수락하고 이를 이행하는 경우에는 시정조치를 하지 아니한다는 뜻을 당사자에게 통지하여야 한다(법 §41① 2문).

(2) 분쟁조정의 성립

분쟁조정기구의 조정안에 해당 사업자가 동의하여 분쟁조정이 성립되는 경우 해당 건은 종결된다. 그러나 조정이 성립되지 아니하는 경우에는 분쟁조정기구에서 해당 건을 공정거래위원회에 회송한다. 공정거래위원회에서는 해당 건을 사건으로 접수하여 사업자의 법 위반행위에 대하여 조사하고 시정조치를 취하게 된다.

(3) 분쟁조정의 효과

분쟁조정이 한국소비자원 분쟁조정위원회에서 성립된 경우 분쟁조정의 내용은 당사자 간에 재판상 화해와 동일한 효력을 가지며(소비자기본법 §67④), 소비자단체협의체에서 자율적 분쟁조정이 성립된 경우에는 그 분쟁조정의 내용과 동일한 합의가 성립된 것으로 본다(소비자기본법 §31②). 이와 함께 분쟁조정이 성립되어 소비자 피해분쟁조정기구의 조정안에 대하여 당사자가 수락하고 이행한 경우에는 공정거래위원회는 해당 사업자에 대한 시정조치를 면제한다(법 §41②). 분쟁조정의 당사자는 분쟁조정기구의 권고안 또는 조정안을 이행하였음을 확인하는 서류를 그 이행한 날부터 10일 이내에 공정거래위원회에 제출하고, 시정조치를 하지 아니한다는 확인을 요청할 수 있다(영 §29①). 요청을 받은 공정거래위원회는 시정조치를 하지 아니하는 대상 등을 사업자에게 통지하여야 한다(영 §29②).

이와 같은 시정조치의 면제를 통해 소비자는 조정안에 따른 금전적 보상을 효과적으로 받을 수 있게 되고, 사업자 입장에서도 행정청에 의한 획일적인 시정조치보다 융통성 있는 협의 · 조정을 통해 분쟁을 해결할 수 있게 된다.

---

39) 한국소비자단체협의회 내 자율분쟁조정위원회는 소비자대표, 사업자대표, 전문가대표 35명으로 전체 「분쟁조정위원회」가 구성되며, 개별 분쟁조정은 5-7명의 조정위원이 참여하는 분쟁조정회의에서 담당한다.

(4) 예산지원

공정거래위원회는 소비자 피해분쟁조정기구에 분쟁의 조정을 요청(의뢰)하는 경우 예산의 범위 안에서 당해 분쟁의 조정에 필요한 예산을 지원할 수 있다(법 §41③).

Ⅶ. 법 위반행위의 조사 · 감독 및 제재

1. 조사 및 정보공개

(1) 조 사

선불식 할부거래업자의 법 위반행위에 대한 조사는 직권 또는 신고로 개시된다. 공정거래위원회, 시 · 도지사 또는 시장 · 군수 · 구청장(이하 '시 · 도지사등')은 선불식 할부거래업자가 이 법의 규정에 위반한 사실이 있다고 인정할 때에는 직권으로 필요한 조사를 할 수 있다(법 §35①). 또한 누구든지 선불식 할부거래업자가 이 법을 위반한 사실이 있다고 인정할 때에는 그 사실을 공정거래위원회, 시 · 도지사등에게 신고할 수 있다(법 §35④).

시 · 도지사등이 법 위반행위의 조사를 하려는 경우에는 공정거래위원회에 통보하여야 한다. 공정거래위원회는 조사 등이 중복될 우려가 있는 경우에는 시 · 도지사등에게 조사의 중지를 요청할 수 있다. 이 경우 요청을 받은 시 · 도지사등은 상당한 이유가 없는 한 그 조사를 중지하여야 한다(법 §35②, 조사중지요청권). 공정거래위원회, 시 · 도지사등은 위의 조사를 한 경우에는 그 결과(조사결과 시정조치명령 등의 처분을 하려는 경우에는 그 처분의 내용을 포함)를 당해 사건의 당사자에게 문서로 알려야 한다(법 §35③).

그 밖에 공정거래위원회는 직권조사를 위하여 한국소비자원과 합동으로 조사반을 구성할 수 있다(법 §35⑥). 합동조사반의 반장은 공정거래위원회 소속 공무원으로 하며, 반원은 공정거래위원회 소속 공무원 및 한국소비자원장이 지정한 소속 직원으로 편성한다(영 §23①).

(2) 부당행위에 대한 정보의 공개

공정거래위원회는 선불식 할부거래에서의 공정거래질서 확립과 소비자 피해예방을 위하여 필요한 경우에는 선불식 할부거래업자의 이 법 위반행위에 대한 조사 결과 등 부당행위에 대한 정보를 공개할 수 있다(법 §36). 공정거래위원회는 부당행위 정보를 공개하려는 경우 당해 선불식 할부거래업자에게 정보 공개의 목적, 내용, 기간 및 방법 등을 정보공개일 15일 전까지 통지하여야 한다(영 §24①). 선불식 할부거래업자는 공개하는 내용이 사실과 다른 경우 정정 또는 비공개를 요구할 수 있으며, 공정거래위원회는 선불식 할부거래업자의 요구가 정당하다고 인정되면 정보 공개 내용을 변경하거나 정보를 공개하지 아니할 수 있다(영 §24②).

2. 시정조치

(1) 시정권고

공정거래위원회, 시·도지사등은 선불식 할부거래업자가 할부거래법에 위반되는 행위를 하거나 법적 의무를 이행하지 아니하는 경우 시정조치를 하기 전에 그 선불식 할부거래업자가 해당 행위의 중지, 이 법에 따른 의무의 이행, 그 밖에 소비자 피해예방 및 구제에 필요한 조치를 하도록 시정 방안을 정하여 그 선불식 할부거래업자에게 이에 따를 것을 권고할 수 있다(법 §38① 1문). 이 경우 해당 선불식 할부거래업자가 그 권고를 수락한 경우에는 시정조치가 내려진 것으로 본다는 뜻을 함께 통지하여야 한다(법 §38① 2문). 이때 시정권고를 받은 선불식 할부거래업자는 그 통지를 받은 날로부터 10일 이내에 그 권고의 수락 여부에 관하여 시정권고한 행정청에 통지하여야 한다(법 §38②). 시정권고를 받은 자가 당해 권고를 수락한 때에는 시정조치가 내려진 것으로 본다(법 §38③).

(2) 시정명령

공정거래위원회는 선불식 할부거래업자가 법에서 정한 일정한 행위를 하거나 법적 의무를 이행하지 아니하는 경우 해당 선불식 할부거래업자에 대하여 그 시정을 위한 조치를 명할 수 있다(법 §39①). 시정조치의 내용으로는 ① 해당 법 위반행위의 중지, ② 이 법에 규정된 의무의 이행, ③ 시정조치를 받은 사실의 공표, ④ 소비자피해 예방 및 구제에 필요한 조치, ⑤ 그 밖에 시정을 위하여 필요한 조치가 있다(법 §39②). 선불식 할부거래업자에 대하여 시정조치를 받은 사실의 공표를 명하려는 경우에는 i) 위반행위의 내용 및 정도, ii) 위반행위의 기간 및 횟수, iii) 위반행위로 인하여 발생한 소비자피해의 범위 및 정도를 고려하여 공표의 내용 및 그 횟수 등을 정한다(영 §26).

위반행위가 종료한 날부터 5년을 경과한 경우에는 해당 위반행위에 대하여 시정조치를 명하거나 과징금 등을 부과하지 아니한다. 다만, 시정조치 또는 과징금 부과처분이 판결의 취지에 따라 취소된 경우로서 그 판결이유에 따라 새로운 처분을 하는 경우에는 그러하지 아니하다(법 §35⑤).

(3) 영업정지

공정거래위원회는 선불식 할부거래업자가 ① 등록사항의 변경 또는 휴·폐업에 따른 일정한 사항의 신고를 하지 아니하거나 거짓으로 신고한 경우와 ② 할부거래법 제34조 제1호부터 제3호까지, 제7호부터 제9호까지 또는 제12호에 해당하는 금지행위를 한 경우로서 i) 시정조치명령에도 불구하고 시정조치일 이후 3년 이내에 같은 위반행위를 한 번 이상 반복하거나 시정조치를 이행하지 아니한 경우 및 ii) 시정조치만으로는 소비자의 피해를 방지하기 어렵거나 소비자에 대한 피해보상이 불가능하다고 판단되는 경우에는 1년 이내의 기간을 정하여 그 영업의 전부 또는 일부의 정지를 명할 수 있다(법 §40① 각호, 영 §27②).

(4) 보고 · 감독

시·도지사등이 할부거래법의 규정에 의한 시정권고를 하는 경우에는 지체 없이 공정거래위원회에 보고하여야 한다(법 §37①). 공정거래위원회는 이 법의 효율적인 시행을 위하여 필요하다고 인정할 때에는 그 소관사항에 관하여 시·도지사등에 대하여 조사·확인 또는 자료의 제출을 요구하거나 기타 시정에 필요한 조치를 요구할 수 있다. 이 경우 시·도지사등은 특별한 사유가 없는 한 이에 따라야 한다(법 §37②).

3. 과징금 부과

(1) 부과조건

공정거래위원회는 영업정지를 명하여야 할 경우로서 영업정지가 소비자에게 심한 불편을 주거나 공익을 해할 우려가 있으면 영업정지를 갈음하여 해당 선불식 할부거래업자에 대하여 위반행위 관련 매출액을 초과하지 아니하는 범위에서 과징금을 부과할 수 있다(법 §42① 1문).

(2) 부과기준

과징금 부과기준으로 되는 "위반행위 관련매출액"이란 당해 선불식 할부거래업자가 위반행위의 발생시점으로부터 그 종료시점(당해 행위가 과징금부과 처분시까지 종료되지 아니한 경우에는 과징금 부과처분을 명하는 공정거래위원회의 의결일을 당해 행위 종료일로 본다)까지 선불식 할부계약과 관련하여 소비자로부터 지급받은 재화등의 대금의 100분의 30에 해당하는 금액을 말한다(영 §30). 이 경우 관련 매출액이 없거나 이를 산정할 수 없는 경우 등에는 5천만 원을 초과하지 아니하는 범위에서 과징금을 부과할 수 있다

(법 §42① 2문).

(3) 부과시 참작사항

공정거래위원회는 실제 과징금을 부과할 때 ① 위반행위로 인한 소비자 피해정도, ② 소비자피해에 대한 선불식 할부거래업자의 보상노력 정도, ③ 위반행위로 인하여 취득한 이익의 규모, ④ 위반행위의 내용·기간 및 횟수 등을 고려하여야 한다(법 §42②).

(4) 과징금의 징수

공정거래위원회는 이 법을 위반한 선불식 할부거래업자인 회사의 합병이 있는 경우에는 그 회사가 행한 위반행위를 합병 후 존속하거나 합병으로 새로 설립된 회사가 한 행위로 보아 과징금을 부과·징수할 수 있다(법 §42③). 과징금의 납부기한의 연장, 분할납부, 징수, 체납처분 및 환급가산금에 관하여는 공정거래법 관련규정을 준용한다(법 §42④).

4. 관계기관의 협조

공정거래위원회는 지급의무자가 이 법을 위반한 혐의가 있다고 인정되는 때에는 금융위원회 등 해당 지급의무자를 감독하는 중앙행정기관의 장에게 해당 지급의무자에 대한 조사, 제재 등 그 시정을 위하여 필요한 조치를 요청할 수 있다(법 §39의2①). 요청을 받은 자는 특별한 사유가 없으면 이에 응하여야 한다(법 §39의2②).

제5절 보칙 및 벌칙

Ⅰ. 보 칙

1. 소비자등에게 불리한 계약의 무효

할부거래법에서 소비자보호를 위한 규정은 강행규정으로서 할부계약의 내용이 할부거래법 규정보다 소비자에게 불리한 경우 할부계약은 무효이다(법 §43, 편면적 강행규정). 즉, ① 계약의 서면주의와 정보제공(법 §6, §23), ② 할부수수료의 연간요율(법 §7), ③ 소비자의 청약 철회(법 §8부터 §10까지, 법 §24), ④ 할부거래업자의 할부계약 해제(법 §11, §26), ⑤ 손해배상 청구금액의 제한(법 §12), ⑥ 소비자의 기한의 이익 상실(법

§13), ⑦ 할부대금채권의 소멸시효(법 §15), ⑧ 소비자의 항변권(법 §16), ⑨ 선불식 할부계약의 이전(법 §22의2), ⑩ 소비자의 선불식 할부계약 해제(법 §25)에 관해서는 소비자에게 불리한 내용을 정할 수 없도록 하고 있다.

2. 전속관할

할부거래법은 소비자의 소송수행상의 곤란함을 제거하기 위해 할부거래 및 선불식 할부거래와 관련된 소(訴)는 제소 당시 소비자의 주소를, 주소가 없는 경우에는 거소를 관할하는 지방법원의 전속관할로 한다. 다만, 제소 당시 소비자의 주소 및 거소가 분명하지 아니한 경우에는 「민사소송법」의 관련 규정을 준용한다(법 §44).

3. 사업자단체의 등록

할부거래 및 선불식 할부거래의 건전한 발전과 소비자의 신뢰도 제고, 그 밖에 공동이익의 증진을 목적으로 설립된 사업자단체는 공정거래위원회에 등록할 수 있다(법 §45). 등록하려는 사업자단체는 ① 목적, ② 명칭, ③ 주된 사무소·지부의 주소 및 홈페이지 주소, ④ 대표자의 성명·주민등록번호와 주소 및 전화번호, 전자우편주소, ⑤ 설립연월일, ⑥ 회원의 수(지부의 수를 포함), ⑦ 사업내용을 기재한 신청서를 공정거래위원회에 제출하여야 한다(영 §32①). 등록한 사업자단체는 등록된 사항 또는 제출된 자료의 내용에 변경이 있는 때에는 그 변경이 있는 날부터 20일 이내에 공정거래위원회에 통보하여야 한다(영 §32③).

4. 사무의 위탁

공정거래위원회는 할부거래법의 효율적인 집행을 위하여 선불식 할부거래업자에 관한 정보의 공개(법 §18⑥) 등 대통령령으로 정하는 사무의 일부를 공정거래위원회에 등록한 사업자단체에 위탁할 수 있다. 사무를 위탁받은 사업자단체의 임원 및 직원은 형법 제129조 내지 제132조의 규정에 의한 벌칙의 적용에 있어서는 이를 공무원으로 본다(법 §46①, ③).

5. 타 법률 규정의 준용

선불식 할부거래에 관하여는 이 법에서 다르게 정하거나 성질에 반하지 아니하면 할부거래에 관한 제12조부터 제16조까지의 규정(손해배상 청구금액의 제한, 소비자의 기한의 이익상실, 소비자의 기한 전 지급, 할부대금채권의 소멸시효, 소비자의 항변권)을 준용한다

(법 §42의2).

할부거래법 위반행위의 조사 및 행정처분을 주관하는 공정거래위원회의 권한행사와 관련하여서는 공정거래법의 규정이 준용된다(법 §47). 공정거래위원회의 심의·의결에 관하여는 공정거래법 제64조부터 제68조까지(의사정족수 및 의결정족수, 심리·의결의 공개 및 합의의 비공개, 심판정 질서유지, 위원의 제척·기피·회피, 의결서 작성 및 경정) 및 제93조(의견진술기회의 부여)를 준용한다(법 §47①). 공정거래위원회, 시·도지사 또는 시장·군수·구청장의 조사 등에 관하여는 공정거래법 제81조 제1항부터 제3항까지, 제6항 및 제9항의 규정(위반행위의 조사 등)을 준용한다(법 §47②). 공정거래위원회의 처분 및 시·도지사의 처분에 대한 이의신청, 시정조치명령의 집행정지, 소의 제기 및 불복의 소의 전속관할에 관하여는 공정거래법 제96조(이의신청), 제97조(시정조치의 집행정지), 제99조부터 제101조까지의 규정(소의 제기, 불복의 소의 전속관할, 사건처리절차 등)을 준용한다(법 §47③). 과징금의 부과·징수에 관하여는 제103조부터 제107조까지의 규정을 준용한다(법 §47④).

Ⅱ. 벌　　칙

1. 형　　벌

할부거래법은 법 위반행위의 경중에 따라 3년 이하에서 1년 이하 징역형, 1억 원 이하에서 2백만 원 이하의 다양한 벌금형을 규정하고 있다(법 §48부터 §51까지). 다만 3년 이하의 징역형 또는 1억 원 이하의 벌금형에 처할 경우(제48조 제1항 각호의 1에 위반), 해당 법 위반행위와 관련하여 판매 또는 거래한 대금 총액의 3배에 달하는 금액이 1억 원을 초과하는 때에는 3년 이하의 징역 또는 판매하거나 거래한 대금 총액의 3배에 상당하는 금액 이하의 벌금에 처하도록 하고 있다(법 §48①). 징역형과 벌금형은 병과(倂科)할 수 있다(법 §48②).

2. 과 태 료

과태료는 통상 대통령령으로 정하는 바에 따라 행정법상 의무 위반의 정도가 비교적 가벼워서 직접적으로 행정목적이나 사회목적에 반하지는 않으나, 간접적으로 행정상의 질서에 장애를 초래할 위험성이 있을 정도의 단순한 의무 위반에 대하여 부과된다. 할부거래법 위반행위에 대해 공정거래위원회, 시·도지사등은 최고 5천만 원 이하에서 최저 100만 원 이하에 이르기까지 의무위반의 유형 및 정도에 따라 각기 정해진 범위 내의 과태료를 부과할 수 있다(법 §53①부터 ⑤까지).

3. 양벌규정

법인의 대표자나 법인 또는 개인의 대리인, 사용인, 그 밖의 종업원이 그 법인 또는 개인의 업무에 관하여 벌칙조항(제48조, 제50조 또는 제51조)의 위반행위를 하면 그 행위자를 벌하는 외에 그 법인 또는 개인에게도 해당 조문의 벌금형을 과한다. 다만, 법인 또는 개인이 그 위반행위를 방지하기 위하여 해당 업무에 관하여 상당한 주의와 감독을 게을리하지 아니한 경우에는 그러하지 아니하다(법 §52).

제 5 장 방문판매 등에 관한 법률

제 1 절 개 설

오늘날과 같은 대량생산 · 대량소비시대에는 앉아서 소비자를 기다리는 소극적인 점포판매방식으로는 더 이상의 판매신장을 기대하기 어려울 뿐만 아니라 소비자 수요의 다양화 및 질적 고도화 요구에 부응하기 어렵게 되었다. 이에 따라 기업들은 전통적인 점포판매방식에서 벗어나 다양한 형태의 판매기법을 개발하게 되었는데 이를 총칭하여 '특수판매'라고 한다.

특수판매의 대표적인 방식으로는 소비자를 직접 방문하여 거래가 이루어지는 방문판매, 여러 단계의 판매조직을 이용한 '다단계판매', 각종 통신수단을 이용한 '통신판매' 등을 들 수 있으며, 최근에는 인터넷을 이용한 '전자상거래판매' 방식이 급속한 증가추세를 보이고 있다. 그 밖에도 전화를 통하여 소비자에게 구매를 권유하는 '전화권유판매' 등이 있다. 이러한 특수판매는 판매업자의 입장에서 점포설치 등에 따른 비용을 절감할 수 있을 뿐 아니라 장소적 · 시간적 제약 없이 판매원이 직접 소비자를 방문하거나 광고 또는 재화목록의 제시를 통해 소비자에게 적극적으로 접근함으로써 판매신장에 크게 기여하고 있다. 또한 소비자의 입장에서는 직접 점포를 찾지 않더라도 자신이 필요로 하는 재화나 용역을 손쉽게 구매할 수 있어 비용과 시간을 절약할 수 있다는 매력을 가지고 있다. 그러나 특수판매업자는 일정한 조직을 가지고 전문적인 판매활동을 하는데 비하여, 소비자는 교섭력과 정보력의 부족으로 거래상 불리한 지위에 있어 판매업자의 신뢰가 보장되지 않는 한 소비자의 예측하지 못한 피해발생이 우려된다.

실제로 방문판매나 전화권유판매의 경우 느닷없는 판매원의 방문 또는 능란한 화술에 의한 구매권유로 소비자가 합리적인 판단을 할 시간적 여유 없이 충동적인 구매결정을 할 가능성이 크다. 또한 다단계판매의 경우는 재화를 팔기보다는 하위판매원의 모집에 치중하게 되어 결국 재고품과 빚더미에 앉게 되는가 하면 변칙적인 다단계판매로 인하여 사회적인 문제로까지 비화되기도 한다.

제2절 방문판매법의 일반론

Ⅰ. 제정과 개정

「방문판매등에 관한 법률」(이하 "방문판매법")은 무점포판매의 특성상 나타나는 판매업자의 신뢰를 보장하고 판매업자와 소비자의 경제적인 힘의 격차를 보완함으로써 소비자의 이익을 보호하고 건전한 거래를 정착시키기 위하여 1991년 12월 31일 제정되었다.

최초의 방문판매법은 특수판매방식 가운데 방문판매, 통신판매, 다단계판매를 규제대상으로 하였으나, 제정 이후 특수판매의 형태도 다양해지고 특수거래와 관련된 다양한 소비자문제가 등장하고 특수판매방식 중 통신수단 및 인터넷을 이용한 비대면거래에 관하여는 새로이 제정되는 「전자상거래등에서의 소비자보호에 관한 법률」이 별도로 제정됨에 따라 2002년 3월 제5차 전면 법 개정이 이루어졌다. 개정시 통신판매에 관한 규정은 방문판매법에서 삭제되는 대신 법적용 대상인 특수판매의 범위를 확대하여, 종전의 방문·다단계판매 이외에 소비자피해가 빈발하는 전화권유판매와 일정 기간 동안 계속해서 일정한 재화 또는 용역을 공급받는 형태의 '계속거래' 및 특정한 재화를 구입할 경우 이를 활용한 사업을 하도록 해 줌으로써 소득을 얻을 수 있다고 유인하여 이루어지는 '사업권유거래'를 새로운 법 적용대상으로 추가하였다.

또한 보호대상인 소비자의 범위를 확대하고 법 적용이 제외되는 재화등의 범위를 축소 조정하여 소비자보호를 강화하는 한편, 방문·전화권유·다단계판매 모두 청약철회기간을 14일로 통일하였다. 그 밖에 건전한 다단계판매 환경조성을 위해 소비자 피해보상보험제도의 도입과 함께 당사자 간 자율적 분쟁해결 및 신속한 피해구제를 우선하기 위한 분쟁조정제도 및 법령상 의무를 위반한 사업자에 대한 시정조치명령제도와 과징금제도 등을 도입하였다.

그밖에 2012년 2월 전면 개정에서는 다단계판매 정의 규정을 정비하며, 후원방문판매라는 개념을 신설하여 규제의 공백이 발생하지 않도록 하고, 전화권유판매 수신거부의사 등록시스템을 도입함으로써 소비자의 피해를 예방하고 소비자의 권익을 보호하고자 하였다.

Ⅱ. 목적 및 적용범위

1. 목 적

방문판매법은 방문판매, 전화권유판매, 다단계판매, 후원방문판매, 계속거래 및 사업권유거래 등에 의한 재화 또는 용역의 공정한 거래에 관한 사항을 규정함으로써 소비자의 권익을 보호하고 시장의 신뢰도를 높혀 국민경제의 건전한 발전에 이바지함을 목적으로 하고 있다(법 §1).

2. 적용범위

(1) 적용대상

방문판매법상 적용대상으로 되는 거래는 방문판매, 전화권유판매, 다단계판매, 후원방문판매, 계속거래, 사업권유거래 등 6가지이다. 적용대상으로 되는 것은 재화의 판매 및 용역의 제공에 관한 모든 거래관계이다. 여기에서 재화는 동산·부동산 모두 포함되며, 용역도 일정한 시설을 이용하거나 용역을 제공받을 권리까지 포함된다.

(2) 소비자의 범위

방문판매법은 소비자기본법에서와 마찬가지로 ① 소비생활을 목적으로 재화등을 최종적으로 사용하거나 이용하는 자(최종소비자)와 ② 소비생활 외의 목적으로 재화등을 사용하거나 이용하는 자(중간소비자)로서 정책적으로 인정하는 자(정책적 소비자)를 소비자의 개념에 원칙적으로 포함시키고 있다(법 §2xii, 영 §4). 즉, ⅰ) 소비생활 외의 목적으로 재화등을 사용하거나 이용하더라도 그 재화등을 원재료나 중간재 및 자본재로 사용하지 않고 최종적으로 사용하거나 이용하는 자(영 §4ⅰ)와 ⅱ) 재화등을 농업, 축산업, 어업활동을 위하여 구입하는 자(영 §4ⅴ)[1]를 소비자의 개념에 포함시키고 있다.

이와 함께 방문판매법은 법 적용의 대상이 되는 소비자의 범위를 더욱 확장하여 ⅲ) 사실상 소비자와 같은 지위에서 다른 소비자와 같은 거래조건으로 구매하는 사업자(영 §4ⅱ),[2] ⅳ) 다단계판매원 또는 후원방문판매원이 되기 위하여 다단계판매업자 또는 후원방문판매업자로부터 재화등을 최초로 구매하는 자(영 §4ⅲ), ⅴ) 방문판매업

1) 그러나 원양산업발전법 제6조 제1항에 따라 해양수산부장관의 허가를 받은 원양어업자는 제외한다(영 §4ⅴ).

2) 이 경우 소비자로 인정되는 것은 해당 재화등을 판매한 자에 대한 관계로 한정한다(영 §4ⅱ).

자 또는 전화권유판매업자와 거래하는 경우의 방문판매원 또는 전화권유판매원(영 §4 ⅳ)도 소비자의 범위에 포함시키고 있다.

3. 적용제외

(1) 상행위를 목적으로 하는 거래

이 법의 규정은 사업자가 상행위를 목적으로 재화등을 구입하는 거래에 대하여는 적용하지 아니한다(법 §3ⅰ 본문). 다만, 사업자라 하더라도 사실상 소비자와 같은 지위에서 다른 소비자와 같은 거래조건으로 거래하는 경우에는 그 실질관계에 있어서는 상행위를 목적으로 한 것으로 보기 어렵기 때문에 소비자보호를 목적으로 하는 본법이 그대로 적용된다(법 §3ⅰ 단서).

또한 다단계판매원, 후원방문판매원이나 사업권유거래의 상대방의 경우에는 본 조항에서 사업자의 범주에서 제외되고 있으므로 상행위를 목적으로 다단계판매업자 또는 사업권유거래업자와 구입계약을 체결하더라도 본법의 적용대상이 된다.

(2) 규제할 필요가 없는 행위

방문판매법은 ①「금융소비자 보호에 관한 법률」(이하 "금융소비자보호법") 제2조 제6호의 금융상품판매업자와 같은 법 제3조에 따른 예금성 상품, 대출성 상품, 투자성 상품 및 보장성 상품에 관한 계약을 체결하기 위한 거래와 ② 개인이 독립된 자격으로 공급하는 재화등의 거래로서 가공되지 아니한 농산물·수산물·축산물·임산물과 방문판매자가 직접 생산한 재화등을 방문판매하는 거래에 대해서는 그 적용이 제외된다(법 §3ⅱ, ⅲ, 영 §6).

왜냐하면 보험업자와 보험계약을 체결하기 위한 거래의 경우에는 이미 상법(제4편), 약관규제법 및 보험관련 법률에서 부당한 보험계약의 체결을 방지하기 위한 규정을 두고 있고, 금융감독원의 엄격한 행정감독이 이루어지고 있기 때문이다. 또한 방문판매원을 두지 않은 방문판매업자가 농·수·축·임산물이나 개인이 직접 생산한 재화등을 방문판매하는 거래에 대해서까지 방문판매법을 적용할 경우 자칫 생업에 종사하기 위해 소규모 사업수단으로 방문판매업을 영위하는 영세한 개인사업자에 대한 과도한 규제가 될 우려가 있기 때문이다.

Ⅲ. 다른 법률과의 관계

방문판매법의 적용대상으로 되는 방문판매, 전화권유판매, 다단계판매, 후원방문판매, 계속거래 및 사업권유거래의 경우 전자상거래소비자보호법상의 전자상거래 또는 통신판매에 중첩적으로 해당되거나 거래의 집단·반복적인 성격상 약관에 의한 계약에 의해 이루어지는 경우가 많으며, 통상적으로 할부방식으로 대금지급이 이루어지고 있다. 이 경우에는 소비자보호와 관련하여 방문판매법의 적용 외에 전자상거래소비자보호법, 약관규제법 또는 할부거래법이 함께 적용된다.[3] 따라서 법 적용의 우선순위가 문제로 되는데 방문판매법은 이 법과 다른 법률의 적용이 경합하는 경우에는 이 법을 우선 적용하되, 다른 법률을 적용하는 것이 소비자에게 유리한 경우에는 그 법률을 적용하도록 하고 있다(법 §4①).

또한 다른 법률에 이 법과는 다른 방법에 따른 계약서 발급의무 등이 규정되어 있는 거래에 대하여는 계약서 발급의무에 관한 규정(법 §7, §16, §30)을 적용하지 아니하며, 계속거래에 관하여 이 법에서 규정하고 있는 사항을 다른 법률에서 따로 정하고 있는 경우에는 그 법률을 적용한다. 할부거래법상 선불식 할부거래 및 선불식 할부거래업자에 대하여는 청약철회(법 §8, §9 §17, §18) 및 소비자피해보상보험계약등(법 §37)에 관한 규정을 적용하지 아니한다(법 §4②, ③, ④).

제3절 방문판매 및 전화권유판매에 대한 규제

Ⅰ. 의 의

1. 규제의 필요성

방문판매와 전화권유판매는 소비자에게 재화에 대한 정보를 보다 적극적으로 제공하여 구매의욕을 고취시키고, 이를 통해 판매신장을 기할 수 있다는 장점이 있다. 또한 소비자의 입장에서도 점포를 찾지 않고도 구매가 가능하여 구매비용과 시간을 절약할

3) 예컨대, 인터넷상의 영어교육을 제공하는 사업자의 가정방문 권유에 따라 1년간 동 서비스를 제공받기로 하고 인터넷을 통하여 신용카드로 6개월 분할하여 대금을 결제하는 계약을 체결한 경우, 이는 「방문판매법」상의 방문판매나 계속거래, 「할부거래법」상의 할부거래, 「전자상거래소비자보호법」상의 전자상거래에 해당하게 된다. 사업자가 약관을 사용하는 경우에는 「약관규제법」도 적용될 것이다.

수 있다는 매력이 있다.

그러나 방문판매의 경우 방문판매원이 거래내용이나 조건에 대해 허위·과장하여 설명하거나 과도한 사은품 증정 또는 집요한 구매요구로 구매의사가 없던 소비자로 하여금 구매충동을 일으키게 하거나 구매결정을 위한 충분한 시간적 여유 없이 무리하게 계약체결을 유도하는 사례가 적지 않다. 또한 방문판매원이 성명·소속을 명시하지 않거나 심지어 계약서조차 작성하지 않는 경우도 있다. 이로 인해 일단 계약체결이 이루어진 후 방문판매자가 원래의 것과 다른 조건을 요구하거나 수리·교환·환급을 거부하는 경우가 적지 않으며, 방문판매자의 계약불이행을 이유로 계약을 해제하는 데도 어려움이 크다. 이러한 문제점들은 전화권유판매의 경우에도 마찬가지로 나타나게 된다. 특히 전화권유판매의 경우 소비자에게 접근하는 매체로서 통신수단인 전화를 이용한다는 점에서는 통신판매의 특성을 가지고 있으나, 소비자에게 적극적으로 접근하여 상호 대화를 통하여 재화등을 광고하는 공격적 마케팅방식이란 점에서 방문판매와 더욱 유사한 특성을 가지고 있다. 또한 비대면 거래의 성격이 중요시되는 통신판매와 달리 대면거래의 성격이 강하기 때문에 방문판매의 성격이 강한 것으로 볼 수 있다.

2. 개념의 정리

(1) 방문판매

방문판매란 재화 또는 용역의 판매·위탁·중개를 업(業)으로 하는 자(이하 "판매업자")가 방문을 하는 방법으로 그의 사업장[4] 외의 장소에서 소비자에게 권유하여 계약의 청약을 받거나 계약을 체결하여 재화 또는 용역을 판매·위탁·중개하는 것을 말한다(법 §2 i).

방문판매로 인정되기 위해서는 ① 방문판매자(특히 방문판매원)의 권유가 소비자에 대한 '방문의 방법'으로 이루어져야 한다. 따라서 소비자가 방문판매자로부터 어떠한 권유를 받지 않고 자발적으로 방문판매자를 찾아간 경우에는 포함되지 않는다. ② '사업장 외의 장소'에서 소비자에게 권유하여 계약의 청약 또는 체결이 이루어져야 한다. 사업장 외의 장소에서 청약의 유인이 있고 계약의 청약 및 체결이 일시에 이루어지는 경우는 물론이려니와 사업장 외의 장소에서 계약의 청약 또는 체결이 이루어지는 한 이 요건에 포함된다. 더구나 '총리령이 정하는 방법'[5]으로 사업장 외의 장소에서 소비

4) 여기에서 '사업장'이란 영업소·대리점은 물론, 총리령이 정하는 영업장소도 포함된다. 총리령에서 정하는 영업장소란 영업소·대리점·지점·출장소 등 명칭 여하에 불구하고 소유 또는 임차하거나 점용허가를 받은 장소에서 일정한 시설을 갖추고 3월 이상 계속적으로 영업하는 고정된 장소를 말한다. 다만, 천재·지변 등 불가피한 사유로 영업을 계속할 수 없는 기간은 이를 산입하지 아니한다(시행규칙 §2).

자를 유인하는 경우에는 사업장 내에서 계약의 청약을 받거나 계약을 체결하게 되더라도 이에 해당된다.

〈방문판매 인정요건〉

법적 근거	청약의 유인	계약의 청약 또는 체결
방문판매법	사업장 외	사업장 외
총리령	사업장 외 (총리령이 정하는 방법)	사업장 내

(2) 방문판매업자 · 방문판매원 · 방문판매자

방문판매업자란 방문판매를 업으로 하기 위하여 방문판매조직을 개설하거나 관리 · 운영하는 자를 말하고, 방문판매원은 방문판매업자를 대신하여 방문판매업무를 수행하는 자를 말한다. 방문판매업자와 방문판매원을 총칭하여 방문판매자라 한다(법 §2ii).

(3) 전화권유판매

전화권유판매란 전화를 이용하여 소비자에게 권유를 하거나 전화회신을 유도하는 방법으로 재화등을 판매하는 것을 말한다(법 §2iii, 규칙 §4). 총리령이 정하는 방법이란 전화를 사용하여 소비자의 응답을 유도하고 대화를 함으로써 청약을 받거나 계약을 체결하는 방법을 말한다(규칙 §4).

(4) 전화권유판매업자 · 전화권유판매원 · 전화권유판매자

전화권유판매업자란 전화권유판매를 업으로 하기 위하여 전화권유판매조직을 개설하거나 관리 · 운영하는 자를 말한다. 전화권유판매원은 전화권유판매업자를 대신하여 전화권유판매업무를 수행하는 자를 말한다. 전화권유판매업자와 전화권유판매원을 총칭하여 전화권유판매자라 한다(법 §2iv).

5) 총리령이 정하는 방법이란 소비자와 직접 대면하여 재화 또는 용역에 관한 정보를 제공하고 소비자의 구매를 유도하는 것을 말한다(시행규칙 §3).

Ⅱ. 방문판매업자 및 전화권유판매업자의 의무

1. 신고의무

방문판매법은 방문판매업자 및 전화권유판매사업자(이하 “방문판매업자등”)에 대한 행정감독을 용이하게 하기 위하여 개업 및 휴·폐업 신고를 의무화하고 있다. 즉, 방문판매업등을 하려는 자는 상호, 주소, 전화번호, 전자우편주소를 공정거래위원회 또는 특별자치시장·특별자치도지사·시장·군수·구청장에게 신고하여야 한다. 법인의 경우에는 대표자의 성명·주민등록번호·주소도 포함하여 신고하여야 한다(법 §5① 본문). 방문판매업자등이 상법상 회사인 경우에는 회사의 자산·부채 및 자본금도 함께 신고하여야 한다(영 §7).[6]

다만 ① 방문판매원이나 전화권유판매원(이하 “방문판매원등”)을 두지 아니하는 소규모 방문판매업자, ② 등록한 다단계판매업자, ③ 등록한 후원방문판매업자에게는 신고의무가 면제된다(법 §5① 단서, 영 §9). 신고한 사항에 변경이 있거나 영업을 휴지 또는 폐지하거나 휴업한 후 영업을 다시 시작하려는 경우에는 이를 신고하여야 한다(법 §5②, ③). 개업신고 또는 변경신고를 받은 공정거래위원회 또는 특별자치시장·특별자치도지사·시장·군수·구청장은 신고사항 또는 변경사항이 기재된 신고증을 발급하여야 한다(영 §8③).

신고는 서면에 의하여 하는 것이 일반적이겠으나, 공정거래위원회가 정한 정보처리시스템에 의한 전자문서로 신고할 수 있다(영 §8⑥). 전자문서에 의한 신고를 함에 있어서 전자문서에 의한 자료의 제출이 곤란한 사항은 1월 내에 우편 등을 통하여 보완할 수 있으며, 보완한 경우에는 전자문서에 의하여 신고한 날에 신고한 것으로 본다(영 §8⑦). 공정거래위원회는 방문판매업자등이 신고한 사항을 공개할 수 있다(법 §5④). 방문판매업자등의 정보를 공개하는 경우 해당 방문판매업자등에게 정보공개의 내용 및 방법을 미리 통지하여야 하고, 공개될 내용 중 사실과 다른 내용이 있는 경우에는 정정할 수 있는 기회를 주어야 한다(영 §10).

---

6) 또한 방문판매업자등은 신고서에 법인등기부등본(법인설립 전인 경우 발기인의 주민등록등본), 사업자등록증 사본(신고증 교부일 후 30일 이내 제출 가능)을 첨부하여 주된 사무소의 소재지를 관할하는 특별자치시장·특별자치도지사·군수·구청장에게 제출하여야 하고, 주된 사무소의 소재지가 외국인 경우에는 공정거래위원회에 이를 제출하여야 한다. 방문판매업자가 회사인 경우에는 자산·부채 및 자본금을 증명하는 서류를 첨부하여야 한다(영 §8①).

2. 명부비치 및 신원확인의무

방문판매나 전화권유판매의 경우 방문판매원등이 자신의 정확한 소속과 신분을 밝히지 않은 채 재화 또는 용역에 대해 과대선전하거나 집요하게 구매요구를 하는 경우가 많다. 이로 인해 소비자들은 구매결정을 위한 충분한 시간적 여유 없이 무리하게 계약을 체결하게 되며, 구매한 후 충동구매를 후회하고 청약을 철회하거나 계약을 해제하려고 해도 방문판매원등의 신원을 확인할 수 없어 피해구제에 어려움을 겪는 경우가 종종 있다.

이 점을 고려하여 방문판매법은 방문판매업자등으로 하여금 총리령으로 정하는 바에 따라 방문판매원등의 명부를 작성하도록 의무화하고(법 §6①), 방문판매업자등은 소비자피해를 방지하거나 구제를 위하여 소비자가 요청하면 언제든지 소비자로 하여금 방문판매원등의 신원을 확인할 수 있도록 의무화하고 있다(법 §6②).

3. 성명 등의 명시의무

방문판매자 또는 전화권유판매자(이하 "방문판매자등")가 재화등을 판매하려는 경우에는 소비자에게 미리 해당 방문 또는 전화가 판매의 권유를 위한 것이라는 점과 방문판매자등의 성명 또는 명칭, 판매하는 재화등의 종류 및 내용을 밝히도록 하고 있다(법 §6③). 이는 소비자로 하여금 방문판매자의 인적 사항과 계약내용을 명확히 인식시키도록 함으로써 후일 발생하게 될지도 모를 거래상의 분쟁에 대비하도록 하기 위한 것이다.

4. 계약체결 전 정보제공의무

소비자의 합리적 구매결정을 위하여 계약체결시 계약내용 및 거래조건에 대한 정보제공의무를 세부적으로 규정하고 있다. 즉, 방문판매자등은 재화등의 판매에 관한 계약을 체결하기 전에 소비자가 계약의 내용을 이해할 수 있도록 법에서 정한 일정한 사항[7]을 설명하도록 의무화하고 있다(법 §7①). 다만, 전화권유판매의 경우에는 전화상

7) 여기에서 일정한 사항이란 ① 방문판매업자등의 성명(법인인 경우에는 대표자의 성명을 말한다), 상호, 주소, 전화번호 및 전자우편주소, ② 방문판매원등의 성명, 주소, 전화번호 및 전자우편주소(다만, 방문판매업자등이 소비자와 직접 계약을 체결하는 경우는 제외), ③ 재화등의 명칭, 종류 및 내용, ④ 재화등의 가격과 그 지급의 방법 및 시기, ⑤ 재화등을 공급하는 방법 및 시기, ⑥ 청약의 철회 및 계약의 해제(이하 "청약철회 등")의 기한 · 행사방법 · 효과에 관한 사항 및 청약철회 등의 권리 행사에 필요한 서식으로서 총리령으로 정하는 것, ⑦ 재화등의 교환 · 반품 · 수리보증 및 그 대금 환불의 조건과 절차, ⑧ 전자매체로 공급이 가능한 재화등의 설치 · 전송 등과 관련하여 요구되는 기술적 사항, ⑨ 소비자 피해보상, 재화등에 대한 불만 및 소비자와 사업자 사이의 분쟁 처리에 관한 사항, ⑩ 거래에 관한 약관, ⑪ 그 밖에 소비자의 구매 여부의 판단에 영향을 주는 거래조건 또는 소비자피해 구제에 필요한 사항으로서 대통령령으로 정하는 사항을 말한다(법 §7① 각호). 여기에서 대통령령으로 정하는 사항이란 ① 재화등의 가격 외에 소비자가 추가로 부

으로 법정 사항에 관한 모든 설명을 다하기가 어려운 점을 감안하여 소비자의 동의를 받아 그 계약의 내용을 팩스나 전자문서로 송부하는 것으로 갈음할 수 있으며, 송부한 계약서의 내용이나 도달에 관하여 다툼이 있는 경우에는 전화권유판매자가 이를 증명하도록 하고 있다(법 §7④).

이와 같이 방문판매자등에게 계약체결 전에 계약내용에 대한 정보제공의무를 부과한 것은 방문판매원등의 공격적인 마케팅으로 소비자의 구매의사가 형성되기 이전에 계약의 내용조차 제대로 인식하지 못한 상태에서 소비자의 청약이 이루어지는 경우가 많아 계약의 내용을 명확하게 인식하도록 할 필요가 있기 때문이다.

방문판매업자등은 제1항에 따라 소비자에게 표시 또는 고지한 거래조건을 신의에 좇아 성실하게 이행하여야 한다(법 §7⑤).

5. 계약서 발급의무

방문판매자등은 계약체결시 위 고지사항을 적은 계약서를 소비자에게 발급하도록 의무화하고 있다(법 §7②). 이와 같이 방문판매자등에게 계약서 발급을 의무화한 것은 소비자로 하여금 계약내용을 다시금 명확하게 인식시키는 동시에 후일 발생할지도 모를 분쟁에 대비하여 계약서를 통하여 입증을 용이하도록 하기 위함이다.

6. 미성년자에 대한 고지의무

방문판매자등은 재화등의 계약을 미성년자와 체결하려는 경우에는 법정대리인의 동의를 받아야 한다. 이 경우 법정대리인의 동의를 받지 못하면 미성년자 본인 또는 법정대리인이 계약을 취소할 수 있음을 알려야 한다(법 §7③). 미성년자가 법정대리인의 동의를 얻지 아니하고 행한 거래는 취소할 수 있기 때문에(민법 §5②) 설사 방문판매자등이 법정대리인의 동의를 얻지 않고 거래를 행하거나 계약취소가 가능하다는 내용의 고지의무를 이행하지 않더라도 미성년자와의 거래의 사법상 효력에는 차이가 없으며, 방문판매자등이 행정적·형사적 제재를 받는 것도 아니다. 그럼에도 불구하고 방문판매법에서 방문판매자등에 대해 미성년자와의 계약시 고지의무를 부과하고 있는 것은 법률적 상식이 부족한 미성년 소비자들의 권리의식을 고취시키기 위한 것으로 볼 수 있다.

담하여야 할 사항이 있는 경우 그 내용 및 금액, ② 판매일시·판매지역·판매수량·인도지역 등 판매조건과 관련하여 제한이 있는 경우 그 내용을 말한다(영 §11).

7. 휴업 등의 경우 청약업무 처리의무

방문판매자등은 그 휴업기간 또는 영업정지기간 중에도 소비자의 ① 청약철회 업무와 ② 청약철회에 따른 업무로서 원상회복의무의 이행, 결제업자에 대한 대금 청구의 정지 또는 취소, 이미 지급받은 대금의 결제업자에 대한 환급에 관한 업무를 계속하여야 한다(법 §12①).

방문판매업자등이 파산선고를 받거나 관할 세무서에 폐업신고를 한 경우 또는 6개월을 초과하여 영업을 하지 아니하는 등 실질적으로 영업을 할 수 없다고 판단되는 경우에는 공정거래위원회 또는 특별자치시장·특별자치도지사·시장·군수·구청장은 직권으로 해당 방문판매업등의 신고 사항을 말소할 수 있다(법 §12②)).

8. 전화권유판매업자의 통화내용 보존의무

전화권유판매에 관한 계약의 경우 전화권유판매업자는 소비자의 동의를 받아 통화내용 중 계약에 관한 사항을 계약일부터 3개월 이상 보존하여야 한다(법 §7의2①). 소비자는 전화권유판매업자가 제1항에 따라 보존하는 통화내용에 대하여 방문·전화·팩스 또는 전자우편 등의 방법으로 열람을 요청할 수 있으며, 전화권유판매업자는 그 요청에 따라야 한다(법 §7의2②).

Ⅲ. 방문판매업자 및 전화권유판매업자 권리의 제한

1. 손해배상액의 제한

(1) 손해배상청구금액

청약철회의 경우와 달리 숙고기간이 경과한 후 계약을 해제하는 경우에는 원상회복의무뿐 아니라 손해배상의무도 존재한다. 그러나 소비자에게 책임있는 사유로 방문판매등에 의한 계약이 해제된 경우, 방문판매자등의 과도한 손해배상청구로부터 소비자를 보호하기 위하여 소비자에 대한 손해배상액을 제한하여 방문판매자등의 실손해액과 대금미납에 따른 지연배상금의 합계액을 초과하지 못하도록 하고 있다(법 §10①). 여기에서 실손해액은 ① 공급받은 재화등의 반환 등 원상회복이 된 경우, ② 원상회복이 되지 아니한 경우에 따라 차이가 있다(법 §10 각호).

이 한도를 넘어서는 손해배상액을 예정하더라도 그 효력이 인정되지 않는다(법 §52). 공정거래위원회는 방문판매자등과 소비자 간의 손해배상청구에 따른 분쟁의 원활한 해결을 위하여 필요한 경우 제1항의 규정에 의한 손해배상액의 산정기준을 정하여 고시할 수 있다(법 §10②).

손해배상액 ≦ 실손해액 + 지연배상금

(2) 실손해액

(가) 원상회복된 경우

공급받은 재화등이 반환된 경우 실손해액은 ① 반환된 재화등의 통상 사용료액 또는 그 사용에 의하여 통상 얻어지는 이익에 상당하는 금액(가목, 제1기준)과 ② 반환된 재화등의 판매가액에서 그 재화등이 반환된 당시의 가액을 공제한 금액(나목, 제2기준)을 비교하여 그 중 큰 금액으로 한다(법 §10① i).[8] 이는 재화등의 사용으로 소비자가 얻은 이익[9]과 방문판매자등이 입게 되는 손해를 비교하여 후자가 더 큰 경우에는 방문판매자등의 입장에서 더 실제적인 손해를 기준으로 하기 위한 것이다.

여기에서 특기할 것은 할부거래의 경우에는 제1 손해액으로서 소비자가 얻는 이익 이외에 '계약체결 및 그 이행을 위한 통상 필요비용액'이 포함되고 있는데 비해, 방문판매등의 경우에는 제외되고 있다는 점이다. 이는 방문판매등에 있어서의 거래는 판매원등의 적극적인 마케팅에 의한 경우가 대부분이어서 그 정도의 비용은 방문판매자등이 부담하도록 하는 것이 형평에 맞기 때문이다.

(나) 원상회복되지 아니한 경우

공급받은 재화등이 반환되지 아니한 경우에는 그 재화등의 판매가액에 상당하는 금액을 실손해액으로 한다(법 §10① ii).

〈손해배상액의 한도〉

구 분	손해배상액의 한도		
	실손해액		지연배상금
원상회복시	▪ 통상 사용료액 또는 사용이익액(제1기준)	중 큰 금액	대금미납액 × 약정이율
	▪ 판매가액 − 반환당시가액(제2기준)		
원상미회복시	▪ 판매가액 상당액		

8) 예컨대, 어떤 재화등의 판매가액이 100만 원, 반환당시가액이 60만 원, 통상사용료액(용역사용의 경우 통상이익액)이 20만 원인 경우 제1 손해액은 20만 원, 제2 손해액은 40만 원으로 된다. 이 경우 액수가 더 큰 제2 손해액(40만 원)이 실손해액으로 된다.

9) 소비자가 재화등의 사용으로 얻은 이익은 상대적인 측면에서 본다면 방문판매자등이 입게 된 불이익 내지 손해를 의미한다고 볼 수도 있다.

(3) 지연배상금

지연배상금이란 실손해액의 지급지연에 따라 방문판매자등이 입게 되는 손해로서 일종의 지연이자의 성격을 가지는 것이다. 대금미납액에 당사자 간에 약정한 이율을 곱한 금액이다.

2. 금지행위

방문판매자등은 아래의 행위를 하여서는 아니 된다(법 §11).

① 계약체결 강요, 청약철회 또는 계약의 해지를 방해할 목적으로 소비자를 위협하는 행위(제1호)

② 거짓 또는 과장된 사실을 알리거나 기만적 방법을 사용하여 유인・거래하거나 청약철회, 계약의 해지를 방해하는 행위(제2호)

③ 방문판매원이 되기 위한 조건 또는 방문판매원의 자격유지 조건으로 방문판매원등 또는 방문판매원등이 되려는 자에게 그 명칭 및 형태 여하를 불문하고 1인당 연간 2만 원 이상의 비용, 금품징수, 재화등의 구매를 부과하는 행위(제3호, 영§17)

④ 방문판매원등에게 다른 방문판매원등을 모집할 의무를 지게 하는 행위(제4호)

⑤ 청약철회나 계약해지를 방해할 목적으로 주소・전화번호 등을 변경하는 행위(제5호)

⑥ 분쟁이나 불만처리에 필요한 인력 또는 설비가 부족한 상태를 상당기간 방치하여 소비자에게 피해를 주는 행위(제6호)

⑦ 소비자의 청약 없이 일방적으로 재화등을 공급하고 재화등의 대금을 청구하는 행위(제7호)

⑧ 소비자가 제공받을 의사가 없음을 밝혔음에도 불구하고 전화, 팩스, 컴퓨터통신 등을 통하여 재화등을 제공받도록 강요하는 행위(제8호)

⑨ 본인의 허락을 받지 아니하거나 허락받은 범위를 넘어 소비자에 관한 정보를 이용하거나 제3자에게 제공하는 행위. 다만 i) 재화등의 배송 등 소비자와의 계약을 이행하기 위하여 불가피한 경우,[10] ii) 재화등의 거래에 따른 대금을 정산하기 위하여 필요한 경우, iii) 도용을 방지하기 위하여 본인임을 확인할 때

---

10) 이에 해당하는 것으로는 ㉠ 재화등의 배송 또는 전송을 업으로 하는 자로서 당해 배송 또는 전송을 위탁받은 자에게 소비자에 관한 정보를 제공하는 경우와 ㉡ 재화등의 설치, 사후 서비스 그 밖에 약정한 서비스의 제공을 업으로 하는 자로서 당해 서비스의 제공을 위탁받은 자에게 소비자에 관한 정보를 제공하는 경우가 있다(영 §18).

필요한 경우,[11] ⅳ) 법률의 규정 또는 법률에 따라 필요한 불가피한 사유가 있는 경우에는 제외한다(제9호).

Ⅳ. 소비자권리의 보호

1. 청약철회권의 의의

민법에서는 청약의 의사표시에 대해 그 구속력을 인정하여 청약은 철회하지 못하도록 하고 있다(민법 §527). 그러나 방문판매와 전화권유판매에 있어서는 통상 방문판매자등의 예고없는 방문 또는 전화와 적극적인 구매권유에 의하여 소비자가 재화 또는 용역의 진정한 구입필요성에 대한 판단이나 계약체결 의사가 불확실한 상태에서 일시적인 충동으로 계약을 체결함으로써 소비자는 후일 계약의 체결을 후회하는 경우가 적지 않다.

이를 감안하여 방문판매법에서는 이미 할부거래법에서 인정되고 있는 바와 마찬가지로 계약체결 후 소비자가 충동구매를 재고할 수 있도록 숙고기간을 설정해 계약의 청약을 무조건적으로 철회할 수 있는 권한을 소비자에게 부여하고 있다(법 §8①). 이 청약철회권의 법적 보장은 소비자 피해구제를 위한 핵심적인 내용으로서 설사 소비자에게 계약체결상의 과실이 있는 경우에도 행사할 수 있다. 이는 거래의 안전을 다소 희생하는 한이 있더라도 매수인인 소비자를 강력하게 보호하려는 취지이다.

청약철회권 및 그 효과에 관하여 소비자보호를 위한 방문판매법의 규정과 다른 약정을 하더라도 소비자에게 불리한 경우에는 효력이 없다(법 §52, 편면적 강행규정).

2. 철회권 행사기간

방문판매와 전화권유판매의 철회권 행사기간은 기본적으로 계약서를 받은 날부터 14일이다(법 §8①). 만약 당사자 간의 개별약정으로 법정기간보다 길게 약정하였으면 철회기간은 약정한 기간으로 하고, 법정기간보다 짧게 약정하였으면 법정기간을 철회기간으로 한다.

철회권 행사기간의 기산점은 원칙적으로 계약서를 받은 날을 기준으로 하나 구체적인 사정에 따라 다소 차이가 있다. 즉, ① 그 계약서를 받은 날보다 재화등이 늦게

---

11) 이에 해당하는 것으로는 ㉠ 소비자의 신원 및 실명 여부나 본인의 진의 여부의 확인을 위하여 기간통신사업자, 신용정보회사, 대금결제와 직접 관련된 결제업자, 인·허가에 의하여 도용방지를 위한 실명확인을 업으로 하는 자에게 제공하는 경우와 ㉡ 미성년자와의 거래에 있어 법정대리인의 동의 여부를 확인하기 위하여 이용하는 경우가 있다(영 §19).

공급된 경우에는 재화등을 공급받거나 공급이 시작된 날부터 14일(법 §8① i), ② 계약서를 받지 아니한 경우, 방문판매자등의 주소 등이 적혀 있지 아니한 계약서를 받은 경우 또는 방문판매자등의 주소변경 등의 사유로 14일 이내에 청약철회를 할 수 없는 경우에는 방문판매자등의 주소를 안 날 또는 알 수 있었던 날부터 14일이다(법 §8① ii 각목). 또한 ③ 계약서에 청약철회 등에 관한 사항이 적혀 있지 아니한 경우에는 청약철회 등을 할 수 있음을 안 날 또는 알 수 있었던 날부터 14일(법 §8①iii), ④ 방문판매업자등이 청약철회 등을 방해한 경우에는 그 방해 행위가 종료한 날부터 14일이다(법 §8①iv). 그러나 ⑤ 재화등의 내용이 표시·광고의 내용과 다르거나 계약 내용과 다르게 이행된 경우에는 그 재화등을 공급받은 날부터 3개월 이내에, 그 사실을 안 날 또는 알 수 있었던 날부터 30일 이내에 청약철회 등을 할 수 있다(법 §8③). 이 철회권 행사기간의 연장은 철회권 배제사유(법 §8② 각호, 후술)가 존재하는 경우에도 적용된다.

〈청약철회권 행사기간〉

구 분		철회권 행사기간	비 고
계약서 발급	재화공급이 계약서 발급보다 빠르거나 같은 경우	▪계약서를 받은 날부터 14일	– 법정기간보다 길게 약정하였으면 약정기간 – 법정기간보다 짧게 약정하였으면 법정기간
	재화공급이 계약서 발급보다 늦은 경우	▪공급일 또는 공급이 개시된 날부터 14일	
계약서 미발급		▪주소를 안 날 또는 알 수 있었던 날로부터 14일	
방문판매자등의 주소가 적혀있지 않은 계약서 발급			
주소 변경			
계약서에 청약철회사항 미기재		▪청약철회할 수 있음을 안 날 또는 알 수 있었던 날부터 14일	
청약철회 방해		▪방해 행위가 종료한 날부터 14일	
재화등의 내용이 표시·광고내용과 다르거나 계약내용과 다른 이행		▪공급일로부터 3월 ▪알거나 알 수 있었던 날로부터 30일	

3. 철회권 행사방식

철회권 행사방식과 관련하여 소비자는 서면 또는 구두로 청약을 철회할 수 있다. 즉, 소비자의 철회의 의사표시가 있었는가에 대한 입증을 용이하게 하도록 하기 위해 철회의 의사를 표시한 서면(우체국 내용증명제도 이용)이나 전자문서에 의하는 것이 가장 바람직하나, 철회의 의사표시를 구두로 하였더라도 방문판매자등이 안 경우에는 청약의 철회는 인정된다. 다만 청약철회가 서면에 의하여 이루어지지 아니함으로써 이에 대한 다툼이 있는 경우 소비자는 청약철회의 사실을 입증하여야 할 것이다.

이와 같이 방문판매법은 서면방식에 의한 청약철회(서면주의)를 요구하고 있지 않으나, 청약철회를 용이하게 할 수 있도록 방문판매자등이 소비자에게 방문판매계약서를 발급하는 경우 이미 철회권 행사를 위한 서식을 계약서에 포함시켜 발급하도록 하고 있다(법 §7①vi, §7②).

4. 효력발생시기

민법에서는 상대방 있는 의사표시는 그 통지가 상대방에게 도달한 때로부터 효력이 생긴다고 함으로써 의사표시의 효력발생시기에 대해 도달주의를 원칙으로 하고 있다(민법 §111①). 그러나 방문판매법에서는 도달주의에 대한 예외로서 청약의 철회를 서면으로 하는 경우 청약철회의 효력은 청약철회 등의 의사를 표시한 서면을 발송한 날에 그 효력이 발생한다고 하여 발신주의에 따르고 있다(법 §8④).

5. 철회권 행사의 효과

(1) 원 칙

소비자가 청약을 숙고기간 내에 철회하면 계약은 처음부터 체결되지 않았던 것과 같은 상태로 된다. 당사자 간에는 계약해제의 효과로서 원상회복의무가 발생한다(법 §9①, 민법 §548①). 따라서 청약철회를 한 경우에는 소비자는 이미 공급받은 재화등을 반환하고, 방문판매자등은 이미 지급받은 재화등의 대금을 환급하여야 한다. 공급받은 재화등의 반환에 필요한 비용은 방문판매자등이 부담한다(법 §9⑨). 이는 만약 소비자가 반환비용의 부담으로 인해 실질적으로 철회권의 행사를 제약받는 일이 없도록 하기 위함이다.

민법상 원상회복의무는 원래 동시에 이행되는 것이 원칙이나(민법 §549), 방문판매법은 이에 대한 예외로서 방문판매자는 소비자로부터 재화등을 반환받은 날로부터 3영업일 이내에 그 대금을 환급하도록 규정하고 있다(법 §9② 1문, 선이행의무). 그러나 방문판매자등이 소비자에게 대금환급을 지연한 때에는 그 지연기간에 따라 지연배상금을 지급하여야 한다. 지연배상금은 그 지연기간에 대하여 연 100분의 40 이내의 범위에서 「은행법」에 따른 금융기관이 적용하는 연체금리 등 경제사정을 고려하여 대통령령으로 정하는 이율(지연이자율)을 곱하여 산정한 지연이자를 말한다(법 §9② 후단).[12]

---

12) 현재 대통령령에서는 연 100분의 15로 정하고 있다(영 §13). 과거에 지연이자율을 공정거래위

그 이외에 방문판매자등은 소비자에게 청약철회 등을 이유로 위약금 또는 손해배상을 청구할 수 없다(법 §9⑨).

(2) 원상회복이 곤란한 경우

이미 재화등이 사용 또는 일부 소비되어 원상회복이 이루어지지 못하는 경우 방문판매법은 방문판매자등의 비용청구 범위를 한정하여 소비자가 얻은 이익 또는 그 재화등의 공급에 소요된 비용에 상당한 금액으로서 대통령령으로 정하는 범위의 금액으로 하고 있다(법 §9⑧). 대통령령으로 정하는 범위의 금액이란 ① 재화등의 사용으로 인하여 소모성 부품의 재판매가 곤란하거나 재판매가격이 현저히 하락하는 경우에는 당해 소모성 부품의 공급에 소요된 비용 또는 ② 여러 개의 동일한 가분물로 구성된 재화등의 경우에는 소비자의 일부 소비로 인하여 소비된 부분의 공급에 소요된 비용을 말한다(영 §16①).

공정거래위원회는 필요하다고 인정하는 경우 재화등의 종류 · 거래가격 · 상관행 등을 참작하여 위 소요비용에 관한 세부기준을 정하여 고시할 수 있다(영 §16②).

(3) 결제업자가 존재하는 경우

(가) 방문판매자등의 의무

소비자가 신용카드 등으로 대금을 지급한 때에는 청약철회에 따른 대금환급과 관련하여 소비자 · 방문판매자등 · 결제업자의 세 당사자가 존재하게 된다.

이 경우 방문판매자등은 대금을 환급함에 있어 지체 없이 당해 대금결제수단[13]을 제공한 결제업자로 하여금 소비자에 대한 대금청구를 정지 또는 취소하도록 요청하여야 한다. 다만, 방문판매자등이 결제업자로부터 대금을 이미 지급받은 때에는 지체 없이 이를 결제업자에게 환급하고 그 사실을 소비자에게 통지하여야 한다(법 §9③). 방문판매자등으로부터 재화등의 대금을 환급받은 결제업자는 지체 없이 소비자에게 이를 환급하거나 환급에 필요한 조치를 하여야 한다(법 §9④).

방문판매자등이 결제업자에게 대금환급을 지연함에 따라 소비자로 하여금 대금을

원회가 정하도록 포괄적으로 위임한 바 있었으나, 이는 거래당사자로 하여금 그 범위에 대한 예측가능성을 저해하고 행정부의 자의적인 행정입법으로 인하여 국민의 재산권이 침해될 여지가 있기 때문에 그 범위의 상한을 법률에 명시하고 있다. 이와 관련하여 헌법재판소는 2003. 4. 24. 손해배상액 산정의 기준이 되는 법정이율의 범위를 법률에서 구체적으로 정하지 아니하고 대통령령으로 정하도록 한 것은 헌법상 「포괄위임입법금지 원칙」에 위반된다는 이유로 위헌결정을 내린 바 있다(헌재 2003. 4. 24. 2002헌가15 결정).

13) 여기에서 말하는 결제수단이란 재화등을 구입한 소비자가 직접 지급하는 현금(계좌이체에 의한 지급 포함) 이외의 결제수단으로서 당해 결제수단을 제공한 결제업자에게 대금 청구를 정지 또는 취소하거나 환급하는 경우 당해 소비자에게 환급한 것과 같은 효과를 발생하는 결제수단을 말한다(영 §14).

결제하게 한 경우 방문판매자등은 그 지연기간에 대한 지연배상금을 소비자에게 지급하여야 한다(법 §9⑤).

(나) 소비자의 상계요청권

방문판매자등이 정당한 사유없이 결제업자에게 대금환급을 행하지 아니하는 경우에는 소비자는 환급받을 금액에 대하여 결제업자에게 당해 방문판매자등에 대한 다른 채무와 상계할 것을 요청할 수 있다. 이 경우 결제업자는 소비자가 환급금액 등을 기재한 서면(전자문서 포함)으로 철회권 행사기간 내에 청약철회 등을 한 사실 및 재화등을 반환하였음을 입증하는 자료[14]를 첨부하여 상계를 요청할 경우 당해 방문판매자등에 대한 다른 채무와 즉시 상계할 수 있다(법 §9⑥, 영 §15①). 결제업자가 상계를 행한 경우 그 사실 및 상계금액 등을 기재한 서면(전자문서 포함)을 방문판매자등 및 소비자에게 지체 없이 송부하여야 한다(영 §15②).

결제업자가 상계를 정당한 사유 없이 게을리 한 경우 소비자는 결제업자에 대해 대금의 결제를 거부할 수 있다. 이 경우 방문판매자등과 결제업자는 그 결제의 거부를 이유로 당해 소비자를 약정한 기일 이내에 채무를 변제하지 아니한 자(금융채무불이행자)로 처리하는 등 소비자에게 불이익을 주는 행위를 하여서는 아니 된다(법 §9⑦).

(다) 연대책임

위탁판매가 방문판매 등의 방식으로 이루어질 경우 소비자에 대해 적극적인 구매권유를 하는 방문판매원이나 전화권유판매원, 실제 계약을 체결하는 자, 그리고 판매대금을 수령하는 자 상호 간의 역할이 분담되어 있는 경우 청약철회시 소비자의 입장에서는 재화등의 반환 후 대금환급을 요구하게 되는데 이들 중 누구에게 환급을 청구할 것인가가 문제로 된다.

방문판매법은 소비자의 혼란을 완화하고 대금환급을 두텁게 보장하기 위해 이들 방문판매와 관련한 모든 자에 대한 연대책임을 부과하고 있다. 즉, 방문판매원이나 전화권유판매원, 대금을 지급받은 자 또는 소비자와 방문판매 등에 관한 계약을 체결한 자가 동일인이 아닌 경우에는 각자는 청약철회 등에 따른 대금환급과 관련한 의무의 이행에 있어서 연대하여 책임을 진다(법 §9⑩).

6. 철회권 행사의 배제

① 소비자에게 책임이 있는 사유로 재화등이 멸실되거나 훼손된 경우(다만, 재화등

---

14) 소비자가 재화등을 계약서에 명시된 방문판매자등의 주소로 반환하였으나, 수취거절된 경우에는 그 입증자료도 이에 해당된다.

의 내용을 확인하기 위하여 포장 등을 훼손한 경우는 제외), ② 소비자가 재화등을 사용하거나 일부 소비하여 그 가치가 현저히 낮아진 경우, ③ 시간이 지남으로써 다시 판매하기 어려울 정도로 재화등의 가치가 현저히 낮아진 경우, ④ 복제할 수 있는 재화등의 포장을 훼손한 경우,[15] ⑤ 소비자의 주문에 의하여 개별적으로 생산되는 재화등에 대하여 청약의 철회 및 계약의 해제를 인정하면 방문판매자등에게 회복할 수 없는 중대한 피해가 예상되는 경우로서 사전에 당해 거래에 대하여 별도로 그 사실을 고지하고 소비자의 서면 또는 전자문서에 의한 동의를 받은 경우에는 철회권 행사가 배제된다(법 §8② 각호, 영 §12).

방문판매자등은 ② 내지 ④의 청약철회권 행사가 배제되는 재화등의 경우에는 그 사실을 재화등의 포장이나 그 밖에 소비자가 쉽게 알 수 있는 곳에 분명하게 표시하거나 시용(試用) 상품을 제공하는 등의 방법으로 청약철회등의 권리행사가 방해받지 아니하도록 조치하여야 한다(법 §8⑤). 이러한 조치를 아니하는 경우에는 ② 내지 ④에 해당하더라도 청약철회등을 할 수 있다(법 §8② 단서).

제4절 다단계판매 및 후원방문판매에 대한 규제

I. 의 의

1. 규제의 필요성

일반적으로 다단계판매(multi-level marketing)란 제조업자 → 판매업자 → 소비자와 같은 일반적인 유통경로를 거치지 아니하고, 다단계판매업자가 공급하는 재화의 판매원이 스스로의 판매활동을 전개하는 동시에 하위판매원을 모집하여 판매활동을 하도록 함으로써 판매원의 가입이 순차적·단계적으로 이루어진 다단계판매조직을 통해 이루어지는 판매를 말한다.

이러한 조직적인 판매방식을 통하여 다단계판매업자는 광고비, 점포유지비 등을 절감할 수 있고, 수요층의 확대와 함께 안정적인 판매망을 확보할 수 있다. 또한 판매조직에서 상위의 가입자는 그 지위가 높을수록 직접 모집한 하위판매원과 그 하위판매원

---

15) 그러나 방문판매의 경우 사업자가 당해 상품을 갖고 다니기 때문에 소비자가 사업자를 직접 대면하여 상품의 내용을 미리 검토할 수 있는 기회가 있으나, 전화권유판매의 경우에는 전화통화 후에 보내온 상품을 받은 다음에 의사결정을 하는 경우가 대부분이며, 상품의 내용을 살피기 위해 포장의 훼손이 불가피하다는 점에서 전화권유판매를 방문판매와 동일하게 취급할 수 없는 측면이 있다.

이 모집한 다음 단계 하위판매원의 판매실적에 따라 수당이 누적적으로 증가할 수 있으므로 자신의 재화판매에 따른 이익과 함께 하위판매원 가입확대에 따른 부수적인 수입을 얻을 수 있게 된다.

그러나 다단계판매는 재화등에 대한 유리한 정보만을 제공하고 재화의 사용가치보다는 하위판매원의 모집에 따른 고수익의 환상을 강조하여 고객을 유인함으로써 거래가 사행화될 우려가 있으며, 공정거래법상 불공정거래행위(부당한 고객유인)에 해당할 가능성이 크다. 또한 현실적으로 다단계판매는 주로 학생, 가정주부, 직장인들을 통한 연고판매에 의존함으로써 분쟁발생이 표면화되기 어려우며, 일정한 시점에 가면 신규 가입자의 확보나 새로운 판로개척은 불가능하게 되므로 거래단계의 하위에 있는 판매원은 반품거절이나 가입비 반환거부로 피해를 받을 우려가 있다. 방문판매법은 판매조직의 확대에 따른 이익의 증가를 미끼로 사행성을 유발하고 소비자피해를 양산할 가능성이 큰 다단계판매에 대해 건전한 거래질서 확립 차원에서 엄격히 규제하고 있다.

한편 방문판매법상 다단계판매에 대한 규제가 강화됨에 따라 형식적으로 방문판매업으로 신고하고 후원수당등을 지급하면서 실제로는 다단계방식으로 편법 영업하는 사례가 나타나는가 하면, 실제로 상품의 거래가 없음에도 상품판매를 가장하여 이루어지는 사기성, 피라미드 형태의 유사수신행위로 인하여 종종 사회적 물의가 야기되고 있다. 이에 따라 2012년 2월 제11차 방문판매법 개정에서는 그동안 규제의 사각지대에 있던 신종·변종 다단계 영업형태를 규율하기 위해 다단계판매 정의규정을 개선해 유사다단계를 규제대상으로 포섭하는 동시에 직근 하위판매원 실적에 따라서 후원수당을 지급하는 조직형 방문판매를 '후원방문판매'로 규정하여 다단계판매와 유사한 소비자안전장치를 도입하였다.

즉, 후원방문판매의 경우에도 다단계판매와 마찬가지로 영업개시를 위한 등록을 의무화하고, 다단계판매와 동일한 금지행위, 후원수당 총액제한(매출액 대비 38%), 취급제품 가격상한, 소비자피해보상보험 가입 의무화 규정을 적용하고 있다. 다만 판매원이 아닌 최종소비자에 대한 매출비중이 70% 이상인 후원방문판매업자에 대해서는 후원수당 총액제한, 소비자피해보상보험 가입 의무화, 취급제품 가격상한 규정에 대한 적용을 제외하도록 하였다.

이와 함께 개정 방문판매법에서는 불법 피라미드판매에 대한 규율을 강화하고 소비자의 청약철회권 보완과 함께 신고포상금제도를 새로이 도입하였다.

2. 개념의 정리

(1) 다단계판매

방문판매법상 다단계판매란 판매원의 가입이 순차적·단계적으로 이루어진 '다단계판매조직'을 통하여 재화등을 판매하는 것을 말한다(법 §2v).

여기에서 다단계판매조직은 3가지의 요건을 충족하여야 한다. 첫째, 판매업자에 속한 판매원이 특정인을 해당 판매원의 하위 판매원으로 가입하도록 권유하는 모집방식이 있고, 둘째, 판매원의 가입이 3단계(다른 판매원의 권유를 통하지 아니하고 가입한 판매원을 1단계 판매원으로 한다) 이상 이루어져야 한다. 다만 판매원의 단계가 2단계 이하라고 하더라도 사실상 3단계 이상으로 관리·운영되는 경우로서 대통령령으로 정하는 경우[16]를 포함한다. 셋째, 판매업자가 판매원에게 다른 판매원들의 재화등의 거래실적(법 §2ix 나목) 또는 조직관리 및 교육훈련 실적(법 §2ix 다목)에 따른 후원수당을 지급하는 방식을 가지고 있을 것을 요한다.

참고로 다단계판매사업을 양도·양수·합병하는 것은 허용되지만, 다단계판매조직만을 양도·양수하는 것은 금지된다(법 §23①xi).

[판례] 황삼나라의 다단계판매조직 해당 여부(대법원 2005. 11. 25. 선고 2005도977 판결)

법이 다단계판매에 대하여 엄격한 규제를 가하고 있는 이유는 원심이 적절히 설시한 바와 같이 위와 같은 판매형태가 직접적인 대인판매·연고판매에 의존하여 판매조직의 확대에 따른 이익의 증가를 미끼로 사행성을 유발하고 소비자 피해를 양산할 가능성이 있기 때문으로 보이는바, 후원수당의 지급이 직근 하위판매원의 판매실적에만 좌우되는 경우에도 직근 하위판매원의 수가 많을수록 후원수당액이 늘어날 가능성이 크고, 그 직근 하위판매원의 입장에서도 다시 자신이 받을 후원수당의 총액이 그 직근 차하위판매원의 판매실적에 좌우되는 것이어서 그 직근 상위판매원의 의도와는 무관하게 자신의 하위판매원을 되도록 많이 모집·가입시킬 강력한 유인이 있는 것이므로, 무제한적 하방(하방) 확장성이나 대인판매·연고판매에 대한 의존성, 그로 인한 결과적 사행성 등 위에서 본 다단계판매의 폐해들이 마찬가지로 드러날 수밖에 없는 것이고, …

상품 판매 및 판매원 가입유치 활동을 하면 소매이익과 후원수당을 얻을 수 있다고 권유하여 판매원 가입이 이루어지고, 그와 동일한 과정이 3단계 이상 단계적·누적적으로 반복된 이상, 그 판매조직의 후원수당 지급방식이 직근 하위판매원이 아닌 하위판매원의 판

---

16) 사실상 3단계 이상으로 관리·운영되는 소위 유사 다단계판매조직에 해당하는 것으로는 ① 판매원에 대한 후원수당의 지급방법이 사실상 판매원의 단계가 3단계 이상인 경우와 같거나 유사한 경우, ② 다른 사람으로부터 판매 또는 조직관리를 위탁받은 자(법 제13조 및 제29조 제3항에 따라 다단계판매업자 또는 후원방문판매업자로 등록한 자는 제외)가 자신의 하위판매원을 모집하여 관리·운영하는 경우로서 위탁한 자와 위탁받은 자의 하위판매조직을 하나의 판매조직으로 볼 때 사실상 3단계 이상인 판매조직이거나 이와 유사하게 관리·운영되는 경우를 말한다(영 §2①).

매실적에 영향을 받지 않는 것으로 정해져 있다고 하더라도, 그러한 판매조직형태는 다단계판매조직에 해당하는 것으로 보아야 할 것이다.

(2) 다단계판매업자 · 다단계판매원 · 다단계판매자

다단계판매업자란 다단계판매를 업으로 하기 위한 다단계판매조직을 개설·관리 및 운영하는 자를 말한다. 다단계판매원이란 다단계판매조직에 판매원으로 가입한 자를 말한다. 다단계판매업자와 다단계판매원을 총칭하여 다단계판매자라 한다(법 §2vi). 참고로 다단계판매원의 지위 자체가 이권화되는 것을 방지하기 위해 그 지위의 양도·양수는 금지되고 있으나, 그 지위의 상속은 가능하다(법 §23①xi).

[판례] 신규 판매원과 연계된 후원수당을 받지 못하는 경우 다단계판매원 해당 여부(대법원 2007. 1. 25. 선고 2006도7470 판결)

방문판매법 소정의 다단계판매원이 되기 위하여서는 소매이익과 후원수당을 모두 권유받아야 할 것인데, 만일 법 제2조 제7호 소정의 후원수당 중에서 '자신의 재화 등의 판매실적에 따른 후원수당'만을 지급받을 수 있고 하위판매원을 모집하여 후원활동을 하는 데 대한 후원수당이나 하위판매원들의 재화 등의 판매실적에 따른 후원수당을 지급받지 못한다면, 이러한 사람은 하위판매원을 가입시키더라도 그 판매에 의하여 이익을 얻는 것이 허용되지 않게 되는바 그러한 방식으로는 순차적·단계적으로 조직을 확장해가는 다단계판매가 성립할 수 없다 할 것이므로, 이러한 사람은 위 법 소정의 다단계판매원이라고 할 수 없다.

(3) 후원방문판매

후원방문판매란 방문판매(재화등을 생산하는 후원방문판매업자 또는 후원방문판매업자가 판매하는 재화등의 주된 공급자가 개설·운영하는 사이버몰에서 전자거래의 방법으로 소비자에게 판매하는 경우를 포함)[17] 및 다단계판매의 요건에 해당하되, 특정 판매원의 구매·판매 등의 실적 및 이에 직접적으로 영향을 미치는 교육훈련·조직관리 활동이 그 직근 상위판매원 1인의 후원수당에만 영향을 미치는 후원수당 지급방식을 가진 경우를 말한다(법 §2vii, 영 §3).[18]

---

17) 코로나 19의 확산으로 대면 영업이 제한되고 온라인 판매가 급증함에 따라 비대면 영업을 허용하여 후원방문판매원들이 대응할 수 있도록 해야 한다는 필요성이 제기됨에 따라 후원방문판매업자의 본사가 개설·운영하는 사이버몰에서 소비자를 대상으로 판매하는 경우를 후원방문판매의 범위에 포함시키되, 해당 방식에는 다단계판매와 동일한 수준의 의무를 부과하도록 하기 위해 전자거래 방식 후원판매도 포함하였다. 공정거래위원회 보도참고자료(2023. 2. 27), 5면.

18) 후원방문판매는 다단계판매에 대한 규제를 회피하기 위해 방문판매업으로 신고하고, 실질적으로는 다단계판매조직으로 관리·운영되는 탈법행위를 방지하기 위하여 새로 도입된 것이다. 대법원은 소위 황삼나라 사건에서 "상품 판매 및 판매원 가입유치 활동을 하면 소매이익과 후원수당을 얻을 수 있다고 권유하여 판매원 가입이 이루어지고, 그와 동일한 과정이 3단계 이상 단계적·누적적으로 반복된 이상, 그 판매조직

다만 ① 시간당 교육비 등 구매・판매실적에 관계없이 미리 마련한 기준에 따라 부정기적으로 지급되는 교육훈련비, ② 모든 판매원에게 똑같이 지급되는 상여금 또는 시용(試用) 제품, ③ 실제 지출된 비용을 기준으로 지원하는 사업장 운영지원비는 후원수단 지급방식에 포함되지 아니한다(영 §3 단서 각호).

(4) 후원방문판매업자 · 후원방문판매원 · 후원방문판매자

후원방문판매업자란 후원방문판매를 업으로 하기 위한 후원방문판매조직을 개설・관리 및 운영하는 자를 말한다. 후원방문판매원이란 후원방문판매조직에 판매원으로 가입한 자를 말한다. 후원방문판매업자와 후원방문판매원을 총칭하여 후원방문판매자라 한다(법 §2viii).

(5) 후원수당

후원수당이란 판매수당・알선수수료・장려금・후원금 등 그 명칭 및 지급형태와 상관없이 ① 판매원 자신의 재화등의 판매실적, ② 판매원의 수당에 영향을 미치는 다른 판매원들의 재화등의 거래실적, ③ 판매원의 수당에 영향을 미치는 다른 판매원들의 조직관리 및 교육훈련 실적과 관련하여 다단계판매업자가 다단계판매원에게 지급하는 경제적이익을 비롯하여 그 밖에 판매원들의 판매활동을 장려하거나 보상하기 위하여 소속 판매원에게 지급하는 일체의 경제적 이익을 말한다(법 §2ix).

3. 다단계판매와 피라미드판매의 구별

다단계판매와 피라미드판매는 순차적・단계적 판매조직을 통한 판매방식이라는 점에서 공통점을 가지고 있다. 그러나 피라미드판매는 판매원이 자신의 판매실적에 따른 마진보다 하위판매원의 신규가입에 의하여 주된 수입을 얻으며, 사행성이 강하다는 점에서 다단계판매와 구별된다.[19]

즉, 피라미드판매는 주로 회원모집 방식에 의존하기 때문에 소비자가 신규 판매원으로 가입할 경우 가입비・교재비 등의 명목으로 일정한 금품을 요구하거나 고가의 상품을 인수하도록 요구하는 것이 일반적이다. 피라미드판매에서는 이를 재원으로 신규

의 후원수당 지급방식이 직근 하위판매원이 아닌 하위판매원의 판매실적에 영향을 받지 않는 것으로 정해져 있다고 하더라도, 그러한 판매조직형태는 다단계판매조직에 해당하는 것으로 보아야 한다"고 판결하여 판매원의 후원수당이 직근 하위판매원의 판매실적에만 영향을 받는 것을 이유로 다단계판매를 부인한 하급심 판결을 파기환송한 바 있고(대법원 2005. 11. 25. 선고 2005도977 판결), 이를 계기로 소위 '신방문판매' 또는 '후원방문판매'에 대한 규제 필요성이 제기되었다.

19) 헌재 1997. 11. 27. 96헌바12 결정.

판매원을 모집한 판매원에게 일정액의 커미션을 지급하거나 상위판매원에 대한 보수로 사용하게 된다. 따라서 피라미드판매가 외형적으로는 마치 통상적인 거래행위가 이루어지는 것처럼 보이지만, 피라미드의 최하위 단계에 이르면 수많은 피해자가 발생할 수밖에 없게 된다. 그 밖에 피라미드판매에 있어서는 판매원에게 재화구매를 강요하거나 하위판매원 모집의무를 부과하기도 한다.

이와 같이 피라미드판매에 있어서 판매원의 수입은 주로 하위판매원을 모집하는 데서 발생하기 때문에 사람장사의 성격이 짙다. 통상적으로 하위판매원에 의해 발생한 총매출에 대한 스폰서링 마진의 비중이 소매마진보다 더 큰 경우에는 다단계판매보다는 피라미드판매에 해당할 가능성이 크다.

Ⅱ. 다단계판매 · 후원방문판매업자 및 판매원의 등록

1. 다단계판매업자 또는 후원방문판매업자의 등록

(1) 등록의무

다단계판매는 다른 특수거래분야에 비해 심각한 소비자문제를 야기하고 있는 분야이기 때문에 방문판매법은 다단계판매업자에 대한 규제를 더욱 강화하기 위해 등록의무를 부과하고 있다. 즉, 다단계판매업을 하려는 자는 일정한 서류[20]를 갖추어 공정거래위원회 또는 시 · 도지사에게 등록하여야 한다(법 §13①).[21] 후원방문판매업의 등록하려는 자는 위의 제출서류 가운데 자본금 관련서류를 제출할 필요가 없으며, 후원방문판매원에게 공급한 재화등의 100분의 70 이상을 판매원이 아닌 소비자에게 판매한 후원방문판매업자는 소비자피해보상보험계약등의 체결 증명서류 대신에 그 사실을 증명하는 서류를 제출할 수 있다(법 §29③ i).

등록신청을 받아 등록요건을 충족하는 경우에는 공정거래위원회나 시 · 도지사는 총리령이 정하는 등록증을 발급하여야 한다(영 §20②). 후원방문판매업자에 대해서도 다단계판매업자의 등록의무가 기본적으로 준용되나, 일부 요건(자본금 규모, 소비자피해보상

---

20) 제출서류로는 ① 상호 · 주소, 전화번호 및 전자우편주소(법인인 경우에는 대표자의 성명, 주민등록번호 및 주소 포함) 등을 적은 신청서, ② 자본금 규모가 5억 원 이상임을 증명하는 서류, ③ 소비자피해보상보험계약등의 체결 증명서류, ④ 후원수당의 산정 및 지급 기준에 관한 서류, ⑤ 재고관리, 후원수당 지급 등 판매의 방법에 관한 사항을 적은 서류, ⑥ 법인인 경우 법인등기부등본 또는 법인설립을 위한 발기인의 주민등록표등본, ⑦ 사업자등록증사본, ⑧ 회사영업일을 적은 서류가 있다(법 §13① 각호, 영 §21, 규칙 §11③).

21) 다단계판매업자와 후원방문판매업자는 신청서를 주된 사무소의 소재지를 관할하는 시 · 도지사에게 제출해야 하고, 주된 사무소의 소재지가 외국인 경우에는 공정거래위원회에 이를 제출해야 한다(영 §20① 단서).

보험계약 체결)에 대해서는 완화하고 있다(법 §29③ i).

(2) 등록요건

다단계판매업자로서 등록하기 위해서는 적어도 두 가지 요건을 갖추어야 한다. 첫째, 실질적인 자본금이 5억 원(자본잠식이 있는 경우에는 그 금액을 제외하고, 법정준비금이 있는 경우에는 그 금액을 추가) 이상이어야 한다(법 §13① ii, 영 §21). 둘째, 소비자피해보상보험등(소비자 피해보상을 위한 보험, 보증계약 또는 공제조합)에 가입하여야 한다. 소비자피해보상보험등의 내용은 청약철회 등의 권리행사에 따라 발생하는 대금환급의무의 불이행 또는 재화등의 공급의무의 불이행 등으로 인한 소비자피해를 보상하는 것을 그 내용으로 한다. 이와 같이 소비자피해보상보험등의 가입을 의무화하고 있는 것은 부실 다단계판매업자의 난립으로 인한 소비자 피해보상문제를 사전에 해결하기 위한 것이다.

후원방문판매업자에 대해서는 위의 등록요건 중 자본금 규모 5억 원의 요건은 준용되지 않는다(법 §29③ i). 특히 후원방문판매업자가 후원방문판매원에게 공급한 재화등의 100분의 70 이상을 판매원이 아닌 소비자에게 판매한 경우에는 소비자피해보상보험계약의 체결이 강제되어 있지 않다(법 §29②, §37).

(3) 등록 결격사유

다음 각 경우에 해당하는 개인 또는 법인은 다단계판매업자 또는 후원방문판매업자의 등록을 할 수 없다(법 §14, §29③ i).

① 미성년자, 피한정후견인 또는 피성년후견인, 파산선고를 받고 복권되지 아니한 자, 이 법을 위반하여 징역형을 선고를 받고 그 집행이 끝나거나(집행이 끝난 것으로 보는 경우 포함) 집행이 면제된 날로부터 5년이 지나지 아니한 자, 이 법을 위반하여 징역형의 집행유예를 선고받고 그 유예기간 중에 있는 개인 또는 그 개인이 임원으로 있는 법인(제1호)

② 이 법을 위반하여 징역의 실형을 선고받고 그 집행이 끝나거나(집행이 끝난 것으로 보는 경우 포함) 집행이 면제된 날부터 5년이 지나지 아니한 자나 징역형의 집행유예를 선고받고 그 유예기간 중에 있는 자가 지배주주[22]로 있는 법인(제2호)

---

22) 여기에서 지배주주란 ① 특수관계인과 함께 소유하고 있는 주식 또는 출자액의 합계가 30% 이상인 경우로서 그 합계가 가장 많은 주주 또는 출자자, ② 당해 법인의 경영을 사실상 지배하는 자를 말한다(법 §2xiii). ①의 특수관계인에는 지배주주가 개인인 경우 i) 배우자, ii) 6촌 이내의 혈족이나 4촌 이내의 인척, iii) 지배주주 단독으로 또는 배우자 및 친인척과 합하여 100분의 30 이상을 출자한 법인 및 그 임원, iv) 지배주주 단독으로 또는 그와 i), ii), iii)의 관계에 있는 자들과 합하여 100분의 30 이상을 출자한 법인 및 그 임원 등을 말하며, 지배주주가 법인인 경우에는 그 법인의 임원과 계열회사 및 그 임원을 말한다

③ 등록이 취소된 후 5년이 지나지 아니한 개인 또는 법인(제3호)

④ 등록이 취소된 후 5년이 지나지 아니한 개인 또는 법인의 등록취소 당시의 임원 또는 지배주주이었던 자가 임원 또는 지배주주로 있는 법인(제4호)

(4) 등록의 취소

공정거래위원회 또는 시·도지사는 다단계판매업자 또는 후원방문판매업자가 속임수나 그 밖의 부정한 방법으로 제13조 제1항에 따른 등록을 한 경우에는 그 등록을 취소하여야 한다(법 §49⑤ 전단). 또한 제14조 각호의 등록결격사유에 해당하는 경우, 소비자피해보상보험계약등이 해지된 경우 및 영업정지기간 중에 영업을 하는 경우에는 등록을 취소할 수 있다(법 §49⑤ 후단).

(5) 등록사항 변경 및 휴·폐업의 신고

다단계판매업자 또는 후원방문판매업자는 등록한 사항 중 ① 상호·주소, 전화번호 및 전자우편주소, ② 자본금(5억 원 이상), ③ 소비자피해보상보험계약, ④ 후원수당의 산정 및 지급 기준이 변경된 경우에는 변경사항이 발생한 날부터 15일 이내에 공정거래위원회 또는 시·도지사에게 신고하여야 한다(법 §13②, §29③ i, 영 §20③). 당해 신고를 받은 공정거래위원회 또는 시·도지사는 변경사항을 확인하고 변경사항이 기재된 등록증을 다시 발급하여야 한다(영 §20③). 휴업 또는 폐업을 하거나 휴업 후 영업을 다시 시작하려는 경우에는 미리 신고하여야 한다(법 §13③, §29③ i, 영 §20④).[23] 폐업을 신고하면 등록은 그 효력을 잃는다. 다만, 폐업신고 전 등록취소 요건에 해당되는 경우에는 폐업신고일에 등록이 취소된 것으로 본다(법 §13③ 단서).

공정거래위원회 또는 시·도지사는 변경신고를 받은 날부터 10일 이내에 신고수리 여부를 신고인에게 통지하여야 한다(법 §13④). 공정거래위원회 또는 시·도지사가 10일 이내에 신고수리 여부 또는 민원 처리 관련 법령에 따른 처리기간의 연장을 신고인에게 통지하지 아니하면 그 기간(민원 처리 관련 법령에 따라 처리기간이 연장 또는 재연장된 경우에는 해당 처리기간)이 끝난 날의 다음 날에 신고를 수리한 것으로 본다(법 §13⑤).

(영 §5①). ③의 해당 법인의 경영을 사실상 지배하는 자란 i) 단독으로 또는 다른 주주나 출자자와의 계약 또는 합의에 의하여 대표이사를 임면하거나 임원의 100분의 50 이상을 선임하거나 선임할 수 있는 자, ii) 해당 법인의 조직변경 도는 신규사업 투자 등 주요 의사결정이나 업무집행에 지배적인 영향력을 행사하고 있는 자를 말한다(영 §5②).

23) 공정거래위원회에 등록하거나 시·도지사에 등록한 다단계판매업자 또는 후원방문판매업자가 폐업신고를 하지 아니한 상태에서 파산선고를 받는 등 실질적으로 영업을 할 수 없는 것으로 판단되는 경우에는 등록을 받은 행정기관의 장은 그 등록을 직권으로 취소할 수 있다(법 §26③, §29③ ii).

신고는 서면에 의하는 것이 일반적이겠으나, 공정거래위원회가 정한 정보처리시스템에 의한 전자문서로 신고할 수 있다(영 §20⑤). 전자문서에 의한 신고를 함에 있어서 전자문서에 의한 자료의 제출이 곤란한 사항은 1개월 내에 우편 등을 통하여 보완할 수 있으며, 보완한 경우에는 전자문서에 의하여 신고한 날에 신고한 것으로 본다(영 §20⑥, §8⑦, ⑧).

(6) 정보의 공개 · 공고

공정거래위원회는 등록한 다단계판매업자 또는 후원방문판매업자의 정보를 공개하여야 한다. 다만, 다단계판매업자 또는 후원방문판매업자의 경영상·영업상 비밀에 관한 사항으로서 공개될 경우 다단계판매업자 또는 후원방문판매업자의 정당한 이익을 현저히 해칠 우려가 있다고 인정되는 정보 및 개인에 관한 사항으로서 공개될 경우 사생활의 비밀 또는 자유를 침해할 우려가 있다고 인정되는 정보의 경우에는 그러하지 아니하다(법 §13⑥, §29③ i).

공정거래위원회는 정보공개를 위하여 필요한 경우에는 다단계판매업자 또는 후원방문판매업자에게 관련자료의 제출을 요구할 수 있다. 이 경우 다단계판매업자 또는 후원방문판매업자는 정당한 사유가 없으면, 이에 따라야 한다(법 §13⑦, §29③ i). 공개할 수 있는 정보는 ① 등록번호 및 등록일, ② 다단계판매업자 또는 후원방문판매업자의 성명(법인인 경우에는 대표자의 성명)·상호명·소재지·전화번호, ③ 판매하는 재화 등의 품목 및 매출액, ④ 후원수당의 산정 및 지급 기준, ⑤ 그 밖에 소비자보호 및 거래질서를 유지하기 위하여 필요한 사항으로서 공정거래위원회가 정하는 사항을 말한다(영 §22①).

정보를 공개하는 경우 해당 사업자에게 정보 공개의 내용과 방법을 미리 통지하여야 하고, 공개될 내용 중 사실과 다른 내용이 있는 경우에는 정정할 수 있는 기회를 주어야 한다(영 §22②). 이 주요정보 공개의 취지는 사업자의 규모, 판매원이 받은 후원수당 수준 등에 관하여 소비자 및 다단계판매원 등에게 충분하고 정확한 정보를 제공함으로써 사업자의 선택, 재화구입 등에 있어서 합리적인 결정을 할 수 있도록 하는 데 있다.

한편 공정거래위원회 또는 시·도지사는 다단계판매업자 또는 후원방문판매업자가 상호 또는 주된 사업장의 주소·전화번호를 변경신고를 하였거나 휴·폐업의 신고를 한 경우 그 사실을 공고하여야 한다. 영업정지처분을 받거나 등록이 취소된 경우에도 마찬가지로 이를 공고할 의무가 있다(법 §27, §29③ ii).

2. 다단계판매원의 등록

(1) 등록의무

다단계판매조직에 다단계판매원으로 가입하려는 자는 그 조직을 관리·운영하는 다단계판매업자에게 등록하여야 한다(법 §15①). 다단계판매원의 등록을 하려는 자는 성명·주민등록번호·주소·전화번호(전자우편주소 포함) 및 다단계판매업자명을 기재하고, 서명·날인한 다단계판매원 등록신청서를 제출하여야 한다. 등록신청서는 전자문서에 의하여 제출할 수 있다(규칙 §15).

후원방문판매원에 대해서는 등록의무가 부과되지 않으며, 등록 결격사유 이외에는 등록관련 규정이 적용되지 않는다. 그 대신 후원방문판매업자가 판매원의 명부를 작성하여 사업장에 비치하여 소비자피해를 방지하거나 구제하기 위하여 소비자가 요청하면 언제든지 소비자로 하여금 후원방문판매원의 신원을 확인할 수 있도록 하여야 한다(법 §29③ i , §6).

(2) 등록 결격사유

① 국가공무원, 지방공무원, 교육공무원 및 「사립학교법」에 따른 교원, ② 법정대리인의 동의를 얻지 않은 미성년자, ③ 법인, ④ 다단계판매업자의 지배주주 또는 임직원 및 ⑤ 공정거래위원회의 시정조치를 2회 이상 받은 자(다만, 마지막 시정조치에 대한 이행을 완료한 날부터 3년이 지난 자는 제외), ⑥ 방문판매법을 위반하여 징역의 실형을 선고받고 그 집행이 종료되거나(집행이 종료된 것으로 보는 경우 포함) 집행이 면제된 날부터 5년이 지나지 아니한 자, ⑦ 방문판매법을 위반하여 징역형의 집행유예를 선고받고 그 유예기간 중에 있는 자는 다단계판매원이나 후원방문판매원으로 등록할 수 없다(법 §15②, §29③ i).

특히 ①의 공무원과 교원 등의 경우에는 사회적 신분을 이용하여 그의 영향력 하에 있는 자에 대해 재화등의 구매를 요구하거나 하위판매원으로의 등록을 강요하여 사회적 물의가 야기되었던 점을 고려하여 판매원으로 등록할 수 없도록 하고 있다. ②의 미성년자는 법정대리인의 동의를 얻으면 판매원으로 등록할 수 있으나 그 법정대리인이 ④ 또는 ⑤에 해당하는 경우에는 제외된다.

그 밖에 ⑤의 결격사유와 관련하여 다단계판매원이나 후원방문판매원 등록이 금지된 자는 방문판매법 위반행위자로서 i) 법 규정에 의한 공정위의 시정조치를 2회 이상 받은 자(다만, 마지막 시정조치에 대한 이행을 완료한 날부터 3년이 지난 자는 제외), ii) 법 위반으로 징역의 실형을 선고받고 그 집행이 종료되거나(집행이 종료된 것으로 보는 경우 포함) 집행이 면제된 날부터 5년이 지나지 아니한 자, iii) 법 위반으로 형의 집행유예의 선고를 받고 그 유예기간 중에 있는 자이다(영 §23).

(3) 다단계판매원 등록증 · 다단계판매원 수첩 발급

다단계판매업자는 그가 관리 · 운영하는 다단계판매조직에 가입한 다단계판매원에게 다단계판매원 등록증(다단계판매원이 사전에 서면으로 동의한 경우 전자문서와 전자기기로 된 것 포함)을 발급하여야 한다(법 §15③). 이 등록증에는 다단계판매원의 성명 · 주민등록번호 · 등록일자 · 등록번호 및 다단계판매업자명(직인을 포함)이 표시되어야 한다(규칙 §16②).

또한 다단계판매업자는 등록한 판매원에게 다단계판매원 수첩(다단계판매원이 사전에 서면으로 동의한 경우 전자문서와 전자기기로 된 것 포함)을 발급하여야 한다. 이 수첩(手帖)에는 ① 후원수당의 산정 및 지급 기준, ② 하위판매원의 모집 및 후원에 관한 사항, ③ 재화 또는 용역의 반환 및 다단계판매원의 탈퇴에 관한 사항, ④ 다단계판매원이 지켜야 할 사항, ⑤ 총리령으로 정하는 사항이 기재되어야 한다(법 §15⑤). 총리령으로 정하는 사항에는 공정거래위원회가 정하여 고시하는 다단계판매에 관한 해설자료와 다단계판매원 수첩이라는 뜻 · 제작시기 및 다단계판매업자명(수첩의 표지에 표시)이 포함되어 있다(규칙 §18).

(4) 다단계판매원 등록부의 작성

다단계판매업자는 총리령으로 정하는 바에 따라 다단계판매원 등록부를 작성하고, 소비자피해의 방지 또는 구제를 위하여 소비자가 요청하는 경우 소비자로 하여금 등록된 다단계판매원의 신원을 확인할 수 있도록 하여야 한다(법 §15④). 이 등록부에는 다단계판매원별로 등록일자 · 등록번호 · 성명 · 주민등록번호주소(전자우편주소) 및 전화번호가 포함되어야 한다. 다단계판매업자는 다단계판매원 등록부를 주된 사업장에 비치하여야 한다. 다단계판매업자가 홈페이지를 운영하는 경우에 소비자가 당해 홈페이지를 통하여 특정 다단계판매원이 당해 다단계판매업자에 등록되어 있음을 쉽게 확인할 수 있도록 하여야 한다(규칙 §17).

(5) 다단계판매원의 탈퇴

다단계판매원 또는 후원방문판매원은 언제든지 다단계판매업자 또는 후원방문판매업자에게 탈퇴의사를 표시하고 탈퇴할 수 있으며, 사업자는 판매원의 탈퇴에 조건을 붙여서는 아니 된다(법 §22④). 또한 사업자는 판매원에게 등록결격사유(법 §15② 각호)가 발생한 때에는 당해 판매원을 탈퇴시켜야 한다(법 §22③).

사업자는 탈퇴한 판매원의 판매행위 등으로 인하여 소비자피해가 발생하지 않도록 판매원 수첩을 회수하는 등 필요한 조치를 하여야 한다(법 §22⑤).

Ⅲ. 다단계판매자와 후원방문판매자의 의무

1. 계약체결 전 정보제공의무

다단계판매자와 후원방문판매자는 재화등의 판매에 관한 계약을 체결하기 전에 소비자가 계약의 내용을 이해할 수 있도록 법에서 정한 일정한 사항을 설명할 의무가 있다(법 §16, §7① 각호, 영 §11, 법 §29③ii). 이와 같이 다단계판매자와 후원방문판매자에게 계약체결 전에 계약내용에 대한 정보제공의무를 부과한 것은 다단계판매에서 소비자 자신이 계약의 내용조차 제대로 인식하지 못한 상태에서 청약이 이루어지는 경우가 많아 그 내용을 명확히 인식하도록 할 필요가 있기 때문이다. 다단계판매업자와 후원방문판매업자는 제1항에 따라 소비자에게 표시 또는 고지한 거래조건을 신의에 좇아 성실하게 이행하여야 한다(법 §16, §7⑤, §29③ii).

2. 계약서 발급의무

다단계판매자와 후원방문판매자는 계약체결시 위 고지사항이 기재된 계약서를 소비자에게 발급할 의무가 있다(법 §16, §7②, §29③ii). 이와 같이 다단계판매자와 후원방문판매자에게 계약서 발급의무를 부과한 것은 소비자로 하여금 계약내용을 다시금 명확하게 인식시키는 동시에 후일 발생할지도 모를 분쟁에 대비하여 계약내용의 증명을 용이하게 하고 계약의 공정성을 보장하기 위한 것이다.

3. 미성년자에 대한 고지의무

다단계판매자와 후원방문판매자는 재화등의 계약을 미성년자와 체결하려는 경우에는 법정대리인의 동의를 얻어야 한다. 이 경우 법정대리인의 동의를 얻지 못하는 경우에는 미성년자 본인 또는 법정대리인이 계약을 취소할 수 있다는 내용을 고지하여야 한다(법 §16, §7④ §29③ii). 이 고지의무 규정은 단지 미성년자인 상대방의 권리의식을 고취시키기 위한 것으로 다단계판매자와 후원방문판매자가 고지의무를 이행하지 아니하더라도 사법상 효력(취소사유)에는 차이가 없다.

4. 중요정보 고지의무

다단계판매나 후원방문판매의 심각한 폐해 중의 하나는 판매원 모집시 다단계판매나 후원방문판매로부터 고소득을 올릴 수 있다는 허위·과장광고에 속아 판매원으로 가입함으로써 피해를 당하는 사례가 자주 발생하고 있다는 점이다. 이에 따른 소비자 피해를 방지하기 위해 방문판매법은 다단계판매업자와 후원방문판매업자는 판매원이 되고자 하는 자 또는 판매원에게 일정한 이익(소매마진이나 후원수당)에 관하여 거짓 또는 과장된 정보를 제공하지 못하도록 하는 한편(법 §21①, §29③ⅱ), 이들의 가장 큰 관심사인 평균후원수당 등 후원수당의 지급현황에 관한 정보를 고지하도록 의무화하였다(법 §21②). 이 경우 평균후원수당 및 후원수당의 분포를 알 수 있도록 도표로 작성된 서식에 의하여야 한다(규칙 §19). 그 밖에 다단계판매업자와 후원방문판매업자는 다단계조직이나 후원방문판매조직의 운영방식 또는 활동내용에 관하여 거짓 또는 과장된 사실을 유포하여서는 아니 된다(법 §21③, §29③ⅱ).

5. 후원수당 적정지급의무

후원수당은 소매이익과 함께 다단계판매원이나 후원방문판매원의 주된 수입원이다. 다단계판매업자 또는 후원방문판매업자가 자신의 우월적 지위를 이용하여 후원수당과 관련하여 판매원에게 불이익을 주는 것을 방지하기 위해서 다단계판매업자 또는 후원방문판매업자는 판매원에게 고지한 후원수당의 산정 및 지급기준과 다르게 후원수당을 산정·지급하거나 그 밖의 부당한 방법으로 판매원을 차별하여 대우하여서는 아니 된다(법 §20①, §29③ⅱ).

다단계판매업자 또는 후원방문판매업자는 후원수당의 산정 및 지급기준을 객관적이고 명확하게 정하여야 하며, 후원수당의 산정 및 지급 기준을 변경하려는 경우에는 변경할 기준, 변경 사유 및 적용일을 명시하여 현행 후원수당의 산정 및 지급 기준과 함께 그 적용일 3개월 이전에 다단계판매원 또는 후원방문판매원에게 통지(명시적으로 사전 동의한 판매원에 대한 전자우편 또는 휴대전화 문자메시지를 이용한 통지 포함)하여야 한다. 다만, 후원수당의 산정 및 지급 기준의 변경이 판매원에게 이익이 되거나 판매원의 동의를 얻은 경우에는 즉시 변경할 수 있다(법 §20②, 영 §28①, ②). 다단계판매원이나 후원방문판매원에 대한 통지를 함에 있어서 주소불명 등의 사유로 개별통지가 불가능한 판매원에 대하여는 후원수당의 산정 및 지급기준의 변경에 관한 통지사항을 사보에 게재하거나 1월 이상의 기간 동안 홈페이지에 게시함으로써 통지에 갈음할 수 있다(영 §28③).

또한 후원수당이 사행적 성격으로 변질되는 것을 방지하기 위하여 후원수당의 최고한도를 제한하고 있다. 다단계판매업자나 후원방문판매업자가 판매원에게 후원수당으로 지급할 수 있는 총액은 ① 다단계판매업자의 경우 가격합계액의 100분의 35에 해당하는 금액 이내이어야 하며(법 §20③), ② 후원방문판매업자의 경우에는 가격합계액의 100분의 38에 해당하는 금액 이내이어야 한다(법 §20③, 법 §29③ii). 여기에서 가격합계액이란 판매원에게 공급한 재화등의 가격(부가가치세 포함)의 합계액을 말한다.

그 밖에 다단계판매업자 또는 후원방문판매업자는 판매원의 요구가 있는 경우 후원수당의 산정 · 지급명세 등의 열람을 허용하여야 한다(법 §20④). 다단계판매업자 또는 후원방문판매업자는 일정 수의 하위판매원을 모집 또는 후원하는 것을 조건으로 하위판매원 또는 그 하위판매원의 판매 실적에 관계없이 후원수당을 차등하여 지급하여서 아니 된다(법 §20⑤).

6. 판매원에 대한 과다부담 금지의무

다단계판매원 또는 후원방문판매원의 등록 · 자격유지 조건으로 과다한 재화구입을 요구하는 사례가 빈발함에 따라 방문판매법은 다단계판매업자 또는 후원방문판매업자가 판매원이 되려는 자 또는 판매원에게 등록 · 자격유지의 또는 유리한 후원수당의 지급기준을 적용받게 할 조건으로 연간 5만 원 이상의 재화등을 구입하도록 부담을 지울 수 없도록 하고 있다. 이 경우 본인 또는 그 하위판매원의 판매실적과 구매실적에 따라 후원수당의 지급기준을 달리하는 행위는 재화등을 구매하도록 하는 부담으로 보지 아니한다(법 §22①, 영 §29). 또한 다단계판매자 또는 후원방문판매자는 판매원에게 일정수의 하위판매원을 모집하도록 의무를 지게 하거나, 특정인을 그 특정인의 동의 없이 자신의 하위판매원으로 등록하여서는 아니 된다(법 §22②, §29③ii).

7. 휴업 등의 경우 청약업무 처리의무

다단계판매자 또는 후원방문판매자는 그 휴업기간 또는 영업정지기간 중에도 소비자의 ① 청약철회 업무와 ② 청약철회에 따른 업무로서 원상회복의무의 이행, 결제업자에 대한 대금청구의 정지 또는 취소, 이미 지급받은 대금의 결제업자에 대한 반환에 관한 업무를 계속하여야 한다(법 §26①, §17①, §18①부터 ③까지, §29③ii). 다단계판매원 또는 후원방문판매원은 다단계판매업자나 후원방문판매업자가 폐업하거나 그 등록이 취소된 경우 그 폐업 또는 등록취소 당시 판매하지 못한 재화등을 다른 사람에게 판매한 때에는 그 판매원이 청약의 철회 등에 따라 반환되는 재화등을 반환받고, 재화등을 반환받은 날부터 3영업일 이내에 재화등의 대금을 환급하여야 한다(법 §26②).

Ⅳ. 다단계판매자와 후원방문판매자 권리의 제한

1. 손해배상액의 제한

다단계판매계약 또는 후원방문판매계약이 해제된 경우 다단계판매자 또는 후원방문판매자의 손해배상청구금액의 제한 등에 관하여는 방문판매등에 관한 제10조 규정이 그대로 준용된다.

따라서 다단계판매자 또는 후원방문판매자의 상대방에 대한 손해배상액은 다단계판매자 또는 후원방문판매자의 실손해액과 대금미납에 따른 지연배상금의 합계액을 초과하지 못한다(법 §19, §10①, §29③ii). 이 경우 계약의 상대방이란 ① 다단계판매업자 또는 후원방문판매업자가 다단계판매원이나 후원방문판매원 또는 소비자와 계약을 체결한 때에는 그 판매원 또는 소비자, ② 다단계판매원 또는 후원방문판매원이 소비자와 계약을 체결한 때에는 소비자를 말한다.

여기에서 실손해액은 방문판매등의 경우와 마찬가지로 ① 공급받은 재화등의 반환 등 원상회복이 된 경우, ② 원상회복이 되지 아니한 경우에 따라 차이가 있다(법 §19, §10 각호). 이 한도를 넘어서는 손해배상액을 예정하더라도 그 효력이 인정되지 않는다(법 §52).

2. 금지행위

(1) 일반적 금지

다단계판매 또는 후원방문판매는 그 판매방식의 특성상 판매이익 이외의 이익으로 유혹하여 판매원으로 가입시키거나 판매가 사행적·투기적 경향으로 흐를 가능성이 크다. 특히 다단계판매는 하위판매원들이 부담하는 가입비, 보증금, 예치금 등의 일정 부분이 상위판매원들에게 판매수당, 알선수수료, 장려금 등의 명목으로 배분되는 마진 증식 방법을 취하고 있으며, 이 같은 운영방식은 상위판매원들로 하여금 부당하거나 허위적인 방법으로 가입을 권유하도록 유인하는 동기가 되고 있다. 후원방문판매의 경우도 그 정도에 차이가 있을 뿐 크게 다르지 않다. 따라서 방문판매법은 다단계판매자 또는 후원방문판매자에 대하여 아래의 행위를 금지시키고 있다(법 §23①, §29③ii).

① 재화등의 판매에 관한 계약의 체결을 강요[24]하거나 청약철회등 또는 계약 해지를 방해할 목적으로 상대방을 위협하는 행위

② 거짓 또는 과장된 사실을 알리거나 기만적 방법을 사용하여 상대방과의 거래를 유도[25]하거나 청약철회등 또는 계약 해지를 방해하는 행위 또는 재화등의 가격·품질 등에 대하여 거짓 사실을 알리거나 실제보다도 현저히 우량하거나 유리한 것으로 오인시킬 수 있는 행위

③ 청약철회등이나 계약 해지를 방해할 목적으로 주소·전화번호 등을 변경하는 행위

④ 분쟁이나 불만 처리에 필요한 인력 또는 설비가 부족한 상태를 상당 기간 방치하여 상대방에게 피해를 주는 행위

⑤ 상대방의 청약이 없는데도 일방적으로 재화등을 공급하고 재화등의 대금을 청구하는 등 상대방에게 재화등을 강제로 판매하거나 하위판매원에게 재화등을 판매하는 행위

⑥ 소비자가 재화를 구매하거나 용역을 제공받을 의사가 없음을 밝혔는데도 전화, 팩스, 컴퓨터통신 등을 통하여 재화를 구매하거나 용역을 제공받도록 강요하는 행위

⑦ 다단계판매업자 또는 후원방문판매업자에게 고용되지 아니한 다단계판매원이나 후원방문판매원을 고용된 사람으로 오인하게 하거나 판매원으로 등록하지 아니한 사람을 판매원으로 활동하게 하는 행위

⑧ 소비자피해보상보험계약등을 체결하지 아니하고 영업하는 행위

⑨ 상대방에게 판매하는 개별 재화등의 가격을 160만 원(영 §30, 부가가치세 포함)[26]을 초과하도록 정하여 판매하는 행위

⑩ 본인의 허락을 받지 아니하거나 허락받은 범위를 넘어 소비자에 관한 정보를 이용하는 행위(재화등의 배송, 재화등의 설치, 사후서비스, 대금정산, 소비자피해보상

---

24) 여기에서 강요에는 의사결정의 자유를 제한하거나 의사실행의 자유를 방해할 정도에 이르지 않더라도 가입을 유도하는 과정에서 심리적으로 압박을 준 행위도 포함된다. 서울고법 2013. 12. 26. 선고 2012누36233 판결.

25) 여기에서 유도는 거래에 있어 중요한 사항에 관한 구체적 사실을 신의성실의 원칙에 비추어 비난받을 정도의 방법으로 은폐하거나 축소하는 등 소비자를 속이거나 소비자로 하여금 잘못 알게 할 우려가 있는 행위를 말한다. 서울고법 2013. 12. 26. 선고 2012누36233 판결.

26) 다단계판매상품 등에 대하여 이와 같이 가격을 제한하는 것은 고가의 내구재화는 반복구매가 일어나기 어렵고, 환불시 판매업자의 부담이 과중해져 판매업자가 환불을 기피하는 경향이 있어 소비자와 판매원의 피해가 발생할 여지가 있기 때문이다. 낱개 재화의 가격이 160만 원 미만에 해당하더라도 그 재화 여러 개를 하나의 판매 단위로 묶어 160만 원 이상의 가격으로 판매하는 경우에는 이 규정에 위배된다. 대법원 2006. 5. 26. 선고 2006도279 판결.

금 지급, 기간통신사업자 · 신용정보회사 · 결제업자 등의 소비자 신원 및 실명 확인, 미성년자 법정대리인의 동의 여부 확인 등 불가피한 사유가 있는 경우는 제외)

⑪ 판매조직 및 판매원의 지위를 양도 · 양수하는 행위(판매원 지위의 상속, 판매사업의 양도 · 양수 · 합병은 제외)

그러나 후원방문판매업자가 후원방문판매원에게 공급한 재화등의 100분의 70 이상을 판매원이 아닌 소비자에게 판매한 경우에는 ① 후원수당의 지급기준에 관한 제한(160만 원 초과 상품 판매금지, 총매출액의 100분의 38 초과 후원수당 금지)과 ② 소비자피해보상보험계약 체결 없이 하는 영업행위는 적용되지 않는다(법 §29② 본문). 다만 전자거래의 방법으로 판매하는 경우에는 해당 규정을 그대로 적용한다(법 §29② 단서).

(2) 사행적 판매원 확장 등의 금지

다단계판매나 후원방문판매는 다단계판매조직 또는 이와 비슷하게 단계적으로 가입한 자로 구성된 유사 다단계조직을 이용하여 재화등의 거래 없이 금전거래만을 하거나 재화등의 거래를 가장하여 사실상 금전거래만을 하는 행위(소위 '금융피라미드')를 하는가 하면, 취업명목 등 온갖 수단을 동원하여 하위판매원 확장에 치중함으로써 이러한 조직을 통한 거래 자체가 사행화될 우려가 있다. 이에 따라 방문판매법에서는 재화등의 거래를 가장한 금전거래행위나 사행적 판매원 확장행위 등을 엄격히 금지하고 있다(법 §24①, §29③ⅱ).

① 재화등의 거래 없이 금전거래를 하거나 재화등의 거래를 가장하여 사실상 금전거래만을 하는 행위로서 ⅰ) 판매원에게 재화등을 그 취득가격이나 시장가격보다 10배 이상과 같이 현저히 높은 가격으로 판매하면서 후원수당을 지급하는 행위, ⅱ) 판매원과 재화등의 판매계약을 체결한 후 그에 상당하는 재화등을 정당한 사유 없이 공급하지 아니하면서 후원수당을 지급하는 행위, ⅲ) 그 밖에 판매업자의 재화등의 공급능력, 소비자에 대한 재화등의 공급실적, 판매업자와 소비자 사이의 재화등의 공급계약이나 판매계약, 후원수당의 지급조건 등에 비추어 그 거래의 실질이 사실상 금전거래인 행위

② 판매원 또는 판매원이 되려는 자에게 하위판매원 모집 자체에 대하여 경제적 이익을 지급하거나 정당한 사유 없이 후원수당 외의 경제적 이익을 지급하는 행위

③ 제20조 제3항(제29조 제3항에 따라 준용되는 경우 포함)에 위반되는 후원수당의 지급을 약속하여 판매원을 모집하거나 가입을 권유하는 행위

④ 판매원 또는 판매원이 되려는 자에게 가입비, 판매 보조 물품, 개인 할당 판매액, 교육비 등 그 명칭이나 형태와 상관없이 개별항목별 1인당 한도금액[27] 또는 개별항목별 한도금액의 연간 총합계가 5만 원을 초과한 비용 또는 그 밖의 금품을 징수하는 등 의무를 부과하는 행위

⑤ 판매원에 대하여 상품권[28]을 판매하는 행위로서 i) 판매업자가 소비자에게 판매한 상품권을 다시 매입하거나 다른 자로 하여금 매입하도록 하거나 ii) 발행자등의 재화등의 공급능력, 소비자에 대한 재화등의 공급실적, 상품권의 발행규모 등에 비추어 그 실질이 재화등의 거래를 위한 것으로 볼 수 없는 수준의 후원수당을 지급하는 행위

⑥ 사회적인 관계 등을 이용하여 다른 사람에게 판매원으로 등록하도록 강요하거나 재화등을 구매하도록 강요하는 행위

⑦ 판매원 또는 판매원이 되려는 사람에게 본인의 의사에 반하여 교육·합숙 등을 강요하는 행위

⑧ 판매원을 모집하기 위한 것이라는 목적을 명확하게 밝히지 아니하고 취업·부업 알선, 설명회, 교육회 등을 거짓 명목으로 내세워 유인하는 행위

(3) 교사·방조의 금지 등

다단계판매업자 또는 후원방문판매업자는 판매원으로 하여금 금지행위(법 §23①, §24①)를 하도록 교사하거나 방조하여서는 아니 된다(법 §23②, §24②). 공정거래위원회는 이 법 위반행위의 방지 및 소비자피해의 예방을 위하여 다단계판매자나 후원방문판매자가 지켜야 할 기준을 정하여 고시할 수 있다(법 §23③).

3. 금지행위 위반에 대한 책임

다단계판매업자 또는 후원방문판매업자는 다단계판매원이나 후원방문판매원이 그의 하위판매원을 모집하거나 다단계판매업자 또는 후원방문판매업자의 재화등을 소비

---

27) 개별항목별 1인당 한도금액 기준으로서 ① 가입비 또는 회원자격 갱신의 경우 1만 원 이하, ② 판매보조물품의 경우 판매원 1인당 연간 3만 원 이하, ③ 교육비의 경우 소비자보호 등을 위한 법준수에 관한 교육 등 공정거래위원회가 정한 내용의 교육에 한하며, 판매원 1인당 3만 원 이하, ④ 명칭이나 형태에 상관없이 비용 또는 그 밖의 금품을 징수하는 등 의무를 부과하는 경우 연간 3만 원이어야 한다(영 §33 각호).

28) 여기에서 상품권이란 그 명칭이나 형태와 상관없이 발행자가 일정한 금액이나 재화등의 수량이 기재된 무기명증표를 발행하고 그 소지자가 발행자 또는 발행자가 지정하는 자에게 이를 제시 또는 교부하거나 그 밖의 방법으로 사용함으로써 그 증표에 기재된 내용에 따라 발행자등으로부터 재화등을 제공받을 수 있는 유가증권을 말한다.

자에게 판매함에 있어서 당해 판매원이 금지행위에 관한 규정(법 §23, §24)을 위반하지 아니하도록 판매원에게 당해 규정의 내용을 서면이나 전자우편으로 고지하여야 한다(법 §28①, §29③ii). 다단계판매업자 또는 후원방문판매업자가 이 고지의무를 게을리 한 경우에는 판매원의 위법행위에 의하여 다른 판매원 또는 소비자에게 가한 재산상 손해에 대하여 연대하여 배상할 책임을 진다.

손해배상책임의 기준은 다단계판매원 또는 후원방문판매원의 위반행위와 상당인과 관계가 있는 손해액을 그 기준으로 하되, 위반행위 관련매출액을 한도로 한다(영 §35). 다단계판매업자 또는 후원방문판매업자가 연대배상책임을 부담한 경우 해당 판매원에게 구상권을 행사할 수 있다(법 §28②, §29③ii).

V. 소비자 및 다단계판매원·후원방문판매원 권리의 보호

1. 청약철회권

(1) 의 의

다단계판매는 그 조직이 복잡하고, 구매권유도 최면적·암시적인 방법으로 행해지는 것이 일반적이며, 후원방문판매의 경우에도 그 정도의 차이는 있지만 다단계판매와 크게 다르지 않다. 따라서 다른 특수형태의 판매방식과 마찬가지로 소비자에게 충동구매를 재고할 기회를 주어야 한다. 이와 함께 다단계판매나 후원방문판매의 경우 소비자에게 판매하기 위하여(상행위를 목적으로) 다단계판매업자 또는 후원방문판매업자로부터 재화등을 구입하는 다단계판매원이나 후원방문판매원의 경제상 지위는 이들 사업자와 비교한다면 실질적으로 소비자와 크게 다를 바 없다.

따라서 방문판매법은 다른 특수판매방식의 경우와 마찬가지로 다단계판매자 또는 후원방문판매자로부터 재화 또는 용역을 구입한 소비자에게 청약철회권을 인정하는 한편, 다단계판매원이나 후원방문판매원이 다단계판매업자 또는 후원방문판매업자의 각종 조건을 내세운 무리한 구입요구로 필요 이상의 많은 재화 또는 용역을 구입하는 경우가 많은 점을 고려하여 이들에 대해서도 청약철회권을 인정하고 있다.

청약이 철회된 경우에는 계약 자체가 성립하지 않기 때문에 계약의 성립을 전제로 한 대금환급이나 위약금 청구가 인정되지 않는다. 청약과 관련하여 이와 다른 약정을 하더라도 소비자 또는 다단계판매원이나 후원방문판매원에게 불리한 경우에는 효력이 없다(법 §52, 편면적 강행규정).

(2) 철회권 행사기간

(가) 소비자

다단계판매 또는 후원방문판매의 경우 소비자의 청약철회에 관하여는 방문판매등에서의 청약철회에 관한 규정이 그대로 준용되기 때문에(법 §17①, §29③ii, §8) 철회권 행사기간은 14일이고, 그 기산점도 동일하다.

즉, ① 그 계약서를 받은 날보다 재화등이 늦게 공급된 경우에는 재화등을 공급받거나 공급이 시작된 날부터 14일(법 §8①i), ② 계약서를 받지 아니 한 경우, 다단계판매자 또는 후원방문판매자의 주소 등이 적혀 있지 아니한 계약서를 받은 경우 또는 다단계판매자 또는 후원방문판매자의 주소변경 등의 사유로 14일 이내에 청약철회를 할 수 없는 경우에는 다단계판매자 또는 후원방문판매자의 주소를 안 날 또는 알 수 있었던 날부터 14일이다(법 §8①ii 각목). 또한 ③ 계약서에 청약철회등에 관한 사항이 적혀 있지 아니한 경우에는 청약철회등을 할 수 있음을 안 날 또는 알 수 있었던 날부터 14일(법 §8①iii), ④ 다단계판매자 또는 후원방문판매자가 청약철회등을 방해한 경우에는 그 방해 행위가 종료한 날부터 14일이다(법 §8①iv).

그러나 ⑤ 재화등의 내용이 표시·광고의 내용과 다르거나 계약 내용과 다르게 이행된 경우에는 그 재화등을 공급받은 날부터 3개월 이내에, 그 사실을 안 날 또는 알 수 있었던 날부터 30일 이내에 청약철회등을 할 수 있다(법 §8③). 이 철회권 행사기간의 연장은 철회권 배제사유(법 §8② 각호, 후술)가 존재하는 경우에도 적용된다.

(나) 다단계판매원 또는 후원방문판매원

다단계판매 또는 후원방문판매의 방법으로 재화등의 구매에 관한 계약을 체결한 다단계판매원 또는 후원방문판매원은 계약을 체결한 날부터 3월 이내에 서면(전자문서 포함)으로 청약을 철회할 수 있다.

다만 ① 재고 보유에 관하여 다단계판매업자 또는 후원방문판매업자에게 거짓으로 보고하는 등의 방법으로 과다하게 재화등의 재고를 보유한 경우 ② 다시 판매하기 어려울 정도로 재화등을 훼손한 경우 ③ 다단계판매원 또는 후원방문판매원의 주소·전화번호 또는 전자우편주소 등 연락처의 변경이나 소재 불명 등의 사유로 청약철회등을 할 수 없는 경우, ④ 해당 다단계판매원 또는 후원방문판매원에게 청약철회등을 하더라도 대금 환급 등의 효과를 기대하기 어려운 경우에는 제외한다(법 §17② 각호, §29③ii, 영 §24 각호).

(3) 철회권 행사의 상대방

소비자가 다단계판매업자 또는 후원방문판매업자로부터 직접 재화등을 구입한 경우에는 당연히 이들에게 철회권을 행사할 수 있다. 다만 소비자가 다단계판매원이나 후원방문판매원과 재화등을 구입에 관한 계약을 체결한 경우에는 당해 다단계판매원 또는 후원방문판매원에 대하여 우선적으로 청약철회등을 하고, ① 다단계판매원 또는 후원방문판매원의 주소·전화번호 또는 전자우편주소 등 연락처의 변경이나 소재 불명등의 사유로 청약철회등을 할 수 없거나, ② 다단계판매원 또는 후원방문판매원에게 청약철회등을 하더라도 대금환급 등의 효과를 기대할 수 없는 경우에는 2차적으로 다단계판매업자 또는 후원방문판매업자에게도 청약을 철회할 수 있다(법 §17①, §29③ii, 영 §22).

다단계판매원이나 후원방문판매원은 다단계판매업자 또는 후원방문판매업자에 대하여 직접 청약을 철회할 수 있다.

(4) 철회권 행사방식

(가) 소비자

소비자의 철회권 행사방식과 관련하여 방문판매법은 서면방식에 의한 청약철회(서면주의)를 요구하고 있지 않으나, 청약철회를 용이하게 할 수 있도록 다단계판매자 또는 후원방문판매자가 소비자에게 발급하는 계약서에는 철회권 행사에 필요한 서식을 포함시키도록 하고 있다(법 §17①, §29③ii, §7①vi, §7②). 청약철회의 의사표시에 대한 증명을 용이하게 하도록 하기 위해 철회의 의사표시를 서면이나 전자문서에 의하는 것이 가장 바람직하나, 철회의 의사표시를 구두로 하였더라도 다단계판매자 또는 후원방문판매자가 안 경우에는 청약의 철회는 인정된다. 다만 청약철회가 서면에 의하여 이루어지지 아니함으로써 이에 대한 다툼이 있는 경우 소비자는 철회의 사실을 입증하여야 할 것이다.

(나) 다단계판매원 또는 후원방문판매원

다단계판매원 또는 후원방문판매원이 철회권을 행사하는 경우 서면으로 청약을 철회할 수 있다(법 §17②, §29③ii). 이와 같이 다단계판매원 또는 후원방문판매원의 철회의 의사표시를 서면에 의하도록 한 것은 철회의 의사표시가 있었는가에 대한 입증을 용이하게 하도록 하기 위한 것일 뿐, 서면에 의하지 않았다고 하여 철회의 의사표시가 없었다고 보아야 하는 것은 아니다.

(5) 효력발생시기

다단계판매나 후원방문판매의 경우도 방문판매등의 경우와 마찬가지로 청약의 철회를 서면으로 하는 경우 청약철회의 효력은 서면을 발송한 날에 그 효력이 발생한다고 하여 철회의 의사표시의 효력발생을 발신주의에 따르고 있다(법 §17①, §29③ii, §8④).

(6) 철회권 행사의 효과

(가) 원 칙

다단계판매 또는 후원방문판매의 상대방(다단계판매원·후원방문판매원 또는 소비자)은 계약에 관한 청약철회 등을 한 경우에는 원상회복의무가 있다. 다단계판매 또는 후원방문판매의 상대방은 이미 공급받은 재화등을 반환하여야 하고, 다단계판매자 또는 후원방문판매자는 재화등을 반환받은 날로부터 3영업일 이내에 이미 지급받은 재화등의 대금을 환급하여야 한다(법 §18② 본문, §29③ii, 선이행의무).

여기에서 다단계판매자 또는 후원방문판매자는 상대방으로부터 재화등의 대금을 지급받은 자 또는 상대방과 다단계판매 또는 후원방문판매에 관한 계약을 체결한 자를 포함한다. 다단계판매자 또는 후원방문판매자가 상대방에게 대금환급을 지연한 때에는 그 지연기간에 따라 지연배상금을 지급하여야 한다. 공급받은 재화등의 반환에 필요한 비용은 다단계판매자 또는 후원방문판매자가 부담하며, 다단계판매자 또는 후원방문판매자는 상대방에게 위약금 또는 손해배상을 청구할 수 없다(법 §18⑧, §29③ii).

재화등의 일부가 이미 사용 또는 소비되어 원상회복이 이루어지지 못하는 경우 다단계판매자 또는 후원방문판매자는 그 재화등의 사용 또는 일부 소비에 의하여 상대방이 얻은 이익 또는 그 재화등의 공급에 소요된 비용에 상당하는 금액의 지급을 당해 상대방에게 청구할 수 있다(법 §18⑦, §29③ii).

(나) 결제업자가 존재하는 경우

① 다단계판매자 또는 후원방문판매자의 의무 　　상대방이 신용카드 등으로 대금을 지급한 때에는 다단계판매자 또는 후원방문판매자는 대금환급에 있어 지체 없이 당해 대금결제수단을 제공한 결제업자로 하여금 상대방에 대한 대금청구를 정지 또는 취소하도록 요청하여야 한다(법 §18③ 1문, §29③ii).

다만, 다단계판매자 또는 후원방문판매자가 결제업자로부터 대금을 이미 지급받은 때에는 지체 없이 이를 결제업자에게 환급하고 그 사실을 상대방에게 통지하여야 한다(법 §18③ 1문 단서, §29③ii). 이 경우 다단계판매자 또는 후원방문판매자가 결제업자에게 대금환급을 지연함에 따라 상대방이 대금을 결제하게 된 경우 그 지연기간에 대한 지연배상금을 상대방에게 지급하여야 한다(법 §18③ 2문, §29③ii).

다단계판매자 또는 후원방문판매자로부터 재화등의 대금을 환급 받은 결제업자는 지체 없이 상대방에게 이를 환급하거나 환급에 필요한 조치를 취하여야 한다(법 §18④, §29③ii).

② 소비자의 상계요청권 다단계판매자 또는 후원방문판매자가 정당한 사유없이 결제업자에게 대금환급을 행하지 아니하는 경우에는 상대방(소비자 또는 다단계판매원·후원방문판매원)은 환급받을 금액에 대하여 결제업자에게 당해 다단계판매자 또는 후원방문판매자에 대한 다른 채무와 상계할 것을 요청할 수 있다. 이 경우 결제업자는 다단계판매자 또는 후원방문판매자에 대한 다른 채무와 상계할 수 있다(법 §18④, §29③ii).

즉, 결제업자는 상대방이 환급금액 등을 기재한 서면이나 전자문서로 철회권 행사기간 내에 청약철회 등을 한 사실 및 재화등을 반환하였음을 입증하는 자료를 첨부하여 상계를 요청할 경우 당해 다단계판매자 또는 후원방문판매자에 대한 다른 채무와 즉시 상계할 수 있다(영 §27①). 소비자가 재화등을 계약서에 명시된 다단계판매자의 주소로 반환하였으나 수취거절된 경우에는 그 입증자료를 첨부하면 된다. 결제업자가 상계를 행한 경우 그 사실 및 상계금액 등을 적은 서면(전자문서 포함)을 다단계판매업자·후원방문판매업자 또는 방문판매원·후원방문판매원 및 상대방에게 지체 없이 송부하여야 한다(영 §27②).

결제업자가 상계를 정당한 사유 없이 게을리 한 경우 상대방은 결제업자에 대해 대금의 결제를 거부할 수 있다. 이 경우 다단계판매자 또는 후원방문판매자와 결제업자는 그 결제의 거부를 이유로 당해 소비자를 약정한 기일 이내에 채무를 변제하지 아니한 자(금융채무불이행자)[29]로 처리하는 등 소비자에게 불이익을 주는 행위를 하여서는 아니 된다(법 §18⑤, §29③ii).

③ 연대책임 다단계판매자 또는 후원방문판매자, 상대방으로부터 재화등의 대금을 지급받은 자 또는 상대방과 다단계판매나 후원방문판매에 관한 계약을 체결한 자가 동일인이 아닌 경우, 각자는 청약철회 등에 따른 대금 환급과 관련한 의무의 이행에 있어서 연대하여 책임을 진다(법 §18⑨, §29③ii). 이는 특히 다단계판매원 또는 후원방문판매원, 실제 계약을 체결하는 자, 그리고 판매대금을 수령하는 자 간의 역할이 분담되어 있는 경우 이들 다단계판매 또는 후원방문판매와 관련한 모든 자에 대한 법정 연대책임을 부과함으로써 소비자의 혼란을 완화하고 대금환급의 보장을 두텁게

29) 「신용정보의 이용 및 보호에 관한 법률」 제2조 제7호. 종래 속칭 '신용불량자'로 불리던 대상을 말한다.

할 수 있도록 하기 위한 것이다.

(다) 다단계판매원 또는 후원방문판매원에 대한 특칙

① 대금환급의 비용공제 다단계판매원 또는 후원방문판매원의 원상회복과 관련하여 재화등을 공급받은 날부터 1월이 경과하여 반환한 경우에는 그 반환시점에 따라 다단계판매업자 또는 후원방문판매업자의 대금환급에 있어서 일정한 범위 이내의 비용을 공제할 수 있다(법 §18② 단서, §29③ⅱ, 영 §26).

즉, i) 공급일부터 1개월이 지난 후 2개월 이내에 반환하는 경우에는 그 재화등의 대금의 5퍼센트 이내로서 당사자 간에 약정한 금액, ii) 공급일부터 2개월이 지난 후 3개월 이내에 반환하는 경우에는 그 재화등의 대금의 7퍼센트 이내로서 당사자 간에 약정한 금액을 공제하고 반환할 수 있다(영 §26 본문 각호). 다만, 다단계판매업자 또는 후원방문판매업자의 등록이 취소되어 반환하는 경우에는 위 i), ii)에 규정된 금액의 2분의 1에 해당하는 금액을 한도로 한다(영 §26 단서).

이는 다단계판매원 또는 후원방문판매원은 순수한 소비자와는 달리 어느 정도 상인성을 띠고 있을 뿐만 아니라 즉시 원상회복을 하지 않음으로써 지체하여 원상회복하는 만큼 재화등의 가치가 감소하게 되고, 이를 다단계판매원 또는 후원방문판매원에게도 어느 정도 부담시키는 것이 오히려 형평의 견지에서 타당하기 때문이다.

② 다단계판매자 또는 후원방문판매자의 차액청구권 다단계판매자 또는 후원방문판매자가 청약철회 등에 따라 재화등의 대금을 환급한 경우 그 환급한 금액이 자신이 다단계판매원 또는 후원방문판매원에게 공급한 금액을 초과할 때에는 그 차액을 다단계판매원 또는 후원방문판매원에게 청구할 수 있다(법 §18⑥, §29③ⅱ).

이는 다단계판매원 또는 후원방문판매원이 통상 다단계판매업자 또는 후원방문판매업자의 공급원가에다 자신의 판매마진을 붙여 소비자에게 판매하였으나, 특별한 사정으로(법 §17① 단서, §29③ⅱ) 다단계판매업자 또는 후원방문판매업자가 소비자에게 대금을 환급하여야 할 경우 다단계판매원 또는 후원방문판매원에게 공급했던 원가뿐 아니라 판매마진까지도 환급을 하여야 하기 때문에 다단계판매업자 또는 후원방문판매업자는 그만큼 손실로 된다. 따라서 형평의 견지에서 다단계판매업자 또는 후원방문판매업자가 추후 그 차액으로 되는 판매마진을 다단계판매원 또는 후원방문판매원에게 청구할 수 있도록 한 것이다.

(7) 철회권 행사의 배제

다음의 경우에는 소비자 또는 다단계판매원 또는 후원방문판매원의 철회권 행사가 배제된다(법 §8②, §17②, §29③ⅱ, 영 §12, §25).

① 소비자, 다단계판매원 또는 후원방문판매원에게 책임있는 사유로 재화등이 멸실되거나 훼손된 경우. 다만, 재화등의 내용을 확인하기 위하여 포장 등을 훼손한 경우를 제외한다.

② 재화등을 사용하거나 일부 소비하여 그 가치가 현저히 낮아진 경우. 이 경우 그 사실을 재화등의 포장 기타 소비자가 쉽게 알 수 있는 곳에 명기하거나 시용(試用)상품을 제공하는 등을 하는 방법으로 재화등의 사용이나 일부 소비 등에 의하여 청약철회 등의 권리의 행사가 방해받지 아니하도록 조치한 경우로 한정한다.

③ 시간이 지남으로써 다시 판매가 곤란할 정도로 재화등의 가치가 현저하게 낮아진 경우

④ 복제할 수 있는 재화등의 포장을 훼손한 경우

⑤ 소비자 또는 다단계판매원·후원방문판매원의 주문에 의하여 개별적으로 생산되는 재화등에 대한 것으로서 청약철회등을 인정하는 경우 다단계판매자 또는 후원방문판매업자에게 회복할 수 없는 중대한 피해가 예상되는 경우로서 사전에 해당 거래에 대하여 별도로 그 사실을 고지하고 소비자 또는 다단계판매원·후원방문판매원의 서면(전자문서 포함)에 의한 동의를 받은 경우

그 밖에도 특히 다단계판매원 또는 후원방문판매원의 경우에는 다단계판매업자 또는 후원방문판매업자에게 재고의 보유를 허위로 알리는 등을 하는 방법으로 재화등의 재고를 과다하게 보유하거나 다시 판매하기 어려울 정도로 재화등을 훼손한 경우에도 철회권 행사가 배제된다(법 §17②, §29③ⅱ).

2. 소비자의 침해정지요청권

(1) 의 의

방문판매법은 금지행위에 관한 규정(법 §23, §24)을 위반한 다단계판매업자 또는 후원방문판매업자의 행위로 인하여 이익을 침해받거나 침해받을 우려가 있는 소비자 또는 소비자단체등은 공정거래위원회에 당해 행위의 정지에 필요한 조치를 요청할 수 있도록 함으로써 소비자의 절차적 권리를 강화하였다(법 §25). 이와 같이 소비자의 침해정지요청권을 인정한 것은 다단계판매 또는 후원방문판매의 경우 자칫 그 폐해가 동시다발적으로 확산될 우려가 있기 때문에 현실적인 침해가 발생한 경우는 물론 피해발생 이전에라도 이를 신속하게 억제하기 위한 것이다.

(2) 침해정지요청권자

공정거래위원회에 침해의 정지에 필요한 조치를 요청할 수 있는 자는 다단계판매업자의 위법행위로 인하여 이익을 침해받거나 침해받을 우려가 있는 자 또는 대통령령으로 정하는 소비자단체이다. 대통령령으로 정하는 소비자단체란 ① 한국소비자원, ② 등록한 소비자단체, ③ 다단계판매 또는 후원방문판매와 관련한 소비자보호를 목적으로 설립한 비영리법인 말한다(영 §34①).

(3) 침해정지요청 절차

침해정지를 요청하려는 자는 ① 침해정지요청의 대상이 되는 다단계판매업자 · 후원방문판매업자 또는 다단계판매원 · 후원방문판매원 및 위법행위의 내용, ② 위법행위로 인하여 침해받거나 침해받을 우려가 있는 이익이나 피해의 내용, ③ 침해의 정지에 필요한 조치의 내용을 기재한 서면을 공정거래위원회에 제출하여야 한다(영 §34②).

제 5 절 계속거래 또는 사업권유거래에 대한 규제

Ⅰ. 의 의

1. 규제의 필요성

오늘날 소비생활에서 커다란 비중을 차지하는 것 중의 하나가 일정기간 동안 계속해서 재화 또는 용역을 공급받는 형태의 계속거래이다. 이러한 계속거래의 경우 계속거래업자가 사은품의 제공 혹은 대금감액 등의 이유를 내세워 소비자로부터 일괄하여 선불로 대금을 지급받는 것이 관행적으로 이루어지고 있다. 이 경우 사업자의 입장에서는 자신의 계약이행에 큰 부담감이 없어지기 때문에 소비자의 기대와 달리 계약을 성실히 이행하지 않는 경우가 종종 발생하고 있다. 이에 불만을 가진 소비자는 계약을 해지하려 할 것이나, 환불금지약관이나 사업자의 과도한 위약금 요구 등으로 실제로 계약을 해지하기가 쉽지 않다. 또한 설사 계약해지가 가능하더라도 환급대금의 산정, 매출취소처리의 지연 등으로 소비자와 사업자 간의 분쟁이 자주 발생하고 있다. 더구나 계속거래의 대상이 대부분 일상생활에 필수적인 재화 또는 용역을 대상으로 하기 때문에 계약이 제대로 이행되지 않을 경우 소비자에게는 단순한 재산상의 손실에 그치는 것이 아니라, 일상생활에 큰 불편이 초래되기도 한다.

이와 비슷한 유형의 소비자피해가 발생하는 것으로서 사업권유거래가 있다. 사업권유거래는 특정한 재화를 구입할 경우 이를 활용하여 사업을 할 수 있도록 도와주어 소득을 얻을 수 있도록 해주겠다고 유인하여 이루어지는 거래이다. 그러나 사업권유거래에서는 사업을 위해 최초로 구입한 재화가 통상의 거래가격보다 고가인 경우가 많고, 일단 재화를 판매한 후 사업기회를 제대로 제공하지 않는 등 계약이 이행되지 않거나 불성실하게 이행되는 사례가 자주 발생하고 있다. 그럼에도 불구하고 계약체결시 정보제공의 미흡, 중도해지시 과다한 위약금 등으로 거래상대방의 계약해제 또는 해지가 쉽지 않은 실정이다.

위의 계속거래와 사업권유거래는 모두 당사자 간의 거래관계가 일정 기간 계속되고, 사업자가 계약시 약속한 내용을 지키지 않거나 해지를 제한하는 경우 소비자 피해 발생의 우려가 있다는 공통점이 있다. 이를 감안하여 방문판매법은 소비자보호의 차원에서 계속거래업자 또는 사업권유거래업자의 의무와 소비자의 해지권 등에 관한 규정을 두고 있다. 이와 함께 계속거래의 경우에는 소비자이익의 보호를 위해 방문판매법의 규정 이외에도 민법상 계속적 채권관계의 법리와 위약금의 약정, 해제·해지 등의 규정이 적용될 수 있다.

2. 개념의 정리

(1) 계속거래

계속거래란 1월 이상에 걸쳐 계속적으로 또는 부정기적으로 재화등을 공급하는 계약으로서 중도에 해지할 경우 대금환급의 제한 또는 위약금에 관한 약정이 있는 거래를 말한다(법 §2 x). 계속거래는 일정한 재화의 공급, 일정한 용역의 제공 또는 일정한 시설을 이용할 권리를 일정한 기간에 걸쳐서 계속하여 제공한다는 점에서 일시적 계약과 다른 특징을 가진다.

계속거래는 거래의 대상에 따라 ① 계속재화공급거래, ② 계속용역제공거래, ③ 계속권리이용거래의 3가지 유형으로 구분할 수 있다. ①에서의 계속공급의 대상인 재화는 우유, 요구르트, 전기, 물, 신문, 학습지, 잡지 등과 같이 재화등의 특성상 계속적 또는 회귀적으로 공급할 수 있는 것이어야 한다. 주택 및 토지와 같은 부동산은 계속적·회귀적으로 공급할 수 있는 성질의 것이 아니기 때문에 여기에서의 재화에 포함되지 않는다. ②에서의 계속제공의 대상인 용역으로는 학원강습 서비스, 방문·전화교육서비스, 피부·체형관리 서비스, 결혼정보업, 정보이용 서비스, 이동통신 서비스 등을 들 수 있다. ③에서의 계속이용의 대상인 권리는 계속거래 중에서도 일정한 시설을 이용하거나 용역을 제공받을 수 있는 권리를 말한다. 스포츠센터나 콘도미니엄 등의 회원권의 구입과 같은 회원제거래가 대표적인 예라고 할 수 있다.

(2) 사업권유거래

사업권유거래란 사업자가 소득기회를 알선·제공하는 방법으로 거래상대방을 유인하여 금품을 수수하거나 재화등을 구입하게 하는 거래를 말한다(법 §2xi). 사업권유거래는 주로 생계형 창업희망자에 대해 예컨대, 고가의 컴퓨터, 복사기, 자판기 등을 구입하면 그 재화를 이용하는 사업기회를 제공하겠다고 약속을 하여 이루어지는 거래이다. 사업권유거래의 경우 자판기사업자와 같은 사업권유거래의 상대방도 역시 사업자이나, 사실상 소비자와 같은 지위에서 다른 소비자와 같은 거래조건으로 거래하는 경우 방문판매법은 당해 재화등을 판매한 자에 대한 관계에서는 소비자로 보아 거래상대방을 보호하고 있다(법 §2xii, 영 §4 ii, 법 §3 i 단서).

Ⅱ. 계속거래업자 또는 사업권유거래업자의 의무 등

1. 계속거래업자 또는 사업권유거래업자의 의무

(1) 정보제공 및 계약서 발급의무

원래 계속거래나 사업권유거래는 계약당사자인 사업자와 소비자(이하 사업권유거래의 상대방 포함) 쌍방의 의사의 합치에 의하여 이루어지는 낙성·불요식 계약으로서 계약의 성립에 관한 일반이론 및 민법상 규정이 기본적으로 적용된다.

그러나 방문판매법은 계약의 이행 및 해지 등과 관련하여 빈번하게 발생하는 소비자피해를 방지하고 소비자에게 계약의 내용을 주지시키기 위해 ① 10만 원 이상의 금액 및 3개월 이상의 기간을 조건으로 하는 계속거래와 ② 기간에 관계없이 10만 원 이상의 금액을 조건으로 하는 사업권유거래의 경우 계속거래업자 또는 사업권유거래업자(이하 "계속거래업자등")는 소비자가 계약의 내용을 이해할 수 있도록 계약을 체결하기 전에 계약에 관한 사항을 설명할 것을 의무화하고 있다(법 §30①, 영 §37).

정보제공의 대상으로 되는 것은 ① 계속거래업자등의 성명(법인인 경우에는 대표자의 성명), 상호, 주소, 전화번호 및 전자우편주소, ② 계속거래를 통하여 판매하는 재화등(계속거래와 관련하여 따로 구입할 필요가 있는 다른 재화등이 있는 경우에는 그 재화등을 포함)이나 사업권유거래를 통하여 판매하는 재화등의 명칭, 종류 및 내용, ③ 재화등의 대금(가입비, 설치비 등 명칭에 상관없이 재화등의 거래와 관련하여 지급하는 모든 금액을 포함)과 그 지급 시기 및 방법, ④ 재화등의 거래방법과 거래기간 및 시기, ⑤ 사업권유거래의 경우에는 재화등을 구매하는 경우 사업자가 제공하는 사업기회에 의하여 얻게 되는 이익이나 그 보장에 관한 조건, ⑥ 제31조의 규정에 따른 계약 해지와 그 행사방법 · 효과에 관한 사항 및 해지권의 행사에 필요한 서식, ⑦ 소비자피해 보상, 재화등에 대한 불만 및 소비자와 사업자 사이의 분쟁처리에 관한 사항, ⑧ 거래에 관한 약관, ⑨ 판매일시 · 판매지역 · 판매수량 · 인도지역 등 판매조건과 관련하여 제한이 있는 경우 그 내용에 관한 사항이다(법 §30① 각호, 영 §38, §39).

계속거래업자등은 재화등의 판매에 관한 계약을 체결할 때에는 위의 사항을 적은 계약서를 소비자에게 발급하여야 한다(법 §30②). 또한 소비자에게 표시 또는 고지한 거래조건을 신의에 좇아 성실하게 이행하여야 한다(법 §30⑤, 성실이행의무).

(2) 계약기간 종료 통지의무

계속거래업자는 소비자에게 용역을 공급하는 계약으로서 소비자의 별도 의사표시가 없는 한 자동으로 갱신되는 계약을 체결한 경우에는 그 계약 종료일의 50일 전부터 20일 전까지의 기간에 소비자에게 종료일이 다가오고 있음을 서면이나 전자우편으로 통지하여야 한다. 다만, 거래기간이 2개월 이내의 계약인 경우나 소비자가 재계약 체결 또는 계약 갱신의 의사를 표시한 경우에는 그 통지를 생략할 수 있다(법 §30③).

(3) 미성년자에 대한 고지의무

계속거래업자등은 미성년자와 계속거래계약등을 체결하는 경우에는 법정대리인의 동의를 얻어야 한다. 이 경우 법정대리인의 동의를 얻지 못하는 경우에는 미성년자 본인 또는 법정대리인이 계약을 취소할 수 있다는 내용을 고지하여야 한다(법 §30④, 법 §7③). 이 규정은 미성년 소비자의 권리의식을 고취시키기 위한 것으로 계속거래업자등이 이 고지의무를 이행하지 아니하더라도 사법상 효력(취소사유)에는 영향을 미치지 않는다.

(4) 계약해지 · 해제시 위약금 등 반환의무

계속거래업자등은 자신의 책임 없는 사유로 계속거래등의 계약의 해지 또는 해제시 소비자에게 위약금을 청구할 수 있음은 당연하다. 그러나 계약의 해지 또는 해제로 인해 발생하는 손실을 현저하게 초과하는 위약금을 청구하여서는 아니 되고 가입비나 그 밖에 명칭에 상관없이 실제 공급된 재화등의 대가를 초과하여 수령한 대금의 환급을 부당하게 거부하여서는 아니 된다(법 §32①).

계속거래 등의 계약이 해지 또는 해제된 경우 소비자는 반환할 수 있는 재화등을 계속거래업자등에게 반환할 수 있다. 소비자가 재화등을 반환하는 경우 계속거래업자등은 반환받은 재화등의 가치에 상당하는 금액을 계약의 해지 또는 해제에 따라 지급하여야 할 환급금에 더하거나 청구할 수 있는 위약금에서 빼야 한다(법 §32②, 영 §41①). 만약 소비자로부터 받은 재화등의 대금(재화등이 반환된 경우 환급하여야 할 금액을 포함)이 이미 공급한 재화등의 대금에 위약금을 더한 금액보다 많으면 그 차액을 소비자에게 환급하여야 한다(법 §32③). 반환받은 재화등의 가치에 상당하는 금액을 산정함에 있어서는 재화등의 시장가격이나 감가상각 등을 고려하여야 한다(영 §41③).

계속거래업자등은 환급금을 증액하거나 위약금의 감액을 하는 경우 재화등을 반환받은 날부터 3영업일 이내에 증액되거나 감액된 금액을 소비자에게 반환하거나 재화등의 대금 등 소비자로부터 받을 금액이 있는 경우에는 증액되거나 감액된 금액을 빼고 청구하여야 한다(영 §41②). 만약 환급이 지연되는 경우에는 3영업일 이상 지연된 경우의 그 지연일수에 대한 지연배상금을 더하여 환급하여야 한다(영 §41② 단서).

위약금의 청구(법 §32①)와 대금의 환급 또는 위약금의 경감(법 §32②)과 관련한 분쟁을 방지하기 위하여 필요한 경우 공정거래위원회는 위약금 및 대금의 환급에 관한 산정기준을 정하여 고시할 수 있다(법 §32④).

(5) 거래기록 열람제공의무

계속거래업자등은 재화등의 거래기록 등을 방문·전화 또는 인터넷 등을 통하여 즉시 열람할 수 있도록 필요한 조치를 하여야 하고, 소비자가 우편 등에 의하여 열람 요청을 하는 경우 3영업일 이내에 관련자료를 발송하여야 한다(법 §33, 영 §42).

2. 계속거래업자등의 금지행위

계속거래업자등은 다음 각 호의 1에 해당하는 행위를 하여서는 아니 된다(법 §34①).

① 계속거래등의 계약을 체결하게 하거나 계약의 해지 또는 해제를 방해하기 위하여 소비자를 위협하는 행위
② 거짓 또는 과장된 사실을 알리거나 기만적인 방법으로 소비자를 유인 또는 거래하거나 계약의 해지 또는 해제를 방해하는 행위
③ 계속거래등에 필요한 재화등을 통상의 거래가격보다 현저히 비싼 가격으로 구입하게 하는 행위

④ 소비자가 계속거래등의 계약을 해지 또는 해제하였는데도 정당한 사유 없이 이에 따른 조치를 지연하거나 거부하는 행위
⑤ 계약의 해지 또는 해제를 방해할 목적으로 주소·전화번호 등을 변경하는 행위
⑥ 분쟁이나 불만처리에 필요한 인력 또는 설비가 부족한 상태를 상당 기간 방치하여 소비자에게 피해를 주는 행위
⑦ 소비자의 청약이 없는데도 일방적으로 재화등을 공급하고 재화등의 대금을 청구하는 행위
⑧ 소비자가 재화를 구매하거나 용역을 제공받을 의사가 없음을 밝혔는데도 전화, 팩스, 컴퓨터통신 등을 통하여 재화를 구매하거나 용역을 제공받도록 강요하는 행위

공정거래위원회는 이 법 위반행위의 방지 및 소비자피해의 예방을 위하여 계속거래업자등이 준수하여야 할 기준을 정하여 고시할 수 있다(법 §34①).

Ⅲ. 소비자권리의 보호

계약의 해지는 당사자 간의 약정이나 법률에 따라 당사자의 일방이나 쌍방이 해지의 권리가 있는 때에는 상대방에 대한 의사표시로서 할 수 있다(민법 §543). 그러나 계속거래등의 경우 사업자가 여러 가지 까다로운 조건을 내세워 계약의 해지를 제한하거나 해지시 과도한 위약금 요구로 소비자의 입장에서 계약을 해지하기가 쉽지 않다. 이로 인한 계약관계의 구속으로부터 소비자를 보호하기 위해 방문판매법은 계속거래 등의 경우 "소비자는 언제든지 계약기간 중 계약을 해지할 수 있다"고 규정하고 있다(법 §31 본문). 이 규정에 위반한 약정으로 소비자에게 불리한 것은 그 효력이 없다(법 §52, 편면적 강행규정).

다만, 다른 법률에 별도의 규정이 있거나 소비자(사업권유거래의 상대방 포함)의 주문에 의하여 개별적으로 생산되는 재화등 계약해지를 인정하면 계속거래업자등에게 회복할 수 없는 중대한 피해가 예상되는 경우로서 사전에 당해 거래에 대하여 별도로 그 사실을 고지하고 소비자의 서면 또는 전자문서에 의한 동의를 얻은 경우에는 그러하지 아니하다(법 §31 단서, 영 §40).

제 6 절 소비자피해의 사전예방 및 사후구제

Ⅰ. 사전예방

1. 공정거래위원회의 역할

(1) 준수기준 및 소비자보호지침의 제정 · 고시

오늘날 특수판매에 따른 소비자피해가 급속히 확산됨에 따라 사후구제보다는 사전예방의 필요성이 더욱 커지고 있다. 공정거래위원회는 특수판매사업자의 법 위반행위를 방지하고 소비자피해를 사전예방하기 위하여 방문판매자, 전화권유판매자, 다단계판매자, 후원방문판매업자, 계속거래업자, 사업권유거래업자가 준수하여야 할 기준을 정하여 고시할 수 있다(법 §11②, §23③, §29③ⅱ, §34②). 이와 함께 공정거래위원회는 방문판매 등의 특수판매를 행함에 있어서 건전한 거래질서의 확립 및 소비자의 보호를 위하여 사업자의 자율적 준수를 유도하기 위한 지침(소비자보호지침)[30]을 관련분야의 거래당사자, 기관 및 단체의 의견을 들어 정할 수 있다(법 §35①). 이 경우 특수판매업자는 그가 사용하는 약관이 소비자보호지침의 내용보다 소비자에게 불리한 경우 소비자보호지침과 다르게 정한 약관의 내용을 소비자가 알기 쉽게 표시 또는 고지하여야 한다(법 §35②).

(2) 정보공개

방문판매법은 소비자 등이 거래 여부를 결정하기 전에 특수판매업자에 대해 종합적으로 판단을 할 수 있도록 공정거래위원회가 방문판매업자등과 다단계판매업자 및 후원방문판매업자가 신고 또는 등록한 사항과 공정거래질서 확립 및 소비자보호를 위하여 필요하다고 인정되는 '일반적 정보'를 공개할 수 있도록 규정하고 있다(법 §5④, §13⑥, §29③ⅰ). 다만, 다단계판매업자 또는 후원방문판매업자의 경영상 · 영업상 비밀에 관한 사항으로서 공개될 경우 다단계판매업자 또는 후원방문판매업자의 정당한 이익을 현저히 해칠 우려가 있다고 인정되는 정보 및 개인에 관한 사항으로서 공개될 경우 사생활의 비밀 또는 자유를 침해할 우려가 있다고 인정되는 정보의 경우에는 그러하지 아니하다(법 §13⑥ 단서, §29③ⅰ).

---

30) 「특수판매에서의 소비자보호 지침」(공정거래위원회예규 제235호, 2015. 10. 23., 일부 개정).

이와 함께 공정거래위원회는 특수판매의 공정거래질서 확립과 소비자 피해예방을 위하여 필요한 경우에는 특수판매업자의 법 위반행위에 대한 조사결과 등 '부당행위에 대한 정보'를 공개할 수 있다(법 §45). 다만 부당행위에 대한 정보를 공개하는 경우 사전에 당해 사업자에게 공개되는 정보의 내용을 통보하여 소명할 기회를 주어야 한다(영 §52). 이 부당행위에 대한 정보의 공개는 공정거래위원회가 사업자에 대해 시정조치를 받은 사실을 공표토록 하는 시정조치 공표권한(법 §49②ⅲ)과 함께 사업자의 신뢰도에 대한 정보를 소비자에 제공하는 중요한 장치이다.

(3) 전화권유판매 수신거부 등록시스템의 구축

(가) 등록시스템의 구축

오늘날 소비자들은 수많은 전화권유로 인해 불필요한 시간을 낭비하거나 건전한 소비생활에 지장을 받게 된다. 이에 따른 소비자의 불만을 해소하기 위해 방문판매법은 전화권유판매자의 행위로부터 소비자를 보호하기 위하여 공정거래위원회가 소비자가 수신거부의사를 명시적으로 표시하여 등록할 수 있는 수신거부의사 등록시스템을 구축할 수 있도록 하고 있다(법 §42①).[31]

(나) 수신거부 의사의 확인

수신거부의사 등록시스템 구축에 따라 전화권유판매자는 전화권유판매를 하려는 경우에는 등록시스템에서 공정거래위원회가 확인하여 게시한 소비자의 수신거부의사를 월 1회 이상 확인하여야 하며, 전화권유판매 수신거부의사를 등록한 소비자에게 전화권유판매를 하여서는 아니 된다(법 §42② 본문, 영 §49①). 다만, 전화권유판매업자가 총리령으로 정하는 바에 따라 소비자로부터 개별적인 동의를 받은 경우에는 그러하지 아니하다(법 §42② 단서).

(다) 등록시스템 운용의 위탁

공정거래위원회는 등록시스템의 운용을 ① 소비자기본법에 따라 설립된 기관 또는 등록된 소비자단체나 ② 법 제54조 또는 다른 법률에 따라 소비자보호를 위해 설립된 기관 또는 등록된 사업자단체에 위탁할 수 있다(법 §42③). 등록시스템의 운영을 위탁할 대상 기관 또는 단체로 선정되기 위해서는 ⅰ) 등록시스템 운영에 필요한 법률지식

---

31) 한편 「정보통신망 이용촉진 및 정보보호 등에 관한 법률」 제50조에서는 영리목적의 광고성 정보의 전송을 제한하고 있으며(제1항), 수신자의 전화·팩스에 영리목적의 광고성 정보를 전송하려는 자는 그 수신자의 사전 동의를 받도록 하고 있다(제2항). 다만, ⅰ) 재화등의 거래관계를 통하여 수신자로부터 직접 연락처를 수집한 자가 그가 취급하는 재화등에 대한 영리목적의 광고성 정보를 전송하려는 경우와 ⅱ) 청약을 받을 목적으로 신원정보의 제공을 함께 하는 광고(전자상거래소비자보호법 §13①) 및 판매자의 신원을 밝히는 전화권유의 경우(방문판매법 §6③)에는 예외로 규정하고 있다.

및 전산지식을 갖춘 전문인력을 보유하고, ii) 등록시스템의 안정적 운영과 개인정보 보호에 필요한 전산설비 등 물적 시설을 갖추어야 한다(법 §42④, 영 §49②). 공정거래위원회는 위 시스템의 원활한 운용을 위하여 해당 기관 또는 단체에 대하여 그 운용에 필요한 비용의 전부 또는 일부를 지원할 수 있다(법 §42③).

공정거래위원회는 위탁사업자로 선정된 자가 i) 거짓 또는 부정한 방법으로 위탁사업자로 선정되었거나 ii) 등록시스템을 제1항에 따른 목적 외의 목적으로 이용하거나 제3자로 하여금 이용하게 한 경우에는 그 선정을 취소하여야 하며, iii) 제4항에 따른 선정기준을 충족하지 못하게 된 경우 iv) 제5항에 따른 조사 결과 원래의 선정 목적을 달성하기 어렵다고 인정되는 경우에는 그 선정을 취소할 수 있다(법 §42⑥ 각호).

(4) 특수판매 소비자단체의 지원

공정거래위원회는 특수판매에서의 공정거래질서 확립 및 소비자권익 보호를 위한 사업을 시행하는 기관 또는 단체에 대하여 예산의 범위 안에서 필요한 지원을 할 수 있다(법 §41).

2. 특수판매사업자의 역할

(1) 소비자피해보상보험계약등의 체결

(가) 계약체결의 권장 또는 의무화

방문판매법은 특수판매에 대한 소비자의 신뢰를 제고하고 만일에 발생할지도 모를 피해보상을 사전에 확보할 수 있도록 특수판매사업자로 하여금 소비자 피해보상을 위한 보험계약 등을 체결하도록 권장 또는 강제할 수 있는 근거를 마련하고 있다. 특히 소비자피해가 급속히 확산될 우려가 있는 다단계판매와 일부 후원방문판매의 경우[32]에는 소비자피해보상보험계약등의 체결을 등록요건으로서 의무화하고 있으며, 등록요건을 갖추지 못한 부실·불법 다단계판매업자와 후원방문판매의 영업활동을 금지하고 있다. 그러나 여타 특수판매의 경우에는 가입권장사항으로 되어 있다(법 §37②).

(나) 소비자피해보상보험계약등의 유형

여기에서 소비자피해보상보험계약등이란 제3자를 위한 보험 또는 지급보증의 성격이 있는 계약으로서 ① 소비자피해보상을 위한 보험계약, ② 소비자피해보상금 지급을 확보하기 위한 「은행법」에 따른 금융기관과의 채무지급보증계약, ③ 소비자피해보상을

---

32) 후원방문판매원에게 공급한 재화등의 100분의 70 미만을 판매원이 아닌 소비자에게 판매한 후원방문판매업자에 대해서만 소비자피해보상보험계약의 체결이 의무화되어 있다(법 §29②, §37).

위해 설립한 공제조합과의 공제계약을 말한다(법 §37①). 그러나 보험회사와 은행이 ①, ②의 보험계약이나 채무지급보증계약의 체결을 기피함에 따라 실제로는 사업자 간에 공제조합을 공동으로 설립[33]하여 공제조합과 보증계약을 체결하는 ③의 형식을 취하는 것이 일반적이다.

(다) 소비자피해보상보험계약등의 내용

소비자피해보상보험계약등의 내용은 이 법 위반행위로 인한 소비자피해를 보상하기에 적절한 수준이어야 한다(법 §37③). 이를 위해 방문판매법은 i) 그 체결이 의무화되어 있는 다단계판매 또는 후원방문판매에서 요구되는 계약내용과 ii) 그 체결이 권장되고 있는 방문판매 및 계속거래등에서 요구되는 계약내용을 다소 달리하고 있다.

첫째, 다단계판매업자 또는 후원방문판매업자가 체결하여야 하는 소비자피해보상보험계약등은 다음의 사항을 충족하여야 한다(영 §44①).

① 청약철회 등의 권리행사에 따라 발생하는 대금환급의무의 불이행 또는 재화등의 공급의무의 불이행 등으로 인한 소비자피해를 보상하는 것을 그 내용으로 할 것
② 피보험자 또는 수혜자는 당해 소비자피해보상보험계약등을 체결한 자가 판매하는 재화등의 구매자로 할 것
③ 계약금액은 재화등의 매매대금을 한도로 공정거래위원회가 정하여 고시하는 규모 이상으로 할 것
④ 소비자(다단계판매원 또는 후원방문판매원을 포함한다. 이하 이 조에서 같다)가 용이하고 신속하게 피해보상을 받을 수 있도록 하고 보상이 지연되는 경우 지연배상금이 지급되도록 할 것
⑤ 정당한 사유 없이 소비자의 의사표시 방법을 제한하거나 소비자에게 지나친 입증책임의 부담을 부과하지 아니할 것
⑥ 정당한 사유 없이 피해보상의 범위나 보험자 또는 재화등의 판매자의 책임을 한정하지 아니할 것
⑦ 소비자에게 예상하기 어려운 위험이나 손해를 줄 우려가 있거나 부당하게 불리한 약정을 두지 아니할 것
⑧ 소비자피해보상보험계약등의 계약을 체결하여 거래하는 기간은 1년 이상으로

33) 다단계판매업자들은 독자적인 피해보상체계를 구축하기 위해 업계의 규모나 국내업체와 외국계업체 간의 이해관계에 따라 별도의 공제조합('직접판매공제조합', '한국특수판매공제조합')을 설립하여, 이들 조합과 공제계약을 체결하고 있다. 공정거래위원회, 「공정거래백서」(2024), 467면.

하고, 정당한 사유 없이 계약 해지의 요건을 쉽게 정하여 소비자에게 불이익을 주지 아니할 것

⑨ 보험계약 또는 채무지급보증계약은 보험회사(보험업법 §2ⅵ) 또는 은행(은행법 §2①ⅱ)과 체결할 것. 다만, 후원방문판매업자의 경우 ⅰ) 재화등의 매매·위탁판매 등 계속적 거래관계가 있고, ⅱ) 보험회사, 은행법 또는 공제조합(법 §38)과 소비자피해보상보험계약등을 체결한 다른 후원방문판매업자와 ①부터 ⑧까지의 요건을 충족하는 채무지급보증계약을 체결할 수 있다.

둘째, 기타 공정거래위원회가 특수판매업자에 대해 체결하도록 권장하는 소비자피해보상보험계약 등은 위의 ①부터 ⑦까지 및 ⑨의 사항을 충족하여야 한다(영 §44②).

(라) 피해보상금의 지급

소비자피해보상보험계약등에 따라 소비자피해 보상금을 지급할 의무가 있는 자는 그 지급 사유가 발생한 경우에는 지체 없이 이를 지급하여야 하고, 이를 지연한 경우에는 지연배상금을 지급하여야 한다(법 §37④). 피해보상금 지급 사유에는 ① 소비자가 재화를 구매한 후 판매업자가 재화를 공급하지 않은 경우와 ② 소비자의 청약철회시 판매업자가 대금환불을 하지 않는 경우가 해당된다.

(마) 기 타

소비자피해보상보험계약등을 체결 또는 유지하는 다단계판매업자와 후원방문판매업자는 매출액 등의 자료를 제출함에 있어 거짓 자료를 제출하여서는 아니 된다(법 §37⑤). 또한 소비자피해보상보험계약등을 체결한 자는 그 사실을 나타내는 표지를 사용할 수 있으며(법 §37⑥), 소비자피해보상보험계약등을 체결하지 아니한 자는 그러한 표지를 사용하거나 이와 유사한 표지를 제작 또는 사용하여서는 아니 된다(법 §37⑦).

그 밖에 재화등이나 거래의 특성에 따른 소비자피해보상보험계약등의 구체적인 기준, 피해보상의 내용 및 절차와 소비자피해보상보험계약등의 표지 사용에 필요한 사항은 총리령으로 정한다(영 §44③).

(2) 공제조합의 설립·운영 및 감독

(가) 의 의

방문판매법은 사업자의 자율적인 소비자피해 구제노력을 유도하기 위해 공제조합의 설립과 공제조합과의 공제계약을 소비자피해보상보험계약에 추가하고 있다. 이 공제조합제도는 보험원리에 기초한 것으로 다단계판매업자 또는 후원방문판매업자들이 보험료를 납부하고, 수혜자는 소비자가 되는 일종의 보험방식이다. 공정거래위원회는

공제조합의 설립인가 절차, 정관기재사항, 운영 및 감독 등에 관하여 행정상 권한을 가지고 있다.

(나) 설 립

방문판매법에 따라 신고한 방문판매업자와 등록한 다단계판매업자 또는 후원방문판매업자는 소비자 피해보상으로 인한 보상금 지급책임의 보험공제사업을 영위하기 위하여 공정거래위원회의 인가를 받아 공제조합을 설립할 수 있다(법 §38①). 공제조합을 설립하려는 경우에는 10인 이상이 발기하고, 조합원 중 2분의 1 이상의 동의를 얻어 창립총회에서 정관을 작성한 후 공정거래위원회에 인가를 신청하여야 한다(영 §45①). 공제조합은 법인으로 하며, 주된 사무소의 소재지에 설립등기를 함으로써 성립한다(법 §38②).

조합원의 가입자격, 임원에 관한 사항 및 출자금의 부담기준에 관한 사항은 정관으로 정한다(법 §38⑤). 또한 공제조합의 설립인가 절차, 정관 기재 사항, 운영, 이사회의 구성 및 권한, 임원의 선임, 감독 등에 관하여 필요한 사항은 대통령령으로 정한다(법 §38⑥).

(다) 사업내용

공제조합은 ① 소비자피해 보상을 위한 공제사업 및 소비자의 권익보호를 위한 공익사업, ② 소비자피해 예방과 홍보를 위한 출판 및 교육 사업, ③ 시장의 건전한 발전을 위한 자율정화사업, ④ 공정거래위원회로부터 위탁받은 사업, ⑤ 그 밖에 정관으로 정하는 사업을 시행한다(법 §40).

(라) 출자금

공제조합에 가입한 자는 공제사업의 수행에 필요한 출자금 등을 조합에 내야 한다(법 §38③). 공제조합의 기본재산은 대통령령으로 정하는 바에 따라 가입한 자의 출자금 등으로 조성하되, 공제조합의 기본재산의 운영에 관한 사항은 공정거래위원회의 인가를 받아야 한다. 다만, 정부는 예산의 범위에서 출연(出捐)하거나 보조할 수 있다(법 §38④). 시행령에서는 공제조합의 출자금을 200억 원 이상으로 정하고 있다(영 §46).

(마) 이사회

공제조합의 임원은 이사장 1명을 포함하여 7명 이상 15명 이하의 이사와 2명 이하의 감사로 구성하며, 이사장은 이사 중에서 정관으로 정하는 바에 따라 총회에서 선임한다(영 §47의2①, ③). 이사장은 이사회를 소집하고 그 의장이 되며, 이사회는 재적이사 과반수의 출석과 출석이사 과반수의 찬성으로 의결한다(영 §47의3③, ④). 이사회는 사업계획에 관한 사항, 업무운영 및 관리에 관한 기본방침, 총회의 소집과 총회에 상정할 사항, 예산안에 관한 사항, 차입금에 관한 사항, 중요한 자산의 취득과 처분, 그 밖에 정관으로 정하는 사항을 심의 · 의결한다(영 §47의3⑤).

(바) 공제사업

공제조합이 소비자피해보상에 대한 보상금 지급을 책임지는 보험사업 등 공제사업을 하려는 때에는 공제규정을 정하여 공정거래위원회의 인가를 받아야 하며, 이 공제규정을 변경하려는 때에도 같다(법 §38⑦). 이 공제규정에는 공제사업의 범위, 공제료, 공제사업을 충당하기 위한 책임준비금 등 공제사업의 운영에 관하여 필요한 사항을 정하여야 한다(법 §38⑧).

공제조합에 관하여 이 법에 규정된 것을 제외하고는 민법 중 사단법인에 관한 규정을 준용한다(법 §38⑨). 그 밖에 공제조합의 사업에 대하여는 보험업법을 적용하지 아니한다(법 §38⑩).

(사) 감 독

공정거래위원회는 필요하다고 인정하면 공제조합에 대하여 업무 및 회계에 관한 보고서의 제출 또는 그 밖에 필요한 조치를 명하거나 소속 공무원으로 하여금 공제조합의 업무 및 회계 상황을 조사하거나 장부 그 밖의 서류를 검사하게 할 수 있다(법 §39①).

공정거래위원회는 공제조합의 운영 및 업무집행 등이 법령이나 정관 등에 적합하지 아니하는 경우 이의 시정을 명할 수 있고, 그 밖에 소비자의 피해구제 등과 관련하여 필요한 경우에는 적합한 조치를 요구할 수 있다(법 §39②). 공정거래위원회는 공제조합의 임직원이 ① 공제규정을 위반하여 업무를 처리하였거나, ② 시정명령이나 조치를 이행하지 아니한 경우에는 관련 임직원에 대한 징계 · 해임을 요구하거나 해당 위반행위를 시정하도록 명할 수 있다(법 §39③).

공제조합은 매 사업연도의 총수입과 총지출을 예산으로 편성하여 사업연도 개시 1개월 전까지 공정거래위원회에 제출하여야 한다(영 §48①). 공제조합은 매 사업연도 경과 후 2개월 이내에 결산을 완료하고 결산보고서에 대차대조표와 손익계산서를 첨부하여 공정거래위원회에 제출하여야 한다(영 §48②). 공제조합은 제2항에 따라 공정거래위원회에 제출한 대차대조표와 손익계산서를 주된 사무소 및 지부에 갖추어 두고, 대차대조표는 공고하여야 한다(영 §48③).

3. 평가 · 인증사업자의 의무

방문판매법은 특수판매의 공정거래질서 확립 및 소비자보호를 위하여 특수판매사업자의 평가 · 인증 등의 업무를 수행하는 자의 공시의무를 규정하고 있다. 즉, 평가 ·

인증사업자는 그 명칭 여하를 불문하고 대통령령으로 정하는 바에 따라 그 평가·인증에 관한 기준·방법 등을 공시하고, 그에 따라 공정하게 평가·인증하여야 한다(법 §46①). 평가·인증사업자는 ① 평가·인증사업자의 명칭, ② 주소 또는 사업소의 소재지, ③ 평가·인증범위, ④ 평가·인증업무개시일, ⑤ 평가·인증의 기준·절차 및 방법에 관한 사항을 공정거래위원회가 정하는 바에 따라 공시하여야 한다(영 §53①). 이에 관한 사항은 소비자가 이를 용이하게 열람·확인할 수 있는 방법으로 공시하여야 한다(영 §53②).

평가·인증의 기준 및 방법은 사업자가 거래의 공정화 및 소비자보호를 위하여 행한 노력과 성과에 관한 정보를 전달하는 데 적절한 것이어야 한다(법 §46②). 공정거래위원회는 평가·인증사업자에 대하여 운용상황 등에 관한 자료를 제출하게 할 수 있다(법 §46③).

Ⅱ. 사후구제

1. 의 의

특수판매사업자의 법 위반행위로 피해를 입은 경우 소비자는 피해구제를 위해 공정거래위원회, 시·도지사 또는 시장·군수·구청장(이하 "행정청")에 신고를 하여 시정조치를 요청할 수 있다. 그러나 행정기관의 시정조치는 법 위반사업자에 대한 행정적 제재에 중점이 둔 것으로 이를 통해 분쟁당사자인 소비자등(다단계판매원, 후원방문판매원, 사업권유거래의 상대방 포함)이 직접적인 금전적 피해배상을 받을 수 있는 것은 아니다.

이 점을 고려하여 방문판매법은 특수거래분야에 있어서 사업자의 법 위반행위와 관련하여 소비자의 피해구제신청이 있는 경우에는 행정청은 시정권고 또는 시정조치를 행하기 전에 소비자 피해분쟁조정기구에 분쟁조정을 의뢰할 수 있도록 하고 있다(법 §50). 이와 같이 시정조치에 앞서 당사자 간의 자율적 분쟁해결을 유도함으로써 법 위반행위의 시정과 소비자 피해구제의 효과를 동시에 얻을 수 있게 된다. 또한 자율적 분쟁해결은 사업자에 대한 시정조치보다는 신속한 피해배상을 원하는 소비자의 요구와도 일치하며, 사업자의 법 위반행위에 대한 판단만으로 시정조치의 내용을 결정하기 어려운 경우에 분쟁해결이 지연되는 것[34]을 방지하는 데도 도움이 된다.

---

34) 예컨대, 청약철회시 사업자에게 대금 환급의무가 발생하지만, 소비자에게도 책임이 있어 일부 감액을 해야 할 부분이 있는 경우, 공정거래위원회가 판매업자의 위반행위에 대한 시정명령으로서 대금환급 명령을 내린다면 사업자는 다시 소비자에게 환급금의 일부에 대한 반환을 청구하는 등 분쟁이 지속되는 문제가 발

2. 분쟁조정절차

(1) 분쟁조정의 의뢰

행정청은 방문판매법 위반행위와 관련하여 소비자의 피해구제 신청이 있는 경우, 시정권고 또는 시정조치를 행하기 전에 특수판매에 있어 소비자보호 관련업무를 수행하는 기관 또는 단체 가운데 대통령령으로 정하는 소비자 피해분쟁조정기구에 그 조정을 의뢰할 수 있다(법 §50①). 대통령령으로 정하는 소비자 피해분쟁조정기구로서는 ① 한국소비자원을 비롯하여 ② 시·도지사가 소비자의 불만 및 피해를 처리하기 위하여 설치한 전담기구, ③ 기타 소비자보호 관련법령에 의하여 설치되는 분쟁조정기구가 있다(영 §57). 특히 소비자보호 관련법령에 의하여 설치 운영되는 분쟁조정기구로서는 공정거래위원회에 등록한 소비자단체의 협의체(한국소비자단체협의회)가 특수거래 분야에서 발생하는 개별 피해구제(환불, 청약철회 등)를 효율적으로 처리하기 위해 설치한 분쟁조정기구로서 「자율분쟁조정위원회」가 있다(소비자기본법 §31).

행정청은 소비자 피해분쟁조정기구에 의하여 의뢰된 조정안을 당사자가 수락하고 이를 이행하는 경우에는 시정조치를 하지 아니한다는 뜻을 당사자에게 알려야 한다(법 §50②).

(2) 분쟁조정의 성립

분쟁조정기구의 조정안에 해당 사업자가 동의하여 분쟁조정이 성립되는 경우 해당 건은 종결된다. 그러나 조정이 성립되지 아니하는 경우에는 분쟁조정기구에서 해당 건을 공정거래위원회에 회송한다. 공정거래위원회에서는 해당 건을 사건으로 접수하여 사업자의 법 위반행위에 대하여 조사하고 시정조치를 취하게 된다.

3. 분쟁조정의 효과

일반적인 분쟁조정과는 달리 특수거래 분야에서 분쟁조정이 성립되어 소비자 피해분쟁조정기구의 조정안에 대하여 당사자가 수락하고 이행한 경우에는 공정거래위원회는 해당 사업자에 대한 시정조치를 하지 아니한다(법 §50③). 분쟁조정의 당사자는 분쟁조정기구의 조정안을 이행하였음을 확인하는 서류를 그 이행한 날부터 10일 이내에 공정거래위원회에 제출하고, 시정조치를 하지 아니한다는 확인을 해 줄 것을 요청할 수 있다(영 §58①). 이 요청을 받은 공정거래위원회는 시정조치를 하지 아니하는 대상

생할 수 있다.

등을 사업자에게 통지하여야 한다(영 §58②).

시정조치의 면제를 통해 소비자는 조정안에 따른 금전적 보상을 효과적으로 받을 수 있게 되고, 사업자 입장에서도 공정거래위원회에 의한 획일적인 시정조치보다 융통성 있는 협의 · 조정을 통해 분쟁을 해결할 수 있게 된다.

4. 예산지원

공정거래위원회는 소비자 피해분쟁조정기구에 분쟁의 조정을 의뢰하는 경우 예산의 범위에서 해당 분쟁의 조정에 필요한 예산을 지원할 수 있다(법 §50④).

제 7 절 법 위반행위의 조사 · 감독 및 제재

Ⅰ. 법 위반행위의 조사

1. 조사의 개시

법 위반행위의 조사는 직권 또는 신고로 개시된다. 공정거래위원회, 시 · 도지사 또는 시장 · 군수 · 구청장(이하 "행정청")은 이 법의 규정에 위반한 사실이 있다고 인정할 때에는 직권으로 필요한 조사를 할 수 있다(법 §43① 본문). 또한 누구든지 방문판매법의 규정에 위반되는 사실이 있다고 인정할 때에는 그 사실을 행정청에 신고할 수 있다(법 §43⑦ 본문). 다만 다단계판매 및 후원방문판매와 관련한 법 위반사실에 대해서는 공정거래위원회 또는 시 · 도지사에게 신고할 수 있고, 이들만이 조사권한을 가진다(법 §43① 단서, §43⑦ 단서).

시 · 도지사 또는 시장 · 군수 · 구청장이 법 위반행위의 조사를 하려는 경우에는 공정거래위원회에 통보하여야 한다. 공정거래위원회는 조사 등이 중복될 우려가 있는 경우에는 시 · 도지사 또는 시장 · 군수 · 구청장에게 조사의 중지를 요청할 수 있다. 이 경우 요청을 받은 시 · 도지사 또는 시장 · 군수 · 구청장은 상당한 이유가 없는 한 그 조사를 중지하여야 한다(법 §43②, 조사중지요청권).

행정청은 위의 조사를 한 경우에는 그 결과(조사결과 시정조치명령 등의 처분을 하려는 경우에는 그 처분의 내용을 포함)를 당해 사건의 당사자에게 서면으로 알려야 한다(법 §43③). 다만 법 위반행위가 종료한 날부터 5년이 지난 경우에는 당해 위반행위에 대하여 시정조치를 명하거나 과징금 등을 부과하지 아니한다. 다만, 시정조치 또는 과징금 부과처분이 판결의 취지에 따라 취소된 경우로서 그 판결 이유에 따라 새로운 처분을 하는 경우에는 그러하지 아니하다(법 §43⑧).

2. 합동조사

공정거래위원회는 법 위반행위의 조사를 위하여 「소비자기본법」 제33조에 따른 한국소비자원과 합동으로 조사반을 구성할 수 있다(법 §43④). 조사반의 반장은 공정거래위원회 소속 공무원으로 하며, 반원은 공정거래위원회 소속 공무원과 한국소비자원장이 지정한 소속 직원으로 한다(영 §50①). 해당 업무를 담당하는 한국소비자원의 임직원은 「형법」 제127조와 제129조부터 제132조까지의 규정에 따른 벌칙을 적용할 때에는 공무원으로 본다(법 §43⑥).

3. 실태조사

공정거래위원회는 특수판매에서의 건전한 거래질서 확립 및 소비자 보호를 위하여 특수판매에 대한 실태조사와 교육을 실시할 수 있다(법 §43의2①). 실태조사의 방법, 절차 등에 필요한 사항은 대통령령으로 정한다(법 §43의2②).

4. 포상금제도

(1) 포상금의 지급

방문판매법은 미등록 다단계·후원방문판매, 사행적 판매원 확장행위 위반사업자에 대한 적발을 용이하게 할 수 있도록 신고포상금제도를 도입하였다. 즉, 공정거래위원회는 ① 등록을 하지 아니하고 다단계판매조직 또는 후원방문판매조직을 개설·관리 또는 운영하는 행위(법 §13①, §29③) ② 사행적 판매원 확장행위 금지규정(법 §24)을 위반한 행위를 신고 또는 제보하고 이를 입증할 수 있는 증거자료를 최초로 제출한 자에 대하여 예산의 범위에서 포상금을 지급할 수 있다. 다만 위반행위를 한 사업자 및 그 사업자의 임직원으로서 해당 위반행위에 관여한 사람은 제외한다(법 §44①, 영 §51①).

(2) 포상금의 환수

공정거래위원회가 포상금을 지급한 후 ① 위법 또는 부당한 방법의 증거수집, 거짓신고, 거짓진술, 증거위조 등 부정한 방법으로 포상금을 지급받거나, ② 동일한 원인으로 다른 법령에 따라 포상금 등을 지급받거나, ③ 그 밖에 착오 등의 사유로 포상금이 잘못 지급된 사실이 발견된 경우에는 해당 포상금을 지급받은 자에게 반환할 금액을 통지하여야 하고, 해당 포상금을 지급받은 자는 그 통지를 받은 날부터 30일 이내에 이를 납부하여야 한다(법 §44의2①).

Ⅱ. 시정조치 및 과징금의 부과

1. 시정조치

(1) 시정권고

행정청은 특수판매업자가 방문판매법의 규정에 위반되는 행위를 하거나 의무를 이행하지 아니하는 경우 시정조치에 앞서 당해 행위를 중지하거나 의무를 이행하도록 당해 특수판매업자에 대하여 시정방안을 정하여 이에 따를 것을 권고할 수 있다(법 §48①). 이때 시정권고를 받은 특수판매업자는 그 통지를 받은 날로부터 10일 이내에 당해 권고를 수락하는지의 여부에 관하여 이를 행한 행정청에 통지하여야 한다(법 §48②). 시정권고를 받은 자가 당해 권고를 수락한 때에는 시정조치가 명하여진 것으로 본다(법 §48③).

(2) 시정조치

(가) 시정조치명령

공정거래위원회는 특수판매업자가 법에서 정한 일정한 행위를 하거나 일정한 의무를 이행하지 아니하는 경우 해당 사업자 등에 대하여 그 시정을 위한 조치를 명할 수 있다(법 §49①). 시정조치의 내용으로는 ① 당해 법 위반행위의 중지, ② 이 법에 규정된 의무의 이행, ③ 시정조치를 받은 사실의 공표, ④ 소비자피해 예방 및 구제에 필요한 조치, ⑤ 그 밖에 시정을 위하여 필요한 조치가 있다(법 §49②). 사업자 등에 대하여 시정조치를 받은 사실의 공표를 명하려는 경우에는 ⅰ) 위반행위의 내용 및 정도, ⅱ) 위반행위의 기간 및 횟수, ⅲ) 위반행위로 인하여 발생한 소비자피해의 범위 및 정도를 참작하여 공표의 내용 및 그 횟수 등을 정하여 공표를 명하여야한다(영 §55). 기타 시정을 위해 필요한 조치로서는 공정거래 관련법령이 효과적으로 준수되도록 하기 위한 교육명령을 예로 들 수 있다.

(나) 영업정지

공정거래위원회는 ⅰ) 시정조치에도 불구하고 최근 3년간 같은 위반행위가 2회 이상 반복되는 경우 ⅱ) 시정조치를 이행하지 아니한 경우, ⅲ) 시정조치만으로는 소비자피해를 방지하기 어렵거나 소비자에 대한 피해보상이 불가능하다고 판단되는 경우에는 대통령령으로 정하는 바에 따라 1년 이내의 기간을 정하여 그 영업의 전부 또는 일부의 정지를 명할 수 있다(법 §49④).

(다) 등록취소

특히 공정거래위원회 또는 시・도지사는 다단계판매업자가 속임수나 그 밖의 부정한 방법으로 등록을 한 경우에는 그 등록을 취소하여야 하고, ⅰ) 등록결격사유에 해당하는 경우, ⅱ) 소비자피해보상보험계약등이 해지된 경우, ⅲ) 영업정지기간 중에 영업을 하는 경우에는 등록을 취소할 수 있다(법 §49⑤).

(3) 보고・감독

시・도지사 또는 시장・군수・구청장은 방문판매법의 규정에 의한 시정권고를 하는 경우에는 지체 없이 공정거래위원회에 보고하여야 한다.[35] 이 경우 전자문서에 의하여 보고할 수 있다(법 §47①, 영 §54). 공정거래위원회는 이 법의 효율적인 시행을 위하여 필요하다고 인정할 때에는 그 소관사항에 관하여 시・도지사 또는 시장・군수・구청장에기 조사・확인 또는 자료의 제출을 요구하거나 그 밖에 시정에 필요한 조치를 하도록 요구할 수 있다. 이 경우 시・도지사 또는 시장・군수・구청장은 특별한 사유가 없으면 이에 따라야 한다(법 §47②).

2. 과징금 부과

(1) 부과조건

공정거래위원회는 특수판매업자가 시정조치에도 불구하고 방문판매법 위반행위가 반복되거나 시정조치만으로는 소비자피해의 방지가 곤란하다고 판단되는 경우에는 해당 사업자에게 1년 이내의 기간을 정하여 영업의 전부 또는 일부의 정지를 명하거나, 이에 갈음하여 과징금을 부과할 수 있다.

(2) 부과기준

이 경우 과징금액은 위반행위와 관련된 매출액을 초과하지 아니하는 범위 안에서 정해진다(법 §51① 1문).

위반행위 관련매출액이란 당해 위반행위가 ① 매출이나 소비자 피해발생의 직접적인 원인이 아닌 경우에는 당해 위반행위의 발생시점으로부터 그 종료시점까지의 매출액의 10퍼센트에 해당하는 금액(다만, 위반행위가 특정 분야에 한정된 경우에는 당해 분야

35) 방문판매법에서는 지방행정청의 시정권고에 대해서만 공정거래위원회 보고의무만 규정하고 있을 뿐(법 §47①), 시정조치 처분에 대한 보고의무에 관해서는 언급하고 있지 않으나 시행령 제54조에서는 시정권고 또는 처분을 한 경우 보고의무를 규정하고 있어 입법의 미비로 보인다.

매출액 기준), ② 매출이 일어난 직접적 원인이 된 경우에는 당해 위반행위와 상당인과관계가 있는 매출액 전액에 해당하는 금액, ③ 소비자피해에 직접적 원인이 된 경우에는 당해 위반행위로 인하여 피해가 발생한 매출액 전액에 해당하는 금액을 말한다. 당해 위반행위가 이 매출액 기준 가운데 2 이상에 해당되는 경우에는 그 중 큰 금액을 말한다(영 §60). 관련매출액이 없거나 이를 산정할 수 없는 경우 등에는 5천만 원을 초과하지 아니하는 범위 안에서 정액과징금을 부과할 수 있다(법 §51① 2문, 영 §60).

(3) 부과시 참작사항

방문판매법은 과징금 부과와 관련하여 특히 소비자의 피해정도 및 그 보상을 고려하도록 함으로써 사업자가 소비자 피해보상에 노력하도록 유도하고 있다. 즉 과징금 부과에 있어서는 ① 위반행위로 인한 소비자 피해정도, ② 소비자피해에 대한 사업자의 보상노력 정도, ③ 위반행위로 인하여 취득한 이익의 규모, ④ 위반행위의 내용·기간 및 횟수 등을 참작하여야 한다(법 §51②).

(4) 과징금의 징수

공정거래위원회는 이 법의 규정을 위반한 특수판매업자인 회사의 합병이 있는 경우에는 해당 회사가 행한 위반행위는 합병 후 존속하거나 합병에 의하여 새로 설립된 회사가 행한 행위로 보아 과징금을 부과·징수할 수 있다(법 §51③).

공정거래위원회는 과징금을 부과하려는 때에는 그 위반행위의 종별과 당해 과징금의 금액 등을 명시하여 이를 납부할 것을 서면으로 통지하여야 한다(영 §59①). 과징금 납부통지를 받은 자는 통지가 있은 날부터 60일 이내에 과징금을 공정거래위원회가 정하는 수납기관에 납부하여야 한다(영 §59②).

Ⅲ. 동의의결

1. 동의의결 신청

공정거래위원회의 조사나 심의를 받고 있는 사업자 또는 사업자단체(이하 "신청인")는 해당 조사나 심의의 대상이 되는 행위(이하 "해당 행위")로 인한 불공정한 거래내용 등의 자발적 해결, 소비자의 피해구제 및 거래질서의 개선 등을 위하여 동의의결을 하여 줄 것을 공정거래위원회에 신청할 수 있다(법 §50의2① 본문).

신청은 ① 해당 행위를 특정할 수 있는 사실관계, ② 해당 행위의 중지, 원상회복 등 경쟁질서의 회복이나 거래질서의 적극적 개선을 위하여 필요한 시정방안, ③ 소비자 등의 피해를 구제하거나 예방하기 위하여 필요한 시정방안을 기재한 서면으로 하여야 한다(법 §50의2②). 다만, 동의의결이 있기 전에 신청을 취소하는 경우 공정거래위원회는 동의의결을 하지 아니하고 이 법에 따른 심의 절차를 진행하여야 한다(법 §50의2① 단서 각호, §44②).

2. 동의의결 절차

공정거래위원회는 신속한 조치의 필요성, 소비자 피해의 직접 보상 필요성 등을 종합적으로 고려하여 동의의결 절차의 개시 여부를 결정하여야 한다(법 §50의3①).

공정거래위원회는 동의의결을 하기 전에 30일 이상의 기간을 정하여 ① 해당 행위의 개요, ② 관계 법령 조항, ③ 시정방안(시정방안이 수정된 경우에는 그 수정된 시정방안), ④ 해당 행위와 관련하여 신고인 등 이해관계인의 이해를 돕는 그 밖의 정보(다만, 사업상 또는 사생활의 비밀 보호나 그 밖에 공익상 공개하기에 적절하지 아니한 것은 제외)를 신고인 등 이해관계인에게 통지하거나, 관보 또는 공정거래위원회의 인터넷 홈페이지에 공고하는 등의 방법으로 의견을 제출할 기회를 주어야 한다(법 §50의3②). 공정거래위원회는 위의 사항을 관계 행정기관의 장에게 통보하고 그 의견을 들어야 하며, 제58조부터 제64조의 벌칙규정이 적용되는 행위에 대해서는 검찰총장과 협의하여야 한다(법 §50의3③).

공정거래위원회는 동의의결을 하거나 이를 취소하는 경우에는 공정거래법 제59조의 구분에 따른 회의(전원회의 또는 소회의)의 심의·의결을 거쳐야 한다(법 §50의3④).

3. 동의의결 내용

공정거래위원회는 해당 행위의 사실관계에 대한 조사를 마친 후 신청인이 제시한 시정방안이 ① 해당 행위가 이 법을 위반할 것으로 판단될 경우에 예상되는 시정조치 및 그 밖의 제재와 균형을 이루고, ② 공정하고 자유로운 경쟁질서나 거래질서를 회복시키거나 소비자 등을 보호하기에 적절하다고 인정된다고 판단되는 경우에는 해당 행위와 관련한 심의절차를 중단하고 시정방안과 같은 취지의 의결(동의의결)을 할 수 있다. 이 경우 동의의결 신청인과의 협의를 거쳐 시정방안을 수정할 수 있다(법 §50의2③).

공정거래위원회의 동의의결은 해당 행위가 이 법에 위반된다고 인정한 것을 의미하지 아니하며, 누구든지 신청인이 동의의결을 받은 사실을 들어 해당 행위가 이 법에 위반된다고 주장할 수 없다(법 §50의2④).

4. 동의의결 취소

공정거래위원회는 ① 동의의결의 기초가 된 시장상황 등 사실관계의 현저한 변경 등으로 인하여 시정방안이 적정하지 아니하게 되거나, ② 신청인이 제공한 불완전하거나 부정확한 정보로 인하여 동의의결을 하게 되었거나, 신청인이 거짓 또는 그 밖의 부정한 방법으로 동의의결을 받았거나, ③ 신청인이 정당한 이유 없이 동의의결을 이행하지 아니하는 경우에는 동의의결을 취소할 수 있다(법 §50의4①). 동의의결을 취소한 경우 공정거래위원회는 중단된 해당 행위 관련 심의절차를 계속하여 진행할 수 있다(법 §50의4③).

5. 동의의결의 이행

(1) 이행계획 및 점검

동의의결을 받은 신청인은 동의의결의 이행계획과 이행결과를 공정거래위원회에 제출하여야 한다(법 §50의3⑤). 공정거래위원회는 제출된 이행계획의 이행 여부를 점검할 수 있고, 동의의결을 받은 신청인에게 그 이행에 관련된 자료의 제출을 요청할 수 있다(법 §50의3⑥).

(2) 이행계획 및 점검의 위탁

공정거래위원회는 이행계획의 이행 여부 점검과 관련자료 요청 등 동의의결의 이행관리에 관한 업무를 대통령령으로 정하는 바에 따라 조정원 또는 한국소비자원(이하 "소비자원")에 위탁할 수 있다(법 §50의3⑦). 방문판매법 시행령은 한국소비자원에 위탁하도록 하고 있다(영 §58의2). 위탁을 받은 기관의 장은 신청인이 제출한 동의의결의 이행계획과 이행결과에 대한 이행관리 현황을 분기별로 공정거래위원회에 보고하여야 한다. 다만, 공정거래위원회의 현황 보고 요구가 있는 경우 즉시 이에 따라야 한다(법 §50의3⑧). 위탁을 받은 기관의 장은 동의의결을 받은 신청인이 그 이행을 게을리하거나 이행하지 아니하는 경우에는 지체 없이 그 사실을 공정거래위원회에 통보하여야 한다(법 §50의3⑨).

(3) 미이행 등

공정거래위원회는 정당한 이유 없이 상당한 기한 내에 동의의결을 이행하지 아니한 자에게 동의의결이 이행되거나 취소되기 전까지 1일당 200만 원 이하의 이행강제금을 부과할 수 있다(법 §50의5①). 이와 함께 동의의결의 이행관리 업무를 담당하거나 담당하였던 사람에 대하여는 공정거래법 제119조(비밀엄수의 의무)와 제123조 제2항(벌칙 적용시 공무원 의제)을 준용한다(법 §57⑤, ⑥).

제8절 보칙 및 벌칙

Ⅰ. 보 칙

1. 소비자등에게 불리한 계약의 무효

방문판매법에서 소비자보호를 위한 규정은 강행규정으로서 이 규정에 반하여 소비자에게 불리한 계약은 무효이다(법 §52, 편면적 강행규정).

이들에게 불리한 계약내용에 관한 것으로서 방문판매법에서 열거하고 있는 것으로는 ① 방문판매자등의 정보제공 및 계약서 발급의무, 전화권유판매업자의 통화내용 보존의무, 소비자의 청약철회권 및 손해배상청구금액의 제한에 관한 조항(법 §7부터 §10까지), ② 다단계판매자의 정보제공 및 계약서 발급의무, 상대방의 철회권 및 손해배상청구금액의 제한에 관한 조항(법 §16부터 §19까지) 및 ③ 계속거래업자등의 정보제공 및 계약서 발급의무, 소비자의 계약해지권 및 계약해제·해지시 대금환급 및 위약금의 제한에 관한 조항(법 §30부터 §32까지)이 있다.

2. 입증책임

방문판매법은 ① 재화등의 훼손에 대한 소비자의 책임 유무, ② 계약이 체결된 사실 및 그 시기, ③ 재화등의 공급 사실 및 그 시기, ④ 계약서의 발급 사실 및 그 시기, ⑤ 입증책임에 관한 별도의 약정이 없는 그 밖의 거래 사실에 관하여 계약 상대방과 다툼이 있는 경우에는 특수판매업자가 이를 증명하도록 하고 있다. 이 경우 특수판매업자는 증명에 필요한 통화 내용 등에 대한 거래기록을 보관할 수 있다(법 §36①). 또한 특수판매업자는 증명에 필요한 통화내용 등 거래기록을 미리 보존할 수 있으며, 이 경우 특수판매업자는 거래기록을 그 대상·범위·기간 및 열람 방법 등에 관하여 대통령령으로 정하는 바에 따라 보존하여야 한다(법 §36②).

여기에서 특수판매업자가 보관하거나 보존할 수 있는 거래기록은 ① 표시·광고에 관한 기록, ② 계약 또는 청약철회등에 관한 기록, ③ 대금결제 및 재화등의 공급에 관한 기록, ④ 소비자의 불만 또는 분쟁처리에 관한 기록을 말하며, 증명에 필요한 통화내용 등 거래기록의 보존기간은 계약일부터 3개월 이상으로 한다(영 §43①, ②). 소비자는 특수판매업자가 보관하거나 보존하는 거래기록에 대하여 방문전화팩스 또는 전자우편 등의 방법으로 열람을 요청할 수 있으며, 특수판매업자는 그 요청에 따라야 한다(영 §43③).

3. 전속관할

방문판매법은 소비자의 소송수행상의 곤란함을 제거하기 위해 적용대상인 특수판매업자와의 거래에 관련된 소는 제소당시 소비자의 주소를, 주소가 없는 경우에는 거소를 관할하는 지방법원의 전속관할로 한다. 다만, 제소 당시 소비자의 주소 또는 거소가 분명하지 아니한 경우에는 전속관할의 규정이 적용되지 않는다(법 §53).

4. 사업자단체의 등록

특수판매의 건전한 발전과 소비자에 대한 신뢰도의 제고, 그 밖에 공동의 이익을 증진하기 위한 목적으로 설립된 사업자단체는 대통령령으로 정하는 바에 의하여 공정거래위원회에 등록할 수 있다(법 §54①).

등록하려는 사업자단체는 ① 목적, ② 명칭, ③ 주된 사무소·지부의 주소 및 홈페이지 주소, ④ 대표자의 성명·주민등록번호와 주소 및 전화번호, 전자우편주소, ⑤ 설립연월일, ⑥ 회원의 수(지부의 수를 포함), ⑦ 사업내용을 기재한 신청서를 공정거래위원회에 제출하여야 한다(영 §62①). 이 신청서에는 정관을 비롯하여 ① 인력·재정상황 및 재원확보방안, ② 주요설비의 목록 및 성능에 관한 자료를 첨부하여야 한다(영 §62②). 등록한 사업자단체는 등록된 사항 또는 제출된 자료의 내용에 변경이 있는 때에는 그 변경이 있는 날부터 20일 이내에 공정거래위원회에 통보하여야 한다(영 §62③).

5. 소비자 개인정보의 보호

특수판매업자는 특수판매를 위하여 소비자에 관한 정보를 수집 또는 이용(제3자에게 제공하는 경우 포함)하려는 경우에는 「정보통신망 이용촉진 및 정보보호 등에 관한 법률」 등 관련규정에 따라 이를 공정하게 수집 또는 이용하여야 한다(법 §55, 전자상거래소비자보호법 §11①). 재화등을 거래함에 있어서 소비자에 관한 정보가 도용되어 당해 소비자가 재산상의 손해가 발생하였거나 발생할 우려가 있는 특별한 사유가 있는 경우에는 본인 확인이나 피해의 회복 등 대통령령으로 정하는 필요한 조치를 취하여야 한다(법 §55, 전자상거래소비자보호법 §11②). 여기에서 필요한 조치란 구체적으로 ① 소비자 본인이 요청하는 경우 도용 여부의 확인 및 당해 소비자에 대한 관련거래 기록의 제공, ② 도용에 의하여 변조된 소비자에 관한 정보의 원상회복, ③ 도용에 의한 피해의 회복을 말한다(법 §55, 전자상거래소비자보호법시행령 §12 각호). 이에 위반할 경우 공정거래위원회는 시정조치를 명할 수 있다(법 §55, §49①).

6. 권한의 위임 · 위탁

(1) 권한의 위임

공정거래위원회는 그 권한의 일부를 대통령령으로 정하는 바에 따라 소속기관의 장 또는 시 · 도지사에게 위임할 수 있고, 시 · 도지사는 다시 그 권한의 일부를 대통령령으로 정하는 바에 따라 시장 · 군수 · 구청장에게 위임할 수 있다(법 §56①, ②).

(2) 권한의 위탁

공정거래위원회는 그 권한의 일부를 다른 행정기관의 장에게 위탁할 수 있다(법 §56①). 또한 이 법의 효율적인 집행을 위하여 필요한 경우 사무의 일부를 사업자단체에 위탁할 수 있다(법 §56③). 여기에서 사업자단체는 특수판매의 건전한 발전과 소비자에 대한 신뢰도의 제고 그 밖에 공동의 이익을 증진하기 위한 목적으로 설립되고, 공정거래위원회에 적법절차에 따라 등록된 사업자단체를 말한다(법 §56②, §47). 사무를 위탁받은 사업자단체의 임원 및 직원은 형법 제129조 내지 제132조의 규정에 의한 벌칙의 적용에 있어서는 이를 공무원으로 본다(법 §56⑤).

(3) 위임 · 위탁사무의 처리

위임하거나 위탁한 사무에 대한 감독, 처리 · 보고, 조사 · 확인, 자료의 제출 또는 시정에 필요한 조치의 요구 등에 관하여 필요한 사항은 대통령령으로 정한다(법 §56④).

7. 공정거래법의 준용

방문판매법 위반행위의 조사 및 행정처분을 주관하는 공정거래위원회의 권한행사와 관련하여 공정거래법의 규정이 준용된다(법 §57). 방문판매법에서 준용하고 있는 것으로는 ① 공정거래위원회의 심의 · 의결에 관한 사항(공정거래법 §64부터 §68까지 및 §93), ② 행정청의 조사 등에 관한 사항(공정거래법 §81①부터 ③까지, ⑥ 및 ⑨), ③ 처분에 대한 이의신청, 집행정지, 소의 제기 및 불복의 소의 전속관할에 관한 사항(공정거래법 §96부터 §101까지), ④ 과징금의 부과·징수에 관한 사항(공정거래법 §103부터 §107까지), ⑤ 방문판매법에 의한 직무에 종사하거나 종사하였던 공정거래위원회의 위원 또는 공무원의 비밀엄수의무에 관한 사항(공정거래법 §119)이 있다.

Ⅱ. 벌 칙

1. 형 벌

방문판매법은 법 위반행위의 경중에 따라 7년 이하에서 1년 이하 징역형, 2억 원 이하에서 1천만 원 이하의 벌금형 등 다양한 형벌을 규정하고 있다(법 §58부터 §64).

특히 ① 등록을 하지 아니하거나 등록이 취소된 다단계판매조직이나 후원방문판매조직을 개설·관리 또는 운영한 자, ② 거짓이나 그 밖의 부정한 방법으로 등록을 하고 다단계판매조직이나 후원방문판매조직을 개설·관리 또는 운영한 자 ③ 소비자피해보상보험계약등을 체결하지 아니하고 영업하는 행위를 한 다단계판매자, ④ 다단계판매조직 또는 이와 비슷하게 단계적으로 가입한 자로 구성된 조직을 이용하여 사행적 판매원 확장행위 등을 행하거나 이를 하도록 교사하거나 방조한 다단계판매업자에 대해서는 7년 이하의 징역 또는 2억 원 이하의 벌금에 처한다. 이 경우 법 위반행위와 관련하여 판매하거나 거래한 대금 총액의 3배에 해당하는 금액이 2억 원을 초과할 때에는 7년 이하의 징역 또는 판매하거나 거래한 대금 총액의 3배에 해당하는 금액 이하의 벌금에 처하도록 하고 있다(법 §58①). 징역형과 벌금형은 병과(倂科)할 수 있다(법 §58②).

2. 형사고발

공정거래위원회는 방문판매법 제58조부터 제64조까지의 법 위반사실을 인지한 경우에 사업자를 고발할 수 있다. 그러나 방문판매법상 공정거래위원회의 고발은 공정거래법에서와는 달리 전속고발권에 기한 것이 아니기 때문에 공소기관에 대한 수사개시의 단서를 제공하는 데 불과하다.

3. 과 태 료

방문판매법 위반행위에 대해 공정거래위원회, 시·도지사 또는 시장·군수·구청장은 최고 5천만 원 이하에서 최저 100만 원 이하에 이르기까지 의무위반의 유형 및 정도에 따라 각기 정해진 범위 내의 과태료를 부과할 수 있다(법 §66①부터 ④까지). 다단계판매 및 후원방문판매와 관련된 규정에 의한 과태료는 공정거래위원회 또는 시·도지사가 부과·징수한다(법 §66⑤).

4. 양벌규정

법인의 대표자나 법인 또는 개인의 대리인·사용인 그 밖의 종업원이 그 법인 또는 개인의 업무에 관하여 방문판매법상 형사처벌 대상행위를 한 때에는 행위자를 벌하는 외에 그 법인 또는 개인에 대하여도 각 해당 조의 벌금형을 과(科)한다. 다만, 법인 또는 개인이 그 위반행위를 방지하기 위해 해당 업무에 관하여 상당한 주의와 감독을 게을리 하지 아니한 경우에는 그러하지 아니하다(법 §65①).

제58조부터 제63조까지의 벌칙의 어느 하나에 해당하는 위반행위를 한 자 또는 벌금형이 부과되는 법인 또는 개인이 이미 공정거래위원회 또는 시·도지사의 처분을 받거나 소비자의 피해를 보상한 경우에는 위 규정에 따른 형을 감경하거나 면제할 수 있다(법 §65②).

제6장 전자상거래 등에서의 소비자보호에 관한 법률

제1절 개 설

Ⅰ. 전자상거래등의 의의

오늘날 통신수단의 발달과 함께 일정한 점포를 중심으로 한 전통적인 대면 거래방식보다는 우편, 전기통신, 광고물 등을 이용한 무점포·비대면 거래방식이 보편화되고 있다. 이러한 추세에 따라 통신판매시장의 규모가 점차 커지고 있으며, 홈쇼핑 등 유선방송까지 등장하고 있다. 더구나 초고속 인터넷과 스마트폰의 보급 확대에 따라 컴퓨터 네트워크를 이용한 온라인 전자상거래가 디지털사회에서 새로운 패턴의 거래방식으로 자리 잡아 가고 있다.[1] 특히 최근 포털사이트 내의 카페·블로그 등을 통한 통신판매가 증가하고, 컴퓨터 소프트웨어, 영상, 음악, 도서와 같은 일부 상품들은 디지털화되어 전자적으로 배달되기도 한다.

그러나 전자상거래 또는 통신판매는 비대면거래의 특성상 거래당사자 간에 상대방을 잘 모르는 상태에서 통상 사업자가 제공하는 정보에 의존하여 거래가 이루어지는데다 정보의 제공이나 계약의 의사표시 및 대금결제가 전자적 방식으로 이루어지기 때문에 이에 따른 부작용도 많이 나타나고 있다. 무엇보다도 유일한 판단 자료가 되는 온라인 또는 오프라인상의 광고, 재화목록의 기재내용이 불충분하고, 무점포판매방식의 특성상 소비자들이 재화 또는 용역(이하 “재화등”)을 직접 확인하지 않고 구매하는 경우가 많아 추후 재화등의 가격, 품질 등을 둘러싸고 분쟁의 소지가 있다. 또한 일부 사업자들은 통신광고를 이용하거나 가상공간에서 점포를 개설하여 거래하면서 소비자가 재화등을 인도받기 전 신용카드결제, 온라인입금 등을 받은 후 재화등을 공급하지 않거나 제공한 정보와 다른 재화등을 공급하는 사례가 나타나고 있다. 이 경우 소비자는 일단 대금이 결제된 이후이기 때문에 동시이행의 항변권을 행사할 수 없으며, 애프터

---

1) 2023년 1년간 온라인쇼핑 거래액은 227조 3,470억 원, 온라인쇼핑 거래액 중 모바일쇼핑 거래액은 167조 8,276억 원으로 매년 증가 추세에 있다. 통계청 보도자료, “2023년 12월 및 연간 온라인쇼핑동향”(2024. 2. 1), 13면.

서비스나 계약해제 등에서 불리한 위치에 놓이게 된다. 그 밖에 사업자(통신판매업자 또는 전자상거래업자)들이 전자사서함에 상업광고를 과다하게 보내 소비자들의 시간낭비를 초래하거나 유지비용을 증대시키기도 하고 개인정보를 오용·남용 또는 도용하여 소비자의 사생활에 피해를 주기도 한다.

그럼에도 불구하고 기존의 소비자보호법 체계는 대면거래 방식을 규율하는데 중점이 두어져 있기 때문에 비대면 상태에서 이루어지는 문서화되지 않은 거래행위를 규율하기에는 한계가 있을 수밖에 없다. 따라서 전자상거래 또는 통신판매에 있어서 소비자보호를 위해서는 비대면거래의 특성을 염두에 둔 새로운 법원칙과 제도로서 가상점포 및 재화등에 대한 신뢰성의 확보, 개인정보의 보호 및 분쟁의 효율적 해결을 위한 방안이 요구된다.

Ⅱ. 전자상거래의 유형 및 특성

1. 유 형

일반적으로 전자상거래(electronic commerce)란 거래의 각 단계에서 요구되는 의사나 정보를 인터넷 등의 컴퓨터 네트워크를 통해 전자적으로 교환하는 방식에 의해서 이루어지는 상거래를 말한다.[2] 전자상거래는 통신판매의 일종이지만, 신문·잡지·카탈로그 등의 지면광고를 기초로 한 전통적인 우편주문 판매방식이나 최근 유행하고 있는 TV·전화 등의 아날로그식 전파매체를 통한 통신판매 방식과는 큰 차이가 있다.

전자상거래는 거래당사자에 따라 기업 대 기업(business to business, B2B), 기업 대 소비자(business to consumer, B2C), 기업 대 정부(business to government, B2G) 등의 거래유형으로 나누어 볼 수 있다.[3] 기업 대 소비자(B2C)의 거래유형으로는 소비자가 사이버 쇼핑몰을 통하여 상품을 주문하고 대금을 결제하는 것이 대표적이다. 이는 현실공간에서 상인이 상점에 진열대를 설치하여 상품을 진열해 두면 소비자가 상점에 들어와서 진열대의 물건을 고른 후 그것을 구입하는 것과 마찬가지의 기능을 발휘하는 것이다.

---

2) 이러한 네트워크에는 인터넷(internet)을 비롯하여 전자자료 교환(electronic data interchange, EDI), 전자우편(e-mail), 팩스(fax), 바코드(bar code), 파일전송(file transfer), 전자자금이체(electronic funds transfer, EFT), 전자정보서비스(electronic information service), 음성사서함(voice mail), 이미지 시스템(image system), 비디오 메시징(video messaging) 등의 모든 컴퓨터 통신기술이 포함된다.

3) Jonathan Coppel, *E-Commerce: Impacts and Policy Challenges*, Economics Department Working Papers No. 252, OECD, 2000 참조.

2. 특 성

(1) 일반적 특성

오늘날 전자상거래는 정보의 디지털화와 네트워크의 개방에 힘입어 시간적·공간적 제약을 받지 않고 자유롭게 이루어지는 특성이 있다. 즉, 일정한 점포를 본거로 한정된 지역의 상권에서 제한된 영업시간에만 거래를 하는 전통적인 상거래와 달리, 전자상거래는 전 세계 어느 곳에서든 하루 24시간 거래가 가능하다. 또한 시장이나 점포와 같이 물리적으로 고정된 장소에서 상품 등을 실제로 전시하여 고객에게 판매하는 전통적인 상거래와 달리, 전자상거래는 주로 인터넷이라는 가상공간에 점포[4]를 개설하여 상품 등에 대한 정보를 디지털화하여 게시하고 소비자가 구매를 위한 전자적 의사표시를 함으로써 거래를 이루게 된다. 전통적인 상거래 영업을 위해서는 점포개설에 많은 자금이 소요되는 반면, 전자상거래는 인터넷 서버에의 가입, 홈페이지 구축 등에 필요한 비용만으로 영업을 개시할 수 있으며, 그 개설과 폐지가 용이하고 익명·차명으로도 개설이 가능하다.

이와 함께 전자상거래는 전통적인 상거래와는 달리 중간 유통과정을 생략한 채 사업자와 소비자 간의 직접 쌍방향적인 의사소통을 통하여 거래가 성립된다는 점도 커다란 특징 중의 하나이다. 이러한 특성 때문에 전통적인 상거래가 고객의 불만에 대한 대응이나 고객의 요구를 포착하는 것이 비교적 늦지만, 인터넷 상거래에서는 고객의 요구를 신속하게 포착하고 고객의 불만에 즉시 대응할 수 있다.

(2) 법률적 특성

일반적인 거래의 경우 그 법률관계의 기초로 되는 계약은 대등한 거래당사자가 대면하여 청약과 승낙이라는 의사표시의 합치로서 성립하며, 해제사유가 없고 불공정하지 않는 한 구속력이 발생한다. 전자상거래의 경우도 마찬가지로 계약 성립 전의 단계로서 사업자의 광고, 신진 등의 청약유인이 있고, 소비자의 청약과 사업자의 승낙의 의사표시의 합치로 계약이 성립한다. 계약이 체결된 후에는 계약의 이행으로서 대금결제와 급부의무의 이행이 이루어지게 된다.

그러나 전자상거래는 청약유인, 계약체결, 계약이행의 각 단계에서 요구되는 의사나 정보가 인터넷 등의 컴퓨터 네트워크를 통해 전자적 자료 및 의사의 교환형태로 이

4) 인터넷 쇼핑몰(internet shopping mall) 또는 사이버몰(cyber shopping mall)이라고 한다. 가상거래 또는 가상점포로도 번역되는데, "인터넷을 통하여 재화와 용역을 주문하고 그 대금결제를 처리하는 웹사이트"라고 정의될 수 있다.

루어지는 특성이 있다. 이로 인해 오프라인상 종이문서 거래를 염두에 둔 기존의 법률에서는 그다지 심각하지 않았던 문제가 대두되기도 하고, 해석상의 논란이 야기될 수 있다. 예컨대, 가상공간에서의 비대면거래로 이루어지는 특성상 계약의 성립, 대금결제, 급부의무의 이행 등에 필요한 전자데이터가 제3자의 행위나 네트워크의 오류로 인하여 상대방에 도달하지 않거나 도중에 변조될 위험이 있다. 특히 전자상거래 계약은 통상 전자문서(전자메시지 또는 전자기록)의 교환에 의하여 체결되는데 전자문서는 종이문서와는 달리 타인이 다른 사람의 명의를 도용하여 전자문서를 작성한 후 발송하거나 다른 사람이 만들어놓은 전자문서에 침입하여 내용을 수정·변경해 놓을 경우 그 위조·변조의 여부를 식별하는 것이 사실상 불가능하다.

또한 대면거래시에는 시간이나 절차면에서 거래가 진행되는 동안 소비자가 구매를 재고할 어느 정도 여유가 있지만 네트워크 상에서 즉시적으로 이루어지는 전자상거래에서는 그 같은 여유가 없다. 착오나 의사표시의 불일치 등의 경우에도 대면거래시에는 이를 정정할 수 있는 기회가 있지만, 전자상거래에서는 컴퓨터의 경직성으로 인해 일단 의사표시로서 클릭한 후에는 그와 같은 정정이 불가능하다. 그 밖에 전자상거래 계약의 이행과 관련하여 통상적으로 온라인 송금 또는 신용카드 결제 등 대금의 선지급이 요구되고 급부의 이행은 추후에 이루어지기 때문에 소비자는 쌍무계약관계에서 거래당사자에게 인정되고 있는 동시이행의 항변권(민법 §536)을 행사하기 어렵다.

제 2 절 전자상거래소비자보호법의 일반론

I. 제 정

통신판매는 무점포 특수판매의 일종으로서 소비자의 충동구매에 따른 피해가 우려된다는 점에서 종래에는 방문판매·다단계판매와 함께 방문판매법에서 규율하여 왔다. 전자상거래도 정보전달방법에 차이가 있을 뿐 그 본질에서는 통신판매의 일종으로서 통신판매에 적용되는 방문판매법은 전자상거래에도 적용이 가능하였다.

그러나 방문판매법은 인터넷의 보급 및 경제의 디지털화를 예상하지 못한 상태에서 제정되었기 때문에 급속히 성장하고 있는 전자상거래 등 통신수단을 이용한 특수판매 분야에서 소비자 보호기능을 다하기 어렵게 되었다. 무엇보다 인터넷에 의한 온라인거래가 실시간으로 이루어지는 전자상거래에 대해 방문판매법상의 통신판매에 관한 규정을 그대로 적용하기에는 한계가 있었다. 따라서 전자상거래 분야에서 공정한 경쟁질서를 확립하고 전자상거래가 소비자의 신뢰를 바탕으로 보다 발전할 수 있도록 2002년 3월 방문판매법으로부터 통신판매 관련규정을 별도로 분리하여 전자상거래의 고유한 특성을 반영한 「전자상거래등에서의 소비자보호에 관한 법률」(이하 "전자상거래소비자보호법")을 제정하였다.

전자상거래소비자보호법은 제정 당시 전자상거래에 있어서 통신판매업자 등이 준수하여야 할 사항을 규정하고, 법령상 의무를 위반한 자에 대한 시정정조치명령·과징금제도 등을 도입하였으나, 이후 지속적인 개정 작업을 통해 소비자의 실질적 권익 보호 및 소비자피해 예방 및 구제를 강화해 나가고 있다.

Ⅱ. 개념의 정리

1. 전자상거래

전자상거래란 재화나 용역을 거래할 때 그 전부 또는 일부가 전자문서에 의하여 처리되는 전자거래의 방법으로 상행위를 하는 것을 말한다(법 §2ⅰ, 전자문서 및 전자거래기본법 §2ⅴ). 따라서 전자상거래는 전자거래의 다양한 거래형태 중 상행위 유형에 속하는 거래를 의미하는 것으로 볼 수 있다.[5] 전자상거래의 범위에는 온라인 쇼핑몰과 같이 인터넷과 같은 전자적 통신수단을 통해 이루어지는 상거래는 물론 보조적 상행위로 이루어지는 전자결제나 전자금융거래, 전자문서 교환까지 포함한다. 전자문서란 정보처리시스템(정보처리능력을 가진 전자적 장치 또는 체계)에 의하여 전자적 형태로 작성, 송신·수신 또는 저장되는 정보를 말한다(전자문서 및 전자거래기본법 §2ⅰ, ⅱ).

2. 통신판매

통신판매란 우편·전기통신 그 밖에 총리령으로 정하는 방법[6]으로 재화 또는 용역

---

5) 오병철, 「전자거래법」(법원사, 1999), 28면. 한편 전자거래(Electronic Transaction)와 전자상거래(Electronic Commerce)의 개념 구분과 관련하여 미국의 경우도 전자가 후자를 포함하는 보다 넓은 의미로 사용되고 있다. 즉 미국 통일전자거래법 제2조 제16항에서는 "거래란 영업행위, 상행위 또는 정부업무에 관련된 2인 또는 그 이상의 자 사이에서 발생하는 행위나 일련의 조치를 말한다(Transaction means an action or set of actions occurring between two or more persons relating to the conduct of business, commercial, or government affairs)"고 정의하여 전자거래가 전자상거래를 포함하는 개념임을 나타내고 있다.

6) "총리령이 정하는 방법"이란 ① 광고물·광고시설물·전단지·방송·신문 및 잡지 등을 이용하는 방법 또는 ② 판매자와 직접 대면하지 아니하고 우편환·우편대체·지로 및 계좌이체 등을 이용하는 방법으로 소비자에게 재화등에 관한 정보를 제공하거나 소비자의 청약을 받아 재화등을 판매하는 것을 말한다(전자상거래소비자보호규칙 §2).

(일정한 시설을 이용하거나 용역을 제공받을 수 있는 권리 포함)의 판매에 관한 정보를 제공하고 소비자의 청약을 받아 재화 또는 용역(이하 “재화등”)을 판매하는 것을 말한다(법 §2 ii 본문). 구체적으로 카탈로그 쇼핑과 TV 홈쇼핑, 유선의 전자상거래뿐만 아니라 M커머스, T커머스, IP TV를 통한 상거래 등이 이에 해당한다. 통신판매를 업(業)으로 하는 자 또는 그와의 약정에 따라 통신판매업무를 수행하는 자를 통신판매업자라고 한다(법 §2 iii).

통신판매의 특징은 사업자의 재화등의 판매에 관한 ‘사전정보의 제공’과 소비자의 청약에 의한 계약의 성립이 ‘비대면’으로 이루어지는데 있다. 따라서 소비자가 인터넷 사이버몰 등에서 사업자의 재화등에 관한 광고를 본 후 사업자의 상점을 방문하여 (대면으로) 재화등을 구입한다면 이는 판매에 관한 정보의 제공이 비대면으로 이루어진 것일 뿐 청약이 비대면으로 이루어진 것이 아니기 때문에 통신판매에 해당되지 않는다.

한편 전화권유판매는 전화라는 통신수단을 이용하지만 대면거래의 성격이 강하므로 방문판매의 유형으로 취급되며, 통신판매의 범위에 해당하지 않는다(법 §2 ii 단서). 또한 전자상거래도 거래형태면에서 인터넷 등 전자적 통신수단을 매개로 거래가 이루어진다는 점에서 통신판매 유형에 해당하는 것으로 볼 수 있으나, 통신판매는 ‘사전정보 제공’과 ‘비대면 계약’을 전제로 하고 있기 때문에 사전정보 제공없이 사업자의 전자우편주소로 청약을 하여 전자상거래 계약을 체결하거나 전자결제와 같이 계약이행만을 비대면으로 하는 전자상거래의 경우 당연히 통신판매에 포섭된다고 보기 어렵다.[7]

3. 통신판매중개

통신판매중개란 사이버몰(cyber mall, 컴퓨터 등과 정보통신설비를 이용하여 재화등을 거래할 수 있도록 설정된 가상의 영업장)의 이용을 허락하거나 그 밖에 총리령이 정하는 방법[8]으로 거래당사자 간의 통신판매를 알선하는 행위를 말한다(법 §2 iv). 오늘날 전자상거래를 포함하여 통신판매의 중개가 대부분 온라인 플랫폼을 중심으로 이루어지고 있다. 대표적인 중개방식으로는 다수의 개인 판매자들이 소비자와 거래를 중개해 주는 오픈마켓 방식[9]과 배달앱이나 숙박앱같이 온라인과 오프라인(online to offline)을 중개

---

7) 고형석, “전자상거래소비자보호법상 전자상거래와 통신판매와의 관계에 관한 연구”, 「인터넷법률」 통권 제47호(2009), 18-19면, 21면; 윤주희, “전자상거래, 통신판매 및 통신판매중개의 법적개념에 대한 새로운 접근”, 「경희법학」 제48권 제2호(2013), 46-48면.

8) 통신판매 거래의 알선방법으로서 “그 밖에 총리령이 정하는 방법”이란 자신의 명의로 통신판매를 위한 광고수단을 제공하거나 그러한 광고수단에 자신의 이름을 표시하여 통신판매에 관한 정보의 제공이나 청약의 접수 등 통신판매의 일부를 수행하는 것을 말한다(규칙 §3).

9) 이 방식은 다수의 개인 판매자들이 중개쇼핑몰에 입점하여 상품 등록 후 판매하고 등록수수료, 판매수

해 주는 O2O 방식[10]이 있다.

Ⅲ. 목적 및 적용범위

1. 목 적

전자상거래소비자보호법은 전자상거래 및 통신판매 등에 의한 재화 또는 용역의 공정한 거래에 관한 사항을 규정함으로써 소비자의 권익을 보호하고 시장의 신뢰도를 높여 국민경제의 건전한 발전에 이바지함을 목적으로 한다(법 §1).

2. 적용범위

(1) 적용대상

전자상거래 및 통신판매 등에 의한 방법으로 이루어지는 사업자와 소비자 간의 모든 재화 또는 용역의 거래(B2C)는 이 법의 적용대상으로 된다. 따라서 사업자가 상행위를 목적으로 구입하는 거래(B2B)나, 재화등을 원재료(중간재 포함) 및 자본재로 사용하는 거래에 대하여는 원칙적으로 이 법이 적용되지 않는다. 적용대상으로 되는 것은 재화의 판매 및 용역의 제공에 관한 모든 거래관계이며, 재화는 주로 동산이 될 것이나 그에 한정되지 아니하고, 용역도 일정한 시설을 이용하거나 용역의 제공을 받을 권리까지 포함된다.

(2) 소비자의 범위

전자상거래소비자보호법은 소비자기본법에서와 마찬가지로 ① 소비생활을 목적으로 재화등을 최종적으로 사용하거나 이용하는 자(최종소비자)와 ② 소비생활 외의 목적으로 재화등을 사용하거나 이용하는 자(중간소비자)로서 정책적으로 인정하는 자(정책적 소비자)를 소비자의 개념에 포함시키고 있다(법 §2ⅴ, 영 §2). 즉, ⅰ) 재화등을 원재료나 중간재 및 자본재로 사용하지 않고 최종적으로 사용하거나 이용하는 자(영 §2ⅰ)와 ⅱ) 재화등을 농업, 축산업, 어업활동을 위하여 구입하는 자(영 §2ⅲ)[11]를 소비자의 개념에

수료와 광고료 등을 정산한 뒤 대금지급 받는 방식으로 G마켓, 옥션, 11번가, 인터파크 등이 이에 해당한다. 최근 소셜커머스 사업자(쿠팡 등)도 일부 오픈마켓 방식을 도입하고 있으며, 종합쇼핑몰 사업자(롯데닷컴, 신세계몰 등), 포털사이트 사업자(네이버, 카카오 등), TV홈쇼핑 앱(GS샵, CJ몰, 롯데홈쇼핑, H몰, 홈앤쇼핑, NS몰 등)도 오픈마켓 방식을 도입하고 있다.

10) O2O 사업자는 소비자와 오프라인 사업자가 계약을 체결할 수 있도록 조력하는 통신판매중개업자의 지위를 가진다. 입점사업자는 등록수수료, 주문(판매)수수료, 광고료(경매방식/정액광고) 외 전용 단말기 사용료, 외부결제 수수료 등을 지급한다.

포함시키고 있다. 이와 함께 전자상거래소비자보호법은 법 적용의 대상이 되는 소비자의 범위를 더욱 확장하여 iii) 사실상 소비자와 같은 지위에서 다른 소비자와 같은 거래조건으로 구매하는 사업자(영 §4 ii)[12]도 소비자의 범위에 포함시키고 있다.

3. 적용제외

(1) 상행위를 목적으로 하는 거래

사업자가 상행위를 목적으로 재화등을 구입하는 거래에 대해서는 전자상거래소비자보호법이 적용되지 않는다(법 §3① 본문). 다만 사업자라 하더라도 사실상 소비자와 같은 지위에서 다른 소비자와 같은 거래조건으로 거래하는 경우에는 그 실질관계에 있어서는 상행위를 목적으로 한 것으로 보기 어렵기 때문에 소비자보호를 목적으로 하고 있는 본 법이 그대로 적용된다(법 §3① 단서). 또한 다단계판매원의 경우에는 사업자의 범주에서 제외되고 있으므로 상행위를 목적으로 다단계판매업자와 구입계약을 체결하더라도 본 법의 적용대상이 된다.

(2) 일부 적용제외

(가) 정형화된 거래 등

① 소비자가 이미 잘 알고 있는 약관 또는 정형화된 거래방법에 따라 수시로 거래하는 경우로서 유·무선 전화기 등을 이용하여 전화정보서비스를 이용하는 거래와 ② 다른 법률(민법 및 방문판매법 제외)에 이 법의 규정과 다른 방법으로 하는 계약서 발급의무 등이 규정되어 있는 거래에 대해서는 계약내용에 관한 서면의 교부의무 규정(법 §13②)을 적용하지 아니한다. 다만, ①의 경우에는 총리령으로 정하는 바에 따라 계약내용에 관한 서면의 내용이나 교부의 방법을 다르게 할 수 있다(법 §3②).

(나) 통신판매업자

통신판매업자가 아닌 자 사이의 통신판매중개를 하는 통신판매업자에 대하여는 제13조부터 제15조까지, 제17조부터 제19조까지의 규정을 적용하지 아니한다(법 §3③).

(다) 유가증권의 거래 등

① 「자본시장과 금융투자업에 관한 법률」(자본시장법)의 투자매매업자·투자중개업자가 하는 증권거래, ② 대통령령으로 정하는 금융회사 등이 하는 금융상품거래[13] 및

---

11) 다만 「원양산업발전법」 제6조 제1항에 따라 해양수산부장관의 허가를 받은 원양어업자는 제외한다(영 §4 iii 단서).

12) 이 경우 소비자로 인정되는 것은 해당 재화등을 판매한 자에 대한 관계로 한정한다(영 §4 ii).

13) '대통령령으로 정하는 금융회사 등이 하는 금융상품거래'란 ① 「금융위원회의 설치 등에 관한 법률」

③ 일상 생활용품, 음식료 등을 인접지역에 판매하기 위한 거래에 대하여는 제12조부터 제15조까지, 제17조부터 제20조까지 및 제20조의2의 규정을 적용하지 아니한다(법 §3④).

Ⅳ. 다른 법률과의 관계

전자상거래 또는 통신판매에서의 소비자보호에 관하여 이 법과 다른 법률이 경합하는 경우에는 이 법을 우선 적용한다. 다만, 다른 법률을 적용하는 것이 소비자에게 유리한 경우에는 그 법을 적용한다(법 §4).

제 3 절 사업자의 의무

Ⅰ. 일반적 의무

1. 기록보존의무

전자상거래소비자보호법은 전자상거래 및 통신판매의 거래가 전자적으로 기록되는 특징을 고려하여 사업자에게 일정기간 거래기록을 보존할 의무를 부과하고, 소비자의 열람·보존을 보장하고 있다.

즉, 사업자는 전자상거래 및 통신판매에서의 표시·광고, 계약내용 및 그 이행 등 거래에 관한 기록을 상당한 기간 동안 보존하여야 한다. 이 경우 소비자가 쉽게 거래기록을 열람·보존할 수 있는 방법을 제공하여야 한다(법 §6①). 사업자가 보존하여야 할 거래기록 및 그와 관련된 개인정보(성명·주소·전자우편주소 등 거래의 주체를 식별할 수 있는 정보에 한한다)는 소비자가 개인정보의 이용에 관한 동의를 철회하는 경우에도 개인정보보호와 관련된 법률의 규정[14]에 불구하고 이를 보존할 수 있다(법 §6②). 사업자가 보존하는 거래기록의 대상·범위·기간 및 소비자에게 제공하는 열람·보존의

제38조 제1호·제2호·제4호·제6호·제7호·제9호·제11호 및 제12호에 해당하는 기관, ②「대부업 등의 등록 및 금융이용자 보호에 관한 법률」 제3조에 따라 등록한 대부업자 또는 대부중개업자, ③ 다른 법령에 의하여 설립된 금융회사 또는 중앙행정기관의 인가·허가 등을 받아 설립된 금융회사 등이 직접 취급하는 금융상품거래를 말한다(영 §3).

14) '개인정보보호와 관련된 법률의 규정'으로는「정보통신망 이용촉진 및 정보보호에 관한 법률」 제30조 제3항,「개인정보 보호법」 제21조 제1항 및 제36조 제2항, 제37조 제4항,「신용정보의 이용 및 보호에 관한 법률」 제37조 제1항 등이 있다(영 §5의2).

방법 등에 관하여 필요한 사항은 대통령령으로 정한다(법 §6③).

거래기록 보존기간은 ① 표시·광고에 관한 기록은 6월, ② 계약 또는 청약 철회 등에 관한 기록은 5년, ③ 대금결제 및 재화등의 공급에 관한 기록은 5년, ④ 소비자의 불만 또는 분쟁처리에 관한 기록은 3년이다(영 §6①).

〈거래기록의 보존기간〉

보존 대상·범위	기 간	비 고
표시·광고	6월	▪ 통신판매중개자는 자신의 정보처리시스템을 통하여 처리한 기록 보존 ▪ 소비자가 열람·확인할 수 있도록 거래한 사이버몰에 보존 및 소비자가 전자문서로 저장하여 보존 ▪ 서면을 방문 등의 방법으로 열람·복사할 수 있도록 보존(사업장 비치)
계약, 청약철회	5년	
대금결제, 재화공급	5년	
불만, 분쟁처리	3년	

사업자가 소비자에게 제공하여야 할 거래기록의 열람·보존의 방법은 첫째, 거래가 이루어진 해당 사이버몰(법 §2ⅳ)에서 거래당사자인 소비자가 거래기록을 열람·확인할 수 있도록 하고, 전자문서의 형태로 정보처리시스템 등에 저장할 수 있도록 하여야 한다. 둘째, 거래당사자인 소비자와의 거래기록을 그 소비자의 희망에 따라 방문·전화·팩스 또는 전자우편 등의 방법으로 열람하거나 복사할 수 있도록 하여야 한다. 셋째, 사업자가 법 제6조 제2항에 따라 개인정보의 이용에 관한 동의를 철회한 소비자의 거래기록 및 개인정보를 보존하는 경우에는 개인정보의 이용에 관한 동의를 철회하지 아니한 소비자의 거래기록 및 개인정보와 별도로 보존하여야 한다(영 §6② 각호).

2. 조작실수 방지의무

전자상거래에서는 소비자의 의도와는 달리 컴퓨터 기기의 오작동, 시스템에러, 중복주문, 그 밖의 조작실수가 종종 발생하게 된다. 그러나 민법상 상대방 있는 의사표시는 착오, 사기, 강박, 당사자의 무능력 등에 의한 경우가 아니고는 원칙적으로 상대방의 의사에 반하여 이를 함부로 취소·철회하거나 변경할 수 없다. 다만, 상대방 있는 의사표시는 그 통지가 상대방에 도달한 때로부터 그 효력이 생긴다고 규정하고 있기 때문에(민법 §111, 도달주의), 이론상으로는 소비자의 청약의사가 전자적으로 표출되어 사업자에 도달하기 전까지는 소비자가 임의로 철회할 수 있다. 그러나 전자상거래에서는 의사표시와 동시에, 즉 주문 메시지의 송신과 동시에 소비자의 의사가 사업자에 도달되고 이에 대하여 거의 조건반사적으로 판매자의 승낙이 수신되는 경우가 대부분이기 때문에 일단 송신된 의사표시는 사실상 철회 또는 변경할 수 있는 여지가 거의 없다.

이에 따라 전자상거래소비자보호법은 전자상거래에서 소비자의 조작실수 등으로 인한 의사표시의 착오 등으로 발생하는 피해를 예방할 수 있도록 사업자로 하여금 거래대금이 부과되는 시점이나 청약 전에 그 내용을 확인하거나 바로잡는 데에 필요한 절차를 마련하도록 의무화하고 있다(법 §7).

3. 개인정보 보호의무

전자상거래나 및 통신판매시장에서의 거래는 대부분 회원가입을 통해 이루어지고 있다. 이 때문에 소비자들은 주민등록번호를 비롯한 개인정보[15]를 제공하게 되고, 제공된 소비자정보는 디지털 방식으로 저장되어 광고 이메일 등 마케팅 방법으로 활용되고 있다.[16]

이와 같이 소비자의 개인정보를 마케팅 자료로 활용하는 것은 사업자의 입장에서는 소비자의 개별적 특성에 기초한 수요예측을 통해 판매신장을 기할 수 있으며, 소비자에 대해서도 개별적인 욕구를 충족시키는 맞춤형 서비스를 제공하는 긍정적 측면이 있다. 그러나 필요 이상의 과다한 정보송신으로 소비자에게 불편을 주기도 하며, 소비자 개인정보의 비밀수집 및 거래, 수집목적 이외의 이용, 개인정보의 유출 등으로 소비자의 사생활 침해는 물론 금전적 피해를 유발하기도 한다. 더구나 개인정보가 침해될 경우 그 파급효과가 지속적이고, 입증이 곤란하기 때문에 피해구제가 쉽지 않다.

이러한 점을 고려하여 전자상거래소비자보호법은 사업자가 전자상거래 또는 통신판매를 위하여 소비자에 관한 정보를 수집하거나 이용(제3자에게 제공하는 경우 포함)할 때는 「정보통신망 이용촉진 및 정보보호 등에 관한 법률」 등 관계규정에 따라 공정하게 수집하거나 이용하도록 의무화하고 있다(법 §11①). 또한 소비자에 관한 정보가 도

15) '개인정보'란 살아 있는 개인에 관한 정보로서 성명, 주민등록번호 및 영상 등을 통하여 개인을 알아볼 수 있는 정보를 말하며, 해당 정보만으로는 특정 개인을 알아볼 수 없더라도 다른 정보와 쉽게 결합하여 알아볼 수 있는 것을 포함한다(개인정보 보호법 §2 i). 소비자의 개인정보는 크게 ① 신상정보(나이, 성별, 종교, 직업, 직책, 고향, 가족, 기호, 취미, 주소, 전화번호, 이메일 등), ② 거래정보(거래품목, 거래정도, 자주 이용하는 거래처, 좋아하는 색상 등), ③ 신용정보(소득, 재산정도, 연체사실, 보증 등), ④ 지불정보(신용카드번호, 지로번호 등) 및 ⑤ 기타정보(의료 · 건강정보, 노동력정보 등)로 구분된다.

16) 특히 전자상거래는 그 기술적 특성으로 인해 소비자가 자신의 이름이나 이메일 주소를 밝히지 않고, 단지 사업자가 개설해 놓은 웹사이트를 탐색한 것만으로도 소비자가 현재 어떤 컴퓨터에서 접속하고 있는지를 확인할 수 있을 만큼 소비자에 관한 정보수집능력이 뛰어나다. 따라서 사업자는 그 같은 소비자의 검색이력을 축적 · 분석하면 특정 소비자의 기호나 관심을 파악할 수 있으며, 이를 토대로 그 소비자가 관심을 가질 만한 제품이나 용역에 관한 맞춤형 광고를 송신할 수 있다. 이처럼 전자상거래를 통해 습득한 정보를 분석 · 가공하여 고객별 데이터베이스를 만들면 유용한 마케팅 자료가 될 수 있다.

용되어 해당 소비자에게 재산상의 손해가 발생하였거나 발생할 우려가 있는 특별한 사유가 있는 경우에는 ① 소비자 본인이 요청하는 경우 도용 여부의 확인 및 당해 소비자에 대한 관련 거래기록의 제공, ② 도용에 의하여 변조된 소비자에 관한 정보의 원상회복, ③ 도용에 의한 피해의 회복 등의 조치를 취하도록 하고 있다(법 §11②, 영 §12).

Ⅱ. 통신판매업자의 의무

1. 신고의무

전자상거래소비자보호법은 통신판매업자[17]에 대한 행정감독을 용이하게 하기 위하여 개업 및 휴・폐업 신고의무를 부과하고 있다.

즉, 통신판매업자는 공정거래위원회 또는 주된 사무소의 소재지를 관할하는 특별자치시장・특별자치도지사・시장・군수・구청장(자치구의 구청장)에게 상호, 주소, 전화번호, 전자우편주소, 인터넷도메인 이름, 호스트서버의 소재지 등 일정한 사항을 신고하여야 한다(법 §12①, 영 §15).[18] 주된 사무소의 소재지가 외국인 경우에는 공정거래위원회에 신고하여야 한다(영 §13①). 사업자가 개인인 경우에는 성명 및 주민등록번호, 법인의 경우에는 그 이외에도 대표자의 성명・주민등록번호・주소도 신고하여야 한다(법 §12① 본문, 영 §15). 다만, 통신판매의 거래횟수, 거래규모 등이 공정거래위원회가 고시로 정하는 기준 이하인 경우에는 신고의무가 면제된다(법 §12① 단서). 신고를 받은 공정거래위원회 또는 특별자치시장・특별자치도지사・시장・군수・구청장은 신고사항 또는 변경사항이 기재된 신고증을 교부하여야 한다(영 §13②, §16②).

신고는 서면에 의하여 하는 것이 일반적이겠으나, 공정거래위원회가 정한 정보처리시스템에 의한 전자문서로 신고할 수 있다(영 §18①). 전자문서에 의한 신고를 할 때 전자문서에 의한 자료의 제출이 곤란한 사항은 1개월 안에 우편 등을 통하여 보완할 수 있으며, 보완한 경우에는 전자문서로 신고한 날에 신고한 것으로 본다(영 §18②). 만

---

17) 통신판매업자는 통신판매를 업으로 하는 자 또는 그와의 약정에 따라 통신판매업무를 수행하는 자이다(법 §2ⅲ). 전자상거래가 통신판매로 분류되므로 전자상거래업자도 통신판매업자에 속하게 된다. 따라서 통신판매업자에 관한 사항은 전자상거래업자에게도 그대로 적용된다.

18) 시행령에서는 통신판매업자의 신고가 있는 경우에 공정거래위원회 또는 특별자치시장・특별자치도지사・시장・군수・구청장은 ① 법인 등기사항입증서(법인의 설립등기 전 신고의 경우에는 발기인의 주민등록표 등본), ② 사업자등록증, ③ 선지급식 통신판매를 하는 사업자의 경우 결제대금예치 이용 또는 소비자피해보상보험계약등의 체결을 입증하기 위해 총리령으로 정하는 양식의 서류(그 적용제외 사유가 있는 경우에는 이에 대한 소명자료)를 「전자정부법」 제36조 제1항에 따른 행정정보의 공동이용을 통하여 확인하도록 하고 있다. 다만 신고인이 주민등록표 등본이나 사업자등록증의 확인에 동의하지 아니하는 경우에는 그 서류를 제출하도록 하고 있다(영 §13①).

약 통신판매업자가 신고를 하지 아니하거나 허위로 신고할 경우에는 3천만 원 이하의 벌금에 처하도록 하고 있다(법 §42).

그 밖에 공정거래위원회는 신고한 통신판매업자의 정보를 공개할 수 있다(법 §12④). 이 때 해당 통신판매업자에게 공개하는 내용과 방법을 미리 통지하여야 하고, 사실과 다른 내용을 정정할 수 있는 기회를 주어야 한다(영 §19①). 공정거래위원회가 통신판매업자의 정보를 공개하는 경우에는 통신판매업자(법인인 경우 그 대표자)의 주민등록번호는 공개하지 아니한다(영 §19②).

한편 통신판매업자가 폐업신고를 하지 아니한 상태에서 파산선고를 받는 등 실질적으로 영업을 할 수 없는 것으로 판단되는 경우에는 제12조 제1항에 따른 신고를 받은 공정거래위원회 또는 특별자치시장·특별자치도지사·시장·군수·구청장은 직권으로 신고사항을 말소할 수 있다(법 §22②).

2. 구매권유광고시 준법의무

오늘날 소비자들은 수많은 광고 스팸메일로 인해 불필요한 시간을 낭비하거나 건전한 소비생활에 지장을 받게 된다. 이에 따른 소비자의 불만을 해소하기 위해 전자상거래소비자보호법은 전자상거래를 하는 사업자 또는 통신판매업자가 전화, 팩스, 컴퓨터통신 또는 전자우편 등을 이용하여 재화를 구매하거나 용역을 제공받도록 구매권유광고를 할 때에는 이 법과 「정보통신망 이용촉진 및 정보보호 등에 관한 법률」 등 관계 법률의 규정을 준수하도록 하고 있다(법 §24의2①).[19]

공정거래위원회는 준법의무를 위반하여 구매권유광고를 한 전자상거래를 하는 사업자 또는 통신판매업자에 대한 시정조치를 위해 신원정보를 확보하기 곤란한 사업자의 신원정보를 방송통신위원회 등 관련기관에 요청할 수 있다(법 §24의2②).

3. 계약체결상의 의무

(1) 신원정보 제공의무

전자상거래나 통신판매는 통상적으로 표시·광고를 매개로 하여 이루어지게 되고,

---

19) 동 법 제50조에 따르면 누구든지 전자우편이나 그 밖에 대통령령으로 정하는 매체를 이용하여 수신자의 명시적인 수신거부의사에 반하는 영리목적의 광고성 정보를 전송하여서는 아니 되며(제1항), 수신자의 전화·팩스에 영리목적의 광고성 정보를 전송하려는 자는 그 수신자의 사전 동의를 받도록 하고 있다(제2항). 다만, ⅰ) 재화등의 거래관계를 통하여 수신자로부터 직접 연락처를 수집한 자가 그가 취급하는 재화등에 대한 영리목적의 광고성 정보를 전송하려는 경우와 ⅱ) 청약을 받을 목적으로 신원정보의 제공을 함께 하는 광고(전자상거래소비자보호법 §13①) 및 판매자의 신원을 밝히는 전화권유의 경우(방문판매법 §6③)에는 예외로 규정하고 있다.

그 표시·광고의 내용은 소비자의 구매의사 결정에 중대한 영향을 미친다. 그러나 비대면의 원격거래의 특성상 소비자는 카탈로그 또는 컴퓨터 화면상의 사진과 그에 대한 설명을 보고 구매하기 때문에 실제로 배송된 재화등의 크기, 색상, 품질, 내용 등이 만족스럽지 못한 경우가 많다. 그럼에도 불구하고 실제로 소비자가 표시·광고되었던 것과 상이한 상품 또는 불량품을 반품하거나 계약이행을 촉구하고자 하여도 사업자의 주소를 알 수 없어 소비자피해를 구제하기 어려운 경우가 종종 발생하고 있다.

전자상거래소비자보호법은 사업자에 대한 신뢰확보를 위해 통신판매업자가 재화등의 거래에 관한 청약을 받을 목적으로 표시·광고를 할 때에는 사업자의 신원확인을 위해 ① 상호 및 대표자 성명, ② 주소·전화번호·전자우편주소, ③ 통신판매업자의 신고번호·신고기관 등 신고를 확인할 수 있는 사항이 의무적으로 포함되도록 하고 있다(법 §13①).[20]

(2) 거래조건 고지의무

민법상 법률행위의 중요부분에 착오가 있는 때에는 의사표시를 취소할 수 있고(법 §109), 사기·강박에 의한 의사표시도 이를 취소할 수 있는 것으로 하고 있다(법 §110). 그러나 사업자와 소비자 사이에 협상이나 상담 없이 이미 정형화된 계약내용에 따라 거래가 이루어지는 전자상거래나 통신판매의 경우에는 소비자가 자신의 착오나 사업자의 사기·강박을 입증하는 것이 쉽지 않다. 따라서 착오나 사기·강박에 의한 법률행위를 사후에 취소시켜 소비자를 보호하는 것보다는 사전에 착오가 발생하지 않도록 거래조건 등에 관하여 정확한 정보가 제공되도록 할 필요가 있다.

이에 따라 전자상거래소비자보호법은 통신판매업자에게 일정한 작위의무를 부과하고 있다. 즉, 소비자가 계약체결 전에 재화등에 대한 거래조건을 정확하게 이해하고 실수나 착오 없이 거래할 수 있도록 거래조건과 관련한 일정한 사항[21]을 적절한 방법으

20) 이러한 전자상거래소비자보호법상 신원확인의무 이외에도 사업자의 신원확인 추적장치로서 전자서명(Digital Signature)제도가 있다. 즉, 전자서명의 등록 인증기관에 그 서명 사용자의 신원에 관한 정보가 유지되므로 공급업자의 주소지를 추적하는 데 도움이 될 것이다.

21) 여기에서 일정한 사항에 해당하는 것으로는 ① 재화등의 공급자 및 판매자의 상호, 대표자의 성명·주소 및 전화번호 등, ② 재화등의 명칭·종류 및 내용, ③ 재화등의 정보에 관한 사항(이 경우 제품에 표시된 기재로 계약내용에 관한 사항에의 기재를 갈음할 수 있다), ④ 재화등의 가격(가격이 결정되어 있지 아니한 경우에는 그 가격을 결정하는 구체적인 방법)과 그 지급 방법 및 지급시기, ⑤ 재화등의 공급 방법 및 공급시기, ⑥ 청약의 철회 및 계약의 해제(이하 "청약철회 등")의 기한·행사방법 및 효과에 관한 사항(청약철회 등의 권리를 행사하는 데 필요한 서식을 포함), ⑦ 재화등의 교환·반품·보증과 그 대금 환불 및 환불의 지연에 따른 배상금 지급의 조건·절차, ⑧ 전자매체로 공급할 수 있는 재화등의 전송·설치 등을 할 때 필요한 기술적 사항, ⑨ 소비자피해보상의 처리, 재화등에 대한 불만 처리 및 소비자와 사업자 사이의 분쟁 처리에 관한 사항, ⑩ 거래에 관한 약관(그 약관을 확인할 수 있는 방법 포함), ⑪ 소비자가 구매의 안전

로 표시·광고 또는 고지하도록 통신판매업자에 대해 일정한 제한을 가하고 있다(법 §13②). 공정거래위원회는 통신판매업자의 상호 등에 관한 사항, 재화등의 정보에 관한 사항과 거래조건에 대한 표시·광고 및 고지의 내용과 방법을 정하여 고시할 수 있다. 이 경우 거래방법이나 재화등의 특성을 고려하여 그 표시·광고 및 고지방법을 다르게 정할 수 있다(법 §13④).

또한 눈속임 상술(일명 "다크패턴")의 일환으로 소비자에게 불이익한 조건의 숨은 갱신이 이루어지지 않도록 통신판매업자는 재화등의 정기결제 대금이 증액되거나 재화등이 무상으로 공급된 후 유료 정기결제로 전환되는 경우에는 그 증액 또는 전환이 이루어지기 전 대통령령으로 정하는 기간 내에 그 증액 또는 전환의 일시, 변동 전후의 가격 및 결제방법에 대하여 소비자의 동의를 받고, 증액 또는 전환을 취소하거나 해지하기 위한 조건·방법과 그 효과를 소비자에게 고지하여야 한다(법 §13⑥).

(3) 미성년자에 대한 고지의무

통신판매업자는 미성년자와 재화등의 거래에 관한 계약을 체결할 때에는 법정대리인이 그 계약에 동의하지 아니하면 미성년자 본인 또는 법정대리인이 계약을 취소할 수 있다는 내용을 미성년자에게 고지하여야 한다(법 §13③). 이와 같이 미성년자와의 거래시 법정대리인의 동의가 없는 경우, 법정대리인 및 미성년자가 사후에 이를 취소할 수 있음을 사업자가 고지하도록 함으로써 미성년자의 무분별한 거래 및 이에 따른 사후분쟁의 소지를 방지하고자 하고 있다.[22]

(4) 청약확인의무

의사표시의 효력에 관하여 도달주의를 취한 결과, 그 의사표시의 부도달 또는 연착 등은 원칙적으로 표의자의 불이익으로 돌아간다. 전자상거래에서는 시스템 에러, 오작동 등에 의하여 일정한 시기까지 도달해야 할 의사표시가 도달하지 못할 경우가 발생

을 위하여 원하는 경우에는 재화등을 공급받을 때까지 결제대금예치의 이용을 선택할 수 있다는 사항 또는 통신판매업자의 소비자피해보상보험계약등의 체결을 선택할 수 있다는 사항, ⑫ 그 밖에 소비자의 구매 여부 판단에 영향을 주는 거래조건 또는 소비자 피해의 구제에 필요한 사항으로서 재화등의 가격 외에 교환·반품비용 등 소비자가 추가로 부담하여야 할 사항이 있는 경우 그 내용 및 금액, 판매일시·판매지역·판매수량·인도지역 등 판매조건과 관련하여 제한이 있는 경우 그 내용을 말한다(법 §13② 각호).

22) 민법은 미성년자가 부모 등 법정대리인의 동의 없이 단독으로 법률행위를 한 경우에는 미성년자 자신 또는 법정대리인이 이를 취소할 수 있는 것으로 하고 있다(민법 §5, §14). 그런데 인터넷 등을 통한 미성년자와의 거래에 있어서 특히 논란이 제기되는 문제 중 하나가 법정대리인이 미성년인 자녀의 인터넷 회원가입을 승인 또는 묵인한 경우 이를 포괄적인 거래의 동의로 볼 수 있는가이다. 전자상거래소비자보호법은 이를 둘러싼 법 해석상의 혼란을 피하기 위해서 미성년자 보호정신의 취지에 따라 미성년자와 전자상거래를 할 때에는 매 거래시마다 법정대리인의 동의를 얻어야 한다는 점을 명문화하였다.

할 수 있다. 민법의 일반원칙에 의하면 그 의사표시의 부도달 또는 연착으로 인한 불이익은 모두 발신자의 책임으로 돌아가야 하겠지만, 이것은 전자상거래의 발전에 큰 장애가 될 수 있다.

이 점을 고려하여 전자상거래소비자보호법은 통신판매업자는 소비자로부터 재화등의 거래에 관한 청약을 받으면 청약의 의사표시의 수신 확인 및 판매가능 여부에 관한 정보를 소비자에게 신속하게 알리도록 하고(법 §14①), 계약체결 전에 소비자가 청약내용을 확인하고, 정정하거나 취소할 수 있도록 적절한 절차를 갖추도록 하고 있다(법 §14②).

(5) 서면교부의무

소비자는 재화등을 직접 확인하지 않고 사업자가 표시·광고 등을 통해 일방적으로 제공한 정보에 의존하여 구매하기 때문에 표시·광고의 내용과 실제로 공급된 재화의 내용이 일치하지 않는 경우가 많다. 이러한 문제점을 사전에 방지하고 분쟁발생시 입증이 용이하도록 통신판매업자는 소비자가 계약체결 전에 재화등에 대한 거래조건을 정확하게 이해하고 실수나 착오없이 거래할 수 있도록 일정한 사항의 표시·광고·고지의무를 부과하고 그 사항이 기재된 계약내용에 관한 서면을 재화등을 공급할 때까지 교부하도록 하고 있다(법 §13② 본문). 원래는 소비자에게 계약서를 교부해야 할 것이나, 비대면거래의 특성상 계약서 작성이 어렵기 때문에 계약서 교부의무 대신에 계약내용에 관한 서면교부의무를 사업자에게 부과하고 있다.

계약내용에 관한 서면은 원칙적으로 계약자에게 교부하여야 하지만 계약자가 재화등을 공급받는 자에게 계약내용에 관한 서면(전자문서 포함)을 교부하도록 동의한 경우나 통신판매업자가 고의 또는 과실 없이 계약자의 주소(전자우편주소 포함)를 알 수 없어 계약자에게 계약내용에 관한 서면(전자문서 포함)을 교부할 수 없는 경우에는 계약자의 권리를 침해하지 아니하는 범위에서 계약자를 갈음하여 재화등을 공급받는 자에게 계약내용에 관한 서면을 교부할 수 있다(법 §13② 단서, 영 §19의2).

그러나 소비자가 이미 잘 알고 있는 약관 또는 정형화된 거래방법에 따라 수시로 거래하는 경우(유·무선 전화기 등을 이용하여 전화정보서비스를 이용하는 경우)와 같이 계약내용에 관한 서면 또는 공급서의 교부가 곤란한 거래와 다른 법률(민법 및 방문판매법 제외)에서 이 법의 규정과 다른 방법에 의한 계약서 교부의무 등이 규정되어 있는 거래의 경우는 제외된다(법 §3②).

4. 계약이행상의 의무

(1) 성실이행의무

통신판매업자는 소비자에게 표시·광고하거나 고지한 거래조건을 신의를 지켜 성실하게 이행하여야 한다(법 §13⑤). 재화의 경우에는 이를 인도하고, 용역의 경우에는 이를 이용할 수 있는 상태로 이행하면 된다.[23] 계약이행에 관한 신의성실의무는 전자상거래소비자보호법상의 특수한 의무라기보다는 일반거래법상의 당연한 원칙을 규정한 것으로 보아야 할 것이다.

(2) 재화등의 공급의무

전자상거래와 통신판매는 사업자와 비대면 상태에서 거래가 이루어지기 때문에 설사 계약이 체결되었더라도 통신판매업자가 재화등의 공급과 관련한 계약이행 사항을 확인할 수 없어 소비자의 지위가 불안정해질 우려가 있다. 특히 소비자가 대금의 전부 또는 일부를 미리 지급하는 '선지급식 통신판매'의 경우 통신판매업자의 계약이행 지체에 따른 분쟁의 소지가 있다.

이 점을 고려하여 전자상거래소비자보호법은 소비자와 통신판매업자 간에 재화등의 공급시기에 관하여 따로 약정한 것이 없는 한, 통신판매업자는 소비자가 청약을 한 날부터 7일 이내에 재화등의 공급에 필요한 조치를 취하도록 의무화하고 있다. 그러나 선지급식 통신판매의 경우에는 소비자가 그 대금을 전부 또는 일부 지급한 날부터 3영업일 이내에 재화등의 공급을 위하여 필요한 조치를 취하도록 하고 있다(법 §15①).

여기에서 '필요한 조치'란 재화등의 배송을 완료해야 한다는 뜻이 아니라 소비자의 계약의 이행에 필요한 조치로서 예컨대, 재화등의 배송을 위해 배송업자에게 최소한의 소비자정보를 제공하고 배송을 지시하는 행위, 소비자가 청약한 재화등을 주문제작할 경우에는 주문제작을 의뢰하는 행위 등을 말한다. 이는 통상적으로 소비자가 승낙기간을 정하지 않고 계약의 청약을 하는 경우 청약자가 '상당한 기간' 내에 승낙의 통지를 받지 못한 때에 그 효력을 상실하도록 하고 있는 민법 제529조의 규정을 그대로 적용한다면 소비자의 지위가 불안정한 점을 고려하여, 전자상거래소비자보호법에서 위의 상당한 기간을 7일(선지급식 통신판매의 경우 3일)로 구체화하고 있는 것이다.

한편 통신판매업자는 청약을 받은 재화등을 공급하기 곤란하다는 것을 알았을 때

---

23) 디지털신호로 인도가 가능한 소프트웨어, 음향, 사진, 서적, 신문 등은 일정 유체물 안에 들어있는 내용만 필요할 뿐 용기나 지면 그 자체는 필요가 없으므로 내용만 디지털신호화해서 송신해주면 되고, 의료정보, 법률자문, 부동산등기부, 도시계획 등의 열람은 디지털정보의 게시 자체만으로도 이행에 갈음할 수 있다.

에는 지체 없이 그 사유를 소비자에게 알려야 한다. 선지급식 통신판매의 경우에는 소비자가 그 대금의 전부 또는 일부를 지급한 날부터 3영업일 이내에 환급하거나 환급에 필요한 조치를 하여야 한다(법 §15②).

5. 휴업 등의 경우 청약업무 처리의무

통신판매업자는 휴업기간이나 영업정지기간에도 소비자의 ① 청약철회등의 업무와 ② 청약철회등에 따른 대금 환급과 관련된 업무를 계속하여야 한다(법 §22①).

Ⅲ. 통신판매 보조사업자의 의무

1. 전자결제업자등의 의무

전자상거래 또는 통신판매에서 계약이 성립하면 소비자는 주로 신용카드, 유・무선 전화 등을 통하여 거래대금을 결제하게 된다. 그러나 인터넷 등의 통신수단은 보안성이 없어 소비자정보가 유출되거나 도용되는 경우가 적지 않다. 따라서 전자문서의 형태로 이루어지는 대금결제, 즉 전자적 대금지급(대면하여 본인 여부를 확인한 경우는 제외)과 관련하여 소비자피해가 발생하지 않도록 유의하여야 한다.

이를 위해 전자상거래소비자보호법은 재화등의 거래에 있어서 사업자와 전자결제업자 등[24]에 대하여 사업자가 전자적 대금지급 방법을 이용하는 경우 소비자의 개인정보가 누설되지 않도록 대금지급 관련정보의 보안유지의무를 부과하고 있다(법 §8①). 또한 전자적 대금지급이 이루어지는 경우 소비자의 청약의사가 진정한 의사 표시에 의한 것인지를 확인하기 위하여 ① 재화등의 내용 및 종류, ② 재화등의 가격, ③ 용역의 제공기간 등을 명확히 고지하도록 의무를 부과하고 있다. 고지한 사항에 대하여는 소비자가 확인하고 동의여부를 선택할 수 있도록 전자결제업자등이 마련한 전자적 대금 결제창을 소비자에게 제공하여야 하며, 이 경우 사업자와 전자결제업자등은 소비자가 직접 동의여부를 선택하기 전에 미리 동의함을 표시하여 제공하는 방식으로 확인절차를 진행하는 것을 금지하고 있다(법 §8②, 영 §9).

또한 사업자와 전자결제업자등은 전자적 대금지급이 이루어진 경우에는 전자문서의 송신 등을 통해 소비자에게 그 사실을 알리고, 언제든지 소비자가 전자적 대금지급

---

24) 여기에서 전자결제업자등이란 거래대금의 결제과정에 참여하는 자를 말한다. 시행령에서는 전자결제수단의 발행자, 전자결제서비스 제공자 및 해당 전자결제수단을 통한 전자결제서비스의 이행을 보조하거나 중개하는 자로서 ① 계좌이체업무를 수행하는 금융회사, ② 신용카드업자, ③ 전자적 결제수단 발행자, ④ 통신과금서비스제공자, ⑤ 정보통신서비스제공자, ⑥ 전자결제 대행 또는 중개서비스 사업자를 말한다(영 §8).

과 관련한 자료를 열람할 수 있게 하여야 한다(법 §8③).[25] 보다 구체적으로 전화·팩스·이동전화단말기 등을 이용하여 소비자에게 신속하게 전자적 대금지급 사실을 통지하고, 매월 일정기일에 이용요금을 고지함에 있어 재화등을 공급한 사업자별로 거래내역과 이용요금을 표시하는 것을 말한다. 다만, 소비자의 동의를 얻은 경우에는 통지 또는 표시를 생략할 수 있다(규칙 §5).

한편 사이버몰에서 사용되는 전자적 대금지급 방법으로서 재화등을 구입·이용하기 위하여 미리 대가를 지불하는 방식의 결제수단의 발행자는 그 결제수단의 신뢰도 확인과 관련된 사항, 사용상의 제한이나 그 밖의 주의 사항 등을 표시하거나 고지하여야 한다(법 §8④).[26]

그 밖에 전자결제업자등은 사업자와 소비자 사이에 전자적 대금지급과 관련하여 다툼이 있는 경우 당사자 일방이 분쟁발생 사실을 소명하여 요청하는 경우 분쟁해결에 필요한 범위 내에서 분쟁의 원인이 된 대금지급 관련정보나 대금지급에 대한 전자결제업자등의 보안유지 조치관련 정보의 열람을 허용하는 등 당해 분쟁의 해결에 지체없이 협조하여야 한다(법 §8⑤, 영 §10). 다만, 공개할 경우 보안유지에 장애가 발생할 우려가 있는 보안유지 조치 관련 정보에 대하여는 공개를 거부할 수 있다(영 §10 ii 단서).

2. 배송사업자의 의무

통신판매업자는 계약의 이행을 위해 재화등을 배송하여야 하는데 오프라인에서의 배송은 판매업자가 직접 행하거나 판매업자가 선택한 배송업자가 행하는 것이 일반적이다. 이에 비해 온라인을 통한 배송은 소비자가 배송업자—예컨대 초고속 인터넷 서비스 등의 ISP—를 선택하는 경우가 많으므로 배송사고 등으로 인한 책임을 판매업자에게만 부여하는 것은 바람직하지 않다. 또 소비자가 선택한 사업자라는 것을 이유로 소비자에게 책임을 지울 경우 소비자는 자신의 정보력으로는 배송과정의 사고의 원인

---

25) 통보대상으로서 통신판매업자는 재화등을 주문한 자에게 구입상품의 가격, 지불조건 등 구매관련 중요정보를 통보하고, 전자결제업자 등은 대금을 지급하는 자에게 결제자명, 결제일시, 결제수단, 결제금액, 할부 여부 등 결제관련정보를 통보하여야 한다. 예컨대, "갑"이 "을"의 아이디로 "A 사업자"가 운영하는 사이버몰에 접속하여 재화등을 구매하고, 재화등의 대금은 자신(갑)이 가지고 있는 "B사"의 신용카드를 사용하여 결제하였을 경우, "A 사업자"는 "을"에게 통지를 하고, 신용카드사인 "B사"는 "갑"에게 통지를 하여야 한다.

26) 종전에 다수의 사이버몰에서 사용되는 결제수단의 발행자에서 부과되던 의무를 1개 이상의 사이버몰에서 사용되는 결제수단의 발행자로 확대하여 부과하여 결제수단의 신뢰도를 높이게 하였다. 표시 또는 고지해야 하는 사항으로는 ① 대표자 성명, 주된 사무소 주소, 전화번호, 전자우편 주소, 자본금 규모 및 자기자본 현황 등, ② 소비자피해보상보험계약등의 체결사실 및 계약의 내용(채무지불과 관련된 사항, ④ 반품시 처리기준 및 현금화와 관련된 사항, ⑤ 당해 결제수단을 사용할 수 있는 사이버몰 현황, ⑥ 당해 결제수단 사용상 제한 및 주의사항, ⑦ 그 밖에 소비자에게 표시 또는 고지를 하지 아니하는 경우 당해 결제수단을 사용하는 소비자에게 피해를 줄 우려가 있는 것으로 인정되는 사항이 있다(규칙 §6).

을 파악하는 것이 거의 불가능하며, 타당하지도 않다.

이와 같은 온라인상에서의 배송과정의 특수성을 감안하여 전자상거래소비자보호법은 이와 같은 배송사업자에 대해 분쟁발생시 분쟁해결 협조의무를 부과하고 있다. 즉, 전자상거래나 통신판매에 있어서 재화등의 배송(전송 포함[27])배송사고나 배송 장애 등으로 분쟁 발생시 배송사업자는 소비자가 분쟁의 발생사실을 소명하여 요청하는 경우 분쟁해결에 필요한 범위 내에서 ① 배송관련 기록의 열람제공, ② 사고 또는 장애관련 사실의 확인을 위한 기록열람의 사항에 대하여 지체 없이 협조하여야 한다(법 §9①, 영 §11).

한편 통신판매업자가 지정한 배송사업자의 고의·과실로 재화등이 소비자에게 도달하지 아니하거나 훼손된 상태로 도달하게 된 경우 배송사업자는 통신판매업자의 이행보조자로 볼 수 있기 때문에 소비자는 통신판매업자에 대해 채무불이행에 기한 손해배상책임을 물을 수 있을 것이다.

3. 호스팅서비스 사업자의 의무

사업자가 전자상거래를 할 수 있도록 사이버몰 구축 및 서버 관리 등을 하여주는 호스팅서비스를 제공하는 자는 사업자와 호스팅서비스에 관한 이용계약을 체결하는 경우 사업자의 신원을 확인하기 위한 조치를 취하여야 한다(법 §9②). 또한 사업자와 소비자 사이에 분쟁이 발생하는 경우 호스팅서비스를 제공하는 자는 ① 소송을 제기하는 분쟁당사자로서의 소비자, ② 공정거래위원회, ③ 특별시장·광역시장·특별자치시장·도지사·특별자치도지사 또는 시장·군수·구청장, ④ 수사기관, ⑤ 그 밖에 분쟁해결을 위하여 필요하다고 인정되어 대통령령으로 정한 자[28]의 요청에 따라 사업자의 신원정보 등 대통령령으로 정하는 자료[29]를 제공함으로써 그 분쟁의 해결에 협조하여야 한다(법 §9③).

4. 전자게시판서비스 제공자의 의무

최근 포털사이트의 카페나 블로그를 통한 통신판매가 활발해짐에 따라 소비자 피해도 증가하는 상황에서 포털사이트 등이 카페·블로그 서비스를 통해 방문자수를 늘

27) 여기에서 전송은 「정보통신망 이용촉진 및 정보보호 등에 관한 법률」 제2조 제1항 제1호의 정보통신망(이하 "정보통신망")을 통한 전송을 말한다.

28) 여기에서 대통령령으로 정한 자란 소비자의 분쟁해결 요청을 받은 i) 한국소비자원, ii) 소비자분쟁조정위원회, iii) 전자거래분쟁조정위원회, iv) 콘텐츠분쟁조정위원회를 말한다(영 §11의2②).

29) 여기에서 대통령령으로 정하는 자료란 i) 사업자의 성명 및 주민등록번호, ii) 상호(법인인 경우에는 대표자의 성명 및 주민등록번호를 포함한다), 주소, 전화번호를 말한다(영 §11의2①).

리는 등 그 이익을 누리면서도 소비자 피해예방에 책임을 지지 않고 있으므로 포털사이트 등이 카페 또는 블로그를 이용하여 통신판매하는 사업자의 신원정보를 미리 수집하게 하고, 소비자분쟁 발생시 그 정보를 제공하도록 할 필요가 있다.

전자게시판서비스 제공자란 「정보통신망 이용촉진 및 정보보호 등에 관한 법률」 제2조 제1항 제9호의 게시판[30]을 운영하는 정보통신서비스 제공자를 말하며, 네이버, 다음 등의 포털사이트가 이에 해당된다. 전자게시판서비스 제공자는 해당 게시판을 이용하여 통신판매 또는 통신판매중개가 이루어지는 경우 이로 인한 소비자피해가 발생하지 아니하도록 ① 게시판을 이용하여 통신판매 또는 통신판매중개를 업으로 하는 자가 이 법에 따른 의무를 준수하도록 안내하고 권고하고, ② 게시판 이용 통신판매업자등과 소비자 사이에 이 법과 관련하여 분쟁이 발생한 경우 소비자의 요청에 따라 제33조에 따른 소비자피해 분쟁조정기구에 소비자의 피해구제신청을 대행하는 장치를 마련하고, ③ 그 밖에 소비자피해를 방지하기 위하여 필요한 사항으로서 대통령령으로 정하는 사항을 이행하여야 한다(법 §9의2①).

또한 전자게시판서비스 제공자는 게시판 이용 통신판매업자등에 대하여 상호 및 대표자 성명, 주소·전화번호·전자우편주소의 신원정보를 확인하기 위한 조치를 취하여야 한다(법 §9의2②). 이와 함께 전자게시판서비스 제공자는 게시판 이용 통신판매업자등과 소비자 사이에 분쟁이 발생하는 경우 소비자피해 분쟁조정기구(소비자분쟁조정위원회, 전자거래분쟁조정위원회, 콘텐츠분쟁조정위원회 등), 공정거래위원회, 시·도지사 또는 시장·군수·구청장의 요청에 따라 신원확인 조치를 통하여 얻은 게시판 이용 통신판매업자등의 신원정보를 제공하여 그 분쟁의 해결에 협조하여야 한다(법 §9의2③, 법 §33, 영 §35).

5. 사이버몰 운영자의 의무

사이버몰이란 컴퓨터 등과 정보통신설비를 이용하여 재화등을 거래할 수 있도록 설정된 가상의 영업장을 말한다(법 §2ⅳ). 사이버몰 운영자(사업자)는 전자상거래 영업을 하거나 사이버몰을 대여하기도 하고, 통신판매의 중개역할이나 공동구매, 경매 등을 실행하기도 한다. 따라서 사이버몰 이용자(소비자)로 하여금 운영자에 대한 신뢰를 가질 수 있도록 하여야 할 것이다. 이를 감안하여 이미 전자문서 및 전자거래기본법에

30) 여기에서 게시판이란 그 명칭과 관계없이 정보통신망을 이용하여 일반에게 공개할 목적으로 부호·문자·음성·음향·화상·동영상 등의 정보를 이용자가 게재할 수 있는 컴퓨터 프로그램이나 기술적 장치를 말한다(정보통신망 이용촉진 및 정보보호 등에 관한 법률 §2ⅸ).

서는 전자거래의 안전성과 신뢰성을 확보하기 위하여 전자거래사업자에 대해 소비자에 대한 적정정보의 제공, 청약철회·계약해제 절차의 마련, 소비자의 불만과 요구사항의 신속·공정한 처리 등 일정한 사항을 준수하도록 요구하고 있다(동법 §17).

전자상거래소비자보호법에서는 이와 별도로 사이버몰 운영자에 대한 신원표시(身元表示)의무를 부과하고 있다. 전자상거래를 하는 사이버몰의 운영자는 소비자가 사업자의 신원 등을 쉽게 알 수 있도록 ① 상호 및 대표자 성명, ② 영업소가 있는 곳의 주소(소비자의 불만을 처리할 수 있는 곳의 주소를 포함), ③ 전화번호·전자우편주소, ④ 사업자등록번호, ⑤ 사이버몰의 이용약관, ⑥ 호스팅서비스를 제공하는 자의 상호 등을 총리령으로 정하는 바에 따라 표시하여야 한다(법 §10①, 영 §11의4).

전자상거래를 행하는 사이버몰의 운영자는 ① 내지 ⑤에 규정된 사항을 소비자가 알아보기 쉽도록 사이버몰의 초기화면에 표시하여야 한다. 다만, ⑤의 사항은 소비자가 연결화면을 통하여 볼 수 있도록 할 수 있다(규칙 §7①). 또한 표시한 사항의 진위여부를 소비자가 쉽게 확인할 수 있도록 공정거래위원회가 정보 공개하는 사업자정보 공개페이지를 사이버몰의 초기화면에 연결하여야 한다(규칙 §7②).

전자상거래를 행하는 사이버몰의 운영자로서 이동통신단말기 등 출력에 제한이 있는 기기를 이용하여 거래하는 사업자는 ① 내지 ⑤의 사항이 사이버몰의 화면에 순차적으로 나타나도록 할 수 있다. 이 경우 대표자 성명·팩스번호·사업자등록번호·사이버몰이용약관은 그 내용을 확인할 수 있는 방법을 화면에 나타나게 하는 것으로 대신할 수 있다.

그 밖에 사이버몰의 운영자는 그 사이버몰에서 이 법을 위반한 행위가 이루어지는 경우 운영자가 조치하여야 할 부분이 있으면 시정에 필요한 조치에 협력하여야 한다(법 §10②).

6. 평가·인증사업자의 의무

전자상거래 또는 통신판매 등 비대면거래로 재화등을 구입하는 소비자의 입장에서 가장 우려되는 것은 거래상대방인 사업자가 혹시 실재하지 않는 가공의 사업자는 아닌가, 특히 선불거래의 경우 과연 계약내용대로 이행될 수 있을 것인가, 자신의 신용정보가 유출 또는 도용되는 것은 아닌가 등에 대한 불안이다. 그러나 평가·인증사업자로부터 인증을 받은 사업자에 대해서는 일단 그 실재 및 동일성 여부를 확인할 수 있기 때문에 위와 같은 염려를 할 필요가 없다.

전자상거래소비자보호법은 소비자보호 관련 평가·인증업무의 공정화를 도모하기 위해 평가·인증사업자의 공시의무 등에 관하여 규정하고 있다. 즉 전자상거래 및 통신판매의 공정화와 소비자보호를 위하여 관련사업자의 평가·인증 등의 업무를 수행하는 자(평가·인증사업자)는 그 명칭에 관계없이 ① 평가·인증사업자의 명칭, ② 주소 또는 사업소의 소재지, ③ 평가·인증범위, ④ 평가·인증업무개시일, ⑤ 평가·인증의 기준·절차 및 방법에 관한 사항을 공시하고, 그에 따라 공정하게 평가·인증하도록 하고 있다(법 §29①, 영 §31). 이 때 평가·인증의 기준 및 방법은 사업자가 거래의 공정화 및 소비자보호를 위하여 한 노력과 성과에 관한 정보를 전달하는 데 적절한 것이어야 한다(법 §29②). 그 밖에 평가·인증사업자에 대한 관리감독을 위해 공정거래위원회는 평가·인증사업자에게 운용상황 등에 관한 자료를 제출하게 할 수 있다(법 §29③).

이와 관련하여 전자서명법에서는 행정안전부장관이 건전한 전자거래의 촉진을 위하여 일정한 기술능력·재정능력·시설 및 장비를 갖추고 있고, 공인인증업무를 안전하고 신뢰성있게 수행할 능력이 있다고 인정되는 자를 공인인증기관으로 지정할 수 있도록 규정하고 있다(동법 §4).[31]

7. 통신판매중개자의 의무와 책임

(1) 의 무

통신판매중개란 사이버몰의 이용을 허락하거나 자신의 명의로 통신판매를 위한 광고수단을 제공하거나 그러한 광고수단에 자신의 이름을 표시하여 통신판매에 관한 정보의 제공이나 청약의 접수 등 통신판매의 일부를 수행하는 등으로 거래당사자 간의 통신판매를 알선하는 행위를 말한다(법 §2ⅳ, 규칙 §3).

일반 소비자들이 통신판매중개자를 마치 통신판매업자인 것으로 오인하여 통신판매중개자의 신용을 믿고 재화등을 구입하는 사례가 적지 않다. 전자상거래소비자보호법은 이를 고려하여 통신판매중개자에게 자신이 통신판매의 당사자가 아니라는 사실을 소비자가 쉽게 알 수 있도록 고지할 의무를 부과(법 §20①)하고 있다. 이와 함께 전자상거래소비자보호법은 통신판매중개자에게 사이버몰 등을 이용함으로써 발생하는 불

31) 이처럼 당사자나 전송한 정보의 진정성을 확인시켜 주는 거래당사자 이외의 기관을 제3자 신용기관(TTP: trusted third party)이라고 하며, 전자인증의 경우에는 인증기관(CA: certificate authority)이라고 한다. 그러나 인증기관에 의해 인증받고 있는 정도로는 신뢰할 수 있는 사업자인지 여전히 불분명하므로 사용자가 안심할 수 있도록 하기 위해 신용판단을 위한 제3자의 정보제공의 시스템(온라인 마크제도 및 신용평가기관)이 등장하고 있다. 미국에서는 광고의 자주규제기관인 BBB가 BBB-Online으로 이러한 종류의 서비스를 인터넷상에서 행하고 있다. http://www.bbbonline.org/. 일본에서도 통신판매협회가 온라인 쇼핑 신뢰마크(OST마크=Online Shopping Trust)를 부여하고 있다.

만이나 분쟁의 해결을 위하여 그 원인 및 피해의 파악 등 필요한 조치[32]를 신속히 시행할 의무를 부과하고 있다(법 §20③).

한편, 통신판매중개를 업(業)으로 하는 통신판매중개업자에 대해서는 소비자 또는 거래당사자에 대한 정보제공 및 열람의무를 부담시키고 있다. 이에 따라 통신판매중개업자는 ① 통신판매중개의뢰자가 사업자인 경우에는 그 성명(법인인 경우에는 그 명칭과 대표자의 성명)·주소·전화번호 및 사업자등록번호 등을 확인하여 청약이 이루어지기 전까지 소비자에게 제공하여야 하고, ② 통신판매중개의뢰자가 사업자가 아닌 경우에는 그 성명 및 생년월일, 주소, 전화번호, 전자우편주소 등을 확인하여 거래의 당사자들에게 상대방에 관한 정보를 열람할 수 있는 방법을 제공하여야 한다(법 §20②).

다만 통신판매중개자가 공인인증기관 또는 신용정보회사 등 신원정보 등을 확인할 수 있는 자를 통해 이러한 정보제공·정보열람사항을 확인한 정보 또는 해당 통신판매중개자가 제공하는 통신판매중개의뢰자의 신용도에 관한 정보 등을 보유한 경우에는 해당 정보를 확인하여 제공하거나 열람할 수 있는 방법을 제공하여야 한다(영 §25①, ②).

(2) 책 임

소비자의 권리보호를 강화하기 위해 통신판매중개자와 통신판매중개의뢰자 간의 연대책임을 강화하고 있다.

첫째, 통신판매중개자는 자신이 통신판매의 당사자가 아니라는 사실을 미리 고지하지 아니한 경우 통신판매중개의뢰자의 고의 또는 과실로 소비자에게 발생한 재산상 손해에 대하여 통신판매중개의뢰자와 연대하여 배상할 책임을 진다(법 §20의2①). 특히 통신판매업자인 통신판매중개자는 통신판매의 당사자가 아니라는 사실을 미리 고지하였더라도 통신판매업자의 책임(법 §12부터 §15까지, §17 및 §18)을 면하지 못한다(법 §20의2③). 왜냐하면 통신판매업자로서 행위하는 통신판매중개자의 경우 소비자와의 관계에서 문제가 발생하더라도 자신이 중개자라는 이유로 법에서 규정한 통신판매업자의 의무 등에 대한 책임을 면하려고 할 가능성이 있어, 이러한 경우에는 발생되는 문제에 대한 책임 소재를 가리기 어렵고, 결국 소비자보호에도 소홀해질 우려가 있기 때문이다. 다만 통신판매업자의 의뢰를 받아 통신판매를 중개하는 경우 통신판매중개의뢰자

---

32) 여기에서 필요한 조치로는 ① 통신판매중개의뢰자와 소비자 사이에 발생하는 분쟁이나 불만처리에 필요한 인력 또는 설비를 구비할 것, ② 통신판매중개자 또는 통신판매중개의뢰자에 의하여 발생한 불만이나 분쟁을 해결하기 위한 기준을 사전에 마련하여 사이버몰에 고지할 것, ③ 소비자불만이나 분쟁의 원인 등을 조사하여 3영업일 이내에 진행경과를 소비자에게 알리고 10영업일 이내에 조사결과 또는 처리방안을 소비자에게 알릴 것 등이 있다(영 §25의2 각호).

가 책임을 지는 것으로 약정하여 소비자에게 고지한 부분에 대해서는 통신판매중개의뢰자가 책임을 진다(법 §20의2③ 단서).

둘째, 통신판매중개자는 제20조 제2항에 따라 소비자에게 정보 또는 정보를 열람할 수 있는 방법을 제공하지 아니하거나 제공한 정보가 사실과 달라 소비자에게 발생한 재산상 손해에 대하여 통신판매중개의뢰자와 연대하여 배상할 책임을 진다. 다만, 소비자에게 피해가 가지 아니하도록 상당한 주의를 기울인 경우에는 그러하지 아니하다(법 §20의2②).

셋째, 통신판매중개의뢰자(사업자의 경우에 한정)는 통신판매중개자의 고의 또는 과실로 소비자에게 발생한 재산상 손해에 대하여 통신판매중개자의 행위라는 이유로 면책되지 아니한다. 다만, 소비자에게 피해가 가지 아니하도록 상당한 주의를 기울인 경우에는 그러하지 아니하다(법 §20의2④).

그 밖에 특히 통신판매에 관한 거래과정에서 청약을 접수받거나 재화등의 대금을 지급받는 등 통신판매의 중요한 일부 업무를 수행하는 통신판매중개업자는 통신판매업자가 해당 의무를 이행하지 아니하는 경우에는 이를 대신하여 이행하여야 한다(법 §20의3). 즉, 통신판매중개업자가 청약의 접수를 받는 경우에는 통신판매업자가 의무를 이행하지 않는 경우에 i) 청약의 철회 및 계약의 해제의 기한·행사방법 및 효과에 관한 사항에 관한 정보의 제공, ii) 청약의 확인, iii) 그 밖에 소비자피해를 방지하기 위하여 필요한 사항으로서 대통령령으로 정하는 사항을 대신하여야 한다. 또한 통신판매중개업자가 재화등의 대금을 지급받는 경우에는 i) 조작 실수 등의 방지, ii) 전자적 대금지급의 신뢰 확보, iii) 그 밖에 소비자피해를 방지하기 위하여 필요한 사항으로서 대통령령으로 정하는 사항을 대신하여야 한다.

제 4 절 사업자권리의 제한

Ⅰ. 전자문서에 대한 권리의 제한

1. 전자문서에 의한 권리주장의 제한

전자문서 및 전자거래기본법 제6조 제2항 제2호에서는 "전자문서는 수신자가 전자문서를 수신할 정보처리시스템을 지정하지 아니한 경우에는 수신자가 관리하는 정보처리시스템에 입력된 때에 수신된 것으로 본다"고 규정하고 있다. 그러나 이 규정대로라면 예컨대, 특정사실을 기재한 서면을 받은 후 의사표시를 하지 않을 경우 권리를 상실하거나 의무를 부담하는 것을 내용으로 하는 문서를 소비자가 자주 사용하지 않는 전자우편주소로 사업자가 통지한 경우 소비자는 문서의 도착을 알지 못하는 상태에서 권리를 상실하거나 의무를 부담하는 결과가 발생할 수 있다.

전자상거래소비자보호법은 이와 같은 전자문서에 의한 예상치 못한 소비자피해를 예방하고, 전자문서의 활성화와 신뢰도를 높이기 위해 사업자가 소비자와 미리 전자문서로 거래할 것을 약정하여 지정한 주소(정보처리시스템)로 전자문서를 송신하지 아니한 경우에는 그 사업자는 해당 전자문서에 의한 권리를 주장할 수 없도록 하고 있다(법 §5① 본문). 따라서 사업자가 전자문서로 소비자의 전자우편주소로 송신하였더라도 소비자가 자신의 사전동의가 없었음을 항변하는 경우 사업자는 전자문서에 의한 권리를 주장할 수 없다. 그러나 소비자가 전자문서의 수신 및 이에 기한 권리를 주장하는 것은 무방하다. 즉, 소비자의 항변을 해제조건으로 하여 전자문서에 의한 사업자의 권리를 인정하고 있다.

그러나 ① 긴급한 경우, ② 소비자도 이미 전자문서로 거래할 것을 예정하고 있는 경우, ③ 소비자와 특정한 전자우편주소로 2회 이상 거래한 경우에 그 전자우편주소로 전자문서 및 전자거래기본법 제2조 제1항의 규정에 의한 전자문서를 송신한 경우, ④ 소비자가 전자문서를 출력한 경우, ⑤ 소비자의 이익에 반하지 아니하고 그 소비자도 해당 전자문서의 효력을 부인하지 아니하는 경우, ⑥ 긴급하게 연락할 필요성이 있고 전자우편 외에 다른 수단을 활용할 수 없는 경우에는 사업자는 전자문서에 의한 권리를 주장할 수 있다(법 §5① 단서, 영 §4).

2. 전자서명 전자문서의 사용제한

사업자가 전자서명법 제2조 제2호의 규정에 의한 전자서명을 한 전자문서를 사용하려면 전자서명을 한 전자문서의 효력, 전자서명을 한 전자문서의 출력방법 등의 사항을 전자서명을 한 전자문서가 포함된 전자우편의 본문에 표시하거나 미리 소비자에게 고지하여야 한다(법 §5②, 영 §5). 사업자는 전자문서를 사용할 때 소비자에게 특정한 전자서명 방법을 이용하도록 강요(특수한 표준 등을 이용함으로써 사실상 이용이 강제되는 경우를 포함)하여서는 아니 되고, 소비자가 선택한 전자서명 방법의 사용을 부당하게 제한하여서는 아니 된다(법 §5③).

Ⅱ. 손해배상액의 제한

1. 손해배상청구금액

숙고기간이 경과한 후 계약을 해제하는 경우에는 청약철회의 경우와 달리 원상회복의무뿐 아니라 손해배상의무도 존재한다. 그러나 소비자에게 책임이 있는 사유로 전자상거래 또는 통신판매에 의한 계약이 해제된 경우, 통신판매업자의 과도한 손해배상청구로부터 소비자를 보호하기 위하여 전자상거래소비자보호법은 방문판매법에서 방문판매·전화권유판매 및 다단계판매에서의 경우와 마찬가지로 통신판매업자의 소비자에 대한 손해배상액을 제한하고 있다. 즉, 통신판매업자의 실손해액과 대금미납에 따른 지연배상금의 합계액을 초과하지 못하도록 하고 있다(법 §19①). 여기에서 실손해액은 ① 공급한 재화등의 반환 등 원상회복이 된 경우, ② 원상회복이 되지 아니한 경우에 따라 차이가 있다(법 §19① 각호). 이 한도를 넘어서는 손해배상액을 예정하더라도 그 효력이 인정되지 않는다(법 §35). 공정거래위원회는 통신판매업자와 소비자 간의 손해배상청구에 따른 분쟁의 원활한 해결을 위하여 필요하면 제1항의 규정에 따른 손해배상액의 산정기준을 정하여 고시할 수 있다(법 §19②).

손해배상액 ≦ 실손해액 + 지연배상금

2. 실손해액

(1) 원상회복된 경우

공급한 재화등이 반환된 경우 실손해액은 ① 반환된 재화등의 통상 사용료 또는 그 사용으로 통상 얻을 수 있는 이익에 해당하는 금액(가목. 제1 손해액)과 ② 반환된 재화등의 판매가액에서 그 재화등이 반환된 당시의 가액을 뺀 금액(나목. 제2 손해액)을 비교하여 그 중 큰 금액으로 한다(법 §19① i). 이는 재화등의 사용으로 소비자가 얻는 이익과 통신판매업자가 입게 되는 손해를 비교하여 후자가 더 큰 경우에는 통신판매업자의 입장에서 더 실제적인 손해를 기준으로 하기 위한 것이다.

특기할 것은 할부거래의 경우 제1 손해액으로서 소비자가 얻는 이익 이외에 "계약체결 및 그 이행을 위한 통상 필요비용액"이 포함되고 있는 데 비해, 전자상거래나 통신판매의 경우에는 방문판매나 다단계판매의 경우와 마찬가지 이유로 위 금액이 제외되고 있다는 점이다.

(2) 원상회복되지 아니한 경우

공급한 재화등이 반환되지 아니한 경우 실손해액은 그 재화등의 판매가액에 해당하는 금액으로 한다(법 §19① ii).

3. 지연배상금

지연배상금이란 실손해액의 지급지연에 따라 통신판매업자가 입게 되는 손해로서 일종의 지연이자의 성격을 가지게 되는 것이다.

Ⅲ. 사업자의 금지행위

1. 일반적 금지

전자상거래를 하는 사업자 또는 통신판매업자는 일정한 행위를 하여서는 아니 된다(법 §21① 각호).

① 거짓 또는 과장된 사실을 알리거나 기만적 방법을 사용하여 소비자를 유인 또는 소비자와 거래하거나 청약철회 등 또는 계약의 해지를 방해하는 행위

② 청약철회 등을 방해할 목적으로 주소, 전화번호, 인터넷도메인 이름 등을 변경하거나 폐지하는 행위

③ 분쟁이나 불만처리에 필요한 인력 또는 설비의 부족을 상당기간 방치하여 소비자에게 피해를 주는 행위

④ 소비자의 청약이 없음에도 불구하고 일방적으로 재화등을 공급하고 그 대금을 청구하거나 재화등의 공급 없이 대금을 청구하는 행위

⑤ 소비자가 재화를 구매하거나 용역을 제공받을 의사가 없음을 밝혔음에도 불구하고 전화, 팩스, 컴퓨터통신 또는 전자우편 등을 통하여 재화를 구매하거나 용역을 제공받도록 강요하는 행위

⑥ 본인의 허락을 받지 아니하거나 허락받은 범위를 넘어 소비자에 관한 정보를 이용하는 행위. 다만, i) 재화등의 배송등 소비자와의 계약을 이행하기 위하여 불가피한 경우로서 대통령령으로 정하는 경우,[33] ii) 재화등의 거래에 따른 대금정산을 위하여 필요한 경우, iii) 도용방지를 위하여 본인 확인에 필요한 경우

---

33) ① 재화등의 배송 또는 전송을 업으로 하는 자로서 당해 배송 또는 전송을 위탁받은 자에게 제공하는 경우와 ② 재화등의 설치, 사후 서비스 그 밖에 약정한 서비스의 제공을 업으로 하는 자로서 당해 서비스의 제공을 위탁받은 자에게 제공하는 경우를 말한다(영 §26).

로서 대통령령으로 정하는 경우,[34] iv) 법률의 규정 또는 법률에 따라 필요한 불가피한 사유가 있는 경우를 제외한다.

⑦ 소비자의 동의를 받지 아니하거나 총리령으로 정하는 방법에 따라 쉽고 명확하게 소비자에게 설명·고지하지 아니하고 컴퓨터프로그램 등이 설치되게 하는 행위

[판례] 이베이옥션의 허위광고로 인한 소비자 유인행위(대법원 2012. 6. 28. 선고 2010두24371 판결)

… 원심은 상품이 매진되어 더 이상 판매할 상품이 남아 있지 아니한 시점부터 (중략) 그 광고내용이 허위임을 알지 못한 것이 무리가 아니라고 할 수 있어 이를 정당시할 수 있는 사정이 있는 때에 해당한다고 보았으나, 오픈마켓을 운영하는 사업자(원고)로서는 입점업체가 광고상품에 대하여 충분한 재고를 확보하고 있는지를 확인하고 재고가 소진된 경우에는 광고대상에서 제외시키는 등 절절한 조치를 취할 의무가 있음에도 이러한 조치를 취하지 않았고, 그 결과 재고가 소진되자 입점업체는 상품상세정보 화면 등에서 해당 상품목록을 임의로 삭제함으로써 소비자가 더 이상 광고상품을 검색할 수 없게 되었음에도 원고는 위 배너광고에 여전히 광고상품이 그대로 표시되도록 방치한 잘못이 있으므로 원고의 허위광고로 인한 고객유인행위에 대하여 그 의무해태를 탓할 수 없는 정당한 사유가 인정된다고 보기 어렵다.

[판례] 에스케이텔레콤의 기만적 방법을 사용한 소비자 유인행위(대법원 2014. 6. 26. 선고 2012두3675 판결)

원고가 '○○○○' 사이트에 상품을 전시하면서 '인기도순', '프리미엄 상품', '베스트셀러' 등으로 구분하여 정렬하였는데, '인기도순' 정렬을 하면서 기준점수 산정 시 원고로부터 '프리미엄' 또는 '프리미엄 플러스'라는 부가서비스를 구입한 중개의뢰자의 상품에 대하여 가산점을 부여하여 우선적으로 전시되게 하였고, '베스트셀러' 코너에 상품을 정렬하면서 기준점수 산정 시 상품판매량에 가격대별 가중치를 부여하고 '프리미엄' 또는 '프리미엄 플러스' 부가서비스를 구입한 상품에 대하여 가산점을 부여하여 우선 전시되도록 하였으며, '프리미엄 상품'과 '일반상품'을 구분하여 전시하면서 '프리미엄' 또는 '프리미엄 플러스' 부가서비스를 구입한 상품에 대하여만 '프리미엄 상품' 영역에 전시되도록 (하였다.)

일반 소비자들은 이와 같은 상품전시에서 '인기도'의 의미를 다른 소비자들이 구매를 많이 하거나 관심을 많이 보였던 상품으로 인식하고, '베스트셀러'의 의미를 일정 기간 가장 많이 팔린 상품으로 인식하며, '프리미엄 상품'을 일반 상품에 비하여 품질이나 고객서비스 측면에서 더 우수한 상품으로 인식하는 점을 고려(하면) … 원고의 이와 같은 행위는 소비자를 유인할 우려가 있는 행위로서 전자상거래법 제21조 제1항 제1호에서 정한 '기만적 방법을 사용하여 소비자를 유인하는 행위'에 해당한다.

---

34) ① 소비자의 신원 및 실명 여부나 본인의 진의 여부의 확인을 위하여 기간통신사업자, 신용정보회사 및 신용정보집중기관, 전자결제업자등, 도용방지를 위한 실명확인을 업으로 하는 자에게 제공하는 경우와 ② 미성년자와의 거래에서 법정대리인의 동의 여부를 확인하기 위하여 이용하는 경우를 말한다(영 §27).

2. 눈속임 상술 금지

최근 전자상거래를 하는 사업자 또는 통신판매업자가 온라인 인터페이스(웹사이트 또는 모바일 앱 등의 소프트웨어로서 소비자와 사업자 사이의 매개체)를 운영하면서 소비자의 착각·부주의를 유발하여 불필요한 지출 또는 서비스 가입 등을 유도하여 소비자 피해를 유발하였던 눈속임 상술(일명 "다크패턴")[35]이 유행하고 있다. 전자상거래소비자법은 이를 다음과 같이 별도로 유형화하여 금지하고 있다(법 §21의2① 각호).[36]

① 순차 공개가격 책정: 사이버몰을 통하여 소비자에게 재화등의 가격을 알리는 표시·광고의 첫 화면에서 소비자가 그 재화등을 구매·이용하기 위하여 필수적으로 지급하여야 하는 총금액(재화등의 가격 외에 재화등의 제공을 위하여 필수적으로 수반되는 비용까지 포함한 것) 중 일부 금액만을 표시·광고하는 방법으로 소비자를 유인하거나 소비자와 거래하는 행위. 다만, 총금액을 표시·광고할 수 없는 정당한 사유가 있고 그 사유를 총리령으로 정하는 바에 따라 소비자에게 알린 경우는 제외

② 특정 옵션 사전 선택: 재화등의 구매·이용, 회원가입, 계약체결 등이 진행되는 중에 소비자에게 다른 재화등의 구매·이용, 회원가입, 계약체결 등에 관한 청약의사가 있는지 여부를 묻는 선택항목을 제공하는 경우 소비자가 직접 청약의사 여부를 선택하기 전에 미리 청약의사가 있다는 표시를 하여 선택항목을 제공하는 방법으로 소비자의 다른 재화등의 거래에 관한 청약을 유인하는 행위

③ 잘못된 계층구조: 소비자에게 재화등의 구매·이용, 회원가입, 계약체결 또는 구매취소, 회원탈퇴, 계약해지(이하 "구매등")에 관한 선택항목을 제시하는 경우 그 선택항목들 사이에 크기·모양·색깔 등 시각적으로 현저한 차이를 두어 표시하는 행위로서 i) 소비자가 특정 항목만을 선택할 수 있는 것처럼 잘못 알게 할 우려가 있거나 ii) 소비자가 구매등을 하기 위한 조건으로서 특정 항목을 반드시 선택하여야만 하는

---

35) 이러한 눈속임 상술은 원래 법 제21조 제1항 제1호의 '거짓' 또는 '기만'에 해당할 수도 있지만, 온라인을 통한 사업자의 마케팅 방식이 복잡해짐에 따라 교묘하게 소비자를 유인하는 행위 및 그로 인한 피해가 심각한 수준으로 증가함에 따라 별도의 금지행위 유형으로 추가하였다. 다크패턴의 외국 입법례에 관하여는 정혜련, "다크패턴과 소비자보호에 관한 소고", 「상사법연구」 제42조 제4호(2024. 2.), 383면 이하.

36) 공정거래위원회는 특별히 '온라인' 화면배치(인터페이스)를 통해 이루어지는 눈속임 상술과 관련하여 사업자 준수사항 및 소비자 유의사항을 담은 「온라인 다크패턴 자율관리 가이드라인」을 마련하고 있다(공정거래위원회 보도자료, 2023. 7. 31). 이 가이드라인은 다크패턴을 크게 ① 소비자가 알아채기 어려운 인터페이스의 작은 조작 등을 통해 비합리적이거나 예상치 못한 지출을 유도하는 '편취형', ② 거짓을 알리거나 통상적인 기대와 전혀 다르게 화면·문장 등을 구성해 소비자의 착각·실수를 유도하는 '오도형', ③ 의사결정에 필요한 정보 수집·분석 등에 과도한 시간·노력·비용이 들게 만들어 합리적인 선택을 포기하도록 유도하는 '방해형', ④ 소비자에게 심리적인 압박을 가해 특정 행위를 하거나 하지 않도록 유도하는 '압박형'으로 구분하고 세부 행위를 유형화하고 있다.

것으로 잘못 알게 할 우려가 있는 행위

④ 취소·탈퇴 방해: 정당한 사유 없이 i) 재화등의 구매, 회원가입, 계약체결 등의 절차보다 그 취소, 탈퇴, 해지 등의 절차를 복잡하게 설계하거나 ii) 재화등의 구매, 회원가입, 계약체결 등의 방법과는 다른 방법으로만 그 취소, 탈퇴, 해지 등을 할 수 있도록 제한하는 방법으로 소비자의 구매취소, 회원탈퇴, 계약해지 등을 방해하는 행위

⑤ 반복 간섭: 소비자가 이미 선택·결정한 내용에 관하여 그 선택·결정을 변경할 것을 팝업창 등을 통하여 반복적으로 요구하는 방법으로 소비자의 자유로운 의사결정을 방해하는 행위. 다만, 그 선택·결정의 변경을 요구할 때 소비자가 대통령령으로 정하는 기간 이상 동안 그러한 요구를 받지 아니하도록 선택할 수 있게 한 경우는 제외

사업자 및 사업자단체는 금지를 위반하는 행위를 예방하기 위하여 자율적으로 규약을 정할 수 있다(법 §21의3).

제5절 소비자권리의 보호

I. 의 의

전자상거래나 통신판매에서는 소비자 스스로 통신판매업자의 광고에 접근하여 자유의사에 따라 청약을 하거나, 통신판매업자가 송부한 표시·광고를 비교적 시간적 여유를 가지고 구매 여부를 결정하기 때문에 방문판매등에서 만큼 충동구매의 가능성은 크지 않다.

그러나 전자상거래나 통신판매는 소비자를 직접 방문하거나 접촉하여 이루어지는 방문판매등과는 달리 주로 사업자가 일방적으로 제공한 정보에 의존하여 이루어지는 비대면 거래의 특성을 가지고 있다. 따라서 사업자의 과대광고나 부당표시에 의하여 소비자의 의사결정이 왜곡될 수 있으며, 소비자가 재화나 용역을 직접 비교하거나 고를 수 없기 때문에 소비자가 주문한 재화등과 실제 공급된 것 간에 성능이나 품질, 효능, 디자인·색상 등에서 많은 차이가 있을 수 있다.

특히 전자상거래에 있어서는 소비자의 청약의 의사표시는 클릭(송신)과 동시에 전자상거래업자에 도달되고, 이에 대하여 거의 조건반사적으로 전자상거래업자로부터 승낙의 의사표시가 수신되거나 또는 승낙이라는 별도의 의사표시절차 없이 곧장 재화나

용역의 배달이 개시되기 때문에 일단 송신된 청약의 의사표시를 철회한다는 것은 사실상 곤란할 수밖에 없다.

이러한 거래의 실정을 감안하여 전자상거래소비자보호법은 '계약체결상의 과실' 여부와 관계없이 소비자가 구매행위를 다시 숙고할 수 있는 기간을 설정해 그 청약을 철회할 수 있는 권한을 부여하고 있다. 소비자의 철회권에 관한 내용은 방문판매등에 있어서의 내용과 기본적으로 동일하나, 철회권의 행사기간을 7일로 단축하고 있다.

Ⅱ. 소비자의 청약철회권

1. 철회권 행사기간

전자상거래나 통신판매의 경우 철회권 행사기간은 7일이다(법 §17①).[37] 이와 같이 냉각기간을 단축한 것은 적극적 판매공세를 취하는 방문판매등이나 다단계판매와는 달리 전자상거래나 통신판매의 경우에는 소비자 스스로 비교적 시간적 여유를 가지고 자유의사에 따라 청약을 하는 것이 일반적이고, 소비자의 충동구매 가능성도 그만큼 크지 않기 때문이다. 철회권 행사기간의 기산점은 원칙적으로 계약내용에 관한 서면을 받은 날을 기준으로 하나 구체적인 사정에 따라 다소 차이가 있다.

즉, ① 계약내용에 관한 서면을 받은 날보다 재화등의 공급이 먼저 이루어지거나 동시에 이루어진 경우에는 계약내용에 관한 서면을 받은 날, ② 계약내용에 관한 서면을 받은 때보다 재화등의 공급이 늦게 이루어진 경우에는 재화등을 공급받거나 공급이 시작된 날, ③ 계약내용에 관한 서면을 받지 아니한 경우, 통신판매업자의 주소 등이 적혀 있지 아니한 서면을 받은 경우 또는 통신판매업자의 주소변경 등의 사유로 7일 이내에 청약철회등을 할 수 없는 경우에는 통신판매업자의 주소를 안 날 또는 알 수 있었던 날, ④ 청약철회등에 대한 방해 행위가 있는 경우에는 그 방해 행위가 종료한 날이 그 기산점이다(법 §17① 각호).

그러나 재화등의 내용이 표시·광고의 내용과 다르거나 계약내용과 다르게 이행된 경우에는 철회권 행사기간이 연장된다. 즉, 이 경우 철회권 행사기간은 그 재화등을 공

---

37) 방문판매나 다단계판매의 경우(14일)와 달리 판매원의 강압이나 기만행위에 의하여 소비자가 재화 등을 구입할 가능성이 적기 때문에 무조건 청약철회 기간을 7일로 한정하였다. 1997년 3월 17일 채택된 원격지거래에 관한 EC소비자보호지침에서도 최소한 7일 이상의 조건없는 계약철회권(a right of withdrawal)을 규정하고 있다. 이 경우 사업자는 3일 이내에 소비자로부터 지급받은 금액을 전액 환급해 주어야 한다. §5 of European Parliament and Council Directive 97/7/ EC of 17 February 1997 on the protection of consumers in respect of distance contracts (htt:/europa.eu.int/comm/sg/scadplus/legen/lvb/132014.htm).

급받은 날로부터 3월 이내, 그 사실을 안 날 또는 알 수 있었던 날로부터 30일 이내이다(법 §17③). 이 철회권 행사기간의 연장은 철회권 배제사유(법 §17② 각호, 후술)가 존재하는 경우에도 적용된다.

또한 철회권 행사기간의 기산점을 둘러싸고 분쟁의 소지를 방지하기 위하여 재화등의 훼손에 대하여 소비자의 책임이 있는지 여부, 재화등의 구매에 관한 계약이 체결된 사실 및 그 시기, 재화등의 공급사실 및 그 시기 등에 관하여 다툼이 있는 경우에는 통신판매업자가 이를 입증하도록 하고 있다(법 §17⑤).

〈청약철회권 행사기간〉

<table>
<tr><th colspan="2">구 분</th><th>철회권 행사기간</th><th>비 고</th></tr>
<tr><td rowspan="2">서면 교부</td><td>재화공급이 서면 교부보다 빠르거나 같은 경우</td><td>▪ 서면교부일로부터 7일</td><td rowspan="6">– 법정기간보다 길게 약정하였으면 약정기간
– 법정기간보다 짧게 약정하였으면 법정기간</td></tr>
<tr><td>재화공급이 서면 교부보다 늦은 경우</td><td>▪ 공급일·공급개시일로부터 7일</td></tr>
<tr><td colspan="2">서면 미교부</td><td rowspan="3">▪ 주소를 안 날 또는 알 수 있었던 날로부터 7일</td></tr>
<tr><td colspan="2">주소가 없는 서면 교부</td></tr>
<tr><td colspan="2">주소 변경</td></tr>
<tr><td colspan="2">표시·광고 또는
계약내용과 다른 이행</td><td>▪ 공급일로부터 3월 이내 또는
▪ 알거나 알 수 있었던 날로부터 30일 이내</td></tr>
</table>

2. 철회권 행사방식

전자상거래소비자보호법은 서면방식에 의한 청약철회(서면주의)를 요구하고 있지 않으나, 청약철회를 용이하게 할 수 있도록 통신판매업자가 소비자에게 계약내용에 관한 서면을 교부하는 경우 이미 철회권 행사에 필요한 서식을 포함시켜 교부하도록 하고 있다(법 §13②ⅴ). 다만, 전자상거래를 하는 사업자가 소비자의 회원 가입, 계약의 청약, 소비자 관련 정보의 제공 등을 전자문서를 통하여 할 수 있도록 하는 경우에는 청약의 철회 등도 전자문서를 통하여 할 수 있도록 하여야 한다(법 §5④).

3. 효력발생시기

전자상거래소비자보호법에서는 민법상 도달주의에 대한 예외로서 청약의 철회를 서면방식에 의한 경우 청약철회의 효력은 서면을 발송한 날에 그 효력이 발생한다고 하여 철회의 의사표시의 효력발생을 발신주의에 따르고 있다(법 §17④).

4. 철회권 행사의 효과

(1) 원 칙

전자상거래 또는 통신판매에서 계약에 관한 청약철회를 하는 경우에는 소비자는 이미 공급받은 재화등을 반환하여야 하고(법 §18①, 원상회복의무), 통신판매업자는 재화등을 반환받은 날부터 3영업일 이내에 이미 지급받은 재화등의 대금을 환급하여야 한다(소비자의 선이행의무). 이 경우 통신판매업자가 소비자에게 재화등의 대금 환급을 지연한 때에는 그 지연기간에 대하여 연 100분의 40 이내의 범위에서 「은행법」에 따른 은행이 적용하는 연체금리 등 경제사정을 고려하여 대통령령으로 정하는 이율을 곱하여 산정한 지연이자(지연배상금)를 지급하여야 한다(법 §18②).

반송비, 통신수단이용비용 등 공급받은 재화등의 반환에 필요한 비용은 원칙적으로 소비자가 부담한다(법 §18⑨, §17①). 이는 방문판매나 다단계판매의 경우에는 판매자의 적극적인 판매공세로 인해 소비자가 충동구매하게 된 점을 감안하여 판매자에게 반환비용을 부담시켰으나(방문판매법 §9⑨, §18⑧), 전자상거래와 통신판매의 경우에는 거래가 소비자의 자유로운 의사에 따라 이루어졌기 때문에 통신판매업자의 책임있는 사유가 인정되지 않는 한, 반환비용을 통신판매업자에게 일방적으로 부담시키는 것은 형평에 맞지 않기 때문이다. 그러나 재화등의 내용이 표시·광고 내용과 다르거나 계약내용과 다르게 이행된 경우에는 통신판매업자에게 책임있는 사유가 인정되므로 반환비용을 통신판매업자가 부담하도록 하고 있다(법 §18⑩, §17③).

그러나 통신판매업자는 청약철회 등을 이유로 소비자에게 위약금 또는 손해배상을 청구할 수 없다. 다만, 통신판매업자는 이미 재화등이 일부 사용되거나 일부 소비되어 원상회복이 이루어지지 못하는 경우에는 그 재화등의 일부 사용 또는 일부 소비에 의하여 소비자가 얻은 이익 또는 그 재화등의 공급에 든 비용에 상당하는 금액으로서 대통령령으로 정하는 범위의 금액을 소비자에게 청구할 수 있다(법 §18⑧).[38]

여기에서 대통령령으로 정하는 범위의 금액이란 ① 재화등의 사용으로 소모성 부품의 재판매가 곤란하거나 재판매가격이 현저히 하락하는 경우에는 당해 소모성 부품의 공급에 소요된 비용 또는 ② 다수의 동일한 가분물로 구성된 재화등의 경우에는 소비자의 일부 소비로 인하여 소비된 부분의 공급에 소요된 비용을 말한다(영 §24).

---

38) 예컨대, 네트워크상에서 제공되는 소프트웨어, 음악, 영상, 논문, 도서 등의 디지털정보는 일단 다운로드시키면 이를 다시 업로드해도 소용이 없기 때문에 원상회복이 사실상 불가능하다.

(2) 결제업자가 존재하는 경우

(가) 통신판매업자의 의무

소비자가 신용카드 등으로 대금을 지급한 경우 통신판매업자는 대금을 환급할 때 지체 없이 해당 결제업자에게 소비자에 대한 대금청구를 정지 또는 취소하도록 요청하여야 한다. 통신판매업자가 결제업자로부터 재화등의 대금을 이미 받은 때에는 지체 없이 그 대금을 결제업자에게 환급하고, 그 사실을 소비자에게 알려야 한다(법 §18③). 통신판매업자로부터 재화등의 대금을 환급받은 결제업자는 그 환급받은 금액을 지체 없이 소비자에게 환급하거나 환급에 필요한 조치를 취하여야 한다(법 §18④).

통신판매업자가 결제업자에게 대금환급을 지연하여 소비자가 대금을 결제하게 한 경우 통신판매업자는 그 지연기간에 대한 지연배상금을 소비자에게 지급하여야 한다(법 §18⑤).

(나) 소비자의 상계요청권

통신판매업자가 정당한 사유없이 결제업자에게 대금을 환급하지 아니하는 경우에는 소비자는 결제업자에게 그 통신판매업자에 대한 다른 채무와 통신판매업자로부터 환급받을 금액을 상계할 것을 요청할 수 있다. 이 경우 결제업자는 소비자가 환급금액 등을 기재한 서면(전자문서 포함)으로 철회권 행사기간 내에 청약철회 등을 한 사실 및 재화등을 반환하였음을 입증하는 자료를 첨부하여 상계를 요청할 경우 그 통신판매업자에 대한 다른 채무와 즉시 상계할 수 있다(법 §18⑥, 영 §23①). 결제업자가 상계한 경우 그 사실 및 금액내역 등을 기재한 서면(전자문서 포함)을 해당 통신판매업자 및 소비자에게 지체 없이 송부하여야 한다(영 §23②).

결제업자가 정당한 사유없이 상계를 게을리 한 경우 소비자는 결제업자에 대해 대금의 결제를 거부할 수 있다. 이 경우 통신판매업자와 결제업자는 그 결제의 거부를 이유로 그 소비자를 약정한 기일까지 채무를 변제하지 아니한 자(금융채무불이행자)로 처리하는 등 소비자에게 불이익을 주는 행위를 하여서는 아니 된다(법 §18⑦).

(다) 연대책임

전자상거래 또는 통신판매에 있어서 계약에 관계하는 당사자가 다수인 경우 이에 따른 소비자의 혼란을 완화하고 대금환급의 보장을 두텁게 하기 위해 전자상거래소비자보호법은 전자상거래 또는 통신판매와 관련한 모든 자에 대한 법정 연대책임을 부과하고 있다. 즉, 통신판매업자, 재화등의 대금을 받은 자 또는 소비자와 통신판매에 관한 계약을 체결한 자가 동일인이 아닌 경우에는 각자는 청약철회 등에 따른 대금환급과 관련한 의무의 이행에 있어서 연대하여 책임을 진다(법 §18⑪).

5. 철회권 행사의 배제

다음의 경우에는 철회권 행사가 배제된다(법 §17②, 영 §21).

① 소비자에게 책임있는 사유로 재화등이 멸실 또는 훼손된 경우(다만, 재화등의 내용을 확인하기 위하여 포장 등을 훼손한 경우를 제외)(법 §17② i).

② 소비자의 사용 또는 일부 소비로 재화등의 가치가 현저히 감소한 경우(법 §17② ii)

③ 시간이 지나 다시 판매하기 곤란할 정도로 재화등의 가치가 현저히 감소한 경우(법 §17② iii)

④ 복제가 가능한 재화등의 포장을 훼손한 경우(법 §17② iv)

⑤ 용역 또는 「문화산업진흥 기본법」 제2조 제5호의 디지털콘텐츠의 제공이 개시된 경우(다만, 가분적 용역 또는 가분적 디지털콘텐츠로 구성된 계약의 경우에는 제공이 개시되지 아니한 부분에 대하여는 제외)(법 §17② v).

⑥ 소비자의 주문에 의하여 개별적으로 생산되는 재화등 청약철회등을 인정하는 경우 통신판매업자에게 회복할 수 없는 중대한 피해가 예상되는 경우로서 사전에 해당 거래에 대하여 별도로 그 사실을 고지하고 소비자의 서면(전자문서 포함)에 의한 동의를 얻은 경우(법 §17② vi, 영 §21)

다만 위 ②부터 ⑤까지의 청약철회등이 불가능한 재화등의 경우에는 통신판매업자가 그 사실을 재화등의 포장이나 그 밖에 소비자가 쉽게 알 수 있는 곳에 명확하게 표시하거나 시험 사용 상품을 제공하는 등의 방법으로 청약철회등의 권리행사가 방해받지 아니하도록 조치를 취하지 아니하였다면 ②부터 ⑤까지의 경우에도 청약을 철회할 수 있다(법 §17② 단서, §17⑥ 본문). 특히 ⑤의 디지털콘텐츠에 대하여 소비자가 청약철회등을 할 수 없는 경우에는 청약철회등이 불가능하다는 사실의 표시와 함께 대통령령으로 정하는 바에 따라 시험 사용 상품을 제공하는 등의 방법으로 청약철회등의 권리행사가 방해받지 아니하도록 하여야 한다(법 §17⑥ 단서).

재화등의 훼손에 대하여 소비자의 책임이 있는지 여부, 재화등의 구매에 관한 계약이 체결된 사실 및 그 시기, 재화등의 공급사실 및 그 시기 등에 관하여 다툼이 있는 경우에는 통신판매업자가 이를 증명하여야 한다(법 §17⑤).

제 6 절 소비자피해의 사전예방 및 사후구제

Ⅰ. 사전예방

1. 공정거래위원회의 주도적 역할

(1) 소비자보호지침의 제정

전자상거래와 통신판매의 경우 사업자의 소재나 주문상품의 실체 확인이 어려운 점을 악용한 소비자 기만행위가 종종 발생하고 있어 특히 피해예방의 필요성이 강조되고 있다. 그 일환으로서 공정거래위원회는 전자상거래 또는 통신판매에서의 건전한 거래질서의 확립 및 소비자보호를 위하여 사업자의 자율적 준수를 유도하기 위한 소비자보호지침을 관련분야의 거래당사자, 기관 및 단체의 의견을 들어 정할 수 있다(법 §23①).[39]

사업자는 그가 사용하는 약관이 소비자보호지침의 내용보다 소비자에게 불리한 경우 소비자보호지침과 다르게 정한 약관의 내용을 소비자가 알기 쉽게 표시 또는 고지하여야 한다(법 §23②).

(2) 공개정보 검색 및 자료제출 요구

오늘날 전자상거래 시장에서는 인터넷 사이트 개설 후 허위광고로 소비자들로부터 단기간에 거액을 챙긴 다음, 사이트를 폐쇄하고 도주하는 새로운 형태의 사기ㆍ기만행위가 증가하고 있다. 이와 같은 순간적인 진입과 퇴출은 시장의 불확실성을 증대시키고 규제를 어렵게 하는 부작용을 낳고 있다.

전자상거래소비자보호법은 공정거래위원회, 시ㆍ도지사 또는 시장ㆍ군수ㆍ구청장이 전자상거래에 있어서 불공정거래행위를 상시 모니터링할 수 있는 검색체계를 구축할 수 있는 근거를 마련하고 있다. 즉, 공정거래위원회는 공정거래질서를 확립하고 소비자피해를 예방하기 위하여 필요하면 전자적인 방법 등을 이용하여 사업자나 관련 소비자보호 관련법인ㆍ단체가 정보통신망에 공개한 공개정보를 검색할 수 있도록 하고

39) 공정거래위원회는 OECD 소비자보호지침("Recommendation of the OECD Council Concerning Guidelines for Consumer Protection in the Context of Electronic Commerce," 1999. 12)과 소비자 의견을 반영하여 지난 2003년 10월 「전자거래소비자보호지침」을 제정한 이후 여러 차례 개정해오고 있다. 공정거래위원회고시 제2023-18호, 2023. 9. 1., 일부 개정.

있다(법 §27①). 사업자 또는 관련법인·단체는 정당한 이유 없이 이를 거부·방해할 수 없다(법 §27②).

또한 공정거래위원회, 시·도지사 또는 시장·군수·구청장은 소비자보호 관련 업무를 수행하는 공공기관이나 관련법인·단체에 소비자피해정보의 수집, 이용을 위한 자료를 제출하거나 공유하도록 요구할 수 있다(법 §27③). 자료제출 또는 공유 요구권 행사를 위해서 목적, 사용용도, 제출 또는 공유 대상 자료의 구체적인 범위를 정하여 서면(전자문서 포함)으로 요구하여야 하며, 제출 또는 공유 받은 자료를 서면으로 미리 알린 목적·사용용도 외로 사용하는 것이 금지된다(영 §29). 자료제출이나 공유를 요구받은 공공기관이나 관련법인·단체는 정당한 이유가 없는 한 이를 거부할 수 없다(법 §27④).

공정거래위원회는 검색된 공개정보 중 사업자가 법을 위반한 행위나 그 밖에 소비자피해의 예방을 위하여 필요한 관련정보의 내용을 사업자에게 통보하여 소명의 기회를 준 후에 공정거래위원회 홈페이지 등에 공개할 수 있다(법 §28, 영 §30 본문). 단, 「개인정보 보호법」 제2조 제1호에 따른 개인정보와 「부정경쟁방지 및 영업비밀보호에 관한 법률」 제2조 제2호에 따른 영업비밀에 관한 사항은 그러하지 아니하다(영 §30 단서).

(3) 전자상거래소비자단체 등의 지원

공정거래위원회는 전자상거래 및 통신판매에서 공정거래질서를 확립하고 소비자의 권익을 보호하기 위한 사업을 시행하는 기관 또는 단체에 예산의 범위 안에서 필요한 지원 등을 할 수 있다(법 §25).

2. 소비자피해보상보험계약등의 체결

(1) 의 의

전자상거래와 통신판매는 대부분 소비자가 재화등을 배송받기 전에 신용카드 결제, 온라인 입금 등을 통해 거래대금을 결제하는 선불거래 방식을 취하고 있다. 따라서 거래대금 결제 후 재화등을 공급받지 못하거나, 반품사유에 해당함에도 대금을 반환받지 못하는데 따른 채무불이행의 위험을 전적으로 소비자가 부담하게 된다. 이러한 위험을 고려하여 전자상거래소비자보호법은 소비자의 피해보상을 사전에 확보할 수 있도록 전자상거래 또는 통신판매 관련사업자로 하여금 소비자피해보상보험계약등을 체결할 것을 권장하거나 의무화하고 있다.

(2) 소비자피해보상보험계약등의 유형

소비자 피해보상 사전확보장치로서 소비자피해보상보험계약등에 해당하는 것으로는 ①「보험업법」에 따른 보험계약, ②「금융위원회의 설치 등에 관한 법률」 제38조의 규정에 따른 기관과의 소비자 피해보상금 지급을 확보하기 위한 채무지급보증계약, ③ 전자상거래를 하는 사업자 또는 통신판매업자가 설립한 공제조합과의 공제계약의 3가지가 있다(법 §24① 각호).

(3) 계약체결의 권장 또는 의무화

전자상거래 또는 통신판매 관련사업자에 대해서는 소비자피해보상보험계약등을 체결할 것을 공정거래위원회가 권장할 수 있다. 특히 전자상품권과 같은 결제수단의 발행자(법 §8④)에 대해서는 전자적 수단에 의한 거래대금 지급의 신뢰도를 높이기 위하여 소비자피해보상보험계약등의 체결이 의무화되어 있다(법 §24①). 이 소비자피해보상보험계약등은 이 법 위반행위로 인한 소비자피해를 보상하거나 결제수단 발행자의 신뢰성을 확보하기에 적절한 수준이어야 한다(법 §24⑤).

(4) 소비자피해보상보험계약등의 내용

(가) 전자상거래 또는 통신판매 관련사업자

공정거래위원회가 체결하도록 권장하는 전자상거래 또는 통신판매 관련사업자의 소비자피해보상보험계약등은 다음의 사항을 충족하여야 한다(영 §28① i 부터 v 까지, §19의3② v 부터 viii까지).

① 청약철회등의 권리행사에 따라 발생하는 대금환급의무의 불이행 또는 재화등의 공급의무의 불이행 등으로 인한 소비자피해를 보상하는 것을 그 내용으로 할 것
② 피보험자 또는 수혜자는 당해 소비자피해보상보험계약등을 체결한 자가 판매하는 재화등의 구매자로 할 것
③ 계약금액은 재화등의 매매대금을 한도로 공정거래위원회가 정한 규모 이상으로 할 것
④ 정당한 사유 없이 피해보상의 범위나 보험자 또는 재화등의 판매자의 책임을 한정하지 아니할 것
⑤ 소비자가 쉽고 신속하게 피해보상을 받을 수 있도록 하고, 보상이 지연되는 경우에는 지연배상금이 지급되도록 할 것
⑥ 정당한 사유 없이 소비자의 의사표시 방법을 제한하거나 소비자에게 과도한 입

증책임의 부담을 부과하지 아니할 것

⑦ 그 밖에 소비자에게 예상하기 어려운 위험이나 손해를 줄 우려가 있거나 부당하게 불리한 약정을 두지 아니할 것

⑧ 보험계약 또는 채무지급보증계약은 「보험업법」 제2조 제6호의 규정에 따른 보험회사나 「은행법」 제2조 제1항 제2호의 규정에 따른 은행과 체결할 것

(나) 전자결제수단 발행자

한편 계약체결이 의무화되어 있는 전자결제수단 발행자가 체결하는 소비자피해보상보험계약등은 다음의 요건을 모두 충족 하여야 한다(영 §28③ i 부터 v 까지).

① 전자결제수단을 구매한 소비자가 해당 결제수단에서 정한 권리를 행사할 수 없어 발생하는 소비자피해를 보상하는 것을 그 내용으로 할 것

② 피보험자 또는 수혜자가 전자결제수단의 구매자일 것

③ 계약금액은 전자결제수단 발행자가 발행하는 「상법」상 채권 유효기간 내에 있는 전자결제수단 발행잔고의 100분의 10 이내의 금액으로서 공정거래위원회가 정하는 금액[「금융위원회의 설치 등에 관한 법률」 제38조 제1호 · 제2호 · 제4호 · 제6호 · 제7호 · 제9호(겸영여신업자 제외) · 제11호 및 제12호에 해당하는 기관 및 「우체국예금 · 보험에 관한 법률」에 의한 우체국예금 또는 우체국보험을 취급하는 체신관서에 예치된 금액은 제외하며, 다른 법령에 따라 이와 유사한 지불보증 등의 의무를 이행한 경우에는 해당 금액을 공제한 금액을 말한다] 이상으로 할 것

④ 정당한 사유 없이 피해보상의 범위나 보험자 또는 전자결제수단 발행자의 책임을 한정하지 아니할 것

그 밖에 전자상거래 또는 통신판매 관련사업자가 체결하는 소비자피해보상보험계약등이 갖추어야 하는 위의 ⑤에서 ⑧까지의 요건을 모두 갖추어야 한다.

(5) 피해보상금의 지급

소비자피해보상보험계약등에 의하여 소비자피해보상금을 지급할 의무가 있는 자는 그 지급사유가 발생하면 지체 없이 소비자피해보상금을 지급하여야 하고, 이를 지연한 경우에는 지연배상금을 지급하여야 한다(법 §24⑥).

(6) 표지사용

소비자피해보상보험계약등을 체결한 통신판매업자는 그 사실을 나타내는 표지를

사용할 수 있다. 소비자피해보상보험계약등을 체결하지 아니한 사업자는 표지를 사용하거나 이와 유사한 표지를 제작 또는 사용하여서는 아니 된다(법 §24⑧).

3. 결제대금의 예치

(1) 의 의

결제대금의 예치(escrow)[40]는 소비자 구매의 안전을 담보하기 위해 소비자가 재화등을 공급받을 때까지 결제대금을 믿을 수 있는 제3자에게 예치하고 있다가 재화등의 배송 완료 후, 그 결제대금을 판매자에게 지급하는 거래안전장치이다. 이 제도는 특히 선지급식 통신판매에서 채무불이행 위험이 전적으로 소비자에게 전가되는 문제점을 해소하기 위해서 도입되었으며, 이 제도의 도입으로 통신판매업자는 대금지급을 완벽하게 보장받을 수 있게 되고, 소비자는 구매대금을 지급하기 전에 재화등의 품질과 내용을 먼저 검사할 수 있는 기회를 가짐으로써 소비자피해를 줄일 수 있게 되었다.

전자상거래소비자보호법은 소비자피해보상보험계약등과 별도로 결제대금 예치제도를 운영하도록 하고 있다. 즉, 선지급식 통신판매의 경우 통신판매업자는 소비자의 선택에 따라 소비자가 결제대금예치제도를 이용하도록 하거나 소비자피해보상보험계약등을 체결하여야 한다(법 §24②).

(2) 결제대금의 예치, 지급 및 환급

(가) 결제대금의 예치

선지급식 통신판매의 경우 소비자는 결제대금 예치제도에 따라 재화등의 구매시 통신판매업자로부터 이를 공급받을 때까지 '제3자'에게 결제대금을 예치할 수 있다. 여기에서 결제대금을 예치받을 수 있는 제3자에는 ① 결제대금 예치업무를 하기 위하여 「전자금융거래법」 제28조 제2항 제5호에 따라 금융위원회에 등록한 사업자 또는 ② 「전자금융거래법」 제28조 제2항 단서에 따른 금융기관이 포함된다. 다만 ①의 사업자의 경우에는 두 가지 요건을 갖추어야 한다. 즉, 법 제24조 제1항에 따른 소비자피해보상보험계약 등을 체결할 것과 「금융위원회의 설치 등에 관한 법률」 제38조에 해당하는 기관 또는 「우체국예금·보험에 관한 법률」에 따른 체신관서에 결제대금의 예치만을 위한 계좌로 개설·통보한 계좌에 소비자의 결제대금을 예치할 것의 요건을 모두 충족하여야 한다(법 §13②x, 영 §19의3①).

---

40) 에스크로(escrow)란 원래 법률용어로서 특정물을 제3자에게 기탁하고 일정한 조건이 충족된 경우에 상대방에게 교부할 것을 약속하는 조건부양도증서를 말한다.

(나) 결제대금의 지급

결제대금을 예치받은 제3자는 예치된 결제대금을 다음의 방법으로 통신판매업자에게 지급한다(영 §28의3 i 부터 iii까지).

첫째, 제3자는 재화등을 구매한 소비자에게 재화등을 공급받은 사실을 재화등을 공급받은 날부터 3영업일 이내에 통보하여 주도록 요청하여야 하며, 소비자로부터 재화등을 공급받은 사실을 통보받은 후에 통신판매업자에게 결제대금을 지급한다(제1호).

둘째, 제3자는 재화등을 공급받은 사실의 통보요청시에 소비자가 재화등을 공급받은 날부터 3영업일이 지나도록 재화등을 공급받은 사실을 '통보하지 아니한 때'에는 통신판매업자에게 결제대금을 지급할 수 있다는 사실을 소비자에게 고지하여야 한다(제2호).

셋째, 소비자가 재화등을 공급받은 날부터 3영업일이 지나도록 정당한 사유를 제시하지 않고 그 공급받은 사실을 통보하지 아니하는 경우, i) 소비자가 제2호에 따른 고지를 받고도 재화등을 공급받은 사실을 그 기간 내에 통보하지 아니한 때 또는 ii) 제3자가 제2호에 따른 고지를 하지 아니한 경우에는 제3자가 그 사실을 소비자에게 고지한 후 3영업일이 지난 때에 해당하는 때에 통신판매업자에게 결제대금을 지급할 수 있다(제3호).

여기에서 소비자에는 그 소비자의 동의를 얻은 경우에는 재화등을 공급받을 자를 포함하며, 거래당사자가 3영업일보다 긴 기간으로 약정한 경우에는 그 기간을 말한다.

(다) 결제대금의 환급

제3자가 통신판매업자에게 결제대금을 지급하기 전에 소비자가 그 결제대금을 환급받을 사유가 발생한 경우에는 그 결제대금을 소비자에게 환급한다(영 §28의3 iv).

(3) 적용제외 · 면제

이 제도는 전자상거래 또는 통신판매에서 비대면 · 선지급식 구매시 재화등의 미배송 또는 하자발생 등으로 인한 위험요소를 사전에 차단하기 위해 마련한 것으로 직불 또는 후불방식의 전자상거래 또는 통신판매에 대해서는 적용되지 아니한다.

또한 거래의 원활화를 위해 일정한 경우 구매안전 보호조치로서 의무화되어 있는 결제대금예치제도의 도입이나 소비자피해보상보험계약등 체결이 면제된다(법 §24③). 즉, ① 신용카드[41]로 재화등의 대금을 지급하는 거래, ② 정보통신망으로 전송되거나

41) 여기에서 신용카드란 「여신전문금융업법」 제2조 제3호의 규정에 따른 신용카드를 말하며, 이 경우 소비자가 재화등을 배송받지 못한 때에는 동법 제2조 제2호의2에 따른 신용카드업자는 구매대금 결제 취소 등

제3자[42]가 배송을 확인할 수 없는 재화등을 구매하는 거래, ③ 일정기간에 걸쳐 분할되어 공급되는 재화등을 구매하는 거래, ④ 다른 법률에 따라 소비자의 구매안전이 충분히 갖추어진 경우나 결제대금예치 또는 소비자피해보상보험계약등의 체결이 필요하지 아니하거나 곤란하다고 공정거래위원회가 정하여 고시하는 거래에 대해서는 이를 적용하지 아니한다(법 §24③ 각호).

(4) 표지사용

소비자에 대한 결제대금 예치제도를 이용하는 자는 그 사실을 나타내는 표지를 사용할 수 있으나, 결제대금 예치제도를 이용하지 아니한 사업자는 그 표지를 사용하거나 이와 유사한 표지를 제작 또는 사용하여서는 아니 된다(법 §24⑧, ⑨, ②).

Ⅱ. 사후구제

1. 의 의

전자상거래소비자보호법은 방문판매법에서와 마찬가지로 배송지연, 반품 및 환급거부 등 전자상거래 또는 통신판매로 인한 사업자의 법 위반행위와 관련하여 공정거래위원회는 시정조치를 취하기 전에 한국소비자원 또는 전자거래분쟁조정위원회 등 분쟁조정기구에 의한 조정을 거치도록 하고, 원만한 분쟁조정이 이루어지는 경우 시정조치를 억제함으로써 당사자 간 자율적 분쟁해결 및 신속한 피해구제를 독려하고 있다. 이에 관한 전자상거래소비자보호법 규정(법 §33)은 방문판매법 규정(법 §43)과 비교하여 피해분쟁의 내용만 다를 뿐, 소비자피해 분쟁조정과 시정조치와의 관계 등에서는 동일한 구조로 되어 있다.

2. 분쟁조정절차

(1) 분쟁조정의 의뢰

공정거래위원회, 시·도지사 또는 시장·군수·구청장은 전자상거래소비자보호법 위반행위와 관련하여 소비자의 피해구제신청이 있는 경우, 시정권고 또는 시정조치를 행하기 전에 전자상거래 또는 통신판매에서의 소비자보호 관련업무를 수행하는 기관이

소비자피해의 예방 및 회복을 위하여 협력하여야 한다(법 §24③ⅱ 단서).

42) 여기에서 제3자란 법 제13조 제2항 제10호에 따른 시행령 제19조의2에서 결제대금을 예치받을 수 있는 자로 열거된 자를 말한다.

나 단체 등 대통령령으로 정하는 소비자피해 분쟁조정기구에 그 조정을 의뢰할 수 있다(법 §33①).

대통령령으로 정하는 소비자 피해분쟁조정기구로서 ① 소비자분쟁조정위원회, ② 전자거래분쟁조정위원회, ③ 콘텐츠분쟁조정위원회, ④ 그 밖에 소비자보호 관련법령에 의하여 설치·운영되는 분쟁조정기구가 있다(영 §35). 특히 소비자보호 관련법령에 의하여 설치 운영되는 분쟁조정기구로서는 한국소비자단체협의회에 설치한 분쟁조정기구로서 「자율분쟁조정위원회」가 있다(소비자기본법 §31).

공정거래위원회, 시·도지사 또는 시장·군수·구청장은 소비자피해 분쟁조정기구의 권고안 또는 조정안을 당사자가 수락하고 이행한 경우에는 시정조치를 하지 아니한다는 뜻을 당사자에게 알려야 한다(법 §33②).

(2) 분쟁조정의 성립

소비자피해 분쟁조정기구는 분쟁의 조정이 이루어진 경우에는 그 결과를, 조정이 이루어지지 아니한 경우에는 그 경위를 지체 없이 조정을 의뢰한 공정거래위원회, 시·도지사 또는 시장·군수·구청장에게 보고하여야 한다(법 §33⑤).

분쟁조정기구의 조정안에 해당 사업자가 동의하여 분쟁조정이 성립되는 경우 해당 건은 종결된다. 그러나 조정이 성립되지 아니하는 경우에는 분쟁조정기구에서 해당 건을 공정거래위원회에 회송한다. 공정거래위원회에서는 해당 건을 사건으로 접수하여 사업자의 법 위반행위에 대하여 조사하고 시정조치를 취하게 된다.

3. 분쟁조정의 효과

일반적인 분쟁조정과는 달리 특수거래 분야에서 분쟁조정이 성립되어 소비자피해 분쟁조정기구의 권고안 또는 조정안을 당사자가 수락하고 이행한 경우에는 공정거래위원회는 해당 사업자에 대한 시정조치를 면제한다(법 §33③). 이를 위해 분쟁조정의 당사자는 분쟁조정기구의 권고안 또는 조정안을 이행하였음을 확인하는 서류를 그 이행한 날부터 10일 이내에 공정거래위원회에 제출하고, 시정조치를 하지 아니한다는 확인을 요청할 수 있다(영 §36①). 요청을 받은 공정거래위원회는 시정조치를 하지 아니하는 대상 등을 사업자에게 통지하여야 한다(영 §36②).

한국소비자원의 소비자분쟁조정위원회의 조정은 재판상 화해와 동일한 효력을 가지는데 비해(소비자기본법 §67④), 한국소비자단체협의회가 설치한 자율분쟁조정위원회의 조정은 조정의 내용과 동일한 합의가 성립된 것으로 간주되는 데 불과하다(소비자기본법 §31②).

4. 예산지원

공정거래위원회는 소비자피해 분쟁조정기구에 분쟁조정을 의뢰하는 경우에는 예산의 범위 안에서 그 분쟁조정에 필요한 예산을 지원할 수 있다(법 §33④).

제 7 절 법 위반행위의 조사 · 감독 및 제재

Ⅰ. 법 위반행위의 조사

1. 신고 및 직권조사

전자상거래소비자보호법상 법 위반행위의 조사는 방문판매법에서와 마찬가지로 공정거래위원회, 시 · 도지사 또는 시장 · 군수 · 구청장에 대한 신고 또는 직권으로 개시된다(법 §26①, ④). 다만 법 위반행위의 조사를 하려는 시 · 도지사는 공정거래위원회에, 시장 · 군수 · 구청장은 공정거래위원회 및 시 · 도지사에게 미리 통보하여야 하며, 공정거래위원회는 조사 등이 중복될 우려가 있는 경우에는 시 · 도지사 또는 시장 · 군수 · 구청장에게 조사의 중지를 요청할 수 있다. 이 경우 중지 요청을 받은 시 · 도지사 또는 시장 · 군수 · 구청장은 상당한 이유가 없으면 그 조사를 중지하여야 한다(법 §26②). 공정거래위원회, 시 · 도지사 또는 시장 · 군수 · 구청장은 조사를 한 경우에는 그 결과(조사 결과 시정조치명령 등의 처분을 하려는 경우에는 그 처분의 내용을 포함)를 해당 사건의 당사자에게 서면으로 알려야 한다(법 §26③).

2. 합동조사

공정거래위원회는 『소비자기본법』 제33조에 따른 한국소비자원과 합동으로 조사반을 구성할 수 있다(법 §26⑥). 조사반은 반장 및 반원으로 구성하며, 반장은 공정거래위원회 소속 공무원으로 하고, 반원은 공정거래위원회 소속 공무원 및 한국소비자원장이 지정한 소속 직원으로 한다(영 §28의5① ②).

공정거래위원회는 제6항의 조사활동에 참여하는 한국소비자원의 임직원에게 예산의 범위에서 수당이나 여비를 지급할 수 있다(법 §26⑦).

Ⅱ. 시정조치 및 과징금의 부과

1. 시정조치

(1) 시정권고

공정거래위원회, 시·도지사 또는 시장·군수·구청장은 사업자가 전자상거래소비자보호법을 위반하는 행위를 하거나 의무를 이행하지 아니하는 경우 시정조치에 앞서 그 행위를 중지하거나 이 법에 규정된 의무 또는 시정을 위하여 필요한 조치를 이행하도록 시정방안을 정하여 해당 사업자에게 이에 따를 것을 권고할 수 있다(법 §31①). 이 경우 시정권고를 받은 사업자는 그 통지를 받은 날로부터 10일 이내에 그 권고의 수락 여부를 그 권고를 한 행정청에 알려야 한다(법 §31②). 시정권고를 받은 자가 당해 권고를 수락하면 시정조치를 명한 것으로 본다(법 §31③).

시정권고를 하는 경우, 시·도지사는 공정거래위원회에, 시장·군수·구청장은 공정거래위원회 및 시·도지사에게 그 결과를 보고하여야 한다(법 §30①). 이 경우 전자문서로 보고할 수 있다(영 §32).

(2) 시정명령

공정거래위원회는 사업자가 법에서 정한 일정한 행위를 하거나 일정한 의무를 이행하지 아니하는 경우 해당 사업자 등에 대하여 그 시정을 위한 조치를 명할 수 있다(법 §32①). 시정조치의 내용으로는 ① 해당 위반행위의 중지, ② 이 법에 규정된 의무의 이행, ③ 시정조치를 받은 사실의 공표, ④ 소비자피해 예방 및 구제에 필요한 조치,[43] ⑤ 그 밖에 위반행위의 시정을 위하여 필요한 조치[44]가 있다(법 §32②). 사업자에 대하여 시정조치를 받은 사실의 공표를 명하려는 경우에는 ⅰ) 위반행위의 내용 및 정도, ⅱ) 위반행위의 기간 및 횟수, ⅲ) 위반행위로 인하여 발생한 소비자피해의 범위 및 정도를

43) 소비자피해 예방 및 구제에 필요한 조치로는 사업자와 소비자 사이에 발생하는 분쟁이나 불만처리에 필요한 인력 또는 설비를 구비하도록 의무를 부과하는 조치, 대금의 환급거절 및 지연의 경우 재화등을 반환받은 날부터 3영업일을 초과한 시점부터 조치시점까지 기간에 대하여 제21조의3에 따른 이율을 곱하여 산정한 이자를 더한 금액의 환급 조치, 재화등의 교환을 거절한 경우 교환 조치 등이 있다(영 §33② 각호)

44) 기타 시정을 위해 필요한 조치로서 공정거래 관련법령이 효과적으로 준수되도록 하기 위한 교육명령을 들 수 있다. 공정거래위원회는 전자상거래소비자보호법 위반행위가 법령의 내용을 알지 못하여 발생한 것으로 인정되는 경우 등 향후 법 위반행위가 발생하지 않도록 하기 위해 교육이 필요하다고 인정하는 경우 전자상거래소비자보호법 위반사업자 임·직원 전원과 소속 판매원 중 일정 비율 이상의 판매원을 교육에 참석시켜 위반사항과 관련한 법령의 내용, 소비자보호제도 등 관련제도 등에 대해 3시간 이상 교육받도록 하고 있다.

참작하여 공표의 내용 및 그 횟수 등을 정하여 공표를 명하여야 한다(영 §33①).

(3) 영업정지명령

공정거래위원회는 ① 시정조치명령에도 불구하고 시정조치일 이후 3년 이내에 같은 위반행위가 한 번 이상 반복되는 경우, ② 시정조치명령에 따른 이행을 하지 아니한 경우, 또는 ③ 시정조치만으로는 소비자피해의 방지가 어렵거나 소비자에 대한 피해보상이 불가능하다고 판단되는 경우에는 대통령령으로 정하는 바에 따라 1년 이내의 기간을 정하여 그 영업의 전부 또는 일부의 정지를 명할 수 있다(법 §32④, 영 §34②).

(4) 임시중지명령

공정거래위원회는 ① 전자상거래 또는 통신판매가 거짓 또는 과장된 사실을 알리거나 기만적 방법을 사용하여 소비자를 유인 또는 소비자와 거래하거나 청약의 철회, 또는 계약의 해제나 해지를 방해하는 것이 명백하고, ② 전자상거래 또는 통신판매로 인하여 소비자에게 재산상 손해가 발생하였고, 다수의 소비자에게 회복하기 어려운 손해가 확산될 우려가 있어 이를 예방할 긴급한 필요성이 인정되는 경우에는 전자상거래를 하는 사업자 또는 통신판매업자에 대하여 전자상거래 또는 통신판매의 전부 또는 일부를 대통령령으로 정하는 바에 따라 일시 중지할 것을 명할 수 있다(법 §32의2①, 법 §21① i).

공정거래위원회는 제1항에 따라 전자상거래 또는 통신판매의 전부 또는 일부를 일시 중지하기 위하여 필요한 경우 호스팅서비스를 제공하는 자, 통신판매중개자, 전자게시판서비스 제공자 등에게 해당 서비스 제공의 중단 등 대통령령으로 정하는 조치를 취할 것을 요청할 수 있으며, 그 요청을 받은 사업자는 정당한 사유가 없으면 이에 따라야 한다(법 §32의2②). 등록한 소비자단체나 그 밖에 대통령령으로 정하는 기관·단체는 전자상거래를 하는 사업자 또는 통신판매업자가 임시중지명령의 사유에 해당한다고 인정될 때에는 서면(전자문서 포함)으로 공정거래위원회에 그 전자상거래 또는 통신판매의 전부 또는 일부에 대하여 일시 중지를 명하도록 요청할 수 있다(법 §32의2③).

임시중지명령에 불복하는 자는 그 명령을 받은 날부터 7일 이내에 공정거래위원회에 이의를 제기할 수 있다(법 §32의2④). 공정거래위원회는 임시중지명령을 받은 자가 이의를 제기하였을 때에는 지체 없이 서울고등법원에 그 사실을 통보하여야 하며, 통보를 받은 서울고등법원은 「비송사건절차법」에 따라 재판을 한다(법 §32의2⑤). 이에 따른 재판을 할 때에는 「비송사건절차법」 제15조를 적용하지 아니한다(법 §32의2⑥).

2. 과징금 부과

(1) 부과조건

공정거래위원회는 법 제32조 제4항에 따른 영업정지가 소비자 등에게 심한 불편을 줄 우려가 있다고 인정하는 경우에는 그 영업의 전부 또는 일부의 정지를 갈음하여 해당 사업자에게 과징금을 부과할 수 있다(법 §34).

(2) 부과기준

이 경우 과징금액은 위반행위와 관련된 매출액을 초과하지 아니하는 범위 안에서 정해진다(법 §34① 전단). 위반행위 관련매출액이란 해당 위반행위가 ① 매출이나 소비자 피해발생의 직접적인 원인이 아닌 경우에는 해당 위반행위의 발생시점으로부터 그 종료시점까지의 매출액의 10퍼센트에 해당하는 금액(다만, 위반행위가 특정 분야에 한정된 경우에는 해당 분야의 매출액 기준), ② 매출이 일어난 직접적 원인이 된 경우에는 해당 위반행위와 상당인과관계가 있는 매출액 전액에 해당하는 금액, ③ 소비자피해에 직접적 원인이 된 경우에는 해당 위반행위로 인하여 피해가 발생한 매출액 전액에 해당하는 금액을 말한다. 해당 위반행위가 이 매출액기준 가운데 2 이상에 해당되는 경우에는 그 중 큰 금액을 말한다(영 §38①). 관련매출액이 없거나 그 매출액을 산정할 수 없는 경우 등에는 5천만 원을 초과하지 아니하는 범위에서 정액과징금을 부과할 수 있다(법 §34① 후단).

(3) 부과시 참작사항

전자상거래소비자보호법은 과징금 부과와 관련하여 특히 소비자의 피해정도 및 그 보상을 고려하도록 함으로써 사업자가 소비자의 피해보상에 노력하도록 유도하고 있다. 즉, 과징금 부과에 있어서는 ① 위반행위로 인한 소비자 피해의 정도, ② 소비자피해에 대한 사업자의 보상노력 정도, ③ 위반행위로 취득한 이익의 규모, ④ 위반행위의 내용·기간 및 횟수 등을 참작하여야 한다(법 §34③).

(4) 과징금의 징수

공정거래위원회는 이 법을 위반한 사업자인 회사가 합병한 경우에는 그 회사가 한 위반행위를 합병 후 존속하거나 합병으로 설립된 회사가 한 행위로 보아 과징금을 부과·징수할 수 있다(법 §34④).

공정거래위원회는 과징금을 부과하려는 때에는 그 위반행위의 종별과 해당 과징금의 금액 등을 명시하여 이를 납부할 것을 서면으로 통지하여야 한다(영 §37①). 과징금 납부통지를 받은 자는 통지가 있은 날부터 60일 이내에 공정거래위원회가 정하는 수납기관에 과징금을 납부하여야 한다. 다만, 천재・지변 그 밖에 부득이한 사유로 그 기간 내에 과징금을 납부할 수 없는 때에는 그 사유가 없어진 날부터 30일 이내에 납부하여야 한다(영 §37②).

3. 처분시효

법 위반행위가 끝난 날부터 5년이 지난 경우에는 그 위반행위에 대하여 시정조치를 명하거나 과징금 등을 부과하지 아니한다. 다만, ① 소비자피해 분쟁조정기구의 권고안이나 조정안을 당사자가 수락하고도 이를 이행하지 아니하는 경우나 ② 법원의 판결에 따라 시정조치 또는 과징금 부과처분이 취소된 경우로서 그 판결이유에 따라 새로운 처분을 하는 경우에는 그러하지 아니하다(법 §26⑤ 단서).

4. 감 독

공정거래위원회는 이 법을 효율적으로 시행하기 위하여 필요하다고 인정할 때에는 그 소관 사항에 관하여 시・도지사 또는 시장・군수・구청장에게 조사・확인 또는 자료 제출을 요구하거나 그 밖에 시정에 필요한 조치를 할 것을 요구할 수 있다. 이 경우 해당 시・도지사 또는 시장・군수・구청장은 특별한 사유가 없으면 그 요구에 따라야 한다(법 §30②).

제8절 보칙 및 벌칙

Ⅰ. 보 칙

1. 소비자등에게 불리한 계약의 무효

전자상거래소비자보호법에서 청약철회와 손해배상액의 제한에 관한 규정(법 §17부터 §19까지)은 소비자보호를 위한 강행규정으로서 이 규정을 위반한 약정을 하더라도 소비자에게 불리한 경우에는 효력이 없다(법 §35, 편면적 강행규정).

2. 전속관할

통신판매업자와의 거래에 관련된 소는 소 제기 당시의 소비자의 주소를, 주소가 없는 경우에는 거소를 관할하는 지방법원의 전속관할로 한다. 다만, 소 제기 당시 소비자의 주소 또는 거소가 분명하지 아니한 경우에는 전속관할의 규정이 적용되지 않는다(법 §36).

3. 사업자단체의 등록

전자상거래와 통신판매업의 건전한 발전과 소비자에 대한 신뢰도의 제고, 그 밖에 공동 이익의 증진을 위하여 설립된 사업자단체는 대통령령으로 정하는 바에 따라 공정거래위원회에 등록할 수 있다(법 §37).

등록하려는 사업자단체는 ① 목적, ② 명칭, ③ 주된 사무소·지부의 주소 및 홈페이지 주소, ④ 대표자의 성명·주민등록번호와 주소 및 전화번호, 전자우편주소, ⑤ 설립연월일, ⑥ 회원의 수(지부의 수를 포함한다), ⑦ 사업내용을 기재한 신청서를 공정거래위원회에 제출하여야 한다(영 §39①). 이 신청서에는 정관을 비롯하여 ① 인력·재정상황 및 재원확보방안, ② 주요설비의 목록 및 성능에 관한 자료를 첨부하여야 한다(영 §39②). 등록한 사업자단체는 등록된 사항 또는 제출된 자료의 내용에 변경이 있는 때에는 그 변경이 있는 날부터 20일 이내에 공정거래위원회에 통보하여야 한다(영 §39③).

4. 권한의 위임·위탁

(1) 권한의 위임

공정거래위원회는 그 권한의 일부를 대통령령으로 정하는 바에 따라 소속기관의 장 또는 시·도지사에게 위임할 수 있고, 시·도지사는 다시 그 권한의 일부를 대통령령으로 정하는 바에 따라 시장·군수·(자치구)구청장에게 위임할 수 있다(법 §38①, ②).

(2) 권한의 위탁

공정거래위원회는 그 권한의 일부를 다른 행정기관의 장에게 위탁할 수 있다(법 §38①). 또한 이 법을 효율적으로 집행하기 위하여 필요한 경우 사무의 일부를 사업자단체에 위탁할 수 있다(법 §38③). 여기에서 사업자단체는 전자상거래와 통신판매업의 건전한 발전과 소비자에 대한 신뢰도의 제고, 그 밖에 공동의 이익을 증진하기 위한 목적으로 설립되고, 공정거래위원회에 적법절차에 따라 등록된 사업자단체를 말한다

(법 §37). 공정거래위원회가 사무의 일부를 사업자단체에게 위탁하는 경우에는 예산의 범위 안에서 그 위탁사무의 수행에 필요한 비용의 전부 또는 일부를 지원할 수 있다(법 §38④). 사무를 위탁받아 해당 업무를 수행하거나 수행하였던 자에 대하여는 형법 제127조, 제129조부터 제132조까지의 규정에 따른 벌칙을 적용할 때에는 공무원으로 본다(법 §38⑤).

5. 공정거래법의 준용

전자상거래소비자보호법 위반행위의 조사 및 행정처분을 주관하는 공정거래위원회의 권한행사와 관련하여 공정거래법의 규정이 준용된다(법 §39). 전자상거래소비자보호법에서 준용규정으로 열거하고 있는 것으로는

① 공정거래위원회의 심의 · 의결에 관한 사항(공정거래법 §64부터 §68까지, §93),

② 공정거래위원회, 시 · 도지사 또는 시장 · 군수 · 구청장의 조사 등에 관한 사항(동법 §81① · ② · ③ · ⑥ 및 ⑨까지),

③ 공정거래위원회의 처분 및 시 · 도지사의 처분에 대한 이의 신청, 집행정지, 소의 제기 및 불복의 소의 전속에 관한 사항(공정거래법 §96, §97 및 §99부터 §101까지)

④ 과징금의 부과 · 징수에 관한 사항(공정거래법 §103부터 §107)

⑤ 방문판매법에 의한 직무에 종사하거나 종사하였던 공정거래위원회의 위원 또는 공무원의 비밀엄수의무에 관한 사항(공정거래법 §119)이 있다.

Ⅱ. 벌 칙

1. 형 벌

전자상거래소비자보호법은 법 위반행위의 경중에 따라 3년 이하에서 2년 이하 징역형, 1억 원 이하에서 1천만 원 이하의 다양한 벌금형을 규정하고 있다(법 §40부터 §43까지). 특히 공정거래위원회, 시 · 도지사 또는 시장 · 군수 · 구청장이 이 법을 위반한 사실이 있다고 인정하여 직권으로 필요한 조사시 폭언 · 폭행, 고의적인 현장진입 저지 · 지연 등을 통하여 조사를 거부 · 방해 또는 기피한 자와 공정거래위원회의 시정조치명령에 따르지 아니하거나 영업의 정지명령을 위반하여 영업을 계속한 자는 3년 이하의 징역 또는 1억 원 이하의 벌금에 처한다(법 §40).

2. 과 태 료

공정거래위원회 또는 시 · 도지사는 행정법상의 의무에 대해 사안의 경중에 따라 5천 만 원 이하 또는 100만 원 이하의 과태료를 부과할 수 있다(법 §45①부터 ⑤까지).

3. 양벌규정

법인의 대표자나 법인 또는 개인의 대리인 · 사용인 그 밖의 종업원이 그 법인 또는 개인의 업무에 관하여 전자상거래소비자보호법상 형사처벌 대상행위를 한 때에는 행위자를 벌하는 외에 그 법인 또는 개인에 대하여도 각 해당 조의 벌금형을 과한다. 다만, 법인 또는 개인이 그 위반행위를 방지하기 위해 해당 업무에 관하여 상당한 주의와 감독을 게을리 하지 아니한 경우에는 그러하지 아니하다(법 §44).

제 7 장 제조물책임법

제 1 절 개 설

Ⅰ. 제조물책임의 의의

오늘날 기술적으로 고도화된 사회에서 생산되는 상당수의 제품들은 제조단계에서부터 소재, 부품, 완성품의 제조업자가 분리되어 있고, 복잡한 기술적 처리공정과 여러 단계의 유통과정을 거쳐 소비자의 수중에 들어가게 된다. 이러한 제조 및 유통과정에서 안전성이 검증되지 않은 제품의 「결함」(缺陷, defect)으로 인해 소비자의 생명·신체 또는 재산상의 피해 사례가 종종 발생하고 있다.

그러나 피해를 입은 소비자의 입장에서는 그 안전성 결함의 원인이 무엇인지, 결함이 어느 단계에서 발생한 것인지, 결함에 어떠한 과실이 관련되었는지를 알기 어렵기 때문에 이를 증명하여 제조업자에게 손해배상책임을 지우는 것은 쉽지 않다. 더구나 제품의 결함으로 인한 피해발생시 소비자는 직접 계약의 당사자인 판매업자에게 계약책임 또는 불법행위책임을 물을 수 있겠으나, 직접 계약관계가 없는 제조업자에 대하여는 불법행위책임을 물을 수밖에 없다. 이 경우 소비자는 제품의 결함, 손해의 발생, 제조업자의 고의·과실, 결함과 손해의 인과관계 등을 입증하여야 할 것이나, 이 모든 요건을 입증하기가 쉽지 않다. 더구나 제품과 관련한 전문지식이 없는 소비자가 제품의 결함 및 그 결함과 손해의 발생과의 사이의 인과관계를 과학적·기술적으로 완벽하게 입증하는 것은 지극히 어려울 수밖에 없다.

제조물책임(product liability)[1]이란 제품의 안전성 결함으로 야기된 소비자의 생명·신체 또는 재산상 확대된 손해에 대한 구제를 원활히 하기 위해 민사법상 손해배상책임의 입증요건을 완화하여 제조업자에게 그의 과실 여부에 관계없이 책임을 지우는 것을 말한다. 제조물책임과 관련한 논의의 중심은 전통적으로 책임의 주체, 제조물의 범

1) 제조물책임이라는 표현 이외에도 책임주체에 중점을 두어 제조자책임(manufacturer's liability)이라고 하기도 하고, 생산물책임 또는 생산자책임이라는 용어가 사용되기도 한다. 연기영, 「생산물손해배상책임법」(육서당, 1999), 9-10면: 김상용, "제조물책임의 법리구성", 「인권과 정의」 217호(1994. 9), 29면 참조.

위, 결함의 개념, 면책사유, 입증책임 및 손해의 범위 등에 놓여 있으나, 최근 인터넷과 정보통신기술의 발달과 함께 제조물책임법을 둘러싼 법적, 사회적 환경이 변화함에 따라 규율대상과 내용의 재검토 필요성이 제기되고 있다.[2)]

Ⅱ. 외국의 입법례

1. 미 국

제조물책임법의 기초로 되는 제조물책임의 법리는 미국의 판례에 의해 형성·발전되어 왔다. 미국에서도 초기에는 「과실책임의 원칙」에 기초하여 과실의 입증책임을 피해자에게 요구함으로써 소비자의 제조업자에 대한 손해배상청구권이 사실상 부정되었다. 과실책임의 원칙을 적용하지 않은 최초의 제조물책임 판결은 1963년 캘리포니아주 대법원의 Greenman v. Yuba Power Products Inc. 사건에서 나타났다. 이 판결에서 법원은 '결함(defect)'의 개념을 도입하여 안전성을 결여한 결함제조물에 의해 피해를 입은 소비자는 제조업자와의 계약관계나 제조업자의 과실 유무를 불문하고 제조업자에게 불법행위책임을 추궁할 수 있다고 하여 무과실책임론에 기초한 불법행위법상의 「엄격책임」(strict liability in tort)[3)]을 인정하였다. 이 엄격책임은 1965년 제2차 불법행위 리스테이트먼트[4)]에서 처음으로 규정되었고, 각 주가 이를 채택함으로써 미국 제조물책임의 원칙이 되었다.

이 엄격책임론은 소비자보호에는 상당한 기여를 하였지만, 이로 인하여 1970년대 중반에서 1980년대 중반에 이르기까지 제조물책임소송이 급증하게 되었다. 그 결과, 제조업계 및 책임보험업계에서는 제조물책임 위기론(product liability crisis)이 대두되었다. 이에 따라 제조물책임의 원칙을 수정하기 위한 노력이 연방차원에서 다양하게 전개되었다. 연방정부는 주마다 상이한 제조물책임법 제정에 따른 법적용의 혼란과 불확실성

2) 권오상, "제조물책임법 활성화 방안에 관한 연구", 「법학연구」 제30권 제4호(연세대학교 법학연구원, 2020. 12), 145면 이하; 이재호, "디지털시대에서 제조물 책임 – EU 제조물 책임지침 개정안 검토를 중심으로 –", 「법학연구」 제27집 제1호(인하대학교 법학연구소, 2024. 3), 129면 이하.

3) 엄격책임이란 제조업자가 물품의 제조과정에서 또는 매매과정에서 모든 주의의무를 다하였음에도 불구하고 물건의 결함으로 인하여 피해가 발생하였을 때 그에 대한 책임을 부담하는 것을 말한다(제2차 불법행위법 리스테이트먼트 §402A). 엄격책임은 과실의 존재에 대한 입증을 필요로 하지 않으므로 무과실책임이라고 할 수 있지만 제조물의 결함에 기인하는 손해에 대한 배상책임이므로 절대책임이라고는 할 수 없다. 한봉희, 「제조물책임법론」(대왕사, 1997), 54면.

4) 리스테이트먼트(restatement)란 미국 변호사 및 법학자들의 단체인 미국 법률협회(American Law Institute)가 판례에서 나타난 일반적인 원칙을 조문형식으로 집대성하여 주석을 가한 것이다. 법률이 아니기 때문에 법적 구속력이 없으나, 재판에 많은 영향을 미치고 있다.

을 제거하기 위해 1979년 「통일제조물책임모범법」(The Model Uniform Product Liability Act)을 제정하였다. 이 법의 특색은 제조물책임위기론을 반영하여 제조업자의 엄격책임을 제조상의 결함 또는 구조상의 결함에만 국한하도록 하고, 설계상의 결함이나 경고상의 결함에 대하여는 과실책임을 적용하도록 한데 있다. 그러나 각 주의 소극적인 태도로 이 법에 의한 제조물책임의 통일은 실패하였다.

이를 계기로 연방의회에서도 수차례에 걸쳐 「국가제조물책임법안」(The National Product Liability Act) 등 제조물책임 관련 입법이 시도되었고, 1995년에 연방상원에서 「상식제조물책임법안」(Common Sense Liability Reform Act, 1995)이 통과되었다. 그 주요 내용은 엄격책임에서 과실책임으로 전환, 손해배상액의 제한, 징벌적 손해배상의 제한, 화해 또는 대체적 분쟁해결제도의 도입, 변호사 성공보수의 제한 등이다. 그 밖에 미국 법률협회는 1997년 제조물책임에 관한 제3차 불법행위 리스테이트먼트를 새로이 작성하여 재판에서 활용하고 있다.

2. EU

EU는 1968년부터 제조물책임에 관한 회원국 간 상이한 법률체계를 통일하기 위해 연구·검토를 시작하여 1985년에 「제조물책임지침」[5]을 제정하였고, 1999년에는 이를 일부 개정하였다. 이에 따라 회원국은 동 지침의 내용에 따라 국내법을 정비하여 시행하고 있다. 제조물책임지침이 회원국의 제조물책임법에서 규정하여야 할 것을 요구하는 사항은 다음 3가지이다. 첫째, 제조물의 대상범위는 동산으로서 1차 농산물이 포함되어야 하고, 둘째, 개발위험의 항변이 인정되어야 하며, 셋째, 배상책임의 한도를 제한하는 것이다.

EU집행위원회는 2022년 9월 「제조물책임지침」 개정안[6]을 발표하여 적용대상을 AI나 소프트웨어와 같은 디지털 기반의 제조물에까지 확대하고, 제조업자에 대한 자료제출명령권 도입 및 피해자 입증책임 완화와 함께 제조물책임의 주체를 온라인 플랫폼사업자나 이행관련서비스 사업자 등에까지 확장을 시도하고 있다.[7]

---

5) 결함제조물의 책임에 관한 회원국 법령의 통일화에 관한 위원회 지침(1999년 개정). Richtlinie des Rates vom 25. 7. 1985 zur Angleichung der Rechts- und Verwaltungsvorschriften der Mitgliedstaaten über die Haftung für fehlerhafte Produkte(85/374/EWG, ABlEG Nr. L 210/29 v. 7. 8. 1985).

6) Proposal for a Directive of the European Parliament and of the Council on liability for defective products, COM(2022) 495 final.

7) 상세한 내용설명으로는 이재호, 앞의 논문, 133면 이하; 이재목, “2022년 EU 제조물책임지침 개정안의 내용과 그 시사점”, 「홍익법학」 제24권 제3호(2023), 237면 이하.

제 2 절 제조물책임의 법리

Ⅰ. 서 설

제조물책임은 대량생산 · 대량소비시대에 있어서 제조물의 결함으로 인한 피해를 신속 · 충실하게 구제함에 있어 근대 민사책임의 법리의 한계를 극복하기 위해 등장하였다. 제조물책임의 법리적 기초를 계약책임으로 구성할 것인가 아니면 불법행위책임으로 할 것인가를 둘러싸고, 그동안 다양한 시도가 이루어져 왔다.

제조물책임을 처음으로 시도하였던 미국에서는 계약책임의 연장선상에서 매도인의 하자담보책임이나 채무불이행책임 또는 보증책임의 법리의 구성이 시도되었다. 그러나 결함제조물의 제조업자는 소비자와 직접적인 계약당사자 관계(privity of contract)가 없기 때문에 계약법상 제조물책임의 법리구성은 불충분하다는 비판이 제기되었다.

이러한 난점을 극복하기 위해 불법행위책임의 법리에 기초한 제조물책임이 시도되었다. 즉, 불법행위에 의한 책임은 소비자와 제조업자와의 직접적인 계약관계가 존재하지 않더라도 제조물의 결함에 의하여 소비자의 생명, 신체 또는 재산에 손해를 끼쳤다면 배상청구가 가능하기 때문이다. 그러나 불법행위책임도 손해배상책임의 일반원칙상 고의 · 과실의 입증책임은 청구하는 자가 부담하도록 되어 있기 때문에 결함제조물에 관한 정보나 전문적 지식이 부족한 소비자의 입장에서 제조업자의 과실을 입증하는 것은 매우 어려울 수밖에 없었다.

이러한 계약책임과 불법행위책임 법리상의 한계를 극복하고 소비자보호를 강화하기 위해 1963년의 미국 캘리포니아 대법원이 Greenman v. Yuba Power Product 사건 판결[8]에서 제조업자의 계약관계나 과실의 유무를 불문하고 이들에게 손해배상을 청구할 수 있다고 하는 무과실책임론에 기초한 판결이 등장하게 되었다. 이 판결은 미국뿐만 아니라 세계 여러 나라에서의 제조물책임에 관한 법리의 형성과 제조물책임 입법에 커다

8) 59 Cal 2d 57, 377 P2d 897, 27 Cal. Rptr. 697(1963). 이 사건에서 원고의 처는 원고에게 톱, 드릴, 목공선반 등으로 사용할 수 있는 다목적공구를 사주었다. 원고는 소매상의 공구를 시험 운전해 보이는 것을 지켜보았고, 제품의 사용안내서를 읽었다. 2년 후 원고는 공구의 주요부품을 사서 목공 선반으로 사용하였다. 별 다른 어려움 없이 선반을 사용하여 왔으나, 갑자기 나뭇조각이 선반으로부터 튀어 나와 원고의 얼굴을 가격하여 중상을 입었다. 10여 개월이 지난 후 원고는 소매상과 제조업자에게 담보책임 위반과 과실로 인한 불법행위책임을 이유로 소송을 제기했다. 법원은 피고에게 불법행위상의 '엄격책임(strict liability)'을 인정하였다.

란 영향을 미쳤다.

Ⅱ. 계약책임

제조물책임을 계약책임에 기초하여 법리를 구성할 경우 그 기초로 되는 것이 매도인의 하자담보책임, 채무불이행책임 및 보증책임이다.

하자담보책임은 계약체결 후에 물건의 하자가 생긴 경우 매수인이 하자가 있다는 사실을 몰랐고 또한 모른 데 대하여 잘못이 없으면 매도인이 담보책임을 부담하도록 하는 것으로, 하자가 있음에도 불구하고 계약목적을 달성할 수가 있으면 손해배상을 청구할 수가 있고, 계약목적을 달성할 수 없는 경우에는 계약해제와 손해배상을 청구할 수 있다. 하자담보책임은 채무자의 과실을 요건으로 하지 않는 무과실책임으로서 매매목적물의 하자만 있으면 된다. 이에 비해 채무불이행책임은 매도인의 불완전이행을 인정하여 매수인의 확대손해 내지는 부가적 손해의 배상을 인정하려는 법리이다. 채무불이행책임에서는 손해가 발생하면 손해배상청구권이 발생하고 과실의 입증책임이 가해자인 채무자(제조업자)에 있다.

그런데 계약책임을 인정하기 위해서는 그 전제로서 계약당사자관계가 존재하여야 하나, 제조업자와 소비자 간에는 직접적인 계약관계가 없기 때문에 제조물책임의 법리 구성에는 많은 난점이 있다. 또한 제조물책임은 결함으로 인해 발생한 제조물 자체의 손해보다 결함제조물로 인해 야기된 확대손해의 배상을 요구하기 위한 것인데 비해, 하자담보책임의 경우 손해배상의 범위가 신뢰이익[9]이나 이행이익[10]으로 제한되어 확대손해에 대한 구제가 어렵고, 단기의 제척기간에 걸려 최종 피해자인 소비자의 권리행사를 제약하게 된다.

이러한 계약책임의 약점을 보완하기 위해 안출된 것이 묵시적 보증책임이다. 즉, 제조업자들은 명시적이든 묵시적이든 최종소비자에게 해당 제조물의 품질과 성능을 보증하게 되는데, 제조물의 결함이 발생하였다면 이는 계약내용의 일부로서 품질보증이 이행되지 않은 것으로서 제조업자의 채무불이행책임이 최종 소비자에게 미치는 것으로 보고 있다.[11] 이 묵시적 보증책임론은 제조업자가 소비자에 대해서 명시적 보증을 하

---

9) 신뢰이익의 손해는 계약이 무효임에도 유효로 신뢰하였기 때문에 입은 손해(불이익)로 통상 이행에 있어서 또는 이행을 준비함에 있어서 지불한 금액을 말한다(민법 §535).

10) 이행이익의 손해는 계약이 이행되었더라면 얻을 수 있었던 기대이익이 이행되지 않음으로써 얻지 못하게 된 손해(불이익)을 말한다(민법 §390).

11) 1960년 미국의 Henningston v. Bloomfield Motors Inc. 사건에서 법원은 계약당사자관계나 과실이

지 않은 경우에도 그의 상품성이나 목적적합성 등은 매매계약에 당연히 포함된 보증이라고 보고 그 위반에 대해서 책임을 지게 하려는 것으로서 제조업자의 과실 유무에 관계없이 책임을 부담하는 일종의 의제적 무과실책임론으로 볼 수 있다.

Ⅲ. 불법행위책임

1. 과실책임론

불법행위책임에 의해 제조업자의 책임을 추궁할 경우 제조업자와 소비자 간의 직접적인 계약당사자관계를 요구하지 않으므로 법리구성에 커다란 어려움 없이 제조물 결함으로 피해를 입은 소비자를 널리 보호할 수 있게 된다. 그렇지만 제조업자에 대한 불법행위책임을 추궁하기 위해서는 소비자가 ① 제조물의 결함, ② 제조업자의 고의·과실, ③ 손해의 발생 및 ④ 결함과 손해발생간의 인과관계를 입증하여야 한다. 그러나 제조업자와 피해자 간 입장의 비대등성, 비교환성, 제조물 제조과정에 대한 피해자의 전문적 지식의 결여 등을 감안할 때 위 요건사실을 피해자가 모두 주장·입증하는 것은 어렵기 때문에 제조업자에 대한 불법행위책임을 묻기에는 일정한 한계가 있을 수밖에 없다.

무엇보다 제조업자는 제조물의 결함을 식별할 수 있는 전문적인 지식과 능력을 가지고 있고 대부분의 경우 제조공정이나 검사과정에서 제조업자의 과실에 기인함에도 불구하고, 전통적 과실책임론에 입각하여 비전문가인 소비자에게 고도의 기술이 집약되어 대량으로 생산되는 제조물에 어떠한 결함이 존재한다는 것을 과학적·기술적으로 완벽하게 입증하고, 제조업자의 귀책사유로서 '고의·과실' 및 제조물의 결함과 손해발생 사이에 '인과관계'를 입증하라고 요구하는 것은 형평에 어긋난다고 할 수 있다.

이러한 입증상의 어려움으로부터 소비자의 피해구제를 원활히 하기 위해 다양한 시도가 이루어졌다. 과실의 개념도 주관적인 부주의에서 객관적인 주의의무 위반으로 주의의무를 고도화하여 무과실책임에 접근시키기도 하고, 제조물에 결함이 있으면 영미법상의 「사실추정의 원칙」(res ipsa loquitur)[12]이나 「과실추정의 원칙」에 따라 제조업

없더라도 묵시적 보증(implied warranty)의 위반을 이유로 제조업자의 책임을 인정하여 제조물책임 영역에서 보증책임의 법리를 확립하였다. 이 사건에서 원고는 크라이슬러사가 제조한 Plymouth자동차를 딜러인 Bloomfield Motors로부터 구입하여 어머니날(Mother's Day) 처에게 선물하였다. 10일 후 처가 차를 운행하던 중 차의 운전대와 앞바퀴가 정상적으로 작동되지 않아 벽과 충돌하여 상해를 입었다. 이에 원고는 제조업자인 크라이슬러사와 딜러인 Bloomfield Motors를 상대로 소송을 제기하였고, 법원은 피고에게 상품성에 관한 보증책임이 있다고 하여 피고의 손해배상책임을 인정하였다.

12) 사실추정의 원칙이란 예컨대, 엘리베이터 추락, 보일러의 폭발 등과 같은 일정한 사실이 있으면 과실

자의 과실을 추정하고 반증이 없는 한 제조업자에게 책임을 부담시키는 등의 방법으로 제조업자의 귀책사유에 대한 입증책임을 전환시키기도 한다. 또한 인과관계의 입증에 있어서도 과학적으로 엄밀한 입증보다는 합리성과 객관성을 잃지 않는 범위 내에서 상당한 정도의 개연성만 입증하면 충분하도록 하여 입증책임을 완화하려는 시도도 나타나게 되었다.

2. 무과실책임론

과학기술의 발전에 따라 제조과정이 더욱 복잡해지고 있고 제조업자의 전문적인 행위에까지 그 과실을 입증한다는 것은 매우 어려운 일이다. 그렇다고 하여 제조업자의 과실이 입증되지 않기 때문에 피해자의 배상청구가 부정되는 것은 불합리하다. 이 점을 감안하여 과실책임론에 기초한 입증책임 전환 내지 완화의 법리가 등장하였으나, 소비자 피해구제에는 여전히 미흡한 것으로 나타나게 되었다. 따라서 오늘날 각국의 판례와 입법에서는 제조물의 결함만 입증되면 제조업자의 고의·과실을 묻지 아니하고 바로 제조업자에게 책임을 지우는 무과실책임론이 등장하게 되었다.[13)]

이 무과실책임론의 근거로는 ① 제조업자는 제조물의 위험을 예견하고 이를 방지할 수 있는 지위에 있기 때문에 하자있는 제조물을 일단 시장에 내놓은 이상 무과실이더라도 그로 인하여 생기는 모든 손해에 대한 책임을 부담하는 것이 공공이익에 부합하고, ② 제조업자는 최신 기술에 의해 생산되는 제조물에 내재하는 위험을 제조물가격이나 책임보험 등을 통하여 사회적으로 공평하게 분산시키는 데 적합한 지위에 있으며, ③ 무과실책임을 인정함으로써 제조업자로 하여금 제조과정에서 보다 더 주의를 기울이게 하는 것이 오늘날 사회적 요청에도 부합한다는 점을 들 수 있다. 하지만 제조물책임의 기초로 되는 무과실책임론은 어떤 제조물에서 발생한 손해에 대해 제조업자에게 모든 책임을 지우는 절대책임 내지 결과책임이 아니라, 제조물의 결함을 책임발생의 요건으로 하는 소위 결함책임을 그 내용으로 하고 있다.

이나 인과관계의 존재가 추정된다는 이론이다. 이 경우 제조업자가 추정을 번복하기 위해서는 추정을 발생시킨 증거와 동일한 정도의 반증을 제시하여야 한다.

13) 미국의 통일제조물책임법(1979년)이나 EU의 제조물책임지침(1985년) 및 일본의 제조물책임법(1994년), 우리나라의 제조물책임법(2000년)은 무과실책임의 법리를 도입하고 있다.

〈제조물책임과 다른 손해배상책임의 비교〉

	채무불이행책임	하자담보책임	보증책임	일반불법 행위책임	제조물책임
책임성격	계약책임	계약책임	계약책임	불법행위책임	불법행위책임
과실	필요	불필요	불필요	필요	불필요
배상범위	모든 손해	제조물 자체	보증내용	모든 손해	확대 손해

제 3 절 제조물책임법의 주요내용

Ⅰ. 제　정

우리나라에서는 그 동안 결함 제조물로부터 소비자를 보호하기 위해 시대적 특성을 반영한 민사책임법으로서 제조물책임법의 제정이 요구되어 왔으나, 기업부담의 과중 등 산업계에 미치는 현실적인 우려로 실현되지 못하다가 1999년 12월 제정되어 2000년 1월 공포되었다. 다만 기업이 제조물책임에 대비할 수 있는 시간적 여유를 고려하여 부칙에 의해 동법의 시행을 2002년 7월 1일부터 시행하도록 하였다. 제조물책임법은 위임규정을 두고 있지 않기 때문에 시행령·시행규칙 등 하위법령은 존재하지 않는다.

모두 8개 조문으로 구성된 제조물책임법은 그 보호의 대상을 '소비자'에 한정하지 않고 '피해자' 일반으로 확장하고 있으며, 민법의 특별법으로서의 제조물책임 사고가 발생한 경우 그 피해구제를 위한 배상책임 원칙을 규정하고 있다. 이를 위해 제조물책임과 관련한 개념 정의와 함께 제조업자의 무과실책임과 그 면책사유, 연대책임, 면책특약의 제한 및 소멸시효 등에 관하여 규정하고 있다. 무엇보다 제조물의 결함으로 인한 피해자가 손해배상소송을 제기하는 경우 일반 민법상의 책임요건으로서 ① 결함의 존재, ② 제조업자의 고의·과실, ③ 손해발생, ④ 결함과 손해의 인과관계를 입증해야 할 것이나, 제조물책임법에서 제조업자의 무과실책임을 도입함에 따라 제조업자의 고의·과실에 의해 발생했다는 ②의 요건사실을 입증할 필요가 없게 됨으로써 쉽게 피해구제를 받을 수 있게 되었다. 또한 제조업자의 입장에서도 제조물의 설계단계에서부터 안전을 최우선으로 고려하게 되고, 제조물책임법상 책임을 면하기 위해 제조물 판매 후에도 결함이 있는지 여부에 대하여 계속적으로 감시하면서 결함이 발견되면 자발적 리콜을 실시하는 등 피해예방에도 최선을 다할 수 있게 되었다.

제조물책임법은 시행 이후 2013년 5월 일부 개정한 데 이어 결함상품으로부터 소비자의 안전을 합리적으로 강화하기 위해 2017년 4월 개정을 통해 피해자의 입증책임을 완화하고 제조물공급자의 책임을 강화하는 한편, 징벌적 손해배상제도를 새로이 도입하였다.[14)]

Ⅱ. 목 적

제조물책임법은 오늘날 대량생산·대량소비라는 경제구조 하에서 제조물의 결함으로 인한 피해를 신속하고 충실하게 구제하기 위해 제정되었다. 기업의 입장에서도 제조물책임법의 제정을 계기로 단순히 안전기준을 준수하기보다는 자주적으로 제조물의 안전성 확보·향상에 노력하게 되고, 이로써 피해예방은 물론 국제경쟁력 강화에도 도움이 된다고 할 수 있다. 이에 따라 법 제1조에서는 제조물의 결함으로 손해가 발생한 경우 제조업자 등의 손해배상책임을 규정함으로써 피해자 보호를 도모하고, 국민생활의 안전 향상과 국민경제의 건전한 발전에 이바지할 것을 목적으로 정하고 있다.

Ⅲ. 책임의 주체

1. 제조업자

(1) 제조업자·가공업자 또는 수입업자

제조업자란 제조물의 제조·가공 또는 수입을 업으로 하는 자를 말한다(법 §3, §2ⅲ 가목). 결함 있는 제조물을 제조·가공한 자가 제조물책임을 부담하는 것은 당연하나, 제조물책임법은 제조물을 수입한 자도 제조업자로 보고 있다. 이는 수입제품의 결함으로 피해를 입더라도 외국 제조업자에게 책임을 추궁하는 일이 곤란하지만, 수입업자의 경우 자기 의사에 기하여 제조물을 국내시장에 유통시키는 원천공급자로서 수입계약에서 외국의 제조업자 내지 판매업자에 대한 구상권을 확보할 경우 수입업자 자신이 최종적인 손해배상의 부담자가 되지 않을 것이라는 점이 고려되었기 때문이다. 여기에서 '업(業)'이란 동종의 행위를 계속·반복하여 하는 것으로서 반드시 영리목적이어야 할 필요는 없다.

---

14) 개정안 논의와 관련하여 박동진, "제조물책임법 개정시안의 중요내용", 「비교사법」 제20권 제3호, 553면 이하; 김민중, "제조물책임법의 개정방향에 대한 검토", 「동북아법연구」 제9권 제3호(2016. 1), 332면.

(2) 표시제조업자

제조물에 성명 · 상호 · 상표 또는 그 밖에 식별 가능한 기호 등을 사용하여 자신을 제조업자로 표시한 자 또는 제조업자로 오인하게 할 수 있는 표시를 한 자도 제조물책임법상 제조업자에 해당한다(법 §3, §2iii 나목). 이는 주문자상표 부착생산(OEM, original equipment manufacture)의 경우처럼 제조물을 직접 제조 · 가공하지 않았더라도 자신을 제조업자로 표시하고 있거나 오인할 수 있는 표시를 한 자는 제조업자로서의 외관을 갖추고 있으므로 제조물책임을 지움으로써 제조물의 결함발생을 방지하고 신뢰를 보호할 필요가 있기 때문이다.

2. 제조물공급자

제조물공급자는 "제조물을 영리목적으로 판매 · 대여 등의 방법에 의하여 공급한 자"로서 일반적인 판매업자의 개념보다 넓다. 제조물공급자는 제조물의 설계 · 제조에 관여하고 있지 않을 뿐만 아니라 매수인에게 직접 계약상의 책임을 지기 때문에 제조물책임을 질 이유가 없다. 그럼에도 불구하고 제조물책임법은 제조물공급자가 제조물 유통구조의 일부분을 담당하면서 안전한 제조물을 생산하도록 제조업자에게 영향을 미칠 수 있고, 제조업자를 알 수 없는 경우 피해자가 마땅히 구제를 받기 어렵다는 점을 감안하여 보충적 책임을 지우고 있다. 그러나 제조물공급자의 보충적 책임은 제조물책임법상의 확대손해에 한정되며, 징벌적 손해에까지 확장되는 것은 아니다.

제조물공급자의 책임요건으로서는 ① 피해자가 결함제조물의 제조업자를 알 수 없고, ② 제조물공급자가 영리 목적으로 판매 · 대여 등의 방법으로 결함제조물을 공급하였어야 한다(법 §3③ 본문). 다만, 피해자 또는 법정대리인의 요청을 받고 상당한 기간 내에 그 제조업자 또는 공급한 자를 그 피해자 또는 법정대리인에게 고지한 때에는 그러하지 아니하다(법 §3③ 단서). 특히 종전에는 피해자가 결함제조물의 제조업자를 알 수 없는 경우 제조물공급자가 제조업자 내지 전 공급자를 모른 것에 대해 선의 · 무과실인 경우에는 제조물공급자에게 책임을 부담시키지 않았으나, 2017년 개정법에서는 선의 · 무과실 여부와 관계없이 책임을 지울 수 있도록 함으로써 손해배상책임의 보충적 성격을 강화하고 있다.[15]

---

15) EU의 「제조물책임지침」에서도 "제조물의 제조업자를 특정할 수 없는 경우에는 각각의 공급자를 제조업자로 본다. 다만 공급자가 합리적인 기간 내에 피해자에 대하여 제조업자의 신원, 또는 당해 공급자에게 제조물을 공급한 자의 신원을 고지한 경우에는 그러하지 아니하다"라고 하여 판매업자의 보충적 책임을 규정하고 있다. 프랑스 민법 제1386-7조에서는 제조물공급자에게 제조업자와의 병렬적 책임을 인정하여 EU 제조물책임지침보다 피해자를 더욱 강하게 보호하고 있다. 박수곤, "프랑스민법상 제조물책임", 「경희법학」 제55권 제3호(2020), 490면.

한편 판매업자가 사은품의 증정과 같이 무상으로 제조물을 공급한 경우에도 여전히 제조물책임법의 적용을 받을 것인가가 문제로 될 수 있다. 위 ②에서의 영리목적을 제조물의 제조 및 제공행위와 직접 관련하여 이해한다면 무상 제공된 제조물의 결함으로 인한 제조물책임은 부정될 것이나, 무상으로 제공된 제조물도 장기적으로 수익성을 높이기 위한 영리목적에 이용된 것이므로 제조물책임법의 적용을 받는 것으로 보아야 할 것이다.

Ⅳ. 적용대상(제조물)

1. 동 산

제조물책임은 제조물의 결함으로 생긴 손해에 관한 책임을 내용으로 하는 것이므로 제조물의 범위를 확정하는 것은 매우 중요하다. 제조물책임법상 제조물이란 제조되거나 가공된 동산을 말하며, 다른 동산이나 부동산의 일부를 구성하는 경우를 포함한다(법 §2 i). 동산에 해당하는 한 완성품인지 부품・원재료인지를 불문하며, 신제품은 물론 중고품・재생품도 적용대상이 되고, 대량생산되는 공업제품은 물론 수공업품・예술작품에 대해서도 적용된다.

동산은 부동산을 제외한 모든 물건을 말하며, 일정한 형체를 가지고 있는 고체・액체・기체와 같은 유체물은 물론, 전기나 열과 같은 관리 가능한 무형의 에너지도 포함된다. 컴퓨터 OS와 같은 운영체계, 컴퓨터 프로그램, 애플리케이션이나 인공지능 시스템과 같은 소프트웨어는 지적재산물로서 동산으로 볼 수 없으나, 독립하여 실행되든 다른 제조물의 구성품으로 통합되어 실행[16]되든 소프트웨어 결함으로 손해를 일으킬 수 있기 때문에 그 배상을 용이하게 하기 위해서는 입법론적으로 제조물 개념에 포함시킬 필요가 있다.[17]

한편 부동산 자체는 이 법의 적용대상이 되지 않으나, 부동산의 일부를 구성하는 조명시설, 배관시설, 공조시설 등 개별적인 동산은 이 법의 적용대상에 포함된다. 입법론

---

16) 대표적인 예로 자율주행 자동차에 부착된 자율주행소프트웨어가 오작동을 일으켜 자율주행보조장치들을 제어하지 못해 추돌사고를 일으키는 경우, 의료기기가 사용하는 소프트웨어에 결함이 발생하여 환자의 생명이나 신체에 상해를 가하는 경우, 드론에 탑재된 소프트웨어의 결함으로 드론이 사람 또는 건물과 충돌하는 경우, 군사설비를 제어하는 소프트웨어의 결함으로 군사설비가 오작동하여 인명을 살상한 경우 등을 들 수 있다. 권오상, 앞의 논문, 152-154면.

17) 박동진, "현행 제조물책임법의 문제점과 개정방향", 「선진상사법률연구」(통권 제57호)(2012년 1월), 132면; 구재군, "제조물책임법 개정 방향 – 인공지능(소프트웨어)의 제조물성 인정 여부를 중심으로 –", 「법조」 제70권 제2호(통권 제746호)(법조협회 2021. 4.), 97면.

적으로 부동산이라 하여도 이미 상품화되어 대량으로 건축·판매되는 분양주택의 경우에는 제조물책임 대상에 포함시키는 것이 피해자 보호를 위해 바람직할 것이다.[18] 왜냐하면 제조물책임법이 기본적으로 대량 생산·대량 소비되는 제조물을 적용대상으로 하고 있으며, 대량공급 주택에 대한 민법상 하자보수청구권만으로는 그 결함으로 인한 생명·신체 또는 재산상의 확대된 손해의 구제에는 미치지 못하기 때문이다.

2. 제조 또는 가공

제조물책임법상 제조물이란 동산으로서 제조 또는 가공될 것을 전제로 하고 있다(법 §2 i). 여기에서 '제조'란 제조물의 설계·제작·검사·표시를 포함하는 일련의 행위를 말하며, 2차 산업과 관계있는 생산행위를 가리킨다. 따라서 1차 산업이나 3차 산업에서의 사용되는 생산행위는 포함하지 않는다. 또한 용역의 제공으로 인하여 발생한 피해에 대해서는 제조물책임법이 적용되지 않는다.[19] '가공'이란 동산을 재료로 하여 그 본질은 유지하면서 새로운 속성을 부가하거나 그 가치를 더한 것을 말한다. 예컨대, 식품의 조미·냉동·건조 등이 이에 해당한다. 가공되지 아니한 농산물·수산물·축산물·임산물 등은 원칙적으로 이 법의 적용대상에서 제외되나, 가공·미가공의 구분은 개별적으로 당해 제조물에 추가된 행위 등 제반사정을 감안하여 사회통념에 비추어 판단하여야 한다. 즉, 미가공 자연산물이라 하더라도 오늘날 재배, 사육, 양식과정에서 농약이나 중금속 오염이 발생하기도 하고, 성장호르몬이나 유전공학에 의해 개량·변종된 자연산물이 시중에 공급되고 있으므로 가공제조물에 포함시키는 것이 바람직하다.[20]

동산으로서 제조 또는 가공된 것인 한, 여러 단계의 상업적 유통의 거쳐 불특정 다수의 소비자에게 공급되는 것은 물론, 특정 소비자와의 공급계약에 따라 직접 납품되어 사용되는 것도 포함된다.[21]

---

18) 예컨대, 미국 통일제조물책임모범법(The Model Uniform Product Liability Act, 1979) §102 (A) (1)에서는 부동산을 제조물에 포함시키고 있지는 않지만, 표준화된 주택을 대량으로 건설하여 판매하는 자는 제조물 판매업자에 포함하고 있다.

19) 에어컨, 보일러 등의 설치와 같이 제조물의 급부가 수반되더라도 주된 급부가 전문지식, 기술, 노력의 급부라고 인정되면 서비스계약으로 제조물책임법의 대상이 되지 않는다.

20) 김민중, 앞의 논문, 316-317면. 미국을 비롯하여 프랑스, 룩셈부르크, 노르웨이, 스웨덴, 핀란드, 아이슬란드는 판례와 입법을 통하여 1차 농수산물에 대해서도 제조물책임을 인정하고 있으며, EU도 광우병파동 이후 1차 농산물과 수렵물의 안전에 대한 신뢰회복을 위해 1999년 제조물책임지침에서 이를 포함하고 있다.

21) 대법원 2013. 7. 12. 선고 2006다17539 판결.

Ⅴ. 책임요건

1. 결함의 의의

일반적으로 제조물을 만들어 판매하는 자는 제조물의 구조, 품질, 성능 등에 있어서 현재의 기술수준과 경제성 등에 비추어 기대 가능한 범위 내의 안전성을 갖춘 제품을 제조하여야 하고, 이러한 안전성을 갖추지 못한 결함으로 인하여 그 사용자에게 손해가 발생한 경우에는 불법행위로 인한 손해배상책임으로서 제조물책임을 부담하게 된다. 통상 과실책임에서는 행위자의 주관적 요소인 고의·과실의 존재 여부가 가장 중요한 의미를 가지나, 무과실책임으로서 제조물책임의 경우에는 제조물의 객관적인 성질·형태인 결함의 존재 여부가 가장 핵심적인 요건이다.

여기에서 '결함'이란 "해당 제조물에서 통상적으로 기대할 수 있는 안전성이 결여"되어 있는 것을 말한다(법 §2ⅱ).[22] 안전성의 결여는 제조물의 결함으로 인하여 생명·신체 기타 재산상의 손해를 발생시킬 위험을 말한다. 그러나 손해에 이르지 않은 단순한 품질·성능의 장애는 상품성의 문제로서 하자담보책임상의 하자에 해당한다.[23] 예컨대, TV가 폭발하여 화재가 발생한 것은 안전성에 관한 문제로 결함에 해당하나, TV 화면이 선명하지 않는 것은 단순한 하자에 불과하다.[24] 결함의 존재 여부는 제조업자가 당해 제조물을 유통에 두었던 시점을 기준으로 판단한다.

2. 결함의 유형

(1) 제조상의 결함

제조상의 결함이란 제조업자가 제조물에 대한 제조상·가공상의 주의의무를 이행하였는지에 관계없이 제조물이 원래 의도한 설계와 다르게 제조·가공됨으로써 안전하지 못하게 된 경우를 말한다(법 §2ⅱ 가목). 제조상의 결함이 발생하게 되는 것은 주로 제조과정에서 조악한 재료를 사용하거나 부정확한 조립 등 충분한 관리가 이루어지

22) 김상용, 앞의 논문, 31면.

23) Restatement §402A에 의하면 결함이란 "제조물의 이용자, 소비자 또는 그의 재산에 대하여 불합리하게 위험한 결함상태(in a defective condition unreasonably dangerous to the user or consumer or to his property…)에 있는 것"이라고 표현하고 있다. EU의 제조물책임지침에 의하면 "그 제조물의 표시, 그 제조물의 합리적으로 예견되는 용도, 그 제조물이 유통에 놓인 시기 등을 포함한 모든 사정을 고려해 볼 때 사람이 정당하게 기대할 수 있는 안전성을 결하고 있는 경우에는 결함이 있는 것으로 한다"고 규정하고 있다(법 §6①, ②).

24) 김상용, 앞의 논문, 31면.

지 못하였고, 그로 인해 제조물의 안정성이 결여되었기 때문이다. 따라서 제조업자는 결함이 발생하지 않도록 기술적으로 필요한 재료를 선정해서 사용하여야 하며 유해한 성분을 배제하여야 한다. 또한 제조물을 출하하기 전에 결함이 있는지 여부를 판단하기 위하여 적절한 검사를 하여야 한다.

(2) 설계상의 결함

설계상의 결함이란 제조물의 설계 및 계획과정에서 제조업자가 합리적인 대체설계를 채용하였더라면 피해나 위험을 줄이거나 피할 수 있었음에도 대체설계를 채용하지 아니하여 해당 제조물이 안전하지 못하게 된 경우를 말한다(법 §2ii 나목). 설계상의 결함이 있으면 그 설계에 의하여 제조된 모든 제조물이 결함을 가지게 되기 때문에 설계는 수요자의 안전을 배려하여 합리적으로 기대되는 정도의 수준에 이르러야 한다. 설계상의 결함이 있는지 여부는 제품의 특성 및 용도, 제조물에 대한 사용자의 기대의 내용, 예상되는 위험의 내용, 위험에 대한 사용자의 인식, 사용자에 의한 위험회피의 가능성, 대체설계의 가능성 및 경제적 비용, 채택된 설계와 대체설계의 상대적 장단점 등의 여러 사정을 종합적으로 고려하여 사회통념에 비추어 판단하여야 한다.[25]

[판례] 다우 케미칼 고엽제의 설계상 결함 유무(대법원 2013. 7. 12. 선고 2006다17539 판결)

제조업자가 인체에 유해한 독성물질이 혼합된 화학제품을 설계·제조하는 경우, 그 화학제품의 사용 용도와 방법 등에 비추어 사용자나 그 주변 사람이 그 독성물질에 계속적·반복적으로 노출될 수 있고, 그 독성물질이 가진 기능적 효용은 없거나 극히 미미한 반면, 그 독성물질에 계속적·반복적으로 노출됨으로써 사용자 등의 생명·신체에 위해가 발생할 위험이 있으며 제조업자가 사전에 적절한 위험방지조치를 취하기 전에는 사용자 등이 그 피해를 회피하기 어려운 때에는, 제조업자는 고도의 위험방지의무를 부담한다.

… 피고들에게는 베트남전 당시의 최고의 기술 수준으로 TCDD의 인체 유해 가능성과 고엽제의 안전성을 철저히 검증하고 조사·연구를 통하여 발생 가능성 있는 위험을 제거·최소화하는 한편, 그 안전성이 충분히 확보될 정도로 그 위험이 제거·최소화되었다고 확인되기 전에는 고엽제를 유통시키지 말아야 할 고도의 위험방지의무가 있었음에도, 이러한 조치를 제대로 취하지 아니한 채 단지 2,4,5-T 내 TCDD 함량 기준을 1ppm을 넘지 않도록 설정하거나 그러한 기준조차 설정하지 않은 채로 고엽제를 제조하여 이를 유통시켰으므로, 피고들이 베트남전 동안 제조·판매한 고엽제에는 인체의 안전을 위한 고도의 위험방지의무를 위반함으로써 사회통념상 통상적으로 기대되는 안전성을 결여한 설계상의 결함이 있다고 봄이 상당하다.

25) 대법원 2003. 9. 5. 선고 2002다17333 판결; 2004. 3. 12. 선고 2003다16771 판결.

(3) 표시상의 결함

제조상 내지 설계상의 결함이 인정되지 아니하더라도, 표시상의 결함이 있는 때에는 불법행위책임이 인정될 수 있다. 표시상의 결함이란 제조업자가 합리적인 설명·지시·경고 그 밖의 표시를 하였더라면 해당 제조물에 의하여 발생할 수 있는 피해나 위험을 줄이거나 피할 수 있었음에도 이를 하지 아니한 경우를 말한다(법 §2ii 다목). '지시'는 제조물의 효과적인 사용·소비방법을 알려주는 것이고, '경고'는 제조물을 부적당하게 사용하면 위험하다는 것과 그 위험을 예방·회피할 수 있는 방법을 알려주는 것이다. 지시나 경고는 일반적으로 예상되는 위험에 통상인으로서 합리적으로 대처할 수 있는 방법으로 행해져야 한다.

표시상의 결함은 소극적 결함과 적극적 결함으로 구분할 수 있다. 전자는 경고해야 할 위험이나 설명해야 할 지시가 표시되지 아니하거나 불충분·불분명한 경우를 말하고, 후자는 부작용이나 위험성을 은폐하거나 이에 대한 경고·지시의 부착방법이나 기재방법 등이 부적절한 경우를 말한다. 표시상의 결함이 존재하는지 여부를 판단함에 있어서는 제조물의 특성, 통상 사용되는 사용형태, 제조물에 대한 사용자의 기대의 내용, 예상되는 위험의 내용, 위험에 대한 사용자의 인식 및 사용자에 의한 위험회피의 가능성 등의 여러 사정을 종합적으로 고려하여 사회통념에 비추어 판단하여야 할 것이다.[26]

[판례] 담배에 표시상 결함 유무(대법원 2014. 4. 10. 선고 2011다22092 판결)

원심판결 이유와 원심이 채택한 증거들에 의하면, … 피고 대한민국은 1976. 1. 1.부터 제조담배의 담뱃갑 옆면에 "건강을 위하여 지나친 흡연을 삼갑시다."라는 문구를 표시하였고, … 1989. 12. 17.부터 담뱃갑 옆면에 "경고 : 흡연은 폐암 등을 일으킬 수 있으며, 특히 임신부와 청소년의 건강에 해롭습니다."라는 경고문구를 표시하였으며, 그 후에도 피고 회사는 국민건강증진법, 청소년보호법 등의 관계 법령에 따라 흡연이 건강에 해롭다는 내용의 경고문구나 19세 미만 청소년에게 판매를 금지한다는 내용이 포함된 표시문구를 담뱃갑에 표시한 점, 이러한 언론 보도와 법적 규제 등을 통하여 흡연이 폐를 포함한 호흡기에 암을 비롯한 각종 질환의 원인이 될 수 있다는 것이 담배소비자들을 포함한 사회 전반에 널리 인식되게 되었다고 보이는 점, 흡연으로 니코틴에 대한 의존증이 어느 정도 생길 수 있다고 하더라도, 그 의존의 정도와 유발되는 장해 증상 및 그 강도 등에 비추어 흡연을 시작하는 것은 물론이고 흡연을 계속할 것인지 여부는 자유의지에 따른 선택의 문제로 보일 뿐만 아니라, 흡연을 시작하는 경우 이를 쉽게 끊기 어려울 수도 있다는 점 역시 담배소비자들 사이에 널리 인식되어 있었던 것으로 보이는 점 등을 알 수 있다.

---

26) 대법원 2014. 4. 10. 선고 2011다22092 판결.

… 이러한 사정 등을 앞서 본 법리에 비추어 보면, 담배제조자인 피고들이 법률의 규정에 따라 담뱃갑에 경고 문구를 표시하는 외에 추가적인 설명이나 경고 기타의 표시를 하지 않았다고 하여 피고들이 제조·판매한 담배에 표시상의 결함이 인정된다고 하기는 어렵다.

3. 결함의 판단시기

결함 유무에 대한 판단시기에 관하여 제조물책임법 제7조 제2항에서는 소멸시효의 기산점을 제조물을 '공급한 날'로 하고 있고, 여기에서 '공급'이란 소비자에게 인도하는 것을 의미하는 것이 아니라, 제조업자가 자신의 의사에 기하여 최초로 자기의 지배하에 있지 않는 자에게 당해 제조물을 인도하거나 이용에 제공하는 것을 말한다.

Ⅵ. 손해배상책임

1. 손해배상의 범위

(1) 확대손해

제조업자는 제조물의 결함으로 발생한 생명·신체 또는 재산상의 손해 가운데 그 제조물에 대하여만 발생한 손해를 제외한 손해를 배상하여야 한다(법 §3①). 그리고 '제조물에 대하여만 발생한 재산상 손해'에는 제조물 자체에 발생한 재산상 손해뿐만 아니라 제조물의 결함 때문에 발생한 영업 손실과 같은 부대손해도 포함되므로 그로 인한 손해는 제조물책임법의 적용대상이 아니다.[27)]

이와 같이 제조물책임은 확대손해를 그 대상으로 하기 때문에 통상적으로 기대되는 안전성을 결여한 결함으로 인한 손해가 제조물 자체에 국한된 경우에는 손해배상의 범위에서 제외된다. 예컨대, 전기밥솥에서 화재가 발생하였으나 전기밥솥만 소실하고, 다친 사람이나 다른 재산에도 아무런 피해가 발생하지 않은 경우에는 제조물책임법이 적용되지 않는다. 그 이유는 ① 연혁적으로 제조물책임이 결함제조물로 인하여 발생한 확대손해의 배상문제를 해결하기 위해서 발전해왔고, ② 결함제조물 자체의 손해에 관해서는 사람의 생명·신체와 재산에 손해를 주지 않는 경우에는 제조물 품질의 하자와 구별하기 어려우며, ③ 피해자는 채무불이행책임, 하자담보책임이나 불법행위책임 등 기존 민사책임의 법리에 따라 완전물 급부청구권, 하자보수청구권, 손해배상청구권 등을 행사함으로써 자신의 권리를 보호받을 수 있기 때문이다. 제조물의 결함으로 인하

27) 대법원 1999. 2. 5. 선고 97다26593 판결; 2000. 7. 28. 선고 98다35525 판결; 2015. 3. 26. 선고 2012다4824 판결.

여 확대된 손해인 한, 제조업자는 인적·물적 손해를 배상할 책임을 진다. 여기에서 인적 손해는 제조물 결함에 의하여 입게 된 생명·신체상의 손해를 말하며, 물적 손해란 그 제조물 이외의 다른 재산상의 손해를 말한다.

그러나 결함제조물로 인해 일단 확대손해가 발생하였다면 결함제조물 자체에 대한 손해도 제조물책임의 배상범위에 포함시켜 해결하게 된다. 왜냐하면 확대손해는 제조물책임에 의하도록 하고, 결함제조물 자체의 손해는 계약책임이나 불법행위책임에 의하도록 해야 한다면 책임요건이나 과실의 입증 유무가 각각 다르게 되어 오히려 피해자에게 혼란을 가져다 줄 수 있기 때문이다.

(2) 징벌적 손해배상

제조업자가 특히 제조물의 결함을 알면서도 필요한 조치를 취하지 아니한 결과로 생명 또는 신체에 중대한 손해를 입은 자가 있는 경우, 그 손해의 3배를 넘지 아니하는 범위에서 징벌적인 손해배상책임을 진다(법 §3②). 이는 법원의 판결에 따른 손해배상액이 일반의 상식 등에 비추어 적정한 수준에 미치지 못하고 있으며, 소액다수의 소비자피해를 발생시키는 악의적 가해행위의 경우 불법행위에 따른 제조업자의 이익은 막대한 반면 개별 소비자의 피해는 소액에 불과하여, 제조업자의 악의적인 불법행위가 계속되는 등 도덕적 해이가 발생하고 있는 데 따른 것이다.

법원이 제조업자에게 징벌적 손해배상액을 정할 때에는 ① 고의성의 정도, ② 해당 제조물의 결함으로 인하여 발생한 손해의 정도, ③ 해당 제조물의 공급으로 인하여 제조업자가 취득한 경제적 이익, ④ 해당 제조물의 결함으로 인하여 제조업자가 형사처벌 또는 행정처분을 받은 경우 그 형사처벌 또는 행정처분의 정도, ⑤ 해당 제조물의 공급이 지속된 기간 및 공급 규모, ⑥ 제조업자의 재산상태, ⑦ 제조업자가 피해구제를 위하여 노력한 정도 등의 사항을 고려하여야 한다(법 §3② 각호).

(3) 관련 문제

(가) 정신적 손해

위자료와 같은 비재산적 손해에 대해서도 제조물책임을 물을 수 있는지에 대해서는 논란의 소지가 있다. 예컨대, 결함 있는 전기밥솥의 폭발로 피해자가 치료를 요하는 정도의 정신적 충격을 받은 경우 정신적 고통에 대해 제조물책임법을 적용할 수 있을 것인가의 문제이다. 판례가 재산적 법익의 침해로 발생한 정신적 손해에 대하여 위자료 청구를 인정하고 있는 점을 감안한다면 일단 제조물책임의 성립을 인정하여야 할 것이다. 다만 정신적 손해의 배상과 관련하여 민법 제393조 제2항의 특별한 사정에 의한 손해로 이해하여 배상 여부와 범위를 결정하게 되며, 이 경우 피해자인 위자료청구권자는 이러한 특별한 사정에 대한 가해자의 인식가능성을 입증해야 할 것이다. 여기에서 주의할 것은 정신적 손해에 대한 제조물책임법의 근거조항은 제3조 제1항이 아니라 민법 적용을 지시하는 제8조로서, 이에 따라 민법 제751조(비재산적 손해의 배상)의 규정이 적용된다는 점이다.[28]

(나) 경제적 손실

제조물책임법상의 손해배상의 범위는 확대된 손해로서 인적·물적 손해가 기준이 되나, 경제적 손실도 제조물책임의 손해배상의 범위에 속하게 되는지에 대해서는 논란이 제기되고 있다. 「경제적 손실」(economic loss)이란 생명·신체의 침해나 유체물의 훼손에 수반되지 않고 피해자에게 생긴 순수한 재산상의 손해를 말한다. 예컨대, 제조물의 결함에 의해 생긴 가치감소분, 수리·교환비용, 일실이익 등이 이에 해당한다.

일반적으로 경제적 손실의 회복은 계약법 영역의 문제로서 계약위반에 따른 경제적 손실에 대해서는 손해배상이 인정되나, 불법행위에 있어서는 직접적인 인적·물적 손해와 구별되는 의미에서의 손해배상을 인정하지 않고 있다. 제조물책임의 경우에는 불법행위책임의 성격을 가지기 때문에 외국의 판례와 입법은 경제적 손실에 대한 손해배상청구권을 원칙적으로 부정하고 있다.[29] 그러나 경제적 손실에 대한 배상가능성을 전면적으로 배제하는 것보다는 배상범위를 결정함에 있어서 제반사정을 고려하여 이에 포함시킬 수 있도록 가능성을 열어두는 것이 바람직하다.[30]

다만 모든 경제적 손실을 불법행위책임에 포함할 경우 자칫 손해의 범위가 무한정 확대될 우려가 있기 때문에 민법상 상당인과관계에 있는 경제적 손실에 한하여 제조물책임을 적용하는 것이 피해자 구제에 합리적일 것이다.

2. 손해배상의 한도

제조물책임은 피해자의 권리보호를 위해 다행스럽지만, 제조업자나 제조물공급자와

---

28) 박동진, "제조물책임법에서의 손해배상", 「비교사법」 제9권 제3호(비교사법학회, 2002), 308면.

29) American Law Institute, Restatement of the Law, Torts, Products Liability(1998), p. 294; Sacks, Das Verhältnis der Produkthaftungsrichtlinie der EG zum nationalen Produkthaftungsrecht, VersR(1988), S. 449. 미국의 각주 법원은 경제적 손실의 회복은 엄격책임을 중심으로 하는 불법행위법을 근거로 이를 청구할 수 없으나, "돌발적이고 격렬한 사고에 의한 경우(sudden and violent accident exception)"에 예외를 인정하고 있다.

30) 현재 EU 「제조물책임지침」에서는 제조물 이외의 물적 손해 최저금액을 500 유로, 인적 손해배상한도액을 7,000만 유로 이상의 범위에서 정하도록 하고 있다. 참고로 독일은 인적 손해배상한도액을 8,500만 유로로 정하고 있다.

같은 기업의 입장에서는 그만큼 부담이 커진다고 볼 수 있다. 특히 제조물책임이 가장 발달한 미국 제조물책임소송에서 손해배상액이 과다하여 기업에 심각한 타격을 주고 있기 때문에 손해배상의 한도를 규정하는 문제가 논의되기 시작하였고, EU를 비롯한 일부 국가에서는 손해배상의 한도를 제한하고 있다.[31] 이와 반대로 우리나라 제조물책임법은 오히려 3배 손해배상제도를 도입하여 책임을 가중하고 있기 때문에 법률상 손해배상의 한도를 정하는 의미나 실익은 없다.

3. 연대책임

제조물책임법에서는 동일한 손해에 대하여 배상할 책임이 있는 자가 2인 이상인 경우에 연대하여 그 손해를 배상하도록 규정하여 피해자 구제에 충실하고 있다(법 §5). 예컨대, 제조물 결함이 발생한 경우 부품을 조립한 「완성품 제조업자」는 제조물책임을 부담하지만, 공급된 부품에 결함이 있는 경우 「부품 제조업자」도 연대책임을 부담한다. 다만 부품의 결함이 완성품 제조업자의 설계 또는 제작에 관한 지시에 기인한 경우에는 면책된다(법 §4①ⅳ).

또한 실제로 제조물을 만든 「진정한 제조업자」도 표시 여부와 상관없이 「표시제조업자」와 연대책임을 부담한다. 그러나 표시제조업자가 지시한 설계나 시방서에 따라서 제조한 경우에는 완성품 제조업자의 지시에 따라 부품을 제조한 부품 제조업자의 경우와 똑같은 문제가 발생하게 된다. OEM의 경우에는 진정한 제조업자는 표시제조업자의 지시에 따른 경우에도 자신이 제조한 제조물에 대해 최종적으로 책임져야 하며, 원칙적으로 제조물책임을 면할 수 없다. 연대책임이 있는 자는 그 책임의 비율에 상관없이 손해 전체를 피해자에게 배상하여야 한다.[32]

Ⅶ. 책임의 면제

1. 면책사유

제조물책임법은 정책적 관점에서 손해배상책임을 지는 자가 일정한 사실을 입증하는 경우에는 제조물책임을 면할 수 있도록 규정하고, 4가지의 면제사유를 열거하고 있

31) 박동진, 앞의 논문(비교사법), 306면.

32) 자신이 제공한 부품의 결함으로 인하여 발생한 손해의 부분을 입증한 경우에도 발생한 전손해에 대해서 다른 결함제조업자와 연대하여 책임을 부담할 것인가가 문제로 될 수 있으나, 제조물책임이 피해자보호의 관점에서 출발한 점을 감안한다면 면책을 부정하는 것이 타당하다. 이 경우 다른 연대채무자와의 내부관계에서 각자 기여한 결함에 따른 구상권 행사가 가능할 것이다. 박동진, 위의 논문, 328-329면.

다. 다만 이것은 제조물책임법에 근거한 책임을 면제한다는 것이지, 민법 기타 법률에 의한 배상책임까지 면제한다는 것은 아니다.

(1) 불공급의 항변

제조업자가 해당 제조물을 공급하지 아니하였다는 사실을 입증하는 경우에는 책임이 면제된다(법 §4① i). 예컨대, 결함제조물의 도난 등 제조업자의 의사에 반하여 유통되었다가 손해가 발생한 경우가 이에 해당한다. 그러나 시제품과 같이 공식적으로 공급되지는 않았지만 어떻든 제조업자의 의사에 의하여 소비자의 이용에 제공된 제조물에 대해서는 이 법이 적용된다.

(2) 개발위험의 항변

제조업자가 해당 제조물을 공급한 당시의 과학・기술수준으로는 결함의 존재를 발견할 수 없었다는 사실을 입증하는 경우에는 책임이 면제된다(법 §4①ii). 제조물 유통시점에서 과학・기술지식의 수준으로 제조물에 내재하고 있는 결함을 발견할 수 없는 위험을 '개발위험'이라 한다. 개발위험의 항변은 위험책임에 있어서 불가항력과 유사한 것으로서 주로 의약품에서 문제된다.

제조업자가 이 항변을 주장하여 책임을 면하기 위해서는 세계최고 수준의 과학・기술지식으로도 결함의 인식이 불가능하였음을 입증하여야 한다. 이와 같이 개발위험을 항변사유로 인정할 경우 제조물책임을 무과실책임으로 하는 의미가 크게 감소하며, 새로운 제조물이 가지는 미지의 위험을 피해자에게 전가하는 결과가 된다. 그러나 예견할 수 없었던 결함에 대해서까지 제조업자가 책임을 지도록 할 경우 제조업자의 기술개발 의욕이 상실되어 유용한 제조물이 시장에 나오지 않게 되고 결국 소비자와 산업계 모두의 손실로 돌아가게 된다는 점을 고려하여 제조물책임법은 개발위험의 항변을 인정하고 있다. 그러나 판례는 개발위험의 항변을 엄격하게 인정하고 있다.[33]

[판례] 다우케미칼 고엽제 손해배상책임 소송에서 개발위험의 항변(대법원 2013. 7. 12. 선고 2006다17553 판결)

제조업자가 당해 제조물을 공급한 때의 과학・기술 수준으로 결함의 존재를 발견할 수 없었을 때에는 특별한 사정이 없는 한 제조업자에게 결과 발생에 대한 예견가능성이 없다고 보아 제조물의 결함으로 인한 책임을 지우지 아니할 수 있다. 그러나 피고들이 앞서 본 바와 같이 베트남전 참전 군인들이 고엽제에 함유된 독성물질인 TCDD에 반복적으로 노출되

33) 대법원 2013. 7. 12. 선고 2006다17539 판결.

어 생명·신체에 유해한 결과가 발생할 위험이 있음을 예견하거나 예견할 수 있었음에도 그 위험을 방지할 고도의 주의의무를 위반하였다고 인정되는 이상, 피고들이 고엽제를 제조·판매한 때의 과학·기술 수준으로 고엽제의 결함을 발견할 수 없었다고 볼 수는 없다.

(3) 법령준수의 항변

제조물의 결함이 제조업자가 해당 제조물을 공급한 당시의 법령에서 정하는 기준을 준수함으로써 발생하였다는 사실을 입증하는 경우에는 책임이 면제된다(법 §4①iii). 법령이 정하는 기준은 주로 안전기준에 관한 것으로 제조업자는 법령에서 정하는 안전기준을 준수하였음을 입증하여야 한다. 면책사유로 인정되는 기준은 강제성이 있는 법령에 의한 경우에만 인정되며, 행정지도의 원칙으로 인정되는 기준의 준수는 면책사유로 인정되지 않는다. 단순히 「KS」 마크나 「품」, 「검」자 마크 등 안전관련 마크를 받았다거나 형식승인 등을 받았다는 사실만으로 제조업자는 책임을 면제받을 수 없다. 법령준수의 항변에 대해서는 입법자의 전문지식이나 정보의 부족으로 제조업자들의 이기적인 요구나 주장을 안전기준에 반영할 경우 부당한 면책사유로 전락할 우려가 있다.[34]

(4) 설계 · 지시의 항변

원재료나 부품의 경우에는 그 원재료나 부품을 사용한 제조물 제조업자의 설계 또는 제작에 관한 지시로 인하여 결함이 발생하였다는 사실을 입증하는 경우에는 책임이 면제된다(법 §4①iv). 이 항변은 중소기업이 많은 원재료 또는 부품 제조업자를 보호하기 위한 정책적 배려에서 인정되는 것으로 원재료 또는 부품 제조업자가 완성품 제조업자의 설계와 지시에 따라 제조한 경우이거나 그 원재료 또는 부품의 결함이 그 설계와 지시에 기인하여 발생한 경우에는 책임을 묻기가 곤란하다. 또한 원재료 또는 부품이 예견할 수 없는 조립을 통하여 위험스러운 성질을 나타내는 경우에도 제조물의 실질적인 변경(substantial change)으로서 원재료 또는 부품 제조업자는 면책된다.

2. 면책의 배제

제조물책임법은 위의 면책사유에도 불구하고 제조업자의 제조물에 대한 계속적인 감시의무를 지우고 있다. 즉, 제조업자가 제조물을 공급한 후 그 제조물에 결함이 존재한다는 사실을 알거나 알 수 있었음에도 그 결함으로 인한 손해의 발생을 방지하기 위한 적절한 조치를 취하지 아니한 경우에는 개발위험의 항변, 법령준수의 항변 및 설

34) 권오승, 앞의 책(소비자보호법), 307면.

계 · 지시의 항변을 주장할 수 없도록 하고 있다(법 §4②). 따라서 제조물의 결함이 사후에 발견된 경우 적극적으로 리콜 등의 개선조치를 취하지 않는 한, 위 면책사유를 그대로 주장할 수 없도록 하고 있다.

마찬가지로 소비자의 비정상적인 사용(abnormal use)이나 오용(misuse)이 예견가능하고 방지될 수가 있었음에도 제조업자 또는 공급업자가 적절한 조치를 취하지 아니한 때에는 비록 소비자가 제조물을 잘못 사용하였더라도 책임을 질 수 있다.[35] 그러나 비정상적인 사용이나 오용이 합리적으로 예견 불가능한(reasonably unforeseeable) 경우에는 면책된다.

3. 면책특약의 제한

계약자유의 원칙상 면책특약은 강행법규 또는 사회질서에 반하지 않는 한 유효하다. 제조물책임은 오늘날 다종 · 다양한 결함 제조물로부터 소비자의 안전을 보호하고, 제조물 결함에 의한 피해를 구제하기 위해 제조업자 또는 공급업자에게 엄격책임을 지우는 것으로 이들의 면책특약을 무조건 허용할 경우 제조물책임법의 본래 취지가 퇴색할 우려가 있다.

따라서 제조물책임법은 “이 법에 따른 손해배상책임을 배제하거나 제한하는 특약은 무효로 한다”고 규정함으로써 면책특약이 원칙적 무효임을 선언하고 있다(법 §6 본문). 여기에서 특약은 개별약정이든 약관의 형식에 의한 경우이든 모두 포함한다. 다만 자신의 영업에 이용하기 위하여 제조물을 공급받은 자가 자신의 영업용 재산에 발생한 손해에 관하여 그와 같은 특약을 체결한 경우에는 그러하지 아니하다(법 §6 단서). 이에 따라 피해자가 사업자인 경우 사람의 생명 · 신체상의 손해가 아닌 영업용 재산에 대한 손해에 관하여는 제조업자와 피해자 간에 체결한 면책특약의 효력을 예외적으로 인정하고 있다.

Ⅷ. 소멸시효

제조물책임법에 따른 손해배상청구권은 피해자 또는 그 법정대리인이 손해 및 손해배상책임을 지는 자(제조업자 또는 제조물공급자)를 모두 알게 된 날로부터 3년간 행사하지 아니하거나, 제조업자가 손해를 발생시킨 제조물을 공급한 날로부터 10년 이내

35) 예컨대, 제조업자가 전기톱에서 안전장치를 제거하여 이로 인해 상해를 입었다고 하더라도 제조업자가 이러한 오용을 예견할 수가 있었고 그 안전장치에 자동차단 스위치를 부착하여 그것을 방지할 수가 있었다면 제조업자는 책임을 진다.

에 행사하지 아니하면 소멸한다(법 §7①, ② 본문). 이 중에서 3년은 시효기간이고, 10년은 제척기간이다.

다만, 일정한 기간 동안 신체에 누적되어 사람의 건강을 해치는 물질에 의하여 발생한 손해 또는 일정한 잠복기간이 지난 후에 증상이 나타나는 손해에 대해서는 그 손해가 발생한 날부터 기산한다(법 §7② 단서). 즉, 담배와 같이 소비자의 과실이 없이 뒤늦게 증상이 발생하는 건강상 손해에 대하여는 특칙으로서 제조물 공급일이 아니라 '손해발생일'을 소멸시효의 기산일로 함으로써 피해자의 권리를 실질적으로 보호하고 있다.

[판례] ㈜녹십자홀딩스의 의약품 결함으로 인한 제조물책임 소멸시효(대법원 2017. 11. 9. 선고 2013다 26708, 26715, 26722, 26739 판결)

불법행위에 기한 손해배상채권에서 민법 제766조 제2항에 의한 소멸시효의 기산점이 되는 '불법행위를 한 날'이란 가해행위가 있었던 날이 아니라 현실적으로 손해의 결과가 발생한 날을 의미한다. 그런데 감염의 잠복기가 길거나, 감염 당시에는 장차 병이 어느 단계까지 진행될 것인지 예측하기 어려운 경우, 손해가 현실화된 시점을 일률적으로 감염일로 보게 되면, 피해자는 감염일 당시에는 장래의 손해 발생 여부가 불확실하여 청구하지 못하고, 장래 손해가 발생한 시점에서는 소멸시효가 완성되어 청구하지 못하게 되는 부당한 결과가 초래될 수 있다. 따라서 위와 같은 경우에는 감염 자체로 인한 손해 외에 증상의 발현 또는 병의 진행으로 인한 손해가 있을 수 있고, 그러한 손해는 증상이 발현되거나, 병이 진행된 시점에 현실적으로 발생한다고 볼 수 있다.

Ⅸ. 입증책임

원래 일반 사법상의 법리에 따르면 제조물의 결함으로 피해를 입은 자가 손해배상소송을 제기하는 경우 입증책임의 일반원칙에 따라 4가지의 요건사실, 즉 ① 결함의 존재, ② 제조업자의 고의·과실, ③ 손해발생, ④ 결함과 손해의 인과관계를 입증해야 한다. 그러나 제조물책임법에서는 무과실책임을 도입하여 결함이 제조업자의 고의·과실에 의해 발생했다는 ②의 요건사실을 입증할 필요가 없게 되었다.

이와 함께 그동안 학설과 판례는 피해자 측이 제품의 결함 및 그 결함과 손해발생과의 인과관계에 관한 요건사실을 과학적·기술적으로 입증하는 것이 여전히 어려운 점을 고려하여 그 제품이 정상적으로 사용되는 상태에서 사고가 발생한 경우 소비자 측에서 그 사고가 제조업자의 배타적 지배하에 있는 영역에서 발생하였다는 점과 그 사고가 어떤 자의 과실 없이는 통상 발생하지 않는다고 하는 사정을 입증하면, 제조업자 측에서 그 사고가 제품의 결함이 아닌 다른 원인으로 말미암아 발생한 것임을 입증하지 못하는 이상 그 제품에 결함이 존재하고 그 결함으로 인해 사고가 발생하였다고 추정한 바 있다.36)

[판례] 대우자동차㈜의 아카디아 승용차 급발진 사고의 입증책임(대법원 2004. 3. 12. 선고 2003다16771 판결)

고도의 기술이 집약되어 대량으로 생산되는 제품의 결함을 이유로 그 제조업자에게 손해배상책임을 지우는 경우 그 제품의 생산과정은 전문가인 제조업자만이 알 수 있어서 그 제품에 어떠한 결함이 존재하였는지, 그 결함으로 인하여 손해가 발생한 것인지 여부는 일반인으로서는 밝힐 수 없는 특수성이 있어서 소비자 측이 제품의 결함 및 그 결함과 손해의 발생과의 사이의 인과관계를 과학적·기술적으로 입증한다는 것은 지극히 어려우므로 그 제품이 정상적으로 사용되는 상태에서 사고가 발생한 경우 소비자 측에서 그 사고가 제조업자의 배타적 지배하에 있는 영역에서 발생하였다는 점과 그 사고가 어떤 자의 과실 없이는 통상 발생하지 않는다고 하는 사정을 증명하면, 제조업자 측에서 그 사고가 제품의 결함이 아닌 다른 원인으로 말미암아 발생한 것임을 입증하지 못하는 이상 그 제품에게 결함이 존재하며 그 결함으로 말미암아 사고가 발생하였다고 추정하여 손해배상책임을 지울 수 있도록 입증책임을 완화하는 것이 손해의 공평·타당한 부담을 그 지도원리로 하는 손해배상제도의 이상에 맞다.

… 위 법리에 비추어 살펴보더라도 앞서본 바와 같이 이 사건 자동차의 엔진제어장치에 원고 주장과 같은 결함이 있음을 인정할 수 없고, 나아가 이 사건 자동차가 정상적으로 사용되는 상태에서 제조업자의 배타적 지배하에 있는 영역에서 사고가 발생하였다는 점이 입증되지 아니하므로 원심이 위 급발진 사고가 자동차의 결함으로 인하여 발생하였다고 추정할 수도 없다고 보아 이 부분 원고의 주장을 배척한 조치는 정당하고, 거기에 상고이유 주장과 같은 판결에 영향을 미친 채증법칙 위배로 인한 사실오인, 심리미진, 대법원판례 위반, 판단 유탈 등의 위법이 있다고 할 수 없다.

제조물책임법은 이러한 학설과 판례의 취지를 반영하여 ① 피해자가 제조물이 정상적으로 사용되는 상태에서 손해가 발생하였다는 사실, ② 그 손해가 제조업자의 실질적인 지배영역에 속한 원인으로부터 초래되었다는 사실 및 ③ 그 손해가 해당 제조물의 결함 없이는 통상적으로 발생하지 아니한다는 사실을 증명하면, 제조물을 공급할 당시에 해당 제조물의 결함 및 그 결함과 손해의 인과관계를 추정하도록 하여 피해자의 입증책임을 경감하고 있다(법 §3의2 본문). 다만, 제조업자가 제조물의 결함이 아닌 다른 원인으로 인하여 그 손해가 발생한 사실을 증명한 경우에는 그러하지 아니하다

36) 양창수, "한국의 제조물책임법", 「법학」 제42권 제2호(2001. 7), 90면 이하; 윤진수, "한국의 제조물책임 – 판례와 입법 –", 「법조」 제550권(2002. 7), 47면 이하. 대법원 2004. 3. 12. 선고 2003다16771 판결; 2006. 3. 10. 선고 2005다31361 판결.

(법 §3의2 단서). 그럼에도 불구하고 제조업자 측에서 어느 정도로 영역을 지배해야 배타적 지배영역에 있다고 할 것인지, 즉 제조업자 이외의 제3자의 개입이 없는 상황에서만 제조업자의 배타적 지배영역을 인정할 것인지, 제3자의 개입이 있어도 그 정도가 상당하지 않으면 인정할 것인지에 관하여는 여전히 논란의 소지가 있다.

판례 · 심결례색인

사항색인

ㄱ

ㄴ

ㄷ

ㅅ

ㅇ

ㅈ

ㅎ

[저자약력]

■ 신 현 윤

연세대학교 법학과 졸업(1977년)
독일 Freiburg대학교 법학박사 학위취득(Dr. iur.)
미국 AU Washington College of Law Faculty Fellow
한국경쟁법학회 회장
한국상사법학회 회장
한국광고법학회 회장
법무부 상법개정위원장
공정거래위원회 카르텔자문위원장 · 규제개혁심의위원장
사법시험 · 행정고등고시 · 입법고시 · 공인회계사 시험위원
사법시험 · 변호사시험 관리위원
대법원 · 헌법재판소 · 법무부 정책자문위원
연세대학교 법과대학장 · 법무대학원장 · 법학전문대학원장
법학전문대학원협의회 이사장
연세대학교 부총장
연세대학교 법학전문대학원 명예교수
한국공정경쟁연합회 회장
한국경쟁포럼 회장

〈주요저서〉

Die Verantwortlichkeit der Vorstandsmitglieder im Konzernverhältnis (Univ. Freiburg, 1989)
「東유럽의 개혁과 시장경제의 도입」(集文堂, 1993)
「東歐圈 經濟法」(法文社, 1997)
「企業結合法論」(法文社, 1999)
「법학개론(공저)」(博英社, 2009)
「EU법 강의(공저)」(博英社, 2010)
「대기업집단 규제론(공저)」(法文社, 2021) 외 논문 다수

■ 최난설헌

연세대학교 법과대학 법학과 졸업(법학사, 1999)
연세대학교 일반대학원 법학과 졸업(법학석사)
연세대학교 일반대학원 법학과 졸업(법학박사, 경제법 전공)
University of Oxford, Faculty of Law(MSt in Law, 경제법 전공)
Columbia University, School of Law(LL.M.)
현 연세대학교 법학전문대학원 교수
현 공정거래위원회 공정거래정책자문단 위원
현 금융위원회 법률자문위원
현 금융위원회 혁신금융심사위원회 위원
현 중소벤처기업부 규제심사위원회 위원
현 한국소비자원 비상임이사
전 기획재정부 중장기전략위원회 위원
전 공정거래조정원 감사

경 제 법〔제9판〕

2006년 3월 25일 초판 발행
2007년 8월 25일 제2판 발행
2010년 9월 10일 제3판 발행
2011년 8월 31일 제4판 발행
2012년 8월 31일 제5전정판 발행
2014년 3월 10일 제6판 발행
2017년 8월 25일 제7판 발행
2020년 2월 20일 제8판 발행
2024년 8월 30일 제9판 1쇄 발행

저 자 신 현 윤·최 난 설 헌
발행인 배 효 선

발 행 처 도서출판 法 文 社

주 소 10881 경기도 파주시 회동길 37-29
등 록 1957년 12월 12일 / 제2-76호 (윤)
전 화 (031)955-6500~6 FAX (031)955-6525
E-mail (영업) bms@bobmunsa.co.kr
(편집) edit66@bobmunsa.co.kr
홈페이지 http://www.bobmunsa.co.kr
주 판 법 문 사 전 산 실

정가 59,000원 ISBN 978-89-18-91545-6